Obra em

PROCESSO PENAL

SERGIO MARCOS DE MORAES PITOMBO

Obra em
PROCESSO PENAL

Organização e notas
Maria Eugênia Gil

Prefácio
Antonio Sérgio Altieri de Moraes Pitombo

São Paulo

2018

EDITORA SINGULAR

Dados Internacionais de Catalogação na Publicação (CIP)
Lucas Carlos de Oliveira Silva CRB-8/9824

P685o Pitombo, Sergio Marcos de Moraes.

Obra em processo penal / Sergio Marcos de Moraes Pitombo; Organização e notas: Maria Eugênia Gil; Prefácio: Antonio Sérgio Altieri de Moraes Pitombo. – São Paulo: Singular, 2018.

984 p.

ISBN: 978-85-53066-06-3

1. Direito processual penal. 2. Direito processual civil. 3. Inquérido processual. I. Título.

CDU 343.2
CDD 341.5

Revisão: Márcia Moura
Diagramação: Microart Design Editorial
Capa: José Barki

EDITORA SINGULAR

Visite nosso site
www.editorasingular.com.br

e-mail
singular@editorasingular.com.br

"Navegadores antigos tinham uma frase gloriosa:
'Navegar é preciso; viver não é preciso'.
Quero para mim o espírito (d)esta frase, transformada a forma
para a casar com que eu sou: Viver não é necessário;
o que necessário é criar"

(Fernando Pessoa)

Prefácio

Não tenho qualquer constrangimento em escrever sobre meu pai. No mundo jurídico, por vezes, pais e filhos não se admiraram, alguns nem mesmo se bem-quiseram. Há aqueles que passaram a vida a apequenar uns aos outros entre os juristas.

No meu caso, muito ao contrário. Tive rara sorte. Ele era admirável em todos os aspectos. A inteligência e cultura emergiam em suas frases com a naturalidade de quem pensa com simplicidade, sem se acomodar às opiniões correntes, sempre a procurar enxergar os problemas sob nova perspectiva.

Escreveu pouco, diante da intensidade de sua vida acadêmica. Poderia tê-lo feito em larga escala. Todavia, era perfeccionista. Daí a característica fragmentária da obra.

Nosso esforço, passados tantos anos da publicação do *site* com seus artigos e acórdãos (www.sergio.pitombo.nom.br), dirigiu-se a melhor organizar o material esparso e a atualizar apenas referências legislativas, para manter a originalidade dos textos.

Esse trabalho recebeu a contribuição essencial da pesquisadora argentina Maria Eugenia Gil, a qual se dedicou por longo período à tarefa de rever os dois livros (*Do sequestro no processo penal* e *Inquérito policial – sua força e efeito*) e os diversos artigos publicados em revistas especializadas.

O projeto deste livro contou, também, com o apoio de Cleunice Valentim Bastos Pitombo, disposta a dispender tempo entre caixas e papéis antigos para procurar escritos perdidos.

A obra vem em boa hora. Nunca se ouviram tantos disparates em matéria de processo penal como nos últimos anos. Esqueceram-se conceitos. Renovaram-se arbitrariedades. Alguns juízes criminais perderam a compostura. E se continuou o grave equívoco, em ambientes acadêmicos superficiais, de embaralhar processo civil e processo penal.

Oportuníssimo, assim, reavivar o pensamento de Sérgio Marcos de Moraes Pitombo, agregado neste volume. Espero que o leitor se interesse e que os mais jovens abram a mente à maneira dele, de Rogério Lauria Tucci e Joaquim Canuto

Mendes de Almeida de encararem o processo penal como *instrumento de proteção à liberdade jurídica do indivíduo.*

ANTÔNIO SÉRGIO ALTIERI DE MORAES PITOMBO

Sumário

ESTUDOS INÉDITOS

DO SEQUESTRO NO PROCESSO PENAL BRASILEIRO

I Parte

AS MEDIDAS ASSECURATÓRIAS NO VIGENTE CÓDIGO DE PROCESSO PENAL

1. O Título VI do vigente Código de Processo Penal,[1] destinado *às questões e processos incidentes*, no Capítulo VI, cuida *Das medidas assecuratórias.*

Consistem, conforme a Exposição de Motivos,[2] em sequestro e em hipoteca legal, decretados antes mesmo do início da ação ou do julgamento definitivo. Incidiram tais medidas sobre bens do indiciado ou do responsável civil, no escopo de ensejar a reparação do dano *ex delicto.*

2. Em dezenove artigos se acha regulada, no processo penal, toda a matéria (arts. 125 a 144 do CPP).

---

1. Decreto-lei 3.689, de 3 de outubro de 1941.
2. Item VI, *in fine*, da *Exposição de Motivos do Código de Processo Penal*, publicada em 13 de outubro de 1941, de autoria do então Ministro da Justiça Dr. Francisco Campos.

Quatro dispositivos afloram em preliminar visão do conjunto, entre eles, a saber: os arts. 125, 132, 136 e 137. Possuem, por conseguinte, especial importância no esclarecimento da posição assumida pelo legislador pátrio.

3. Marcam os dois primeiros hipóteses de aquisição pelo indiciado *com os proventos da infração, ainda que já tenham sido transferidos a terceiros,* de, respectivamente, bens imóveis (art. 125 do CPP) e de bens móveis (art. 132 do CPP).

Referem-se os dois outros artigos a bens imóveis (art. 136 do CPP) e a bens móveis (art. 137 do CPP), pertencentes ao indiciado, embora não adquiridos com os proventos da infração.

4. Importam ao exame da questão, pois, a noção jurídica de bens e a do que sejam móveis e imóveis.

O bem consiste em utilidade, ou valor, material ou imaterial, que, integrando o patrimônio do sujeito ou não, interessa ao mundo do direito. Interessam os bens porque úteis e raros, suscetíveis de apropriação e de manifesto valor econômico.[3] Podem-se tornar, assim, objetos de relação de direito.[4]

Imóveis consistem em bens que não se locomovem, ou não se transportam, sem lhes destruir a natureza. Móveis são aqueles que admitem, mantida a sua natureza, locomoção.[5]

A lei civil material nos diz quais bens se consideram imóveis por natureza, por acessão física artificial ou intelectual,[6] ou, ainda, por expressa disposição de lei.

São, com efeito, bens imóveis:

a) o solo com a sua superfície, os seus acessórios e adjacências naturais, compreendendo as árvores e frutos pendentes, o espaço aéreo e o subsolo (art. 43, I, do CC,[i] c/c o art. 168 da CF);[ii]

---

3. SERPA LOPES, Miguel Maria de. *Curso de direito civil.* Rio de Janeiro: Freitas Bastos, 1971. v. 1, p. 316; RODRIGUES, Silvio. *Direito civil*: Parte Geral. São Paulo: Max Limonad, 1962. v. 1, p. 120.

4. BEVILÁQUA, Clóvis. *Código Civil comentado.* Rio de Janeiro: Francisco Alves, 1916. v. 1, p. 273; BARROS MONTEIRO, Washington de. *Curso de direito civil*: Parte Geral. 8. ed. São Paulo, Saraiva, 1971. v. 1, p. 142; LIMONGI FRANÇA, Rubens. *Manual de direito civil.* 2. ed. São Paulo: RT, 1971. v. 1, p. 180.

5. BEVILÁQUA, Clóvis. *Código...* cit., p. 273; LIMONGI FRANÇA, Rubens. *Manual...* cit., p. 189.

6. BEVILÁQUA, Clóvis. *Código...* cit., p. 274.

b) tudo quanto o homem incorporar permanentemente ao solo, como a semente lançada à terra, os edifícios e construções, de modo que se não possa retirar sem destruição, modificação, fratura ou dano (art. 43, II, do CC);[iii]
c) tudo quanto no imóvel o proprietário mantiver intencionalmente empregado em sua exploração industrial, aformoseamento, ou comodidade (art. 43, III, do CC);[iv]
d) os direitos reais sobre imóveis, inclusive o penhor agrícola, e as ações que os asseguram (art. 44, I, do CC);[v]
e) as apólices da dívida pública oneradas com a cláusula de inalienabilidade (art. 44, II, do CC);[vi]
f) o direito à sucessão aberta (art. 44, III, do CC).[vii] [7]

O bem móvel também o declara a referida lei, seja por natureza, por antecipação ou por força de lei.

Constituem, assim, bens móveis:

a) São móveis os bens suscetíveis de movimento próprio, ou de remoção por força alheia (art. 47 do CC);[viii]
b) As árvores, frutos, pedras e metais que, enquanto aderentes ao solo, surgem como imóveis (art. 43, I, do CC),[ix] separando-se para humanos fins, mudam em móveis;[8]
c) Os direitos reais sobre objetos móveis e as ações correspondentes (art. 48, I, do CC);[x]
d) Os direitos de obrigações e as ações respectivas (art. 48, II, do CC);[xi]
e) Os direitos de autor (art. 48, III, do CC);[xii]

---

7. O Anteprojeto do Código Civil – Ministério da Justiça, Comissão de Estudos Legislativos, Brasília, Departamento de Imprensa Nacional, 1972 – nos arts. 78-80 reza quanto a bens imóveis:

Art. 78. São bens imóveis o solo e tudo quanto se lhe incorporar natural ou artificialmente.

Art. 79. Consideram-se imóveis para os efeitos legais:

I – os direitos reais sobre imóveis e as ações que os asseguram;

II – o direito à sucessão aberta.

Art. 80. Não perdem o caráter de imóveis os materiais provisoriamente separados de um prédio, para nele mesmo se reempregarem.

8. BARROS MONTEIRO, Washington de. *Curso...* cit., v. 1, p. 149.

f) A energia elétrica ou qualquer outra que tenha valor econômico (art. 155, § 3.º, do CP).

É bem de ver que permanecem bens imóveis os materiais, temporariamente, separados de um prédio e que nele se reutilizam *(art. 46 do CC).*[xiii] Em contrapartida, *os materiais destinados a alguma construção, enquanto não forem empregados, conservam a sua qualidade de móveis. Readquirem essa qualidade os provenientes da demolição de algum prédio* (art. 49 do CC).[xiv-9]

Note-se, outrossim, que tudo quanto o proprietário mantiver intencionalmente empregado em sua exploração industrial, aformoseamento ou comodidade pode ser mobilizado, ainda que imóvel por acessão intelectual (art. 45,[xv] c/c o art. 43, III, do CC).[xvi]

Ainda, considerando os bens em si mesmos,[10] interessa à matéria (§ 1.º do art. 137,[xvii] c/c o § 5.º do art. 120 do CPP), quanto a bens móveis, dividi-los em fungíveis e infungíveis e em consumíveis e inconsumíveis.

Os bens que se podem substituir por outros da mesma espécie, quantidade e qualidade classificam-se como fungíveis. São infungíveis os que se não substituem nessas condições (art. 50 do CC).[xviii]

O bem móvel, acresça-se, há de ser ou não fungível por natureza. Nada obsta, contudo, que algo fungível por destinação se torne infungível por contrato.

Os bens móveis que, em única e normal consumpção, se extinguem de vez afloram consumíveis. Aqueles que só o largo uso lhes gasta ou destrói a substância econômica são inconsumíveis (art. 51 do CC).[xix]

---

9. O Anteprojeto do Código Civil, nos arts. 81-83 afirma quanto a bens móveis:

Art. 81. São móveis os bens suscetíveis de movimento próprio, ou de remoção por força alheia, sem alteração da substância ou da destinação econômico-social.

Art. 82. Consideram-se móveis para os efeitos legais:

I – as energias naturais que tenham valor econômico;

II – os direitos reais sobre objetos móveis e as ações correspondentes;

III – os direitos pessoais de caráter patrimonial e respectivas ações.

Art. 83. Os materiais destinados a alguma construção enquanto não forem empregados, conservam a sua qualidade de móveis. Readquirem essa qualidade os provenientes da demolição de algum prédio.

10. Capítulo II, do Livro II, *Dos Bens*, no atual Código Civil e Capítulo I, do Livro II, com mesmo título, no Anteprojeto do Código Civil.

Consideram-se, porém, consumíveis os que, não o sendo em substância, se reservam para alienação.[11]

5. Hão que separar, pois, os bens (art. 125 e 132 do CPP) que constituem produto direto dos que surgem como produto indireto da infração penal.[12]

Ao produto direto, ou apenas produto da infração, corresponde o resultado útil imediato da operação delinquencial: bem, ou bens , produzidos pela indústria do infrator. Aqueles que, por causa do delito, foram ter às mãos do delinquente, como o veículo furtado e o dinheiro roubado.

Ao produto indireto, provento da infração ou proveito do crime corresponde o resultado útil mediato da operação delinquencial: o ganho, o lucro, o benefício que ao delinquente adveio da utilização econômica do produto direto do crime. Constituem, pois, proventos[13] da infração o numerário obtido com a venda do veículo furtado, bem como o imóvel comprado com dinheiro roubado.

Os bens alcançados por meio da infração penal, sejam *producta sceleris*, sejam *fructus sceleris*,[14] marcam-se pela proveniência ilícita (art. 126 do CPP).

---

11. O Anteprojeto de Código Civil, nos arts. 84-85 trata dos bens fungíveis e consumíveis assim:

    Art. 84. São bens fungíveis os móveis que podem substituir-se por outros da mesma espécie, qualidade e quantidade.

    Art. 85. São consumíveis os bens móveis, cujo uso importa destruição imediata da própria substância, sendo também considerados tais os destinados a alienação.

12. MANZINI, Vincenzo. *Trattato di diritto penale italiano*. Nuova edizione. Torino: UTET, 1948. v. 3, p. 350-5; SALTELLI, Carlo. Confisca. *Nuovo digesto italiano*. Torino: UTET, 1948. v. 3, p. 790-2; BETTIOL, Giuseppe. *Diritto penale*. Parte Generale. 3. ed. Palermo: G. Piulla Editore, 1955. p. 669; GUARNIERI, Giuseppe. Confisca. *Novissimo digesto italiano*. Torino: UTET, 1957. v. 4, p. 40-42; FARIA, Bento de. *Código de Processo Penal*. Rio de Janeiro: Jacintho, 1942. v. 1, p. 194; ESPINOLA FILHO, Eduardo. *Código de Processo Penal brasileiro anotado*. 3. ed. Rio de Janeiro: Borsoi, 1955. v. 2, p. 374.

13. Note-se: provento, do latim *proventus-us*, significava multiplicação, colheita, ceifa. Guardava, portanto, a ideia de alguma coisa nascente em outra.

14. COSTA, Ary de Almeida Elias da. *Linhas gerais de instrução preparatória em processo penal*. 2. ed. Coimbra: Almedina, 1960. p. 66.

6. Sequestráveis, com efeito, são todos os bens adquiridos pelo indiciado com o produto indireto do delito, *ainda que já tenham sido transferidos a terceiro*, estranho ao crime (arts. 125 e 132 do CPP).

Ora, qual o fadário do produto do crime, ou contravenção, e dos proventos mesmo da infração?

Os bens, produtos de crime, quando móveis, hão de ser objeto de apreensão pura e simples, com ou sem busca, conforme o caso ocorrente (arts. 240/50 e art. 132, *in fine*, do CPP): isto é, há busca, procura, se escondida a coisa.

O Código de Processo Penal, entretanto, não diz qual o destino do produto direto, quando bem imóvel, nem o dos proventos da infração, ou produto indireto. Em ambos os casos, vale o sequestro. No primeiro, porque impossível a apreensão. No segundo, porquanto cabente o sequestro de bens adquiridos com os proventos da infração, seria absurdo deixá-los inconstritos.

Faltou ao legislador, aqui, observância de rigorosa técnica. O erro vem inescusável quanto aos proventos da infração (art. 125 do CPP). Lei anterior já mandava sequestrar os bens de pessoa indiciada por crime de que resultasse prejuízo à fazenda pública, fossem eles o produto mesmo da infração, ou bens adquiridos com o produto da infração.[15]

Outra solução, nos dois casos referidos, figura-se inviável até porque a lei processual penal, expressamente, admite *interpretação extensiva e aplicação analógica* (art. 3.º do CPP).

O Código Penal, em vigor,[16] além disso, na parte referente aos efeitos da condenação (art. 74, II, do CP),[xx] prescreve a perda, em favor da União, dos instrumentos utilizados na prática e execução do crime, *instrumenta sceleris*. Determina, com igual fim, a perda dos resultados do delito, produto e proveito *auferido pelo agente com a prática do fato criminoso*.

Tal perda de bens móveis ou imóveis, em favor da União, não representa, como é óbvio, enfraquecimento à realização do direito à justa reparação do dano (art. 74, I, do CP;[xxi] art. 63 do CPP;[xxii] e arts. 159[xxiii] e 1.525 do CC),[xxiv] visto que atua residualmente. Atende-se ao interesse do ofendi-

15. Decreto-lei 3.340, de 8 de maio de 1941.

Art. 8.º Transitada em julgado, a sentença condenatória importa a perda, a favor da fazenda pública, dos bens que forem produto ou adquiridos com o produto do crime, ressalvado o direito de terceiro de boa-fé.

16. Decreto-lei 2.848, de 7 de dezembro de 1940.

do, seu representante legal ou seus herdeiros, e ao dos terceiros de boa-fé. Só o remanescente cabe à União.[17]

Ressalvam-se, outrossim, aqueles bens que podem e devem ser restituídos ao dono: o lesado, ou o terceiro de boa-fé, ou mesmo o criminoso, porque lhes pertencem e quando não mais importam ao processo (arts. 118, 119 e 123 do CPP).

Os bens, entretanto, jamais se restituirão, *instrumenta et producta sceleris*, se o seu fabrico, alienação, uso, porte, ou detenção, por si sós, constituem fato ilícito. Esses bens exprimem, pois, o objeto de confisco especial (art. 100 do CP[xxv] e art. 779 do CPP).[18] Tal providência não se considera pena, visto que vedada (§ 11 do art. 153 da CF),[xxvi] mas efeito necessário da sentença se e quando existe condenação (art. 74, II, "a" e "b")[xxvii] ou, ainda – seja desconhecida a autoria, seja absolvido o acusado –, mera medida de segurança patrimonial obrigatória e irrevogável. O importante, na espé-

---

17. O novíssimo Código Penal, Decreto-lei 1.004, de 21 de outubro de 1969, no art. 91 prescreve:

Art. 91. São efeitos da condenação:

I – tornar certa a obrigação de reparar o dano resultante do crime;

II – a perda, em favor da União, ressalvado o direito do lesado ou de terceiro de boa-fé:

a) dos instrumentos do crime, desde que consistam em coisas cujo fabrico, alienação, uso, porte ou detenção constitua fato ilícito;

b) do produto do crime ou de qualquer bem ou valor que constitua proveito auferido pelo agente com a sua prática.

Já o Anteprojeto de Código Civil, quanto à obrigação nascente no ato ilícito, diz:

Art. 187. Aquele que, por ação ou omissão voluntária, negligência ou imprudência, violar o direito e causar dano a outrem, ainda que simplesmente moral, comete ato ilícito.

Art. 994. A responsabilidade civil é independente da criminal; não se poderá, porém, questionar mais sobre a existência do fato, ou quem seja o seu autor, quando estas questões se acharem decididas no crime.

18. O novíssimo Código Penal, no art. 101, manda:

Art. 101. O juiz, embora não apurada a autoria, ou ainda quando o agente é inimputável ou não punível, deve ordenar o confisco dos instrumentos e produtos do crime, desde que consistam em coisas cujo fabrico, alienação, uso, porte ou detenção constitui fato ilícito, ressalvado, porém, o direito do lesado ou de terceiro de boa-fé.

cie, situa-se na ilicitude ou na periculosidade do objeto confiscável, como fonte de outros crimes, ou de ameaça de dano.[19]

O bem confiscável não se pode sequestrar, porquanto ou o interesse à reparação já se encontra satisfeito, ou o bem se acha fora de comércio por natureza, ou por força de lei.

7. O sequestro de bens móveis e imóveis, adquiridos pelo indiciado com o resultado da infração, efetiva-se mesmo que já *tenham sido transferidos a terceiro* (art. 125 e 132 do CPP).

Transferir é passar, transmitir, de uma para outra pessoa certo bem. Quem transfere perde o domínio.

A propriedade mobiliária e imobiliária se perde pela alienação, pela renúncia, pelo abandono, pela desapropriação e pelo perecimento do objeto. A última forma, já se vê, não importa ao tema, em exame (arts. 589[xxviii] e 590 do CC[xxix] e arts. 153, § 22, e 161 da CF).

Ao elenco do Código Civil (art. 589 do CC),[xxx] mesmo que, longinquamente, importe ao tema, acrescentem-se o usucapião, a acessão, a dissolução da sociedade conjugal e a sentença judicial, coberta pelo manto da coisa julgada.[20]

Aliena-se o bem móvel, ou imóvel, quando, por meio do negócio jurídico bilateral,[21] transferimo-lo de nosso patrimônio para o alheio, tornamo-lo, assim, de outrem.[22]

---

19. NOGUEIRA, José Carlos de Ataliba. *Medidas de segurança*. São Paulo: Saraiva, 1937. p. 171; LYRA, Roberto. *Comentários ao Código Penal*. 2. ed. Rio de Janeiro: Forense, 1955. v. 2, p. 524; GARCIA, Basileu. *Instituições de direito penal*. 4. ed. São Paulo: Max Limonad, [s.d.]. v. 1, t. II, p. 628; MAGALHÃES NORONHA, Edgar. *Direito penal*. 2. ed. São Paulo: Saraiva, 1963. v. 1, p. 394; FREDERICO MARQUES, José. *Tratado de direito penal*. 2. ed. São Paulo: Saraiva, 1966. v. 3, p. 298.

20. BARROS MONTEIRO, Washington de. *Curso de direito civil*: direito das coisas. 3. ed. São Paulo: Saraiva, 1958. v. 3, p. 159.

21. Há outras maneiras, não contratuais, de alienação, a saber: arrematação, adjudicação, licitação, implemento da condição resolutiva e ocorrência da exceção *rei venditae et traditae*. V. BARROS MONTEIRO, Washington de. *Curso*... cit., v. 3, p. 160.

22. TORNAGHI, Hélio B. *Compêndio de processo penal*. Rio de Janeiro: Konfino, 1967. t. III, p. 966; BEVILÁQUA, Clóvis. *Código*... cit., v. 3, p. 119; SERPA LOPES, Miguel Maria de. *Curso de direito civil*. 3. ed. Rio de Janeiro: Freitas Bastos, 1964. v. 6, p. 564; PONTES DE MIRANDA, Francisco C. *Tratado de direito pri-*

A alienação opera sob forma benéfica na doação. Sob forma onerosa ela surge na compra e venda, na troca ou permuta e no negócio fiduciário.

A perda, pela alienação, só se efetiva para os bens móveis com a tradição (art. 620 do CC)[xxxi] e para os bens imóveis pela transcrição (art. 589, I, § 1.º, do CC[xxxii] e arts. 167, "b", X, e 168 do Decreto-lei 1.000, de 21 de outubro de 1969). Sem esses atos, abstração feita da cláusula *constituti*, os bens não passam do alienante para o alienatário, ou adquirente do domínio.

Renúncia constitui-se em ato jurídico unilateral de vontade, pelo qual o titular do direito subjetivo de propriedade dele abre mão, dele se desapossa. Há declaração de vontade. Se a renúncia atinge bem imóvel, apenas pela transcrição tem efeito (art. 589, II, § 1.º, do CC).[xxxiii]

O proprietário de certo bem, quando o derrelinque desejando não possuí-lo, no próprio patrimônio, se diz que o abandona.

Qualquer um pode usucapir o bem abandonado, sabendo-se, contudo, que o abandono inadmite presunção. O imóvel abandonado, por mais de dez anos, torna-se vago. Aos Estados e ao Distrito Federal cabe arrecadá-lo, se achável no respectivo território. À União passa o domínio se encontrável o prédio em lugar não constituído em Estado (art. 589, III, § 2.º, do CC).[xxxiv]

Na renúncia e no abandono inexiste transferência ou transmissão da propriedade. O titular, em ambos os casos, tira de si o bem.

Dizem os autores[23] que a expressa declaração unilateral de vontade distingue a renúncia do abandono. Na primeira se acha presente, não na segunda. Logo, ou a renúncia tácita jamais ocorre ou se equipara ao abandono. Poder-se-ia, entretanto, afirmar que o renunciante, ainda que tácito, atua certo que do ato de despojamento, de deixação, haverá ciência e relativa direção acional. Há, por assim dizer, ao menos intenção de declaração. Ao abandonante nada importa além do próprio abandono, considerado em si mesmo. É ato simples e puro de repúdio da propriedade ou da posse.[24]

---

vado. 3. ed. Rio de Janeiro: Borsoi, 1971. t. XIV, p. 107; BARROS MONTEIRO, Washington de. *Curso*... cit., v. 3, p. 159; RODRIGUES, Silvio. *Direito civil*: Parte Geral. São Paulo: Max Limonad, 1964. v. 5, p. 195; LIMONGI FRANÇA, Rubens. *Manual*... cit., v. 3, p. 147 e 164.

23. V. nota 22.

24. No Anteprojeto do Código Civil se adquire e se perde a propriedade móvel e imóvel, assim:

A necessidade, ou a utilidade pública, outrossim, determinam a perda da propriedade móvel, ou imóvel, pela desapropriação (art. 590 do CC[xxxv] e arts. 153, § 22, e 161 da CF).[xxxvi]

Consiste a desapropriação em ato unilateral, de natureza pública, de subtração patrimonial, por meio do qual o Estado, no interesse coletivo, tira do particular, para si, o domínio de certo bem, ou direito, pagando-lhe, por isso, prévia e justa indenização.[25]

Inexiste, nesse ato, livre transferência de domínio. Há perda de propriedade, pelo exercício da prevalência do interesse coletivo sobre o individual.[26]

Art. 1.439. Adquire-se também a propriedade imóvel:

I – pela transcrição do título de transferência no Registro de Imóveis;

II – pela acessão.

Art. 1.458. A propriedade das coisas não se transfere pelos negócios jurídicos antes da tradição.

Parágrafo único. Subtende-se a tradição quando o transmitente continua a possuir pelo constituto possessório; cede ao adquirente o direito à restituição da coisa, que se encontra em poder de terceiro; ou quando o adquirente já está na posse da coisa, por ocasião do negócio jurídico.

Art. 1.466. Além das causas consideradas neste Código, perde-se a propriedade:

I – pela alienação;

II – pela renúncia;

III – pelo abandono;

IV – pelo perecimento da coisa;

V – pela desapropriação.

O imóvel rústico abandonado, nas mesmas circunstâncias, poderá ser arrecadado, como bem vago, e passar, cinco anos depois, à propriedade da União, onde quer que ele se localiza.

Parágrafo único. Presumir-se-á, de modo absoluto, a intenção a que se refere este artigo, quando, cessados os atos de posse, deixar o proprietário de satisfazer os ônus fiscais.

25. V. nota 22.

26. Algumas leis extravagantes sobre desapropriação: Decreto-lei 3.365, de 21 de junho de 1941; Lei 1.522, de 26 de dezembro de 1951; Lei 2004; de 3 de outubro de 1953; Decreto-lei 4.132, de 10 de setembro de 1962; Decreto-lei 4.504, de 30 de novembro de 1964; Decreto-lei 55.889, de 31 de março de 1965; Decreto-lei 32, de 18 de novembro de 1966.

Se a expressão *bens transferidos a terceiro* (arts. 125 e 132 do CPP) for atendida, no maior rigor técnico, só nos alienados cabe sequestro. Os bens renunciados e abandonados não se transferem, nem transmitem, unicamente se perdem.

Os doutos admitem, entretanto, o sequestro penal dos bens que foram objeto de renúncia e abandono. A interpretação do Código de Processo Penal, aqui, vem aflorando à larga. Ao terceiro sobra o direito de regresso ou reversivo, contra aquele de quem houve o bem, resultante da responsabilidade civil. Nos bens desapropriados, contudo, não incide sequestro, mas sobre a indenização cabente.[27]

8. Em direito material figura como terceiro, *tertius*, quem não intervém, quem não participa do ato jurídico, ou do contrato.[28]

Em processo, o terceiro aflora como pessoa diversa daqueles que litigam. Quem não tomou parte no feito, pessoalmente ou por via de representação, e, se não pode sujeitar, diretamente à eficácia dos atos jurisdicionais dimanentes, é terceiro.[29]

Interessam-lhe, contudo, o resultado da demanda, as decisões sobre os bens e direitos, comprometidos pelos sujeitos, autor e réu, na ação judiciária. A medida, qualitativa e quantitativa, de sua situação, no processo, encontra-se na espécie e extensão do interesse que quer defender.

Costuma-se apartar, no processo penal,[30] o terceiro (arts. 125 e 129 do CPP) do terceiro de boa-fé (art. 130, II, do CPP).

Simples terceiro seria o senhor e possuidor do bem sequestrado, estranho ele ao delito, por completo alheio à infração penal.

---

27. TORNAGHI, Hélio B. *Compêndio*... cit., v. 3, p. 967.

28. Non debet aliis nocere quod inter alios actum est *(D. L. XVII, 175)* Res inter alios acta, aliis nec prodest nec nocet *(C. J., VII, LVI, 1)*.

29. PEREIRA E SOUSA, Joaquim José Caetano. *Dicionário jurídico*. Lisboa: Impr. Régia, 1827. t. III, v. B. Terceiro; PONTES DE MIRANDA, Francisco C. *Comentários ao Código de Processo Civil*. 2. ed. Rio de Janeiro: Forense, 1959. t. IX, p. 23; AMBRA, Luiz. *Dos embargos de terceiro*. São Paulo: RT, 1971. p. 24; CHIOVENDA, Giuseppe. *Instituições de direito processual civil*. Tradução de J. G. Menegale. São Paulo: Saraiva, 1942. v. 3, p. 389; PALLARES, Eduardo. *Dicionário de derecho procesal civil*. 5. ed. México: Porrua, 1966. p. 720.

30. ESPINOLA FILHO, Eduardo. *Código*... cit., v. 2, p. 381 e 384; MAGALHÃES NORONHA, Edgard. *Curso de direito processual penal*. São Paulo: Saraiva, 1964. p. 99.

Terceiro de boa-fé, apenas aquele que adquiriu, ao menos a justo preço, bens do acusado, resultantes da infração, ignorando-lhes, de modo invencível, a proveniência ilícita.

Sequestráveis, outrossim, são os bens, móveis ou imóveis, adquiridos pelo terceiro, com o produto direto, ou indireto da infração penal, o qual lhe foi, disfarçadamente, fornecido pelo indiciado.[31]

9. O conceito de boa-fé admite variantes psicológicas, à luz das questões emergentes em direito.

O terceiro de boa-fé, no caso (art. 130, II, do CPP), há de ser possuidor, que tem, como se fora seu, bem adquirido, a título oneroso, e o vê constringido pelo sequestro penal, porque de ilícita proveniência (art. 126 do CPP).

A definição legal de possuidor de boa-fé, assim, dá-nos a lei civil material (art. 490 do CC):[xxxvii] "É de boa-fé a posse, se o possuidor ignora o vício, ou o obstáculo, que lhe impede a aquisição da coisa ou do direito possuído".[32]

O terceiro, crendo na *causa possessionis*, deve ignorar, entretanto, a proveniência ilícita do bem, quando o adquire.

Acha-se em má-fé, quando sabe de raiz, tem ciência, conhece o vício, ou o óbice à aquisição *iusta*.[33]

A boa-fé, cumpre notar, não se presume. Ao terceiro, adquirente de bens de ilícita proveniência, não basta alegar boa-fé na aquisição e posse. Necessita prová-la nos embargos. Se o possuidor, com tudo, tem, ou cuida

---

31. Ac. unân. do STF, de 14.10.53, no mandando de segurança n. 2229, Rel. Min. Nelson Hungria, Revista dos Tribunais, São Paulo. v. 235, p. 606.

32. O Anteprojeto do Código Civil também define:

    Art. 1.395. É de boa-fé a posse, se o possuidor ignora o vício, ou o obstáculo que lhe impede a aquisição da coisa.

    Parágrafo único. O possuidor com justo título tem por si a presunção de boa fé, salvo prova em contrário, ou quando a lei expressamente não admite a presunção.

33. ESPINOLA FILHO, Eduardo. *Código*... cit., v. 2, p. 384; PONTES DE MIRANDA, Francisco C. *Tratado*... cit., t. X, p. 126; BARROS MONTEIRO, Washington de. *Curso*... cit., v. 3, p. 34; RODRIGUES, Silvio. *Direito civil*... cit., v. 5, p. 44; LIMONGI FRANÇA, Rubens. *Manual*... cit., v. 3, p. 46; SILVEIRA, Alípio. A boa-fé no direito civil. *Revista Forense*, Rio de Janeiro, n. 86, p. 13-30, 1941.

ter, título hábil a lhe transferir o domínio, existe presunção *juris tantum* de boa-fé (parágrafo único do art. 490 do CC).[xxxviii]

Só ao terceiro, quando de boa-fé, portanto, se protege dos efeitos do sequestro penal, pelos embargos (art. 130, II, do CPP). Apenas ele guarda direito aos frutos colhidos (art. 510 do CC);[xxxix] a invocar a irresponsabilidade pela perda, ou deterioração, que não causou, do bem, virtualmente, possuído (art. 514, do CC).[xl] Ainda, direito a pretender indenização pelas benfeitorias necessárias e úteis, acaso realizadas. "Quanto às voluptuárias, se lhe não forem pagas, a levantá-las, quando o puder sem detrimento da coisa" (art. 63,[xli] c/c o art. 516 do CC).[xlii-34]

A boa-fé não consiste apenas em ignorar a origem ilícita da coisa, o vício e o óbice, mas também poder acreditar na perfeição do negócio jurídico, na habilidade da transferência do bem.

Acaba-se, portanto, pela impossibilidade de embargos ao sequestro, sempre que o terceiro, por exemplo, adquire de pessoa cuja menoridade aflora manifesta; ou um imóvel sem as cautelas cabentes; ou de pessoa, cuja posição socioeconômica, desde logo, faz presumir que não seja dona, ou a preço mesquinho coisa custosa; ou, ainda, sob termos e condições que lhe firmam descomedido proveito, abstração feita do preço.[35] Nesses

---

34. No Anteprojeto do Código Civil:

Art. 95. As benfeitorias podem ser voluptuárias, úteis ou necessárias.

§ 1.º São voluptuárias as de mero deleite ou recreio, que não aumentam o uso habitual do bem, ainda que o tornem mais agradável ou sejam de elevado valor.

§ 2.º São úteis as que aumentam ou facilitam o uso do bem.

§ 3.º São necessárias as que têm por fim conservar o bem ou evitar que se deteriore.

Art. 1.407. O possuidor de boa-fé tem direito, enquanto ela durar, aos frutos percebidos.

Parágrafo único. Os frutos pendentes ao tempo em que cessar a boa-fé dever ser restituídos, depois de deduzidas as despesas da produção e custeio. Devem ser também restituídos os frutos colhidos com antecipação.

Art. 1.410. O possuidor de boa-fé não reponde pela perda ou deterioração da coisa, a que não der causa.

Art. 1.412. O possuidor de boa-fé tem direito a indenização das benfeitorias necessárias e úteis, bem como, quanto às voluptuárias, se lhe não forem pagas, a levantá-las, quando o puder sem detrimento da coisa.

35. ESPINOLA FILHO, Eduardo. *Código...* cit., v. 2, p. 385.

casos, muito embora o terceiro não possua ciência da ilícita proveniente bem, claro que não teria em seu prol a boa-fé.

Une-se ao tema, de manifesto, a questão da existência ou inexistência de receptação (art. 180 e seus parágrafos do vigente CP e art. 196/8 do Novíssimo CP). Consiste em crime contra o patrimônio, ligado a outro delito anterior, de cujo produto, bem móvel, o agente *(receptador)* se aproveita, ou a outrem propicia ganho, dolosa ou culposamente. A receptação comporta, pois, duas modalidades. Dá-se pela ciência do infrator da origem criminosa da coisa e pela possibilidade de conhecimento da dita origem. Vale dizer, pelo dolo e pela culpa. O mesmo crime comete se também certo da procedência criminosa da coisa, influi intermediando para que terceiro de boa-fé lucre com o produto da infração. A receptação é, por assim dizer, a projeção de um estado ilícito, nascente num crime anterior, em prejuízo permanente da vítima. Resta claro que tal delito arreda a boa-fé.

10. Sequestram-se, pois, os bens do indiciado, obtidos por meio de delito, móveis ou imóveis, sejam-lhe produto ou proveito, não obstante já se achem alienados, ou por outra forma no domínio de terceiro possuidor de boa ou má-fé, ressalvados os casos de desapropriação. Nunca por nunca incide o sequestro, incogitada a hipoteca legal (arts. 134-138 do CPP),[xliii] sobre bens que, de manifesto, não os adquiriu o indiciado, com os resultados do crime.[36]

11. A lei processual penal vigorante exige, para a decretação do sequestro, ao menos *indícios veementes da proveniência ilícita dos bens* (arts. 126 e 132 do CPP).

Vem a furo, pois, o indício como condição suficiente ao caimento do sequestro penal sobre aqueles bens nascentes no delito. Entenda-se, aqui, condição como princípio não causal, de ordem real, que influi negativamente em algo dele distinto, afastando-lhe o obstáculo proibitivo.[37] O indício surge como elemento mínimo, sem o qual se não pode sequestrar. Ou há, ao menos, indícios da proveniência ilícita dos bens, ou não há sequestro.

---

36. Ac. un, do STF, de 21.11.1961, no Recurso Extraordinário 26.068, Rel. Min. Hahnemann Guimarães. *Rev. Trim. Jur.*, v. 24, p. 427.

37. VAN ACKER, Leonardo. Curso de filosofia do direito. *Revista da Universidade Católica de São Paulo*, São Paulo, 1.º fasc., p. 46, 1968.

O indício[38] consiste no vestígio que aponta para o achamento do oculto, de algo, ou de alguém. É sinal, mostra, rasto e pegada. Fato conhecido, certo – *factum probans* –, que nos leva revelando a outro fato – *factum probandum* –, desconhecido e a ele relacionado, cuja descoberta se intenta[39] por via de trabalho lógico indutivo-dedutivo.

Indício é termo objetivo no sentido de designar, em destaque, objeto, ou fato, que dá ensejo à suspeita, ou ao juízo do sujeito investigador, levando-o a concluir.

A característica do indício consiste em que não possui valor de prova, em si mesmo, senão ligado a outra circunstância.[40] Assim, posto em estado de relação, surge como prova indireta e crítica (art. 252 do CPC[xliv] e art. 239 do CPP).

Os indícios, ao permitirem concluir com segurança, ou razão suficiente (indícios veementes, art. 126; indícios suficientes, arts. 134 e 312[xlv] e 409 do CPP),[xlvi] tal conclusão é dita estabelecida por indução (art. 239 do CPP), que seria, no caso, analógica. O Código de Processo Penal, entretanto, apanha o termo no sentido geral, vulgar e não rigorosamente técnico. Em termos técnicos de lógica, corresponde essa indução, no diploma

---

38. Indícios e circunstâncias constituem faces do mesmo fenômeno. Indício é a coisa e circunstâncias o fato. Ambos arrimam o processo lógico, que conduz à conclusão ou fato probando. Cf. AMARAL SANTOS, Moacyr. *Prova judiciária no civil e comercial*. 3. ed. São Paulo: Max Limonad, 1968. v. 5, p. 482.

39. MITTERMAYER, C. J. A. *Tratado da prova em matéria criminal*. Tradução de Alberto A. Soares. Rio de Janeiro: Cruz Coutinho, 1871. p. 220; MALATESTA, Nicola Framarino dei. *A lógica das provas em matéria criminal*. Tradução de J. Alves Sá. 2. ed. Lisboa: Teixeira, 1927. p. 205; MELERO, Valentin Silva. *Presunciones e indicios en el proceso penal*. Sep. Rev. General de Legislación y Jurisprudencia. Madrid: Reus, 1944. p. 13; do mesmo autor *La prueba procesal*. Madrid: Ed. Revista de Derecho Privado, 1963. t. I, p. 304; DELLEPIANE, Antonio. *Nova teoria da prova*. Tradução da 5. ed. argentina por Erico Maciel. Rio de Janeiro: Jacintho, 1942. p. 73; ALSINA, Hugo. *Tratado teórico prático de derecho procesal civil y comercial*. Buenos Aires: Compañia Argentina de Editores, 1942. t. II, p. 519. ALMEIDA JUNIOR, João Mendes de. *Direito judiciário brasileiro*. 5. ed. Rio de Janeiro: Freitas Bastos, 1960. p. 194; BONUMÁ, João. *Direito processual civil*. São Paulo: Saraiva, 1946. v. 2, p. 413; PONTES DE MIRANDA, Francisco C. *Comentários*... cit., t. III, p. 421; AMARAL SANTOS, Moacyr. *Prova*... cit., v. 5, p. 401.

40. VISHINSKI, Andrei. *La teoría de la prueba en el derecho soviético*. Buenos Aires: Ed. Nuovo Derecho, 1951. p. 326.

processual, à argumentação materialmente provável, a qual se pode realizar de qualquer forma, silogística ou propriamente indutiva. Em ambas as formas, a conclusão figura-se provável, no sentido de não ser materialmente necessária, ou necessariamente verdadeira, por se constituir apenas em proposição contingente.[41] A única diferença, aqui, está em que no silogismo tal conclusão aflora formalmente necessária e rigorosa, ao passo que na indução ela não possui rigor formal.[42]

O termo *indução* (art. 239 do CPP) vale em sentido geral ou não tecnicamente lógico. Aplicável, assim, ao silogismo como à indução por duas razões. A primeira consiste em que a conclusão é materialmente contingente, tanto no silogismo como na indução, de modo a não se impor pela verdade *(por exemplo, na demonstração matemática – quaisquer duas quantidades iguais a quatro são iguais entre si. Ora, (2x2) e (100 – 96) são duas quantidades iguais a quatro. Logo (2x2) = (100 – 96)*, mas de modo a ser a conclusão, apenas, verossimilhante e, por isso, somente cautelosamente *induzida* ou introduzida. A segunda razão consiste em que, nos raciocínios em matéria provável e contingente, como são os raciocínios dos provimentos jurisdicionais, o costume é combinar a forma indutiva e dedutiva, a fim de reforçar enquanto possível a probabilidade da conclusão.[43]

---

41. VAN ACKER, Leonardo. Elementos de lógica clássica formal e material. 2. ed. *Revista da Universidade Católica de São Paulo*, São Paulo, Fasc. 77-72, p. 196, São Paulo, 1971.

42. É o que se pode ilustrar com os seguintes exemplos:

Em forma de indução por analogia, *a pari:* a vítima, Sicrana, foi ferida por balas do mesmo calibre e idêntico estriamento lateral que as encontradas no revólver pertencente ao réu, Fulano. Logo, à vista da paridade nas balas, Fulano é o autor provável dos ferimentos de Sicrana. Em forma de silogismo ou dedução, mas principiando pela premissa menor: em carta da vítima, Sicrana, escrita à amiga Beltrana, antes do fato, Fulano, o réu, ex-namorado de Sicrana, é descrito como indivíduo mau, frio e egoísta e muito interessado nos bens de Sicrana, e que, ao ser por esta repelido, a ameaçara, predizendo que ela haveria de se arrepender. Ora, o indivíduo assim descrito parece só poder ser o autor dos ferimentos, causados por balas de revólver em Sicrana. Logo, Fulano, o réu, ex-namorado de Sicrana, parece só poder ser o autor dos ferimentos, causados por balas de revolver, em Sicrana.

43. VAN ACKER, Leonardo. Elementos... cit., p. 195-203; REALE, Miguel. *O direito como experiência*: introdução à epistemologia jurídica. São Paulo: Saraiva, 1968. p. 65-74.

A definição de indício, contida no diploma processual penal ("Art. 239. Considera-se indício a circunstância conhecida e provada, que, tendo relação com o fato, autorize, por indução, concluir-se a existência de outra, ou outras circunstâncias"), pode ter, portanto, tal entendimento.[44]

Os indícios *surgem veementes*, quando intensos, fortíssimos; capazes, pois, de provocar estado de quase certeza. Os suficientes, apenas, bastam para o convencimento relativo. Achar-se-iam os últimos entre os veementes e os brandos, leves, ou insuficientes.[45]

Alguns mestres afirmam a mesmeidade dos conceitos de indício e de presunção *hominis*, chamada, também, de fato, comum, judicial ou simples. Ressaltam, outrossim, a inutilidade prática da distinção.[46]

---

44. Eis a noção e a avaliação dos indícios, no Anteprojeto Tornaghi de Código de Processo Penal:

    Art. 308. Considera-se indício a circunstância conhecida e provada, que, tendo relação como o fato, autorize concluir-se a existência de outra ou outras circunstâncias.

    Parágrafo único. Os indícios somente serão levados em conta pelo juiz se estiver por outro meio provada a materialidade do fato.

    Art. 309. Na avaliação dos indícios o juiz não está jungido a nenhuma regra preestabelecida.

45. Tal distinção, para Tornaghi, constitui *resquício do sistema das provas legais* ou positivas (TORNAGHI, Hélio B. *Compêndio...* cit., v. 3, p. 969). Existiria, por conseguinte, espécie de semitarifamento dos indícios, não obstante o item VI da *Exposição de Motivos.*

46. BONNIER, Eduardo. *Tratado de las pruebas en derecho civil y en derecho penal.* Tradução de José Vicente y Caravantes. 5. ed. Madrid: Reus, 1929. t. II, p. 481; VITU, André. *Procedure pénale.* Paris: PUF, 1957. p. 216; FENECH, Miguel. *Derecho procesal penal.* Barcelona: Labor, 1952. v. 1, p. 707; GORPHE, François. *De la apreciación de las pruebas.* Tradução de Alcalà Zamora y Luiz Castilho. Buenos Aires: Bosch, 1950. p. 38, 154 e 249; FREDERICO MARQUES, José. *Elementos de direito processual penal.* 2. ed. Rio de Janeiro: Forense, 1965. v. 2, p. 375 e 377; MAGALHÃES NORONHA, Edgard. *Curso...* cit., p. 127; LESSONA, Carlo. *Teoria delle prove nel diritto giudiziario civile.* 3. ed. Firenze: Fratelli Cammelli, 1916. v. 5, p. 99; HEDEMANN, Justus Wilhelm. *Las presunciones en el derecho.* Tradução de Luis Sancho Seral. Madrid: Ed. Revista de Derecho Privado, 1931. p. 80-81; GIANTURCO, Vito. *La prova indiziaria.* Milano: Giuffrè, 1958. p. 21 e 29-30; NEVES E CASTRO, Francisco Augusto das. *Teoria das provas* (por Pontes de Miranda). 2. ed. Rio de Janeiro: Jacintho, 1917. p. 467; FREDERICO MARQUES, José. *Instituições de direito processual civil.* 3. ed. Rio de Janeiro: Forense, 1967. v. 3, p. 369.

Pois bem, a palavra presunção guarda o significado de ideia antecipada, conjectura ou opinião sobre algo. *Praesumptio hominis* consiste na consequência, na conclusão do raciocínio, que o magistrado, como qualquer homem médio, partindo apenas da experiência comum, tira dos fatos *sub judice* para formar convicção quanto ao *thema probandum*.[47] A presunção é, pois, subjetiva, no sentido de designar, de modo principal, uma ação mental do sujeito, acerca de um objeto ou fato.

O indício provém de elementos concretos dos quais se tira a prova indireta. A presunção *facti* surge sob a forma de conclusão de um raciocínio, como atividade lógica do juiz, arrimado na geral experiência do ocorrente.[48]

A razão, não obstante não pacificado o tema no campo teórico, cabe aos que distinguem indícios de presunção simples.

Misturar as duas provas indiretas é filiar-se ao *Codice Juris Cononici*,[49] em que a presunção *hominis* em matéria penal pertence à categoria dos indícios.[50]

A pretensa sinonímia de conceitos exsurge do foco defectivo da questão, até porque simplista. É desejar unir sob uma e mesma denominação o objetivo e o subjetivo, o concreto e o abstrato. Tudo a pretexto de igualdade de eficácias, no terreno prático.

A natureza, porém, separa os seres, não sua atuação. O extremar conceitos, por isso, não se afigura vazio de alcance. Em matéria jurídica, e mais ainda em processo, há que se combater aquele vitando tratamento.

---

47. BORGES DA ROSA, Inocêncio. *Processo penal brasileiro*. Porto Alegre: Globo, 1942. v. 2, p. 107; TORNAGHI, Hélio B. *Compêndio*... cit., v. 3, p. 969; CAMPOS BARROS, Romeu Pires de. *Lineamentos do direito processual penal brasileiro*. Goiânia: [s.n.], 1967. v. 2, p. 698-699; CHIOVENDA, Giuseppe. *Principii di diritto processuale civile*. Ristampa. Napoli: Jovene, 1965. § 67, p. 853; PONTES DE MIRANDA, Francisco C. *Comentários*... cit., t. III, p. 424; AMARAL SANTOS, Moacyr. *Prova*... cit., v. 5, p. 485.

48. FLORIAN, Eugenio. *De las pruebas penales*. Tradução de J. Guerrero. Bogotá: Temis, 1968. t. I, p. 84.

49. Canon 1825 § 1. Presunção é a conjectura provável de uma coisa incerta; pode ser de direito, que é a determinada pela mesma lei, e do homem, que é a formada pelo juiz.

50. DELLA ROCCA, Fernando. *Instituciones de derecho procesal canônico*. Tradução de Iragui. Buenos Aires: Pacífico Dedebec, 1950. p. 264; PONTES DE MIRANDA, Francisco C. *Comentários*... cit., t. III, p. 425.

12. Convém resumir, em relação às duas primeiras normas, em principal escoliadas (arts. 125 e 132 do CPP): os bens, móveis e imóveis, hão de ser sequestrados, desde que haja indícios veementes da proveniência ilícita dos bens (art. 126 do CPP). Eis o que o juiz ordenará, de ofício, a requerimento do Ministério Público, do ofendido, ou mediante representação da autoridade policial, em qualquer fase do processo, ou ainda antes de oferecida a denúncia ou queixa (art. 127 do CPP). Tudo a fim de que, preenchidas as demais formalidades, de que não importa agora cuidar, cumpra-se o disposto no art. 133 do CPP, a saber: transitada em julgado a sentença condenatória, o magistrado, de ofício, ou a requerimento do interessado, determinará a avaliação e a venda dos bens em leilão público. O dinheiro, assim apurado, será recolhido ao Tesouro Nacional, o que não coube ao lesado, ou a terceiro de boa-fé.

13. A completar a visão de conjunto, interessa examinar, assim, o sequestro de bens imóveis e móveis, pertencentes ao indiciado, mesmo que não adquiridos com o produto direto, ou indireto da infração penal (arts. 136[xlvii] e 137 do CPP).[xlviii]

Consiste, então, em outra modalidade de sequestro, o qual, como *medida assecuratória*, ainda, do interesse de reparação do dano, causado ao ofendido e resultante do crime, é decretável, tanto em juízo penal (arts. 136[xlix] e 137[l] do CPP) quanto em juízo cível (art. 144 do CPP).

Pode advir do crime o dano. O delito, então, torna-se causa eficiente de obrigação civil. A infração penal, por isso mesmo, obriga o infrator a reparar o prejuízo, causado pela sua atividade antissocial (art. 159 do CC),[li] abstração feita de a responsabilidade civil ser independente da criminal.[51] Todos os bens livres do delinquente, desde o instante do cometimento do crime, passam, portanto, a responder por essa justa reparação (arts. 1.518-1.532[lii] e arts. 1.535-1.553 do CC).

O sequestro de bens imóveis do acusado, aqui, vincula-se à hipoteca legal (arts. 134-136 do CPP) e o de bens móveis é vinculável à penhora (art. 137 do CPP).

---

51. Diz o Anteprojeto do Código Civil:

Art. 287. Aquele que, por ação ou omissão voluntária, negligência ou imprudência, violar direito e causar dano a outrem, ainda que simplesmente moral, comete ato ilícito.

Art. 986. Aquele que, por ato ilícito (arts. 187 e 188) causar dano a outrem é obrigado a repará-lo.

A tomada de bens imóveis emerge conforme o disposto, precipuamente, no direito material civil (arts. 827[liii]-830 do CC).[livlv-lvi] Assim, "ao ofendido, ou aos seus herdeiros, sobre os imóveis do delinquente, para satisfação do dano causado pelo delito... a lei confere hipoteca" (art. 827, VI, do CC).[lvii-52]

A tomada de bens móveis do indiciado, quando insuficientes os imóveis, efetivar-se-á, de acordo, primordialmente, com o direito processual civil (arts. 927-991, em especial arts. 930 e 942 CPC).[53] Tudo sempre nos

---

52. O Anteprojeto do Código Civil estabelece:

Art. 1.675. A lei confere hipoteca:

III – ao ofendido, ou aos seus herdeiros sobre os imóveis do delinquente, para satisfação do dano causado pelo delito e pagamento das despesas judiciais.

53. Reza o Projeto 810-B do Código de Processo Civil:

Art. 659. São absolutamente impenhoráveis:

I – os bens inalienáveis e os declarados, por ato voluntário, não sujeitos à execução;

II – as provisões de alimento e de combustível, necessários à manutenção do devedor e de sua família durante um mês;

III – o anel nupcial e os retratos de família;

IV – os vencimentos dos magistrados, dos professores e dos funcionários públicos, o soldo e os salários, salvo para pagamento de prestação alimentícia;

V – os equipamentos dos militares;

VI – os livros, as máquinas, os utensílios e os instrumentos, necessários ou úteis ao exercício de qualquer profissão;

VII – as pensões, as tenças ou os montepios, percebidos dos cofres públicos, ou de institutos de previdência, bem como os provenientes de liberalidade de terceiro, quando destinados ao sustento do devedor ou da sua família;

VIII – os materiais necessários para obras em andamento, salvo se estas forem penhoradas;

IX – o seguro de vida;

Art. 660. Podem ser penhoradas, à falta de outros bens:

I – os frutos e os rendimentos dos bens inalienáveis, salvo se destinados a alimentos de incapazes, bem como de mulher viúva, solteira, ou desquitada;

II – as imagens e os objetos do culto religioso, sendo de grande valor.

Art. 665. Compete ao devedor, ao fazer a nomeação de bens, observar a seguinte ordem:

I – dinheiro;

II – pedras e metais preciosos;

mesmos termos em que se faculta a referida hipoteca legal dos imóveis.[54] Quer dizer, nos termos em que a coloca o direito civil material (art. 827, VI, do CC).[lviii]

14. Hipoteca consiste em direito real sobre a coisa alheia que sujeita, em princípio, bens imóveis, mas, ainda, móveis, indicados estes em lei, no escopo de garantir o pagamento de obrigação, assumida pelo proprietário, ou por terceiro, sem que passe ao credor, titular do referido direito, a posse dos bens garantidores.[55]

III – títulos da dívida pública da União ou dos Estados;

IV – títulos de crédito, que tenham cotação em bolsa;

V – móveis;

VI – veículos;

VII – semoventes;

VIII – imóveis;

IX – navios;

X – direitos e ações.

§ 1.º Incumbe, também, ao executado:

I – quanto aos bens imóveis, indicar-lhes as transcrições aquisitivas, situá-los e mencionar as divisas e confrontações;

II – quanto aos móveis, particularizar-lhes o estado e o lugar em que se encontram;

III – quanto aos semoventes, especificá-los, indicando o número de cabeças e o imóvel em que se acham;

IV – quanto aos créditos, identificar o devedor e qualificá-lo, descrevendo a origem da dívida, o título que a representa e a data do vencimento.

§ 2.º Na execução de crédito pignoratício, anticrético ou hipotecário, a penhora, independentemente de nomeação, recairá sobre a coisa dada em garantia.

54. No Código de Processo Penal lê-se: "[...] nos termos em que é facultada a hipoteca legal dos móveis" (art. 137, *in fine*). O erro veio vistoso e palpável no diploma. Apontaram-no quase sempre os comentadores, desde os primeiros (GUSMÃO, Sady Cardoso de. *Código de Processo Penal*. Rio de Janeiro: Jacintho, 1942. p. 62; ESPINOLA FILHO, Eduardo. *Código*... cit., v. 2, p. 407; MAGALHÃES NORONHA, Edgard. *Curso*... cit., p. 105; TORNAGHI, Hélio B. *Compêndio*... cit., v. 3, p. 995).

55. HEDEMANN, Justus Wilhelm. *Tratado de derecho civil*. Tradução de José Luiz Diez Pastor. 7. ed. Madrid: Ed. Revista de Derecho Privado, 1955. v. 2, p. 384 e 415; MESSINEO, Francesco. *Manuale di diritto civile e commerciale*. 7. ed. Milano: Giuffrè, 1947. v. 2, p. 286; LIMONGI FRANÇA, Rubens. *Manual*... cit., v. 3,

Como em todo o direito real (art. 674, IX, do CC)[lix] de garantia, na hipoteca o ônus real, que cai sobre o imóvel restringindo o domínio, constitui elemento secundário (art. 755 do CC).[lx] Em primeira plano, acha-se a obrigação, cujo adimplemento assegura. Deflui desse fato a função acessória, que lhe não afeta, entretanto, a indivisibilidade.

O credor hipotecário, além do direito de sequela, possui o predicado legal da preferência, ou de prelação. Ambos surgem, também, como atributos dos outros direitos reais sobre coisas alheias.

É, por conseguinte, na intransmissibilidade da propriedade, da posse, dos frutos e rendimentos do bem ao credor garantido – porque permanece ele em mãos do devedor garante – que se lhe acha a peculiaridade.

Só incide a hipoteca sobre o bem que se possa alienar (art. 756, segunda parte, do CC),[lxi] em geral, sendo imóvel. Com efeito, podem ser objeto de hipoteca:

a) os imóveis por natureza (art. 810, I,[lxii] c/c o art. 43 do CC);[lxiii]
b) os acessórios dos imóveis com eles (art. 810, II,[lxiv] c/c o art. 43, II e III, do CC);[lxv]
c) o domínio direto da enfiteuse – direito de senhorio direto (art. 810, III, do CC);[lxvi]
d) o domínio útil da enfiteuse – direito do enfiteuto ou foreiro (art. 810, IV,[lxvii] c/c o art. 44, I, do CC);[lxviii]
e) as estradas de ferro (art. 810, V,[lxix] c/c os arts. 852-855 do CC);[lxx]
f) as minas (art. 33 do Decreto-lei 1.985, de 29 de janeiro de 1940)[lxxi] e pedreiras, independentemente do solo onde se acham (art. 810, VI, do CC);[lxxii]
g) os apartamentos em prédios em condomínio (art. 3.º do Decreto 5.841, de 25 de junho de 1928, e art. 1.º da Lei 285, de 5 de junho de 1948).[lxxiii]

Os navios e aeronaves, posto que bens móveis, constituem objeto de hipoteca especial, por exceção (art. 810, VII,[lxxiv] c/c o art. 825 do CC[lxxv] e arts. 18-25 do Decreto-lei 32, de 18 de novembro de 1966).[56]

---

p. 290; RODRIGUES, Silvio. *Direito civil*... cit., v. 5, p. 400; BARROS MONTEIRO, Washington de. *Curso*... cit., v. 3, p. 348 e 355; GOMES, Orlando. *Direitos reais*. 2. ed. Rio de Janeiro: Forense, 1962. t. II, p. 545 PONTES DE MIRANDA, Francisco C. *Tratado*... cit., t. XX, p. 66.

56. Dispõe o Anteprojeto do Código Civil:

Art. 1.659. Podem ser objeto de hipoteca:

Em dois princípios se arrima o regime hipotecário, a saber: o da especialização e o da publicidade. O valer a constituição do vínculo real, em relação a terceiros, bem como o surgimento, para o credor, dos direitos de sequela e prelação resultam da obediência a ambos. Note-se-lhes, pois, a grandeza.

O princípio da especialização quer e manda que se individualize, em minúcias, o bem garantidor e se marque o *quantum*, o total, da obrigação garantida (art. 761 do CC).[lxxvi]

O princípio da publicidade determina o registro do título hipotecário, por meio da inscrição, fazendo-o, assim, conhecido de todos, público (arts. 831-848[lxxvii] e 856, IV, do CC[lxxviii] c/c os arts. 167, "a", III, 236 e 242-2/56 do Decreto-lei 1.000, de 21 de outubro de 1969).[lxxix-57]

I – os imóveis e os acessórios dos imóveis conjuntamente com eles;

II – o domínio direto;

III – o domínio útil;

IV – as estradas de ferro.

V – os recursos naturais a que se refere o artigo 1.424 (as jazidas, minas e demais recursos minerais), independentemente do solo onde se acham;

VI – os navios;

VII – as aeronaves.

Parágrafo único. A hipoteca dos navios e aeronaves reger-se-á pelo disposto em lei especial.

Art. 1.660. A hipoteca abrange todas as acessões, melhoramentos ou construções do imóvel. Subsistem os ônus reais constituídos e registrados, anteriormente à hipoteca, sobre o mesmo imóvel.

57. Assim rege a matéria o Anteprojeto do Código Civil:

Art. 1.420. Os direitos reais sobre imóveis constituídos, ou transmitidos por atos entre vivos, só se adquirem depois de transcrição, ou da inscrição no Registro de Imóveis dos referidos títulos (arts. 1.440 a 1.442), salvo os casos expressos neste Código.

Art. 1.610. Os contratos de penhor, anticrese e hipoteca declararão, sob pena de não terem eficácia:

I – o valor do crédito, sua estimação ou valor máximo;

II – o prazo fixado para pagamento;

III – a taxa dos juros, se houver;

IV – o bem dado em garantia, com as especificações.

Art. 1.678. Todas as hipotecas serão inscritas no registro do lugar do imóvel, ou no de cada um deles, se o título se referir a mais de um.

A desobediência aos princípios, mais que obstar o nascimento dos atributos referidos, fere de rijo o instituto. A infração, quanto ao primeiro, faz a hipoteca nula, por conseguinte cancelável. A falta do segundo torna-a inexistente.

A hipoteca, conforme a causa, ou a origem, do direito real, classifica-se em convencional, judicial e legal. A hipoteca convencional deriva do contrato; a judicial decorre da sentença condenatória; e a legal provém da lei. Só a última, agora, importa-nos (art. 827 do CC[lxxx] e art. 134 do CPC).

Hipoteca legal é instrumento protetivo. Emerge como favor legal, outorgado a certas pessoas, em dada situação jurídica, merecedoras do amparo. Na lei, pois, nasce-lhes o direito real de garantia.[58]

No elenco de espécies de hipoteca legal, criado pelo direito material civil, duas tocam ao processo penal. Concede, pois, a lei hipoteca legal *(penal) ao ofendido, ou aos seus herdeiros, sobre os imóveis do delinquente, para satisfação do dano causado pelo delito e pagamento das custas* (art. 827, VI,[lxxxi] e art. 842, I, do CC).[lxxxii-59] Confere-a, outrossim, *à Fazenda Pública Federal, Estadual ou Municipal, sobre os imóveis do delinquente, para o cumprimento das penas pecuniárias e o pagamento das custas* (art. 827, VII,[lxxxiii]e art. 842, II, do CC). [lxxxiv]

A segunda espécie não a vindica o presente estudo. Observe-se, contudo, que os bens de propriedade do acusado, quando parcos, insuficientes mesmo à satisfação do ofendido, ou seus herdeiros, estes preferirão sempre às Fazendas Públicas (art. 829 do CC). [lxxxv] Nada mais justo. O direito está para proteger os fracos.[60] O ressarcimento do dano *ex delicto*

Parágrafo único. Compete aos interessados exibindo o título, requerer a inscrição da hipoteca.

58. RODRIGUES, Silvio. *Direito civil...* cit., v. 5, p. 417; BARROS MONTEIRO, Washington de. *Curso...* cit., v. 3, p. 337; GOMES, Orlando. *Direitos reais* cit., t. II, p. 554.

59. V. nota 52.

60. Com razão observa Orlando Gomes que se orienta "modernamente o direito das obrigações no sentido de realizar melhor equilíbrio social, imbuído seus preceitos não somente da preocupação moral de impedir a exploração do fraco pelo forte, senão, também, de sobrepor o interesse coletivo, em que se inclui a harmonia social" (*Transformações gerais do direito das obrigações*. São Paulo: RT, 1967. p. 1).

surge muito mais necessário do que os adimplementos da multa criminal e das custas.[61]

Ambas as mencionadas espécies de hipoteca, diz a lei, hão de recair em *imóveis do delinquente* (art. 827, VI e VII, do CC).[lxxxvi] Tem-se apontado, como erro tangível, o emprego do adjetivo *delinquente* no texto.[62] Com efeito, delinquente é, por definição, aquele que delinquiu. Tal certeza jurídica só advém da sentença penal firme, irrecorrível. Ora, o pedido de inscrição da hipoteca legal se faz depois da denúncia, ou queixa, mas em qualquer fase do processo judicial (art. 134 do CPP). Logo, se não requer a inscrição da hipoteca, apenas quando, na ação penal, por sentença, transitada em julgado, restam reconhecidas a autoria e a existência do fato criminoso, em conexão causal. Emerge, em tal momento, por certo, a figura do delinquente, que antes era acusado, ou réu penal. Em um dos adjetivos, por isso, deverá cair a preferência do legislador civil.

Pouco menos infeliz se mostrou o legislador processual penal. Utilizou ele a expressão *imóveis do indiciado* (art. 134 do CPP).

Consiste o indiciado em pessoa sobre que recaem as probabilidades da prática do crime, no inquérito policial. Aflora, pois, como mais que suspeito da autoria, na instrução criminal extrajudicial (art. 6.º, V e VIII, do CPP).

A hipoteca legal, contudo, ao contrário do sequestro (art. 127 do CPP), não se lhe pode requerer a inscrição, em mera fase policial. O requerimento, portanto, repita-se, deve vir *em qualquer fase do processo* (art. 134 do CPP). A palavra processo, aqui, precisa ser entendida, no sentido genérico, como atividade, por meio da qual se desenvolve a função jurisdicional.

A inscrição da hipoteca legal há de se pedir em Juízo, e depois do ato decisório de recebimento da denúncia, ou da queixa, peças iniciais da acusação (art. 394 do CPP). A contar desse momento inexiste indiciado, na melhor técnica, mas sim acusado, réu. Pessoa perseguida em Juízo por

---

61. O Anteprojeto do Código Civil suprimiu a hipoteca, dita penal, cabente às Fazendas Públicas, para o cumprimento das penas pecuniárias e pagamento de custas (art. 1.675, I a V). Ora, não precisou, assim, de dispositivo semelhante ao art. 829 do vigorante Código.

62. TORNAGHI, Hélio B. *Compêndio*... cit., v. 3, p. 986.

algum crime que se lhe imputa, como ensinavam os antigos.[63] Ao réu chamar indiciado, entretanto, é menos mau que denominá-lo delinquente.[64]

Outras duas imperfeições encontram-se no atual Código de Processo Penal quanto à hipoteca. Afirma o dispositivo pertinente que *poderá ser requerida pelo ofendido* (art. 134 do CPP).

A hipoteca legal, porque nascente na lei, existe em potência e desde o cometimento da infração penal, em ato. No crime cometido incide diretamente a norma e os bens imóveis livres do infrator já se lhe sujeitam (art. 1.518 do CC).[lxxxvii] Ao ofendido, ao mesmo tempo, cabe o direito de nela procurar a garantia do justo e total ressarcimento. Desnecessário, por conseguinte, requerimento a lhe dar vivência jurídica. Pedem-se, requerem-se, isso sim, a especialização da hipoteca e a inscrição, que se lhe segue (arts. 828, [lxxxviii] 838,[lxxxix] 842, [xc] 845, [xci] 846 [xcii] e 848 [xciii] do CC e art. 135 do CPP).[65]

O segundo defeito consiste em referir, apenas, o ofendido, a vítima, como único incumbido da promoção (art. 134 do CPP). A especialização e a inscrição da hipoteca podem promovê-la, na verdade, não só o interessado pessoalmente, mas também seus herdeiros (art. 827, VI, do CC);[xciv] os representantes legais de um ou de outros, se e quando incapazes (art. 842, I, do CC); [xcv] e o Ministério Público, se o *ofendido for pobre*, ou a Fazenda Pública (arts. 842-843 do CC [xcvi] e art. 142 do CPP).

---

63. PEREIRA E SOUSA, Joaquim José Caetano. *Dicionário...* cit., t. I, verbete *Acusado.*

64. Curioso é notar que *index-icis* quer dizer aquele que indica, anuncia, o denunciador, o delator. A mesma palavra constitui, outrossim, um dos sobrenomes de *Hércules Acusador*, na mitologia clássica.

65. O Anteprojeto do Código Civil dispõe no mesmo sentido:

Art. 1.678. Todas as hipotecas serão inscritas no registro do lugar do imóvel, ou no de cada um deles, se o título se referir a mais de um.

Art. 1.683. As hipotecas legais, de qualquer natureza, deverão ser inscritas e especializadas.

§ 1.º A inscrição e a especialização das hipotecas legais incumbe a quem está obrigado a prestar garantia, mas os interessados podem promover a inscrição delas, ou solicitar ao Ministério Público que o faça.

§ 2.º As pessoas, a quem incumbir a inscrição e a especialização das hipotecas legais, estão sujeitas a perdas e danos pela omissão.

Constitui condição de viabilidade do requerimento de especialização de *que haja certeza da infração e indícios suficientes da autoria* (art. 134 do CPP).

Tal certeza significa ser verificável, pelo magistrado, a existência de infração penal, a simples ocorrência do fato delituoso; o haver fato, que constitua crime. O dado, portanto, é meramente fático: inexistirem dúvidas, quanto à ocorrência, quanto ao evento.

Indícios suficientes da autoria, como antes se disse, são os meios de prova indireta que, apenas, bastem para o convencimento relativo. Surgem como suficientes à aparência, à probabilidade de autoria, ao juiz.

Em complemento ao brevíssimo estudo, que se faz aqui, da hipoteca legal *penal*, visando ao sequestro, cumpre lembrar que se não extinguem os efeitos da inscrição em trinta anos (art. 817 do CC). [xcvii] Dura a inscrição da hipoteca legal, enquanto perdura a obrigação, *mas a especialização, completando vinte anos, deve ser renovada* (art. 830 do CC).[xcviii-66]

15. Sequestram-se, pois, os bens imóveis de propriedade do indiciado, desvinculados da infração penal, revogando-se, porém, o decreto, *se no prazo de 15 dias, não for promovido o processo de inscrição da hipoteca legal* (art. 136 do CPP).

É providência de curta vida. A constrição judicial vale, apenas, por uma quinzena, a contar de sua efetivação.

Apanha ela bens especializáveis, conserva-os, de início, obstaculizando a fraude, para que neles se possa fazer incidir a hipoteca legal (art. 134 do CPP).

Eis seu breve destino: ou se converte em hipoteca legal, por meio de hábil e tempestivo requerimento de especialização e inscrição, ou se desvanece, no prazo assinado.

A posição ancilar dessa modalidade de sequestro, com relação à hipoteca legal, surge manifesta. Se a inscrição demora, pela observância necessária da lei (art. 135 e seus parágrafos do CPP), o sequestro apanha e conserva os bens imóveis, tornando-o praticável. Afasta, portanto, o perigo de se frustrar a hipoteca pelo desbaratamento dos bens.

---

66. No Anteprojeto do Código Civil lê-se:

Art. 1684. Vale a inscrição da hipoteca, enquanto a obrigação perdurar; mas a especialização, em completando 20 anos, deve ser renovada.

16. Os imóveis do acusado hão, assim, de ser sempre sequestrados. Quer se trate de bens *adquiridos com os proventos da infração* penal *(produto direto e indireto), e ainda que já tenham sido transferidos a terceiro* (arts. 125 e 126 do CPP), quer se trate não de bens dessa *proveniência ilícita* (art. 127 do CPP), mas de bens imóveis, sujeitos à hipoteca legal (arts. 134 e 136 do CPP), os quais servem de garantia, por lei, de reparação de dano ao ofendido.

17. Também os móveis pertencentes ao réu – mas não produto direto, ou indireto do crime – podem sofrer sequestro, para que sobre tais bens recaia, oportunamente, penhora (art. 137 do CPP), se os imóveis sequestráveis são de valor insuficiente.

A sentença penal, que transitou em julgado, torna certa a obrigação de reparar o dano nascente no crime (arts. 63-68 do CPP). Consiste, pois, em título executório, que, embora emanado do juízo criminal, se dá à execução, no juízo cível, quanto às indenizações.

Ora, suscitado o processo de execução, ciente o condenado do mandado executório, se não adimple a obrigação, em 24 horas (arts. 918 e 927 do CPC), abre ensancha à penhora.[67]

Penhora é ato de constrição judicial, pelo qual se inicia a expropriação de bens do devedor executado, na execução por quantia certa, para satisfação do direito do credor exequente. Bens, portanto, são apartados do patrimônio do executado e seguros. Perde ele, assim, o poder de dispor deles, com eficácia para o exequente, sem, contudo, se ver privado, ainda, da propriedade.[68]

---

67. Diz o Projeto 810-B do Código de Processo Civil:

Art. 662. O devedor será citado para, no prazo de vinte e quatro (24) horas, pagar ou nomear bens à penhora.

Parágrafo único. O oficial de justiça certificará, no mandado, a hora inicial.

Art. 669. Se o devedor não pagar, nem fizer nomeação válida, o oficial de justiça penhorar-lhe-á tantos bens quantos bastem para o pagamento do principal, juros, custas e honorários advocatícios.

§ 1.º Efetuar-se-á a penhora onde quer que se encontrem os bens, ainda que em repartição pública; caso em que precederá requisição ao respectivo chefe.

§ 2.º Não se levará a efeito a penhora, quando evidente que o produto da execução dos bens encontrados, será totalmente absorvido pelo pagamento das custas da execução.

68. PEREIRA E SOUSA, Joaquim José Caetano. *Primeiras linhas sobre o processo civil.* Lisboa: Imprensa Nacional, 1834. t. III, p. 26; SOUZA PINTO, José Maria

Com tal ato coercitivo, especificam-se quais e quantos bens do vencido hão de responder pela obrigação exequenda. Fixa-se, delimita-se, individualiza-se, por conseguinte, a responsabilidade do executado, em satisfazer, por meio da expropriação, o direito do credor.[69]

Os bens individuados restam, até final do processo em curso, debaixo da guarda e conservação de depositário judicial, para segurança da própria execução.

O sequestro, em exame, só recai em bens móveis que se podem constituir em objeto de penhora (art. 137 do CPP). Vale dizer, naqueles bens que o direito processual civil permite sejam penhorados.

O patrimônio do devedor, por inteiro – seus bens corpóreos e incorpóreos –, responde pelas obrigações contraídas (art. 930 do CPC).[xcix] A regra geral, pois, consiste na completa excutibilidade dos bens do executado.[70]

Frederico de. *Primeiras linhas sobre o processo civil brasileiro.* Rio de Janeiro: Laemmert, 1850. t. IV, p. 23-4; RAMALHO, Joaquim Ignácio. *Pratica civil e commercial.* São Paulo: Tip. Azevedo Marques, 1861. p. 211; RIBAS, Antonio Joaquim. *Consolidação das Leis do Processo Civil.* Rio de Janeiro: Silva Junior, 1879. v. 2, p. 368; PAULA BAPTISTA, Francisco de. *Compêndio de theoria e prática do processo civil.* 7. ed. Lisboa: A. M. Teixeira & C., 1910. § 197, p. 191; MONTEIRO, João. *Curso de processo civil.* 3. ed. São Paulo: Duprat & Cia., 1912. v. 3, § 262, p. 284; CASTRO, Amilcar de. *Comentários ao Código de Processo Civil.* Rio de Janeiro: Forense, 1941. v. 10, p. 161; AMERICANO, Jorge. *Comentários ao Código de Processo Civil no Brasil.* 2. ed. São Paulo: Saraiva, 1960. v. 4, p. 172; BONUMÁ, João. *Direito...* cit., v. 3, p. 229; PONTES DE MIRANDA, Francisco C. *Comentários...* cit., t. XIII, p. 15 e 219; ROSA, Eliezer. *Dicionário de processo civil.* Rio de Janeiro: Editora de Direito, 1957. p. 282; LIEBMAN, Enrico Tullio. *Processo de execução.* São Paulo: Saraiva, 1946. p. 193; AMARAL SANTOS, Moacyr. *Primeiras linhas de direito processual civil.* São Paulo: Max Limonad, 1963. v. 3, p. 263; LOPES DA COSTA, Alfredo de Araújo. *Direito processual civil brasileiro.* 2. ed. Rio de Janeiro: Forense, 1959. v. 4, p. 107; FREDERICO MARQUES, José. *Instituições...* cit., v. 5, p. 98.

69. LIEBMAN, Enrico Tullio. *Processo...* cit., p. 194; AMARAL SANTOS, Moacyr. *Primeiras linhas...* cit., v. 3, p. 260; FREDERICO MARQUES, José. *Instituições...* cit., v. 5, p. 98-105.

70. A mesma regra se acha no Projeto 810-B do Código de Processo Civil:

Art. 601. O devedor responde, para o cumprimento de suas obrigações, com todos os seus bens presentes e futuros, salvo as restrições estabelecidas em lei.

Há, entretanto, certa ordem, ou gradação, a que se está obrigado a obedecer, na tirada de bens do executado para se fazer penhora (art. 903 e seus incisos do CPC).[c] Ei-la:

I – Dinheiro, pedras e metais preciosos.

II – Títulos da dívida pública e papéis de crédito que tenham cotação na bolsa.

III – Móveis e semoventes.

IV – Imóveis e navios.

V – Direitos e ações.[71]

O princípio geral mencionado, que vê em todos os bens do devedor o fadário de servirem à satisfação do direito do credor, sofre desvios por razões de ordem pública ou no interesse mesmo do executado.

Limita-se o penhoramento. Há bens inexcutíveis, outros existem excutíveis, tão só subsidiariamente.

Sob o enfoque da penhora, três classes de bens surgem, então: os penhoráveis (art. 930 do CPC);[ci] e os de absoluta impenhorabilidade (art. 942 do CPC);[cii] e os de relativa impenhorabilidade, ou bens de penhorabilidade subsidiária (art. 943 do CPC).[ciii]

Os bens que jamais podem ser apanhados para a execução consistem nos seguintes:

I – Os bens inalienáveis por força de lei;

II – As provisões de comida e combustíveis necessários à manutenção do executado e de sua família durante um mês;

III – O anel nupcial e os retratos de família;

IV – Uma vaca de leite e outros animais domésticos, à escolha do devedor, necessários à sua alimentação ou a suas atividades, em número que o juiz fixará de acordo com as circunstâncias;

V – Os objetos de uso doméstico, quando evidente que o produto da venda dos mesmos será ínfimo em relação ao valor de aquisição;

VI – Os socorros em dinheiro ou em natureza, concedidos ao executado por ocasião de calamidade pública;

VII – Os vencimentos dos magistrados, professores e funcionários públicos, o soldo e fardamento dos militares, os salários e soldadas,

71. V. nota 53.

em geral, salvo para pagamento de alimentos à mulher ou aos filhos, quando o executado houver sido condenado a essa prestação;

VIII – As pensões, tenças e montepios percebidos dos cofres públicos, de estabelecimentos de previdência, ou provenientes da liberalidade de terceiro, e destinados ao sustento do executado ou da família;

IX – Os livros, máquinas, utensílios e instrumentos necessários ou úteis ao exercício de qualquer profissão;

X – O prédio rural lançado para efeitos fiscais por valor inferior ou igual a dois mil cruzeiros (CR$ 2.000, 00), desde que o devedor nele tenha a sua morada e o cultive com o trabalho próprio ou da família;

XI – Os materiais necessários para obras em andamentos, salvo se estas forem penhoradas;

XII – Os fundos sociais, pelas dívidas particulares dos sócios, não compreendendo a isenção os lucros líquidos verificados em balanço;

XIII – Separadamente, os móveis, o material fixo e rodante das estradas de ferro, e os edifícios, maquinismos, animais e acessórios de estabelecimentos de indústria extrativa, fabril, agrícola e outras indispensáveis ao seu funcionamento;

XIV – Seguro de vida;

XV – O indispensável para a cama e vestuário do executado ou de sua família, bem como os utensílios de cozinha.

Os bens que só residualmente podem ser objeto de penhora *(Poderão ser penhorados, à falta de outros bens:)*, arruma-os a lei processual assim:

I – Os frutos e rendimentos dos bens inalienáveis, salvo se destinados a alimento de incapazes ou de mulheres viúvas e solteiras;

II – Os fundos líquidos que possuir o executado em sociedade comercial.[72]

Ao nosso estudo importam, entretanto, apenas os bens móveis sujeitos à penhora, porque só eles se sequestram. Bens penhoráveis são bens sequestráveis por disposição da lei processual penal (art. 137 do CPP).

Surgem, portanto, como objeto deste sequestro, para conversão em penhora, os bens móveis corpóreos seguintes: dinheiro, pedras e metais preciosos; todos os outros bens, considerados móveis, assim também os semoventes; e os navios (art. 930, I, III e IV, do CPC).[civ]

---

72. V. nota 53.

Os bens incorpóreos constituir-se-ão em objeto do sequestro, quando aceitos, na lei civil material, como móveis (arts. 930, II e V, e 931, do CPC, ainda art. 292 do CCom).[cv-73]

Os bens móveis do acusado – nem produto da infração, nem *adquiridos com os proventos* dela – poderão ser sequestrados, desde que suscetíveis, já se sabe, de penhora, porém nos mesmos *termos em que é facultada a hipoteca legal* dos imóveis (art. 137 do CPP).[74]

A lei, portanto, confere sequestro sobre os móveis do acusado, para satisfação do dano, oriundo do delito, ao ofendido; aos seus herdeiros (art. 827, VI, do CC);[cvi] aos representantes legais de um ou de outros, se e quando incapazes (art. 842, I, do CC);[cvii] e ao Ministério Público, se o *ofendido for pobre* ou a Fazenda Pública (arts. 842-843 do CC[cviii] e art. 142 do CPP).

É requisito de viabilidade de tal sequestro, como no pedido de especialização da hipoteca legal, que exista certeza da infração e indícios suficientes da autoria (art. 134 do CPP).

O sequestro de bens móveis, em tela, só tem cabência, quando inexistem imóveis, ou se o acusado *os possui de valor insuficiente* (art. 137 do CPP). Chamam-no, por isso, de subsidiário.

Na verdade, o Código de Processo Penal, aqui, não fala em acusado, em réu, mas se refere *a responsável*. Ora, ser *o responsável* equivale a já se achar julgado finalmente. Antes da sentença, existe, apenas, pretensa responsabilidade. Tudo quanto se afirmou antes, ao se criticar o uso das expressões *imóveis do delinquente* (art. 827, VI e VII, do CC)[cix] *e imóveis do indiciado* (art. 134 do CPP), emerge suficiente para pôr de manifesto a cinca em dizer: *Se o responsável não possuir bens imóveis...* (art. 137 do CPP).

18. Em resumo, os móveis hão de ser sequestrados (art. 132 do CPP), se verificadas as condições previstas, a saber: terem sido adquiridos pelo

---

73. Observa Pontes de Miranda: "O artigo 931 constitui base de conceituação mesma de móveis e imóveis no artigo 930, que não é *exatamente* a conceituação técnica dos artigos 43-49 do Código Civil, nem a de outros lugares do próprio Código. As ações reais entram na classe dos direitos; e, com elas, os direitos mesmos. A hipoteca, para os efeitos dos artigos 930 e 931, é 'direito', e não 'bem móvel'. Outrossim, as quantias de herança e os fundos líquidos (*a fortiori*, os ilíquidos) que o executado possua em sociedade civil ou comercial" (*Comentários...* cit., t. XIII, p. 236).

74. V. nota 54.

indiciado por meio da infração penal, ainda que já transferidos a terceiros (art. 126 do CPP). Os outros bens móveis, que não possuem essa ilícita proveniência, serão também sequestrados, quando passíveis de penhora, como garantia de reparação de dano, se o acusado não contar com bens imóveis de valor suficiente (art. 137 do CPP).

Em ambas as hipóteses, descaberá o sequestro, se incidentes sobre os móveis as apreensões, com a busca necessária. Isto é, quando sobre os eles incidir a apreensão, por serem *coisas achadas ou obtidas por meio criminoso*; instrumentos de falsificação ou de contrafação e objetos falsificados ou contrafeitos; *armas e munições, instrumentos utilizados na prática de crime, ou destinados a fim delituoso* (art. 132, *in fine*, c/c o art. 240, § 1.º, "b", "c" e "d", do CPP). Não se esquecendo, nesse lanço, de que os bens móveis apreendidos, *instrumentos e produtos do crime*, que *consistam em coisa cujo fabrico, alienação, uso, porte ou detenção constituir fato ilícito* tornam-se objeto de confisco (art. 74, II, "a" e "b", e art. 100 do CP, c/c os arts. 119 e 240 do CPP).[75]

19. A doutrina brasileira moderna é unânime em proclamar que, no vigorante Código de Processo Penal, só há sequestro, ou semissequestro, nos comentados arts. 125 e 132. Nos arts. 136 e 137, o que reconhecem é arresto, ou embargo.[76] Examinar-se-á, detidamente, a questão mais adiante.

20. Os bens móveis, ficou dito, surgem sequestráveis, se não devem ser apreendidos (art. 132, *in fine*, c/c o art. 240 do CPP). Observe-se, entretanto, que a apreensão e o depósito da coisa sequestrada *(ou arrestada)* atuam também como meios acautelatórios da eficácia mesma do sequestro *(e do arresto)*, integrando-lhe, quase, o conteúdo.[77]

---

75. V. notas 17 e 18.

76. MAGALHÃES NORONHA, Edgard. *Curso...* cit., p. 104; TORNAGHI, Hélio B. *Compêndio...* cit., v. 3, p. 963-965 e 992-5; FREDERICO MARQUES, José. *Elementos...* cit., v. 1, p. 412, e v. 2, p. 142.

77. Ensina Pontes de Miranda: "Constrição emergencial a busca e apreensão pode ser medida facilitadora da execução do mandamento de outra medida preventiva" (*Comentários...* cit., t. XIII, p. 357). No mesmo sentido, João Bonumá diz: "É sempre uma providência acessória de outra medida processual. Como o sequestro e o arresto, dos quais é, muitas vezes, um ato preliminar..." (*Direito...* cit., v. 3, p. 348).

Ainda, Joaquim Canuto Mendes de Almeida, que ensina: "A apreensão que se faz para prevenção da execução civil constitui trâmite de medida assecuratória

O que importa ressaltar, de imediato, que as buscas com apreensão ou vedam o sequestro *(ou arresto)* de certas coisas (alíneas "b", "c" e "d" do §§ 1.º e 2.º do art. 240 do CPP), ou facilitam-lhe a execução, em outras (arts. 132 e 137 do CPP).

21. Certa proximidade de atuação e semelhança de contatos entre o sequestro e a apreensão no processo penal pode levar-nos, pois, ao exame da última, para melhor entendimento do primeiro.

A apreensão, no mais das vezes, segue a busca. Emerge daí o costume de vê-las unidas. Conceitos que se teriam fundido como se fossem uma e mesma coisa, ou objetivamente inseparáveis. As buscas, contudo, distinguem-se das apreensões, como os meios diferem dos fins.

Buscar é o ato de realizar diligência para encontrar alguém, ou alguma coisa. Quem busca trata de achar. Dá varejo, procura, esquadrinha ou revista.

A apreensão exprime, em principal, a tomada e a conservação de coisas, ou a retenção de pessoas, no interesse do processo.

A busca, de fato, remove obstáculos, se e quando opostos à efetividade da apreensão. Afasta-os, entretanto, por não ser peculiar à apreensão quando opostos, também, à efetividade de prisão, de exames e vistorias, de citação, de intimação e de notificação.

A apreensão, além disso, pode se realizar sem busca. O réu que entrega, ou exibe, em juízo, voluntariamente, a coisa para apreensão não a enseja. O bom êxito da apreensão, logo, independe de, sempre, se ultimar primeiro a busca.

Os óbices legítimos, defrontados pela busca e os quais remove, dentro dos lindes constitucionais e legais, são os concernentes às garantias individuais do domicílio e da pessoa física. Segundo tal distinção, duas espécies de busca existem: a domiciliar, ou varejamento e a busca pessoal, ou revista (art. 240, *caput*, do CPP).

O respeito à casa, ao lugar em que se mora ou se trabalha (art. 150, § 4.º, do CP e art. 246 do CPP e, ainda, art. 158, § 4.º, do Novíssimo CP), com asilo inviolável, do indivíduo, constitui fenômeno histórico, enfocado pelos autores.[78]

---

como o sequestro dos bens móveis..." (Noções de processo penal. *Postila Acadêmica Fadusp*, São Paulo, 2.º Fasc., p. 29, 1966).

78. João Mendes Junior mostra como já, segundo a Lei das XII Tábuas, *domus tutissimum cuique refugium atque receptaculum sit.* No digesto de Justiniano (L. II,

No Brasil, sempre se procurou manter o princípio. Em 15 de julho de 1823, D. Pedro I proclamava os direitos do homem: "Ainda que por ora não tenhamos uma Constituição pela qual nos governemos, contudo temos aquelas bases estabelecidas pela razão, as quais devem ser invioláveis; são elas os sagrados direitos da segurança individual, da propriedade e da imunidade da casa do cidadão".[79] Logo, em 20 de outubro do mesmo ano, por impulso da Assembleia Constituinte, promulgava-se lei declarando em vigor, entre outras, o Decreto de 14 de outubro de 1822, não obstante emanado das *Cortes Gerais Extraordinárias e Constitucionais da Nação Portuguesa*. Objetivava tal Decreto, composto de dez artigos, adequar as necessidades processuais de busca e de apreensão, com a observância do respeito à casa dos indivíduos.[80]

Todas as nossas Constituições, conservando tradição liberal, contêm princípios fundamentais relativos à inviolabilidade da casa.[81] Como a busca domiciliar representa restrição à inviolabilidade do domicílio, as leis também disseram e dizem em que casos ela é cabente e quando a entrada em casa alheia constitui crime.[82] As exceções, que permitem o varejamento, são, pois, as que constem de lei apenas.

Tit. IV, § 18 – Gaio 1 *ad leg XII tab*) observava-se ser ilícito e constituir violação o citar alguém para a demanda, dentro de sua própria casa, visto que ela se considerava o mais seguro refúgio e asilo de cada um (*O processo criminal brasileiro*. Rio de Janeiro: Laemmert, 1901. v. 2, p. 33).

79. ALMEIDA JUNIOR, João Mendes de. *O processo*... cit., v. 2, p. 36.

80. João Mendes Junior reproduz, por inteiro, o referido Decreto das Cortes, cujo interesse é manifesto, visto como influi sobre o legislador do Código Criminal do Império do Brasil de 1830 (*O processo*... cit., v. 2, p. 34-36).

81. Com efeito, entre as *Disposições gerais e garantias dos direitos civis e políticos dos cidadãos brasileiros*, representadas pelo título VIII da Constituição Política do Império do Brasil, de 25 de março de 1824, encontra-se a do § 7.º do art. 179. Na Constituição de 24 de fevereiro de 1891, reformada em 7 de setembro de 1926, o preceito fundamental relativo à inviolabilidade domiciliar é o do art. 72, § 11. O princípio acha-se expresso na Constituição de 16 de julho de 1934, pelo art. 113, § 16. Foi ele repetido na Constituição, de 10 de novembro de 1937, no art. 122, inc. 6.º. A Constituição de 18 de setembro de 1946 assegurou a inviolabilidade no art. 141, § 15. A Constituição do Brasil, de 24 de janeiro de 1967, de igual maneira observou o princípio no art. 150, § 10. A Emenda Constitucional 1, de 17 de outubro de 1969, no art. 153, § 10, mantém-no íntegro.

82. No Código Criminal do Império de 1830, os arts. 209 a 214 disciplinavam a matéria. O mesmo no Código Penal de 1890, nos arts. 197 e 199. A Consolidação das Leis Penais de 1932, nos arts. 196 a 203 seguiu idêntica trilha.

O vigente Código Penal tipifica o crime contra a inviolabilidade do domicílio e aponta os casos em que se a permite (art. 150 e seus parágrafos). O Novíssimo Código Penal, com pequenas modificações, manteve a mesma orientação (art. 158 e seus parágrafos).

A lei material distingue, ainda, as buscas domiciliares, realizadas em flagrante delito, daquelas feitas *com observância das formalidades legais para efetuar prisão ou outra diligência* (art. 150, § 3.º, I e II, do CP; art. 158, § 3.º, I e II, do Novíssimo CP).

A busca em flagrante delito (arts. 293, 294 e 302, IV, do CPP) constitui dever da autoridade policial, a qual tem por obrigação de ofício, *logo que tiver conhecimento da prática de infração penal* (art. 6.º, *caput*, do CPP), *se possível e conveniente, dirigir-se ao local, providenciando para que se não alterem o estado e conservação das coisas, enquanto necessário* (art. 6.º, I, do CPP). Tudo para se obstar inclusive o desaparecimento de provas importantes à instrução criminal (arts. 6.º, II, III e VII, 169 e 240 do CPP). A autoridade policial há, pois, de efetivar a busca domiciliar, em flagrante delito, para prisão; socorro; levantamento do local do crime; arrecadação dos instrumentos da infração e de todos os objetos, que possuírem relação com o fato; e também para que se proceda ao exame de corpo delito e a quaisquer outras perícias.[83]

---

83. O Anteprojeto de Código de Processo Penal do Professor José Frederico Marques manteve a distinção entre buscas domiciliares e pessoais. Parece, contudo, ter preferido não regular as buscas domiciliares, feitas em flagrante delito. Eis os artigos:

Art. 123. Compete à polícia judiciária:

I – apurar as infrações penais e sua autoria;

Art. 206. A busca será domiciliar ou pessoal e, poderá ser ordenada:

II – pela autoridade policial, ou pelo Ministério Público, durante o inquérito e antes de proposta a ação penal.

Art. 254. Aberto o inquérito policial, a autoridade que baixou a respectiva portaria, ou que preside deverá:

I – se possível e conveniente, dirigir-se ao local, providenciando para que não se alterem o estado e conservação das coisas, enquanto necessário;

II – apreender os instrumentos e todos os objetos que tiverem relação com o fato;

III – colher todas as provas que servirem para o esclarecimento do fato e suas circunstâncias;

A busca domiciliar, em flagrante delito, executa-se em caráter genérico e compreende, no conteúdo, os deveres policiais de *apuração das infrações penais e de sua autoria* (art. 4.º do CPP). Não se refere, por conseguinte, tão só à apreensão.

As apreensões que das buscas assim derivam não se efetuam apenas sobre instrumentos, objetos e papéis indeterminados. Incidem sobre todas aquelas coisas que possam guardar préstimo probatório da verdade criminal, quer constituam elemento de acusação, quer de defesa.

As buscas domiciliares, quando se devem efetuar noutra ocasião diversa do flagrante delito, mas durante ou depois do inquérito policial, ultimam-se de *dia, com observância das formalidades legais, para efetuar prisão ou outra diligência* (art. 150, § 3.º, I, do CP) *policial ou judicial* (art. 158, § 3.º, I, do Novíssimo CP).

As formalidades legais invocadas, cuja obediência se exige, são aquelas que se alinhavam na lei processual penal.[84]

Na prisão, ou em outra diligência – como a busca domiciliar –, pode a autoridade policial, ou judiciária, arrimada em fundadas razões, executá-la pessoalmente. Caso não as efetue em pessoa, porém mande executo-

---

VII – determinar, se for o caso, que se proceda a exame de corpo de delito e a quaisquer perícias que devam desde logo ser efetuadas.

84. O Código de Processo Criminal de 1832 completava, nos arts. 189 a 202, as disposições pertinentes do Código Criminal. O Aviso de 31 de agosto de 1833 mandava que, ao se passarem mandados de busca contra estrangeiros, dever-se-ia participar ao respectivo cônsul. A Lei 231, de 3 de dezembro de 1841, que reformou o Código do Processo Criminal, cuida, em seus arts. 10 e 11, das buscas e apreensões. O Regulamento 120, de 31 de janeiro de 1842, baixado para execução da reforma processual, trata, também, nos arts. 115 a 127, da matéria. Em 23 de março de 1855, o Ministro da Justiça, por circular aos presidentes das províncias, enviou-lhes para que fosse observado pelas autoridades policiais, juízes e tribunais formulário do processo criminal, organizado por comissão, nomeada por Aviso de 28 de janeiro de 1854, o qual tinha observações sobre busca e apreensão e modelos de mandados e autos. A Lei 2.033, de 20 de setembro de 1871, e seu Regulamento 4.824, de 22 de novembro do mesmo ano, não modificaram, em substância, os preceitos então vigentes sobre buscas e apreensões. Vejam-se os arts. 39 e 42 do Regulamento. A Constituição Republicana de 1891 deu aos Estados o poder de legislar em matéria processual civil e criminal (arts. 34, § 23, e 63). A legislação processual penal dos Estados nenhuma novidade trouxe.

res – agentes ou auxiliares do juízo –, hão de *ser precedidas da expedição de mandado* (art. 241 do CPP).

O necessário mandado de busca, a ordem, possui conteúdo marcado. Existe, portanto, determinação de motivos e fins (art. 243, I e II, do CPP).[85]

A determinação desaparece, quando a lei dispensa o mandado, especialmente na busca pessoal (arts. 241 e 244 do CPP). Logo, é preciso, para legitimidade do mandado de busca, sempre, o fundamento razoável de decretação pela autoridade. Aos fundamentos acresçam-se os fins da diligência, a saber: apreensão, colheita de qualquer elemento de convicção, exame, vistoria ou outro. Quer dizer, o apontamento do objeto, da coisa, ou pessoa sobre a qual se pretende, recaia a diligência, se for apreensão.

Os fundados motivos para que se permita fazer a busca domiciliar (art. 240, § 1.º, do CPP) não podem ser outros senão as sérias informações, os indícios, os quais, conforme a razão, mostram que na casa a se devassar está ou estão as coisas ou os documentos procurados.

A busca pessoal, ou revista (art. 240, § 2.º, do CPP), constitui limitação à liberdade individual.[86] Tem por escopo inspecionar procurando coisas, determinadas ou indeterminadas, no corpo, nas vestes, ou nas pertenças transportáveis, de seu portador, seja ele vítima, suspeito, indiciado,

---

85. O mesmo Anteprojeto Frederico Marques, assim:

Art. 207. O mandado de busca deverá:

I – indicar, o mais precisamente possível, a casa em que será realizada a diligência e o nome do respectivo proprietário ou morador, ou no caso de busca pessoal, o nome da pessoa que terá que sofrê-la ou os sinais que a identifiquem;

II – mencionar o motivo e os fins da diligência;

III – ser subscrito pelo escrivão e assinado pela autoridade que o fizer expedir.

Parágrafo único. Se houver ordem de prisão constará do próprio texto de mandado de busca.

86. MANZINI, Vicenzo. *Trattato di diritto processuale penale.* Torino: UTET, 1932. v. 3, p. 530-531; ALOISI, Ugo. *Manuale di procedura penale.* Milano: Giuffrè, 1932. p. 275; CARNELUTTI, Francesco. *Lezione sul proceso penale.* Roma: Ateneo, 1947. v. 2, p. 83; LEONE, Giovanni. *Tratatto di diritto processuale penale.* Napoli: Jovene, 1961. v. 2, p. 224-7; FOSCHINI, Gaetano. *Sistema del diritto processuale penale.* 2. ed. Milano: Giuffrè, 1968. v. 2, p. 77; ALMEIDA, Joaquim Canuto Mendes de. Noções... cit., p. 18-19; VICENTE DE AZEVEDO, Vicente de Paulo. Das buscas e apreensões. *Revista Justitia*, São Paulo, v. 1, Fasc. I, p. 13-25, 1939.

acusado, ou terceiro.[87] O importante é o relacionamento entre a coisa buscada e a infração penal.

A inviolabilidade da pessoa, referente às buscas pessoais, acha-se, também, estatuída na lei processual (arts. 244 e 249 do CPP).[88] Verifica-se, por conseguinte, que só independe do mandado – abstração feita do caso de se realizar pela própria autoridade – a busca pessoal: se efetivada durante a prisão; se existir *fundada suspeita de que a pessoa esteja na posse de arma proibida ou de objetos ou papéis que constituam corpo de delito*. Ainda, *quando a medida (busca pessoal) for determinada no curso da busca domiciliar* (art. 244 do CPP).

22. A apreensão cai sobre pessoas, semoventes ou coisas, visto como podem ser, ou conter, elementos de convicção sobre o crime, a autoria e a responsabilidade penal.

A apreensão de pessoas figura-se admissível, mas dela não cuidamos aqui. A de animais e de coisas seguem as regras, ora postas em relevo. As coisas ou surgem como objetos *(instrumentos, armas, bens móveis em geral)*, ou como documentos.[89] Só a apreensão de coisas, como objetos, interessa ao presente estudo.

---

87. Diz o Anteprojeto Frederico Marques:

Artigo 208. A busca pessoal consistirá na revista feita nas vestes, pastas, malas e outros objetos que estejam com a pessoa e, quando necessário, no próprio corpo.

88. Igualmente, no Anteprojeto:

Art. 209. A revista independerá de mandado:

I – quando se fizer no ato da captura da pessoa que deva ser presa;

II – quando determinada no curso de busca domiciliar;

III – quando houver fundada suspeita de que a pessoa a ser revistada traz consigo instrumentos destinados à prática de infração penal, ou de objetos que constituam o corpo de delito ou outros elementos de prova.

Art. 210. A revista em mulher será feita por outra mulher, se não importar efetivo prejuízo da diligência.

89. Os documentos acham-se submetidos à disciplina especial, visto como o que lhes dá caráter de documento não é a sua materialidade, mas a significação. O papel e o escrito são, meramente, instrumentais. O principal neles é o sentido de seu teor, o qual se destina a produzir certa manifestação do pensamento (arts. 151-152 e 349 do CP; arts. 159-160 e 393 do Novíssimo CP; arts. 231-238 e 240, § 1.º, "f", e, ainda, art. 243, § 2.º, do CPP; arts. 216, §§ 1.º e 2.º, e 328-336 do Anteprojeto Frederico Marques).

Aflora nos casos de *instrumentos e todos os objetos que tiverem relação com o fato* delituoso (art. 6.º, II, do CPP). Tais coisas apreendidas pela autoridade policial, sendo *instrumentos do crime*, ou objetos que interessam à prova, *acompanharão os autos do inquérito* (art. 11 do CPP), ao serem estes remetidos a juízo. Deverão também ser apreendidas pelo juiz – se já não o foram pela autoridade policial – porque consistem em *coisas achadas ou obtidas por meios criminosos*; ou em *instrumentos de falsificação ou contrafação e objetos falsificados ou contrafeitos*; ou, ainda, em *armas e munições, instrumentos utilizados na prática de crime ou destinados a fins delituosos* (art. 240, § 4.º, "b", "c" e "d", do CPP).[90] Como emerge cabível a apreensão em casos tais, inadmissível o sequestro *(ou arresto)* em virtude da cláusula proibitiva, prevista em lei (art. 132, *in fine*, do CPP).

Esta rápida vista d'olhos, no que incide a apreensão em processo penal brasileiro, pode conduzir-nos a seu conceito e fins.

A apreensão[91] consiste, pois, na tomadia conservatória e preventiva de coisas ou de pessoas, do poder de quem as detém, ou as retém, para fins penais ou processuais.[92]

---

90. O Código de Processo Penal reporta-se ao caso de busca domiciliar, ou pessoal, para o fim de se "colher qualquer elemento de convicção (art. 240, § 1.º, alínea 'h' e § 2.º, do CPP). Esta atividade leva a ato diverso de apreender. A apreensão recai sobre a coisa ou pessoa susceptível de detenção ou retenção material. A colheita tem por objeto coisas de que, normalmente, ninguém se apossa, como poeira, terra, lama, resíduos ou manchas da parede, dos móveis, do solo, fios de cabelo, pelos, impressões digitais, pegadas, relevos em matéria plástica, as condições físicas ou químicas de casa ou de qualquer recinto ou lugar, acústicas, luminosas, térmicas, magnéticas etc." (ALMEIDA, Joaquim Canuto Mendes de. Noções... cit., p. 38).

91. Apreender, em latim, *apprehendo, is endi, ensum, ere,* e verbo que significa tomar, agarrar, segurar, prender. Apreensão, *apprehensio, onis,* é a ação de tomar algo, de segurar.

92. Vale a pena relatar a curiosa opinião de Lopes da Costa respeitante às buscas e apreensões, em especial por causa das referências feitas ao processo penal. Diz ele: "Busca e apreensão não é a medida preventiva nenhuma. É apenas meio de execução de medida preventiva ou satisfativa... (Busca) é um ato equívoco. Somente começa a esclarecer-se quando se chega à cousa procurada. E mesmo então continua indecisa... Procurar e apreender, somente, nada significam. É por isso Gheispch ensina, sobre o processo criminal austríaco, que a busca é apenas um meio de alcançar a realização de uma medida cautelar. Só mediativamente serve a uma finalidade e segurança (*Oesterreichische Strafverfahren*, § 92). Também nosso Cód. Proc. Penal não inclui a busca e apreensão entre as

A dessemelhança dos conceitos de busca e de apreensão vem, de novo, a furo. As buscas ostentam restrições às garantias de liberdade individual *(inviolabilidade de domicílio e da pessoa física)*. As apreensões emergem como limitações ao poder individual de reter as coisas e de deter as pessoas.[93]

As apreensões fazem-se para fins penais, quando atuam, preventivamente, no sentido de segurar bens, ou que serão perdidos, em favor da União, como efeito da condenação penal (art. 74, II, do CP e art. 91, II, do Novíssimo CP); ou que se constituirão em objeto de confisco, como medida de segurança patrimonial (art. 100 do CP e art. 101 do Novíssimo CP). Tais coisas podem até importar ao processo. A obrigatória apreensão aí se dá, porém, pelos motivos apontados.

Realizam-se as apreensões, no interesse do processo, quando as coisas sobre que devam recair servem, de alguma sorte, à instrução preliminar, ou definitiva, da causa. O ato efetiva-se, assim, em caráter preventivo e conservativo para acautelar a ocultação, destruição, danificação e dispersão das provas criminais da acusação ou de defesa.

A prisão processual do acusado visa a mantê-lo à disposição do juiz como objeto do processo, da mesma forma que a apreensão se propõe colocar à disposição do magistrado, inalteráveis, aquelas coisas que valem para a instrução.[94]

---

medidas de segurança (art. 125). Toda busca leva à apreensão. Porém, o binômio busca e apreensão ainda não esclarece sobre a finalidade da diligência (MANZINI, Dir. Proc. Penal, III/n. 358, VI). Esta pode preparar material para medida cautelar (sequestro) ou para medida satisfativa penhora, entrega da cousa ao dono). E, por isso, à busca e apreensão, quando não visem a satisfação imediata de um direito (execução da sentença que condenou a entrega da cousa certa) segue-se o depósito, necessário ao sequestro, como à penhora" (LOPES DA COSTA, Alfredo de Araújo. *Medidas preventivas*. 2. ed. Belo Horizonte: Bernardo Alvares, 1958. p. 100-101).

93. Observa Canuto Mendes de Almeida que: "Se a detenção de coisa ou a retenção de pessoa é legítima, a apreensão exprime o poder, conferido à autoridade pública, de restringir, temporariamente, o exercício de direito de propriedade, de direitos reais, do pátrio poder, da tutela, da curatela, no interesse da prova da verdade criminal. Se a detenção, ou a retenção, é indevida, a apreensão exprime o poder público de, por coação direta, reprimir a situação irregular" (Noções... cit., p. 28).

94. CARNELUTTI, Francesco. *Lezione...* cit., v. 2, p. 154.

No caso de apreensões, com fins processuais, mas nunca no das apreensões, com propósitos penais (arts. 119, 120, 124 e 779 do CPP), é que, julgada em definitivo, a questão criminal há cogitar de restituição das coisas (art. 118 do CPP). Podem estas, entretanto, se ver restituídas mesmo antes, desde que não sejam mais necessárias ou úteis à prova.[95]

Há quem veja na apreensão ainda fins administrativos, se e quando mira apenas as pessoas vítimas de crime.[96]

Os fins da apreensão surgem, como foram expostos. Não funcionam elas, senão por acidente, como medidas preventivas da oportuna restituição das coisas furtadas (arts. 118-124 do CPP e arts. 840-848 do Anteprojeto Frederico Marques), ou da propícia indenização dos prejuízos, causados pela infração penal.

As garantias cíveis de restituição das coisas furtadas, roubadas, ou, em suma, que constituam objeto de crimes contra a propriedade não se acham nas apreensões policiais ou judiciais.

É certo que, não raro, se confundem, nas coisas apreendidas, o seu caráter de elementos de informação criminal, acerca da infração e da autoria – o que, aliás, legitima a apreensão – com o caráter, que também elas possuem, de coisas furtadas ou roubadas. A apreensão, por isso, redunda, afinal, numa medida preventiva do interesse civil à restituição. Pode garantir, da mesma forma, a efetividade, em primeiro momento, da reparação das perdas e danos, ao tomar coisas sobre que, depois, haverá caimento de sequestro *(ou de arresto)*.[97]

A apreensão, se tal ocorre, não deixa porém de ter sido legitimada pelo seu fim principal. Os outros resultados, posto que admitidos, constituem mero acidente, simples acessório.[98]

O dispor de provas, no processo penal, pressupõe seu achamento, sejam elas reais, sejam pessoais, sejam literais. Há provas que, desde logo, se oferecem à colheita. O indiciado, algumas vezes, e mais raramente as testemunhas se apresentam, de espontâneo, para fornecer elementos de convicção. A polícia, de outra parte, ao comparecer no local do crime,

---

95. V. Novo Código da Propriedade Industrial, Lei 5.772, de 21 de dezembro de 1971, no Capítulo VII, *Da Ação Penal e das Diligências Preliminares*, arts. 181-189.
96. TORNAGHI, Hélio B. *Compêndio*... cit., v. 3, p. 1016.
97. COSTA, Ary de Almeida Elias da. *Linhas gerais*... cit., p. 63.
98. V. nota 78.

pode ali encontrar e apanhar as provas materiais emergentes. No geral, porém, isso não sucede. As provas carecem ser buscadas. O delito, ao contrário do negócio jurídico, se oculta e se disfarça, por isso se permite dizer que o direito penal surge como um *direito de sombra*. Buscar provas, então, se assemelha muito a caçar borboletas. Após havê-las encontrado e segurado, com dificuldade, urge conservá-las, o que torna a operação penosa, visto que há o perigo de se lhes inutilizar as asas. O ato de apanhar e conservar coisas, as quais servem de prova do delito, provas reais, efetiva-se pelo instituto de apreensão.[99]

Saliente-se, portanto, que as apreensões realizadas no interesse do processo concernem ao corpo de delito, sobremaneira ao *corpus instrumentorum* (art. 158 do CPP e art. 384 do Anteprojeto Frederico Marques).

Ora, o corpo de delito é considerado, sob o ponto de vista de sua existência, descoberta e apreensão da produção probatória. Compreende ele os elementos corpóreos da infração, relativos a todos os estados do *iter criminis*, a saber, a preparação, a execução, a consumação e o resultado do crime, ou da contravenção. O exame do corpo de delito consiste, pois, na comprovação existencial de fato típico *(ação humana, antijurídica culpável e punível)*. Claro, os elementos corpóreos, se transitórios e extintos ou desaparecidos não podem constituir corpo de delito. A formação deste lhes é, sempre, posterior à extinção, ou ao desaparecimento. Ter a existência passageira implica inadmitir a descoberta, a apreensão e a prova, senão de modo indireto. O exame do corpo de delito indireto produz-se mediante a prova pessoal, quer dizer, interrogatório ao réu, perguntas ao ofendido e depoimento de testemunhas.

Os elementos corpóreos permanentes, possuindo existência atual, fazem-se objeto de descoberta, apreensão real e produção probatória, por meio de exame e vistoria. Constituem, assim, corpo de delito direto.

Vem à tona, de manifesto, a importância das apreensões de que se trata como meio de promover a formação e conservação do *corpus delicti*.

Nas buscas e nas apreensões, como vimos, existe restrição de direitos, pela atividade das autoridades que as efetivam. Usam, assim, de poder, no exercício de suas funções para colocar à disposição do processo pessoas e coisas. É, portanto, uma das manifestações do poder de coagir, constranger, forçar do Estado.

---

99. CARNELUTTI, Francesco. *Principios del proceso penal*. Tradução de Sentis Melendo. Buenos Aires: Ejea, 1971. p. 180-181.

Com efeito, nos processos penais, o Estado desenvolve, por meio de órgãos competentes, complexa atividade, na qual se inclui a de exercício do poder de coação restritivo, com maior ou menor intensidade, dos direitos individuais de liberdade e de disposição livre de bens. Prevalece, então, o interesse público sobre o privado, mantidos os limites da estrita necessidade.

O conteúdo do interesse estatal, que determina a imposição da coação nos casos concretos, distingue-se consoante duas variedades. Coação penal, aquela sofrida pelo paciente como pena *(restritiva de liberdade e pecuniária)*, efeito da condenação e medida de segurança; e a outra, coação processual, se impõe, cautelarmente, para a plena consecução do escopo do processo.

Há, pois, no exercício desses poderes de coação diferenças manifestas entre o interesse do Estado em punir o delinquente e o interesse, que guarda de assegurar a efetiva satisfação do resultado útil do processo.

A coação processual classifica-se, conforme a doutrina, em pessoal e real, admitindo ambas as espécies, as formas física e psíquica.[100]

A coação processual penal pessoal cifra-se, na sua forma física, em: condução coativa, condução debaixo de vara e prisão processual *(em flagrante, preventiva e por pronúncia)*; e, na sua forma psíquica em: notificação, ordem de comparecimento e fiança.

A coação processual penal real, *in re*, emerge, também, em forma física, a saber: na busca *(pessoal e domiciliar)* e apreensão, bem como em forma real psíquica, na ordem de exibição obedecida.[101]

---

100. FLORIAN, Eugenio. *Diritto processuale penale*. 3. ed. Torino: UTET, 1939. p. 378; MANZINI, Vicenzo. *Trattato*... cit., v. 3, p. 417; do mesmo autor, *Istituzione di diritto processuale penale*. 7. ed. Padova: Cedam, 1937. p. 213; CARNELUTTI, Francesco. *Lezione*... cit., v. 2, p. 135; LEONE, Giovanni. *Tratatto*... cit., v. 2, p. 227; BELING, Ernst. *Derecho procesal penal*. Tradução de Miguel Fenech. Barcelona: Labor, 1943. p. 377; BARTOLONI FERRO, Abrahan. *El proceso penal y los actos jurídicos procesales penales*. Santa Fe: Castellvi, 1951. v. 3, p. 188; FENECH, Miguel. *Derecho*... cit., v. 2, p. 110; CLARIÁ OLMEDO, Jorge A. *Tratado de derecho procesal penal*. Buenos Aires: Ediar, 1966. v. 5, p. 199; FREDERICO MARQUES, José. *Elementos*... cit., v. 2, p. 312; ALMEIDA, Joaquim Canuto Mendes de. Noções... cit., p. 1.

101. O Anteprojeto Frederico Marques, no Livro III, *Dos atos processuais*, coloca, no Título IV, *Dos Atos Processuais Coativos*, a prisão, as buscas e as apreensões (arts. 200-220). No Livro V, *Do Processo de Conhecimento*, arruma, no Título VI, *Das*

A busca e apreensão, muito embora exprimam atividade de coação processual real física, porque restritivas de direitos, possuem finalidade cautelar quando impostas para garantia da instrução criminal. Visam a obstar ameaça do dano jurídico, o qual, certamente, adviria da natural demora do processo. Evitam *periculum in mora*, nascedouro de dano à causa.

Os modernos comentadores do Código de Processo Penal, por isso, referem-se a ambas como *medidas probatórias cautelares, diligências cautelares, providências cautelares, para garantir a produção de provas*;[102] e *providência cautelar de busca e apreensão*.[103]

É curioso observar, ainda, que tais medidas de nítida origem processual penal[104] passaram, depois, para o processo civil[105] por força da manifesta utilidade que ostentam (art. 676, III, do CPC e art. 850 do Projeto 810-B/1972).

Note-se, por derradeiro, que as pessoas ou coisas descobertas e apreendidas são postas *sob custódia da autoridade ou de seus agentes* (art. 245, § 6.º, do CPP e art. 219 do Anteprojeto Frederico Marques).

Providências Cautelares, a prisão preventiva, em flagrante e temporária, a liberdade provisória, as restrições processuais, a aplicação provisória de inabilitações e, finalmente, a aplicação provisória de medidas de segurança (arts. 476-553). Por sua vez, no Livro VII, *Da Reparação do Dano Causado pelo Crime*, no Título II, *Das medidas Preventivas de Reparação do Dano*, alinhava: o sequestro, a hipoteca legal e o arresto (arts. 809-839).

102. FREDERICO MARQUES, José. *Elementos*... cit., p. 312, 316 e 317.

103. MAGALHÃES NORONHA, Edgard. *Curso*... cit., p. 122; TORNAGHI, Hélio B. *Compêndio*... cit., v. 3, p. 1015.

104. Paula Pessoa invoca a seguinte ementa de *Acordão da Relação da Corte*, de 27 de julho de 1866: "A apreensão é uma medida de ordem criminal, que não pertence à jurisdição civil" (*Código de Processo Criminal de Primeira Instância do Império do Brasil*. Rio de Janeiro: Cruz Coutinho, 1842. p. 214). Pondera, entretanto, João Bonumá que, pelo Aviso de 17 de outubro de 1854, autorizou-se a sua aplicação ao civil (*Direito*... cit., v. 3, p. 348).

105. Ensina Pontes de Miranda que: "A busca e apreensão, vinda do direito processual penal, supõe certa linde com esse, senão mesmo certo terreno comum" (*Comentários*... cit., t. VIII, p. 354).

II Parte

NOTAS HISTÓRICAS

Sumário: 23. Origem romana do sequestro. 24. Origem germânica do arresto. 25. Sequestro nas Ordenações Filipinas. 26. Sequestro e arresto nas primeiras Leis Brasileiras. 27. O Processo Civil. 28. Os dois institutos na primeira República. 29. O Projeto Vicente Rao. 30. Sequestro de bens, nas leis anteriores ao vigorante Código de Processo Penal.

23. Convém examinar, ao menos de relance, a história do envolvimento do instituto do sequestro. A do arresto invocaremos, porém, na medida em que precisemos para distanciá-lo do sequestro.

O sequestro já se encontrava delineado, no direito romano clássico. Paulo e Modestino mostram-nos: "Proprie autem in sequestre est depositum, quod a pluribus in solidum certa condicione, custodiendum reddendumque traditur" (D. Lv. XVI, Tit. III, § 6.º) e "sequestrer dicitur, apud quem plures e andem rem, de que controversia est, deposuerunt" (D. Lv. L, Tit. XVI, § 110). Surge, portanto, como forma de depósito, *deposito apud sequestrem*, para fins judiciais.

Com efeito, consistia o sequestro em depósito de coisa, em poder de terceiro, *sequester*, a fim de que a mesma fosse conservada, visto como se temia que, ao ficar em poder de uma das partes litigantes, terminasse por se perder ou deteriorar.[106]

---

106. GIANZANA, Sebastiano. *Del sequestro giudiziario e conservativo*. 3. ed. Torino: UTET, 1884. p. 7-9; SCIALOJA, Vittorio. *Procedimiento civil romano*. Tradução de Sentis Melendo y Ayerra Redin. Buenos Aires: Ejea, 1954. p. 91.

Ao depositário cabiam a guarda e a conservação da coisa, mais a obrigação de restituí-la a um dos seus depositantes, dando-se determinada situação, ou vencendo este a demanda.[107]

O depósito aflorava voluntário ou necessário. Era voluntário, quando efetivado por vontade das partes, e por convenção ou também por testamento. Era necessário quando decretado pelo *iudex*.

A jurisprudência romana terminou por colocar o sequestro como instituto autônomo. Ao menos, é o constante em texto de Pomponio, sem dúvida interpolado, que se refere a uma *actio sequestraria*, assim: "Cum sequestre recte agitur depositi sequestraria actione, quam et interdum eius reddi oportet" (D. Lv, XVI, Tit. III, § 12).[108]

24. O arresto, como instituto, consta que inexistiu em Roma. Operava, com efeitos semelhantes aos seus, a *missio in possessionem*.[109] É ele criação do direito germânico, nascente talvez na prenda privada. O desenvolvimento histórico desse instituto bárbaro variou, havendo que distinguir a rama germânica da italiana. As origens do arresto italiano encontram-se na penhora arbitrária do direito longobardo. Já as fontes do arresto alemão emergem do direito puramente germânico. O arresto alemão foi primeiro pessoal e depois real. Dirigia-se, portanto, antes à pessoa do devedor, evitando-lhe a fuga e coagindo-o a pagar. Só numa segunda etapa de seu envolvimento é que se o assestaram, apenas, contra os bens do inadimplente. Duas formas, se veem, de coação, direta e indireta, mas um mesmo fim, a garantia da execução de obrigação.[110]

A península ibérica recebeu o arresto dos visigodos (ano 415, d.C.). Então, o credor, pessoalmente, prendia o devedor faltoso e tomava-lhe os bens, só recorrendo ao juiz quando o inadimplente quisesse discutir a obrigação. O direito romano-gótico procurou mudar a apreensão de bens, efetuada pelo próprio credor, pela decretada judicialmente.[111]

---

107. MOREIRA ALVES, José Carlos. *Direito romano*. Rio de Janeiro: Borsoi, 1969. v. 2, p. 167.

108. PROTETTI, Ettore. *Il sequestro*. Napoli: Jovene, 1969. p. 1-2.

109. GIANZANA, Sebastiano. *Del sequestro*... cit., p. 7; CUENCA, Humberto. *Proceso civil romano*. Buenos Aires: Ejea, 1957. p. 349.

110. PONTES DE MIRANDA, Francisco C. *História e prática do arresto ou embargo*. São Paulo: Saraiva, 1929. p. 19 e 22; CASTRO VILLAR, Willard de. *Medidas cautelares*. São Paulo: RT, 1971. p. 18-20.

111. PONTES DE MIRANDA, Francisco C. *História e prática*... cit., p. 23 e 31.

Dá-nos notícia dessa intenção o *Fuero Juzgo*, consolidando antiga lei de Recesvindo.[112]

O hábito era antigo, o povo resistiu. Mesmo depois da dissolução do reino visigótico, o arresto mantinha-se ainda, não obstante as proibições, na antiga forma de tomadia extrajudicial de bens.[113]

25. Muito embora nas Ordenações Afonsinas e Manuelinas a distinção entre sequestro e arresto não se mostrasse clara, parece que as Ordenações Filipinas se incumbiram de misturar os dois institutos, em todo o Título XXXI do Livro III. O arresto é, pois, conhecido em tais Ordenações, sob a denominação genérica de sequestro.[114]

A confusão achava-se na lei e no espírito da maioria dos juristas lusos.[115]

---

112. "Ley antigua. De non prendar. Defendemos á tod. omne que non prende por si. E si el omne que es libre prenda por si mismo por fuerza á otri, pague el duplo del peno. E si el que prenda es siervo, peche el penno, é demas reciba C azotes" (Lv. V, Tit. VI, § 1.º).

113. As Ordenações Afonsinas, Livro IV, Tít. IX, proibiam os arrestos por autoridade própria, reproduzindo lei, provavelmente, de D. Afonso II (1185 a 1223): "Parando mentes aa prol do rregno estabelecemos que nehum nom ouse a penhorar outro senom aquel que poder prouar que he seu devedor ou fiador. E aquel as fezer seia peado em quinhentos soldos e correga o dano ao que o recebeo".

114. Eis o texto: "E se algum homem demandar outro por quantia de dinheiro, ou qualquer outra quantidade, e o demandado for pessoa suspeita, que não possua bens de raiz, nem tenha bens móveis, que valham tanto, como a quantia, ou quantidade demandada, per que razoadamente, se tolha a suspeita de sua absencia, ou fugida mandará o Julgador ao réo, que satisfaça com penhores, ou fiadores bastantes, de star a Juizo, sobre a dita contenda, até que se determine finalmente. E não dando a dita satisfação, fará o Juiz sequestro em qualquer cousa sua, onde quer que for achada, que valha tanto, como a cousa demandada. E não lhe sendo achada, nem querendo lhe satisdar em Juizo, se ao Juiz parecer, que he pessoa que facilmente se poderá absentar para outra parte, por se delle não fazer direito, mandal-o-ha prender, ou entregar á fiadores idoneos, que o apresentem em Juizo a todo tempo, que requeridos forem, tomando primeiro algum sumario conhecimento nos casos, que per testemunhas se podem provar, per que ao menos se mostre conjecturadamente ser o dito réo obrigado ao que lhe he demandado" (Ordenações Filipinas, Lv. III, Tit. XXXI, §§ 2.º e 3.º).

115. O douto Pereira e Sousa não escapou do engano, ao lecionar: "O embargo ou arresto se diz a apreensão judicial da causa, sobre que se litiga, ou de bens suficientes para segurança da dívida até a decisão da questão, ou já pendente ou que vai a propor-se" (*Primeiras linhas sobre o processo civil.* Lisboa: Imprensa Nacio-

No regime das Ordenações classificavam-se as penas capitais em morais, corporais e contra a liberdade. As penas não capitais dividiam-se em aflitivas, infamantes, pecuniárias e eclesiásticas. Arrolavam-se como pecuniárias aquelas tendentes a diminuir o patrimônio do réu, a saber: a confiscação, a multa, as perdas e danos e as reparações civis.[116]

A segurança das penas e indenizações procedia-se pelo sequestro de quaisquer bens do réu, fosse nos casos considerados graves, fosse quando este se ausentava do juízo da causa.[117] Tal sequestro é, na verdade, arresto.

---

nal, 1834. t. IV, § 535, p. 122). Em seu dicionário aduz: "Arresto, ou embargo é a diligência feita por Alcaide, ou Meirinho, e Escrivão, em virtude de mandado judicial, pela qual se apreendem, e se põem debaixo da guarda da Justiça bens, ou efeitos, a que o arrematante tem direito, ou que ele faz apreender para segurança dos seus direitos, ou pretensões" (do mesmo autor: *Esboço de um dicionário jurídico*. Lisboa: Rolandia, 1825. t. I, verbete *arresto*). Na mesma obra conceitua sequestro assim: "[...] se diz da ação de pôr as rendas, ou outras coisas, sobre que se litiga em arrecadação, ou depósito judicial até que a Justiça decida a quem essas coisas devem pertencer. Ao tratar do processo criminal, define sequestro como 'A apreensão dos bens do réu ausente, ou incurso em penas graves feita para segurança da pena pecuniária, ou do Fisco" (do mesmo autor: *Primeiras linhas sobre o processo criminal*. 2. ed. Lisboa: S. T. Ferreira, 1800. § 90, p. 75). Lobão, entretanto, já lecionava: "Houve quem confundisse como sinônimos o sequestro e o arresto, porém é erro... O sequestro é como um depósito da coisa litigiosa, que pendente a demanda se entrega a um terceiro, para a seu tempo a entregar. Quanto ao arresto diz: As palavras da Ordenação, Livro III, Título XXXI, § 3.º, em qualquer coisa sua, onde quer que for achada, indicam o caso da competência do arresto" (LOBÃO, Manoel de Almeida e Sousa de. *Tratado prático e compendiário de todas as acções sumárias*. Lisboa: Imprensa Nacional, 1842. t. I, § 69, p. 73, e § 105, p. 101). Correa Teles não cuida de definir arresto e sequestro. Mostra, contudo, conhecer suas diferenças (CORRÊA TELLES, José Homem. *Doutrina das ações* (por Pontes de Miranda). Rio de Janeiro: Jacintho, 1918. § 176, p. 194; e *Digesto portuguez*. 4. ed. Coimbra: Imprensa da Universidade, 1853. t. I, § 527, p. 86, e t. III, § 701, p. 114).

116. PEREIRA E SOUSA, Joaquim José Caetano. *Classes dos crimes*. Lisboa: Impr. Régia, 1803. §§ 21 e 22, p. 22-28.

117. "Sequestro. E todo o caso, que provado mereça pe na de morte, se se provar contra alguma pessoa tanto, por que mereça ser preso, quer per devassa, quer per inquirição judicial, e andar absente, ser-lhe-ão sequestrados seus bens e, não lhe será dada cousa alguma deles, até ser livre do caso. E ser for caso, em que provado mereceria perdimento da fazenda, quer seja preso, quer absente, sendo tanto contra ele provado, per que merecesse ser preso, ser-lhe-ha sequestrada isso mesmo a fazenda, e não lhe será entregue cousa alguma della, até mostrar

A ideia de arresto, como tomada de quaisquer bens, unida à de prisão pela dívida, conservou-se ínsita no ânimo do legislador peninsular. Suspeito o inadimplente de fuga, mandava o juiz prendê-lo. Tal prisão, que se achava prevista nas Ordenações (Lv. III, Tit. XXXI, § 3) deixou somente de se aplicar depois do Assento de 18 de agosto de 1774, o qual dirimiu dúvida a respeito da interpretação do § 19 da Lei de 20 de junho daquele ano. A providência manteve, tão só, para os devedores que, por malícia e indústria, ocultavam os bens fraudando credores.

Saliente-se que um dos efeitos da pronúncia era o sequestro (Ordenações, Lv. V. Tit. CXVI, § 11 e Tit. CXXVII), quando o crime em que se achava indiciado o réu tinha por pena a confiscação, por exemplo, lesa-majestade, moeda falsa, deserção, falsificação de sinais ou selos, quebra dolosa e outros. Tal sequestro terminou abolido, de modo implícito, pela Carta Constitucional de 29 de abril de 1826 (art. 145, § 19), outorgada por D. Pedro.[118]

26. No Brasil, a confusão entre sequestro e arresto, herdada dos lusos, deitou raízes no pensamento dos autores.[119] Na legislação, os exemplos de desordenamento surgiram flagrantes, em especial nas leis fiscais.[120]

---

livramento do caso; e quando for preso, lhe será dado della para seu livramento e mantimento o que ao Julgador, que de seu feito conhecer, bem parecer. E se ele for casado, não será sequestrada á sua mulher, em nenhum dos casos sobre-ditos, a sua parte das novidades, que lhe de Direito nos ditos bens pertencer. E sendo o caso tal, que provado não mereceria pena de morte, se for tal, que provado, alguma parte teria nele interesse algum, e se provar contra ele per devassa, ou inquirição judicial tanto, por que mereceria ser preso, e elle andar absente, e não se vier livrar, não poderá vender bens de raiz alguns, que tiver, até ser livre; e vendendo-os, a parte offendida, que depois vencer seu interesse, terá ação aos ditos bens assim, como se estivessem em poder do vendedor" (Ordenação Filipina, Lv. V, Tit. CXXVI, § 11).

118. § 19. Nenhuma pena passará da pessoa do delinquente. Portanto não haverá em caso algum confiscação de bens, nem a infâmia do réu se transmitirá aos parentes em qualquer grau, que seja. Este mandamento reproduz o § 20, do art. 179, da Constituição Politica Império do Brasil, de 1824.

119. Ensinava Ramalho que sequestro era o "depósito da coisa controversa, ou de qualquer outros bens, de que alguém é senhor, ou possuidor, ou detentor, para segurança dos mesmos bens ou garantia de algum direito, ou para outro fim determinado por lei". Quanto ao arresto define: "é o impedimento ou o interdito posto a uma cousa ou pessoa, para que permaneça no mesmo lugar, ou no mesmo estado". A motivação do descaminho por onde andou a doutrina brasileira, nessa ma-

O Código Criminal do Império prescrevia a obrigação do delinquente a satisfazer o dano, causado com o delito (art. 21). A satisfação, porém, só teria lugar após a sentença condenatória passada em julgado (art. 31). Abriam-se, entretanto, três exceções, a saber: no caso de ausência do delinquente; quando este falecia depois da pronúncia; e se o ofendido preferisse usar da ação civil (art. 31, §§ 1.º, 2.º e 3.º).[121]

No Código do Processo Criminal, a preocupação do legislador imperial com a reparação do dano *ex delicto* aflorou evidente. A indenização surgia, desde logo, como objeto de consulta aos jurados e, na mesma sentença que condenasse o réu na pena, condenava-o na reparação, liquidável esta no cível (arts. 234, 269, § 3.º, e 338).[122]

---

téria, é-nos confessada por Ramalho: "No foro português foi o arresto ou embargo admitido em subsidio do sequestro, como uma espécie dele..." (RAMALHO, Joaquim Ignácio. *Praxe brasileira.* São Paulo: Ipiranga, 1869. § 81, p. 114, e § 100, p. 158-159). Em outra obra diz Ramalho: "Embargo ou arresto é a apreensão judicial dos bens que fazem objeto do litígio ou de bens suficientes para segurança da dívida até a decisão da questão que vai propor-se; difere do sequestro em que este é propriamente um depósito judicial" (do mesmo autor, *Pratica...* cit., p. 182). Souza Pinto seguiu na mesma senda (*Primeiras linhas...* cit., t. I, § 283, p. 102; § 365, p. 130; t. III, § 1.533, p. 138; § 1.633; p. 165; § 1672, p. 174; t. IV, § 1.949, p. 72). Teixeira de Freitas Senior persiste no erro: "Arresto, ou embargo, é a apreensão judicial da coisa, sobre que se litiga, ou de bens suficientes para segurança da dívida, até decidir-se a questão dela, ou já pendente, ou a propor-se. Sequestro é um depósito judicial da coisa, sobre a qual se litiga, equivalendo muitas vezes a embargo ou arresto" (TEIXEIRA DE FREITAS SENIOR, Augusto. *Vocabulário jurídico.* Rio de Janeiro: Garnier, 1883. p. 17 e 353).

120. Eis alguns: Decreto 657, de 5 de dezembro de 1849; art. 7.º do Código Comercial de 1850; art. 116 do Decreto 9.885, de 22 de fevereiro de 1888; art. 6.º, §§ 1.º e 2.º; todos os dispositivos mencionados referem sequestro em manifestos casos de arresto.

121. Art. 21. O delinquente satisfará o dano que causar com delito.

Art. 31. A satisfação não terá lugar antes da condenação do delinquente por sentença em Juízo criminal, passada em julgado. Excetua-se:

§ 1.º O caso da ausência do delinquente, em que se poderá demandar e haver a satisfação por meio de ação civil.

§ 2.º O caso em que o delinquente tiver falecido depois da pronúncia, no qual poderá haver-se dos herdeiros a satisfação por meio da ação civil.

§ 3.º O caso em que o ofendido preferir ou usar da ação civil contra o delinquente.

122. Art. 234. Nos casos do artigo antecedente poderão propor-se, contra o ausente, as ações cíveis que competirem, para haver-se a indenização do dano que houver

Conforme se depreende dos mencionados diplomas, o material e o processual penal, a indenização do dano e a satisfação eram, precipuamente, objeto de competência do juízo criminal.[123]

A Lei 261, de 3 de dezembro de 1841, que reformou o processo criminal, deu-lhes nova feição. A indenização passou a ser pedida, em todos os casos, por ação civil. A Lei da Reforma revogou, assim os dispositivos pertinentes dos dois Códigos.[124]

Inexistia, na época, arresto ou sequestro em processo criminal. O Aviso 132 da Regência, em nome do Imperador, provocado pelo Juiz de Paz do Distrito de Sete Lagoas, Município de Sabará, Província de Minas Gerais, que endereçava consulta, datado de 15 de janeiro de 1839, deixava tal fato bem claro. Foi expedido pelo Ministro da Justiça de então, Bernardo Pereira de Vasconcellos, ao presidente daquela Província.[125]

---

causado com o delito.

Art. 269. Achando-se a causa no estado de ser decidida, por parecer aos jurados que nada mais resta a examinar, o juiz de direito, resumindo com a maior clareza possível toda a matéria da acusação e da defesa, e as razões expendidas pró e contra, proporá por escrito ao conselho as questões seguintes:

§ 5.º Se há lugar à indenização?

Art. 338. A mesma sentença que condenar o réu na pena o condenará na reparação da injúria e prejuízos, que se liquidarão no foro comum, se tal liquidação for necessária.

123. ALVES JUNIOR, Thomaz. *Anotações teóricas e práticas ao código criminal.* Rio de Janeiro: Pinto & Cia., 1864. t. I, p. 415-416 e 456-457.

124. Art. 68. A indenização em todos os casos será pedida por ação civil, ficando revogado o artigo 31 do Código Criminal e o § 5.º do artigo 269 do Código de Processo. Não se poderá, porém, questionar mais sobre a existência do fato e sobre quem seja o seu autor, quando estas questões se achem decididas no crime.

125. Aviso 132. Sendo presente ao Regente, em Nome do Imperador, o Ofício do Juiz de Paz do Distrito de Sete Lagoas, Município da cidade de Sabará, dessa Província, datado de 26 de novembro findo, em que pede se lhes esclareça: 1.º se aos réus pronunciados deve o juiz da culpa, o requerimento da parte, ou *ex officio*, mandar proceder a sequestro dos bens dos mesmos com ou sem exceção dos réus casados; e em 2.º lugar se os sequestros devem prevalecer estando litispendentes recursos de quaisquer julgamento: e se a todo o tempo, prestada a fiança competente, devem ser levantados os mesmos sequestros, se tais atos devem ser praticados pelo Juiz da culpa, e da existência do sequestro até a fiança ou baixa no rol dos culpados; ou por qualquer despacho do Juiz Municipal, ou de Direito: Ordena o Mesmo Regente que V. Exa. faça constar ao sobredito Juiz de Paz, em resposta ao seu citado ofício, que em nenhum caso tem lugar o procedimento de

27. No âmbito do direito processual civil, ainda no período imperial, houve o Regulamento baixado para *determinar a ordem no processo comercial* (Decreto 737, de 25 de novembro de 1850). Foi ele, depois, mandado observar *no processo das causas cíveis em geral* (Decreto 763, de 19 de setembro de 1890), com algumas exceções. A importância do Regulamento refulge ao se verificar que, projetando-se no tempo, vigorou em alguns Estados, após a República.

Tratava o Regulamento 737, no Título VII, *Dos Processos preparatórios, preventivos e incidentes*, de arresto (arts. 321-342), mas não de sequestro. No Decreto, o embargo veio, corretamente, como apreensão judicial e depósito de bens para garantia de obrigação do arrestado.[126]

Concedia-se a medida, quando oferecida *prova literal* da dívida e da ocorrência de algum dos casos cabentes ou a justificação dele.[127] Além dos casos expressos no Código Comercial e nas outras leis, cabia o arresto por um de quatro motivos, arrumados todos no Regulamento.[128]

---

sequestro contra os delinquentes, quaisquer que seja o delito cometido, porque as disposições do artigo 179, § 20, da Constituição, do artigo 2, e seguintes do Código Comercial, e do Código de Processo, artigo 100, e seguintes, artigos 233, 234, 291 e 338 tornaram invigorosas e sem efeito as da Ordenação L. V. Título CXXVII; advertindo V. Exa. igualmente aquele Juiz de Paz que nesse caso deveria recorrer ao respectivo Juiz de Direito, para o instruir, e que o mesmo praticará todas as vezes, que carecer de instruções para bem desempenhar seus deveres (FURTADO DE MENDONÇA, Francisco Maria de Souza. *Repertório geral das leis do Império do Brasil.* Rio de Janeiro: Laemmert, 1850. t. IV, p. 677; NASCIMENTO SILVA, Josino do. *Código do Processo Criminal de Primeira Instância do Império do Brasil.* 5. ed. Rio de Janeiro: Laemmert, 1864. t. I, p. 179; Coleção das Leis do Império do Brasil de 1839. Rio de Janeiro: Tip. Nac., 1864. p. 3-4).

126. O Regulamento 737, quanto à matéria, foi cumpridamente comentado por Pontes de Miranda, na obra *História e prática do arresto ou embargo*, já referida na nota n. 112.

127. Art. 322. Para a concessão do embargo, é necessário:

§ 1.º Prova literal da dívida.

§ 2.º Prova literal ou justificação de algum dos casos de embargo referidos no artigo antecedente.

128. Art. 321. O embargo ou arresto tem lugar:

§ 1.º Nos casos expressos no Código, artigos 239, 379, 527, 619 e outros.

§ 2.º Quando o devedor sem domicílio certo intenta ausentar-se ou vender os bens que possui, ou não paga a obrigação no tempo estipulado;

O embargo, entretanto, só se concedia em casos excepcionais e, quando provados, achavam-se os requisitos que a lei taxativamente enumerava.[129]

A *Consolidação das Leis do Processo Civil*,[130] elaborada por Antonio Joaquim Ribas, por incumbência do Governo Imperial e posta em execução pela Resolução de Consulta de 28 de dezembro de 1876, não foi observada como texto de direito positivo.[131] Ao cuidar de arresto e sequestro, busca afastar-se do famoso engano, mas o faz com timidez, presa que se achava às Ordenações, ao Regulamento 737 e às leis do Império (arts. 894-895 e 898-906).

28. Na República, o destino do arresto, em ser chamado de sequestro, persistiu, mais acentuado na primeira.[132]

No respeitante ao dano e à reparação *ex delicto*, o Código Penal de 1890 mostrou-se parco. Dizia apenas que a isenção de responsabilidade criminal não atingiria a civil e que a obrigação de indenizar o dano regular-se-ia na conformidade do direito civil.[133] Vale afirmar, deveria ser a indenização do dano sempre pleiteada por ação civil.

---

§ 3.º Quando o devedor domiciliário: 1.º intenta ausentar-se furtivamente, ou muda de domicílio sem ciência dos credores; 2.º quando muda de estado faltando aos seus pagamentos e tentando alienar os bens que possui, ou contraindo dívidas extraordinárias, ou pondo os bens em nome de terceiro, ou cometendo algum outro artifício fraudulento.

§ 4.º Quando o devedor possuidor de bens de raiz intenta aliená-los ou hipotecá-los, sem ficar com alguns equivalentes às dívidas, livres e desembargados.

§ 5.º Quando o devedor comerciante cessa os seus pagamentos e se não apresenta; intenta ausentar-se furtivamente ou desviar todo ou parte do seu ativo: fecha ou abandona o seu estabelecimento; oculta seus efeitos e móveis de casa; procede a liquidações precipitadas; põe os bens em nome de terceiros; contrai dívidas extraordinárias ou simuladas.

129. *Revista dos Tribunais*, v. 52, p. 134.

130. RIBAS, Antonio Joaquim. *Consolidação...* cit., em dois volumes, com comentários do autor e seu filho Júlio Ribas.

131. CÂMARA, José Gomes B. *Subsídios para a história do direito pátrio*. Rio de Janeiro: Brasiliana, 1966. t. III, p. 128.

132. Tomem-se, como exemplos, o Decreto 848, de 11 de outubro de 1890, art. 197; Decreto 3.084, de 5 de novembro de 1898, art. 58, Lei 2.024, de 17 de dezembro de 1908, art. 71, § 7.º; Decreto 10.902, de 20 de maio de 1914, art. 97; Código Civil, art. 234; e isso descontando-se os Códigos de processos estaduais.

133. Art. 31. A isenção da responsabilidade criminal não implica a da responsabilidade civil.

Art. 70. A obrigação de indenizar o dano será regulada segundo o direito civil.

A Consolidação das Leis Penais (Decreto 22.213, de 14 de dezembro de 1932), bem posterior, repetiu as normas do Código (arts. 31 e 70) e sem necessidade acrescentou que *a anistia e a remissão das penas por indulto de graça* não eximiam o agraciado da obrigação de indenizar o dano (art. 76).

Mesmo antes da Constituição Republicana, baixou-se o Decreto 848, de 11 de outubro de 1890, o qual organizava a Justiça Federal e traçava normas processuais.

As leis federais, depois, reuniram-se sob forma de consolidação (Decreto 3.084, de 5 de novembro de 1898). Dividia-se a *Consolidação das Leis referentes à Justiça Federal* em cinco partes, a saber: *Organização e função da Justiça Federal, Processo Criminal, Processo Civil, Processo Comercial e, afinal, Processo nas causas cíveis de ordem pública ou administrativa.*

Na parte referente ao processo criminal não cuidou de arresto ou sequestro. Fê-lo, porém, no processo civil e comercial, com visível influência do Regulamento 737 e mesmo ainda das Ordenações Filipinas.[134]

Na quinta parte, *Processo nas causas cíveis de ordem pública ou administrativa*, ao tratar do executivo fiscal, não escapou ao vistoso equívoco. Mandava proceder a sequestro de bens do devedor, se a dívida fosse de alcance, *ou se se fizer necessária medida de segurança*. O caso era de arresto, já se vê.[135]

---

134. Os arts. 112 e 113 da Consolidação reproduzem os arts. 321 e 322 do Regulamento 737. Os artigos referentes a sequestro inspiraram-se, em parte, nas Ordenações, como se pode notar:

Art. 133. O sequestro ou depósito judicial de cousa litigiosa tem lugar:

a) como preparatório da ação nós casos em que a lei admite, como no executivo fiscal e no executivo hipotecário;

b) pendente a demanda sobre cousa móvel emprestada ou alugada, se algum terceiro se opõe dizendo ser sua;

c) sobre os frutos e rendimentos do imóvel reivindicado, se o réu condenado apelou da sentença e os dissipa pendente a apelação;

d) sobre a cousa móvel, objeto da ação real ou pessoal, se o réu não possuir bens de raiz que valham tanto quanto a cousa demandada e não der, a requerimento do autor, caução ou fiança para segurança da execução.

135. Pontes de Miranda observava que se concedia o arresto, em benefício da Fazenda Nacional, nos seguintes casos:

1. Nos alcances, em geral.

2. Na impossibilidade de pronta intimação do mandado, por estar o devedor ausente e não ser encontrado.

A Constituição de 1891, como se sabe, relegou aos Estados a competência para legislar em matéria de processo civil e penal.[136] O resultado mostrou-se lamentável sob dúplice aspecto, salvo raras exceções. Alguns Estados jamais elaboraram código de processo. Limitaram-se a observar a legislação imperial: Código do Processo Criminal de 1832 e Regulamento 737, de 1850. Outros criaram diplomas sem precisão técnica, em que, por exemplo, imiscuíam-se meras disposições de organização judiciária, entre normas processuais. Examinemos alguns códigos e leis estaduais tão só para complemento da visão de conjunto.

O Código de Processo Penal do Estado do Rio Grande do Sul veio à luz, por meio da Lei 24, de 15 de agosto de 1898. Nele se estampou o mesmo erro de sempre. No Capítulo VI, *Bens do Criminoso*, cuida da hipoteca legal dos bens imóveis do *criminoso* (art. 218), para depois, invocando-lhes a possível insuficiência, mandar pôr em sequestro quaisquer bens móveis, desde que *guardada a ordem e a forma que se observam no processo civil* (art. 220). Está claro que a ordem mencionada é aquela dos bens suscetíveis de penhora. Trata-se, pois, de arresto.[137]

O *Código Judiciário* do Estado do Rio de Janeiro (Lei 1.580, de 20 de janeiro de 1819) regrou o arresto (art. 1.688) e o sequestro (art. 1.706) à maneira do Regulamento 737 e da Consolidação das Leis da Justiça Federal. Ao reproduzir o art. 58 da Consolidação Federal, tratando de executivo fiscal, mudou-o.[138] Onde se lia sequestro colocou penhora, em vez de arresto, o que seria preferível (art. 1.562, § 2.º).[139]

---

3. Se houver mudança de estado econômico do devedor.

4. Se houver insolvência do devedor (*História e prática...* cit., p. 120).

136. V. nota 85, *in fine*.

137. Art. 218. A inscrição da hipoteca legal dos bens imóveis do criminoso pode ser requerida pela parte ofendida, e incumbe:

a) ao promotor público;

b) ao escrivão;

c) ao juiz do processo ou execução;

d) ao juiz de comarca em correição.

Art. 220. Se o criminoso não possui imóveis suficientes para garantia de todas as suas responsabilidades, tem lugar o sequestro de bens móveis, guardada a ordem e a forma que se observam no processo civil.

138. V. nota 137.

139. Art. 1.562, § 2.º Se a dívida provier de alcance, ou se for necessária urgente segurança, como nos casos de insolvabilidade ou mudança de estado, será feita a ci-

O Código de Processo Civil e Comercial para o Distrito Federal (Decreto 16.752, de 31 de dezembro de 1924) manteve a sujeição ao Regulamento 737 e à Consolidação das Leis da Justiça Federal (arts. 386-398 e arts. 399-403). O mesmo se diga da Consolidação das Leis do Processo Civil, Comercial e Criminal do Estado da Bahia (Resolução 80, de 4 de setembro de 1936), a qual, outrossim, conservou o mesmo desacerto, quanto ao sequestro, em executivo fiscal (art. 661 e 980/1.013).[140]

29. A Constituição de 16 de julho de 1934 fez voltar para a competência privativa da União o legislar sobre direito processual (art. 5.º, XIX, "a", e art. 11 das Disposições Transitórias).

Logo, em 1935, surgiu o Projeto do Código de Processo Penal da República.[141] Dizia a Exposição de Motivos:

> A reparação processa-se no Juízo Cível, mas a respectiva ação terá o seu curso sustentado, enquanto não houver pronunciamento irrecorrível sobre a ação penal já iniciada, ou intercorrentemente promovida. Daí os dois preceitos fundamentais seguintes: a) a sentença condenatória irrecorrível, proferida no Juízo Criminal, tem força de coisas julgadas quanto à existência do fato e sua autoria, mas b) a isenção da responsabilidade criminal não importa a da responsabilidade civil (arts. 152-156).

O Projeto, no Título VIII, *Processos Preparatórios, Preventivos e Incidentes*, cuida, nos Capítulos VII, VIII e IX, da hipoteca legal, do arresto e do sequestro, respectivamente (arts. 193-197, arts. 198-201 e arts. 202-204). Na própria divisão da matéria nota-se a intenção de bem separar arresto e sequestro. O arresto incidente sobre quaisquer bens móveis do réu destinado a, de modo subsidiário, garantir a reparação do dano insuficientemente acautelada pela hipoteca legal. O sequestro para cair nos bens possuídos pelo réu, quando existente a prova de terem sido adquiridos com o produto *(direto ou indireto)* do crime. A superioridade do Projeto sobre o vigorante

---

tação para o pagamento imediato, e, não realizado este, proceder-se-á logo à penhora. Se o devedor estiver ausente ou se ocultar, será feita a penhora imediatamente, intimando-se em seguida, pelos meios regulares o mesmo devedor.

140. A inexatidão se achava, também, no Código do Maranhão, art. 350, § 1.º, e no Decreto 1.380, de 22 de julho de 1905, o qual regulamentou o Processo Civil e Comercial do Pará, art. 528.

141. O Projeto foi elaborado por Bento de Faria, Plinio Casado e Gama Cerqueira, sob a presidência do Ministro da Justiça, na época, Vicente Rao.

Código ostenta-se manifesta, ao menos nessa parte. O Diploma atuante, como vimos, agarrou-se ao errôneo enfoque das Ordenações Filipinas. Nasceu velho. Colocou o arresto sob a denominação genérica de sequestro, abstração feita das outras incorreções já apontadas.[142]

A Carta Política, de 10 de novembro de 1937, orientou-se no mesmo sentido. Manteve o regime da unidade processual (art. 16, XVI).

O Código de Processo Civil (Decreto-lei 1.608, de 18 de setembro de 1939) e o Código de Processo Penal (Decreto-lei 2.689, de 3 de outubro de 1941) puseram, assim de fato, termo ao regime pluralista que a Constituição de 1891 estabelecera.[143]

30. No regime da Carta Política de 1937, dois Decretos-leis trataram de sequestro: o primeiro, 3.240, de 8 de maio de 1941, e, depois, 3.415, de 10 de julho do mesmo ano. Destinavam-se ambos a valer, exclusivamente, ou ao menos principalmente, no âmbito do direito penal e do direito processual penal, ressalvadas, quanto ao segundo, importantes conexões com o direito administrativo.

Portanto, se o Decreto-lei 3.240, de maio, sujeitou a sequestro "os bens de pessoas indiciadas por crime de que resulta prejuízo para a Fazenda Pública, e outros", o Decreto-lei 3.415, de julho, dispôs "sobre a prisão administrativa e sobre o depósito e guarda dos bens apreendidos aos acusados de crimes contra a Fazenda Nacional", medidas administrativas de urgência, preliminares a sequestro.[144]

---

142. Eis os dispositivos do Projeto Vicente Rao:

Art. 198. Quando o réu não possuir bens imóveis suficientes para garantir a indenização, ser-lhe-ão arrestados os bens móveis.

Parágrafo único. O arresto somente pode recair em bens suscetíveis de penhora e em tantos quantos cheguem e bastem para assegurar a satisfação do dano fixado na sentença condenatória.

Art. 202. Caberá o sequestro dos bens possuídos pelo criminoso, quando houver prova de terem sido adquiridos com o produto do crime.

Parágrafo único. Pode ser requerido pelo representante do Ministério Público, tratando-se de crime cometido contra a Fazenda Nacional, ou pela vítima nos demais casos.

143. No Projeto do Código de Processo Penal em vigor, trabalharam Narcélio de Queiroz, Nelson Hungria, Vieira Braga, Cândido Mendes, Florêncio de Abreu e Roberto Lira.

144. Os dois decretos-leis mencionados colocam-se na mesma linha histórica do Decreto 637, de 5 de dezembro de 1849, do Decreto 9.885, de 22 de fevereiro de

Comparando-se esses dois Decretos, assinala-se, desde logo, a primeira nota distintiva: ao passo que o Decreto-lei promulgado em maio aludiu a pessoas indiciadas por crimes contra a Fazenda Pública, de modo genérico, providas ou não da qualidade de funcionários públicos, o Decreto-lei publicado em julho tratou, apenas e tão só, de funcionários públicos, peculatários, de modo a excluir da incidência da prisão administrativa e daquelas demais medidas cautelares adjetas e precursoras de sequestro os não funcionários. Salvo quando os não funcionários houvessem contribuído, material ou intelectualmente, para a execução ou ocultação desses crimes (art. 1.º) de peculato.

Tal Decreto-lei 3.415 determinou que, decidida a prisão administrativa, pode a mesma autoridade, que mandou prender, ordenar a busca e a apreensão dos bens móveis e imóveis de propriedade da pessoa acusada, seja ou não funcionário público, mas, nesse caso, de qualquer modo coautor em peculato. Disso incumbindo a polícia e promovendo, depois, o sequestro desses bens por intermédio do representante do Ministério Público (art. 2.º).

Por ocasião desses Decretos-leis, de maio e julho de 1941, o Código Penal e o Código de Processo Penal, ainda ora vigentes, já se achavam promulgados, mas, não haviam entrado em vigor, o que só aconteceria em 1.º de janeiro de 1942.

Foi, portanto, para suprir lacuna que o legislador ordinário entendeu definir: no Decreto-lei 3.240 os termos do sequestro de bens de pessoas indiciadas por crimes definidos no Livro II, Títulos V, VI e VII, da Consolidação das Leis Penais, desde que dele resulte locupletamento ilícito para o indiciado. No Decreto-lei 3.415, definiram-se os termos do sequestro dos bens dos pacientes de prisão administrativa, peculatórios e, por conseguinte, funcionários públicos, ou *de quem, sendo ou não sendo funcionário público, haja contribuído, material ou intelectualmente, para a execução ou ocultação desses crimes.*

O sequestro no Decreto-lei 3.240 achava-se condicionado à existência de *indícios veementes da responsabilidade* (art. 3.º) e recainte sobre *todos os bens do indiciado*, inclusive sobre os bens *em poder de terceiros, desde que estes os tenham adquirido dolosamente, ou com culpa grave* (art. 1.º).

1888, do Decreto 848, de 11 de outubro de 1890, do Decreto 3.084, de 5 de novembro de 1898, do Decreto 10.902, de 20 de maio de 1914, e do Decreto 21.369, de 5 de maio de 1932.

Apanhava o sequestro, outrossim, os bens doados, depois da prática do crime.

O mesmo Decreto-lei cuidava da perda, em favor da Fazenda Pública, dos bens que fossem produto ou adquiridos com o produto do crime, depois de transitada em julgado a sentença condenatória. Ressalvaram-se, entretanto, os direitos de terceiro de boa-fé (art. 8.º).

O sequestro, nos casos do Decreto-lei 3.415 submetia-se a outro processamento. Assim, decretada a prisão administrativa, podia a mesma autoridade que mandou prender ordenar a busca e apreensão dos bens móveis e imóveis de propriedade da pessoa acusada, fosse ou não funcionário público (art. 2.º). Disso incumbindo a polícia e promovendo, depois, o sequestro desses bens por intermédio do representante do Ministério Público (art. 3.º). A prisão administrativa dos não funcionários públicos também não excedia a noventa dias. Dentro desse prazo, teria de ser requerido o sequestro do que houvesse sido apreendido (art. 4.º).

Em 3 de outubro de 1941, porém, promulgou-se o Código de Processo Penal para entrar em vigor, juto com o Código Penal, em 1.º de janeiro de 1942. Tão só enquanto não adveio a vigência das suas novas normas, penais e processuais penais, valeram plenamente as dos Decretos-leis 3.240 e 3.415.[145]

Se ambos os Decretos-leis referem casos de sequestro de todos os bens do acusado, isto é, de quaisquer bens, são indeterminados portanto. Se o sequestro surge assestado contra o patrimônio do devedor, como garantia geral de reparação do dano para a Fazenda Pública, então os casos são de arresto.[146]

---

145. Outras leis, depois, trataram de *enriquecimento ilícito, ou indevido*, do qual resulta o arresto, ou o confisco, de bens. Constituição de 1946, art. 141 § 31, 2.ª Parte, Lei 3.164, de 1.º de junho de 1957; Lei 3.502, de 21 de setembro de 1958; Constituição de 1967, art. 150, § 11, 2.ª Parte; Ato Institucional 5, de 1968, art. 8.º; Ato Complementar 42, de 1969, art. 1.º; Constituição de 1969, art. 153, § 11, 2.ª Parte; Decreto-lei 1.060, de 21 de outubro de 1969, art. 3.º, §§ 4.º e 5.º; Decreto-lei 1.104, de 30 de abril de 1970, art. 2.º; Lei 8.429, de 2 de junho de 1992.

146. O Anteprojeto Frederico Marques, no Título VI, do Livro VII, *Da Reparação do Dano causado pelo Crime*, regulamenta *o sequestro*, nos casos de crimes contra a Fazenda Pública (arts. 849-856).

III Parte

SEQUESTRO NO PROCESSO CIVIL BRASILEIRO

31. Os processos guardam tramitação certa, mais ou menos demorada, em relação à decisão definitiva, o que pode fazer surgir situação de perigo, *periculum in mora*, quanto à prova e à pretensão.

Teme-se possível, ou provável, mudança dos fatos, causada pela natural duração do processo, a qual, em última análise, alteraria o equilíbrio inicial das partes litigantes, ou a litigar.[147] Torna-se, pois, necessário um provimento, que obste o impossibilitar ou o inutilizar a futura prestação jurisdicional.

Decorre disso a emergência, antes da propositura da demanda, ou no curso dela, das *medidas preventivas*, das *medidas assecuratórias*, das *medidas cautelares*,[148] de nítido caráter preventivo-instrumental, para segurança da prova ou da pretensão.[149]

---

147. CARNELUTTI, Francesco. *Derecho y proceso*. Tradução de Sentis Melendo. Buenos Aires: Ejea, 1971. p. 415.

148. Cautela deriva do latim *caveo, es, i, cautum* (*cavitum-arc*), *ere*, que significa tomar cuidado, guardar-se de, acautelar-se, tomar cautela.

149. CALAMANDREI, Piero. *Introduzione allo studio sistematico dei provvedimenti cautelari*. Padova: Cedam, 1936. p. 21; REIS, José Alberto dos. A figura do processo cautelar. *Boletim do Ministério da Justiça*, Lisboa, Sep. n. 3, p. 34-36 e 45, 1947; BO-

Servem, pois, ao escopo do processo de conhecimento, ou de execução, visto como lhes arredam o perigo.[150]

32. O Código de Processo Civil[151] acolhe, no Livro V, *Dos processos acessórios*, sob o Título *Das medidas preventivas*, o arresto e o sequestro, entre outras (art. 676, I e II).[cx]

Arresto ou embargo de bens (art. 676, I, do CPC)[cxi] é a tomadia judicial de quaisquer bens, no patrimônio do devedor, para garantia suficiente do credor, na futura execução da sentença. Representa, assim, processo de constrição judicial de bens, tantos quantos bastem, para segurança do crédito, até decisão da causa e penhora.[152]

As leis processuais anteriores, em especial o Regulamento. 737 e a Consolidação das Leis da Justiça Federal, enumeravam, casuisticamente,

---

NUMÁ, João. *Direito...* cit., v. 3, p. 331-32; PONTES DE MIRANDA, Francisco C. *Comentários...* cit., t. VIII, p. 293-94.

150. Leciona Celso Neves que os modernos procedimentos cautelares "são os mesmos procedimentos de segurança a que aludiam os velhos doutrinadores portugueses e destinam-se ou a constituir segurança em torno do fato, no plano da elaboração probatória, ou a assegurar a efetividade da prestação, ou do objeto da prestação no processo futuro, ou no processo já ajuizado" (NEVES, Celso. *Postila Acadêmica*, São Paulo: Fadusp, 2.º Fasc., p. 96, 1965).

151. Decreto-lei 1.608, de 18 de setembro de 1939.

152. CHIOVENDA, Giuseppe. *Principii...* cit., § 9, p. 228; ZANZUCCHI, Marco Tullio. *Diritto processuale civile.* 4. ed. Milano: Giuffrè, 1946. v. 1, p. 158; CARNELUTTI, Francesco. *Instituciones del proceso civil.* Tradução de Sentis Melendo. Buenos Aires: Ejea, 1960. v. 3, p. 224; SATTA, Salvatore. *Diritto processuale civile.* 7. ed. Padova: Cedam, 1967. p. 632; MICHELI, Gian Antonio. *Derecho procesal civil.* Tradução de Sentis Melendo. Buenos Aires: Ejea, 1970. v. 3, p. 25-26; GUASP, Jaime. *Derecho procesal civil.* 3. ed. Madrid: Instituto de Estudios Políticos, 1968. t. I, p. 418; PODETTI, J. Ramiro. *Tratado de las medidas cautelares.* 2. ed. Buenos Aires: Ediar, 1969. p. 215; GIANZANA, Sebastiano. *Del sequestro...* cit., p. 15-16; CONIGLIO, Antonino. *El sequestro giudiziario e conservativo.* 3. ed. Milano: Giuffrè, 1949. p. 26-27; SCAGLIONI, Alfredo. *Il sequestro nel processo civile.* Milano: Giuffrè, 1969. p. 41-42; PROTETTI, Ettore. *Il sequestro* cit., p. 34-35; REIS, José Alberto dos. A figura... cit., p. 59; CARRERAS, Jorge. *El embargo de bienes.* Barcelona: Bosch, 1957. p. 114; SIMAS, Hugo. *Comentários ao Código de Processo Civil.* Rio de Janeiro: Forense, 1940. v. 8, p. 19; BONUMÁ, João. *Direito...* cit., v. 3, p. 338; PONTES DE MIRANDA, Francisco C. *Comentários...* cit., t. VIII, p. 330; LOPES DA COSTA, Alfredo de Araújo. *Medidas preventivas* cit., p. 62; ROSA, Eliezer. *Dicionário...* cit., verbete *arresto*, p. 115.

os motivos gerais da medida cautelar de arresto. Pediam prova literal da dívida e da *causae arresti*, ou justificação prévia, ou aprazada, da referida motivação.[153]

O legislador de 1939 preferiu não predeterminar as possíveis situações ensejadoras, casos nos quais seria cabente o arresto. Não alinhou casos, ou motivos, ocorríveis, porquanto entendeu o rol insuficiente sempre.

Estabeleceu, isso sim, três pressupostos genéricos para todas as medidas (art. 675, I, II e III, do CPC),[cxii] a fim de que achasse, cada uma, neles sua adequação ou admissibilidade. Criou, entretanto, um pressuposto específico para a concessão do embargo (art. 681 do CPC).[cxiii]

Com efeito, constitui pressuposto genérico do arresto de bens: o justo receio da *ocorrência de atos capazes* de dificultar ou frustrar a solução da dívida, *periculum in mora*, causando, assim, dano à parte requerente (art. 675, II, do CPC).[cxiv]

O pressuposto específico do embargo está na existência de dívida líquida e certa (art. 1.533 do CC),[cxv] provada literalmente (art. 681 do CPC).[cxvi] Vale dizer, *provada por instrumento público, ou por escrito particular, assinado pelo devedor e subscrito por duas testemunhas* (art. 298, XII, do CPC), [cxvii] ou por outra forma hábil, também literal.[154]

33. Sequestro é a tomadia e depósito judicial de bens, coisa sempre certa, sobre os quais se litiga, para lhes assegurar a futura entrega àquele que vencer a demanda. O bem sequestrável emerge controvertido – daí decorrendo-lhe a determinação – para ser posto em segurança. Há, pois, de ser o bem coisa litigiosa, objeto de pretensão deduzida, ou a se deduzir, para que se opere a constrição judicial, garantidora esta da execução futura, pela prestação da coisa certa.[155]

---

153. V. notas 128, 129 e 136.

154. Lopes da Costa, criticando as exigências de liquidez e literalidade, afirma: "O legislador do processo penal, mais inteligente e num terreno em que, naquele processo, mais desenvolvimento tiveram as medidas preventivas, manda fazer a hipoteca legal em bens do acusado, em garantia da indenização devida à vítima, em qualquer fase do processo, desde que haja certeza da infração e indícios suficientes da autoria. Como não esteja fixada por sentença a importância do dano, faz-se por arbitramento a avaliação da responsabilidade" (LOPES DA COSTA, Alfredo de Araújo. *Medidas preventivas* cit., p. 74).

155. CHIOVENDA, Giuseppe. *Principii...* cit., § 9, p. 230; ZANZUCCHI, Marco Tullio. *Diritto...* cit., v. 1, p. 157; CARNELUTTI, Francesco. *Lezione...* cit., v. 3, p. 220-221; SATTA, Salvatore. *Diritto...* cit., p. 632; GUASP, Jaime. *Derecho...* cit., t.

A Consolidação das Leis da Justiça Federal e alguns códigos estaduais, que a seguiram, arrumavam os casos de sequestro.[156]

O vigorante Código de Processo Civil abandonou tal senda. Ficou para o sequestro nos pressupostos genéricos das medidas cautelares.[157]

II, p. 697-98; PODETTI, J. Ramiro. *Tratado...* cit., p. 271; CONIGLIO, Antonino. *El sequestro...* cit., p. 26-27; SCAGLIONI, Alfredo. *Il sequestro...* cit., p. 49-42; Bracci, Antonello. *Il Sequestro Giudiziario.* Napoli, Morano. 1966, p. 1-12; PROTETTI, Ettore. *Il sequestro* cit. p. 8-9; SIMAS, Hugo. *Comentários...* cit., v. 8, p. 19; BONUMÁ, João. *Direito...* cit., v. 3, p. 338; PONTES DE MIRANDA, Francisco C. *Comentários...* cit., t. VIII, p. 337; LOPES DA COSTA, Alfredo de Araújo. *Medidas preventivas* cit., p. 90-91; ROSA, Eliezer. *Dicionário...* cit., verbete *sequestro*, p. 333.

156. V. nota 136.

157. O Projeto 810-B do Código de Processo Civil volta à trilha do Regulamento 737 e da Consolidação das Leis da Justiça Federal, alinhavando os casos, os motivos, casuisticamente, de embargo e sequestro. Eis os dispositivos:

Art. 823. O arresto tem lugar:

I – quando o devedor sem domicílio certo intenta ausentar-se ou alienar os bens que possui, ou deixa de pagar a obrigação no prazo estipulado;

II – quando o devedor que tem domicílio:

a) se ausenta ou tenta ausentar-se furtivamente;

b) caindo em insolvência, aliena ou tenta alienar bens que possui, contrai ou tenta contrair dívidas extraordinárias; põe ou tenta por os seus bens em nome de terceiros; ou comete outro qualquer artifício fraudulento, a fim de frustrar a execução ou lesar credores;

III – quando o devedor, que possui bens de raiz intenta aliená-los, hipotecá-los ou dá-los em anticrese, sem ficar com algum ou alguns, livres e desembargados, equivalentes às dividas;

IV – nos demais casos expressos em lei.

Art. 824. Para a concessão do arresto é essencial:

I – prova literal da dívida líquida e certa;

II – prova documental ou justificação de alguns dos casos mencionados no artigo antecedente.

Parágrafo único. Equipara-se à prova literal da dívida líquida e certa, para efeito de concessão de arresto, a sentença líquida ou ilíquida, pendente de recurso ou de homologação, condenando o devedor no pagamento de dinheiro ou de prestação que em dinheiro possa converter-se.

Art. 832. O juiz, a requerimento da parte, pode decretar o sequestro:

Assim, aflora, de fato, cabente o sequestro se existir perigo, *periculum in mora*, de *provável ocorrência de atos* de destruição, alienação ou ocultação do bem, objeto do litígio, provocando manifesto dano ao requerente (art. 675, II, do CPC). [cxviii]

Há, contudo, outro pressuposto genérico em que se pode quadrar o cabimento do sequestro. Surge quando pendente a demanda, há temor de *rixa ou violência entre os litigantes* (art. 675, I, do CPC). [cxix] Claro está que o objetivo da medida, no caso, não consiste em assegurar a futura entrega de bem determinado, mas proteger as pessoas, as partes, em litígio. Quer-se obstaculizar, com a medida, o provável reflexo da turbulência no processo e também o mal fora dele. Ambas as intenções visam a arredar o dano.[158]

34. Vale para arresto e sequestro o que se disse antes sobre penhora. Pode ocorrer a perda da posse; há diminuição de disponibilidade do bem, mas jamais inalienabilidade. Os bens arrestados, sequestrados ou penhorados se permitem alienar. Tal ato jurídico vem à tona válido e eficaz, menos para o arrestante, o sequestrador e o exequente. Não lhes cabe impor veto ao negócio, se o terceiro, ciente, quer ultimá-lo. Nem carecem de propor ação de nulidade. A alienação não lhes toca o direito.[159]

Dá-se, pela alienação, a sucessão na relação jurídica material, com reflexos no processo. O terceiro adquirente assume o lugar do arrestado, sequestrado ou executado. A questão da existência, ou não, da inscrição das penhoras, arrestos e sequestros de imóveis não vem ao caso (arts. 167, "a", VI, e 259 do Decreto-lei 1.000, de 21 de outubro de 1969). Trata-se de

---

I – de bens móveis, semoventes ou imóveis, quando lhes for disputada a propriedade ou a posse, havendo fundado receio de rixas ou danificações;

II – dos frutos e rendimentos do imóvel reivindicando, se o réu, depois de condenado por sentença ainda sujeita a recurso, os dissipar;

III – dos bens do casal, nas ações de desquite, e de anulação de casamento, se o cônjuge os estiver dilapidando;

IV – nos demais casos expressos em lei.

158. Explica Lopes da Costa: "O que caracteriza o sequestro (excetuado o caso, aberrante, da medida imposta pela necessidade de regular provisoriamente uma situação que perdeu a ordem em que se afirmava) é ser garantia forçada da execução futura para entrega de coisa certa" (LOPES DA COSTA, Alfredo de Araújo. *Medidas preventivas* cit., p. 91).

159. PONTES DE MIRANDA, Francisco C. *Comentários...* cit., t. VIII, p. 314 e 336.

mera garantia de preservação da boa-fé do terceiro. A inscrição, apenas, importa entre o alienante e o adquirente.

35. Esse ponto de contato, ocorrente entre penhora, arresto e sequestro, não implica igualdade de institutos.

Arresto e sequestro são medidas cautelares. Não se constituem em atos iniciais de execução, como a penhora.[160] As cautelares não objetivam satisfazer a pretensão. Servem como elemento assegurador, de provável satisfação. O embargo, tomando bens do devedor, somente assegura a penhora, não a antecipa.[161] O sequestro guarda a coisa certa, para sua entrega, ao ensejo da execução.[162]

---

160. Ensina Liebman: "A penhora tem, como se vê, em parte função conservativa. Sua afinidade com o arresto é evidente. Diferencia-se, todavia, dele por ser ato do processo de execução, o que não acontece com o arresto... O arresto é, ao contrário, ato autônomo com função puramente acautelatória e como tal é objeto de verdadeiro processo acessório; e concedido para tutelar direito ainda incerto; tem seus próprios pressupostos e condições, processuais e substanciais, que o juiz deve verificar caso por caso; e cessa de pleno direito com a terminação do processo principal" (*Processo...* cit., p. 191-92).

161. Era o que, expressamente, dizia o Regulamento 737, no art. 340. Di-lo, agora, de novo, o Projeto 810-B, assim:

Art. 828. Julgada procedente a ação principal o arresto se resolve em penhora.

162. Afirma Celso Neves: "Se pensarmos na penhora e estabelecermos uma comparação entre as características da penhora e os do arresto e sequestro, iremos verificar que este é o traço distintivo entre a medida cautelar e a ação comum. Na penhora, já há início de execução; na medida cautelar jamais teremos execução. Teremos, apenas, cautela e segurança para satisfazer o objeto da ação principal. É, portanto, nesse escopo de apenas estabelecer a segurança, em razão do *periculum in mora*, que vamos encontrar o traço distintivo da ação cautelar, segundo a própria disciplina do CPC" (NEVES, Celso. *Postila...* cit., p. 97). Declara Eliezer Rosa: "Distingue-se o arresto da penhora nisto em que a penhora é sempre ato executivo, é já o começo da execução para satisfação atual do direito do credor. O arresto, embora não sendo antecipação da execução, nem muito menos começo dela, assegura, todavia, uma execução com êxito. A penhora exige título de execução aparelhada e já ajuizado, ou título executório com execução em andamento. O arresto pode vir antes da ação principal, bastando a prova literal da dívida líquida e certa. A retirada da coisa da disponibilidade de fato do devedor arrestado ou penhorado é ponto comum entre as duas medidas" (*Dicionário...* cit., p. 116).

São inegáveis, todavia, certas semelhanças entre embargo e sequestro. Os antigos, por isso, caíram em confusão e mesmo alguns modernos.[163-164]

Os dois institutos emergem como medidas ou processos cautelares. Um e outro possuem o elemento prevenção. Ambos surgem, no cível, como medidas violentas de constrição judicial: a tomadia e depósito de bens, que podem incidir sobre bens móveis ou imóveis. Os dois têm o mesmo procedimento. Objetivam, posto que lhes seja diverso o fim último, assegurar, pela imutabilidade fática, a execução do julgado, da ação, à qual ancilam.

Ressalte-se, contudo, as essenciais diferenças. O sequestro visa a conservar o bem litigioso. O embargo volta-se para quaisquer bens do inadimplente, garantindo a futura execução em dinheiro.[165] O primeiro aponta para um bem determinado, o segundo mira o patrimônio *(bens suscetíveis de penhora)* do obrigado.[166]

---

163. V. nota 117.

164. Afirma Pontes de Miranda: "Guerreiro foi ao ponto de dizer: quae de sequestro diximus, de arresto predicamus; et quae de deposito judiciali in superiore capitae dedimus, sequestro, asseveramos. Todavia, tais palavras, nos casos gerais, mentirosas, podem ser invocadas em muitas hipóteses, que são justamente as correspondentes aos elementos comuns dos institutos. O texto alude ao depósito. O sequestro tem algo de um e algo de outro" (*História e prática...* cit., p. 77). Hugo Simas desprezava a distinção. Eis o seu ensinamento: "E criou-se, com a diferença fundada na origem romana do sequestro e na criação, pelo direito moderno, do *arresto*, uma chinesice intolerável no domínio do direito, pelo que se increpa Ramalho de erro (§§ 81, 90 e 101), que se enxerga nas leis substantivas (Cód. Civ. art. 234; Cód. Com. art. 116; lei de falências, Decreto 5.746, art. 71, § 7.º), como na jurisprudência. Pura e exclusiva preocupação acadêmica. A distinção que se procura estabelecer entre um e outro não lhes tira, a ambos, a característica de remédios com o mesmo processo e produzindo para as partes os mesmíssimos efeitos" (*Comentários...* cit., v. 8, p. 15-16).

165. Nesse sentido, Leo Rosemberg (*Tratado de derecho procesal civil*. Tradução de Romera Vera. Buenos Aires: Ejea, 1955. t. III, p. 259 e 262).

166. São elementos diferenciais, segundo Pontes de Miranda:

"a) Posto que preventivos e de segurança os dois remédios – o do sequestro e o do arresto –, o primeiro tem por fito conservar determinada coisa, ao passo que o segundo conserva o que é suficiente para cumprimento do que é devido. Em termos mais precisos, embora de linguagem mais técnica, a prevenção, no que concerne ao objeto (sequestro), ou no que diz respeito à utilidade final da relação de direito (arresto).

36. A questão da natureza e fim das *medidas cautelares* manifesta-se extremamente difícil na doutrina do processo. O embaraço em nominá-las, desde logo, nos dá o padrão do problema. Já chamaram-nas de, por exemplo, cauções das instâncias, medidas provisórias de cautela e conservação, medidas provisórias de segurança ou garantia, medidas precautórias, medidas antecipadoras, medidas cautelares, providências cautelares, procedimentos, processos e ações cautelares. O desacordo entre os grandes autores surge evidente.

Descabe, dentro do presente trabalho, examinar a intricada problemática, merecedora, sem dúvida, de pesquisa e reflexão, mas em labor específico.

Visando ao sequestro e ao arresto, objetos do estudo, há que, apenas, se tomar posição, fazendo-o com assento na doutrina que nos parecer melhor.[167]

Ao surgir a necessidade de se obstarem mudanças, causadoras de dano, nas situações de fato, enquanto dura o processo, faz-se preciso uma ordem judicial.

---

b) O sequestro supõe a litigiosidade da coisa ou, por outras expressões, a incerteza subjetiva em relação a ela; o arresto não implica qualquer laço entre o objeto da causa que se vai ou se irá decidir e os bens, que se arrestam: não há incerteza, mas certeza de quem é o dano deles. Ali, depositados, serão os bens porque há dúvida quanto ao termo da relação (sujeito), a que se prende a coisa; aqui é da inexistência de tal dúvida que se parte para a concessão do arresto. Bens que se não sabe a quem pertencem, ou quem os possui, podem ser sequestrados, mas, quanto a eles, seria ilegal o serem arrestados. No sequestro, tem-se por fito a incolumidade da coisa, até que se decida a causa principal, para que não sejam prejudicados os direitos dos interessados. No arresto, não se determinam os bens; são quaisquer, e onde se encontrem, para que se não subtraia à futura prestação o patrimônio necessário à solução da dívida. Daí dizer Samuel Stryk que o sequestro *fit custodiae causae*; o arresto, *vero imponitur, ut arrestatus debitum solvat*. No sequestro, tira-se dos litigantes e entrega-se a terceiro, que serve de depositário, a coisa que se sequestrou. No arresto, proíbe-se ao possuidor que lhe altere o estado, o lugar, ou a dependência jurídica.

c) Não há arresto de pessoa, mas há sequestro pessoal, dito hoje depósito (art. 676, X)" (*Comentários*... cit., t. VIII, p. 327-328).

167. Arrimamo-nos, em especial, na última posição doutrinária assumida por Carnelutti em trabalho denominado *Derecho y proceso* cit., p. 411-441.

Tal ordem judicial, que estanca o perigo e previne o dano, poder-se-ia chamar de providência cautelar.[168] Ocorre, entretanto, que dita providência não atua no bojo do processo a que serve. Não se constitui em fato incidental no trâmite do processo de conhecimento. É mais que mera providência. Com efeito, corresponde a um tipo diverso do processo de conhecimento e do processo de execução, denominado processo cautelar.[169]

Consiste, portanto, o processo cautelar em terceiro gênero de processo contencioso, posto entre o processo de conhecimento e o de execução, mas no mesmo plano.

Não objetiva ele a composição da lide, nem com ele se atinge resultado útil, quanto ao reconhecimento ou não, da pretensão. O reconhecimento é escopo do processo de conhecimento, ao qual o cautelar se ancila. Decorre daí que existe e subsiste, tão só, por força mesmo do processo de conhecimento *(ação principal)*, seja atual, seja futuro.

O perigo, nascente no se alongar a decisão final, é perigo de dano. Arredar o *periculum in mora* é o fim que se pretende alcançar.[170] Emerge daí o elemento prevenção.

Se o processo cautelar existe em função do processo de conhecimento, ou de execução, a que serve, assegurando a provável satisfação da pretensão deduzida, logo possui caráter instrumental. Representa instrumento a serviço do provimento final. Ora, o provimento final, contudo, será ou não favorável ao pretendente à cautela; diz-se, por isso, que tal instrumentalidade surge hipoteticamente.[171]

O processo cautelar possui a finalidade de, dentro dos limites do possível, evitar as modificações de equilíbrio, em que se achavam as partes,

---

168. V. nota 151.

169. Diz Alfredo Buzaid, na *Exposição de Motivos* ao Projeto: "A matéria dos três primeiros Livros corresponde a função jurisdicional de conhecimento, de execução e cautelar. A dogmática do processo civil moderno sanciona esta classificação. O processo cautelar foi regulado no Livro III, porque é *tertium genus*, que contém a um tempo as funções do processo de conhecimento e de execução" (p. 105).

170. CALAMANDREI, Piero. *Introduzione*... cit., p. 15-20; REIS, José Alberto dos. A figura... cit., p. 34-35.

171. CALAMANDREI, Piero. *Introduzione*... cit., p. 21; REIS, José Alberto dos. A figura... cit., p. 36-37.

inicialmente modificações estas que podem derivar da demora do processo de conhecimento ou de execução.[172]

No processo cautelar há decisão. O juiz conhece o pedido e o defere, ou indefere, mas não declara se a pretensão, cuja concretização a cautela busca assegurar, é justa ou injusta. O seu conhecimento vem limitado. Arrima-se no *fumus boni juris*, basta-lhe a provável existência do direito, que se quer tutelar e o provável perigo de dano. Trata-se, assim, de um juízo de probabilidade, de manifesta vitalidade provisória. Atende, tão só, à pretensão de segurança, à pretensão cautelar.[173]

Como divergem o fim e as funções do processo cautelar do fim e das funções do processo de conhecimento e de execução, pode-se falar em função jurisdicional cautelar. Assim, também, referir-se a processo e procedimento cautelar, continente e conteúdo.

37. Voltemos, comparando, ao processo penal. Arresto ou embargo e sequestro são processos cautelares. O conceito de processo e procedimento cautelar há de ser aquele advindo da ciência do processo civil.[174]

O sequestro, em processo penal, considerando-se-lhe a finalidade, tem por fadário assegurar as obrigações nascentes no delito, propiciando, assim, à execução os meios de reparação do dano, se e quando condenatória a sentença.

Tal sequestro, contudo, não possui adequação perfeita com o *modelo* descrito.

Incide sobre o produto direto, ou indireto, da infração penal.

O caimento dá-se, por conseguinte, sobre bens determinados, mas não litigiosos, no sentido de processo civil (arts. 125 e 132 do CPP e art. 809 do Anteprojeto Frederico Marques).

Com efeito, se houve furto de dinheiro e com ele o acusado comprou um veículo, não se discute sobre ele, não se lhe contesta a posse ou a propriedade. A ilícita proveniência do bem, demonstrada, ao menos, por indícios veementes – ou fundadas suspeitas, como quer o Anteprojeto de Código –, é que importa. Se ocorreu pretenso estelionato em transação imobiliária e o acusado alega posse justa, originada em correta e hábil

---

172. CARNELUTTI, Francesco. *Derecho y proceso* cit., p. 415.

173. LIEBMAN, Enrico Tullio. Unitá del procedimento cautelare. *Problemi del processo civile*. Napoli: Morano, 1962. p. 107-110.

174. CARNELUTTI, Francesco. *Lezione...* cit., v. 2, p. 58.

aquisição da propriedade, não obstante todos os indícios, há mera questão prejudicial cível, no processo penal. A litigiosidade do bem opera reflexa, no sequestramento.[175]

O arresto, dito sequestro no Código vigente, muito mais próximo ao *modelo*, objetiva tomar quaisquer bens imóveis especializáveis do acusado, havendo indícios suficientes da autoria e certeza da infração (art. 134 do CPP) – ou certeza da infração e fundadas suspeitas de autoria, como deseja o Anteprojeto de Código –, acautelando a inscrição da hipoteca legal, a qual pode demorar (art. 136 do CPP e art. 828 do Anteprojeto Frederico Marques). Tem por fim, também, de forma subsidiária, tomar quaisquer bens móveis penhoráveis do acusado para garantia da obrigação de reparar o dano (art. 137 do CPP e art. 831 do Anteprojeto Frederico Marques).

Verifica-se, portanto, que os dois institutos, de natureza processual civil, sofreram amoldamento para atender às peculiaridades do processo penal.[176]

---

175. Diz Tornaghi: "O sequestro do artigo 125 do Código de Processo Penal é um misto de sequestro e arresto. Tal como o primeiro, recai sobre determinados bens, isto é, sobre os adquiridos com os proventos da infração, e não sobre qualquer bem do indiciado. Mas aqui a propriedade não é controvertida. Os bens são ou foram do indiciado, mas adquiridos e pagos com algo obtido criminosamente. De sorte que a propriedade das coisas (ou dinheiro) dadas em pagamento é que pode ser contestada. É como se a lei estendesse o conceito de *res litigiosa* ao que é adquirido com o proveito do crime. Da mesma forma que o arresto, portanto, a providência recai sobre bens cuja propriedade é incontrovertida. E mais, tal como esta última cautela, também se destina a assegurar as obrigações que nascem do crime e se tornam certas com a sentença condenatória, como se infere de vários dispositivos (art. 131, II, § do artigo 133, art. 140, etc.)" (*Compêndio...* cit., v. 3, p. 965).

176. AMODIO, Ennio. *Le cautele patrimoniale nel processo penale*. Milano: Giuffrè, 1971. p. 125.

IV Parte

O ANTEPROJETO FREDERICO MARQUES

Sumário: 38. Importantes mudanças. 39. Continuação. 40. Sequestro nos crimes contra a Fazenda Pública.

38. O Anteprojeto de Código de Processo Penal de Frederico Marques, quanto a arresto e sequestro, reproduz, quase fielmente, o Anteprojeto de Hélio Tornaghi.[177]

---

177. O Anteprojeto Hélio Tornaghi:

Art. 415. Caberá o sequestro dos bens adquiridos pelo indiciado com os proventos da infração, ainda que já tenham sido transferidos a terceiros por alienação, renúncia ou abandono.

Parágrafo único. Não poderão ser sequestrados os bens expropriados pelo Poder Público.

Art. 416. Para a decretação do sequestro bastará a fundada suspeita de proveniência ilícita dos bens.

Art. 434. Poderá ser decretado pelo juiz do processo o arresto de imóvel pertencente ao indiciado a fim de evitar o perigo que adviria com a demora da inscrição e especialização da hipoteca legal.

Parágrafo único. O arresto, que poderá ser pedido ainda na fase do inquérito, será revogado se dentro de quinze dias, a contar de sua decretação, não for requerida a inscrição e especialização da hipoteca legal.

Ambos os Anteprojetos superam muito o vigorante diploma processual. Corrigem vários erros e possuem bem melhor técnica.

Começam por, quase, libertarem-se do velho equívoco de chamar arresto de sequestro. Aliás, como o fazia o Projeto Vicente Rao de 1935.[178]

Há, entretanto, quem deseje reduzir quase tudo a sequestro nas novas leis processuais penais.[179] Isso consiste em não se levarem em conta os *modelos* dos institutos, nem as peculiaridades do processo penal e, outrossim, esquecer-se do arresto residual, chamado subsidiário.

Art. 435. Se o indiciado não tiver bens imóveis ou os tiver de valor insuficiente, poderão ser arrestados bens móveis desde que haja certeza da infração e, pelo menos, fundada suspeita de autoria.

Anteprojeto Frederico Marques:

Art. 809. Caberá o sequestro dos bens adquiridos pelo indiciado com os proventos da infração ainda que já tenham sido transferidos a terceiros.

Art. 810. Para a decretação do sequestro bastará a fundada suspeita de proveniência ilícita dos bens.

Art. 828. Pode o juiz do processo, a requerimento do ofendido, decretar o arresto do imóvel pertencente ao indiciado a fim de evitar os riscos que adviriam com a demora da inscrição e especialização da hipoteca legal.

Art. 829. O arresto poderá ser requerido ainda na fase do inquérito policial.

Art. 831. Se o indiciado não tiver bens imóveis ou os tiver de valor insuficiente, poderão ser arrestados bens móveis desde que haja certeza da infração ou fundada suspeita de autoria.

178. V. nota 144.

179. A argumentação é a seguinte: "O arresto exerce função cautelar em face de outra medida também cautelar. Tem-se, então, uma dupla cautelaridade; a hipoteca legal, servindo para garantir ao lesado que os danos sofridos serão reparados e o arresto a assegurar que a garantia representada pela hipoteca legal não sofrerá os males que adviriam da demora no procedimento necessário à sua inscrição e especialização. Talvez fosse mais simples e útil reduzir tudo ao sequestro, permitindo-lhe a decretação liminar em casos de urgência. Objetar-se-ia que o sequestro visa a resguardar o bem sobre o qual recai o litígio, e, no caso, não há litígio sobre o bem, cifrando-se o litígio, muitas vezes, ao dinheiro obtido criminosamente e com o qual foi adquirido o bem. Mas o sequestro visa também a preservar a coisa em si, e sob esse aspecto se justificaria. Aplacar-se-iam disputas, por outro lado, limitando tudo ao arresto, também decretável *in limine*, e dando-lhe regulamentação adequada a tais e novas finalidades" (MONIZ DE ARAGÃO, Egas Dirceu. Da reparação do dano causado pelo crime. *Arquivos do Ministério da Justiça*, Rio de Janeiro, n. 116 D. I. N., p. 221, 1970).

39. Outra importante modificação consiste no uso da expressão *fundada suspeita.*

Ora, suspeita-se de pessoas, de coisas, de fatos. Suspeita-se visando às circunstâncias. O suspeitador conjectura, desconfia, possui leve opinião subjetiva a respeito do objeto. Suspeitar é imputar, tachar de suspeita a pessoa, a coisa, ou o fato.

No Anteprojeto Frederico Marques *denomina-se suspeito aquele a quem se possa atribuir a prática da infração penal* (art. 104). Difere ele do indiciado, *o que desta (infração penal) seja o provável autor* (art. 104, *in fine*).

Existem, portanto, dois juízos lógicos quanto à autoria, a saber: do possível *(suspeito)* e do provável *(indiciado).*

Juízo possível consiste naquele que, logicamente, não é contraditório. Inexistem razões fortes prós ou contras. Emerge aneutral, assim: é possível que o homem seja o homicida, mas é possível que não o seja.

Juízo provável é o verossímil. Aproxima-se da verdade, sem necessariamente ser verdadeiro. Parte de razões fortes, porém ainda não decisivas. Não bastante suficientes. Surge aneutral, assim: é provável que o homem seja o homicida, por causa das provas colhidas, mas talvez não seja.

Ao ensejo do sequestro, o Anteprojeto fala em *fundada suspeita da proveniência ilícita do bem* como motivo bastante para decretá-lo (art. 809).

As condições para a especificação e inscrição da hipoteca legal (art. 820), bem como para o arresto (arts. 828 e 832), conforme o Anteprojeto, seriam a existência de *certeza da infração e fundadas suspeitas de autoria.*

Temos, aí, portanto, *fundada suspeita da proveniência* e *fundadas suspeitas de autoria.* Não se consegue compreender a palavra *suspeita,* posta aqui de modo diverso da palavra *suspeito,* utilizada antes (art. 104). A ideia subjacente é a mesma.

Suspeita fundada consiste naquela que possui fundamento. A que vem alicerçada, arrimada em fatos expressivos da verdade criminal.[180]

Ora, se a suspeita se insere no juízo do possível e se este inadmite arrimo em fortes razões, sendo neutral, então, de duas uma, ou a expressão *fundada suspeita* encerra contradição em si mesma, ou suspeita funda-

---

180. Diz Vicente de Azevedo que "as suspeitas são menos do que os indícios... Sendo menos do que os indícios, as suspeitas interessam mais à polícia do que à justiça" (VICENTE DE AZEVEDO, Vicente de Paulo. *Curso de direito judiciário penal.* São Paulo: Saraiva, 1958. v. 2, p. 14).

da se assemelha a indícios *(juízo do provável)*.[181] Trocou-se, no Anteprojeto, o objetivo pelo subjetivo, sem vantagem.

O Projeto Vicente Rao mencionava *prova de terem sido (os bens) adquiridos com o produto do crime* (art. 202). A forma do Projeto de 1935 parece mais razoável, visto como se deseja fugir a *indícios suficientes*. Melhor fora, talvez, *provas suficientes*, quer dizer, provas suficientes para fundamento da tutela cautelar, não provas suficientes para a pronúncia ou para a condenação, o que seria excessivo para a mera pretensão à segurança.

40. Perde o Anteprojeto a oportunidade de corrigir, contudo, a ambígua fórmula *bens adquiridos pelo indiciado com os proventos da infração* (art. 125 do CPP e art. 809 do Anteprojeto Frederico Marques). Valham, aqui, as mesmas críticas feitas ao Código atual, na primeira parte. Andou melhor o Projeto Vicente Rao, que fala em bens adquiridos *com o produto do crime* (art. 202). Estende, pois, o sequestro ao produto direto e indireto do delito, e não somente àqueles bens adquiridos *com* os proventos da infração.

41. Há um ponto, no Anteprojeto, incompreensível. No Título IV, *Do Sequestro nos crimes contra a Fazenda Pública*, do mesmo Livro VII, depois de, na melhor técnica processual, separar arresto de sequestro, surge com um *sequestro* incidindo sobre quaisquer bens do indiciado. Não nos bens produto de crime contra a Fazenda, mas em todos, de forma indeterminada, abstração feita, portanto, de sua proveniência (art. 849, § 2.º).[182]

Volta-se, por conseguinte, ao famoso erro. O caso é, manifestamente, de arresto, para garantia de reparação dos *prejuízos*, que à Fazenda Pública advieram com o crime.[183]

---

181. V. notas 41 e 42.

182. Art. 849. Nos crimes contra a União, Estados, Territórios, Distrito Federal ou Municípios, o juiz decretará o sequestro dos bens do indiciado por crime de que resulte prejuízo para a Fazenda Pública, e enriquecimento indevido para aqueles, a requerimento do Ministério Público, fundado em representação da autoridade incumbida do inquérito administrativo ou do inquérito policial.

§ 2.º O sequestro poderá recair sobre todos os bens do indiciado inclusive:

a) os que tenham sido doados após a prática do crime;

b) os que foram adquiridos por terceiros, após a prática do crime, com manifesta má-fé.

183. Observa Moniz de Aragão que o Anteprojeto se escorou no Decreto-lei 3.240, de 8 de maio de 1941, antes referido (MONIZ DE ARAGÃO, Egas Dirceu. Da reparação... cit., p. 224).

REFERÊNCIAS

ALLORIO, Enrico. Per una nozione del processo cautelare. *Revista di Diritto Processuale Civile*, 1936.

ALMEIDA, Candido Mendes de. *Código Philippino*. Rio de Janeiro: Tip. Instituto Philomathico, 1870.

ALMEIDA, Fernando Mendes de. *Ordenações Filipinas*. São Paulo: Saraiva, 1957/1966.

ALMEIDA, Joaquim Canuto Mendes de. Noções de processo penal. *Postila Acadêmica Fadusp*, São Paulo, 2.º Fasc., 1966.

ALMEIDA JUNIOR, João Mendes de. *Direito judiciário brasileiro*. 5. ed. Rio de Janeiro: Freitas Bastos, 1960.

______. *O processo criminal brasileiro*. Rio de Janeiro: Laemmert, 1901. 2 v.

ALOISI, Ugo. *Manuale di procedura penale*. Milano: Giuffrè, 1932.

ALONSO, Pedro Aragoneses. *Proceso y derecho procesal*. Madrid: Aguilar, 1960.

ALSINA, Hugo. *Tratado teórico prático de derecho procesal civil y comercial*. Buenos Aires: Compañia Argentina de Editores, 1942.

ALVES JUNIOR, Thomaz. *Anotações teóricas e práticas ao código criminal*. Rio de Janeiro: Pinto & Cia., 1864. 2 t.

ALVES, Roque Rito. *Dos indícios no processo penal*. Recife: Graf. Ipanema, 1964.

AMARAL SANTOS, Moacyr. *Primeiras linhas de direito processual civil*. São Paulo: Max Limonad, 1963. 3. v.

______. *Prova judiciária no civil e comercial*. 3. ed. São Paulo: Max Limonad, 1968. 5 v.

AMBRA, Luiz. *Dos embargos de terceiro*. São Paulo: RT, 1971.

AMERICANO, Jorge. *Comentários ao Código de Processo Civil no Brasil*. 2. ed. São Paulo: Saraiva, 1960. 4 v.

AMODIO, Ennio. *Le cautele patrimoniale nel processo penale*. Milano: Giuffrè, 1971.

ANDRIOLI, Virgilio. *Appunti di procedura penale*, Napoli: Jovene, 1965.

ARARIPE, Tristão de Alencar. *Consolidação do processo criminal do Brasil*. Rio de Janeiro: Cruz Coutinho, 1876.

ARRUDA, Helio de Quadros. Sequestro de bens adquiridos pelo indiciado com os proventos da infração. *Revista Justitia*, São Paulo, v. 19, 1957.

ASENJO, Enrique Jimenez. *Derecho procesal penal.* Madrid: Ed. Revista de Derecho Privado, [s.d.]. 2 v.

BARBERIS, Luiz A..*Código de Procedimientos em Matéria Penal.* 2 v. 2. ed., Depalma, Buenos Aires, 1966.

BAROSIO, Vittorio. *Il processo penale tedesco*: dopo la Riforma del 1965. Milano: Giuffrè, 1967.

BARROS MONTEIRO, Washington de. *Curso de direito civil*: Parte Geral. 8. ed. São Paulo, Saraiva, 1971. v. 1.

______. *Curso de direito civil*: direito das coisas. 3. ed. São Paulo: Saraiva, 1958/1971. 6 v.

BARTOLONI FERRO, Abrahan. *El proceso penal y los actos jurídicos procesales penales.* Santa Fe: Castellvi, 1944/1951. 4 v.

BATISTA LOPES, Manuel. *A penhora.* Coimbra: Almedina, 1967.

BELLAVISTA, Girolano. *Lezioni di diritto processuale penale.* Milano: Giuffrè, 1956.

BELING, Ernst. *Derecho procesal penal.* Tradução de Miguel Fenech. Barcelona: Labor, 1943.

BENTHAM, Jeremias. *Tratado de las pruebas judiciales.* Tradução de M. Florit. Buenos Aires: Ejea, 1971. 2 v.

BENTO ALVES, Roque de. *Os indícios no processo penal.* Recife: Graf. Ipanema, 1964.

BERNARDI, Ovidio. *Alguns aspectos do sequestro e perdimento de bens dos agentes públicos, por enriquecimento ilícito.* São Paulo: [s.n.], 1960.

BETTIOL, Giuseppe. *Diritto penale.* Parte Generale. 3. ed. Palermo: G. Piulla Editore, 1955.

BEVILÁQUA, Clóvis. *Código Civil comentado.* Rio de Janeiro: Francisco Alves, 1916/1917. 6 v.

BISCARDI, Arnaldo. Sequestro: diritto romano. *Novissimo digesto italiano.* Torino: UTET, 1970.

BONNIER, Eduardo. *Tratado de las pruebas en derecho civil y en derecho penal.* Tradução de José Vicente y Caravantes. 5. ed. Madrid: Reus, 1929. 2 t.

BONUMÁ, João. *Direito processual civil.* São Paulo: Saraiva, 1946. 3 v.

BORGES DA ROSA, Inocêncio. *Processo penal brasileiro.* Porto Alegre: Globo, 1942. 4 v.

BORTOLOTTO, Guido. *Saggio di studi sul processo penale.* Milano: SEL, 1915.

BRACCI, Antonello. *Il sequestro giudizziario.* Napoli: Morano, 1966.

BRUNNER, Heinrich. *Historia del derecho germánico.* Traducido y anotada por José Luiz Alvarez Lopez. Barcelona: Labor, 1936.

BUENO VIDIGAL, Luis Eulálio de. *Direito processual civil.* São Paulo: Saraiva, 1965.

BUZAID, Alfredo. *A ação declaratória no direito brasileiro.* São Paulo: Saraiva, 1943.

______. *Do agravo de petição no sistema do Código de Processo Civil.* 2. ed. São Paulo: Saraiva, 1956

______. *Do concurso de credores no processo de execução*. São Paulo: Saraiva, 1952.

______. *Exposição de Motivos ao Projeto de Código de Processo Civil*. Mensagem n. 210, Brasília, 1972.

CAETANO GOMES, Alexandre. *Manual prático judicial, civil e criminal*. Lisboa: Tip. José da Rocha, 1854.

CALAMANDREI, Piero. *Instituciones de derecho procesal civil*. Tradução de Sentis Melendo. Buenos Aires: Ejea, 1962. 3 v.

______. *Introduzione allo studio sistematico dei provvedimenti cautelari*. Padova: Cedam, 1936.

CALVOSA, Carlo. *La tutela cautelare*. Torino: Torinese, 1963.

______. Sequestro giudiziario. *Novissimo digesto italiano*. Torino: UTET, 1970.

CÂMARA, José Gomes B. *Subsídios para a história do direito pátrio*. Rio de Janeiro: Brasiliana, 1965/1967. 4 t.

CAMPOS BARROS, Romeu Pires de. *Direito processual penal brasileiro*. São Paulo: Sugestões Literárias, 1970/1971. 2 v.

______. *Lineamentos do direito processual penal brasileiro*. Goiânia: [s.n.], 1967. 2 v.

CARNELUTTI, Francesco. *Derecho y proceso*. Tradução de Sentis Melendo. Buenos Aires: Ejea, 1971.

______. *Instituciones del proceso civil*. Tradução de Sentis Melendo. Buenos Aires: Ejea, 1960. 3 v.

______. *Lezione sul proceso penale*. Roma: Ateneo, 1947. 4 v.

______. *Principios del proceso penal*. Tradução de Sentis Melendo. Buenos Aires: Ejea, 1971.

CARRERAS, Jorge. *El embargo de bienes*. Barcelona: Bosch, 1957.

CASTRO, Amilcar de. *Comentários ao Código de Processo Civil*. Rio de Janeiro: Forense, 1941. v. 10.

CASTRO FERRANDIZ, L. Prieto. *Derecho procesal civil*. Madrid: Ed. Revista de Derecho Privado, 1968. 2 v.

CASTRO VILLAR, Willard de. *Medidas cautelares*. São Paulo: RT, 1971.

CHIOVENDA, Giuseppe. *Instituições de direito processual civil*. Tradução de J. G. Menegale. São Paulo: Saraiva, 1942. 3 v.

______. *Principii di diritto processuale civile*. Ristampa. Napoli: Jovene, 1965.

CIGNA, Domenico. *Le azioni civili da reato in sede penale*. Milano: Società Editrice Libraria, 1914.

CLARIÁ OLMEDO, Jorge A. *Tratado de derecho procesal penal*. Buenos Aires: Ediar, 1966. 7 v.

COLEÇÃO DAS LEIS DO IMPÉRIO DO BRASIL DE 1839. Rio de Janeiro: Tip. Nac., 1864.

CONIGLIO, Antonino. *El sequestro giudiziario e conservativo*. 3. ed. Milano: Giuffrè, 1949.

CONSO, Giovani; GALLO, Marcello. *Istituzioni di diritto e procedura penale*. Milano: Giuffrè, 1964.

CONTI, Ugo. *Il Codice di Procedura Penale*. Milano: Società Editrice Libraria, 1937. 3 v.

COQUIBUS, Juan Emilio. *Teoria y prática del derecho procesal penal*. Buenos Aires: Bibliográfica Argentina, 1951. 3 t.

CORDERO, Franco. *Procedura penale*. Milano: Giuffrè, 1966.

CORRÊA TELLES, José Homem. *Doutrina das ações* (por Pontes de Miranda). Rio de Janeiro: Jacintho, 1918.

______. *Digesto portuguez*. 4. ed. Coimbra: Imprensa da Universidade, 1853. 3 v.

CORREIA, Alexandre; SCIASCIA, Gaetano. *Manual de direito romano*. 4. ed. São Paulo: Saraiva, 1961. 2 v.

COSTA, Ary de Almeida Elias da. *Linhas gerais de instrução preparatória em processo penal*. 2. ed. Coimbra: Almedina, 1960.

COSTA, Sergio. Sequestro conservativo. *Nuovo digesto italiano*. Torino: UTET, 1940.

CRETELLA JÚNIOR, José. *Comentários às leis de desapropriação*. São Paulo: Bushatsky, 1972.

______. *Dicionário de direito administrativo*. 2. ed. São Paulo: Bushatsky, 1972.

CUENCA, Humberto. *Proceso civil romano*. Buenos Aires: Ejea, 1957.

CUNHA, Joaquim Bernardes da. *Primeiras linhas sobre o processo criminal de Primeira Instância*. Rio de Janeiro: Laemmert, 1863. 3 t.

DALL'MAS, Italo. *Medidas assecuratórias no Código de Processo Penal*. São Paulo: Gráfica e Editora Michalany, 1961.

DE L'ISLE, Georges Brierè; COGNIART, Paul. *Procedura penale*. Paris: Librarie Armand Colin, 1971.

DELLA ROCCA, Fernando. *Instituciones de derecho procesal canônico*. Tradução de Iragui. Buenos Aires: Pacífico Dedebec, 1950.

DELLEPIANE, Antonio. *Nova teoria da prova*. Tradução da 5. ed. argentina por Erico Maciel. Rio de Janeiro: Jacintho, 1942.

DE MARSICO, Alfredo. *Lezione di diritto processuale penale*. Napoli: Jovene, 1936.

DE PINA, Rafael. *Manual de derecho procesal penal*. Madrid: Reus, 1934.

D'ORS, A.; HERNANDEZ-TEJERO, F.; FUENTESECA, P.; GARCIA-GARRIDO, M.; BURILLO, J. *El Digesto de Justiniano*. Pamplona: Aranzadi, 1968. 2 v.

EICHMANN, Eduardo. *El derecho procesal según el Código de Derecho Canónico*. Barcelona: Bosch, 1931.

ESPINOLA FILHO, Eduardo. *Código de Processo Penal brasileiro anotado*. 3. ed. Rio de Janeiro: Borsoi, 1955. 9 v.

FARIA, Bento de. *Código de Processo Penal*. Rio de Janeiro: Jacintho, 1942. 3 v.

FENECH, Miguel. *Derecho procesal penal*. Barcelona: Labor, 1952. 2 v.

FERREIRA, José Dias. *Código de Processo Civil anotado*. Coimbra: Imprensa da Universidade, 1890. 3 v.

FIGUEIREDO DIAS, J. *Sobre a reparação das perdas e danos arbitrada em processo penal.* Coimbra: Almedina, 1967.

FLORIAN, Eugenio. *De las pruebas penales.* Tradução de J. Guerrero. Bogotá: Temis, 1968. 2 v.

______. *Diritto processuale penale.* 3. ed. Torino: UTET, 1939.

FONSECA, José Roberto Franco da. Arresto – Requisitos para sua decretação de plano. *Revista Justitia*, São Paulo, v. 25, 1959.

FONTANS, José Sanches. Enajenación de cosa embargada. *Estudios jurídicos en memoria de Eduardo J. Couture.* Montevideo: Faculdad de Derecho Y Ciencias Sociales, 1957.

FOSCHINI, Gaetano. *Sistema del diritto processuale penale.* 2. ed. Milano: Giuffrè, 1968. 2 v.

FRANCO, Ary Azevedo. *Código de Processo Penal.* 7. ed. Rio de Janeiro: Forense, 1960. 3 v.

FREDERICO MARQUES, José. Da restituição da coisa furtada. *Estudos de direito processual penal.* Rio de Janeiro: Forense, 1960.

______. *Elementos de direito processual penal.* 2. ed. Rio de Janeiro: Forense, 1965. 4 v.

______. *Instituições de direito processual civil.* 3. ed. Rio de Janeiro: Forense, 1967. 5 v.

______. *Tratado de direito penal.* 2. ed. São Paulo: Saraiva, 1966. 4 v.

FURTADO DE MENDONÇA, Francisco Maria de Souza. *Repertório geral das leis do Império do Brasil.* Rio de Janeiro: Laemmert, 1850. 4 t.

GABRIELI, Francesco Pontaleo. *Istituzioni di diritto processuale penale.* 2. ed. Roma: Ateneo, 1946.

______. Sequestro penale. *Nuovo digesto italiano.* Torino: UTET, 1940.

GARCIA, Basileu. *Instituições de direito penal.* 4. ed. São Paulo: Max Limonad, [s.d.]. 2 t.

GARCIA-VELASCO, Miguel Ibanez y. *Curso de derecho procesal penal.* Madrid: Fac. de Derecho de Madrid, 1969.

GIANTURCO, Vito. *La prova indiziaria.* Milano: Giuffrè, 1958.

GIANZANA, Sebastiano. *Del sequestro giudiziario e conservativo.* 3. ed. Torino: UTET, 1884.

GOMES, Orlando. *Direitos reais.* 2. ed. Rio de Janeiro: Forense, 1962.

______. *Transformações gerais do direito das obrigações.* São Paulo: RT, 1967.

GORPHE, François. *De la apreciación de las pruebas.* Tradução de Alcalà Zamora y Luiz Castilho. Buenos Aires: Bosch, 1950.

GUARNIERI, Giuseppe. Confisca. *Novissimo digesto italiano.* Torino: UTET, 1957.

______. Sequestro conservativo penale. *Novissimo digesto italiano.* Torino: UTET, 1970.

GUASP, Jaime. *Derecho procesal civil*. 3. ed. Madrid: Instituto de Estudios Políticos, 1968. 2 t.

GURVICH, M. A. *Derecho procesal civil soviético*. Tradução de Miguel Lubán. México: Instituto de Investigaciones Juridicas, 1971.

GUSMÃO, Manoel Aureliano de. *Processo civil e comercial*. São Paulo: Saraiva, 1921.

GUSMÃO, Sady Cardoso de. *Código de Processo Penal*. Rio de Janeiro: Jacintho, 1942.

HEDEMANN, Justus Wilhelm. *Las presunciones en el derecho*. Tradução de Luis Sancho Seral. Madrid: Ed. Revista de Derecho Privado, 1931.

______. *Tratado de derecho civil*. Tradução de José Luiz Diez Pastor. 7. ed. Madrid: Ed. Revista de Derecho Privado, 1955. 2 v.

LEDESMA, Julio C. *El proceso penal*. Buenos Aires: Ediciones Pannedille, 1972.

LEONE, Giovanni. *Tratatto di diritto processuale penale*. Napoli: Jovene, 1961. 3 v.

LESSONA, Carlo. *Teoria delle prove nel diritto giudiziario civile*. 3. ed. Firenze: Fratelli Cammelli, 1916. 5 v.

LEVI, Nino. *La parte civile nel processo penale italiano*. 2. ed. Padova: Cedam, 1936.

LIEBMAN, Enrico Tullio. *Manuale di diritto processuale civile*. 2. ed. Milano: Giuffrè, 1957. 2 v.

______. *Processo de execução*. São Paulo: Saraiva, 1946.

______. Unitá del procedimento cautelare. *Problemi del processo civile*. Napoli: Morano, 1962.

LIMONGI FRANÇA, Rubens. *Manual de direito civil*. 2. ed. São Paulo: RT, 1971. 4 v.

LOBÃO, Manoel de Almeida e Sousa de. *Segundas linhas sobre o processo civil*. Lisboa: Imprensa Nacional, 1855. 3 v.

______. *Tratado prático e compendiário de todas as acções sumárias*. Lisboa: Imprensa Nacional, 1842. 2 t.

LOPES DA COSTA, Alfredo de Araújo. *Direito processual civil brasileiro*. 2. ed. Rio de Janeiro: Forense, 1959. 4 v.

______. *Medidas preventivas*. 2. ed. Belo Horizonte: Bernardo Alvares, 1958.

LOPES, Manuel Baptista. *Dos procedimentos cautelares*. Coimbra: Almedina, 1965.

LYRA, Roberto. *Comentários ao Código Penal*. 2. ed. Rio de Janeiro: Forense, 1955.

MACEDO SOARES, Oscar de. *Código Penal da República dos Estados Unidos do Brasil comentado*. Rio de Janeiro: Tip. Democrática, 1902.

MACHADO FILHO, Lino. *Processo penal militar*. Rio de Janeiro: Graphos, 1972.

MAGALHÃES NORONHA, Edgard. *Curso de direito processual penal*. São Paulo: Saraiva, 1964.

______. *Direito penal*. 2. ed. São Paulo: Saraiva, 1963. 4 v.

MAIA GONÇALVES, Manuel Lopes. *Código de processo penal*. Coimbra: Almedina, 1972.

MALATESTA, Nicola Framarino dei. *A lógica das provas em matéria criminal*. Tradução de J. Alves Sá. 2. ed. Lisboa: Teixeira, 1927.

MANDUCA, F.. *El procedimiento penal.* Tradução de Pintos y Pintos. Madrid Esp. Moderna, [s.d.].

MANZINI, Vincenzo. *Istituzione di diritto processuale penale.* 7. ed. Padova: Cedam, 1937.

______. *Trattato di diritto penale italiano secondo Codice del 1930.* Torino: UTET, 1934. 6 v.

______. *Trattato di diritto penale italiano.* Nuova edizione. Torino: UTET, 1948. 7. v.

______. *Trattato di diritto processuale penale.* Torino: UTET, 1932. 4 v.

MASSARI, Eduardo. *Il processo penale nella nuova legislacione italiana.* Napoli: Jovene, 1934.

MELERO, Valentin Silva. *La prueba procesal.* Madrid: Ed. Revista de Derecho Privado, 1963.

______. *Presunciones e indicios en el proceso penal.* Sep. Rev. General de Legislación y Jurisprudencia. Madrid: Reus, 1944.

MESSINA, Salvatore. *Il regime delle prove nel nuovo Codice di Procedura Penale.* Milano: SEL, 1914.

MESSINEO, Francesco. *Manuale di diritto civile e commerciale.* 7. ed. Milano: Giuffrè, 1947. 3 v.

MICHELI, Gian Antonio. *Derecho procesal civil.* Tradução de Sentis Melendo. Buenos Aires: Ejea, 1970. 4 v.

MITTERMAYER, C. J. A. *Tratado da prova em matéria criminal.* Tradução de Alberto A. Soares. Rio de Janeiro: Cruz Coutinho, 1871.

MOMMSEN, Teodoro. *El derecho penal romano.* Tradução de P. Dourado. Madrid: Esp. Moderna, [s.d.]. 2 v.

MONIER, Raymond. *Vocabulaire de droit romaine.* 4. ed. Paris: Editions Domat-Montchrestien, 1948.

MONIZ DE ARAGÃO, Egas Dirceu. Da reparação do dano causado pelo crime. *Arquivos do Ministério da Justiça,* Rio de Janeiro, n. 116 D. I. N., 1970.

MONTEIRO, João. *Curso de processo civil.* 3. ed. São Paulo: Duprat & Cia., 1912. 3 v.

MOREIRA ALVES, José Carlos. *Direito romano.* Rio de Janeiro: Borsoi, 1969. 2 v.

MORETTI, Enrique L. Bosch. *Derecho procesal penal.* Buenos Aires: Perrot, 1952.

NASCIMENTO SILVA, Josino do. *Código do Processo Criminal de Primeira Instância do Império do Brasil.* 5. ed. Rio de Janeiro: Laemmert, 1864. 2 t.

NAZARETH, Francisco J. Duarte. *Elementos do processo criminal.* 4. ed. Coimbra Imprensa da Universidade, 1861.

NEVES, Celso. *Postila Acadêmica,* São Paulo: Fadusp, 2.º Fasc., 1965.

NEVES E CASTRO, Francisco Augusto das. *Teoria das provas* (por Pontes de Miranda). 2. ed. Rio de Janeiro: Jacintho, 1917.

NOGUEIRA, José Carlos de Ataliba. *Medidas de segurança.* São Paulo: Saraiva, 1937.

ODERIGO, Mario A. *Derecho procesal penal.* Buenos Aires: Ideas, 1952. 2 t.

OSÓRIO DA GAMA, Luiz; OLIVEIRA BATISTA, Castro. *Comentários ao Código de Processo Penal português*. Coimbra: Coimbra Editora, 1932/1934. 6 v.

PALLARES, Eduardo. *Dicionário de derecho procesal civil*. 5. ed. México: Porrua, 1966.

______. *El procedimiento inquisitorial*. México: Imprensa da Universidade, 1951.

PAULA BAPTISTA, Francisco de. *Compêndio de theoria e prática do processo civil*. 7. ed. Lisboa: A. M. Teixeira & C., 1910.

PAULA PESSOA, Vicente Alves de. *Código de Processo Criminal de Primeira Instância do Império do Brasil*. Rio de Janeiro: Cruz Coutinho, 1842.

PEREIRA E SOUSA, Joaquim José Caetano. *Classes dos crimes*. Lisboa: Impr. Régia, 1803.

______. *Dicionário jurídico*. Lisboa: Impr. Régia, 1827. 3 t.

______. *Esboço de um dicionário jurídico*. Lisboa: Rolandia, 1825. t. I.

______. *Primeiras linhas sobre o processo civil*. Lisboa: Imprensa Nacional, 1834. 4 t.

______. *Primeiras linhas sobre o processo criminal*. 2. ed. Lisboa: S. T. Ferreira, 1800.

PIMENTA BUENO, José Antonio. *Apontamentos sobre as formalidades do processo civil*. 3. ed. Rio de Janeiro: Jacintho, 1911.

______. *Apontamentos sobre o processo criminal brasileiro*. Edição anotada por José Frederico Marques. São Paulo: RT, 1959.

PODETTI, J. Ramiro. *Tratado de las medidas cautelares*. 2. ed. Buenos Aires: Ediar, 1969.

PONTES DE MIRANDA, Francisco C. *Comentários ao Código de Processo Civil*. 2. ed. Rio de Janeiro: Forense, 1958/1962. 15 t.

______. *História e prática do arresto ou embargo*. São Paulo: Saraiva, 1929.

______. *Tratado de direito privado*. 3. ed. Rio de Janeiro: Borsoi, 1971. 60 v.

PROTETTI, Ettore. *Il sequestro*. Napoli: Jovene, 1969.

RAMALHO, Joaquim Ignácio. *Pratica civil e commercial*. São Paulo: Tip. Azevedo Marques, 1861.

______. *Praxe brasileira*. São Paulo: Ipiranga, 1869.

RANIERI, Silvio. *Istituzioni di diritto processuale penale*. Milano: Ambrosina, 1948.

RAO, Vicente. Medida preventiva – sequestro. *Revista dos Tribunais*, São Paulo, v. 279.

REALE, Miguel. *O direito como experiência*: introdução à epistemologia jurídica. São Paulo: Saraiva, 1968.

REBELO, Heribaldo. *Breves lições de direito judiciário penal*. Rio de Janeiro: Konfino, [s.d.]. 2 v.

REDENTI, Enrico. *Diritto processuale civile*. Milano: Giuffrè, 1952/1957. 3 v.

REIS, José Alberto dos. A figura do processo cautelar. *Boletim do Ministério da Justiça*, Lisboa, Sep. n. 3, 1947.

RIBAS, Antonio Joaquim. *Consolidação das Leis do Processo Civil*. Rio de Janeiro: Silva Junior, 1879. 2 v.

ROCCO, Alfredo. Il fallimento. *Teoria generale e origine storica.* Milano: Giuffrè, 1962.

RODRIGUES, Silvio. *Direito civil*: Parte Geral. São Paulo: Max Limonad, 1962/1964. 7 v.

ROSA, Eliezer. *Dicionário de processo civil.* Rio de Janeiro: Editora de Direito, 1957.

ROSEMBERG, Leo. *Tratado de derecho procesal civil.* Tradução de Romera Vera. Buenos Aires: Ejea, 1955. 3 t.

SABATINI, Giuseppe. Sequestro per il procedimento penale. *Novissimo digesto italiano.* Torino: UTET, 1970.

______. *Trattato di procedimenti incidentali nel processo penale.* Torino: UTET, 1953.

SALTELLI, Carlo. Confisca. *Nuovo digesto italiano.* Torino: UTET, 1948.

SANTA CRUZ, Roberto Guzman. *Repertório de conceptos de derecho procesal civil.* Santiago do Chile: Carlos E. Gibbs A. Editor, 1966. 2 v.

SATTA, Salvatore. *Diritto processuale civile.* 7. ed. Padova: Cedam, 1967.

SCAGLIONI, Alfredo. *Il sequestro nel processo civile.* Milano: Giuffrè, 1969.

SCHULZ, Fritz. *Derecho romano clássico.* Tradução de Cruz Teigeiro. Barcelona: Bosch, 1960.

SCIALOJA, Vittorio. *Procedimiento civil romano.* Tradução de Sentis Melendo y Ayerra Redin. Buenos Aires: Ejea, 1954.

SEGNI, Antonio. Sequestro giudiziario e convenzionale. *Nuovo digesto italiano.* Torino: UTET, 1940.

SERPA LOPES, Miguel Maria de. *Curso de direito civil.* Rio de Janeiro: Freitas Bastos, 1964/1971. 6 v.

SICILIANI, Tammaso. Il sequestro conservativo penale nel sistema dei procedimenti cautelari. *Revista di Diritto Processuale Civile,* Padova, v. 5, Parte I, 1932.

SILVA CORREIA, Eduardo Henriques da; FURTADO DOS SANTOS, Antonio. *Código de Processo Penal.* Coimbra: Atlantida, 1953.

SILVA JUNIOR, Joaquim Paes. *Apontamentos sobre alguns processos sumários, sumaríssimos e executivos.* Coimbra: Impr. da Universidade, 1865.

SILVA PACHECO, José da. *Tratado das execuções.* 2. ed., Rio de Janeiro: Borsoi, 1964/1965. 5 v.

SILVEIRA, Alípio. A boa-fé no direito civil. *Revista Forense,* Rio de Janeiro, n. 86, 1941.

SILVEIRA, José dos Santos. *Processos de natureza preventiva e preparatória.* Coimbra: Biblioteca Jurídica, 1966.

SIMAS, Hugo. *Comentários ao Código de Processo Civil.* Rio de Janeiro: Forense, 1940. v. 8.

SIQUEIRA, Galdino. *Curso de processo criminal.* 2. ed. São Paulo: Magalhães, 1937.

SODI, Carlos Franco. *El procedimiento penal mexicano.* 2. ed. México: Porrua, 1939.

SOUZA PINTO, José Maria Frederico de. *Primeiras linhas sobre o processo civil brasileiro.* Rio de Janeiro: Laemmert, 1850. 4 t.

TEIXEIRA DE FREITAS SENIOR, Augusto. *Vocabulário jurídico.* Rio de Janeiro: Garnier, 1883.

TORNAGHI, Hélio B. *Compêndio de processo penal.* Rio de Janeiro: Konfino, 1967. 4 t.

VAN ACKER, Leonardo. Curso de filosofia do direito. *Revista da Universidade Católica de São Paulo*, São Paulo, 2.º fasc., 1968.

______. Elementos de lógica clássica formal e material. 2. ed. *Revista da Universidade Católica de São Paulo*, São Paulo, Fasc. 77-72, São Paulo, 1971.

VANNINI, Otorino. *Manuale di diritto processuale penale italiano.* 2. ed. Milano: Giuffrè, 1946.

VICENTE DE AZEVEDO, Vicente de Paulo. *Crime, dano, reparação.* São Paulo: RT, 1934.

______. *Curso de direito judiciário penal.* São Paulo: Saraiva, 1958. 2 v.

______. Das buscas e apreensões. *Revista Justitia*, São Paulo, v. 1, Fasc. I, 1939.

VISHINSKI, Andrei. *La teoría de la prueba en el derecho soviético.* Buenos Aires: Ed. Nuovo Derecho, 1951.

VITU, André. *Procedure pénale.* Paris: PUF, 1957.

ZANZUCCHI, Marco Tullio. *Diritto processuale civile.* 4. ed. Milano: Giuffrè, 1946. 4 v.

"Notas de Atualização"

i Atual art. 79 do Código Civil. São bens imóveis o solo e tudo quanto se lhe incorporar natural ou artificialmente. (Conforme Lei n. 10.406/2002.)

ii Art. 168 da Constituição Federal. Nova redação dada pela Emenda Constitucional n. 45, de 2004.

"At. 168. Os recursos correspondentes às dotações orçamentárias, compreendidos os créditos suplementares e especiais, destinados aos órgãos dos Poderes Legislativo e Judiciário, do Ministério Público e da Defensoria Pública, ser-lhes-ão entregues até o dia 20 de cada mês, em duodécimos, na forma da lei complementar a que se refere o art. 165, § 9.º." (Texto consolidado até a Emenda Constitucional n. 64, de 4 de fevereiro de 2010.)

iii Atual art. 79 do Código Civil. São bens imóveis o solo e tudo quanto se lhe incorporar natural ou artificialmente. (Conforme Lei n. 10.406/2002.)

iv Atual art. 79 do Código Civil. São bens imóveis o solo e tudo quanto se lhe incorporar natural ou artificialmente. (Conforme Lei n. 10.406/2002.)

v Atual art. 80 do Código Civil. Consideram-se imóveis para os efeitos legais:

I – os direitos reais sobre imóveis e as ações que os asseguram. (Conforme Lei n. 10.406/2002.)

vi Inciso II do art. 44: revogado por Lei n. 10.406/2002.

vii Atual art. 80 do Código Civil. Consideram-se imóveis para os efeitos legais:

II – o direito à sucessão aberta. (Conforme Lei n. 10.406/2002.)

viii Atual art. 82 do Código Civil. São móveis os bens suscetíveis de movimento próprio, ou de remoção por força alheia, sem alteração da substância ou da destinação econômico-social. (Conforme Lei n. 10.406/2002.)

ix Atual art. 79 do Código Civil. São bens imóveis o solo e tudo quanto se lhe incorporar natural ou artificialmente. (Conforme Lei n. 10.406/2002.)

x Atual art. 83 do Código Civil. Consideram-se móveis para os efeitos legais:

II – os direitos reais sobre objetos móveis e as ações correspondentes. (Conforme Lei n. 10.406/2002.)

xi Atual art. 83 do Código Civil. Consideram-se móveis para os efeitos legais:

III – os direitos pessoais de caráter patrimonial e respectivas ações. (Conforme Lei n. 10.406/2002.)

xii Atual art. 83 do Código Civil. Consideram-se móveis para os efeitos legais:

I – as energias que tenham valor econômico;

II – os direitos reais sobre objetos móveis e as ações correspondentes;

III – os direitos pessoais de caráter patrimonial e respectivas ações. (Conforme Lei n. 10.406/2002.)

xiii Atual art. 81 do Código Civil. Não perdem o caráter de imóveis:

I – as edificações que, separadas do solo, mas conservando a sua unidade, forem removidas para outro local;

II – os materiais provisoriamente separados de um prédio, para nele se reempregarem. (Conforme Lei n. 10.406/2002.)

xiv Atual art. 84 do Código Civil. Os materiais destinados a alguma construção, enquanto não forem empregados, conservam sua qualidade de móveis; readquirem essa qualidade os provenientes da demolição de algum prédio. (Conforme Lei n. 10.406/2002.)

xv Revogado pela Lei 10.406/2002.

xvi Atual art. 79 do Código Civil. São bens imóveis o solo e tudo quanto se lhe incorporar natural ou artificialmente. (Conforme Lei n. 10.406/2002.)

xvii Art. 137 do Código de Processo Penal: nova Redação dada pela Lei n. 11.435, de 2006.

"Art. 137. Se o responsável não possuir bens imóveis ou os possuir de valor insuficiente, poderão ser arrestados bens móveis suscetíveis de penhora, nos termos em que é facultada a hipoteca legal dos imóveis. (Alterado pela Lei n. 11.435/2006.)

§ 1.º Se esses bens forem coisas fungíveis e facilmente deterioráveis, proceder-se-á na forma do § 5.º do art. 120.

§ 2.º Das rendas dos bens móveis poderão ser fornecidos recursos arbitrados pelo juiz, para a manutenção do indiciado e de sua família."

xviii Atual art. 85. São fungíveis os móveis que podem substituir-se por outros da mesma espécie, qualidade e quantidade. (Conforme Lei n. 10.406/2002.)

xix Atual art. 86. São consumíveis os bens móveis cujo uso importa destruição imediata da própria substância, sendo também considerados tais os destinados à alienação. (Conforme Lei n. 10.406/2002.)

xx Atual art. 91 do Código Penal: (Alterado pela Lei n. 7.209/1984.) São efeitos da condenação:

I – tornar certa a obrigação de indenizar o dano causado pelo crime;

II – a perda em favor da União, ressalvado o direito do lesado ou de terceiro de boa-fé:

a) dos instrumentos do crime, desde que consistam em coisas cujo fabrico, alienação, uso, porte ou detenção constitua fato ilícito;

b) do produto do crime ou de qualquer bem ou valor que constitua proveito auferido pelo agente com a prática do fato criminoso.

§ 1.º Poderá ser decretada a perda de bens ou valores equivalentes ao produto ou proveito do crime quando estes não forem encontrados ou quando se localizarem no exterior. (Acrescentado pela Lei n. 12.694/2012.)

§ 2.º Na hipótese do § 1.º, as medidas assecuratórias previstas na legislação processual poderão abranger bens ou valores equivalentes do investigado ou acusado para posterior decretação de perda.

xxi Atual art. 91 do Código Penal. São efeitos da condenação: (Alterado pela Lei n. 7.209/1984.)

I – tornar certa a obrigação de indenizar o dano causado pelo crime;

II – a perda em favor da União, ressalvado o direito do lesado ou de terceiro de boa-fé:

a) dos instrumentos do crime, desde que consistam em coisas cujo fabrico, alienação, uso, porte ou detenção constitua fato ilícito;

b) do produto do crime ou de qualquer bem ou valor que constitua proveito auferido pelo agente com a prática do fato criminoso.

§ 1.º Poderá ser decretada a perda de bens ou valores equivalentes ao produto ou proveito do crime quando estes não forem encontrados ou quando se localizarem no exterior. (Acrescentado pela Lei n. 12.694/2012.)

§ 2.º Na hipótese do § 1.º, as medidas assecuratórias previstas na legislação processual poderão abranger bens ou valores equivalentes do investigado ou acusado para posterior decretação de perda.

xxii Art. 63 do Código de Processo Penal. Transitada em julgado a sentença condenatória, poderão promover-lhe a execução, no juízo cível, para o efeito da reparação do dano, o ofendido, seu representante legal ou seus herdeiros.

Parágrafo único. Transitada em julgado a sentença condenatória, a execução poderá ser efetuada pelo valor fixado nos termos do inciso IV do caput do art. 387 deste Código sem prejuízo da liquidação para a apuração do dano efetivamente sofrido. (Acrescentado pela Lei n. 11.719/2008.)

xxiii Atuais arts. 186 e 927 do Código Civil. (Conforme Lei n. 10.406/2002.)

Art. 927. Aquele que, por ato ilícito (arts. 186 e 187), causar dano a outrem, fica obrigado a repará-lo.

Parágrafo único. Haverá obrigação de reparar o dano, independentemente de culpa, nos casos especificados em lei, ou quando a atividade normalmente desenvolvida pelo autor do dano implicar, por sua natureza, risco para os direitos de outrem.

Art. 186. Aquele que, por ação ou omissão voluntária, negligência ou imprudência, violar direito e causar dano a outrem, ainda que exclusivamente moral, comete ato ilícito.

Art. 187. Também comete ato ilícito o titular de um direito que, ao exercê-lo, excede manifestamente os limites impostos pelo seu fim econômico ou social, pela boa-fé ou pelos bons costumes.

xxiv Atual art. 935. A responsabilidade civil é independente da criminal, não se podendo questionar mais sobre a existência do fato, ou sobre quem seja o seu autor, quando estas questões se acharem decididas no juízo criminal. (Conforme Lei n. 10.406/2002.)

xxv Atual art. 91. São efeitos da condenação: (Alterado pela Lei n. 7.209/1984.)

I – tornar certa a obrigação de indenizar o dano causado pelo crime;

II – a perda em favor da União, ressalvado o direito do lesado ou de terceiro de boa-fé:

a) dos instrumentos do crime, desde que consistam em coisas cujo fabrico, alienação, uso, porte ou detenção constitua fato ilícito;

b) do produto do crime ou de qualquer bem ou valor que constitua proveito auferido pelo agente com a prática do fato criminoso.

§ 1.º Poderá ser decretada a perda de bens ou valores equivalentes ao produto ou proveito do crime quando estes não forem encontrados ou quando se localizarem no exterior. (Acrescentado pela Lei n. 12.694/2012.)

§ 2.º Na hipótese do § 1.º, as medidas assecuratórias previstas na legislação processual poderão abranger bens ou valores equivalentes do investigado ou acusado para posterior decretação de perda.

xxvi Observação: no texto originário é citado o art. 153, § 11, da CF. Contudo, o artigo correto é o 150, § 11, da CF.

"Art. 150. A Constituição assegura aos brasileiros e aos estrangeiros residentes no País a inviolabilidade dos direitos concernentes à vida, à liberdade, à segurança e à propriedade, nos termos seguintes:

§ 11. Não haverá pena de morte, de prisão perpétua, de banimento, ou confisco, salvo nos casos de guerra externa psicológica adversa, ou revolucionária ou subversiva nos termos que a lei determinar. Esta disporá também sobre o perdimento de bens por danos causados ao Erário, ou no caso de enriquecimento ilícito no exercício de cargo, função ou emprego na Administração Pública, Direta ou Indireta. (Redação dada pelo Ato Institucional n. 14, de 1969.)" (Constituição Federal de 1967.)

Atual art. 150 da CF. "Sem prejuízo de outras garantias asseguradas ao contribuinte, é vedado à União, aos Estados, ao Distrito Federal e aos Municípios: [...]

IV – utilizar tributo com efeito de confisco."

Atual art. 43. As penas restritivas de direitos são: (Alterado pela Lei n. 9.714/1998.)

I – prestação pecuniária;

II – perda de bens e valores;

III – (Vetado.);

IV – prestação de serviços à comunidade ou a entidades públicas;

V – interdição temporária de direitos;

VI – limitação de fim de semana.

Atual art. 5.º da Constituição Federal, inc. XLVI – a lei regulará a individualização da pena e adotará, entre outras, as seguintes:

a) privação ou restrição da liberdade;

b) perda de bens;

c) multa;

d) prestação social alternativa;

e) suspensão ou interdição de direitos; (Conforme Constituição da Republica Federativa do Brasil de 1988.)

xxvii Art. 74 do Código Penal: (Redação dada pela Lei n. 7.209, de 11.07.1984.)

Atual art. 43. As penas restritivas de direitos são: (Alterado pela Lei n. 9.714/1998.)

I – prestação pecuniária;

II – perda de bens e valores;

III – (Vetado.);

IV – prestação de serviços à comunidade ou a entidades públicas;

V – interdição temporária de direitos;

VI – limitação de fim de semana.

xxviii Art. 589 do Código Civil: Atuais art. 1.275. e art. 1.276 do Código Civil:

Art. 1.275 do Código Civil: Além das causas consideradas neste Código, perde-se a propriedade:

I – por alienação;

II – pela renúncia;

III – por abandono;

IV – por perecimento da coisa;

V – por desapropriação.

Parágrafo único. Nos casos dos incisos I e II, os efeitos da perda da propriedade imóvel serão subordinados ao registro do título transmissivo ou do ato renunciativo no Registro de Imóveis. (Conforme Lei n. 10.406/2002.)

Art. 1.276. O imóvel urbano que o proprietário abandonar, com a intenção de não mais o conservar em seu patrimônio, e que se não encontrar na posse de outrem, poderá ser arrecadado, como bem vago, e passar, três anos depois, à propriedade do Município ou à do Distrito Federal, se se achar nas respectivas circunscrições.

§ 1.º O imóvel situado na zona rural, abandonado nas mesmas circunstâncias, poderá ser arrecadado, como bem vago, e passar, três anos depois, à propriedade da União, onde quer que ele se localize.

§ 2.º Presumir-se-á de modo absoluto a intenção a que se refere este artigo, quando, cessados os atos de posse, deixar o proprietário de satisfazer os ônus fiscais. (Conforme Lei n. 10.406/2002.)

xxix Art. 590 do Código Civil: Atual art. 1.275. Além das causas consideradas neste Código, perde-se a propriedade:

I – por alienação;

II – pela renúncia;

III – por abandono;

IV – por perecimento da coisa;

V – por desapropriação.

Parágrafo único. Nos casos dos incisos I e II, os efeitos da perda da propriedade imóvel serão subordinados ao registro do título transmissivo ou do ato renunciativo no Registro de Imóveis. (Conforme Lei n. 10.406/2002.)

xxx Art. 589 do Código Civil: Atuais art. 1.275 e art. 1.276 do Código Civil:

Art. 1.275 do Código Civil: Além das causas consideradas neste Código, perde-se a propriedade:

I – por alienação;

II – pela renúncia;

III – por abandono;

IV – por perecimento da coisa;

V – por desapropriação.

Parágrafo único. Nos casos dos incisos I e II, os efeitos da perda da propriedade imóvel serão subordinados ao registro do título transmissivo ou do ato renunciativo no Registro de Imóveis. (Conforme Lei n. 10.406/2002.)

Art. 1.276. O imóvel urbano que o proprietário abandonar, com a intenção de não mais o conservar em seu patrimônio, e que se não encontrar na posse de outrem, poderá ser arrecadado, como bem vago, e passar, três anos depois, à propriedade do Município ou à do Distrito Federal, se se achar nas respectivas circunscrições.

§ 1.º O imóvel situado na zona rural, abandonado nas mesmas circunstâncias, poderá ser arrecadado, como bem vago, e passar, três anos depois, à propriedade da União, onde quer que ele se localize.

§ 2.º Presumir-se-á de modo absoluto a intenção a que se refere este artigo, quando, cessados os atos de posse, deixar o proprietário de satisfazer os ônus fiscais. (Conforme Lei n. 10.406/2002.)

xxxi Atual art. 1.267 do Código Civil: A propriedade das coisas não se transfere pelos negócios jurídicos antes da tradição.

Parágrafo único. Subentende-se a tradição quando o transmitente continua a possuir elo constituto possessório; quando cede ao adquirente o direito à restituição da coisa, que se encontra em poder de terceiro; ou quando o adquirente já está na posse da coisa, por ocasião do negócio jurídico. (Conforme Lei n. 10.406/2002.)

xxxii Atuais arts. 1.275 e 1.276 do Código Civil. (Conforme Lei n. 10.406/2002.)

xxxiii Atuais arts. 1.275 e 1.276 do Código Civil. (Conforme Lei n. 10.406/2002.)

xxxiv Atuais arts. 1.275 e 1.276 do Código Civil. (Conforme Lei n. 10.406/2002.)

xxxv Art. 590 do Código Civil: Atual art. 1.275. Além das causas consideradas neste Código, perde-se a propriedade:

I – por alienação;

II – pela renúncia;

III – por abandono;

IV – por perecimento da coisa;

V – por desapropriação.

Parágrafo único. Nos casos dos incisos I e II, os efeitos da perda da propriedade imóvel serão subordinados ao registro do título transmissivo ou do ato renunciativo no Registro de Imóveis. (Conforme Lei n. 10.406/2002.)

xxxvi Observação: no texto originário é citado o art. 153 da CF, contudo o artigo certo é o art. 150, § 22, da CF/1967.

"Art. 150. A Constituição assegura aos brasileiros e aos estrangeiros residentes no País a inviolabilidade dos direitos concernentes à vida, à liberdade, à segurança e à propriedade, nos termos seguintes:

§ 22. É garantido o direito de propriedade, salvo o caso de desapropriação por necessidade ou utilidade pública ou por interesse social, mediante prévia e justa indenização em dinheiro, ressalvado o disposto no art. 157, § 1.º. Em caso de perigo público iminente, as autoridades competentes poderão usar da propriedade particular, assegurada ao proprietário indenização ulterior."

Atual art. 182 da CF. A política de desenvolvimento urbano, executada pelo Poder Público municipal, conforme diretrizes gerais fixadas em lei, tem por objetivo ordenar o pleno desenvolvimento das funções sociais da cidade e garantir o bem-estar de seus habitantes.

§ 1.º O plano diretor, aprovado pela Câmara Municipal, obrigatório para cidades com mais de vinte mil habitantes, é o instrumento básico da política de desenvolvimento e de expansão urbana.

§ 2.º A propriedade urbana cumpre sua função social quando atende às exigências fundamentais de ordenação da cidade expressas no plano diretor.

§ 3.º As desapropriações de imóveis urbanos serão feitas com prévia e justa indenização em dinheiro.

§ 4.º É facultado ao Poder Público municipal, mediante lei específica para área incluída no plano diretor, exigir, nos termos da lei federal, do proprietário do solo urbano não edificado, subutilizado ou não utilizado, que promova seu adequado aproveitamento, sob pena, sucessivamente, de:

I – parcelamento ou edificação compulsórios;

II – imposto sobre a propriedade predial e territorial urbana progressivo no tempo;

obs. dji. grau. 2: Art. 156, § 1.º, Impostos dos Municípios – CF

III – desapropriação com pagamento mediante títulos da dívida pública de emissão previamente aprovada pelo Senado Federal, com prazo de resgate de até dez anos, em parcelas anuais, iguais e sucessivas, assegurados o valor real da indenização e os juros legais.

obs.dji.grau.4: Intervenção do Estado na Propriedade.

Art. 161 da CF/1967: Atual art. 176. As jazidas, em lavra ou não, e demais recursos minerais e os potenciais de energia hidráulica constituem propriedade distinta da do solo, para efeito de exploração ou aproveitamento, e pertencem à União, garantida ao concessionário a propriedade do produto da lavra.

§ 1.º A pesquisa e a lavra de recursos minerais e o aproveitamento dos potenciais a que se refere o caput deste artigo somente poderão ser efetuados mediante autorização ou concessão da União, no interesse nacional, por brasileiros ou empresa constituída sob as leis brasileiras e que tenha sua sede e administração no País, na forma da lei, que estabelecerá as condições específicas quando essas atividades se desenvolverem em faixa de fronteira ou terras indígenas. (Alterado pela EC 6/1995.)

§ 2.º É assegurada participação ao proprietário do solo nos resultados da lavra, na forma e no valor que dispuser a lei.

§ 3.º A autorização de pesquisa será sempre por prazo determinado, e as autorizações e concessões previstas neste artigo não poderão ser cedidas ou transferidas, total ou parcialmente, sem prévia anuência do poder concedente.

§ 4.º Não dependerá de autorização ou concessão o aproveitamento do potencial de energia renovável de capacidade reduzida.

xxxvii Atual art. 1.201 do Código Civil. É de boa-fé a posse, se o possuidor ignora o vício, ou o obstáculo que impede a aquisição da coisa.

Parágrafo único. O possuidor com justo título tem por si a presunção de boa-fé, salvo prova em contrário, ou quando a lei expressamente não admite esta presunção. (Conforme Lei n. 10.406/2002.)

xxxviii Atual art. 1.201 do Código Civil. É de boa-fé a posse, se o possuidor ignora o vício, ou o obstáculo que impede a aquisição da coisa.

Parágrafo único. O possuidor com justo título tem por si a presunção de boa-fé, salvo prova em contrário, ou quando a lei expressamente não admite esta presunção. (Conforme Lei n. 10.406/2002.)

xxxix Atual art. 1.214 do Código Civil. O possuidor de boa-fé tem direito, enquanto ela durar, aos frutos percebidos. (Conforme Lei n. 10.406/2002.)

xl Atual art. 1.217 do Código Civil. O possuidor de boa-fé não responde pela perda ou deterioração da coisa, a que não der causa. (Conforme Lei n. 10.406/2002.)

xli Atual art. 96 do Código Civil: As benfeitorias podem ser voluptuárias, úteis ou necessárias.

§ 1.º São voluptuárias as de mero deleite ou recreio, que não aumentam o uso habitual do bem, ainda que o tornem mais agradável ou sejam de elevado valor.

§ 2.º São úteis as que aumentam ou facilitam o uso do bem.

§ 3.º São necessárias as que têm por fim conservar o bem ou evitar que se deteriorem. (Conforme Lei n. 10.406/2002.)

xlii Atual art. 1.219 do Código Civil: O possuidor de boa-fé tem direito à indenização das benfeitorias necessárias e úteis, bem como, quanto às voluptuárias, se não lhe forem pagas, a levantá-las, quando o puder sem detrimento da coisa, e poderá exercer o direito de retenção pelo valor das benfeitorias necessárias e úteis. (Conforme Lei n. 10.406/2002.)

xliii Art. 136. O arresto do imóvel poderá ser decretado de início, revogando-se, porém, se no prazo de 15 (quinze) dias não for promovido o processo de inscrição da hipoteca legal. (Alterado pela Lei n. 11.435/2006.)

Art. 137. Se o responsável não possuir bens imóveis ou os possuir de valor insuficiente, poderão ser arrestados bens móveis suscetíveis de penhora, nos termos em que é facultada a hipoteca legal dos imóveis. (Alterado pela Lei n. 11.435/2006.)

§ 1.º Se esses bens forem coisas fungíveis e facilmente deterioráveis, proceder-se-á na forma do § 5.º do art. 120.

§ 2.º Das rendas dos bens móveis poderão ser fornecidos recursos arbitrados pelo juiz, para a manutenção do indiciado e de sua família.

Art. 138. O processo de especialização da hipoteca e do arresto correrão em auto apartado. (Alterado pela Lei n. 11.435/2006.)

xliv Atual art. 1.649 Código Civil. A falta de autorização, não suprida pelo juiz, quando necessária (art. 1.647), tornará anulável o ato praticado, podendo o outro cônjuge pleitear-lhe a anulação, até dois anos depois de terminada a sociedade conjugal.

Parágrafo único. A aprovação torna válido o ato, desde que feita por instrumento público, ou particular, autenticado. (Conforme Lei n. 10.406/2002.)

xlv Art. 312. A prisão preventiva poderá ser decretada como garantia da ordem pública, da ordem econômica, por conveniência da instrução criminal, ou para assegurar a aplicação da lei penal, quando houver prova da existência do crime e indício suficiente de autoria. (Alterado pela Lei n. 12.403/2011.)

Parágrafo único. A prisão preventiva também poderá ser decretada em caso de descumprimento de qualquer das obrigações impostas por força de outras medidas cautelares (art. 282, § 4.º). (Acrescentado pela Lei n. 12.403/2011.)

xlvi Art. 409 do Código de Processo Penal. Apresentada a defesa, o juiz ouvirá o Ministério Público ou o querelante sobre preliminares e documentos, em 5 (cinco) dias. (Alterado pela Lei n. 11.689/2008.)

Parágrafo único. Enquanto não extinta a punibilidade, poderá, em qualquer tempo, ser instaurado processo contra o réu, se houver novas provas.

xlvii Art. 136. O arresto do imóvel poderá ser decretado de início, revogando-se, porém, se no prazo de 15 (quinze) dias não for promovido o processo de inscrição da hipoteca legal. (Alterado pela Lei n. 11.435/2006.)

xlviii Art. 137. Se o responsável não possuir bens imóveis ou os possuir de valor insuficiente, poderão ser arrestados bens móveis suscetíveis de penhora, nos termos em que é facultada a hipoteca legal dos imóveis. (Alterado pela Lei n. 11.435/2006.)

xlix Art. 136. O arresto do imóvel poderá ser decretado de início, revogando-se, porém, se no prazo de 15 (quinze) dias não for promovido o processo de inscrição da hipoteca legal. (Alterado pela Lei n. 11.435/2006.)

l Art. 137. Se o responsável não possuir bens imóveis ou os possuir de valor insuficiente, poderão ser arrestados bens móveis suscetíveis de penhora, nos termos em que é facultada a hipoteca legal dos imóveis. (Alterado pela Lei n. 11.435-2006.)

li Art. 159. O exame de corpo de delito e outras perícias serão realizados por perito oficial, portador de diploma de curso superior. (Alterado pela Lei n. 11.690/2008.)

§ 1.º Não havendo peritos oficiais, o exame será realizado por duas pessoas idôneas, portadoras de diploma de curso superior, escolhidas, de preferência, entre as que tiverem habilitação técnica relacionada à natureza do exame.

§ 1.º Na falta de perito oficial, o exame será realizado por 2 (duas) pessoas idôneas, portadoras de diploma de curso superior preferencialmente na área específica, dentre as que tiverem habilitação técnica relacionada com a natureza do exame. (Alterado pela Lei n. 11.690/2008.)

§ 2.º Os peritos não oficiais prestarão o compromisso de bem e fielmente desempenhar o encargo.

§ 2.º Os peritos não oficiais prestarão o compromisso de bem e fielmente desempenhar o encargo. (Alterado pela Lei n. 11.690/2008.)

obs.dji.grau.4: Compromisso; Exames; Perito (s); Prova

§ 3.º Serão facultadas ao Ministério Público, ao assistente de acusação, ao ofendido, ao querelante e ao acusado a formulação de quesitos e indicação de assistente técnico. (Acrescentado pela Lei n. 11.690/2008.)

§ 4.º O assistente técnico atuará a partir de sua admissão pelo juiz e após a conclusão dos exames e elaboração do laudo pelos peritos oficiais, sendo as partes intimadas desta decisão.

§ 5.º Durante o curso do processo judicial, é permitido às partes, quanto à perícia:

I – requerer a oitiva dos peritos para esclarecerem a prova ou para responderem a quesitos, desde que o mandado de intimação e os quesitos ou questões a serem esclarecidas sejam encaminhados com antecedência mínima de 10 (dez) dias, podendo apresentar as respostas em laudo complementar;

II – indicar assistentes técnicos que poderão apresentar pareceres em prazo a ser fixado pelo juiz ou ser inquiridos em audiência.

§ 6.º Havendo requerimento das partes, o material probatório que serviu de base à perícia será disponibilizado no ambiente do órgão oficial, que manterá sempre sua guarda, e na presença de perito oficial, para exame pelos assistentes, salvo se for impossível a sua conservação.

§ 7.º Tratando-se de perícia complexa que abranja mais de uma área de conhecimento especializado, poder-se-á designar a atuação de mais de um perito oficial, e a parte indicar mais de um assistente técnico.

lii Art. 1.518. Atual art. 159. O exame de corpo de delito e outras perícias serão realizados por perito oficial, portador de diploma de curso superior. (Alterado pela Lei n. 11.690/2008.)

§ 1.º Não havendo peritos oficiais, o exame será realizado por duas pessoas idôneas, portadoras de diploma de curso superior, escolhidas, de preferência, entre as que tiverem habilitação técnica relacionada à natureza do exame.

§ 1.º Na falta de perito oficial, o exame será realizado por 2 (duas) pessoas idôneas, portadoras de diploma de curso superior preferencialmente na área específica, dentre as que tiverem habilitação técnica relacionada com a natureza do exame. (Alterado pela Lei n. 11.690/2008.)

§ 2.º Os peritos não oficiais prestarão o compromisso de bem e fielmente desempenhar o encargo.

§ 2.º Os peritos não oficiais prestarão o compromisso de bem e fielmente desempenhar o encargo. (Alterado pela Lei n. 11.690/2008.)

§ 3.º Serão facultadas ao Ministério Público, ao assistente de acusação, ao ofendido, ao querelante e ao acusado a formulação de quesitos e indicação de assistente técnico. (Acrescentado pela Lei n. 11.690/2008.)

§ 4.º O assistente técnico atuará a partir de sua admissão pelo juiz e após a conclusão dos exames e elaboração do laudo pelos peritos oficiais, sendo as partes intimadas desta decisão.

§ 5.º Durante o curso do processo judicial, é permitido às partes, quanto à perícia:

I – requerer a oitiva dos peritos para esclarecerem a prova ou para responderem a quesitos, desde que o mandado de intimação e os quesitos ou questões a serem esclarecidas sejam encaminhados com antecedência mínima de 10 (dez) dias, podendo apresentar as respostas em laudo complementar;

II – indicar assistentes técnicos que poderão apresentar pareceres em prazo a ser fixado pelo juiz ou ser inquiridos em audiência.

§ 6.º Havendo requerimento das partes, o material probatório que serviu de base à perícia será disponibilizado no ambiente do órgão oficial, que manterá sempre sua guarda, e na presença de perito oficial, para exame pelos assistentes, salvo se for impossível a sua conservação.

§ 7.º Tratando-se de perícia complexa que abranja mais de uma área de conhecimento especializado, poder-se-á designar a atuação de mais de um perito oficial, e a parte indicar mais de um assistente técnico.

liii Art. 827 do Código Civil: Atual art. 1.489 do Código Civil. A lei confere hipoteca:

I – às pessoas de direito público interno (art. 41) sobre os imóveis pertencentes aos encarregados da cobrança, guarda ou administração dos respectivos fundos e rendas;

II – aos filhos, sobre os imóveis do pai ou da mãe que passar a outras núpcias, antes de fazer o inventário do casal anterior;

III – ao ofendido, ou aos seus herdeiros, sobre os imóveis do delinquente, para satisfação do dano causado pelo delito e pagamento das despesas judiciais;

IV – ao co-herdeiro, para garantia do seu quinhão ou torna da partilha, sobre o imóvel adjudicado ao herdeiro reponente;

V – ao credor sobre o imóvel arrematado, para garantia do pagamento do restante do preço da arrematação. (Conforme Lei n. 10.406/2002.)

liv Art. 828 do Código Civil: Atual art. 1.497 do Código Civil. As hipotecas legais, de qualquer natureza, deverão ser registradas e especializadas.

§ 1.º O registro e a especialização das hipotecas legais incumbem a quem está obrigado a prestar a garantia, mas os interessados podem promover a inscrição delas, ou solicitar ao Ministério Público que o faça.

§ 2.º As pessoas, às quais incumbir o registro e a especialização das hipotecas legais, estão sujeitas a perdas e danos pela omissão. (Conforme Lei n. 10.406/2002.)

lv Art. 829 do Código Civil: sem correspondência. (Conforme Lei n. 10.406/2002.)

lvi Art. 830 do Código Civil: Atual art. 1.498 do Código Civil. A lei confere hipoteca:

I – às pessoas de direito público interno (art. 41) sobre os imóveis pertencentes aos encarregados da cobrança, guarda ou administração dos respectivos fundos e rendas;

II – aos filhos, sobre os imóveis do pai ou da mãe que passar a outras núpcias, antes de fazer o inventário do casal anterior;

III – ao ofendido, ou aos seus herdeiros, sobre os imóveis do delinquente, para satisfação do dano causado pelo delito e pagamento das despesas judiciais;

IV – ao co-herdeiro, para garantia do seu quinhão ou torna da partilha, sobre o imóvel adjudicado ao herdeiro reponente;

V – ao credor sobre o imóvel arrematado, para garantia do pagamento do restante do preço da arrematação. (Conforme Lei n. 10.406/2002.)

lvii Atual art. 1.489, III, do Código Civil. A lei confere hipoteca:

I – às pessoas de direito público interno (art. 41) sobre os imóveis pertencentes aos encarregados da cobrança, guarda ou administração dos respectivos fundos e rendas;

II – aos filhos, sobre os imóveis do pai ou da mãe que passar a outras núpcias, antes de fazer o inventário do casal anterior;

III – ao ofendido, ou aos seus herdeiros, sobre os imóveis do delinquente, para satisfação do dano causado pelo delito e pagamento das despesas judiciais;

IV – ao co-herdeiro, para garantia do seu quinhão ou torna da partilha, sobre o imóvel adjudicado ao herdeiro reponente;

V – ao credor sobre o imóvel arrematado, para garantia do pagamento do restante do preço da arrematação. (Conforme Lei n. 10.406/2002.)

lviii Atual art. 1.489, V, do Código Civil. A lei confere hipoteca:

I – às pessoas de direito público interno (art. 41) sobre os imóveis pertencentes aos encarregados da cobrança, guarda ou administração dos respectivos fundos e rendas;

II – aos filhos, sobre os imóveis do pai ou da mãe que passar a outras núpcias, antes de fazer o inventário do casal anterior;

III – ao ofendido, ou aos seus herdeiros, sobre os imóveis do delinquente, para satisfação do dano causado pelo delito e pagamento das despesas judiciais;

IV – ao co-herdeiro, para garantia do seu quinhão ou torna da partilha, sobre o imóvel adjudicado ao herdeiro reponente;

V – ao credor sobre o imóvel arrematado, para garantia do pagamento do restante do preço da arrematação. (Conforme Lei n. 10.406/2002.)

lix Atual art. 1225, IX, do Código Civil. São direitos reais:

I – a propriedade;

II – a superfície;

III – as servidões;

IV – o usufruto;

V – o uso;

VI – a habitação;

VII – o direito do promitente comprador do imóvel;

VIII – o penhor;

IX – a hipoteca;

X – a anticrese.

XI – a concessão de uso especial para fins de moradia; (Incluído pela Lei n. 11.481, de 2007.)

XII – a concessão de direito real de uso. (Incluído pela Lei n. 11.481, de 2007.) (Conforme Lei n. 10.406/2002.)

lx Atual art. 1419 do Código Civil. Nas dívidas garantidas por penhor, anticrese ou hipoteca, o bem dado em garantia fica sujeito, por vínculo real, ao cumprimento da obrigação. (Conforme Lei n. 10.406/2002.)

lxi Atual art. 1420 do Código Civil. Só aquele que pode alienar poderá empenhar, hipotecar ou dar em anticrese; só os bens que se podem alienar poderão ser dados em penhor, anticrese ou hipoteca.

§ 1.º A propriedade superveniente torna eficaz, desde o registro, as garantias reais estabelecidas por quem não era dono.

§ 2.º A coisa comum a dois ou mais proprietários não pode ser dada em garantia real, na sua totalidade, sem o consentimento de todos; mas cada um pode individualmente dar em garantia real a parte que tiver. (Conforme Lei n. 10.406/2002.)

lxii Atual art. 1.473, I, do Código Civil. Podem ser objeto de hipoteca:

I – os imóveis e os acessórios dos imóveis conjuntamente com eles;

II – o domínio direto;

III – o domínio útil;

IV – as estradas de ferro;

V – os recursos naturais a que se refere o art. 1.230, independentemente do solo onde se acham;

VI – os navios;

VII – as aeronaves.

VIII – o direito de uso especial para fins de moradia; (Incluído pela Lei n. 11.481, de 2007)

IX – o direito real de uso; (Incluído pela Lei n. 11.481, de 2007.)

X – a propriedade superficiária. (Incluído pela Lei n. 11.481, de 2007.)

§ 1.º A hipoteca dos navios e das aeronaves reger-se-á pelo disposto em lei especial. (Renumerado do parágrafo único pela Lei n. 11.481, de 2007.)

§ 2.º Os direitos de garantia instituídos nas hipóteses dos incisos IX e X do caput deste artigo ficam limitados à duração da concessão ou direito de superfície, caso tenham sido transferidos por período determinado. (Incluído pela Lei n. 11.481, de 2007.) (Conforme Lei n. 10.406/2002.)

lxiii Atual art. 79 do Código Civil. São bens imóveis o solo e tudo quanto se lhe incorporar natural ou artificialmente. (Conforme Lei n. 10.406/2002.)

lxiv Atual art. 1.473, II, do Código Civil. Podem ser objeto de hipoteca:

I – os imóveis e os acessórios dos imóveis conjuntamente com eles;

II – o domínio direto;

III – o domínio útil;

IV – as estradas de ferro;

V – os recursos naturais a que se refere o art. 1.230, independentemente do solo onde se acham;

VI – os navios;

VII – as aeronaves.

VIII – o direito de uso especial para fins de moradia; (Incluído pela Lei n. 11.481, de 2007)

IX – o direito real de uso; (Incluído pela Lei n. 11.481, de 2007.)

X – a propriedade superficiária. (Incluído pela Lei n. 11.481, de 2007.)

§ 1.º A hipoteca dos navios e das aeronaves reger-se-á pelo disposto em lei especial. (Renumerado do parágrafo único pela Lei n. 11.481, de 2007.)

§ 2.º Os direitos de garantia instituídos nas hipóteses dos incisos IX e X do caput deste artigo ficam limitados à duração da concessão ou direito de superfície, caso tenham sido transferidos por período determinado. (Incluído pela Lei n. 11.481, de 2007.) (Conforme Lei n. 10.406/2002.)

lxv Atual art. 79 do Código Civil. São bens imóveis o solo e tudo quanto se lhe incorporar natural ou artificialmente. (Conforme Lei n. 10.406/2002.)

lxvi Atual art. 1.473 do Código Civil. Podem ser objeto de hipoteca:

I – os imóveis e os acessórios dos imóveis conjuntamente com eles;

II – o domínio direto;

III – o domínio útil;

IV – as estradas de ferro;

V – os recursos naturais a que se refere o art. 1.230, independentemente do solo onde se acham;

VI – os navios;

VII – as aeronaves.

VIII – o direito de uso especial para fins de moradia; (Incluído pela Lei n. 11.481, de 2007.)

IX – o direito real de uso; (Incluído pela Lei n. 11.481, de 2007.)

X – a propriedade superficiária. (Incluído pela Lei n. 11.481, de 2007.)

§ 1.º A hipoteca dos navios e das aeronaves reger-se-á pelo disposto em lei especial. (Renumerado do parágrafo único pela Lei n. 11.481, de 2007.)

lxvii Atual art. 1.473 do Código Civil. Podem ser objeto de hipoteca:

I – os imóveis e os acessórios dos imóveis conjuntamente com eles;

II – o domínio direto;

III – o domínio útil.

IV – as estradas de ferro;

V – os recursos naturais a que se refere o art. 1.230, independentemente do solo onde se acham;

VI – os navios;

VII – as aeronaves.

VIII – o direito de uso especial para fins de moradia; (Incluído pela Lei n. 11.481, de 2007.)

IX – o direito real de uso; (Incluído pela Lei n. 11.481, de 2007.)

X – a propriedade superficiária. (Incluído pela Lei n. 11.481, de 2007.)

§ 1.º A hipoteca dos navios e das aeronaves reger-se-á pelo disposto em lei especial. (Renumerado do parágrafo único pela Lei n. 11.481, de 2007.) (Conforme Lei n. 10.406/2002.)

lxviii Atual art. 80, I, do Código Civil. Consideram-se imóveis para os efeitos legais:

I – os direitos reais sobre imóveis e as ações que os asseguram;

II – o direito à sucessão aberta. (Conforme Lei n. 10.406/2002.)

lxix Atual art. 1.473 do Código Civil. Podem ser objeto de hipoteca:

I – os imóveis e os acessórios dos imóveis conjuntamente com eles;

II – o domínio direto;

III – o domínio útil.

IV – as estradas de ferro;

V – os recursos naturais a que se refere o art. 1.230, independentemente do solo onde se acham;

VI – os navios;

VII – as aeronaves.

VIII – o direito de uso especial para fins de moradia; (Incluído pela Lei n. 11.481, de 2007.)

IX – o direito real de uso; (Incluído pela Lei n. 11.481, de 2007.)

X – a propriedade superficiária. (Incluído pela Lei n. 11.481, de 2007.)

§ 1.º A hipoteca dos navios e das aeronaves reger-se-á pelo disposto em lei especial. (Renumerado do parágrafo único pela Lei n. 11.481, de 2007.) (Conforme Lei n. 10.406/2002.)

lxx Atuais arts. 1.502, 1.503, 1.504 e 1.505 do Código Civil, respectivamente.

Art. 852 – Atual art. 1.502 do Código Civil. As hipotecas sobre as estradas de ferro serão registradas no Município da estação inicial da respectiva linha. (Conforme Lei n. 10.406/2002.)

Art. 853 – Atual art. 1.503 do Código Civil. Os credores hipotecários não podem embaraçar a exploração da linha, nem contrariar as modificações, que a administração deliberar, no leito da estrada, em suas dependências, ou no seu material. (Conforme Lei n. 10.406/2002.)

Art. 854 – Atual art. 1.504 do Código Civil. A hipoteca será circunscrita à linha ou às linhas especificadas na escritura e ao respectivo material de exploração, no estado em que ao tempo da execução estiverem; mas os credores hipotecários poderão opor-se à venda da estrada, à de suas linhas, de seus ramais ou de parte considerável do material de exploração; bem como à fusão com outra empresa, sempre que com isso a garantia do débito enfraquecer. (Conforme Lei n. 10.406/2002.)

Art. 854 – Atual art. 1.505 do Código Civil. Na execução das hipotecas será intimado o representante da União ou do Estado, para, dentro em quinze dias, remir a estrada de ferro hipotecada, pagando o preço da arrematação ou da adjudicação. (Conforme Lei n. 10.406/2002.)

lxxi Código de Minas, art. 33. A autorização subsistirá, quanto aos direitos, obrigações, limitações e efeitos dela decorrentes, quando o concessionário a alienar ou gravar, na forma da lei, mas os atos de alienação ou oneração só valem depois de averbados à margem do registro da autorização.

lxxii Atual art. 1.473, V, do Código Civil. Podem ser objeto de hipoteca:

I – os imóveis e os acessórios dos imóveis conjuntamente com eles;

II – o domínio direto;

III – o domínio útil;

IV – as estradas de ferro;

V – os recursos naturais a que se refere o art. 1.230, independentemente do solo onde se acham;

VI – os navios;

VII – as aeronaves.

VIII – o direito de uso especial para fins de moradia; (Incluído pela Lei n. 11.481, de 2007)

IX – o direito real de uso; (Incluído pela Lei n. 11.481, de 2007.)

X – a propriedade superficiária. (Incluído pela Lei n. 11.481, de 2007.)

§ 1.º A hipoteca dos navios e das aeronaves reger-se-á pelo disposto em lei especial. (Renumerado do parágrafo único pela Lei n. 11.481, de 2007.)

lxxiii Decreto 5.481, de 25 de junho de 1928. Dispõe sobre a alienação parcial dos edifícios de mais de cinco andares e dá outras providências.

Art. 3.º E facultado das em hypotheca, antichrese, arrendamento ou locação cada apartamento, observadas as regras em vigor para a propriedade em geral excluida a restricção do art. 4.º § 8.º, do Decreto n. 169 A, de 19 de janeiro de 1890.

Lei 285, de 5 de junho de 1948. Modifica a redação do artigo 1.º do Decreto n. 5.481, de 25 de junho de 1928, e revoga o Decreto-lei n. 5.234, de 8 de fevereiro de 1943.

Art. 1.º O artigo 1.º do Decreto-lei n. 5.481, de 25 de junho de 1928, passa a vigorar com a seguinte redação:

"Os edifícios de dois ou mais pavimentos construídos de cimento armado ou material similar incombustível, sob a forma de apartamentos isolados, entre si, que contiverem cada um, pelo menos, três peças, e destinados a escritórios ou residências particulares, poderão ser alienados, no todo ou em parte, objetivamente considerados, e constituíra cada apartamento propriedade autônoma sujeita às limitações estabelecidas nesta Lei".

lxxiv Atual art. 1.473, VI e VII, do Código Civil. Podem ser objeto de hipoteca:

I – os imóveis e os acessórios dos imóveis conjuntamente com eles;

II – o domínio direto;

III – o domínio útil;

IV – as estradas de ferro;

V – os recursos naturais a que se refere o art. 1.230, independentemente do solo onde se acham;

VI – os navios;

VII – as aeronaves.

VIII – o direito de uso especial para fins de moradia; (Incluído pela Lei n. 11.481, de 2007.)

IX – o direito real de uso; (Incluído pela Lei n. 11.481, de 2007.)

X – a propriedade superficiária. (Incluído pela Lei n. 11.481, de 2007.)

§ 1.º A hipoteca dos navios e das aeronaves reger-se-á pelo disposto em lei especial. (Renumerado do parágrafo único pela Lei n. 11.481, de 2007.)

lxxv Sem correspondência, conforme Lei 10.406/2002.

lxxvi Atual art. 1.424 do Código Civil. Os contratos de penhor, anticrese ou hipoteca declararão, sob pena de não terem eficácia:

I – o valor do crédito, sua estimação, ou valor máximo;

II – o prazo fixado para pagamento;

III – a taxa dos juros, se houver;

IV – o bem dado em garantia com as suas especificações. (Conforme Lei n. 10.406/2002.)

lxxvii Art. 831 – Atual art. 1.492 do Código Civil. As hipotecas serão registradas no cartório do lugar do imóvel, ou no de cada um deles, se o título se referir a mais de um.

Parágrafo único. Compete aos interessados, exibido o título, requerer o registro da hipoteca. (Conforme Lei n. 10.406/2002.)

Art. 832. Sem correspondência, conforme Lei 10.406/2002.

Art. 833 – Atual art. 1.493 do Código Civil. Os registros e averbações seguirão a ordem em que forem requeridas, verificando-se ela pela da sua numeração sucessiva no protocolo.

Parágrafo único. O número de ordem determina a prioridade, e esta a preferência entre as hipotecas. (Conforme Lei n. 10.406/2002.)

Art. 834 – Atual art. 1.496 do Código Civil. Se tiver dúvida sobre a legalidade do registro requerido, o oficial fará, ainda assim, a prenotação do pedido. Se a dúvida, dentro em noventa dias, for julgada improcedente, o registro efetuar-se-á com o mesmo número que teria na data da prenotação; no caso contrário, cancelada esta, receberá o registro o número correspondente à data em que se tornar a requerer. (Conforme Lei n. 10.406/2002.)

Art. 835 – Atual art. 1.496 do Código Civil. Se tiver dúvida sobre a legalidade do registro requerido, o oficial fará, ainda assim, a prenotação do pedido. Se a dúvida, dentro em noventa dias, for julgada improcedente, o registro efetuar-se-á com o mesmo número que teria na data da prenotação; no caso contrário, cancelada esta, receberá o registro o número correspondente à data em que se tornar a requerer. (Conforme Lei n. 10.406/2002.)

Art. 836 – Atual art. 1.494 do Código Civil. Não se registrarão no mesmo dia duas hipotecas, ou uma hipoteca e outro direito real, sobre o mesmo imóvel, em favor de pessoas diversas, salvo se as escrituras, do mesmo dia, indicarem a hora em que foram lavradas. (Conforme Lei n. 10.406/2002.)

Art. 837 – Atual art. 1.495 do Código Civil. Quando se apresentar ao oficial do registro título de hipoteca que mencione a constituição de anterior, não registrada, sobrestará ele na inscrição da nova, depois de a prenotar, até trinta dias, guardando que o interessado inscreva a precedente; esgotado o prazo, sem que se requeira a inscrição desta, a hipoteca ulterior será registrada e obterá preferência. (Conforme Lei n. 10.406/2002.)

Art. 838 – Atual art. 1.492 do Código Civil. As hipotecas serão registradas no cartório do lugar do imóvel, ou no de cada um deles, se o título se referir a mais de um.

Parágrafo único. Compete aos interessados, exibido o título, requerer o registro da hipoteca. (Conforme Lei n. 10.406/2002.)

Art. 839. Sem correspondência, conforme Lei 10.406/2002.

Art.840. Sem correspondência, conforme Lei 10.406/2002.

Art. 841. Sem correspondência, conforme Lei 10.406/2002.

Art. 842. Sem correspondência, conforme Lei 10.406/2002.

Art. 843 – Atual art. 1.497 do Código Civil. As hipotecas legais, de qualquer natureza, deverão ser registradas e especializadas.

§ 1.º O registro e a especialização das hipotecas legais incumbem a quem está obrigado a prestar a garantia, mas os interessados podem promover a inscrição delas, ou solicitar ao Ministério Público que o faça.

§ 2.º As pessoas, às quais incumbir o registro e a especialização das hipotecas legais, estão sujeitas a perdas e danos pela omissão. (Conforme Lei n. 10.406/2002.)

Art. 844. Sem correspondência, conforme Lei 10.406/2002.

Art. 845 – Atual art. 1.497 do Código Civil. As hipotecas legais, de qualquer natureza, deverão ser registradas e especializadas.

§ 1.º O registro e a especialização das hipotecas legais incumbem a quem está obrigado a prestar a garantia, mas os interessados podem promover a inscrição delas, ou solicitar ao Ministério Público que o faça.

§ 2.º As pessoas, às quais incumbir o registro e a especialização das hipotecas legais, estão sujeitas a perdas e danos pela omissão. (Conforme Lei n. 10.406/2002.)

Art. 846. Sem correspondência, conforme Lei 10.406/2002.

Art. 847. Sem correspondência, conforme Lei 10.406/2002.

Art. 848. Sem correspondência, conforme Lei 10.406/2002.

lxxviii Art. 856, IV, do Código Civil. Sem correspondência, conforme Lei 10.406/2002.

lxxix Decreto do governo militar sobre a execução dos serviços concernentes aos registros públicos estabelecidos pelo Código Civil e legislação posterior.

Art. 167. No registro de imóveis será feita:

a) a inscrição:

I – do instrumento público da instituição do bem de família;

II – do instrumento público das convenções antenupciais;

III – das hipóteses legais ou convencionais;

IV – dos empréstimos por obrigações ao portador, sociedades por ações, inclusive as conversíveis em ações; (artigo 44 da Lei n. 4.728, de 14 de julho de 1965.)

V – do penhor de máquinas e aparelhos utilizados na indústria, instalados e em funcionamento, com seus respectivos pertences;

VI – das penhoras, arrestos e sequestros de imóveis;

VII – das citações de ações reais, ou pessoais reipersecutórias, relativas a imóveis;

VIII – do memorial de loteamento de terrenos urbanos e rurais, para a venda de lotes a prazo em prestações; (Decreto-lei n. 58, de 1937; Lei n. 4.591, de 1964; e Decreto-lei n. 271, de 28 de fevereiro de 1967.)

IX – do contrato de locação de prédio, no qual tenha sido consignada cláusula de vigência, no caso de alienação da coisa locada; (Código Civil, artigo 1.197.)

X – dos títulos das servidões não aparentes, para a sua constituição;

XI – do usufruto e de uso sobre imóveis e sobre a habitação, quando não resultarem do direito de família;

XII – das rendas constituídas ou vinculadas a imóveis por disposição de última vontade;

XIII – do contrato de penhor rural; (Lei n. 492, de 30 de agosto de 1937.)

XIV – da promessa de compra e venda de imóvel não loteado, cujo preço deva pagar-se a prazo, em uma ou mais prestações, bem como das escrituras de promessa de venda de imóveis em geral; (artigo 22 do Decreto-lei n. 58, de 10 de dezembro de 1937, e Decreto n. 3.079, de 15 de setembro de 1938.)

XV – da enfiteuse;

XVI – da anticrese;

XVII – do memorial de incorporação; (Lei n. 4.591, de 16 de dezembro de 1964.)

XVIII – da cédula de crédito industrial; (Decreto-lei n. 413, de 9 de janeiro de 1969.)

XIX – das cédulas de crédito rural; (Lei n. 167, de 14 de fevereiro de 1964.)

b) a transcrição:

I – da sentença de desquite e de nulidade ou de anulação de casamento, quando nas respectivas partilhas existirem imóveis ou direitos reais sujeitos a transcrição;

II – dos títulos relativos aos direitos reais sobre imóveis, quer para a aquisição do domínio, quer para a validade contra terceiros;

III – dos títulos translativos da propriedade imóvel, entre vivos, para sua aquisição e extinção;

IV – dos julgados, nas divisórias, pelos quais se puser têrmo à indivisão;

V – das sentenças que, nos inventários e partilhas, adjudicarem bens de raiz em pagamento das dívidas da herança;

VI – dos atos de entrega de legados de imóveis, dos formais de partilha e das sentenças de adjudicação em inventários, quando não houver partilha;

VII – da arrematação e da adjudicação em hasta pública;

VIII – da sentença declaratória de usucapião para servir de título ao adquirente;

IX – da sentença declaratória da posse incontestada e contínua de uma servidão aparente nos termos do artigo 551 do Código Civil, para servir de título aquisitivo;

X – dos títulos transmissíveis ou dos atos renunciativos, para a perda da propriedade imóvel;

c) a averbação:

I – das convenções antenupciais, especialmente em relação aos imóveis existentes ou posteriormente adquiridos pela cláusula do regime legal;

II – na inscrição da sentença de separação de dote;

III – do julgamento sobre o restabelecimento da sociedade conjugal;

IV – da cláusula de inalienabilidade imposta a imóveis pelos testadores e doadores;

V – por cancelamento da extinção dos direitos reais;

VI – dos contratos de promessa de compra e venda de terreno loteado, em conformidade com as disposições do Decreto-lei n. 58, de 10 de dezembro de 1937;

VII – na transcrição da mudança de numeração, da construção, da reconstrução, da demolição e do desmembramento de imóveis;

VIII – da alteração do nome por casamento ou desquite;

IX – das promessas de cessão, da cessão ou da caução dos respectivos direitos aquisitivos.

Art. 236. Estão sujeitos a registro no livro n. 2 todas as constituições de direitos reais reconhecidas por lei, quer entre vivos, quer mortis causa, para valerem contra terceiros e permitirem a disponibilidade, sendo declarados os seguintes requisitos:

1.º) o número de ordem e o da transcrição do imóvel;

2.º) a data;

3.º) a circunscrição onde está situado o imóvel;

4.º) a denominação do imóvel, se rural, e a rua e número, se urbano;

5.º) as características e confrontações;

6.º) o nome, civil, profissão, nacionalidade do credor;

7.º) o nome, estado civil, profissão, nacionalidade do devedor;

8.º) o ônus;

9.º) o título do ônus, com todas as condições e especificações;

10) o valor da coisa ou da dívida, prazo desta e mais indicações, conforme o caso.

Parágrafo único. Quando o imóvel já constar transcrito no livro n. 2 serão dispensados os requisitos dos itens 3.º, 4.º e 5.º.

Art. 242. Serão registradas no livro n. 2 as hipotecas de qualquer espécie, inclusive as que abonarem emissões de debêntures, devendo o registro conter, além dos requisitos enumerados no artigo 236, mais os seguintes:

1.º) valor de crédito e do imóvel, ou sua estimativa por acordo entre as partes;

2.º) juros, penas e mais condições necessárias.

Parágrafo único. Quando o imóvel pertencer a terceiro que o tiver hipotecado em garantia de dívida alheia, serão também registrados o seu nome, estado civil, nacionalidade, profissão e domicílio.

Art. 243. As hipotecas legais e judiciais devem ser especializadas para o registro, sendo renovada a especialização ao cabo de 20 (vinte) anos, embora o registro valha enquanto perdurar a obrigação.

Parágrafo único. No registro das hipotecas legais serão declaradas, na coluna das averbações, a data de início e a origem da responsabilidade.

Art. 244. O registro das hipotecas convencionais valerá por vinte anos, findos os quais só será mantido o número anterior, se tiverem sido reconstituídas por novo título e nôovo registro.

Art. 245. A prioridade das hipotecas de qualquer natureza será regulada exclusivamente pelo número de ordem do protocolo, ressalvadas as hipóteses previstas nos artigos 193 e 195.

Art. 246. A hipoteca legal será especializada para determinação do valor da responsabilidade e da designação dos imóveis, de acordo com o disposto nas leis processuais, devendo constar sempre do título os requisitos exigidos para o registro.

Art. 247. Incumbirá ao marido, ou ao pai, requerer o registro e a especialização da hipoteca legal da mulher casada, da forma da legislação processual.

§ 1.º O oficial público que lavrar escritura do dote, ou lançar em nota a relação dos bens particulares da mulher, comunicá-los-á, ex officio, com todos os elementos necessários, aos oficiais de registro em que estiverem situados os imóveis, a que se referir a escritura, bem como notificará ao responsável, para efetuar a inscrição da hipoteca em seus bens, no prazo de 8 (oito) dias, o que tudo anotará à margem do livro.

§ 2.º Esse aviso servirá para o oficial levantar dúvida quanto a registros posteriores e será declarado nas certidões pedidas sobre os ditos imóveis, mas não importará, por si só, em ônus real.

§ 3.º Considerar-se-ão interessados em requerer o registro dessa hipoteca, no caso de não o fazer o marido, ou o pai, no prazo de 8 (oito) dias, o dotador, a própria mulher e qualquer de seus parentes sucessíveis, bem como o testamenteiro do espólio em que houver legado ou herança nesses casos.

Art. 248. Incumbirá requerer o registro e especialização da hipoteca legal dos incapazes:

I – ao pai, à mãe, ao tutor, ou ao curador, antes de assumir a administração dos respectivos bens, e, em falta daqueles, ao Ministério Público e ao juiz competente;

II – ao inventariante ou ao testamenteiro, antes de entregar o legado ou a herança;

III – não o fazendo as pessoas acima indicadas, no prazo de 8 (oito) dias, qualquer parente sucessível do incapaz poderá fazê-lo.

Parágrafo único. O escrivão, em se assinando termo de tutela ou de curatela, remeterá ex officio, e com a possível brevidade, uma cópia dele instruída com a relação dos imóveis do incapaz, ao ofício do registro, nos mesmos termos e sob os mesmos efeitos consignados nos §§ 1.º e 2.º do artigo anterior, sem prejuízo da comunicação ao interessado para que promova o registro.

Art. 249. Incumbirá ao ofendido ou aos seus herdeiros promover o registro da hipoteca legal que lhe assistir.

§ 1.º Se for incapaz, caberá ao seu representante legal promovê-la, para satisfação do estatuído no item VI do artigo 827 do Código Civil.

§ 2.º Ao Ministério Público competirá requerer o registro no caso do n. VII do artigo 827 do Código Civil, e, ex officio, quando o ofendido o solicitar.

Art. 250. O registro da hipoteca dos bens dos responsáveis para com a Fazenda Pública será requerido por eles mesmos e, em sua falta, pelos seus procuradores e representantes fiscais.

Art. 251. As pessoas a quem incumbir o registro e a especialização das hipotecas legais, ficarão sujeitas a perdas e danos pela omissão, bem como os escrivães e tabeliães aos quais incumbirá remessa de avisos e comunicações e os juízes encarregados da fiscalização.

§ 1.º Os testamenteiros, tutores ou curadores que não promoverem o registro perderão suas vintenas e prêmios e não terão julgadas suas contas sem a comprovação do cumprimento daquele ato, devendo os últimos ser imediatamente removidos.

§ 2.º A indenização não isentará os funcionários culpados da responsabilidade criminal; incorrerão, também, nas penas do crime de estelionato, os responsáveis que, antes do registro da hipoteca legal, alienarem ou onerarem, imóveis sujeitos a responsabilidade.

Art. 252. Considerar-se-á especializada e, apenas, dependente de registro, mediante formal de partilha, a hipoteca de co-herdeiro sobre o imóvel adjudicado ao reponente.

Parágrafo único. Será, também, permitido o registro da hipoteca a favor ou contra os cônjuges meeiros, nos termos da partilha.

Art. 253. Serão considerados especializadas, quanto ao valor da responsabilidade, as hipotecas do marido para garantir o dote estimado na escritura de pacto antenupcial, ou os bens excluídos da comunhão, e da Fazenda Pública quanto às fianças contadas.

Art. 254. Tornando-se insuficientes os bens dados em hipoteca legal, será exigível o seu reforço, podendo a mesma ser também substituída por caução de títulos da dívida pública federal ou estadual recebidos pelo valor de sua cotação mínima, no ano em curso.

Art. 255. Considerar-se-á, também, especializada, e apenas dependente de registro, a hipoteca judicial, mediante mandado ou carta de sentença, quando esta for líquida, quanto aos bens existentes em posse do condenado, ou alienados em fraude de execução. Em caso contrário, apurar-se-á, provisoriamente, o valor da responsabilidade sem prejuízo do processo de liquidação.

§ 1.º Mesmo a sentença recorrida, qualquer que seja o seu efeito, autorizará o registro, com caráter condicional, fazendo-se observação a respeito.

§ 2.º O credor indicará, em petição, os imóveis sobre os quais deve recair o registro com os requisitos necessários ficando salvo ao devedor, requerer ao juiz competente a redução ou substituição dos imóveis apontados.

Art. 256. Serão registradas, também no livro n. 2, as hipotecas, anticreses e penhores que abonarem especialmente empréstimos, sob debêntures, no cartório da situação dos imóveis, nos termos da legislação em vigor, registro que será provisório para ratificação dentro de 6 (seis) meses, a requerimento da sociedade ou de qualquer credor.

lxxx Atual art. 1.489 do Código Civil. A lei confere hipoteca:

I – às pessoas de direito público interno (art. 41) sobre os imóveis pertencentes aos encarregados da cobrança, guarda ou administração dos respectivos fundos e rendas;

II – aos filhos, sobre os imóveis do pai ou da mãe que passar a outras núpcias, antes de fazer o inventário do casal anterior;

III – ao ofendido, ou aos seus herdeiros, sobre os imóveis do delinquente, para satisfação do dano causado pelo delito e pagamento das despesas judiciais;

IV – ao co-herdeiro, para garantia do seu quinhão ou torna da partilha, sobre o imóvel adjudicado ao herdeiro reponente;

V – ao credor sobre o imóvel arrematado, para garantia do pagamento do restante do preço da arrematação. (Conforme Lei n. 10.406/2002.)

lxxxi Atual art. 1.489 do Código Civil: A lei confere hipoteca:

I – às pessoas de direito público interno (art. 41) sobre os imóveis pertencentes aos encarregados da cobrança, guarda ou administração dos respectivos fundos e rendas;

II – aos filhos, sobre os imóveis do pai ou da mãe que passar a outras núpcias, antes de fazer o inventário do casal anterior;

III – ao ofendido, ou aos seus herdeiros, sobre os imóveis do delinquente, para satisfação do dano causado pelo delito e pagamento das despesas judiciais;

IV – ao co-herdeiro, para garantia do seu quinhão ou torna da partilha, sobre o imóvel adjudicado ao herdeiro reponente;

V – ao credor sobre o imóvel arrematado, para garantia do pagamento do restante do preço da arrematação. (Conforme Lei n. 10.406/2002)

lxxxii Art. 842 do Código Civil. Sem correspondência conforme Lei 10.406/2002.

lxxxiii Atual art. 1.489 do Código Civil. A lei confere hipoteca:

I – às pessoas de direito público interno (art. 41) sobre os imóveis pertencentes aos encarregados da cobrança, guarda ou administração dos respectivos fundos e rendas;

II – aos filhos, sobre os imóveis do pai ou da mãe que passar a outras núpcias, antes de fazer o inventário do casal anterior;

III – ao ofendido, ou aos seus herdeiros, sobre os imóveis do delinquente, para satisfação do dano causado pelo delito e pagamento das despesas judiciais;

IV – ao co-herdeiro, para garantia do seu quinhão ou torna da partilha, sobre o imóvel adjudicado ao herdeiro reponente;

V – ao credor sobre o imóvel arrematado, para garantia do pagamento do restante do preço da arrematação. (Conforme Lei n. 10.406/2002.)

lxxxiv Sem correspondência conforme Lei 10.406/2002.

lxxxv Sem correspondência conforme Lei 10.406/2002.

lxxxvi Atual art. 1.489 do Código Civil. A lei confere hipoteca:

I – às pessoas de direito público interno (art. 41) sobre os imóveis pertencentes aos encarregados da cobrança, guarda ou administração dos respectivos fundos e rendas;

II – aos filhos, sobre os imóveis do pai ou da mãe que passar a outras núpcias, antes de fazer o inventário do casal anterior;

III – ao ofendido, ou aos seus herdeiros, sobre os imóveis do delinquente, para satisfação do dano causado pelo delito e pagamento das despesas judiciais;

IV – ao co-herdeiro, para garantia do seu quinhão ou torna da partilha, sobre o imóvel adjudicado ao herdeiro reponente;

V – ao credor sobre o imóvel arrematado, para garantia do pagamento do restante do preço da arrematação. (Conforme Lei n. 10.406/2002.)

lxxxvii Atual art. 942 do Código Civil. Os bens do responsável pela ofensa ou violação do direito de outrem ficam sujeitos à reparação do dano causado; e, se a ofensa tiver mais de um autor, todos responderão solidariamente pela reparação.

Parágrafo único. São solidariamente responsáveis com os autores os coautores e as pessoas designadas no art. 932. (Conforme Lei n. 10.406/2002.)

lxxxviii Atual art. 1.497 do Código Civil. As hipotecas legais, de qualquer natureza, deverão ser registradas e especializadas.

§ 1.º O registro e a especialização das hipotecas legais incumbem a quem está obrigado a prestar a garantia, mas os interessados podem promover a inscrição delas, ou solicitar ao Ministério Público que o faça.

§ 2.º As pessoas, às quais incumbir o registro e a especialização das hipotecas legais, estão sujeitas a perdas e danos pela omissão. (Conforme Lei n. 10.406/2002.)

lxxxix Atual art. 1.492 do Código Civil. As hipotecas serão registradas no cartório do lugar do imóvel, ou no de cada um deles, se o título se referir a mais de um.

Parágrafo único. Compete aos interessados, exibido o título, requerer o registro da hipoteca. (Conforme Lei n. 10.406/2002.)

xc Art. 842. Sem correspondência no Código Civil. (Conforme Lei n. 10.406/2002.)

xci Atual art. 1.497 do Código Civil. As hipotecas legais, de qualquer natureza, deverão ser registradas e especializadas.

§ 1.º O registro e a especialização das hipotecas legais incumbem a quem está obrigado a prestar a garantia, mas os interessados podem promover a inscrição delas, ou solicitar ao Ministério Público que o faça.

§ 2.º As pessoas, às quais incumbir o registro e a especialização das hipotecas legais, estão sujeitas a perdas e danos pela omissão. (Conforme Lei n. 10.406/2002.)

xcii Art. 846. Sem correspondência no Código Civil. (Conforme Lei n. 10.406/2002.)

xciii Art. 848. Sem correspondência no Código Civil. (Conforme Lei n. 10.406/2002.)

xciv Atual art. 1.489 do Código Civil. A lei confere hipoteca:

I – às pessoas de direito público interno (art. 41) sobre os imóveis pertencentes aos encarregados da cobrança, guarda ou administração dos respectivos fundos e rendas;

II – aos filhos, sobre os imóveis do pai ou da mãe que passar a outras núpcias, antes de fazer o inventário do casal anterior;

III – ao ofendido, ou aos seus herdeiros, sobre os imóveis do delinquente, para satisfação do dano causado pelo delito e pagamento das despesas judiciais;

IV – ao co-herdeiro, para garantia do seu quinhão ou torna da partilha, sobre o imóvel adjudicado ao herdeiro reponente;

V – ao credor sobre o imóvel arrematado, para garantia do pagamento do restante do preço da arrematação. (Conforme Lei n. 10.406/2002.)

xcv Art. 842. Sem correspondência no Código Civil. (Conforme Lei n. 10.406/2002.)

xcvi Art. 842. Sem correspondência no Código Civil. (Conforme Lei n. 10.406/2002.)

Art. 843 – Atual art. 1.497 do Código Civil. As hipotecas legais, de qualquer natureza, deverão ser registradas e especializadas.

§ 1.º O registro e a especialização das hipotecas legais incumbem a quem está obrigado a prestar a garantia, mas os interessados podem promover a inscrição delas, ou solicitar ao Ministério Público que o faça.

§ 2.º As pessoas, às quais incumbir o registro e a especialização das hipotecas legais, estão sujeitas a perdas e danos pela omissão. (Conforme Lei n. 10.406/2002.)

xcvii Atual art. 1.485 do Código Civil. Mediante simples averbação, requerida por ambas as partes, poderá prorrogar-se a hipoteca, até perfazer vinte anos, da data do contrato. Desde que perfaça esse prazo, só poderá subsistir o contrato de hipoteca, reconstituindo-se por novo título e novo registro; e, nesse caso, lhe será mantida a precedência, que então lhe competir. (Conforme Lei n. 10.406/2002.)

xcviii Atual art. 1.498 do Código Civil. Vale o registro da hipoteca, enquanto a obrigação perdurar; mas a especialização, em completando vinte anos, deve ser renovada. (Conforme Lei n. 10.406/2002.)

xcix Atual art. 591. O devedor responde, para o cumprimento de suas obrigações, com todos os seus bens presentes e futuros, salvo as restrições estabelecidas em lei. (Conforme Lei n. 5.869, de 11 de janeiro de 1973.)

c Atual art. 655. A penhora observará, preferencialmente, a seguinte ordem: (Alterado pela Lei n. 11.382/2006.)

I – dinheiro, em espécie ou em depósito ou aplicação em instituição financeira; (Alterado pela Lei n. 11.382/2006.)

II – veículos de via terrestre; (Alterado pela Lei n. 11.382/2006.)

III – bens móveis em geral; (Alterado pela Lei n. 11.382/2006.)

IV – bens imóveis; (Alterado pela Lei n. 11.382/2006.)

V – navios e aeronaves; (Alterado pela Lei n. 11.382/2006.)

VI – ações e quotas de sociedades empresárias; (Alterado pela Lei n. 11.382/2006.)

VII – percentual do faturamento de empresa devedora; (Alterado pela Lei n. 11.382/2006.)

VIII – pedras e metais preciosos; (Alterado pela Lei n. 11.382/2006.)

IX – títulos da dívida pública da União, Estados e Distrito Federal com cotação em mercado; (Alterado pela Lei n. 11.382/2006.)

X – títulos e valores mobiliários com cotação em mercado; (Alterado pela Lei n. 11.382/2006.)

XI – outros direitos. (Acrescentado pela Lei n. 11.382/2006.)

§ 1.º Na execução de crédito com garantia hipotecária, pignoratícia ou anticrética, a penhora recairá, preferencialmente, sobre a coisa dada em garantia; se a coisa pertencer a terceiro garantidor, será também esse intimado da penhora. (Alterado pela Lei n. 11.382/2006.)

§ 2.º Recaindo a penhora em bens imóveis, será intimado também o cônjuge do executado. (Alterado pela Lei n. 11.382/2006.)

ci Atual art. 591. O devedor responde, para o cumprimento de suas obrigações, com todos os seus bens presentes e futuros, salvo as restrições estabelecidas em lei. (Conforme Lei n. 5.869, de 11 de janeiro de 1973.)

cii Atual art. 648 do Código de Processo Civil. Não estão sujeitos à execução os bens que a lei considera impenhoráveis ou inalienáveis.

Atual art. 649. São absolutamente impenhoráveis:

I – os bens inalienáveis e os declarados, por ato voluntário, não sujeitos à execução;

II – os móveis, pertences e utilidades domésticas que guarnecem a residência do executado, salvo os de elevado valor ou que ultrapassem as necessidades comuns correspondentes a um médio padrão de vida; (Alterado pela Lei n. 11.382/2006.)

III – os vestuários, bem como os pertences de uso pessoal do executado, salvo se de elevado valor; (Alterado Lei n. 11.382/2006.)

IV – os vencimentos, subsídios, soldos, salários, remunerações, proventos de aposentadoria, pensões, pecúlios e montepios; as quantias recebidas por liberalidade de terceiro e destinadas ao sustento do devedor e sua família, os ganhos de trabalhador autônomo e os honorários de profissional liberal, observado o disposto no § 3.º deste artigo; (Alterado pela Lei n. 11.382/2006.)

V – os livros, as máquinas, as ferramentas, os utensílios, os instrumentos ou outros bens móveis necessários ou úteis ao exercício de qualquer profissão; (Alterado pela Lei n. 11.382/2006.)

VI – o seguro de vida; (Alterado pela Lei n. 11.382/2006.)

VII – os materiais necessários para obras em andamento, salvo se essas forem penhoradas; (Alterado pela Lei n. 11.382/2006.)

VIII – a pequena propriedade rural, assim definida em lei, desde que trabalhada pela família; (Alterado pela Lei n. 11.382/2006.)

IX – os recursos públicos recebidos por instituições privadas para aplicação compulsória em educação, saúde ou assistência social; (Alterado pela Lei n. 11.382/2006.)

X – até o limite de 40 (quarenta) salários mínimos, a quantia depositada em caderneta de poupança. (Alterado pela Lei n. 11.382/2006.) (Acrescentado pela Lei n. 7.513/1986.)

XI – os recursos públicos do fundo partidário recebidos, nos termos da lei, por partido político. (Acrescentado pela Lei n. 11.694/2008.)

§ 1.º A impenhorabilidade não é oponível à cobrança do crédito concedido para a aquisição do próprio bem. (Acrescentado pela Lei n. 11.382/2006.)

§ 2.º O disposto no inciso IV do caput deste artigo não se aplica no caso de penhora para pagamento de prestação alimentícia. (Acrescentado pela Lei n. 11.382/2006.)

ciii Atual art. 650 do Código de Processo Civil. Podem ser penhorados, à falta de outros bens, os frutos e rendimentos dos bens inalienáveis, salvo se destinados à satisfação de prestação alimentícia: (Alterado pela Lei n. 11.382/2006.)

I – os frutos e os rendimentos dos bens inalienáveis, salvo se destinados a alimentos de incapazes, bem como de mulher viúva, solteira, desquitada, ou de pessoas idosas;

II – as imagens e os objetos do culto religioso, sendo de grande valor.

civ Atual art. 591 do Código Processo Civil. O devedor responde, para o cumprimento de suas obrigações, com todos os seus bens presentes e futuros, salvo as restrições estabelecidas em lei. Com correspondência com atual art. 656 do Código de Processo Civil. A parte poderá requerer a substituição da penhora: (Alterado pela Lei n. 11.382/2006.)

I – se não obedecer à ordem legal; (Alterado pela Lei n. 11.382/2006.)

II – se não incidir sobre os bens designados em lei, contrato ou ato judicial para o pagamento; (Alterado pela Lei n. 11.382/2006.)

III – se, havendo bens no foro da execução, outros houver sido penhorados; (Alterado pela Lei n. 11.382/2006.)

IV – se, havendo bens livres, a penhora houver recaído sobre bens já penhorados ou objeto de gravame; (Alterado pela Lei n. 11.382/2006.)

V – se incidir sobre bens de baixa liquidez; (Alterado pela Lei n. 11.382/2006.)

VI – se fracassar a tentativa de alienação judicial do bem; ou (Alterado pela Lei n. 11.382/2006.)

VII – se o devedor não indicar o valor dos bens ou omitir qualquer das indicações a que se referem os incisos I a IV do parágrafo único do art. 668 desta Lei. (Acrescentado pela Lei n. 11.382/2006.)

§ 1.º É dever do executado (art. 600), no prazo fixado pelo juiz, indicar onde se encontram os bens sujeitos à execução, exibir a prova de sua propriedade e, se for o caso, certidão negativa de ônus, bem como abster-se de qualquer atitude que dificulte ou embarace a realização da penhora (art. 14, parágrafo único). (Acrescentado pela Lei n. 11.382/2006.)

§ 2.º A penhora pode ser substituída por fiança bancária ou seguro garantia judicial, em valor não inferior ao do débito constante da inicial, mais 30% (trinta por cento). (Acrescentado pela Lei n. 11.382/2006.)

§ 3.º O executado somente poderá oferecer bem imóvel em substituição caso o requeira com a expressa anuência do cônjuge. (Acrescentado pela Lei n. 11.382/2006.)

Navios: Atual art. 679 do Código de Processo Civil. A penhora sobre navio ou aeronave não obsta a que continue navegando ou operando até a alienação; mas o juiz, ao conceder a autorização para navegar ou operar, não permitirá que saia do porto ou aeroporto antes que o devedor faça o seguro usual contra riscos.

cv Revogado pelo Código Civil – Lei 10.406/2002.

cvi Atual art. 1489 do Código Civil. A lei confere hipoteca:

I – às pessoas de direito público interno (art. 41) sobre os imóveis pertencentes aos encarregados da cobrança, guarda ou administração dos respectivos fundos e rendas;

II – aos filhos, sobre os imóveis do pai ou da mãe que passar a outras núpcias, antes de fazer o inventário do casal anterior;

III – ao ofendido, ou aos seus herdeiros, sobre os imóveis do delinquente, para satisfação do dano causado pelo delito e pagamento das despesas judiciais;

IV – ao co-herdeiro, para garantia do seu quinhão ou torna da partilha, sobre o imóvel adjudicado ao herdeiro reponente;

V – ao credor sobre o imóvel arrematado, para garantia do pagamento do restante do preço da arrematação. (Conforme Lei n. 10.406/2002.)

cvii Art. 842. Sem correspondência no Código Civil, conforme Lei 10.406/2002.

cviii Art. 842. Sem correspondência no Código Civil, conforme Lei 10.406/2002.

Art. 843 – Atual art. 1.497 do Código Civil. As hipotecas legais, de qualquer natureza, deverão ser registradas e especializadas.

§ 1.º O registro e a especialização das hipotecas legais incumbem a quem está obrigado a prestar a garantia, mas os interessados podem promover a inscrição delas, ou solicitar ao Ministério Público que o faça.

§ 2.º As pessoas, às quais incumbir o registro e a especialização das hipotecas legais, estão sujeitas a perdas e danos pela omissão. (Conforme Lei n. 10.406/2002.)

cix Atual art. 1.489 do Código Civil. A lei confere hipoteca:

I – às pessoas de direito público interno (art. 41) sobre os imóveis pertencentes aos encarregados da cobrança, guarda ou administração dos respectivos fundos e rendas;

II – aos filhos, sobre os imóveis do pai ou da mãe que passar a outras núpcias, antes de fazer o inventário do casal anterior;

III – ao ofendido, ou aos seus herdeiros, sobre os imóveis do delinquente, para satisfação do dano causado pelo delito e pagamento das despesas judiciais;

IV – ao co-herdeiro, para garantia do seu quinhão ou torna da partilha, sobre o imóvel adjudicado ao herdeiro reponente;

V – ao credor sobre o imóvel arrematado, para garantia do pagamento do restante do preço da arrematação. (Conforme Lei n. 10.406/2002.)

cx Livro III

Do Processo Cautelar

Título Único

Das Medidas Cautelares

Capítulo II

Dos Procedimentos Cautelares Específicos

Seção I

Do Arresto

Seção II

Do Sequestro

(Código de Processo Civil – CPC – Lei n. 5.869/1973)

cxi Atual art. 813. O arresto tem lugar:

I – quando o devedor sem domicílio certo intenta ausentar-se ou alienar os bens que possui, ou deixa de pagar a obrigação no prazo estipulado;

II – quando o devedor, que tem domicílio:

a) se ausenta ou tenta ausentar-se furtivamente;

b) caindo em insolvência, aliena ou tenta alienar bens que possui; contrai ou tenta contrair dívidas extraordinárias; põe ou tenta pôr os seus bens em nome de terceiros; ou comete outro qualquer artifício fraudulento, a fim de frustrar a execução ou lesar credores;

III – quando o devedor, que possui bens de raiz, intenta aliená-los, hipotecá-los ou dá-los em anticrese, sem ficar com algum ou alguns, livres e desembargados, equivalentes às dívidas;

IV – nos demais casos expressos em lei. (Conforme Código de Processo Civil – CPC – Lei n. 5.869/1973.)

cxii Atual art. 814. Para a concessão do arresto é essencial: (Alterado pela Lei n. 5.925/1973.)

I – prova literal da dívida líquida e certa;

II – prova documental ou justificação de algum dos casos mencionados no artigo antecedente.

Parágrafo único. Equipara-se à prova literal da dívida líquida e certa, para efeito de concessão de arresto, a sentença, líquida ou ilíquida, pendente de recurso, condenando o devedor ao pagamento de dinheiro ou de prestação que em dinheiro possa converter-se. (Alterado pela Lei n. 10.444/2002.)

cxiii Atual art. 814 do Código de Processo Civil. Para a concessão do arresto é essencial: (Alterado pela Lei n. 5.925/1973.)

I – prova literal da dívida líquida e certa;

II – prova documental ou justificação de algum dos casos mencionados no artigo antecedente.

Parágrafo único. Equipara-se à prova literal da dívida líquida e certa, para efeito de concessão de arresto, a sentença, líquida ou ilíquida, pendente de recurso, condenando o devedor ao pagamento de dinheiro ou de prestação que em dinheiro possa converter-se. (Alterado pela Lei n. 10.444/2002.)

cxiv Atual art. 813 do Código de Processo Civil. O arresto tem lugar:

I – quando o devedor sem domicílio certo intenta ausentar-se ou alienar os bens que possui, ou deixa de pagar a obrigação no prazo estipulado;

II – quando o devedor, que tem domicílio:

a) se ausenta ou tenta ausentar-se furtivamente;

b) caindo em insolvência, aliena ou tenta alienar bens que possui; contrai ou tenta contrair dívidas extraordinárias; põe ou tenta pôr os seus bens em nome de terceiros; ou comete outro qualquer artifício fraudulento, a fim de frustrar a execução ou lesar credores;

III – quando o devedor, que possui bens de raiz, intenta aliená-los, hipotecá-los ou dá-los em anticrese, sem ficar com algum ou alguns, livres e desembargados, equivalentes às dívidas;

IV – nos demais casos expressos em lei.

cxv Art. 1.533. Sem correspondência no Código Civil, conforme Lei 10.406/2002.

cxvi Atual art. 814 do Código de Processo Civil. Para a concessão do arresto é essencial: (Alterado pela Lei n. 5.925/1973.)

I – prova literal da dívida líquida e certa;

II – prova documental ou justificação de algum dos casos mencionados no artigo antecedente.

Parágrafo único. Equipara-se à prova literal da dívida líquida e certa, para efeito de concessão de arresto, a sentença, líquida ou ilíquida, pendente de recurso, condenando o devedor ao pagamento de dinheiro ou de prestação que em dinheiro possa converter-se. (Alterado pela Lei n. 10.444/2002.)

cxvii Art. 814 do Código de Processo Civil. Para a concessão do arresto é essencial: (Alterado pela Lei n. 5.925/1973.)

I – prova literal da dívida líquida e certa;

II – prova documental ou justificação de algum dos casos mencionados no artigo antecedente.

Parágrafo único. Equipara-se à prova literal da dívida líquida e certa, para efeito de concessão de arresto, a sentença, líquida ou ilíquida, pendente de recurso, condenando o devedor ao pagamento de dinheiro ou de prestação que em dinheiro possa converter-se. (Alterado pela Lei n. 10.444/2002.)

cxviii Atual art. 813 do Código de Processo Civil. O arresto tem lugar:

I – quando o devedor sem domicílio certo intenta ausentar-se ou alienar os bens que possui, ou deixa de pagar a obrigação no prazo estipulado;

II – quando o devedor, que tem domicílio:

a) se ausenta ou tenta ausentar-se furtivamente;

b) caindo em insolvência, aliena ou tenta alienar bens que possui; contrai ou tenta contrair dívidas extraordinárias; põe ou tenta pôr os seus bens em nome de terceiros; ou comete outro qualquer artifício fraudulento, a fim de frustrar a execução ou lesar credores;

III – quando o devedor, que possui bens de raiz, intenta aliená-los, hipotecá-los ou dá-los em anticrese, sem ficar com algum ou alguns, livres e desembargados, equivalentes às dívidas;

IV – nos demais casos expressos em lei.

cxix Art. 798. Além dos procedimentos cautelares específicos, que este Código regula no Capítulo II deste Livro, poderá o juiz determinar as medidas provisórias que julgar adequadas, quando houver fundado receio de que uma parte, antes do julgamento da lide, cause ao direito da outra lesão grave e de difícil reparação.

INQUÉRITO POLICIAL – NOVAS TENDÊNCIAS

Índice

INQUÉRITO POLICIAL - NOVAS TENDÊNCIAS

PREFÁCIO

O livro que se vai ler traz à baila aspectos importantes do papel desempenhado pela polícia como órgão voltado à proteção harmônica dos homens nos vários segmentos do corpo social.

Do crime decorre a perturbação da ordem pública gerando insegurança, que em nossos dias assume proporção de verdadeira neurose de massas. Em consequência, a polícia é apontada como responsável pelo não refreamento da grande mazela social e seu esforço de proteção dos cidadãos, mesmo com méritos, normalmente não desperta nenhum reconhecimento público. Reside aqui o drama que vivemos em nosso país envolvendo o distante e frio relacionamento, com desconfiança recíproca, entre a polícia e o povo, o que obviamente não oferece clima propício à manutenção da ordem pública por todos cobiçada.

O impacto desse difícil relacionamento reflete-se nas hostilidades de rua noticiadas pelas manchetes de jornais, sempre como retrato de uma polícia opressora e legitimadora de injustiças. É verdade que o cultivo de uma imagem eficiente tem levado, paradoxalmente, a polícia para violações de direitos e frequentes erros, como dar a entender pelas batidas policiais que a criminalidade é atributo dos pobres e desfavorecidos, enquanto o combate ao fenômeno da *criminalidade oculta* permanece desconhecido dos programas traçados pelas autoridades policiais.

No entanto, o que tem feito a comunidade para ajudar a polícia na luta contra o crime e a violência?

A realidade tem mostrado que as pessoas só se lembram da polícia quando são abaladas em sua segurança e, além disso, as ausências de soluções aumentam o constrangimento no frágil processo de diálogo entre o povo e a polícia.

Desse modo, a verdadeira eficiência da polícia está na dependência de um planejamento global que desperte a sensibilidade e o empenho popular no combate à delinquência rural e urbana.

Ao abordar a força e o efeito do inquérito policial, o indiciamento de pessoas e o uso constrangedor de algemas, o livro do Professor Sérgio M. Moraes Pitombo trata exatamente de importantes questões inerentes ao desempenho policial e seus desdobramentos no relacionamento com o público. Como em todo trabalho sério, o autor oferece uma visão integral dos temas, tanto na extensão como na maneira de tratar os assuntos.

Suas conclusões são claras e encerram lições de Direito que não devem ser desprezadas:

1 — O reconhecimento à importância do inquérito policial, por ser o nascedouro de provas para o esclarecimento de crimes, com fim de se evitar denúncia descabida, infundada ou caluniosa.

2 — O indiciamento, como instituto jurídico, deve ser revestido da substancial legalidade e somente cabível mediante ordem fundamentada da autoridade policial e tanto que verificada a autoria.

3 — O emprego de algemas não deve ser transformado em violência como exercício indevido da faculdade de algemar, uma vez que a liberdade bem pode conviver com a segurança.

Com o brilho de seu talento, o Professor Sérgio M. Moraes Pitombo nos mostra que a dedicação ao estudo sério e à meditação consciente sobre os temas relevantes deste livro constitui um excelente projeto com o objetivo de aperfeiçoar a ordem e a segurança no relacionamento entre os homens.

Por isso ao Autor ficamos a dever todos nós: os especialistas, os estudiosos, os cidadãos comuns, e a própria polícia.

Edmundo Oliveira

Professor de Direito Penal e Criminologia da

Universidade Federal do Pará

APRESENTAÇÃO

Tenho voltado a pesquisa, desde há dois anos, para os denominados *pequenos temas* de processo penal, que tanto importam ao advogado criminal e ao delegado de Polícia. E, dentre eles, venho preferindo os que dizem com a *persecução penal*, na fase primeira, ou extrajudicial.

O repensar de conceitos, guardando como centro de interesse o *inquérito policial*, sempre me pareceu um dos bons caminhos, para fazer emergirem as novas tendências, já afastadas do *processualismo civil*, que perturbou o *direito processual penal*, no terceiro quartel do século.

Aqui, reúno três estudos, que pretendem conduzir outros e melhores às mesmas preocupações.

São Paulo, novembro de 1984

O Autor

I

ARQUIVAMENTO DO INQUÉRITO POLICIAL: SUA FORÇA E EFEITO

1. A doutrina ensina, quase de modo unânime, que o *inquérito policial* consiste em "... investigação do fato, na sua materialidade e da autoria",[1] ultimada pela denominada *polícia judiciária*. Assim, se ostentando como "... um procedimento administrativo-persecutório de instrução provisória, destinado a preparar a ação penal".[2]

Em resumo, pois, um procedimento de *investigação administrativa*, em sentido estrito, que, mediante a atuação da *polícia judiciária*, guarda a finalidade de *apurar a materialidade da infração penal*, cometida ou tentada, e a *respectiva autoria*, ou coautoria, *para servir ao titular da ação penal condenatória*.[3]

2. Quatro pontos *básicos* parecem emergir de tal conceituação.

---

1. Hélio Bastos Tornaghi, *Instituições de Processo Penal*, 2ª ed., São Paulo, Saraiva, 1977, v. 2, p. 249.
2. José Frederico Marques, *Tratado de Direito Processual Penal*, São Paulo, Saraiva, 1980, v. 1, § 24, item 124, p. 189.
3. Conf. Rogério Lauria Tucci, *Persecução Penal, Prisão e Liberdade*, São Paulo, Saraiva, 1980, p. 43-4.

Ser o *inquérito policial*:

a) um *procedimento* cautelar;
b) de natureza *administrativa*;
c) que contém *investigação* policial;
d) acerca do *fato*, supostamente violante da norma penal, bem como de sua *autoria*.

Que o *inquérito policial* é só procedimento inexiste dúvida, posto que a *ausência de contraditoriedade perfeita*, na sequência dos atos, bem o evidencia.

Sustenta-se que ele surge *cautelar*, porquanto *instrumento de captação e preservação* dos meios de prova da ocorrência e da autoria, *a serviço de eventual ação judiciária penal de conhecimento*, de natureza *condenatória*. Note-se, contudo e desde logo, que o *elemento provisoriedade não aflora absoluto*.

A Polícia, em palavras simples, consiste no *órgão da administração direta*, voltado à segurança pública. Quando atua como integrante da *Justiça Penal*, se diz que a *polícia é judiciária*.[4]-[5] Incumbe-lhe, qual todos sabem de raiz, a feitura dos *inquéritos policiais*, dentre outros deveres.[6] Existe, talvez, certo exagero em vê-los, apenas, sob o ângulo da *administração pública*. Afinal de contas, a função, também, faz o órgão.

A mesma demasiada amplificação surge, no tocante a mostrarem os *inquéritos policiais*, tão só, *investigação*. É manifesto que, muitas vezes, trazem atos de *instrução penal não provisória*, os quais se exemplificam nas buscas, apreensões, exames de corpo de delito, vistorias e avaliações.

---

4. José Frederico Marques, *Tratado*..., op. cit., v. 1, § 3º, item 9, p. 12-3.
5. Nosso "A administração da Justiça e a reforma penal", em *Jornal do Advogado*, São Paulo, jun. 1982, p. 15.
6. Em que pese a opinião de vários doutores, não possuímos, apartadamente, uma polícia preventiva e outra judiciária. Com razão leciona José Cretella Júnior: "Embora não seja denominação corrente nos autores especializados, denominamos de *polícia mista* ao organismo estatal que acumula ou exerce, sucessiva ou simultaneamente, as duas funções, a preventiva e a repressiva (judiciária), como é o caso da polícia brasileira, em que o mesmo órgão, o mesmo agente, previne e/ou reprime" (*Dicionário de Direito Administrativo*, 3ª ed., Rio de Janeiro, Forense, 1978, verbete "Polícia", p. 404). A adjetivação "mista", entretanto, parece não representar bem a ideia.

No referente ao conteúdo, emerge secular a ideia de que o procedimento escolhido tende à verificação da existência de infração penal, descobrimento de todas as circunstâncias e respectiva autoria.[7]

3. A doutrinação e o direito pretoriano, desde há algum tempo, qual é sabido, vêm firmes no asseverar que, inobstante imprescrita a ação penal condenatória, o *Ministério Público* não pode oferecer denúncia, com base nos mesmos elementos de *inquérito policial arquivado.*

Pontual síntese retrata o justo posicionamento:

> "Convém registrar, ainda, que o poder do Procurador-Geral, de determinar o oferecimento de denúncia, não é incondicionado ou absoluto, pois se o arquivamento for pedido e o juiz deferi-lo, a posterior propositura da ação penal dependerá de novas provas colhidas pela Polícia Judiciária (CPP, art. 18): 'arquivado o inquérito policial, por despacho do juiz, a requerimento do promotor de justiça, não pode a ação penal ser iniciada sem novas provas' é o que dispõe a Súmula n. 524, do Supremo Tribunal Federal.
>
> Cumpre, pois, ao Procurador-Geral, nessa hipótese, requisitar da Polícia Judiciária 'novas pesquisas' (CPP. art. 5º combinado com o art. 18)".[8]

Paz não há, entretanto, no que se refere à força e ao efeito do ato determinante do arquivamento do *inquérito policial*, ou de "quaisquer peças de informação" (art. 28, do Cód. de Proc. Penal).

4. Afirma-se que a *persecução penal* compõe-se de dois instantes, momentos ou fases: uma extrajudicial e outra judicial.[9]

Não seria, pois, desarrazoado conceituar o *inquérito policial* como fase procedimental da *persecutio criminis*, cujo conteúdo destina-se à *preliminar formação da culpa*. A última expressão, entendida como:

---

7. Conf. arts. 11, § 2º e 38, *in fine*, do Decreto n. 4.824, de 22/11/1871, bem assim art. 42, do mesmo diploma regulamentar.
8. José Frederico Marques, *Tratado...*, op. cit., v. II, § 88, item 463, p. 278.
9. Romeu Pires de Campos Barros, *Direito Processual Penal Brasileiro*, Sug. Lit., São Paulo, 1969, v. 1, § 339, p. 278; José Frederico Marques, *Tratado...*, op. cit., v. 1, § 21, item 108, p. 169; Rogério Lauria Tucci, *Persecução...*, op. cit., p. 19; Fernando da Costa Tourinho Filho, *Processo Penal*, 6ª ed., São Paulo, Saraiva, 1982, v. 1, p. 159-61.

> "... qualquer informação legalmente suficiente para determinar culpa sujeita à acusação criminal. O processo policial, nesse sentido, envolve formação de culpa; *não pode deixar de ter esta natureza substancial a todo o processo criminal*".[10]

Formação da culpa é expressão que admite dois sentidos, *o amplo e o restrito*.[11]

Na *acepção ampla*, ou doutrinária, a culpa se forma por meio do exame de corpo de delito, prisão em flagrante, inquirição de suspeito e de testemunhas, reconhecimentos, bem assim mediante outros elementos de convicção. Perfaz-se, então, no *binômio essencial*: prova da existência do fato típico e, ao menos, indícios de autoria, gradualmente suficiente para receber a acusação, pronunciar e condenar.

> "Instruir o juiz sobre o crime é, por provas, *formar o corpo do delito e formar a culpa*".[12]

Em significado estrito, ou técnico-legal, a formação da culpa designa a primeira fase do procedimento especial de júri, com vistas à decisão interlocutória de pronúncia (*judicium accusationis*). Ainda, se encontra no chamado inquérito judicial, onde preliminar e preparatoriamente se perquire a respeito dos delitos falimentares, no juízo cível da quebra.

O *inquérito policial*, à luz do conceito sugerido, inteira o processo penal, como a parte integra o todo. Fase, pois, que é da *persecução penal*, ubicada à *formação preliminar da culpa*. Deste modo

> "... *não é uma simples peça informativa* como sustentam alguns autores. Mais do que isso, é um processo (procedimento) preparatório, em que existe *formação de prova*, dispondo a autoridade policial de poderes para investigação. Não se trata, portanto, de um procedimento estático, em

---

10. Sayão Lobato, apud João Mendes de Almeida Júnior, *Processo Criminal Brasileiro*, 2ª ed., Rio de Janeiro, Francisco Alves, 1911, v. II, § 312, p. 184, grifo nosso; João Mendes de Almeida Júnior, *Plano de Reforma Judiciária do Estado de São Paulo, 3ª Secção*, São Paulo, Siqueira, Nagel & Cia., 1912, p. 56.
11. Galdino Siqueira, *Curso de Processo Criminal*, 2ª ed., São Paulo, Livr. Magalhães, 1937, § 42, p. 328; Francisco Campos, "Exposição de motivos ao Código de Processo Penal", 1941, item X; Joaquim Canuto Mendes de Almeida, *Princípios Fundamentais do Processo Penal*, São Paulo, Rev. dos Tribs., 1973, § 36, p. 39.
12. Joaquim Canuto Mendes de Almeida, *Princípios*..., op. cit., § 31, p. 36.

que o delegado de polícia se limita a recolher os dados que, eventualmente, cheguem ao seu conhecimento".[13]

Daí por que o juiz penal, em muito, se dirige pelos meios de provas constantes do *inquérito*, ao receber ou rejeitar a acusação; ao decretar a prisão preventiva ou conceder a liberdade provisória; ao determinar o arresto, sequestro e o confisco de bens, por exemplo.

Compreensão contrária, do que seja *o inquérito policial*, tornaria difícil, dentre outras, a interpretação do § 3º, do art. 32, da Constituição da Emenda n. 1/69:

> "*No caso de flagrante* de crime inafiançável, os autos serão remetidos, dentro de 48 (quarenta e oito) horas, à Câmara respectiva, *para que resolva sobre a prisão e autorize ou não a formação da culpa*".[14]

5. No que toca ao arquivamento do inquérito policial e à recepção da acusação, o embaraço surge maior, se arredamos a ideia da formação da culpa, na persecução penal, em ambas as fases: *procedimental* (ou preliminar) e *processual*. Com efeito:

> "O *inquérito policial*, portanto, criou-se e existe, no sistema de nosso Direito, em função de formação da culpa, isto é, da atividade de se coligirem elementos de convicção suscetíveis de constituírem suficiente *base à acusação criminal*".

Chama-se, entre nós, *sumário de culpa* a essa atividade preliminar, nos processos em que o legislador do Código do Processo Penal não o suprimiu.

Nos demais processos, uma vez que é da índole do sistema não se admitirem acusações sem liminar base objetiva, e não podendo o juiz, para apreciação dos fundamentos objetivos da denúncia ou queixa, encontrá-los senão nos resultados da atividade da Polícia e corpo de delito, pertence ao *inquérito policial*, em tais casos, a mesma função legalizadora da acusação atribuída ao *sumário de culpa*.

---

13. Manoel Pedro Pimentel, *Advocacia Criminal — Teoria e Prática*, 2ª ed., São Paulo, Rev. dos Tribs., 1975, p. 3, grifo nosso.

14. Emenda Constitucional n. 11, de 13/10/1978, grifo nosso.

Em suma, converte-se aí o *inquérito policial* em *instrução criminal*, em virtude das mesmas razões pelas quais o *sumário de culpa* é *instrução criminal*.[15]

Dizer-se, por isso, que *o inquérito policial* consiste em mero *procedimento administrativo* e encerra *investigação administrativa* é simplificar, ao excesso, a realidade sensível. Resta-se na necessidade esforçada de asseverar, em seguida, que a decisão judicial, que recebe a denúncia ou a queixa, embalada em *inquérito*, volta no tempo e no espaço, *judicializando* alguns atos de procedimento.[16] As buscas e apreensões, bem como todas as perícias (exames, vistorias e avaliações), emergem quais modelos de tal operação. Espécie de *banho lustral* sobre os meios de prova, encontráveis no *inquérito*.

Preferível reconhecer, com singeleza, que no *inquérito policial* há *atos processuais*, praticados por delegação, e nele existe contingente *instrução criminal definitiva*. Eis a clara lição:

> "A *perícia* é uma prova que se processa quase sempre, na fase preliminar do *inquérito policial*, mas com os caracteres de *ato instrutório definitivo*, e não como ato investigatório ou de instrução provisória".[17]

A polícia *investiga*, quando só rasteja a infração penal. O investigar levará, ou não, à instrução. Ela, porém, sempre *instrui*, se, mediante elementos de convicção de natureza *provisória* ou *definitiva*, viabiliza, ou obsta, o aforamento da demanda.

No *procedimento de inquérito*, encontra-se, portanto, conjunto de *atos de instrução*, *transitórios uns*, de relativo efeito probatório e *definitivos* outros, de efeito judiciário *absoluto*.[18]

---

15. Joaquim Canuto Mendes de Almeida, *Princípios...*, op. cit., § 187, p. 209-10.
16. Em tal sentido, José Frederico Marques, *Elementos de Direito Processual Penal*, 2ª ed., Rio de Janeiro, Forense, 1965, v. II, § 313, p. 127-8.b
17. Exposição de motivos ao anteprojeto de *Código de Processo Penal*, firmada pelos Professores José Carlos Moreira Alves (Coordenador da Comissão de Estudos Legislativos), José Frederico Marques (Relator), José Salgado Martins e Benjamin de Moraes Filho, *Diário Oficial da União*, suplemento ao n. 118, 29/05/1970, item 27, p. 9, grifo nosso.
18. Conf. Cândido Mendes de Almeida, *Código de Processo Penal, para o Distrito Federal, Anotado*, Rio de Janeiro, Imp. Nacional, 1925, nota n. 239, p. 96.

Melhor, pois, afirmar que a *polícia*, enquanto *judiciária*, e o *inquérito*, que ela faz, exsurgem *administrativos*, por sua *atuação* e *forma*, mas *judiciários*, nos seus *fins*.[19]

6. O ato, que, atendendo as razões invocadas pelo Ministério Público, determina o arquivamento de inquérito é decisão judicial, que tranca o processo.[20]

Não surge razoável que se continue a repetir ser o ato de arquivamento de natureza administrativa e, portanto, sem força alguma de coisa julgada judicial. E, ainda, que o Poder Judiciário, que o prolata, apenas, é fiscal da obrigatoriedade da ação penal de iniciativa pública. Tal assertiva torna-se vacilante, ao imaginarmos algumas hipóteses bem comuns, a saber:

a) se o Promotor de Justiça, ao verificar, nos autos do *inquérito policial*, a ocorrência de *prescrição*, requer ao juiz que declare extinto o *jus puniendi* e arquive o procedimento; tal decisão, se favorável, seria administrativa e sem autoridade de *coisa julgada*?
b) se o *Ministério Público* requer e o juiz reconhece e afirma ser o *fato atípico*, esse ato seria irrelevante, em face da Jurisdição, porque de pura Administração?
c) se, ainda, no correr do *inquérito*, resta demonstrado, de modo pleno, *causa de exclusão de culpabilidade* (tirante o caso do art. 22, do Código Penal) e, então, o *Ministério Público* requer e o juiz decide pelo arquivamento, a decisão mereceria a adjetivação de *administrativa*, valendo, tão só, *rebus sic stantibus*?
d) se, na fase de *inquérito*, se apura a incidência de *causa de exclusão da antijuridicidade*, de maneira induvidosa e cabal, e por isso a *Justiça Pública*, por seu Promotor, solicita arquivamento e o juiz acolhe o pedido, o ato deveria classificar-se de *administrativo* e meramente fiscalizante?

---

19. Fernando Henrique Mendes de Almeida, "É sustentável que exista entre nós uma polícia mista?", Arquivos da Polícia Civil de São Paulo, v. III, 1942, p. 221-8; Ney Moura Teles, "Arquivamento do inquérito policial", São Paulo, 1982, texto inédito, p. 8.

20. Antônio Luiz de Câmara Leal, *Comentários ao Código de Processo Penal*, Rio de Janeiro, Freitas Bastos, 1942-3, v. 1, p. 119; Hélio Bastos Tornaghi, *Instituições...*, op. cit., v. 2, p. 343.

Ficar, na aludida afirmação peremptória, representa dizer nenhuma *coisa julgada*, nem *formal*, nem *material*. Ainda, em consequência e segundo tal postura, ser o ato arquivante *administrativo*, em *todas* as circunstâncias; sempre modificável, dentro da *persecução penal* e mutável, *quanto ao conteúdo*. Carente, assim, de qualquer comando, fora do *inquérito*. Restar, por conseguinte, ainda, sem encontrar resposta adequada, para as quatro questões, que se podem levantar. Salvo se, para replicar, negarmos a realidade diuturna da Justiça Penal, em prol de doutrinas alienígenas.

7. Na verdade, o *Poder Judiciário* exara, ao arquivar, um juízo de *suficiência*, ou *categórico*, sobre a questão penal. É ato de razão e de vontade (arts. 17, 28, 522 e 559, do Cód. de Proc. Penal[i]; art. 109, da Lei de Falências[ii]; art. 7º, da Lei n. 1.521/51; § 1º, do art. 357, do Cód. Eleitoral, ainda arts. 24, 25 e 397, do Cód. de Proc. Penal Militar).

Ao determinar o *arquivamento de inquérito policial, decide* sobre as provas nele coligidas e consoante *pedido motivado* ("as razões invocadas", art. 28, do Cód. de Proc. Penal), do *Ministério Público*. Verifica e declara, assim, que tais indispensáveis meios de prova:

a) porque falhos, quanto ao fato e à autoria, não ensejam denúncia;
b) demonstram que o fato é inexistente, atípico, ou mostram causa de exclusão da antijuridicidade, ou evidenciam causa de extinção da punibilidade, obstaculando a ação penal condenatória.

Eis o possível teor do *ato decisório*, que manda arquivar *inquéritos policiais*. Encerra um juízo de convencimento, relativo à natureza do fato, sua extensão e respectiva autoria, alicerçado em *preliminar formação da culpa*.

No procedimento comum ordinário, e em alguns especiais, tendo o *inquérito*, ou as peças de informação, proporcionado *formação de culpa preliminar* positiva, bem como suficiente, guarda a denúncia

> "caráter libelado" e "com seu recebimento instaura-se desde logo o *judicium causae*. De consequência, o ato de recebimento de denúncia constitui o verdadeiro e próprio *judicium accusationis*".[21]

---

21. José Roberto Franco da Fonseca, "Arquivamento de inquérito policial", *Enciclopédia Saraiva de Direito*, São Paulo, Saraiva, 1978, v. VIII, p. 11.

Ora a decisão judicial, que manda arquivar inquérito policial, pondo termo à primeira fase da persecução penal, pode só possuir a natureza de sentença.

Sentença, diga-se, favorável ao indiciado, que estanca o inquérito, posto qual se acha; ou que decide, liminarmente, sobre não ser caso de ação penal. Daí o conceito de arquivamento:

> "... solução extintiva dada por determinação judicial a *inquérito policial*, representação ou outras peças de informação, a requerimento do MP, em decorrência de sua resolução de não denunciar, *designando, também, em alguns casos, a extinção antecipada do processo, com ou sem apreciação do mérito*".[22]

Em outras palavras, o *arquivamento*, como *ato decisório*, consiste em sentença *definitiva* ou *terminativa*, consoante atinja ou não o mérito, a qual extingue a fase procedimental da *persecutio criminis*.

As sentenças *terminativas*, como se há de perceber, apenas operam a *coisa julgada formal*, coibindo o procedimento em curso.

Nada obsta, por conseguinte, que, em base de *novas provas*, ocorra o *desarquivamento* (art. 18, do Cód. de Proc. Penal e Súmula n. 524, do Supremo Tribunal Federal).[23] O *ato decisório* anterior, *sem força*, portanto, *material de coisa julgada.*

Já as *definitivas*, chegando ao mérito da causa penal, fazem *coisa julgada formal e material*, ganhando *autoridade absoluta*, frente à inexistência de revisão, ou rescisão *pro-societate.*[24]

---

22. José Barcelos de Souza, "Arquivamento", *Digesto de Processo*, Rio de Janeiro, Forense, 1980, v. 1, p. 484, grifo nosso.

23. Em tal sentido é que se há de interpretar o venerando aresto: "O despacho que determina o arquivamento do inquérito faz coisa julgada, somente passível de modificação diante de novos elementos probatórios" (Ap. n. 149.799 — Pedregulho — 1ª Câm. TACRIM/SP, rel. Juiz Camargo Aranha, 24/02/1977, v. u., Rev. dos Tribs. 520/433). Leia-se "sentença". Sobre sentença penal, v. Rogério Lauria Tucci, verbete respectivo, *Enciclopédia Saraiva de Direito*, op. cit., v. 68, p. 109-37.

24. No processo penal, *coisa julgada* de *autoridade absoluta* existe, quando se forma em face de sentença, ou acórdãos, de *natureza declaratória* ou *constitutiva*. Sua *imutabilidade* perene decorre, simplesmente, da preclusão dos prazos recursais, ou do esgotamento dos recursos. É estável por natureza. *Coisa julgada* de *autoridade relativa* é adstrita à sentença penal de natureza *condenatória*, a qual pode se ver revogar ou modificar a qualquer tempo, seja mediante ação penal de *habeas corpus*, seja por via da ação de revisão criminal.

Mostram-se, quando o Juízo Penal, ao arquivar, declara que *o fato não existiu*; reconhece que o *evento não é infração penal*; afirma a ocorrência de *causa de exclusão da antijuridicidade*; ou revela a incidência de *causa de extinção da punibilidade*.[25]

Daí o argumento justificante de o legislador processual penal militar, quase pontualmente, assentar:

> "Art. 25 – O *arquivamento de inquérito* não obsta a instauração de outro, se novas provas aparecerem em relação ao fato, ao indiciado ou a terceira pessoa, *ressalvados o caso julgado e os casos de extinção da punibilidade*".[26]

Não poderia o *Ministério Público*, por isso, a pretexto de corrigir pretensos erros, exumar *inquéritos policiais* arquivados, mediante *sentença*, que decidiu pelo mérito. Não lhe é permitido cassar *ato decisório judicial definitivo e firme*.[27]

O *desarquivamento*, em si mesmo, na hipótese, surgiria ilegal e abusivo. Feriria, de rijo e até, as normas constitucionais (arts. 6º e 153, § 3º, da Const. da Emenda n. 1/69).

Há quem deseje, atualmente, comparar o *ato decisório de arquivamento* com a *sentença de impronúncia* (art. 409, do Cód. de Proc. Penal)[iii].[28] Fazem-no bem, mas por metade. Admitem, assim, a ocorrência de *coisa julgada formal*. Bastaria um passo e terminariam por aceitar que, em *alguns casos*, no *arquivamento do inquérito*, a situação jurídica surge *análoga*

---

25. Conf. o pensamento de Antônio Bento de Faria, *Código de Processo Penal*, Rio de Janeiro, Jacintho, 1942, v. 1, p. 77; José Frederico Marques, *Elementos*..., op. cit., v. II, § 353, p. 173; José Roberto Franco da Fonseca, "Arquivamento...", op. cit., p. 13; José Barcelos de Souza, "Arquivamento", op. cit., p. 486-7.
26. Decreto-Lei n. 1.002, de 21/10/1969, grifo nosso.
27. "... ao argumento de que o *Ministério Público*, pelo primeiro Promotor, que examina o inquérito, não pode ter o arbítrio de pôr termo definitivo à ação penal, respondeu o voto vencedor do Sr. Ministro *Victo Nunes* que, se o *juiz defere o pedido, o ato do Ministério Público fica em segundo plano, porque passa a existir, com mais força, uma decisão judicial, que reconheceu a inexistência do crime, ...*" (passo do voto do Ministro Oswaldo Trigueiro, no habeas corpus n. 43.541/SP, RTJ 40/113; grifo nosso).
28. Francisco de Assis Toledo, parecer no Recurso de Habeas Corpus n. 60.061-1, de São Paulo, perante o Supremo Tribunal Federal, item 6, *in fine*, p. 8, texto não publicado.

àquela determinante da *absolvição sumária* (art. 411, do Cód. de Proc. Penal[iv]). Acolheriam, então, igualmente, a *coisa julgada material*.

As *decisões judiciais* de *arquivamento de inquérito* definem situações jurídicas dissemelhantes, assim aflorando ora *definitivas*, ora *terminativas*, logo produzindo *coisa julgada* só *formal*, ou, ainda, também *material*.

8. Convém trazer alguns argumentos contrários à concepção aqui delineada. O primeiro a levantar-se é de o Código de Processo Penal usar a voz "despacho" (arts. 67, n. I e 779[v]) e nunca a palavra "sentença" (arts. 17, 18 e 28), ao aludir ao ato de *arquivamento de inquérito policial*.

A interpretação declarativa não deve preocupar. O legislador de 1941 não ficou célebre por se expressar em boa técnica e conveniência.

Existem, no texto do diploma, erros crassos e muito bem sabidos.[29] Possui defeitos terminológicos evidentes, qual o emprego do vocábulo "processo", quando deverá ser "procedimento".[30] O termo "jurisdição" aparece correlacionado com a *polícia judiciária*, no momento em que se sabe que "circunscrição" seria o correto (arts. 4º [vi]e 250). Encontramos a imprópria dição "juízo", utilizada onde se haveria de aplicar "foro" (art. 88).

Os vícios de vocabulário e de técnica processual do Código vigorante conduziriam longa explanação, mas, por ora, chega recordar a *pronúncia*. Surge, a todo tempo, chamada de "sentença" e como tal é tratada (arts. 413[vii]; 414; 415; 416;[viii] 564, n. III, letra f, 584, § 1º). A melhor doutrina, contudo, a reconhece como *decisão interlocutória*.[31]

---

29. Ver art. 44, "querelante", em lugar de "querelado"; art. 137, "móveis", por "imóveis"; art. 495, n. XVII, "divisão", em vez de "decisão" etc.

30. Ver em todos os Títulos e Capítulos do Livro II, em que surge.

31. "É, a pronúncia, uma decisão interlocutória de preparação à sentença final do Juiz Presidente do Tribunal do Júri" (Hermínio Alberto Marques Porto, *Júri*, São Paulo, Rev. dos Trib., s.d., § 39, p. 36). O projeto de Lei nº 9.633/75 de Código de Processo Penal definia decisão interlocutória como o "ato pelo qual o juiz, no curso do processo, resolve questão incidente" (art. 129, § 2º). O anteprojeto de 1981 repetiu-o (art. 116, § 2º), fazendo da pronúncia decisão interlocutória, nascente "quando houver fundamento razoável para a acusação", perante o Tribunal do Júri (art. 625).

O *ato judicial arquivante*, em meio a tantos desacertos, não importa o nome que se lhe tenha dado (arts. 67, n. I e 779[ix]), é *sentença* por sua natureza jurídica.

Outro argumento, que se costuma arguir, está na irrecorribilidade da decisão, que determina o *arquivamento* e o *desarquivamento*, por instância do *Ministério Público*.[32] Impelível, pois, e segundo ele, à conclusão de que cuidamos de mero *despacho judicial*.

O raciocínio não convence. Se o *Ministério Público* requereu, em tutela da liberdade, o *arquivamento* e o conseguiu, o ato *decisório* lhe veio favorável e ao *indiciado*. Ambos, em face da ausência de sucumbimento, não podem recorrer.

Na ação penal condenatória, de iniciativa pública, a *vítima* nada tem com a pena, ou a medida de segurança. Limita-se o seu interesse material e processual, pelo dano *ex delicto*. Matéria cível, a ser debatida em sede própria, na hipótese de *arquivamento* (arts. 159[x]-60[xi]; 1518 a 1532[xii]; 1537 [xiii]a 1553, do Cód. Civil). Isto tanto mais é verdade, quando lembramos que, no Brasil, não se tem a *parte civil*, no processo penal (arts. 63 [xiv]a 68 e 268 a 273, do Cód. de Proc. Penal).[33] A falta de intenção de sujeitar alguém à pena, que o *arquivamento de inquérito* revela, não causa gravame patrimonial ao *ofendido* e, portanto, lhe não dá legitimação recursal, como terceiro.

A inexistência de sucumbimento, para o *Ministério Público, indiciado* e para a *vítima*, só poderia tornar o *arquivamento* irrecorrível, afora casos especialíssimos de recurso de ofício (art. 7º, da Lei n. 1.521/51).

Já o *arquivamento* admite ser atacado, por via da ação judiciária de *habeas corpus*, que aí funciona como se fora recurso.[34]

O *ato judicial de arquivamento*, a toda a luz, não é simples *despacho ordinatório* da marcha procedimental, ou de expediente (art. 800, n. III,

---

32. Ver Rev. dos Tribs. 339/108, 343/323, 376/260 e 422/316.

33. "Não existe ação civil no juízo criminal, nem em confusão nem em solidariedade com a ação penal e não se permite sequer a livre escolha. Em outras palavras: não há comistão nem acumulação, obrigatória ou facultativa. Quem quiser *mover ação civil* terá de fazê-lo na sede civil. A lei brasileira adotou o sistema de independência" (Hélio Bastos Tornaghi, *Instituições...*, op. cit., v. 2, p. 398).

34. Se abandonarmos um pouco a boa doutrina e utilizarmos a interpretação sistemática do Código, bem ou mal, o *habeas corpus* é recurso. Senão, como justificar a extensão reflexiva da *coisa julgada*, ante o art. 580?

do Cód. de Proc. Penal). O terceiro argumento consiste em vê-lo, qual *decisão interlocutória mista terminativa*, na forma sem rigor do Código (art. 800, n. I, do Cód. de Proc. Penal).

Tal linguagem, abstração feita ao sistema de classificação de *atos decisórios* do Código (art. 800), tende ao esquecimento. Vale, entretanto, memorar que:

> "Diz-se interlocutória a *sentença* que decide a questão incidente ou emergente do processo. Se a decisão é somente relativa à ordem do processo, a sentença denomina-se *interlocutória simples* e se de algum modo prejudica a questão principal, ou põe fim ao juízo e à instância, ou contém dano irreparável, denomina-se mista".[35]

Assim e consoante a doutrina:

> "... a decisão interlocutória mista pode ser *terminativa*, ou *não terminativa*: aquela ocorre quando a decisão põe fim à relação processual sem resolver sobre o *meritum causae* e a última, quando o processo, após ela, não se encerra. A sentença de pronúncia é decisão interlocutória mista *não terminativa*, enquanto que a decisão que rejeita a denúncia ou a queixa, assim como a sentença de impronúncia, são *terminativas*".[36]

A objeção, unicamente parcial, coteja, portanto, o *ato decisório arquivante de inquéritos*, com aqueles que, *in limine*, repelem a acusação e, também, com *a sentença de impronúncia* (arts. 43[xv] e 409, do Cód. de Proc. Penal[xvi]).

Deixou-se, sem justificação aparente, de melhor confrontá-lo com as próprias causas de repulsa, ao limiar da acusação (arts. 43, ns. I e II, do Cód. de Proc. Penal[xvii]) e, ainda, com a *sentença de absolvição sumária* (art. 411, do Cód. de Proc. Penal[xviii]). Continua-se, pois, a imaginar que as situações ensejantes de *arquivamento* ostentam-se iguais, o que é ilusório.

O *ato judicial de arquivamento*, em colocação doutrinária mais moderna, não consiste em *decisão interlocutória*, posto que não deslinda questão processual incidente, *sem* finalizar o processo.[37] É ato Sen-

---

35. Joaquim Ignácio Ramalho, *Praxe Brasileira*, São Paulo, Tip. do Ipiranga, 1869, § 223, p. 344.
36. José Frederico Marques, *Elementos...*, op. cit., v. II, § 274, p. 274, p. 82-3.
37. Conf. Rogério Lauria Tucci, *Curso de Direito Processual*, São Paulo, Bushatsky, 1976, § 3º, item 5, p. 14.

tencial, que põe termo ao procedimento, pré-decidindo, ou não, o mérito da causa penal.[38]

O debate sobre *desarquivamento de inquérito policial* só guarda cabência, se manejamos *decisão*, que *não* adentrou ao mérito (*sentença terminativa*); se adentrou, dela não se cogita (*sentença definitiva*).

9. As sentenças penais, que mandam *arquivar inquérito*, se e quando surgem *terminativas*, geram, apenas, *coisa julgada formal*. O reavivar do procedimento depende, então, sempre de *novas provas* (art. 18, do Cód. de Proc. Penal e Súm. n. 524, do Sup. Trib. Federal).

Novas provas, ou *outras provas*, consistem naquelas cujo *conhecimento* emerge *superveniente* ao *ato decisório*. Não se cuida, por óbvio, de *reciclar* as provas já conhecidas, ou de *reinterpretar* o sabido e afirmado, na decisão anterior (arts. 18, 409, parágrafo único[xix] e 622, parágrafo único, do Cód. de Proc. Penal).

> "Por – *novas provas* – se entende as que não foram apreciadas, mas não a nova conceituação das que foram produzidas".[39]

As *outras provas* para, assim, proporcionarem acusação necessitam de:

> "... alterar o quadro probatório de que dispunha o *Ministério Público*, quando requereu o *arquivamento*".[40]

Arrear o inquérito policial desarquivado com papéis não é obter provas novas e acrescidas.[41]

---

38. O anteprojeto de Código de Processo Penal de 1981 define sentença como "o ato pelo qual o juiz põe termo ao processo, decidindo ou não o mérito da causa" (art. 116, § 1º). Melhor fora ter dito o *procedimento*, no Juízo de primeiro grau, visto que o *processo* nem sempre termina, com a *sentença*, se aflora *recurso*.

39. Antônio Bento de Faria, *Código de Processo...*, op. cit., v. 1, p. 77; José Frederico Marques, *Elementos...*, op. cit., v. II, § 353, p. 173.

40. Nilo Batista, "Arquivamento de inquérito policial", em *Revista de Direito Penal*, Rio de Janeiro, Forense, 1979, n. 27, p. 102.

41. "... A prova nova autorizadora de desarquivamento do *inquérito policial* será tão somente aquela capaz de 'alterar o panorama probatório, dentro do qual fora concebido e acolhido o pedido de *arquivamento*', conforme bem exposto na parte inicial do parecer aprovado pelo Procurador-Geral da Justiça (f. 107 do apenso). Há de ser ela substancialmente inovadora e não apenas formalmente nova. E para se aquilatar a inovação substancial de tal prova é mister seu cotejo com o

"Pois bem: a forma mais ingênua de fraudar esta orientação (Súmula n. 524) consiste na simulação de prova nova. O *Ministério Público*, ou o lesado, faz anexar aos autos um papelório sem qualquer expressão, ou promove a oitiva de uma ou duas testemunhas que nada sabem, ou simplesmente repetem aquilo que já se sabia. Será isto prova nova? Parece que não".[42]

A denúncia, posterior ao ato de *arquivamento*, não há de ser, pois, aforada, nem de qualquer sorte recebida, *sem prova noviter producta et reperta*. Tal prova é condição de exercício e viabilidade da ação penal condenatória, de iniciativa pública, frente à *sentença terminativa* anterior (arts. 18; 409, parágrafo único, do Cód. de Proc. Penal[xx] e Súmula n. 524, do Sup. Trib. Federal).

10. A força e o efeito do ato *decisório de arquivamento de inquérito policial*, consoante o apresentado, encaminha para a conclusão de que:

a) no instante em que *o juiz penal*, a pedido fundamentado do *Ministério Público*, decide por arquivar, ele *se faz sumariamente*, proferindo *sentença*;
b) se a *sentença* diz com o mérito da causa penal, é *definitiva*, operando *coisa julgada formal e material*, arredando qualquer *desarquivamento*;
c) a *sentença*, entretanto, se *não* alcança o mérito da demanda, consiste em *ato decisório terminativo* e somente produz *coisa julgada formal*;
d) na derradeira hipótese (c), a *sentença* vale, tão só, *rebus sic stantibus* e emergindo *outros*, bem como *relevantes meios de prova* do fato e/ou da autoria, deve o *inquérito* ser *desarquivado*, podendo propiciar *denúncia*.

---

conjunto probatório preexistente, sem que isso constitua exame aprofundado de prova, vedado em *habeas corpus*, mesmo porque não se cuidará, aqui, de valorar os elementos informativos da denúncia, com o fito de perquirir justa causa para a ação penal. Em suma, não se ferirá o mérito da causa, mas a preliminar de admissibilidade da ação penal – questão meramente processual" (Rec. de *Habeas Corpus*, Rel. Ministro Décio Miranda, j. 28/07/1979, v. u., RTJ 91/831). No mesmo sentido, acórdão unânime da Segunda Turma, de 04/09/1979, no *Habeas Corpus* n. 57.303-7, sendo Relator o Ministro Cordeiro Guerra (Jurisp. Brasil. 32/187).

42. Nilo Batista, "Arquivamento...", op. cit., p. 102.

Em contrário, exsurge violação à liberdade individual, nascente em mero *arbítrio acusatório*.

> "É condição para o exercício da ação penal que haja, pelo menos, um mínimo de prova (diríamos *nova*) da materialidade do fato e da autoria. Sem isto, a *denúncia configura abuso de poder*".[43]

> "Há *abuso de poder*, quando o funcionário se serve ilegitimamente de faculdade ou meio de que legalmente pode dispor. O *abuso de poder* é, em suma, o mau uso do *poder de denunciação*, quando o *Ministério Público*, inteiramente fora da realidade e *sem qualquer* elemento de convicção, inicia o procedimento criminal".[44]

Ainda mais outra vez se há de renitir em que, interesse *indisponível* da sociedade, o *processo penal* existe, *primacialmente, para tutela da liberdade jurídica dos acusados*, contra eventual arbítrio estatal,[45] que se pode mostrar, também, na denúncia descabida, infundada e até caluniosa.[46]

---

43. Hélio Bastos Tornaghi, *Instituições...*, op. cit., v. 2, p. 345, grifo nosso.
44. Heleno Cláudio Fragoso, "Ilegalidade e abuso de poder na denúncia e na prisão", em *Revista Brasileira de Criminologia e Direito Penal*, S/C, Rio de Janeiro, 1966, n. 13, p. 73, grifo nosso.
45. Conf. Joaquim Canuto Mendes de Almeida, "A liberdade jurídica no direito e no processo", em *Estudos jurídicos em homenagem a Vicente Ráo*, São Paulo, Resenha Universitária, 1976, p. 5-14; nosso "Ainda o direito de ação", em *Revista Ciência Penal*, São Paulo, Bushatsky, 1974, v. 3, p. 429-34.
46. Conf. Edgard Magalhães Noronha, *Direito Penal*, São Paulo, Saraiva, 1962, v. 4, § 1.461, p. 475.

II

O INDICIAMENTO COMO ATO DE POLÍCIA JUDICIÁRIA

1. Etimologia do vocábulo. 2. Conceito de indiciamento. 3. Conteúdo. 4. Hipóteses de incabência. 5. Autoria desconhecida ou indeterminável. 6. Suspeito e indiciado. 7. Indiciamento no anteprojeto de Código de Processo Penal de 1981. 8. Proposta *de lege ferenda.*

1. *Indiciamento* compõe-se, sob ângulo etimológico, da palavra *indício*, forma divergente de *endez*, mais o sufixo *amento.*

A voz substantiva *endez*, derivante do latim *indicii*, significa indicação, sinal, revelação e autorização para fazer acusação, ou denúncia.[47]

Amento é sufixo formador de substantivos de ação, movimento, que, no caso, guardando uma das funções latinas, possui ideia coletiva.[48]

Indiciar, sob o enfoque antes mencionado, consiste, pois, em mostrar por vários indícios, permitindo acusação. *Indiciamento* é o ato, ou efeito, de assim o fazer.

2. Já no inquérito policial, o *indiciamento* há de ostentar-se como ato do procedimento, que resulta do encontro de um "feixe de indícios conver-

---

47. Conf. José Pedro Machado, *Dicionário Etimológico da Língua Portuguesa*, 3ª ed., Lisboa, Horizonte, 1977, v. II, verbete "endez"; e v. III, verbete "indício".

48. Conf. José Pedro Machado, *Dicionário...*, op. cit., v. IV, verbete "mento".

gentes", que apontam o suposto fautor da infração penal.[49] Dimana, pois, do foco incriminador.

Cabe recordar, neste lanço, conhecida e antiga lição:

> "O corpo de delito somente prova o delito, porém não mostra o delinquente. É preciso que alguém seja, legitimamente, indiciado para ser pronunciado réu".[50]

Vale afirmar, o exame de corpo de delito tende a evidenciar a infração penal, os indícios podem apontar o infrator.[51]

O *indiciamento*, que se leva a efeito no inquérito policial, deve ser o resultado concreto da aludida convergência de indícios, que assinalam incriminando certa pessoa, ou determinadas pessoas, qual praticantes de ato, ou de atos, havidos pela legislação penal como típicos, antijurídicos e culpáveis.[52]

Mais que pressupõe, o *indiciamento* necessita, em consequência, de suporte fático positivo da culpa penal, *lato sensu*. Contém uma *proposição*, no sentido de guardar função declarativa de autoria provável. Suscetível, é certo, de avaliar-se, depois, como verdadeira, ou logicamente falsa. Consiste, pois, em rascunho de eventual acusação; do mesmo modo que as denúncias e queixas, também, se manifestam quais esboços da sentença penal.

3. O indiciar alguém, como parece claro, não há de surgir qual ato arbitrário da autoridade, mas legítimo. Não se funda, também, no uso de

---

49. J. Rivero, com outro escopo, citando decisão do Conselho de Estado francês, de 28/03/1945, alude a *faisceau d'indices convergents*, ideia que se aproveita, para tentar conceituar *indiciamento* ("Droit Administratif", 7ª ed., Paris, Dalloz, 1975, p. 252).

50. Conf. Joaquim José Caetano Pereira e Sousa, *Primeiras Linhas sobre o Processo Criminal*, 4ª ed., Lisboa, Impressão Régia, 1831, § 53, p. 52.

51. Conf. Joaquim Canuto Mendes de Almeida, *Princípios...*, op. cit., § 37, p. 41-2 e Rogério Lauria Tucci, *Do Corpo de Delito no Direito Processual Penal Brasileiro*, São Paulo, Saraiva, 1978, § 48, p. 196-7.

52. Conf. Rogério Lauria Tucci. "Indiciamento e qualificação indireta: fase de investigação criminal – distinção", em *Revista dos Tribunais*, v. 571, p. 292. O autor assenta tal conclusão em José Frederico Marques, *Tratado...*, op. cit., v. 1, § 111, p. 171-2 e em Sérgio M. de Moraes Pitombo. "O indiciamento", em *Jornal do Advogado*, São Paulo, ano VIII, jan. 1982, p. 20.

poder discricionário, visto que inexiste a possibilidade legal de escolher entre indiciar, ou não. A questão situa-se na legalidade do ato.

O suspeito, sobre o qual se reuniu prova da autoria da infração, tem que ser indiciado. Já aquele que, contra si, possui frágeis indícios, ou outro meio de prova esgarçado, não pode ser indiciado. Mantém-se ele como é: suspeito.

A mera suspeita não vai além da conjetura, fundada em entendimento desfavorável a respeito de alguém. As suspeitas, por si sós, não são mais que sombras; não possuem estrutura, para dar corpo à prova da autoria.[53] Nada aproveitam para a instrução criminal, apenas importam à simples investigação policial.

Suspeita-se de pessoas, de coisas, de fatos. Suspeita-se com vistas a circunstâncias. O suspeitador olha do alto, conjetura, desconfia, possui leve opinião subjetiva a respeito do objeto. Suspeitar é, supondo, tachar de duvidosa a pessoa, a coisa, ou o fato.

Diferem, segundo a razão, as figuras do suspeito e do indiciado. Com efeito, existem dois juízos, quanto à autoria, na fase procedimental da *persecutio criminis*, a saber: do *possível* e do *provável*.

Juízo possível consiste naquele que, logicamente, não é contraditório. Inexistem motivos fortes pró ou contra. Emerge *neutral*, assim: é possível que o homem seja o homicida, mas é possível que não seja. Aflora como suspeito.

Juízo provável é o verossímil. Aproxima-se da verdade, sem necessariamente ser verdadeiro. Parte de razões robustas, porém, ainda não decisivas. Não bastante suficientes, senão para imputar. Surge *aneutral*, assim: é provável que o homem seja o homicida, por causa dos meios de prova colhidos, mas talvez não seja. Deve, portanto, ser indiciado.[54]

Indiciado, assim, é aquele sobre quem recaiam, no correr do inquérito policial, os indícios, ou outros meios de prova, bastantes para acusar em

---

53. Conf. Luiz Carlos de Azevedo, "Acórdão n. 2.389, no Processo Disciplinar n. 5.903", em *Diário Oficial do Estado*, São Paulo, 09/02/1983, p. 53. O autor traz à colação a fórmula do Imperador Trajano: "*neque de suspecionibus debore aliquem damnare; satius enim esse impunitum relinqui facinus nocentis quam innocentis damnare:* não se condene ninguém só por suspeitas; é melhor deixar impune um infrator do que condenar um inocente (Digesto 48, 11, 5, pr.)".

54. Conf. Sérgio M. de Moraes Pitombo, *Do Seqüestro no Processo Penal Brasileiro*, São Paulo, Bushatsky, 1973, § 39, p. 134-5.

juízo, de haver perpetrado uma infração penal, cuja existência se acha suficientemente evidenciada.[55]

4. A conduta do suspeito, se, à autoridade policial, não se revela, objetivamente, acompanhada de tipicidade positiva, antijuridicidade e culpabilidade, o *indiciamento* surge abusivo. É tal conjunto que o incrimina.

A ação típica aflora antijurídica. A tipicidade, entretanto, não constitui a antijuridicidade, mas tão só a exibe, mediante os elementos sensíveis da infração, ou por via de indícios.[56]

Assim, em face do agir, que não se enquadra, em tese, ao modelo jurídico-penal; e cuja antijuridicidade não se consegue entrever, nos acontecimentos reconstruídos pela instrução, coagir por *indiciamento* emerge ilegal.

A demonstração suficiente, no inquérito policial, da existência de causa de exclusão da criminalidade (arts. 19, 20 e 21, do Cód. Penal[xxi]) faz a conduta perquirida do agente mostrar-se sem adequação típica e, portanto, a desmerecer *indiciamento*.[57]

A culpabilidade consiste em juízo objetivo da reprovação, sobre o produzir da vontade do agente. Ora, a evidenciação clara e manifesta de causa de exclusão da culpabilidade (arts. 18, 19, 22, 23 e 24, do Cód. Penal[xxii]), a qual ostenta certo comportamento necessário, ou optativo esperado, nas circunstâncias, há de afastar, por igual, o aludido *ato de polícia judiciária*.

Mais que tudo, descabe indiciar-se o suposto agente em inquérito, mesmo que provado o fato, se a punibilidade já se encontra extinta, mercê de causa, que a lei material aponta (art. 108, do Cód. Penal)[xxiii].[58]

---

55. À semelhança do art. 251, do Código de Processo Penal Português, que conceitua arguido.
56. Conf. Miguel Reale Júnior, *Antijuridicidade Concreta*, São Paulo, Bushatsky, 1973, p. 36 e 53.
57. Conf. Miguel Reale Júnior, *Antijuridicidade...*, op. cit., p. 52-3.
58. Veja-se o decidido pelo Tribunal de Alçada do Estado do Paraná, a 13/12/1979: "O trancamento do inquérito policial deve ser ordenado quando, pela via do *habeas corpus*, é possível verificar-se que o fato que ele pretende apurar já foi alcançado pela prescrição. É que, impossibilitada a realização do direito de punir ao Estado, o seu prosseguimento passará a constituir constrangimento ilegal, passível de controle jurisdicional imediato" (apud José Armando da Costa, *Fundamentos de Polícia Judiciária*, Rio de Janeiro, Forense, 1982, p. 129-30).

Observe-se que a autoridade presidente do inquérito policial não interpreta a lei, mas a revelação que ultima, por dever de ofício, é da conduta humana, por meio da norma penal.

A existência, ou não, do ato de *indiciamento*, de outro lado, impossui a marca da definitividade, em relação à sorte futura do inquérito, no juízo penal.

5. Tirante as hipóteses de flagrante delito, das quais emerge a relativa certeza visual, ou presumida da autoria, impositivas de *indiciamento*,[59] no inquérito, tal ato há de resultar de investigações afirmativas. Em outras palavras, a pessoa suspeita da prática de infração penal passa a figurar como indiciada a contar do instante em que, no inquérito policial instaurado, se lhe verificou a probabilidade de ser o agente.[60]

Inexiste, em nosso sistema, razão lógica ou jurídica impeditiva de a autoridade inquirir sobre delito, mesmo faltante a imputação. Nem se há de arredar a conjetura de, ao final do inquérito e inobstante demonstrada a materialidade da infração, não lograr a autoridade indícios suficientes, para o apontamento da autoria, abstração feita da diversidade de suspeitos.

6. Há, portanto, escala, de menos para mais, em relação à posição averiguada da autoria, a saber: suspeito, indiciado e réu penal.

Daí, se pode afirmar, com pontualidade, que, na técnica, se reserva a expressão réu para o sujeito em face de quem é trazida a ação penal e indiciado à pessoa objeto de investigação, durante a fase de inquérito.[61] Objeto, no sentido de que o indiciado, em si, constitui-se em meio de prova.

O precedente anteprojeto de Código de Processo Penal, elaborado pelo Prof. *José Frederico Marques*, e revisto por subcomissão constituída pelos Profs. *José Carlos Moreira Alves*, *Benjamin de Moraes Filho* e *José Sal-*

---

59. Conf. Sérgio M. de Moraes Pitombo, "Da prisão em flagrante", em *Jornal do Advogado*, São Paulo, abr. 1980, n. 69, p. 13.

60. Note-se o aresto do Tribunal de Justiça do Estado de Mato Grosso: "A instauração de inquérito policial para verificação de possíveis infrações penais deve ser cercada de cuidados para só serem consideradas indiciadas pessoas que tenham realmente contra si indícios de autoria de crime, cuja materialidade deve estar comprovada" (Rev. dos Tribs., 562/366).

61. Conf. Fernando da Costa Tourinho Filho, *Processo Penal*, op. cit., v. 1, p. 238-9.

gado Martins,[62] no Título III, "Das partes"; Capítulo II, "Do réu ou acusado"; Seção II, "Do suspeito e do indiciado", possuía o dispositivo seguinte:

> "Art. 105. Antes de proposta a ação penal, denomina-se suspeito aquele a quem se possa atribuir a prática da infração penal; e indiciado, o que desta seja o provável autor".

Tais conceitos diferenciantes provinham do art. 104, de outro anteprojeto elaborado pelo mesmo autor.[63]

Não passaram, entretanto, para o Projeto de Lei n. 633, de 1975,[64] e, igualmente, para o Projeto de Lei n. 1.268, de 1979.[65]

O novíssimo anteprojeto[66] também não os recebe, posto que, nesse passo, orienta-se pelo aludido Projeto de Lei n. 633/75.

Na doutrina e na prática do processo penal, contudo, apartam-se as ideias de suspeito, indiciado e acusado, ou réu, admitam-se, ou não, na lei conceitos:

> "A distinção (legal), embora tenha sido alvo de críticas e tenha sido eliminada, não é despicienda. É que nem todas as providências que devem ou podem ser formadas com relação ao indiciado seriam cabíveis em se tratando do mero suspeito. Assim, enquanto mandava que a autoridade policial ouvisse em interrogatório tanto o indiciado como o suspeito, o anteprojeto estatuía fosse ordenada a identificação, pelo processo datiloscópico, do indiciado, sem mencionar também o suspeito. Para esse efeito, cumpre se faça, na prática, a distinção, já de praxe na Polícia Federal, que atingiu elevado grau de técnica, eficiência e correção. Daí a expressão 'indiciar', surgida na prática policial, significando atribuir a alguém a condição não de simples suspeito da prática de infração penal mas de seu provável autor".[67]

---

62. *Diário Oficial da União*, de 10/05/1974, suplemento ao n. 118.
63. *Diário Oficial da União*, de 29/06/1970, suplemento ao n. 188.
64. *Diário do Congresso Nacional*, de 13/06/1975, suplemento ao n. 061, Mensagem do Poder Executivo n. 159/75.
65. Câmara dos Deputados, 29/05/1979, Deputado Sérgio Murilo.
66. *Diário Oficial da União*, de 27/05/1981, suplemento ao n. 97.
67. Conf. José Barcelos de Souza, *Teoria e Prática da Ação Penal*, São Paulo, Saraiva, 1979, p. 30-1. Em sentido contrário Jorge Alberto Romeiro, "Subsídios para o futuro Código de Processo Penal", em *Revista Litis*, Rio de Janeiro, 1974, ano I, v. I, p. 141.

7. A própria existência de graduação, no tocante à autoria, põe à luz a importância do *indiciamento*, como foi, aqui, divisado.[68]

O *indiciamento* implica certa qualificação jurídica, ou melhor, categoria determinante de consequências próprias, no âmbito do procedimento inquisitivo, prevalentemente, restritivas de direitos. O indiciado afiançado, por exemplo, não se ausenta, nem muda de residência, sem aviso e permissão, tendo-lhe, pois, restrita a liberdade de ir e vir (arts. 322[xxiv] e 328, do Cód. de Proc. Penal). Pode, ainda, sofrer apreensão e sequestro de bens, providências cautelares, coarctantes dos direitos de posse e propriedade (arts. 6, n. II[xxv], 127 e 240, do Cód. de Proc. Penal). No plano fático, padece limitações econômicas, como o cerceamento do crédito.[69]

A condição de indiciado, entretanto, dá alguns direitos, qual o de requerer diligências, para esclarecimento da verdade criminal (art. 14, do Cód. de Proc. Penal), bem assim ao silêncio, quando inquirido (arts. 69, n. V, 186[xxvi] e 191[xxvii], do Cód. de Proc. Penal). Ter, ainda, quando menor, curador, nomeado pela autoridade policial (art. 15, do mesmo diploma).

O *indiciamento*, como instituto jurídico, deverá emergir configurado em *ato formal de polícia judiciária*.

Não surge ele rotineiro, ou de tarifa, porque implicativo de mudança de estado, no inquérito policial, com todos os seus óbvios resultados (ver arts. 93 a 95; art. 223, ns. V, VII, VIII, IX e X, ainda, § 4º; art. 226, §§ 1º e 2º; art. 230, § 3º; art. 234, § 1º; art. 340; art. 437, ns. V e VI; arts. 441, 452, ns. I a V; e outros do anteprojeto de 1981). Parece inexistir a menor cabência em, a pretexto de que é inútil apartar o suspeito do indiciado, por exemplo, sujeitá-lo aos mesmos ônus e obrigações impostas ao segundo. Identificá-lo e, ainda, pregressá-lo. Determinar-lhe que se submeta a reprodução simulada dos fatos investigados.

A afirmação de que o *indiciamento possui* legitimação implícita, ou faticamente ostensiva, também não satisfaz. Tal posicionamento tende ao subjetivismo incompatível e cai para o arbítrio. Eis o dado da experiência, de todos conhecido.

---

68. Ver itens 02 e 03 supra.

69. Conf. Ricardo Antunes Andreucci e Waldir Troncoso Peres. "Do indiciamento", tópico de impetração de ordem de *habeas corpus*, texto inédito, 1974, p. 4-5.

8. Ato mandamental, ou ordem da autoridade presidente do inquérito, há de precedê-lo.

O mencionado ato, que deve exsurgir por razão determinante – o encontro da autoria –, ao elevar o suspeito à categoria de indiciado, necessita aflorar motivado.

Na motivação da ordem de *indiciamento* se lhe vai descobrir a causa, mostrando, ou não, a substancial legalidade.

Sugere-se, pois, *de lege ferenda*, a inclusão, no Código de Processo Penal, de dispositivo, o qual determine o *indiciamento* do suspeito, apenas mediante ordem fundamentada da autoridade policial e tanto que verificada a autoria.

Tais ideias não nascem ao influxo de mero formalismo burocratizante, mas por fatal acatamento à liberdade do indivíduo, posto que é, no processo penal, ela o eixo.

(março de 1983)

III

EMPREGO DE ALGEMAS: NOTAS EM PROL DE SUA REGULAMENTAÇÃO

01. Etimologia e conceito de algemas. 02. Notas históricas. 03. Autorização do emprego de algemas no Código de Processo Penal. 04. Conceito de força. 05. Pressupostos do uso de força. 06. Aplicação de algemas, para simples contenção e durante o transporte. 07. Abuso de poder. 08. Necessidade de regulamentar o emprego de algemas.

1. A palavra algema, proveniente do árabe (al jamaa: a pulseira), parece que, no sentido de aprisionar, apenas se torna de uso comum no século XVI.[70]

Antes, todo instrumento de metal, subjugante de prisioneiros, ora surgia sob a denominação de cadeias, ora de ferros. É, depois, que se principia a distinguir: as algemas para tolher pelos pulsos ou dedos polegares[71] e os gri-

70. Conf. José Pedro Machado, *Dicionário...*,op. cit., v. I, p. 196.

71. Diz Fr. João de Sousa, em seu léxico etimológico, ser *algema* instrumento de ferro com que o alcaide, ou oficial de justiça, prende as mãos do criminoso, ou dedos polegares (*Vestígios da Língua Arábica em Portugal*, Lisboa, Of. da Acad. Real das Sciencias, 1789, p. 36). O ensino de Pereira e Sousa é semelhante: "... certo instrumento de ferro com que se prende as mãos, ou dedos polegares aos que são conduzidos pela Justiça às cadeias" (*Esboço de Hum Diccionário Jurídico, Theorético e Practico*, Lisboa, T. Rollandiana, 1825, T. I, verbete respectivo).

lhões, para jungir pelos tornozelos os presos.[72] Meio, pois, de submeter, fisicamente, mas de também castigar.

Em resumo, entende-se por algemas o instrumento de força, em geral metálico, empregado pela Justiça Penal, "com que se prendem os braços" de alguém, "pelos punhos",[73] na frente ou atrás do corpo, ao ensejo de sua prisão, custódia, condução, ou em caso de simples contenção.

2. Em setenta e um anos, antecedendo ao famoso escrito de Beccaria,[74] começou-se a abolir, em Portugal, mercê de Decreto, a aplicação indiscriminada de algemas:

> "Por ser informado que nas cadeias do Limoeiro desta cidade se põem *ferros* a algumas pessoas, que a elas vão *sem justa causa* e as metem em prisões mais apertadas, do que pedem as culpas, porque foram presas; e que ainda com algumas se passa ao excesso de serem maltratadas e castigadas; Hei por bem, que os escravos, que forem às cadeias por ordem de algum dos Julgadores, e por casos leves, ou só por requerimento de seus senhores, não sejam molestados com *ferros*, nem metidos em prisões mais apertadas, que aquelas que bastarem para a segurança; porque só naqueles casos de crimes graves, que pedirem segurança pela qualidade da culpa, ou da prisão, ou em casos cometidos nas mesmas cadeias a que os *ferros* servem de pena, se poderá usar deles contra tais escravos; ou outras quaisquer pessoas livres; e se lhes não poderá dar outro algum castigo mais, do que aquele, que pelas Leis for permitido, por não ser justo que esteja no arbítrio de um Julgador mandar prender alguma por respeitos particulares e que na prisão seja vexada com *ferros* com o rigor da prisão, ou outro algum gênero de castigo. Ao Regedor da Justiça hei por muito recomendada a observância deste *Decreto*; e contra os carcereiros, que o contrário permitirem, ou fizerem, se mandará proceder

---

72. P. Antonio Vieira bem mostra a específica usança dos *ferros:* "... resgatam-os com os seus próprios *ferros*, passando as *algemas* às suas mãos e os *grilhões*, aos seus pés, ..." ("Sermão de S. Pedro, Nolasco", pregado na cidade de São Luiz do Maranhão, em *Sermões*, Lisboa, Miguel Deslandes, 1682, v. II, § 221, p. 204, grifos nossos).

73. Conf. Antonio Moraes Silva, *Dicionário da Língua Portuguesa*, Lisboa, T. Lacérdina, 1813, T. I, p. 92.

74. Convém recordar de que a obra *Dos Delitos e das Penas* veio à luz em Milão e no ano de 1764.

com a demonstração de castigo, que for justo. *Lisboa a 30 de setembro de 1693*".[75]

A doutrina pouco demorou em seguir firme na orientação esboçada. Já, agora, recusa *Acúrsio* e *Bártolo*, dominantes até o século XVII, deixando-se conduzir pelo iluminismo político-social: progresso pela ilustração, liberdade e reformação dos costumes. É expressiva a opinião de *Ferreira*:

> "Primeiramente deveremos advertir ao Juiz que quando prender alguém, ainda que seja por causa muito justificada, lhe não mande pôr *ferros*, nem *grilhões*, *algemas*, ou *cadeias* de qualquer gênero que sejam, antes devem cuidar muito em que os *seus* presos estejam livres de semelhantes prisões e rigores: pois, sendo estas outras espécies de penas, não é razão que no cárcere as encontrem duplicadas, porque *aflictis non est danda aflictio*, e basta-lhe aos pobres presos a falta de sua liberdade, para se considerarem com toda a pena; e não lhe sobrevirem ainda gemidos e dores, que dos *ferros* lhes resultam".[76]

Pereira e Sousa, ao cuidar da prisão, após afirmar que tal ato processual coativo introduziu-se mais para manter o acusado seguro do que para lhe apenar o delito, adverte:

> "Não deve porém o réu ser carregado de *ferros*, senão em crimes gravíssimos".[77]

---

75. "Ordenações e leis do Reino de Portugal, confirmadas e estabelecidas pelo Senhor Rei D. João IV", Lisboa, Mosteiro de S. Vicente de Fora, 1747, Livro V, Título 95; coleção IIa., p. 282-3, grifos nossos. Observe-se que os *decretos*, na hierarquia das leis, deveriam se achar em posição inferior às cartas de lei e aos alvarás régios. Destinavam-se "a estabelecer alguma determinação especial a respeito de uma certa pessoa, ou de um caso concreto a resolver, ou da interpretação de uma lei. Com o andar do tempo os *decretos* passaram a ser utilizados para introduzir direito novo e regras de aplicação geral. Quando tal sucedia, os *decretos* só divergiam das cartas de lei e dos alvarás no nome e no formulário" (Guilherme Braga da Cruz, *História do Direito Português*, Coimbra, text. mimeogr., 1955, p. 405).

76. Manoel Lopes Ferreira, *Prática Criminal*, 2ª ed., Porto, Of. de Antonio A. R. Guimaraens, 1767, p. 256. Note-se que a primeira edição surge em 1730-3; anterior, também, à obra de *Beccaria*.

77. Joaquim José Caetano Pereira e Sousa, *Primeiras Linhas*..., op. cit., § LXV e nota 150, p. 67, grifo nosso. A primeira edição publicou-se em 1785. É semelhante o parecer do Des. Manoel Fernandes Thomaz: "A ferros só se admite (a prisão) nos crimes graves, que pedirem segurança, pela qualidade da culpa, ou da pri-

Tal era, mais ou menos, o que sucedia, até os inícios de Oitocentos, no Brasil.

D. Pedro, quando ainda *Príncipe Regente*, mediante *Decreto*, a 23 de maio de 1821, deu providências para garantia das liberdades individuais. Na exposição de motivos, verbera alguns Governadores, Juízes Criminais e Magistrados, os quais:

> "... violando o Sagrado Depósito da Jurisdição, que se lhes confiou, mandam prender por mero arbítrio, e anus da culpa formada, pretextando denúncias[78] em segredo, suspeitas veementes e outros motivos horrorosos à humanidade, para *impunemente conservar em masmorras, vergados com o peso de ferros, homens* que se congregaram convidados pelos bens, que lhes oferecera a Instituição das Sociedades Civis, o primeiro dos quais é, sem dúvida, a segurança individual; ...".[79]

Ordena, então, no mencionado *Decreto*, em quarto lugar, que:

> "... em caso nenhum possa alguém ser lançado em segredo, ou masmorra estreita, escura ou infecta, pois que a prisão deve só servir para guardar as pessoas e nunca para as adoecer e flagelar; *ficando implicitamente abolido para sempre o uso de correntes, algemas, grilhões e outros quaisquer ferros*, inventados para martirizar homens, ainda não julgados, a sofrer qualquer pena aflitiva, por sentença final; entendendo-se, todavia, que os Juízes e Magistrados Criminais poderão conservar por algum tempo, em casos gravíssimos, incomunicáveis os delinquentes, contanto que seja em casas arejadas e cômodas e *nunca manietados*, ou sofrendo qualquer espécie de tormento...".[80]

---

são; ou em casos cometidos nas mesmas cadeias, a que os *ferros* servem de pena" (*Repertório Geral, ou Índice Alfabético das Leis Extravagantes do Reino de Portugal*, Coimbra, Real Imp. da Universidade, 1815-19, T. II, § 651, p. 197).

78. A palavra *denúncia*, ao tempo, significava a delação de crime público, em Juízo, feita por pessoa qualquer. Não se tratava, pois, de acusação formal, porém do que, hoje, chamamos *notícia da infração penal*, ou "dar parte do fato" criminoso. *A denúncia*, na linguagem jurídica moderna, é a promoção da Justiça Pública, que contém a afirmação de um *dever-ser punido*, feita no Juízo Penal, em face de suposto imputado, por alguma infração penal (conf. Karl Engisch, *Introdução ao Pensamento Jurídico*, 3ª ed., trad. J. Batista Machado, Lisboa, Fund. C. Gulbenkian, 1977, p. 66).

79. Decreto de 23/05/1821. *Coleção das Leis do Brasil de 1821*, Rio de Janeiro, Imp. Nacional, 1889, Parte II, p. 88-9. Grifos nossos.

80. Ver nota 10.

O Código de Processo Criminal de Primeira Instância do Império do Brasil,[81] no Capítulo VI, intitulado "Da ordem de prisão", dispunha no art. 180:

> "Se o réu não obedecer e procurar evadir-se, o executor tem direito de empregar o grau da força necessária para efetuar a prisão; se obedecer, porém, o uso da força é proibido".

Surgia, assim, implicitamente, permitido o emprego de *algemas*, no instante da prisão. *Ramalho*, comentando a norma processual, lecionava:

> "Realizada a prisão, fica o réu obrigado a obedecer; se recusa, emprega-se a força necessária para chamá-lo à obediência; se resiste com armas, fica o executor autorizado a usar dos meios que julgar indispensáveis à sua defesa...".[82]

O temperamento do dispositivo, a toda a luz, é, contudo, ostentado por *Pimenta Bueno*:

> "Fora do caso de resistência, ou diligência de evasão, é absolutamente proibido todo e qualquer mau trato contra o preso, pena de responsabilidade".[83]

A Lei n. 261, de 03/12/1841, reformadora do Código de Processo Criminal, deixou intocado o art. 180.[84]

---

81. Lei de 29/11/1832, em base do projeto Manoel Alves Branco. Ver, também, art. 182.
82. Joaquim Ignácio Ramalho, *Elementos do Processo Criminal para uso das Faculdades de Direito do Império*, São Paulo, L. Dois de Dezembro, 1856, § 149, p. 70-1.
83. José Antonio Pimenta Bueno, *Apontamentos sobre o Processo Criminal pelo Júri*, Rio de Janeiro, L. Imperial e Constit. de J. Villeneuve, 1849, § 42, item 3º, p. 47. O mesmo tópico acha-se repetido na segunda edição, que recebeu o nome de *Apontamentos sobre o Processo Criminal Brasileiro* (Rio de Janeiro, Emp. Nasc. do Diário, 1857, p. 95). Em Portugal, na época, a preocupação com as cautelas e cuidados, durante a execução de qualquer ordem de custódia, ou prisão, emergia a mesma. Ensinava Duarte Nazareth: "O oficial da diligência deve conduzir-se com moderação e é-lhe proibido fazer algum insulto ou violência aos presos; e no caso de resistência lhe será lícito usar da necessária para repelir a agressão e efetuar a diligência" (Francisco J. Duarte Nazareth, *Elementos do Processo Criminal*, 4ª ed., Coimbra, Real Imp. da Universidade, 1861, § 148, p. 151-2).
84. O Regulamento n. 120, de 31 de janeiro do ano seguinte, que lhe facilitou e reforçou a execução, dava aos inspetores de quarteirão competência para prender

Reestruturou-se o processo penal brasileiro só trinta anos depois, com a Lei n. 2.033, de 20/09/1871, regulamentada pelo Decreto n. 4.824, de 22/11 do mesmo ano.

Esse último, no art. 28, ao cuidar da prisão e da maneira de realizá-la, estabelece:

> "... O preso não será conduzido com ferros, *algemas* ou cordas, salvo o caso extremo de segurança, que deverá ser justificado pelo condutor; e quando o não justifique, além das penas em que incorrer, será multado na quantia de dez a cinquenta mil-réis, pela autoridade a quem for apresentado o mesmo preso".

A tradição de reger o uso de *algemas* voltara, pois, à trilha legislativa. *Paula Pessoa*, contudo, lhe dava a medida:

> "Apesar desta benéfica disposição, a sua transgressão não é fato raro, ao menos no centro do país e *menos por segurança do que por espírito de vingança*. Abusa-se, com ostentação, sem se levar em conta o espetáculo triste e contristador, quando se vê, um homem, com os punhos e cintura presos, com cordas, como se fora um animal bravio. A sociedade tem muitos recursos, como o da força pública, *para não empregar meios repugnantes a todo coração bem formado*. Vigie-se o preso com atenção *e não se empreguem as algemas e cordas*, como um meio regular e lícito".[85]

Nas "Disposições diversas", da chamada reforma judiciária antes aludida (Lei n. 2.033/71), a segunda parte, do § 14, do art. 29, prometia que o Governo Imperial faria "consolidar todas as disposições legislativas e regulamentares concernentes ao processo civil e criminal".[86]

---

infratores, em flagrante delito e, também, réus pronunciados não afiançados, bem como sentenciados à prisão (art. 66, n. 3º). O anotador de então, arrimado em Aviso de 06/03/1834, asseverava: "Para o desempenho destas atribuições, poderão empregar os oficiais de justiça, *os quais podem, sendo preciso, usar dos meios*, que têm em suas atribuições" (Vicente Alves de Paula Pessoa, *Código do Processo Criminal, Anotado*, Rio de Janeiro, L. A. A. da Cruz Coutinho, 1882, nota 2.397, p. 391, grifo nosso).

85. Vicente Alves de Paula Pessoa, *Reforma Judiciária*, 2ª ed., Maranhão, Typ. de Antonio Pereira Ramos d'Almeida & Cia, 1880 (anotações ao Dec. n. 4.824/71), nota 834, p. 300, grifo nosso.

86. O Decreto n. 5.129, de 06/11/1872, traçou o método a seguir-se, na obra de consolidação das disposições atinentes ao processo criminal.

A consolidação das leis do processo criminal foi trabalho de que se desincumbiu *Tristão de Alencar Araripe*. Em 1876 achava-se estampada, porém não obteve aceitação.[87]

Importa, contudo, observar que, no Capítulo XVI, "Da prisão", o § 4º, do art. 365, reproduz o art. 28, do Decreto n. 4.824, de 1871, e, ainda, que o § 5º, do art. 370, repete o art. 180, do Código do Processo Criminal. Mantinha-se, assim, em curso a ideia de emprego de *força*, quando necessária, no instante da prisão; compatibilizada com o uso de *algemas*, só em casos extremos e justificado o ato pelo condutor.[88]

No mesmo ano, outra tentativa de consolidação, mas de caráter particular, acompanhou-lhe os passos.[89]

A Constituição Republicana de 1891, ao relegar às unidades federativas a competência de legislarem em matéria de processo, danou o penal mais que o civil (art. 34, n. 23 c/c art. 65, n. 2). Alguns Estados-membros jamais elaboraram um Código de Processo Penal – por exemplo, o de São Paulo –, limitando-se a guardar a legislação imperial, com algumas modificações. Outros criaram diplomas sem precisão técnica, imiscuindo meras disposições de organização judiciária, em normas processuais. Bons estatutos foram poucos.

O mandamento do referido art. 28, do Decreto n. 4.824, de 1871, protraindo no tempo, achava-se repetido na maioria das leis federais e estaduais.[90]

---

87. *Consolidação do Processo Criminal do Brasil*, Rio de Janeiro, Ed. A. A. da Cruz Coutinho, 1876. Note-se que coube a Antonio Joaquim Ribas realizar a consolidação das leis do processo civil, a qual ganhou aprovação do Governo, mediante a Revolução de 28/12/1876.

88. Tristão de Alencar Araripe, *Consolidação...*, op. cit., p. 281 e 285.

89. Pedro Antonio Ferreira Vianna, *Consolidação das Disposições Legislativas e Regulamentares do Processo Criminal*, Rio de Janeiro, Typ. Carioca, 1876. Vejam-se os arts. 445 e 455.

90. *Verbi gratia*: "Consolidação das Leis referentes à Justiça-Federal", Dec. n. 3084, de 05/11/1898, Parte Segunda, art. 88; "Consolidação das disposições legislativas e regulamentares referentes à Organização da Justiça e Processo Criminal do Estado de Minas Gerais", Dec. n. 1937, de 29/08/1906, art. 755; "Código do Processo do Estado da Bahia", Lei n. 1.121, de 21/08/1915, Livro III, art. 1.657; "Código do Processo Penal do Estado do Amazonas", Lei n. 920, de 01/10/1917, art. 399; "Código do Processo Penal do Estado do Rio Grande do Norte", Lei n. 449, de 30/11/1918, art. 88; "Código Judiciário do Estado do Rio de Janeiro", Lei n. 1.580, de 20/01/1919, Livro II, art. 575; "Código do Processo Criminal do

A reunificação processual veio com a Constituição da República, de 16/07/1934, mediante o estabelecimento de competência privativa da União, para legislar sobre tal direito (letra "a", do inc. XIX, do art. 5º). Nas "Disposições Transitórias" da lei maior, determinava-se a feitura de projetos de Códigos de Processo Penal e Civil (art. 11).

A 15/08/1935, o Projeto de Código de Processo Penal foi oferecido.[91] No Título III, tratava da prisão e, ao estabelecer, no Capítulo I, disposições gerais, sobre ela preceituava:

> "Art. 32. É vedado o uso da força ou emprego de *algemas*, ou de meios análogos, salvo se o preso resistir ou procurar evadir-se".

O Projeto, contudo, não vingou, obstaculado pela turbulência política.[92] Assim, o prometido e esperado Código só emergiu, em base de outro afeiçoamento, a 03/10/1941.

3. O vigorante diploma processual penal, afastando-se do que lhe fora transmitido, por gerações de legisladores lusos e brasileiros, preferiu não aludir às *algemas*. É o art. 284 que lhes socorre, hoje, o uso:

> "Não será permitido o emprego de força salvo a indispensável no caso de resistência ou de tentativa de fuga do preso".

Liga-se, de manifesto, o preceito ao, já referido, art. 180, do Código de Processo Criminal do Império, que regrava a captura.

Estado do Maranhão", Lei n. ?, de 01/06/1926, art. 330; "Código do Processo Penal do Estado de Minas Gerais", Dec. n. 7.259, de 15/06/1926, art 110; "Código do Processo Penal do Estado de Minas Gerais", Dec. n. 9.640, de 23/08/1930, art. 109; "Consolidação das Leis do Processo Civil, Comercial e Criminal do Estado da Bahia", Resol. n. 80, de 04/09/1936, Livro III, art. 1.718; "Consolidação das Leis do Processo Criminal do Estado de Pernambuco", Dec. n. 306, de 04/04/1939, art. 33. Ignoraram a norma: "Código do Processo Penal do Estado do Rio Grande do Sul", Lei n. 24, de 15/08/1898; "Código do Processo Criminal do Estado do Paraná, Lei n. 1.916, de 23/02/1920; "Código do Processo Penal para o Distrito Federal", Dec. n. 16.751, de 31/12/1924.

91. Era Ministro da Justiça e Negócios Interiores Vicente Ráo, bem como presidente da comissão elaboradora, composta por Antônio Bento de Faria, Plínio Casado e Luiz Barbosa da Gama Cerqueira.

92. "A Constituição, promulgada com o golpe de Estado de 10 de novembro de 1937, impediu que a aprovação e discussão do projeto Vicente Ráo fossem levadas avante" (José Frederico Marques, *Tratado...*, op. cit., v. I, § 83, p. 123).

A *força* empregável ostenta-se no "usar dos meios necessários", para sujeitar o preso resistente, ou lhe atalhar a fuga, consoante alumia outro dispositivo complementar (art. 292, do Cód. de Proc. Penal). É a lição da doutrina.[93]

Ainda sob viva influência do direito anterior, *Antonio de Paula*, ao descrever os meios e os modos de se realizarem prisões, lecionava não poder o preso terminar:

> "... conduzido com ferros, *algemas* ou cordas, a não ser em caso extremo de segurança, que deverá ser justificado, por escrito, pelo condutor. Aberram das *tradições* de brandura e de respeito pela lei e pela integridade da pessoa humana, *que são muito nossas*, quaisquer atos de violência desnecessária.
>
> Nessas condições, no caso de realizar uma prisão em flagrante, deverá o agente, simplesmente, intimar o criminoso, dando-lhe a voz de preso, a acompanhá-lo, com as testemunhas, à presença da autoridade. No caso da prisão por mandado, o mesmo agente, depois de dar a voz de preso, deverá lê-lo ao criminoso e convidá-lo a passar recibo no mandado, fazendo-lhe a entrega de uma segunda via do mesmo.
>
> Somente no caso de *desobediência* ou *resistência* à ordem de prisão aplicará o agente a *força*. Esta deve ter por fim exclusivo, entretanto, reduzir e submeter o recalcitrante à ordem legal, devendo o agente ou agentes empregar, de preferência, a própria força física ou muscular, só recorrendo a outros meios de coação em casos extremos.

---

93. Inocêncio Borges da Rosa, *Comentários ao Código de Processo Penal*, 3ª ed., atual. por Angelito A. Aiquel, São Paulo, Rev. dos Tribs., 1982, p. 401; Eduardo Espinola Filho, *Código de Processo Penal Brasileiro Anotado*, 5ª ed., fotogr., Rio de Janeiro, Editora Rio, 1976, v. III, §§ 582 e 591, p. 306-7 e 315; Basileu Garcia, *Comentários ao Código de Processo Penal*, Rio de Janeiro, Forense, 1945, v. III, § 11, p. 25; Hélio Bastos Tornaghi, *Manual de Processo Penal (Prisão e Liberdade)*, Rio de Janeiro, Livraria Freitas Bastos, 1963, v. I, p. 325-6 e 330; Idem, *Compêndio de Processo Penal*, Rio de Janeiro, J. Konfino Ed., 1967, T. III, p. 1.126-7 e 1.131; Idem, *Instituições...*, op. cit., v. 3, p. 229-30 e 233; Idem, *Curso de Processo Penal*, São Paulo, Saraiva, 1980, v. 2, p. 19 e 22; José Frederico Marques, *Elementos...*, op. cit., v. IV, § 927, p. 36; José Barcelos de Souza, *A Defesa na Polícia e em Juízo*, 5ª ed., São Paulo, Saraiva, 1980, § 89, p. 176; Romeu Pires Campos Barros, *Processo Penal Cautelar*, Rio de Janeiro, Forense, 1982, § 194, p. 103-4; Luiz Carlos Rocha, *Prática Policial*, São Paulo, Saraiva, 1982, § 2.10, p. 93-5.

> Nos casos em que tiver de usar de ferros, cordas ou *algemas*, o fará com máximo cuidado, devendo justificar o seu ato em auto ou certidão lançada no mandado de prisão respectivo".

No procedimento descrito, hoje, *o dever de justificar* a utilização de cordas ou de *algemas* já não tem mais lugar. O autor, todavia, com razão e ímpeto, arrematava:

> "São, pois, *criminosos* todos os atos de violência desnecessários cometidos contra o preso que se submete à ordem de prisão, mesmo contra aquele que, havendo resistido, foi afinal submetido, e constituem requintes de desumanidade e covardia as agressões, os insultos, os esbordoamentos, as bofetadas praticados contra o preso que, afinal, se submeteu".[94]

Erguem-se, assim, quatro questões prevalecentes, que envolvem o emprego de coação, a saber:

a) o conteúdo do vocábulo "força";
b) a resistência e a desobediência, no instante da prisão e ao ensejo da tentativa de fuga;
c) a coatividade, para simples contenção e durante o transporte do preso, do condenado e do custodiado;
d) as infrações penais, nascentes do abuso da *força*.

4. A regra acha-se na proibição genérica da *força*, no ato legítimo de restringir a liberdade de locomoção (art. 284, do Cód. de Proc. Penal).

Servir-se de energia, em tal instante, consiste em coação direta, física ou material. É violência individual, extraordinária, que obriga, de manei-

---

94. Antonio de Paula, *Do Direito Policial*, 2ª ed., Rio de Janeiro, Edit. A Noite, s.d. (1943?), § 245, p. 216, grifo nosso. Nesse lanço, o autor é acompanhado por Antônio Bento de Faria, *Código de Processo...*, op. cit., v. I, § 89, p. 343-4. Antes, observara Tito Fulgêncio Alves Pereira: "O executor da diligência (ordem de prisão), na repulsa às violências contra a autoridade, não faz mais do que defender o próprio Estado, porque com elas, diz Pessina, contrapõe-se o indivíduo ao operar do Estado nas variadas manifestações da sua atividade, que precisamente, enquanto é atividade do Estado, deve imperar sobre a atividade dos indivíduos" (*Parecer sobre o Projecto de Código do Processo Criminal, offerecido ao Exmo. Sr. Dr. Secretário do Interior*, Ouro Preto, Imp. Off. de Minas Gerais, 1896, p. 72).

ra legal, o preso ou o custodiado a fazer ou deixar de fazer alguma coisa, em favor da segurança.[95]

Herotides da Silva Lima explica, por isso, que a palavra "*força*" surge, no dispositivo escoliado:

> "... em sentido genérico de coação, domínio, subjugação até o grau de intensidade necessária a quebrar a insubordinação ou a disposição de fuga".[96]

A prisão ou a custódia, que se dá à *força*, posto que inevitável, engloba a energia muscular e os instrumentos de sujeição, tais como as camisas de força, tranquilizantes, cordas e *algemas*, cujo uso a lei, tacitamente, permite.

Mostra-se correta, ou não, a postura do legislador, que, abandonando a linha histórica, só deixa subentendida tal permissão, ou licença? Cuida *Hélio Tornaghi* em que houve erro:

> "Teria sido bom que, ao permitir o emprego da *força*, o Código houvesse deixado claro o que pensa o legislador sobre o uso de certos meios coercitivos. Poderia dizer-se, dos arts. 284 e 292, o que um escritor francês afirmou acerca do *Code d'Instruction Criminelle*, ao tratar exatamente do mesmo assunto, isto é, que eles "lançam a dúvida sobre um ponto, o qual, mais que qualquer outro, necessita de certeza". Dessa forma a lei, em lugar de dar respostas, faz perguntas e, em vez de ensejar soluções, oferece problemas! É permitido o uso de *algemas*, de grilhões e de grilhetas, de correntes, cadeias e ferros? Pode o executor lançar mão de armas, especialmente das de fogo, que vão alcançar o capturado ao longe?
>
> Dir-se-á, as grilhas e outros utensílios semelhantes desapareceram, não havendo por que lembrá-los. Mas a verdade é que o uso de *algemas* começa a generalizar-se entre nós e, no interior, não é desconhecido o emprego de cordas para amarrar os presos. Assim como não precisamos ter pudor de tratar daquelas coisas que Deus não se envergonhou de criar, também não precisaria a lei ruborizar-se de dispor sobre aquilo que seus agentes não coram de utilizar.

95. Sobre o uso das vozes "coação" e "coerção", na linguagem jurídica, bem como a controvérsia, que o acompanha, ver Edgar de Godói da Mata-Machado, *Direito e Coerção*, Rio de Janeiro, Forense, 1957.

96. Herotides Silva Lima, "Emprego de algemas", em *Investigações – Revista do Dep. de Invest.*, São Paulo, ano I, n. 02, fev. 1949, p. 40.

> É certo que a lei não pode ser casuística e fez bem em conter uma norma geral. Mas a respeito da permissão de *algemas* e do uso de arenas teria sido conveniente que ela dispusesse. A delicadeza do legislador que não se atreve a falar em cadeias ou em grilhões, o escrúpulo de não reviver passadas vergonhas, estaria a salvo e não impediria de regular o emprego de outros meios que, na realidade, são usados.
>
> Diante dos arts. 284 e 292 parece não haver dúvida de que, se com as algemas o executor da prisão pode vencer a resistência, ele está autorizado a usá-las".[97]

Em 1963, *Hélio Tornaghi*, reafirmando essas ideias, ofereceu ao Governo anteprojeto de Código de Processo Penal, em que buscava retornar ao antigo caminho:

> "Art. 453. Não será permitido o emprego da força, salvo a indispensável no caso de desobediência, resistência ou tentativa de fuga. Se houver resistência por parte de terceiros, o executor e as pessoas que auxiliarem poderão usar dos meios necessários para vencê-la e para defender-se. De tudo se lavrará auto subscrito pelo executor e por duas testemunhas.
>
> § 1º E permitido o emprego de *algemas* e outros utensílios destinados à segurança, desde que não atentem contra a dignidade ou a incolumidade física do preso".[98]

O primeiro dispositivo trazia a rubrica lateral "Emprego de força" e o segundo, "Algemas etc.".

Ao comentar ambos, observou *Basileu Garcia*, sem os rejeitar:

> "O anteprojeto declara que 'é permitido o emprego de *algemas* e outros utensílios destinados à segurança, desde que não atentem contra a dignidade ou a incolumidade física do preso' (art. 453, § 1º). A rubrica marginal desse texto é 'Algemas etc.'. Eu votaria pela redução do enunciado à sua parte inicial, permitindo tão só o emprego de *algemas* e, assim, suprimindo aquele imponderável 'etc.', que aumenta desnecessariamente os métodos de contenção do preso.
>
> O uso de *algemas* é, por vezes, imprescindível. Já assim opinei há alguns anos, quando o problema surgiu em São Paulo, *perante a falta de regra*

---

97. Hélio Bastos Tornaghi, *Instituições...*, op. cit., v. 3, p. 233-4, grifo nosso. Na mesma direção, Luiz Carlos Rocha, *Prática...*, op. cit., § 2.10, p. 95.

98. *Anteprojeto de Código de Processo Penal*, Rio de Janeiro, Departamento de Imp. Nacional, 1963.

> *expressa no estatuto processual vigente*. Não me pareceu que a lacuna fosse impediente do uso moderado, imposto por uma necessidade inelutável. *O preceito do anteprojeto é útil à clareza*. Mas a referência a 'outros utensílios' pode ser suprimida.
>
> Dir-se-á que em certos casos não se acham *algemas* à disposição do autor da captura, e ele terá que recorrer a outros meios. Quando tal acontece, respondo, ninguém o censurará por isso. A legitimação decorrerá das circunstâncias, como legítimo vinha sendo reputado o uso de *algemas*, sem texto expresso permissivo. O perigo do 'etc.' e da evasiva 'outros utensílios' está em que pode levar a abusos, não evitados pela restrição 'desde que não atentem contra a incolumidade física do preso', pois envolve apreciação muito subjetiva.
>
> Ao invés, creio que melhoraria o dispositivo uma advertência no sentido da excepcionalidade do recurso às *algemas*, para que os nossos investigadores e oficiais de justiça *não pensem que devem proceder em todos os casos como nas detenções que se veem nos filmes norte-americanos*".[99]

Todos os anteprojetos e projetos, que se, então, seguiram não mais mencionam as *algemas*, orientando-se pela lei vigorante.[100] Afastam, pois, as fórmulas expressas, para conservarem o vocábulo "força", autorizante, no contexto, da aplicação de *algemas* e de outros instrumentos.

O Código de Processo Penal Militar, que se decretou em 1969, contudo, tomando direção oposta, baixo às rubricas "Emprego de força" e Emprego de algemas", estatuiu:

> "Art. 234. O emprego de força só é permitido quando indispensável, no caso de desobediência, resistência ou tentativa de fuga. Se houver resistência da parte de terceiros, poderão ser usados os meios necessários para vencê-la ou para defesa do executor e auxiliares seus, inclusive a

---

99. Basileu Garcia, "Preservação da liberdade no anteprojeto de Código de Processo Penal", Sep. da *Revista da Faculdade de Direito da Univ. de São Paulo*, São Paulo, ano LX, 1965, § 6, p. 136-7; grifo nosso.

100. Antepr. de Cód. de Proc. Penal, Supl. ao n. 118, do DOU, de 29/06/1970, inc. II, do art. 200; Antepr. de Cód. de Proc. Penal, Supl. ao n. 88, do DOU, de 10/05/1974, inc. II, do art 201; Proj. de Proc. Penal (n. 633), Supl. ao n. 061, do DCN, de 13/06/1975, inc. II do art. 194; Proj. de Cód. de Proc. Penal (n. 1.268), de 1979, da Câmara dos Deputados, inc. II, do art. 192; Antepr. de Cód. de Proc. Penal, Supl. ao n. 97, do DOU, de 27/05/1981, inc. li, do art. 177; Proj. de Cód. de Proc. Penal, Supl. ao n. 080, do DCN, de 01/07/1983 (n. 1.655), inc. II, do art 172.

prisão do ofensor. De tudo se lavrará auto subscrito pelo executor e por duas testemunhas.

§ 1º – O emprego de *algemas* deve ser evitado, desde que não haja perigo de fuga ou de agressão da parte do preso, *e de modo algum será permitido*, nos presos a que se refere o art. 242".

O invocado art. 242, do estatuto processual militar, alinha dez categorias de pessoas, a quem se não podem colocar em *algemas* nunca:

"a) os ministros de Estado;

b) os governadores ou interventores de Estados, ou Territórios, o Prefeito do Distrito Federal, seus respectivos secretários e chefes de Polícia;

c) os membros do Congresso Nacional, dos Conselhos da União e das Assembleias Legislativas dos Estados;

d) os cidadãos inscritos no Livro do Mérito das ordens militares ou civis reconhecidas em lei;

e) os magistrados;

f) os oficiais das Forças Armadas, das Polícias e dos Corpos de Bombeiros, Militares, inclusive os da reserva, remunerada ou não, e os reformados;

g) os oficiais da Marinha Mercante Nacional;

h) os diplomados por faculdade ou instituto superior de ensino nacional;

i) os ministros do Tribunal de Contas;

j) os ministros de confissão religiosa".

O valimento da tradição e do anteprojeto *Tornaghi* veio patente, na lei processual militar.

Já restou evidente que se contém, no termo em exame, o excepcional *poder de coagir* a qualquer do povo, direta e legalmente, por via de *meios indispensáveis*, para "impedir que a reação triunfe".[101] *Poder*, diga-se, discricionário.[102]

---

101. Herotides Silva Lima, "Emprego de algemas", op. cit., p. 40.

102. A discricionariedade longe se põe do arbítrio, qual se sabe. É ela a "possibilidade que tem o órgão, o agente administrativo ou a pessoa jurídica pública de agir ou não agir em determinada direção, consultando para isso apenas a oportunidade e a conveniência da medida", consoante a lei (José Cretella Júnior, *Dicionário*..., op. cit., verbete respectivo, p. 198). "Discricionariedade é liberdade de ação ad-

A lei vigente mais o novíssimo projeto de Código de Processo Penal de 1983 rendem, portanto, ao executor da prisão ou captura:

> "... *a faculdade* de empregar a força *necessária e adequada às circunstâncias, ao momento, à pessoa*, quando lhe oponham ameaças e violências, ou haja tentativa de fuga...".[103]

Ainda que se vá, ao passo medido, seguindo a rota dos doutores, não se escapa de afirmar que inexiste padrão, ou grau de intensidade, certo e predeterminado, para a *força*.[104] Tudo restando subordinado ao critério do executor, em presença do fato.[105] Nada impede, entretanto, que sempre se lhe dê algum regimento, qual fazia o direito precedente e a lei processual penal militar, hoje, assenta.

Note-se que as leis, penal e processual, modernamente, não consistem nas principais e únicas demarcações da "força", de que cuidamos.

As regras do processo penal nascem, em primeiro lugar, nas Constituições:

> "As leis do processo são o complemento necessário das leis constitucionais; as formalidades do processo são as atualidades das garantias constitucionais. Se o modo e a forma de realização dessas garantias fossem deixados ao critério das partes ou à discrição dos juízes, a justiça, marchando sem guia, mesmo sob o mais prudente dos arbítrios, seria uma ocasião constante de desconfianças e surpresas".[106]

---

ministrativa, dentro dos limites permitidos em lei..." (Hely Lopes Meirelles, *Direito Administrativo Brasileiro*, 3ª ed., São Paulo, Rev. dos Tribs., 1975, p. 88).

103. Herotides Silva Lima, "Emprego de algemas", op. cit., p. 39.

104. Espera-se, pois, que ele, autoridade ou seu agente, frente à singular ocorrência das hipóteses legais, escolha, então, o instrumento necessário e suficiente. Há de fazê-lo, agindo em *força*, mercê de operação, em que precisa levar à conta as circunstâncias do fato, o momento da prisão ou custódia e a pessoa, que está por sofrer a coação. Recordemos de que, por exemplo, o inc. II, do § 2º, do art. 4º, da Lei n. 6.149, de 02/12/1974, deu ao corpo de segurança dos metrôs, também, o *dever* específico de prender em flagrante delito. Bem cabe, assim, perguntar se o legislador brasileiro tratou de informar-se sobre o cotidiano, se procurou o conhecimento objetivo da realidade, que envolve o executor e o paciente, no minuto da constrição.

105. No mesmo sentido, o parecer de Fernando da Costa Tourinho Filho, *Processo Penal*, op. cit., v. 3, § 26, p. 356 e de Tales Castelo Branco, *Da Prisão em Flagrante*, São Paulo, Saraiva, 1980, § 64, p. 90.

106. João Mendes de Almeida Júnior, *O Processo Criminal Brasileiro*, Rio de Janeiro, Laemmert & Cia., 1901, v. I, § 4, p. 5. O primeiro, talvez, a mostrar tal realidade entre nós, sob inspiração de Faustin Hélie.

As mencionadas regras, lançadas na Constituição, qual preleciona *Frederico Marques*, estabelecem inafastáveis diretrizes para o legislador ordinário, mas guardam positividade jurídica, não sendo

> "... tão só programáticas que vinculem exclusivamente a atividade legislativa, e sim, como preceitos impostos, de imediato, à obediência de todos. Não adotamos o sistema das constituições flexíveis, e, sim, o do ordenamento constitucional rígido. Por essa razão, os princípios fundamentais que imperam em relação à Justiça Penal são normas gerais de que se inferem preceitos particulares operantes, que devem coadunar-se estritamente com o sentido e direção daquelas regras nucleares e básicas".[107]

Menéres Pimentel, apresentando o novíssimo anteprojeto de Código de Processo Penal português, resume a doutrina:

> "É que o DPP é 'direito constitucional aplicado', 'sismógrafo' ou 'espelho da realidade constitucional', 'sintoma do espírito político-constitucional de um ordenamento jurídico".[108]

A liberdade é o segundo direito individual, que a Constituição promete assegurar (art. 153, da Const. da Emenda n. 1/69). Dentre-lhe as garantias acha-se aquela, impositiva às autoridades todas, do "respeito à integridade física e moral do detento e do presidiário" (§ 14).

Chama-se presidiário o que, por alguma infração penal, cumpre pena privativa de liberdade. Consiste em sinônimo de condenado, de sentenciado e de executado penal. Já aqui, o detento surge como a pessoa que, por variados motivos legais,[109] sofre transitórias restrições à liberdade de

---

107. José Frederico Marques, *Tratado...*, op. cit., v. I, § 67, p. 95. O autor invoca o magistério de Vezio Crisafulli, em *La Constituzione e le sue Disposizione di Principio*, 1952, p. 15.

108. José Menéres Pimentel, "Nota preambular", ao anteprojeto de Código de Processo Penal, em *Boletim do Ministério da Justiça*, Lisboa, n. 329, out. 1983, item 4, p. 7.

109. § 17, do art. 153, da Const. da Emenda 1/69; arts. 20, 91 e 284, do Cód. Comercial; art. 1.287, do Cód. Civil; art. 1º, do Dec.-Lei n. 3.415, de 10/07/1941; arts. 319, 320 e § 2º, do art. 650, do Cód. de Proc. Penal; arts. 35, 37, § 1º, do art. 60, §§ 5º e 7º, do art. 69, da Lei de Falências (Dec.-Lei n. 7.661, de 21/06/1945); art. 214, do Estatuto dos Funcionários Públicos Civis da União (Lei n. 1.711, de 28/10/1952); art. 375, do Regime Jurídico dos Funcionários Policiais Civis do Departamento Federal de Segurança Pública e da Polícia do Distrito Federal

locomoção, porém *não ad poenam*. Encontra-se detida, em razão de providência da administração, ou da jurisdição, mas *ad processum*, no mais amplo sentido.[110]

A aludida norma garantidora emerge repetindo a que se contém no art. 5º, da "Declaração Universal dos Direitos Humanos", aprovada a 10/12/1948, pela Assembleia Geral das Nações Unidas:

> "Ninguém será submetido a tortura, nem a tratamento cruel, desumano ou degradante".

Aflora intuitivo que o abuso de *algemas* se constitui em prática atroz, bestial ou aviltante, podendo chegar à tortura.[111] Tal desvio de conduta, antes de tudo, viola o inarredável acatamento à integridade física e psíquica do preso, ou do conduzido, por isso mesmo será crime.[112]

(Dec. n. 59.310, de 23/09/1966); inc. III, do art. 40, da Lei Orgânica do Tribunal de Contas da União (Dec.-Lei n. 199, de 25/02/1967); art. 19, da Lei de Alimentos (Lei n. 5.478, de 25/07/1968); art. 3º, do Dec.-Lei n. 1.060, de 21/10/1969, com a nova redação, que lhe deu o Dec.-Lei n. 1.104, de 30/04/1970; art. 662, § 1º, do art. 733, arts. 885 e 886, § 1º, do art. 902, e parágrafo único, do art. 904, do Cód. de Proc. Civil; art. 69, do Estatuto do Estrangeiro (Lei n. 6.815, de 19/08/1980); acrescente-se ao rol, as prisões marcadas nos Regimentos Disciplinares da Marinha (Dec. n. 38.010, de 05/10/1955), da Aeronáutica (Dec. n. 76.322, de 22/10/1975) e do Exército (Dec. n. 79.985, de 19/07/1977), bem assim nos das Polícias Militares e Corpos de Bombeiros. Junte-se, ainda, ao elenco as prisões processuais penais, ou cautelares, a saber: em flagrante delito (arts. 301/10), preventiva (arts. 311/6), por efeito da decisão de pronúncia (§ 1º, do art. 408), por virtude de sentença condenatória apelável (inc. I, do art. 393 c/c arts. 594, 597 e inc. I, do art. 669) e por motivo de transgressão da medida de segurança não detentiva de exílio local (§ 1º, do art. 771). Além das clássicas hipóteses de prisão provisória, o Código de Processo Penal Militar, no art. 18, adiciona a "detenção do indiciado", independente de flagrante delito. A mesma espécie de *prisão inquisitiva* encontra-se estabelecida no art. 33, da Lei de Segurança Nacional (Lei n. 7.170, de 14/12/1983). Variante de ambas se pode entrever na *custódia* dos menores infratores, em razão de fato grave, ou da necessidade de apuração de eventual concurso de pessoas maiores, hipóteses marcadas no § 4º, do art. 99, da Lei n. 6.697, de 10/10/1979, mas haveria engano. *Custódia* não é *prisão*.

110. Ambas as expressões latinas, hoje, não têm muito rigor técnico, qual se verá. Observar nota 72.

111. Sobre tortura, ver Ana Maria Babette Bajer Fernandes & Paulo Sérgio Leite Fernandes, *Aspectos Jurídico-Penais da Tortura*, São Paulo, Saraiva, 1982, em especial p. 132-3.

112. Note-se a manifesta preocupação de Hélio Tornaghi, com a referida garantia constitucional, no § 1º, do art. 453, de seu anteprojeto, já mencionado no texto.

Eis, portanto, como se pode entender, agora, o inteiro teor da dição "força": *poder excepcional*, que se exercita, *consoante as leis do processo* (arts. 284 e 292), *discricionariamente*, mas sem atentado *à garantia constitucional da pessoa coagida*, no que lhe toca *à integridade física ou moral* (§ 14, do art. 153, da Const. da Emenda n. 1/69).

5. Dois fatos e suas circunstâncias se devem considerar, como *antecedentes necessários*, para o anormal uso da *força*, durante a prisão: *a resistência e a tentativa de fuga* (art. 284, do Cód. de Proc. Penal e inc. II, do art. 172, do proj. de 1983).

Existem autores que enxergam, na redação estabelecente dos referidos *pressupostos*, não só o claro delito de *resistência* (art. 329, do Cód. Penal), mas também o de *desobediência* (art. 330, do Cód. Penal).[113]-[114]

Em primeiro lanço, com vistas à localização topográfica dos dispositivos penais, verifica-se que ambas as figuras guardam por objeto jurídico a Administração pública, no extenso sentido, que à expressão dá a lei penal. Consistem, ainda, em crimes, que os administrados praticam contra ela.

O delito de *resistência* a funcionário público, em exercício da função, consiste no ilegal obstáculo que à execução dos atos de seu ofício cria o particular, mediante violência arbitrária, sob a forma de *vis compulsiva*, ou de *vis absoluta*.[115]

O objeto específico da tutela penal acha-se no funcionamento regular e contínuo da Administração pública, ostentado pela exercência de atos, que lhe surgem próprios.[116] Vale afirmar, o bem jurídico protegido, de imediato, consiste no ato funcional.[117]

---

113. Antonio de Paula, *Do Direito Policial*, op. cit., § 245, p. 216, passagem já referida; Antônio Bento de Faria, *Código de Processo...*, op. cit., v. I, § 89, p. 344-5; Edgard Magalhães Noronha, *Curso de Direito Processual Penal*, São Paulo, Saraiva, 1978, 10ª ed., p. 153-4; Hélio Bastos Tornaghi, *Instituições...*, op. cit., v. 3, p. 230; Tales Castelo Branco, *Da Prisão...*, op. cit., § 64, p. 90-1.

114. Ver o art. 234, *caput*, do Cód. de Proc. Penal Militar.

115. Conf. Fernando Henrique Mendes de Almeida, *Dos Crimes contra a Administração Pública*, São Paulo, Saraiva, 1955, § 305, p. 176.

116. Manifestações, pois, da lícita vontade administrativa, exarada por agente público, as quais criam, transferem, conservam, modificam ou extinguem relações jurídicas (art. 81, do Cód. Civil). Em mesmo sentido, José Cretella Júnior, *Dicionário...*, op. cit., verbete "Ato administrativo", p. 51-2.

117. Conf. Heleno Cláudio Fragoso, *Lições de Direito Penal – Parte Especial (arts. 213 a 359 CP)*, 3ª ed., Rio de Janeiro, Forense, 1981, § 1.131, p. 457. O autor louva-se em Maurach, *Lehrbuch*, § 67, 11A.

Já o crime de *desobediência* a ordem legal de funcionário público, no exercício da função, mostra-se no fazer, ou deixar de fazer, alguma coisa, desatendendo-a o particular, quando possui o dever jurídico de acatá-la.

Aqui, a objetividade jurídica encontra-se na dignidade da Administração pública, mas no tocante ao cumprimento fiel de suas ordens legais.[118]

Na primeira figura, o que nos importa é o ato de prender em flagrante delito, ou por ordem escrita de autoridade competente (§ 12, do art. 153, da Const. da Emenda n. 1/69), ou mesmo sem ela, no caso de recaptura do evadido (art. 684, do Cód. de Proc. Penal). Na segunda, é a execução da ordem e a voz de preso, ou de prisão. Ambas à luz dos aspectos que vimos tratando.

Basileu Garcia, escoliando a lei processual penal comum, desde logo, extrema a *resistência ativa*, que aflora com violência, ou ameaça de violência à pessoa; da outra que, *passiva*, se mostraria na *desobediência* à ordem legal. Na fuga, ou no seu ensaio, sem constrangimento do agente público, se acharia, também, a *desobediência*.[119] *Magalhães Drumond* é de mesmo parecer,[120] bem assim *Magalhães Noronha*.[121]

Guarda outro entendimento *Fragoso*. Afirma que a simples *resistência passiva* à prisão não configura crime; tal como o detido lançar-se ao chão, ou se agarrar a uma árvore, durante a execução do ato coativo.[122] *Celso*

---

118. Conf. Fernando Henrique Mendes de Almeida, *Dos Crimes...*, op. cit., § 316, p. 181.

119. Basileu Garcia, *Comentários...*, op. cit., v. III, § 8, p. 19-20.

120. "No art. 330, pune-se a *resistência passiva*, realizável pela simples indiferença a ordem recebida ou conhecida; no artigo anterior, dá-se *a resistência ativa*: o agente reage ativamente contra o ato, a cuja execução se opõe" (José de Magalhães Drummond, *Comentários ao Código Penal*, Rio de Janeiro, Forense, 1944, v. IX, § 621, p. 341).

121. "Não se confunde *resistência* com *desobediência*: o desordeiro que, preso em flagrante, se agarra a um poste, não resiste, desobedece. Diga-se o mesmo do que foge etc." (Edgard Magalhães Noronha, *Direito Penal*, op. cit., v. 4, § 1.395, p. 408).

122. Conf. Heleno Cláudio Fragoso, *Lições...*, op. cit., §§ 1.133 e 1.139, p. 458 e 466. O autor, em outra obra, ensina: "*Desobediência. Não se configura com a resistência passiva à prisão*. Por unanimidade, assim decidiu, com absoluta exatidão, a 2ª C. Crim. do TJ do antigo Estado da Guanabara, na AC 47.065, relator o eminente Des. Olavo Tostes Filho. A desobediência passiva à ordem de prisão não é crime. Se a evasão não violenta, não configura qualquer delito, não pode ser punível

Delmanto não só concorda com a atipia da *resistência passiva*, mas a vê, por igual, na *fuga*, em face da voz de prisão.[123]

O importante é saber se o ato de *resistência passiva*, ainda que penalmente irrelevante, justifica o emprego de *força*, no instante da prisão; ou esta se constitui, sempre, em violência arbitrária, ou em abuso de poder (art. 322, inc. III e IV, do art. 350, se vigorantes; ou let. "i", do Art. 3º e let. "b", do art. 4º, da Lei n. 4.898/65).

Existe tendência em achar-se que, na circunstância, a utilização de *força* surge intolerável. Assim, diz *Tourinho Filho*:

> "Não se concebe, por exemplo, que, no caso de resistência passiva, o soldado faça uso do *casse-tête*. O que passar do indispensável sujeitará o executor às penas da lei. Na hipótese de resistência passiva, pode o executor carregar o capturado".[124]

Volta, de novo, a questão muito mais de grau de intensidade da *força*, em variadas situações, do que, propriamente, de sua aplicação. A mera recusa de acatamento à voz de prisão, frente a diversos circunstantes, pode criar eventual estado de extremo risco, para o agente público. O detido que inerte se deita no solo, em condições de perigo, enseja o emprego de energia, até para protegê-lo.

O delito de *desobediência*, ou a *resistência passiva*, ambos os *fatos* pedirão o dispêndio de *força*, ou não. Tudo conforme se mostrar a ocasião.

O critério que se demanda do funcionário público é de *necessidade* e *conveniência* da *força*; sabendo-se:

---

quem busca apenas eximir-se à prisão (RT 13/383). É o argumento de mestre Soler, V. 11, que estuda atentamente a matéria, e que podemos acolher, pela identidade das disposições legislativas de nossos países. Cf., no mesmo sentido, AJ 69/126" (*Jurisprudência Criminal*, 3ª ed., São Paulo, J. Bushatsky, 1979, v. 1, § 197, p. 453).

123. "*Resistência passiva*: Não configura o crime a resistência apenas passiva, sem emprego de violência ou ameaça" (TJSP, Ap. 133.215, RT 509/ 343; TARS, Ap. 7.611, RF 264/344). A ação de espernear ou esbravejar contra policial, ao ser preso, não configura (TACrSP, Ap. 255.745, RT 548/324 e Julgados 66/345)". "*Fuga à prisão*: A fuga à voz de prisão não tipifica, pois é instinto de liberdade e não vontade de desobedecer (TJSP, Ap. 3.115, mv. RT 551/311 e RJTJSP 71/317; TACrSP, HC 103.248, RT 555/374)". (*Código Penal Anotado*, 4ª ed., São Paulo, Saraiva, 1983, p. 409 e 412).

124. Fernando da Costa Tourinho Filho, *Processo Penal*, op. cit., v. 3, § 26, p. 356.

"... difícil aos policiais manterem equilíbrio exato entre o perigo de cometerem algum excesso funcional e o de permitirem o desprestígio de suas delicadas funções".[125]

A atual legislação brasileira parece não autorizar outra resposta. A resistência, aludida na lei processual (art. 284), junta a ativa com a passiva, mais o crime de desobediência, dando azo ao moderado uso da força e, assim, das algemas.[126] Vale dizer, existe um conceito jurídico-penal de resistência e outro de natureza processual penal.[127] Eis por que *Hélio Tornaghi* observa:

---

125. Apel. n. 1.341/Orlândia, Seg. Câm. TACRIM, rel. Roberto Loureiro, j. 16/12/52, Rev. dos Tribs., n. 211/369.

126. Ver nota 42.

127. Em sentido contrário, Maria Stella Villela Souto Lopes Rodrigues: "A simples negativa feita de modo passivo, pelo preso que se recusa a atender à ordem de prisão, constitui desobediência e não resistência, e, desse modo não legitima o emprego da força. Basta que confrontemos os arts. 329 e 330, do Código Penal, para chegar a essa conclusão e compreender o sentido exato do texto do art. 284, do Código do Processo Penal. Ressaltam os processualistas penais que, muito embora não seja vedada a interpretação analógica no que diz respeito ao processo penal, é de boa orientação o interpretar-se restritamente os textos, que dizem respeito a princípios, que regem limitações à liberdade individual" (*ABC do Processo Penal*, 3ª ed., São Paulo, Rev. dos Tribs., 1978, § 27, p. 131-2). A questão, parece, não consistir em *analogia iuris*, mas em *interpretação teleológica*, "a qual procura o fim, a 'ratio', o 'pensamento fundamental' do preceito legal, e a partir dele determina o seu 'sentido'. Aqui, portanto, o 'sentido' é o fim visado pela lei" (Karl Engisch, *Introdução...*, op. cit., p. 108, as aspas internas são do autor). A norma pretende admitir que o funcionário, em exercício, lance mão da *força* medida, se, e quando, o administrado lhe obstacule, por qualquer modo, a voz legal de preso. O fim próximo acha-se, inexistindo mandado, no dar efetividade a tudo que decorre e importa à prisão em flagrante, ou à recaptura do réu evadido. Havendo mandado, está na mantença do funcionamento regular e contínuo dos órgãos públicos, bem como da sua dignidade. Já o fim remoto encontra-se-lhe na preservação da paz social, que, sendo de interesse geral, se constitui em dever do Estado. Cabe recordar, e ainda, a observação de Julián Marías: "O decisivo seria chegar a uma medida da liberdade (e dos direitos). Não é fácil, certamente, porque o humano é muito complexo; mas, há algum tempo, propus um instrumento prático de medida, consistente simplesmente em responder a três perguntas: 1. O que posso fazer? 2. O que não posso fazer? 3. O que me podem fazer? (Naturalmente, ao fazer essas perguntas não se deve pensar unicamente no poder do Estado, mas na situação total concreta em que se vive em

> "Qualquer consideração de Direito Penal sobre a caracterização da resistência é aqui (processo penal) impertinente".[128]

A duplicidade de conceitos, de manifesto, é ruinosa e indesejável para o sistema da Justiça Penal, porém surge inútil negá-la.

Já ao que *tentar fugir*, durante o procedimento da prisão – cometa o crime de *desobediência*, ou tão só exercite o natural impulso de liberdade[129] –, se pode *algemar* (art. 284, *in fine*, do Cód. de Proc. Penal).

Outro tema, contudo, que costuma aflorar diz com a *fuga*, mas *antes* ou *após* a captura.

Tudo quanto se veio asseverando e anotando sobre o pressuposto da *resistência*, no processo penal, vale para o da *fuga*. Daí explicar *Hélio Tornaghi*:

> "Conquanto a lei fale em tentativa de fuga de preso, parece-me que ela *minus dixit quam voluit*. A palavra *preso* não está a designar apenas o já capturado, mas também o que se vê na iminência de o ser. Ela se refere também ao que percebe que vai ser apanhado e foge. É o que se depreende da interpretação compreensiva".[130]

Campos Barros, suscitando a hipótese de tentativa de fuga, depois da prisão, diz tratar-se de fato

> "... que poderá ser obviado, mediante um meio constritivo, tal como a *algema*".[131]

Tal ideia levaria à amplificação do uso das *algemas*, sem a exigida ocorrência de anterior *tentativa de evasão*. Que a prática diária, em espe-

---

cada país, época, situação.) A resposta sincera a estas perguntas daria uma imagem bastante precisa da liberdade e dos direitos humanos em cada sociedade e mostraria as medidas que é preciso tomar para assegurá-los e torná-los efetivos para rever e renovar seu conteúdo à luz dos valores que se aceitam e que verdadeiramente se querem realizar, que respondem ao que cada um de nós quer ser" ("Os direitos humanos – Como medir a liberdade?", em *Jornal da Tarde*, São Paulo, 13/12/1980, p. 6).

128. Hélio Bastos Tornaghi, *Instituições...*, op. cit., v. 3, p. 230.

129. Ver nota 54.

130. Hélio Bastos Tornaghi, *Instituições...*, op. cit., v. 3, p. 230-1. No mesmo sentido, Tales Castelo Branco, *Da Prisão...*, op. cit., § 64, p. 91.

131. Romeu Pires de Campos Barros, *Direito Processual Penal...*, op. cit., § 195, p. 105; grifo nosso.

cial nos grandes centros urbanos, vem vulgarizando essa conduta, todos sabemos. Contrariam ela, entretanto, as leis que sempre tivemos.

É, depois de mencionar a excepcionalidade do emprego de *algemas*, para acautelar a *escapula* do preso, que *Barcelos de Souza* concluiu:

> "Não se trata, pois, de equipamento para uso rotineiro".[132]

Assim, o que sai precipitado, para não se ver alcançar;[133] o capturado na flagrância, que tenta retirar-se; e se, logrando escapar, ele termina pre-

---

132. José Barcelos de Souza, *A Defesa...*, op. cit., § 89, p. 176. O *Manual Básico de Policiamento Ostensivo*, da Polícia Militar do Estado de São Paulo (M-14-PM), que consolidou, em data recente, conceitos e normas básicas, bem como essenciais à uniformidade de procedimento, na execução do policiamento ostensivo fardado (1-1), não deixa dúvida. Em três lanços, mostra que tolher mediante *algemas* não deve consistir em prática habitual ou ordinária: "2-23. *Uso de Algema*. a. O uso de algema no Estado de São Paulo é regulamentado por decreto, sendo permitido: (1) para conduzir à presença de autoridade os delinquentes presos em flagrante delito, desde que ofereçam resistência ou tentem a fuga; (2) para conduzir à presença de autoridade os ébrios, os viciados e os turbulentos apanhados na prática de infração e que devem ser postos em custódia, desde que seu estado de extrema exaltação torne indispensável o emprego de força; (3) para transportar de uma dependência para outra presos que, pela sua periculosidade, possam tentar a fuga durante a diligência, ou tenham tentado ou oferecido resistência, quando da prisão; b. O abuso do uso de algema, por parte de autoridade ou de seus agentes, acarretará responsabilidade penal. As dependências policiais devem manter livro especial para registro das diligências em que tenham sido empregadas algemas, lavrando-se o termo respectivo". "3-11. *Condução de preso*. a. Em princípio, todo preso será submetido à busca pessoal, por mais pacífico que aparente ser. Quanto à utilização de algemas, somente ocorrerá para detidos que ofereçam perigo à segurança do PM ou possibilidade de fuga, conforme legislação específica citada no parágrafo 2-23 deste Manual. Na falta de algemas, aproveitar os meios de fortuna, como o cassetete ou a cinta do próprio preso. Evitar brutalidade ou violências desnecessárias. b. O transporte do preso deverá ser feito em viaturas e, enquanto esta não chega, o preso deve ser mantido sob severa vigilância, de preferência em local isolado e longe do público. Nenhum preso deve ser subestimado, em termos de capacidade de reação". "4-8. *Condução do preso* (escolta). (2) O uso de algemas deve obedecer ao disposto no Decreto n. 19.903 de 30 de outubro de 1950, que regulamenta a matéria" (São Paulo, Seção Gráfica do CSM/Int., 1983, 1ª ed., p. 53-4, 176 e 222).

133. Em sentido oposto, Maria Stella Villela Souto Lopes Rodrigues: "Quanto à tentativa de fuga, refere-se o texto do art. 284 ao *preso*, querendo parecer que se trate de pessoa já alcançada pelo detentor, como salienta Basileu Garcia. Toda-

so; bem ainda o custodiado, o réu e o condenado evadidos, quando recapturados (art. 684, do Cód. de Proc. Penal); a todos se pode *algemar*, visto como o suposto e o pressuposto da *fuga* legitimam a *força*. Vale afirmar, é a situação de *fugiente* que, estabelecida, lhe permite o aproveitamento (art. 284, *in fine*, do Cód. de Proc. Penal).

6. A aplicação precautória de *algemas* ocorre, também, nos casos de simples contenção e durante o transporte do preso, do condenado, ou do custodiado.

Antes já verificamos os conceitos de preso e de presidiário. Importa, agora, deles apartar o custodiado.

Custódia é o *lugar* em que alguma pessoa, ou coisa, acha-se guardada e protegida.[134] Na custódia pessoal, as restrições, mais ou menos intensas, à liberdade de locomoção impossuem, hoje, as causas e os efeitos das diversas espécies de prisão.[135]

Convém lembrar de que, no direito das Ordenações, considerava-se preso

> "... não só os recolhidos ao cárcere, mas também os soltos, que se defendem sob menagem ou com fiadores, visto como não podem, impunemente, deixar de comparecer em juízo, nem se afastar do lugar, que se lhes destinou. Febo, P. I, *Decisio*, 3, n. 3, 4, 5 e 6".[136]

---

via, aqui, entende o eminente jurista que se possa estendê-lo, por analogia, à que não foi ainda alcançada, eis que a regra permite a utilização da força, mas somente a *indispensável* para impedir essa fuga, impedindo, dessa forma, os excessos condenáveis, embora praticados com o fim de executar determinação legítima. A nós, *data venia* do eminente jurista, quer nos parecer perigosa qualquer interpretação extensiva em assuntos de tal gravidade como o é o do cerceamento à liberdade individual, muitas vezes plenamente justificável. Preferimos, por isso, a interpretação restritiva, muito embora seja permitida a analogia em matéria processual penal, justificando o nosso modo de pensar o fato de tratar-se de regra que regulamenta princípio constitucional dos mais importantes". (*ABC...*, op. cit., § 27, p. 132).

134. Conf. Joaquim José Caetano Pereira e Sousa, *Esboço de Hum Diccionario Jurídico, Theoretico e Practico*, op. cit., T. I, verbete respectivo.

135. Ver nota 40.

136. Pascoal José de Mello Freire, *Institutionum Juris Criminalis Lusitani – Liber Singularis*, 4ª ed., Coimbra, Typ. Acadêmica, 1845, Tit. XV, § 1, p. 182.

Largo era, pois, o sentido da palavra. A prisão dividia-se em duas espécies: *ad custodiam*, ou processual, e *ad poenam*, ou punitiva.[137] A liberdade provisória, com ou sem fiança, como importava a designação de certo e marcado lugar para custódia, dava ao réu a condição de verdadeiro preso.

Tal não significava, entretanto, a inexistência de privação da liberdade, sob custódia, e à maneira moderna.[138]

Borges da Rosa oferece-nos conceito mais atual:

> "Custódia é sinônimo de guarda e exprime a privação efêmera da liberdade de uma pessoa, com o fim de exercer sobre ela uma vigilância segura".[139]

A lei processual comum vigente a ela alude, com esse entendimento, no caso de captura em perseguição. A autoridade do local do achamento, se possuir fundada razão para duvidar da legitimidade da pessoa do executor – ou mero perseguidor –; bem como da legalidade do mandado – ou do estado de flagrância – poderá manter em custódia o conduzido, até que clareie a desconfiança (§ 2º, do art. 290 e inc. III, do art. 302 c/c art. 308). Assim:

> "Custodiar é guardar, mas guardar com cuidado, com zelo. Custodiar não é prender, é proteger. Ao contrário da prisão, que é encarceramento,

---

137. Ver *Digesto*, 48, 3, "*De custodia et exhibitione reorum*". Não se deve estranhar que o acusado fosse colocado em custódia. Basta recordar Sêneca: "*res sacre miser*" (*Epigramas*, 4), ou seja, "o miserável (o réu), é coisa sagrada". Consultar sobre o tema José Frederico Marques, "Da prisão no direito brasileiro", em *Estudos de Direito Processual Penal*, Rio de Janeiro, Forense, 1960, p. 219-22.

138. O Alvará, com força de Lei, de 21/10/1763, o qual dava novo *Regimento dos Auditores Militares*, no § 7º, estabelecia que as rondas policiais civis podiam deter militares, achados vagando pelas ruas, à noite, mas deviam segurá-los "na cadeia em *custódia*, até que na manhã seguinte, à hora competente, avisem o comandante do preso, para lho remeterem...". Outro Alvará, da mesma espécie, e de 24/10/1764, que declarava crime de lesa-majestade, de segunda cabeça, a *resistência* aos Oficiais de Justiça, no § 4º, mandava que os eclesiásticos e demais pessoas, não sujeitas à Justiça Ordinária, ao resistirem, ou ao cooperarem com a resistência, fossem detidos e postos em *custódia*, para que o rei determinasse, o que lhe parecesse conveniente à tranquilidade pública (Antonio Delgado Silva, *Collecção da Legislação Portuguesa – 1768 a 1774*, Lisboa, Typ. Maigrense, 1829, p. 72 e 129).

139. Inocêncio Borges da Rosa, *Comentários*, op. cit., p. 400.

a custódia é o mínimo de privação da liberdade e até pode existir sem qualquer restrição da liberdade de ir e vir. Se a autoridade tiver meios de custodiar, de vigiar, de ter mão sobre aquele que lhe foi apresentado sem precisar mantê-lo em determinado lugar, tanto melhor".[140]

Inexiste mais, em direito comum, cabência na clássica distinção entre prisão *ad custodiam* e *ad poenam*. Mesmo quando tentamos visualizá-la, em parte, baixo ao exclusivo enfoque penal.[141]

As prisões, primeiro, surgem *processuais*, visto como emergem para servir, unicamente, ao processo administrativo, penal ou civil. Depois, afloram *executórias*, porque nascentes na imposição de sanção disciplinar, ou penal.

As características de cautelaridade, ou de compulsoriedade, só aparecem, por evidente, na espécie *prisão processual*, embora despontem na *custódia*. Daí, talvez, certa dificuldade em perceber que o seu conceito desprendeu-se de qualquer ideia de prisão.

Custódia é proteção, que a autoridade, por necessário ou conveniente, concretiza ou dispensa. Quem protege cuida, vigia e defende.

Na *custódia*, existe ínsita a noção de perigo, real ou virtual, que cumpre arredar, em favor do custodiado, de outrem, ou da comunidade. Nela se acha não só a prevenção das infrações penais, mas, em principal, a mantença da tranquilidade e da ordem social.[142] Possui, assim, natureza administrativa e metapenal.

---

140. Hélio Bastos Tornaghi, *Instituições...*, op. cit., v. 3, p. 169.

141. O Código de Processo Penal Militar continua a entender que a prisão processual é *ad custodiam*. Vejam-se os arts. 188 e 241, em especial. O projeto de Código de Processo Penal, de 1983, menciona a custódia nos arts. 191 e 696 (Mensagem Presidencial n. 240/83).

142. Estar em segurança consiste em direito individual, declarado e prometido na Constituição da República (art. 153, *caput*). Segurança, pois, de todos e de cada um, impessoalmente considerado. Ela importa e diz com o povo, com o público. Motivo é, portanto, da adjetivação: *segurança pública*. Não se há de defini-la como ausência de temor. Quando nos encontramos seguros, tal estado gera, em consequência, a falta de medo. Sob a luz dos direitos individuais, melhor cogitar-se da *paz pública*, emergente do binômio: tranquilidade social, não artificial, e ordem social, entendida como harmonia na comunidade.

As hipóteses legais de *custódia* exsurgem tão numerosas quanto às de prisão[143] e em todas, quando inevitável, se pode tolher pela *força*.

---

143. A *custódia dos indigentes*, ébrios, drogados, turbulentos e dos fracos de mente sempre se conteve no dever de vigilância das autoridades policiais (ns. 17 e 30, do art. 86, inc. III, do art. 112 e arts. 126 a 134, do Dec. Est. n. 4.405-A, de 17/04/1928; inc. II, do art. 12 e inc. VI, do art. 31, da Port. n. 1/73-DEGRAN). A contenção das aludidas pessoas far-se-á mediante *algemas*, "desde que o seu estado extremo de exaltação torne indispensável o emprego de força" (n. 2, do art. 1º, do Dec. Est. n. 19.903, de 30/10/1950 c/c inc. II, do art. 184, da Port. n. 1/73 e n. 2, do art. 1º, da Resol. SSP n. 41, de 02/05/1983). A retenção em *custódia* de pessoa doente, ou contagiante de moléstia transmissível pode mostrar-se necessária, quando o isolamento residencial surge impossível e se aguarda o nosocomial (art. 11 e s. §§, bem como art. 27 e s. §§, do Cód. Nacional de Saúde, Dec. n. 49.974-A, de 21/01/1961). A autoridade sanitária, para execução da medida, requisitará auxílio da Polícia (art. 16 c/c inc. II, do art. 12, da Port. n. 1/73). O agente diplomático e seus familiares, os quais convivam com ele, não sendo brasileiros; o membro do pessoal administrativo e técnico da missão e familiares, nas mesmas aludidas circunstâncias; bem como aquele pertencente ao pessoal de serviço da missão, quando em exercício da função, excluídos os membros da respectiva família, gozam todos de absoluta imunidade de jurisdição, em matéria penal (art. 4º, do Cód. Penal e n. I, do art. 1º, do Cód. de Proc. Penal c/c arts. 31, 37 e §§, da Conv. de Viena, sobre relações diplomáticas, de 1961, aprov. pelo Dec. Leg. n. 103/64 e promulg. pelo Dec. n. 56.435, de 08/06/1965; vide Guido Fernando Silva Soares, *Das Imunidades de Jurisdição e de Execução*, Rio de Janeiro, Forense, 1984, p. 54). Pode suceder que tais pessoas sejam encontradas em estado de flagrância, ou se tornem perigosas à segurança pública, recomendando-se, conforme o caso, a mantença sob *custódia*, até deixarem o território nacional. Cabe, também, mencionar os menores de dezoito anos, aos quais se atribua a prática de infração penal. Às vezes, ficam, ainda que por tempo efêmero, nos Distritos Policias, seja porquanto sua apresentação imediata ao Juiz de Menores emerge impossível; seja porque a infração é grave e deles depende a apuração do fato, bem assim de eventual concurso de pessoas maiores (§§ 2º, 3º e 4º, do art. 99, da Lei n. 6.697/79). Em *custódia*, se colocam as pessoas vítimas de crime, que, apreendidas, aguardam entrega aos pais, tutores ou curadores; ou encaminhamento a exame de corpo de delito (let. "g", do § 1º, do art. 240 c/c § 6º, do art. 245, do Cód. de Proc. Penal). Há, igualmente, a *custódia* policial, como precaução contra delito esperado, desde que arrimada em razoável suspeita. Tal hipótese exemplifica-se na *custódia* do indiciado, que, não estando preso, tem a vida em perigo, com vistas ao clamor público, ou à vingança de comparsas. A todo tempo em que ocorram os pressupostos de *resistência*, ou de tentativa de *fuga*, nos casos apontados, permite-se o uso da *força*. O art. 24, da Lei n. 6.368/74, dita de tóxico, afastando-se do art. 350, do diploma processual, permi-

O "estado extremo de exaltação", mencionado no Decreto paulista,[144] a cólera, a excessiva excitação, vale dizer, um quadro de agitação psicomotora, aconselha o emprego de *energia*, para mera contenção. Nas circunstâncias e sem abuso, inexiste arbítrio em se lançar mão de camisas de força, tranquilizantes, *algemas* ou cordas, que não se puderam dispensar.

A condução de pessoa presa, condenada ou custodiada à presença de alguma autoridade, bem assim seu transporte para outro estabelecimento penal ou lugar, necessita realizar-se com segurança, diminuindo o perigo de fuga. Cumpre, ainda e sempre, lhes acatar a garantia constitucional de respeito à integridade física e moral (§ 14, art. 153, da Const. da Emenda n. 1/69).

O emprego de *algemas*, portanto, não pode surgir habitual, costumeiro, nem ficar ao alvedrio de eventuais chefias e comandos de policiais, incumbidos da diligência de escolta ou captura.[145]

Os Juízes Corregedores dos Presídios e da Polícia Judiciária, mediante Portarias, têm buscado dar algum regramento ao serviço de escolta, mas os limites próprios de tais determinações emergem manifestos.

O critério, entretanto, vai desde certo empirismo na atribuição de perigosidade ao conduzido e ao transportado[146] até a indiscriminação completa da coação, pela qual a todos se algemam.

A valoração da perigosidade há de exsurgir objetiva, nascente em informações, assentamentos, sejam policiais, judiciários ou prisionais. Já a

---

te que, em ocorrendo prisão em flagrante de menor de vinte e um anos, se couber fiança (v. art. 16) e o conduzido não possuir condições de prestá-la, a autoridade policial "poderá determinar seu recolhimento domiciliar, na residência dos pais, parentes ou de pessoa idônea, que assinarão termo de responsabilidade". Aqui, não se trata de *custódia domiciliar*, mas da antiga caução, por *fiéis carcereiros*, que responsáveis ficam pela guarda do indiciado (vide Joaquim José Caetano Pereira e Sousa, *Primeiras Linhas...*, op. cit., nota 201, p. 84-5 e João Mendes de Almeida Júnior, *Processo Criminal...*, op. cit., v. I, § 224, p. 381-8).

144. Ver nota 74.

145. Sobre o tema, ver Norival Palumbo, *O Transporte de Presos à Disposição da Justiça*, São Paulo, text. mimeog., 1976.

146. Manda o n. 3, do art. 1º, do Dec. Est. n. 19.903/50, colocar *algemas* no caso de: "Transporte, de uma para outra dependência, ou remoção, de um para outro presídio, dos presos que, pela sua conhecida periculosidade, possam tentar a fuga, durante a diligência, ou a tenham tentado, ou oferecido resistência, quando de sua detenção".

aposição indistinta de *algemas* e, portanto, sem história individual de desobediência, resistência ou fuga termina, no mínimo, iníqua.

Sempre se pode alegar que, existindo o natural instinto de liberdade, os que possuem restrita a de locomoção fogem todos por impulso. Assim, é necessário, de modo precautório, com eles usar de *força*, mesmo inocorrendo quaisquer dos pressupostos legais mencionados.

O argumento prova demais. Os órgãos da Justiça Penal devem se aprestar para reduzir o perigo de fuga, mediante diversas providências acautelatórias e cuidados. Sem quebrantar o direito, sem vulgarizar o que emerge excepcional, sem transmudar em rito o ato de algemar.[147]

---

147. "Não constitui constrangimento ilegal o uso de algemas por parte do acusado, durante a instrução criminal, se necessário à ordem dos trabalhos e à segurança das testemunhas e como meio de prevenir a fuga do preso"; "... o uso de algemas não constitui constrangimento ilegal, quando necessário a preservar a segurança das testemunhas e a evitar a fuga de presos. De fato, compete ao juiz instrutor a disciplina das audiências e a condução dos trabalhos, de modo a preservar o respeito à Justiça e a garantia da ordem" (Rec. de *Habeas corpus* n. 56.465-8/SP, Seg. Turm. do STF, rel. Cordeiro Guerra, j. 05/09/78, v. u., Rev. dos Tribs. 517/408). E, mais pontualmente:

"*Guarda a pior das impressões a presença de um preso, com essas amarras metálicas, no recinto solene do Fórum. Sob colocar em dúvida a altaneiredade da Justiça, põe incontrastável ostensividade a ineficácia, a insuficiência objetiva da escolta*". "Pode-se manter sob algemas, em sala de audiência, o réu preso? É direito do réu retirar-se da audiência? Quanto à primeira questão, não há refutar que, medida extrema, odiosa, somente se justifica em casos absolutamente indispensáveis. Guarda a pior das impressões a presença de um preso, com essas amarras metálicas, no recinto solene do Fórum. Sob colocar em dúvida a altaneiredade da Justiça, põe em incontrastável ostensividade a ineficácia, a insuficiência objetiva da escolta. Em tese, naturalmente. Exceções muito especiais, vale dizer em absoluta excepcionalidade, podem ensejar essa cautela. Sempre que a eventualidade se não resolva pelo só reforçar a escolta. Nesses casos assim raros, será regular a manutenção das algemas. Ou então: Autentica-se seu uso desde que não reflitam resíduo dos grilhões medievais, ou comodismo dos encarregados da segurança; ou até mesmo, infundado medo por parte de algum, ou de vários integrantes da relação processual penal. Então, como cautela inafastável, imperiosa, pode-se adotar a providência. Em síntese final: A conveniência não basta para ditar esse procedimento. É necessário tratar-se de medida indeclinável na salvaguarda da segurança, assim, de outrem, como até mesmo do próprio preso" (Apel. n. 273.471/SP, Sex. Câm. TACRIM, rel. Ary Belfort, j. 01/09/81, v. u., Julg. TACRSP 68/420-22). O aresto põe-se em concordância com o parecer de Paula Pessoa, antes reproduzido. Ver nota 16.

A falta de um regulamento nacional, disciplinante da utilização das *algemas*, exibe-se visível, além das precauções naturais.

7. Vimos pontuando a utilização da *força*, como poder, função e atividade: seu aspecto fisiológico. Agora, lhe importa ver o ângulo patológico: o abuso.

Ele pressupõe o uso, ou a faculdade de usar. Só responde por abuso, assim, quem se excede no poder que possui. O que nunca o teve não exorbita, não abusa, usurpa.[148] O gênero abuso de poder

> "... é a exorbitância da autoridade (pública) que, em concreto, na prática, se manifesta ou *por excesso* (diferença específica quantitativa), ou *por desvio* (diferença específica qualitativa)".[149]

O exercício de todo indevido da faculdade de algemar, entretanto, é só violência, que não se purga, quando se ostenta no mero constrangimento ilegal, ou no exercício arbitrário das próprias razões (arts. 146 e 345, do Cód. Penal). Dele não cogitamos, aqui.

A Constituição da República alude ao "abuso de poder", quando trata das ações judiciárias de *habeas corpus* e de mandado de segurança (§§ 20 e 21, do art. 153). Menciona, porém, "abuso de autoridade", ao cuidar do direito de representação (§ 30, do art. 153).[150]

A expressão "abuso de autoridade", na técnica do direito penal, não surge a melhor, seja porque específica e o abuso de poder a encerra; seja

---

148. Conf. Francisco Cavalcanti Pontes de Miranda, *Coment. à Const. de 1967*, São Paulo, Rev. dos Tribs., 1968, T. V, p. 294. Na mesma orientação Rosa, ao buscar estabelecer a natureza jurídica do abuso de poder, quando afirma: "Trata-se de um vício no ato praticado por uma autoridade que, no exercício de um poder, não atinge os seus objetivos, o bem público ou a finalidade de sua ação. Não se trata de um exercício fora da lei, assim teríamos a ilegalidade, nem a usurpação de uma função, aí teríamos um crime, porém, a atividade de um poder, não exercido com as cautelas devidas, que ultrapassa os limites da sua ação, nem sempre endereçada dentro das suas atribuições (Rafael Bielsa, *Derecho Administrativo y Ciência de la Administración*, 2ª ed., v. I, p. 165), ou finalidade" (Roberto Rosa, *Do Abuso de Poder*, Rio de Janeiro, s. ed., 1968, p. 20).

149. José Cretella Júnior, *Dicionário...*, op. cit., verbete respectivo, p. 8-9.

150. As Constituições de 1891 e de 1934, sobre o mesmo direito, referem "abusos das autoridades" (art. 72, § 9º e art. 113, 10, respec.); a Carta de 1937 não invoca a expressão (art. 112, 7), acompanhando nesse lanço a do Império (art. 179, 30); e a de 1946 fala em "abusos de autoridade" (art. 141, § 37).

por quanto diz mais com as relações jurídicas privadas (lets. "g" e "n", do inc. II, do art. 44, do Cód. Penal vigente). O nome preferível das condutas de que nos ocupamos é abuso de poder.[151]

A Lei n. 4.898, de 09/12/1965, reforçando o sistema protetivo das liberdades públicas, contudo, tipificou os delitos de "abuso de autoridade", a reboque do direito constitucional de representação, cujo exercício regulamenta.

Assim, as autoridades e seus agentes, que segundo as leis devem prender, custodiar, conduzir e transportar pessoas, não podem, a qualquer pretexto, arbitrariamente, metê-las *em algemas* e, portanto, lhes atentar à incolumidade física.[152]

Gilberto e *Wladimir Passos de Freitas*, ao comentar a Lei n. 4.898/65, afirmam consistir o atentado à incolumidade individual (let. "i", do art. 3º):

> "... em 'toda ofensa praticada pelos agentes da Administração, no exercício de um cargo, emprego ou função, contra o indivíduo', não importando que a violência não tenha deixado vestígios, pois a violência se caracteriza pelo emprego de força física, maus-tratos ou vias de fato.
>
> Face à lei em questão a violência abrange desde a mais grave, como o homicídio, à mais leve, como as vias de fato".[153]

---

151. Ver Anibal Bruno, *Direito Penal – Parte Geral*, 3ª ed., Rio de Janeiro, Forense, 1967, T. 3, p. 128-9; ainda Damásio E. de Jesus, "Abuso de autoridade: apreciação da Lei n. 4.898, de 9 de dezembro de 1965", em *Questões Criminais*, São Paulo, Saraiva, 1981, p. 5-6. A Lei n. 7.209, de 11/07/1984, que modifica a Parte Geral do Código Penal, mantém as duas circunstâncias agravantes (lets. "f" e "g", do inc. II, do art. 61).

152. Anota Celso Delmanto: "É controvertida a vigência do art. 322, do CP, após a edição da Lei n. 4.898/65. Duas correntes existem a respeito: a. O art. 322 do CP *não* foi revogado pela Lei n. 4.898/65 (Magalhães Noronha, *Direito Penal*, 1979, IV/417; STF, RE 73.914, RTJ 62/266; RE 69.699, RTJ 56/133; HC 47.837, RTJ 54/304; TJRJ, Ap. 4.148, RF 270/298 e RT 520/466; TJSP, Ap. 134.923, RT 511/322); b. O art. 322 foi revogado (Damásio de Jesus, *Questões Criminais*, 1981, p. 14; Gilberto e Vladimir P. Freitas, *Abuso de Autoridade*, 1979, p. 120; Paulo L. Nogueira, *Questões Penais Controvertidas*, 1979, p. 121; Técio Lins e Silva, *Liberdade e Abuso de Poder na Repressão à Criminalidade*, 1980, n. 22; TJSP, Ap. 132.781, RT 512/343; TACrSP, Ap. 113.075, RT 489/354)" (op. cit., p. 399).

153. Gilberto e Wladimir Passos de Freitas, *Abuso de Autoridade Notas de Legislação, Doutrina e Jurisprudência à Lei n. 4.898, de 09.12.65*, 2ª ed., São Paulo, Rev. dos Tribs., 1983, § 30, p. 31.

O crime emerge de perigo, ou de dano provável ao interesse público, em sentido amplo, e à integridade corporal da pessoa, que a norma protege. A conduta, em si, o atentar, estabelece situação, na qual se presume podia o agente ter a consciência de um risco a ambos os objetos da tutela penal. Delito que se exibe, pois, de perigo abstrato.

Atenta à incolumidade do preso, custodiado e do transportado, o agente público que, por excesso ou por desvio do poder discricionário, abusando os põe em *algemas*. Vale recordar que o conceito, aqui prevalente, de funcionário público não é o estatutário, porém o jurídico-penal (art. 327 e s. §§, do Cód. Penal).

O excesso de coação acha-se no modo sabidamente desacautelado de aplicar a *força*. O desvio encontra-se na evidente inobservância dos pressupostos legais de sua utilização. Concretiza-se o abuso no simples uso irregular, cumprindo-se o tipo independente de resultado.

Não se imagina, pois, a figura tentada.

O dolo está no desejo de praticar a ação, com a consciência do abuso ou do arbítrio funcional.

Os que possuem a faculdade de coagir, marcada em lei, carecem, portanto, de equilíbrio, moderação e de aprestamento.

O Estado, pois, que selecione, forme e aperfeiçoe as autoridades, bem como lhes dê o necessário, para os complexos atos de prender, custodiar, conduzir e transportar. Lembrado que, sempre, quem não pode ensanchar os meios não lhe resta senão cercear os fins.

O despreparo para função e a penúria de meios, às vezes, engolfam o agente público, hoje, no arbítrio. Pior para ele, se tolerante. É a própria Administração, que o deixando em tal conjuntura, depois, irá puni-lo pelo abuso.

Os administrados não se hão de satisfazer com o argumento, segundo o qual a desmedida reação à resistência, desobediência ou à tentativa de fuga, advinda dos defeitos indicados, conquanto ilegal, não surgiria delituosa, por ausente o dolo. Raciocínio como esse, se aceito, tenderia a legitimar, inclusive, a reprovável "prisão para averiguações", ou "correcional".

As *algemas* podem, também, servir para só insultar, ou castigar. Tortura psíquica consistente na injusta vexação e física, no aplicar sanção imprevista. Dar tratamento, enfim, degradante e desumano, ao que se acha sob guarda, ou em custódia, violando garantia individual (§ 14, do art. 153, da Const. da Emenda n. 1/69).

A conduta se quadra na mencionada Lei n. 4.898/65 (let. "b", do art. 4º), que, na hipótese, revogou o Código Penal).[154]

A infração, do mesmo modo, exsurge de perigo abstrato.

Mostra-se pluriofensiva, visto que a ação descrita, primeiro, atinge a Administração pública, mediante desvio de poder, quebrando-lhe a normalidade da exercência. Em segundo plano, oprime a liberdade individual, no aspecto dignidade humana, ao infligir sofrimento mental ou corporal.[155] Eis-lhe, pois, a objetividade jurídica, a dupla tutela.

O funcionário público, ou as pessoas que a ele se equiparam (art. 327 e s. §§, do Cód. Penal), fazendo passar o preso, custodiado, conduzido e transportado, por vexame ou por constrangimento ilegal, mercê de *algemas*, assim preenche o tipo.

O elemento subjetivo do injusto encontra-se na consciência de não só ignorar os pressupostos legais do uso da *força*, mas na vontade de lhe lançar mão, para humilhar, ou, cruelmente, mortificar. O dolo aflora genérico.

Cogita-se, entretanto, de tentativa, na espécie.

8. A consideração pela dignidade do ser humano integra acervo cultural dos povos civilizados. Na realidade, contudo, se observam

"... frequentes acessos de um lamentável atavismo pré-iluminista".[156]

Cumpre reprimi-los de modo contínuo e de forma idônea.

---

154. Nota Celso Delmanto: "Quanto ao art. 350 do CP, domina o entendimento de que ele foi revogado pela Lei n. 4.898/65, que regula o processo de responsabilidade administrativa, civil e *penal*, nos casos de *abuso de autoridade*. Esta lei, que em seu art. 4º, a e b, reproduz o art. 350, *caput*, e parágrafo único, III, do CP, tem sido aplicada para substituir o art. 350 do CP (Gilberto e Vladimir P. Freitas, *Abuso de Autoridade*, 1979, p. 121; H. Fragoso, *Lições de Direito Penal*, parte especial, 1981, IV/545-546; Técio Lins e Silva, *Liberdade e Abuso de Poder na Repressão à Criminalidade*, 1980, n. 22)" (op. cit., p. 444).

155. O acatamento à dignidade do preso e do custodiado está determinado em diversos diplomas, a saber: art. 32, do Cód. Penal vigorante; art. 38, da Lei n. 7.209/84; arts. 40 e 42, da Lei n. 7.210/84; ainda, art. 241, do Cód. de Proc. Penal Militar.

156. Antônio Manuel Hespana, *Apontamentos de História do Direito Português*, Coimbra, text. mimeog., 1970, p. 155-6.

Várias normas internacionais possuem o específico destino de vedar abusos, que se podem cometer algemando.[157]

A tradição legislativa e doutrinária luso-brasileira, por igual, desponta, como se buscou mostrar, nas notas históricas e pela convicção dos doutores.

A necessidade de dar, assim, melhor regramento à utilização da *força* conduziu os fatores do anteprojeto de Lei de Execução Penal a, no Título X, "Disposições finais e transitórias", estatuírem:

> "Art. 183. O emprego de algemas será disciplinado em decreto federal".[158]

Tal dispositivo encontrou-se conservado, no art. 198, do projeto, que se encaminhou ao Congresso Nacional[159] e seu expositor, então, enfatizou:

> "176. A segurança pública e individual é comprometida quando as fugas ou as tentativas de fuga se manifestam, principalmente fora dos limites físicos dos estabelecimentos prisionais, quando a redução do número de guardas e as circunstâncias do transporte dos presos impedem o melhor policiamento. Daí a necessidade do emprego de algemas como instrumentos de constrição física.
>
> 177. O uso de tal meio deve ser disciplinado em caráter geral e uniforme. Esta é a razão do disposto no artigo 198, segundo o qual 'o emprego de algemas será disciplinado por decreto federal'".[160]

157. Vejam-se: art. 5º, da "Declaração Universal dos Direitos Humanos", de 1948; art. 3º, das quatro "Convenções de Genebra", de 1949 e, também, o art. 99, da "Terceira Convenção"; art. 7º, do "Pacto Internacional dos Direitos Civis e Políticos", de 1966; art. 3º, da "Declaração sobre a Proteção de Todas as Pessoas Contra a Tortura e outros Tratamentos e Penas Cruéis, Desumanas ou Degradantes", da União das Nações Unidas (ONU), de 1975; já em âmbito regional: Art. 3º, da "Convenção Europeia para Proteção dos Direitos Humanos e Liberdades Fundamentais", de 1950; art. 5º, n. 2, da "Convenção Americana sobre Direitos Humanos", de 1969; art. 5º, da "Carta Africana dos Direitos Humanos e dos Povos", aprovada em 1981, mas não vigorante; e como regimentos especiais: art. 31, das "Regras Mínimas para o Tratamento de Reclusos", da União das Nações Unidas (ONU), de 1957; art. 5º, do "Código de Conduta para os Funcionários, Encarregados de Fazer Cumprir a Lei", da mesma entidade internacional, de 1979.

158. Supl. ao n. 138 do *Diário Oficial da União*, de 31/07/1981, p. 20.

159. "Projetos de Reforma Penal", Brasília, Ministério da Justiça, 1983, p. 300 (Mensagem Presidencial n. 242/83).

160. Ibrahim Abi-Ackel, "Exposição de Motivos n. 213", a 09/05/1983, em "Projetos de Reforma Penal", op. cit., p. 257.

Sem modificação, tornou-se no art. 199, da Lei n. 7.210, de 11/07/1984, a qual institui a disciplina específica da execução penal, no Brasil.[161]

Prisões e custódias, *ad vis absoluta*, as quais emergem das conjecturas dos executores, descobertas de toda a lei, carregadas de sujeições inúteis e de infamações sem número. Eis o que continuaremos a ter se, descumprindo o preceito, não regulamentarmos o uso das *algemas*.[162] A tudo presidindo as perguntas: para que algemar punhos inábeis a resistir? Para que coartar mentes, que da fuga são distantes?

A liberdade bem pode conviver com a segurança: Assim, a esperada regulamentação há de evidenciar que a ninguém se permite maltratar, insultar ou fazer qualquer violência a preso ou custodiado. Só nos casos de resistência, desobediência, fuga ou tentativa de evasão surge lícito o uso da *força*, ou dos meios necessários e suficientes, para vencer a reação, efetuar ou manter a prisão, bem como a custódia.[163]

(agosto de 1984)

---

161. A lei foi publicada no *Diário Oficial da União*, de 13/07/1984, p. 10.277-34, para vigorar, concomitantemente, com a Lei de Reforma da Parte Geral do Código Penal, assim, seis (06) meses, após a data de edição.

162. Raras são as opiniões contrárias à regulamentação especial do emprego de *algemas*. Magalhães Noronha, ao ensejo do Decreto Paulista n. 19.903/50, manifestou-se no sentido da suficiência dos arts. 284 e 292, do Cód. de Proc. Penal ("Uso de algemas", em *Investigações – Revista do Dep. de Invest.*, São Paulo, ano III, n. 25, jan. 1951, p. 139-40). Confronte-se-lhe o parecer, com o ensino de Tornaghi e de Basileu Garcia. Ver notas 28 e 30.

163. Conf. art. 234 (tratamento dos presos), do anteprojeto de Código de Processo Penal português de 1983.

"Notas de Atualização"

i Revogado pela Lei 8.658/1993.

ii Revogado pela Lei n. 11.101, de 2005.

iii Atual art. 414 do CPP, conforme Lei 11.689/2008.

iv Impronúncia disciplinada no art. 415 do CPP, de acordo com a Lei 11.689/2008. (Art. 415: O juiz, fundamentadamente, absolverá desde logo o acusado, quando:

I — provada a inexistência do fato;

II — provado não ser ele o autor ou partícipe do fato;

III — o fato não constituir infração penal;

IV — demonstrada causa de isenção de pena ou de exclusão do crime.

Parágrafo único: Não se aplica o disposto no inciso IV do caput deste artigo ao caso de inimputabilidade prevista no caput do art. 26 do Decreto-Lei n. 2.848, de 7 de dezembro de 1940 — Código Penal, salvo quando esta for a única tese defensiva.)

v Art. 779 Código de Processo Penal: Revogado pela Lei de Execução Penal 7210/84.

vi Art. 4º Código de Processo Penal: "A polícia judiciária será exercida pelas autoridades policiais no território de suas respectivas circunscrições e terá por fim a apuração das infrações penais e da sua autoria" (Caput com redação determinada pela Lei 9.043/1995).

vii Arts. 413, 414 e 415 CPP: Atuais art. 420: A intimação da decisão de pronúncia será feita:

I — pessoalmente ao acusado, ao defensor nomeado e ao Ministério Público;

II — ao defensor constituído, ao querelante e ao assistente do Ministério Público, na forma do disposto no § 1º do art. 370 deste Código.

Parágrafo único: Será intimado por edital o acusado solto que não for encontrado. (Conforme Lei 11.689/2008).

viii Atual art. 421: Preclusa a decisão de pronúncia, os autos serão encaminhados ao juiz presidente do Tribunal do Júri.

§ 1º: Ainda que preclusa a decisão de pronúncia, havendo circunstância superveniente que altere a classificação do crime, o juiz ordenará a remessa dos autos ao Ministério Público.

§ 2º: Em seguida, os autos serão conclusos ao juiz para decisão. (Conforme Lei 11.689/2008).

ix Art. 779 CPP: revogado pela Lei 7210/84.

x Art. 159 Código Civil: atual art. 186 Código Civil, conforme Lei 10.406/2002.

xi Art. 160 Código Civil: atual art. 188 do Código Civil, conforme Lei 10.406/2002.

xii Art. 1518: atual art. 942 Código Civil, conforme Lei 10.406/2002.
Art. 1519: atual art. 929 Código Civil, conforme Lei 10.406/2002.
Art. 1520: atual art. 930 Código Civil, conforme Lei 10.406/2002.
Art. 1521: atual art. 932 Código Civil, conforme Lei 10.406/2002.
Art. 1522: sem correspondência no Código Civil, conforme Lei 10.406/2002.
Art. 1523: atual art. 933 Código Civil, conforme Lei 10.406/2002.
Art. 1524: atual art. 934 Código Civil, conforme Lei 10.406/2002.
Art. 1525: atual art. 935 Código Civil, conforme Lei 10.406/2002.
Art. 1526: atual art. 943 Código Civil, conforme Lei 10.406/2002.
Art. 1527: atual art. 936 Código Civil, conforme Lei 10.406/2002.
Art. 1528: atual art. 937 Código Civil, conforme Lei 10.406/2002.
Art. 1529: atual art. 938 Código Civil, conforme Lei 10.406/2002.
Art. 1530: atual art. 939 Código Civil, conforme Lei 10.406/2002.
Art. 1531: atual art. 940 Código Civil, conforme Lei 10.406/2002.
Art. 1532: atual art. 941 Código Civil, conforme Lei 10.406/2002.

xiii Art. 1537: atual art. 948 Código Civil, conforme Lei 10.406/2002.
Art. 1538: atual art. 949 Código Civil, conforme Lei 10.406/2002.
Art.1539: atual art. 950 Código Civil, conforme Lei 10.406/2002.
Art.1540: sem correspondência no Código Civil, conforme Lei 10.406/2002.
Art. 1541: atual art. 952 Código Civil, conforme Lei 10.406/2002.
Art. 1542: sem correspondência no Código Civil, conforme Lei 10.406/2002.
Art. 1543: atual art. 952 Código Civil, conforme Lei 10.406/2002.
Art. 1544: sem correspondência no Código Civil, conforme Lei 10.406/2002.
Art.1545: atual art. 951 Código Civil, conforme Lei 10.406/2002.
Art.1546: sem correspondência no Código Civil, conforme Lei 10.406/2002.
Art.1547: atual art. 953 Código Civil, conforme Lei 10.406/2002.
Art.1548: sem correspondência no Código Civil, conforme Lei 10.406/2002.
Art.1549: sem correspondência no Código Civil, conforme Lei 10.406/2002.
Art.1550: atual art. 954 Código Civil, conforme Lei 10.406/2002.
Art. 1551: atual art. 954 Código Civil, conforme Lei 10.406/2002.
Art.1552: sem correspondência no Código Civil, conforme Lei 10.406/2002.
Art.1553: atual art. 946 Código Civil, conforme Lei 10.406/2002.

xiv Art. 63 Código de Processo Penal: Parágrafo único: "Transitada em julgado a sentença condenatória, a execução poderá ser efetuada pelo valor fixado nos termos do inciso IV do caput do art. 387 deste Código sem prejuízo da liquidação para apuração do dano efetivamente sofrido" (Parágrafo único acrescentado pela Lei 11.719/2008 — DOU 23.06.2008).

xv Art. 43 Código de Processo Penal: Revogado pela Lei 11.719/2008 – DOU 23.06.2008.

xvi Atual art. 414 do CPP, conforme Lei 11.689/2008.

xvii Art. 43 Código de Processo Penal: Revogado pela Lei 11.719/2008 – DOU 23.06.2008).

xviii Atual artigo 415 do CPP, de acordo com a Lei 11.689/2008.

(Art. 415: O juiz, fundamentadamente, absolverá desde logo o acusado, quando:

I — provada a inexistência do fato;

II — provado não ser ele o autor ou partícipe do fato;

III — o fato não constituir infração penal;

IV — demonstrada causa de isenção de pena ou de exclusão do crime.

Parágrafo único: Não se aplica o disposto no inciso IV do caput deste artigo ao caso de inimputabilidade prevista no caput do art. 26 do Decreto-Lei n. 2.848, de 7 de dezembro de 1940 — Código Penal, salvo quando esta for a única tese defensiva.)

xix Atual art. 414 Código de Processo Penal, conforme Lei 11.689/2008: Art. 414: Não se convencendo da materialidade do fato ou da existência de indícios suficientes de autoria ou de participação, o juiz, fundamentadamente, impronunciará o acusado.

Parágrafo único: Enquanto não ocorrer a extinção da punibilidade, poderá ser formulada nova denúncia ou queixa se houver prova nova.

xx Atual art. 414 Código de Processo Penal, conforme Lei 11.689/2008: Art. 414: Não se convencendo da materialidade do fato ou da existência de indícios suficientes de autoria ou de participação, o juiz, fundamentadamente, impronunciará o acusado.

Parágrafo único: Enquanto não ocorrer a extinção da punibilidade, poderá ser formulada nova denúncia ou queixa se houver prova nova.

xxi Arts. 19, 20 e 21 do Código Penal, com nova redação conforme Lei n. 7.209, de 11/07/1984.

xxii Arts. 18, 19, 22, 23, 24 do Código Penal, com redação nova dada pela Lei n. 7.209, de 11/07/1984.

xxiii Art. 108 do Código Penal: nova redação dada pela Lei nº 7.209/1984.

xxiv Art. 322. A autoridade policial somente poderá conceder fiança nos casos de infração cuja pena privativa de liberdade máxima não seja superior a 4 (quatro) anos. (Redação dada pela Lei n. 12.403, de 2011).

Parágrafo único. Nos demais casos, a fiança será requerida ao juiz, que decidirá em 48 (quarenta e oito) horas. (Redação dada pela Lei n. 12.403, de 2011).

xxv Art. 6°, II, Código de Processo Penal: "II — apreender os objetos que tiverem relação com o fato, após liberados pelos peritos criminais". Nova redação dada pela Lei n. 8.862, de 28.3.1994.

xxvi Art. 186° Código de Processo Penal: Depois de devidamente qualificado e cientificado do inteiro teor da acusação, o acusado será informado pelo juiz, antes de iniciar o interrogatório, do seu direito de permanecer calado e de não responder perguntas que lhe forem formuladas. (Redação dada pela Lei n. 10.792, de 1º12.2003).

Parágrafo único. O silêncio, que não importará em confissão, não poderá ser interpretado em prejuízo da defesa. (Incluído pela Lei n. 10.792, de 1º12.2003).

xxvii Art. 191 Código de Processo Penal: Havendo mais de um acusado, serão interrogados separadamente. (Redação dada pela Lei n. 10.792, de 1º12.2003).

ARTIGOS

Artigos

A administração da Justiça e a Reforma Penal

A Justiça Penal não é só o Poder Judiciário, os juízes e os tribunais criminais. Consiste no complexo de todos os órgãos, estatais ou não, que se conjugam na administração da justiça, em questões penais.[1] Administrar, nesse sentido, implica atividade concreta, posterior à infração, mas não apenas estatal, dirigida a fins públicos, que se ligam ao interesse na segurança individual (art. 153, caput, da Const. da Emenda n. 1/69)[i]. Diz, assim, com qualquer das atividades, voltadas ao dispensamento da justiça, no âmbito penal.

Os principais órgãos da Justiça Penal, portanto, são: a Polícia Judiciária, o Ministério Público, os juízes de conhecimento e de execução, os tribunais de primeiro e segundo grau, os defensores criminais, a administração penitenciária e os Conselhos Penitenciários. Antes de postar em contraste e confronto a administração da Justiça Penal com a planeada reforma legislativa (anteprojeto de Lei, modificativo da Parte Geral do Código Penal; anteprojeto de Código de Processo Penal e anteprojeto de Lei de Execução Penal), parece conveniente realizar breve avaliação conjuntural.

I - Polícia Judiciária

Os *serviços policiais* acham-se em estado de maior ou menor criticidade no País. Os problemas emergem vários. Dualidade estrutural (Polícia Civil e Militar), geradora de conflitos e de dispersão de forças. Carência do devido preparo profissional para função, conducente à diminuição de eficiência e aos desvios de conduta. Deficiência na infraestrutura material, rebaixando o

1. Semelhantemente, José Frederico Marques, em *Tratado de Direito Processual Penal*, São Paulo, Saraiva, 1980, v. I, § 3º, item 9, p. 12-3.

nível das operações.[2] Exercício da função de *Delegado de Polícia* e, portanto, presidente de inquérito policial, por quem não é bacharel em direito. Existência de organizações parapoliciais, como as guardas municipais e as empresas de segurança, as quais estabelecem, ou podem criar, posições de antagonismo.

II - Ministério Público

A Lei Complementar Federal n. 40, de 14 de dezembro de 1981, estabeleceu normas gerais a se adotarem na organização do Ministério Público dos Estados.

Tal diploma, sem dúvida, institucionaliza o Ministério Público entre nós. Dá-lhe, também, autonomia financeira e orçamentária (art. 4º); proíbe aos Promotores de Justiça o exercício da advocatura (art. 24, n. I)[ii] e veda a função específica às pessoas alheias à carreira (art. 55); além disso, concede ao Procurador-Geral da Justiça o status de Secretário de Estado (art. 8º).

Algumas questões, entretanto, continuam a preocupar e intranquilizar o órgão. Ausência de algumas garantias, tal como a definição legal do que venha a ser "conduta incompatível com o exercício do cargo", visto que ensejante da pena de demissão (art. 29, n. 1 c/c art. 23, n. II). Demissão ad nutum do Procurador-Geral pelos Governadores dos Estados, tirando-lhe a plena independência (art. 6º).

Nota-se, igualmente, alguma aceleração ascensional na carreira de Promotor de Justiça em alguns Estados, que traz, para as Capitais, ou grandes Comarcas, membros do Ministério Público, ainda não plenamente treinados e aperfeiçoados.

A infraestrutura material do órgão, inobstante a relevância das tarefas que se lhe incumbem ("defesa da ordem jurídica e dos interesses indisponíveis da sociedade", art. 1º), aflora, de modo geral, incompleta.

Acrescente-se, para rematar, que o Ministério Público da União rege-se pela Lei n. 1.341, de 30 de janeiro de 1951 [iii] e se acha na espera de nova lei orgânica.

III - Poder Judiciário

Já a problemática, que fere os juízes e tribunais brasileiros, constitui-se em objeto de inquietação comum.

---

2. Confira-se Aluisio de Toledo Cesar, "Delegados admitem que há corrupção na Polícia", em *O Estado de S. Paulo*, 16/07/80, p. 12.

Há poucos dias, em 14 de março, [de 1982] fez três anos de edição a Lei Complementar n. 35/79, a qual veio a dispor sobre a "Lei Orgânica da Magistratura Nacional", por virtude da Emenda Constitucional n. 7, de 13 de abril de 1977 (parágrafo único, do art. 112, emendado)[iv]. Emergiram, depois, outras leis complementares e modificativas da mencionada (Leis Complementares n.s 37[v] e 38[vi], ambas de 1979).

Ao que se sente, a chamada "Lei Orgânica da Magistratura Nacional" não atendeu às necessidades emergenciais do sistema judiciário.

Assim é que surgem notáveis, mormente nos grandes centros urbanos, atrasos na prolação de despachos e sentenças. São os denominados "focos de congestionamento judiciário". O mesmo se afirme no tocante aos acórdãos, que permanecem tardando, em diversos Estados. Ressalve-se, contudo, e desde logo, que a rapidez dos julgamentos penais deve entender-se como pontualidade no distribuir, honrosamente, a justiça. Vale afirmar, mediante cuidada apreciação da verdade material, que há de ser buscada.[3]

Outra e antiga questão continua durando. Trata-se da especialização e do aperfeiçoamento dos Magistrados. Em suma, de seu aprestamento intelectual, para decidir o quanto lhes é trazido. Não há, dada manifesta complexidade das relações jurídicas, meio de se arredar, hoje, o impacto entre o poder-dever de jurisdição e a realidade jurídica, de modo árduo conhecida.[4]

O Poder Judiciário, por outro lado, não se encontra tirando todo o proveito, que deveria, dos processamentos automáticos e eletrônicos. A informatização da sociedade aflora inarredável. O processo judiciário penal, por exemplo, não foi atingido pelas técnicas organizacionais. A informática e a sociedade podem conviver, sem perigo, se do ponto de vista político a prática for estritamente democrática. "Isto significa que, nesse campo, a qualidade do tecido social, o pluralismo das forças e o jogo dos contrapoderes são mais importantes do que as armadilhas liberticidas, devidas à tecnologia".[5]

---

3. Veja-se Des. Humberto de Andrade Junqueira, "A necessidade de se aperfeiçoar a Justiça – 4", em *O Estado de S. Paulo*, 12/08/79, p. 62.
4. Veja-se Des. Young da Costa Manso, "Reforma judiciária na primeira instância", em *O Estado de S. Paulo*, 01/01/80, p. 24.
5. Simon Nora e Alain Minc, *A Informatização da Sociedade*, trad. de Luiza Ribeiro, Rio de Janeiro, FGV,1980, p. 62.

É bem verdade que a precariedade do Judiciário, às vezes, no referente à infraestrutura material, emerge tão grande que a automação parece risível.[6] Onde faltam prédios adequados, equipamentos mínimos e comunicações eficientes, falar-se em informática soa desarrazoado. Em verdade, entretanto, uma carência não exclui, por necessário, a outra.

Se os recursos materiais ostentam-se parcos, os humanos não lhes ficam longe na área do Judiciário. A seleção, formação e treinamento dos auxiliares da Justiça reclama *vir* melhor equacionada. O juiz de primeiro grau acha-se, por vezes, virtualmente, abandonado.

A situação, portanto, e mesmo ponderadas as variações regionais, é de colapso para o Poder Judiciário. Fato, o qual, já por outros, antes e melhor, foi colocado em relevo.[7]

IV - Advogados

No atinente aos Defensores Criminais, órgãos também da Justiça Penal, inobstante desligados, em regra, do Estado, a crise lhes emerge, sensível.

Avulta a problemática das falhas na devida concessão de assistência judiciária aos réus penais necessitados e aos condenados (Lei n. 1.060, de 05 de fevereiro de 1950[vii]). A angustiante míngua de Procuradores do Estado, quase sempre em número inferior ao indispensável, torna sem força e efeito as garantias constitucionais de ampla defesa e de contrariedade na instrução criminal (art. 153, §§ 15[viii], 16[ix] e 32[x], da Const. da Emenda n. 1/69). Parece que se esquece de que o Defensor constitui-se em peça do contraditório indispositivo, o qual exsurge específico do processo penal.

Some-se a isto verificável despreparo profissional, que se mostra no descuido deontológico e técnico. Ambos objeto de prevalente, constante e inveterada preocupação da Ordem dos Advogados do Brasil.[8]

V - Órgão de Execução Penal

Sobre a execução penal, ou melhor, sobre os órgãos da Justiça Penal, voltados à execução das sanções penais e medidas de segurança, o mínimo

6. Veja-se "Fóruns precários emperram a Justiça", em *O Estado de S. Paulo*, 07/12/80, p. 28.
7. Min. Clóvis Ramalhete, "Discurso", em *O Estado de S. Paulo*, 23/02/82, p. 9, e Thélio de Magalhães, "Judiciário paulista vive em situação pré-falencial", em *Folha de S. Paulo*, 28/02/82, p. 11.
8. "A reforma dos recursos de direito" (proposta por Bernardo Cabral), em *Jornal da Tarde*, 11/02/82, p. 15.

a afirmar está em que falharam, como todos sabem de raiz. Não efetivam, ou não podem dar efeito, às decisões penais da maneira esperada. Nem proporcionam condições de reintegração social ao preso ou ao internado.

A ambiência turbulenta de presídios e cadeias consiste em fato notório, cujos motivos mediatos não surgem ignorados por ninguém.

VI - A Reforma Penal

Não é, somente, o desverdecimento da legislação penal e processual penal vigorante a única e solitária causa de aludida crise na administração da Justiça Penal. A avaliação conjuntural isso demonstra.

Aliás, inexiste causalidade una, mas interação de causas concomitantes, qual evidencia a experiência.

Observe-se, em consequência, que se as condições estruturais da Justiça Penal permanecerem pouco modificadas, nos diversos planos, pela mesma razão, não se há de esperar que a novíssima legislação projetado venha a operar algum milagre.

A criação das penas restritivas de direito (arts. 32, n. II, 43 e seguintes do Anteprojeto de Lei, que modifica a Parte Geral do Cód. Penal); a melhor aplicação da pena (art. 59 e seg. ALMPGCP); o regramento cuidadoso do suspensão condicional (art. 77 e seg. ALMPGCP) e do livramento (art. 83 e seg.) constituem-se em fatores positivos para a reformação de Justiça Penal.

O mesmo se diga da maior organicidade do inquérito policial (arts. 200 a 226, do Anteprojeto de Cód. de Processo Penal); da sistemática do procedimento comum ordinário (arts. 232, 254, 262, 267, 364, 374, 390, 396 etc., do ACPP) e do sumário (arts. 580 a 585 e 586 a 590, do ACPP), bem como do especial de júri (arts. 605 a 682, do ACPP).

Acham-se no anteprojeto de Lei de Execução Penal as inovações mais evidentes, quando se vê despontar, qual órgão da execução penal, o Conselho da Comunidade (art. 5º, n. VI e 24, do ALEP); surgir a prevalência do trabalho "como dever social e condição de dignidade humana" (art. 78, do ALEP) e aflorarem as normas protetoras dos internados (arts. 132 a 136, 137 e 138 do ALEP).

Outros fatores, igualmente importantes, da planeada reforma legislativa penal, mereceriam destaque, porém, não se deve fugir ao tema central.

Cuidamos em que novas e boas leis não bastam, caso não abandonemos as improvisações, no momento de aplicação.

VII - Conclusão

A conveniente e útil reforma penal há de efetuar-se mediante planejamento global, que venha a colocar todos os órgãos da Justiça Penal, em coordenação funcional: Polícia Judiciária, Ministério Público, Poder Judiciário, Advogados, administração penitenciária e demais órgãos envolvidos na execução penal.

O experimentalismo inconsistente já nos vai custando caro, em matéria penal, e tende à piora, se desprezarmos, frente à dinâmica dos acontecimentos, a ideia de planejamento.

Nos tempos que correm, em que temos de "administrar a escassez", o pensar planejadamente não é alternativa, mas necessidade, se pretendemos bom êxito em qualquer objetivo.

O objetivo de nós todos acha-se no total adimplemento da promessa constitucional de segurança individual.

20 de abril de 1982

A Constituição e a identificação processual penal

Sumário: 1. Necessidade de apreender o sentido das palavras: identidade, identificar e identificação. 2. Qualificação pessoal. 3. Notícia histórica. 4. Modos de identificar. 5. Segurança jurídica: certeza, igualdade e paz pública. 6. Eficácia da norma constitucional pertinente. 7. Conclusão.

1. A interpretação de lei envolve o sentido contingente das palavras. Pertine a relação entre o signo e o conceito jurídico, conforme o conhecimento, situação, intenção e o uso.

Em direito, pois, necessitamos analisar o significativo, no contexto do discurso legal. Agora, mais que sempre, visto que se percebe certo esvaziamento de significação cognitiva nos signos linguísticos e a ponto de notarem-se claras as disfunções.

Importa, assim, especificar, ou buscar entendimento das vozes: identidade, identificar e identificação.

A palavra identidade possui significado espraiante. Está na filosofia, lógica e na matemática, tanto quanto aparece na antropologia, psicologia ou na história. Fala-se, pois, em identidade numérica e em identidade cultural, sem esquecer o princípio primeiro do pensar humano, que lhe leva o nome. Objetivamos, no momento, a jurídica.

Ao dizermos que a identidade consiste na qualidade, ou no caráter, do que é idêntico, sentimos, de pronto, a imprecisão da assertiva.[1]

---

1. Confiram-se os diversos conceitos:

(a) "Circunstâncias que fazem com que o indivíduo, vivo ou morto, seja ele mesmo, o próprio, com características inconfundíveis com os demais" (Leib Soibelman, *Enciclopédia do Advogado*, 4ª ed., Rio de Janeiro, Ed. Rio, 1983, verb. resp., p. 187).

Aqui, em todo caso, não nos interessa a identidade das coisas, mas das pessoas e humanas. No tocante a elas, não nos convém a subjetiva, psíquica ou moral, porém a identidade individual objetiva física.

A identidade pessoal física surge, enquanto tal, necessariamente, relativa às outras. Vale afirmar: só guarda sentido com vistas à comparação, por analogia, semelhança e oposição, entre outros sujeitos humanos.

Identidade e diferença consistem em extremos, que não se desligam. Se dois indivíduos são idênticos, tal significa que não se tratam de dois, mas de um só. Já, se duas pessoas têm razoável quantidade de caracteres comuns, quanto a eles, surgem iguais, diferem no mais. Se, entretanto, eles emergem possuindo sinais comuns, só em parte, de modo qualitativo

---

(b) "Identidad es la cualidad inherente a todo ser de permanecer igual a si mismo y, a la vez, diferenciarse de todos los demás, como acertadamente la define Antonio Herrero" (Raúl Goldstein, *Diccionário de Derecho Penal y Criminologia*, 2ª ed., Buenos Aires, Astrea, 1978, verb. "Identificación", p. 411). (c) "Identidad: datos y caracteres personales que sirven para individualizar a las personas (nombre, edad, estado, profesión, domicilio, defectos físicos, impresiones digitales)" (Juan E. Coquibús, *Diccionário Selectivo de Derecho y Procedimiento Penal*, Buenos Aires, Voluntad, 1967, verb. resp. p. 459). (d) "individuação da pessoa começa por processar-se através da fixação do nome; e reduz-se à invocação do nome em grande número de atos praticados, por cada indivíduo na vida social (A. Varela, R. L. J., 114-210). Entre os elementos de individualização – ou de caracterização individual – da pessoa distinguem-se os elementos *naturais ou intrínsecos*, o sexo, a cor dos olhos, impressões digitais (constituem os caracteres somáticos do indivíduo) e os elementos circunstanciais ou extrínsecos, nome, filiação, profissão (ob. cit., nota 8)" (J. S. Melo Franco & Oterlander Antunes Martins, *Conceitos e Princípios Jurídicos*, Coimbra, Almedina, 1983, verb. resp. p. 391). (e) "Segundo Morais, é a 'qualidade de ser a mesma causa e não diversa'. De fato, todo o ser apresenta um conjunto de caracteres que o definem, que são a sua identidade. Uma causa, um corpo, um ente só pode ser idêntico a si mesmo, diferenciando-se assim o conceito de identidade do de semelhança. A investigação da identidade é necessária, toda a causa deve ser definida para que possa ser conceituada e, enfim, reconhecida. A identidade, é o fim de todas as classificações, pertence e todos os seres e interessa particularmente ao homem" (Hilário Veiga de Carvalho et al., *Compêndio de Medicina Legal*, s.ed., São Paulo, Saraiva, 1987, p. 55 (grifos no original). (f) "Identidade é o conjunto de propriedades ou características que tornam alguém essencialmente diferente de todos os demais, com quem se assemelhe ou possa ser confundido. É, em última análise, a mesmice (isto é, trata-se de alguém, ele mesmo e não outro)" (Odon Ramos Maranhão, *Curso Básico de Medicina Legal*, 3ª ed., São Paulo, Rev. dos Tribunais, 1984, § 1.4.1., p. 31).

são semelhantes. Inexiste sinonimia entre as vozes idêntico, igual e semelhante.[2]

Assim, identidade é o modo de ser singular do homem, análogo aos outros e, por isso mesmo, diferente, único e irrepetível, no seu próprio ser. Aquilo que persiste na existência.

Identificar implica dividir, classificar os aspectos não acidentais, ou conjunto de características ou materiais singularizantes do indivíduo, para, relacionando, apartá-lo dos demais.[3] Identificar é conhecer, por via das diferenças, singularmente.

O ato de identificar pressupõe a identificabilidade, ou seja, um número suficiente de dados permanentes, que levem à individuação.

A identificação consiste na atividade de identificar, reencontrando, ou descobrindo a identidade.

A identificação jurídica guarda, sempre, caráter pragmático. Serve à segurança, certeza e à igualdade das relações de direito. Como tal atividade surge objetiva e subjetivamente complexa, se pode dizer existente um procedimento de identificação. Se o procedimento aflora, empírico, temos o reconhecimento[4], se emerge técnico-científico possuimos a identificação médico-legal ou pericial e policial ou judiciária.

---

2. Um pouco na linha de pensamento de Josef de Vris, em Walter Brugger, *Dicionário de Filosofia*, trad. Antonio Pinto de Carvalho, 3ª ed., São Paulo, EPU, 1977, verb. "identidade", p. 220-1.

3. "*Identificar* es descubrir en un ser determinado ese principio de invariabilidad y diferenciación, y fijarlo de manera permanente para reconocerlo y confrontarlo en el momento en que sea necesario" (Raúl Goldstein, *Diccionário*, op. cit., verb. "identificación", p. 411). "O ato de identificar se decompõe em três fases: a) um *primeiro registro* (ou fichamento) de determinado grupo de caracteres permanentes do indivíduo, capazes de o distinguirem de qualquer outro indivíduo; b) um *segundo registro* (ou mera inspeção) do mesmo grupo de caracteres, quando, em época posterior, o indivíduo é de novo encontrado; c) um *julgamento* (mediante comparação entre os dois registros), pelo qual se afirma ou se nega a identidade" (Antônio Almeida Júnior, *Lições de Medicina Legal*, 6ª ed., São Paulo, Ed. Nacional, 1962, p. 12, os grifos são do autor).

4. Conhecimento *empírico* significa que se baseia na *experiência não metódica*, ou meramente rotineira. Ora, "reconhecimento é o ato (de caráter formal) pelo qual alguém verifica e confirma a identidade de pessoa ou coisa, que lhe é mostrada, com pessoa ou coisa que já viu (ouviu, palpou – que já lhe caiu sob os sentidos), que conhece" (Hélio B. Tornaghi, *Curso de Processo Penal*, 4ª ed., São Paulo. Saraiva, 1987, p. 429). Consiste, assim, em meio de prova da identidade,

A identificação é, pois, o procedimento técnico-científico por meio do qual se identifica alguém, reencontrando-lhe a identidade, ou a descobrindo, por necessidade jurídica.[5]

No processo penal, a mencionada indispensabilidade está em só poder-se aforar a acusação em face de arguido conhecido, comunicando ou apontando, ao menos, sua identidade física.[6]

2. Há quem denomine de identificação nominal aquilo a que chamamos qualificação pessoal.[7] Convém delimitar os conceitos.

---

muitas vezes do imputado ou da vítima, mais raramente da testemunha, sem esquecer as coisas.

5. Eis alguns conceitos: (a) "Identificação: reconhecimento das circunstâncias de uma identidade" (Leib Soibelman, *Enciclopédia...*, op. cit., verb. resp. p. 187) (b) "Identificação criminal (dir. proc. pen.) Identificação do indiciado pelo processo datiloscópico" (Leib Soibelman, *Enciclopédia...*, op. cit., verb. resp. p. 445). (c) "Identificación del delincuente. La identificación es una diligencia judicial que tiene un doble significado: determinar las señas personales características de los inculpados, para que no exista duda de quienes fueron o bien averiguar que la persona a quien se imputa un hecho procesal es la misma que se encuentra a nuestra presencia" (Enrique Jimenes Asenjo, *Derecho Procesal Penal*, Madri, Ed. Rev. de Der. Privado, s.d., VI, p. 471). (d) "Identificação é o ato mediante o qual se estabelece a identidade de alguém ou de alguma coisa" (Antônio Almeida Júnior, *Lições...*, op. cit, p: 12). (e) "Identificação é o processo de determinação da identidade" (Hilário Veiga de Carvalho et al., *Compêndio...*, op. cit., p. 56). (f) "E é exatamente o processo, método ou técnica, usado para evidenciar as propriedades exclusivas, que recebe o nome de *identificação*. Em outros termos as propriedades garantem a identidade e a demonstração dessas mesmas propriedades é a identificação" (Odon Ramos Maranhão, *Curso...*, op. cit., § 1.4.1, p. 31).

6. "Ahora bien, el problema dei quién es el autor dei delito, esencial para el castigo y antes de nada para la imputación, se desdobra en un problema de conocimiento y en un problema de comunicación. [...] Pero a fin de que se pueda formular una imputación, es necesário no solo que el ministerio público sepa, o crea saber, quién es el autor dei delito sino además que *comunique su saber al juez*, al cual pide ser autorizado para castigar" (Francesco Carnelutti, *Principios del Proceso Penal*, trad. Santiago Sentis Melendo, Buenos Aires, Ejea, 1971, § 92, p. 124, os grifos são do autor).

7. Com efeito: "En el capítulo relativo a la declaración indagatória, nos referimos a la identificación del imputado que tiende a lograrse por medio del interrogatório que se le dirige sobre su nombre y apellido, sobrenombre o apodo, edad, estado, profesión u oficio, nacionalidad, domicilio y residencia, llamada identificación

A identificação consiste no verificar a identidade e é a sua prova. Um dos meios legais de demonstrá-la, não o único, acha-se na exibição da cédula de identidade. Já, a qualificação é o ato de qualificar-se, ou de ser qualificado, pela indicação de qualidades pessoais, ou dos diversos papéis sociais exercidos. Daí, mostrar-se direta ou indireta, conforme sejam os papéis comunicados ou atribuídos.

A qualificação, no processo penal, mostra-se como a tomada de informes pela autoridade, policial ou judiciária, da vítima, testemunha, suspeito, indiciado ou acusado sobre seu nome, naturalidade, estado civil, idade, filiação, domicílio, residência, meio de vida ou profissão, lugar onde trabalha e se sabe ler e escrever. Afinal, é a anotação formal dos dados pessoais daqueles supra-aludidos.

O Código de Processo Penal menciona a qualificação em vários dispositivos (arts. 41; 185[xi]; 203; 352, n.os III e IV; 365, n. II; 532, § 3.º[xii] e 724, n. I; o último revogado pelo artigo 138 e §§, da Lei n.º 7.210/84, o qual se refere à identificação do liberado condicional).

A qualificação do acusado irrompe, na lei processual penal, exibindo rol exemplificativo de informes individuais, até porque manifestamente incompleto (art. 352, n.s III e IV e art. 365, n. II). Basta ver o que se pede às testemunhas (art. 203).

O Código de Processo Civil, também, descreve, em parte, a qualificação da testemunha (art. 414) qual, antes, fizera com os litigantes (art. 282, n. II). Nota-se que, no cível, ninguém confundiria a identidade física do juiz (art. 132[xiii], do Cód. de Proc. Civil), com a qualificação, que possua.

Parece que o diploma processual penal, contudo, não usa, com critério, das palavras identificação e qualificação.[8] Cabe, pois, à doutrina e à jurisprudência apartarem os conceitos.

---

nominal" (Abrahan Bartoloni-Ferro, *El Proceso Penal y los Actos Jurídico Procesales Penales*, Santa Fé, Ed. Castellón, 1958, v. II, p. 270). Ainda: "Entende-se por qualificação, o conjunto de indicações suficientes para distinguir o acusado de outra pessoa, estabelecendo-se, assim, sua identificação nominal" (José Frederico Marques, *Elementos de Direito Processual Penal*, 2ª ed., Rio de Janeiro, Forense, 1965, v. II, § 256, p. 57. O autor arrima-se em Francesco Carnelutti, *Lecciones sobre el Proceso Penal*, 1950, v. I, p. 199). Igualmente, em *Tratado de Direito Processual Penal*, São Paulo, Saraiva, 1980, v. 1I, § 469, p. 287).

8. Vejam-se alguns dispositivos, comparando-os: (a) art. 5º, n. II, § 1º, let. b: "individualização do indiciado ou seus sinais característicos..."; (b) art. 6º, n.

A qualificação pessoal tem valia, no direito e no processo penal.[9] Serve, inclusive, como elemento complementar da identificação, quando aponta as qualidades individuantes da pessoa física.[10]

VIII: "ordenar a identificação do indiciado pelo processo dactiloscópico,..."; (c) art. 41: "a qualificação do acusado ou esclarecimentos pelos quais se possa identificá-lo,..."; (d) art. 185: "o acusado... será qualificado e interrogado; (e) art. 201: "sempre que possível, o ofendido será qualificado..."; (f) art. 203: "... devendo declarar seu nome, sua idade, seu estado e sua residência, sua profissão, lugar onde exerce sua atividade...; (g) art. 205: "se ocorrer dúvida sobre a identidade da testemunha..."; art. 259: "a impossibilidade de identificação do acusado com o seu verdadeiro nome ou outros qualificativos, não retardará a ação penal, quando certa a identidade física"; (i) art. 352, n. III: "o nome do réu, ou, se for desconhecido, os seus sinais característicos"; (j) art. 363, n. II: "quando incerta a pessoa que tiver de ser citada"; (l) art. 365, n. II: "o nome do réu, ou, se não for conhecido, os seus sinais característicos, bem como sua residência e profissão, se constarem do processo"; (m) art. 381, n. I: "os nomes das partes ou, quando não possível, as indicações necessárias para identificá-las"; (n) art. 533, § 3º e 4º: "a inquisição de testemunhas será precedida de qualificação do réu..."; "Depois de qualificado o réu, proceder-se-á à intimação... " Ainda que a lei pertinente à forma procedimental sumaríssima dos crimes de lesão corporal e homicídio culposos, bem assim das contraversões se ache, em parte, revogada pelo art. 219, n. I, da nova Constituição da República, importa comparar as normas; (o) art. 676, ns. I e II: "o nome do réu e a alcunha por que for conhecido"; "a sua qualificação civil (naturalidade, filiação, idade, estado, profissão), instrução e se constar, o número do registro geral do Instituto de Identificação e Estatística ou de repartição congênere". Esse derradeiro dispositivo encontra-se revogado pelo art. 106, da Lei n. 7.210/84, mas serve para ajudar à interpretação sistemática. Nota-se que a Lei de Execução Penal menciona, ao tratar das guias, a qualificação civil, ou qualificação do agente e, depois, sua identidade, pelo número de registro geral oficial de identificação (art. 106, n. II e 173, n. I). É necessário distinguir, no processo, o ato, ou conjunto de atos, que lhe são úteis daqueles que lhe surgem necessários.

9. Ora, com vistas à eventual aplicação da pena de multa, surge conveniente anotar informes sobre o patrimônio do indiciado e do réu, os quais, de outra sorte, podem interessar ao ofendido, por causa da reparação do dano *ex delicto*. Com a vítima ter-se-á o mesmo cuidado, registrando-lhe a qualificação a mais completa, visto como se haverá de perquirir sobre seu comportamento (art. 59, do Código Penal).

10. "Qualificação é o ato de qualificar – e, por extensão, o conjunto de qualidades que individuam a pessoa" (Hélio B. Tornaghi, *Instituições de Processo Penal*, 2ª ed., São Paulo, Saraiva, 1977, v. 2, p. 329).

A lei processual, ao cuidar do requerimento do inquérito policial, formulado pelo ofendido, diz que, se possível, deve conter: "a individuação do indiciado ou seus sinais característicos" (art. 5º, n. II, § 1º, letra b).[11] Vejam-se as perguntas que aos acusados se fazem (art. 188[xiv], do Cód. de Proc. Penal). No atinente à denúncia e à queixa aptas, exige-se a qualificação do acusado ou esclarecimentos pelos quais se possa identificá-lo (art. 41, do Cód. de Processo Penal).

Não desponta justificável a fusão ou confusão conceitual. Não exsurge razoável, de outra sorte, que existam vários conceitos técnicos de identidade e de qualificação, no plano jurídico, com o mesmo escopo.

Em outras palavras, não emerge sustentável que, por exemplo, os conceitos para o processo penal mostrem-se diversos dos utilizados no direito penal, quando tipifica a falsa identidade; o uso de documento de identidade alheia; a fraude de lei sobre estrangeiros; e a atribuição de falsa qualidade a estrangeiro (arts. 307, 308, 309[xv] e 310[xvi], do Cód. Penal). Não se há de esquecer, visto como pertinem ao tema, as contravenções penais de simulação da qualidade de funcionário público; de uso ilegítimo de uniforme ou distintivo de função pública; e de exercício ilegal de profissão ou atividade (arts. 45, 46 e 47).

O delito de falsa identidade volta-se à segurança da identidade pessoal física (art. 307, do Cód. Penal).

Inobstante a doutrina, que alarga o conceito de identidade[12], as qualidades ou acidentes, tais como a nacionalidade, idade, filiação, estado de casada ou de solteira da pessoa, profissão, ou outras não o integram.

---

11. "Individuar é extremar uma coisa das outras da mesma espécie pela menção dos caracteres que lhe são privativos. A maneira mais singela de individuar a pessoa física consiste em lhe citar o nome. Em geral, tanto basta para indicá-la de forma inconfundível. Nem para outro fim se denominam as pessoas. Pode acontecer, entretanto, que a simples menção do nome não baste para caracterizar e distinguir o indiciado. Recorre-se então a todas as outras qualidades físicas, morais, sociais, etc., que possam ajudar a identificá-lo, v.g. profissão, alcunha, defeitos corporais, sinais visíveis e assim por diante. De qualquer modo, a lei se contenta com a identidade física..." (Hélio B. Tornaghi, *Instituições...*, op. cit, v. 2, p. 260).

12. Edgard Magalhães Noronha, *Direito Penal*, São Paulo, Saraiva, 1962, v. 4, § 1.284, p. 255-7; Heleno Cláudio Fragoso, *Lições de Direito Penal – Parte Especial, arts. 213 a 359*, 3ª ed., Rio de Janeiro, Forense, 1981, §§ 1.040 e 1.042, p. 380); e Júlio Fabrini Mirabete, *Manual de Direito Penal*, São Paulo, Ed. Atlas, 1985, v. 3, § 12.2.4, p. 262-3.

Aquilo que não se exibe permanente, não dura no tempo, só qualifica, apenas adjetiva, não identifica; eventualmente, colabora na identificação.[13]

3. No processo penal, sempre importou mais a identificação física do acusado do que sua qualificação e, ainda, hoje (art. 259, n. III[xvii], do Cód. de Processo Penal).

Eis, a antiga regra: "vagabundi citandi nomen ignorari nihil interest, modo de corpore constet"; em vernáculo livre: "não importa se é ignorado o nome dos que vagam pelo mundo, contanto que esteja firmemente estabelecida a identidade física".[14] No átrio da acusação, sempre esteve a individuação de quem se pretende praticou o ilícito: quis.

No regime das Ordenações Filipinas (1.603), a identificação dos prováveis autores de crimes fazia-se, em regra e fora dos casos de querela, por meio de artigos inquisitórios ou autos de perguntas.

Com efeito, nos crimes graves, perseguidos de ofício pelo juiz, ou ele se informava, indagando mediante inquirição-devassa geral, sobre infração incerta, indeterminada a um suspeito (em atividade voltada a impedir que o silêncio gerasse a impunidade); ou, já sabendo da existência do delito e possuindo indícios da autoria, instruía-se por via de inquirição especial. Era durante a última que se conhecia melhor o autor do crime, por testemunhos jurados e indícios, bem como se lhe estabelecia a identidade, tomando certa a pessoa do imputado.[15]

---

13. A interpretação abrangente "não só viola o princípio da reserva legal, como ainda conflita com a acepção que o próprio CP dá ao vocábulo 'qualidade', como se observa pela comparação entre os tipos dos arts. 309 e 310, do CP" (Celso Delmanto, *Código Penal Comentado*, 2ª ed., Rio de Janeiro, Renovar, 1988, p. 517). Com efeito, no modelo denominado fraude à lei sobre estrangeiros, cuida-se de identidade nominal falsa (art. 309). No tipo penal seguinte, trata-se da atribuição de falsa qualidade a estrangeiro (art. 310). Vale dizer: atribuição da falsa qualidade de sexo, nacionalidade, profissão e outras.

14. Apud Hélio B. Tornaghi, *Curso...*, op. cit., v. 2, p. 44.

15. Livro I, Tit. 24, §§ 19 e 20; Tit. 58, §§ 31 a 35; Tit. 65, §§ 31, 39 e 68; Tit. 79, § 30; Livro III, Tit. 32, proem. e § § 1,2 e 3; Tit. 55, proem; Livro V, Tit. 117, § 11 e 12; Tit. 124, proem. e § 18; consul. Antonio Vanguerve Cabral, *Prática Judicial*, 7ª ed., n/ed., Lisboa, Rolanchiana, 1842, part. I, cap. 37, n. 2, p. 41 e part. II, cap. 43, ns. 2, 4, 5 e 6, p. 157-8; Manoel Lopes Ferreira, *Prática Criminal*, 2ª ed., Porto, R. Guimarães, 1767, Tom III, cap. 21, ns. 1 a 9, p. 350-l; Joaquim José Caetano Pereira e Sousa, *Primeiras Linhas sobre o Processo Criminal*, 4ª ed., Lisboa, Imp.

O procedimento de identificação do velho direito sobreviveu, durante a vigência da legislação processual penal do Império, com a denominação um tanto equívoca de auto de qualificação (art. 171/2, do Regulamento n. 120, de 31 de Janeiro de 1842).[16]

O mencionado auto de qualificação importava, também, para os casos de o acusado ser menor de vinte e um anos, escravo ou pessoa miserável e, por isso o juiz precisar de lhes nomear curador.[17]

O Código de Processo Criminal de Primeira Instância do Império colocou na competência do Juiz de Paz "tomar conhecimento das pessoas,

---

Régia, 1831, cap. 30, §§ 217, 219, 223, 225 e 226; Pascoal José de Mello Freire, *Institutionum Juris Criminalis Lusitani*, 4ª ed., Coimbra, T. Academ., 1845, Tit. 13 §§ 20 e 25, p. 169 e 172. O antigo termo de hábito e tonsure, que se lavrara ao ensejo da prisão, não se destinava a identificar, mas só a qualificar, mostrando, se o detido haveria, ou não, de encaminhar-se ao juízo canônico, em foro clerial (Ord. Livro V, Tit. 121); sem razão, pois, José Antonio Pimenta Bueno, *Apontamentos sobre o Processo Criminal Brasileiro*, 2ª ed. Rio de Janeiro, Emp. Nac. do Diário, 1857, § 166, p. 95.

16. "Este auto de reconhecimento (?) do réu importa muito para que o juízo se certifique e haja prova da identidade da pessoa, reincidência de crimes, quando isso aconteça, e para os dados necessários da estatística criminal, além de outros esclarecimentos a que pode dar lugar. Desde que não haja dúvida na identidade da pessoa, tal formalidade não é essencial para o processo... Quando se duvide da identidade do réu, ou ele alegue alguma exceção, em consequência da qual não deva ser preso, cumpre examinar isso desde logo, não podendo, entretanto, ser despedido em juízo, enquanto não for conhecido" (José Antonio Pimenta Bueno, *Apontamentos...*, op. cit, § 166, p. 95). Ainda: "auto de qualificação é aquele em que consta o nome, filiação, idade, estado, profissão e nacionalidade do réu, assim como o lugar de seu nascimento e se sabe ler e escrever. A este auto deve proceder toda a autoridade policial ou criminal, perante quem comparecer o réu a primeira vez; e com quanto não seja substancial do processo, contudo muito convém para prova da identidade da pessoa, da reincidência do crime e para esclarecimento da estatística criminal..." (Joaquim Ignácio Ramalho, *Elementos do Processo Criminal*, São Paulo, L. 2 de dezembro, 1856, § 120, p. 60, v. nota A). "Este auto é, não só uma necessidade de ordem administrativa para facilitar a estatística criminal, como uma cautela para a determinação da identidade pessoal do réu" (João Mendes de Almeida Júnior, *O Processo Criminal Brasileiro*, 2ª ed., Rio de Janeiro, Francisco Alves, 1911, v. 2, § 315, p. 187).

17. Conforme Joaquim Bernardes da Cunha, *Primeiras Linhas sobre o Processo Criminal*, Rio de Janeiro, Laemmert, 1863, T. I., § 143, p. 47-8; quanto aos menores e escravos, no mesmo sentido Antônio de Paulo Ramos Júnior, *Questões Práticas de Processo Criminal*, Rio de Janeiro, Garnier, 1877, §§ 26 e 27, p. 150-4.

que de 'novo viessem' habitar no seu Distrito, sendo desconhecidas, ou suspeitas" (art. 12, § 1º).

A tal atribuição correspondia o dever de toda pessoa, que se estabelecia de recente, em qualquer Distrito, de apresentar-se, pessoalmente ou por escrito, ao Juiz. Podia ele lhe exigir declarações, que acreditasse necessárias, se a achava suspeita (art. 114, do Cód. Proc. Crim.).

Todo aquele que, de espontâneo, não se apresentava, não demonstrava quem fosse, dever-se-ia chamar à presença do Juiz de Paz, para "ser interrogado sobre seu nome, filiação, naturalidade, profissão, gênero de vida e atual pretensão" (art. 115, do Cód. Proc. Crim.).

A reformação do mencionado diploma, no segundo reinado, deu aos chefes de polícia, delegados e subdelegados a incumbência de "vigiar e providenciar, na forma das leis, sobre tudo que pertence à prevenção dos delitos e manutenção da segurança e tranquilidade pública" (art. 4º, § 1º, da lei n. 261, de 03 de dezembro de 1841). Passaram eles, então, a exercer o controle dos adventícios (art. 2º, § 1º, do Reg. n. 120, de 31 de janeiro de 1842). Deveriam fazê-lo nos mesmos moldes já expostos (arts. 58, § 1º; 62, § 1º; 63, § 1º e 67, do Reg. n. 120/42).

O Estado de São Paulo jamais possuiu Código de Processo Penal, mantendo em boa parte a legislação imperial, até 1941. Limitou-se, ainda sob a égide da Constituição de 1891, a elaborar lei regendo o procedimento do júri (Dec. Est. n. 4.784, de 01 / 12/ 1930).

Os delegados e subdelegados de polícia continuaram a informar-se sobre a identidade das pessoas desconhecidas. Assim é que o velho Regulamento Policial do Estado de São Paulo, no Livro III, voltado à Polícia Administrativa, no Título I, que tratava do aspecto prevenção das infrações, tinha, logo no Capítulo I, o instituto da legitimação de identidade (Dec. Est. n. 4.405-A, de 17 de abril de 1928, art 86, n. 29 c/c arts. 120/5).

A pessoa que, vindo se fixar na circunscrição policial, tanto que chamada, deveria demonstrar sua identidade e idoneidade.

Legitimava-se declarando e provando o nome, filiação, naturalidade, estado civil, profissão e gênero de vida (arts. 121/2). Caso a evidenciação se mostrasse insuficiente, poderia a pessoa ser identificada, sem que tal se constituísse em antecedente criminal (art. 124).

A análise histórica e a observação dos textos legais mostram que a legitimação longe se punha da qualificação pessoal, embora ela irrompesse como elemento identificante complementar.

Inobstante o correr do tempo, o referido procedimento de legitimação manteve-se.[18] Resta verificar se, agora, em face da Constituição, e com escopo diverso de prevenir, emergiria útil à polícia judiciária, nos casos de ausência, ou dúvida sobre os documentos identificantes, instaurar-se, pois, o incidente de legitimação de identidade, no inquérito, quando obscura, até para ensejar ao indiciado a oportunidade de colaborar na comprovação de quem seja.

4. Parece que, no plano da documentação de identidade oficial e de caráter não internacional, um dos primeiros diplomas legais, entre nós, foi o Alvará, com força de Lei, de 19 de setembro de 1761.[19]

Sobre os documentos identificantes existe farta legislação esparsa.[20] A prática evidenciou a conveniência de se instrumentalizar o esclarecimento dos casos de homonímia e de semelhança física, sem esquecer os de fraude.

É preciso não confundir, entretanto, a identificação do indiciado, ou do acusado (a pessoa incriminada; a que surge qual o provável agente ou

---

18. Ver Luiz Carlos Rocha, *Prática Policial*, São Paulo, Saraiva, 1982, 2.9, p. 91.
19. Tal decreto ordenava que "todos os pretos e pretas livres, que vierem para estes Reinos viver, negociar ou servir, usando da plena liberdade, que para isso lhe compete, tragam indispensavelmente, guia das respectivas Câmaras dos lugares donde saírem e pelas quais conste o seu sexo, idade e figura; de sorte que concluam a sua identidade e manifestem que são os mesmos pretos forros e livres" (Antônio Delgado da Silva, *Coleção da Legislação Portuguesa – 1750-1762*, Lisboa, T. Maigrense, 1830, p. 811-2). É interessante observar que, por essa lei, se principiou a extinguir, de fato, a escravidão em Portugal.
20. Ver sobre cédula ou carteira de identidade a Lei n. 7.116 de 29/08/1983, regulamentada pelo Decreto n. 89.250 de 27/12/1983. O art. 14 e seu parágrafo único, do mencionado Decreto, ganharam alteração no Decreto n. 89.721 de 30/01/1984. A Lei n. 6.206, de 07/05/1975, deu às carteiras, expedidas pelos órgãos de fiscalização do exercício profissional, o valor de documento de identidade. Antes dela a Lei n. 4.215, de 27/04/1963, já declarava que "a carteira expedida aos inscritos na Ordem (dos Advogados do Brasil), assinada pelo Presidente da Seção, constitui prova de identidade para todos os efeitos legais" (art. 63, § 1º). A lei n. 6.815, de 19/08/1980, determina a identificação do estrangeiro, mediante registro e tirada de digitais (art. 30). No plano histórico, ver, inclusive para detectar alguns arcaísmos legislativos: Lei n. 947, de 29/12/1902, regulamentada pelo Decreto de 05/02/1903 e, no Estado de São Paulo, o Decreto nº 1.533-A, de 30/11/1907 e o Decreto n. 11.285 de 25/08/1940.

autor da infração penal) com uma das maneiras de identificar fisicamente: a colheita de impressões datiloscópicas.

As ações penais de conhecimento, de natureza condenatória, exigem réus certos, individuados. Reclamam pessoa humana, considerada em suas características próprias e físicas, ainda que se lhe desconheça o nome e não se tenha a identificação digital (art. 259, do Cód. de Processo Penal).[21] Há, aqui, dois interesses prevalentes em jogo. O da Justiça Penal, no perseguir em juízo só pessoa física determinada, seja para lhe saber dos antecedentes criminais, seja para evitar o risco de erro judiciário. E, da sociedade em não ver nenhum de seus membros acusados, senão aquele provável autor do fato típico, por mínima garantia contra o eventual arbítrio estatal. A certeza jurídica, precisa funcionar, então, duplamente: estabelecendo estado de razoável conhecimento e informação sobre o incriminado (quis) e lhe protegendo os direitos fundamentais, bem assim os dos outros membros da comunhão social, perante o poder do Estado.

A pessoa, o indivíduo, que se acha já identificado, civilmente, identifica-se, em sede penal, provando quem é, mediante a exibição formal do pertinente documento oficial (cédula ou cartão de identidade de nacional ou de estrangeiro, carteira de identidade de advogado e outros tantos).

O documento público identificante, civil ou militar, contudo, não pode emergir duvidoso, para a autoridade policial ou judiciária.

---

21. Como a identificação física surge mais relevante do que a qualificação veja-se a lei vigorante (art. 259, do Cód. de Proc. Penal) e, bem assim, a doutrina: "A ação penal é individual e, portanto, deve ser movida contra o culpado, seja ou não nominalmente identificado... Assim pode ser julgado, quando não haja dúvida sobre sua identidade física" (Bento de Faria, *Código de Processo Penal*, Rio de Janeiro, Jacintho, 1942, v. I, § 86, p. 335). "O primeiro ato, a ser praticado, em relação ao acusado é o da sua identificação afim de que a ação penal se exerça contra o verdadeiro autor ou coautor do fato reputado criminoso; a fim de se evitar que a outra pessoa, que não a dele, seja processada. Tratando do interrogatório do acusado, atrás discorremos sobre a sua identificação, mediante sua qualificação, consistente em perguntas relativas ao seu nome, idade, estado, filiação, residência, etc." Pois bem. "O art. 259, do Cód. de Processo, preceitua que a impossibilidade de identificação do acusado (seja por que motivo for), com o seu verdadeiro nome ou outros qualificativos não retardará a ação penal (a sua propositura), quando certa a identidade física" (Inocêncio Borges da Rosa, *Processo Penal Brasileiro*, Porto Alegre, L. do Globo, v. II, p. 195). Notar o dispositivo correspondente, no Código de Processo Penal Militar (art. 70).

Se existe incerteza, quanto à fotografia, porque, de tão antiga, nela não se reconhece o portador; se, também, há indícios de que foi mudada a foto, na identidade civil ou militar, em possível tentativa de o exibidor fazer-se passar pelo titular do documento; se ainda, ocorrem rasuras, emendas ou lacunas no preenchimento, a ponto de gerarem dúvida objetiva sobre a autenticidade; se, da mesma maneira, apresenta-se imperfeito, semidestruído ou violado o documento; tudo conduz e leva à conferência das impressões digitais, ou à legitimação da identidade.

Remanesce questão gravíssima, que pede solução urgente. Admita-se que o indiciado tenha colocado sua fotografia em documento alheio e que o ardil se mostre perfeito e quase imperceptível. Assim, engana a autoridade policial, que o dá por identificado. Suponha-se que venha a ser denunciado, sob tal errônea identidade, e termine condenado à revelia. Aceita-se que, transitada em julgado a sentença condenatória, se expeça e se cumpra mandado de prisão contra o titular do documento, que de tudo estava ausente. Sem a possibilidade de verificação das fichas datiloscópicas, ao inocente só restará a dificultosa via do habeas corpus (art. 5º, n. LXVIII, da Constituição da República c/c art. 648 n.ˢ I e VI, do Cód. de Processo Penal) e os alongados caminhos de incidente de falsidade, em processo de execução (arts. 145/8, do Cód. de Processo Penal c/c. art. 2º, da Lei de Execução Penal), bem como da revisão criminal (art. 621, n. II, do Código de Processo Penal). Em todos, deverá provar que não é ele o condenado. Enquanto isso fica preso, até se invalidar a carta de guia ou de recolhimento, contra si extraída.

Não se argumente que a hipótese surge rara e que sua excepcionalidade a faz desmerecer maior preocupação. Ora, o uso de documento de identificação falso sempre mostrou-se comum entre os estelionatários; às vezes entre os reincidentes, para ocultar antecedentes criminais, ainda que por curto tempo. Hoje, a utilização tende a vulgarizar-se entre os infratores, em busca da impunidade, ou no objetivo de desorientar a Justiça Penal. Além disso, existe a iniquidade de que vai padecer o não culpado, já estigmatizado pela sentença, ferido pela execução penal indevida. A indenização cabente talvez não baste para lhe restaurar a dignidade (art. 5º, n. LXXV, da Constituição da República).

É, pois, necessário encontrar meios de diminuir o risco. Ao direito sempre importa a segurança e a certeza das relações jurídicas e mais a igualdade.

5. A segurança jurídica, ou das relações de direito, emerge como problema juris-político e, por isso mesmo, inserido na cultura de cada povo.

Tal segurança consiste na fixação e na tutela constante do direito contra o torto. Constrói-se, de modo diuturno, a segurança mediante a conjugação de três valores: certeza, igualdade e paz. Todos eles lhe irrompem como elementos, ou subfunções, cujo entendimento mostra-se indispensável.

Certeza é o conhecimento da força e do efeito jurídico de certo fato ou conduta, obtido pela sabência prévia do conteúdo dos comandos legais (norma jurídica + ação-tipo: eficácia reconhecida). Surge-lhe sensível a importância, no direito e no processo penal. Basta só recordar a regra da legalidade, vigorante em ambos os segmentos (art. 5º, n.ˢ XXXIX; XLV; XLVI; XLVII; LIII; LIV; LV; 2ª parte; LVII e outros, da Constituição da República).

Igualdade ou isonomia é a equivalência de direitos, com vistas aos destinatários da norma jurídica. Ela existe e vale para todos, de modo impessoal e real (norma jurídica + "n" destinatários: mesma eficácia). O igualitarismo formal merece repulsa e a tenência do legislador não veio demasiada (art. 5º, caput, da Constituição da República).

Todas as normas jurídicas são instrumentos de controle social, maior ou menor, porquanto tendem a conservar ou recuperar a paz pública. Ora, esse valor, dizente com a segurança, surge qual produto da tranquilidade social, multiplicada pela ordem social. A primeira não artificial, a segunda entendida como harmonia na comunidade (paz pública: tranquilidade social x ordem social). Daí, precisar de ser edificada, dentro e fora do plano jurídico estrito, e depender, também, do poder-dever de legítima vigilância, bem como de apta persecução penal (art. 144 e §§, da Constituição da República)[xviii].

A ordenação jurídica, contudo, abriga tanto normas gerais (de conteúdo ou matéria geral e destinadas a todos), quanto normas individuais (de conteúdo ou matéria particular, voltadas a uma ou a algumas pessoas), sem esquecer as normas mistas (de conteúdo ou matéria particular, dirigidas a algumas pessoas, mas com a nítida vocação de generalizarem-se).

A concordância ou a discordância normativa, as relações de coordenação e de subordinação, entre uma norma e as existentes no corpo jurídico, é trabalho de sistematização, o qual lhe busca a funcionalidade concreta.

A sistematização – enquanto descreve, classifica e organiza o conjunto normativo – contribui para a certeza, igualdade e para a paz pública, assim operando como corolário da segurança. Há três sistemas jurídicos possíveis, ou modos de sistematizar as normas. O primeiro biparte-se. Ora se privilegia a certeza, ora a isonomia. Importa dizer, ou se exibe a prevalência do Estado, ou se mostra a valia do Indivíduo. Um modo centraliza, subordinando as normas individuais ou derivadas às gerais, mas pelo conteúdo ou matéria, em procura da certeza jurídica (racionalismo material). Outro descentraliza, submetendo as normas pela hierarquia de competência, ou de atribuição, para expedir normas derivadas, em busca da igualdade Jurídica (racionalismo formal). Ambas as maneiras, já se vê, assemelham-se no método, visto que criam modelo ideológico de desequilíbrio.

O segundo objetiva dosar, em quantidades próximas, os valores certeza e isonomia, o quanto fatível, à cata de proporcionalidade na sistematização. Tende, pois, ao modelo ideal de equilíbrio material e formal.

O terceiro mede, complementarmente, a certeza e a igualdade de forma desproporcional, mas consoante a área jurídica, ou o plano de eficácia, enfatizando o valor paz pública. Pretende, então, o estabelecimento de modelo operacional, destinado a administrar o dissenso, sem rigidez, pré-resolvendo os conflitos em escala maior, inclinando-se para a segurança justa; não a qualquer preço.[22]

Toda obra humana marca-se pela circunstancialidade. A escolha de certo modelo metodológico não dissolve o problema, mas encaminha, apenas, a solução.

6. Surge importante, para o tema, examinar a eficácia das normas constitucionais, que dizem com as liberdades humanas.

É muito pouco dizer-se que a eficácia consiste na aptidão da lei, ou do negócio jurídico, para produzir efeitos. Já se afirmou, e superiormente, que ela é "uma qualidade da norma que se refere à sua adequação em vista da produção concreta de efeitos".[23]

Sabe-se que os efeitos emergem em maior ou menor grau. A eficácia, por isso, irrompe mensurável ou apreciável. Assim, é ela a quantidade de potência de ser eficaz.

Ora, surge eficaz o que age e opera, visto que dotado de força e de efeito, ou resultado. Todo preceito jurídico desponta eficaz. Ser eficaz é,

---

22. Neste passo, na esteira, um tanto infielmente, do pensamento de Tércio Sampaio Ferraz Júnior ("Segurança jurídica e normas gerais tributárias", em *Rev. de Dir. Tributário*, n. 17-18, p. 51-4, jul./dez. 1981).

23. Tércio Sampaio Ferraz Júnior, *Introdução ao Estudo do Direito*, São Paulo, Ed. Atlas, 1988, p. 181.

pois, qualidade intrínseca da norma, cuja quantidade de potência, maior ou menor, se ostenta na eficácia. Daí, em face de certo caso corrente, examinando o direito em causa aplicável, mede-se, por exemplo, o efeito real, prático, da lei, ato, ou do negócio jurídico.

Admite-se que a eficácia guarde dois sentidos: um social ou prático; outro jurídico ou técnico.[24] No atinente à eficácia jurídica, ou técnica, das normas constitucionais costuma-se dividi-las em dois grupos. Normas bastantes em si, ou autoexecutáveis, ou ainda de aplicação incondicionada, posto que nasceram completas e, assim, aprestadas para logo atuarem efeitos. E normas não bastantes em si, ou não autoexecutáveis, ou também de aplicação condicionada, visto como afloram incompletas e a eficácia lhes fica potencial, até que recebam complemento legal que as acione.

Tal classificação binária surge, agora, contestada por insuficiente. Muitos já preferem apartá-la de eficácia plena, contida e limitada ou reduzida. As primeiras correspondem às normas bastantes em si. As segundas, inobstante de aplicação incondicionada, porque completas, admitem limitação eficacial futura. As últimas ostentam-se como princípios, ou programas e emergem dependentes, ou condicionadas à legislação futura. Não se exibem, pois, bastantes em si.[25]

---

24. "Diz-se eficaz a norma: a) que tem condições fálicas de atuar, posto que ela é adequada em relação à realidade; b) que tem condições técnicas de atuar, posto que estão presentes os elementos normativos para adequá-la à produção de efeitos concretos. A contrario senso, ineficaz é a norma, nos dois sentidos, inadequada. Estes dois sentidos podem existir simultaneamente ou não. Assim, quando uma lei determina que entrará em vigor imediatamente, havendo, porém, necessidade de sua regulamentação, enquanto esta não for decretada, a lei será ineficaz, no sentido (b). Decretada a regulamentação, pode ocorrer, no entanto, que a lei permaneça inadequada à realidade que ele pretende disciplinar por razões fáticas. Por exemplo, a lei determina a obrigatoriedade do uso de determinado aparelho para a proteção do trabalhador no exercício do seu trabalho, mas o aparelho não existe no mercado nem há previsão de sua produção adequada para dar condições à sua utilização. *Para efeito de diferença terminológica chamaremos o sentido (a) de eficácia semântica e no sentido (b) de eficácia sintática.* (Tércio Sampaio Ferraz Júnior, *Introdução...*, op. cit, p. 181, os grifos são do autor).
25. Conforme José Afonso da Silva, *Aplicabilidade das Normas Constitucionais*, 2ª ed., São Paulo, Ed. Rev. dos Tribs., 1982, p. 76-108 e 149). Com vistas ao esquema ternário: "as normas que definem as liberdades públicas..., são daquelas que denominamos normas de eficácia contida, porque não de aplicabilidade direta e imediata, visto que o legislador constituinte deu normatividade suficiente aos

Ora, a identificação física do provável agente de fato típico, em processo penal, sofreu clara alteração, na lei maior (art. 5º, n. LVIII). Antes inexistia o mandamento.

Descarta-se, de início, a polêmica inútil: se a norma deveria, ou não, por sua natureza, achar-se na Constituição. Encontra-se na lei fundamental; aí se mostra como garantia de direito individual. Contrasta e confronta, pois, com o poder legal de identificar, limitando-o.[26]

Ora, não é possível mudar sem modificação. Nenhum indivíduo ou grupo pode, sem penalidade e tirante a anomia, julgar a lei, no sentido de escolher cumpri-la, ou não. Julgar a lei maior é menosprezar a liberdade humana pela desobediência. A polícia judiciária que se apreste para sair deste século.

---

interesses vinculados à matéria de que cogitam. Vale dizer, não dependem de legislação para serem aplicadas. Se, não raro, solicitam a intervenção do legislador ordinário, isso não é destinado a integrar-lhes a eficácia (que já têm plenamente), mas visa restringir-lhes a plenitude desta, regulando os direitos subjetivos, que delas decorrem para o cidadão, indivíduos ou grupos. Enquanto o legislador ordinário não expedir a norma restritiva, sua eficácia será plena" (José Afonso da Silva, *Curso de Direito Constitucional Positivo*, 3ª ed., São Paulo. Ed. Rev. dos Tribs., 1985, § 25, p. 480-1; idem, *Aplicabilidade...*, op. cit., p. 91).

26. "A inserção de regras jurídicas, que não deveriam ser constitucionais na Constituição fá-las constitucionais, salvo se a Constituição mesma as exclui de tal assimilação" (Francisco C. Pontes de Miranda, "Conceito de Constituição e técnica constitucional", sep. da *Rev. Jurídica IAA*, Rio de Janeiro, 31/10/1966). Ainda: "Os direitos fundamentais correspondem, nos nossos dias, quer aos direitos que provêm da tradição clássica liberal, quer a novos direitos, bastante heterogêneos, econômicos, sociais e culturais. Quaisquer deles dizem-se direitos fundamentais, desde logo, por constarem da Constituição, ou seja, da lei fundamental, da carta magna, da lei básica de um país; dizem-se direitos fundamentais por terem uma relação direta, imediata, com a Constituição e por, assim, beneficiarem do estatuto de rigidez (ou de supremacia, pelo menos) inerente a qualquer Constituição. Direitos fundamentais são os direitos constitucionalmente consagrados dos membros da comunidade política ante o Estado. Não serão, necessariamente contra o estado, mas são direitos em que é indispensável proceder a uma distinção, a uma contraposição entre a pessoa, o indivíduo ou grupo em que o indivíduo se encontra e o Estado" (Jorge Miranda, "Os direitos fundamentais", conf. prof. no Instituto Roberto Simonsen, São Paulo, Fiesp/Ciesp, 1988, p. 4).

A proibição, que ora se sustenta, emerge de aplicação imediata, até porque a Constituição o afirma (art. 5º, n. LXXVII, § 1º). Não é norma de princípio, de conteúdo programático, dita não bastante em si.

O oficialmente já identificado não será submetido a nova e outra identificação física, durante a persecução penal. Eis a regra constitucional de eficácia jurídica imediata e plena-contida.[27]

A exceção, que a lei inferior ou ordinária vier a estabelecer, há de exibir-se submissa, entretanto à função eficacial de resguardo da norma superior. Tal função, conhecida no constitucionalismo moderno e marcada na Lei Fundamental da República Federal da Alemanha (art. 19, n.s 1 e 2), significa que todo direito básico, agasalhado pela Constituição, sempre que puder, em conformidade com ela, reduzir-se por lei, esta deve guardar validade geral e nunca para casos particulares. Além disso, ela há de mencionar, de modo expresso o direito fundamental que limita. Em nenhum caso, porém, o aludido direito poderá ser violado em sua essência.[28]

Descabem, pois, hipóteses de limitação, por exemplo, que afirmem a compulsoriedade de nova identificação física, em razão, apenas, da natureza do delito, ou da periculosidade do agente. Sucederia mero quebramento da regra fundamental, seja pelo caráter particularizante das exceções, seja pela adulteração constrangedora da essência do dispositivo.

7. É preciso ter em mente que a identificação física, de que cuidamos, ostenta-se como procedimento, objetiva e subjetivamente complexo, de determinação, policial ou judiciária, da identidade do indiciado ou do acusado e, também, da vítima.

Na persecução penal, em qualquer de suas duas fases, por necessidade jurídica, identificam-se vivos e mortos; com e sem exame pericial; agentes prováveis da infração e ofendidos verossímeis.

Como se identifica, hoje, pessoal e fisicamente, alguém? Como se lhe estabelece a identidade, sem perícia, para fins processuais penais? Primeiro, fazendo-lhe a qualificação possível. Segundo, verificando e lhe anotando o número de registro do documento oficial e válido, que exibir ou portar. Terceiro, descrevendo-lhe os caracteres físicos definidores: traços

27. É do mesmo sentir Miguel Reale Júnior, em recente parecer, ainda inédito, sobre identificação dactiloscópica e os crimes de desobediência, bem assim de abuso de autoridade.

28. Conforme Tércio Sampaio Ferraz Júnior, "Regras para a eficácia constitucional", em *O Estado de S. Paulo*, 11/01/86, p. 27.

fisionômicos e dados cromáticos; marcas e sinais particulares; tatuagens; anomalias congênitas ou adquiridas visíveis; e afinal, tudo quanto importe para dar a pessoa por individuada. É bom notar que a fotografia não supre a descrição acurada do conjunto que constrói a figura. Pode, sim, ilustrá-la, se factível e conveniente.

A identificação, qual procedimento, admite, já se vê, diversos métodos ou meios de chegar-se à identidade, associados ou não.

Surge manifesto que se buscam e se preferem, para individuar, elementos imutáveis e mais ou menos permanentes. Daí, a escolha, por enquanto, da identificação dactiloscópica.

Aflora desútil, contudo, pretender privilegiar tal meio a ponto de supô-lo imprescindível para a determinação da identidade física. Não é assim na lei. Na prática, jamais foi e nem será.[29]

Além disso, não se pode escamotear os casos de impossibilidade, tenha-se ou não o identificando à disposição. A impraticabilidade pode nascer na patologia das impressões digitais.[30]

A inviabilidade do método pode, por igual, achar-se no desconhecimento das digitais, posto que nunca tomadas ou colhidas; e, ainda, emergir do fato de não constarem de arquivos, arredando a comparação diferenciante.

---

29. Hoje, fala-se no método de identificação genética, por meio do código genético (DNA). Sobre a presteza e idoneidade do aludido procedimento técnico de identificação há razoável acordo dos especialistas. Surgem, entretanto, duas questões: a praticidade, ou operacionalidade, e o custo. Já, sobre identificação dactiloscópica, como um dos métodos de identificar os indivíduos e só por meio das impressões digitais, ver José Lopes Zarzuela, em *Enciclopédia Saraiva do Direito*, São Paulo, Editora Saraiva, 1983, v. 42, verb. respec. p. 88-109).

30. "Além das cicatrizes, que podem alterar o desenho dactiloscópico, e das amputações, outros fatores podem dificultar a identificação. São, na quase totalidade dos casos, alterações passageiras e, cessada a ação regressiva, o desenho papilar reassume os caracteres que lhe são próprios: a) atividades profissionais – em pedreiros, operários que lidem com cal e cimento, pode haver tendência ao apagamento dos sulcos interpapilares; b) doenças da pele; c) queimaduras, por ação de fogo ou água fervente, e a ação de cáusticos, como ácido clorídrico, ácido sulfúrico, fenol, soda cáustica; ação de irradiações; (cirurgia de apagamento) etc. Devem aqui ser citados os notáveis trabalhos de Leonídio Ribeiro e de João Vieira sobre a patologia das impressões digitais, especialmente em hansenianos" (Hilário Veiga de Carvalho et al., *Compêndio...*, op. cit., § 6.1.4., p. 97).

O maior proveito e valimento técnico da identificação dactiloscópica, por má leitura da lei, bem assim por desconhecimento do princípio e das regras orientadoras do processo penal, conduziu um dos meios de individuar os indiciados ao ritualismo. Fez-se a cerimônia de identificação prevalecer sobre a finalidade de só identificar, exacerbando a função simbólica do processo penal.[31]

O resultados foram, antes, os protestos da doutrina[32] e as correções da jurisprudência[33]. Depois e agora a repulsa social, estampada no texto da lei básica (art. 5º, n. LVII).

---

31. A ação penal condenatória, gostemos ou não, é sofrida pelo acusado e desde quando se vê indiciar, no inquérito policial. Não é o resultado da ação judiciária que conta, mas o procedimento. Ela desponta sancionatória, em si mesma, para réu, ainda que termine absolvido (v. Francesco Carnelutti, *Las Miserias del Proceso Penal*, trad. Santiago Sentis Melendo, Buenos Aires, Egea, 1959, p. 72-8). Assim, a ação torna-se ônus maior pelo seu andamento. Assim, é, também, por motivo de reação social, posto que funciona como símbolo coletivo infamante. A experiência jurídica condicionou a sociedade e desenvolveu o símbolo. Converteu a ação penal condenatória em contraestímulo a delinquir, mas fez do acusado em paciente antecipado da sanção negativa, imprevista ou não. Tal simbolismo coletivo, ou culturalmente estruturado e partilhado, muitas vezes se mostra na forma procedimental rígida, no ritualismo, ajudando a manutenção dos laços de solidariedade e coesão, por via da resposta: legitimação do castigo, ainda indevido, pelo procedimento. O símbolo, entretanto, não pode funcionar a tal ponto, na prática judiciária (v. RTJ 73/66). Vale afirmar, o técnico e o jurista não devem exacerbar o simbolismo, praticando ou instituindo o ritualismo meramente castigante, por meio do implante da pena de humilhação. Atrofia, pois, do sentido ético do instrumento processo. Hoje, com o escopo de afastar toda a carga sancionatória, fala-se até em desjudiciarização, em certas hipóteses de infrações menos graves.
32. Vejam-se as seguintes opiniões: Ary Azevedo Franco, *Cód. de Proc. Penal*, 7ª ed., Rio de Janeiro, Forense, 1960, v. I, p. 70; Eduardo Espinola Filho, *Cód. de Proc. Penal Brasileiro Anotado*, 5ª ed., Rio de Janeiro, Ed. Rio, 1976, v. I, § 48, p. 287; Heleno Cláudio Fragoso, *Jurisprudência Criminal*, 3ª ed., São Paulo, Ed. Bushatsky, 1979, v. 2, nota 300, p. 611-4; José Barcelos de Souza, *A Defesa na Polícia e em Juízo*, 5ª ed., São Paulo, Saraiva, 1980, § 27, p. 60 e § 31 p. 68-9; René Ariel Dotti, "Identificação criminal e presunção de inocência", em *Rev. de Direito Penal* 19/20: 54/9, jul./dez.1975; Uaracyr Sampaio Tavares, "Datiloscopia", em *Rev. de Dir. Penal* 35: 121/36, jan./jun. 1983; Nilo Batista, *Decisões Criminais Comentadas*, 2ª ed., Rio de Janeiro, Ed. Libres Juris, 1984, p. 77-80; Eliziário Couto Bastos, "Fichamento ou identificação criminal?", *B. Pol. Civ.*, Belém, 6(2)95/111, jul./dez. 1982; Paulo Cláudio Tovo, *Apontamentos e Guia Prático sobre a Denúncia, no Processo Penal Brasileiro*, Porto Alegre, Fabris

A identificação dactiloscópica, no processo penal, só guarda, então, cabência quando exigível, posto que necessária e útil à individuação, sem ou com lei ordinária arrimante.[34]

O suspeito sobre o qual se reuniram elementos incriminadores suficientes e, por isso, terminou indiciado, como verossímel autor de infração penal; bem assim aquele que foi preso em flagrante delito; não devem, em princípio, sofrer a identificação dactiloscópica, face à nova Constituição da República.

No sistema anterior, tal meio técnico surgia qual efeito, às vezes havido por indispensável, do indiciamento, nascente no juízo de provável autoria (art. 6º, n. VIII, do Código de Processo Penal e Súmula n. 568, do Sup. Tribunal Federal). Agora, não mais.

A identificação continua como resultado, consequência do indiciamento, porém mediante a mera evidenciação da identidade do incriminado, do indiciado agente de fato ilícito, típico e culpável.[35] Há quem, em

---

Editor, 1986, p. 35; Nilo Batista, "A última pena corporal", em *Jornal do Brasil*, cad. esp., Rio de Janeiro, 21/08/88, p. 1; Paulo Lúcio Nogueira, "Identificação como constrangimento ilegal", em *O Estado de S. Paulo*, São Paulo, 24/11/88, p. 72. É notável que o projeto de Código de Processo Penal (Mensagem n. 240/83 e Proj. de Lei n. 1.655/83) já afastava a compulsoriedade da identificação, pelo método dactiloscópico, qual segue: "art. 216. A autoridade deve: VIII – ordenar a identificação do indiciado, particularmente pelo processo dactiloscópico, se necessário, vedada, porém, a menção desse fato em atestados de antecedentes ou em informação não destinadas ao juízo criminal, antes da sentença condenatória (art. 705)".

33. Confiram-se, por exemplo, os arestos: Rev. dos Tribs.: 482/356, 494/330/, 525/358, 538/357, 544/359, 549/355, 550/365, 557/387; Julg. Trib. Alc. Crim. de S. Paulo: 46/67; Julg. Trib. Alc. Crim. do Rio Grande do Sul: 19/31, 21/25, 41/55; Rev. Forense 191/297, 248/409; Rev. do Trib. Fed. Rec. 20/117, 46/194; Rev. Trim. de Juris. 72/360,73/66 e DJU de 03/03/88 p. 3.735-6. Ver, adiante, nota n. 38.

34. No mesmo sentido, Maurício Henrique Guimarães Pereira, *Modificações no Processo Penal, Operadas pela Nova Constituição*, São Paulo, Associação dos Delegados de Polícia do Estado de São Paulo, 1988, p. 12-3.

35. Sobre a diferença entre indiciamento e identificação ver: Rogério Lauria Tucci, "Indiciamento e qualificação indireta", em *Rev. dos Tribs.* 571, p. 291-4; Guilherme Santana Silva, *Do Ato de Indiciamento, no Inquérito Policial* (tese). São Paulo, texto mimeografado, 1985; David Teixeira de Azevedo, "Indiciamento em inquérito policial: constrangimento ilegal", em *Jornal do Advogado*, São Paulo, jul. 1985, p. 11; Sérgio Marcos de M. Pitombo, "O indiciamento como ato de polícia judiciária", em *Inquérito Policial, Novas Tendências*, 2ª tirag. Belém, CEJUP, 1987, p. 35-45.

razão disso, prefira denominá-la identificação judiciária, ou do indiciado.[36] Poder-se-ia, dizer, com simplicidade, que o indiciamento responde à indagação: qual é o plausível autor da infração penal? Já, a identificação responde à pergunta: quem é tal pessoa?[37]

Eis, pois, a regra geral emergente da lei magna: quem se encontra já identificado não será submetido à identificação dactiloscópica.[38]

O mandamento, visto que de eficácia contida, basta-se para ser obedecido. É garantia de direito individual, dizente com a liberdade jurídica. Existe com a Constituição, vale com ela e lhe guarda a força e o efeito de ordenação rígida.

O que se espera é ver estatuídas as exceções: casos em que se fará precisa, dentre outros meios, a identificação dactiloscópica do indiciado, ou do acusado, e, só, para servir ao processo penal, assegurando-lhes a identidade certa. As limitações ao preceito constitucional vão, ou devem, aflorar para reafirmá-lo, resguardá-lo, impedindo o flanqueamento arbitrário.

Hão de ser identificados os que nunca o foram e mais aqueles cujo documento identificante mostrar-se, objetivamente, duvidoso. Em qualquer hipótese, a identificação ocasional, por mínima prudência e acatamento à regra geral, deve exsurgir precedida de determinação fundamentada da autoridade.[39]

Enquanto não se edita a lei inferior, que venha a fixar as exceções, nada impede e tudo recomenda serem os presidentes de inquéritos policiais orientados por seus superiores a observar a norma constitucional, atentos aos estreitos limites do que, de modo ostensivo, é excepcional.

Dezembro de 1988

---

36. Paulo Cláudio Tovo, *Apontamentos e Guia Prático...*, op. cit, p. 35.

37. Conforme Gaetano Foschini, *Sistema del Diritto Processuale Penale*, 2ª ed., Milão, Giuffè, 1965, v. I, § 67, p. 137.

38. Logo a 07/10/1988, o Supremo Tribunal Federal, julgando o recurso de habeas corpus n. 66.881-0, do Distrito Federal, por unanimidade, decidiu: "recurso a que se nega provimento, porque o acórdão recorrido denegou o habeas corpus em consonância com a jurisprudência consolidada pelo Supremo Tribunal (Súmula n. 568). Concede-se, porém, a ordem, de ofício, ante a garantia inserta no art. 5º, LVIII, da Constituição de 1988, ulteriormente promulgada e tendo em vista que a paciente já se acha civilmente identificada" (Rel. Min. Octávio Gallotti, DJU de 11/11/88, p. 29.310, ementa).

39. É, também, a opinião de Maurício Henrique Guimarães Pereira, *Modificações...*, op. cit., p. 12.

A criminalidade violenta e a nova lei penal

Não seria razoável que reformação de leis penais, possuindo como ponto de referência o ser humano em sua existência, ignorasse a opressão delinquencial.

O sentido repressivo da novíssima Parte Geral, do Código Penal, parece não haver sido, entretanto, notado por alguns. As razões de não ver surgem várias e, agora, não importa mencionar.

Em verdade, não se deram eles conta de que a velha lei penal de 1940 não empregava as expressões "violência" e "ameaça" – os dois modos de constrangimentos – salvo na Parte Especial. Já, a lei de 1984, por três vezes, refere ambas as maneiras de delinquir coagindo.

Assim, o arrependimento posterior, ostentado pelo agente, seja na reparação do dano, seja na restituição da coisa subtraída, só leva à redução de pena, em crimes cometidos sem violência ou grave ameaça às vítimas (art. 16, da Lei n. 7.209/84).

Um dos problemas mais evidentes, hoje, diz com o delito continuado. Este que se mostra na prática de duas ou mais infrações da mesma natureza, as quais surjam sequências no tempo, modo e no lugar... Vários roubos perpetrados no mesmo período, de idêntica maneira, na zona sul da cidade, por exemplo.

Tal forma de transgredir a norma penal, se carregada de violência ou grave ameaça, pode conduzir, no novo sistema punitivo, a aumentos de pena, de até o triplo, afastando e castigando o condenado, por mais largo período (parágrafo único, do art. 71, da Lei n. 7.209/84).

Sempre se haveria de comentar, com muita má vontade, que a sanção penal é, entretanto, só escritural, porque o condenado acabaria obtendo o livramento condicional. Bastaria, então, cumprir mais da metade da pena privativa de liberdade.

Aqueles que assim imaginam testemunhariam renovado descaso pela leitura da Lei, no mínimo. Ninguém que haja sido apenado por crime doloso, cometido, com violência ou grave ameaça, obterá livramento, sem demonstração objetiva, mediante perícia, de que não voltará a delinquir (parágrafo único, do art. 83, da Lei n. 7.209/84)

Somem-se, também, outros requisitos, não presentes no Código de 1940, como o bom desempenho no trabalho, durante a execução (inc. III, do art. 83, da Lei n. 7.209/84); e a necessidade de revelar efetiva impossibilidade de reparar o dano, causado ao ofendido, se for o caso (inc. IV, do art. 83, da Lei n. 7.209/84).

Observe-se, de passagem, que o maior rigor penal, isolado, não soluciona a questão da reincidência. Na vazante do século, todos já sabem que a libertação rápida, quando possível, afasta, ou demora, o regresso ao cárcere.

O amplo acesso à prisão albergue, que se permitiu a contar de 1977, por virtude da Lei n. 6.416, não favoreceu, no entanto, ao sentimento de autorresponsabilidade do infrator, porém, trouxe efeitos debilitantes à repressão penal.

O regime aberto, agora, tem sua concessão por isso embaraçada. Acha-se, de início, vedada aos reincidentes a prisão albergue (let. "c" § 2°, do art. 33, do Lei n. 7.209/84). Como fase última da expiação da pena privativa da liberdade, fica-lhe o ingresso, sempre, dependente de o executado apresentar, pelos seus antecedentes ou pelos resultados dos exames a que for submetido, fundados indícios de que irá se ajustar, com autodisciplina e senso de responsabilidade, ao referido regime aberto (art. 36, da Lei n. 7.209/84 c/c inc. II, do art. 114, da Lei n. 7.210/84).

O albergado domiciliar, em regra, encontra-se proibido. Surgem quatro únicas e justas exceções, a saber: para o condenado maior de setenta anos; para o acometido de moléstia grave; para a sentenciada com filho menor ou deficiente físico ou mental; e, ainda, para a gestante (inc. I a IV, do art. 117, da Lei n. 7.210/84).

Não se há mais de dar, portanto, prisão albergue a assaltantes multirreincidentes; nem facilitar a subespécie domiciliar aos simples homicidas. Linhas severas desenham o perfil do instituto.

Não é tudo. Outro importante ângulo do tema – e que vem sendo omitido – acha-se na suspensão condicional da pena, ou sursis.

Quase se poderia afirmar que o transgressor primário e de bons antecedentes, quando sentenciado até dois anos de pena privativa, consoantes a legislação recém-revogada, guardava a possibilidade de delinquir sem castigo. Na primeira vez, não "pagava a pena", como se costuma dizer, na linguagem popular.

O aludido benefício acabou desmoralizado, no desverdecido Código de 1940, enfraquecendo a Justiça Penal. Inexiste quem o negue.

A Parte Geral, que, vigorante em janeiro de 1985, exibe o sursis com forte carga sancionatória. Pode ocorrer a suspensão condicional do cumprimento da pena privativa de liberdade, contudo, o executado penal não se libera impune. No primeiro ano do prazo, deverá prestar serviço à comunidade, ou se submeter à limitação de fim de semana, ambas espécies de pena restritivo de direitos. Vale dizer, há de sofrer o sursis, em vez de gozá-lo (parágrafo 1°, do art. 78, da Lei n. 7.209/84).

Note-se, ainda, que se exigem mais dois requisitos subjetivos para que a suspensão condicional acabe concedida. A lei reformada reclama que a culpabilidade e a conduta social do apenado mostrem a conveniência do sursis, em face da reprovação e prevenção do delito (in. II, do art. 77, da Lei n. 7.209/84). Fica, portanto, obstado até aos não reincidentes, quando perigosos.

Aguarda-se, pois, que os especialistas aprofundem as observações sobre o assunto, mas recordados de que a novíssima lei penal, removendo o "mito do tratamento", trouxe a pena como castigo e buscou dar aos violentos a resposta necessária e suficiente.

A disciplina na execução penal*

1. O Título II da Lei n. 7.210, de 11 de julho de 1984, cuida "Do condenado e do internado". Vale dizer, das duas categorias de *executados penais*. Aqueles que terminaram castigados com alguma *pena e* aos quais chamou *condenados*, bem assim os que, sancionados com *medida de segurança*, quis denominar *internados* (art. 1º, da L. Ex. Penal). No seu Capítulo IV, trata "Dos deveres, dos direitos e da disciplina", apartando-os em três Seções (arts. 38 a 60).

2. Tal Capítulo IV, em vinte e três (23) artigos, consiste na projeção do que se encontra, antes, marcado na lei modificativa da Parte Geral do Código Penal (Lei n. 7.209/84), tendendo a lhe dar concretude.

Com efeito, basta verificar que nela já se mencionam: a condição especial da *mulher sentenciada* (art. 37, do Cód. Penal); os *direitos comuns*, que todos conservam; a garantia constitucional de respeito *à integridade física e moral* (art. 38, do Cód. Penal); *o dever-direito de trabalho* remunerado (art. 39, do Cód. Penal); e que, induvidosamente, declara, ainda:

> "Artigo 40 – *A legislação especial* regulará a matéria prevista nos artigos 38 e 39 deste Código, bem como especificará os *deveres e direitos* do preso, os critérios para revogação e transferência dos regimes e estabelecerá as infrações disciplinares e correspondentes sanções" (o grifo é nosso).

Quanto ao *internado*, para não se repetir em alguns lanços, só afirma que há de se recolher em estabelecimento, dotado de características hospitalares e para receber *tratamento* (art. 99, do Cód. Penal).

---

* Palestra proferida no dia 25/10/84 – Ciclo de Estudos sobre as Novas Leis Penais, patrocinado pelo Instituto dos Advogados de São Paulo e pelo Centro de Estudos da Procuradoria Geral do Estado.

3. A *disciplina* não objetiva o mero controle, ou a simples contensão das populações dos estabelecimentos penais (1).

Visa, pela mantença da ordem na execução penal, a garantir a observância dos *deveres* do *condenado* (arts. 38/9, da L. Ex. Penal) e a lhe assegurar normal exercência dos *direitos* (arts. 40/2, da L. Ex. Penal): *A disciplina* emerge como uma das *condições* de bom funcionamento da execução e, pois, convém ao *condenado.*

Eis-lhe o conceito legal, ou formal:

> "A disciplina consiste na colaboração com a ordem, na obediência às determinações das autoridades e seus agentes e no desempenho do trabalho" (art. 44, da L. Ex. Penal).

4. O sistema de normas a ele referentes, na *Lei de Execução Penal,* ao traçar disposições reitoras (arts. 44/8); definir faltas (arts. 49[xix]/52[xx]); estabelecer sanções e recompensas (arts. 53[xxi]/6); estatuir sobre a aplicação das primeiras (arts. 57/8[xxii]); e, afinal, ao tratar do procedimento (arts. 59/60[xxiii]); institui *o regime disciplinar especial dos condenados,* em todo o território nacional (2).

5. As pessoas que se sujeitam ao aludido *regime disciplinar,* em princípio, são os *condenados à* pena *privativa de liberdade (art.* 33, do Cód. Penal), ou *restritivas de direitos* (arts. 43/44[xxiv], do Cód. Penal), enquanto tais.

Os *presos provisórios,* denominados também de *processuais,* subordinam-se ao mesmo *regime,* por exceção e no que lhes for cabível (parágrafo único, do art. 44 e parágrafo único, do art. 50, da L. Ex. Penal).

(1) No atinente ao conceito de direito disciplinar, ver Themístocles Brandão Cavalcanti, *Direito e Processo Disciplinar,* Rio de Janeiro, Fundação Getúlio Vargas, s./d., p. 22,105/18.

(2) Ver José Armando da Costa, *Teoria e Prática do Direito Disciplinar,* Rio de Janeiro, Forense, 1981, p. 7.

O fato de não atingir *o internado* longe se coloca, por evidente, da ideia de inexistência de ordem na execução da *medida de segurança* (arts. 171/9, da L. Ex. Penal).

E que *o inimputável e o semi-imputável,* que teve a pena substituída por *medida de segurança* (arts. 26, parágrafo único e 98, do Cód. Penal), ambos guardam relação de subordinação, mas no plano do *tratamento* hospitalar ou ambulatorial (n. I e II, do art. 96, do Cód. Penal).

6. Nas "Disposições Gerais", Subseção 1, assentam-se, de outra sorte, algumas linhas básicas do sistema normativo *disciplinar.*

O regime consagra *o princípio da legalidade, ou* da *reserva legal,* assim: "Não haverá falta nem sanção disciplinar sem expressa e anterior previsão legal ou regulamentar" (art. 45, *caput,* da L. Ex. Penal).

Em consequência, adota *o non bis in idem, o* qual proíbe a soma de *sanções disciplinares,* para única falta; permitindo, somente, a cumulação com a penal (art. 52, da L. Ex. Penal[xxv]). Impede, pelo mesmo motivo, *a analogia (3).*

A lei renova, em outras palavras, com nítido escopo pedagógico, a garantia individual de acatamento à "integridade física e moral do detento e do presidiário" (§ 14, do art. 153, da Const. da Emenda n. 1/69[xxvi]), a saber:

"As sanções não poderão colocar em perigo a integridade física e moral do condenado" (§ 1º, do art. 45).

Veda, portanto, o uso de "cela escura', "surda", ou "cela forte', as quais torturam mais que castigam (§ 2º, do art. 45).

A sanção disciplinar não pode atingir senão o faltoso. Perfilha, então, *o princípio da culpabilidade individual,* ao obstar as sanções coletivas (§ 3º, do art. 45).

(3) Sobre o tema consultar Ricardo Antunes Andreucci, "Direito penal administrativo e ilícito fiscal", em *Estudos e Pareceres de Direito Penal,* São Paulo, Revista dos Tribunais, 1982, p. 120-39.

Todos sabem que os recém-chegados constituem-se nos mais frequentadores das *faltas disciplinares,* em razão da ausência de conhecimento ou compreensão dos regimentos.

No intuito de arredar a ignorância e o erro, deliberado ou provocado, das *normas disciplinares, o condenado,* bem como *preso processual* serão delas cientificados, ao ingressarem em qualquer estabelecimento penal (art. 46, da L. Ex. Penal).

Os preceitos sublinhados, já se vê, propendem a afastar *o arbítrio disciplinar,* que tantas vezes provoca *a resistência organizada e* o *motim* nos estabelecimentos.

7. As *autoridades administrativas* exercem *o poder disciplinar,* na *execução penal* (arts. 47/8) (4).

Se a pena exequenda surge *privativa de liberdade, pouco* importando a natureza da *falta disciplinar,* a autoridade hierárquica competente, para impor sanções, *até suspensão* ou *restrição de direitos* (parágrafo único, do art. 41), é o *diretor do estabelecimento* penal (art. 47 c/c art. 54[xxvii]; ns. I a III, do art. 53 e parágrafo único, do art. 57[xxviii]). Se, entretanto, *a falta* se ostenta *grave e* emerge recomendável a penalidade *de isolamento na própria cela, ou em local adequado, o* poder jurídico sancionatório passa ao *conselho disciplinar* (art. 47, c/c 54[xxix]; n. IV, do art. 53 e parágrafo único, do art. 57[xxx]).

O conselho disciplinar, órgão da Administração, por certo sob a presidência do *diretor do estabelecimento* penal, organizar-se-á conforme vier a dispor o regulamento (art. 54, *in fine,* da L. Ex. Penal[xxxi]). Note-se, inobstante manifesto, que nenhum *condenado, ou preso processual* poderá, direta ou indiretamente, exercitar a *faculdade disciplinar.*

Se em execução se acha pena *restritiva de direitos, o poder disciplinar* há de ser praticado pela *autoridade administrativa,* a que se encontrar submetido *o condenado (*art. 48, da L. Ex. Penal).

(4) No respeitante ao assunto, notar: Marcelo Caetano, *Do Poder Disciplinar, no Direito Administrativo Português,* Coimbra, Imp. da Universidade, 1932 e, ainda, Carlos de Barros Júnior, *Do Poder Disciplinar na Administração Pública,* São Paulo, Revista dos Tribunais, 1969.

A fiscalização do cumprimento das penas de *prestação de serviços à comunidade e* de *limitação de fim de semana (*ns. I e III, do art. 43, do Cód. Penal[xxxii]) incumbe ao *Patronato (n.* II, do art. 79, da L. Ex. Penal). Nada mais consequente, pois, que ao *Patronato público* (art. 78), um dos órgãos da *execução penal* (n. VI, do art. 61), se dê competência para aplicar sanções, durante a execução das penas *restritivas.*

Órgão local a ser criado, mediante *lei,* pela Administração, poderá, entretanto, guardar idêntico destino.

Muito embora o diploma se mostre silente, parece sensato que as mesmas referidas *autoridades administrativas,* que competentes para distribuir *sanções,* o sejam, por igual, para conceder *recompensas* (art. 56, da L. Ex. Penal) (5).

Ocorre, porém, que não basta a simples interpretação sugerida. Torna-se imperioso que a legislação local venha a estabelecer sobre a matéria (parágrafo único, do art. 56). *0 administrador público* deve só fazer o que a lei autoriza, sem nenhuma liberdade (6).

8. Exsurgem, na Subseção II, os três graus da *falta disciplinar: leve, médio e grave.* A lei, unicamente, exibe o elenco das transgressões *graves,* posto que escolheu deixar à legislação local a tarefa de especificar as *leves e médias* (art. 49, da L. Ex. Penal).

Há *ilícitos disciplinares* de incidência repetitiva, em certos lugares, e que não sucedem em outros, com frequência. A repercussão interna, assim, não é semelhante. Ora, implantar faltas *leves e médias,* desconsiderando a variada ambiência de cada região, conduz a risco *a disciplina* necessária *à execução penal.*

O apontamento das *infrações graves* aflora, contudo, indispensável, não só para afastar a desmedida rigidez disciplinária de alguns regimentos internos de estabelecimentos penais; mas por causa dos sérios *efeitos legais da punição,* por tal espécie de *falta.* Cabe lembrar, a título de exemplo, o reflexo da punição sobre os institutos da *regressão e* da *remição* (n. 1, do art. 118 e art. 125, ambos da L. Ex. Penal).

E, também, a opinião de José Armando da Costa, *Teoria...*, op. cit, p. 310.

Consultar Hely Lopes Meirelles, *Direito Administrativo Brasileiro,* 3ª ed., São Paulo, Revista dos Tribunais, 1975, p. 67.

Note-se que a *tentativa* se pune com a sanção correspondente à infração consumada (parágrafo único, do art. 49, da L. Ex. Penal). *0 regime é,* assim, mais rígido que a lei penal (parágrafo único, do art. 14, do Cód. Penal).

Existem, em verdade, dois (2) elencos de *transgressões graves:* um destinado ao *sentenciado* à pena *privativa de liberdade* (art. 50); outro reservado ao *condenado à restritiva de direitos* (art. 51). A eles nada se pode acrescer, imaginando novas *faltas gaves.* Há, porém, a hipótese comum às duas categorias de *apenados:* "a prática de fato previsto como crime doloso" (art. 52[xxxiii]).

Importa observar que ocorre natural paralelismo entre alguns *deveres* (art. 39) e as *infrações graves* (arts. 50/1). Quase se poderia asseverar que se exibem, na lei, como o direito e o torto do agir dos *executados penais.*

Constituem-se em *faltas graves,* para os *condenados* às penas *privativas de liberdade:*

1 – incitar ou participar de movimento para subverter a ordem ou a disciplina (n. I e IV. do art. 39, da L. Ex. Penal);

II – fugir (n. I e IV, do art. 39);

III – possuir, indevidamente, instrumento capaz de ofender a integridade física de outrem;

IV – provocar acidente de trabalho (art. 28; n. V, do art. 39; n. II, do art. 41; e arts. 125 e 200);

V – descumprir, no regime aberto, as condições impostas (art. 36, do Cód. Penal; arts. 114/16, da L. Ex. Penal);

VI – inobservar os deveres previstos nos n. II e V, do art. 39.

São ilícitos disciplinares, para os *condenados a* penas *restritivas de direitos,* as seguintes condutas:

1 – descumprir, injustificadamente, a restrição imposta (n. I e III, do art. 43, do Cód. Penal[xxxiv] e n. I, do art. 39, da L. Ex, Penal);

II – retardar, injustificadamente, o cumprimento da obrigação imposta (n. I, do art. 39, e §§ 1º e 2º, do art. 181, da L. Ex. Penal);

III – inobservar os deveres previstos nos n. II e V, do art. 39.

As *faltas disciplinares* cifram-se em comportamentos do *condenado,* violantes, seja de *deveres,* seja de *obrigações* de sua condição, os quais põem em perigo ou prejudicam a boa execução das penas *privativas de liberdade e restritivas de direitos.*

9. À classificação das *transgressões* corresponde o número *fechado* de sanções (art. 53, da L. Ex. Penal). Criaram-se quatro (4) modalidades, a saber:

I – advertência verbal (art. 54[xxxv]);

II – repreensão (art. 54[xxxvi]);

III – suspensão ou restrição de direitos (parágrafo único, do art. 41; art. 54[xxxvii]; parágrafo único, do art. 57[xxxviii]; e art. 58[xxxix]);

IV – isolamento na própria cela, ou em local adequado, nos estabelecimentos, que possuam alojamento coletivo, observado o disposto no art. 88 (§ 2º, do art. 45; art. 54[xl]; parágrafo único, do art. 57[xli]; e art. 58[xlii]).

A disciplina não se constrói e conserva, somente, com *penalidades,* mas também com *recompensas* (art. 56). Daí por que a Subseção III cogita de ambas (7).

Recompensa é prêmio; meio pelo qual se reconhece o bom comportamento do *condenado,* sua colaboração com *a disciplina* e dedicação ao trabalho (arts. 44 e 55, da L. Ex. Penal).

Duas emergem as *recompensas: o elogio* e a *concessão de regalias* (n. I *e* II, do art. 56).

A legislação das unidades federativas e os regulamentos "estabelecerão a natureza e a forma de concessão de regalias" (parágrafo único, do art. 56). Outra vez se respeitam as peculiaridades locais.

10. A Subseção IV tem por título "Da aplicação das sanções". Versa, de modo singelo, sobre os critérios de imposição das *penalidades*, antes listadas.

(7) No mesmo sentido, Marcelo Caetano, *Princípios Fundamentais de Direito Administrativo*, Rio de Janeiro, Forense, 1967, p. 388.

As *autoridades administrativas*, detentoras do *poder disciplinar especial* (arts. 47/8), carecem, na fixação da sanção, de atentar para "a pessoa do faltoso, a natureza e as circunstâncias do fato, bem como as suas consequências" (art. 57, da L. Ex. Penal[xliii]).

A advertência verbal e a *repreensão* aplicam-se em faltas *leves e médias* (art. 49; n. I e II, do art. 53; e parágrafo único, do art. 57[xliv]). Já, *a suspensão* ou *restrição* aos direitos de recreação, visitas, ou de contato com o mundo exterior (n. V, X e XV, do art. 41; s. parágrafo único; e n. III, do art. 53); bem como a penalidade de *isolamento celular* (§ 2º, do art. 45; e n. IV, do art. 53); infligem-se nas transgressões *graves* (arts. 50/2[xlv]; e parágrafo único, do art. 57[xlvi]).

O isolamento, a suspensão e a restrição de direitos – vale iterar: as sanções próprias aos ilícitos graves – limitam-se no tempo em trinta (30) dias (art. 58[xlvii]).

O mencionado *isolamento* será, *sempre*, comunicado ao *juiz da execução*, para *controle* externo do castigo (parágrafo único, do art. 58).

Admitiu-se, outrossim, *a detração*. O prazo de *isolamento preventivo* há de ser computado no período de cumprimento da mais pesada sanção da escala legal (parágrafo único, do art. 60[xlviii]).

Não se deve progredir no tema sem, antes, reparar em que, onde existe *superpopulação* prisional, *o trabalho* míngua; *a higiene* mostra-se pouca; ocorre *deficiência assistencial; e* a *alimentação* falha; então, *a disciplina* do estabelecimento vacila. Torna-se, enfim, precária, instável, frouxa.

11. A aplicação de *penalidade disciplinar* ao *executado*, pelo cometimento da falta *grave* (arts. 50/2[xlix], da L. Ex. Penal), obriga a *autoridade administrativa* (arts. 47/8) a comunicar, *representando*, ao *juiz da execução* (parágrafo único, do art. 48 c/c letra *b* e c, do n. III, ainda, letra b, do n. V, do art. 66, da L. Ex. Penal).

Vejam-se os *efeitos* da imposição sobre *a execução penal:*

a) o *condenado à* pena *privativa de liberdade* ficará sujeito *à regressão a regime executório* mais rigoroso (§ 2º, do art. 33 e § 29, do art. 36, ambos do Cód. Penal c/c n. I, do art. 118, da L. Ex. Penal).

b) o *sentenciado à* pena *privativa de liberdade,* que a cumpre em *regime semiaberto* (letra *b, do* § 1º, do art. 33; e art. 35, do Cód. Penal c/c art. 91, da L. Ex. Penal) tem, automaticamente, revogado o benefício da *salda temporária* (arts. 122[l] e 125, da L. Ex. Penal);

c) o *condenado à* pena *privativa de liberdade,* que a satisfaz em *regime fechado* (letra *a, do* § 1º, do art. 33; e art. 34, do Cód. Penal), ou *semiaberto,* perde o direito ao *tempo remido* pelo trabalho (arts. 126[li] e 127, da L. Ex. Penal);

d) o *sentenciado à* pena *restritiva de direitos* (arts. 43[lii] e seg., do Cód. Penal) a terá *convertida* em *privativa de liberdade* (ns. I e II, do art. 45, do Cód. Penal[liii] c/c letra b, do § 1º e § 2º, do art. 181, da L. Ex. Penal).

A severidade da repressão *disciplinar* ostenta-se manifesta.

12. A Subseção V, derradeira, institui *o procedimento administrativo disciplinar* indispensável. Ao fazê-lo, traça *duas (2) regras a* se observarem, no futuro regulamento: *direito de defesa* do imputado, bem como a necessidade de *motivo e motivação,* para o ato *decisório,* que sancione, ou não, *o condenado* ou *o preso processual* (art. 59 e parágrafo único, da L. Ex. Penal).

A possibilidade de contrariar a inculpação e a plena inteligência da justiça ou injustiça da inflição é de espontâneo reclamo.

Viciosa, portanto, se exibirá a sanção nascente ao desamparo das formalidades e do rito procedimental adequado às *faltas.*

A autoridade administrativa, possuidora do já mencionado *poder disciplinar* (arts. 47/8), poderá decretar *o isolamento preventivo* do suposto *faltoso,* pelo prazo máximo de dez (10) dias, no-interesse-da *disciplina e* da averiguação do fato e de suas circunstâncias (art. 60, da L. Ex. Penal[liv]). Opera-se, entretanto, *a detração,* em ocorrendo a imposição da *penalidade* maior (parágrafo único, do art. 60[lv]).

13. Assim, de modo só descritivo, é o feitio do *regime disciplinar especial,* na novíssima *Lei de Execução Penal.*

A Polícia Judiciária e as regras orientadoras do processo penal

SUMÁRIO: 1. Polícia judiciária, na Constituição da República e no Código de Processo Penal – 2. Princípio publicístico e cânone da legalidade – 3. Regra da oficialidade – 4. Regra da judiciariedade – 5. Regra da verdade material – 6. Necessidade de aplicação ao inquérito policial.

1. Polícia Judiciária, na Constituição da República e no Código de Processo Penal

A polícia, divisada como instituição, se e quando se volta à paz pública, ao funcionar na persecução penal, norteia-se, de modo prevalente, na Lei Magna e no Código de Processo Penal.[1]

Desponta a polícia judiciária, desde logo, quando o diploma processual penal afirma que: "será exercida pelas autoridades policiais, no território de suas respectivas jurisdições – leia-se circunscrições, v. art. 22 – e terá por fim a apuração das infrações penais e da sua autoria" (art. 4.º[lvi]).

Ora, à polícia civil estadual incumbe as funções de polícia judiciária e, assim, a verificação das infrações penais em âmbito comum e das unidades federativas (art. 144, § 4.º, da CF). Apurar é conhecer ao certo sobre os fatos, que podem ser, ou não, infração penal e na hipótese, por dever de ofício.

A polícia federal destina-se a averiguar, também, as infrações penais, mas se cometidas "contra a ordem política e social, ou em detrimento de bens, serviços e interesses da União, ou de entidades autárquicas e empresas

1. I. Ver: Sérgio Marcos de Moraes Pitombo, "Posição institucional da polícia", em *Rev. da Assoc. dos Deleg. de Polícia do Est. de São Paulo*, 14, p. 241-7, 1987.

públicas, assim como outras infrações, cuja prática tenha repercussão interestadual ou internacional e exija repressão uniforme, segundo se dispuser em lei" (art. 144, § 1°, n. I, da CF). Daí, ela "exercer, com exclusividade, as funções de polícia judiciária da União" (art. 144, § 1°, n. IV, da CF, o grifo é nosso). Papel, assim, privativo e restrito lhe surge atribuído, na Lei Maior.

O inquérito policial, enquanto instrumento de apuração das aludidas infrações, desenha-se, no Código de Processo Penal, pelo apontamento do modo de iniciar-se (arts. 5° e 8°); seu conteúdo ou atividade a desenvolver (art. 6.°) [lvii] e pela sua finalização (art. 10). Trata-se, pois, de procedimento cautelar; de natureza administrativa; que contém investigação e instrução policial, acerca de fato, supostamente violante da norma penal; todas as circunstâncias, que o envolvem; e respectiva autoria.[2] O fim, o destino do inquérito policial são judiciários. Função, pois, colaborativa, mas específica da polícia por isso judiciária.

Já, a atividade auxiliar da polícia judiciária irrompe ao ensejo de dar atendimento aos juízes e aos promotores de justiça (art. 13).

O poder de direção de documentação da *informatio delicti* emerge em mão da autoridade policial, delegado de polícia (arts. 14 e 184).

Não é só. Ele nomeia curador ao indiciado menor de vinte e um anos (art. 15). Assegura o sigilo, quando necessário à investigação ou necessário à preservação da intimidade e ao interesse social (art. 20[lviii] c/c art. 5º, n. LX, da CF). Requer incomunicabilidade imprescindível à investigação (art. 21 e parágrafo único). Ordena a restituição, ou o depósito de coisas apreendidas, nos limites de sua atribuição (art. 120). *Representa* sobre a necessidade de submissão do indiciado a exame de sanidade mental (art. 149, § 1°). Determina a exumação de cadáver (art. 163). Cuida de que se realizem o exame de corpo de delito, a perícia complementar e os novos exames (arts. 6°, n. VII; 158; 168 e 181[lix]). Expede ordens de busca e de apreensão, autorizado pelo Poder Judiciário (art. 241 c/c art. 5º, n. XL, da CF). Preside e formaliza a prisão em flagrante e providencia, após ela (arts. 301, 304[lx] e 306[lxi] c/c art. 5°, ns. LXI, LXII, LXIII e LXIV, da CF). Concede a fiança e lhe fixa o valor, dentro do que lhe pertine (arts. 322[lxii], 325[lxiii] – com nova redação: Lei n. 7.780/89 –, 326 e 332 c/ alterações das

---

2. Sérgio Marcos de Moraes Pitombo, "Arquivamento do inquérito policial: sua força e efeito", em *Inquérito Policial, Novas Tendências*, Belém, CFJUP, 1987, p. 15-33.

Leis 7.843/89 (art, 2°) e 8.035/90, c/c art. 5° n. LXVI, da CF). Faz o indiciado obrigado, por via de termo nos autos de inquérito, a comparecer aos atos do procedimento (art. 327). Manda, com fundamento, que se realize a identificação datiloscópica do indiciado, porém nas situações-limite, em que a providência desponta exigível, porque necessária e útil a sua individuação (art. 6.°, n. VIII, c/c art. 5.°, n. LVIII, da CF). Representa solicitando a prisão preventiva (art. 311, do CPP[lxiv]).[3]-[4]

Eis a razão suficiente de terem as autoridades policiais o dever de declararem-se suspeitas, "quando ocorrer motivo legal" (art. 107 c/c art. 254).[5]

Hoje, o controle externo da atividade policial, que se descreveu, encontra-se com o Ministério Público (art. 129, n. VIII, da CF). Controle, diga-se administrativo, visto como os atos de polícia judiciária, voltados à investigação, à coleta de elementos de convicção, em suma, à instrução criminal continuam, qual sempre estiveram, sob verificação do Poder Judiciário (v. art. 5º, ns. XI, XII[lxv], XXXV, LIII, LIV, LXI, LXII, LXV e LXVIII, da CF, v.g.).[6]

A polícia judiciária, tanto que vista como atividade, função e poder, consoante a Constituição da República e o Código de Processo Penal, cumpre buscar, agora, o conhecimento das regras processuais orientadoras que a comandam.

2. Princípio publicístico e cânone da legalidade

O processo penal, admitido como singular instrumento de o Estado--administração exercitar o poder-dever de punir; percebido como único meio de impor-se as mais graves das sanções jurídicas negativas: a pena criminal ou a medida de segurança; e tudo, assim, para que se conserve a

---

3. E, também, representa pedido a prisão temporária (art. 2º da Lei n. 7.960/89 e art. 2°, § 3?, da Lei n. 8.072/90).
4. Rogério Lauria Tucci e Sérgio Marcos de Moraes Pitombo, *Princípio e Regras Orientadoras do Novo Processo Penal Brasileiro*, Rio de Janeiro, Forense, 1986, 7, p. 128.
5. Sérgio Marcos de Moraes Pitombo, "A identificação processual penal e a Constituição de 1988", em *RT*, 635, p. 173-83, 1989.
6. Conforme Rogério Lauria Tucci e Sérgio Marcos de Moraes Pitombo, *Princípio...*, op. cit., p. 129.

liberdade jurídica dos indivíduos; exibe seu caráter publicístico (art. 5º, ns. XXXVII, LIII, LIV e LV, da CF, p. ex.).

Existe no e para o interesse público, em sentido de querença impessoal de que, mediante só ele, os delitos sejam perseguidos, conhecidos e punidos.

O princípio publicístico rege o processo penal, fazendo da atividade, da função e do poder de polícia judicial algo, peculiarmente público, mesmo que a lei se mostrasse omissa. É por isso, adiante-se, que o inquérito policial não tem dono. É instrumento público.

O princípio publicístico, sob a incidência do cânone da legalidade – posto que se corporifica ou ganha concretitude na lei – produz tríplice série de regras orientadoras, a saber: oficialidade, judiciariedade e verdade material.[7]

3. Regra da oficialidade

A promoção e a movimentação do procedimento de inquérito policial, pelo específico órgão estatal da persecução extrajudicial, em regra, consiste em dever funcional inafastável.

Daí, frente a certo fato, que parece ser delito, a persecução penal, em primeira fase, mostrar-se inevitável e, portanto, necessária e obrigatória, para sua apuracão, na maioria das vezes. Daí, atendendo até à ordem pública, o procedimento surgir espontâneo, ou de ofício, quase sempre.

É a regra da oficialidade em operação.

Não se pode falar, em teoria, senão em discricionariedade técnica. Verificação e documentação do fato; circunstância em que se acha ele imerso; e respectiva autoria; tudo nos termos de estrita legalidade.

Sabe-se que existe a chamada discricionariedade de fato. "Trata-se daquele espaço de liberdade que goza a ação concreta da polícia e que ultrapassa largamente as margens dentro das quais a lei permite a intervenção de considerações de oportunidade da polícia."[8]

---

7. Conforme Rogério Lauria Tucci e Sérgio Marcos de Moraes Pitombo, *Princípio...*, op. cit., p. 39.

8. Jorge de Figueiredo Dias e Manuel Costa Andrade, *Criminologia – O Homem Delinquente e a Sociedade Criminógena*, Coimbra, Editora Coimbra, 1984, p. 446.

Tal discricionariedade de fato, ou real, ostenta comportamento ilegal, que seleciona, mediante simples arbítrio, o que deve chegar à justiça Penal. Violenta, pois, a regra da oficialidade.

4. Regra da judiciariedade

O procedimento administrativo cautelar, destinado à averiguação do fato, cuja tendência a ser típico e culpável existe, sua circunstancialidade e autoria, cabe à polícia judiciária, em especial (art, 144, § 1°, n. III[lxvi] e § 4.°, da CF).

Note-se, entretanto, que se a forma lhe é administrativa e, às vezes até, a substância de alguns atos de inquérito, já a finalidade emerge, a todo tempo, judiciária. Tal procedimento inquisitivo, ainda nos dias correntes, contém formação da culpa (art. 53, § 3°, da CF[lxvii] p. ex.). Importa, então, aos direitos individuais.

As duas funções que exibe, frente ao Poder Judiciário, ou melhor, em face da jurisdição penal, já foram aludidas. Ora a polícia judiciária toma o papel de colaboradora, na apuração da materialidade e autoria de fato penalmente relevante, documentando sua atuação, ora assume o papel de auxiliar da Justiça, fornecendo informações necessárias à instrução criminal; realizando diligências requisitadas; ou cumprindo mandados de prisão, expedidos pelas autoridades judiciárias (art. 13) .

Há, portanto, atividade administrativa, no âmbito da ação judiciária penal.

A regra da judiciariedade do processo não se pode ver afastar da *inforrnatio delicti*, com vistas à finalidade essencial do instrumento.

5. Regra da verdade material

No processo penal de conhecimento, ou de execução, indispensável exsurge a busca da verdade material, em tutela da liberdade jurídica.

Verdade que se diz processualmente válida, possível ou, ainda, atingível.

Ela emerge onde existir instrução probatória e, como tal, definida em lei.

Afirmar-se que a autoridade policial, ao presidir um inquérito, não é serva da verdade material, consiste, no mínimo, em torná-lo desútil, oco, desfuncionalizado.

No inquérito policial, também se procura a reconstrução atingível de fato relevante e metaprocedimental; assim, a verdade material desponta, inquisitivamente, perquirida, por manifesto dever de ofício.[9]

A inquisitividade acha-se na persecução penal: na primeira, procedimental ou policial; e na segunda, processual ou judicial. Irrompe para a procura da verdade material. "Traduz a indispensabilidade de apuração da verdade material, cuja perquirição incessante propicie o proferimento" de uma decisão judicial justa.[10]

O inquérito policial, arrimando a acusação pública ou do particular, e, dando base à decisão judicial de seu próprio arquivamento, traz no bojo a verdade atingível.

Observe-se, ainda, que no inquérito há instrução criminal, inobstante não ocorra contraditório perfeito (art. 14). Se inexiste instrução, como se fundamenta a decisão judicial, que recebe ou rejeita a denúncia ou a queixa (arts. 41, 43[lxviii] e 394[lxix] c/c art. 93, n. IX[lxx], da CF)? As buscas e as apreensões (arts. 240/9), bem como todas as perícias – exames, vistorias e avaliações (arts. 158/84[lxxi-lxxii-lxxiii-lxxiv-lxxv]) – que se ultimem no inquérito são repetidas em Juízo, normalmente? Existe, ou não, carga de definitividade, em certos atos do procedimento de inquérito? Em que se funda o ato decisório, determinante, ou não, de arquivamento de inquérito policial (arts. 18 e 28)? As respostas a tais singelas perguntas só levam à conclusão de que nele surge tanto instrução criminal provisória quanto definitiva. Em consequência, impera no inquérito a verdade material.[11]

Tempos difíceis, momentos de descaso e desfunções evidentes criam a patologia dos inquéritos, mas não afastam a regra orientadora da verdade material.

6. Necessidade de aplicação ao inquérito policial

O conhecimento do princípio e das regras orientadoras do processo penal, bem assim a aplicação ao inquérito policial, do que se mostrar cabente é, talvez, um dos vários caminhos de restaurar a polícia judiciária, preparando-a para o novo e tão próximo milênio.

---

9. Conforme Rogério Lauria Tucei e Sérgio Marcos de Moraes Pitombo, *Princípio...*, op. cit., p. 145.
10. Rogério Lauria Tucci e Sérgio Marcos de Moraes Pitombo, *Princípio...*, op. cit., p. 148.
11. Conforme Sérgio Marcos de Moraes Pitombo, *Arquivamento*, op. cit., p. 19-21.

Ainda o direito de ação

Resumo Indicativo: 1. Ação Judiciária. 2. Poder Judiciário. 3. Ação em sentido estrito. 4. Ação civil e penal. 5. Coerção Estatal. 6. Interesse processual. 7. Relação jurídica. 8. Conclusão.

1. Ouve-se que o escrever sobre a ação, no mínimo, demonstra mau gosto. O tema, dizem, é fora de moda, gasto, superado. Aos processualistas, enraizados na doutrina dominante, repugna discutir a questão. Habituaram-se ao conceito de ação como direito público subjetivo a um provimento do órgão jurisdicional, sobre a lide. Tal postura, contudo, é acientífica. Assim, por muito desverdecido que a alguns pareça o assunto, vamos trabalhar, ainda, sobre a contextura jurídico-processual, mas à luz das novas ideias de Canuto Mendes, no respeitante à ação.

A ação judiciária, leciona o processualista, consiste na jurisdição em ato, vale dizer, na atividade dos Juízes e Tribunais. Dir-se-ia que emerge como prestação jurisdicional de exercício do poder-dever de jurisdição, isto é, jurisdição em ato.

A ação judiciária, por outro lado, existe, primacialmente, para defesa da liberdade jurídica dos réus. Serve, mediatamente, para liberação da força pública expressa, nas operações físicas de execução forçada. O autor tem direito à coação estatal (*imperium*). E o réu, o direito à ação judiciária (*notio e judicium*).

A jurisdição resta enfocada como tutela imediata da liberdade jurídica, mediante conhecimento e julgamento da demanda. Consiste, outrossim, na tutela mediata do direito afirmado na sentença, predisposta à execução forçada.

2. O Poder Judiciário, Juízes e Tribunais, cuja atividade específica se ostenta na própria jurisdição, detém o poder-dever do Estado (Poder Jurídico) de processar e julgar as causas. Tal poder-dever tem a potência de gerar a

ação judiciária, ou seja, o exercício efetivo da jurisdição. A tutela jurisdicional, por conseguinte, surge, em potência, na jurisdição e, em ato, na ação judiciária do Juiz ou Tribunal.

3. Há entretanto, outra ação, que CANUTO MENDES denomina ação em sentido estrito, ou simplesmente "ação", a qual aflora como atividade do autor e do réu, não como direito, mas como ônus do impulso processual. Irrompe sob forma de atividade processual cooperativa. A "ação" nem por isso perde a instrumentalidade. Destaca-se como atividade de cumprimento de ônus processuais.

4. A ação civil, em sentido estrito, ou "ação", aparece como atividade de alegar e provar do autor e do réu, ambos interessados no processo, constituindo condição do exercício da jurisdição e, portanto, não a sua causa. Já a ação penal, no mesmo sentido, exprime-se na atividade do acusador e do acusado, onerada pelo contraditório indispositivo. Não é direito subjetivo, mas tutela de interesse impessoal protegido (direito, por assim dizer, "não subjetivo").

Assim, o direito à ação (e não direito de ação) identifica-se no direito à tutela jurisdicional, a qual é direito subjetivo judiciário, direito, portanto, à jurisdição.

O existente, em verdade, é o direito à ação judiciária, considerado sempre como direito à jurisdição ou, ainda, como direito à prestação jurisdicional. Tudo, afinal, acaba sendo a mesma coisa, a saber: direito à ação, direito à ação dos Juízes e Tribunais, direito ao exercício, pela autoridade competente, do poder-dever estatal de jurisdição.

5. Tal posicionamento se explica, em parte, pela conceituação de coerção estatal, assestada para assegurar, sejam relações jurídicas disponíveis (direitos privados, cujos conteúdos são direitos subjetivos materiais), sejam relações jurídicas indisponíveis (direitos públicos, cujo teor são meros interesses tutelados pela lei). Em esquema, assim:

Coerção Estatal assegura:

1. Rel. jur. disponíveis: – dir. privados
– dir. subjetivos

2. Rel. jur. indisponíveis:

– dir. públicos
– meros interesses
ou
– tutelados pela lei

6. O interesse processual, na ensinança do mestre, aflora pessoal e impessoal. O interesse pessoal é exclusivo de indivíduo, ou de indivíduos, e gera a "ação" civil. As partes têm direito (direito subjetivo judiciário) à jurisdição em ação (ação judiciária). O interesse impessoal é, inclusive, de todos e de cada um, público, se contrapondo ao individual. Gera "ação" (ação judiciária). Esquematizando-se, assim:

Interesses:

Pessoal: exclusivo de indivíduo(s) – ação civil das partes. Direito à jurisdição em ação (ação judiciária privada).

Impessoal: de todos, inclusive de cada um- "ação" penal dos partícipes. Direito à jurisdição em ação (ação judiciária pública).

7. A relação jurídica surge entendida como vínculo entre *alguém* (sujeito ativo), singular (direito privado) e plural (direito público) e *outrem* (sujeito passivo), singular (direito relativo) e plural (direito absoluto), que obriga a dar, fazer ou não fazer algo, senão em virtude de lei. Em Juízo as relações de direito chamam-se causas ou demandas. Esquematizando, assim:

Relação Jurídica

1. Suj. Ativo: a. singular – direito privado*
b. plural – direito público*

2. Suj. Passivo: a/1. singular – direito relativo*
b/2. plural – direito absoluto*

* *dar, fazer ou não fazer algo, senão em virtude de lei*

8. Conclui-se que ação judiciária termina, primacialmente, por emergir como direito autônomo do réu à tutela jurídica, assestado contra o Estado, obrigado este sempre a prestá-la, em defesa da liberdade jurídica do demandado, mediante a força da coisa julgada e ante o demandante, que a ela há de se submeter, nos limites da eventual sentença.

Pode-se, então, falar em pretensão à tutela jurídica, mas do réu, ínsita em toda a atividade processual. A ação seria, em realidade, o preço necessário a ser pago pelo autor, para sujeitar, depois, o réu aos efeitos da coisa julgada, se tiver razão. O autor, no processo, suporta a tutela jurisdicional de liberdade, como ônus do demandar.

Eis, em poucas linhas, o pensamento interpretado de Canuto Mendes, qual confirma a lição de Gaio, quando diz... *facilius enim reis praetor sucurrit quam actoribus*, isto é, o pretor defende os réus de preferência aos autores.

BIBLIOGRAFIA

MENDES DE ALMEIDA, Joaquim Canuto. "A ação penal do Ministério Público". *O Estado de S. Paulo*, 4/12/73.

______. "A ação penal do Ministério Público". *O Estado de S. Paulo*, 11/02/73.

______. "A ação penal do Ministério Público". *O Estado de S. Paulo*, 18/02/73.

______. "Existe o direito de ação?". *O Estado de S. Paulo*, 18/03/73.

______. "Existe o direito de ação?". *O Estado de S. Paulo*, 08/04/73.

______. "Justa causa no processo penal". *O Estado de S. Paulo*, 10/05/73.

______. "Justa causa no processo penal". *O Estado de S. Paulo*, 27/05/73.

CORREA, Alexandre, SCIASCIA, Gaetano & CASTRO CORREA, Alexandre Augusto. *Manual de Direito Romano*, 2ª ed. Saraiva: São Paulo, 1955. p. 246-7.

Ainda o Exame Criminológico

SUMÁRIO: 1. Prova pericial. 2. Conceito de exame criminológico. 3. Individualização penal. 4. Exame criminológico obrigatório e facultativo. 5. Exame da personalidade.

1. Prova pericial

A perícia é meio de prova material. Cifra-se no antigo visum et repertum. Representa a percepção, observação e a apreciação, conducentes à declaração técnica sobre algum fato, que importa ao deslinde de questão judicial.[1] Assim,"... a perícia consiste no meio pelo qual, no processo, pessoas entendidas e sob compromisso verificam fatos interessantes à causa, transmitindo ao juiz o respectivo parecer".[2] Ainda se pode tachar a perícia, dizendo que "... consiste na colheita de elementos instrutórios sobre fatos, cuja percepção dependa de conhecimentos técnicos ou científicos por pessoa de qualquer deles dotada... "[3]; ou "... na modalidade de prova em que pessoa especializada é instada à colheita de elementos instrutórios, cuja percepção depende de conhecimentos técnicos, científicos ou artísticos".[4]

As perícias ostentam-se quais exames, vistorias ou avaliações.

O exame surge como a inspeção, realizada por peritos, sobre pessoa, coisa móvel (documento) ou semovente, para verificação e informação de fato ou circunstância, que diz com a causa pendente, no cível ou no criminal.[5] Vale afirmar.

---

1. Cf. Moacyr Amaral Santos, *Prova Judiciária no Cível e Comercial*, 3ª ed., São Paulo, Max Limonad, 1968, v. V, § 13, p. 33-4.
2. Moacyr Amaral Santos, *Prova...*, op. cit., v. V, § 17, p. 41.
3. Rogério Lauria Tucci, "Exame pericial", em *Enciclopédia Saraiva do Direito*, São Paulo, Saraiva, 1977, v. 34, p. 300.
4. Rogério Lauria Tucci, Parecer inédito sobre o "Conceito de perito e natureza de função", São Paulo, 1985, p. 3.
5. Cf. Moacyr Amaral Santos, *Prova...*, op. cit, v. V, § 61, p. 149-50.

"É o exame uma inspeção realizada por perito, com a finalidade de certificar-se a existência de um fato ou, até mesmo, circunstância, cuja verificação interessa ao solucionamento do litígio", ou questão judicial.[6]

Tais conceitos iniciais visam só bem situar o exame criminológico, pois, desde logo, o colocam no lugar de subespécie do gênero perícia judicial. Obra, portanto, de peritos, destinada a informar, declarando tecnicamente em laudas, algo que ao Juízo Penal pertine.

É perícia tanto quanto o exame de corpo de delito. Um se volta para os elementos sensíveis da infração penal, buscando-lhe evidenciar a existência e, ainda, classificá-la. Outro se dirige para os elementos materiais, referentes ao infrator, procurando-lhe o grau de emendabilidade e, assim, o classificando. Um exame se acha no processo de conhecimento, outro a lei postou no de execução.

2. Conceito de exame criminológico

O exame criminológico funda-se na inspeção do penalmente sancionado, para lhe aferir o ser biopsicossocial, de maneira documentada, com vistas à individualização executória da pena privativa de liberdade e da medida de segurança.

Tal exame, também, se poderia conceituar como a perquirição dos precedentes pessoais e familiares do sentenciado, sob os aspectos físico, psíquico, moral e ambiental, para a obtenção de informações reveladoras de sua personalidade.[7]

A perícia criminológica engloba, assim, não apenas a saúde mental, mas os ângulos genéticos, antropológicos e sociais do examinado.[8]

Busca, observando-o, conhecer-lhe a capacidade provável de adaptar-se ao regime executório; de não delinquir; e de reinserir-se na sociedade, numa "... visão pluridimensional da personalidade do agente".[9]

---

6. Rogério Lauria Tucci, "Exame...", op. cit., v. 34, p. 300.
7. Cf. Hélio B. Tornaghi, *Instituições de Processo Penal*, 2ª ed., São Paulo, Saraiva, 1977, v. 1, p. 63.
8. Cf. Geraldo Marques Fernandes, "Exame criminológico; incidente de insanidade mental", em *Revista Interamericana de Direito Processual Penal*, Porto Alegre, Jurídica, jul./dez. 1976, v. 3-4, p. 168.
9. Odon Ramos Maranhão, *Psicologia do Crime e a Lei n. 6.416/77*, São Paulo, Ed. Revista dos Tribunais, 1981, p. 40.

Pretende, assim, o exame criminológico explicar, documentalmente, a "dinâmica criminal (diagnóstico criminológico), propondo medidas recuperadoras (assistência criminiátrica)"[10] e a avaliação da possibilidade de delinquir (prognóstico criminológico).

Hão de compô-lo, como instrumento de verificação, as informações jurídico-penais (como agiu o condenado, se registra reincidência etc.); o exame clínico (saúde individual e eventuais causas mórbidas, relacionadas com o comportamento delinquencial); o exame morfológico (sua constituição somatopsíquica); o exame neurológico (manifestações mórbidas do sistema nervoso); o exame eletroencefalográfico (não só para a busca de "lesões focais ou difusas de ondas sharp ou spike", mas da "correlação – certa ou provável – entre alterações funcionais do encéfalo e o comportamento" do condenado); exame psicológico (nível mental, traços básicos de personalidade e seu grau de agressividade); exame psiquiátrico (saber se o condenado é pessoa normal, ou portador de perturbação mental); e exame social (informações familiares, "condições sociais em que o ato foi praticado" etc.).[11]

A perícia, amparando-se no labor de equipe interdisciplinar, deve ostentar a fundamentada síntese criminológica. "Isso implica um enquadramento de cada caso em itens de uma classificação, na seleção do destino a ser dado ao examinado e em medidas a serem adotadas. Os informes sobre a periculosidade (no sentido de emendabilidade) e a adaptabilidade (em sentido reeducacional) são básicos"[12]. Não é, pois, só perícia médica.

3. Individualização penal

O exame criminológico no sistema vigorante – Parte Geral e Lei de Execução Penal – exsurge fundamental.

"Não pode ser desprezado diante da tendência do Direito Penal moderno em sobrepor, ao velho problema da classificação dos crimes, o novo problema da classificação dos criminosos, e, ao velho problema da pena retributiva, o novo problema da classificação das penas e das medidas de segurança, colocando, deste modo, no centro dos interesses penais a consideração da personalidade humana".[13]

---

10. Odon Ramos Maranhão, *Psicologia...*, op. cit., p. 48.
11. Odon Ramos Maranhão, *Psicologia...*, op. cit., p. 41 e 50.
12. Odon Ramos Maranhão, *Psicologia...*, op. cit., p. 50.
13. Everardo da Cunha Luna, "A prova, no anteprojeto de Código de Processo Penal", em *Revista Acadêmica*, Recife, 1971, v. LXVII, p. 271.

Regular a tríplice individualização ostenta-se como dever constitucional (art. 153, § 13, 2º parte, da Const. da Emenda n. 1/69[lxxvi]). Cumpre-se ao se compor o tipo com a pena, a hipótese com a tese. Observa-se ao adequar a conduta do acusado com o castigo medido, na síntese de sua culpabilidade circunstancial (art. 59, do Cód. Penal). Satisfaz-se ao se ajustar a intensidade da sanção, ou regime[14], ao executado, consoante o passo da emenda ou da cura (arts. 8º e 174, da L. Ex. Penal).

Não individualizar, em qualquer dos três aspectos, se mostra como violação de garantia do direito constitucional de liberdade. Além de que o préstimo da pena estima-se mais na execução. A sanção que se materializa mal ou consiste em sobrepena, ou em nada.

Lembremo-nos de que individualizar, na execução, reduz-se no dar a cada preso as oportunidades e elementos necessários para lograr a reinserção social, posto que é pessoa, ser distinto. A individualização, portanto, deve aflorar técnica e científica, nunca improvisada, começando na observação, que leva à classificação.[15]

Ao cuidar, então, da classificação do condenado, a Lei de Execução Penal estabelece que, sancionado ao cumprimento de pena privativa de liberdade, em regime fechado,[16] deverá submeter-se a exame criminológico. O objetivo declarado acha-se em obter elementos necessários, antes, à adequada classificação, depois, para atingir a individualização na execução (art. 8º, da L. Ex. Penal).

O condenado ao cumprimento de pena privativa de liberdade, em regime semiaberto,[17] poderá, contudo, a ele vir a ser submetido (art. 8º, parágrafo único, da L. Ex. Penal). Inexiste qualquer contradição, na lei penal, sobre a inevitabilidade do exame (art. 34, caput e art. 35, caput, do Cód. Penal). O sentenciado, aqui, também merece classificação, para correta individualização executória. A arrimá-la, porém, em muitos casos, bastará o exame da personalidade (art. 5º c.c. art. 9º, de L. Ex. Penal).

---

14. O regime torna-se, agora, o estado de cumprimento de pena, em que se coloca o condenado, no tocante à *intensidade modulada* de redução da liberdade.

15. Cf. Antonio Sanchez Galindo, *Manual de Conocimientos Básicos de Personal Penitenciario*, Toluca, Ed. Gobierno del Estado, 1974, p. 39.

16. Execução em estabelecimento penal de segurança máxima ou média: penitenciária (art. 87, da L. Ex. Penal).

17. Execução em estabelecimento penal que se constitua em colônia agrícola, industrial ou similar (art. 91, da L. Ex. Penal).

As penas privativas de liberdade, de outra sorte, só guardam cabência dotadas de movimento. Daí surgirem três os possíveis regimes de cumprimento da reclusão e da detenção.

A primeira executa-se em regime fechado, semiaberto ou aberto. A segunda, detenção, cumpre-se em regime semiaberto ou aberto, "salvo necessidade de regressão a regime fechado" (art. 33, caput, do Cód. Penal c.c. art. 118, do L. Ex. Penal).

Os aludidos regimes direcionam-se para a maior ou menor parcela de vida livre restringida pela decisão condenatória. A sanção imposta sujeita o apenado a progredir ou a regredir nos regimes durante a inflição. O motor do movimento acha-se-lhe no mérito ou demérito (art. 33, § 2°, do Cód. Penal c.c. 112[lxxvii] e 118, da L. Ex. Penal).

Assim, a decisão judicial, que transfere o condenado de regime, há de aflorar motivada e, quando necessário, vir apoiada em exame criminológico (arts. 112, parágrafo único[lxxviii], e 114, n. II, da L. Ex. Penal).

Já o apenado por crime doloso, cometido com violência ou grave ameaça, para obter livramento condicional precisa demonstrar, de modo objetivo, que, presumivelmente, não voltará a delinquir (art. 83, parágrafo único, do Cód. Penal). A verificação, ou comprovação, de tais condições pessoais, em muitos casos será mediante exame criminológico. Onde a perícia se mostrar factível, não existe razão para afastá-la.[18]

4. Exame criminológico obrigatório e facultativo

Surge o exame criminológico, pois, obrigatório na primeira hipótese (art. 8°, do L. Ex. Penal) e facultativo nas três subsequentes (art. 8°, parágrafo único; arts. 112, parágrafo único[lxxix] e 114, n. II, do L. Ex. Penal; e art. 83, parágrafo único, do Cód. Penal). Dessa forma:

> "... a gravidade do fato delituoso ou as condições pessoais do agente, determinantes da execução em regime fechado, aconselham o exame

18. Diversa exibia-se a redação do projeto: Art. 83. "Parágrafo único. Para o condenado por crime doloso, cometido com violência ou grave ameaça à pessoa, a concessão do livramento ficará também subordinada à verificação, *em perícia*, da superação das circunstâncias que o levaram a delinquir". Observe-se, por isso, o item 73, da Exp. de Motivos, que o acompanhou. A questão, hoje, é de política criminal.

criminológico, que se orientará no sentido de conhecer a inteligência, a vida afetiva e os princípios morais do preso, para determinar a sua inserção no grupo, com o qual conviverá, no curso da execução da pena".[19]

Em outras palavras, e na linha da lei penal (art. 34, do Cód. Penal):

"... Institui-se, no regime fechado, a obrigatoriedade do exame criminológico para seleção dos condenados, conforme o grau de emendabilidade e consequente individualização do tratamento penal".[20]

A facultatividade, na hipótese de execução em semiaberto inicial, emerge da conveniência, ao ensejo da substituição de regime (art. 114, n. II e 118, da L. Ex. Penal). Aplica-se ao sentenciado, o qual incorre o cumprimento da pena em tal regime, as normas relativas ao fechado, porém no que couber. O Código Penal entende-se, concordado com a Lei de Execução (art. 35, caput, do Cód. Penal c.c. art. 8°, parágrafo único, da L. Ex. Penal).

No tocante aos casos de livramento, a aludida facultatividade exsurgiu por motivos práticos, afastando-se do esquema teórico, bem mais lógico (art. 83, parágrafo único, do Cód. Penal).

5. Exame da personalidade

O exame criminológico aflora tão só depois de, por sentença condenatória, restar fixada e declarada a culpa penal de modo definitivo. A presunção de inocência o arreda do processo de conhecimento, com vistas à peculiar investigação do delito e do delinquente, que lhe é própria.[21]

Não há de confundi-lo, entretanto, com o exame da personalidade (art. 9°, da L. Ex. Penal), o qual intenta perquirir, mediante metodologia específica, sobre o comportamento do agente, mas "... para além do crime cometido".[22]

---

19. Exposição de Motivos do projeto de Lei de Execução Penal, item 31.
20. Exposição de Motivos do projeto de Lei modificativa da "Parte Geral" do Código Penal, item 31.
21. Cf. Exposição de Motivos do projeto de Lei de Execução Penal, itens 30 e 34.
22. Cf. Exposição de Motivos do projeto de Lei de Execução Penal, item 34. Em concordância José Henrique Pierângelli, "Das penas e suas e sua execução no novo Código Penal", em *O Direito Penal e Novo Código Penal Brasileiro*, Porto Alegre, Fabris Ed., 1985, p. 71.

Talvez conviesse distinguir exame de personalidade e exame da personalidade.[23] O primeiro é genérico.

O juiz, na individualização cognitiva, aquilata a personalidade do acusado (59, do Cod. Penal); na individualização executória, de modo igual, o faz (art. 180, n. III, da L. Ex. Penal).

Importa memorar conceitos de personalidade:

> "Personalidade é individualidade consciente, é o caráter exclusivo e pessoal de alguém. Pessoa é aquela substância individual de natureza racional. Pois bem. A personalidade torna-se real através da coordenação das atividades psíquicas e desenvolve-se como um embrião que se forma assimilando o meio em sucessivas aquisições."[24]

> "Entendemos por 'personalidade' a síntese de todos os elementos que concorrem para a conformação mental de uma pessoa, de modo a comunicar-lhe fisionomia própria"(Porot).[25]

O exame criminológico pretende considerar o maior ou menor horizonte de emendabilidade do condenado. O exame da personalidade visa a conhecer-lhe a estrutura, enquanto conformação física ("tipo morfológico"), disposição emocional básica ("tipo temperamental") e o conjunto das experiências vividas ("caráter").[26] Diversificam-se pela finalidade e pela extensão.

As duas perícias, a criminológica e a da personalidade, colocadas em conjugação, na Lei de Execução Penal, tendem a fornecer elementos para a percepção das causas do delito e os vetores para sua prevenção.

É preciso, contudo, não privilegiar em demasia ambos os exames. Intere-se que são perícias, meios de prova; mesmo quando prognósticos de reincidência. A valoração toca, sempre, ao juiz, livre no apreciá-los (art. 157[lxxx] e 182, do cód. de Proc. Penal). Cabe ao da ação condenatória, o

---

23. Na esteira do pensamento de Everardo da Cunha Luna, *A Prova...*, op. cit., p. 275.
24. Luiz Roberto de Almeida & Evaldo Veríssimo Monteiro dos Santos, *O Exame Criminológico*, São Paulo, Lex, 1975, p. 21.
25. Odon Ramos Maranhão, *Curso Básico de Medicina Legal*, 3ª ed., São Paulo, Ed. Revista dos Tribunais, 1984, p. 289.
26. Cf. Odon Ramos Maranhão, *Cursos...*, op. cit., p. 290.

eventual estudo da personalidade[27], bem como ao da execução o exame criminológico e, ainda, da personalidade, ao sabor da mencionada necessidade legal de classificação (arts. 5° a 9º; 96; 112, parágrafo único[lxxxi]; 114, n. II ; 131; 174 e 180, n. III, da L. Ex. Penal).

Tudo quanto se afirmou, no referente à execução da pena privativa de liberdade e os exames criminológico e de personalidade, feitas as adaptações devidas, vale para a execução da medida de segurança (arts. 97, §§ 2º e 4º e 98, do Cód. Penal c.c. art. 174, da L. Ex. Penal).

Local de Realização

O exame criminológico há de realizar-se no Centro de Observação, um dos estabelecimentos penais, e, se inexistir, pela Comissão Técnica de Classificação, ambos, aqui, órgãos auxiliares da Justiça (arts. 96/98 c.c. os arts. 8° e 9º, da L. Ex. Penal).

Nos hospitais de custódia e tratamento psiquiátrico, por certo, criar-se-á departamento semelhante (arts. 99/100, da L. Ex. Penal).

Algumas Objeções:

Costuma-se levantar conhecida objeção aos pareceres periciais criminológicos, segundo a qual inexistem equipes interdisciplinares dispo-

---

27. Everardo da Cunha Luna, em outro trabalho, sustenta que tal exame deverá ser obrigatório, em se estabelecendo um processo Penal bifásico: "O nosso futuro Código de Processo Penal não pode ficar alheio a uma moderna e necessária perícia, que é de natureza processual penal. Deixá-la à exclusiva disciplina da Lei de Execução Penal não é caminho recomendável, porque o exame criminológico, procedido na execução, visa a fins diferentes do exame criminológico procedido no processo. Em síntese: a individualização da pena não é idêntica à individualização da execução. Basta lembrar que todos, ou a maioria dos condenados, podem submeter-se ao exame criminológico na fase da execução, o que não deve acontecer na fase processual, em que a realização do referido exame deve pressupor uma rigorosa seleção de processados com declaração judicial de culpabilidade. Desse modo, despojar o Código de Processo Penal, como se fez, da perícia criminológica, para colocá-la no Código penal, e conservá-la na Lei de Execução Penal, ao lado do exame de classificação, e abolir, na legislação penal, o exame criminológico em seu essencial caráter – exame de personalidade procedido na pessoa do condenado criminalmente. De resto, como a pena se aplica na pessoa do criminoso, não se pode cindir a personalidade em departamentos estanques, a fim de alcançá-la somente no que respeita, por exemplo, à causação e à prevenção do crime" ("O exame criminológico na legislação penal", em *Capítulos de Direito Penal*, São Paulo, Saraiva, 1985, p. 364, ver ainda p. 369).

níveis; não há estabelecimentos próprios; nem aparelhamento para afeiçoá-los em diversas comarcas. Muitos sabem, entretanto, queixar-se da correção difícil do sentenciado e da reincidência potencial ou atual, deslembrados de que a questão acha-se na concreta individualização executória.[28]

Já veio o tempo de as unidades federativas, bem como a comunidade (arts. 4º e 80[lxxxii]/81, da L. Ex. Penal), assumirem os deveres da execução penal. Já é hora de não desacatar o mandamento constitucional, que fez da individualização garantia de liberdade do executado.

Sem originalidade, há que sempre redizer: o exame criminológico, de modo prevalente, consiste em instrumento da individualização executória, a qual condiciona a futura e desejável "harmônica integração social do condenado e do internado" (art. 1º, da L. Ex. Penal). Ao se desajudar tal conjugação, perdem todas: o sentenciado, a sociedade e o Estado.

---

28. Ver, por exemplo, Paulo Lúcio Nogueira, *Curso Completo de Processo Penal*, São Paulo, Saraiva, 1985, p. 294.

Anomia

Nómos é a convenção, o costume e a norma.

Anómos o seu avesso, como o torto surge qual antônimo do direito.

Anormal e anômico cifram-se, então, num mesmo sentido.

Anomia é instante de negação das leis. Traz consigo a instabilidade, mas na superfície. Subjacente acha-se a ausência de organização e de coordenação individual ou social, pelo desprezo normativo. O plano moral e o jurídico, assim desfuncionalizados, cruzam-se e fragmentam a conduta. Desvalor e desordem surgem presentes.

O uso das palavras remonta aos teólogos quinhentistas ingleses. Émile Durkheim a retoma e vulgariza (*"La división du travail social"*, liv. III, cap. I e *"Le Suicide"*, cap. V).

O termo passou a correr. Interessou religiosos, sociólogos, políticos e juristas, que se uniram para entendê-lo, mais ou menos, como um estado patológico de extrema violação das leis, ao empuxo do individualismo ou do egoísmo, conducente à desmoralização e à desinstitucionalização (R. Merton e T. Parsons).

Não há anomia total

Na paz ou na guerra, a anomia total não existe. Mesmo a alienação guarda sua estética. Os libertários do século XIII (Amalrico de Bena) ou os anarquistas de ontem e de hoje (K. Marx, M. Stirner) não se afastam da necessidade de certa orgânica, ou ordem normativa.

A sociedade jamais se mostrará, por inteiro, anômica, nem os grupos, nem as pessoas. Só a tendência desviante, o grau de contrariedade às leis, irrompe mais visível em momentos de crise.

Impossível é dizer quando atingirá o nível excessivo, que leva à reação-remédio, arredante da desagregação absoluta. A medida da intolerabilidade se conhece *a posteriori*. Percebe-se, apenas, que há, sempre, um núcleo de regulamentação – ainda que pequena, incompleta e insegura– que não se deixa atingir, abstração feita à dessocialização que o envolve.

Resultado: tensão e conflito

Em tais movimentos vige a força, a fraude e a facticidade (Neal e Retting). A ameaça e o constrangimento tornam-se comuns. O engodo e a malícia suplantam a competência. Evanui-se a razoável perspectiva de futuro e nada se pode planejar.

Rompe-se quase toda a solidariedade social, atingindo os liames interindividuais. Estabelece-se a tensão e o conflito.

A anomia, portanto, opera e funciona qual fator criminógeno, pela oscilação entre a desobediência tolerada e a impunidade ostensiva. O delito aflora, pois, como resposta esperada em face das estruturas sociais anormais. Solução que, sem culpa ou medo, se acentua na medida em que se abrem as oportunidades ilegítimas (R. Cloward e L. Ohlin).

O esquema desenhado, a toda luz, exsurge teórico, simples arquétipo, no sentido corrente. Como conhecimento especulativo e abstrato encontra-se sujeito a invalidar-se, no primeiro impacto com a realidade, cotidiano. A experiência é que conta. Rousseau já nos fez notar que Esparta deixou dormir suas leis, por um tempo.

Aspectos jurídico-penais da tortura

Há obras de ciência e de arte que o fadário deixa interminadas. Não surgem, por isso, menores em força e competência. As Pietati de Michelangelo, muitas se oferecem aos olhos em mármore inacabado. A brusca interrupção lhes não arranca a marca do gênio: nem a impureza das linhas esconde a consumada proporção entre elas.

Tais ideias emergem, ao se examinar o belo livro "Aspectos jurídico-penais da tortura", de Ana Maria Babette Bajer Fernandes e de Paulo Sérgio Leite Fernandes (Edição Saraiva, S. Paulo, 1982, pref. de Ricardo Antunes Andreucci, XIII + 169p).

A jovem autora, prematuramente, siderada em meio à pesquisa, não a teve, contudo, emendada por Paulo Sérgio Leite Fernandes. Não ousou ele tocar no pontual esboço. Deixou cinco capítulos ("Liberdade política"; "O poder"; "Liberdade jurídica"; "Direitos Humanos"; e "Violência"), qual se achavam inconclusos. Acresceu-lhes, apenas, o último ("Tortura"), porque necessário dar fecho à obra. Tal fato, evidente ao leitor, não desmerece o escrito.

A tortura-castigo não é o assunto do estudo. A trilogia, conteúdo do livro, iluminada pela liberdade jurídica, resume-se, entretanto, na prova por confissão e testemunhal, verdade processual e na violência contra o suspeito e a testemunha.

Em todas as épocas e lugares aconteceram tormentos. Foram combatidos sempre, na prática judiciária e abominados fora dos juízos criminais (Santo Agostinho, J. L. Vives, C. Tomásio, Montesquieu, Voltaire, Beccaria, Sartre, Foucault e outros).

Na tradição mais próxima do nosso direito, a tortura ou tormento consistia na inquirição judicial, feita aos réus e às testemunhas de crimes graves, compelidas a dizer suposta verdade (*indagatio veritatis per tormentum*), por meio de maus-tratos do corpo, ou atemorizamentos (conforme Pereira e

Sousa, "Primeiras linhas", Imp. Rég. , Lisboa, 1831, 4ª ed., § 204, p. 152; e Melo Freire, "Inst. Jur. Crim. lusit.", T. Acad. Coimbricae, 1853, § 15, p. 207). As declarações assim conseguidas, para valerem, restavam, ligadas ainda, ao atormentado as ratificar, em outro ato, após recuperado do sofrimento (Manoel Lopes Ferreira, "Prática criminal", Ribeiro Guimarães, Porto, 1767, 2ª ed., §§ 46 a 52, p. 367/9.).

Era, pois, meio extraordinário de prova da autoria de infração penal, subordinado ao "prudente arbítrio do juiz". Meio restrito aos casos em que se cominava pena de morte (Assento do Tribunal da Relação do Porto, de 16 de agosto de 1661), mas, apenas utilizável, se e quando demonstrada antes a materialidade do delito, bem como a existência de alguma prova contra o seu pretenso agente (conf. Pereira e Sousa, *opus cit.*, § 205, p. 153).

A tortura judiciária caiu em desuso entre nós, em fins do século XVIII. A confissão do acusado vai abandonando a antiga prevalência, até descer ao devido ponto: de apenas possuir valor probante, se e quando, de modo coerente, acaba confirmada por outros elementos de convicção. O Alvará Régio de 05 de março de 1790, ao cuidar do processo de livramento de réus presos, no § 2º, reconhecia que os tormentos já não tinham mais lugar (A. Delgado da Silva), "Coleção de legislação de 1775 a 1790" (T. Maigrense, Lisboa, 1828, p. 590).

A abolição da tortura como meio de prova, no processo penal, não a fez evanuir, na realidade. Continua subsistindo, qual forma, mais ou menos velada, de extrair confissões e informes, por via de ameaças, ou mediante efetivo dano à integridade física, ou à saúde dos suspeitos e testemunhas.

Vivemos, portanto, horas cínicas, após o desprestígio de confissão como meio de prova e a repulsa ao suplício, nas legislações. Hoje, não importa a latitude, ou o regime político. As ditaduras e as democracias, variando no método, permitem ou toleram que seus órgãos de segurança, na paz ou na guerra, exerçam a tortura.

Troca-se, como sempre, o inquirir pelo inquerir, nos procedimentos de colheita de qualquer informe, havido por importante. As vozes são, por estranho, semelhantes, mas os sentidos bem apartados. Com efeito, inquerir consiste em apertar com cordas. Inquerideira é corda ou látego. Já inquirir significa procurar informações, fazer inquérito, investigar, pesquisar e interrogar (conf. Aurélio Buarque de H. Ferreira, "Novo Dicionário", N. Fronteira, R. de Janeiro, 1975, p. 774 e Napoleão Mendes de Almeida, "Dicionário de Questões Vernáculas", Caminho Suave, S. Paulo, 1981, p. 157, verbetes respectivos). Inquirindo-se sobre algum crime, procura-se descobrir a verdade possível e suficiente. Aquilo que se ostenta inquisitivo exprime investigação ou instrução. O que se mostra inquesitivo revela coação ilegal e pura violência.

Daí, emerge a consideração dos temas enfocados, a qual mais aumenta em face do silêncio das maiorias vítimas e algozes complacentes.

Procura-se, por isso, no Brasil, introduzir, na Parte Especial do Código Penal, figura que venha a coibir a ação de torturar, para demonstrar a autoria de um fato, que pode ser infração penal.

A insuficiência da Lei n. 4.898, de 09 de dezembro de 1965, que regulou o direito de representação e o processo de responsabilidade administrativa, civil e penal, nos casos de abuso de autoridade, exsurge bem marcada no trabalho. Melhor criar-se tipo penal próprio, qual os escritores almejam.

A primeira e básica questão a exsurgir, entretanto, se acha na inserção topográfica no diploma material, ou melhor, na natureza do bem jurídico a se tutelar.

Tal figura penal deveria, pois, se colocar dentre os crimes contra a pessoa: contra a liberdade pessoal: ou, ainda, contra a administração da Justiça? A dúvida e a escolha, como parece evidente, não aflora de pequena monta.

O que se pretende não é só evitar a lesão corporal, ou sua ameaça, que, na hipótese, consiste em delitos meio. A violação à liberdade pessoal, seja física, seja psíquica, cifra-se em um dos elementos constitutivos de aludida infração complexa. O objeto jurídico prevalecente, porém, se encontra no interesse da justiça, que se mostra na essencial veracidade e legalidade da prova, mediante confissão ou testemunho.

O núcleo está em alguém, servindo-se de violência ou grave ameaça, constranger outrem a admitir como verdade fato, que não deseja reconhecer, favorável à acusação, ou de qualquer modo relevante para o deslinde da questão penal.

O segundo problema logo se vislumbra no afeiçoamento da descrição típica, a qual sugerimos o quanto segue:

Praticar, ou permitir que se pratique, na qualidade de funcionário público, violência ou grave ameaça, com o fim de que se preste declaração diversa da pretendida, para produzir efeito em processo penal.

Pena – reclusão, de dois a seis anos, e multa, de quatro mil cruzeiros a doze mil cruzeiros, além da pena correspondente à violência.

A formulação, que se propõe, é variante não só daquela oferecida na obra escolhida, mas também de outra, que lembrou Reale Júnior, em recente crítica ao mesmo livro ("A punição da tortura", Folha de S. Paulo, 18/07/82, p. 56).

Resta de tudo o desejo de que o "Aspectos jurídico-penais da tortura" não sirva, apenas, ao prazer dos estudiosos de direito, mas venha a tornar-se em arrimo de algum projeto de lei.

Breves notas em torno da coação processual penal

1. A moderna doutrina do processo costuma classificar as ações judiciárias, sob o enfoque da tutela jurisdicional pretendida, em ações de conhecimento, ações executivas, lacto sensu, e ações cautelares.

2. A ação cautelar objetiva garantir o futuro resultado útil de outra ação, tutelando a segurança de relações jurídicas. Afloram, pois, de seu processo – acessório – verdadeiras cauções de segurança, ou da prova do fato, ou da satisfação à pretensão, deduzível em outro processo, o principal.

3. A questão emergente consiste em se procurar saber se toda atividade cautelar ancilada a outro processo exprime, ou não, ação judiciária.

4. O juiz, no regular exercício de suas funções jurisdicionais, órgão do Poder Judiciário, pratica atos processuais, que criam, modificam, acautelam, reconhecem e extinguem relações jurídicas, por meio de despachos e sentenças. Detém o Magistrado, para isso, poderes processuais de direção, coação, documentação e decisão.

5. No processo penal, alguns destes poderes processuais se transferem, por lei, do juiz à autoridade policial, no interesse da própria investigação da verdade criminal e oportuna conservação da prova. O anteprojeto Frederico Marques coloca-os, ainda, sob a superintendência do ministério público, com idêntica finalidade.

6. Constituem, pois, atos de coação processual-penal de autoridade – policial ou judiciária – os de restrições a direitos, praticadas no interesse do processo, ou quanto ao asseguramento da instrução, ou quanto à garantia de possível e útil julgamento futuro, ou, ainda, quanto ao acautelamento da execução. Deve e pode a autoridade praticá-los, segundo a necessidade de segurança imponha, ou a utilidade permita, na forma da Constituição da República e das Leis.

7. Considera-se coação processual legal a restrição de direito, ordenada ou permitida por lei, com observância das garantias constitucionais, e estatuída, ou decretada por autoridade competente, para acautelar satisfação ao escopo específico do processo. Visa, assim, a impedir que se impossibilite ou mesmo, apenas, se dificulte a perfeição da prova criminal e do julgamento da pretensão punitiva do Estado, bem como eventual execução do julgado condenatório. Arreda, portanto, o dano jurídico, que adviria, ao se frustrar o fim colimado.

8. Com efeito, a doutrina aponta, como tipos de coação penal, comum ou militar, os seguintes:

I – coação pessoal: a) física, a saber: condução coativa, condução debaixo de vara, prisão preventiva (em sentido lato), chamada também prisão processual penal: em flagrantes, provisória, preventiva (em sentido estrito), por pronúncia e por condenação apelável ou apelada; b) psíquica, a saber: ordem de comparecimento, notificação, fiança e menagem.

II – coação real: a) física, a saber: apreensão; b) psíquica, a saber: ordem de exibição.

III – coação processual penal restritiva da inviolabilidade física de pessoa: busca pessoal ou domiciliar.

IV – coação processual penal de outros direitos: censura à correspondência postal, telegráfica, telefônica, ou de comunicação em geral; ou violação de segredos, assegurados por Lei: profissional, etc.

9. O legislador do novíssimo Código de Processo Penal Militar (Decreto Lei n. 1.002, de 21 de outubro de 1969), no Livro I, Título XIII, trata "Das Medidas Preventivas e Assecuratórias", distinguindo-as em:

a) providências que recaem sobre coisas e pessoas, capítulo I: Seção I, "Da busca"; Seção II, "Da apreensão"; Seção III, "Da restituição" (arts. 170 a 198);
b) providências que recaem sobre coisas, capítulo III[lxxxiii]: Seção I, "Do sequestro"; Seção II, "Da hipoteca legal"; Seção III, "Do arresto". (arts. 199 a 219);
c) providências que recaem sobre pessoas, capítulo III: Seção I, "Da prisãoprovisória"; Seção II, "Da prisão em flagrante"; Seção III, "Da prisão preventiva", (arts. 220 a 261);
d) comparecimento espontâneo, capítulo IV (art. 262, e parágrafo único);
e) menagem, capítulo V (arts. 263 a 271);
f) aplicação provisória de medidas de segurança (arts. 272 a 276).

Misturaram-se. Nesse Título XIII, pois, assuntos de três espécies, inobstante sua comum natureza cautelar: os de coação processual penal, como exsurgem as buscas, as apreensões e as prisões processuais penais, bem como a menagem; de cautela dos interesses civis, como são o sequestro, a hipoteca legal e o arresto; e de imposição preventiva de medida de segurança como a interdição de estabelecimento ou sociedade e a suspensão de pátrio poder, de tutela e de curatela.

10. Sequestro, hipoteca legal e arresto excluem-se da lista de institutos de coação processual penal, por terem elas escopo diferente, isto é, a mesma finalidade das medidas preventivas de iguais nomes, definidas nos arts. 676, ns. I[lxxxiv] e II[lxxxv] e 697[lxxxvi], do vigorante Código de Processo Civil. São, efetivamente, providências acautelatórias, não do esclarecimento do fato e de suas circunstâncias, a que visa o processo penal, mas a de acautelar, desde logo, no curso do processo, o direito do ofendido, à restituição da coisa, ou a reparação do dano, tendo-se em conta os normais efeitos cíveis das sentenças penais, comuns e militares.

O mesmo argumento vale, também, para arredar as medidas de segurança do elenco das coações processuais penais. Não se destinam, como é sabido, a tutela jurídica de mera pretensão à segurança da prova, ou do direito, no processo. Previnem, isto sim, situações de periculosidade.

11. O anteprojeto de Código de Processo Penal, no Livro III, "Dos Atos Processuais", alinhou, no Título IV. "Dos Atos Processuais Coativos", a prisão, as buscas e as apreensões. Já no Livro V, "Dos Processos de Conhecimento", coloca, no Título VI, "Das Providências Cautelares", a prisão preventiva, em flagrante e temporária e mais a liberdade provisória, as restrições processuais, a aplicação provisória de inabilitações e, finalmente, a aplicação provisória de medidas de segurança. No Livro VII, "Da Reparação do Dano Causado pelo Crime", cuida no Título II, "Das Medidas Preventivas de Reparação do Dano", de sequestro, hipoteca legal e de arresto.

12. Verifica-se, partindo da realidade, que há atos processuais coativos e processos cautelares, os quais com os atos não se confundem, no processo penal. Os primeiros ostentam mera atividade jurisdicional; os segundos consistem em ações judiciárias. A uni-los, apenas, a essência cautelar.

Com razão, portanto, José Frederico Marques, que, na sistematização do anteprojeto, tentou separá-los: o que constitui coação processual, ato de autoridade, daquilo que, processo, depende de promoção, ou requerimento.

Breves notas históricas sobre os concelhos municipais e seus vereadores

A palavra concelho (*concilium*) começa a ter uso corrente a principiar do século XIII[1]. Exprimia a "comunidade vicinal constituída em território de extensão muito variável, cujos moradores – os vizinhos do concelho – são dotados de maior ou menor autonomia administrativa"[2].

Os vizinhos são os homens-bons, não todos os moradores. Em tal categoria se achavam, pois, as pessoas mais ricas, honradas e notáveis do lugar (ricos-homens, tenentes das terras), mas em medida variável, consoante era cada povoado, ou cidade[3] .

Os concelhos, na península ibérica, ostentavam-se como organismos de nítida origem medieval, os quais afloraram ao influxo da reconquista. Possuíam, assim, causas econômicas, políticas, sociais e militares, que se mostravam peculiares ao instante e lugar de surgimento.

Havemos de distingui-los, ao menos, em duas grandes espécies: os rurais e os urbanos.

Os concelhos rurais de antanho guardavam nascença em contratos enfitêuticos. Vale afirmar, "o aforamento coletivo de uma parcela de território", onde se reúnem "pequenos grupos de povoadores, cuja autonomia, ape-

---

1. Cf. José Pedro Machado, *Dicionário Etimológico da Língua Portuguesa*, 3ª ed., Lisboa, Horizonte, 1977, v. II, p. 199.
2. Soares, Torquato Souza, "Concelho", in "Dicionário de história de Portugal", dirig. p. Serrão Joel. Porto, Iniciativa Edit., 1971, b. I, p. 651.
3. Cf. Caetano, Marcello. "História do direito português", Lisboa, Verbo, 1981, v. 1. p. 496.

nas se vislumbra, nas cartas de povoação, pela referência a um magistrado, dotado de poderes jurisdicionais (um juiz local), ou a um simples exator fiscal (um mordomo), ou mesmo a ambos magistrados estes, que podiam ser eleitos pelos próprios vizinhos"[4].

As povoações de homens livres, assim estabelecidas, deviam pagar foros e contribuições ao rei, ou ao senhor da terra, além de haverem de prestar serviços, como militar (fossado); em construções e reparos (anúduva); pesca fluvial (entroviscada) e outros.

Os concelhos urbanos podiam surgir qual burgos: "povoações constituídas junto a fortalezas, onde vivem funcionários e simples serviçais e soldados, diretamente dependentes do poder senhorial"[5] . Os homens do burgo, ou burgueses, deviam honrar o censo anual, de caráter simbólico (um soldo); às vezes, o imposto de circulação de mercadorias (portagem) e sempre as multas, eventualmente, impostas pelo juiz, por alguma infração penal (coima ou calúnia). Cabia-lhes, também, fazer alguns serviços, como os apontados.

Outros concelhos urbanos emergiam em territórios lindeiros, à volta de castelos e, ainda, por razões militares prevalentes. O juiz da terra e o alcaide restavam na dependência de nomeação régia ou senhorial. À comunidade, entretanto, ficava o poder de eleger os demais magistrados e funcionários (mordomo, almotacé e saião), bem assim os vizinhos, que iriam compor a assembleia dos homens-bons.

O concelho, portanto, tem, então, o sentido de município, divisão administrativa e mais o de tribunal do lugar, bem como de assembleia da comuna[6] .

O crescimento da importância política dos concelhos municipais fê-los, depois, mandar representantes às Cortes. A trindade clero, nobreza e burguesia, em larga medida, iria dirigir o fadário da nação emergente. A população rural e obreira, contudo, permaneceria submissa aos privilegiados de título, berço ou fortuna.

---

4. Soares, Torquato Sousa. "Concelhos", in opus cit, p. 651.
5. Soares, Torquato Sousa. "Concelhos", in opus cit, p. 652.
6. Cf. Gama Barros, Henrique da. "História da administração pública em Portugal", 2ª ed., dirigida p. Soares, Torquato de Sousa. Lisboa, Sá da Costa, 1954, V. XI pp. 21-22 e 438.

Vereador (de verear, estar vigilante) é figura que vai exsurgindo, aos poucos, no século XIV (1.342). Consistiam em "funcionários municipais eleitos pela assembleia do concelho"[7].

Foi a dificuldade de reunir sempre os homens-bons e a complexidade crescente dos negócios municipais que fê-los aparecer[8].

As eleições de vereadores não se passavam tranquilas. Assim, Carta Régia, de 12 de junho de 1391, conhecida como "Ordenações dos Pelouros", regulamentou-as. Nela se determinou que os concelhos tivessem permanentemente uma lista de pessoas idôneas para o desempenho dos diversos cargos municipais e que cada nome aí recenseado fosse escrito num papel (alvará), o qual era encerrado numa pequena bola de cera (pelouro). Estas bolas eram guardadas numa arca, com duas chaves, designada por arca dos pelouros. No dia aprazado para a renovação dos cargos municipais abria-se a arca, tiravam-se os pelouros de cada cargo e lançavam-se num capuz, do qual um homem-bom extraía à sorte aqueles que iam servir no ano seguinte" [9].

Tais disposições, com algumas novidades, passaram para as Ordenações Afonsinas (Livro I, título XXIII, §§ 43 a 46). No último aludido diploma, vinte e três (23) eram as atribuições dos vereadores (Livro I, título XXVII), dentre as quais verificar os bens do concelho; promover a arrecadação de rendas; vigiar o estado dos caminhos, portos, fontes, calçadas e muros; tomar as contas dos tesoureiros; julgar alguns processos; acompanhar o andamento de obras.

Compunham a Câmara três vereadores e um juiz ordinário, ou do lugar, e suas deliberações denominavam-se vereações. A eles, pois, se encarregava a administração local. A competência criminal limitava-se, agora, aos pequenos furtos e injúrias verbais. Em grau de recurso, julgavam as apelações da almotaçaria, a qual fiscalizava preços, tabelas, pesos, medidas e, ainda, a limpeza urbana (Livro I, titulo XXVII, § 13).

As Manuelinas trataram de lhes evidenciar alguns deveres e somar outros (Livro I, título XLVI). O mesmo fizeram as Ordenações Filipinas, com alguns poucos acrescentamentos das Leis Extravagantes (Livro I, títulos LXVI e LXVII).

---

7. Torres, Rui d'Abreu. "Vereadores", in "Dicionário de história de Portugal", opus cit, V. IV p. 270.
8. Cf. Caetano, Marcello. opus cit, p. 323.
9. Torres, Rui D'Abreu. "Vereadores", in opus cit, p. 270.

Os legisladores de ontem não criavam concelhos, como os de hoje não inventam municípios. Só e sempre os reconhecem e lhes dão personalidade jurídica.

Ao ensejo da descoberta do Brasil, vigiam as Ordenações Afonsinas (1448), logo substituídas pelas Manuelinas (1521). Não se lhes conhece, contudo. a aplicação, nas novas terras, em toda a profundidade. Já, as Filipinas (1603), aqui, tiveram largo curso, até a Lei de 1º de outubro de 1828, ou "Regimento das Câmaras Municipais do Império".

As cartas capitaniais reportavam-se às Ordenações e se via, portanto, mantido o sistema eletivo de vereadores e juízes da terra pelos homens-bons, fiscalizado pelos corregedores (Man. Livro, I, título XLV).

Assim, foi ao se fazer, no Brasil, a primeira vila, em 1531, São Vicente.

"Parece que as únicas Câmaras do Brasil, que tinham a graduação de Senado eram as da cidade do Rio de Janeiro, Bahia, São Luiz do Maranhão e São Paulo"[10]. Tal predicação, apenas, emergia por dignidade, honra e reconhecimento, outorgável pelo rei, qual antes recebera a Câmara de Lisboa.

As velhas câmaras guardavam, então, mais poder que hoje. Aos antigos vereadores, ao menos até a independência, não lhes ocorria discutir a autonomia do município, nem o exato sentido da descentralização administrativa. Bem sabiam que podiam ter governo próprio e quais se mostravam os peculiares interesses da comuna.

Vale, pois, recordar, ainda que em brevíssimas notas, a origem da orgânica municipal; talvez para servir ao eventual reencontro do anterior perfil.

---

10. Cândido Mendes de Almeida, *Código Philipino*, 14ª ed., Rio de Janeiro, Inst. Philomathico, 1870, p. 153, em nota.

Códigos Penais do Brasil, de José Henrique Pierangelli

A 16 de dezembro último, festejaram-se os cento e cinquenta anos de promulgado o Código Criminal do Império do Brasil.

Um Código Criminal, "fundado nas sólidas bases da justiça e da equidade", era o que determinara fazer o § 18, do art. 179, da Constituição Política do Império[lxxxvii], de 25 de março de 1824.

Os lindes do diploma material se viam, pois, marcados na lei maior. Com efeito, no Título VIII, atinente às garantias dos direitos civis e políticos dos cidadãos, assentavam-se: a segurança individual (art. 179, *caput*[lxxxviii]); a irretroatividade das leis (art. 179, §11[lxxxix]); a igualdade de todos, em face da lei penal (art. 179, § 13[xc]); e a incontagiabilidade da pena (art. 179, § 20[xci]).

D. Pedro I, o primeiro do nome, passou, assim, em diversas "Falas do Trono", a exigir da assembleia um Código Criminal, como ordenado no texto constitucional.

Originou-se o estatuto, afinal, deitando raízes na Constituição em projeto, três anos antes oferecido por Bernardo Pereira de Vasconcellos à Câmara dos Deputados. Nele se podiam ouvir ecos dos Códigos Penais francês de 1810, da Baviera de 1813 e do napolitano de 1819. Os modelos mais próximos, entretanto, se achavam no projeto de Código Criminal de 1788, mas publicado em 1823, do sábio Mello Freire e no projeto de Código Penal de Louisiana de 1825, elaborado por mão de Edward Livingston.

Ao menos dois aspectos, de mera aparência contraditória, não se há de esquecer, para entendimento do instante histórico de edição do primeiro sistema de leis penais brasileiras. Exibia clara influência da doutrina de Bentham, sobre a revolução liberal portuguesa de 1820, preparadora de ideias dos legisladores do Império. Mostrava, por igual, evidente preocupação de adaptar e criar coisas novas, de caráter nacionalista bem nítido.

Assim, o Código Criminal do Império acolhia o princípio da reserva legal (art. 1º[xcii]), inventava a responsabilidade sucessiva nos delitos de imprensa, antes dos belgas (art. 7º.[xciii]); admitia a exclusão de criminalidade, com vistas ao estado de necessidade e à legítima defesa (art. 14, §§ 1º a 6º[xciv]), criava, também conjunto de circunstâncias agravantes e atenuantes (arts. 15 a 18[xcv]), divisando codelinquência, qual agravante (art. 16, § 17[xcvi]); determinava que a pena havia de adequar-se à sensibilidade do ofendido (art. 19[xcvii]); instituía a reparação do dano *ex-delicto*, como matéria pública (arts. 21 a 32[xcviii]); imaginava o dia-multa, anteriormente ao direito escandinavo (art. 55[xcix]); e introduzia, inobstante lei material, o *habeas corpus*, dois anos antes do Código de Processo Criminal (arts. 183 e 184[c]).

Apesar das duras críticas, que lhe compôs Tobias Barreto, o Código se ostentava primoroso, ao seu tempo, guardando positiva repercussão, na ambiência cultural. Dele, com certeza, se ocuparam Mittermaier e Manuel Seijas Lozano. Consta haverem-no vertido para o espanhol e, também, para o francês, por Victor Foucher, já em 1833. É fato notório, contudo, que inspirou os Códigos Penais da Espanha de 1848 e de Portugal de 1853. Mediante o primeiro aludido, terminou por influir nas leis penais da Guatemala, Salvador, Honduras, Nicarágua, Colômbia, Venezuela, Peru e Chile.

No intuito de memorar o sesquicentenário do Código Criminal do Império, José Henrique Pierangelli teve a lembrança, planeou e fez estampar os "Códigos Penais do Brasil", pela Editora Jalovi Ltda.

A obra, disposta em oito tópicos, por setecentas e setenta páginas, surge utilíssima para estudiosos e pesquisadores da evolução do direito penal pátrio. No primeiro, Pierangelli explica as razões de seu feliz intento. Já no seguinte, realiza pequeno esboço histórico do direito penal comum brasileiro. Na sequência, em cuidada revisão gráfica, reedita o Livro Quinto das Ordenações Filipinas de 1603, que diz com o direito penal, acompanhado de pertinentes adições; depois, o celebrado Código Criminal do Império de 1830; ainda, o primeiro Código Penal republicano de 1890; em seguida, redivulga a Consolidação das Leis Penais de 1932, denominada Piragibe, em virtude de seu compilador; posteriormente, o vigorante Código Penal de 1940, a Lei das Contravenções Penais de 1941 e mais a legislação complementar, até a Lei n. 6.416 de maio de 1977; ponto-finalizando, estampa o malfadado Código Penal de 1969. Tudo bem escoltado de respectivos índices gerais e alfabético-remissivos.

A simples descrição morfológica do trabalho nos conduz a lhe ver destinação tanto informativa quanto formativa. Não se possui à mão, sempre com destreza, os textos mencionados. Nem os encontrávamos, em conjunto, tão comodamente postos. Emerge, pois, a obra como proveitoso instrumento de lida. O perscrutar de uma figura penal, desde as Filipinas até o Código Penal de 1969, traz-lhe o conhecimento rico e firme, agora bem mais facultado. Às vésperas de novas e necessárias leis, o saber pelas origens tem préstimo visível.

Louve-se, portanto, o engenho do organizador e mais a coragem do editor, visto que ambos colocaram a cultura jurídica antes do lucro. Enalteça-se-lhes, de novo, as duas virtudes, posto que prometem, para 1982, as "Leis Processuais Penais do Brasil". Querem comemorar, igualmente, os cento e cinquenta anos de promulgação do Código do Processo Criminal de Primeira Instância do Império, de 29 de novembro de 1832.

Crimes contra a ordem tributária: sua persecução penal e a imaginada independência entre a administração e a jurisdição[1]

Os delitos contra a ordem tributária, modelados na lei especial (Lei n. 8.137, de 27 de dezembro de 1990), são, em maior parte, de essência material. Surgem de dano, tirante a hipótese de crime formal (art. 2° incs. I, II, e III primeira figura, da Lei n. 8.137/90).

Além disso, todos os comportamentos descritos devem objetivar "suprimir ou reduzir tributo, ou contribuição social e qualquer acessório". Assim é em ambos os feixes de normas incriminadoras (arts. 1° e 2°, da Lei n°8.137/90[ci]). No primeiro preceito, porque afirma tal elemento subjetivo específico (art. 1°). No segundo, em razão das condutas típicas serem, intrinsecamente, voltadas a esse fim, motivo pelo qual se mostram "crimes da mesma natureza".

2. O tributo e a contribuição social hão de emergir devidos. No tocante ao tributo, importa assentar: crédito tributário, regularmente constituído, líquido, certo e exigível. Ostentado no ato administrativo de lançamento, formalizante da obrigação tributária (arts. 141 e 142, ainda, arts. 147 a 150, do Cód. Tributário Nacional). A contribuição social, não obstante de diversa categoria jurídica, tem recebido tratamento tributário, sendo-lhe de esperar, também liquidez, certeza e exigibilidade. Em palavras simples, no âmbito da Administração torna-se preciso dar a conhecer o *an*, o *si* e o *quan debeatur.*

---

1. Resumo de conferência, proferida na Associação dos Advogados de São Paulo, em 21/08/2001.

3. Antes de adentrar no exame do tipo, é importante deixar firmado: a ilicitude, ou antijuridicidade, exsurge como relação do fato com o todo da ordenação jurídica. Logo, o crime irrompe, sempre e ao mesmo tempo, ilícito civil, comercial, administrativo, eleitoral ou de outra área, ou ramo jurídico. A recíproca, todavia, não desponta verdadeira: o ilícito civil não emerge, por necessário, penal.

O crime contra a ordem tributária, portanto, jamais pode deixar de ser ilícito tributário; porém, o ilícito tributário pode não chegar a se tornar um injusto culpável. Se a Administração pública ou a Jurisdição fiscal assentam a inexistência de ilícito tributário, não se permite asseverar, depois, a existência de delito.

A ideia de ilícito tributário, tão só, se firma, se e quando existe tributo devido: crédito fazendário.

4. A determinação de que o sujeito agente intentou suprimir ou reduzir tributo, diz com o devido. É ele elemento normativo do tipo. No direito tributário, então, se vai encontrar a compreensão técnico-jurídica do que seja tributo devido. Assim, a consciência e vontade, conducentes à supressão e à redução do tributo, completam-se com o comportamento, que o fez devido ao fisco.

Tal comportamento para receber a característica de típico, sob o enfoque penal, exige a ocorrência de fraude.

O ponto essencial, que distingue o simples ilícito tributário do crime fiscal é, exatamente, o ardil, o artifício, que conduz ao erro da Administração e acarreta a vantagem econômica ao sonegador, em prejuízo do fisco.

A fraude exibe-se, portanto, no aspecto que distingue sujeitos diferentes: o devedor de tributo mero inadimplente – e o sonegador fiscal. Tal separação, embora óbvia na aparência, tem sido esquecida pelo legislador e pelo aplicador da lei; seja para reprimir, seja para abrandar as punições dos comportamentos, cuja valoração não se confunde.

5. Lembre-se de que se está no plano da especialidade, que se origina no objeto jurídico sob tutela, protraindo-se no procedimento da persecução penal, em ambas as fases extrajudicial e judicial. Nada obsta e tudo recomenda a que se atribua à Fazenda Pública o poder-dever de substanciar, de demonstrar a existência material do elemento normativo: tributo devido. Dizendo de outro modo, o fisco encontra-se mais apto a afirmar primeiro e mediante seu específico instrumental, se existe ou não, no caso concreto, tributo devido mais acessórios, a saber: principal, juros e multa

– corrigenda monetária, atente-se contudo, não é acessório: mas, o próprio tributo. E, também, asserir, demonstrando e comunicando a ocorrência do elemento normativo, consoante seu entendimento.

Ao exsurgir o ilícito tributário, que se exibiu ou se pretende mostrar – com crime contra a ordem tributária, ultimado o lançamento; lixada a obrigação fiscal; cabe a imprescindível comunicação ao Ministério Público Federal ou Estadual, conforme a Fazenda credora.

Há o poder-dever de fiscalizar, de lançar e, na sequência, de comunicar, tanto que se desenhe o fato típico. Pouco importa que se dê à tal comunicação o nome de "representação fiscal para fins penais" (art. 83, da Lei n. 9.430/96[cii]).

Não é simples manifestação e comunicação da Fazenda Pública ao Ministério Público. Cuida-se de comunicação qualificada, pelo seu conteúdo e escopo.

No âmbito federal, por exemplo, a representação fiscal deve conter: "1. exposição minuciosa dos fatos e das providências tomadas, na forma do art. 2º anexando-se cópia das peças e dos termos, que as materializam; II. elementos caracterizadores do ilícito; III. qualificação completa (nome, endereço, cédula de identidade, CPF, profissão, relacionamento com empresa ou com o acusado) das pessoas físicas responsáveis ou sob suspeita de envolvimento com o delito. IV. qualificação completa de pessoas que possam ser arroladas como testemunhas; V. quando for o caso, identificação completa da pessoa jurídica auditada, cópia dos contratos sociais e das respectivas alterações, ou dos estatutos e atas das assembleias, relativos aos últimos cinco anos; VI. nas hipóteses do incisos I a IV, do art. 1º, relação dos bens móveis e imóveis, pertencentes as pessoa físicas responsáveis ou suspeitas, bem como a pessoa jurídica sob fiscalização, de modo a tornar viável o sequestro, a hipoteca legal, o arresto ou a medida cautelar fiscal: VII. cópia das declarações de rendimentos dos últimos cinco anos, acompanhadas de seus anexos, das pessoas referidas no inciso III e das pessoas jurídicas envolvidas. VIII, número do processo administrativo fiscal" (art. 3º, do Decreto n. 982, de 12 de novembro de 1993[ciii]). Notável, ainda, a seguinte determinação legal: "a representação será instruída com cópias de todos os autos de infração ou cópias de notificações de lançamento expedidas, seguidas dos demais termos e atos lavrados, diligências e perícias realizadas, devidamente indexados na peça básica, por referência expressa aos números das folhas dos autos, com indicação clara das circunstâncias e provas razoáveis ao convencimento do Ministério Público, de modo a viabilizar o oferecimento imediato da denúncia" (art. 3º, § 2º[civ]).

O parágrafo seguinte cuida do concurso material e do concurso formal, orientando a indispensabilidade de formar-se o corpo do delito, ou tipificação do crime contra a ordem tributária. Ainda, arredando qualquer dúvida. quanto ao que seja a representação fiscal, determinou-se na lei: "o mesmo tratamento será dispensado a depoimentos, declarações, perícias e outras informações obtidas de terceiros, utilizadas para fundamentar o lançamento tributário, devendo contar da representação a qualificação das pessoas físicas por ele responsável" (art. 3º § 4º[cv]).

Não tem o menor cabimento que se equipare ou se denomine a representação fiscal, como aparece em vários acórdãos e textos doutrinários de *noticia criminis*. Em nada tal peça. Objetivamente complexa, assemelha-se ao boletim de ocorrência; requerimento de ofendido; requisição do Ministério Público, juiz ou do ministro de Justiça; ou ao auto de prisão em flagrante delito (art. 5º, inc. II e § 1; 8º; 301 e seg. do Cód. Proc. Penal) – formas de iniciar a persecução penal extrajudicial, mediante inquérito. Não há que se falar, ainda, em semelhança com o termo circunstanciado referido no artigo 69, da Lei n. 9.099/95.

Contém a representação fiscal para fins penais, atinente aos crimes contra a ordem tributária, os elementos que tendem a dar base à acusação do Ministério Público (art. 24, § 2°, do Cód. de Proc. Penal): Surge acompanhada de peças de informação, seja porque a boa razão manda, seja porque a lei determina (art. 3º, incs. II, V, VII e §§ 2° e 3º e 4º, do Decreto n. 982/93[cvi]); no sentido que a lei do processo dá a essa expressão (art. 28, do Cód. de Proc. Penal). Peças que visam, pois, a conter a certeza suficiente da existência de crime contra a ordem tributária e respectiva autoria, coautoria, bem assim, de eventual participação. É bem por isso que deve portar o mencionado elemento normativo: tributo devido; sem esquecer a evidenciação da fraude (art. 3°, § 4º, do Decreto n. 982/93[cvii]).

Sempre com a maior vênia, descabido afirmar-se que a representação fiscal demonstra o interesse do Ministério Público, ou a possibilidade jurídica do pedido. Primeiro, não se está no plano das denominadas condições da ação condenatória. A mais disso, o interesse processual do acusador público irrompe inerente ao próprio direito de ação: ou melhor ao exercício do direito de ação. Pressume-se-lhe a ideia de necessidade de acusar, em juízo. Já, a possibilidade jurídica do pedido, no mais das vezes, é vista de seu oposto: estaria cifrada na atípia da conduta, ou no pedido de pena imprevista; bem como na ausência de condição específica, para o exercício do direito de agir. Sem esquecer de que a doutrina das condições da ação não goza de mundalidade, nomeadamente no processo penal. Muitos não a aceitam.

O procedimento fiscal e seu resultado positivo, também, não se podem constituir em questão prejudicial heterogênea, a recomendar a suspensão do procedimento criminal (art. 93, do Cód, de Proc. Penal). A evidência. o procedimento administrativo fiscal não se confunde com as variadas ações, que podem ter curso nas caras da Fazenda Pública, a saber: executivo fiscal: declaratória de inexistência de relação jurídica tributária: desconstitutiva de lançamento fiscal; ação de repetição do indébito e outras.

A representação fiscal, não se pode tê-la como condição de procedibilidade, dita condição específica de exercício da ação penal. Basta comparar. Não guarda a menor semelhança. por exemplo, com a entrada do sujeito agente, em território nacional (art. 7°, § 20, letra "a". do Cód. Penal); requisição do ministro da Justiça. em crimes contra a honra (art. 145, parágrafo único, do Cód. Penal): representação do ofendido (art. 147. parágrafo único do Cód. Penal): trânsito em julgado da decisão definitiva civil, que anula o casamento (art. 236. do Cód. Penal), e outras mais.

Não se pode considerar a representação fiscal, ainda, condição objetiva de punibilidade. Jamais se ostenta como acontecimento, fato, que não exibe nexo de causalidade, como comportamento do sujeito agente; mas se coloca como caso diversificado, ainda sem acertamento dogmático. Não se configura como fato estranho ao nexo de causalidade e ao comportamento do agente.

Consiste a representação fiscal em comunicação qualificada, necessária. porque tendente a demonstrar a existência. Inclusive, de elemento constitutivo do tipo penal: tributo devido. Seguem-na peças de informação, que podem arrimar a acusação formal.

7. Não se deve, de outra sorte, para justificar descompassos dogmáticos, falar na independência das instâncias administrativa e penal. A palavra instância porta conhecida ambiguidade, de que trataram de fugir os processualistas. Descabe, também, referir via administrativa e via judicial. Não há duas vias, nem existem duas instâncias.

Todos sabem que, no sistema brasileiro despontam diversas maneiras de persecução preliminar ou prévia. Fases extrajudiciais, ou procedimentais, da persecução penal. Elas aparecem nas três faces do Poder: Administração; Legislação e Jurisdição.

A persecução preliminar, de natureza administrativa, ostenta-se no inquérito policial civil ou militar; e ainda, no procedimento administrativo, em sentido estrito, podendo exibir-se disciplinar, ou não.

A persecução ocorre no legislativo, por via do inquérito parlamentar (Lei n. 1579/52 e Lei n. 10.001/00).

Já, a persecução prévia, irrompe no âmbito do Poder Judiciário, na formação judicial do corpo de delito – busca, apreensão e perícia, nos crimes contra a propriedade imaterial, art. 529. do Cód. de Processo Penal e arts. 200 e 201 da Lei n. 9279/96 –, e, também, no inquérito judicial (art. 103, da Lei de Falências).

O procedimento administrativo fiscal, cujo resultado se há de comunicar ao Ministério Público, é modo ou forma de persecução preliminar. Inexiste independência, mas, evidente conjugação funcional ou cooperação necessária. Ninguém imaginaria dizer que, por exemplo, a formação do corpo de delito, no inquérito policial, ocorre em instância independente, ou outra via, e, assim, diversa da qual tramita a ação penal de conhecimento, de natureza condenatória. Inquérito policial e subsequente ação penal condenatória exibem as duas fases da persecução penal: a extrajudicial e a judicial. Unidade procedimental que se biparte em dois momentos.

Admitindo-se que tal argumento não seja suficiente, convém mostrar outro procedimento administrativo: o das infrações contra a ordem econômica (Lei n. 8.884, de 11 de junho de 1994). No Capítulo II "Da instauração e instrução do processo administrativo", do Título VI, "Do processo administrativo", se pode ler: "art. 35 B. A União, por intermédio da SDE, poderá celebrar acordo de leniência, com a extinção da ação punitiva da administração pública ou a redução de um a dois terços da penalidade aplicável, nos termos deste artigo, com pessoas físicas e jurídicas que forem autoras de infração à ordem econômica, desde que colaborem efetivamente com as investigações e o processo administrativo e que desta colaboração resulte: I. a identificação dos demais coautores da infração; e II. a obtenção de informações e documentos que comprovem a infração noticiada ou sob investigação" (com a nova redação, dada pela Lei n. 10.149/2000).

E importante observar, no tocante ao tema, o artigo 35 C:

> "Nos *crimes contra a ordem econômica, tipificados na Lei no 8.137, de 27 de novembro de 1990*, a celebração de acordo de leniência, nos termos desta lei determina a suspensão do curso do prazo prescricional e impede o oferecimento da denúncia. Parágrafo único. Cumprido o acordo de

leniência pelo agente extingue-se automaticamente a punibilidade dos crimes a que se refere o *caput* deste artigo" (grifo nosso).

O acordo de abrandamento, ou suavização, recentemente permitido, em procedimento administrativo, acrescenta no Código Penal causa de suspensão do prazo prescricional; e insere nova forma de extinção da punibilidade. No Código de Processo Penal, inventa impedimento para o oferecimento da denúncia.

Mais não é preciso dizer, sobre a suposta independência entre a Administração e a Jurisdição, no procedimento persecutório dos crimes da espécie.

Da prisão em flagrante

Em 1974, ao resenharmos, para a *Revista Ciência Penal*, a obra "Princípios fundamentais do processo penal", de Canuto Mendes de Almeida, deplorávamos os excessos de processualismo civil na doutrina processual penal. O professor franciscano, inobstante advogar uma teoria do processo, nunca se contaminou de tal modéstia.

Ponderávamos, ao lhe comentar o trabalho, que se ostentava estudo, meditado e sério, acabando por revelar, pela confrontação, a desmedida leviandade da maioria dos processualistas penais brasileiros. Repetem eles, com servilismo, inadequados mestres alemães e italianos; ou buscam, com descritério, originalidades no bojo do processo civil. Não se esquecendo, ainda, o terceiro grupo, superior até, o qual combina os dois equívocos, com favorável, mas lamentoso sucesso (opus cit. V. 2, pp. 282-3).

A lástima, desde há seis anos lançada, restou quase sem préstimo. Cada livro que se veio estampando, salvo belas exceções, dá o mal por agravado. Alastra-se a moléstia já na jurisprudência e se hoje dissemina na legislação, a todos danando.

O processo penal, contudo, há de servir ao povo, na medida em que eficaz instrumento público, defende a liberdade jurídica e libera a justa punição ao infrator. Não favorece à teorização estéril, ou à erudição sem benefício.

"Quando, porém, se não faz distinção entre os maus e os bons, nasce a confusão e surgem os vícios" (Sêneca, "De Clementia", I, 2). Eis, porque, se deve festejar a obra "Da prisão em flagrante", de Tales Castelo Branco. É das restrições, que alegram os estudiosos e ilustram a advocatura.

O livro, mandado tirar pela Editora Saraiva S.A. em quinhentas e vinte e duas páginas, acha-se dividido em três partes. Na primeira, cuida da doutrina, sem perda da correta visão do fenômeno: direito penal e processo penal caminham juntos. Tal fato, embora claro, forçoso recordá-lo, posto que já se vai esquecendo, nos tempos correntes. Não descura, neste lanço, da notícia histórica do instituto, do direito comparado e, com critério, examina a lei vigorante. A segunda parte consiste em escolhida jurisprudência, que se guia no pontual entendimento da figura processual tratada. Na última, traz à luz a experiência, oferecendo à consideração peças que compôs na alongada e reta advocacia.

A obra escoliada nos concede, entretanto, a ocasião de suscitar velhas questões processuais. Dentre elas a atinente às espécies de prisão em flagrante.

Existe inveterado hábito, justificado por autores novos e acatáveis, de se apartar os estados de fragrância em três hipóteses, a saber: próprio ou real (está cometendo, ou acaba de cometer a infração penal); impróprio ou quase flagrante (é perseguido, sem demora ao fato, em situação tal, que se presuma a autoria da infração) e, afinal, presumido ou ficto (é encontrado, de imediato ao evento, com instrumentos, armas, objetos ou papéis, que façam presumir a autoria da infração).

Ao se enxergar cena, tendente a figurar uma infração penal, ou, ao se perceber que termina de acontecer evento típico, tais imagens gravam-se no intelecto do assistente, como fatos da realidade sensível. São verdades, porque divisadas pelos presenciantes; como vistas passar pelas testemunhas e nada mais. Valem, apenas, como fotogramas do crime, ou da contravenção penal. A impressão causada no assistente, seu juízo espontâneo poderá ser ou não adequado à verdade criminal perquirível.

A prisão em flagrante, em processo, busca captar e conservar o instante, o movimento e o lugar, pretensamente delinquenciais. A ideia de flagrância prende-se, assim, à de mera certeza visual da infração, como dizia Rafael Magalhães.

Nas expressões "está cometendo" e "acaba de cometer" (art. 302, n^os^ I e II, do Cód. De Proc. Penal) encontra-se a Flagrância real, mas no sentido de que existe em ato, por força e efeito de um juízo da realidade, tal que é percebida.

O juízo emerge provável, porquanto verossímil. Aproxima-se da verdade criminal, sem necessariamente mostrar-se verdadeiro. Parte de razões fortes, porém ainda não decisivas, ou suficientes. Surge aneutral; é provável que o homem seja o homicida por causa do que se enxergou fazendo, ou acabando de fazer, mas talvez não seja.

As outras duas figurações legais não nascem, a toda a luz, da referida certeza visual. Ambas arrimam-se em presunção comum ou *ominis*. A fuga, imediata ao fato delinquencial e sob certas circunstâncias, leva a acreditar na possível autoria. O encontro, subsequente ao evento-crime, de alguém portando instrumentos, armas, materiais, objetos ou papéis, ao fato relacionados, faz presumir-lhe a participação.

As frases: "é perseguido, logo após... em situação que faça *presumir* ser o autor da infração "e" é encontrado logo depois com instrumentos, armas, objetos que façam presumir ser ele o autor da infração (art. 302, n°s II e IV, o grifo é nosso) acolhem o estado de flagrância virtual. Com efeito, o flagrante inexiste, senão *em potência*, aflorando mediante simples *juízo do possível,* quanto à verdade criminal. Vale afirmar, não há fortes razões pró ou contra. Emerge ele, pois, neutral, assim: é possível que o homem, porque fugiu ensanguentado, ou, visto que portava a arma do crime, seja o homicida, mas é possível que não seja. O flagrante sucede, porquanto surge *logicamente possível,* em face de presunção circunstancial.

Parece, deste modo, que só duas são as espécies de flagrante: o real e o virtual. Um nascente na certeza visual da infração e outro em base da presunção comum. Não há como privilegiar a prisão em flagrante a mais da medida, no referente à prova da autoria.

Seria incabível, pois, na doutrina, ou em linguagem pretoriana, o uso das locuções "quase-flagrante" e "flagrante impróprio", ou ainda, por contraste, "flagrante presumido", ou "ficto". Constituem-se quiçá, sob o aspecto da melhor técnica processual, expressões inadequadas. Os que cuidam ser o direito ciência, encontram-se obrigados a vê-la como conceitual. Grande importância possui, então, a correta terminologia. O ajuste necessário entre a ideia e os símbolos preocupa e leva a repensar.

Sem nenhum objetivo de crítica ao magnífico trabalho de Castelo Branco, arriscamos traçar estas pequenas notas, mas com olhos voltados à reforma processual penal, que tarda em vir.

Da revelia do demandado no novo Código de Processo Civil

Notas Preliminares:

Antes de enfocar a questão da revelia do demandado, havemos fazer breve incursão na teoria geral do processo.

A solução da lide admite a via de fato, hoje abandonada, e a via de direito.

A solução do conflito, pela via de direito, exsurge, de quatro maneiras, a saber: a autocomposição, quando a parte cede o bem litigioso, altruisticamente, favorecendo a outra; a autotutela, ocorrente sempre que uma pessoa impõe sua vontade, compondo o conflito pela tomadia de algo, da outra parte. A terceira posição consiste na arbitragem e a derradeira, no processo judiciário.

A autocomposição e a autotutela emergem como soluções parciais da lide, visto que uma das partes nelas sai a perder algo, seja porque cede, seja porque lhe é tomado um bem.

A doutrina do processo costuma afirmar que o processo judiciário possui o escopo de chegar à justa composição da lide. Não qualquer composição, mas aquela que se aproxime do justo, mediante a atividade específica dos Juízes e Tribunais.

Assim, a atividade jurisdicional objetiva a atuação da vontade da lei, na solução, ou definitiva, ou provisória, da lide. O processo de conhecimento e o de execução levam a soluções definitivas do conflito. O processo cautelar soluciona, provisoriamente, a lide.

Nisto consiste a contextura, verificada no Novo Código de Processo Civil. Esta é a posição, assumida por grandes processualistas nacionais e estrangeiros, até em maioria. Vamos, entretanto, com a devida vênia, discrepar do referido posicionamento.

O processo, para nós, nasce e vive ao influxo do direito constitucional.

O *caput* do art. 153, da Constituição da República Federativa do Brasil, de 17 de outubro de 1969 [cviii], declara que:

> "Art. 153. A Constituição assegura aos brasileiros e aos estrangeiros residentes no País a inviolabilidade dos direitos concernentes à *vida, à liberdade, à segurança e à prosperidade...*" (o grifo é nosso).

No momento em que a Constituição alinhava os direitos individuais, em ordem de graduação, estatui, logo em seguida, as garantias constitucionais desses mesmos direitos. A pergunta que assoma, de imediato, é se as garantias de direitos individuais, que a própria Constituição enumera, afloram suficientes, para a tutela dos mencionados direitos constitucionais. Está claro que não. A Constituição refere quais são os direitos do cidadão, mas dizê-los, apenas, de nada valeria. Precisa-se de instrumental de tutela e a Constituição alinha as garantias, cuja eficácia surge, manifestamente, insuficiente.

Patenteia-se, então, o que nós poderíamos chamar de normas primárias de tutela. Mostram-se normas primárias, por exemplo, as que compõem o direito civil, o direito comercial, o direito penal e o direito tributário. Assim, a chamada polícia administrativa, quando impede que furtos ocorram, atuando preventivamente, age ao empuxo do direito penal. No instante em que sucede a infração penal incidem as normas secundárias, ou instrumentais, que são aquelas de processo penal.

O processo, civil ou penal, como norma secundária, se constitui em instrumento de tutela dos direitos Individuais. As normas primárias compõem os conflitos de interesse. As normas secundárias não surgem, apenas, como meio de se solucionar justamente os conflitos, porém como instrumento prevalecente de tutela do direito individual.

O processo existe, dirá a maioria dos processualistas, para a realização do direito subjetivo dos autores, lesionado ou ameaçado de lesão. Os autores, nas demandas, vêm porque guardam certa pretensão. Os autores querem sujeitar o interesse alheio ao próprio. A lide é levada à via judicial. O processo, então, existiria para tutela das pretensões, dos direitos subjetivos dos autores. A sentença firme solucionaria, graças à atividade processual, o conflito pré-composto pelo direito material.

O processo, entretanto, existe, em principal, para a tutela das liberdades jurídicas dos réus. É neste sentido que o processo exsurge como instrumento, mas instrumento de tutela das liberdades jurídicas, garantia de todos e de cada um. O processo vive para impedir que o Estado-Administração exerça atos de coação, sem antes passar pelo crivo do Estado-Jurisdição. O processo é instrumento protetivo das liberdades jurídicas, é anteparo, é escudo, é defesa.[1]

A posição que assumimos, quanto ao processo judiciário, irá influir, no equacionamento do tema: revelia do demandado, como se verá.

Breve histórico do instituto

O envolvimento histórico de qualquer instituto jurídico provoca, quanto ao seu exame, certa sensação de tédio, de fastio. Sucede que o desprezo por tais estudos, de comum, leva a visões defectivas, que chegam mesmo a repercutir nas legislações.

No período das *legis actiones*, durante o procedimento *in jure*, a presença das partes ante o pretor (magistrado), surgia indispensável.

O processo se iniciava pelo chamamento do réu, *in jus vocatio*, feito pelo autor.

Se o réu se recusava, podia o autor, perante testemunhas, levá-la à força (em capito). Caso reagisse, permita-se o autor conduzi-lo com violência, *ab torto collo*, até o magistrado ou pretor.

Livrava-se o réu da *manus injectio* ou *manum endo jactio*, aceitando um fiador, o *vindex*, que lhe garantisse a presença *in jure*.

No período das *formulae (Lex Aebutia)*, o procedimento permanece dividido em duas fases: *in jure* e *in judicio*.

A *in jus vocacio* se mantém, mas, paralelamente, emerge a *vadiomonium*. Promessa extrajudicial de comparecência do demandado. A quebra de tal promessa acarretava pena de multa.

Tal como no período das ações da lei, no formulário, a ausência do demandado, na segunda fase do procedimento, determinava sentença favorável ao autor.

---

1. Joaquim Canuto Mendes de Almeida, *Princípios Fundamentais do Processo Penal*, São Paulo, Rev. dos Tribs., 1973.

Sérgio Marcos de Moraes Pitombo, "Crítica à obra supracitada", em *Revista Ciência Penal*, São Paulo, José Bushatsky, Editor, 1974, v. 11, p. 282-3.

Assim, em ambos os primeiros períodos não há como se falar em revelia, ou em contumácia.

No período da *cognitio* extraordinária tudo se modifica. Se o executor é repelido pelo réu que não recebe a citação – desatende a *evocatio* –, o autor pede ao juiz três sucessivos editos vocativos. Omisso o demandado, o processo se tramitava como se dele estivesse participando o autor, entretanto, devia provar seu direito, para lograr sentença favorável de mérito.

É de notar-se que, depois da *litiscontestatio*, a ausência do réu determinava a *eremodicium* (juízo solitário).

No direito germânico, se o réu desatendia ao chamamento *(mannitio)*, o rei, ou senhor feudal, pronunciava a ordem (bando) contra o rebelde, contra o desobediente, pondo a si e a seus bens fora da lei.

No direito canônico, a revelia não é só desobediência, mas também pecado, ao qual se aplica a pena de excomunhão.

A *Lex Visigothorum* impunha ao réu rebelde a dupla pena de multa, em favor do autor e do juiz. A mesma norma se encontra na *Lei das Siete Partidas*, acrescida do direito que ao autor se dava de imitir-se na posse do patrimônio do réu.

Nas Ordenações Afonsinas a revelia causava a constrição dos bens do réu. Rebelião ao poder do juiz.

As Ordenações Manoelinas suavizavam a posição processual dos revéis proibindo a constrição judicial de seus bens e lhes dando possibilidade de ingresso tardio no processo, desde que antes da sentença final.

As Ordenações Filipinas foram no encalço das *Manoelinas*, repetindo-lhes os mandamentos.[2]

TEORIAS SOBRE A REVELIA

I - Teoria da Pena

A ausência do demandado se tomava como rebelião à autoridade judicante. Como revolta, surgia a necessidade de punir o rebelde, impondo-se-lhe, alguma pena, privativa de liberdade, ou pecuniária.

---

2. Rogério Lauria Tucci, *Da Contumácia no Processo Civil Brasileiro*, São Paulo, Saraiva, 1964, p. 19-31.

II - Teoria da Renúncia

O revel surge, apenas, como aquele que renuncia ao direito de defesa. Ora, se pode ingressar, mesmo que tardiamente no feito, não há o que falar em renúncia.

III - Teoria do dever de comparecimento

Proibindo-se a autotutela, se as partes guardam a obrigação jurídica de comparecerem a juízo, cooperando com o envolvimento do processo. O revel quebra o dever e merece, pois, ser sujeitado a alguma sanção.

IV - Teoria do abandono à justiça do magistrado

Tal posição doutrinária constitui mero enfocamento da teoria da renúncia. O revel abandona-se, nas mãos do magistrado, certo que este lhe fará justiça, inobstante sua própria omissão. Tal teoria dá ao Poder Judiciário as qualidades de clarividência e infalibilidade, que, por certo, não tem, nem pretende possuir.

V - Teoria da inatividade

A revelia assoma, nesta doutrina do processo, não como resistência do demandado ao poder do juiz; nem como renúncia à defesa; menos como abandono puro e simples do réu; mas sim como inatividade – dado objetivo – do demandado, ao ensejo da contrariedade. Deixa de praticar o ato processual de defesa, no prazo.[3]

As doutrinas referidas provocaram, no espírito dos legisladores, no sucesso da revelia as seguintes posições:

a) ocorrido o fato, revelia, tranca-se o processo;
b) *ficta litis contestatio*, com prosseguimento da causa;
c) forçar a apresentação de defesa (interesse processual indisponível);
d) ignorar a revelia, como fato, deixando tramitar o processo (posição igual a item b);

---

3. Enrique E. Tarigo, *El Juicio en Rebeldia*, Montevidéu, Amalio M. Fernandez, 1973, p. 128-34.

e) decidir a lide contra o demandado revel (art. 897. do novo Cód. de Proc. Civil[cix]);
f) admissão de certas alterações simplificadoras no procedimento. Tal fórmula foi adotada pelo legislador de 1973.[4]

Cumpre examinar, ainda que com rapidez, a questão da contumácia e da revelia, no processo civil brasileiro.

Contumaz, afirmam, é o mesmo que revel (Pereira e Souza. Gusmão, Gabriel de Rezende, Lopes da Costa, Calmon Passos e Rogério Lauria Tucci). Outros distinguem os dois termos (Jorge Americano e Pedro Batista Martins). Há, também, aqueles que enxergam na revelia o efeito da contumácia (Afonso Fraga, Moacyr Amaral Santos e Frederico Marques). Existem outros processualistas que concluem apontando a contumácia como gênero, do qual a revelia afloraria como espécie (Pinto Guimarães e Pontes de Miranda).[5]

Há, por último, os que opinam pelo banimento do termo revelia, posto que se lhes afigura como acientífico. O correto seria, sempre, a expressão contumácia e o correlato contumaz, para a parte, autor ou réu pouco importa, que não comparecesse, em juízo, para praticar o ato processual, que lhe fosse cabente (Moacyr Lobo da Costa).[6]

Ora, diz-se que contumaz é a parte que não comparece, em Juízo, em qualquer fase do processo, quando necessário. Revelia é a incomparecência defensiva do demandado. É o fato jurídico-processual de falta de contestação.[7] Revel é aquele que, citado, não contesta no prazo (art. 324, do novo Cód. de Proc. Civil [cx]); art. 34, do Cód. de Proc. Civil de 1939[cxi]).

Ao ocorrer o fenômeno da revelia, nasce, então, um processo sem discussão, sem controvérsia, a qual não se pode excluir da apreciação do Poder Judiciário. Com efeito:

"Art. 153. (...)

---

4. Antonio Carlos de Araújo Cintra, "A Presunção de Veracidade na Revelia", conferência proferida em ciclo promovido pela Prefeitura Municipal de São Paulo, em 1973. Texto não publicado.
5. José Joaquim Calmon de Passos, *Da Revelia do Demandado Salvador*, Livr. Progresso Editora, 1960, p. 9-17.
6. Moacyr Lobo da Costa, "A Revelia no Anteprojeto Alfredo Buzaid", conferência proferida em Goiânia, em 1970. Texto não publicado.
7. Antonio Carlos Araújo Cintra, op. cit., n. 4.

§ 4.º A lei não poderá excluir da apreciação do Poder Judiciário qualquer lesão de direito individual". (Constit. da Rep. Fed. do Brasil[cxii]).

O fenômeno, por si só, não guarda tal condão. O julgamento antecipado da lide, por isso mesmo não arreda o princípio constitucional.

Além disto, o comparecimento do réu, em juízo, para defender-se constitui ônus, carga processual, não é obrigação ou dever do demandado. Ora, ônus é faculdade, cujo exercício surge necessário à obtenção de certo interesse, ou para evitar algum injusto dano.[8]

O novo Código de Processo Civil buscou simplificar o processo, não decidir a lide contra o revel.

Já se observou que: a revelia nem sempre tem, entre nós, como causa, a presumida inexistência de argumentos com que o citado se oponha à postulação do autor. Tem causas de natureza muito diversa, resultantes das nossas condições geográficas, políticas, sociais, econômicas, distâncias muito grandes, dificuldade de procurar advogado. ignorância do citado, que muitas vezes não compreende o valor daquele papel que lhe é entregue, etc...[9]

Em tema de revelia o Código do Processo foi severíssimo. O Código catou aqui e ali o que de mais rigoroso havia com relação ao revel. Somou tudo e disciplinou a revelia. Buscou nos sistemas alemão e austríaco a imposição da verdade dos fatos do autor, pelo só motivo da contumácia, mas teve o cuidado de não atribuir ao revel um recurso especial, pelo só motivo da revelia. Prevê o julgamento imediato do mérito, como consequência da revelia, mas silencia quanto à intimação pessoal da sentença ao revel, como exigido nos sistemas germânicos. Apesar de tudo isso, entretanto, acreditamos que se possa constituir, com apoio em interpretação sistemática de vários dispositivos do Código, uma disciplina tolerável para a revelia. E esse esforço se impõe, portanto, no particular, o legislador foi de um irrealismo e de uma insensibilidade chocantes, *data vênia.* Esqueceu-se de que o Brasil possui peculiaridades que o fazem essencialmente diverso, do ponto de vista social e humano, dos desenvolvidos países germânicos, tomados como exemplo, e do pequenino e arrumadinho Portugal, hoje modelo tão estimado para tantas coisas em nosso País.[10]

---

8. Moacyr Lobo da Costa, op. cit., n. 6.

9. José Carlos Barbosa Moreira, conferência proferida no Instituto dos Advogados do Brasil, 22/01/1973, em *Revista do Instituto dos Advogados*, ano VII, n. 31, p. 14.

10. José Joaquim Calmon de Passos, *Comentários ao Código de Processo Civil*, Rio de Janeiro, Forense, s.d. (1974), v. 111, p. 341-2.

A rigidez do sistema é manifesta: "sabemos que no caso do comerciante de pequena empresa, em que não há uma organização mais eficiente, pode perfeitamente passar despercebido um ofício de citação e venha revelia como consequências drásticas, qual seja a admissão dos fatos como verdadeiros, o que acaba resultando em procedência da ação".[11]

Ao autor caberá, sempre e sempre, demonstrar a procedência do pedido, da argumentação e submetê-la ao necessário crivo do Poder Judiciário (art. 153. § 4°, da Constit.)[cxiii]. Além do que, nunca será demais lembrar que a falta de contestação pode, ou não, determinar os efeitos da revelia (art. 324, do novo Cód. de Proc. Civil[cxiv]). O Código não adotou o princípio da *ficta confessio* (art. 319. do novo Cód. de Proc. Civil[cxv]), mas admitiu a presunção *juris tantum* de verdade do alegado e não contrariado.

A confissão ficta pertence à categoria dos seres virtuais. A coisa não o é, por natureza, porém a lei a recebe como se fora. Parte-se, por conseguinte, de situação não verdadeira, a que a lei dá certa, determinada, eficácia ficta, fingida (posição subjetiva).

A presunção pertence à categoria dos seres reais. A coisa tende para a verdade tática, partindo de circunstâncias verdadeiras, reais, ocorrentes. A presunção legal relativa, *juris tantum*, cede, quando afrontada pela prova em contrário, ou pelo fato notório (arts. 332[cxvi] e 334, n. I,[cxvii] ambos do novo Cód. de Proc. Civil).

É bem de ver, por outro lado, que o elenco do art. 320[cxviii] emerge exemplificativo, havendo, pois, outros casos, nos quais a revelia não induz o efeito de reputarem-se verdadeiros os fatos afirmados pelo autor. Assim:

> IV – Se ao réu revel der-se curador especial, na hipótese do inciso II, do art. 9°;[cxix]
>
> V – Se o juiz, pelas circunstâncias da causa, convencer-se de que as partes querem o processo para praticar ato simulado, ou conseguir fim proibido por lei (art. 1.120[cxx]);
>
> VI – Se os fatos narrados na inicial, inverossímeis ou se mostrarem contrários às provas dos autos.

Não se verificando a ocorrência dos efeitos da revelia, resta afastado o julgamento antecipado da lide (art. 324[cxxi] c/c. art. 330, n. II,[cxxii] ambos do novo Cód. de Proc. Civil).

---

11. Celso Agrícola Barbo, conferência proferida no Instituto dos Advogados do Brasil, em *Revista do Instituto dos Advogados*, ano VII, n. 31, p. 52.

EFEITOS DA REVELIA

O escopo do novo diploma processual foi, por conseguinte, simplificar o processo. Eis, portanto, os efeitos que à revelia deu a lei vigorante:

1.° – Reputando-se verdadeiros os fatos afirmados pelo autor, o juiz conhecerá diretamente do pedido[cxxiii] proferindo sentença (art. 319; In fine, c/c. art. 330, n. II[cxxiv], do Cód. de Proc. Civil); Julga-se a lide antecipadamente. Tendência simplificadora, aqui, manifesta.

2.° – Contra o revel correm todos os prazos, independentemente de intimação. Poderá, entretanto, intervir no processo, em qualquer fase, recebendo-o no estado em que se encontrar (art. 322[cxxv] c/c. art. 183[cxxvi]; vide Súmula n. 231[cxxvii]). Tendência aceleradora, aqui, deduzida.

RESPEITO AO PRINCÍPIO DO CONTRADITÓRIO

O princípio do contraditório assenta-se sobre a bilateralidade das partes em litígio. As cautelas, os cuidados com a citação, demonstram a preocupação manifesta com tal princípio constitucional, no novo Código. Assim:

a) No art. 214[cxxviii]: fazendo condição de validade do processo a existência de citação inicial do réu;

b) No art. 285[cxxix]: determinando que do mandado conste que não havendo contestação, se presumirão aceitos pelo réu, como verdadeiros, os fatos articulados pelo autor;

c) No art. 223, § 1° [cxxx]: o mesmo mandamento, para citação realizada por meio do correio;.

d) No art. 232; n. V[cxxxi]: o mesmo mandamento quando da citação edital, versando o litígio sobre direitos disponíveis;

e) No art. 247[cxxxii]: determinando rígidas formalidades para as citações, sob cominação de nulidade;

f) No art. 741, n. I[cxxxiii]: quando admite ao devedor, no embargo arguir, na execução fundada, em título judicial, falta ou nulidade de citação, no processo de conhecimento;

g) No art. 183[cxxxiv]: dando ao revel o direito de demonstrar que não contestou a ação, por justa causa ou motivo;

h) No art. 131[cxxxv]: oferecendo ao magistrado a possibilidade de formar, com liberdade, o seu convencimento, ainda que fundado em circunstâncias não alegadas;

i) No art. 334, n. I[cxxxvi]: estabelecendo o poder de julgar, independentemente de prova, fatos notórios, etc.

Direitos Humanos e processo penal

Deu-me muita alegria ser convidado pela Escola Paulista de Magistratura e pela Associação de Juízes para a Democracia para aqui estar hoje. Agradeço à doutora Kenarik pela gentileza da apresentação e fico com a responsabilidade de falar, depois do eminente Desembargador Celso Limongi, cuja demonstração de conhecimento e erudição os senhores acabaram de ver e ouvir. Senhores Desembargadores presentes, senhora Juíza da Alçada, senhores Juízes substitutos de segundo grau e meus colegas de primeiro grau, a primeira observação, que penso se deva fazer sobre o tema, encontra-se no átrio da Constituição, logo nos denominados princípios fundamentais. E, eu me refiro ao inciso III, do art. 1º da *Constituição: "dignidade da pessoa humana"*.

Posto como se acha na Constituição da República, tudo leva, tudo conduz a perceber que nós estamos a tratar de um valor absoluto, de um valor supremo. E por quê? Primeiro, porque intrínseco ao indivíduo. E, segundo, porque fundamental a toda a ordenação jurídica. Intrínseco a todo indivíduo, na medida em que ele é imanente, instranscendente e fundamental, posto que diz com a ordenação jurídica, política, social, econômica e cultural. Como princípio fundamental, pois, ele é um dos elementos, que importam se levar em conta, sempre que tenhamos de interpretar texto constitucional ou da legislação ordinária.

No art. 1º da Constituição da República temos a carta de marear do direito brasileiro. Dentre os nortes, acha-se a dignidade da pessoa humana. Mas, se ela se volta na lei – não na doutrina, na própria Lei Maior –, a todos esses aspectos: o econômico, o político, o social e até o cultural; o que nos está importando, no momento, é a ordem jurídica objetivada ao processo penal. É aqui, a cada instante, ao interpretar e ao aplicar a lei do processo, que devo ver a incidência dos preceitos constitucionais iluminados pela dignidade da pessoa humana.

Não há – e isto faz um século – dúvida, no direito constitucional brasileiro, de que as bases institucionais e políticas do processo emergem na Constituição. Digo mais de um século, visto que isso está, claramente, posto na obra do Marquês de São Vicente. Ele não só tratou do direito constitucional, mas fez a sua projeção. Fê-Io protrair-se sobre a índole do processo penal brasileiro, então nascente no Código de Processo Criminal, do Império do Brasil de 1832. A obra do Marquês de São Vicente é de 1842. Tal tendência e esse destino, e esse fadário, também desponta evidente, em 1911, na obra de João Mendes Júnior, que mostra a impossibilidade de entender o processo penal fora destas bases institucionais e políticas a que me referi. Portanto, desde logo, se espanque a ideia de que tudo isso nasceu em 1988. Em 1988, nos deu nova configuração dos direitos individuais e sua garantias. Em 1988, nos deu a história à Constituição com princípios fundamentais a orientarem o intérprete e o aplicador; mas, a dignidade da pessoa humana aqui referida, de certo modo, já se debuxava há um século.

Mas, qual será, objetivamente, concretamente, o sistema protetivo das liberdades ou dos direitos individuais entre nós? Digamos até com mais simplicidade, onde o achamos na lei?

Primeiro, na enunciação dos direitos individuais. Vejam, se a dignidade da pessoa humana é valor supremo; outros valores despontam, emergem em diversos preceitos da Lei Maior. No *caput* do art. 5°, há a clara enumeração de direitos individuais, que, também, são valores políticos e jurídicos. Esta enumeração, que todos conhecemos, e que peço licença aos senhores para ler, nos diz: "*Todos são iguais perante a lei sem distinção de qualquer natureza, garantindo-se aos brasileiros e aos estrangeiros residentes no país a inviolabilidade* – e aqui seguem-se os direitos – *vida, liberdade, igualdade, segurança e propriedade*".

Ora, tal enumeração, à evidência, mostra situação de hierarquia. Notem: não foi à toa que o legislador constituinte principiou por vida. Sempre terão os senhores juízes, como temos todos nós, o instante de escolha entre dois direitos do mesmo nível, ou valor, isso é do nosso dia a dia. Há, na interpretação, há na hermenêutica, diversos critérios que nos levam a uma escolha ou a outra. Mas, aqui, se começou com vida, para terminar com propriedade. O que o legislador constituinte está a nos dizer que vida, como valor maior, precede a liberdade; que a liberdade surge mais importante do que a igualdade, caso elas entrem em choque; que a igualdade ostenta valor maior do que a segurança; e, ao fim, se encontra a propriedade. Pois bem, tais direitos, de todos conhecidos, são seguidos por suas garantias.

Não vamos ingressar na discussão se as garantias, também e de alguma sorte, não são direitos, evidente que são. As garantias constitucionais dos direitos individuais, porém, se concentram, apenas, nos incisos do art. 5.º. Esses incisos não esgotam o tema, não estão postos como *numerus clausus*. É enumeração de conveniência, que, entretanto, não afasta outras garantias, que se encontram em Capítulos diversos da Lei Magna. Sabem os senhores, como juízes, que o dever de fundamentar decisões não está no art. 5º. O sistema, protetivo das liberdades ou direitos individuais tem como primeiro item, pois, garantias de direitos individuais.

Segundo, o Decreto n. 678, de 06 de novembro de 1992, conhecido como Pacto de São José da Costa Rica. Há, aqui, conhecida discussão, conhecido debate. Se tal Pacto, ou Convenção, teria altura constitucional, como acabo de afirmar; ou se, tão só, se ostenta como lei ordinária. No Supremo Tribunal Federal, decidiu-se por um voto – é importante lembrar, por um voto – que o Decreto n. 678 é lei ordinária. A bem verdade que a matéria que se discutia, então, não dizia com o processo penal. Vejam o § 2º, do art. 5º, que estamos examinando. Diz: "*Os direitos e garantias expressos nesta Constituição não excluem outros decorrentes do regime e dos princípios por ela adotados, ou dos tratados internacionais em que a República Federativa do Brasil seja parte*". Ora, diz a decisão do Supremo Tribunal Federal: "Este § 2º não tem a força e o efeito que se lhe pretende dar. O Pacto é lei ordinária". Mas repito, não se estava a solucionar questão processual penal, porque senão seria preciso ler o art. 1º, do Código de Processo Penal e que teria, por certo, aclarado o entendimento da matéria. Título I, "Disposições Preliminares", Do Processo em Geral, Livro I: "*O processo penal reger-se-á, em todo território brasileiro, por este Código, ressalvados: inciso I: os tratados, as convenções e as regras de direitos internacional*". Vejam, eu não me acho cuidando de diploma que irrompeu, que emergiu depois de 1988. Estou me referindo ao Decreto-lei n. 3.689, de 1941. Nem mesmo o legislador autoritário de 1941 ignorou isso. Dois diplomas têm preceito assim. O outro é o Código Tributário Nacional: art. 96. Vale dizer: quando devo aplicar, no território brasileiro, o Código de Processo Penal, devo verificar se ele não foi excepcionado pelos tratados, convenções e as regras de direito internacional, consoante o mandamento do art. 1º, inciso I. Em todo caso, sempre terão os meus colegas de primeiro grau a possibilidade de meditar e escolher; mas, principalmente, de pensar. É a grande liberdade do juiz. Portanto, entendo a desnecessidade de outorga explícita de hierarquia constitucional ao Decreto n. 678, de 1992.

Item terceiro, agora: Lei n. 4.898, de 9 de dezembro de 1965, aquela tipificadora das hipóteses de abuso de autoridade e que dá, também, a regulamentação ao direito constitucional de representação. O sistema vai, assim, se completando e o sistema vai se construindo, para desembocar em dois subsistemas. Pensem, pensem comigo. Qual a eficácia, qual a força e o efeito de o legislador constituinte dizer que vida é um direito individual? Isso é promessa ou é realidade? Isso é uma promessa do legislador constituinte ou isso precisa ganhar concretização, que vá além das garantias, que vá além do Decreto n. 678/92, que vai além da Lei n. 4.998/65. Quando digo liberdade, tal liberdade há de ser concreta, real, tangível; não uma promessa do legislador constituinte.

Mas, o que, concretamente, tem o objetivo de realizar os direitos individuais: vida, liberdade, igualdade, segurança e propriedade? Responde-se: o direito penal. Esta é a grandeza do direito penal. Não surge o direito penal como simples instrumento de controle social. É mais do que isto; é um modo pelo qual se principia a tornar concretos os direitos individuais. Porque, e eu aqui digo vida, o Código Penal, como um eco, me responde: matar alguém, pena: seis a vinte anos. Todos os crimes contra a liberdade; aqueles que, de qualquer sorte, violam a igualdade, ou a segurança; tudo está claramente posto em todos os delitos que exibem tais objetos de tutela. Nem emerge preciso dizer aos senhores de que a propriedade está protegida no Código Penal. O direito penal é o subsistema primário de tutela dos direitos individuais. Eis, visão mais perfeita, mais consentânea com o nosso tempo. Não é mero instrumento de controle social, é instrumento de concretização, e realização dos direitos, que a Constituição enumera; ou se quiserem, desses valores políticos e jurídicos, a que me referi.

Mas as infrações penais sucedem e o direito penal não deve ser de aplicação direta ou imediata. E, surge a secular parêmia: *nula pena sine juditio*. O processo penal transforma-se, portanto, não naquela série de regras destinadas a, afinal, levar adiante algum procedimento, porém, em subsistema secundário de tutela dos direitos individuais. Aqui, ele é o escudo, o anteparo, a proteção do acusado contra o eventual arbítrio estatal, na imposição da pena e da medida de segurança. Aqui, se vê com clareza a importância da atividade jurisdicional. A coação estatal só se torna legítima no instante em que o Poder Judiciário o diz; e, em dizendo, ocorre o fato da coisa julgada. Antes, há pretenso infrator, há imaginado infrator.

A figura do infrator e a existência real do crime é algo que se filtra pelo Poder Judiciário, como realizador do subsistema secundário de tutela dos direitos individuais.

O que é que temos no processo penal? No processo penal, entretanto, não existe, na verdade, uma contenda. Não existe, no processo penal, em verdade um litígio. Não consigo ver, na atividade forense, uma contraposição absoluta entre o poder-dever de punir e o direito de liberdade do imputado. Por quê? Seja o Ministério Público, seja o querelante, em juízo, mediante ação condenatória, sempre se está em face de um direito material a realizar, ou de um direito material a liberar. Processo penal, pois, como instrumento liberatório da coação lícita.

Ora, não há interesse social, não há interesse estatal de sempre impor a pena ou a medida de segurança. O que nós desejamos, o que nós queremos em face da nossa necessidade pessoal, de todos e de cada um, é de paz pública. O direito penal e o processo penal são dois dos vários elementos, que compõem a ideia de paz pública. Não interessa à sociedade a condenação do inocente, não interessa ao Ministério Público a condenação do inocente, não interessa a ninguém a condenação sem provas. Daí, não ser razoável a ideia de pretensão punitiva, pretensão executória, lide penal e coisas assim. Não há a lide penal, jamais existiu, jamais existirá essa fantasmagoria. Não há contenda, não há partes no processo penal, senão em sentido formal; quando muito em sentido formal. Até prefiro dizer que no processo penal há participantes e não partes. Não há como, afinal de contas, me aprofundar nisso, agora, nesse lanço.

Sempre se coloca como grande dificuldade as ideias de inquisitividade e de acusatoriedade. Falso problema. O juiz penal, em país de pobres, o juiz penal em país de hipossuficientes, há de suportar nos seus ombros, sozinho, a tutela dos direitos individuais. Por isso mesmo ele precisa possuir inquisitividade. Vejam, eu não estou pretendendo que se restaure o sistema inquisitivo puro; até porque não existe o sistema acusatório puro, em contrapartida. Estes sistemas puros são, sempre, criações doutrinárias, que não se realizam no dia a dia, em nenhum lugar. Tantas vezes se vê que algum elemento de convicção sério não foi trazido, que a testemunha presencial, que está referida nos autos não foi listada pela acusação nem pela defesa.

O juiz não é um burocrata; aliás, maldita seja a burocultura judiciária.

Pois bem, o que deve fazer o juiz? Lá está o nosso art. 502, do Código de Processo Penal[cxxxvii], que todos os senhores conhecem; que peço licença, de novo, para recordar, vejam: "findos aqueles prazos serão os autos conclusos imediatamente para a sentença do juiz, que dentro de cinco dias poderá ordenar diligências para sanar qualquer nulidade ou suprir falta que prejudique o esclarecimento da verdade". Diga-se da verdade processual, diga-se da verdade atingível, diga-se da verdade possível. É evidente que nós não estamos cuidando de verdade ontológica. Ela, a ontológica, não diz com o processo.

Pois bem, este poder-dever inquisitivo do juiz a serviço da liberdade jurídica, se completa no contraditório real e indisponível, esse, posto na Constituição. A apuração da verdade criminal, a autodefesa e defesa técnica, está aí desenhado o quadro. Os incisos do art. 5° e de outros artigos e de outros preceitos, da Lei Maior, são inerentes ao processo penal. O mais importante deles, porque dele decorrem outros, foi tratado pelo Desembargador Celso Limongi. O devido processo, substancial ou material, e o devido processo legal, a que eu prefIro chamar devido processo penal. Dele decorrem o juiz, natural, a plenitude de defesa, plenitude de defesa, triplicimente, enunciada. Direito de saber, direito de ser informado, que não se esgota obviamente na citação; bilateralidade da audiência. É curioso que na organização judiciária luso-brasileira se dizia: Desembargadores do cível, Ouvidores do crime. A nos contar, a nos dizer, que no crime há de se ouvir o acusador e o acusado. Direito à prova, legitimamente colhida ou produzida. A plenitude de defesa concretiza-se por esses três caminhos. Evidente, mais publicidade dos atos processuais, mas, aqui, surge necessário ter cautela.

A publicidade veio para combater a injustiça. Os primeiros revolucionários de 1789, na França, sustentavam que era melhor deixar os juízes régios como estavam naquele primeiro momento, desde que tudo ocorresse na maior publicidade. Vinham eles escarmentados, por exemplo, pelas *lettres de cachet* reais, que punham em execução, as quais podiam determinar a prisão de alguém por tempo indeterminado, sem motivação. Mas, essa publicidade que surgiu, que despontou para arredar a injustiça pode, mal usada, transformar-se num instrumento iníquo. É preciso tratar a publicidade com as cautelas que o nosso tempo exige.

Motivação dos atos processuais, liberdade provisória com e sem fiança, integridade física e moral. Esta é questão que beira a esquizofrenia, se me permitem. Ora, art. 5°, inciso III: "*Ninguém será submetido a tortura nem a tratamento desumano ou degradante*". Continuo e vejo o inciso XLIX: "*é assegurado aos presos o respeito à integridade física e moral*". Como isso não bastasse, o mesmo preceito acha-se no art. 38, do Código Penal.

E, como se não fosse suficiente, está no art. 40, da Lei de Execução Penal. Legislador constituinte e legislador ordinário preocuparam-se com isso. Nós, entretanto, ainda temos que ver distritos policiais repletos de presos, ou cadeias públicas cheias de presos metidos em jaulas obscenas. Cometeu infração penal; a prova surge induvidosa; advém a condenação e transita em julgado. É hora de executar. Isso não suprime a dignidade da pessoa humana. A pena há de cumprir-se precisa, ser cumprida, consoante a lei penal. Consoante a Lei de Execução Penal.

A pena não atendida enfraquece a paz pública, mas isso não permite o quebramento da dignidade da pessoa humana. Este, já percebem os senhores, meus colegas de primeiro grau, que é aspecto dos mais sérios. Assistência da família e do advogado, direito de permanecer calado são outros temas. É de falar e ser ouvido. É impossível imaginar o direito de calar sem antes o de permanecer calado; implica, também, falar por último. Não consideração prévia da culpabilidade, dita presunção de inocência, inviolabilidade do domicílio, sigilo das comunicações e dados pessoais devem ser lembrados. Precisamos evitar esta moléstia que atacou a polícia federal e a polícia dos Estados. Não se investiga mais, quando há notícia de infração, afinal nós temos mais coisas para fazer, por exemplo, guardar preso. O que se faz, então? Vamos quebrar o sigilo bancário, telefônico, fiscal e depois, se acharmos algum indício, vamos tocando o inquérito. Quando é preciso motivo e motivação para essas seríssimas providências. Ora, nós estamos tratando de uma exceção constitucional e a exceção, sabem os senhores mais do que eu, interpreta-se restritivamente.

Por fim, ponto finalizando – que os senhores já tiveram a paciência própria da atividade e da função – os instrumentos de tutela: o *habeas corpus*, o mandado de segurança, o *habeas data*, a revisão criminal e por fim a unificação de pena. Estas são, para mim, as ações de impugnação, todas. Chamo a atenção para o descuido que se tem havido, muitas vezes, a doutrina ao tratar de unificação de penas. Pois bem, estas são algumas palavras que posso oferecer aos senhores, lamentando se não estive à altura da cultura de todos.

Muito obrigado.

Do art. 40 do Código de Processo Penal

"Quando, em autos ou papéis de que conhecerem, os juízes ou tribunais, verificarem a existência do crime de ação pública, remeterão ao Ministério Público as cópias e os documentos necessários ao oferecimento da denúncia."

1. Muita vez se repete que a lei reina, porém a jurisprudência governa. Sobra à doutrina, quem sabe, o poder moderador. Importa, assim, enfocar alguns acórdãos paulistas, no respeitante à aplicação do art. 40, do Código de Processo Penal, cuja norma se reforça no Projeto de Lei n. 633/75.

2. A *Terceira Câmara do Tribunal de Justiça*, a 8 de novembro de 1951, aludindo ao tema, declarava:

> *"Trata-se de medida correcional, de natureza funcional imposta pela lei ao juiz em razão de sua jurisdição e por isso mesmo irrecorrível. Parecendo ao magistrado ocorrer na espécie um crime de ação de ação pública, tinha ele o dever de provocar a ação do Ministério Público para os fins de direito, não podendo sua ação ser tolhida por via de recurso dos indigitados infratores, cuja defesa só será ouvida oportunamente, na forma e com a amplitude que a lei assegura, perante a autoridade competente"* (R.T. 198/333-4).

A 3 de dezembro de 1964, em *Câmara Conjuntas Criminais do Tribunal de Alçada*, decidiu-se que:

> "O envio de tais peças não transforma o magistrado em autoridade coatora.
>
> Ao juiz, aliás, sempre que se depare com um crime de ação pública, impõe-se o dever de comunicação à autoridade competente para apurá-lo: se a ciência é haurida fora da função, o dever resulta da especial obrigação em

que se encontra de zelar pela ordem pública, diferentemente do cidadão comum, a quem a comunicação do fato não transcende dos limites da mera faculdade; se o conhecimento do delito surge do exame de autos e papéis de que conhecem na atividade jurisdicional, a comunicação é imposta por expressa determinação legal.

Mas, nem por isso perde o caráter de comunicação de provocação ao agir da autoridade competente para a apuração dos fatos" (R.T. 365/159-61).

Já, a 2 de maio de 1967, a *Seção Criminal do Tribunal de Justiça exarava, em longo acórdão:*

"Por essa razão foi que, segundo informou, houve por bem o MM. Juiz de Direito de dar cumprimento ao dever legal que lhe impunha a lei processual penal, art. 40, ordenando a extração de certidões para serem enviadas ao Dr. Promotor de Justiça, para os devidos fins".

Mais adiante, completava:

"... ao comunicar a existência de um crime qualquer dos órgãos persecutórios do Estado na forma do art. 40 do Código de Processo Penal, o juiz não se transforma em autoridade coatora (RT, vol. 365, pág. 159), uma vez que a diligência tem caráter correcional, de natureza funcional, imposta pela lei ao juiz em razão de sua jurisdição e a defesa dos indigitados infratores só será ouvida oportunamente na forma e com a amplitude que a lei assegura perante a autoridade competente (RT, vol. 198, pág. 333)" (R.T. 385/64-66).

As *Câmaras Conjuntas Criminais do Tribunal de Justiça,* a 15 de dezembro de 1970, fixavam:

"A comunicação da existência de crime aos órgãos persecutórios do Estado, segundo o disposto no art. 40 do CPP, não transforma o juiz em autoridade coatora, pois essa diligência tem caráter correcional, de natureza funcional, e é imposta pela lei ao mesmo em razão de sua jurisdição. Assim tem decidido esta Sessão Criminal (RT., vols. 198/333, 365/159, 385/66, etc.)" (R.T., 425/275-6).

Mais recentemente, a *Quinta Câmara do Tribunal de Alçada Criminal,* a 22 de junho de 1976, resolveu:

"É da jurisprudência do E. Tribunal de Justiça do Estado que a comunicação da existência de crime aos órgãos persecutórios do Estado, segundo o disposto no art. 40 do CPP, não transforma o juiz em autoridade coatora, pois essa diligência tem caráter correcional, de natureza funcional, e é imposta" pela lei ao mesmo em razão de sua jurisdição".

Em seguida aduzia:

Por outro lado, já decidiu o Excelso Pretório "não constituir constrangimento ilegal a investigação policial de fato aparentemente criminoso, em decorrência da aplicação do art. 40 do CPP" (J. do T.A.C., 42/71-2).

3. *Espínola Filho* considera a norma como medida de natureza correcional (*in Código de Processo Penal Brasileiro Anotado*, 3ª ed., Rio de Janeiro, Ed. Borsoi, 1954, v. I, § 105, p. 416). *Azevedo Franco* assegura que consiste em medida de polícia criminal (*in Código de Processo Penal*, 7ª ed., Rio de Janeiro, Ed. Forense, 1960, p. 124). Observa *Frederico Marques* que emerge como poder, atribuído, exclusivamente, em virtude da exigência de interesses públicos, ligados à repressão penal (*in Elementos de Direito Processual Penal*, 2ª ed., Rio de Janeiro, Ed. Forense, 1965, v. 11, p. 17-8).

4. *José Frederico Marques*, com pontualidade, resumiu o tema:

"O juiz, que tem notícia da prática de um delito de ação pública, deve levar o fato ao conhecimento dos órgãos estatais a que cabe a persecução penal. A omissão dessa *delatio criminis* constitui um *non facere quod deheatur* punível até como ilícito penal. Tanto isso é exato que o art. 66, n. I, da Lei das Contravenções, considera infração penal, a que está cominada a pena de multa de 300 a três mil cruzeiros, o deixar de comunicar à autoridade competente "crime de ação pública, de que teve conhecimento no exercício de função pública, desde que a ação penal não dependa de representação". Como a judicatura é uma função pública, é evidente que o magistrado não pode deixar de levar a *notitia criminis* a quem de direito, sempre que no exercício de seu cargo tenha conhecimento de crime de ação pública. O descumprimento desse dever funcional pode sujeitá-lo até mesmo a procedimento penal.

Se as disposições contidas nos arts. 5º., n. I e 40, no Cód. de Proc. Penal, cuidam da forma de desincumbir-se o juiz desse dever a que está vinculado, é mais do que evidente e apodíctico, que neles não se contém norma alguma pertinente ao exercício da função judiciária. O juiz que comunica um crime à polícia ou ao Ministério Público está apenas desincumbindo-se de uma obrigação funcional, como autoridade pública que é, e, nunca, exercendo quaisquer das atribuições que lhe estão afetas como juiz, no cargo de que se acha investido. Ao comunicar a existência de um crime a qualquer dos órgãos persecutórios do Estado, ele não está praticando um ato de sua função de juiz nem se sobrepondo ao Ministério Público como autoridade encarregada de promover a *persecutio criminis* em juízo.

Como o órgão judiciário, que assim procede, não está exercendo qualquer atividade judiciária, e como o Ministério Público, e não o juiz, é no sistema acusatório, que o Código consagra, o titular único, dentre os órgãos estatais, do *jus persequendi in judicio*, é claro, e lógico que nenhum promotor de Justiça está vinculado a essa *notitia criminis* emanada do juiz, no sentido de ser obrigado a dar denúncia, mesmo que entenda inexistir motivo para isso. Se a acusação pública, pelos órgãos que a representam, entender incabível a persecução penal, cabe-lhe requerer o arquivamento das peças que o juiz enviou, ou do inquérito policial iniciado por requisição deste. Embora o juiz remeta a notícia do crime ao *parquet*, continua com este a iniciativa da ação penal e a titularidade da acusação pública e respectivo exercício.

> "Para o juiz desobrigar-se do dever, cujo exercício o artigo 40 disciplina e regulamenta, pode ele determinar, nos autos do processo onde encontrou as peças reveladoras do delito, que se faça a respectiva remessa ao Ministério Público, o que constitui cautela de sumo relevo para mostrar que o magistrado cumpriu com perfeita exação o seu dever funcional. Imprescindível não é, entretanto, que ele assim proceda: por determinação feita por fora os autos pode ele também dar cumprimento a essa obrigação. Se a remessa da *notitia criminis* refoge de suas atribuições estritamente judiciárias, e sobretudo. de sua função jurisdicional, motivo não existe para constar dos autos qualquer providência que nesse sentido seja tomada" *(in opus cit.*, v. I, § 74, p. *140/1).*

5. Contém, pois, o art. 40, do estatuto processual penal brasileiro, norma, a qual guarda por destinatário o Poder Judiciário, enquanto administração pública.

6. Aflora, portanto, qual norma de ordem pública, dirigida aos juízes e tribunais, que lhes escapando das atribuições jurisdicionais estritas, porque de natureza administrativa, encontra conteúdo no *poder-dever* de noticiar infrações penais de ação pública incondicionada, conhecidas no exercício da função específica.

7. Trata-se, aqui, de *notitia-criminis* oficial; nascente no princípio de legalidade. Qualquer pessoa do povo, ao Ministério Público, *pode* comunicar um delito (art. 27, do Cód. de Proc. Penal). As autoridades judiciárias *devem* fazê-lo, por vigor do dispositivo escoliado. Descabe-lhes invo-

car a discricionariedade. A comunicação, para a primeira, consiste em *mera* faculdade. Representa, para as segundas, *obrigação funcional.*

8. Sustenta-se e sem razão que tal *poder-dever* dos "magistrados parte do pressuposto de que já existem claros elementos de prova, nos autos ou papéis, da ocorrência de fato criminoso (*Borges da Rosa, in Processo Penal Brasileiro,* Porto Alegre, Liv. do Globo, 1942, v. I, p. 172). Ainda que correta a interpretação, a prova esgarçada não os liberaria da obrigação de *delatio criminis.* Achar-se-iam, então, forçados a requisitar à polícia judiciária, ou às autoridades administrativas, conforme o caso emergente, a instauração de inquérito policial, ou administrativo (art. 5º, n. II, do Cód. de Proc. Penal). E duvidoso, por isso, que de tais atividades, impostas pela lei aos juízes, caiba algum recurso (*Espínola Filho,* op. cit., v. I, § 105, p. 416).

9. Desincumbem-se as autoridades judiciárias, dirigindo a *notitia criminis,* a que se refere o preceito legal em exame, à Procuradoria Geral da Justiça do Estado, ou à Procuradoria Geral da República, consoante as respectivas atribuições (*Frederico Marques,* op. cit., v. lI, p. 137/8).

10. Os autos mencionados no art. 40 concernem a processo, ou procedimento, de que tratam, bem como papéis que corram por qualquer motivo, em Juízo civil de jurisdição contenciosa, ou voluntária, e em Juízo penal. Neles estampada a infração penal, despontados os indícios da prática de crime, aflora o *dever funcional.*

11. Intolerável, para a lei material e processual, figura-se, portanto, seja o retardamento, seja a omissão, culposa ou dolosa, pouco importa, de comunicação de crime de ação pública incondicionada (art. 66, n. I, da Lei de Contrav. Penais; art. 319, do Cód. Penal; arts. 5º, n. II e 40, do Cód. de Proc. Penal; e art. 133, n. II, do Cód. de Proc. Civil).

12. O momento processual apropriado, nas denominadas jurisdições contenciosa e voluntária, acha-se se no instante da entrega da prestação jurisdicional. Em *processo de conhecimento,* bem assim no de *execução,* incerteza não surge. No *cautelar,* entretanto, a aplicação do art. 40 do Código de Processo Penal, parece dependente, ou de quando a medida assume natureza satisfativa, ou se a infração penal emerge dos autos clara, desembaraçada, convicta. Melhor fora, tirante as duas aludidas hipóteses, aguardar a ocasião da sentença, na ação principal, salvo o comando do art. 5º, n. II, do Código de Processo Penal.

13. O surgimento de pretenso crime em papéis, que em Juízo corram, fora de autos, pede imediato cumprimento do *dever funcional* do magistrado, até porque corregedor de seu próprio Ofício.

14. A notícia do crime, dada ao Ministério Público, por Juiz ou Tribunal, de manifesto, não vincula, nem obriga. Com a mesma se não restaura, de modo oblíquo, a promoção *ex-officio* da demanda. Ao receber as peças, que a ali se encartam, o órgão acusatório toma uma de três vias, a saber: oferece denúncia (art. 24, do Cód. de Proc. Penal); requisita inquérito (art. 5º, n. II, do Cód. de Proc. Penal); ou requer arquivamento das peças (art. 28, do Cód. de Proc. Penal).

15. Recorde-se, neste lanço, de que o oferecimento da denúncia não resulta de uma *facultas agendi* do Ministério Público. Não emerge como direito seu. Exsurge qual *poder-dever* de impulso da ação penal pública (arts. 24 e 42, do Cód. de Proc. Penal), derivado do princípio de oficialidade, ou obrigatoriedade *(Raymundo Cândido, in Do Ingresso no Juízo Penal,* Belo Horizonte, s.e., 1952, p. 33). A lhe balizar a atividade de promover a persecução penal, em juízo, apenas o princípio de legalidade (art. 28, do Cód. de Proc. Penal). A ação penal pública não pertence a esse nobre funcionário, mas é atributiva de toda a sociedade. Cabe-lhe, ao influxo de *interesse impessoal,* promover a fiscalizar a execução da lei (art. 257[cxxxviii], do Cód. de Proc. Penal). Quase tudo quanto se versou sobre o *poder-dever* do Juiz, também, lhe assenta. Acham-se ancilados ao princípio da obrigatoriedade, cada qual no plano de suas atribuições específicas, o Delegado de Polícia, o Ministério Público e o Juiz.

Atual artigo 27 do Código Penal, conforme redação dada pela Lei n. 7.209, de 11.7.1984.

Art. 321 do Código de Processo Penal, com redação dada pela Lei n. 12.403, de 2011:

> Art. 321: Ausentes os requisitos que autorizam a decretação da prisão preventiva, o juiz deverá conceder liberdade provisória, impondo, se for o caso, as medidas cautelares previstas no art. 319 deste Código e observados os critérios constantes do art. 282 deste Código.
>
> *I – (Revogado pela Lei n. 12.403, de 2011).*
>
> Art. 37 da Constituição Federal:
>
> A administração pública direta e indireta de qualquer dos Poderes da União, dos Estados, do Distrito Federal e dos Municípios obedecerá aos princípios de legalidade, impessoalidade, moralidade, publicidade e eficiência e, também, ao seguinte: *(Redação dada pela Emenda Constitucional n. 19, de 1998)*
>
> I – os cargos, empregos e funções públicas são acessíveis aos brasileiros que preencham os requisitos estabelecidos em lei, assim como aos es-

trangeiros, na forma da lei; *(Redação dada pela Emenda Constitucional n. 19, de 1998)*

II – a investidura em cargo ou emprego público depende de aprovação prévia em concurso público de provas ou de provas e títulos, de acordo com a natureza e a complexidade do cargo ou emprego, na forma prevista em lei, ressalvadas as nomeações para cargo em comissão declarado em lei de livre nomeação e exoneração; *(Redação dada pela Emenda Constitucional n. 19, de 1998)*

III – o prazo de validade do concurso público será de até dois anos, prorrogável uma vez, por igual período;

IV – durante o prazo improrrogável previsto no edital de convocação, aquele aprovado em concurso público de provas ou de provas e títulos será convocado com prioridade sobre novos concursados para assumir cargo ou emprego, na carreira;

V – os cargos em comissão e as funções de confiança serão exercidos, preferencialmente, por servidores ocupantes de cargo de carreira técnica ou profissional, nos casos e condições previstos em lei;

V – as funções de confiança, exercidas exclusivamente por servidores ocupantes de cargo efetivo, e os cargos em comissão, a serem preenchidos por servidores de carreira nos casos, condições e percentuais mínimos previstos em lei, destinam-se apenas às atribuições de direção, chefia e assessoramento; *(Redação dada pela Emenda Constitucional n. 19, de 1998)*

VI – é garantido ao servidor público civil o direito à livre associação sindical;

VII – o direito de greve será exercido nos termos e nos limites definidos em lei complementar;

VII – o direito de greve será exercido nos termos e nos limites definidos em lei específica; *(Redação dada pela Emenda Constitucional n. 19, de 1998)*

VIII – a lei reservará percentual dos cargos e empregos públicos para as pessoas portadoras de deficiência e definirá os critérios de sua admissão;

IX – a lei estabelecerá os casos de contratação por tempo determinado para atender a necessidade temporária de excepcional interesse público;

X – a revisão geral da remuneração dos servidores públicos, sem distinção de índices entre servidores públicos civis e militares, far-se-á sempre na mesma data;

X – a remuneração dos servidores públicos e o subsídio de que trata o § 4º do art. 39 somente poderão ser fixados ou alterados por lei específica, observada a iniciativa privativa em cada caso, assegurada revisão geral anual, sempre na mesma data e sem distinção de índices; *(Redação dada pela Emenda Constitucional n. 19, de 1998) (Regulamento)*

XI – a lei fixará o limite máximo e a relação de valores entre a maior e a menor remuneração dos servidores públicos, observados, como limites máximos e no âmbito dos respectivos poderes, os valores percebidos como remuneração, em espécie, a qualquer título, por membros do Congresso Nacional, Ministros de Estado e Ministros do Supremo Tribunal Federal e seus correspondentes nos Estados, no Distrito Federal e nos Territórios, e, nos Municípios, os valores percebidos como remuneração, em espécie, pelo Prefeito; *(Vide Lei n. 8.448, de 1992)*

XI – a remuneração e o subsídio dos ocupantes de cargos, funções e empregos públicos da administração direta, autárquica e fundacional, dos membros de qualquer dos Poderes da União, dos Estados, do Distrito Federal e dos Municípios, dos detentores de mandato eletivo e dos demais agentes políticos e os proventos, pensões ou outra espécie remuneratória, percebidos cumulativamente ou não, incluídas as vantagens pessoais ou de qualquer outra natureza, não poderão exceder o subsídio mensal, em espécie, dos Ministros do Supremo Tribunal Federal; *(Redação dada pela Emenda Constitucional n. 19, de 1998) (Vide Emenda Constitucional n. 20, de 1998)*

XI – a remuneração e o subsídio dos ocupantes de cargos, funções e empregos públicos da administração direta, autárquica e fundacional, dos membros de qualquer dos Poderes da União, dos Estados, do Distrito Federal e dos Municípios, dos detentores de mandato eletivo e dos demais agentes políticos e os proventos, pensões ou outra espécie remuneratória, percebidos cumulativamente ou não, incluídas as vantagens pessoais ou de qualquer outra natureza, não poderão exceder o subsídio mensal, em espécie, dos Ministros do Supremo Tribunal Federal, aplicando-se como limite, nos Municípios, o subsídio do Prefeito, e nos Estados e no Distrito Federal, o subsídio mensal do Governador no âmbito do Poder Executivo, o subsídio dos Deputados Estaduais e Distritais no âmbito do Poder Legislativo e o subsídio dos Desembargadores do Tribunal de Justiça, limitado a noventa inteiros e vinte e cinco centésimos por cento do subsídio mensal, em espécie, dos Ministros do Supremo Tribunal Federal, no âmbito do Poder Judiciário, aplicável este limite aos membros do Ministério Público, aos Procuradores e aos Defensores Públicos; *(Redação dada pela Emenda Constitucional n. 41, 19.12.2003)*

XII – os vencimentos dos cargos do Poder Legislativo e do Poder Judiciário não poderão ser superiores aos pagos pelo Poder Executivo;

XIII – é vedada a vinculação ou equiparação de vencimentos, para o efeito de remuneração de pessoal do serviço público, ressalvado o disposto no inciso anterior e no art. 39, § 1º ;

XIII – é vedada a vinculação ou equiparação de quaisquer espécies remuneratórias para o efeito de remuneração de pessoal do serviço público; *(Redação dada pela Emenda Constitucional n. 19, de 1998)*

XIV – os acréscimos pecuniários percebidos por servidor público não serão computados nem acumulados, para fins de concessão de acréscimos ulteriores, sob o mesmo título ou idêntico fundamento;

XIV – os acréscimos pecuniários percebidos por servidor público não serão computados nem acumulados para fins de concessão de acréscimos ulteriores; *(Redação dada pela Emenda Constitucional n. 19, de 1998)*

XV – os vencimentos dos servidores públicos são irredutíveis, e a remuneração observará o que dispõem os arts. 37, XI e XII, 150, II, 153, III e § 2º, I; *(Redação dada pela Emenda Constitucional n. 18, 1998)*

XV – o subsídio e os vencimentos dos ocupantes de cargos e empregos públicos são irredutíveis, ressalvado o disposto nos incisos XI e XIV deste artigo e nos arts. 39, § 4º, 150, II, 153, III, e 153, § 2º, I; *(Redação dada pela Emenda Constitucional n. 19, de 1998)*

XVI – é vedada a acumulação remunerada de cargos públicos, exceto, quando houver compatibilidade de horários:

a) a de dois cargos de professor;

b) a de um cargo de professor com outro técnico ou científico;

c) a de dois cargos privativos de médico;

XVI – é vedada a acumulação remunerada de cargos públicos, exceto, quando houver compatibilidade de horários, observado em qualquer caso o disposto no inciso XI: *(Redação dada pela Emenda Constitucional n. 19, de 1998)*

a) a de dois cargos de professor; *(Redação dada pela Emenda Constitucional n. 19, de 1998)*

b) a de um cargo de professor com outro técnico ou científico; *(Redação dada pela Emenda Constitucional n. 19, de 1998)*

c) a de dois cargos privativos de médico; *(Redação dada pela Emenda Constitucional n. 19, de 1998)*

c) a de dois cargos ou empregos privativos de profissionais de saúde, com profissões regulamentadas; *(Redação dada pela Emenda Constitucional n. 34, de 2001)*

XVII a proibição de acumular estende-se a empregos e funções e abrange autarquias, empresas públicas, sociedades de economia mista e fundações mantidas pelo Poder Público;

XVII – a proibição de acumular estende-se a empregos e funções e abrange autarquias, fundações, empresas públicas, sociedades de economia mista, suas subsidiárias, e sociedades controladas, direta ou indiretamente, pelo poder público; *(Redação dada pela Emenda Constitucional n. 19, de 1998)*

XVIII – a administração fazendária e seus servidores fiscais terão, dentro de suas áreas de competência e jurisdição, precedência sobre os demais setores administrativos, na forma da lei;

Artigos 301 a 310 do Código de Processo Penal, alguns artigos apresentam modificações:

16. O Projeto de Lei n. 633/75, do Código de Processo Penal, que ora se discute, reforça, ainda mais, a sistemática normativa vigorante. Eis, os dispositivos:

> *"Art. 9 – A notícia de infração penal de ação pública poderá ser dada ao Ministério Público ou à autoridade policial;*
>
> *n. III – pelas autoridades judiciárias e administrativas, bem como pelo Presidente do Congresso Nacional, ou da Assembleia Legislativa, em consequência de inquérito parlamentar".*
>
> *"art. 13 – É obrigatória a comunicação de crime de ação penal pública por quem dele teve conhecimento:*
>
> *n. I – no exercício de função pública",*
>
> *"art. 241 – Quando, em autos ou papéis de que conhecerem, os juízes ou tribunais verificaram a existência de crime de ação penal pública, remeterão ao Ministério Público as cópias e documentos necessários ao oferecimento da denúncia".*

17 – Cabem, assim, aos Juízes e Tribunais, *por ato de ofício* ao se encontrarem frente a um fato que, ao menos, guarda a aparência, os contornos, de infringência à norma penal, se perseguível por ação pública incondicionada, dar comunicação, para ciência, aos órgãos do Estado, incumbidos da perseguição (*Vicente de Azevedo,* "Notícia do Crime", *in Rev. Justitia*, São Paulo, v. 50, p. 263/7).

18. Ressalve-se, contudo, que a desatenção ao art. 40, do Código de Processo Penal, nem sempre causa a incidência de normas penais, visto que *in dubio judex non dolo sed per imperitam male judicasse praesumitur.* Daí, a necessidade jurídica de a autoridade judiciária, *em decisão fundamentada,* declarar as razões por que deixa de comunicar o fato, ou os justos motivos de eventual demora, em noticiar a infração penal. Manter-se, em tudo, silente é conduta que o sistema processual repele.

São Paulo, 15 de dezembro de 1977

Inquérito policial: exercício do direito de defesa

O processo penal, de índole condenatória, emerge sancionatório, pouco importando-lhe o resultado. O imputado sofre o processo. Suporta-lhe e para sempre os efeitos sociais, ainda que termine absolvido. Os muitas vezes relapsos – até eles – padecem o processo, seu ritual e longo andamento: transporte, algemas, espera, interrogatório, audiência de instrução e mais aparatos da Justiça Penal. A função simbólica do processo de conhecimento, de natureza condenatória, traz-lhe, também, a marca da infâmia.

A comum experiência jurídica mostrou, por isso, a necessidade de prévia verificação e apuração do fato, que se desenha ilícito e típico, bem como de sua autoria, coautoria e participação. Assim, antecedendo ao aforamento da ação penal condenatória. Meio inafastável, em regra, de reduzir o risco de acusações formais, infundadas, temerárias e até caluniosas.

Cada sistema processual penal adotou o meio de apuração prévia que lhe aflorou cabente. Tomou em conta aspectos políticos e sociais, visando aos respectivos destinatários, na procura do melhor instrumento, em determinado instante histórico.

No sistema brasileiro, a persecução penal preliminar ou prévia emerge nas três faces do Poder Executivo, Legislativo e Judiciário. Perante a administração divisam-se o inquérito policial civil e o militar; mais o procedimento administrativo, em sentido estrito. No Legislativo, pode irromper inquérito parlamentar, cujo resultado, de modo eventual, importe ao processo penal. No Judiciário, acham-se o inquérito judicial, da Lei de Falência e, ainda, a formação judicial do corpo de delito e contingente apontamento da autoria, nos crimes contra a propriedade imaterial.

Os cinco aludidos meios de perquirir e apurar, de modo prévio, fato e autoria consistem em produto cultural. Todos merecem constante estudo, para adequação e aprimoramento.

O inquérito policial civil ganharia, em eficiência, com a regular cooperação do exercício do direito de defesa. A ideia não surge nova. Durante o ano de 1957, Joaquim Canuto Mendes de Almeida, grande mestre processualista, lançou-a. Tanto que difundida recebeu severo combate na doutrina e quase nenhuma repercussão nos julgados. O pensamento vencedor persistiu em assentar que o inquérito policial desponta, em essência inquisitivo; contém, tão só, investigação e se exibe qual peça meramente informativa. O equívoco perdura desde há quarenta e dois anos.

A Constituição da República abriu o debate, a partir da afirmação: "aos litigantes, em processo judicial ou administrativo, e aos acusados em geral são assegurados o contraditório e ampla defesa, com os meios e recursos a ela inerentes" (art. 5º, Inc. LV).

Importa, pois, reexaminar o conceito de instrução criminal, com os olhos postos na realidade sensível. Entender que, entre nós e não obstante a pouca importância dada, não desapareceu a formação da culpa, como maneira de proteger a liberdade e a honra dos indivíduos. Perceber a evidência de que, no inquérito policial, o suspeito e o indiciado não se podem ver tratar como estranhos, excluindo-se o exercício do direito de defesa.

Interrogatório à distância

1. Experiência noticiada – A 4 de julho do ano corrente, o jornal *Folha de S. Paulo* estampou reportagem sobre a realização experimental de interrogatórios à distância (p. C3). O juiz de Direito, da causa penal, ficará na sala de audiência, de certa Vara Criminal, no Fórum Central, e o acusado preso restará na carceragem, de estabelecimento prisional, para os lados da Vila Prudente. Vai utilizar-se "equipamento de videoconferência profissional: um televisor dotado de câmera. As imagens serão transmitidas por meio de cabos de telefonia, que passam embaixo da terra". O motivo, afirma-se, encontra-se na dificuldade de organizar escolta, para transporte do acusado. Exigiria quinze dias. Assim, a experiência visa a dar mais rapidez ao processo, economia para o transporte dos presos, e liberação de mais polícias militares, para o patrulhamento das ruas.

No dia seguinte, em editorial, sob o título "Teleinterrogatório", o jornal *Folha de S. Paulo*, concluindo-o, pondera: "O sistema de teleconferência já é usado em outros países, como os EUA e a Espanha. É claro que isso não significa que vá também funcionar no Brasil, mas é um indício de que a tecnologia pode colaborar para agilizar o Judiciário, de notória morosidade, e de quebra, liberar mais policiais para o trabalho nas ruas. A título de experiência pelo menos, a proposta se justifica. Cercando-se dos cuidados necessários para a preservação dos direitos fundamentais, não há porque temer a tecnologia" (p. A2).

A ideia pode encontrar obstáculos.

2. Devido processo legal – Garantia de direito individual, o devido processo penal – como preferem alguns – ultima-se mediante procedimento que se desenvolva de modo regular (art. 5º, inc. LIV, da Constituição da República). Tal regularidade nasce, em princípio, nas leis processuais penais. Os atos processuais, integrantes do procedimento, portanto, têm a forma que a lei lhes dá – determinada ou indeterminada. O tempo dos atos, por

igual, ostenta-se na legislação – dia, horário, feriados, prazos e outros elementos –, bem como o lugar onde se realizam – sede do juízo ou tribunal.

O acusado preso há de comparecer "perante a autoridade judiciária", seu juiz natural, para ver-se interrogar (art. 185 do Código de Processo Penal[cxxxix], e art. 5º, incs. XXXVII e LIII, da Constituição da República). A doutrina e alguns julgados entendem que a presença do defensor, ao ato, surge necessária. Embora não deva intervir ou influir, nas perguntas e nas respostas, cumpre-lhe velar pela legalidade do interrogatório (art. 187, do Código de Processo Penal[cxl]). O interrogatório do imputado, se maior de 18 e menor de 21 anos, exige a presença de defensor, consoante a maioria dos julgados, salvo, se e quando lhe derem curador, que lhe complete a vontade (arts. 194[cxli], 262 e 564, inc. III, letra c, do Código de Processo Penal). Grande número de increpados presos não tem defensor constituído. Assim, o juiz nomeia dativo (art. 263, do Código de Processo Penal), ou ele será atendido por procurador do Estado (P.A.J.).

Não se há de esquecer, de outra sorte, do mudo, surdo e do surdo-mudo, facilitando-lhes a comunicação (art. 192, do Código de Processo Penal[cxlii]). Ainda, da eventual necessidade de intérprete, ocorrência comum nos grandes centros urbanos (art. 193, do Código de Processo Penal[cxliii]).

Tudo leva a perceber que o interrogatório consiste em ato do procedimento, subjetivamente complexo. Dele participam diversas pessoas, em tese.

Além disso, a leitura atenta das perguntas, que o juiz de Direito deve fazer, mostra que o interrogatório, de modo prevalente, é peça de defesa (art. 188, incs. I a VIII, do Código de Processo Penal[cxliv]). A tais perguntas podem acrescentar-se outras, pertinentes ao fato, narrado na acusação e sob pesquisa.

Como se irão atender às formalidades do interrogatório, se realizado à distância? Onde deverão estar o defensor do incriminado e o curador do menor? Junto ao juiz de Direito, ou ao lado do acusado? Se o defensor achar-se no estabelecimento prisional, não poderá consultar os autos do processo, da ação penal, obstando a que, séria e profissionalmente, oriente o increpado, antes do interrogatório.

Não se pode esquecer, também, da prática desfuncionalizada da pretensa "citação por requisição", que pode ensejar indesejável desdobramento interpretativo (art. 360, do Código de Processo Penal[cxlv]).

3. Lugar dos atos processuais – As audiências, sessões e os atos processuais, em regra, realizam-se na sede do juízo ou no tribunal, prédio público, onde se acha o órgão (art. 792, caput, do Código de Processo Penal). Na Comarca da Capital, as Varas Especializadas, no ramo criminal, são as Varas Criminais, Varas do Júri e Varas das Execuções Criminais (art. 27, do Decreto-Lei Complementar n. 03, de 27 de agosto de 1969[cxlvi], e Tabela "B", anexa à Resolução n. 1, de 29 de dezembro de 1971[cxlvii]).

A prática de audiências, sessões e de atos processuais, fora dos lugares indicados, pode ocorrer: "na residência do juiz, ou em outra casa por ele especialmente designada, em caso de necessidade" (art. 792, § 2º, do Código de Processo Penal). Emerge preciso, pois, suceda grave óbice à prática de ato processual, na sede do juízo ou tribunal. A lei do processo admite, também, que o interrogatório efetue-se, achando-se o imputado enfermo, no local onde se encontre (art. 403, 2ª parte, do Código de Processo Penal[cxlviii]).

Não desponta possível, ao menos por enquanto, aceitar que o mencionado ato do procedimento suceda em dois lugares – Vara Criminal e carceragem –, no mesmo instante processual, sem que ocorra necessidade imperiosa; e, do mesmo modo, se reconheça o estabelecimento prisional, como "casa", no sentido da lei.

4. Ao devido processo penal importa a ampla publicidade dos atos, exibindo-se a restrição qual excepcionalidade (arts. 5º, inc. LX e 93, inc. IX, da Constituição da República[cxlix], e, ainda, art. 792, caput, do Código de Processo Penal). As exceções, agora apontadas na Lei Maior, são: defesa da intimidade, interesse social e interesse público. O interesse público limita-se ao "escândalo, inconveniente grave, ou perigo de perturbação da ordem" (art. 792, § 1º, do Código de Processo Penal).

A publicidade ativa, imediata, externa, ou direta permite que qualquer do povo presencie o ato processual, ou dele tome conhecimento. Às pessoas que assistem, a lei do processo denominou espectadores (arts. 793, 1ª parte e 795, do Código de Processo Penal). À evidência, não se dará acesso à carceragem, para tais pessoas. Reduz-se a publicidade e sem amparo constitucional.

5. Contraditório indisponível ou indispositivo – O interrogatório que, para o acusado, se faz em estabelecimento prisional, não acontece com total liberdade. Ele jamais terá suficiente serenidade e segurança, ao se ver interrogar na carceragem – ou outro lugar, na Cadeia Pública. Estará muito próximo ao carcereiro, ao "chefe de raio", ao "xerife de cela", ao

coimputado preso, que, contingentemente, deseje delatar. O interrogado poderá, também, ser um "amarelo"; ou se ter desentendido com alguma quadrilha interna e, assim, perdido a paz, no cárcere. Em tal passo, o primeiro instante do exercício do direito de defesa, no processo, ou autodefesa torna-se reduzida. O inculpado não será, pois, ouvido, de forma plena (art. 5º, inc. LV, da Constituição da República).

Tais aspectos – que não esgotam o tema – forçam ponderada análise. A existência e reconhecimento de direito individual implica dever de abstenção de quaisquer dos Poderes do Estado, em feri-lo. Cabe, ainda, recordar o que todos sabem: a função específica do Poder Judiciário é solucionar conflitos, tutelando a liberdade jurídica, e não socorrer o Poder Executivo, em suas falhas e omissões.

Juizado de instrução: velho sistema estrangeiro

No próximo 22 de novembro [1993], a denominação "inquérito policial" completará 122 anos.

A instrução criminal preparatória, ou inquérito preliminar; já existia muito antes, sempre buscando evitar as acusações infundadas, temerárias e, até, caluniosas.

A persecução penal preparatória, hoje, emerge nas três faces do poder do Estado. No Judiciário, ela se mostra no inquérito, que averigua crime falimentar; e, ainda, na formação do corpo de delito, em crime contra a propriedade imaterial. No Poder Legislativo, pode ostentar-se no inquérito parlamentar. Em sede da Administração Pública, se acha no inquérito policial; e na sindicância, que enseja ação penal condenatória.

Todos são instrumentos, que se prestam a apurar a existência material de infrações penais, descobrimento de suas circunstâncias e a respectiva autoria, coautoria ou participação.

A ideia de suprimir o inquérito policial surge intermitente e variada. Apareceu, com mais força em 1934, 1946 e 1979. Ora se deseja lhe pôr fim, ora se quer vê-lo restrito a certas infrações penais; ora, ainda, se pretende que desapareça das grandes comarcas, ou de algumas regiões do país.

As críticas, que sofre, são conhecidas: lentidão abusiva, descaso investigatório, infidelidade probatória, corrupção latente e violência oculta. Sem esquecer a repetição desútil de provas orais, em Juízo.

Volta-se, agora, a discutir se nos interessa, ou não, criar o juizado de instrução, para substituí-lo. Em tal sistema, juiz preside a instrução criminal preparatória. Não se cuida de magistratura policial, mas, de juiz, que se liga e opera, de maneira direta, com a polícia judiciária. Os modelos diversificam, conforme o país. Uns se exibem tão inquisitivos como nosso inquérito policial. Outros reduzem bastante a atividade defensória. Todos padecem, mais ou menos, das mesmas aludidas censuras.

Abandonando a exagerada apreciação negativa, que se costuma fazer no inquérito policial e do juizado de instrução, verifica-se que ambos os sistemas de persecução penal preparatória suportam os mesmos males. Seus integrantes armazenam frustrações, tornam-se burocratas, no pior sentido; defendem-se, estabelecendo subcultura; e se afastam, assim, dos demais partícipes da Justiça Penal.

Conclusão leva a perceber que o defeito não se encontra no inquérito policial, ou no juizado de instrução. Instrumentos, em si, necessários e convenientes. O vício está no funcionamento, que se tornou inadequado ao tempo presente e intolerável no futuro.

Não há proveito em se introduzir o juizado de instrução, no processo penal brasileiro. O direito vincula-se à cultura. A importação, de instituto jurídico jamais foi garantia de bom êxito. O povo, muita vez, o repele, tirando-lhe a eficácia real. Além disso, o inquérito judicial, da Lei de Falências, e a perícia judicial, nos crimes contra a propriedade imaterial, não diminuíram muito a impunidade e a injustiça. Eliminar-se, completamente, o inquérito, ter-se-ia de concursar e treinar milhares de juízes de instrução. E, estamos pobres. Fazer-se operar o Juizado, nas grandes comarcas, consiste em ferir a isonomia: infratores de idêntico delito teriam persecuções penais diferentes. Agrava tê-lo em algumas regiões do pais, porque, mais da transgressão da igualdade, tenderíamos a quebrantar a unidade nacional.

É, de outra sorte, discutível que a Constituição da República lhe admita estabelecimento para todas as infrações. Cumpre lembrar de que as funções de polícia judiciária e de apuração de infrações penais incumbem às polícias civis estaduais e à Polícia Federal, consoante as atribuições, marcadas na Lei Maior. A Constituição permitiu, unicamente, a criação de juizados especiais, para julgamento de infrações penais de menor potencial ofensivo, as quais dependem de definição legal. O controle externo da atividade policial, pelo Ministério Público; irrompe como obstáculo, também, ao juizado de instrução.

Melhor reorganizar as polícias. Aprestá-las, para entrarem no novo milênio. Pior que o crime organizado, aproxima-se o delito como empresa. A polícia judiciária, contudo, se vê, inúmeras vezes, incapaz de apurar um furto. Em lugar de juizado de instrução, precisamos de lei orgânica nacional de polícia, qual a possuem a Magistratura e o Ministério Público. Seria o primeiro passo para restaurar o funcionamento do inquérito policial. O segundo se mostraria na aceitação do contraditório, nessa fase da persecução penal.

Não se promove, em resumo, reforma processual penal, dissociada de firme política criminal.

SÉRGIO PITOMBO, 54, é juiz do Tribunal da Alçada Criminal do Estado de São Paulo e Professor assistente da Faculdade de Direito da Universidade de São Paulo (USP).

7 de novembro de 1993

Mais de cento e vinte e seis anos de inquérito policial – perspectivas para o futuro

No direito brasileiro, todo o estudo que se pretende realizar sobre o inquérito policial, omitido o instituto da formação da culpa, desponta incompleto.

A longa experiência jurídica demonstrou a necessidade de alguma apuração, preparatória ou prévia, demonstrativa da existência material de fato, que se desenha ilícito e típico; e, ao menos, indícios de autoria, coautoria ou participação. Verificou-se que o acusado sofre o processo – da imputação subjetiva ao julgamento final – da ação penal condenatória, ainda que termine absolvido. Padece a desestima social. Suporta a carga da infâmia de ser arguido, em processo penal. Tal pesquisa, a inquirição prévia – cuja forma procedimental varia, consoante os diversos sistemas processuais – volta-se, assim, a duplo objetivo. Diminuir, minimizar, antes de tudo, o risco das acusações infundadas, temerárias e, até, caluniosas. Depois, evitar o custo, sem benefício, que tais inculpações desúteis trazem para a justiça penal.

Entre nós, secularmente, a verificação preparatória dos aludidos elementos tomou o nome de formação de culpa.

Com pontualidade, já se afirmou: "Formação do corpo de delito e formação da culpa são, pois, em sentido lato, aspectos de uma só coisa: formação do delito na consciência do juiz. Se considerarmos os elementos instrutores, sob o ponto de vista objetivo, cuidamos de formação do corpo do delito (entenda-se: verificação da tipicidade concreta); se os levarmos em conta, porém, sob o ponto de vista subjetivo da responsabilidade criminal, cuidamos de formação da culpa (compreenda-se: suficiente para, no processo, acusar e levar a julgamento). Por isso, designa nosso direito a instrução criminal é toda atividade formadora da culpa, na consciência do julgador".[1]

A formação da culpa preparatória, ou ainda prévia, corresponde à instrução preparatória.

Nos pródomos da reforma judiciária de 1871, assentava-se, sobre a prévia formação da culpa, consistir em: "... qualquer informação para determinar culpa sujeita à acusação criminal. O processo policial, nesse sentido, envolve formação da culpa; não pode deixar de ter essa natureza a todo o processo"[2].

Hoje, a formação da culpa é expressão que admite dois significados: um amplo e outro restrito[3].

Na acepção ampla, ou doutrinária, a culpa forma-se por meio do exame de corpo de delito, no que sobeja a respeito da autoria; auto de prisão em flagrante delito; inquirição do suspeito; testemunhos; reconhecimentos; bem assim mediante outros elementos de convicção. Perfaz-se, compõem-se o binômio essencial: prova da existência material do fato típico e, ao menos, indícios de autoria, gradualmente, suficiente para: (a) receber a acusação; (b) pronunciar, quando cabente; e (c) condenar.

Ora, "instruir o juiz sobre o crime é, por provas, formar o corpo do delito e formar a culpa"[4].

---

1. Joaquim Canuto Mendes de Almeida, *Princípios Fundamentais do Processo Penal*, São Paulo, Rev. dos Tribs., 1973, § 34, p. 37.
2. A lição é de Francisco Paula Negreiros Sayão Lobato, Visconde de Niterói, então Ministro da Justiça, gabinete Rio Branco; apud João Mendes de Almeida Júnior, *Processo Criminal Brasileiro*, 2ª ed., Rio de Janeiro, Francisco Alves, 1911, v. 2. § 184; ainda, João Mendes de Almeida Júnior, *Plano de Reforma Judiciária do Estado de São Paulo, 3ª Secção*, São Paulo, Siqueira, Nagel & Cia. 1912, p. 56. José Pimenta Bueno, assim conceituou; "... informação, instrução ou formação da culpa é a parte preliminar do processo criminal ordinário, a série de atos organizados pela lei por meio dos quais o juiz competente investiga, colige todos os esclarecimentos, examina e conclui que o crime existe ou não, e no caso afirmativo que é o indiciado como autor dele e cúmplice". *Apontamento sobre o Processo Criminal Brasileiro*, ed. anot., aum. e comp. por José Frederico Marques, São Paulo, Rev. dos Tribs., 1959, § 126, p. 267-8.
3. Galdino Siqueira, *Curso de Processo Criminal*, 2ª ed., São Paulo, Liv. Magalhães, 1937, § 42, p. 328; Francisco Campos, "Exposição de motivos ao Código de Processo Penal", 1941, item X; Joaquim Canuto Mendes de Almeida, *Princípios...*, op. cit., § 36, p. 38-9.
4. Joaquim Canuto Mendes de Almeida, *Princípios...*, op. cit., § 36, p. 38-9.

Em significado estrito, ou técnico legal, a formação da culpa designa a primeira fase do procedimento especial do júri, com vistas à decisão interlocutória de pronúncia *(judicium accusationis)*. Ainda, se encontra no chamado inquérito judicial, onde prévia, ou preparatoriamente, perquire-se a respeito dos delitos falimentares, no juízo civil da quebra (art. 103 a 108, do Decreto-lei n. 7.661/45[cl]). Sem esquecer de que, no procedimento especial dos crimes, contra a propriedade imaterial, ou industrial, não se pode recusar algo de preparatória formação da culpa, na diligência preliminar de busca e de apreensão judiciais, ensejantes de contingente perícia (arts. 200 a 204, da Lei n. 9279/96 c/c arts. 527 e 529, do Cód. de Proc. Penal).

Tal modo de entender não exsurge pacífico, inobstante larga base histórica e lógico-jurídico[5], como se verá. Guarda-se, entretanto, que o inquérito policial consiste em fase extrajudicial da persecução penal, cujo conteúdo destina-se à prévia formação da culpa.

A lei de 13 de outubro de 1827 instituiu o Juizado da Paz, em cada uma das freguesias e capelas curadas do Império do Brasil, concedendo atribuições policiais, preventivas e repressivas, aos respectivos Juízes de Paz[6]. A existência anterior de tal magistratura, ao tempo das Ordenações Afonsinas, não importam ao tema.

O Código do Processo Criminal de Primeira Instância, lei de 29 de novembro de 1832, manteve os Juízes de Paz e a mencionada atribuição. Assim, cidadãos eleitos, pelos habitantes do distrito, possuíam enorme poder. Competia-lhes, dentre outras, "proceder ao auto de corpo de delito e formar a culpa aos delinquentes, nos processos ordinários (art. 12, § 4º). Observe-se que a lei emergia clara: "Ninguém é isento da jurisdição do Juiz de Paz, exceto os privilegiados pela Constituição, aos quais será imposta a pena pelo Juiz competente, a quem o Juiz de Paz ex-officio remeterá por cópia todo o processo desde a sua origem até a pronúncia" (art. 325). Os funcionários públicos privilegiados tinham, portanto, formada a culpa, de modo preparatório, pelo Juiz de Paz. A formação da culpa emergia como base da acusação.

---

5. José Frederico Marques, *Elementos de Direito Processual Penal*, Campinas, Bookseller, 1997, v. I, § 20, n. 89 a 91, p. 166-9, pensava de modo diverso.
6. Sobre a variada atividade dos Juízes de Paz, ver João Camillo de Oliveira Torres, *A Democracia Coroada (Teoria Política do Império do Brasil)*, Rio de Janeiro, José Olympio, 1957, p. 248-9.

O municipalismo judiciário do Código de Processo Criminal foi seu maior defeito. Observe-se que além do Juiz de Paz eleito, os inspetores de quarteirão e os escrivões nomeavam-se a Câmara Municipal (arts. 14 e 16). Ponderou-se, por isso: "O Código de 1832 levou a cabo uma das mais completas transformações institucionais no Brasil. Saímos, de um salto, do centralismo e do rigorismo da justiça absolutista dos tribunais régios, que aplicavam as Ordenações, para um sistema que entregava a aplicação da justiça às câmaras municipais e ao povo diretamente. Na prática, infelizmente, essa iniciativa tão liberal vivia degenerar, fazendo da justiça instrumento das facções em luta. E isto numa época de crise do princípio de autoridade, como durante a regência"[7]. Em palavras simples, a polícia e a justiça eletiva tornaram-se instrumento dos mais poderosos.

Daí adveio a lei nº 261, de 3 de dezembro de 1841, reformadora do Código de Processo Criminal, e seu Regulamento, que tomou o n. 120, de 31 de janeiro de 1842. Restringiu-se ao mínimo as atribuições do Juiz de Paz. Estabeleceu-se que, no Município da Corte e em cada província, haveria um Chefe de Polícia – escolhido dentre os Desembargadores e Juízes de Direito – e os Delegados e Subdelegados necessários – Juízes e quaisquer cidadãos – nomeados pelo Imperador ou pelos Presidentes provinciais (arts. 1º e 2º, da Lei nº 261/41).

Aos chefes de polícia em toda província do Império e na Corte, e a seus delegados, nos respectivos distritos, passou a competir procederem eles ao auto de corpo de delito e a formarem a culpa aos delinquentes, consoante o Código do Processo Criminal (art. 4º § 1º e 5º, da Lei nº 261/41).

Em concorrência com tais autoridades passaram os Juízes Municipais a poderem ultimar o auto de corpo de delito e a formar a culpa (art. 17, § 2º). Aos Juízes de Direito das Comarcas, quanto ao tema, restou "formar culpa aos Empregados Públicos não privilegiados nos crimes de responsabilidade" (art. 25, n. I, da Lei n. 261/41).

Podiam, também, as aludidas autoridades policiais "remeter, quando julgarem conveniente, todos os dados, provas e esclarecimentos que houverem obtido sobre um delito, com uma exposição do caso e suas circunstâncias aos Juízes competentes, a fim de formarem a culpa" (art. 4º § 9, da Lei n. 261/41). O Regulamento n. 120/42 esclarecia que tal remessa, unicamente, poderia ter lugar, quanto à formação da culpa, nos casos que não

7. João Camillo de Oliveira Torres, *A Democracia...*, op. cit., p. 249-50.

se apresentarem "revestidos de circunstâncias extraordinárias e tais, que reclamem a atenção particular e o conhecimento do Chefe de Polícia, e o emprego de meios mais amplos, que tenha à sua disposição" (art. 61).

Assim, "como se pode perceber, através de tais dispositivos – em especial o artigo 16, do Regulamento n. 120/42 – o legislador pátrio começava, então, a determinar o registro dos resultados das indagações anteriores, como mero auxílio às autoridades sumariantes, prestado quando a primeira autoridade indagadora não fosse ao mesmo tempo a competente para a formação da culpa, e devesse, por isso, informar-se para informar, mediante provas e mais esclarecimentos que houverem de remeter, para a formação da culpa a juízes competentes"[8] .

A lei de 03 de dezembro de 1841 terminou "com o romantismo do Código do Processo Criminal, com a justiça municipal e seus juízes de paz, quase soberanos"; que o tempo fizera facciosos, causando anarquia[9] . Durou por trinta anos.

A Lei n. 2033, de 20 de setembro de 1871, mais o Decreto n. 4.824, de 22 de novembro do mesmo ano reformaram a Lei n. 261/41. A atividade de formação de culpa transferiu-se para os Juízes de Direito e Municipais. Assentou a aludida lei que os Delegados e Subdelegados de Polícia deveriam "em seus Distritos, proceder as diligências necessárias para o descobrimento dos fatos criminosos e suas circunstâncias... transmitiram aos Promotores Públicos com os autos de corpo de delito e indicação das testemunhas mais idôneas todos os esclarecimentos coligados; e desta remessa ao mesmo tempo darão parte à autoridade competente para a formação da culpa"(art. 10 § 1º).

A denominação inquérito policial surge no Decreto Regulamentar n. 4.824, de 22 de novembro de 1871. Existia, porém, antes, sem qualquer nome, como prática comum e informal. No conteúdo, já emergia a ideia de que tal procedimento tendia à verificação da existência da infração penal, descobrimento de todas as circunstâncias e respectiva autoria (art. 11 § 2º e 38, *in fine* e art. 42, do Decreto n. 4824/71).

A análise do Decreto leva à constatação de que, no inquérito, despontam atos investigatórios, ou meramente informativos, e atos de valor judicial, contendo instrução criminal preparatória. Os últimos, voltados à atividade formadora da culpa (art. 42).

---

8. Joaquim Canuto Mendes de Almeida, *Princípios...*, op. cit., § 180. p. 201.
9. João Camillo de Oliveira Torres, *A Democracia...*, op. cit., p. 258-9.

É notável que assentava: "todas as diligências relativas ao inquérito policial serão feitas no prazo improrrogável de cinco dias, com assistência do indiciado delinquente, se estiver preso, podendo impugnar os depoimentos das testemunhas" (art. 42 § 6º, do Decreto n. 4824/71). Permitia-se, também, ao indiciado impugná-los, nos crimes afiançáveis, se o afiançado requeresse sua admissão aos termos do inquérito (art. 42, § 7º, do Decreto no. 4.824/71).

O formador da culpa não indagava da "criminalidade", para usar linguagem da época. Limitava-se a averiguar o pretenso fato e a identificar-lhe o suposto agente[10].

A reforma judiciária de 1871, disciplinando o inquérito policial, fê-lo com função auxiliar da formação de culpa.

A Constituição Republicana de 1871 relegou às unidades federativas a competência de legislarem em matéria de processo civil e penal (art. 34, n. 23 c/c art. 65, n. 2). Alguns Estados membros jamais elaboraram um Código de Processo Penal – por exemplo, o de São Paulo, que se deixou ficar no projeto –, limitando-se a guardar a legislação imperial com algumas modificações. Outros criaram diplomas sem precisão técnica, imiscuindo meras disposições de organização judiciária em normas processuais. Bons estatutos foram poucos.

Antes o Decreto 848, de 11 de outubro de 1890, organizou a Justiça Federal, sendo Ministro, Campos Salles. Assentou o diploma que os crimes, sujeitos à competência seriam julgados, entretanto, pelo procedimento do júri federal (art. 40). Tratou, assim, da formação da culpa (arts. 63, 71 e 96). Depois, o Decreto n. 3.084, de 05 de novembro de 1898, aprovou a Consolidação das Leis, referentes à Justiça Federal. Na "Parte Segunda". Destinada ao processo criminal, já, em disposição preliminar, fazendo eco à Constituição da República, assentou: "Ninguém poderá ser conservado em prisão sem culpa formada, salvas as exceções especificadas em lei..." (art. 3º). Cuidou ele, de modo alongado, da formação da culpa (arts. 176 a 192).

O Decreto-Lei n. 3.689, de 03 de outubro de 1941, ostenta o inquérito policial, hoje vigorante: procedimento administrativo cautelar, voltado à apuração do fato, pretensamente, ilícito e típico, bem como respectiva autoria, coautoria ou participação, mediante investigação e instrução crimi-

10. Conforme Joaquim Ignácio Ramalho, *Postilas de Prática*, 2ª ed., São Paulo, Tip. Americana, 1872, lição LXXII, p. 344.

nal[11]. No atual sistema processual penal brasileiro – tirante os procedimentos especiais do júri dos crimes falimentares e dos crimes contra a propriedade industrial –, o inquérito policial integra a formação da culpa (arts. 4º e 23, do Cód. de Proc. Penal).

O inquérito policial, à luz do conceito sugerido, inteira o processo penal, como a parte completa o todo. Fase, pois, que é da persecução penal, ubicada à formação prévia da culpa, repita-se.

Não guarda cabimento asserir-se que surge como simples peça informativa; para, em seguida, afirmar que os meios de prova constantes do inquérito, servem para receber, ou rejeitar a acusação; prestam para decretar a prisão preventiva; ou para conceder a liberdade provisória; bastam, ainda, para determinar o arresto e o sequestro de bens, por exemplo.

Dizer-se que o inquérito policial consiste em mero procedimento administrativo, que encerra, tão só, investigação, é simplificar, ao excesso, a realidade sensível. Resta-se, na necessidade esforçada de asseverar, em consequência, que a decisão judicial, que receba a denúncia ou a queixa, embasada em inquérito, volta no tempo e no espaço judiciarizando alguns atos do procedimento[12]. As buscas e as apreensões, bem como todas as perícias – exames, vistorias e avaliações – emergem quais modelos de tal operação. Espécie de banho lustral sobre os meios de prova, encontráveis no inquérito. Sem esquecer eventual encarte de documentos – instrumentos ou papéis – aos autos de inquérito.

A formação da culpa, na persecução preparatória, não desapareceu do direito brasileiro, como imaginam alguns. Além do tanto que se demonstrou, vale recordar a Constituição da República, n. § 3º, do artigo 53[cli]: "No caso de flagrante de crime inafiançável, os autos serão remetidos, dentro de vinte e quatro horas, à Casa respectiva, para que, pelo voto secreto da maioria de seus membros, resolva sobre a prisão e autorize, ou não a formação da culpa".

---

11. Ensinava José Frederico Marques: "O inquérito policial, como conjunto de atos procedimentos, é o instrumento formal da investigação realizada pela Polícia Judiciária para instruir os órgãos da acusação". Em seguida, ponderava "... o inquérito que acompanha a denúncia, é sob certo aspecto uma peça de instrução e que constituiu, por isso, elemento probatório colhido fora da fase instrutória". *Elementos...*, op. cit., v. 2, § 64, n. 314, p. 129 e § 84, n. 437. p. 251.
12. Em tal sentido, José Frederico Marques, *Elementos...*, op. cit, v. 2, § 63, n. 313, p. 128.

Em diversas ocasiões, de modo intermitente, procurou-se suprimir o inquérito policial. A 15 de agosto de 1935, sendo Ministro da Justiça e Negócios Interiores Vicente Rao, ofereceu-se Projeto de Código de Processo Penal, que procurava introduzir o Juizado de Instrução. O Projeto, contudo, não vingou, obstaculado pela turbulência política[13]. Depois, despontaram outros projetos, em 1946 e 1979[14].

Ora se deseja lhe pôr fim; ora se quer vê-lo restrito a certas infrações penais; ora, ainda, se pretende que desapareça das grandes comarcas, ou de algumas regiões do país.

Acentuou-se, com pontualidade, que o inquérito policial é "uma das instituições mais benéficas de nosso sistema processual, apesar de críticas infundadas contra ele feitas, ou pela demagogia forense, ou pelo juízo apressado de alguns, que não conhecem bem o problema da investigação criminal"[15] .

As críticas, entretanto, que sofre, são conhecidas: lentidão abusiva; descaso investigatório; infidelidade probatória; corrupção latente e violência oculta. Sem esquecer a repetição desútil de provas orais, em Juízo.

Volta-se, agora, a discutir se nos interessa, ou não, criar o juizado de instrução, para substituí-lo. Em tal sistema, Juiz preside a instrução criminal preparatória. Não se cuida de magistratura policial, mas, de Juiz, que se liga e opera, de maneira direta, com a polícia judiciária. Os modelos diversificam-se, conforme o país. Uns se exibem tão inquisitivos como nosso inquérito policial. Outros reduzem bastante a atividade defensória. Todos padecem, mais ou menos, as mesmas aludidas censuras.

Abandonando a exagerada apreciação negativa, que se costuma fazer do inquérito policial e do juizado de instrução, verifica-se que ambos os sistemas de persecução penal preparatória, ou prévia, suportam os mesmos males. Seus integrantes armazenam frustrações; tornam-se burocra-

---

13. Afirmou José Frederico Marques: "A Constituição promulga, como o golpe de Estado, de 10 de novembro de 1937, impediu que a aprovação e discussão do projeto Vicente Ráo fossem levadas avante". *Elementos...*, op. cit., v. I, § 12, n. 56, p. 107. A comissão elaborada do aludido projeto era composta por Antonio Bento de Faria, Plínio Casado e Luiz Barbosa da Gama Cerqueira.

14. A Constituição Federal de 1946 fez surgir vários projetos, voltados à supressão do inquérito policial. Em novembro de 1979, Laércio Pellegrino, Evandro Correia de Menezes e Sebastião Lima ofereceram projeto, visando a pôr termo ao inquérito policial, na legislação.

15. José Frederico Marques, *Elementos...*, op. cit., n. 54, p. 104.

tas, no pior sentido; defendem-se, estabelecendo subcultura; e se afastam, assim, dos demais participantes da Justiça Penal. Outros buscam, tão só, a autopromoção, o brilho pessoal, quebrantado a ética funcional.

A conclusão leva a perceber que o defeito não se mostra no inquérito policial, ou no juizado de instrução. Instrumentos, em si, necessários e convenientes, consoante a cultura de cada país. O vício está no funcionamento, que se tornou inadequado ao tempo presente e intolerável no futuro.

Não há proveito em se introduzir o juizado de instrução, no processo penal brasileiro. O direito vincula-se à cultura. A importação de instituto jurídico jamais foi garantia de bom êxito. O povo, muita vez, o repele, tirando-lhe a eficácia real. Negando-lhe a aceitação. Além disso, o inquérito policial, da Lei de Falências, e a perícia judicial, nos crimes contra a propriedade imaterial, não diminuíram muito a impunidade e a injustiça. Eliminar-se, completamente, o inquérito, ter-se-ia de concursar e treinar milhares de juízes de instrução. E, estamos pobres. Fatos recentes mostraram o quanto a Administração, de algumas unidades federativas, vem abandonando a Polícia, por afirmada ausência de receita. Fazer-se operar o juizado, nas grandes comarcas, consiste em ferir a isonomia; infratores de idêntico delito teriam persecuções penais diferentes. Agrava tê-lo em algumas regiões do país, porque, mais da transgressão da igualdade, tenderíamos ao quebrantamento da inafastável unidade nacional.

É, de outra sorte, discutível que a Constituição da República lhe admita estabelecimento para todas as infrações. Cumpre lembrar de que as funções de polícia judiciária e de apuração de infrações penais incumbem às polícias civis estaduais e à polícia federal, consoante as atribuições, marcadas na Lei Maior. A Constituição permitiu, unicamente, a criação de juizados especiais, para julgamento de infrações penais de menor potencial ofensivo (art. 98, caput e inc. I, da Lei Maior). O controle externo da atividade policial, pelo Ministério Público, irrompe como obstáculo, também, ao juizado de instrução (art. 129, inc. VII, da Const. da República).

Melhor reorganizar as polícias. Aprestá-las, para entrarem no novo milênio. Pior que o crime organizado, aproxima-se o delito como empresa. A polícia judiciária, contudo, se vê, inúmeras vezes, incapaz de apurar um furto. Em lugar de juizado de instrução, precisamos de lei orgânica nacional de Polícia, qual a possuem a Magistratura e o Ministério Público. Seria o primeiro passo para restaurar o funcionamento do inquérito policial. O segundo se mostraria na aceitação do direito de defesa, nessa fase da persecução penal, como adiante se verá.

Não se promove, em resumo, reforma processual penal, dissociada de firme política criminal. É duvidoso alguma definida.

Na Lei 9.099, de 26 de setembro de 1995, sucedeu, tão só, supressão parcial do inquérito policial (art. 69 e parágrafo único[clii]). Assim, não se lavra termo circunstanciado, mas, boletim de ocorrência, se a autoria, da infração penal de menor potencial ofensivo, irrompe desconhecida, ou indeterminada. Impõe-se, então, o inquérito policial (art. 4º, do Cód. de Proc. Penal[cliii]). Igual procedimento se adotará, ao se perceber, mediante elementos de convicção, que o pretenso sujeito agente – dito autor do fato – pode ser inimputável, ou semi-imputável (art. 26 e parágrafo único, do Cód. Penal). Não é só. Não aflorando composição dos danos (art. 74 e parágrafo único, da Lei nº 9.099/95); ou proposta de pena, aceita e apreciada (art. 76 §§ 2º a 4º, da referida lei), podem advir queixa e denúncia orais (art. 77, caput, e §§ 1º e 3º). A denúncia oral não é novidade; apareceu, na Lei n. 5.726[cliv], de 29 de outubro de 1971, antiga "Lei de Tóxico". Os Promotores de Justiça escolheram, entretanto, continuar a oferecer acusação escrita, requerendo-lhe a juntada, no instante processual de deduzir a acusação oral[16].

O Promotor de Justiça, "se a complexidade ou circunstâncias do caso não permitirem" a dedução de acusação oral, poderá requerer ao Juiz a remessa das peças de informação ao Juiz Criminal Comum (art. 77, § 2º c/c art. 66, parágrafo único, da Lei n. 9.099/95). E, para quê? Tão só para se observar, adequando, forma procedimental sumária? A impossibilidade de denunciar no Juizado Especial Criminal despontará maior, no Juízo Comum. A insuficiência de conteúdo das peças de informação – em termos de ocorrência e algum tênue elemento de convicção, dissente com a materialidade (art. 41 e 43[clv], do Cód. de Proc. Penal), levará à requisição de inquérito policial (art. 5º , n. II, do Cód. de Proc. Penal).

A persecução penal extrajudicial, assim começada, com a força cautelar diminuída, enfrentará mor dificuldade. Importa referir que, no inquérito policial, se intenta demonstrar, o quanto possível, a existência de fato ilícito e típico, imerso em sua circunstancialidade. Ainda, evidenciar a autoria, identificando o suposto sujeito agente; localizando-o; recolhen-

16. Ver Sérgio de Oliveira Médici. "Da denúncia na Lei Antitóxico", *Revista Justitia*, São Paulo, ano XXXVI, v. 84, p. 131-5, 1º trim. 1974.

do e conservando a prova, tendente a arrimar a imputação subjetiva do fato, em investigação; sem esquecimento da eventual coautoria, ou participação (art. 4º, do Cód. de Proc. Penal[clvi]). Muito dos vestígios da infração terão evanuído. Muito se perderá na memória, nesse vaivém de documentos. O empuxo inicial irá esbarrar na burocultura existente, a dano da paz pública.

O Promotor de Justiça, se deixar de pedir o encaminhamento das peças de informação, preferindo ofertar a denúncia oral, poderá topar com a declinação da competência do Juizado Especial para o Juízo Criminal Comum, atentando o Juiz para a complexidade e as circunstâncias do caso.

Aliás, é o que faz, se e quando nota o mesmo, na queixa oral. Na opção penal de iniciativa privada, verificada a complexidade e as peculiares circunstâncias do caso determina a remessa ao Juízo Comum (art. 77, § 3º, da Lei nº 9.099/95). Caberá ao particular ofendido sobrestar o feito e requerer inquérito policial, para encontrar alicerce para a queixa (art. 5º, n. II, segunda parte, do Cód. de Proc. Penal). A querela oral é possível, nos crimes de dano simples e de exercício arbitrário das próprias razões, sem violência (arts. 163, caput, e 345, do Cód. Penal).

Observe-se que o envio de peças de informação e da queixa oral, reduzida a termo, para o Juízo Criminal Comum, unicamente, ocorrerá se instalado o Juizado Especial Criminal. Ao se conferir ao Juízo Criminal Comum competência cumulativa, não sucederá remessa; mas mudança de forma procedimental, com requisição ou requerimento de inquérito policial. Questão, portanto, pertinente à organização judiciária, no primeiro lanço (art. 95, da lei referida)[clvii].

A chamada fase procedimental preliminar, portanto e em suma, se encaminha para quatro desfechos: (a) extinção, por via de sentença homologatória de acordo, celebrado entre o pretenso sujeito agente e seu defensor (art. 74 e parágrafo único; e art. 76, §§ 3º e 4º); (b) procedimento dito sumaríssimo, da lei, em comento (arts. 77 a 83[clviii]); (c) procedimento sumário estabelecido no Código de Processo Penal, com ou sem modificação de competência (arts. 66, parágrafo único, 67, 68, 71 e 77, §§ 3º e 4º[clix]); e para (d) instauração de inquérito policial, nos vários casos apontados.

A inevitável ocorrência ao inquérito policial, antes dispensado, em nada contribui para o aperfeiçoamento da Justiça Penal.

O inquérito policial, mais que centenário, precisa sofrer alguns aperfeiçoamentos. Dois, desde logo, se podem invocar: a fixação do indiciamento, como ato de polícia judiciária; e, também, a admissão, na Lei do Processo, do direito de defesa.

No inquérito policial, o indiciamento há de ostentar-se, como ato do procedimento, resultante do encontro de um "feixe de indícios convergentes"[17]. O indiciamento que se leva a efeito no inquérito, deve, portanto, ser, no mínimo, o resultado concreto da mencionada convergência de indícios, que assinalam, incriminado certo indivíduo, ou determinados indivíduos, qual praticantes de ato, ou de atos, havidos pela legislação penal como ilícitos ou típicos.

Indiciar alguém, como parece claro, não deve surgir qual ato arbitrário, ou de tarifa, da autoridade, mas, sempre legítimo. Não se funda, também, no uso do poder discricionário, visto que inexiste, tecnicamente, a possibilidade legal de escolher entre indiciar ou não. A questão situa-se na legalidade estrita do ato. O suspeito, sobre o qual se reuniu prova da infração, tem que ser indiciado. Já aquele que, contra si, possui frágeis indícios, ou outro meio de prova esgarçado, não pode ser indiciado. Mantém-se ele como é: suspeito.

Tirantes as hipóteses de flagrante delito, das quais emerja relativa certeza visual, ou presumida da autoria, impositiva de indiciamento, no inquérito tal ato há de resultar de investigação e instrução afirmativas. Em outras palavras, a pessoa suspeita da prática de infração penal passa a figurar como indiciada, a contar do instante em que no inquérito policial instaurado se verificou a probabilidade real de ser o agente.

Recorde-se: há, consoante a formação da culpa, escala de menos para mais, em relação à situação averiguada da autoria a saber: suspeito, indiciado, acusado e condenado. Daí, se poder asserir que, na técnica, se reserva a expressão acusado, para o indivíduo em face de quem é trazida a ação penal de conhecimento, de natureza condenatória. E, indiciado ao indivíduo submetido a investigação e instrução criminal, durante a fase de inquérito[18].

---

17. Rivero, com outro escopo, citando decisão do Conselho de Estado Francês, de 28/03/1945, alude a faesceau d'indices convergentes, ideia que se aproveita, para tentar conceituar indiciamento. *Droit Administratif*, 7ª ed., Paris, Dalloz, 1975, p. 252.

18. O artigo 105, do anteprojeto de Código de Processo Penal, de 1974 estatuía: "Antes de proposta a ação penal, denomina-se suspeito aquele a quem se possa atribuir a prática da infração penal; e indiciado, o que desta seja o provável autor".

Ato mandamental, ou ordem da autoridade presidente do inquérito, há de preceder ao indiciamento formal. O mencionado ato – o encontro de prova da autoria –, ao elevar o suspeito à categoria de indiciado, necessita aflorar motivado. Na fundamentação da ordem de indiciamento, vai se lhe descobrir a causa, mostrando, ou não a substancial legalidade. Nem sequer isso chega a se constituir em novidade (art. 37, parágrafo único, da Lei n. 6.368/76[clx]).

Desde os idos de 1983, sugeriu-se que se incluísse no Código de Processo Penal preceito, que determinasse o indiciamento do suspeito, tão só, mediante ordem fundamentada da autoridade policial e tanto que verificada a autoria, coautoria ou participação.

O direito de defesa, no inquérito policial, consiste em outro tema a enfrentar-se.

A reforma judiciária de 1871, disciplinadora do inquérito policial, com vistas à preparatória formação da culpa, permitiu a participação do indiciado (art. 42, §§ 6º e 7º, do Regulamento no. 4.824/71). Já sabemos que tal regime, por exemplo, perdurou no Estado de São Paulo, até 1941[19].

Tenha-se em mente que a inquisitividade não desponta incompatível com a contrariedade. O juiz penal emerge, sabidamente, inquisitivo, no sistema brasileiro (arts. 156[clxi], 234, 407[clxii], 425[clxiii], 502,[clxiv] 538[clxv] e outros, do Cód. de Proc. Penal). Inexiste razão lógica para que o indiciado, durante o inquérito, não se defenda. Jamais se deve tratar como estranho. Pode e precisa tentar demonstrar que não é o caso de acabar acusado em Juízo.

Em 1957, sustentou-se, sem bom sucesso, tais ideias afirmando: "O inquérito policial, portanto, criou-se e existe no sistema de nosso direito, em função da formação da culpa, isto é, da atividade de se coligirem elementos de convicção suscetíveis de constituírem suficiente base à acusação criminal. Chama-se entre nós sumário de culpa a essa atividade preliminar, nos processos em que o legislador do Código de Processo Penal não o suprimiu. Nos demais processos, uma vez que é da índole do sistema não se admitirem as acusações sem liminar base objetiva, e não podendo o juiz, para apreciação dos fundamentos objetivos da denúncia ou da queixa, encontrá-los senão nos resultados da atividade da Polícia e corpo de delito, pertence ao inquérito policial, em tais casos a mesma função

19. Conferir, por exemplo, em Luiz Antonio de Aguiar Souza, *Processo Criminal Paulista*, São Paulo, Tip. Salesiana, 1902.

legisladora da acusação, atribuída ao sumário de culpa. Em suma, converte-se aí o inquérito policial em instrução criminal, em virtude das mesmas razões pelas quais o sumário de culpa é instrução criminal"[20].

Mais recentemente, ensinou-se, com larga invocação da doutrina estrangeira, que a atuação, a assistência efetiva ao indiciado pelo defensor, no desenvolvimento do inquérito policial, ostenta um direito subjetivo do constituinte. Direito nascente, de manifesto, em dispositivos da Lei Maior (arts. 5º, inc. LV, LXXIV, e 134[clxvi])[21].

O raciocínio desponta simples. Se o inquérito policial ostenta-se como procedimento administrativo, ainda que dotado de finalidade judiciária, não há como afastar o mandamento, assegurador da plenitude de defesa (art. 5º, inc. LV, da Const. da República). Tanto mais que, sempre, pode conter formação de culpa.

No mais, emerge evidente que precisa ocorrer assistência jurídica dos hipossuficientes: ainda que a Defensoria Pública e instituição essencial à função jurisdicional (arts. 5º, inc. LXXIV e 134[clxvii], da Const. da República).

No referente aos atos de investigação, a atividade defensória não mostra pertinência. Tanto que indiciado o suspeito, contudo, os atos que se constituíssem em instrução criminal, provisória ou não, deveriam admitir seguimento e contrariedade.

As perspectivas para o futuro, cifram-se, portanto, na Lei Orgânica de Polícia, que tarda já; no aprimoramento do inquérito policial, o qual poderia principiar com o indiciamento, qual consequência de determinação da autoridade que o preside; e, também, da admissão do direito concreto de defesa, a partir do referido indiciamento.

São estas as poucas observações, que posso fazer, neste lanço.

São Paulo, 10 de setembro de 1997

---

20. Joaquim Canuto Mendes de Almeida, *Princípios...*, op. cit., § 187, p. 209-10.
21. Rogério Lauria Tucci, Direito e Garantias Constitucionais no Processo Penal Brasileiro, São Paulo, Saraiva, 1993, p. 378-90.

Notas ao Provimento n. 758/2001, do Conselho Superior do Tribunal de Justiça

SUMÁRIO: 1. Teor do Provimento n. 758/2001. 2. Conceito legal de provimento. 3. Provimento n. 758/2001, como ato administrativo inexistente, ou nulo.04. Impossibilidade de regular-se procedimento especial, no processo penal, mediante provimento. 5. Outra inconstitucionalidade: atribuir atos de investigação criminal a quem não pode exercer a função de polícia judiciária civil. 6. Inaceitabilidade prática do Provimento n. 758/2001. 7. Conclusão.

1. A 12 de setembro de 2001, o Diário Oficial do Estado de São Paulo, referente ao Tribunal de Justiça, caderno I, parte I, estampou o Provimento nº 758/2001[clxviii], baixado pelo Conselho Superior da Magistratura. Tal Provimento volta-se a regulamentar "*a fase preliminar do procedimento dos Juizados Especiais Criminais*" (sic.)[1]. Os três dispositivos básicos, assim emergiram:

> "(...)
>
> Artigo 1º – Para os fins previstos no art. 69[clxix], da Lei 9.099/95, entende-se por autoridade policial, apta a tomar conhecimento da ocorrência, lavrando o termo circunstanciado, encaminhando-o, imediatamente, ao Poder Judiciário, o agente do Poder Público investido legalmente para intervir na

---

1. Depois, a 17 de outubro do ano corrente, a Corregedoria Geral de Justiça editou o Provimento CG –32/01, invocando o Provimento nº 746/2000 e os artigos 69, 72 e 77, da Lei nº 9099/95, assim, modificando o item 4, do capítulo V, das "normas de serviço da Corregedoria Geral de Justiça (DOE, Poder Judiciário, caderno I, parte I, p. 3). Na sequência, adveio a Resolução nº 403, do Secretário da Segurança Pública, de 26/10/2001 (DOE, Poder Executivo, Seção I, 27/10/2001, p. 4).

vida da pessoa natural, atuando no policiamento ostensivo ou investigatório.

Artigo 2º – O Juiz de Direito, responsável pelas atividades do Juizado, é autorizado a tomar conhecimento dos termos circunstanciados elaborados pelos policiais militares, desde que assinados concomitantemente por Oficial da Polícia Militar.

Artigo 3º – Havendo necessidade da realização de exame pericial urgente o policial militar deverá encaminhar o autor do fato ou a vítima ao órgão competente da Polícia Técnico-Científica, que o providenciará, remetendo o resultado ao distribuidor do foro do local da infração.

(...)".

2. Provimento é o ato do Conselho Superior da Magistratura – constituído pelo Presidente do Tribunal de Justiça, Primeiro Vice-Presidente e pelo Corregedor Geral da Justiça (artigo 22, do Regimento Interno[clxx]) –; e, isoladamente, do Presidente do Tribunal ou do Corregedor Geral da Justiça. Só voltado a "Assuntos Administrativos e de Ordem Interna" (segundo o título do Livro III, do Regimento Interno, onde se localiza o mandamento regente), seu conteúdo "são instruções ou determinações de caráter regulamentar, expedidos para a boa ordem, regularidade e uniformização dos serviços da justiça e fiel observância da lei" (art. 342, incs. IV e V, ainda § 6º, do Regimento Interno[clxxi]).

Consiste, pois, em ato administrativo interno, que tem por destinatários os Juízes de Direito e os servidores da Justiça, em regra.

3. A primeira questão, que se pode levantar, está na possibilidade, ou não, de um ato administrativo interno do Poder Judiciário intrometer-se, de modo frontal, em dois órgãos permanentes da Administração pública direta do Estado: Polícia Civil e Polícia Militar (art. 144, §§ 4º e 5º, da Const. da República).

A doutrina da separação de Poderes do Estado pode, na formulação clássica, encontrar-se decadente ou se mostrar desaparecendo, em teoria[2]. Na Constituição da República, contudo, tal divisão acha-se presente, no enunciado do princípio da harmonia e independência dos poderes (art. 2º). E, sem dúvida, se constitui em preceito fundamental, não só por

---

2. Ver Manoel Gonçalves Ferreira Filho, *Curso de Direito Constitucional*, 27ª ed., São Paulo, Saraiva, 2001, p. 131-5 e Tércio Sampaio Ferraz Júnior, "O Judiciário frente à divisão dos poderes: um princípio em decadência?", em *Revista USP*, São Paulo, n. 21, p. 12-21, mar./abr./maio 1994.

emergir, no Título I, "Dos Princípios Fundamentais"; mas, a toda luz, por integrar "cláusula pétrea", ou limitação material do poder de revisão[3] (art. 60, § 4º, inc. III, da Lei Magna).

Observa-se que não se abre amplo debate sobre a eventual ingerência do Poder Judiciário no Executivo. Não se acha em jogo a possibilidade de controle judicial dos atos administrativo, seja para tutelar a regra da legalidade, seja como guardião dos direitos individuais e suas garantias.

Aqui, o problema surge mais simples, a disfunção mais evidente. É que não se permite ao Poder Judiciário dar, mediante ato administrativo interno, direção aos servidores da Administração pública direta, voltada à segurança pública[4], ou melhor, à paz pública. Dizendo de outro modo: o Conselho Superior da Magistratura não tem mando e comando sobre os Delegados de Polícia, Oficiais da Polícia Militar e demais integrantes dos aludidos órgãos do Poder Executivo.

Convém recordar: (a) a falta de atribuição do Conselho Superior da Magistratura – dita por muitos competência –; (b) o objeto impróprio – atividade policial – e conteúdo descabido, posto que voltado a regular procedimento específico de polícia judiciária; (c) a forma do ato, emergente como Provimento, cujo conceito desponta no Regimento Interno do Tribunal de Justiça, como visto; (d) não ser lícito ao Conselho legislar em matéria de procedimento penal, irrompendo manifesto desvio de poder ou de finalidade.

Sob o ponto de vista, estritamente técnico, tal ato administrativo interno não é nulo, nem sequer anulável; porque estanca no plano da existência e nem se lhe deve cogitar da validade e da eficácia[5]. Caso não se

---

3. Observou Gilmar Ferreira Mendes: "Assim, ninguém poderá negar a qualidade de preceitos fundamentais da ordem constitucional aos direitos e garantias individuais (art. 5º, entre outros). Da mesma forma, não se poderá deixar de atribuir essa qualidade aos demais princípios protegidos pela cláusula pétrea do art. 60, § 4º, da Constituição: princípio federativo, a separação de poderes, o voto direito universal e secreto". "Arguição de descumprimento de preceito fundamental: parâmetro de controle e objeto", em *Arguição de Descumprimento de Preceito Fundamental: Análise à Luz da Lei nº 9.882/99*, org. André Ramos Tavares e Walter Claudius Rothenburg, São Paulo, Atlas, 2001, p. 128.
4. Preferível usar a expressão paz pública, como produto da tranquilidade social, não artificial, pela ordem social, divisada como harmonia na comunidade.
5. Quanto à categoria dos atos administrativos inexistentes ver: José Cretella Júnior, *Dicionário de Direito Administrativo*, 4ª ed., Rio de Janeiro, Forense, 1998,

aceite a espécie dos atos administrativos inexistentes, até por sua suposta irrelevância jurídica, o Provimento nº 758/2001 emergiu nulo[6].

4. Desútil, ao melhor entendimento do tema, o debate, impacificado, na doutrina processual penal, sobre o conceito de Autoridade policial. Ressalvo, aqui, minha compreensão: "autoridade policial é quem pode exercer, por inteiro, as funções de polícia judiciária"[7].

A controvérsia técnica poder-se-ia afastar, unicamente, mediante emenda constitucional; assim modificativa, em especial, da norma que atribui às policias militares "a policia ostensiva e a preservação da ordem pública" (art. 144 § 5º, da Const. da República). À evidência, jamais por ato administrativo interno do Conselho Superior da Magistratura.

Ainda que a Constituição da República tenha admitido que tanto a União quanto as Unidades Federativas possam legislar, complementando, a respeito de "procedimento em matéria processual" (art. 24, inc. XI); jamais permitiu ao Poder Judiciário legislar em branco, em tal sentido, mesmo em situações excepcionais (art. 114, § 2º [clxxii]). Na pior conjectura, seria preciso emendar a Lei Complementar Estadual n. 851, de 9 de dezembro

---

verbetes "ato administrativo inexistente" e "inexistência do ato administrativo", p. 51 e 261-2.

6. Sobre a irrelevância da distinção entre inexitência e nulidade, ver: Hely Lopes Meirelles, *Direito Administrativo Brasileiro*, 26ª ed., atual. por Eurico de Andrade Azevedo, Délcio Balesteiro Aleixo e José Emmanuel Burle Filho, São Paulo, Malheiros, 2001, p. 166. Conferir, sobre o tema, também: Maria Sylvia Zanella di Pietro, *Direito Administrativo*, 10ª ed., São Paulo, Atlas, 1999, §§ 7.11.2.8-9, p. 200-3.

7. "Quem pode presidir auto de prisão em flagrante delito, ou resolver não impô-la (arts. 4º, caput, 301 e 304 do Código de Processo Penal c/c art. 69, parágrafo único, in fine da Lei nº 9099/95). Quem instaura e dirige o inquérito policial – civil ou militar – e pode conceder fiança, em certos casos (arts. 5º, 6º, 10, 322 e 332, primeira parte, do Código de Processo Penal). Quem pede autorização ou cumpre mandados de busca e de apreensão (arts. 6º, inc. II e 240 do Código de Processo Penal), ordena a restituição, quando cabível, de coisa apreendida (art. 120 do Código de Processo Penal), requisita exame complementar (art. 168); ainda, não sendo juiz, a lei permite que emita voz de prisão (art. 307 do Código de Processo Penal). Autoridade policial-judiciária, no sistema vigorante, é delegado de polícia." "Supressão parcial do inquérito policial: Breves notas ao art. 69 e parágrafo único da Lei nº 9099/95", em *Juizados Especiais Criminais: Interpretação e Crítica*, org. Antônio Sérgio de Moraes Pitombo, São Paulo, Malheiros, 1997, p. 81-2.

de 1998, a qual dispôs sobre o Sistema de Juizados Especiais, no Estado de São Paulo (art. 25, parágrafo único).

Se, na hipótese, a atribuição de legislar sobre procedimento, dizente com processo penal, cabe ao Poder Legislativo, do Estado, sob as exigências de Lei Complementar (art. 23 e seguintes, da Const. do Estado de São Paulo), é impossível sustentar que o Conselho Superior da Magistratura possa fazê-lo, mediante Provimento, ou ato administrativo interno. Acrescente-se mais esse vício de origem, que vai além da violação de finalidade do ato administrativo.

5. Exsurge outra inconstitucionalidade, ainda. Quem exerce função policial acha-se integrado em carreira. A carreira policial civil – delegado de polícia – emerge institucionalizada na Lei Magna (art. 144, § 4º). Nem o cargo público, nem a função de delegado de polícia podem ver-se exercida por outro servidor, sem grave ofensa à Constituição da República. Assim, no âmbito dos Estados, a função de polícia judiciária civil ostenta-se privativa de delegado de polícia de carreira – e seus agentes –. Nada importa que integrante da Polícia Militar – oficial ou praça –, de modo contigente, seja bacharel em direito, ou acadêmico de direito, vedado lhe é realizar, de modo lícito, investigação criminal (arts. 25, caput; 37, inc. II; e 144 § 4o, da Const. da República; mais art. 140[clxxiii], da Const. do Estado de São Paulo)[8].

O Supremo Tribunal Federal já decidiu, em várias ocasiões, nesse sentido[9].

---

8. Afirma Manoel Gonçalves Ferreira Filho: "O texto – refere-se ao § 4º, do art. 144 – tem o mesmo objetivo do constante dos §§ 2º e 3º acima – garantir a existência de uma polícia civil (estadual, pois a polícia civil federal é a polícia federal já garantida) –, prevendo que sua direção, portanto a sua estrutura básica, caberá a delegados de polícia de carreira. Ou seja, com isso fica determinado que somente ocupante da carreira de delegado de polícia poderá chefiar delegacia de polícia (e nunca oficial da polícia militar, como às vezes sucedia), e delegado, acrescente-se, de carreira. Note-se que o § 6º (v. infra) explicitamente subordina a polícia civil ao chefe do Executivo correspondente. Competência. O preceito em estudo define claramente a competência reservada à polícia civil (estadual). Compreende ela as funções de polícia judiciária, exceto no que é cometido à polícia federal (v. supra, § 1º, IV) ou concernente a infrações penais militares. Estas últimas, como se sabe, são apuradas no âmbito das próprias corporações militares" (*Comentários à Constituição Brasileira de 1988*, São Paulo, Saraiva, 1990, v. 3, p. 86).
9. As decisões nasceram em ações diretas de inconstitucionalidade. Vejam-se, por exemplo: ADIMC-866/SE, Rel. Min. Carlos Velloso, Tribunal Pleno, j. 14/12/95,

Não emerge, tão só, incabente ao policial militar lavrar termo circunstanciado[10] – com que se abre a fase preliminar do procedimento especial, atinente às infrações penais de menor potencial ofensivo (art. 69 [clxxiv]e parágrafo único, da Lei no 9099/95 –. Proibido lhe surge: (a) lavrar autos de encontro e de apreensão, de exibição e de apreensão, ou, até, de simples depósito, de tudo quanto importar ao corpo do delito, ou à tipificação da infração penal (arts. 6º, inc. II; 158; 240, § 1º, letras "b", "c", "d", "e", "f"; § 2º; 244 e outros, do Cód. de Proc. Penal); (b) lavrar auto de apreensão de pessoa vítima de crime (art. 240, § 1º, letra "g", do Cód. de Proc. Penal); (c) requisitar os serviços dos Institutos de Criminalística e Médico-Legal (arts. 6º, inc. I e 158 e segts., do Cód. de Proc. Penal); (d) colher provas, que servirem para o esclarecimento do fato e circunstâncias (arts. 6º, inc. III e 240, inc. I, letra "h", do Cód. de Proc. Penal). Assim é, porque tais atividades implicam investigação criminal, função específica de polícia judiciária civil.

Recorde-se de que a estrutura, sempre, espelha a função.

6. Alguns aspectos práticos podem mostrar, de outra sorte, que o Provimento n. 758/2001, além de descumprir preceito fundamental e se exibir inexistente, é inaceitável.

Examine-se, por exemplo, a hipótese de o sujeito agente ser inimputável ou semi-imputável (art. 26 e parágrafo único, do Cód. Penal). Teria o policial militar, trabalhando no policiamento ostensivo, tempo, discernimento e preparo técnico suficientes para não lavrar o termo circunstanciado e apresentar o conduzido ao delegado de polícia?

---

v.u., DJU 10/05/96, p. 15.131; ADIMC-1854/PI, Rel. Min. Sepúlveda Pertence, Tribunal Pleno, j. 16/09/98, v.u., DJU 23/10/98, p. 2; e ADI-1233/GO, Rel. Min. Carlos Velloso, Tribunal Pleno, j. 07/06/01, v.u., DJU 10/08/01, p. 2.

10. Termo circunstanciado consiste em espécie do gênero noticia da infração. Pode servir de base à composição dos danos; à proposta de aplicação de pena não privativa de liberdade – restritiva de direitos e multa –; ao oferecimento de denúncia ou de queixa orais; e, também, ao pedido de arquivamento (arts. 72; 76, caput; e 77, §§ 1º e 3º, da Lei nº 9099/95). Assim, não convém equiparar tal peça ao boletim de ocorrência, hoje existente. Guardam destinação diversa. O termo circunstanciado necessita emergir mais completo, respondendo às conhecidas perguntas, o quanto possível: Quem? Que meios? O quê? Por quê? Como? Onde? Quando? O boletim de ocorrência contém informes; já o termo circunstanciado, informações. É peça de investigação, pois.

Se o denominado autor do fato não quiser assumir o compromisso de comparecer ao Juizado Especial Criminal, como fica a contingente prisão em flagrante (art. 69, parágrafo único, da Lei nº 9099/95[clxxv])?

Suponha-se que o autor do fato já tenha sido condenado, pela prática de crime, à pena privativa de liberdade, em sentença firme; ou por se ter a ele, antes e por via de transação, castigado, pela aplicação de pena restritiva de direito ou multa (art. 76, § 2º, incisos I e II, da Lei nº 9099/95). Como poderá o policial militar, à míngua de informações, decidir sobre a lavratura do auto de prisão em flagrante, ou do termo circunstanciado?

Há aspecto de extrema gravidade que o Provimento no 758/2001, do Conselho Superior da Magistratura, não levou em conta. Desde os idos de 1980, as mulheres chamaram a atenção dos Poderes do Estado para o problema da violência doméstica, no mais amplo sentido[11]. Instituiu-se, então, o Conselho Estadual da Condição Feminina, que passou a noticiar o constrangimento que as mulheres padeciam ao serem atendidas, nos Distritos Policiais. Diante dessa evidência o Governo do Estado de São Paulo criou a Delegacia de Defesa da Mulher: lugar de recebimento de notícia da infração penal, investigação dos delitos contra a pessoa, do sexo feminino, cujo rol, em muito, terminou abarcado, primeiro, pela Lei n. 9099/95 e, agora, pela Lei nº 10.259/01.

O atendimento da vítima, em razão de particular situação psicossocial, exigia e força trabalho policial diferenciado. A todo rigor técnico, a violência doméstica jamais dever-se-ia considerar infração penal de menor potencial ofensivo, por seus efeitos na família. O legislador, ao empuxo de pragmatismo inaceitável, lançou algumas modalidades na categoria jurídica das infrações de menor potencial ofensivo[12]. Agora, o Provimento do Conselho Superior da Magistratura desloca o atendimento dos envol-

11. A violência doméstica ostenta-se na prática de diversos tipos incriminadores, por exemplo: vias de fato, lesão corporal dolosa, maus-tratos, injúria real, ameaça, estupro, atentado violento ao pudor e outros. Alcança todas as pessoas, que vivem sob o mesmo teto, nomeadamente as mulheres.

12. As contravenções penais e os crimes a que a lei comine pena máxima não superior a um ano, excetuado os casos em que a lei processual determinou que a persecução penal faça-se por via de procedimento especial (art. 61, da Lei nº 9099/95). O mandamento encontra-se atingido pela Lei nº 10.259/01 – que "dispõe sobre a instituição dos Juizados Especiais Civis e Criminais no âmbito da Justiça Federal" –, a qual se demonstrará.

vidos para a viatura policial, na via pública, esquecendo-se da condição feminina.

Não é só. A Lei n. 9099/95 trouxe a definição legal, ou esclareceu a natureza das infrações penais de menor potencial ofensivo (art. 61[clxxvi]), tão só, mencionadas na Lei Maior (art. 98, inc. I). Agora, a Lei n. 10.259/01, mudou a definição da referida categoria jurídica, alargando-a (art. 2º parágrafo único[clxxvii]).

Assim, todos os crimes a que a lei – seja Código Penal, seja Lei Extravagante – comine pena máxima não superior a dois anos, ou multa, tornaram-se infrações penais de menor potencial ofensivo. Além disso, não mais se abriu exceção, para os delitos perseguíveis, em Juízo, mediante procedimento especial. Não se mencionaram, no novo preceito, as contravenções penais; mas, em essência, surgem elas de menor potencial ofensivo, em regra.

A norma é de direito material, refletindo-se no processual (art. 2º, parágrafo único[clxxviii], da Lei nº 10.259/01). Tal fenômeno não estranha o sistema jurídico-penal. Sem cabência considerar o aludido dispositivo como simples regra de competência, da justiça comum federal. Não guarda o menor cabimento que o aludido sistema possua, convivendo duas definições formais de infração penal de menor potencial ofensivo.

Nada obsta, também, que lei especial posterior revogue, ou derrogue outra lei especial; tanto mais quando a atingida lhe irrompe subsidiária (arts. 1º, 11, parágrafo único e 20, da Lei n. 10.259/01).

Somando-se a maior abrangência do conceito legal de infração penal de menor potencial ofensivo, com o objeto e o conteúdo do Provimento nº 758/2001, do Conselho Superior da Magistratura, os policias militares terão de ultimar tipificação prévia, ou subsunção preliminar de condutas, exemplificadas nos seguintes modelos penais incriminadores:

(a) Código Penal: artigos 134 (exposição ou abandono de recém-nascido); 137, parágrafo único (rixa qualificada); 138 (calúnia); 152 (correspondência comercial); 156 (furto de coisa comum); 165 (dano em coisa de valor artístico, arqueológico ou histórico); 175 (fraude no comércio); 179 (fraude à execução); 185[clxxix] (usurpação de nome ou pseudônimo alheio; 201 (paralisação de trabalho de interesse coletivo); 203 (frustração de direito assegurado por lei trabalhista); 205 (exercício de atividade com infração de decisão administrativa); 216[clxxx] (atentado ao pudor mediante fraude); 234 (escrito ou objeto obsceno); 236 (induzimento a erro essencial e ocultação de impedimento); 242, parágrafo único (parto suposto, supressão ou alteração de direito inerente ao estado civil de recém-nascido, figura privilegiada); 245 (entrega de filho menor a pessoa inidônea); 250, § 2º (incêndio culposo); 253 (fabrico, fornecimento, aquisição, posse ou transporte de explosivos ou gás tóxico, ou asfixiante); 260, § 2º (perigo de desastre ferroviário, desastre ferroviário culposo); 261, § 3º (atentado contra a segurança de transporte marítimo, fluvial ou aéreo, modalidade culposa); 264, parágrafo único (arremesso de projétil, modalidade culposa, resultando lesão corporal); 267, § 2º, primeira parte (epidemia, figuras culposas simples); 269 (omissão de notificação de doença); 270, § 2º (envenenamento de água potável ou de substância alimentícia ou medicinal, modalidade culposa); 272, § 2º (falsificação, corrupção, adulteração ou alteração de substância ou produto alimentício, modalidade culposa); 282 (exercício ilegal da medicina, arte dentária ou farmacêutica); 284 (curandeirismo); 293, § 4º (falsificação de papéis públicos, figura privilegiada); 289, § 2º (moeda falsa, figura privilegiada); 301, §§1º e 2º (falsidade material de atestado ou certidão); 304 (uso de documento falso); 308 (falsa identidade); 313-B (inserção de dados falsos em sistema de informações); 328 (usurpação de função pública); 329 (resistência); 331 (desacato); 335 (impedimento, perturbação ou fraude de concorrência); 341 (autoacusação falsa); 345 (exercício arbitrário das próprias razões); 347 (fraude processual); 351 (fuga de pessoa presa ou submetida a medida de segurança); 354 (motim de presos); 359 (desobediência à decisão judicial sobre perda ou suspensão de direito).

(b) Legislação Penal Extravagante: artigo 190, do Decreto-Lei n. 7.661/45[clxxxi] (Lei de Falências); artigos 2º, 4º, da Lei n. 1.521/51(Crimes contra a economia popular); artigos 4º, inciso I, da Lei n. 1.579/51 (dispõe sobre as Comissões Parlamentares de Inquérito); artigo 58, inc. II, letra a, da Lei n. 4.117/62 (Código Brasileiro de Telecomunicações); artigo 8º, da Lei n. 4.319/64[clxxxii] (Conselho de Defesa dos Direitos da Pessoa Humana); artigo 1º, da Lei n. 4.729/65 (Crime de sonegação fiscal); artigos 290, 312, 324, da Lei n. 4.737/65 (Código Eleitoral); artigo 58, da Lei n. 6.001/73 (Estatuto do Índio); artigo 16, da Lei n. 6.368/76[clxxxiii] (Prevenção e repressão de tráfico ilícito e uso indevido de substâncias entorpecentes) artigo 52, da Lei n. 6.815/80 (define a situação jurídica do estrangeiro no Brasil); artigos 228, 229, 230, 231, 232, 234, 235, 236, 242, 243 e 244, da Lei n. 8.069/90 (Estatuto da Criança e do Adolescente); artigos 64, 65 e 68, da Lei n. 8.078/90 (Proteção do consumidor); artigo 2º, da Lei n. 8.137/90 (Crimes contra a ordem tributária, econômica e contra as relações de consumo); artigos 91, 96, 97, 98 da Lei n. 8.666/93 (institui normas para licitações e contratos da Administração Pública); artigo 2º, da Lei n. 9.029/95 (proíbe a exigência de atestados de gravidez e esterilização e outras práticas discriminatórias, para efeitos admissionais ou de permanência da relação jurídica de trabalho); artigos 17, 18 da Lei n. 9.263/96 (regula o § 7º, do art. 226, da Constituição Federal, que trata do planejamento familiar, estabelece penalidade e dá outras providência); artigos 183, 184, 185, 187, 188, 189, 190, 191, 192, 193, 194, 195, da Lei n. 9.179/96[clxxxiv] (direitos e obrigações relativos à propriedade industrial); artigos 17, 18, da Lei n. 9.434/97 (remoção de órgão, tecidos e partes do corpo humano para fins de transplante e tratamento); artigo 10, da Lei nº 9.437/97 [clxxxv](institui o Sistema Nacional de Armas, estabelece condições para o registro e para o porte de arma de fogo, define crime e dá outras providências); artigos 303[clxxxvi] e 308[clxxxvii], da Lei n. 9.503/97 (Código de Trânsito Brasileiro); artigo 45, da Lei n. 9.605/98 (dispõe sobre as sanções penais e administrativas derivadas de condutas e atividades lesivas ao meio ambiente); artigo 12[clxxxviii], da Lei n. 9.613/98 (lavagem ou ocultação de bens, direitos e valores; prevenção da utilização do sistema financeiro para os ilícitos previstos).

7. Em resumo e concluindo:

(I) o Provimento nº 758/2001, do Conselho Superior da Magistratura, emerge como ato administrativo inexistente – ou nulo –. Desatendeu aos elementos essenciais: (a) atribuição – ou competência –; (b) falhou-lhe o objeto e o conteúdo, em razão do que dispõe: – atividade policial e regulamentação de procedimento da polícia judiciária –; (c) a finalidade por ele alvejada não decorre de lei alguma, que lhe tenha pertinência;

(II) exsurge, ainda, inválido por se dirigir à regulamentação de procedimento especial – "fase preliminar" –, no processo penal e sem ter força e efeito para tanto;

(III) mostra outra inconstitucionalidade, ao atribuir manifestos atos de investigação a servidor público militar, a quem não se permite exercer a função de polícia judiciária civil;

(IV) exibe inaplicabilidade prática, qual se exemplicou.

A produção desfuncionalizada de preceitos jurídicos desorganiza; rompe o sistema de paz pública e permite temer-lhe o desabamento, parcial que seja.

São Paulo, 05 de novembro de 2001

Notas sobre a perempção, face à reforma penal

O anteprojeto de lei, modificativo da Parte Geral do Código Penal, alinha, com vistas ao tempo e ao movimento, no inciso IV, do art. 107, a prescrição, decadência e a perempção, quais causas de extinção de punibilidade.[1] Neste lanço, repente o achável no n. IV, do art. 108[clxxxix], do Código vigente.

O verbo perimir, sob enfoque etimológico, como todos sabem de raiz, significa destruir, matar e impedir. Perempção, assim, consiste na destruição, na morte violenta, no assassínio, ou no impedimento. Perempta surge a coisa, que acabou destruída, morta, ou obstada.[2]

Em face da lei, vigorante ou a criar-se, caberia perguntar, ainda uma vez: o que perime?

A infração penal, como fato, por certo, não aflora destrutível. Não se extingue, nem desaparece.[3] Os efeitos cíveis permanecem e, inobstante a *perempção,* nada impede que o fato, depois, venha de ser alegado, qual matéria

---

1. "Anteprojeto de lei – altera dispositivos do Código Penal e dá outras providências", Brasília, Ministério da Justiça, 1981.
2. José Pedro Machado, *Dicionário Etimológico da Língua Portuguesa*, Lisboa, Horizonte, 1977, 3ª ed., v. 4; Antonio de Moraes Silva, *Dicionário da Língua Portuguesa*, Lisboa, Lacerdina, 1813, t. 2; F. R. dos Santos Saraiva, *Dicionário Latino-Português*, Rio de Janeiro, Garnier, s.d.
3. E. Magalhães Noronha, *Direito Penal*, 2ª ed., São Paulo, Saraiva, 1963, v. 1, § 229, p. 475-6; José Frederico Marques, *Tratado de Direito Penal*, São Paulo, Saraiva, 1966, v. 3, § 151, p. 310, e § 160, p. 391; Anibal Bruno, *Direito Penal – Parte Geral*, 3ª ed., Rio de Janeiro, Forense, 1967, t. 3, § 1º, p. 195-7; José Salgado Martins, *Direito Penal – Introdução e Parte Geral*, São Paulo, Saraiva, 1974, p. 399.

de defesa, mesmo no criminal. Afirma-se que fere de morte o direito de punir,[4] aceitando, pois, ser derrelitível o dever de apenar do Estado. Diz-se, também, que impedida, resta a pretensão punitiva,[5] quando hoje se duvida da existência de tal categoria, quem sabe em boa razão.[6] Há, ainda, quem assevere, escoltando a lei do processo (art. 60, do Cód. de Proc. Penal, e, no anteprojeto, art. 213), ser a ação penal o que extingue.[7] Tal declaração valeria, antes da sentença condenatória, mas não explica a anistia. Além do que, parece difícil falar-se em destruição do direito de acusar em Juízo, quando se pode, ainda assim vê-lo exercido.

Sempre caberia por igual manifestar que as denominadas causas de extinção da punibilidade, exemplificadas na parte geral do Código e emergentes na especial, possuiriam natureza tão distinta, que se ostentariam irredutíveis. Cada uma delas, causando a morte a entes jurídicos diversos: infração penal, direito de punir, pretensão punitiva a ação judiciária penal.[8]

Não faria mal, pois, acrescer outro posicionamento, quanto mais não seja, para dar maior relevo e certeza a qualquer dos aludidos.

A infração penal, seja "crime" ou "contravenção", cometida, faz surgir, por isso mesmo, a *punibilidade,* qual *poder-dever penal,* nos órgãos estatais judiciários (cronologicamente: Polícia Judiciária, Ministério Público e Juiz singular ou plural), de uma parte. Faz erguer-se, também *ipso facto,* a punibilidade como *interesse impessoal* dos indivíduos de toda a comunhão social (isto é, do "público", credor de segurança), de outra parte.

Tal relação jurídica, pois, é gerada pela incidência da norma penal (lei anterior) sobre o *factum* da infração, nessa definida como "crime", ou "contravenção"; sob sanção da *pena,* nessa mesma, previamente comina-

---

4. Francisco Campos, "Exposição de motivos ao Código de Processo Penal", item 35; E. Magalhães Noronha, op. cit., v. 1, § 229, p. 475; José Frederico Marques, op. cit., v. 3, § 161, p. 400.
5. José Salgado Martins, op. cit., § 31, p. 398-9; Milton Sanseverino, "Algumas reflexões em torno da perempção da ação penal", em *Revista Justitia,* 1973, v. 82, p. 21-8.
6. Valentín Cortés Domíngues, *La Cosa Julgada Penal,* Bolonha, Real Colégio de Espana, 1975, p. 14 e 36-43.
7. Anibal Bruno, op. cit., t. 3, § 31, p. 195.
8. Damásio E. de Jesus, *Código de Processo Penal Anotado,* São Paulo, Saraiva, 1981, tópico "prescrição", p. 55.

da. Eis, como se ostenta a infração penal, consoante o conhecido e claro enunciado do art. 1º, do Decreto-Lei n. 3.914, de 9 de dezembro de 1941 (Lei de Introdução ao Código Penal e à Lei de Contravenções Penais).

Em concomitância, provindos do *factum*, que desponta, *ex vi legis*, da incidência da cabente norma penal objetiva, sobre ele – dado exterior e anterior ao processo judiciário (o *factum*,"crime", ou *factum* "contravenção") – afloram os dois polos da relação jurídica penal, ou *relação jurídica de punibilidade*. A saber: de um lado exsurge o *poder-dever de punir* (concreto), a ser cumprido, a final, pelo órgão da Justiça Penal, em função do Poder Judiciário, do Estado, que é o Juiz. Ele, vinculado, desde aí, ao dever de executar, de modo eventual, a pena imposta. E o "público", de outro lado, em função da sociedade dos indivíduos comunheiros, titulares do interesse meramente tutelado pela lei penal. Vale declarar, interessados, que são todos e cada um deles, na efetiva punição, do que terminar condenado.

A ação *jurisdicional* penal consiste naquilo que a Justiça Penal fará, mas na execução, em base do disposto no Código Penal, Lei de Contravenções e na legislação material extravagante. Quer dizer, é a *ação punitiva*.

Antes de executada, ela corresponde à *punibilidade*. Ainda não *se* há de falar, assim, da pena em ação, em *punição*, todavia de, pena em potência, ou *punibilidade*. A pena cumprida, diz-se que atuou.

Decorre, daí, após o aludido fenômeno da incidência, tríplice visualização da pena: *punibilidade* (ou em potência), execução (ou em ação) e executada (ou em ato).

É de recordar, exemplificando, que o Código Penal austríaco (Lei Federal, de 23 de janeiro de 1974), no Título Sexto, regula a "prescrição da punibilidade" (§ 57) e a "prescrição da execução da pena" (§ 59).

O modo normal de extinguir-se a *punibilidade*, motivo pelo qual é desnecessário elencá-lo (norma geral), acha-se na total satisfação, pelo Estado, de seu dever punitivo. O cumprimento, *verbi gratia*, da pena privativa de liberdade. Resta, assim, satisfeito o interesse público, que o Estado tutela, mediante a atividade executória da reclusão, detenção ou, ainda hoje, da prisão simples.

Os modos anormais são os das chamadas "causas de extinção da punibilidade" (normas especiais), "diversa" da execução satisfativa penal, previstas no art. 108, do Código Penal, incisos I até X[cxc] e, no art. 107, incisos I a IX, do anteprojeto.

A prescrição, decadência e *perempção,* estabelecidas em ambos os incisos IV[cxci], consistem em causas anormais de extinção da *punibilidade* (pena em potência), por impeditivas da futura execução punitiva. Ou seja, obstaculantes da ação penal, entendida esta, no sentido de direito penal e não de direito processual penal.[9]

Com efeito, ocorrida a infração penal *(praeceptum legis)* emergem a pena *(sanctio legis)* e o direito concreto de impô-la ao agente. A punibilidade, em última análise, é qualidade do agente, derivante de sua conduta, consequência e não elemento da infração. Já a aplicabilidade diz com a sanção, no plano do possível. Daí, falar-se em pena aplicável e pena aplicada, ambas potência.

As chamadas causas de extinção da punibilidade resultam em não imposição da pena cominada, ou em inexecução da pena imposta.[10] Consistem em causas supressivas, mas da pena.[11] Assim, o que se extingue, afinal, é o fato da punição a se efetivar, mediante ação judiciária condenatória, ou já efetivada pela sentença penal.[12]

Em outras palavras, são causas, que destroem a pena aplicável, ou aplicada ao agente, tornando-o, por isso, impunível. Atos e fatos, que tiram da sanção o exercício. Causas, portanto, de extinção da aplicabilidade de sanção penal. Sem a pena, posto que morta em potência, o direito de punir perde substância, e, a chamada pretensão punitiva matéria. O direito de o Estado impor determinada pena é concreto e se exerce em instante demarcado e por razões, igualmente concretas.[13]

---

9. Joaquim Canuto Mendes de Almeida, "A liberdade jurídica no direito e no processo", excerto do livro *Estudos Jurídicos em Homenagem a Vicente Ráo,* São Paulo, Resenha Universitária, 1976; Idem, *Princípios Fundamentais do Processo Penal,* São Paulo, Revista dos Tribunais, 1973, § 232, p. 259, § 233, p. 260, § 236, p. 263; F. C. Pontes de Miranda, *Tratado das Ações,* São Paulo, Revista dos Tribunais, 1970, t. I, § 6, p. 53, § 13, p. 110-3 e § 24, p. 114-6; "Sumários de processo penal". S/A, Coimbra, João Abrantes, 1968, p. 83.
10. José Salgado Martins, op. cit., § 1°, p. 399.
11. Basileu Garcia, *Instituições de Direito Penal,* 4ª ed., São Paulo, Max Limonad, s.d., v. 1, t. II, § 202, p. 659.
12. Aloysio de Carvalho Filho, *Comentários ao Código Penal,* 3ª ed., Rio de Janeiro, Forense, 1955, v. 4, § 25, p. 65.
13. Valentín Corté Domínguez, op. cit., p. 39-40.

O evento, que remove do agente a pena potencial, visto como a extinguiu, faz inviável o direito de acusar, ou despoja de conteúdo a acusação já deduzida, bem como a sentença penal.

Se o ato, ou o fato extintivo incide sobre a pena destruindo-a, tudo o mais que decorre, em primazia, da infração, na esfera penal, morre por derivação, reflexivamente.

A *perempção* surgiria qual fenômeno processual, concernente à relação processual. Acostumamo-nos, pois a divisá-la, na ação judiciária penal de iniciativa privada, quando ocorre o abandono da causa pelo autor.[14]

Tal conceito mostra-se, contudo, genérico e pouco abrangente. Declara, tão só que da descontinuação do feito nasce a *perempção*. Melhor

---

14. Perempção é o "abandono do interesse de punir o ofensor, pela omissão de atividade no curso da acusação" (Aloysio de Carvalho Filho, op. cit., § 89, p. 247); "... verifica-se quando, em circunstâncias catalogadas no Código de Processo Penal, o ofendido, ou a pessoa apta a representá-lo, permanece inativo, deixando de dar andamento à ação privada" (Basileu Garcia, op. cit., v. 1, t. II, § 208, p. 680): "... é a inércia no processo, é inação consistente em não movimentá-lo" (E. Magalhães Noronha, op. cit., v. 1, § 236, p. 492); "... é o nomen juris que deu a lei à sanção jurídica, cominada ao querelante, que não movimenta a relação processual" (José Frederico Marques, op. cit., v. 3, § 161, p. 400); "na perempção, o querelante, que já deu início à ação privada, deixa de praticar os atos necessários ao seu prosseguimento, do processo, fazendo presumir, assim, a sua desistência" (Anibal Bruno, op. cit., t. 3, § 6°, p. 2l6); "a perda do direito de prosseguir o processo, em se tratando de ação privada, denomina-se perempção. O desinteresse, nos prazos marcados na lei pelo autor da ação penal, faz presumir desistência" (Roberto Lyra Filho e Luiz Vicente Cernicchiaro, *Compêndio de Direito Penal – Parte Geral*, 2ª ed., São Paulo, Bushatsky, 1972, § 4°, p. 278); "... consiste, principalmente, na omissão de atos processuais, atinentes ao andamento do processo por motivo de desídia ou desinteresse do autor, ou de quem o substitui ou representa donde a lei infere a sua desistência" (José Salgado Martins, op. cit., § 7°, p. 417); "a perempção da ação penal na lição dos doutos é forma rigorosamente processual de extinção da punibilidade, tendo lugar na ação penal privada, como resultado da inércia do querelante, relativamente à movimentação do processo" (Rogério Lauria Tucci, *Habeas Corpus, Ação e Processo Penal*, São Paulo, Saraiva, 1978, § 4°, p. 102); "A decadência e a perempção têm conteúdo penal e processual, embora o aspecto processual seja mais evidente, pois impedem o processo. É certo, no entanto, que fazem desaparecer o jus puniendi..." (Heleno C. Fragoso, *Lições de Direito Penal*, 4ª ed., Rio de Janeiro, Forense, 1980, v. I, § 92, p. 105) ; "... é a perda do direito de demandar o querelado, pelo mesmo crime, em face de inércia do querelante, diante do que o Estado perde o jus puniendi (Damásio E. de Jesus, op. cit., tópico "perempção da ação penal – noções", p. 42).

fora, talvez, buscar um conceito estrutural. Assim, *perempção* é causa de extinção da pena potencial, por virtude de ato, ou fato específico, atinente ao processo, o qual impede a execução punitiva.

Procura-se, neste conceito, evitar referência à ação penal de iniciativa privada, visto como a Lei n. 6.416, de 24 de maio de 1977, estabeleceu, talvez, hipótese de *perempção* na ação penal pública, dependente de representação (n. IX, do art. 108[cxcii], do Cód. Penal),[15] a qual o anteprojeto acolheu (n. VIII, do art. 107). Além disso, o anteprojeto de Código de Processo Penal[16] pretende criar a *perempção* na ação penal pública principal ou plena (§§ 1º e 2º, do art. 213).

Busca-se, também, arredar a ideia de abandono da causa. Ora, o abandono consiste em falta de iniciativa voluntária da parte, quanto à ultimação de ato processual, ou diligência, por lei, dela dependente.[17] O falecimento e a extinção do queixoso (incisos II e III, do art. 213, do anteprojeto) não exibem casos de abandono próprio. Quem deixa de formular a pedido de condenação, nas alegações finais, em realidade, também, não abandona (inciso III, do art. 60, do Cód. de Proc. Penal e inciso I, do art. 213, do anteprojeto de Cód. de Proc. Penal).

Ao enxergar-se a *perempção*, como fenômeno *metaprocessual*, vale dizer, gerado no processo, mas ocorrente, no direito material, é de causar reparo à falta de disposições gerais, no anteprojeto, modificativa do Código Penal.

O poder dispositivo do ofendido necessita de certo balizamento, salvo se desejamos, ainda, manter descabida visão privalística da ação judiciária penal de iniciativa do particular ofendido.

A ação judiciária penal (ou de direito processual), em gênero e em espécie, é sempre pública, por seu fim: imposição de pena, ou de medida de segurança. O impulso inicial, apenas e por vigor do poder dispositivo da vítima sobre a punibilidade de certas infrações, surge privado.[18]

---

15. Fernando da Costa Tourinho Filho, *Processo Penal*, 5ª ed., Bauru. Jalovi, 1979, v. 1, p. 566.
16. Brasília, Ministério da Justiça, 1981.
17. José de Moura Rocha, "O abandono no novo processo civil brasileiro", em *Revista Forense*, 1979, v. 268, p. 64-5.
18. Joaquim Canuto Mendes de Almeida, *Processo Penal, Ação e Jurisdição*, São Paulo, Revista dos Tribunais, 1975, § 27, p. 29; § 33, p. 41; § 115, p. 236.

O processo, que conduz à ação penal (não de direito material), como aliás qualquer outro, emerge sempre qual instrumento público, de que ninguém pode dispor a seu talante. Nem mesmo, no juízo cível, admite-se plena liberdade dispositiva das partes.[19] No criminal, a evidência mais se ostenta, quando recordamos de que o acusador, público ou particular, não tem um direito material seu, de natureza penal, para fazer valer contra o acusado, ou réu.

A questão, que desde a reforma penal de 1940 e 41, preocupa e, na presente ainda resiste, acha-se no desconchavo entre o perdão privado, que oferecido é recusado, e a perempção.[20]

Eis, o tema: o querelante, antes de passada em julgado a sentença condenatória, oferece o perdão. Recusa-o, porque pretende a absolutória, o querelado. Tal ato de querer perdoar, visto como recusado, não produz efeito, diz a lei (art. 107[cxciii], n. III, do Cód. Penal e art. 106, n. III do Anteprojeto).

Em sequência, o mesmo querelante, que teve o perdão rejeitado, não comparece, sem justo motivo a qualquer ato a que deveria estar presente; ou se abstém de formular pedido de condenação, nas alegações finais; ou ainda, descumpre ônus processual, que lhe é, em especial, imposto, para o regular curso de procedimento (art. 60, n^os^ I e III, do Cód. de Proc. Penal e art. 213, n^os^ I e IV, do Anteprojeto de Cód. de Proc. Penal).

O juiz deverá, na hipótese, de ofício, reconhecer extinta a punibilidade do réu e, portanto, extinguir o processo, sem adentrar no mérito (art. 108, n. IV[cxciv] do Cód. Penal, c/c art. 61, do Cód. de Proc. Penal e art. 107, nº IV, do Anteprojeto de Cód. Penal c/c art. 214, do Anteprojeto de Cód. de Proc. Penal).

O perdão oferecido, mas desaceito, porque o querelado tem necessidade jurídica da contingente sentença absolutória, dá ao acusador privado, tal como se acha, o abusivo poder de provocar a *perempção*. Usa, pois, de modo irregular, do instrumento público, como coisa própria.

---

19. Alfredo Buzaid, "Exposição de motivos do projeto de Código de Processo Civil", itens 5 e 17.

20. Joaquim Canuto Mendes de Almeida, op. cit., § 35, p. 45 e 43, 64; Basileu Garcia, op. cit., v. 1, t. lI, § 199, p. 652; Hélio B. Tornaghi, *Instituições de Processo Penal*, 2ª ed., São Paulo, Saraiva, 1977, v. 2, p. 348-9; Fernando da Costa Tourinho Filho, op. cit., v. 1, § 2°, p. 564.

Se ninguém hesita em que é iníquo tardar o julgamento penal; e mais ainda, quando por mora voluntária do acusador, mantido o réu sobrecarregado e jungido à queixa.[21] Daí, até, exsurgir caso de *perempção*. Se, a toda a luz, o "processo penal guarda, em si, caráter sancionatório, na esfera social."[22] Ser acusado, em juízo criminal, traz carga de sofrimento maior e nem sempre encontrável, no civil. Então, consiste em injustiça bem maior a *perempção* nascente, após perdão que se recusa, a qual mais onera e aflige o querelado.

Ora, a recusa ao perdão é implicativa de pedido de decisão da causa, pelo mérito. Quem rejeita, deseja sentença absolutória. Tal pretensão não há de se desprezar.

Não aflora possível, contudo, obrigar o queixoso a seguir a acusação, após o perdão recusado. Não surge, também razoável colocar-lhe nas mãos o poder de perimir, desatendendo ao interesse do réu rejeitante.

A solução, parece, acha-se em impor limitação ao poder dispositivo do querelante, não fazendo operar a *perempção,* depois da recusa ao perdão. Tal situação seria de ensejar julgamento conforme o estado do processo. Vale afirmar, julgamento antecipado da causa, decisão de mérito.

---

21. José Antonio Pimenta Bueno, *Apontamentos sobre o Processo Criminal pelo Júri*, Rio de Janeiro, J. Villeneuve, 1849, 124, p. 115.
22. Francesco Carnelutti, *Las Miserias del Proceso Penal*, trad. Santiago Santis Melendo, Buenos Aires, EJEA, 1959, tópico "Las pruebras", p. 71-8.

O crime não se enfrenta com a lei

A pena é castigo, que, em não sendo cruel nem desumano, há de ostentar-se necessário e suficiente à reprovação, e à prevenção das infrações penais. Cifra-se, pois, em sanção, Jurídica negativa, nascente nas aludidas infrações, como forma de resposta estatal, cujo conteúdo é aviso e censura. Assim, a vê o Código Penal vigente.

Nenhuma pena soluciona a questão da criminalidade.

Jamais resolveu, nem objetiva solvê-la. Representa a atuação de mais um instrumento de controle social. Todas marcam-se pelo fracasso. Mais duras as penas, maior o malogro que se vive.

O direito é experiência e cultura. Desde muito tempo, se desacredita em leis penais de largo espectro e grave rigor, para afrontar a opressão delinquencial. O crime, por certo, não se enfrenta, somente, com a lei. Saúde, transporte, educação, trabalho e lazer, tudo diz com a paz pública desejada.

A pena de morte mostra-se como velho aparato desútil, bem pior que inútil. Intimida menos do que se imagina e não castiga, na justa medida da culpa. Espécie de coceira pré-iluminista, que às vezes volta.

A morte, cortamento de membros, castração ou o açoite emergem como sanções negativas da mesma natureza. Atingem o corpo. Não adianta negar. Na vazante do século, difícil tolerar que se pretenda aplicar, no Brasil, e para os crimes comuns, a mais severa das penas corporais. Caso venha a punição capital a admitir-se, na Constituição da República, o seu proporcional mau êxito exibir-se-á em ausência de eficácia social.

O indivíduo, aquele que não se pode dividir, "guarda o direito de morrer a sua própria morte". O poeta e médico Miguel Torga quis, de tal modo, ostentar contrariedade à pena de morte. Melhor restar com ele.

O direito de ser citado

A conjuntura circunstancial vivida, sempre capaz de tolher o alvitre individual, seja pela tensão geoeconômica, a atuar no espaço, ou pela tensão histórico-política, a agir no tempo, é objeto de diversas indagações.

A história concebe-se, assim e também, qual o estudo das variações sociais, no espaço e no tempo, como momento circunstancial condicionante, como comportamento condicionado e, ainda, como criação residualmente livre do fadário humano.

O direito, conjunto de normas ordenadas da convivência social, participa, em paralelo, com a economia, a política e a sociologia do núcleo das ciências sociais. Já a arqueologia, a antropologia, a história, a linguística, a filosofia e a psicologia agrupam-se entre as ciências humanas.

O encontro eventual entre a história e o direito ocorre quando examinamos qualquer sistema normativo. Não se cuida aqui de pôr em relevo, apenas, o método de interpretação, a contar da história do preceito jurídico. Parece evidente o proveito de lhe investigar o surgimento, mediante a perquirição das causas econômicas, políticas e ideológicas, como se tem dito. A descoberta do fim buscado pelo legislador, em face do instante da edição da norma, também importa ao intérprete. A questão, entretanto, pode ostentar-se outra.

Os problemas de maximizar, ou minimizar a função do direito, tendo em vista as variáveis, ou forças internas colaborantes e parâmetros, ou forças externas interferentes, sujeitas umas e outras a restrições histórico-políticas e socioeconômicas resumem-se em questão de otimização jurídica.

Sabendo-se de raiz que inexiste um sistema jurídico concluído e lhe conhecendo a estrutura diacrônica, mas dotada de momentos sincrônicos, tal problemática afasta a ideia de institutos extintos e, em definitivo, derrelitos no patrimônio cultural dos ovos. A concepção de evolvimento e progresso não se adapta, de modo simplório, ao direito, cujo movimento não surge retilíneo nem aflora uniformemente variado. Na história, a rigor, inexiste um direito antiquado e outro avançado, tal como não há uma cultura adiantada e outra atrasada. Encontramos, sim, direitos diversos e distintas culturas.

As relações de poder, subordinação, coordenação e conflito de interesses, por exemplo, acham regramento e solução sob formas jurídicas, que emergem e submergem ao sabor da pretendida inclinação a otimizá-las.

A jurisprudência estabelece a avaliação contínua, cujo resultado permite a análise do preceito, conduzindo ao seu constante redimensionamento. A tendência ao renascer normativo mostra-se, às vezes, apontando a conveniência legislativa.

Lição bem nova tivemos no Brasil, quando a fidúcia romana, que parecia esquecida para sempre, reapareceu em modernas vestes, na alienação fiduciária em garantia.

A obra "*O Direito de Ser Citado*", de Luiz Carlos de Azevedo, estampada pela Editora Resenha Universitária, em coedição com a Fundação Instituto de Ensino para Osasco, tem por isso mérito e proveito. Não é reportagem jurídica, sobre tema de direito processual civil, nem o autor se perde, joeirando curiosidades na história do direito.

Pretende demonstrar e aprovar, em trezentas e setenta e cinco páginas, por que se distribuem os onze capítulos do livro, a constância, que reafirma necessária, do direito humano de ser o réu chamado a juízo, para se lhe ensejar entendimento do pedido formulado, bem como lhe proporcionar, assim, defesa hábil e plena.

O trabalho e a conclusão poderiam trazer as cores do intuitivo, do que é patente e notório. Azevedo, contudo revela as diversas restrições que chegam à eliminação de tal direito, no correr do passado. Vai além e mostra, no hoje, o perigo da cacotecnia jurídica, que arredando o humano no direito, opta por uma mecânica processual, a pretexto de simplicidade e economia, no processo forense.

O autor, já se vê, não guarda a intenção de restaurar a chamada escola histórica de Muller e Savigny, o que lhe prestaria o flanco a críticas já feitas a outros. O intento encontra-se claro. Deseja ele alertar para as realidades sociais, na melhor percepção do direito processual civil vigorante e futuro.

Caso nos fosse lícito estranhar alguma coisa, na ordem dos capítulos, na verdade da narração e na pontualidade dos conceitos, é só a quase ausência do enfoque econômico, que lhes não surge essencial. Tal pequeno e insignificante reparo, contudo, não despoja da obra o talento, nem a boa fortuna, que terá nas letras jurídicas.

O indiciamento

1. Indiciamento compõe-se, sob ângulo etimológico, da palavra indício, forma divergente de endez, mais o sufixo amento.

A voz substantiva endez, derivante do latim *indicii*, significa indicação, sinal, revelação e autorização para fazer acusação, ou denúncia[1].

Amento é sufixo formador de substantivas de ação, movimento, que, no caso, guardando uma das funções latinas, possui ideia coletiva[2].

Indiciar, sob o enfoque antes mencionado, consiste, pois, em mostrar, por vários indícios, permitindo acusação. Indiciamento é o ato, ou efeito, de assim o fazer.

2. Já, no inquérito policial, o indiciamento há de ostentar-se como ato do procedimento, que resulta do encontro de um "feixe de indícios convergentes", que apontam o suposto autor do crime[3].

Cabe recordar neste lanço, conhecida e antiga lição.

> "O corpo de delito somente prova o delito, porém não mostra o delinquente. É preciso que alguém seja, legitimamente, indiciado para ser pronunciado réu"[4].

---

1. João Pedro Machado, *Dicionário Etimológico da Língua Portuguesa*, 3ª ed., Lisboa, Horizonte, 1977, v. II, verbete "endez"; e v. III, verbete "indício".
2. João Pedro Machado, op. cit., v. IV, verbete "mento".
3. J. Rivero, com outro escopo, citando decisão do Conselho de Estado francês, de 28 de março de 1945, alude a faisceau d'índices convergents, ideia que se aproveita, para tentar conceituar indiciamento (em *Droit Administratif*, 7ª ed., Paris, Dalioz, 1975, p. 252).
4. Joaquim José Caetano Pereira e Souza, *Primeiras Linhas sobre o Processo Criminal*, 4ª ed., Lisboa, Impressão Régia, 1831, § 53, p. 52.

3. O indiciar alguém, como parece claro, não pode surgir qual ato arbitrário da autoridade, mas legítimo. Não consiste, também, no uso de poder discricionário, visto que inexiste a possibilidade legal de escolher entre indiciar, ou não. A questão situa-se na legalidade do ato.

O suspeito, sobre o qual se reuniu prova da autoria da infração, tem que ser indiciado. Já aquele que, contra si, possui frágeis indícios, ou outro meio de prova esgarçado, não deve ser indiciado. Mantém-se ele como é: suspeito.

4. Tirante as hipóteses de flagrante delito, das quais emerge a relativa certeza visual, ou presumida da autoria, impositiva de indiciamento[5], no inquérito, tal ato há de resultar de investigações positivas. Em outras palavras, a pessoa suspeita da prática de infração penal passa a figurar como indiciada a contar do instante, em que, no inquérito policial instaurado, se lhe verificou a possibilidade de ser o agente.

Na autoria desconhecida e na indeterminável existe inquérito, mas não ocorre indiciamento. Mostra-se enganoso acreditar, com vistas à doutrina italiana, que a existência de inquérito resta dependente (quando for a hipótese) de notícia de crime, na qual se atribua a alguém prática de infração penal. Vale dizer, se ocorreu notícia de crime, então, deve acontecer o indiciamento, ou ainda, no inquérito policial não cabe a figura do suspeito, apenas a do indiciado.

Inexiste, em nosso sistema, razão lógica ou jurídica impeditiva de a autoridade inquerir sobre delito, mesmo faltante a imputação. Nem se há de arredar a conjectura de, ao final do inquérito, e inobstante demonstrada a materialidade da infração, não lograr a autoridade indícios suficientes, para o apontamento da autoria, abstração feita da diversidade de suspeitos.

5. Há, portanto, escala, de menos para mais, em relação à posição averiguada de autoria, a saber: suspeito, indiciado e réu penal.

Daí se poder afirmar, com pontualidade, que:

> "Na técnica, reserva-se a expressão réu para o sujeito contra quem é proposta ação penal, e indiciado ao sujeito objeto de investigação, durante a fase do inquérito"[6].

---

5. Sérgio Marcos de Moraes Pitombo, "Da prisão em flagrante", em *Jornal do Advogado*, São Paulo, abr. 1980, n. 6, p. 13.
6. Fernando da Costa Torinho Filho, *Processo Penal*, 5ª ed., Bauru, Jolovi, 1979, v. 1, p. 271.

O precedente anteprojeto de Código de Processo Penal, elaborado pelo prof. José Frederico Marques, e revisto por subcomissão constituída pelos profs. José Carlos Moreira Alves, Benjamin de Moraes Filho e José Salgado Martins[7], no Título III, "Das partes"; Capítulo II, "Do réu ou acusado"; Seção II, "Do suspeito e do indiciado", possuía o dispositivo seguinte:

"Art. 105. Antes de proposta a ação penal, denomina-se suspeito aquele a quem se possa atribuir a prática da infração penal: e indiciado, o que desta seja o provável autor."

Tais conceitos diferenciantes provinham do art. 104, de outro anteprojeto elaborado pelo mesmo autor[8].

Não passaram, entretanto, para o Projeto de Lei nº 633, de 1975[9] e, igualmente, para o Projeto de lei nº 1.268 de 1979[10].

O novíssimo anteprojeto[11] também não os recebe, posto que, nesse passo, orienta-se pelo aludido Projeto de Lei nº 633/75.

6. Na doutrina e na prática do processo penal, assim, apartam-se as ideias de suspeito, indiciado e acusado, ou réu, admitam-se ou não, na lei conceitos:

"A distinção (legal) embora tenha sido alvo de críticas e tenha sido eliminada não é despicienda. É que nem todas as providências que devem ou podem ser tomadas com relação ao indiciado seriam cabíveis em se tratando de mero suspeito. Assim, enquanto mandava que a autoridade policial ouvisse em interrogatório tanto o indiciado como o suspeito, o anteprojeto estatuía fosse ordenada a identificação, pelo processo datiloscópico, do indiciado, sem mencionar também o suspeito. Para esse efeito, cumpre se faça, na prática, a distinção, já de praxe na Polícia Federal, que atingiu elevado grau de técnica, eficiência e correção. Daí a expressão "indiciar", surgida na prática policial, significando atribuir a

---

7. *Diário Oficial da União*, de 10/05/74, suplemento ao n. 118.
8. *Diário Oficial da União*, de 29/06/70, suplemento ao n. 188.
9. *Diário do Congresso Nacional*, de 13/06/75, suplemento ao n. 61, Mensagem do Poder Executivo nº 159/75.
10. Câmara dos Deputados, 29/05/89, Deputado Sérgio Murilo.
11. *Diário Oficial da União*, de 17/05/81, suplemento ao n. 97.

alguém a condição não de simples suspeito da prática de infração penal, mas de seu provável autor"[12].

7. A própria existência de graduação, no tocante à autoria, põe à luz a importância do indiciamento, como foi, aqui, divisado (ver item 02).

Não surge ele rotineiro, ou de tarifa, porque implicativo de mudança de estado, no inquérito policial, com todas as suas óbvias consequências (ver arts. 93 a 95, art. 223, ns. V, VII, VIII, IX e X, ainda § 4º; art. 226, §§ 1º e 2º; art. 230, § 3º; art. 234, § 1º, art. 340; art. 437, nºs V e VI; arts. 441, 452, nºs I a V; e outras do anteprojeto de 1981). Parece inexistir a menor cabência em, a pretexto de que é inútil apartar o suspeito ou indiciado, por exemplo, sujeitá-lo aos mesmos ônus e obrigações impostas ao segundo. Identificá-lo e, ainda, pregressá-lo. Determinar-lhe que se submeta à reprodução simulada dos fatos investigados.

A afirmação de que o indiciamento possui legitimação implícita, ou faticamente ostensiva, também não satisfaz. Tal posicionamento tende ao subjetivismo incompatível e cai para o arbítrio. Eis, o dado da experiência, de todos conhecido.

8. Ato mandamental, ou ordem da autoridade presidente do inquérito, há de precedê-lo.

O mencionado ato, que deve exsurgir por razão determinante – o encontro da autoria –, ao elevar o suspeito à categoria de indiciado, necessita aflorar motivado.

Na motivação da ordem de indiciamento se lhe vai descobrir a causa, mostrando, ou não, a substancial legalidade.

9. Sugere-se, pois, a inclusão de dispositivo, como inciso V, do art. 233, do novíssimo anteprojeto o quanto segue:

"Art. 233: "... V – determinar o indiciamento do suspeito, mediante ordem fundamentada, tanto que verificada a autoria."

12. José Barcelos de Souza, *Teoria e Prática da Ação Penal*, São Paulo, Saraiva, 1979, p. 30-1.

O juiz penal e a pesquisa da verdade material

O Juiz, ao solucionar a questão penal – definição jurídico-penal positiva, ou negativa –, conheceu-a.

O conhecimento, como pode parecer, no primeiro lanço, não parte da pura descrição de fato, imerso e em sua circunstancialidade e emergente na acusação, ou em outra simples afirmação do dever-ser. O julgador vai ao fato, posto em Juízo, mas, já antes, aprestado com o modelo legal de conduta, ou com hipótese legal não incriminadora. Não é tudo, porém.

A cognição consiste em estado de consciência intencional. Sentença adveio de sentir. Conhecer, entretanto, está em agir, vendo uma realidade – não a realidade. Desponta a revisão criminal, por exemplo, com muito bom motivo, qual meio de ver, de novo, o feito já findo (art. 621, do Código de Processo Penal).

Fala-se – divisando a ação penal de índole condenatória que o acusador age e que o acusado reage, mesmo que o não queira, por força e efeito da contraditoriedade devida, a qual se exercita por meio da defesa técnica (art. 5º, n. LV, da Constituição da República). Emerge, contudo, impossível conhecer, deixando de também agir. Daí, o conhecimento da causa, da questão penal, implicar na atuação do Juiz; no desenvolvimento de certa atividade específica, pouco subjetiva e mais transcendente. Assim, não se mostrando madura a causa, não a pode julgar. Não a conhece, ainda. Perquire, então, agindo. Precisa ver para saber (art. 502 e parágrafo único, do Código de Processo Penal[cxcv]). Se prossegue, decidindo, lhe trai a função específica[1]. A causa penal, quando se exibe pronta para julgamento – ou se a figura estar –,

---

1. A palavra "vistos", pela qual incoam muitos atos decisórios, pouco guarda de mera fórmula. Contém manifesta substância.

porém ostenta má proposição – tenha-se em mente que não há descrição exemplar de qualquer fato e que ele não é a sua própria narração –, então, a emenda, ou a muda (arts. 383[cxcvi] e 384[cxcvii], parágrafo único, do Código de Processo Penal). O Juiz não transforma o fato, mergulhado nas circunstâncias. Não o modifica. Não lhe confere classificação jurídica nova, como pode aparentar. Exibe-o, qual contemplado na instrução criminal, posto que mais próximo da verdade revelada. O fato, aí, não é mera representação, ou simples imagem mental, porém o existente, em concreto, tanto que desvendado pelos meios de prova.

Exsurge, pois, o problema da verdade criminal. Nada tem ele com a utilidade do processo; com seu custo-benefício; ou algo semelhante. Daí, todos os perigos de se fazer prevalente a ideia de instrumentalidade, sobre a de justiça, enquanto juízo de valor, quando se cuida de liberdade jurídica.

Em primeira abordagem, a verdade criminal emerge qual a maior conformidade, ou a desconformidade, da lei penal com o fato concreto. O atingimento da verdade criminal depende, contudo, da evidência.

Note-se: o fato, que surge certo – ou que acreditamos certo –, ou o induvidoso –- ou que, ao menos, cremos induvidoso –, não é, só por isso, evidente. Assim fosse e teríamos que conviver com a "falsa evidência". A "falsa evidência" é a negação da verdade.

Há evidência no momento em que o fato existente, que procuramos, se nos apresenta, em sua concretitude, para cognição. A presença do fato captado deriva, como resultado, do esforço probatório, da lícita pesquisa, ou verificação. Em tal sentido, a evidência irrompe demonstrativa e, portanto, essencial ao conhecimento objetivo, que, sempre, a aspira. Recordemos, mais outra vez, da revisão criminal, no caso de a decisão condenatória e firme contrariar à evidência dos autos (art. 621, n. I, do Código de Processo Penal).

Convém explicitar o que seja cognição objetiva. O objeto de controle probatório – o instrumento – é a inquisitividade do Juiz penal. O objeto controlado é, ainda, o fato, o senso amplo, que se desenhou, afirmando primeiro um dever-ser.

A verdade de que se cuida, por certo, não traz a marca da plenitude.

> "A inteligência, que é limitada, não poderá jamais compreender com precisão a verdade toda. O entendimento está para a verdade, assim como o polígono está para o círculo: quanto maior for o número dos ângulos do polígono inscrito, tanto mais será semelhante ao círculo.

> Nunca, porém, chegará a ser igual, embora os ângulos se multipliquem, até o infinito, a não ser que assuma a identidade do próprio círculo" [2]:

Tal não emerge realizável. Só a aproximação – maior ou menor – aflora praticável.

Tratamos, pois, da verdade possível; da verdade, dita processual, ou atingível.

> "Chama-se princípio da verdade material – ou real –, por vezes apenas princípio material (Material = *prinzip*), ao princípio segundo o qual o processo deve tender – mas, tendência não é destino – à reconstituição dos fatos e da situação jurídica tal como, efetivamente, se verificaram, ou se verificam". [3]

É menos que princípio, entretanto. "A doutrina dá o nome de princípio da verdade real – ou material – à regra, em razão da qual o Juiz vela pela conformidade da postulação das partes – em sentido formal, diga-se – com a verdade real, a ele revelada, pelos resultados da instrução criminal" [4].

Ainda, "a verdade material, uma das regras orientadoras do processo penal, significa a reconstrução atingível de fato relevante e metaprocessual, inquisitivamente perquirida, para deslinde da causa penal" [5].

Tal regra dominante opera e se especifica na inquisitividade; no contraditório real ou indisponível; e no convencimento racional, ou motivado.

Três deveres, portanto, guarda o Juiz penal: de impulsionar a pesquisa à verdade material; de garantir o contraditório real, enquanto ocorre a busca válida da verdade material; e, de persegui-la, de modo espontâneo, quando aprecia a prova. Dever processual atente-se. A quebra acaba em nulidade; ou no melancólico esvaziamento do processo penal.

---

2. Nicolau de Cusa, *De Docta Ignorantia,* trad. Geraldo Mello Mourão, trecho estampado em *Folha de S. Paulo,* 11/02/78, p. 3.
3. João de Castro Mendes, *Do Conceito de Prova em Processo Civil,* Lisboa, Ed. Ática, 1961, p. 165.
4. Joaquim Canuto Mendes de Almeida, "O princípio da verdade real". Separata da *Revista da Faculdade de Direito da Universidade de São Paulo,* ano LII, 1957, p. 121.
5. Rogério Lauria Tucci et al., *Princípio e Regras Orientadoras do Novo Processo Penal Brasileiro,* Rio de Janeiro, Forense, 1986, p. 145.

Cumpre restar na última especificação a inquisitividade, visto que a experiência vem patenteando a necessidade de recordá-la, mais do que as outras. Irrompe a ausência, ou a dispensa, da procura da verdade, criminal, mais frequente, do que se imagina. Substituem-na o discurso forense, arreado de formas feitas, que pode decair para a formação de uma burocultura judiciária.

A inquisitividade acha-se, sempre, em qualquer processo penal. Sem esquecer o de execução. Varia, apenas, a intensidade da pesquisa, conforme a natureza do provimento jurisdicional intentado. Mostra-se em atuação oficial, ou de ofício, do magistrado – posto independer de provocação – e supletiva da inércia das partes, ou do requerente, em favor da verdade material. Consiste, então, em poder-dever inquisitivo do Juiz[6]. Observe-se, entretanto, que o poder-dever inquisitivo jamais aflora ilimitado. O objeto controlado já o demarca e, ainda, não há como acossar, sem constrangimento ilegal, a verdade material, se esgotados, conforme a razão, os meios lícitos de seu apuramento.

> "Por isso se diz que em processo penal está em causa, não a 'verdade formal', mas a 'verdade material', que há de ser tomada em duplo sentido: no sentido de uma verdade subtraída à influência que, através do seu comportamento processual, a acusação e a defesa queiram exercer sobre ela; mas também no sentido de uma verdade que, não sendo 'absoluta' ou 'ontológica', há de ser, antes de tudo, uma verdade judicial, prática e, sobretudo, não uma verdade obtida a todo preço, mas processualmente válida"[7].

Tomemos, ainda, por exemplo, o processo penal de índole condenatória. A inquisitividade está em ambas as fases da persecução penal; na procedimental e na processual. Deixemos de lado, contudo, o instante inicial da *persecutio criminis* (arts. 4º, 6º, 7º; 10º, § 2º; 11; 14, 18 e outros do Código de Processo Penal).

---

6. Parece desútil repetir, a todo tempo, que se não confunde poder-dever inquisitivo do juiz, com procedimento inquisitório. Tal baralhamento não tem mais lugar, na doutrina processual. Ver, dentre outros, Joaquim Canuto Mendes de Almeida, *Princípios Fundamentais do Processo Penal*, São Paulo, Ed. Revista dos Tribunais, 1973, p. 107.
7. Jorge de Figueiredo Dias, *Direito Processual Penal*, Coimbra, Coimbra Ed., 1974, v. 1, p. 193-4.

Ao ensejo da ação penal condenatória – segundo momento, já, da persecução –, a competência, de normal. determina-se pelo lugar da infração e para muito facilitar a produção probatória (art. 70, do Código de Processo Penal). Sempre vigorante a ideia de aproximação, para ver e sentir.

A descoberta da verdade material orienta-o em todos os procedimentos incidentes. Indaga, assim, do estado das pessoas (art. 92, do Código de Processo Penal). Verifica as incompatibilidades (arts. 112, 206, 258, 274, 280 e 460[cxcviii], do Código de Processo Penal). Averigua a falsidade documental (art. 147, do Código de Processo Penal). Perquire sobre a fraqueza mental do arguido (art. 149, do Código de Processo Penal).

No que diz, mais de perto, com a prova, a interferência judicial surge, por necessidade manifesta. Mesmo se e quando encerrada a instrução, nada impede que o Juiz determine, "de ofício, diligência para dirimir dúvida sobre ponto relevante" e tudo em prol da verdade material (arts. 156[cxcix]; 407[cc]; 502 e parágrafo único[cci]; bem assim o art. 538, do Código de Processo Penal[ccii]).

Acautela, também, os meios de prova (arts. 225; 240, § 1º, letra "e", e 527, além de outros, do Código de Processo Penal).

Informa-se sobre a validade das perícias – exame, vistoria e avaliação –; completa-as, repete-as ou as ultima, tanto que indispensáveis à aludida revelação (art. 158; 162; 163; 165; 169; 170; 171; 174; 181[cciii] e parágrafo único; 182 e 232).

Zela pelos testemunhos (arts. 203; 208; 210[cciv]; 211; 213; 214; 216; 217[ccv]; 218 e 220, do Código de Processo Penal).

Tais poucas invocações bastam para demonstrar que, nem os processos penais, nem as ações penais hão de ter dono. Todos e cada qual no plano limitado da respectiva atuação – O Delegado de Polícia; Promotor de Justiça; suspeito, indiciado, acusado e condenado; Defensoria; bem como o Juiz penal –, todos, são servos da verdade material. A seu modo, a ela se ancilam, para a realização da Justiça Criminal; obra de mão comum. As sabidas disfunções não modificam a essência dos papéis, na persecução penal.

À sociedade possuidora do direito à paz pública; e o indivíduo, possessor de liberdade jurídica, interessa que se divise, assim, a verdade material, ou atingível.

O poder-dever inquisitivo, a atividade supletiva do Juiz penal, não exsurge, em razão dessa natureza, menor. Bem o contrário mostra-se. Revela, antes, que a ninguém se confere o monopólio da verdade material.

Em seguida, que é indispensável romper com a burocultura processual. Depois, que está o magistrado, como sempre, em guarda, na mantença e preservação dos direitos individuais e suas garantias.

O processo cautelar no novo CPC

A Exposição de Motivos, anexa ao Projeto de Lei de Código de Processo Civil, elaborado pelo próprio expositor, o Ministro da Justiça Alfredo Buzaid (Mensagem no. 210, de 2 de agosto de 1972, ao cuidar de descrever o plano da reforma processual brasileira, declara que o Projeto acha-se dividido em cinco livros. O primeiro se preocupa com o processo de conhecimento; o segundo atende ao processo de execução; o terceiro cuida do processo cautelar; o quarto trata dos procedimentos especiais; e o quinto estabelece as disposições gerais e transitórias.

A matéria dos três primeiros livros, continua a Exposição de Motivos, corresponde à função jurisdicional, de conhecimento, de execução e cautelar. Afirma o expositor, apoiado em CARNELUTTI, LIEBPAN, ROSENBERG E ALCALA ZAMORA, que a dogmática do processo civil moderno acabou por sancionar a classificação tríplice de funções.

O processo cautelar, portanto, se acha regulado no Livro III, do Código, posto que surge como um *termun genus*, o qual contém a um tempo as funções de processo de conhecimento e de execução. Afiança ainda o expositor que o elemento específico do processo cautelar seria a prevenção.

O mencionado Livro III, "Do Processo Cautelar", possui título único, "Das Medidas Cautelares, o qual se encontra dividido em dois Capítulos, a saber: "Das Disposições Gerais" e "Dos Procedimentos Cautelares Específicos". Este Capítulo aparece repartido por quinze XV (quinze) seções. Tudo, afinal, alinhavando noventa e três artigos, do 796 ao 889[ccvi] do novo Código do Processo Civil.

A questão da natureza e fim das medidas cautelares manifesta-se, extremamente, difícil na doutrina do processo. O embaraço em nominá-las, desde logo, nos dá o padrão do problema. Já as chamaram de, por exemplo, cauções de instância; medidas provisórias de cautela e conservação; medidas provisórias de segurança e garantia; medidas precautórias; medidas antecipadoras; medidas de asseguramento; providências cautelares; procedimentos, processos e ações cautelares.

Descabe, neste lanço, examinar a intrincada problemática do envolvimento institucional das ações cautelares; merecedora, sem dúvida, de pesquisa e reflexão, mas em labor específico.

A atividade jurisdicional objetiva a atuação da vontade da lei, na solução, seja definitiva, seja provisória, da lide. O processo de conhecimento e o de execução levam a soluções definitivas do conflito. O processo cautelar soluciona, provisoriamente, a lide.

Com efeito, ao surgir a necessidade de se obstar mudanças, causadoras de dano, nas situações de fato, enquanto dura o processo, se faz preciso uma ordem judicial.

Tal ordem judicial, que estanca o perigo e previne o dano, poder-se-ia chamar de mera providência cautelar. Ocorre, entretanto, que dita providência não atua no bojo do processo a que serve. Não se constitui em fato incidental, no trâmite do processo de conhecimento, ou de execução. É mais mera providência. Corresponde a um tipo diverso de processo de conhecimento, ou de execução. Denomina-se a ele processo cautelar.

Consiste, por conseguinte, o processo cautelar em terceiro gênero de atividade jurisdicional do Estado, posto entre o processo de conhecimento e o de execução, mas no mesmo plano.

Todos sabem que o direito material compõe conflitos de interesses. O direito processual disciplina a solução de conflitos, sob a forma de declaração judicial e de execução. O processo cautelar, repita-se, objetiva a declaração e a atuação da vontade da lei, na solução provisória da lide.

Não busca ele, pois, solução da lide, nem com o mesmo se atinge resultado útil, quanto ao reconhecimento ou não da pretensão. O reconhecimento e o escopo do processo de conhecimento, ao qual o cautelar ancila. Decorre daí que existe e subsiste, tão só, por força mesmo do processo de conhecimento (ação principal) ou atual, ou futuro.

O perigo, nascente no se alongar a decisão final, ou no entregar de fato, a prestação jurisdicional, é perigo de dano. Note-se que, no caso, o dano exsurge sempre potencial. Arredar o *periculum in mora* é o fim que se pretende alcançar. Emerge, daí, o elemento prevenção.

Ora, se o processo cautelar existe em função de processo de conhecimento, ou de execução, a que se serve, assegurando a provável satisfação de pretensão deduzida, logo, possui, caráter instrumental. Representa instrumento a serviço do movimento final. O provimento final, contudo, será, ou não, favorável ao pretendente à cautela. Assim, diz-se que tal instrumentalidade surge hipoteticamente.

O processo cautelar possui a finalidade de, dentro dos limites do possível, evitar as modificações estas que podem derivar da demora do processo de conhecimento ou de execução.

No processo cautelar há decisão satisfativa. O juiz conhece o pedido e o defere ou indefere, mas não declara se a pretensão, cuja concretização a cautela busca assegurar, é justa ou injusta. O seu conhecimento vem limitado. A cognição arrima-se no *fumus boni juris*, basta-lhe a provável existência do direito que se quer tutelar e o provável perigo de dano. Trata-se, por conseguinte, de um juízo de probabilidade, de manifesta vitalidade provisória. A satisfação pela atuação da tutela cautelar dá o sentido da decisão satisfatória, em tais processos. Atende, tão só, à pretensão de segurança, à pretensão cautelar.

Como divergem o fim e as funções do processo cautelar, do fim e das funções do processo de conhecimento e de execução, se pode falar em função jurisdicional cautelar. Assim, também, ao se referir a processo e procedimento cautelar, o continente e o conteúdo. Recordemo-nos que processo e relação jurídica processual; nexo entre sujeitos (o juiz e as partes); procedimento é o nexo entre os atos, que se dirimem a um afim.

O procedimento cautelar dirige-se à tutela jurisdicional cautelar, cujo fadário é assegurar a plena eficácia do processo de conhecimento, ou do processo de execução, nos casos em que existe plausibilidade (*fumus boni juris*), ocorrendo situação objetiva de perigo (*periculum in mora*), provocadora de temor de dano jurídico.

Os processos cautelares não liberam o devedor, nem satisfazem o credor, mas asseguram a prova do fato ou a própria pretensão do direito material. Há, pois, ação e pretensão, portanto se pode falar, sem risco, em ação cautelar.

A moderna doutrina do processo, portanto, terminou por classificar as ações de conhecimento, em ações judiciárias sob o enfoque da tutela jurisdicional pretendida, em ações de conhecimento, em ações de execução e em ações cautelares.

A ação cautelar objetiva garantir o futuro resultado útil de outra ação, tutelando a segurança de relações jurídicas. Afloram, pois, de seu processo – acessório – verdadeiras cauções de segurança, ou da prova do fato, ou da satisfação à pretensão, deduzível em outro processo, o principal.

A questão emergente consiste em se procurar saber se toda a atividade cautelar, ancilada a outro processo, exprime ou não, ação judiciária.

O juiz, no regular exercício de suas funções jurisdicionais, órgão do Poder Judiciário, pratica atos processuais, que criam, modificam, acautelam, reconhecem e extinguem relações jurídicas, por meio de despachos e sentenças. Detém o Magistrado, para isso, poderes processuais de direção, coação, documentação e decisão.

Constituem, pois, atos de coação processual os de restrições de direito, praticados no interesse do processo, quanto ao asseguramento da instrução, ou quanto à garantia de possível e útil julgamento futuro, ou, ainda, quanto ao acautelamento da execução. Deve e pode o Magistrado praticá-los, segundo a necessidade de segurança imponha ou a utilidade permita, na forma de Constituição da República e das leis do processo.

Considera-se coação processual legal a restrição de direito, ordenada ou permitida por lei, com a observância das garantias constitucionais, e estatuída, ou decretada por autoridade competente – Juiz ou Tribunal – para acautelar satisfação ao escopo específico do processo. Visa, assim, a impedir que se impossibilite, ou mesmo, apenas, se dificulte a perfeição da prova e do julgamento da pretensão deduzida, bem como da eventual execução do julgado condenatório. Arreda, portanto, o dano jurídico, que adviria ao se frustar o fim colimado.

Verifica-se, partindo da realidade, que há atos processuais coativos e processos cautelares, os quais com os atos não se confundem. Os primeiros ostentam mera atividade jurisdicional; os segundos consistem em ações judiciárias. A uni-los, apenas, a essência cautelar. Os atos processuais coativos, de hábito, na doutrina, acham-se colocados no chamado poder geral de cautela, consagrado nos arts. 798 e 799[ccvii], do novo Diploma, chegando mesmo a se espraiar entre os procedimentos cautelares específicos.

Cumpre, portando, distingui-los: o que constitui coação processual, poder geral de cautela, ato de autoridade, daquilo que, processo cautelar, depende de promoção ou requerimento.

Os atos processuais coativos tornam-se necessários, pois, frente a situações perigosas emergentes. Pouco importa se a lide já foi julgada, ou se ela existe ou inexiste: a tutela cautelar opera até se exaurir toda a jurisdição, pela entrega efetiva da prestação. Note-se, por outro lado, que situações de perigo podem assomar e influir no processo, abstração feita a qualquer cooperação das partes. Causas naturais e mesmo a atividade de terceiros, quando perigosas, acabam por determinar a cautela, no interesse do processo, seja quanto à prova, seja quanto à pretensão.

Sem razão, por conseguinte, a restrição que determina a aplicabilidade dos atos processuais coativos para "antes do julgamento da lide". Sem razão, ainda, outra vez, a norma que admite que, apenas, as partes, em sentido processual, possam lesionar (art. 798[ccviii]).

A exercência do poder da coação processual mais se ostenta no dispositivo, que permite ao magistrado, de ofício, em caso de perigo de dano, obrigar a fazer, ou deixar de fazer alguma coisa; determinar a busca, apreensão e guarda ou depósito de pessoas ou coisas; bem como mandar caucionar a relação processual (art. 799[ccix]).

Os regimes de cumprimento de pena e o exame criminológico

1. Três surgem as espécies de penas no projeto de lei modificativo da "Parte Geral" do Código Penal (Mensagem Presidencial 241/83), a saber: privativas de liberdade, restritivas de direitos e de multa (art. 32 do projeto de lei do Código Penal).

As primeiras ostentam-se na reclusão e na detenção (art. 33 do projeto de lei do Código Penal). As penas restritivas de direitos emergem em três modalidades: prestação de serviços à comunidade, interdição temporária de direitos e limitações de fins de semana (art. 43 do projeto de lei do Código Penal). Já, a sanção pecuniária "consiste no pagamento ao fundo penitenciário da quantia fixada na sentença e calculada em dias-multa" (art. 49 do projeto de lei do Código Penal).

2. Observe-se, porém, e de passagem, que o sistema projetado imaginou as penas restritivas de direitos como gravames autônomos e qual medidas voltadas, também, a substituir as privativas de liberdade.

Nos crimes dolosos, imposta a pena de reclusão, ou de detenção, ao acusado não reincidente, se e quando inferior a um ano, poderá o juiz penal mudá-las para única sanção restritiva de direitos (art. 44, I e II, c/c o art. 59, IV, do projeto de lei do Código Penal).

Nos delitos culposos o mesmo sucederá se aplicada for igual quantidade de pena. Merecedor, entretanto, o acusado, não reincidente, de retribuição igual ou superior a um ano, até duas medidas substitutivas emergirão, desde que simultaneamente executáveis; ou, então, receberá uma pena restritiva de direitos, cumulada com a de multa (parágrafo único do art. 43 do projeto de lei do Código Penal).

O Juiz precisará atentar para a culpabilidade, os antecedentes, a conduta social e para a personalidade do condenado. Analisar os motivos, as circunstâncias e as consequências do crime, bem assim o comportamento da vítima. Tais requisitos de fixação de pena, verificados e declarados, poderão conduzi-lo, mediante certa discricionariedade técnica, a trocar a pena privativa de liberdade por outra ou outras privativas de direitos (art. 59, IV, do projeto de lei do Código Penal). Assim atuará na hipótese de a substituição ostentar-se suficiente à exata retribuição e à perfeita prevenção do delito (n. III do art. 44 do projeto de lei do Código Penal).

O ponto sancionatório há de encontrar-se, pois, na justa intersecção de duas linhas: a do punir e a do humanizar.

3. As penas privativas de liberdade só guardam cabência dotadas de movimento. Daí surgirem três os possíveis regimes de cumprimento da reclusão e da detenção.

A primeira executa-se em regime fechado, semiaberto ou aberto. A segunda (detenção) cumpre-se em regime semiaberto ou aberto, "salvo necessidade de regressão a regime fechado" (art. 33, caput, do projeto de lei do Código Penal, c/c o art. 117, projeto de Lei de Execução Penal; Mensagem Presidencial 242/83).

Os aludidos regimes direcionam-se para a maior ou menor parcela de vida livre restringida pela decisão condenatória. A sanção imposta sujeita o apenado a progredir ou a regredir nos regimes. O motor do movimento acha-se em seu mérito ou demérito (§ 2° do art. 33 do projeto de lei do Código Penal, c/c os arts. 111 e 117 de projeto de Lei de Execução Penal).

Assim, "na progressão evolui-se de um regime mais rigoroso para outro menos. Na regressão dá-se o inverso. Assim sendo, o condenado que cumpre pena privativa de liberdade, em colônia agrícola, poderá, graças ao seu mérito valer-se da progressão, passando, a critério do juiz da execução, para regime menos rigoroso, ou seja, vindo a cumprir a pena em prisão albergue; esse condenado, no entanto, caso cometa crime ou falta grave, poderá, por decisão do juiz da execução, ser transferido para regime mais rígido, enviado a uma penitenciária de segurança máxima ou média".[8] Vale afirmar, cumprirá, então, a pena em regime fechado.

A fixação do regime inicial de execução das penas privativas de liberdade integra, por necessário, o ato decisório penal definitivo (n. III do art.

8. Miguel Reale Júnior, "Regimes penitenciários e sistema progressivo", em *Novos Rumos do Sistema Criminal*, Rio de Janeiro, Forense, 1983, p. 80.

59 do projeto de lei do Código Penal, c/c o art. 109 do projeto de Lei de Execução Penal).

Ao juiz da ação, na sentença condenatória, cabe determinar o regime inicial de cumprimento de pena. Ao juiz da execução compete decidir, motivadamente, sobre a progressão e a regressão de regime (letra "b" do n. III do art. 65, c/c os arts. 111 e 117, do projeto de Lei de Execução Penal).

A mudança progressiva depende de cumprimento, pelo preso, de 1/6 da pena no regime inicial ou anterior e vem ao empuxo do merecimento demonstrado, vedando-se, aqui, a execução por saltos (art. 111 do projeto de Lei de Execução Penal). Já se percebe a impossibilidade de transferência direta do regime fechado para o aberto.

É bom, neste lanço, deixar evidente que o albergamento domiciliar, subespécie do regime aberto, só emerge nos casos de condenado maior de 70 anos; acometido de doença grave; com filho menor ou deficiente físico ou mental; e de condenada gestante (art. 116 e ns. I a IV do projeto de Lei de Execução Penal).

O exame criminológico, no sistema proposto, exsurge básico. "Não pode ser desprezado diante da tendência do Direito Penal moderno em sobrepor, ao velho problema da classificação dos crimes, o novo problema da classificação dos criminosos, e, ao velho problema da pena retributiva, o novo problema da classificação das penas e das medidas de segurança, colocando, deste modo, no centro dos interesses penais a consideração da personalidade humana."[9]

Lembremo-nos de que individualizar, na execução, consiste no dar a cada preso as oportunidades e elementos necessários para lograr a reinserção social, posto que é pessoa, ser distinto. A Individualização, portanto, deve aflorar técnica e científica, nunca improvisada, começando na observação, que leva à classificação.[10]

Ao cuidar, assim, da classificação do condenado, o projeto de Lei de Execução Penal estabelece que, sancionado ao cumprimento de pena privativa de liberdade, em regime fechado,[11] deverá submeter-se a exame cri-

---

9. Everardo da Cunha Luna, "A prova, no anteprojeto de Código do Processo Penal", em *Revista Acadêmica*, Recife, LXVII/271, 1971.

10. Cf. Antônio Sanchez Galindo, *Manual de Conocimientos Básicos de Personal Penitenciario*, Toluca, Ed. Gobierno del Estado, 1974, p. 39.

11. Execução em estabelecimento penal de segurança máxima ou média: penitenciária (art. 86).

minológico. O objetivo declarado acha-se em obter elementos necessários, primeiro, à adequada classificação e, segundo, a atingir a individualização da execução (art. 8º do projeto de Lei de Execução Penal).

O condenado ao cumprimento de pena privativa de liberdade, em regime semiaberto[12] poderá, contudo, a ele vir a ser submetido (parágrafo único do art. 8º do projeto de Lei de Execução Penal).

Surge, pois, obrigatório para um e facultativo para outro. Assim, "a gravidade do fato delituoso ou as condições pessoais do agente, determinantes da execução em regime fechado, aconselham o exame criminológico, que se orientará no sentido de conhecer a inteligência, a vida afetiva e os princípios morais do preso, para determinar a sua inserção no grupo, com o qual conviverá, no curso da execução da pena".[13]

Em outras palavras, "instituir-se, no regime fechado, a obrigatoriedade do exame criminológico para seleção dos condenados, conforme o grau de emendabilidade e consequente individualização do tratamento penal".[14]

Já a facultatividade, na hipótese de execução em semiaberto inicial, emerge da conveniência, ao ensejo da substituição de regime (arts. 113, II, e 117 do projeto de Lei de Execução Penal).

O exame criminológico aflora tão só depois de, por sentença condenatória, restar fixada e declarada a culpa penal de forma definitiva. A presunção de inocência o arreda do processo de conhecimento, com vistas à peculiar investigação do delito e do delinquente, que lhe é própria.[15]

Não se há de confundi-lo, entretanto, com o exame da personalidade (art. 9º do projeto de Lei de Execução Penal), o qual busca perquirir, mediante metodologia específica, sobre o comportamento do agente, mas "para além do crime cometido".[16]

As duas perícias, a criminológica e a da personalidade, colocadas em conjugação, na lei projetada, tendem a fornecer elementos para a percepção das causas do delito e vetores para sua prevenção.

---

12. Execução em estabelecimento penal que se constitua em colônia agrícola, industrial ou similar (art. 90).
13. Exposição de Motivos do projeto de Lei de Execução Penal, item 31.
14. Exposição de Motivos do projeto de Lei modificativa da "Parte Geral" do Código Penal, item 31.
15. Cf. Exposição de Motivos do projeto de Lei de Execução Penal, itens 30 e 34.
16. Cf. Exposição de Motivos do projeto de Lei de Execução Penal, item 34.

Ao se falar, hoje, em regime penitenciário, pensa-se no conjunto de princípios e regras de Direito Penal, Processual e Administrativo, reguladoras do cumprimento das penas privativas de liberdade. Tal feixe de normas, incidindo sobre os condenados, buscaria tornar efetiva a execução penal da sanção específica, bem como lhes dar reforma e emenda moral.

A reintegração futura do apenado surgiria qual fator obrigatório e constante. Deveria ele, assim, voltar ao mundo livre corrigido e útil à sociedade, por mão do Estado, o qual dela o afastou, por virtude da condenação penal.

Nos projetos não se obriga. Criam-se condições ao condenado, que as aproveitará, possuindo aptidão, capacidade e merecimento, durante a execução.

O regime torna-se, agora, o estado de cumprimento de pena, em que se coloca o condenado, no tocante à intensidade modulada de redução da liberdade.

A decisão condenatória firme, ao cumprimento de pena privativa de liberdade, principiando-se a execução em regime fechado (art. 209), cria para o condenado situação de progressão (art. 111), ou de posterior e eventual regressão (art. 117), dependentes e em função do exame criminológico (parágrafo único do art. 111 e n. II do art. 113 do projeto de Lei de Execução Penal).

No ato decisório máximo existirá, portanto, legalidade na fixação da pena e a referida discricionariedade técnica, na determinação do regime inicial da execução (art. 59 do projeto de lei do Código Penal). No referente ao regime, por isso mesmo, a decisão, no processo de conhecimento, surge provisória.

A sentença penal condenatória, já agora, precisará guardar, na parte impositiva, três parâmetros, a saber: qualidade, quantidade e intensidade da pena privativa de liberdade. Serão definitivos, só os dois primeiros, nunca o último.

O andamento progressivo ou regressivo do estado de condenado constitui-se, pois, em algo nascente a ele, durante o processo de execução, do mérito ou demérito, repita-se, e emergentes do parecer da Comissão Técnica de Classificação (art. 7° do projeto de Lei de Execução Penal), bem como, por igual, do exame criminológico. Mudanças de regime, que se concretizam na decisão fundamentada do juiz a quem competir a execução penal (letra "b" do n. III do art. 65 do projeto de Lei de Execução Penal).

O exame criminológico há de realizar-se no Centro de Observação, um dos estabelecimentos penais, e, se inexistir, pela Comissão Técnica de Classificação (arts. 95-97, c/c os arts. 7º e 8º, do projeto de Lei de Execução Penal).

Tal exame poder-se-ia conceituar como a perquirição dos precedentes pessoais e familiares do condenado, sob os aspectos físico, psíquico, moral e ambiental, para a obtenção de informações reveladoras de sua personalidade.[17]

A perícia criminológica engloba, assim, não apenas a saúde mental, mas os ângulos genéticos, antropológicos e sociais do examinado.[18]

Busca conhecer-lhe a capacidade provável de adaptar-se ao regime executório; de não delinquir; e de reinserir-se na sociedade, numa "visão pluridimensional da personalidade do agente".[19]

Assim, pretende o exame criminológico explicar a "dinâmica criminal (diagnóstico criminológico), propondo medidas recuperadoras (assistência criminiátrica)"[20] e a avaliação da possibilidade de delinquir (prognóstico criminológico).

Hão de compô-lo, como instrumentos de verificação, as informações jurídico-penais (como agiu o condenado, se registra reincidência etc.); o exame clínico (saúde individual e eventuais causas mórbidas, relacionadas com o comportamento delinquencial); o exame morfológico (sua constituição somatopsíquica); o exame neurológico (manifestações mórbidas do sistema nervoso); o exame eletroencefalográfico (não para só a busca de "lesões focais ou difusas de ondas sharp ou spike", mas da "correlação – certa ou provável – entre alterações funcionais do encéfalo e o comportamento" do condenado); exame psicológico (nível mental, traços básicos da personalidade e sua agressividade); exame psiquiátrico (saber-se se o condenado é pessoa normal, ou portadora de perturbação mental);

---

17. Cf. Hélio Tornaghi, *Instituições do Processo Penal*, 2ª ed., São Paulo, Saraiva, 1977, v. 1, p. 63.
18. Cf. Geraldo Marques Fernandes, "Exame criminológico: incidente de insanidade mental", em *Revista Interamericana de Direito Processual Penal*, Porto Alegre, Jurídica, 3-4, 168, jul./dez. 1976.
19. Odon Ramos Maranhão, *Psicologia do Crime e a Lei 6.416/77*, São Paulo, Ed. Revista dos Tribunais, 1981, p. 40.
20. Odon Ramos Maranhão, op. cit., p. 48.

e exame social (informações familiares, "condições sociais em que o ato foi praticado" etc.)[21]

A perícia, arrimando-se no labor de equipe interdisciplinar, deve ostentar a síntese criminológica. "Isso implica um enquadramento de cada caso em itens de uma classificação, na seleção do destino a ser dado ao examinado e em medidas a serem adotadas. Os informes sobre a periculosidade (no sentido de "provável" reincidência) e adaptabilidade (em sentido reeducacional) são básicas." [22]

10. É preciso, contudo, não privilegiar em demasia o exame criminológico. Itere-se que consiste em perícia, em meio de prova; mesmo quando mero prognóstico da reincidência. A valoração cabe, sempre, ao juiz da execução, livre no apreciá-lo.

11. Costuma-se levantar conhecida objeção aos pareceres periciais criminológicos, segundo a qual inexistem equipes interdisciplinares disponíveis; não há estabelecimentos próprios; nem aparelhamento para afeiçoá-los em muitas comarcas. Todos sabem, entretanto, queixar-se da correção difícil do sentenciado e da reincidência potencial ou atual, deslembrados de que a questão acha-se na concreta individualização executória.

Já é tempo de os Estados-membros, bem como a comunidade (arts. 79 e 80 do projeto de Lei de Execução Penal), assumirem os deveres da execução penal.

No prazo de seis meses, a contar da publicação da lei, diz o projeto, deverão as unidades federativas, em convênio com o Ministério da Justiça (arts. 70 e 71 do projeto de Lei de Execução Penal), projetar a adaptação, construção e equipamento de estabelecimentos e serviços penais (§ 1º do art. 202 do projeto de Lei de Execução Penal). Caso se omitam, de modo injustificado, terão suspensas as ajudas financeiras a elas destinadas pela União para atender às despesas de execução das penas (§ 4º do art. 202 do projeto de Lei de Execução Penal).

São Paulo, 10 de novembro de 1983.

---

21. Odon Ramos Maranhão, op. cit., p. 41-50.
22. Odon Ramos Maranhão, op. cit., p. 50.

Pena de morte, aspectos atuais

1. Os Estados, hoje, no tocante à pena de morte, assumem uma de três posições, a saber: ou a adotam, ou a aboliram, ou a possuem, mas tão só no direito penal especial.

O Brasil coloca-se no último e terceiro referido bloco de países. Temos a pena de morte, prevista na Constituição da Emenda, nº1/69 (art. 153, § 11, 2ª. parte[ccx]) e estabelecida para trinta e três hipóteses de crimes militares, em tempo de guerra (arts. 55, letra a; 56; 355; 356; 357; 358; 359; 360; 361; 362; 364; 365; 366; 368; 371; 372; 375, parágrafo único; 378; 379, § 1º.; 383; 384; 385; 386; 387; 389; 390; 392; 394; 395; 396; 400, n. III; 401; 405; 406 e 408, parágrafo único, letra b, do Código Penal Militar).

Ao desdobrar o *mapa mundi* de tal sanção penal, pode-se estimar em quarenta o número de Estados que a suprimiram, no todo ou em parte. Sobe a mais de cento e cinquenta a dos que dela dispõem (Amnistia Internacional, "Informe – 1981", Barcelona, s/e, 1982).

Assim, e por exemplo, a conservam Cuba, Haiti, Trindade, Peru e Chile; Espanha, República Democrática Alemã, Polônia, Romênia, Bulgária e União Soviética; Turquia, Síria, Iraque, Jordânia, Israel, Arábia Saudita e Irã; Afeganistão, Índia e China; Argélia, Líbia, Egito, Mali, Chad, Sudão, Etiópia, Zaire e República Sul-Africana. Ainda, só elucidando, eliminaram-na, ao menos para os delitos comuns, Venezuela, Colômbia e Bolívia; Portugal, Itália, Suíça, República Federal Alemã, Áustria, Noruega, Suécia e Finlândia; Angela e Moçambique (conf. Daniel Sueiros, *El Arte de Matar*, Madri, Alfagnara, 1968, p. 32).

A Bélgica invalidou-a, de fato, posto que não a aplica desde 1918. A abolição da pena de morte, na Inglaterra, data de 19 de dezembro de 1969. Já a Assembleia Nacional Francesa, a 18 de setembro de 1981, aprovou projeto de lei, oriunda do governo, extinguindo-a. Aguarda-se, entretanto, a reforma do Código Penal Francês (conf. Marina Barbero Santos, "Derecho a la vida y pena de muerte", conferência, texto não publicado).

Nos Estados Unidos da América, algumas unidades federadas surgem abolicionistas, outras mantêm a mencionada sanção, cuja legalidade a Suprema Corte, em várias ocasiões, declarou (v.g. em 1972 e 1976). A cada vez, contudo, em que alguém é executado, ergue-se acesa polêmica sobre a utilidade da morte, como dissuasor (v. Grahan Hugnes, "Pena de morte – um crime sem justificativa", *in O Estado de S. Paulo*, 13 de janeiro de 1980).

Em alguns Estados, onde a privação da vida, de modo inveterado, emerge qual castigo, pelo cometimento de determinados delitos, imagina-se, agora, a possibilidade de suspensão condicional de execução, para amenizá-la.

2. O esboçado panorama estatal tem conduzido certos juristas a enxergar correlação política necessária entre o máximo castigo e a ausência de efetiva democracia. Tal posicionamento surge exagerado, inobstante a sanção morte aflorar, nos regimes autoritários, com freqüência. Melhor fora admitir a existência de demarcada tendência, para a inadmissão da referida pena, nos países democráticos. Tendência, porém, não é destino (conf. Giuseppe Bettiol. "Sulla pena di morte", in "Pena de Morte – colóquio", Coimbra, Fac. de Dir. da Univ., s.d., v. II, p. 31-40).

3. Quando se pergunta sobre dever, ou não, se reintroduzir a pena capital, para os crimes comuns, na lei penal brasileira, inexiste uma única resposta a ouvir. Aguardam-se soluções de várias áreas:

a) o historiador analisaria os acontecimentos próximos e remotos, que envolveram o instituto entre nós;
b) o sociólogo examinaria a força e o efeito social da aludida pena;
c) o econometrista manifestar-se-ia sobre sua eficiência estatística;
d) o criminólogo buscaria interpretar, amplamente, as condutas delitivas, conotando-as com a sanção maior;
e) o religioso haveria de questionar se é ela, ou não, ato de menosprezo à vida humana;
f) o filósofo a investigaria, no plano lógico e ontológico.

Somadas tais opiniões, bem como todas as intermináveis e seculares controvérsias, caberia, então, ao jurista, dizer-lhe da conveniência, da oportunidade, em face do momento atual do Brasil. Conservar, ou não, portanto, a tendência abolicionista, dentro do mencionado bloco dos países, praticantes da democracia.

A escolha da adoção da pena de morte torna-se, pois, de natureza político-criminal, dependente, inclusive, de emenda à Constituição (art. 153, § 11[ccxi]).

4. As duas Comissões Ministeriais, autora e revisora, que trabalharam sobre a lei modificativa da Parte Geral do Código Penal, como sabemos de raiz, não se jungiram às correntes retributivistas. Em nenhum instante aceitaram a pretensa "ideologia da ordem pública a qualquer preço". Não procuraram, também fazer prevalecer o elemento prevenção.

Escutaram elas a todos e, meditando sobre a pessoa humana, procuram a tutela dos direitos da sociedade, da vítima e do infrator, ao projetar sistema sancionatório penal repressivo-preventivo, mas de amplo espectro democrático. Recusaram a reintrodução da pena capital, o que se deve reafirmar, nesta hora.

A aguardada manifestação das Casas do Congresso sobre o "Projeto de Lei, modificativo da Parte Geral do Código Penal" (mensagem nº 241/83), por evidente, mostrará o quanto seus autores foram fiéis à vontade nacional, no tocante à pena de morte.

Perempção e poder dispositivo

1. O poder dispositivo de ofendido necessita de certo balizamento, salvo se desejamos, ainda, manter descabida visão privatística da ação judiciária penal de iniciativa de particular ofendido.

A ação judiciária penal, em gênero e em espécies, é sempre público, por seu fim: imposição de pena, ou de medida de segurança. O impulso inicial, apenas e por vigor do poder dispositivo da vítima sobre a punibilidade de certas infrações, surge privado.[1]

O processo, que conduz a ação penal, como aliás qualquer outro, emerge sempre qual instrumento público de que ninguém pode dispor a seu talante. Nem mesmo no juízo cível admite-se plena liberdade dispositiva das partes.[2] No criminal, a evidência mais se ostenta, quando recordamos de que o acusador, público ou particular, não tem um direito material seu, de natureza penal, para fazer valer contra o acusado, ou réu.

A questão, que desde a reforma penal de 1940 e 41 preocupa e, na presente ainda resiste, acha-se no desconchavo entre o perdão privado, que oferecido é refusado, e a perempção.[3]

2. Eis o tema: o querelante, antes de passada em julgado a sentença condenatória, oferece o perdão. Recusa-o, porque pretende a absolutória, o

---

1. Joaquim Canuto Mendes de Almeida. *Processo Penal: Ação e Jurisdição*, São Paulo, Revista dos Tribunais, 1975, § 27, p. 29; § 33, p. 41; § 115, p. 236.
2. Alfredo Buzaid. "Exposição de motivos do projeto de Código de Processo Civil", itens 5 e 17.
3. Joaquim Canuto Mendes de Almeida, op. cit, § 35, p. 45 e 43, 64; Basileu Garcia, *Instituições de Direito Penal*, 4ª ed., São Paulo, Max Limonad, s.d., v. 1, t. II, § 199, p. 652; Hélio B. Tornaghi. *Instituições de Processo Penal*, 2ª ed., São Paulo, Saraiva, 1977, v. 2, p. 348-9; Fernando da Costa Tourinho Filho, *Processo Penal*, 5ª ed., Bauru, 1979, v. 1, § 2º, p. 564.

querelado. Tal ato de querer perdoar, visto como recusado, não produz efeito, diz a lei (art. 107, no. III[ccxii], do Cód. Penal e art. 106, n. III, do anteprojeto).

Em sequência, o mesmo querelante, que teve o perdão rejeitado, não comparece, sem justo motivo, a qualquer ato a que deveria estar presente; ou se abstém de formular pedido de condenação nas alegações finais; ou, ainda, descumpre ônus processual, que lhe é, em especial imposto, para o regular curso do procedimento (art. 60, ns. I e III, do Cód. De Proc. Penal e art. 213, ns. I e IV, do anteprojeto de Cód. de Proc. Penal).

O juiz deverá, na hipótese, de ofício, reconhecer extinta a punibilidade do réu e, portanto, extinguir o processo, sem adentrar no mérito (art. 108, n. IV[ccxiii], do Cód. Penal c/c art. 61, do Cód. de Proc. Penal e art. 107, n. IV, do anteprojeto de Cód. Penal c/c art. 214, do anteprojeto de Cód. de Proc. Penal".

3. O perdão oferecido, mas desaceito, porque o querelado tem necessidade jurídica da contingente sentença absolutória, dá ao acusador privado, tal como se acha, o abusivo poder de provocar a perempção. Usa, pois, de modo irregular, do instrumento público, como coisa própria.

4. Se ninguém hesita em que é iníquo tardar o julgamento penal, e, mais ainda, quando por mora voluntária do acusador, mantendo-se o réu sobrecarregado e jungido à causa.[4] Se, a toda a luz, o processo penal guarda, em si, caráter sancionatório, na esfera social[5],[6]. Então, consiste em injustiça bem maior a perempção nascente, após perdão que se recusa, a qual mais onera e aflige a querelada.

Ora, a recusa ao perdão é implicativa de pedido de decisão da causa, pelo mérito. Quem rejeita, deseja sentença absolutória.

Não aflora possível, contudo, obrigar o queixoso a seguir a acusação, após o perdão recusado. Não surge, também, razoável colocar-lhe nas mãos o poder de perimir, desatendendo ao interesse do réu rejeitante.

4. José Antonio Pimenta Bueno, *Apontamentos sobre o Processo Criminal pelo Júri*, Rio de Janeiro, J. Villeneuve, 1849, § 124, p. 115.
5. Francesco Carnelutti, *Las Miserias del Proceso Penal*, trad. Santiago Santis Melendo, Buenos Aires, EJEA, 1959, tópico "as pruebas", p. 71-8.
6. (Ser acusado, em juízo criminal, traz carga de sofrimento maior e nem sempre encontrável no civil.)

A solução, parece, acha-se em impor limitação ao poder dispositivo do querelante, não fazendo operar a perempção, depois da recusa ao perdão. Tal situação seria de ensejar julgamento conforme o estado do processo. Vale afirmar, julgamento antecipado da causa, decisão de mérito.

5. Seria, pois, de sugerir que se acrescente inciso, o quinto, ao art. 264, do anteprojeto de Cód. de Proc. Penal, assim:

"Art. 264. Far-se-á o julgamento antecipado da causa:

V – quando o querelado recusar o perdão".

Em complemento, propomos que se adicione segunda parte, ao § 2º, do art. 408, como segue:

"A recusa ao perdão dará ensejo ao julgamento antecipado da causa".

6. É evidente que a direção do processo, a todo tempo, ao juiz pertence. O processo, quando a lei penal admite, pode começar por iniciativa do ofendido, mas se desenvolve por impulso, também ao juiz ou oficial. Ora, se o magistrado tem o poder de direção e de impulso, resta claro que, apenas, julgará antecipadamente a causa madura, para tal decisão. Caso assim não se ostente a demanda, caberá a ele, de ofício, ou o requerimento da parte, determinar as provas necessárias a tal julgamento de mérito (art. 62, do anteprojeto de Cód. de Proc. Penal) absolvendo ou condenando a querelada recusante.

Setembro de 1981

Prisão preventiva, em sentido estrito

Desembargador do Tribunal de Justiça de São Paulo. Professor Doutor de Direito Processual Penal na Faculdade de Direito da USP

1. O preceito fundamental – "ninguém será preso" – completa-se em outra norma – "ninguém será levado à prisão ou nela mantido, quando a lei admitir a liberdade provisória, com ou sem fiança" (art. 5º, incs. LXI e LXVI, da CF). Assim, o estado natural de liberdade individual e física, tão só, por exceção, se coarcta, seja pela prisão, em flagrante, pela prática de pretenso crime, ou de suposta contravenção penal, seja "por ordem escrita e fundamentada de autoridade judiciária competente" (art. 5º, inc. LXI, da CF), ambas obedientes ao devido procedimento penal (art. 5º, inc. LIV, da CF).[1] Todos sabem de raiz que a exceção se interpreta de modo restrito. A liberdade individual – contida no valor básico "dignidade da pessoa humana" (art. 1º, inc. III, da CF) –, ao ganhar as duas mencionadas limitações constitucionais, força as leis do processo, que as regulamentam, a aceitarem, unicamente, interpretação delimitada. Vale afirmar: a Lei Maior determina o sentido e o

---

1. Rogério Lauria Tucci, com apoio em Pedro J. Bertolino, propõe a denominação devido processo penal, com vistas à especificidade penal das garantias: "a) de acesso à Justiça Penal; b) do juiz natural em matéria penal; c) de tratamento paritário dos sujeitos parciais do processo penal; d) da plenitude de defesa do indiciado, acusado ou condenado, com todos os meios e recursos a ela inerentes; e) da publicidade dos atos processuais penais; f) da motivação dos atos decisórios penais; g) da fixação de prazo razoável de duração do processo penal; e h) da legalidade da execução penal" (*Direitos e Garantias Individuais no Processo Penal Brasileiro*, São Paulo, Saraiva, 1993, p. 69-71).

alcance das regras sobre as prisões, ocorrentes em razão do processo, ditas provisórias.[2]

2. A prisão processual penal ostenta constrangimento à liberdade física do indivíduo: de ir e vir. É, pois, coação processual lícita e preventiva, em senso lato – *potestas coercendi* estatal.[3] Cifra-se no assegurar resultado útil, do processo de conhecimento, de índole condenatória. Emergem cinco as prisões, no processo penal comum e de conhecimento, a saber: temporária (Lei 7.960/89 [ccxiv]e Lei 8.072/90, art. 2º,§ 3º[ccxv]); em flagrante delito (arts. 301 a 310 do CPP)[ccxvi]; preventiva, em senso estrito (arts. 311 a 316, do CPP)[ccxvii]; por virtude de decisão de pronúncia (arts. 408, §§ 1.º a 3.º [ccxviii]e 585 do CPP); e em razão de condenação apelável (arts. 393, inc. I,[ccxix] e 594[ccxx] do CPP). Não importam muito ao tema, nesse lanço, a prisão inquisitiva, do Código de Processo Penal Militar (art. 18), a também in-

---

2. Ponderou-se, assim: "Considerando-se o vocábulo provisório, no sentido de temporaliedade que ele, precipuamente, indica, a prisão provisória consiste na segregação da liberdade do suposto infrator da lei penal, antes de apurada, por sentença definitiva, pronunciada, por órgão jurisdicional, sua culpabilidade. Corresponde, por outras palavras, e na esteira da doutrinação de Basileu Garcia (*Comentários ao Código de Processo Penal*, Rio de Janeiro, 1945, v. 3, p. 148, n. 136), a toda prisão efetuada precedentemente ao proferimento de sentença condenatória irrecorrível" (Rogério Lauria Tucci, *Persecução Penal, Prisão e Liberdade*, São Paulo, Saraiva, 1980, terceira parte: "Prisão e liberdade", p. 218). Hélio B. Tornaghi assevera consistir a prisão provisória em gênero, de que a prisão preventiva é espécie (*Manual de Processo Penal: Prisão e Liberdade*, Rio de Janeiro, Freitas Bastos, 1963, v. I, p. 216, e v. II, p. 609-10).

3. Francesco Carrara – no Congresso Internacional para a Prevenção e Repressão do Delito, de 1872, realizado em Londres – combateu, com vigor, a prisão preventiva, sem contudo lhe propor a extinção ("Immoralità del carcere preventivo", em *Opuscoli di Diritto Criminale*, 4ª ed., Florença, Fratelli Cammelli, 1902, v. IV, p. 311-7). Observou João Mendes de Almeida Júnior, depois de notar a cautelaridade das prisões: "Como se vê, todas estas teorias reconhecem a necessidade da prisão preventiva; os próprios Ortolan e Carrara, que mais se mostram avessos à medida, não se animaram a afirmar a conveniência da sua eliminação. Os abusos e a imprevidência das administrações não constituem razão para abolir-se a medida da prisão preventiva, mas incentivos para restringir os seus casos, tanto quanto possível, aos crimes mais graves e para regular a prudência do arbítrio do juiz em fórmula precisa" (*O Processo Criminal Brasileiro*, 2ª ed., Rio de Janeiro, Francisco Alves, 1911, v. I, § 202, p. 332). Galdino Siqueira repete João Mendes Júnior (*Curso de Processo Criminal*, 2ª ed., São Paulo, Liv. Magalhães, 1937, § 181, p. 129-30).

quisitiva da Lei de Segurança Nacional (Lei 7.170/83, art. 33, §§ 1º a 6.º) e a prisão do liberado condicional, no processo de execução penal (art. 145 da LEP). Sem esquecer a preventiva, decretada pelo executor do estado de defesa (art. 136, § 3º, inc. I, da CF).[4]

3. Afirma-se que toda prisão processual penal surge cautelar.[5] A assertiva desponta verdadeira, mas desde que se entenda possuir a cautelaridade, no processo penal, conceito próprio e arredante das ideias *defuntas boni iuris e de periculum in mora,* cabentes no direito processual civil. A aparência de bom direito irrompe insuficiente, no processo penal. Além de que é, no mínimo, difícil sustentar a existência de perigo de dano iminente, na prisão temporária e na decorrente de condenação apelável. A prisão processual penal exibe cautelaridade, se e quando surge instrumento imprescindível para o processo,[6] e, ainda, proporcionalidade ao

---

4. Note-se que o "executor da medida", que ordena a prisão, por até dez dias, não é a "autoridade judiciária competente", a que se refere o art. 5º, inc. LXI, da Lei Maior, abrindo, pois, exceção.
5. Antonio Magalhães Gomes Filho, seguindo essa antiga orientação, reafirma, ampliando: "... a prisão cautelar (que alguns denominam 'prisão processual') não visa a punição, constituído apenas instrumento para a realização do processo ou para garantia de seu resultado" ("Prisão cautelar e princípio da presunção de inocência", *Fascículos de Ciências Penais,* Porto Alegre, Fabris, ano 5, v. 5, n. 1, p. 20, jan./mar. 1992). Rogério Lauria Tucci distingue: "... das cinco espécies de *prisão provisória* estabelecidas em nosso direito positivo, e como também já pontuamos, três delas, quais sejam *a prisão em flagrante delito,* a prisão *preventiva* e a prisão temporária, são tipicamente cautelares, isto é, têm por finalidade a assecuração de resultado profícuo do processo penal de conhecimento de caráter condenatório, sempre que o exijam a garantia da ordem pública, a conveniência da instrução criminal ou a preservação da aplicação da lei penal (cf. arts. 312 do CPP e, com suas peculiariedades, I da Lei 7.260, de 1989); as outras duas – a decorrente de decisão de pronúncia e a resultante de *sentença condenatória recorrível* –, tendo como pressuposto o proferimento de ato decisório, assumem natureza processual: enquanto as *tipicamente cautelares* firmam-se *em fatos extra e* meta *processuais,* elas ocorrem no âmbito de processo em curso, sendo necessariamente *vinculadas a ato processual,* de que derivam" (*Direitos e Garantias...,* op. cit., p. 406-7).

6. Tanto é verdade que, anulado o processo de onde emanou o decreto, a medida não mais deve subsistir.

fato perquirido.[7] Não basta que o pretenso crime se desenhe, pois, doloso, punido com reclusão e severa a cominação da pena.

4. Os intuitos das prisões processuais penais todas acham-se enunciados, por engano do legislador, em dispositivos pertinentes à preventiva, em senso estrito: garantia da ordem pública e da ordem econômica, conveniência da instrução criminal e asseguramento da execução penal (art. 312 do CPP)[ccxxi].[8]Os motivos aludidos devem encontrar-se presentes no decreto, ou na mantença das prisões temporária, em flagrante, por virtude de decisão de pronúncia e por motivo de condenação apelável. Não sem boa razão que se concede liberdade provisória ao que se deixou prender em flagrante, se inocorrem quaisquer "das hipóteses que autorizam a prisão preventiva" (art. 310, parágrafo único, do CPP)[ccxxii]. Daí o interesse na análise do cárcere preventivo, em senso estrito.

5. Ajusta causa remota, para a prisão preventiva, em senso estrito, encontra-se na prova da existência material do fato ilícito e típico, bem como, também, nos indícios de autoria e coautoria, ou participação, ambas suficientes para só acusar (art. 312, *infine*, do CPP)[ccxxiii].[9] O requisito

---

7. Diz Cleunice A. Valentim Bastos Pitombo: "A limitação ao pleno exercício de direito fundamental deve, ainda, respeitar o chamado princípio da proporcionalidade. Vale assentar: efetivo equilíbrio entre os direitos em jogo, ou em conflito. E, mais, estar demonstrada, de modo inequívoco, sua necessidade. A medida limitativa deve, de modo ostensivo, ser ajustada em qualidade, quantidade, relação ao fato, lugar, tempo, modo, estado das coisas ou pessoas. Assim – a autora menciona Nicolas Gonzales-Cuellar Serrano –, 'uma medida processual restritiva de direito fundamental, qualitativamente adequada com o fim perseguido, pode ser intolerável em um Estado de Direito, se sua duração e intensidade não são exigidas pela própria finalidade que se pretenda alcançar, qualquer que seja o caráter do processo e o fim da medida'" (*Da Busca e da Apreensão no Processo Penal*, São Paulo, RT, 1999, p. 62-3).

8. Aury Celso Lima Lopes Júnior propõe, como requisito e fundamento das prisões cautelares, *o fumus delicti* e o perigo de fuga ou ao anormal desenvolvimento do processo penal ("Breves considerações sobre o requisito e fundamento das prisões cautelares", *O Estado do Paraná*, Direito e Justiça, 24 jan. 1999).

9. Ensina Maria Thereza Rocha de Assis Moura, conceituando justa causa: "consiste no conjunto de elementos de direito e de fato, que tomam legítima a coação" (*Justa Causa para a Ação Penal Condenatória no Direito Brasileiro,* tese de doutorado apresentada na Faculdade de Direito da Universidade de São Paulo, 1997, p. 234).

não se invoca para as outras espécies de prisão. Nas decisões de pronúncia e final condenatória, o binômio deve estar presente, ensejando-as. Tais decisões espera-se que o tragam inerente e acrescido. Na prisão temporária, pretende-se encontrá-lo. Asseverar-se que, para a decretação da prisão temporária, se exige prova da existência material do fato ilícito e típico, bem como de, ao menos, indícios de autoria, a faz semelhante à preventiva, em senso estrito, e, em consequência, até, desnecessária. Ao fim e ao cabo, é ela prisão inquisitiva do suspeito, prisão sem culpa formada e fora das hipóteses de flagrância.[10] Emergindo prisão em flagrante, possui-se

10. Às vésperas da Independência, a 23/05/1821, o Príncipe Regente decretou que ninguém poderia acabar preso, sem ordem "por escrito do juiz ou magistrado criminal do território, exceto somente o caso de flagrante delito, em que qualquer do povo deve prender o delinquente". Muito antes do Código do Processo Criminal de Primeira Instância, do Império do Brasil – lei de 29/11/1832 –, Decreto da Assembleia Geral, mandado observar mediante Carta de Lei, do Imperador, de 30/08/1828, assentava que tão só podiam prender-se, sem culpa formada, os que se achassem em flagrante delito (art. 1°, § 1°); mais os indiciados em crimes, "em que a lei impuser pena de morte natural, prisão perpétua, ou galés, por toda a vida ou temporariamente" (art. 1°, § 2°). Em tal último caso, a lei exigia "ordem por escrito do juiz competente", da qual se deveria dar ciência aos destinatários e no ato da prisão, "dando-se-lhes por cópia" (art. 2°). O quanto mostrou-se obedecida, nos diversos brasis, essa Carta de Lei é difícil saber. Indica, contudo, a primeira tendência do direito processual penal, atendida a Constituição Imperial, de 25/03/1824. Recorde-se-lhe o art. 179, § 8°: "Ninguém poderá ser preso sem culpa formada, exceto nos casos declarados na lei; e, nestes, dentro de vinte e quatro horas, contadas da entrada na prisão, sendo em cidades, vilas ou outras povoações próximas dos lugares da residência de juiz; e nos lugares remotos, dentro de um prazo razoável, que a lei marcará, atenta à extensão do território, o juiz, por uma nota, por ele assinada, fará constar ao réu o motivo da prisão, os nomes do seu acusador, e os das testemunhas, havendo-as. § 9° Ainda com culpa formada, ninguém será conduzido à prisão, ou nela conservado estando já preso, se prestar fiança idônea, nos casos em que a lei a admite: e, em geral, nos crimes que não tiverem maior pena do que a de seis meses de prisão, ou desterro para fora da comarca, poderá o réu livrar-se solto. § 10. À exceção de flagrante delito, a prisão não pode ser executada senão por ordem escrita da autoridade legítima. Se esta for arbitrária, o juiz, que a deu, e quem a tiver requerido serão punidos com as penas que a lei determinar". O Código do Processo Criminal de Primeira Instância assentou, no art. 175, que "poderão também ser presos sem culpa formada os que forem indiciados em crimes, em que não tem lugar a fiança; porém nestes, e em todos os demais casos, à exceção do flagrante delito, a prisão não pode ser executada, senão por ordem escrita de

razoável indício de autoria; porém, no mais das vezes, ainda não se revelou a materialidade da infração penal. Assim, não se cogita do mencionado requisito.

Percebe-se que a justa causa remota longe encontra-se do conceito corrente de *fumus boni iuris*. Fraco demais é ele, para o processo penal.[11]

Existe manifesta relação entre a infração penal perquirida e a prisão preventiva. Volta-se para os crimes dolosos, punidos com reclusão (art. 313, inc. I, do CPP)[ccxxiv]. A afirmação de que, nos crimes apenados com detenção, a prisão preventiva, em senso estrito, pode decretar-se, tanto que vadio o acusado, hoje não guarda mor sentido. A contravenção penal de vadiagem considera-se de menor potencial ofensivo (art. 61 da Lei 9.099/95)[ccxxv]. Ora, se é assim, descabe a aludida prisão. O anterior comportamento, havido por pouco ofensivo, não deve provocar, por si só, prisão provisória (art. 313, inc. II, do CPP)[ccxxvi]. Ainda, o fato de o inculpado mostrar-se reincidente não irrompe decisivo (art. 64 do CP), em razão dos efeitos processuais do diploma, que ampliou o rol de penas substitutivas, das privativas de liberdade e, por igual, lhes modificou o modo de aplicação (Lei 9.714, de 25 de novembro de 1998). É o que adiante se verá.[12]

---

autoridade legítima". A Lei 2.033, de 20/09/1871, trouxe modificações. O art. 13, § 2°, estatuiu: "À exceção de flagrante delito, a prisão antes de culpa formada só pode ter lugar nos crimes inafiançáveis, por mandado escrito do juiz competente para a formação da culpa ou à sua requisição; neste caso, precederá ao mandado ou à requisição, declaração de duas testemunhas, que jurem de ciência própria, ou prova documental de que resultem veementes indícios contra o acusado ou declaração deste confessando o crime. § 3° A falta, porém, do mandado da autoridade formadora da culpa, na ocasião, não inibirá a autoridade policial ou o juiz de paz de ordenar a prisão do indiciado em crime inafiançável, quando encontrado, se para isso houver requisição da autoridade competente, ou se for notória a expedição de ordem regular para a captura; devendo, porém, imediatamente, ser levado preso à presença da competente autoridade judiciária para dele dispor. § 4° Não terá lugar a prisão preventiva do culpado se houver decorrido um ano depois da data do crime".

11. Além do estorvo em divisar penculum in mora no encarceramento, em razão de condenação apelável, Antonio Scarance Fernandes nota que existe "... dificuldade em se identificar o periculum in nora nas cautelares reais penais" (*O Papel da Vítima no Processo Criminal*, São Paulo, Malheiros, 1995, p. 191-2, n. 608).

12. Aplicam-se penas restritivas de direitos, substituindo a reprimenda privativa de liberdade, se e quando: a) a decisão impuser pena de reclusão, detenção ou prisão simples jamais superior a quatro anos, ou se o crime emergir culposo; b) a infração penal não se cometer com violência ou grave ameaça a pessoa; c) o

A lei refere, qual primeira razão, a garantia da ordem pública. Tal expressão não se há de tomar como "porosa":[13] posta para absorver qualquer situação, alargando-lhe, sem medida, a interpretação, a qual, por natureza, precisa emergir estreita. O que se garante é a paz pública, ou ordem pública material. Toma-se, pois, imprescindível verificar se a prisão ou a soltura importam, ou não, no quebramento da paz pública, influindo sobre o processo. Vale dizer, se a tranquilidade e a ordem sociais devem-se garantir por meio da prisão processual. A paz pública é o produto da tranquilidade social, não artificial, e da ordem social, entendida como harmonia, na comunidade.[14]Nos grandes centros urbanos, é difícil aceitar que a prisão preventiva, de que se cuida, decrete-se para servir ao processo.[15]

7. Lei modificativa do Código de Processo Penal acrescentou a ordem econômica (art. 86 da Lei 8.884/94[ccxxvii]). E, de novo, convém repelir a "porosidade".[16] À evidência, o objeto jurídico-penal ordem econômica não

---

acusado não se mostrar reincidente em crime doloso, mas se o for não no mesmo tipo de crime e a medida emergir, socialmente, recomendável; d) a culpabilidade, os antecedentes, a conduta social e a personalidade do acusado, bem como os motivos e as circunstâncias da infração indicarem que a substituição seja suficiente (art. 44, incs. I a III e § 3°, do CP).

13. Palavras e expressões vagas, dispostas a sorver variado entendimento, não deveriam compor situações jurídicas que ensejam prisão. Winfried Hassemer observou: "Si un concepto está abierto ai futuro y el cambio social le da candidatos neutrales, el concepto es poroso" (*Fundamentos del Derecho Penal*, trad. Munoz Conde e Arroyo Zapatero, Barcelona, 1984, p. 226).

14. Existe concordância entre os autores sobre a dificuldade no conceituar ordem pública. Tal noção parece, entretanto, perturbar a ideia de segurança pública, não obstante o preceito constitucional (art. 144). Inútil a exaltação da ordem pública, a divinização de seu conceito. Ao se precisar escolher entre a injustiça e a desordem, percebe-se que, a todo tempo, emerge possível substituir certa ordem pública por ordem nova. A noção, pois, irrompe variável, no tempo e no espaço, e não serve para compor a paz pública, cujo desejo da comunidade cxsurge perene. Jamais se conseguiu estabelecer conceito unitário de ordem pública, mesmo no direito processual penal (arts. 312, 424 e 781 do CPP).

15. Pode, entretanto, suceder que o indiciado, ou acusado – pretenso praticante, por exemplo, de roubo qualificado –, de habitual, reúne-se em quadrilha ou bando (arts. 157, § 2°, inc. I a V, e 288 do CP). Há, também, a hipótese de tentativa de homicídio, cujo agente – matador por encomenda, "pé de pato" – exibe intensa vontade de consumá-lo (art. 121, § 2°, do CP).

16. Assere Eros Roberto Grau: "Ainda que se oponha à ordem jurídica a ordem econômica, a última expressão é usada para referir uma parcela da ordem jurídica.

serve, para o encontro do conceito processual penal (arts. 4º,[ccxxviii] 5º,[ccxxix] 6º,[ccxxx] bem como respectivos incisos, da Lei 8.137/90 e arts. 1º e 2º da Lei 8.176/91). Menos, ainda, a imagem constitucional (art. 170 e incisos)[ccxxxi]. Já, antes, não se procurou a ideia de paz pública, no Código Penal (arts. 286 a 288)[ccxxxii]. Observa-se que, pela ordem pública, já estão protegidas as regras básicas da organização econômica, e os interesses da sociedade, a ela pertinentes. A ordem econômica, em palavras simples, integra a ordem pública. Violar, ou ameaçar a economia, gravemente, sem atingir a ordem pública parece impossível. Tenha-se em mente, contudo, que tão só quebranta, ou coloca em grave risco, a ordem econômica o comportamento que comprometa, de forma concreta, o funcionamento do específico sistema, ou de parte dele. Fere, portanto, a ordem econômica material tudo quanto a atingir, por impacto frontal, a ponto de tirar a paz dos povos. Enseja a prisão preventiva, porém e tão só, a mencionada situação real que convenha ao processo de conhecimento de índole condenatória.

Não é qualquer proceder que conduz a garantir as ordens pública e econômica materiais, salvo se desejamos conviver com a vagueza e a ambiguidade, assim acolhendo interpretações não restritivas e de regra processual, que coarctam a liberdade individual.[17]

8. A segunda causa próxima da prisão preventiva, em senso estrito, está na conveniência da instrução criminal. Decreta-se, porque exsurge útil, importante, à instrução criminal. Instrução consiste na atividade processual tendente – e tendência não é destino – a produzir meios de prova, necessários ao esclarecimento da verdade criminal, Diz, portanto,

---

Esta, então – tomada como um sistema de princípios e regras jurídicas –, compreenderia uma ordem pública, uma ordem privada, uma ordem econômica, uma ordem social. A ambiguidade de todas essas expressões é de tal ordem – e uso aqui, propositadamente, o vocábulo 'ordem' – que a operacionalização dos conceitos que designam é sempre tormentosa" (*A Ordem Econômica na Constituição de 1988*, 3ª ed., São Paulo, Malheiros, 1997, § 16, p. 41). A garantia da ordem econômica não se presta, pois, para integrar a justa causa próxima, salvo interpretação restrita.

17. A liberdade individual e física do suposto infrator precisa causar justificada inquietação, temor público de que torne a cometer, diretamente, a mesma espécie de delito econômico, provocando grave dano social (art. 71 do CP). O receio objetivo da continuidade delitiva, desde há muito, serve de base para o decreto de prisão preventiva, obstando a ocorrência de crime conexo (art. 76 do CPP).

com o fato e seu autor, imersos na própria e relevante circunstancialidade. Sob tal aspecto, não se pode ignorar que a prisão, também e às vezes, garante a autodefesa, reforçando o contraditório real e indisponível, muito embora lhe não seja o escopo, nem a justifique.[18]

9. O terceiro motivo acha-se no assegurar a aplicação da lei penal. Entenda-se asseguramento da execução penal. A prisão processual, algumas vezes, mais acautela a eventual execução de pena privativa de liberdade. Inútil pretender ignorar que a qualidade e a quantidade das reprimendas cominadas determinaram a classificação das infrações penais em inafiançáveis, afiançáveis e extra-afiançáveis, ou em que o acusado se livra solto. É manifesto que a dureza da sanção cominada bem pode levar o inculpado a ser tentado a escapar, frente ao embaraço de contingente condenação. Daí a inafiançabilidade de alguns delitos (art. 323, incs. I,[ccxxxiii] III [ccxxxiv]e V,[ccxxxv] do CPP e art. 5°, inc. XLIII, da CF) e a impossibilidade de liberdade provisória (arts. 310, parágrafo único,[ccxxxvi] e 324, inc. IV,[ccxxxvii] do CPP e, ainda, art. 2°, inc. II,[ccxxxviii] da Lei 8.072/90). Perigo determinado de fuga orienta a decretação, arredante da impunidade. Em consequência, onde inexiste pena privativa de liberdade cominada, ou aplicável, não deve existir encarceramento preventivo, ou provisório.

10. A ordem de prisão preventiva irrompe proibida, na legislação, em duas hipóteses. Nas infrações penais comuns, o Presidente da República não se permite submeter à prisão, enquanto não sobrevier sentença condenatória (art. 86, § 3º, da CF).[19] Surge, também, impedida sempre que o sujeito agente tenha praticado o suposto fato "em estado de necessidade, legítima defesa, estrito cumprimento de dever legal e exercício regular de direito" (art. 23, incs. I a III, c/c arts. 24 e 25 do CP; ainda, art. 314 [ccxxxix]do CPP).

---

18. Perverte a instrução criminal o acusado que, de modo sabido, deseja destruir ou ocultar determinados indícios do crime, atemoriza a vítima, intimida testemunha ou procura suborná-la para o perjúrio. Finda a fase instrutória, desaparece o motivo do cárcere preventivo, que a tutela. Assim, deve acabar revogada, porque desútil e desproporcional (art. 316 do CPP).

19. Nos denominados crimes de responsabilidade, sucedendo condenação, jamais se aplicam reprimendas criminais (art. 5°, inc. XLVI, letras "a" a "e", da CF, c/c art. 32 do CP). O impeachment, a todo rigor técnico, não consiste em processo penal, e a condenação resulta nas sanções constitucionais de perda do cargo e inabilitação, por oito anos, para o exercício de função pública (art. 52, incs. I e II e parágrafo único, da Lei Maior).

No primeiro caso, o preceito aflora político. No segundo, comanda a lógica: se os meios de prova já indicam a ocorrência de excludente da ilicitude – denominada descriminante ou justificativa –, a prisão preventiva soa qual absurdidade.

11. Justa causa para a prisão preventiva, em senso estrito, de modo esquemático, divide-se em remota e próxima (art. 648, inc. I, do CPP). A justa causa remota acha-se na prova da existência material do fato ilícito e típico, bem assim na presença de indícios suficientes de autoria, coautoria ou de participação. A justa causa próxima encontra-se na garantia da ordem pública, da ordem econômica, da conveniência da instrução criminal e da necessidade de assegurar a execução penal.

O cárcere preventivo, em senso estrito, surge como medida excepcional: decretável, tão só, nos crimes dolosos, punidos com reclusão e severamente; limitado às causas legais, que assim permitem, tão só, interpretação restrita; e tangido pela indispensabilidade, com vistas ao processo de conhecimento, de natureza condenatória, a que serve de instrumento e, sempre, proporcional ao fato perquirido.[20]

---

20. A análise da justa causa próxima pode levar a entrever o encarceramento preventivo, como medida destinada a assegurar o cumprimento de dever processual, a que o acusado se encontra sujeito, durante o andamento do processo da ação condenatória. O projeto de Código de Processo Penal, de 1983 – Mensagem 240 –, revisto por Francisco de Assis Toledo, coordenador, José Frederico Marques, Jorge Alberto Romeiro e Rogério Lauria Tucci, parece tender para esse entendimento. Veja-se o disposto no art. 417: "Existindo prova da prática de fato previsto como crime doloso e de indícios suficientes de autoria, pode ser decretada a prisão preventiva quando ocorrer uma das seguintes hipóteses: I – indícios de possibilidade de fuga do indiciado ou do acusado; II – indícios de que o indiciado ou acusado está tentando tumultuar, adulterar a investigação ou a instrução, coagir, intimidar ou subornar o ofendido, a testemunha ou o auxiliar da justiça; III – justificada probabilidade de praticar o indiciado ou acusado nova infração penal; IV – fundada necessidade de assegurar-se a ordem pública; V – dúvida quanto à identidade do indiciado ou acusado, não fornecendo ele elementos suficientes para esclarecê-la ou não tendo residência fixa; e VI – ter praticado, o indiciado ou acusado, infração punida com pena mínima de dois anos de reclusão, e já tiver sido anteriormente condenado por crime doloso, em sentença transitada em julgado, salvo se entre a data do cumprimento ou extinção da pena e o fato posterior houver decorrido prazo superior a cinco anos". O Projeto de Lei 4.898, de 1995 – Mensagem 1.270/94 –, sem maior critério, ofereceu nova redação ao art. 312 do CPP. Ostenta, também, a aludida inclinação:

12. Assim, de algum modo, tracejada a cautelaridade da prisão preventiva, convém examinar a decisão judicial, que a impõe, ou a conserva. As decisões interlocutórias – mesmo que a lei as denomine despachos, por equívoco (art. 315 [ccxl]do CPP) – exigem motivação, ainda que concisa (arts. 5º, inc. LXI, e 93, inc. IX[ccxli], da CF). Na linguagem jurídica mais antiga, a voz "decreto" sempre significou decisão interlocutória.

Irrompe precário, apenas, asseverar, no ato decisório, que a prisão cautelar decreta-se para garantia da ordem pública, pela conveniência da instrução criminal ou para assegurar a aplicação da lei penal (art. 312 [ccxlii]do CPP). Cumpre apontar as razões, os motivos, as causas determinantes do encarceramento processual, com vistas à sua indispensabilidade e utilidade definidas. Vale afirmar, no decreto de prisão preventiva, emerge imprescindível a demonstração de que, no caso, desponta verdadeira precisão de tutelar-se a ordem pública e a econômica, a instrução criminal ou a futura e contingente execução penal, assim atendendo ao processo da ação condenatória. Não há lugar para *decisum* oco.

Envolve, pois, questões de fato e de direito, justificantes da medida. Indicação, portanto, da ocorrência, ou circunstância, em que aflorou, que leva a pôr ao menos em real ameaça qualquer dos motivos legais do encarceramento preventivo, operando-se a adequação. Não há discricionariedade técnica, mas legalidade estrita. É ato processual penal típico. Ou se acham presentes os pressupostos e os supostos e o juiz guarda o poder-dever de determinar a prisão, bem como de mantê-la, ou não se encon-

---

"Verificada a existência de crime e de indícios suficientes da autoria, a prisão preventiva poderá ser decretada se houver fundadas razões de que o indiciado ou acusado venha a criar obstáculos à regular instrução do processo, à execução da sentença ou venha a praticar qualquer das seguintes infrações penais: I – resultante de criminalidade organizada; II – de ofensa à probidade administrativa; III – mediante violência ou grave ameaça à pessoa; IV – contra a ordem tributária, a ordem econômica, as relações de consumo ou contra o sistema financeiro nacional. Parágrafo único. A prisão preventiva também será decretada, quando o indiciado ou acusado descumprir ou tentar frustrar as restrições que lhe foram impostas na forma do disposto nos arts. 319 e 320". Os dois últimos artigos projetados tratam de medidas substitutivas da prisão preventiva: restritiva de liberdade e de outros direitos. Criam-se, portanto, deveres, nascentes no processo, como "apresentação semanal em local determinado", "proibição, sem autorização judicial, de ausentar-se", "impedimento de participar, direta ou indiretamente, de licitação" e "suspensão da autorização para dirigir veículo".

tram, e não é caso de decretá-la; ou, ainda, surge a hipótese de precisar revogá-la (art. 316 do CPP). Não se tolera, por isso, justificação implícita, nem *per relationem*. Já a fundamentação *aliunde* desmerece, até, cogitação, tal sua manifesta impropriedade, no ato decisório, decretante de prisão, ou de mantença (arts. 5º, inc. LXI, e 93, inc. IX,[ccxliii] da CF ele art. 315 [ccxliv]do CPP).[21]

13. Ser o indiciado primário, de bons antecedentes, residir no distrito da culpa, ostentar menoridade relativa e possuir ocupação lícita, por si sós, não impedem a decretação do encarceramento preventivo nem o fazem merecedor de liberdade provisória. E que a prisão preventiva, em sentido estrito, tanto quanto a temporária, em flagrante delito, em virtude de pronúncia e a emergente em condenação recorrível, exsurgem todas dotadas de especial caráter cautelar. Cifram-se no assegurar resultado proveitoso do processo de conhecimento, de índole condenatória. Dele são ins-

---

21. Asseriu Hélio B. Tornaghi: "... o juiz deve mencionar de maneira clara e precisa os fatos que o levam a considerar necessária a prisão para garantia da ordem pública ou para assegurar a instrução criminal ou a aplicação da lei penal substantiva. Não basta de maneira alguma, não é fundamentação, frauda a finalidade da lei e ilude as garantias da liberdade o fato de o juiz dizer, apenas, 'considerando que a prisão é necessária para a garantia da ordem pública ...'. Ou então: 'a prova dos autos revela que a prisão é conveniente para a instrução criminal...'. Fórmulas como essas são a mais arrematada expressão da prepotência, do arbítrio e da opressão. Revelam displicência, tirania ou ignorância, pois além de tudo envolvem petição de princípio: com elas o juiz toma por base exatamente aquilo que deveria demonstrar. (...) Se o juiz decreta a prisão preventiva em qualquer das hipóteses previstas em lei, não há excesso de poder. O que não significa que não possa existir abuso de poder. O juiz excede seus poderes se decreta a prisão em casos não previstos em lei. Mas abusa do poder se, mesmo em hipótese prevista em lei, age por motivos diversos dos que a inspiraram" (*Manual...*, op. cit., v. II, p. 619-20). Ensina Rogério Lauria Tucci, ao cuidar da nulidade dos atos decisórios, por falta de fundamentação: "Especialmente no processo penal, em que mais avulta a inadmissibilidade de motivação implícita – aquela em que a fundamentação do julgamento carece de um raciocínio lógico e direto, reclamando, para sua compreensão, análise conjunta de argumentos principais e subsidiários; aliunde – aquela em que há simples referência a atos produzidos em outro processo; ou per ratationem – aquela repousante em fundamentação outra, porém constante do mesmo processo, sendo mais frequente a hipótese em que o órgão recursal se reporta aos argumentos decisórios expendidos pelo inferior no julgamento recorrido" (*Direitos e Garantias...*, op. cit., p. 273-4).

trumentos necessários e transitórios. Nascem e se conservam da e na precisão e utilidade, submetendo-se ao *due process of law* (art. 5°, inc. LIV, da CF), respeitada a proporcionalidade da medida.

A chamada presunção de inocência – em verdade status de inocência, posto que inexiste ilação a tirar, para firmar fato desconhecido – não impede, de modo isolado, a tutela cautelar processual penal, por óbvio (art. 5º, inc. LVII, da CF).[22] Não consiste a prisão, dita provisória, em antecipada admissão da culpabilidade do suspeito, indiciado ou acusado. Nem jamais hão de servir as prisões processuais como iníquas formas antecipadoras de castigo. A ação penal condenatória exsurge, em si mesmo, sancionatória – abstração de seu resultado final. O acusado sofre o processo, ainda que termine absoluto. Descabido lhe piorar a situação e sem justa causa.

14. Sem acolhida a prisão processual, se e quando a instrução criminal exibe, em prol do indiciado, ou do arguido, causa de exclusão da ilicitude (arts. 23 a 25 do CP c/c art. 314[ccxlv] do CPP). Bastaria verificar tal regramento, para perceber que arredada se mostra a discricionariedade técnica. Razão inexiste para prender, em flagrante delito, quem agiu em legítima defesa, ou se decretar a prisão preventiva do que atuou no estrito cumprimento de dever legal ou se comportou em exercício regular de direito, como visto.

Alguma excludente da culpabilidade – ou dirimente – despontando, como o erro sobre a ilicitude do fato, coação irresistível e obediência hierárquica, ou a inimputabilidade, por embriaguez completa, proveniente de caso fortuito ou força maior, de modo semelhante deve-se ter por veda-

---

22. Rogério Lauria Tucci assenta que o mais importante corolário do devido processo penal "é a denominada presunção de inocência, que, como antes acentuamos, corresponde, tecnicamente, à não consideração prévia de culpabilidade". Depois de invocar Guglielmo Sabatini, remata: "Consiste ele na assecuração, ao imputado, do direito de ser considerado inocente até que sentença penal condenatória venha a transitar, formalmente, em julgado, formando-se, então, a coisa julgada de autoridade relativa" (*Direitos e Garantias...*, op. cit., p. 401-2). Chame-se a esse ius presunção de inocência, status de inocência, ou não consideração prévia de culpabilidade, o proveitoso acha-se em lembrar que os lugares específicos do direito – opostos aos lugares-comuns, ou tópicos jurídicos, in dubio pro reo e in dubio pro libertate – encontram-se-lhe na base (cf. Chaïm Perelman, *Lógica Jurídica*, trad. Verginea K. Puju, rev. de trad. Maria Ermatina Galvão, São Paulo, Martins Fontes, 1998, p. 124).

da a prisão processual (arts. 21, 22 e 28, § 1°, do CP). Ao acusado, que se divisa isento de pena, descabe-lhe prisão provisória. A conclusão deflui do sistema, pouco importante a falta de norma processual expressa (arts. 282;[ccxlvi] 309; 310 e parágrafo único;[ccxlvii] 313, inc. I;[ccxlviii] 314;[ccxlix] 321, incs. I e II[ccl]; 596 e outros, do CPP).[23]

Ao se compreender e guardar o aludido sistema, resta fácil concluir quais os efeitos da aplicabilidade de penas substitutivas, das reprimendas privativas de liberdade, sobre as prisões chamadas provisórias, consoante o novo modelo substancial (Lei 9.714, de 25 de novembro de 1998).

O limite da pena privativa de liberdade, que permite substituição, alargou-se para quatro anos (art. 44, inc. I, do CP). Ao retirar-se a prisão, como pena, desponta intolerável conservá-la, qual instrumento de tutela cautelar. Em certo caso concreto, emergindo a probabilidade da futura substituição da reprimenda cominada ao crime, por sanção restritiva de direitos, descabe qualquer prisão provisória (art. 43, incs. I a VI, do CP c/c

---

23. 233 Afirma Weber Martins Batista: "O problema deve ter solução semelhante à da hipótese das justificativas. Nosso direito processual penal está estruturado de acordo com as normas e princípios constitucionais, garantidores da liberdade individual, normas e princípios que o processo penal acolhe e regulamenta, dando-lhes vida prática. (...) Não é tão só por amor ao indivíduo que se protege sua liberdade, mas porque esta garantia interessa sobretudo à coletividade, é um dos alicerces, e dos mais importantes, sobre que está organizada a sociedade no Estado liberal. Assim, toda vez que, no processo, ocorrer um choque entre o interesse social e o individual, este pugnando pela liberdade, aquele aconselhando a sua restrição, em favor da realização do direito, a solução deve ser dada partindo-se da ideia de que a liberdade pessoal, por ser um bem do indivíduo, constitui, principalmente, um valor inalienável da coletividade. (...) O acusado não se presume inocente durante o processo, o que seria um contrassenso, mas porque e enquanto não condenado não é culpado, não pode ser tratado como se fosse, goza de um status de inocência. Por isso, as restrições à sua liberdade, quaisquer que sejam elas, só se admitem se ditadas pela mais estrita necessidade. (...) Assim, 'não havendo probabilidade alguma de condenação do réu, por estar plenamente demonstrada a existência de dirimente' – como diz Frederico Marques –, por que simplesmente não colocá-lo em liberdade, como aconselha o eminente professor? O certo será deixá-lo não apenas fora da prisão, como, também, fora do processo. Do mesmo modo como foi dito em relação às justificativas, o Estado não tem interesse em processar o autor do fato, se é certo que vai absolvê-lo" (*Liberdade Provisória: Modificações da Lei 6.416, de 24 de maio de 1977*, Rio de Janeiro, Forense, 1981, p. 71-2).

arts. 301 a 310,[ccli] 311 a 316,[cclii] 408, §§ 1º a 3º, [ccliii]e 585; ainda, art. 393, inc. I,[ccliv] e 594 [cclv]do CPP).[24]

Note-se que nem sequer a reincidência impede a substituição. Basta que, "em face da condenação anterior, a medida seja socialmente recomendável e a reincidência não se tenha operado em virtude da prática do mesmo crime" (art. 44, § 3º, do CP). Leia-se, contudo, "em virtude da prática do mesmo tipo de crime", visto como o mesmo fato não se repete.[25]

15. Eis alguns lineamentos da prisão preventiva, em senso estrito, com vistas às medidas cautelares processuais penais, dissentes com a liberdade física do inculpado.

---

24. Averba Francisco de Assis Toledo: "Assim, como a privação da liberdade está, igualmente, prevista na legislação processual como 'prisão ad cautelam' (prisão em flagrante, prisão preventiva, prisão resultante de sentença condenatória, de sentença de pronúncia, de violação de normas sobre liberdade provisória, prisão temporária), seria ilógico abolir-se a prisão como pena para certos fatos previstos como crime no Código Penal e, ao mesmo tempo, manter-se a prisão na lei processual, a título de acautelar a futura execução de uma pena que, embora prevista em abstrato, deixou de existir ou de aplicar-se para certos fatos ou para o caso concreto. Daí a necessidade de repensar-se o instituto da prisão cautelar, por vezes também denominada 'prisão provisória' ou 'prisão processual'. Essa modalidade de prisão, embora tenha por objetivo certas conveniências do processo (garantia da ordem pública ou econômica, conveniência da instrução, assegurar a aplicação da lei penal), sendo uma providência cautelar, só tem razão de ser em função da probabilidade de condenação e da possibilidade de frustração da futura execução dessa condenação. (...) Em outras palavras, seria ilógico aplicar-se medida cautelar assecuratória da condenação, providência extremamente mais severa, quando a própria condenação não conduzisse a tanto. O acessório estaria sobrepujando o principal" ("Penas alternativas ou substitutivas da privação da liberdade. A reforma penal de 1984. As alterações introduzidas pela recente Lei 9.714, de 25 de novembro de 1998", em *Penas Restritivas de Direitos: Críticas e Comentários às Penas Alternativas – Lei 9.714, de 25.11.1998*, René Anel Dotti et al., São Paulo, RT, 1999, p. 143-4).

25. Muitos crimes admitem a aplicação de pena substitutiva. Anotem-se, tão só por exemplo, alguns delitos que podem receber reprimendas restritivas de direitos: aborto provocado pela gestante e provocado por terceiro, com seu consentimento (arts. 124 e 126, *caput*, do CP); sequestro e cárcere privado (arts. 148 do CP); extorsão indireta (art. 160 do CP); fatura, duplicata ou nota de venda simulada (art. 172 do CP); quadrilha ou bando (art. 288 do CP). Nas leis penais extravagantes, recordem-se: Lei de Mercado de Capitais (Lei 4.728/65); crime de sonegação fiscal (Lei 4.729/65); crimes contra o Sistema Financeiro Nacional (Lei 7.492/86); crimes contra a ordem tributária, econômica e contra as relações de consumo (Lei 8.137/90); interceptação de comunicações telefônicas (Lei 9.296/96); e crimes atinentes às armas de fogo (Lei 9.437/97).

BIBLIOGRAFIA

ASSIS MOURA, Maria Thereza Rocha de. *Justa Causa para a Ação Penal Condenatória no Direito Brasileiro*. Tese de doutorado. Faculdade de Direito da Universidade de São Paulo, 1997.

BATISTA, Weber Martins. *Liberdade Provisória: Modificações da Lei 6.416, de 24 de maio de 1977*. Rio de Janeiro: Forense, 1981.

CARRARA, Francesco. *Immoralità dei Carcere Preventivo. Opuscoli di Diritto Criminale*. 4ª ed. Florença: Fratelli Cammelli, 1902. v. IV.

FERNANDES, Antonio Scarance. *O Papel da Vítima no Processo Criminal*. São Paulo: Malheiros, 1995.

GOMES FILHO, Antonio Magalhães. "Prisão cautelar e princípio da presunção de inocência". *Fascículos de Ciências Penais*. Porto Alegre: Fabris, ano 5, v. 5, n. 1, jan./mar. 1992.

GRAU, Eros Roberto. *A Ordem Econômica na Constituição de 1988*. 3ª ed. São Paulo: Malheiros, 1997.

HASSEMER, Winfried. *Fundamentos del Derecho Penal*. Trad. Munoz Conde e Arroyo Zapatero. Barcelona, S.A. Bosch, 1984.

LOPES JÚNIOR, Aury Celso Lima. "Breves considerações sobre o requisito e fundamento das prisões cautelares". *O Estado do Paraná*, Direito e Justiça, 24/01/99.

MENDES DE ALMEIDA JÚNIOR, João. *O Processo Criminal Brasileiro*. 2ª ed. Rio de Janeiro: Francisco Alves, 1911. v. I.

PERELMAN, Chaïm. *Lógica Jurídica*. Trad. Verginea K. Puju, rev. de trad. Maria Ermatina Galvão. São Paulo: Martins Fontes, 1998.

PITOMBO, Cleunice A. Valentim Bastos. *Da Busca e da Apreensão no Processo Penal*. São Paulo: RT, 1999.

SIQUEIRA, Galdino. *Curso de Processo Criminal*. 2ª ed. São Paulo: Magalhães, 1937.

TOLEDO, Francisco de Assis. "Penas alternativas ou substitutivas da privação da liberdade. A reforma penal de 1984. As alterações introduzidas pela recente Lei 9.714, de 25 de novembro de 1998". In *Penas Restritivas de Direitos: Críticas e Comentários às Penas Alternativas – Lei 9.714, de 25.11.1998*. São Paulo: RT, 1999.

TORNAGHI, Hélio B. *Manual de Processo Penal: Prisão e Liberdade*. Rio de Janeiro: Freitas Bastos, 1963. v. I e II.

TUCCI, Rogério Lauda. *Direitos e Garantias Individuais no Processo Penal Brasileiro*. São Paulo: Saraiva, 1993.

_______. *Persecução Penal, Prisão e Liberdade*. São Paulo: Saraiva, 1980.

Pronúncia e o *in dubio pro societate*

SUMÁRIO: 1. Objetivação do tema. 2. In dubio pro reo. 3. Suposta dúvida. 4. Falta de prova. 5. In dubio pro societate. 6. Descabimento de o adágio in dubio pro societate servir de base à decisão de pronúncia. 7. Confusão desnecessária entre suspeita e indício. 8. Tendência dos julgados. 9. Necessidade de repensar o tema.

1. O tema é o mero aforismo – não um princípio de Direito[1] – *in dubio pro societate,* como eventual fundamento da decisão interlocutória de pronúncia, emergente no procedimento especial de Júri (art. 408, *caput,* do Cód. de Proc. Penal[cclvi]).

Interessa, contudo, examinar o adágio *in dubio pro reo,* de início, e por duplo motivo. Primeiro, deu ele origem a diversos ditos semelhantes, por exemplo: *in dubio contra fiscum* – ou *in dubio pro fiscum* –, *in dubio pro disciplina, in dubio pro minoris, in dubio pro operario, in dubio pro matrimonio,*

1. A grande maioria dos autores considera que se trata de princípio o seu oposto: *in dubio pro reo.* Jorge de Figueiredo Dias, por exemplo, entende que seja "um princípio geral do processo penal, pelo que a sua violação conforma autêntica *questão-de-direito* que cabe, como tal, na cognição do Supremo Tribunal de Justiça" (*Direito Processual Penal*, Coimbra, Coimbra Ed., 1974, v. 1, § 6, princípio da prova, p. 217-8). Ainda exemplificando, Luigi Ferrajoli diz: "E a atividade jurisdicional, na medida em que não é garantista, no sentido que se vem indicando, resulta, politicamente, ilegítima e se configura como resíduo de absolutismo. Para a carência deste tipo de legitimação, não cabem formas de integração, podendo se conceber, em suma, alguns corretivos, como a referência aos valores constitucionais, dos princípios de liberdade a de tutela dos sujeitos mais débeis; o princípio do *favor rei* e seu corolário *in dubio pro reo*; a exposição de todas as atividades jurisdicionais ao controle público, por meio da máxima publicidade e o constante exercício, em sede científica e política, da crítica aos desvios judiciais" (*Derecho y Razón: Teoria del Garantismo Penal*, Madri, Editorial Trotta, 1995, p. 547).

in dubio pro debitores e outros. Segundo, os julgados costumam contrapô-lo ao rifão *in dubio pro societate.*

2. *In dubio pro reo* significa: "*na dúvida, a favor do réu*"; ou, "*na dúvida, soluciona-se em favor do acusado*". Menciona-se, ainda, o "*benefício da dúvida*", ao tratar-se de questão de fato. Benefício é favor, mercê, ou graça. O juiz não distribui favores, mas justiça. Emerge dicção pouco feliz.

No Direito romano, encontram-se expressões análogas: *in dubio quod minimum est sequimur* (D., XXVIII, IV, 3), "*na dúvida seguimos aquilo que é mínimo*"; e *semper in dubiis benigniora proeferenda sunt* (D., L, XVII, 56), "*em caso de dúvida sempre se deve preferir o mais benigno*". Não se acha, porém, a frase em comento, nas fontes romanas clássicas.

Assegura-se que aparece no baixo império romano e por influência do cristianismo; mediante tardia interpolação em sentença de Paulo[2]. Note-se que a cláusula lançou-se em matéria referente à manumissão do escravo comum. A passagem para o processo penal, possivelmente, sucedeu no século XIX[3].

---

2. Ver M. Antonio de Dominicis, "Brev. Pauli Sententiarum IV, 12, § 5" e "L'origine romano-cristiana dei principio in *dubio pro reo*", em *Tema di Riforma Della Formula Dubitativa*, em Archivio Penale 18, fasc. XI e XII, p. 3-9, Roma, nov./dez. 1962.

3. Assegurou Jorge de Figueiredo Dias: "O princípio, na formulação latina utilizada, foi cunhado por Stübel; mas ele constitui um produto generalizado dos 'processos reformados' do séc. XIX ...". Anota que referido autor publicou *Das Criminalverfahren in den deutschen Gerichten 1/1*, em 1811 (*Direito Processual...*, op. cit, p. 213 e n. 72). Ao cuidar da prova, no processo criminal, Joaquim José Caetano Pereira e Sousa, aludindo à certeza moral certificava: "é fundada na evidência moral. Tal é a que temos de um fato, que muitas testemunhas fidedignas atestam terem presenciado. Os tribunais criminais contentam-se com a certeza moral para imporem a pena ordinária. Ela pode definir-se o estado do nosso ânimo seguro da verdade de uma proposição, que respeita à existência de um fato, que não vimos. Essa certeza moral só pode provir da prova perfeita; isto é, aquela que exclui a possibilidade da inocência do réu. Brissot. *Theorie des Lois Criminelles*, t. 2, p. 91. Sem certeza moral (diz Filangieri *Scienza della legislazione*, 1.3. p. 2. c. 12) a condenação será sempre uma injustiça, a execução uma violência" (*Primeiras Linhas sobre o Processo Criminal*, 4ª ed., Lisboa, Impr. Régia, 1831, n. 301, p. 120). José Antonio Pimenta Bueno, seguindo na mesma linha, afirmava: "A prova é o ato ou atos, ou antes o meio jurídico ou moral pelo qual se certificam ou convencem os juízes da veracidade dos fatos: é uma parte muito essencial do processo, e especialmente do crime, porque a presunção na-

O aforismo *in dubio pro reo* guarda por destinatário o juiz; e se situa na teoria processual da prova[4].

Recorde-se: objeto da prova judicial em regra – são os fatos e suas circunstâncias; e que tocam à imputação objetiva e subjetiva. Assim, só os pertinentes e os relevantes importam evidenciar, na instrução criminal.

Anote-se, julgados conflitantes jamais mostram dúvida, tão só, entendimentos diversos. Vacilação, quanto à interpretação, ou à aplicação da lei, não se resolve com a parêmia: *in dubio pro reo.*[5]

3. A dúvida, que se analisa, não surge como método de procura da verdade processual atingível ou possível. Menos, também, como ponto de

---

tural é a da inocência (Per. e Sz. n°s 301 a 303); e tanto que na colisão de provas ou na dúvida a absolvição deve por certo prevalecer: *in ambiguis humaniorem sentatiam, non mi nus justius est quam tutius*" (*Apontamentos sobre o Processo Criminal Brasileiro*, 2ª ed., Rio de Janeiro, Empr. N. do Diário, 1857, § 239, p. 147).

4. Assertou Julio B. J. Maier que é máxima principal de valoração da prova (*Derecho Procesal Penal Argentino*, Buenos Aires, E. Hammurabi, 1989, t. 1, v. a, § 2, p. 118).

5. Observou Manuel Gonçalves Cavaleiro Ferreira: "O princípio – *in dubio pro reo* – respeita ao direito probatório. A presunção de inocência do arguido implica que, sendo incerta a prova, se não use de um critério formal como o resultante do ônus legal da prova para decidir da condenação do réu, a qual terá sempre de assentar na certeza dos fatos probandos. Mas não há que interpretar as leis em sentido favorável ao réu. Trata-se de mero equívoco estender um princípio relativo à prova, à matéria de interpretação. O Código Penal bavário de 1813 continha uma disposição que permitia a punição pelo crime menos grave, quando se não provava qualquer dos crimes que em alternativa se pudesse assegurar que o réu cometera, embora não se obtivesse a prova de todos os elementos constitutivos essenciais de qualquer dos crimes em alternativa. Tal disposição veio a ser renovada pela legislação alemã de 1946 e o problema, sob a influência da doutrina alemã, veio a ser discutido noutros países. A questão não respeita também à matéria de interpretação, mas somente ao direito probatório. Na Alemanha a disposição legal que fomentou a discussão encontra-se revogada. Entre nós, e quanto ao Código bávaro, pronunciara-se já Silva Ferrão, condenando a disposição desse Código e considerando-o contrário à doutrina do Direito Português. A opinião de Silva Ferrão é de manter. Só a prova de todos os elementos constitutivos essenciais de uma infracção permite a sua punição. Mas é esse um problema de direito probatório em processo penal, e não uma regra de interpretação da lei penal" (*Direito Penal Português: Parte Geral*, 2ª ed., Lisboa, Ed. Verbo, 1982, v. ", § 48, p. 111).

partida, para a pesquisa processual espontânea; ou atividade do juiz, supletiva da inércia, da acusação ou da defesa, quanto à iniciativa da prova. É – o suposto – estado de irresolução transitório, em que se encontra o magistrado, quanto aos fatos: *thema probandi.*

A dúvida há de emergir insuperável e respeitante ao fato ou circunstâncias relevantes, bem como a autoria, coautoria e participação. A incerteza – ou pretensa hesitação – desponta qual resultado das provas, que se contradizem, em qualidade e quantidade.

O que se soluciona mediante o senso comum não produz dúvida ponderável[6].

4. A persuasão racional, na apreciação da prova – o juiz deve decidir conforme o alegado e provado: *secundum allegata et probata partinum* – mostra o engano do aforismo.

Se irrompem provas equivalentes, em sentido contrário; se, por isso, não convencem; inexiste dúvida, mas certeza da falta de prova. Vale assentar: se os elementos de convicção falham, ao surgirem antitéticos, a acusação, assim, não suportou o ônus respectivo. Cabe, então, absolver o acusado.

Repita-se: ele termina absolvido não por motivo de dúvida, porém, em razão da falta de provas para condenar[7]. A indeterminação do fato e/ou da autoria exibe o fracasso da pesquisa da verdade possível, ou atingível.

Em resumo: *in dubio pro reo* consiste em falsa parêmia[8]; ou deve acabar entendida como simples fenômeno, nascente no racional convenci-

---

6. Daí, a assertiva: "§ 220. O homem sensato não tem certas dúvidas" (Ludwig Wittgenstein, *Da Certeza*, ed. bilíngue, Lisboa, Ed. 70, 1998, p. 69).

7. [7] Santiago Sentís Melendo afirmou: "Mas, não se trata de dúvida, senão de outro fenômeno: falta de provas. Quando se diz *in dubio pro reo*, se está dizendo que, à falta de provas, há que se absolver o réu; e isto parece não necessitar justificação. O juiz não dúvida, quando absolve. Está, firmemente, seguro; tem ia plena certeza. De quê? De que lhe faltam provas para condenar. Se é no sumário, tão pouco duvida: acha-se seguro de que lhe faltam os elementos probatórios exigidos, para processar, ou para encarcerar. Não se trata de favor, somente, dejustiça" (*in dubio pro reo.* Buenos Aires, EJEA, 1971, p. 158-9).

8. Ponderou Roberto de Ruggiero: "1) Na escolástica antiga e na prática do povo foi-se formando um pouco no ar uma série de brocardos ou aforismos jurídicos, que são repetidos pelos práticos a todo o momento e retidos como expressões de regras fixas e princípios absolutos. Toda a teoria da interpretação se resume as-

mento, de apuração, ou verificação, de falta de prova. Admissão judicial, pois, de que não restou demonstrado o fato, em que se fundou a acusação formal, ou sua autoria, gerando a absolvição. Não se ostenta como princípio; tirante a ideia – a ser melhor debatida – de que se cuide de princípio político. Daí, porque se assente, no Código Tipo de Processo Penal, para a América Latina: "*A dúvida favorece o imputado*" (Livro I, "*Disposições gerais*", Título I, "*Princípios básicos*", n. 3, *in fine).*

5. É fácil, na sequência, perceber que a expressão *in dubio pro societate* não exibe o menor sentido técnico. Em tema de direito probatório, afirmar-se: "*na dúvida, em favor da sociedade*" consiste em absurdo lógico-jurídico. Veja-se: em face da contingente dúvida, sem remédio no tocante à prova – ou na imaginada incerteza –, decide-se em prol da sociedade. Dizendo de outro modo: se o acusador não conseguiu comprovar o fato, constitutivo do direito afirmado, posto que conflitante despontou a prova; então, se soluciona a seu favor, por absurdo. Ainda, porque não provou ele o alegado, em face do acusado, deve decidir-se contra o último. Ao talante, por mercê judicial o vencido vence, a pretexto de que se favorece a sociedade: *in dubio contra reum* [9].

---

sim, para alguns, no uso dessas máximas, arrancadas frequentemente à lógica e a maior parte das vezes adotadas absolutamente fora de propósito. Soam como outros tantos provérbios da sapiência jurídica (por exemplo: '*ubi eadem legis ratio, ibi eadem dispositio*' – *cessante ratione legis cessat et ipsa lex* – '*ubi lex non distinguit, nec nos distinguere debemus*' – *inclusio unius exclusio alterius*' *in eo quod plus est semper inest et minus*' *etc.), e são por vezes o mais perigoso instrumento nas mãos do juiz, desde que seja pouco experimentado na difícil arte de interpretar. Têm na verdade a aparência de princípios gerais e absolutos e, pelo contrário, não há um único que não seja falso como máxima geral: parecem as mais das vezes contraditórios e antitéticos, visto que em face de um, que afirma dada regra, é sempre possível encontrar um segundo que contenha regra oposta; tem cada um deles um campo de aplicação com limites próprios, fora dos quais vigora a regra oposta, mas não exprimem quais sejam esses limites. Ora um grande número dos erros cometidos na aplicação dos textos de lei, tem a sua causa direta e imediata no abuso que todos os dias os juízes e advogados fazem destes aforismos que, como foi dito, são todos eles falsos na sua generalidade*" (*Instituições de Direito Civil: Introdução e Parte Geral*, trad. Ary dos Santos, 3ª ed., revista e adaptada por Antônio Chaves e Fábio Maria de Mattia, São Paulo, Saraiva, 1971, v. I, § 17, p. 119-20).

9. Cristina Líbano Monteiró, analisando a expressão *in dubio pro societate*, observou: "Outra solução valorativa, teoricamente possível, traduz-se em resolver a dúvida insanável sobre os fatos num sentido *contra reum* ou *pro societate*: na

Só o exagerado positivismo jurídico quase desaparecido – pode tolerar o sério mal-entendido. O fenômeno processual mantém-se: a acusação não suportou o *onus probandi.*

Subjacente à assertiva *in dubio pro societate* acha-se o vedado procedimento de ofício e a quebra da denominada presunção de inocência (arts. 5º, inc. LVII e inc. I, da Const. da República).

6. Sem prova suficiente, não se há de decretar prisão cautelar, em princípio (arts. 311 e 312, do Cód. de Proc. Penal[cclvii]). Sem prova bastante, não se pode acusar, de modo formal (arts. 43 [cclviii] e 648, inc. l, do Cód. de Proc. Penal). Sem prova da existência material – de crime doloso contra a vida praticado ou tentado (art. 5°, inc. XXXVIII, da Const. da República e art. 83, da Const. do Estado de São Paulo c/c art. 78, § 1°, do Cód. de Proc. Penal) –, mais indícios de que o imputado seja o seu autor e algum elemento, dizente com a culpabilidade, não se profere ato decisório de pronúncia (art. 408, *caput,* do Cód. de Proc. Penal[cclix]).

No procedimento especial de Júri, a fase do sumário de culpa, também, denominada juízo de acusação, finda com a decisão interlocutória de pronúncia (art. 408, do Cód. de Proc. Penal[cclx]); sentença terminativa de impronúncia (art. 409, do Cód. de Proc. Penal[cclxi]) e sentença definitiva de absolvição sumária (art. 411, do Cód. de Proc. Penal[cclxii]). Sem esquecer a decisão interlocutória de desclassificação, com declinação da competência (art. 410, do Cód. de Proc. Penal[cclxiii]).

No ato decisório de pronúncia, admite-se a acusação formal. Assim, permitindo a abertura da segunda fase do procedimento: juízo da causa. Ele acaba em sentença de mérito, após o julgamento em plenário (arts. 492[cclxiv] e 493[cclxv], do Cód. de Proc. Penal)[10].

---

incerteza sobre a culpa real do arguido, dever-se-iam privilegiar os interesses de defesa social, sacrificando ao bem coletivo a eventual inocência de um singular. O *in dubio pro reo* enfermaria de individualismo à outrance, com o qual não pactuaram doutrinas como a nacional-socialista, sistemas de corte soviético ou, antes de qualquer deles, escolas como a positivista italiana" (*Perigosidade de Inimputáveis e* In Dubio Pro Reo, Coimbra, Universidade de Coimbra, Studia Juridica, Coimbra Ed., 1997, p. 47).

10. Ao se aceitar que a ação penal de conhecimento, de natureza condenatória, ostenta-se como o escudo, o anteparo, a proteção do acusado, contra eventual arbítrio estatal, na imposição da pena, na imposição da pena, ou da medida de segurança, melhor o entendimento de Vicente Greco Filho. Ponderou: "É comum dizer-se que a função da pronúncia é a de remeter o réu a Júri. Mas rejei-

O juiz, para pronunciar, necessita "*se convencer – por via dos meios de prova – da existência do crime e de indícios de que o réu seja seu autor*"; e apontando "*os motivos de seu convencimento*" (art. 408, *caput*, do Cód. de Proc. Penal[cclxvi]).

Se os meios de prova, ao término da formação da culpa, despontam conflitantes, a acusação mal suportou o ônus de demonstrar que: (a) o fato concreto exibe-se ilícito e típico; (b) estão presentes, ao menos, indícios veementes[11] de autoria – indícios, pois, acrescidos no juízo de acusa-

---

tamos, terminantemente, essa impostação. A função da fase de pronúncia é, exatamente, a contrária. Em outras palavras, a função do juiz togado, na fase de pronúncia, é a de evitar que alguém que não mereça ser condenado possa sê-lo em virtude do julgamento soberano, em decisão, quiçá, de vingança pessoal ou social. Ou seja, cabe ao juiz na fase de pronúncia excluir do julgamento popular aquele que não deva sofrer a repressão penal. Usando expressões populares, pode-se dizer que compete ao juiz evitar que um inocente seja jogado 'às feras', correndo o risco de ser condenado, ou que o Júri pode fazer uma injustiça absolvendo, não podendo fazer uma injustiça ao condenar. A pronúncia, portanto, atua como uma garantia da liberdade, evitando que alguém seja condenado e não o mereça" ("Questões polêmicas sobre a pronúncia", em *Tribunal do Júri: Estudo sobre a Mais Democrática Instituição Jurídica Brasileira*, coord. Rogério Lauria Tucci, São Paulo, Ed. Rev. dos Tribs., 1999, p. 118-9).

11. Lemos Brito, anotando o artigo 14, caput, do Decreto-lei nº 167, de 05 de janeiro de 1938, advertiu: "Para que autorizem a pronúncia de um cidadão, os indícios devem ser, para aproveitar a lição do Código francês, graves, preciosos e concordantes. A lei brasileira exigia que esses indícios fossem veementes, isto é, que fizessem induzir de modo claro a que alguém foi o autor de um ato incriminado. Conferir ao Juiz o poder de pronunciar alguém por leves indícios, com os vexames de ordem material e moral que a pronúncia acarreta, lançando-lhe o nome no rol dos culpados e expondo-o a execração pública, seria conferir-lhe um poder ditatorial, e a pior das ditaduras, escreveu Rui Barbosa, seria a Judiciária, porque é proibido discutir os arestos dos juízes e tribunais e porque os atos mais arbitrários teriam a presunção de legalidade. (...). Indícios veementes, pois, e não simples indícios, porque isto constituiria a entrega de uma arma perigosíssima ao juiz e faria continuadamente periclitantes a liberdade e a honra do cidadão. "Se conjecturas arriscadas, a dúvida, a suspeita, a possibilidade, não bastam para a pronúncia", ensina Bento de Faria, atual presidente do Supremo Tribunal Federal, Lemos Brito, anotando o artigo 14, caput, do Decreto-lei n. 167, de 5 de janeiro de 1938, advertiu: "Para que autorizem a pronúncia de um cidadão, os indícios devem ser, para aproveitar a lição do Código francês, graves, preciosos e concordantes. A lei brasileira exigia que esses indícios fossem veementes, isto é, que fizessem induzir de modo claro a que alguém foi o autor de

ção –; e (c) irrompe alguma prova – conforme a razão – da culpabilidade do imputado. Ficou-se, portanto, no que, tão só, bastava para acusar; incoando o procedimento especial.

Ora, a única solução técnico-jurídica cabente acha-se na impronúncia, que abriga os casos de não convencimento, por motivo das provas obtidas ou produzidas (art. 409, do Cód. de Proc. Penal[cclxvii]). Vale renitir: aflorando provas em sentido contrário -- uma não desmentindo, ou infirmando a outra, inobstante opostas – tal sucesso implica falta de prova, causando hipótese de impronúncia. Jamais seria, pois, de pronunciar-se o acusado, em base do adágio: *in dubio pro societate,* mais fictício de que seu inverso, ou adverso; porque fora de toda razão e proporção.

7. Desnecessária confusão tem-se feito, ainda, entre os conceitos de suspeita e indício, nos julgados.

O Supremo Tribunal Federal, por sua Primeira Turma, julgando o *habeas corpus* n. 686.061/130, de São Paulo, a 18 de junho de 1991, Relator Min. Celso de Meio, decidiu: "*Ementa* – Habeas Corpus – *Júri – Pronúncia – Limites a que juízes e tribunais estão sujeitos – Excesso configurado – Ordem deferida. Os juízes e tribunais devem submeter-se, quando praticam o ato culminante do* judicium accusationis *(pronúncia), à dupla exigência de sobriedade e de comedimento no uso da linguagem, sob pena de ilegítima influência sobre o ânimo e a vontade dos membros integrantes do Conselho de Sentença. Age* ultra vires, *e excede os limites de sua competência legal, o órgão judiciário que, caracterizando a natureza da sentença de pronúncia, converte-a, de um mero juízo fundado de suspeita, em um inadmissível juízo de certeza*". No correr do acórdão, assertou-se: "*A leitura do acórdão ora*

---

um ato incriminado. Conferir ao pronúncia que só é decretada, embora, por indícios veementes, porém quando a existência do crime e o conhecimento do delito estejam plenamente provados, com a maior razão tais presunções ou indícios não bastam para a condenação, que somente em provas, irrefragáveis deve assentar" ("Arbítrio judicial e pronúncia", em *Revista Forense,* Rio de Janeiro, v. LXXVI, fasc. 424, p. 156-7, out. 1938). No mesmo sentido, opinou Magarinos Torres (*Processo Penal do Júri no Brasil,* Rio de Janeiro, Jacintho, 1939, p. 187-97). Hoje, ensina Rogério Lauria Tueci: "É de ser observado, a respeito, que, diferentemente da legislação nacional precedente, mencionado dispositivo – art. 408, caput – refere-se, tão só, a indícios, sem qualquer adjetivação. Todavia, eles não podem deixar de ser veementes, como anota Ary Azevedo Franco, reportando-se à ensinança de Lemos Brito..." ("Tribunal do júri: origem, evolução, características e perspectivas", em *Tribunal do Júri...,* op. cit., p. 40).

questionado evidencia que o tribunal apontado como coator descaracterizou a pronúncia, convertendo-a, de um mero juízo fundado de suspeita, em um inadmissível juízo de certeza. Daí, o correto pronunciamento desta Corte (RT 523/ 486, rei. mino Leitão de Abreu), no sentido de que a sentença de pronúncia, como decisão sobre admissibilidade da acusação, constitui juízo fundado de suspeita, não o juízo de certeza que se exige para a condenação".

Tal compreensão levou a que se afirmasse vigorar, na fase da pronúncia, o refrão *in dubio pro societate,* porque irrompe mero juízo de suspeita e jamais de certeza.

Suspeita desponta na investigação e na *instrução* preliminar, ou preparatória; *seja* inquérito *policial,* seja outra qualquer forma, *aceita* no *Direito* brasileiro. É raro emergir suspeita, na fase judicial, da *persecutio criminis.* Exsurgindo, porém, não a escora, ou ampara, em nada.

O suspeito, sobre o qual se reuniu prova da autoria da infração, tem que ser indiciado. Já aquele que, contra si, possui frágeis indícios, ou outro meio de prova esgarçado, não pode ser indiciado. Mantém-se ele como é: suspeito.

A mera suspeita não vai além da conjetura, fundada em entendimento desfavorável a respeito de alguém. As suspeitas, por si sós, não são mais que sombras; não possuem estrutura para dar corpo à prova da autoria. Nada aproveitam para a instrução criminal; apenas importam a simples investigação policial.

Suspeita-se de pessoas, de coisas, de fatos. Suspeita-se com vistas às circunstâncias. O suspeitador olha do alto, conjetura, desconfia, possui leve opinião subjetiva a respeito do objeto. Suspeitar é supondo, tachar de duvidosa a pessoa, a coisa ou o fato.

Diferem as figuras do suspeito e do indiciado. Existem dois juízos, quanto à autoria, na fase procedimental da *persecutio criminis,* a saber: do possível e do provável.

Juízo possível consiste naquele que, logicamente, não é contraditório – entenda-se, não autocontraditório –. Inexistem motivos fortes pró ou contra. Emerge neutral, assim: é possível que o homem seja homicida; mas, é possível que não seja. Aflora como suspeito.

Juízo provável é o verossímil. Aproxima-se da verdade, sem, necessariamente, ser verdadeiro. Parte de razões robustas, porém, ainda não decisivas. Não bastante suficientes, senão para imputar. Surge aneutral, assim: é provável que o homem seja homicida, por causa dos meios de prova colhidos ou produzidos; mas, talvez não seja. Deve, portanto, ser indiciado.

Indiciado, assim, é aquele sobre quem recaíam, no correr do inquérito policial, os indícios, ou outros meios de prova, bastantes para acusar em Juízo, de haver perpetrado infração penal, cuja existência se acha, suficientemente, evidenciada.

Há graus diferentes de incriminação: suspeito, indiciado, acusado, pronunciado e condenado. Ostentam estágios evolutivos de aproximação – que se compreendem teoréticos – da verdade processual, ou atingível[12].

Os indícios, que se mostraram suficientes para basear a denúncia e a queixa subsidiária precisam crescer, no juízo de acusação – salvo se afloraram veementes, de logo –, para ensejar ato decisório de pronúncia.

A ninguém deve levar-se a julgamento, em base de simples suspeita de autoria, coautoria ou participação. A decisão de pronúncia nunca poderia arrimar-se em suspeita (art. 408, *caput,* do Cód. de Proc. Penal[cclxviii]). Não tem pertinência com essa categoria jurídica.

8. A tendência dos julgados merece surgir apontada. Em muito, contraria ao que se vem asserindo. A Primeira Turma, do Supremo Tribunal Federal, a 23 de abril de 1996, ao julgar o *Habeas Corpus* n. 73512-6, do Rio de Janeiro, sendo relator min. Ilmar Galvão, assentou: "*Ementa: Habeas corpus. Pronúncia. Motivação. Alegada falta de justa causa para submissão do paciente ao Tribunal do Júri. O acórdão atacado, ao submeter o paciente ao seu juiz natural, descreveu conduta típica. Mais não seria de exigir-se, notadamente em face do que dispõe o art. 408 do Código de Processo Penal, o primado do in dubio pro societate e a própria jurisprudência da Supremo Tribunal Federal, no sentido de que a pronúncia deve evitar converter um mero juízo fundado de suspeita, que a caracteriza, num inadmissível juízo de certeza, onde haveria inquestionável prejuízo à competência constitucional do Tribunal do Júri para apreciar a questão de mérito" (HC 68.606. rel. min. Celso de Mello).* Notável o passo do venerando aresto: "*É sabido que qualquer dúvida que paire quanto à autoria do crime deve ser resolvida pelo Tribunal do Júri".*

No Habeas Corpus n. 8.292, de Goiás (REG 98.94051-0), relator min. Vicente Leal, julgado a 15 de abril de 1999, decidiu-se: "*Processual penal. Habeas Corpus. Pronúncia. Juízo de admissibilidade. Qualificadoras. CPP,*

---

12. Ver, sobre a regra da verdade material, nosso "O juiz penal e a pesquisa da verdade material", em *Processo Penal e Constituição Federal*, coord. Herminio Alberto Marques Porto e Marco Antônio Marques da Silva, São Paulo, Ed. Acadêmica, 1993, p. 72-7.

art. 408. Exclusão. Hipótese. Excesso de prazo. Conclusão do sumário. Súmula no. 52/STJ. Segundo a moldura legal do art. 408, do Código de Processo Penal, a sentença de pronúncia consubstancia mero juízo de admissibilidade da acusação em que se exige apenas o convencimento da prova material do crime e da presença de indícios de autoria. Se a denúncia imputa ao réu crime de homicídio qualificado, na sentença de pronúncia o juiz monocrático somente pode excluir circunstância qualificante se esta, à luz da prova condensada no sumário, for manifestamente improcedente, pois, havendo incerteza sobre a situação de fato, deve o tema ser reservado ao Tribunal do Júri; que é o juiz natural competente para o julgamento dos crimes dolosos contra a vida, ex vi *do art. 5°, XXXVI/I, da Constituição. Encerrada a instrução criminal, fica superada a alegação de constrangimento por excesso de prazo (Súmula 52/ STJ). Habeas Corpus denegado".* No venerando acórdão, pode-se ler: *"Havendo, no entanto, dúvida sobre a situação de fato que consubstancia a qualificante, deve prevalecer o princípio do* in dubio pro societate. *O enfrentamento da questão deve ser realizado pelo Tribunal do Júri, que é o juiz natural competente para o julgamento dos crimes dolosos contra a vida,* ex vi *do art. 5°, XXXVII/, da Constituição".* Assim, substituindo o convencimento racional pelo julgamento de consciência. O jurado decide segundo sua íntima convicção, como sabem todos (art. 464, do Cód. de Proc. Penal[cclxix]).

No Recurso Especial n. 192049, do Distrito Federal (98.0076411-9), julgado a 16 de março de 1999, a Quinta Turma, relator min. Félix Fischer, dentre outras questões, solucionou: *"Penal e Processual Penal. Recurso especial. Tempestividade. Prequestionamento. Súmula n. 400/STF. Júri. Homicídio qualificado e lesão corporal seguida de morte. Pronúncia. Desclassificação. Revaloração e reexame do material cognitivo. IV – A decisão, na fase da pronúncia, aprecia a admissibilidade, ou não, da acusação, não se confundindo com o denominado* indicium causae. *VI- Na fase da pronúncia* (indicium accusationis), *reconhecida a materialidade do delito, qualquer questionamento ou ambiguidade faz incidir a regra do brocardo* in dubio pro societate".

Ainda, no Recurso Especial n. 152.988, de Goiás (REG 97/0076218-1), julgado a 24 de novembro de 1998, a Sexta Turma, relator min. Anselmo Santiago, decidiu-se: *"Resp. Pronúncia que admite o homicídio qualificado, Tal como disposto na denúncia. Tribunal que excluiu uma delas, quebra do princípio do* in dubio pro societate, *aplicável nessa fase.* 1. *Na fase da pronúncia, segundo a doutrina e jurisprudência, havendo dúvida, resolve-se a mesma pelo princípio do* in dubio pro societate. 2. *Só mesmo em casos especialíssimos, quando a qualificadora ficar claramente afastada, posto que sem qualquer apoio nos autos, é que se deve subtraí-la do seu juízo natural, o Tribunal Popular, circunstância inobservada no caso em tela. 3. Recurso conhecido e provido"*. Nota-se, no julgado: *"Ora, nas circunstâncias em que os fatos ocorreram, onde a vítima foi encontrada carbonizada dentro de seu veículo, não se pode subtrair ao Tribunal Popular a decisão sobre se o óbito decorreu em emprego de fogo, ou não. A questão deve ser solvida pelo velho aforismo latino* – in dubio pro societate – *consoante a doutrina e jurisprudência..."*.

No Recurso Especial n. 115.601, do Rio Grande do Sul (96.0076756-4), julgado a 10 de março de 1998, a Sexta Turma, sendo relator min. Anselmo Santiago, ementou: *"Recurso especial. Réu Pronunciado por homicídio qualificado. Tribunal local que o despronuncia, baseado na dúvida de que o óbito da vítima seria ou não resultado de um crime. Basta. contudo, mero juízo de probabilidade. Aplicação, nessa fase, do provérbio* in dubio pro societate. *I – Para a pronúncia, basta o mero juízo de probabilidade de que tenha havido um crime, à vista dos indícios de autoria e materialidade. Desnecessária a certeza de sua ocorrência, o que se reserva para a decisão definitiva do Júri. II – Nessa fase, há de se aplicar o provérbio* in dubio pro societate *e não* in dubio pro reo, *para que não se abstraia o acusado de seu juízo natural: o Tribunal Popular. Precedentes do STF e STJ. III. Recurso conhecido. restabelecida a decisão de primeiro grau"*.

No Recurso Especial n. 115.324, do Paraná (REG 96.0076299-6), julgado a 9 de junho de 1997, a Sexta Turma, relator min. Vicente Leal, exsurgiu a seguinte ementa: *"Processual penal. Pronúncia. Juízo de admissibilidade de acusação: existência material do fato criminoso e indícios de autoria. Inexigência de certeza quanto à autoria.* In dubio pro societate. *Segundo a moldura legal do art. 408. do Código de Processo Penal, a sentença de pronúncia consubstancia mero juízo de admissibilidade da acusação, em que se exige apenas o convencimento da prova (material do crime e da presença de indícios de autoria, sendo descabido que se demonstre nesse édito judicial, de modo incontroverso, quem seja o autor do delito. Nos crimes dolosos contra a vida, o juízo de certeza sobre a autoria, imprescindível apenas para a condenação, é da competência exclusiva do Tribunal do Júri, seu juízo natural, sendo vedado ao juízo singular, ao proferir a sentença de pronúncia, fazer longas incursões sobre a prova da autoria, susceptíveis de influenciar o corpo de jurados, sendo certo que, nessa fase do processo, despreza-se a clássica idéia do* in dubio pro reo, *sobrelevando o princípio do* in dubio pro societate. *Recurso especial conhecido e provido"*. E, diz o venerando acórdão: *"Ora, em tema de pronúncia, despreza-se a clássica ideia do* in dubio pro reo, *sobrelevando o princípio do* in dubio pro societate".

Nos Tribunais de Justiça, das unidades federativas, conserva-se a mesma orientação[13]:

1. *"A decisão de pronúncia é de mera admissibilidade do Juízo, onde impera o princípio do* in dubio pro societate, *ou seja, que em caso de dúvida esta deve ser dirimida pelo Conselho de Sentença, juiz natural da causa"* (TJSP, Rec., rel. Linneu Carvalho, *RT 729/545).*

2. *"Homicídio. O despacho de pronúncia, sendo meramente declaratório, faz ocorrer inversão da regra procedimental do* in dubio pro reo *e para* in dubio pro societate, *em razão de que somente diante de prova inequívoca é que deve o réu ser subtraído de seu juiz natural: o Júri"* (TJSP, Rec., rel. Reynaldo Alves, *RT 619/340).*

3. *"Na pronúncia há inversão da regra procedimental* in dubio pro reo *para a* in dubio pro societate, *de sorte que somente diante de prova inequívoca pode o réu ser subtraído do julgamento de seu juiz natural, que é o Júri"* (TJSP, Rec., rel. Nélson Schiavi, *RT 605/304).*

4. *"Não há como sustentar uma impronúncia fundamentada no brocardo* in dubio pro reo. *É que nessa fase processual há inversão daquela regra procedimental para a do* in dubio pro societate *em razão do que somente diante de prova inequívoca é que deve o réu ser subtraído ao julgamento pelo Júri, seu juízo natural"* (TJSP, Rec., rel. Diwaldo Sampaio, *RT 587/296).*

5. *"A dubiedade de prova não beneficia o réu na fase de pronúncia"* (TJRJ, Rec., rel. Décio Itabaiana, *RT 583/422).*

6. *"A sentença de pronúncia, como decisão sobre a admissibilidade da acusação, constitui Juízo fundado de suspeita, não o juízo de certeza que se exige para a condenação. Daí a incompatibilidade do provérbio* in dubio pro reo *com ela. É a favor da sociedade que nela se resolvem as eventuais incertezas propiciadas pela prova"* (TJSP, Rec., rel. Dirceu de Mello, *RT 583/352).*

7. *"O brocar do* in dubio pro reo *é incompatível com o juízo de pronúncia. Se dúvida existe, cabe ao Júri dirimi-Ia, pois é ele o juízo constitucional dos processos por crimes contra a vida, competindo-lhe reconhecer ou não a culpabilidade do acusado"* (TJSP, Rec., rel. Goulart Sobrinho, *RT 575/367).*

8. *"O* in dubio pro reo *é incompatível com o Juízo de pronúncia. Se dúvida existe, cabe ao Júri dirimi-Ia. É ele o, juízo constitucional dos proces-*

---

13. Todos os arestos, em seguida referidos, extraíram-se de Alberto Silva Franco e Rui Stoco (coord.), *Código de Processo Penal e Sua Interpretação Jurisprudencial*, São Paulo, Saraiva, 1993, na sequência do artigo 408, n°s 050/20, 30, 80, 87, 95, 117, 126, e 052/101, p. 203-15 e 233.

sos por crimes contra a vida, competindo-lhe reconhecer ou não a culpabilidade do acusado" (TJSP, Rec., rel. Hoeppner Dutra, *RT* 522/36).

9. "No despacho de pronúncia, sendo meramente declaratório, há inversão da regra procedimental do in dubio pro reo *para* in dubio pro societate, *em razão do que somente diante de prova inequívoca é que deve o réu ser subtraído de seu juiz natural*" (TJPR, Rec., rel. ministro Lemos Filho, *RT 465/339).*

Desponta, também, outro fundamento, para ensejar a invocação do aforismo criticado. Cuida-se da falácia – no sentido de silogismo sofista – de, achando-se débeis os meios de prova produzidos, enviar-se o acusado a julgamento, pelo Tribunal do Júri, a pretexto de não se dever violar a soberania dos veredictos (art. 5°, inc. XXXVIII, letra c, da Const. da República). Ora, o procedimento especial de Júri, antes de ser forma procedimental, inserta no Código de Processo Penal, viu-se reconhecer como garantia de direito individual (art. 5°, inc. XXXVIII, da Const. da República). Assim, não se há de fazer operar a instituição, em prejuízo dos acusados[14].

14. Eis as observações lançadas por Guilherme de Souza Nucci: "Não se deve olvidar que o legislador, no art. 408 do CPP, estipulou ir somente a júri o réu que responde por um delito cuja existência está cristalinamente provada e que, em matéria de autoria, as provas dos autos acusem indícios suficientes de autoria. Por que essa cautela? Trata-se de medida salutar e faz parte do controle judiciário sobre os processos que devem ser julgados pelo júri. Não há qualquer afetação à soberania dos veredictos, pois já se disse anteriormente que soberania, de fato, não é sinônimo de onipotência, nem de puro arbítrio. Soberania quer dizer que o júri, quando for o caso, assim apontado por decisão judiciária de órgão togado, terá a última palavra sobre um crime doloso contra a vida. De que vale mandar a julgamento pelo tribunal popular alguém que não seja culpado ou contra quem não haja indícios razoáveis de autoria? Seria um passo certo para provocar uma eventual decisão condenatória do tribunal popular e, depois, em sede de apelação, mandar a novo júri, porque o veredicto foi manifestamente contrário à prova dos autos. Ou pior, seria o arremesso da eventual decisão condenatória do júri à sede da revisão criminal, quando o tribunal togado iria absolver o réu porque o veredicto afrontou a evidência dos autos. Enfim, se o magistrado, por ocasião da pronúncia, percebe que não há provas suficientes para envolver o réu na prática do homicídio ou de outro delito contra a vida, deve impronunciá-lo e nessa postura não existe qualquer arranhão à soberania do júri. Entretanto, observa-se, na prática, que a magistratura togada é contraditória nas suas análises, no contexto do processo do júri. São em flagrante menor número as decisões dos Tribunais Superiores mantendo as decisões de im-

9. O tema precisa reexaminar-se. A máxima *in dubio pro reo* é enganosa. A prova imprescindível, tanto que inexistente, conduz o juiz a estado de certeza e por tal motivo absolve. Até os que aceitam a ideia de dúvida[15] não suportariam o rifão *in dubio pro societate,* patente a sua absurdidade, posto que contrário a qualquer sistema probatório.

---

pronúncia do que aquelas que as reformam, mandando os réus a julgamento pelo colegiado popular. O argumento é quase sempre o mesmo: havendo indícios de autoria, mesmo que mínimos, deve-se enviar o caso a julgamento pelo Tribunal do Júri, sob pena de ofensa à competência constitucional do tribunal popular para julgar os crimes dolosos contra a vida. Sendo a decisão de pronúncia de mera admissibilidade da acusação, para não ferir a soberania dos veredictos, deve-se pronunciar o réu. Ora, o controle judiciário deveria ser exercido com firmeza nessa fase. Se existem provas suficientes para condenar, o juiz envia o caso ao júri. Não havendo provas mínimas para sustentar uma condenação, por que mandar o réu a julgamento pelo tribunal popular? Somente para, em caráter formal cumprir os pretensos 'mandamentos constitucionais' (soberania dos veredictos e competência para apreciar crimes dolosos contra a vida)? Verifica-se que, ao remeter um caso à apreciação do júri, está o tribunal togado acatando a possibilidade de haver condenação, ou seja, de ficar comprovada, de algum modo, a autoria. O que não pode acontecer é, a pretexto de garantir a supremacia do veredicto popular, o juiz togado pronunciar qualquer caso, mesmo com indlcios *mínimos* de autoria para, depois, o tribunal togado (em apelação ou em revisão) contrariar eventual condenação dos jurados" (*Júri: Princípios Constitucionais*, São Paulo, Ed. Juarez de Oliveira, 1999, § 20.4.3, p. 94-5).

15. Certificou Luigi Ferrajoli: "A incerteza do fato depende da igual plausibilidade probabilística das várias hipóteses explicativas possíveis do material probatório recolhido (...). Quando não resultam rebatidas, desmentidas, nem a hipótese acusatória, nem as hipóteses opostas a ela, a dúvida resolve-se conforme o princípio in *dubio pro reo*, contra a primeira (...). q) a absolvição livre não só 'quando falta' a prova da culpabilidade, mas também uma vez suprimida a fórmula da dúvida, quando é 'insuficiente ou contraditória' (art. 530)" (*Derecho y Razón...*, op. cit., p. 109, 151 e 737, resp.).

[16] Palestra proferida no "III Encontro dos Juízes do Júri, de São Paulo". Notem-se os resultados das votações sobre o tema, após debate: "1. O adágio *in dubio pro societate* não pode servir de base à pronúncia. A – Juizes de Vara do Júri: aprovado por maioria; 8 – Outros Juízes: rejeitado por maioria. 2. Em matéria de pronúncia não tem pertinência a mera suspeita. A – Juízes de Varas do Júri: aprovado por unanimidade; 8 – Outros Juízes: aprovado por maioria. 3. Prova de inquérito sem ressonância na instrução criminal autoriza a pronúncia. A – Juízes de Varas do Júri: rejeitado por unanimidade; 8 – Outros Juízes: rejeitado por maioria" (publicado no *DOE;* Poder Judiciário, de 12/03/01, cad. 1, parte I, p. 4).

Além disso, no procedimento especial de Júri, se conflitantes as provas de autoria, descabido substituir, na apreciação ou valoração da prova, obtida ou produzida, no juízo de acusação, a persuasão racional – que provocaria a impronúncia por íntima convicção dos jurados (art. 464, do Cód. de Proc. Penal[cclxx]) – em razão da pronúncia desfuncionalizada.

E, mais que isso: a aplicação de determinado preceito jurídico – art. 408, *caput,* do Cód. de Proc. Penal [cclxxi] – é constitutiva da própria norma. A aplicação, que se protrai viciosa ou equivocada sobre a realidade – diga-se probatória, na análise, aqui ultimada – leva, em consequência, à desconstituição da regra jurídica. É o resultado da vindicação ou reafirmação defectiva da norma processual.

Sem esquecer de que suspeita importa mais à Polícia Judiciária – ou outro órgão encarregado da investigação e instrução preliminar –; não ao juiz, ao ensejo de decidir, sobre a admissibilidade da acusação; ou sobre o mérito de ação penal condenatória.

A repetição de julgados, como os apontados, mostra a imprescindibilidade de renovada reflexão sobre o tema [16].

16.

Responsabilidade penal

1. Cuidar hoje de responsabilidade penal é, talvez, enfrentar mais dúvidas que certezas. O momento, como todos sabem de raiz, ostenta-se no repensar do direito penal, nascente em manifesta insatisfação com os sistemas doutrinários.

2. A responsabilidade deduz-se de responsável. Responsável há de ser aquele que responde. Daí, se afirmar que a responsabilidade se mostra na obrigação de responder pela violação de um preceito legal, suportando a pena ou a reparação por perdas e danos. Tal conceito genérico nos conduz a perceber que, no direito, é possível e conveniente tratar da responsabilidade civil, penal, administrativa e política.

3. A responsabilidade penal consiste no conjunto de pressupostos materiais e formais, que permitem o reconhecimento da capacidade de alguém, perante a ordem jurídico-penal. Abrange não só a denominada capacidade de culpa, mas também as condições objetivas de punibilidade (*Aníbal Bruno*). "Tal responsabilidade é o dever jurídico, que tem o imputável, culpado de determinado fato, de responder por ele, no plano jurídico" (*Fragoso*).

A responsabilidade penal concretiza-se na aplicação de uma pena e se extingue pelo cumprimento da condenação, pela morte do réu, pela anistia, indulto, perdão do ofendido ou judicial e pela prescrição do crime, ou da pena.

4. O vigorante Código Penal baixo o título "Da responsabilidade", consoante antiga e reiterada manifestação da doutrina, em verdade, refere-se à imputabilidade penal (arts. 22 a 24[cclxxii]). Eis a razão porque o abandonado diploma penal de 1969 e o novíssimo anteprojeto de lei, modificativo da Parte Geral do Código Penal, aludem à imputabilidade e não mais à responsabilidade penal.

5. É a imputabilidade, qual se afirma, o conjunto das condições de maturidade e sanidade mental, que permitem ao agente entender o caráter ilícito do fato e de se determinar de acordo com esse entendimento (art. 22[cclxxiii], C. Penal e art 26, Antep.). "A imputabilidade é condição pessoal, que dá ao agente a capacidade de culpa. Em suma, é a capacidade genérica de entender e querer, ou seja, de entendimento da antijuridicidade de seu comportamento e de autogoverno" (*Fragoso*). Nota-se, portanto, seu distanciamento conceitual de responsabilidade, a qual emerge como dever jurídico de responder pela ação delituosa, recainte sobre o agente imputável. Em ordem lógica, não propriamente temporal, seguem-se a imputabilidade, a culpabilidade e a responsabilidade. Em outras palavras, "a imputabilidade é um pressuposto da ação, e, portanto, pressuposto não só da culpabilidade, mas do crime no seu todo" (*Reale Jr.*)..

6. Tais ideias não foram e não surgem pacíficas. Feuerbach e Liszt viam na imputabilidade a capacidade de pena. Os hegelianos no século XIX nela divisavam a capacidade de ação. Mais recentemente falou-se em capacidade de direito penal, em paralelismo com a capacidade de direito civil (*Manzini, Petrocelli, Pisapia e Moro*). Hoje, prefere-se a capacidade de culpa, de entender e de querer.

7. No esquema valorativo jurídico, surge o princípio da culpa, o qual se deduz da dignidade da pessoa humana e do direito à liberdade. "A culpa pressupõe a consciência ética e a liberdade do agente, sem admissão das quais não se respeita a pessoa, nem se entende o seu direito à liberdade" (*Sousa e Brito*).

8. Compreendida a imputabilidade como a capacidade geral de conhecer o injusto do agir e de determinar-se conforme a esse conhecimento (*Cury*), já se vê que o tema central encontra-se na liberdade, vista como capacidade prática do agente imputável, portanto, aquele que ao tempo da ação ou da omissão, reunia a capacidade de entender o caráter ilícito do fato e o poder de autogovernar-se, em face dos motivos influentes sobre sua vontade. Os doutores assim o dizem.

9. A culpa, assim, pressupõe sempre a liberdade do homem que age (*Figueiredo Dias*). A liberdade do agente é, concretamente, liberdade de decisão compatível, ou incompatível com a norma jurídica, em base da motivação emergente. Em última análise, a culpa jurídico-penal ostenta a livre violação pelo agente do dever de conformar sua conduta de maneira

que não violente, nem ponha em risco bens juridicamente protegidos, pelo direito penal.

10. Não é possível, no âmbito de curta palestra, trazer todas as concepções de liberdade localizáveis no pensamento filosófico. Caminhar de *Platão a Sartre*, passando, por exemplo, a *Kant, Schopenhauer, Bergson* e a *Hegel* não surge factível. Cumpre resumir, com simplicidade, frente ao direito penal, a questão.

> "O homem deve ser colocado no âmago das indagações, com a dignidade de ser livre e responsável, marcado para decidir e agir, inobstante a finitude de suas possibilidades, na tentativa de atingir o seu *eu* originário. As suas posições tradicionais, livre-arbítrio de um lado e determinismo do outro, tiveram o seu radicalismo pelado. Consolidou-se a ideia de que o homem é parte limitado e parte livre. O determinismo fatídico restou excluído. A liberdade anárquica, como potencialidade infinda, também. Ficou-nos a existência, que suporta os entraves do mundo, inclusive do mundo social. O direito penal da culpa aderiu à sequência. A porta para o mundo, para a vida e para a existência acha-se na culpabilidade, que se abre por meio da não exigibilidade de conduta diversa, fundamentando a reprovação ínsita na concepção normativa da culpabilidade, mesmo e apesar de profundas divergências entre os adeptos da teoria" (*Andreucci*).

De que homem, entretanto, se está cogitando? Falamos do integral, daquele proposto "por sua imagem, para que possa assumir a própria dimensão no direito penal; do homem que é enquanto deve ser, realizando a cultura e se fazendo na história, com a liberdade e com a sua insuprimível singularidade, inventando-se a cada momento, existindo nas circunstâncias, compreendido globalmente" (Andreucci).

11. Nota-se que "existe, pois, um âmbito talvez estreito mas real em que a liberdade é soberana. Sobre essa base é que se há de fundar a imputabilidade penal" (*Cury*).

12. A problemática cifra-se no choque entre o *eu sou* e o meu *poder-ser*, frente ao direito penal. Os limites parecem tão estreitos, que se aguarda a sensação de que, esvaindo-se a liberdade, nos achamos em meio à síndrome do direito penal. Os sintomas surgem evidentes.

Refere *Ricardo Andreucci* uma espécie de esquizofrenia jurídica, advinda do desligamento da realidade, passando a ser certo, do ponto de vista jurídico, o que é falso do ponto de vista político, econômico e social.

Miguel Reale Júnior, recentemente, afirmou que o preço da liberdade é o eterno delito. O crime só desaparecerá, quando findar a liberdade. Não seria, antes, o preço da ordem? (*Aguiar Barros*).

Vai além *Manoel Pedro Pimentel* e admite que, seguindo as tendências que se manifestam, a sociedade sem crimes pode estar próxima, na medida em que se vai suprimindo a liberdade e aponta os profetas do amanhã: Huxley ("O admirável mundo novo"), *Orwel* ("1984") e *Burgess* ("A laranja mecânica" e "1985").

13. É, induvidosamente, trágico aludir ao dever de determinar-se, na forma contemplada pela norma jurídica, no sentido da espontaneidade da inclinação, ou tendência do sujeito atuante. É, sumamente, difícil concretizar a inexigibilidade de outra conduta. Há quem já principie a perguntar se a adoção da teoria da culpa não consiste em outra coisa que na simples admissão de um instrumental do Estado de Direito, na carência de outro melhor, ou de teoria mais adequada ao tempo presente.

14. Vivemos, e ninguém nega tal evidência, em uma sociedade geradora de fatores criminógenos. Assistimos a uma constante deterioração factual; notamos a emergência de intolerável patologia comportamental agressiva, ladeada pela ansiedade e pela angústia, e não desconhecemos tudo quanto existe de subliminar e de ostensivamente dirigido, fraudando a vontade. Todos o sabemos.

Tem-se a impressão de que o "direito penal da atitude interior" de *Bettiol*, bem como o "étimo essencial e fundante", baseado no respeito e amor pela pessoa do homem, imaginado por *Figueiredo Dias* não respondem às necessidades da culpa jurídico-penal.

15. Várias questões podem então, ser arguidas e aguardam resposta. Se o campo da liberdade real estreitou-se, deve o direito penal conformar-se com a liberdade virtual? O critério biopsicológico normativo, atualmente, mostra-se suficiente para apontar as hipóteses legais de inimputabilidade? Seria, ou não, razoável admitir-se a "grave perturbação da consciência?". Nas infrações, cometidas pelas pessoas jurídicas privadas, mediante os modernos processos de automação, se e quando penalizadas, valeria o despertar da chamada responsabilidade objetiva? Frente à sociedade, qual se ostenta, em que medida se pode indagar sobre a capacidade de entendimento do injusto e sobre a capacidade de determinação, segundo tal entendimento?

16. As legislações penais tendem a abandonar, uma a uma, a ideia de periculosidade, dada sua ineficiência. Fala-se, até com blague, na inexistência de um "perigômetro". Prefere-se o direito penal da culpa, ostentado na inexigibilidade de outra conduta; entretanto, tudo fica na doutrina penal. Não há debate judiciário. Não se vê o direito penal da culpa atuando e não faltará quem, no futuro, se queixe da ausência de um "culpômetro".

17. A capacidade humana de entender e de querer necessita vir a ser repensada, sem fetichismos jurídicos, levando-se em conta a biologia, a psicologia, a sociologia, o culturalismo, a fenomenologia existencial e tudo em confronto com a liberdade real, ou concreta. Um direito penal, entretanto, que, de fato, previna as situações, que a sociedade não deva tolerar.

18. Lamento se, ao culto auditório, trouxe mais dúvidas que certezas, preocupações alheias e minhas. O repensar solicita, entretanto, o abandono aos esquemas rígidos e mesmo, quem sabe, a *dereliquição* de qualquer esquema. O dilema penal precisa encontrar solução urgente, visto como a sociedade, neste fim de século, adoeceu.

REFERÊNCIAS BIBLIOGRÁFICAS

I – Bibliografia Referida

AGUIAR BARROS, José Manoel. "O preço de ordem é o eterno delito". *Folhetim* (suplemento da *Folha de S. Paulo*), 30/08/81.

ANDREUCCI, Ricardo Antunes. "A dimensão humana e direito penal". *Rev. Ciência Penal*, São Paulo, n. 2, 1974.

______. "Direito penal como justo". *Rev. dos Tribunais*, São Paulo, v. 551, 1981.

BRUNO, Aníbal. *Direito Penal – Parte Geral*. 3ª ed. Rio de Janeiro: Forense, 1967. t. 2.

CURY, Enrique. *Orientación para el Estudio de la Teoría del Delito*. Santiago: Ed. Nueva Universidad, 1973.

FIGUEIREDO DIAS, Jorge. *Liberdade, Culpa e Direito Penal*. Coimbra: Ed. Coimbra, 1976.

FRAGOSO, Heleno Cláudio. "Da responsabilidade penal no anteprojeto". In "Cicio de Conferências sobre o Anteprojeto do Código Penal Brasileiro de autoria do Ministro Nelson Hungria". São Paulo: Imp. Oficial do Estado, 1965.

______. *Lições de Direito Penal – Parte Geral*. 4ª ed. Rio de Janeiro: Forense, 1980.

PIMENTEL, Manoel Pedro. "A sociedade criminógena". (33ª Reunião Anual da Sociedade Brasileira para o Progresso da Ciência). *Boletim da AASP*, n. 1.182, 10/08/81.

REALE JÚNIOR, Miguel. *Antijuridicidade Concreta*. São Paulo: Bushatsky,1973. .

______. "Crime e pena". *Folha de S. Paulo*, 05/07/81.

SOUSA E BRITO, José de. "A lei penal na Constituição". In *Estudos sobre a Constituição*. Lisboa: Liv. Petrony, 1978.

II – Bibliografia Consultada

HAMON, A. *Determinismo e Responsabilidade*. Trad. Bel-Adam. Lisboa: Bibl. d'Educ. Nova, 1900.

LEIRIA, Antônio José Fabrício. *Fundamentos da Responsabilidade Penal*. Rio de Janeiro: Forense, 1980.

MENDES, Clóvis. *Da Responsabilidade no Código Penal Brasileiro*. Rio de Janeiro: Freitas Bastos, 1951.

NINO, Carlos Santiago. *Los Limites de la Responsabilidad Penal: Una Teoria Liberal del Delito*. Buenos aires: Ed. Astrea, 1980.

SILVEIRA, V. César da. *Tratado da Responsabilidade Criminal*. São Paulo: Saraiva, 1955. 3 v.

UFLACKER, Hugolino de Andrade. *Da Responsabilidade do Direito Criminal*. Pelotas: s.e., 1958.

Sigilo nas comunicações. Aspecto processual penal

1. O mandamento constitucional assim se ostenta: "é inviolável o sigilo da correspondência e das comunicações telegráficas, de dados e das comunicações telefônicas, salvo, no último caso, por ordem judicial, nas hipóteses e na forma que a lei estabelecer para fins de investigação criminal ou instrução processual penal (art. 5°, n. XII, in fine).

O preceito tanto garante a liberdade de manifestação de pensamento, quanto protege a intimidade do indivíduo (art. 5°, n°s IV e X, da Const. Da República).

Tal sigilo desaparece, durante os Estados de defesa e de sítio (art. 136, § 1°, n. I, letras b e c; e 139, n. III, da Lei Maior).

2. O Sigilo de correspondência, comunicações telegráficas e de dados pessoais surge absoluto, em estado normal. A carta particular, por exemplo, obtida de modo ilícito, viola o mencionado sigilo e fere a lei processual penal; não sendo, por isso, admitida em juízo (art. 233, do Cód. De Proc. Penal). Já as comunicações telefônicas admitem incursão, por ordem judicial e, tão só, para servir às duas fases de persecução penal.

A Lei Maior, assim, estabeleceu três requisitos, para se ultimar a interceptação, a saber: primeiro, existência de lei ordinária; que fixe os casos e a forma de interceptar; segundo, autorização judicial, que implica a inafastabilidade de motivo e motivação; e, terceiro, mostrar-se fadada, unicamente, a constituir prova processual penal (art. 5°, n. XII).

3. *Nescit vox missa revert: "a palavra lançada não pode voltar" (Horácio, Ars Poetica, 390).* Cabe, também, recordar o aforismo; *verba volant. Scripta manent:* "as palavras voam, os escritos permanecem." Tais assertivas não mais surgem verdadeiras; ou melhor, não ostentam toda a verdade. No ins-

tante em que se tornou possível aprisionar a palavra fadada, apanhá-la, criaram-se situações que importam ao direito, nomeadamente, ao penal e ao processual penal.

Assim, necessidade de punir as violações, ou tentativas de violação, à liberdade de manifestação do pensamento, pela escuta e gravação ilícitas. Ainda, a precisão de tutelar a intimidade, a vida privada, sancionando-lhe a grave indiscrição, a devassa, do mesmo modo praticada.

No âmbito do processo penal, mais outra vez, vedar a prova, ilicitamente colhida ou produzida, considerando-a imprestável (art. 5°, n. LVI, da Const. Da República). Ambos os direitos, protegidos pela Lei Maior, prevalecem, assim, sobre os fins do processo penal.

4. Em face de permissão constitucional, de quebrantar-se o sigilo das comunicações telefônicas, importa apartar três situações diversas. Devassa, por alguém, da conversa alheia, sem conhecimento dos falantes. Escuta de conversação telefônica, possuindo o devassador o consentimento de um dos interlocutores. A gravação, realizada, de forma oculta, encoberta, por um dos falantes, da conversa ao telefone. Observe-se que a figura do devassante inexiste, na derradeira situação.

5. A lei n. 9.296, de 24 de julho de 1996, tratou de atender ao primeiro requisito, para poder-se, de maneira ilícita, proceder à interpretação de comunicação telefônica. Completou, pois, o mandamento constitucional, marcando as hipóteses e a forma de interpretação (art. 5°, n. XII, in fine).

6. Utiliza-se a lei da expressão: "interceptação de comunicações telefônicas de qualquer natureza". Assentam os dicionários que interceptar é interromper o curso de algo; impedir, cortar ou cruzar a passagem. A toda luz, não se deseja impedir o fluxo da comunicação telefônica; menos ainda cortar a interlocução. Quer-se ouvir, autorizado, sem interferência, rolarem as palavras, capturando-as, ou recolhendo-as, tanto que possível, e para "prova em investigação criminal e em instrução processual penal" (art. 1°, da Lei n. 9.296/96). Pretende-se, licitamente, pôr a descoberto a palavra confidenciada, que só importa ao esclarecimento da verdade criminal.

A crítica intensa, exclusivamente, para clarear o entendimento. A lei italiana menciona "intercettazioni di conversazioni o comunicazioni" (arts. 266 a 271, do Cod. Di Proc. Penale). A lei portuguesa, sob o título "Das escutas telefônicas", refere "a interpretação e a gravação de conversações ou comunicações telefônicas" (arts. 187[cclxxiv] e 188[cclxxv], do Código de

Proc. Penal). A palavra interceptação, se não emerge a melhor, já se acha e aceita consagrada.

7. Admite-se, em regra, que a permitida interceptação de comunicação telefônica, apenas irrompe, se e quando existe o devassador da conversação, ocorrente "entre outras pessoas" (como diziam, já, o art. 151, § 1º, n. II, do Cód. Penal e o art. 56 e parágrafo único, da Lei n. 4.117/62). Alguém que se coloca, invadindo a conversa, ou a simples comunicação verbal, sem, ou com a anuência de um dos falantes, para ouvi-los.

A gravação de conversa telefônica, feita por um dos interlocutores, de forma escondida, não interessa ao sigilo das comunicações, de que se cuida. Muitas vezes a chamada gravação clandestina exibe-se qual meio de a vítima defender-se da injúria verbal, ameaça e da extorsão; ou de outros crimes, especialmente, funcionais, como a concussão e a corrupção passiva; não esquecendo a ativa (arts. 140[cclxxvi], 147, 158[cclxxvii], 316, 317[cclxxviii] e art. 333[cclxxix], do Cód. Penal).

8. A interceptação é procedimento que comporta várias técnicas. Visa obter meio de prova, voltados a revelar a verdade criminal: fato ilícito e típico; ainda, respectiva autoria, coautoria ou participação. Ela, se chegar a bom êxito, conseguirá documento, ou testemunho, conforme suceda, ou não, gravação.

Quem ouve, mas não participa do fato, bem pode depor, narrando, se a gravação da interlocução impossibilitou-se, ou se perdeu (art. 6º, § 1º, da Lei n. 9.296/96). Presta testemunho.

Ora, documento é o símbolo, testemunha material, ou qualquer escrito, figurante de um fato ou circunstância e tendente a comprová-los, nos limites de sua força e efeito. Assim, a gravação e a transcrição exsurgem como documentos. A primeira emerge como documento por equiparação (ver art. 306, do anteprojeto de Cód. Penal, Parte Especial, de 1987).

Todo documento há de ostentar autenticidade e veracidade, para ter eficácia. Daí, os cuidados com a gravação e sua transcrição.

9. A ordem judicial de interceptação e procedimento incidental decorrente guardam natureza cautelar. Trata-se de capturar, ou captar, a palavra falada, conservando-a, para servir à persecução penal. Alude-se à apreensão imprópria, com vistas à suposta tomada de conversação telefônica.

A apreensão consiste na tomada conservatória, preventiva ou incidental, de coisas, ou de pessoas, do poder de quem as retém, ou detém, para fins penais, ou processuais penais.

A captação lícita de conversa mais se aproxima da atividade de colher, recolher, já referida na lei processual penal: "*colher todas as provas, que servirem para o esclarecimento do fato e suas circunstâncias*"; e "*colher qualquer elemento de convicção*" (arts. 6°, n. III e 240, § 1°, letra h, do Cód. Proc. Penal). Ninguém apreende impressão digital; nem palavra falada; pode, sim recolhê-las, apanhá-las.

Note-se, contudo, que a cautelaridade no processo penal é específica. Descabe invocar-se o *fumus boni juris* e o *periculum in mora*, sem ressalva.

Não se decreta a interceptação telefônica, em base de mera probalidade ou plausibilidade da existência de direito ao asseguramento. Exigem-se indícios razoáveis de autoria, ou de concurso de pessoas, em fato, que se desenha ilícito ou típico: ocorrência concreta, jamais cogitação. Imprescindibilidade evidente, ou evidenciada, da interpretação, para obter prova. Ser a mencionada infração penal crime e punido com reclusão (art. 2°, n°s I, II e III, da Lei n. 9.296/96). Reclama, também, formalidade, consistente em descrever-se, com clareza, o objeto da prova; indicando-se a qualificação dos investigados, tirante "impossibilidade manifesta, devidamente justificada" (art. 2°, parágrafo único da Lei n. 9.296/96).

O perigo da demora, de outra sorte, nem sempre se encontra presente, no processo penal, quando se necessita garantir a instrução criminal, ou assegurar a futura e contingente execução penal.

10. A ordem judicial de interceptação de comunicação telefônica pode aflorar espontânea; ou a requerimento da autoridade policial, no correr do inquérito; ou do Ministério Público, durante o inquérito policial, ou no curso da instrução judicial (art. 3°, *caput* e n°s I e II, da Lei n. 9.296/96). Não se divisa o porquê de a vítima não poder pleitear a interceptação.

O requerimento de interceptação deverá trazer a demonstração de sua inafastabilidade, ou necessidade imperiosa, para apuração do crime, com indicação do meio técnico a empregar-se (art. 4°, da Lei n. 9.296/96).

Além de atender aos requisitos, antes referidos (art. 2°, n°s I e III, ainda, parágrafo único, da Lei n. 9.296/96). O pedido verbal há de ser reduzido a termo, observados os mesmos requisitos (art. 4°, § 1° , da Lei n. 9.296/96).

O ato decisório judicial, a exarar-se, no prazo máximo de vinte e quatro horas, necessita emergir fundamentado (art. 93, n. IX[cclxxx], da Const. da República, c/c arts. 4°, § 2° e 5°, prim. parte, da Lei n. 9.296/96). Apontar, também, a forma de execução da diligência, "que não poderá exceder o prazo de quinze dias, renovável por igual tempo uma vez comprovada a indispensabilidade do meio de prova" (art. 5°, da Lei n. 9.296/96).

Toda norma que restrinja direito individual, ou sua garantia, interpreta-se de modo restritivo. Assim, o prazo máximo de trinta dias, de mantença da interceptação de comunicação telefônica, não se permite alargar. Pode, entretanto, o juiz, com outro motivo e diversa motivação, determinar nova interceptação do mesmo telefone.

Bem ou mal-sucedida a interceptação, acabada a diligência, a autoridade policial "encaminhará ao juiz", autorizante, auto circunstanciado, com o resumo "das operações realizadas" (art. 6°, § 2°, da Lei n. 9.296). Tal peça é relevante. Se positiva a diligência, o auto integra a autenticidade do resultado. Se negativa, pode constituir-se em elemento de defesa; além de poder exibir contingente responsabilidade civil, administrativa e penal.

11. A lei só pode restringir a publicidade do atos processuais, para atender à defesa da intimidade, ao interesse social, ou público (arts. 5°, n. LX e 93, n. IX[cclxxxi], da Const. Da República). O segredo de justiça, portanto, jamais atinge o defensor do acusado. O sigilo das diligências, gravações e transcrições não podem afastar a defesa técnica, salvo inconstitucionalidade (art. 5°, n°s LIV e LV). O máximo que se pode tolerar é o contraditório diferido, ou retardado. Vale dizer, garantido após a transcrição, em algum momento antes da decisão interlocutória de pronúncia, ou das sentenças de impronúncia ou de absolvição sumária, no procedimento especial de júri; ou, antes da sentença final, no procedimento comum ordinário (art. 8° e parágrafo único, da Lei n. 9.296/96).

12. A gravação, que sobeja, a que não interessa à prova, será destruída, com autorização judicial, a requerimento do Ministério Público, ou "da parte interessada", entenda-se acusado, seu representante legal, ou ofendido (art. 9° e parágrafo único, da Lei n. 9.296/96). Restou de fora o conhecimento fortuito de outra infração penal, de todo desligada da que se inquire. Em boa doutrina, tal ciência deve-se ignorar, posto que desautorizada.

13. Tipificou-se a violação de sigilo, o quanto segue: "*Constitui crime realizar interceptação de comunicações telefônicas, de informática ou telemática, ou quebrar segredo de justiça, sem autorização judicial ou com objetivos não autorizados em lei. Pena: reclusão, de dois a quatro anos, e multa.*" (art. 10, da Lei n. 9.296/96). Não vamos estender a análise ao direito penal, inobstante a construção tortuosa do tipo.

14. Cabem algumas observações. A Lei admitiu a interceptação do fluxo de comunicações, em sistemas de informática e telemática (art. 1°, parágrafo único e art. 10, da Lei n. 9.296/96). A Constituição da República garantiu a inviolabilidade do sigilo de correspondência e das comunicações telegráficas; ainda, dos dados pessoais, informatizados ou não, e das comunicações telefônicas, como visto. É relativo o sigilo, tão só, das comunicações telefônicas. Ao que se depreende, o sistema de informática e de telemática, protegido, em razão de seu conteúdo, pelo sigilo das comunicações, não se pode interceptar. Convém renitir que a Lei Maior estabeleceu sigilo absoluto, para as três primeiras modalidades de comunicação, fora dos estados de defesa e de sítio (art. 5°, n. XII). *A inconstitucionalidade emerge manifesta* (parágrafo único, do art. 1°, com reflexo no art. 10, da Lei n. 9.296/96).

A lei preferiu não proibir a interceptação telefônica de conversa, quando um dos falantes possui o dever de segredo. O Código de Processo Penal português, ao menos, vedou a interceptação de conversação, travada entre o arguido e seu defensor, com a exceção de o juiz ter fundadas razões para crer que a interlocução contenha elementos de convencimento do crime, legitimante da interpretação e gravação (arts. 179, n. 2 e 187, n°3). Louve-se a proibição, mas não a ressalva. Convém lembrar o segredo de Estado; funcional; e o profissional, por exemplo. Preocupou-se o diploma, tão só, com o segredo de justiça, da diligência e de seu resultado (art. 8° e parágrafo único, além de art. 10 da Lei n. 9.296/96).

Supressão do libelo

SUMÁRIO: 1. Legislação projetada – 2. Conceitos de libelo-crime acusatório – 3. Objeções ao libelo – 4. Pretensa fonte de nulidades –5. Suposta dispensabilidade do libelo – 6. Imaginada simplificação procedimental.

1. Legislação projetada

Ao tempo em que Alfredo Buzaid era Ministro de Estado da Justiça, estampou-se anteprojeto de Código de Processo Penal, de autoria de José Frederico Marques.[1] Participaram da subcomissão revisora, além do autor, José Carlos Moreira Alves, Beijamin Moraes Filho e Salgado Martins. Na exposição de motivos, item 39, assentou-se: "Em relação ao processo penal do Júri, várias foram as inovações trazidas pelo anteprojeto; acabou-se com o libelo, peça obsoleta que servia para fomentar arguições de nulidade. A base da acusação perante o Tribunal do Júri está na pronúncia, pelo que o órgão do Ministério Público, ao invés de apresentar libelo, adaptará a denúncia ao que foi decidido na pronúncia".

No anteprojeto, Livro VI, "Dos processos especiais", ao lado "Do processo sumaríssimo", "das contravenções", "por crime contra propriedade imaterial", "penal falimentar" e "Das ações e procedimentos para a tutela da liberdade", colocou-se, no Título V, o "processo dos crimes da competência do Júri" (arts. 678 a 762).

Ao tratar do procedimento instrutório preliminar, depois de afirmar que a decisão ou sentença "... será de pronúncia quando houver fundamento razoável para a acusação..." (art. 698, inc. I, alínea *a*), marcou-se-lhe o con-

---

1. *Diário Oficial da União*, suplemento ao n. 118, 29/06/70. A 10/05/74, o *Diário Oficial da União*, suplemento ao n. 78, publicou o anteprojeto revisto.

teúdo, dizendo que o juiz: "a) dará os motivos de seu convencimento; b) declarará o dispositivo legal em que o réu esta incurso; c) indicará, especificamente, qual o fato delituoso, com as circunstâncias agravantes e atenuantes; d) determinará a prisão do réu, se este se achar solto, ou, em caso contrário, que seja recomendado na prisão em que se encontra; e) arbitrará a fiança se cabível" (art. 698 inc. II).

Após a instrução, em plenário, o anteprojeto, na Seção III, do Capítulo IV, estatuiu: "Terminada a inquirição de testemunhas, o órgão do Ministério Público lerá a denúncia, explicando, então, as alterações oriundas da sentença de pronúncia, e a seguir produzirá a acusação" (art. 731). Assim, desaparecia o libelo-crime acusatório.

Publicou-se, em 1975, o projeto de Lei 633, do Poder Executivo, de Código de Processo Penal.[2] No tocante ao tema, não exsurgiram modificações relevantes (art. 684 e § 3°, alínea *a* até *f*; ainda art. 719 e parágrafo único). Era Ministro da Justiça Armando Falcão. A exposição de motivos, que assinou, não menciona a abolição do libelo. Em vários tópicos, contudo, mostrou que se desejava uniformidade entre processo civil e processo penal (itens 2 e 5).

Tal projeto ganhou redação final e aprovação, na Câmara dos Deputados (n. 633-B/75).[3] A Presidência da República, mediante a Mensagem 179, de 30 de agosto de 1978, solicitou-lhe a retirada entretanto.

Já em 1981, o anteprojeto de Código de Processo Penal, nascente no reexame do trabalho anterior, foi ultimado por Rogério Lauria Tucci, Francisco de Assis Toledo e Hélio Fonseca.[4] Prestaram, ainda, colaboração à mencionada comissão revisora Manoel Pedro Pimentel, Miguel Reale Júnior, Sérgio Marcos de Moraes Pitombo e Ricardo Antunes Andreucci. Sofreu o anteprojeto, ainda, reanálise com vistas a emendas, de Rogério Lauria Tucci e de Francisco de Assis Toledo. Ao fim, também, Aires da Mata Machado observou-lhe a linguagem e José Frederico Marques a técnica jurídica.

No Livro VI, "Dos procedimentos especiais", lançou-se, no Título III, o procedimento nos crimes da competência do Júri, sem ostentar qualquer modificação importante, quanto ao tema (art. 625 e § 3º, alíneas *a* até *f*, também, art. 656 e parágrafo único).

---

2. Mensagem 159/75, *Diário do Congresso Nacional*, suplemento ao n. 061, 13/07/75.
3. *Diário do Congresso Nacional*, seção II, suplemento ao n. 5, 09/03/78.
4. *Diário Oficial da União*, suplemento ao n. 97, 27/05/81.

Publicou-se o Projeto de Lei 1.655, que instituía o Código de Processo Penal.[5] Firmou a Exposição de Motivos o Ministro da Justiça Ibrahim Abi-Ackel. Verifica-se que os procedimentos especiais reduziram-se a três, a saber: "por crime contra a propriedade imaterial"; "penal falimentar"; e "nas causas da competência do Júri". Quanto à ultima forma procedimental, asseriu a Exposição de Motivos: "Especial por excelência– especialíssimo, portanto – é o procedimento nas causas de competência do Tribunal do Júri, cuja simplificação se tomou operativa em face da experiência. O Projeto suprime o libelo-crime acusatório e possibilita a ampliação do pedido formulado na acusação (581, *in fine).* Toma conciso o ato de pronúncia, preservando, porém, o caráter de *decisão,* ou *decisão interlocutória,* de que se reveste (arts.114, § 2°, 115 e 583, § 2°). Dá tratamento inovador à formulação de quesitos, já delineada no art. 616. E suprime o instituto ambíguo do protesto por novo júri" (item 105).

Repetiu-se o conceito, antes mencionado: "... havendo fundamento razoável para a acusação, o juiz proferirá decisão de pronúncia, ordenando o julgamento pelo Tribunal do Júri..." (art. 583). Deixou-se, entretanto, de amiudar o conteúdo do ato decisório de pronúncia. Ao cuidar dos atos do juiz, no Capítulo II, do Livro III, "Dos atos processuais", rezou: "Decisão interlocutória é o ato pelo qual o juiz, no curso do processo, resolve questão incidente" (art. 114, § 2°). No preceito seguinte, completando, assentou: "As sentenças devem ser proferidas com observância no disposto no art. 354 e as decisões interlocutórias sempre fundamentadas, ainda que de modo conciso" (115). Tornou-se a determinar: "Terminada a inquirição de testemunhas, o órgão do Ministério Público lerá a denúncia, e, em seguida, produzirá a acusação" (art. 609). Inexistia alusão a eventuais adaptações, emergentes na pronúncia; além de ostentar notável processualismo civil. Aprovado na Câmara, por igual, não vingou. O Poder Executivo o retirou.

O Ministro da Justiça Célio Borja, a 30 de março de 1992, designou Sálvio de Figueiredo Teixeira para presidir comissões de juristas, voltadas a propor modificações aos Códigos de Processo Civil e de Processo Penal (Portaria 145). Abandonou-se, portanto, a ideia de novo diploma processual penal, preferindo leis modificativas.

No tocante ao processo penal, integraram a comissão original Luiz Vicente Cernicchiaro, Sidnei Agostinho Beneti, Antonio Carlos Araujo

---

5. Mensagem 240/83, *Diário do Congresso Nacional*, suplemento ao n. 80, 01/07/83.

Cintra, Antonio Carlos Nabor Areias de Bulhões, Francisco de Assis Toledo, Inocêncio Marques Coelho, Luiz Carlos Fontes Alencar, Miguel Reale Júnior, Paulo José da Costa Júnior, René Arie Dotti, Rogério Lauria Tucci e Sérgio Marcos de Moraes Pitombo (Portaria 3/92). Coube a René Ariel Dotti redigir o texto pertinente ao procedimento "relativos aos processos de competência do Tribunal do Júri". Em meados de 1993, saíram os primeiros anteprojetos, modificativos do Código de Processo Penal, publicados por determinação do Ministro da Justiça Maurício Correia.[6]

Depois, a 17 de setembro de 1993, criou-se comissão de revisão dos anteprojetos. Designaram-se, para compô-la, Ada Pellegrini Grinover, Antonio Magalhães Gomes Filho, Antonio Carlos Nabor Areias de Bulhões, Aristides Jungueira de Alvarenga, Cid Flaquer Scartezzini, Edson Freire O'Dwyer, José Barcelos de Souza, Fátima Nancy Andrighi, Luiz Carlos Fontes de Alencar, Luiz Vicente Cernicchiaro, Marco Aurélio Costa Moreira de Oliveira, Miguel Reale Júnior, Renê Ariel Dotti, Rogério Lauria Tucci, Sálvio de Figueiredo Teixeira e Weber Martins Baptista. Colaboraram, também, nos trabalhos Luiz Flávio Gomes e Luiz Luisi (Portaria 349).

Na Exposição de Motivos,[7] afirmou-se: "O anteprojeto se caracteriza pelos seguintes aspectos: ... 3°) suprime o libelo. Trata-se de antiga reivindicação já constante do Anteprojeto José Frederico Marques (1970) e dos projetos de 1975 e 1983, este já aprovado pela Câmara dos Deputados. A oportunidade de requerimento de provas pela acusação e defesa ficou resguardada com a intimação da pronúncia. E limites para a acusação estão fixados na decisão de pronúncia; 4°) institui o preparo do processo, visando a deliberação judicial sobre requerimento de prova, o saneamento de nulidades e o esclarecimento sobre fato relevante. Além de se implementar *o princípio da concentração* de atos com vista à discussão e ao julgamento da causa, o relatório do processo será feito nesta oportunidade e não em plenário do Júri. O relatório será uma das peças, obrigatoriamente, remetida ao jurado com o expediente de convocação, permitindo o conhecimento antecipado de um importante ato processual".

O art. 408, do Código de Processo Penal[cclxxxii], recebeu a seguinte nova redação: "Se o juiz se convencer da materialidade do fato e da exis-

6. Os trabalhos da mencionada comissão estamparam-se no *Diário Oficial da União*, de 30/06/93.

7. Publicada no *Diário Oficial da União*, a 25/11/94.

tência de indícios suficientes de autoria ou de participação, pronunciará o acusado, e o sujeitará a julgamento pelo Tribunal do Júri". Restou o preceito com parágrafo único: "Na pronúncia, o juiz declarará o dispositivo legal em cuja sanção julgar incurso o acusado e decidirá, motivadamente, sobre a manutenção da prisão ou medida restritiva de liberdade[cclxxxiii] (art. 319), anteriormente, decretada e, tratando-se de acusado solto, sobre a necessidade de sua decretação, atendidos os requisitos do art. 312". A exigir, portanto, motivação concisa, no ato decisório.

Sob a denominação "Dos debates", Seção XI, colocou-se o art. 476, como segue: "Encerrada a instrução, a palavra será concedida ao Ministério Público, que promoverá a acusação, nos limites da pronúncia, sustentando, se for o caso, a existência de circunstâncias agravantes". Valendo o preceito para o querelante, que "falará em primeiro lugar" (art. 476, § 2°).

Data de 27 de dezembro de 1994 a Exposição de Motivos 610 do então Ministro de Estado da Justiça, Alexandre de Paula Dupeyrat Martins, que acompanhou a Mensagem 1.272/94. Repete o esboço anterior. O anteprojeto em projeto se tomou, tomando o n° 4.900/95. O Poder Executivo, de novo, a 15 de maio de 1996, o retirou.

Assim, correram vinte e seis anos, sem se atingir melhoria significativa na lei processual penal.

2. Conceitos de libelo-crime acusatório

Vários conceitos de libelo-crime acusatório podem-se oferecer, não obstante apresentarem fortes semelhanças.

Com vistas à legislação imperial, dizia-se: "Libelo é a exposição escrita e articulada do fato criminoso, feita em forma legal, em que se pede a punição do réu".[8] Ao tempo dos códigos de processo estaduais, assentava-se: "Libelo-crime acusatório é a exposição escrita e articulada, feita em proposições simples e distintas, do fato delituoso e suas circunstâncias agravantes, de acordo com a pronúncia, da qual, em regra, não pode afastar-se, concluindo pelo pedido de pena determinada, ou graduada segundo as circunstâncias agravadoras mencionadas".[9]

---

8. Joaquim Ignacio Ramalho, *Elementos do Processo Criminal, para Uso das Faculdades de Direito do Império*. São Paulo, Tip. Dois de Dezembro, 1856, § 181, p. 82.
9. Múcio de Abreu e Lima, *Do Libelo Crime Acusatório*, s.ed., Belo Horizonte, 1933, § I, p. 17. Antonio Eugênio Magarinos Torres, ao tempo da Lei 167/38, adotou o

Procurou-se, depois, aperfeiçoar tal conceito, afirmando: "A exposição escrita e articulada, feita, destacadamente, para cada um dos réus pronunciados, na qual em proposições simples e distintas, são dados a conhecer o fato delituoso, como considerado na pronúncia, da qual, em regra, não pode afastar-se, concluindo pelo pedido de pena, a ser determinada com atenção às circunstâncias modificativas, obrigatoriamente mencionadas as agravantes, e pela indicação da medida de segurança aplicável".[10]

Ainda, relembre-se: "Libelo é a exposição do fato criminoso, reconhecido na pronúncia, com as suas circunstâncias agravantes, o pedido de condenação à pena correspondente e aplicação da medida de segurança. É o instrumento da acusação, é quem a regerá e delimitará no plenário do júri".[11] Veja-se, também, que: "Na linguagem do processo ela – a palavra *libellus* – designa a exposição articulada do fato criminoso com indicação do nome do réu, das circunstâncias agravantes previstas na lei penal, dos fatos e circunstâncias que devam afluir na fixação da pena ou da medida de segurança, eventualmente aplicável. Com a modificação trazida ao Código Penal pela Lei 7.209/84, a medida de segurança só se aplica ao inimputável, total ou parcialmente. O primeiro deve ser absolvido na fase de pronúncia (art. 411[cclxxxiv])".[12]

Disse-se, também, "... ao libelo cabe a síntese articulada da 'veracidade' indeterminada apresentada pela decisão de pronúncia, podendo esta, na medida em que circunscreve e tem como de admissível julgamento pelo Tribunal do Júri a acusação deduzida na inicial penal, pode ser reconhecida como proposição meramente enunciativa, assim porque sua 'veracidade' permanece indeterminada até a sessão de julgamento, quando o Conselho de Sentença, emitindo uma proposição judicativa verbalizada através da sentença do juiz Presidente do Tribunal do Júri, dará ou recusará seu assentimento a ela; ainda, e dentro do mesmo raciocínio raciona-

---

aludido conceito, em sua obra *Processo Penal do Júri no Brasil*, Rio de Janeiro, Jacintho, 1939, § 4º, n. 56, p. 231.

10. Eduardo Espínola Filho, "Júri – processo penal...", em *Repertório Enciclopédico Brasileiro*, por J. M. de Carvalho Santos, Rio de Janeiro, Borsoi, 1971, v. XXX, § 55, p. 169.
11. E. Magalhães Noronha, *Curso de Direito Processual Penal*, 23ª ed. atual. por Adalberto José Q. T. de Camargo Aranha, São Paulo, Saraiva, 1995, § 138, p. 257. O autor refere vários outros conceitos.
12. Hélio Tornaghi, *Curso de Processo Penal*, 9ª ed., São Paulo, Saraiva, 1995, v. 2, p. 211.

lizador do procedimento, pode ser dito que a sentença expressará uma 'veracidade' determinada que será, por presunção legal inexpugnável ao transitar em julgado".[13]

Escreveu-se, de outra sorte: "Pode-se conceituar o libelo como a exposição escrita e articulada do fato criminoso, reconhecido na pronúncia, com a indicação do nome do réu, das circunstâncias agravantes previstas na lei penal e dos fatos e circunstâncias que devam influir na fixação da sanção penal, bem como do pedido de procedência da pretensão penal".[14]

Assegurou-se, de modo sintético, por fim: "O libelo é uma peça articulada com proposições que consubstanciam a acusação".[15] Antes, com igual singeleza, asserira-se: "É o libelo acusatório, a seu turno, o instrumento formal da acusação na segunda fase da ação penal, correspondente ao *judicium causae*, nos processo em referência – relativos aos crimes cuja competência para o respectivo julgamento esteja afeta o Tribunal do Júri".[16]

O ato decisório de pronúncia não possui nem pode ter essência acusatória. Dá por provável a acusação inicial e, por isso, a admite, enviando o acusado a julgamento, pelo Tribunal do Júri. Advém, daí, a precisão de acusar, por escrito, dividindo o fato imputado; assim, com simplicidade, lhe destacando os pontos relevantes, para sua definição jurídico-penal; e pedindo a aplicação de sanção penal negativa, adequada ao apontado autor.

Jamais se teve o conceito de libelo-crime por tormentoso, seja o enfoque funcional, ou estrutural.

3. Objeções ao libelo

A contar da exposição de motivos, do anteprojeto de Código de Processo Penal, de 1970, iniciou-se, com mais intensidade, o combate ao libelo-crime acusatório.

---

13. Hermínio Alberto Marques Porto, *Júri: Procedimento e Aspecto do Julgamento, Questionários*, 8ª ed., São Paulo, Malheiros, 1996, § 70, p. 100.
14. Júlio Fabbrini Mirabete, *Processo Penal*, 7ª ed. São Paulo, Atlas, 1997, § 15.2.12, p. 492.
15. Vicente Greco Filho, *Manual de Processo Penal*, São Paulo, Saraiva, 1991, § 83.2, p. 365.
16. "Libelo acusatório", *Enciclopédia Saraiva do Direito*, São Paulo, Saraiva, 1977, v. 49, p. 333.

Eis, alguns exemplos: "A supressão do libelo, antiga reivindicação já constante do Anteprojeto Frederico Marques e no Projeto 1.655-B, não merece reparo. A alteração não acarreta prejuízo às partes, uma vez que a oportunidade do requerimento de provas fica resguardada com a intimação da pronúncia. Além disso, os limites da acusação estarão fixados na decisão de pronúncia".[17]

Outro autor afirmou: "Constitui-se o libelo, destarte, em peça de necessidade e proveito duvidosos, ainda que sua falta ou construção defeituosa, bem como a não entrega de uma cópia ao réu ou ao seu Defensor, mediante recibo (art. 421), ensejam nulidade absoluta (arts. 567, III, *f*; e 572), o que na prática frequentemente ocorre, com procrastinação do julgamento pelo Júri".[18] E, continua, ao descrever o anteprojeto de 1983: "Transitada em julgado a pronúncia, abrir-se-á vista à acusação e à defesa, sucessivamente, no prazo de cinco dias, para requerimento de provas e diligências (art. 419). Deste modo, cai por terra o 'libelo-crime acusatório', peça de relevância mais que duvidosa e geradora de tantas nulidades".[19]

Assentou-se, com vistas, o anteprojeto de 1994, na mesma linha de pensamento: "A proposta de supressão do libelo não motivou a polêmica que se imaginava. O Anteprojeto Frederico Marques (1970) já considerava esta peça como obsoleta e que serve apenas para fomentar arguições de nulidade. A mesma orientação foi seguida pelo Projeto 1.268/79, apresentado pelo Dep. Sérgio Murilo, e neste mesmo rumo caminhou o Projeto de 1983, já aprovado pela Câmara dos Deputados. O art. 716 assim dispunha: 'Terminada a inquirição de testemunhas, o órgão do Ministério Público lerá a denúncia, e, a seguir, produzirá a acusação'. Esse último *disegno di legge* foi elaborado pelos professores Francisco de Assis Toledo e Rogério Lauria Tucci e com o valioso concurso, na etapa de revisão, do mestre José Frederico Marques. Segundo o Anteprojeto, a própria leitura da denúncia é dispensável, posto que pode ser modificada em função de nova classificação jurídica dada ao fato ou sofrer qualquer outro tipo de correção. Dispõe o art. 476[cclxxxv]: 'Encerrada a instrução, a palavra será concedida ao Ministério Público que promoverá a acusação, nos limites da pronúncia, sustentando, se for o caso, a existência de circunstância agravan-

---

17. Lenio Luiz Streck, *Tribunal do Júri: Símbolos e Rituais*, 3ª ed. rev. mod. e ampl., Porto Alegre, Livraria do Advogado, 1998, p. 161.
18. James Tubenschlak, *Tribunal do Júri: Contradições e Soluções*, 5ª ed., São Paulo, Saraiva, 1997, § 2.2.1. p. 9-99.
19. James Tubenschlak, *Tribunal...*, op. cit., p. 184.

te'. Os §§ 1º, 2º e 3º[cclxxxvi] estabelecem, respectivamente, que o assistente falará depois do Ministério Público; que, em se tratando de ação penal de iniciativa privada, falará em primeiro lugar o querelante e, em seguida, o Ministério Público e que, finda a acusação, terá a palavra a defesa. Somente o zelo arqueológico com determinadas fórmulas do processo de feição imperial justificaria a manutenção do libelo, como se a simples leitura desta peça em plenário caracterize um ato de repercussão no espírito dos jurados. Quanto ao requerimento de provas e de diligências, que constitui atualmente uma das partes do libelo, o Anteprojeto prevê o exercício de tal faculdade após o trânsito em julgado da decisão de pronúncia. Conforme o art. 419, será aberta vista dos autos à acusação e à defesa, sucessivamente pelo prazo de 5 dias para requerimento de provas e diligências. Quanto às testemunhas a serem ouvidas em plenário, o parágrafo único do art. 419 do Anteprojeto conserva o mesmo número previsto pelo CPP (arts. 417, § 2º e 421, parágrafo único[cclxxxvii]). Nenhuma dificuldade, nenhum cerceamento, portanto. Busca-se, desta forma, simplificar o procedimento e evitar nulidades".[20]

Asseriu-se, também: "Oportuno que se diga, contudo, que sempre questionamos a existência desta inútil *membrana processual* e, agora, – já não sem tempo –, felizmente assistimos à elaboração da ideia supressiva do libelo, tendente a retirar-lhe a previsão legal. Como está, o libelo se tem evidenciado como a mais inexplicável excrescência que o legislador ordinário poderia impor, racionalmente, ao bom andamento processual. Planta-se como incômoda estaca a separar o *judicium accusationis* do *judicium causae*, porque, adstrito à pronúncia e limitado por ela, não pode inovar ou acrescer, não dando, *ipso facto*, sopro de vida notável ao processo. Ao contrário, em razão de seus requisitos detalhísticos, traz um monturo de dificuldades na sua confecção, tornando-se um poço sem fundo, onde os *puristas* do processo, especuladores da forma, vão procurar miúdas nulidades. A rigor, não vemos banquete mais farto no processo do Júri – para aqueles a quem o mérito não socorra, ou para os que tenham excessivo apego à forma – do que a degustação analítica de um libelo, e, a bem da verdade, também por serem afeitos a ele, dos quesitos propostos aos jurados... lupa em uma mão, Código de Processo Penal na outra, teorias processualísticas acadêmicas e inovatórias para dissertar, e pronto: já se empaca a prestação jurisdicional por uma nulidade do libelo... E o proces-

---

20. René Ariel Dotti, "Anteprojeto do júri", *RT* 701:272-90, São Paulo, abr. 1994, p. 275-6.

so, transmudando-se aos poucos: não mais sendo instrumento da jurisdição (meio), mas, fim, *meta optata*. ... Para estes *la forme emporte lefond*, como no conhecido escudo do 'absolutismo da lei', má herança de interpretação, buscada ao antigo direito francês. Logo, se para 'arrolar testemunhas', 'requerer diligências e perícias' para o plenário de julgamento, desnecessitar-se-ia do libelo, porque bastaria simples requerimento (com prazo definido em lei) anterior ao julgamento. E se, por outro lado, no substrato fálico e na tipificação penal, não pode ele afastar-se da pronúncia, forçoso é o reconhecimento de que, mais que a função formalmente atribuída pelo Código, tem ele uma verdadeira *disfunção*, irônica e notadamente negativa, porque funcionando às avessas no direito, complica e emperra, abstraindo, sem razão, a finalidade de instrumentária do processo penal. Urge, por conseguinte, a redobrada cautela dos fiscais da lei na feitura do mesmo, enquanto não o suprima inteligentemente o legislador".[21]

Assegurou-se, de modo mais resumido: "Vê-se que, como os doutos autores citados, os demais que possam ser consultados não afastam a impressão da inutilidade desta peça, tratada por Edilson Mougenot Bonfim (1994, p. 11) como inútil 'membrana processual'. A defesa do libelo como peça acusatória é sustentada por alguns autores com base na afirmação de que ela, fixando os limites da acusação, informaria com segurança ao acusado a extensão da pretensão acusatória. Asseguraria, assim, o direito constitucional de saber, pelo máximo, o que lhe seria imputado em plenário. Ora, a decisão de pronúncia estabelece os limites da acusação, e o libelo não pode ir além dos lindes nela estabelecidos. Importa considerar, ainda, que o réu será intimado pessoalmente da sentença, certo que, em não o sendo, o processo sofrerá solução de continuidade (art. 413, CPP[cclxxxviii]). Poder-se-ia argumentar com a possibilidade de inclusão de agravante ou causas de aumento da pena no libelo. Todavia, se tal melhor atende ao princípio do contraditório, não exclui sua aplicação pela circunstância de que a defesa, não podendo ser surpreendida pelo substancial da acusação, tem ciência das perspectivas agravadoras da pena, seja pela projeção que, racional e tecnicamente, fará em relação às mesmas, seja porque sucede ao Ministério Público no debate em plenário, o que autoriza o rebate oportuno e qualificado. A mais, que não se perca de vista a competência do juiz de direito de declarar indefeso o réu se, eventualmente, o defensor omitir

21. Edilson Mougenot Bonfim, *Júri: Do inquérito ao Plenário*, 2ª ed., São Paulo, Saraiva, 1996, p. 111-3.

questão fundamental que deva ser sustentada em favor daquele. Por fim, é aceitável a quesitação da exasperadora sem que ela conste do libelo. A consideração dada aqui a esta peça diz respeito à ideia de seu alijamento da sistemática processual positiva brasileira, encaminhando-o ao status de lembrança histórica do sempre possível desperdício intelectual dos nossos legisladores".[22]

As oposições ao libelo-crime acusatório apartam-se, pois, em duas espécies: as emocionais e as técnicas.

Desútil escoliar e contrariar as expressões: "peça obsoleta"; "zelo arqueológico"; "membrana processual"; "incômoda estaca"; "peça de proveito duvidoso" e outras semelhantes.

Importa cifrar as objeções, dizentes com o processo penal. Assim, assegura-se que o libelo-crime é causa de inúmeras nulidades; que consiste em peça dispensável; e sua extinção tenderia a simplificar o procedimento especial de Júri.

4. Pretensa fonte de nulidades

Não se ostenta verdadeira a assertiva de que "fomenta arguições de nulidade". Os vícios do libelo não aparecem, com frequência, nos ementários de jurisprudência, bem como nos livros de teoria e prática processual penal.[23]

Existe, de manifesto, linha condutora, nexo lógico, a unir acusação inicial, pronúncia, libelo, questionário e veredicto. A denúncia ou queixa subsidiária projetam a decisão interlocutória de pronúncia. Tanto que, precluso tal ato decisório, limita e vincula o libelo-crime. Ele, por sua vez, consiste em uma das fontes dos quesitos. Na resposta aos quesitos, exibe-se a decisão dos jurados.

---

22. Aramis Nassif, *Júri: Instrumento de Soberania Popular*, Porto Alegre, Livraria do Advogado, 1996, p. 116-7.

23. Vejam-se, por exemplo: José Ruy Borges Pereira, *Tribunal do Júri: Crimes Dolosos contra a Vida*, São Paulo, Saraiva, 1993, p. 266-72; Adriano Marrey, Alberto Silva Franco e Rui Stoco, *Teoria e Prática do Júri*, 6ª ed., São Paulo, RT, 1997, §§ 22.1 e 22.2, p. 252-6; José Frederico Marques, *A Instituição do Júri*, atualizado por Hermínio Alberto Marques Porto, José Gonçalves Canosa Neto e Marco Antonio Marques da Silva, Campinas, Bookseller, 1997, p. 338-9 e 433-6; Ada Pellegrini Grinover, Antonio Scarance Fernandes e Antonio Magalhães Gomes Filho, *As Nulidades no Processo Penal*, 6ª ed., São Paulo, RT, 1997, § 11, p. 262-4.

O problema não se acha na fase postulatória do *judicium causae*: libelo, seu recebimento e a contrariedade. A questão encontra-se na má formulação do libelo; contaminante do interrogatório, em plenário; produção da prova; formulação de quesitos e do julgamento.

Já se observou que: "É o libelo fonte primária do questionário, podendo de sua articulação partir, se adotada no questionário, nulidade".[24] Em outras palavras: "Em artigos, o libelo desdobra racionalmente a classificação penal fixada pela decisão de pronúncia. Pelo seu relacionamento com o questionário, do qual é uma das fontes, o libelo, em sua elaboração, deve atender o inc. II, do art. 417[cclxxxix] ('exposição, deduzida por artigos, do fato criminoso') na dependência das regras sobre a feitura do questionário (incisos do art. 484[ccxc])".[25] Se o libelo apresenta dificuldades de afeiçoamento, tal não é razão suficiente para suprimi-lo.

Antigas surgem-lhe as críticas desfavoráveis. No fim do século passado, observava-se: "... não faltando até quem diga que o libelo é uma das formas processuais tendentes a constituir o direito como um sistema de dificuldades". E, se respondia, então: "Infelizmente, aqueles que assim pensam demonstram, desde logo, que pretendem constituir o direito como um sistema de indisciplina, ou como um sistema de solicitações e empenhos e não como um sistema de argumentos e prova".[26]

Reclamava-se, ainda, da dificuldade de articular[27] e, parece, que o clamor mantém-se, como visto. Vale, entretanto, a conhecida parêmia: "arrazoe quem quiser; articule quem souber".

5. Suposta dispensabilidade do libelo

Aos que desejam o desaparecimento do libelo, cumpria demonstrar-lhe a desnecessidade, qual instrumento da acusação, a ser analisada pelo Tribunal do Júri.

Em face do Projeto de Lei 1.655, de 1983, ponderou-se: "O afastamento do libelo-crime acusatório já era defendido no primeiro anteproje-

---

24. Hermínio Alberto Marques Porto, *Júri...*, op. cit., nota 94, p. 63.
25. Hermínio Alberto Marques Porto, *Júri...*, op. cit., § 70, p. 100-1.
26. João Mendes de Almeida Júnior, "Artigos articulados", em *Revista da Faculdade de Direito da Universidade de São Paulo*, São Paulo, Espínola, 7: 81-99, 1898, p. 81. A lição acha-se repetida na obra *Processo Criminal Brasileiro*, 2ª ed., Rio de Janeiro, Francisco Alves, 1911, v. 2, § 354, p. 330.
27. João Mendes de Almeida Júnior, "Artigos...", op. cit., p. 82.

to de Código de Processo Penal, de 1970, e considerado pela 'Exposição de Motivos' de então como fonte de nulidades. O libelo, com sua previsão no art. 417[ccxci] da lei processual penal vigente, tem a incumbência de articular racionalmente a classificação penal fixada pela decisão de pronúncia, dela não podendo estar afastada, salvo quanto à enunciação de agravantes; tais aspectos entregam ao libelo o sentido de fonte – uma das fontes – do questionário. E, mais ainda, o libelo pode ser acompanhado do rol de testemunhas que devam prestar depoimento em Plenário, de documentos e de requerimento de diligências. A seguir, no equilíbrio decorrente do contraditório, a defesa, hoje, através da contrariedade ao libelo (art. 421[ccxcii]), poderá, se desejar, antecipar a posição que adotará à frente do jurados, bem como arrolar testemunhas, juntar documentos e pleitear diligência para a complementação de provas. O Juiz que preside a instrução na fase preparatória para o julgamento em plenário, estando presentes libelo e sua contrariedade, aprecia, em um ato de preparação necessária da sessão de julgamento e com sentido saneatório, os requerimentos que tenham sido formulados pelas partes, podendo também, por sua iniciativa, ordenar a realização de outras diligências, que entenda necessárias para afastar nulidades ou para esclarecer aspectos de importância para a decisão da causa (art. 425[ccxciii]). Satisfeitas suas determinações, e por estar em ordem o processo, então o Juiz designará data para o julgamento (art. 425[ccxciv]) pelo Tribunal do Júri; tais previsões vigentes atuam, sem qualquer embaraço, e ofertam ampla segurança aos interesses das partes, pois conhecem, em garantida antecipação, a fonte testemunhal que deverá ser apresentada à frente dos jurados. A inovação proposta, que vem substituir uma sequência procedimental que não tem merecido qualquer restrição, está no art. 585 do projeto, prevendo que, proferida a decisão de pronúncia, a data para a realização do julgamento será marcada, e, a contar da intimação de tal designação, poderão as partes, no prazo de cinco (5) dias (art. 587, do projeto), requerer diligências, arrolar testemunhas para inquirição em Plenário. Cotejados os dois sistemas, no abordado momento que antecede a sessão de julgamento pelo Tribunal do Júri, fica conhecido que o procedimento não é em nada simplificado, e, até mesmo, poderá vir a ser tumultuado, pois, na independência da fixação do momento que contenha a designação da data para a sessão de julgamento, somente será ela instalada se adotadas as medidas para a intimação de testemunhas, se cumpridas as determinações do Juiz – de ofício ou deferindo requerimento das partes – voltadas para o afastamento de nulidades ou para 'esclarecer fato que interesse à decisão da causa' (art. 425, do Código vigente[ccxcv]). Atualmente, em Plenário, o representante do Ministério Público inicia a acusação lendo 'o libelo e seus dispositivos da lei penal em que o réu se acha em curso' (art. 471[ccxcvi]), merecendo ser recordado que o libelo, em sua articulação, está limitado à classificação penal que tenha sido fixada na pronúncia. O Projeto por ter afastado o libelo, e precipitadamente procurar cuidar do início da fase oral e acusatória em Plenário, estabelece que o representante do Ministério Público 'lerá a denúncia, e, em seguida, produzirá a acusação' (art. 609), esquecido da óbvia possibilidade de ter a classificação penal proposta pela denúncia sofrido alterações impostas pela decisão de pronúncia, que, por exemplo, pode, e também poderá se vingar o projeto, afastar uma qualificadora do crime de homicídio, que tenha sido proposta na parte classificatória da denúncia, caso não tenha encontrado suporte qualquer pelo desenvolver da primeira etapa do procedimento, bem como também poderá, em sentido ampliador da classificação penal inicialmente expressada, acatar uma qualificadora não articulada, mas que, coberta pela parte descritiva da denúncia, tenha obtido sustentação razoável em provas colhidas; servem os exemplos para evidenciar que, para não servir a leitura da denúncia como ponto tumultuador do entendimento dos jurados, se mantido o afastamento do libelo crime deveria ser prevista a leitura da parte classificatória da decisão de pronúncia. Observado, pois, que o Projeto de Lei, no tocante ao afastamento do libelo, não simplifica o procedimento, enquanto são desconhecidas as fontes da referida 'experiência' que teria clamado pela inovação, pois a manutenção do libelo não tem correspondência com formalismos inúteis, e nem é ele – e aí estão para consultas, as coleções de decisões de nossos Tribunais – fonte de nulidades, até porque eventuais falhas na elaboração da peça não servirão para invalidar as etapas seguintes do procedimento, salvo se repetidas, motivando prejuízo para a defesa, no questionário".[28]

A eliminação do libelo-crime e respectivo instante procedimental termina com o efetivo controle judicial da acusação. Isso é gravíssimo.

---

28. Hermínio Alberto Marques Porto, "O júri, no projeto de Código de Processo Penal", *Revista da Procuradoria do Estado de São Paulo*, São Paulo, v. 20:13-22, jun. 1983, p. 14-6. Depois, o autor asseriu que o libelo podia ser considerado peça dispensável, em outro trabalho: *Júri...*, op. cit., nota 94, p. 63. Lembre-se de que o anteprojeto de 1993, no art. 476, estabeleceu: "Encerrada a instrução, a palavra será concedida ao Ministério Público que promoverá a acusação, nos limites da pronúncia, sustentando, se for o caso, a existência de circunstância agravante". O Projeto de Lei 4.900, de 1995, do Poder Executivo, Mensagem 1.272/94, manteve a mesma redação.

Não se vai bem distinguir acusação inepta[29] da improcedente; visto não mais haverá juízo de admissibilidade, ou recebimento da acusação (arts. 417 e 418, do Código de Processo Penal). Irromperá muito dificultoso, no momento dos debates, o juiz-presidente verificar a fidelidade e a pontualidade da acusação oral.

Inconservado o libelo, some a contrariedade, com enfraquecimento do direito de defesa. Imaginem-se as hipóteses de autoria e de concurso de pessoas, mostrando-se, ainda, diversas as infrações penais imputadas.[30] Exsurge necessário repetir, mais uma vez, que a maior garantia de defesa do inculpado acha-se na própria acusação.

O interrogatório do arguido, em plenário, tanto que desaparecidos o libelo e a contrariedade, resta prejudicado; pois, "libelo é a escritura, que contém a intenção do autor".[31] Será árduo para o increpado afrontar o ato decisório de pronúncia e, em autodefesa, erguer algum argumento ou tese, antes da acusação oral. Mais fragilizado lhe estará o direito.[32]

A inquirição de testemunhas, no andar da instrução em plenário, não sai, por igual, favorecida sem a acusação antes articulada.

O questionário exibe várias fontes[33] e dentre elas se encontram o libelo e o interrogatório. Eliminado um e debilitado outro, o trabalho do juiz-presidente de organizar os quesitos despontará mais custoso; não

---

29. Sobre libelo inepto ver Múcio de Abreu e Lima, *Do libelo...*, op. cit., §§ I a X, p. 18-25 e José Frederico Marques, *A Instituição...*, op. cit., p. 338-9 e 432-6.

30. Veja-se, a respeito, Marcelo Fortes Barbosa, "Libelo crime acusatório: A supressão do libelo no anteprojeto do Código de Processo Penal", *Justitia*, São Paulo, v. 84:197-209, 1° trim. 1974.

31. Joaquim José Caetano Pereira e Sousa, *Primeiras Linhas sobre o Processo Criminal*, 4ª ed., Lisboa, Impr. Régia, 1831, § CXIX, p. 106.

32. Observou José Frederico Marques: "O interrogatório do acusado é das peças mais importantes de um procedimento criminal. Nesse ato processual, tão discutido pelos juristas, a defesa encontra um de seus mais eficazes instrumentos de manifestação, ao mesmo passo em que a pesquisa da verdade pode ali haurir elementos seguros de convicção para o julgador. No plenário de julgamento do Júri, de redobrada importância é o interrogatório do réu, visto que se realiza *coram iudicem*, isto é, perante os sete cidadãos em cujo veredicto irá consubstanciar-se a decisão, quanto à acusação que pesa sobre o interrogado". *A Instituição...*, op. cit., p. 466.

33. Sobre as fontes dos quesitos, ver Hermínio Alberto Marques Porto, *Júri...*, op. cit., § 118, p. 148.

obstante tenha elaborado o projetado relatório escrito do processo (art. 420, inc. II, do Projeto de Lei 4.900/95).

6. Imaginada simplificação procedimental

A planeada forma procedimental de Júri, em alguns lanços, já se examinou, ao cuidar-se da indispensabilidade da peça acusatória escrita, a submeter-se ao Tribunal.

A supressão do libelo não trará a imaginada celeridade e simplicidade.[34] Cortar a fase postulatória significa reduzir a preparação do julgamento, sem proveito importante, ao requerimento de imprescindíveis meios de prova – testemunho, justificação e perícia –, admissão e saneamento do processo (art. 425, caput, do Código de Processo Penal[ccxcvii]); a que se almeja acrescentar relatório escrito do juiz (art. 420, incs. I e II, do Projeto de Lei 4.900/95). Os esperados benefícios precisam colocar-se em contraste com os problemas a se resolverem, em plenário, complicando o procedimento.

Afirmar-se que a pronúncia é a substância da acusação[35] não significa que tal ato decisório torne inúteis o libelo, o recebimento e a contrariedade.

Convém recordar: "A pronúncia é um juízo de acusação, operação jurisdicional diversa do juízo da causa. Não declara que o ato examinado é passível de punição, mais decide, no caso, da legitimidade de se instaurar ação penal. Assentando sobre elementos probatórios comuns ao do futuro e possível julgamento criminal propriamente dito, a pronúncia, não lhe esgota, nem lhe diminui, todavia, o conteúdo. Não determina o fundamento condenatório ou absolutório, mas apenas o fundamento acusatório. Suas premissas são, como o juízo da causa, a lei e um fato concreto; mas, enquanto a lei que este aplica exprime o direito de punir, a pronúncia declara, tão só, o direito de acusar; e, ao passo que o fato sobre que recai o juízo da causa é o pretenso crime ou contravenção, o fato que a pronúncia aprecia é a existência de prova do pretenso crime ou contravenção, quanto baste legalmente para justificar uma ação penal".[36] A substância não prescinde da forma. Nem o alicerce importa muito, faltante a estrutura formal.

---

34. Com vistas ao Projeto de Lei 1.655-B, de 1983, entendeu Afranio Silva Jardim que era muito tímido; assim, ofereceu outra forma procedimental mais encurtada; em torno do "devido processo legal", em *Direito Processual Penal*, 6ª ed., Rio de Janeiro, Forense, 1997, p. 335.

35. João Mendes de Almeida Júnior, *O Processo...*, op. cit., v. 2, § 359, p. 338.

36. Joaquim Canuto Mendes de Almeida, *Processo Penal, Ação e Jurisdição*, São Paulo, RT, 1975, segunda parte: ação penal § 60, p. 174.

O processo penal, da ação condenatória, não se volta, tão só, a obstar que o suposto agente, de certa infração penal, reste impune. Dirige-se, também e de modo prevalente, a impedir que inocente acabe condenado, ou que inculpado receba sanção incabente. Consiste, portanto, em instrumento público, destinado a verificar e declarar os termos de incidência, ou não, da lei penal, sob o fato concreto; para proteção dos direitos individuais. O escopo do processo penal encontra-se, então, no concretizar a justiça criminal, com a descoberta possível da verdade material.[37] Opera em tutela da liberdade jurídica do indivíduo, sem esquecer a conservação e a mantença da paz pública.

Afirmou-se, superiormente: "Indiscutida parece ser a ideia de que as finalidades primárias e a cuja realização o processo penal se dirige são, de uma parte, a realização da justiça e a descoberta da verdade material, de outra parte, a proteção perante o Estado dos direitos fundamentais das pessoas e, de outra parte ainda, o restabelecimento da paz jurídica comunitária posta em causa pelo crime e a consequente reafirmação da validade da norma violada".[38]

A lei do processo, por isso, não deve exibir-se desarrazoada; desproporcional com a proteção dos direitos individuais e suas garantias. Tal falta de racionalidade, em confronto com a finalidade específica, fere o *substantive due process* e tende à manifesta injustiça.[39]

---

37. A verdade material, dita atingível ou processual, longe coloca-se da ontológica. Ver nosso "O juiz criminal e a pesquisa da verdade material", em *Processo Penal e Constituição Federal*, coord. por Hermínio Alberto Marques Porto e Marco Antonio Marques da Silva, São Paulo, Acadêmica, 1993, p. 72-7.

38. Jorge de Figueiredo Dias, "Direito processual penal". Apostila acadêmica coligida por Maria João Antunes, assistente da Faculdade de Direito de Coimbra, Coimbra, seção de textos da Universidade, 1988-9, p. 21; o autor recorda Roxin.

39. Anotou Rogério Lauria Tucci, ao cuidar do *due process of law*, divisando o "processo legislativo de elaboração da lei previamente devido e regular, bem como razoabilidade e senso de justiça de seus dispositivos, necessariamente enquadrados nas preceituações constitucionais (*substantive due process of law*), segundo o desdobramento da concepção norte-americana: a face substancial do devido processo legal mostra-se na aplicação, ao caso concreto, de normas preexistentes, que 'não sejam desarrazoadas, portanto, intrinsecamente injustas". O autor reporta-se a Manoel Gonçalves Ferreira Filho, em *Direitos e Garantias Individuais no Processo Penal Brasileiro*, São Paulo, Saraiva, 1993, § 5°, p. 64-5.

Supressão parcial do inquérito policial

Breves notas ao art. 69 e parágrafo único da Lei n. 9.099/95.

1. A Constituição da República, ao cuidar do Poder Judiciário, estabeleceu que: "A União, no Distrito Federal e nos Territórios, e os Estados" podiam criar "*Juizados Especiais*, providos por juízes togados, ou togados e leigos, competentes para *a conciliação, o* julgamento e a execução de causas cíveis de menor complexidade e *infrações penais de menor potencial ofensivo*, mediante os procedimentos *oral e sumaríssimo*, permitidos, nas hipóteses previstas em lei, *a transação* e o julgamento de recursos por turmas de juízes de primeiro grau" (art. 98, *caput*, e inc. I – grifo nosso).

Deixou à lei ordinária o conceito formal, ou legal, de *infrações de menor potencial ofensivo.*

Plantou, de outra sorte, erro, cujo eco não tardou. Ao aludir aos *Juizados Especiais*, marcou-lhes alguns pontos, a saber: *a)* serem, de modo eventual, providos por juízes togados e leigos; *b)* possuírem competência para a conciliação, julgamento de causas, pertinentes às infrações penais de menor potencial ofensivo, e execução do julgado; *c)* terem procedimento oral; *d)* e forma procedimental sumaríssima; *e)* admitirem transação, e ainda; *f)* julgamento de recursos por turmas de juízes de primeiro grau de jurisdição. Ora, o procedimento comum, forma básica, aparta-se em ordinário, sumário e sumaríssimo, secularmente. A própria Lei Maior desenhou *procedimento especial*, para atender às mencionadas infrações penais.

Na sequência, asseriu-o dotado de "procedimentos oral e sumaríssimo".[1] Assim, surge preciso entender que *o procedimento sumário* nada mais

---

1. As ideias de processo e de procedimento ligam-se às de movimento, tempo e de espaço. A existência temporal do nexo entre as pessoas, que agem e reagem, em

é, em antiga e aceita doutrina, que o *ordinário,* favorecido pelo encurtamento de prazos, concentração de atos em audiência e pelo estreitamento do campo probatório. *O procedimento sumaríssimo* mostra-se, em tudo e por tudo, semelhante ao *sumário,* porém há de correr na maior oralidade. Não guarda cabência técnica falar-se em "procedimentos oral e sumaríssimo". Nem emerge possível referir sumariedade em procedimento que se constrói *especial.* Não se equipara rapidez com sumariedade. Irrompe, até, possível imaginar forma procedimental *especial,* dotada de celeridade superior ao *procedimento sumaríssimo.*[2]

É ensinança corrente que o procedimento judicial tende a adequar a forma *à natureza da infração penal,* cuja existência se quer definir. Teria, ainda, como base criadora a *qualidade* e a *quantidade da reprimenda* cominada. Não há dois critérios. A qualidade e a quantidade da punição assomam como produtos da individualização penal legislativa. Mostram, portanto, a desejável proporcionalidade ético-social entre o comportamento descrito e a correspondente reprovação. Na invenção de procedimentos, tomando-se as respostas penais às condutas desviantes, o critério é, também, *a infração penal,* mais ou menos grave. A grandeza da infração indica a pena, que levaria à forma procedimental.

Afora a especialidade, a base do legislador do Código de Processo Penal, de 1941, foi dotar de procedimento *menos solene* o processo das *infrações penais de menor gravidade,* as quais, e por consequência, surgem castigadas com penas de branda qualidade: *multa, prisão simples e detenção.* Instituiu, pois, *procedimento sumário* (arts. 531 a 540).[ccxcviii]

---

juízo, desempenhando papéis específicos. Os seus atos, protraindo-se conjugados, em sistema de movimento e mudança. Tal visão impele a compreender o fluxo, ou processo, como série numerável dc atos programados, que se vão justapondo, em espaço ideal, ou procedimento. Não se afigura correto, então, asserir que procedimento consiste em, apenas, forma.

2. Os procedimentos sumário e sumaríssimo, que se vinham construindo, consolidaram-se na decretal *Saepe contingit,* do Papa Clemente V, em 1306; sem omitir as contribuições dos direitos estatutários. A intenção de simplificar a "ordem solene do juízo" é antiga e se projetou no tempo. Impossível esquecer do juiz *Bridoye,* que decidia os pleitos consultando os dados, e não a lei (François Rabelais, *Oeuvres,* por Louis Moland, Paris, L. Gamier Frères, 1928, t. I, *Bon Pantagruel, Liv.* ILI, caps. XXXIX e XL, p. 389-94). Maneira que encontrou, jogando, de assegurar aos conflitantes plena imparcialidade e máxima rapidez na decisão. Ainda, com afastamento da doutrina jurídica, por sua pestilência. Tudo de resultado rápido; mas nada de interpretação: eis a meta escolhida por ele.

O fundamento para determinar-se o procedimento – comum: ordinário, *sumário e sumaríssimo,* bem assim especial, *acelerado* ou não – jamais deve ser, de modo exclusivo, a simples *natureza da infração pene* – englobando a pena, que dela se deduziu, ambos, aspectos materiais. Inexiste correlação necessária entre a gravidade da infração – maior c menor "potencial ofensivo" – e forma procedimental, passando pelos *meios de prova. A* experiência demonstra que nem sempre a escassa grandeza da infração penal corresponde a maior facilidade de colheita ou produção de elementos de convicção. Há que se reparar na *necessidade probatória,* ao se divisar, ainda, *a natureza da infração,* para determinar forma do procedimento penal conveniente. É imperioso conjugar, funcionalmente, direito *material e processual.*

No processo penal, do mesmo modo, descabe falar-se em redução no âmbito de conhecimento do juiz, ou, simplesmente, de cognição restrita, para caracterizar a sumariedade.[3] Nele inexiste lide ou litígio – no ser do técnico, que lhes dá o direito processual civil –, a influir sobre a *sumarização.*[4]

O projeto de Código de Processo Penal (Mensagem nº 240/83) dividia o procedimento em *comum e especial. O* primeiro subdividia-se em *ordinário, sumário* e em *sumaríssimo. O sumário* destinava-se a atender às causas relativas aos crimes a que se comina *pena de detenção super a um ano,* tirantes os delitos de *lesão corporal e homicídio culposos* (art. 209, inc.

---

3. V., dentre outros: Ovídio A. Baptista da Silva, *Curso de Processo Civil – Processo de Conhecimento,* 2ª ed., Porto Alegre, Fabris, 1991, v. I., p. 93-115; ainda, Arake Assis, *Procedimento Sumário,* São Paulo, Malheiros Editores, 1996, p. 9-23. Os arq pos da sumariedade, a contar da histórica supressão do momento procedimental da *litis testatio* – como contrato ou quase contrato –, no processo civil, não se aplicam ao cesso penal, que a desconheceu. Cf. em Víctor Fairen Guillén, *El Juicio Ordinario Plenarios Rápidos – Los Defectos en la Recepción dei Derecho Procesal Común; Sus Causas y Consecuencias en Doctrina y Legislación Actuales,* Barcelona, Bosch, 1953.
4. Sobre a inexistência ou a irrelevância da lide no processo penal, consultar: Giuseppe Bettiol, "Noções sobre o processo penal italiano", *Revista do Instituto de Pesquisas e Estudos,* trad. de José Manoel de Arruda Alvim, Bauru, jan./mar. 1967; Fernando Luso Soares, *O Processo Penal como Jurisdição Voluntária,* Coimbra, Almedina, 1981; Jacinto Nélson de Miranda Coutinho, *A Lidi Conteúdo do Processo Penal,* Curitiba, Juruá, 1989; José Carlos Teixeira Giorgis, *A como Categoria Comum do Processo,* Porto Alegre, Le Jur, 1991; e Rogério Lauria Tucci, *Direitos e Garantias Individuais no Processo Penal,* São Paulo, Saraiva, 1993, p. 21.

III, c/c art. 538). Já *o procedimento sumaríssimo* cabia quando se tratasse, em juízo, de *crime punido com detenção até um ano*, de *lesão corporal culposa*, de *homicídio culposo* e de *contravenção* (art. 209, i 1II, c/c art. 544). Os procedimentos especiais reduziam-se, então, a três: *crimes contra a propriedade imaterial* (arts. 549 a 555), *penal falimentar* (arts. 556 a 562) *e procedimento nas causas da competência do Júri* (arts. 563 a 633). Ao fim do projeto, revogavam-se: a Lei nº 1.508/51, os arts.10 a 30 da Lei nº 1.521/51, a Lei n. 4.611/65, os arts. 13 a 28 da Lei nº 4.898/65 e o Decreto-lei nº 552/69 (art. 712). A ideia, ao que parece, achava-se em diminuir a especialidade e fazer crescer a ordinariedade, nas espécies *sumária e sumaríssima.*

Não havia, pois, necessidade de persistir no erro do legislador constituinte, denominando "Do procedimento sumaríssimo" a Seção III do Capítulo III, "Dos Juizados Especiais Criminais", regulados na Lei nº 9.099, de 26.9.95. O uso frouxo do vocábulo "sumaríssimo" – deliberado ou não – só ocasiona dano à boa técnica e à melhor interpretação das normas processuais.

Manteve-se, portanto, a ressabida falta de rigor, do arranjo do Código de Processo Penal vigorante, no tocante aos procedimentos. O desverdecido diploma, de 1941, situa o "processo sumário" dentre os "processos especiais".

A denominada *fase preliminar* do procedimento criado para *o Juizado Especial* – Seção II do Capítulo III[ccxcix] – pode malograr se o imaginado sujeito agente não comparece à *audiência preliminar;* nem é encontrado para a *citação real* (arts. 66, parágrafo único, 67, 68 e 71). Ao término da referida *fase preliminar,* o promotor de justiça, em razão da complexidade ou circunstâncias do caso, pode deixar de oferecer *denúncia oral* (arts. 66, parágrafo único, e 77, § 2º). Ao juiz, após examinar a *queixa oral,* reduzida a termo, permite-se que não a receba, se constatar o sucesso da apontada complexidade e, ainda, por motivo das circunstâncias do caso (arts. 66, parágrafo único, e 77, § 3º). Nas três hipóteses, jamais se chega ao chamado *procedimento sumaríssimo,* recém-regulado (arts. 77 a 83). Vai-se, então, tratar a causa adotando *o procedimento sumário,* marcado no Código de Processo Penal (arts. 531 a 540[ccc], menos os dispositivos não recepcionados pela Constituição da República). Temos, por consequência, *procedimentos sumário e sumaríssimo* desconjugados, assistêmicos.

Os dois preceitos sob notação acham-se insertos na *fase preliminar.* Antes de lhes avançar no escólio, importa trazer algumas observações.

Em primeira abordagem, cumpre lembrar que *a transação* é via de direito na solução de conflitos. Exibe a autocomposição. *A transação* consiste em *acordo,* voltado a prevenir ou a extinguir litígios, mediante concessões recíprocas das partes (art. 1.025 do Código Civil[ccci]). A caracterizar *a transação* está a permuta de sacrifícios. Não há *transação* sobre direito indisponível; muito menos sobre negócio jurídico ilícito. É, ao menos, o que se afirma, segundo concepção clássica. Já a *conciliação* irrompe como negociação assistida, ou orientada, e no escopo de solucionar questão jurídica, por meio de *acordo,* sem implicar mutualidade de cedências. Assim, além das partes, da conciliação participa outra pessoa: juiz ou conciliador.[5]

Ambas se constituem, portanto, em negócio jurídico. A *transação* surge entre os interessados e em caráter privado. *A conciliação,* na regulamentação do Código de Processo Civil, é negócio jurídico processual, respeitante a direito disponível (art. 331, *caput e* § 1^2 e 2^2,[cccii] ainda, arts. 447 a 449 e art. 584, inc. III[ccciii]). A lei escoliada, quanto aos Juizados Especiais Cíveis, também consagrou *a conciliação* (arts. 21 e 22).

A conciliação e a *transação* não se encontram em análise, neste lanço. Importa, contudo, ter na memória o longo caminho histórico das condutas puníveis e de sua perseguição, que, saindo do direito privado, chegaram ao direito público.[6] A volta à natureza privada das normas penais,

---

5. A Constituição da República derrogou o art. 1.033 do Código Civil. A infração penal emerge, sempre, como comportamento ilícito. E a sucedida, agora, pode surgir qual conteúdo de *transação.* Teria a Lei Maior atingido, por igual, o art. 82 do aludido diploma? No que respeita à transação, v. Rogério Lauria Tucci, *Do Julgamento conforme o Estado do Processo,* 3ª ed., São Paulo, Saraiva, 1988, § 88, p. 228-34. À evidência, o autor toma em consideração o processo civil, onde há lide; mas, com pontualidade, estuda o referido instituto.
6. Ensina Tércio Sampaio Ferraz Júnior: "O princípio máximo do direito público é o princípio da soberania. (...) Nem todos os atos dos entes públicos são soberanos. Quando o são, porém, aparece o jus *imperii.* Suas normas são, então, cogentes, pois pressupõem o interesse da ordem pública. É o princípio do interesse público relevante, que, se contrastando com interesses privados, prevalece em última instância sobre eles. Este interesse público pode ser do próprio Estado, no caso do direito administrativo, mas pode ser o da comunidade como um todo, no caso do direito penal. Neste caso é o interesse da justiça, como um valor social global. O ente público que aplica as normas penais não age no interesse próprio, mas no da justiça, para e pela comunidade. A diferença é importante, pois evita confundir o Estado com a própria sociedade. Quando o ente público pressupõe o interesse relevante do Estado, vê nesse uma parte do todo social que, pela sua importância para o todo, deve prevalecer. Quando vê no interesse relevante o interesse do todo social é a justiça. enquanto um valor global da co-

além da civilização do processo penal, por muito que se argumente, não consiste em modernidade, mas em retrocesso.[7]

A Lei n. 9.099, de 26.9.95, que dispõe sobre os Juizados Especiais Cíveis e Criminais, considerou infrações de menor potencial ofensivo (a) as contravenções penais e (b) os crimes a que a lei comine *pena máxima não superior a um ano,* tirantes os casos "em que a lei preveja *procedimento especial*" (art. 61).

Assim, sustenta-se que *todas* as contravenções penais passaram para *a categoria jurídica* de *infrações penais, de menor potencial ofensivo,* tipificadas na lei específica (Decreto-lei nº 3.688, de 3.10.41) ou em outras leis penais extravagantes. Mais *todos* os crimes cuja pena privativa de liberdade – detenção ou reclusão – não vá além de *um ano,* encontráveis no Código Penal ou nas demais leis penais. No tocante aos crimes, neles e inobstante a pena, não se incluem os submissos *a procedimento especial,* estabelecido no Código de Processo Penal ou em outros diplomas.

Ao reunir a classe dos crimes e a das contravenções, as *infrações penais de menor potencial ofensivo* tornaram-se nova *categoria* jurídico-penal. Deu-se-lhes tratamento específico, seja quanto à resposta de direito material, seja no tocante ao modo do processo. As consequências dogmáticas manifestar-se-ão inarredáveis, na medida em que possua, ou não, tal *categoria* correspondência na realidade.

4. A interpretação gramatical do texto, entretanto, revela que todas as infrações penais – crimes e contravenções – a que a lei comine penalidade máxima, privativa de liberdade, superior a um ano, afastam-se do conceito de *infração de menor potencial ofensivo.* Ao se excluir, por igual, do rol de mencionadas infrações os *casos* de procedimento especial, referiu-se a lei tanto a crimes quanto a contravenções, posto que empregou vocábulo genérico – *casos* –, aplicável às duas modalidades. Quisesse o legislador limitar a ressalva aos delitos, teria empregado uma palavra es-

---

munidade, que prevalece" (*Introdução ao Estudo do Direito: Técnica, Decisão, Dominação,* 2ª ed., São Paulo, Atlas, 1994, § 4.2.4.1, p. 140).

7. Piero Clamandrei, cuidando do processo grego antigo, observou: "Negli ordina menti moderni la giustizia penale si bala su duo premesse, una di dirito sostanziale, *nullun crimen sine lege,* una di dirito processuale, *nulla poena sine iudicio;* e una volta commesc il reato, la sanzione non puó essere applicata che in via giurisdizzionale, anche se Ira chi L propone e chi deve subiria vi sia pieno accordo sui mezzi e sulla misura. Nell'ordinamento

pecífica – *aqueles*, por exemplo. Como optou pela voz ampla, ficaram excluídos do novo procedimento especial, de que se cuida, crimes e contravenções dotados antes de *procedimento especial*.[8] Note-se, ainda, a dificuldade de considerar o "jogo do bicho" como *infração penal de pequeno potencial ofensivo*. Perdeu a candura dos primeiros tempos; uniu-se a tráfico de entorpecentes e de armas, sem esquecer o cometimento da extorsão mediante sequestro, expansão do núcleo infracional.[9]

Toma-se preciso não esquecer que as *infrações penais de menor potencial ofensivo* não se confundem com as condutas apanhadas pelo denominado *princípio da insignificância*. O conceito material de crime leva perceber que certos comportamentos não guardam relevância jurídica, nem exibem nenhuma repercussão social. Em tais casos, não há crime, inexiste infração penal.[10] Defende-se, até, que a insignificância social da conduta rompe como nova hipótese de arquivamento de inquérito policial ou peças de informação.[11]

Anote-se que, no Código Penal, por exemplo e agora, exsurgem *pequeno potencial ofensivo:* lesão corporal culposa (art. 129, § 6°); omissão de

---

8. A argumentação é muito de Sérgio de Oliveira Médici, em trabalho inédito, preparamos, sobre *Competência dos Juizados Especiais Criminais*.
9. Vários autores entendem que as *contravenções penais*, perseguíveis em juízo meio de *procedimento especial*, se excluem do Juizado: Carlos Frederico Coelho Nogu, "Alguns aspectos das mudanças na área criminal", *Tribuna do Direito* – Suplemento Especial 3/6, São Paulo, nov. 1995; Damásio E. de Jesus, *Lei dos Juizados Especiais Criminais Anotada*, São Paulo, Saraiva, 1995, p. 36; Elza Spanó Teixeira e Márcia Re Soares Seixas Santos, *Comentários e Prática Forense dos Juizados Especiais Cíveis e Criminais*, São Paulo, LED, 1996, p. 84; Liberato Póvoa e José Maria de Melo, *Teoria e Prática de Juizados Especiais Criminais*, Curitiba, Juruá, 1996, p. 24; Maurício Antônio R ro Lopes, *Lei dos Juizados Especiais Cíveis e Criminais Anotada*, São Paulo, Ed. RT, 1 nota 2 ao art. 61, p. 55; Paulo Lúcio Nogueira, *Juizados Especiais Cíveis e Criminais*, São Paulo, Saraiva, 1996, p. 57-8; Sidnei Beneti e Fátima Nancy Andrighi, *Juizados Especias Cíveis e Criminais*, Belo Horizonte, Dei Rey, 1996, p. 107.
10. Sobre o tema, cotejar Carlos Vico Manas, *O Princípio da Insignificância Excludente da Tipicidade no Direito Penal*, São Paulo, Saraiva, 1994; Maurício An Ribeiro Lopes (e Joel Dias Figueira Júnior), *Comentários à Lei dos Juizados Especiais* veia *e Criminais*, São Paulo, Ed. RT, 1995, p. 277-95.
11. José Emmanuel Burle Filho e Eduardo Silveira Melo Rodrigues, *O Artigo. CPP*, São Paulo, Associação Paulista do Ministério Público, Série: Cadernos Institucionais, 1995, p. 18-20.

socorro (art. 135, *caput e* parágrafo único, primeira parte); constrangimento ilegal (art. 146, *caput);* violação de domicílio (art. 150, *cal* e § 2°); violação de segredo profissional (art. 154); usurpação de ági (art. 161, § 1°, inc. I); dano (art. 163, *caput);* receptação culposa (art. L § l°); paralisação de trabalho, seguida de violência ou perturbação da ordem, mas sem violência à pessoa (art. 200); ultraje a culto e impedimento ou perturbação de ato a ele relativo (art. 208, *caput);* ato obsceno (art. 233); explosão, segunda modalidade culposa (art. 251, § 3º, segunda parte); uso de gás tóxico ou asfixiante, modalidade culposa (art. 252, parágrafo único); atentado contra a segurança de outro meio de transporte, modalidade culposa (art. 262, § 2°); apologia de crime ou criminoso (art. 287); desobediência (art. 330); exercício arbitrário das próprias razões (art. 345); favorecimento real (art. 349); violência ou fraude em arrematação judicial, salvo se incidir o acréscimo à violência (art. 358), e outros muitos delitos. O rol mostra-se mais experimental do que racional, visto como diversos delitos não reclamam o trato que se lhes deu.

5. A autoridade policial que tomar conhecimento do fato lavrará *termo circunstanciado,* ou *de ocorrência,* encaminhando-o, de imediato, ao Juizado Especial Criminal, "com o autor do fato e a vítima", providenciando as "requisições dos exames periciais necessários". O inquérito policial, então, se manifesta dispensável (art. 69 c/c art. 77, § 1º). No sistema do Código de Processo Penal, *o inquérito policial* nunca se apresentou imprescindível, para acusar, em juízo (arts. 12, 27, 28, 39, § 5º, e art. 46, § 12).

Tem-se dito que policial militar é autoridade policial, no sentido da Lei sob estudo.[12] Surpreendente é que se não tenha lembrado tanto de dar a mesma interpretação ao se considerar a arrecadação e o arrolamento de

---

12. Alargam o conceito de *autoridade policial:* Ada Pcllegrini Grinover, Antônio Magalhães Gomes Filho, Antônio Scarance Fernandes e Luiz Flávio Gomes, *Juizados Especiais Criminais – Comentários à Lei 9.099, de 26.9.1995,* São Pauto, Ed. RT, 1996, p. 96-7; Álvaro Lazzarini, "Juizado Especial e autoridade", *Folha de S. Paulo,* 03/11/95, p. 3-2; e "Conceito de autoridade", *Folha de S. Paulo,* 18/11/95, p. 3-2; Damásio E. de Jesus, *Lei dos Juizados...,* op. cit., p. 49-50; Marino Pazzaglini Filho, Alexandre de Moraes, Gianpaolo Poggis Samanio e Luiz Fernando Vaggione, *Juizado Especial Criminal,* São Paulo, Ed. Atlas, 1996, p. 35-6; Rogério Lauria Tucci, "A Lei dos Juizados Especiais Criminais e a Polícia Militar", *Revista Literária de Direito,* 11/27-31, São Paulo, maio/jun. 1996; Sidnei Beneti e Fátima Nancy Andrighi, *Juizados Especiais...,* op. cit., p. 123-4; Weber Martins Batista e Luiz Fux, *Juizados Especiais Cíveis e Criminais e Suspensão Condicional do*

bens, requisitados pelo juiz à *autoridade policial*, nos casos de herança jacente (art. 1.148 e parágrafo único do Código de Processo Civil).[13]

Os *servidores públicos*, ou surgem *civis*, ou *militares*, consoante a Constituição da República (arts. 37[ccciv] e 42[cccv]). São servidores públicos militares federais os integrantes das Forças Armadas. Emergem como "servidores militares dos Estados, Territórios e Distrito Federal os integrantes de suas polícias militares e de seus corpos de bombeiros militares" (art. 42 da Constituição da República[cccvi]). Na interpretação de quem é *autoridade policial*, com vistas ao poder, função e à atividade de *polícia judiciária civil*, cumpre ter em mente, sempre, que o componente da polícia militar e do corpo de bombeiros militar *é servidor militar estadual*, menos no Distrito Federal e Territórios, à evidência (art. 21, inc. XIV, da Constituição da República).[cccvii]

Assim, mostra-se sujeito *à organização* e ao *regime jurídico* específico da corporação. Basta lembrar que o *servidor público militar* possui patente, título, posto e uniforme, mais a graduação das praças. Há situações jurídicas que lhe irrompem peculiares, como a agregação, extravio e a deserção, por exemplo. A inatividade lhe pode chegar, de particular modo, como a transferência para a reserva, reforma, desligamento e outros (art. 42, §§ 1º a 11, da Constituição da República[cccviii]).[14]

Além disso, as *polícias militares e corpos de bombeiros militares* constituem-se em forças auxiliares e reserva do Exército, portanto das *Forças Armadas de terra* (arts. 142[cccix] e 144, § 6º, da Constituição da República, c/c art. 4º, inc. II, "a" e "b", da Lei nº 6.880, de 9.12.80). Daí o motivo da *competência privativa* da União para estatuir "normas gerais de organização, efetivo, material bélico, garantias, convocação e mobilização das polícias militares e corpos de bombeiros militares" (art. 22, inc. XXI, da Constituição da República).

Processo Penal: A Lei n. 9.099/95 e Sua Doutrina mais Recente, Rio de Janeiro, Forense, 1996, § 3.5, p. 308-9.

13. Verificar em Nélson Nery Júnior e Rosa Maria Andrade Nery, *Código de Processo Civil Comentado e Legislação Processual Civil Extravagante em Vigor*, 2ª ed., São Paulo, Ed. RT, 1996, notas 1 e 2 ao art. 1.148, p. 1.311.

14. Anotando o § 1º do art. 42 da Lei Maior, certifica Manoel Gonçalves Ferreira Filho: "Serve de base este preceito para que os policiais ou bombeiros militares tenham um estatuto análogo aos dos membros das Forças Armadas" (*Comentários à Constituição Brasileira de 1988, v.* 1/275, São Paulo, Saraiva, 1990).

A Constituição do Estado de São Paulo, de 5.10.89, cuidou de manter fidelidade à Lei Maior quanto à polícia militar (arts. 141 e 142).

Veja-se, ainda, que a Constituição da República, ao tratar "da defesa do Estado e das instituições democráticas", cuidando "da segurança pública" referiu-se a cinco polícias. Mencionou três espécies federais e duas estaduais. Só *à polícia federal,* em senso estrito, e às *polícias estaduais civis* deu as funções de *polícia judiciária comum.* À polícia estadual civil cabem, por conseguinte, as funções de polícia judiciária, incumbindo-lhe a apuração das infrações penais e respectiva autoria, coautoria e participação, tirantes as de atribuição da polícia federal referida, bem como os crimes militares (art. 144, § 1ºcccx, inc. I e IV, e § 4º).[15]

O legislador constituinte, quando desejou excetuar, fê-lo de modo explícito. Os "poderes de investigação próprios das *autoridades judiciais*", assim, se concederam às comissões parlamentares de inquérito (art. 58, § 3º, da Constituição da República).

Impossível aceitar que os integrantes das *polícias rodoviária e ferroviária federais,* bem assim das *polícias militares e corpos de bombeiros militares,* sejam autoridades policiais-judiciárias, consoante a Lei Maior e o Código de Processo Penal. A evidência de *a polícia federal* "exercer, *com exclusividade,* as funções de polícia judiciária da União" jamais significa que as *polícias civis* não guardem tais funções, *privativamente,* nos Estados. Não se pode esquecer que as *polícias rodoviária e ferroviária federais* são civis e não possuem poder e função de polícia judiciária, que devem irromper expressos, consignados. Diversa precisou se ostentar a redação dos preceitos em razão de as *polícias militares e corpos de bombeiros milita-*

---

15. Afirma Manoel Gonçalves Ferreira Filho: "O texto – refere-se ao § 4º do art. 14 – tem o mesmo objetivo do constante dos §§ 2º e 3º acima – garantir a existência de uma polícia civil (estadual, pois a polícia civil federal é a polícia federal já garantida) –, prevendo que sua direção, portanto a sua estrutura básica, caberá a delegados de polícia dc carreira. Ou seja, com isso fica determinado que somente ocupante da carreira de delegado de polícia poderá chefiar delegacia de polícia (e nunca oficial da polícia militar, como às vezes sucedia), e delegado, acrescente-se, *de carreira.* Note-se que o § 6º (v. *infra)* explicitamente subordina a polícia civil ao chefe do Executivo correspondente. *Competência.* O preceito em estudo define claramente a competência reservada à polícia civil (estadual). Compreendo ela as funções de polícia judiciária, exceto no que é cometido à polícia federal (*v. supra,* § 1º, IV) ou concerne a infrações penais militares. Estas últimas, como se sabe, são apuradas no âmbito das próprias corporações militares" (*Comentários...*, op. cit., v. 3/86).

res possuírem, internamente, autoridades policiais para exercitarem as funções de *polícia judiciária militar* (art. 144, § 1ºcccxi, inc. IV, ainda, §§ 4º e 5º, c/c art. 125, § 3º e 4º,cccxii da Constituição da República, c/c arts. 80 e 10, § 3º, do Código de Processo Penal Militar). Sem cabimento exercerem a função de *autoridade policial civil,* em completo desvio. É ao que leva a interpretação sistêmica.

Poder de polícia, exercem-no a Administração, Legislação e a Jurisdição. Os conceitos, que guarda – largo e restrito –, não servem para aclarar, de todo, a questão.[16] Asserir que *servidor público militar estadual* do

---

16. José Cretella Júnior assegura: "Ao contrário da polícia, que é um aparelhamento ou a atividade em aparelhamento, em atuação, fazendo-se sentir em concreto, no inundo jurídico, o poder de polícia é uma *facultas,* uma potencialidade. Faculdade discricionária do poder público de limitar a liberdade individual em prol do interesse coletivo ou particular, o poder de polícia exterioriza-se pela polícia. (...) Poder de polícia é a causa; a polícia é a consequência dessa causa. O poder de polícia é algo *in potentia,* traduzido *in actu* pela ação policial. Pelo poder de polícia, os Estados de Direito de nossos dias satisfazem tríplice objetivo, qual seja, o de assegurar tranquilidade, segurança, salubridade, mediante uma série de medidas restritivas, limitativas, coercitivas, traduzidas na prática pela ação policial, que se propõe a atingir esse *desideratum*" (*Dicionário de Direito Administrativo,* 3ª ed.,

Distrito Federal ou dos Territórios tem *poder de polícia* se e quando atua em prol da *paz pública* '' consiste em quase obviedade. O problema mostra-se outro, como visto. Deter *o poder de polícia* não faz a ninguém, só por isso, autoridade policial-judiciária, conforme a Constituição da República e as leis do processo penal.

Autoridade policial é quem pode exercer, por inteiro, as funções de *polícia judiciária.* Quem pode *presidir auto de prisão* em flagrante delito, ou *resolver não impô-la* (arts. 4º, *caput,* 301 e 304 do Código de Processo Penal, c/c art. 69, parágrafo único, *in fine,* da Lei nº 9.099/95). Quem *instaura e dirige o inquérito policial – civil ou* militar – e pode conceder *fiança,* em certos casos (arts. 5º, 6º, 10, 322 e 332, primeira parte, do Código de Processo Penal). Quem pede autorização ou cumpre *mandados de busca e de apreensão* (arts. 6º, inc. II, e 240 do Código de Processo Penal Rio de Janeiro, Forense, 1978, verb. resp., p. 395). Diz Hely Lopes Meirelles: "*Poder de polícia é* a faculdade dc que dispõe a Administração Pública para condicionar e restringir o uso e gozo dc bens, atividades e direitos individuais, em benefício da coletividade ou do próprio Estado. Em linguagem menos técnica, podemos dizer que o *poder de polícia* é o mecanismo dc frenagem de que dispõe a Administração Pública para conter os abusos dc direito individual. Por esse mecanismo, que faz parte de toda Administração, o Estado detém a atividade dos particulares que se revelar contrária, nociva ou incon-

Distrito Federal ou dos Territórios tem *poder de polícia* se e quando atua em prol da *paz pública.*[17] Consiste em quase obviedade. O problema mostra-se outro, como visto. Deter *o poder de polícia* não faz a ninguém, só por isso, autoridade policial-judiciária, conforme a Constituição da República e as leis do processo penal.

Autoridade policial é quem pode exercer, por inteiro, as funções de *polícia judiciária.* Quem pode *presidir auto de prisão* em flagrante delito, ou *resolver não impô-la* (arts. 4°, *caput*[cccxiii], 301 e 304[cccxiv] do Código de Processo Penal, c/c art. 69, parágrafo único, *in fine,* da Lei nº 9.099/95[cccxv]).

---

veniente ao bem-estar social, ao desenvolvimento e à segurança nacional" (*Direito Administrativo Brasileiro,* 21ª ed., atual. por Eurico de Andrade Azevedo, Délcio Balestero Aleixo e José Emmanuel Burle Filho, São Paulo, Malheiros Editores, 1996, p. 115; os grifos são do autor). Maria Sylvia Zanella di Pietro ensina que: "Pelo conceito clássico, ligado à concepção liberal do século XVIII, o poder de polícia compreendia *a atividade estatal que limitava o exercício dos direitos individuais em benefício da segurança.* Pelo conceito moderno, adotado no Direito brasileiro, o poder de polícia é a *atividade do Estado consistente em limitar exercício dos direitos individuais em benefício do interesse público.* Esse interesse público diz respeito aos mais variados setores da sociedade, tais como segurança, moral, saúde, meio ambiente, defesa do consumidor, patrimônio cultural, propriedade. Daí a divisão da polícia administrativa em vários ramos: polícia de segurança, das florestas, das águas, de trânsito sanitária etc." (*Direito Administrativo,* 7ª ed., São Paulo, Atlas, 1996, § 5.3, p. 94; os grifos são da autora). O Código Tributário Nacional oferta conceito formal:

"Art. 78. Considera-se poder de polícia a atividade da Administração Pública que limitando ou disciplinando direito, interesse ou liberdade, regula a prática de ato ou abstenção de fato, em razão de interesse público concernente à segurança, à higiene, à ordem, aos costumes, à disciplina da produção e do mercado, ao exercício de atividades econômicas dependentes de concessão ou autorização do Poder Público, à tranquilidade pública ou o respeito à propriedade e aos direitos individuais ou coletivos.

"Parágrafo único. Considera-se regular o exercício do poder de polícia quando desempenhado pelo órgão competente nos limites da lei aplicável, com observância do processo legal e, tratando-se de atividade que a lei tenha como discricionária, sem abuso desvio de poder."

17. Entenda-se *paz pública* como o produto da *tranquilidade social,* não artificial pela *ordem pública,* enxergada como harmonia na comunidade.

nal), ordena a *restituição,* quando cabível, de coisa apreendida (art. 120 do Código de Processo Penal), requisita *exame* complementar (art. 168); ainda, não sendo juiz, a lei permite que emita *voz de prisão* (art. 307 do Código de Processo Penal).

Quem *instaura e dirige o inquérito policial – civil ou* militar – e pode conceder *fiança,* em certos casos (arts. 5º, 6º, 10, 322[cccxvi] e 332, primeira parte, do Código de Processo Penal). Quem pede autorização ou cumpre *mandados de busca e de apreensão* (arts. 6º, inc. II, e 240 do Código de Processo Penal), ordena a *restituição,* quando cabível, de coisa apreendida (art. 120 do Código de Processo Penal), requisita *exame* complementar (art. 168); ainda, não sendo juiz, a lei permite que emita *voz de prisão* (art. 307 do Código de Processo Penal).

Autoridade policial judiciária, no sistema vigorante, é *delegado de polícia.*[18] A divisão dos serviços de polícia, mesmo que imperfeita, nasce na Constituição da República e se protrai em vários diplomas. Ao assunto interessa, de forma prevalecente, a projeção do regramento constitucional sobre as leis processuais penais, nomeadamente as pertinentes *à polícia judiciária,* não militar. A matéria é técnica. Perde o povo tanto que se fomente ou se permita exorbitem das funções os *policiais civis, ou militares,* das unidades federativas. Tal desajustamento da polícia – órgão da Ad-

18. Manifestaram-se, asserindo que *autoridade policial,* na lei em comento, é delegado de polícia, Bismaci B. Morais, "Conceito de autoridade", *Folha de S. Paulo,* 11/11/95, p. 3-2; Ismar Estulano Garcia, *Juizados Especiais Criminais – Comentários à Lei n. 9.099, de 26.9.95,* Goiânia, AB Ed., 1996, p. 39-40; Liberato Póvoa e José Maria de Melo, *Teoria e prática...,* op. cit., p. 37-8; Lucas Pimentel de Oliveira, *Juizados Especiais Criminais,* São Paulo, EDIPRO, 1995, p. 33-4; Paulo Lúcio Nogueira, *Juizados Especiais...,* op. cit., p. 78-9; René Ariel Dotti, "A autoridade policial, na Lei n. 9.099/95", *Boletim do IBCCRIM* 41/5, São Paulo, ano 4, maio 1996. O Senador Romeu Tuma ofereceu o Projeto de Lei nº 316/95, cujo art. 1º tem a seguinte redação: "Art. 1º. Para os fins previstos na Lei n. 9.099, de 26 de setembro de 1995, a 'autoridade policial' mencionada em seu art. 69 fica entendida como aquela a que se refere o art. 144, § 4º, da Constituição Federal". Eis a justificação do Projeto: "A recente edição da Lei n. 9.099, de 26 de setembro de 1995, em que pese a finalidade a que se dispõe e que deve ser sempre levada em conta, trouxe indefinição quanto a aspecto nela previsto e que respeita à atuação da autoridade policial, uma vez que não se definiu, para os fins daquele diploma legal, o que se deveria entender por 'autoridade policial', havendo mesmo aqueles que entendem ser qualquer uma das autoridades com poder de polícia. Todavia, e, em face do conceito expresso na Constituição Federal, em seu art. 144, § 4º, às polícias civis são atribuídas as funções concernentes à polícia judiciária e apuração de infrações penais. Desta forma, convém que se defina, por lei federal, com vistas a evitar-se interpretação que possa contrariar aquela norma superior".

ministração direta, voltado à paz pública – só marcha em favor das *empresas de segurança,* daqueles que prometem vender guarda e proteção.

6. *Termo circunstanciado, ou termo de ocorrência,* consiste em espécie do gênero *notícia da infração,* por motivo de seu teor. Pode servir de base *à composição dos danos, à proposta de aplicação de pena* não privativa de liberdade – restritiva de direitos ou multa, ao *oferecimento de denúncia ou* de *queixa orais,* e, também, ao *pedido de arquivamento* (arts. 72, 76, *caput,* e art. 77, §§ 1º e 3º).[cccxvii] Assim, não convém equiparar tal peça ao *boletim de ocorrência,* hoje existente. Necessita emergir mais completa, respondendo às conhecidas perguntas, *o quanto possível:* Quem? Que meios? O quê? Por quê? Como? Onde? e Quando? *O boletim de ocorrência* contém informes; já, *o termo circunstanciado,* informações.

Não se lavra *termo circunstanciado,* mas *boletim de ocorrência,* se a autoria do fato irrompe desconhecida ou indeterminada. Impõe-se, então, *o inquérito policial* (art. 4º do Código de Processo Penal). Igual procedimento se adotará ao se perceber, mediante elementos de convicção, que o pretenso sujeito agente pode ser inimputável, ou semi-imputável (art. 26 e parágrafo único, do Código Penal).

A palavra "termo" não se afigura muito boa para designar a referida peça. Em processo, o "termo", de modo prevalente, contém declaração e comunicação de vontade das partes. Serve, também, para que, por meio dele, exerçam poderes processuais. Daí, o motivo de *a Lei dos Juizados Especiais* mandar tomar por termo, ou reduzir a termo a denúncia e a queixa orais (art. 78). O Código de Processo Penal nunca se mostrou rigoroso, no uso da voz "termo" (v. arts. 195[cccxviii], 199, 201[cccxix], 216, 329, 372, 487[cccxx], 491[cccxxi], 603, 723 e outros). A *autoridade policial,* em melhor técnica, contudo lavra *auto* pertinente a fato que se desenha *infração penal de menor potencial ofensivo* e trata de dar conhecimento, noticiando-o, ao Poder Judiciário. Poderia denominar-se "auto de apresentação" do envolvido, ou do conduzido. Exsurge, portanto, outra justificação para não assemelhar c *termo circunstanciado* ao mero *boletim de ocorrência,* peça mais singela.

7. *"Autor do fato"* é expressão que se encontra em diversos dispositivos da lei especial (arts. 69 e seu parágrafo único[cccxxii], 70 e 72). Fato que, no mínimo, parece ilícito e típico. Ele surge, também, chamado de "autor da infração" e de "agente" (art. 76, § 2", incs. I, II e III, e § 4º). "Autor do fato", ou "autor da infração", é aquele que, mediante determinado comportamento, o realiza, o torna concreto, ou, ainda, de qualquer modo, concorre para a ultimação do ilícito típico.

Na ação penal de conhecimento de natureza condenatória, o julgamento de mérito encerra *a definição jurídico-penal do fato*. É positiva enquanto *afirma a ocorrência de infração penal* e de sua circunstância assim como respectiva *autoria*, e, por consequência, resulta em *condenação*. Exprime *o poder-dever concreto* de o Estado punir o infrator. Exsurge *negativa* enquanto *recusa o sucesso* de infração penal, ou sua autoria e, por via de consequência, acaba em *absolvição*. Exibe *o direito concreto* de o indivíduo, imputado, não ser *sancionado com* simplicidade se percebe que ninguém é "autor do fato", ou "autor da infração", *antes* de que o reconheça a sentença condenatória, transitada em julgado. A impossibilidade emerge lógica, mas, por igual, jurídica, frente ao *direito à não consideração prévia de culpabilidade (art. 5°, inc. LVII, da Constituição da República e art. 8°, n. 2, do Decreto nº 678, de 6.11.92*[cccxxiii]*)*.[19]

Na lei examinada, a expressão cai sobre um dos envolvidos (art. 71) quando nem sequer há ação penal, podendo, até, jamais emergir. Basta que, na denominada audiência preliminar, se dê a composição dos danos – irrompendo a ação penal de iniciativa pública, mas dependente de representação da vítima, ou de iniciativa privada. Desponte, ainda no mencionado ato, proposta de aplicação imediata de pena não privativa de liberdade – restritiva de direitos ou multa –, que, aceita, termine apreciada, de modo favorável, pelo juiz (arts. 72, 74 e parágrafo único, 76, caput, e §§ 3° 4° e 6°). A composição dos danos referida, tanto que homologada pelo juiz, "acarreta a renúncia ao direito de queixa, ou de representação", extinguindo a punibilidade (art. 74, parágrafo único, da Lei n. 9.099/95, c/ c art. 107, inc. V, do Código Penal). Note-se que a representação do parti-

---

19. Luiz Vicente Cernicchiaro sustenta que: "(...) Princípios tradicionais do direito processual penal foram repensados. Assim, o princípio da indisponibilidade da ação penal pelo Ministério Público e a indisponibilidade do contraditório e exercício de defesa plena pelo acusado. Afastou-se a instrução criminal, como antecedente lógico de sentença penal condenatória. O status de condenado pode resultar independentemente de sentença condenatória transita em julgado. Dá-se o contrário. A sanção, independentemente da instrução, decorre de 'aceitação da proposta de aplicação imediata de pena não privativa de liberdade' (art. 72). Inaugura-se, pois, um novo processo" ("Lei 9.099, de 26 de setembro de 1995 – Algumas observações", *Revista Brasileira de Ciências Criminais*, 13/121-122, São Paulo, ano IV, jan./mar. 1996). A eliminação de acusação clara e fiel; ampla defesa, integrada por defesa técnica indispensável; instrução, animada mediante contraditório indispositivo; busca da verdade material ou real possível, ou atingível; e, por igual, de sentença de fundo, cria instrumento técnico de solução de conflito, que não é processo penal.

cular ofendido não aflorava renunciável, porém retratável, e até a denúncia (art. 102 do Código Penal).

Constará, entretanto, dos *registros criminais*, que, não obstante a ausência de ação penal condenatória, o envolvido se considerou "autor do fato", e pelo prazo de cinco anos não se poderá servir de outra proposta de pena (art. 76, § 1º, inc. II, § 4º, in fine, e § 6º). Sobre os *efeitos sociais* de ser havido como "autor da infração", não cogita a lei, salvo quando obsta a certidões para fins não penais (art. 76, § 6º).

8. O preceito sob análise menciona a *vítima* (art. 69[cccxxiv]). Na audiência preliminar, além do promotor de justiça, quer-se a presença do autor *do fato e da vítima* e, se possível, do *responsável civil*, acompanhados de advogados (arts. 70, 71 e 72). Convém lembrar que a vítima, ou ofendido, em processo penal, se distingue de prejudicado, muita vez. É prejudicada a pessoa a quem a infração penal provocou dano ou prejuízo econômico.

Omitiu-se o prejudicado, podendo emergir oca a composição dos danos no Juizado Especial Criminal. Pense-se, exemplificando, em acidente de veículo, sendo a vítima de lesão corporal – digamos: escoriação – empregado, existindo danos de monta no automóvel do empregador (art. 74, parágrafo único, c/c art. 88). O desígnio pode, contudo, ter sido deixar ao prejudicado, só, a ação civil de reparação, tomando-lhe o eventual título executivo judicial: sentença penal condenatória, transitada em julgado (arts. 63 e 65 do Código de Processo Penal, c/c art. 584, inc. II, do Código de Processo Civil[cccxxv]).

9. Cabe à autoridade policial requisitar as perícias necessárias (art. 69, in fine, da Lei nº 9.099/95, c/c arts. 6º, inc. VII, e 158 do Código de Processo Penal). Em doutrina, as perícias exsurgem como exames, vistorias e avaliações.

A denúncia oral prescinde do exame de corpo de delito "quando a materialidade do crime estiver aferida por boletim médico ou prova equivalente" (art. 77, § 1º[cccxxvi]). Assim, não surge preciso aguardar a chegada das perícias requisitadas para acusar, oralmente. Bastam alguns esgarçados elementos de convicção, quando a infração penal deixar vestígios, somados ao termo de ocorrência. Tal jamais significa que o acusador acha-se liberado de provar a existência material do fato típico (arts. 158, 167 e 564, inc. III, "b", do Código de Processo Penal). Facilitou-se a denúncia oral, e mais nada. Permitiu-se acusação sem culpa formada.[20] Em

20. Formação da culpa é expressão que admite dois sentidos: o amplo e o restrito (cf. em Galdino Siqueira, *Curso de Processo Criminal*, 2ª ed., São Paulo, Livr.

suma, sem justa causa definida, agora, se pode assestar a ação condenatória em face de alguém, quebrantando vetusta tradição e violando a contrariedade na instrução criminal (art. 648, inc. I, do Código de Processo Penal).

10. Ao denominado autor do fato, se, de pronto, for encaminhado ao Juizado Especial Criminal, ou assumir o compromisso de a ele comparecer, "não se imporá prisão em flagrante, nem se exigirá fiança" (art. 69, parágrafo único[cccxxvii]). Pode-se supor que a origem do dispositivo seja o Código Nacional de Trânsito (art. 123, da Lei nº 5.108, de 21.9.66).[cccxxviii]

A prisão em flagrante consiste em espécie de prisão processual, in senda na tutela cautelar específica do processo penal. Assegura a ordem pública e a econômica, a instrução criminal ou a execução de julgado penal condenatório (arts. 8°, 301 a 310[cccxxix] e 312[cccxxx] do Código de Processo Penal).

Denota a infração penal que se divisou, fotograma da conduta típica, em andamento, ou que se completou – situação de flagrância real (art.

Magalhães, 1937, § 42, p. 328; Francisco Campos, "Exposição de Motivos ao Código de Processo Penal", 1941, item X; Joaquim Canuto Mendes de Almeida, *Princípios Fundamentais do Processo Penal*, São Paulo, Ed. RT, 1973, § 36, p. 39). Na acepção ampla, ou doutrinária, a culpa forma-se por meio do exame do corpo de delito, prisão em flagrante, inquirição do suspeito ~ de testemunhas, reconhecimentos, bem assim mediante outros elementos de convicção. Perfaz-se, então, o trinômio essencial: imputabilidade, demonstração da existência material d~ fato típico e, ao menos, indícios de autoria, gradualmente, suficiente para receber a acusação, pronunciar e condenar. "Instruir o juiz sobre o crime é, por provas, formar o corpo de delito e formar a culpa" (Joaquim Canuto Mendes de Almeida, *Princípios* ..., op. cit., § 31, I 36). Em significado estrito, ou técnico-legal, a formação da culpa designa a primeira fase do procedimento especial de Júri, com vistas à contingente decisão interlocutória de pronúncia – *judicium accusationis*. Ainda, se encontra no chamado inquérito judicial, onde preliminar e preparatoriamente, se perquire a respeito dos crimes falimentares, no juízo e vel da quebra. O inquérito policial inteira o processo penal, como a parte integra o todo.

Fase, pois, que é da persecução penal, ubicada à formação preliminar da culpa. A Constituição da República, por isso, estabeleceu, quanto aos deputados e senadores: "No caso de flagrante de crime inafiançável, os autos serão remetidos, dentro de vinte e quatro horas, à Casa respectiva, para que, pelo voto secreto da maioria de seus membros, resolva sobre prisão e autorize, ou não, a formação de culpa" (art. 53, § 3°). Utilizou-se da acepção larga.

302, incs. I e II, do Código de Processo Penal). Ainda, aquela que se presume tenha ocorrido – situação de flagrância virtual (art. 302, incs. III e IV, do Código de Processo Penal). Assim, emergindo como preliminar meio de prova da autoria, coautoria ou da participação. Daí se lhe mostrar a documentação qual espécie, também, do gênero notícia da infração, por causa do conteúdo (art. 8° do Código de Processo Penal). Não almeja, tão só, a cautelaridade, mediante prisão.

Ato incoador do procedimento de inquérito policial – tanto quanto a portaria da autoridade, ofício requisitório ou requerimento do ofendido (art. 5°, incs. I e II, ainda §§ 1°, 3° e 5°, do Código de Processo Penal) – a prisão em flagrante emerge subjetiva e objetivamente complexa. Há vários participantes: condutor, testemunhas, conduzido, autoridade policial, escrivão e, de modo eventual, vítima, curador do conduzido, defensor e intérprete. Diversos surgem os momentos, bem assim os papéis dos participantes: prisão do suposto sujeito agente; condução do preso; sua apresentação à autoridade policial; deliberação quanto à prisão; lavratura do auto; entrega da nota de culpa ao preso; concessão de fiança, se cabente; libertação do conduzido, se é de livrar-se solto; e comunicação da prisão (art. 5°, incs. LXI, LXII, LXIII, LXIV e LXVI, da Constituição da República, c/c arts. 301 a 309[cccxxxi] e 321 a 350[cccxxxii] do Código de Processo Penal).

Tal prisão cautelar mostra-se, contudo, dotada de três instantes básicos: a) quando é efetuada, levada a efeito – ato de prender, ou capturar, em pretensa situação de flagrância; b) deliberação da autoridade policial, sobre a ocorrência de estado de flagrância e imputabilidade do conduzido; e c) documentação da ocorrência, ou ocasião em que se formaliza a prisão – lavratura do auto respectivo, formalidade *ad substantiam*.

A Lei nº 9.099/95 não impediu os dois primeiros momentos.[21] Se conduzido "for imediatamente encaminhado ao Juizado ou assumir o compromisso de a ele comparecer", não se formaliza a prisão em flagrante que, portanto, jamais chega a existir, em ato. O auto de prisão em flagrante termina substituído pelo termo circunstanciado, ou de ocorrência (art. 69, parágrafo único).[cccxxxiii] Parece duvidoso que muito suceda o en-

---

21. Carla Rodrigues de Araújo entende que descabe apartar a prisão dc sua documentação. O envolvido, embora achado em flagrante delito, não será preso se for encaminhado ao Juizado; ou, levado perante a autoridade policial, assumir o compromisso de a ele comparecer (Juizados Especiais Criminais, Rio de Janeiro, Lumen Juris, 1996, p. 12).

caminhamento do imaginado autor do fato e da vítima, de logo, ao Juizado Especial para a realização da audiência preliminar (art. 72). Mais incerta a eficácia do referido compromisso se a ausência dos envolvidos nada acarreta, além da mora procedimental (art. 71).

O *termo circunstanciado* – tomando-se-lhe em conta a virtude – deve trazer os mesmos elementos do *auto de prisão* dispensado, ainda que redigido de modo conciso.[22]

---

22. A Portaria nº 14, de 16/04/96, da Delegacia Geral de Polícia do Estado dc Paulo determinou que o termo circunstanciado de ocorrência policial contenha: data; li do fato; hora da comunicação; local; natureza da ocorrência; ocorrência; policial que a apresentou; autor(es) do fato; resumo da versão; vítima(s); resumo da versão; testemunhai resumo da versão; exames periciais requisitados; objetos relacionados com os fatos; data decadência do direito (de acusar em ação penal, de iniciativa privada; ou de oferecer representação) (DOE, Poder Executivo, Seção 1, São Paulo, 17/04/96, p. 3). O Parecer nº 842, 1996, do Relator Especial, Dráusio Barreto, em substituição à Comissão de Constituição Justiça, sobre o Projeto de Lei Estadual Paulista nº 815, de 1995, ofertando substitutivo estatui, no art. 42, o quanto segue:

"O Termo Circunstanciado deve ser previamente numerado, mediante chancela, visando a preservar o Sistema de Juizado Especial Criminal quanto à duplicidade de proa mento, face ao disposto no art. 44 desta lei, e deve conter os elementos necessários 1 sustentar o procedimento da fase preliminar e até mesmo eventual denúncia do Ministério Público, conforme estabelecido pela Lei federal 9.099, de 1995.

"Parágrafo único. Considera-se imprescindível constar do termo circunstanciado:

"I – qualificação das partes e testemunhas, com informações quanto à melhor maneira de serem encontradas, em especial seus endereços completos, residencial, comercial, inclusive telefone e fax;

"II – narrativa sumária dos fatos com suas circunstâncias, em especial data, hora e local;

"III – especificação dos exames periciais requisitados, quando necessários;

"IV – descrição dos objetos relacionados com os fatos, apreendidos ou não;

"V – campo reservado para o recibo e compromisso das partes a que se refere c 40, § 1º, desta Lei, por força do disposto nos arts. 69, parágrafo único, e 70 da Lei federal 9.099 de 1995;

"VI – observação, em destaque, quanto ao prazo decadencial para a hipótese ação penal privada e de ação penal pública condicionada;

"VII – observação, em destaque, quanto à possibilidade de comparecimento espontâneo dos interessados ao Juizado Especial Criminal;

Em resumo, a *autoridade policial* necessita, portanto, resolver se documenta ou não a *prisão em flagrante*. Tanto que delibere não impor a prisão – na terminologia da lei –, (a) lavra o termo de ocorrência; (b) encaminha-o, com os envolvidos, ao Juizado Especial Criminal; ou (c) toma o *compromisso de comparecimento* e o envia ao Juizado, com o *termo circunstanciado.*

11. Os mesmos fundamentos que afastam a prisão em flagrante nas infrações penais de menor potencial ofensivo impedem se reclame fiança policial (art. 69, parágrafo único[cccxxxiv]).

Há nove *prisões processuais penais*: temporária (Lei nº 7.960/89 e art. 2º, § 3º, da Lei nº 8.072/90[cccxxxv]); em flagrante (arts. 301 a 309 do Código de Processo Penal[cccxxxvi]); preventiva, em senso estrito (arts. 311 a 315 do Código de Processo Penal[cccxxxvii]); por decisão de pronúncia (arts. 408, § 1º e 3º[cccxxxviii], e 585 do Código de Processo Penal); por sentença condenatória apelável (arts. 393, inc. I[cccxxxix], e 594 do Código de Processo Penal[cccxl]); inquisitiva (art. 18 do Código de Processo Penal Militar); inquisitiva (art. 33, §§ 1º a 6º, da Lei n. 7.170/83); preventiva do liberado condicional (art. 145 da Lei de Execução Penal); e preventiva decretada pelo executor do estado de defesa (art. 136, § 3º, inc. 1, da Constituição da República).

A prisão ilegal relaxa-se (art. 5º, incs. LXI, LXII, LXIII, LXIV e LXV, da Constituição da República, c/c arts. 282 a 300 do Código de Processo Penal[cccxli] e outros; sem esquecer dos arts. 3º, "a", "b" e "i"; e 4º, "a" até "g" e "i", da Lei n. 4.898/65). A desnecessária revoga-se (art. 316 do Código de Processo Penal); ou, ainda, se abranda, com a liberdade provisória, mediante fiança ou sem ela (arts. 310 e parágrafo único[cccxlii] e 321 a 350 do Código de Processo Penal[cccxliii]).

A fiança criminal, antes de tudo, consiste em garantia de direito individual (art. 5º, inc. LXVI, da Constituição da República, c/c art. 4º, "e", da Lei nº 4.898/65). É garantia do gênero caução. No atual sistema comum, emerge como caução real, que força ao comparecimento e à permanência do indiciado, ou do acusado, no correr da persecução penal. Quem se acha afiançado não está livre (arts. 321 a 350 do Código de Processo Penal)[cccxliv].

"VIII – o número do termo inicial circunstanciado originário, salvo quando lavrado pela Secretaria do Juizado Especial Criminal;

"IX – outros dados relevantes para o esclarecimento dos fatos" (publicação interna da Assembleia Legislativa).

A fiança atende à prisão em flagrante, por decisão de pronúncia e, também, à decorrente de condenação apelável (arts. 301 a 310[cccxlv], 408[cccxlvi], § 3° e 594 do Código de Processo Penal[cccxlvii]). Liga-se, pois, a fiança carcerária prisão cautelar, nas três modalidades referidas.

Se o increpado guarda, contra si, acusação da prática de infração penal, tão só, castigada com reprimenda pecuniária, ou se lhe surge imputação de fato típico cuja penalidade, privativa de liberdade, isolada, cumulativamente ou alternativamente cominada, não vai além de três meses – não sendo vadio ou reincidente em crime doloso –, então, se livra solto, defende-se em liberdade (art. 321, incs. I e II, do Código de Processo Penal)[cccxlviii].

Ora, a maioria das *contravenções penais* exsurge sancionada, unicamente, com multa, ou com pena de prisão simples, que não excede a três meses. Vários crimes exibem a aludida penalidade máxima cominada. Passaram, entretanto, à categoria de infrações de menor potencial ofensivo (art. 61[cccxlix]). Assim, o dispositivo analisado terminou beneficiando os *vadios*, os *relapsos*, em crime doloso e outros mais (art. 321, incs. I e II, do Código de Processo Penal[cccl]).

A fiança policial limita-se às infrações punidas com detenção ou prisão simples (arts. 322[cccli] e 332, primeira parte, do Código de Processo Penal). É difícil imaginar, de resto, que o suposto sujeito agente, encontrado em estado de flagrância por infração penal punida com detenção até um ano – não perseguível por via de procedimento especial –, recuse o siri pies compromisso de comparência, no Juizado Especial (arts. 61 e 69, parágrafo único[ccclii]). Em tal rara hipótese se lavrará auto de prisão em flagrais e se exigirá fiança.

A proposta de *transação*, se e quando, de logo, inadmissível, seja por aflorar provado que o pretenso sujeito agente já fora *condenado*, e *pela prática de crime*, a pena privativa de liberdade, em "sentença definitiva",[23] seja por se ter a ele, *antes e por via de transação*, castigado, "pela aplicação

---

23. O legislador, ao mencionar "sentença definitiva" (art. 76, § 2º, I), não deseja referir-se ao ato decisório que contenha definição jurídico-penal, que solucione a quesi penal deduzida em juízo (art. 593, I do Código de Processo Penal), contrapondo-se aqui que só termina o procedimento. Enganou-se, outra vez, supondo que "definitiva", em processo, era sinônimo de decisão firme. O decisum condenatório, "pela prática de crime pena privativa de liberdade", recorrível ou recorrido, não impede a proposta de reprima da; salvo aceitando-se quebra da regra constitucional de não consideração prévia de culpabilidade, dita presun-

de pena restritiva ou multa" (art. 76, § 2°, incs. I e II), impede tecnicamente, que se deixe de lavrar auto de prisão em flagrante, ou que não se arbitre fiança.[24] Sucede, contudo, que a autoridade policial não possui, à mão, tais informações, abarcando todas as unidades federativas. Impossível ignorar a precariedade dos simples informes, constantes das folhas de antecedentes. São documentos indicativos. As folhas, porém, jamais demonstram, com segurança e certeza jurídicas, a existência ou inexistência de ações penais condenatórias em curso, condenações apeladas ou firmes, penalidades em execução ou cumpridas. A autoridade policial, à míngua de informações e tudo precisando providenciar imediatamente, acabará dispensando-se de lavrar auto de prisão em flagrante e de exigir fiança (art. 69, parágrafo único[cccliii]). Os reincidentes em crime doloso e os praticantes da contravenção penal de vadiagem saem favorecidos. Além daqueles que receberam pena transacionada, cujo assentamento se desconhece.

A inexigência de fiança implica, pois, poder solucionar as questões aventadas e outras mais, reclamando da autoridade policial acuidade.

12. Não aflorando *composição dos danos* (art. 74 e parágrafo único) ou *proposta de pena* aceita e apreciada (art. 76, §§ 2° a 4°), podem advir queixa e denúncia orais (art. 77, caput, e §§ 1° e 3°). A denúncia oral não é novidade; apareceu na Lei n° 5.726, de 29.10.71[cccliv], antiga "Lei de Tóxicos". Os promotores de justiça escolheram, entretanto, continuar a oferecer acusação escrita, requerendo-lhe a juntada no instante processual de deduzir a acusação oral.[25]

O *promotor de justiça*, "se a complexidade ou circunstâncias do caso não permitirem" a dedução de acusação oral, poderá requerer ao juiz a remessa das peças de informação ao juízo criminal comum (art. 77, § 2°, c/c art. 66, parágrafo único). E para quê? Tão só para se observar, adequando, forma procedimental sumária? A impossibilidade de denunciar no Juizado Especial Criminal despontará maior no juízo comum. A insuficiência de conteúdo das peças de informação – termo de ocorrência e algum tênue elemento de convicção, dizente com a materialidade (art. 71, §§ 1° e 2°[ccclv]) – para servir de base à denúncia escrita (arts. 41 e 43[ccclvi] do

---

ção de inocência (art. 5°, LVII). O obstáculo está, pois, na sentença ou no acórdão de condenação, transitado em julgado.

24. Em sentido semelhante manifestou-se Maurício Antônio Ribeiro Lopes (*Comentários à Lei...*, op. cit., p. 330-1).

25. V. Sérgio de Oliveira Médici, "Da denúncia na Lei Antitóxico", *Revista Justitia*, 84/131-135, São Paulo, ano XXXVI, 1° trim. 1974.

Código de Processo Penal) levará à requisição de inquérito policial (art. 5°, inc. II, do Código de Processo Penal).

A persecução penal extrajudicial, assim começada, com a força cautelar diminuída, enfrentará mor dificuldade. Importa referir que no inquérito policial se intenta demonstrar, o quanto possível, a existência de fato ilícito e típico, imerso em sua circunstancial idade. Ainda, evidencia: a autoria, identificando o suposto sujeito agente, localizando-o, recolhendo e conservando a prova tendente a arrimar a imputação subjetiva do fato em investigação, sem esquecimento da eventual coautoria ou participação (art. 42 do Código de Processo Penal). Muitos dos vestígios da infração terão esvanecido. Muito se perderá na memória, nesse vaivém de documentos. O empuxo inicial irá esbarrar na burocultura existente, a dano da paz pública.

O *promotor de justiça*, se deixar de pedir o encaminhamento das peças de informação, preferindo ofertar denúncia oral, poderá topar com a declinação da competência do Juizado Especial para o juízo criminal comum, atentando o juiz para a complexidade e as circunstâncias do caso.

Aliás, é o que faz se e quando nota o mesmo, na queixa oral. Na ação penal de iniciativa privada, verificadas a complexidade e as peculiares circunstâncias do caso, determina a remessa ao juízo comum (art. 77, § 3°). Caberá ao particular ofendido sobrestar o feito e requerer inquérito policial, para encontrar alicerce para a queixa (art. 5°, inc. II, segunda parte do Código de Processo Penal). A querela oral é possível nos crimes de dano simples e de exercício arbitrário das próprias razões, sem violência (arts. 163, caput, e 345 do Código Penal).

Observe-se que o envio das *peças de informação e da queixa oral* reduzida a termo, para o juízo criminal comum unicamente ocorrerá se instalado o *Juizado Especial Criminal*. Ao se conferir ao juízo criminal comum competência cumulativa, não sucederá remessa, mas mudança de forma procedimental, com *requisição ou requerimento* de inquérito policial. Questão, portanto, pertinente à organização judiciária, no primeiro lanço (art. 95).

A chamada *fase procedimental preliminar*, portanto e em suma, encaminha para quatro desfechos: a) *extinção*, por *via de sentença homologatória* de acordo celebrado entre o pretenso sujeito agente e ofendido, ou *sentença impositiva de pena*, proposta pela Promotoria Pública e aceita pelo suposto sujeito agente e seu defensor (art. 74 e parágrafo único e 76, §§ 3° e 4°); b) *procedimento, dito sumaríssimo*, da lei em comento (arts. 77 a 83[ccclvii]); c) *procedimento sumário*, estabelecido no Código de Processo Penal, com ou sem modificação de competência (arts. 66, parágrafo único, 67, 68, 71 e 77, §§ 3° e 4°) e para d) *instauração de inquérito policial*, nos vários casos apontados.

A inevitável recorrência ao *inquérito policial*, antes dispensado, em nada contribui para o aperfeiçoamento da Justiça Penal.

O que se acha subjacente na lei que estabelece os Juizados Especiais Criminais é, de manifesto, uma *ética utilitarista*.[26] Trata de reduzir, no processo, a noção de justo à de útil. Procura o resultado havido por vantajoso. Faz, por isso, do estrito interesse material da vítima razão prevalente do procedimento, além de aplicação de pena não privativa de liberdade. Sanções negativas, que se podem impor, ausentes acusação, defesa e sentença de mérito, ou que vá ao fundo da questão jurídico-penal. Apresenta a ideia de que, com isso, se concretiza a Justiça Penal, esperada pela coletividade. A dita despenalização veio a reboque (art. 74 e parágrafo único, e ainda art. 76, §§ 1.° a 6.°).[27]

Dentro do sistema jurídico anglo-saxão, a ética utilitarista surge bem aceita. Resta verificar se o nosso sistema irá, ou poderá, admiti-la, repudiando as éticas deontológicas.

Desde logo e para além de possível inadequação ao sistema, o aludido utilitarismo pode suscitar críticas. Desfoca os fins do processo penal. Transforma contingentes dissídios político-sociais em preceitos legais, deixando de lado o tema da paz pública. Enfraquece o conjunto dos direitos individuais e suas garantias, para atender à imaginada opinião pública.[28] É preciso, sempre e então, desconfiar, se e quando a utilidade do processo apresenta-se como se fora justiça, moralmente, exigível.

---

26. Tanto que estampada a Lei dos Juizados Especiais, na primeira hora Fauzi Hassan Choukr alertou para os riscos da visão meramente utilitarista do processo penal ("Qual Justiça Penal?", *Boletim do IBCCRIM*, 35/9, São Paulo, ano 3, nov. 1995).

27. Há que se atentar para o evitamento de resposta penal unicamente simbólica, ou alegórica. Jamais se obterá paz pública se a Lei dos Juizados Especiais Criminais usinar a impunidade das chamadas infrações penais de menor potencial ofensivo. Tais ilícitos típicos, muito em especial nos grandes centros urbanos, reclamam controle rígido; seja para fazer crescer a sensação de segurança pública, seja para tornar mais visíveis as outras infrações penais. Modo, portanto, de fomentar a prevenção.

28. V. nota n. 19. Acrescente-se, ainda, o estudo de Alberto Silva Franco, que invoca o desatendimento da igualdade, dentre outros direitos ("Os questionamentos

Ao estatuir o retomo ao *contratualismo processual*, não se cogitou de dimensionar os resultados de se dispor do direito e do processo penal. O comportamento futuro da sociedade, por largo período, em face de certa lei nova, pode e deve ser calculado. Inexistem, contudo, *predições*. Fatos não imaginados e reações inesperadas a conduzem à *eficácia caótica*: aquém ou além da procurada ou perseguida. Fala-se, então, em ausência de *eficácia social*, ou em *efeito perverso da lei*.

A falta de todas as informações necessárias sobre o sistema jurídico e a carência de plena simetria comportamental jogam a força e o efeito da lei para o plano da *imprevisibilidade*. Cabe, por isso, aos fautores da lei estratégia de *controlar o imponderável*, esperando por ele, e, assim, diminuindo a *margem de libertação turbulenta dos preceitos*. Sorte, pois, de visão prospectiva da futura aplicação das normas.

Um diploma penal e processual penal exige, no afeiçoamento, o mencionado cálculo, ou cuidados, visto que toca, de perto, à sociedade e ao indivíduos, em seus direitos básicos. Tê-los como objetos de *teste* implica juízo de valor, que os enfraquece e deprecia. O experimentalismo, com tais normas, é aético e perigoso.

Algumas questões, ao menos, se podem levantar quanto à intenção da lei que dispôs sobre os *Juizados Especiais Criminais*. Os chamados "critérios da oralidade, informalidade, economia processual e celeridade – omitiu-se a simplicidade – possuem *adequação* com todas as infrações penais que englobou (art. 2° c/c arts. 60, 61 e 62[ccclviii])? Vale questionar: todas permitem perseguição judicial pela *forma especial* estabelecida? Ainda, frente ao *problema penal brasileiro*, o rol de infrações, os dispositivos penais e o procedimento judicial socorrem à *Política Criminal*, na vazante do século? Existe, no alicerce da lei, determinado *programa político-criminal*, imediatamente voltado à paz pública? A única resposta que se ostenta é não.

A *Política Criminal* insere-se na política geral dos governos, União, Estados, Distrito Federal e dos Municípios, nos limites das respectivas atribuições (art. 18 da Constituição da República). Em matéria de *Política Criminal*, os poderes de decisão concentram-se na União, frente prevalência do interesse nacional. Isso não significa que os Municípios, ao exerce-

---

provocados pela Lei n. 9.099/95", *Boletim do IBCCRIM*, 35/9, São Paulo, ano 3, nov. 1995). A igualdade acha-se na base da justiça, e ambas integram a liberdade jurídica do indivíduo.

rem as peculiares funções – executiva e legislativa –, não possam desenvolver tal atividade, como os Estados e o Distrito Federal. Evoquem-se os grandes centros urbanos, as megalópoles, em paralelo com possibilidade de os Estados instituírem regiões metropolitanas, microrregiões e aglomerações urbanas, "para integrar a organização, o planejamento e a execução de funções públicas de interesse comum" (art. 25, § 3º, Constituição da República).

Qualquer *Política Criminal* estruturada e dirigida a manter a criminalidade, ao menos, em nível tolerável – sem desprezamento da dimensão humana – jamais se improvisa. Pior, contudo, não se ter formulada política definida nenhuma, mas, tão só, dogmática experimentalista, cujas propriedades irrompem vacilantes nas leis penais e processuais penais.[29]

A *dispensa do inquérito policial*, como estatuída e na contextura jurídico-social emergente, não trouxe proveito, mas *eficácia caótica*.

São Paulo, setembro de 1996.

Bibliografia

ALMEIDA, Joaquim Canuto Mendes de. *Princípios Fundamentais do Processo Penal*. Sãc Paulo: Ed. RT, 1973.

ANDRIGHI, Fátima Nancy et al. *Juizados Especiais Cíveis e Criminais*. Belo Horizonte: Del Rey, 1996.

ARAÚJO, Carla Rodrigues de. *Juizados Especiais Criminais*. Rio de Janeiro: Lumen Juris, 1996.

ARAÚJO, Francisco Fernandes de. *Juizados Especiais Criminais*. Campinas: Copola Livros, 1995.

ASSIS, Araken de. *Procedimento Sumário*. São Paulo: Malheiros Editores, 1996.

BATISTA, Weber Martins et al. *Juizados Especiais Cíveis e Criminais e Suspensão Condicional do Processo Penal: A Lei n. 9.099/95 e sua Doutrina mais Recente*. Rio de Janeiro: Forense, 1996.

BENETI, Sidnei et al. *Juizados Especiais Cíveis e Criminais*. Belo Horizonte: Del Rey, 1996.

---

29. A *Política Criminal* não se compendia na legislação, mas as linhas mestras nela se ostentam. As leis penais e processuais penais, nomeadamente, nos últimos tempos, surgiram desconexas e desassociadas. Não se lhes conseguindo avistar sentido, em conjugação. A propósito da necessidade do estabelecimento de determinada Política Criminal, v. Damásio E. de Jesus, "Diagnóstico da legislação criminal brasileira: crítica e sugestões", *Revista do Conselho Nacional de Política Criminal e Penitenciária*, Brasília, 1/31-47, n. 6, jul./dez. 1995.

BETTIOL, Giuseppe. "Noções sobre o processo penal italiano". Trad. José Manoel de Arruda Alvim Netto. *Revista do Instituto de Pesquisas e Estudos Jurídico-Econômico-Sociais*, Bauru, n. 3, jan./mar. 1967.

BITENCOURT, Cézar Roberto. *Juizados Especiais Criminais e Alternativas à Pena de Prisão*. Porto Alegre: Livraria do Advogado, 1995.

BURLE FILHO, José Emmanuel et al. *O Art. 28 do CPP*. São Paulo: Associação Paulista do Ministério Público, Série Cadernos Institucionais, 1995.

CAMPOS, Francisco. "Exposição de Motivos ao Código de Processo Penal", 1941.

CERNICCHIARO, Luiz Vicente. "Lei 9.099, de 26 de setembro de 1995 – Algumas observações". *Revista Brasileira de Ciências Criminais*, São Paulo, ano 4, n. 13, jan./mar. 1996.

CHOUKR, Fauzi Hassan. "Qual Justiça Penal?". *Boletim do Instituto Brasileiro de Ciências Criminais*, São Paulo, ano 3, 35/15, nov. 1995.

COUTINHO, Jacinto Nélson de Miranda. *A Lide e o Conteúdo do Processo Penal*. Curitiba: Juruá, 1989.

CRETELLA JÚNIOR, José. *Dicionário de Direito Administrativo*. 3ª ed., rev. e aum. Rio de Janeiro: Forense, 1978.

DEMERCIAN, Pedro Henrique et al. *Juizados Especiais Criminais – Comentários*. Rio de Janeiro: Aide, 1996.

DI PIETRO, Maria Sylvia Zanella. *Direito Administrativo*. 7ª ed. São Paulo: Atlas, 1996.

DOTTI, René Ariel. "A autoridade policial na Lei n. 9.099/95". *Boletim do Instituto Brasileiro de Ciências Criminais*, ano 4, 41/5, maio 1996.

FERNANDES, Antônio Scarance et al. *Juizados Especiais Criminais – Comentários à Lei 9.099, de 26.9.95*. São Paulo: Ed. RT, 1996.

FERRAZ JÚNIOR, Tércio Sampaio. *Introdução ao Estudo do Direito: Técnica, Decisão, Dominação*. 2ª ed. São Paulo: Atlas, 1994.

FERREIRA FILHO, Manoel Gonçalves. *Comentários à Constituição Brasileira de 1988*. v. 1 e 3. São Paulo: Saraiva, 1990/1994.

FIGUEIRA JÚNIOR, Joel Dias et al. *Comentários à Lei dos Juizados Especiais Cíveis e Criminais*. São Paulo: Ed. RT, 1995.

FISCHER, Félix. *Lei dos Juizados Especiais Criminais*. Curitiba: Juruá, 1996.

FRANCO, Alberto Silva. "Os questionamentos provocados pela Lei n. 9.099/95". *Boletim do Instituto Brasileiro de Ciências Criminais*, São Paulo, ano 3, n. 35, nov. 1995.

FUX, Luiz et al. *Juizados Especiais Cíveis e Criminais e Suspensão Condicional do Processo Penal: a Lei n. 9.099/95 e sua Doutrina mais Recente*. Rio de Janeiro: Forense, 1996.

GARCIA, Ismar Estulano. *Juizados Especiais Criminais*. Goiânia: AB, 1996.

GIORGIS, José Carlos Teixeira. *A Lide como Categoria Comum do Processo*. Porto Alegre: Le Jur, 1991.

GOMES, Luiz Flávio et al. *Juizados Especiais Criminais – Comentários à Lei 9.099, de 26.9.95*. São Paulo: Ed. RT, 1996.

GOMES FILHO, Antônio Magalhães et al. *Juizados Especiais Criminais – Comentários à Lei 9.099, de 26.9.95*. São Paulo: Ed. RT, 1996.

GRINOVER, Ada Pellegrini. "Procedimentos sumários em matéria penal". In *O Processo em Evolução*. Rio de Janeiro: Forense Universitária, 1996.

GRINOVER, Ada Pellegrini et al. *Juizados Especiais Criminais – Comentários à Lei 9.099, de 26.9.95*. São Paulo: Ed. RT, 1996.

GUARAGNI, Fábio André et al. *Lei dos Juizados Especiais Criminais*. Curitiba: Juruá, 1996.

GUILLÉN, Víctor Fairen. *El Juicio Ordinario y los Plenarios Rápidos – Los Defectos en la Recepción del Derecho Procesal Común: Sus Causas y Consecuencias en Doctrina y Legislación Actuales*. Barcelona: Bosch, 1953.

JESUS, Damásio E. de. "Diagnóstico da legislação criminal brasileira: crítica e sugestões". *Revista do Conselho Nacional de Política Criminal e Penitenciária*, 1, Brasília, n. 6, jul./dez. 1995.

______. *Lei dos Juizados Especiais Criminais Anotada*. São Paulo: Saraiva, 1995.

JUNG, André Luiz Medeiros et al. *Lei dos Juizados Especiais Criminais*. Curitiba: Juruá, 1996.

KUEHNE, Maurício et al. *Lei dos Juizados Especiais Criminais*. Curitiba: Juruá, 1996.

LAZZARINI, Álvaro. "Juizado Especial e autoridade". *Folha de S. Paulo*, p. 3-2, 03/11/95.

______. "Conceito de autoridade". *Folha de S. Paulo*, p. 3-2, 18/11/95.

LOPES, Maurício Antônio Ribeiro et al. *Comentários à Lei dos Juizados Especiais Cíveis e Criminais*. São Paulo: Ed. RT, 1995.

______. *Lei dos Juizados Especiais Cíveis e Criminais*. São Paulo: Ed. RT, 1995.

TORTO

O vocábulo torto, no antigo português, significava injúria, injustiça, falta de razão, ofensa, dano e agravo (v. Moraes Silva, *Dicionário da língua*, Lisboa, Typ. Lacerdina, 1813, t. 2, p. 789). Tal era na linguagem vulgar e, também, na jurídica. Observou Augusto Magne que as locuções adverbiais *agir a torto* e *a grã torto* queriam dizer agir "sem razão nem direito". Toma, então, diversos exemplos, na lenda arturiana (*A demanda do Santo Graal*). cujo texto lusitano surgiu em meados do século XIII, inobstante copiado, nos séculos XIV e XV, demonstrando assim: "34 c, 105: vós me fezestes mal *a torto*; ... 113 d, 339: vós me cometestes a *grã torto*; ... 150 a, 448 : o direito c: vosso e o *torto seu*"; além de outros (*A demanda do Santo Graal*; glossário, Rio de Janeiro, Imprensa Nacional, 1944, *v.* 3, p. 395). Nos cancioneiros medievais galego-portugueses a usança da palavra é comum. Notem-se estes versos, retirados de velhas cantigas de maldizer: se vós fazedes nen um *torto* se me gran mal queredes; mui gran mal fazedes en consentir a est'om o *torto* que mi fazia; nunca a tan gran *torta* vi com eu prendo dum infançam; a mi quer mal o infançon a min gran *tort* e sen razon" (Rodrigues Lapa, *Cantigas d'escarninho*; edição crítica, Coimbra, Ed. Galaxia, 1965, p. 81, 123, 321 e 384).

Curiosamente, um dos mais vetustos documentos em língua portuguesa é a "Notícia de Torto". Tal documento, arquivado no Convento de Vairão, teve sua feitura em fins do século XII (1185) (*v.* Revista Lusitana, 17:204-6. 1914, e Leite de Vasconcelos, *Textos arcaicos*, 3. ed. Lisboa. 1922, p. 15 e 16). Em linguagem jurídica, o torto se contrapunha ao direito. Termos que continham ideias antitéticas. Viterbo refere o Foral de Tomar de 1174: "Se algum Vozeiro se composer com o Moordomo, que lhy dê ende algua cousa, se provado for per enquisa que tal he; conponha, segundo a quantidade da Coómha, que demandar: e se non ouver, que peyte, en o corpo seia atormentado; e non seia ouvido, salvo se der fiador nas maãos da Justiça. Defendemos a todos aqueles, que fazen Vozeiros falsos, e non han *torto* (por taes certamente toda a terra he perdura)". No mesmo sentido, menciona o Foral de Ourém, de 1180: "*Si quis Vozarius se cum Maiordomo composuerit, causa inde aliquid habendi: si probatus est, quod talis est per enquisam: secundum quantitatem Calumpniae, quam objecerit, in corpore puniatur, si non habuerit quod pectet; et non audiatur, nisi prius dederit fidei jusorem in manibus de Justitiis. Prohibemus enim omnes hujusmodi, qui faciunt Vozarius falsos, et non habent tortum (per tales enim omnis terra perdita est)*". Refere, ainda, o Documento das Salzedas, de 1273: "Quanto demandar,*lanto dubry e petti áquel* que padecer o *torto* CCC: *maravidis*" (Fr. Joaquim de Santa Rosa, *Elucidário*, ed. crítica Mário Fiúza, Porto, Livr. Civilização, 1966, v. 2, p. 612 e 638).

Nas Ordenações Afonsinas[ccclix] os exemplos surgiram diversos: "... fará direito a aqueles, que se lhe queixarem, e fará-lhes fazer enmenda dos danos e *tortos*" (Liv. 2, Tít. 1, art. 6º, *in fine*)[ccclx]; "... e se per ventura a *torto* for presa tal pessoa. . ." (Liv. 2, Tít. I, art. 14, *in fine*);[ccclxi] ". .. fazendo-lhes satisfazer dos danos, e dos tortos, e peando aquelles ..." (Liv. 2, Tít. I, art. 17, *in fine*);[ccclxii] "... que som contraíras a lealdade, e som estas, a saber, *torto*, villeza e mentira" (Liv. 5, Tít. 2. § 4º); ". .. ou qualquer outro, de mayor ou menor estado e condiçom, receber *torto ou deshonra*" (Liv. 5, Tít. 53, § 26) (*Ordenações Afonsinas*, Coimbra, Real Imprensa da Universidade, 1792)[ccclxiii]. O povo manteve a voz, em locuções da língua portuguesa. Assim, ainda, se ouve: "golpes a *torto* e de través...", significando "em todas as direções"; "cortar a *torto* e a direito ...", querendo dizer desordenadamente, de um lado e de outro; "a *torto* caminhava. . . ", i. e., sem razão, obliquamente.

Agora, recentemente, Miguel Reale retomou o termo no direito, assim: "Ora, aos olhos do homem comum o direito é lei e ordem, i. e., um conjunto de regras obrigatórias que garante a convivência social graças ao estabelecimento de limites à ação de cada um de seus membros. Assim sendo, quem age de conformidade com essas regras comporta-se *direito*; quem não o faz, age *torto*" (*Lições preliminares de direito*, São Paulo, Bushatsky, 1973, p. 17-8). Nas outras línguas, entretanto, a palavra se manteve. Em inglês há ... *tort*, com sentido de ilícito civil, ofensa, injustiça. *Tortious act* com o significado de ato injurioso. No italiano, *storto*, existe querendo dizer errado, injusto, torto. Daí *stortamente*, i. e., injustamente. erradamente; e *stortezza*. Vale dizer, erro e malfeito. Em francês, usa-se *tort*, significando injustiça, agravo, dano e prejuízo. Assim, *réparer ses torts*, reparar suas faltas *il a tort*, querendo dizer "ele não tem razão". *Tortu* é o *torto*, o corrompido. Em espanhol, temos o adjetivo *torticero*, aquele que é injusto; o que age contra a lei.

"Notas de Atualização"

i Emenda Constitucional n. 1, de 17 de outubro de 1969.

Atual artigo 5º da Constituição da República Federativa do Brasil, de 1988.

Art. 5º Todos são iguais perante a lei, sem distinção de qualquer natureza, garantindo-se aos brasileiros e aos estrangeiros residentes no País a inviolabilidade do direito à vida, à liberdade, à igualdade, à segurança e à propriedade, nos termos seguintes: (...)

ii Art. 24, inc. II da Lei Complementar Federal n. 40.

iii Nova Lei Complementar n. 75, de 20 de maio de 1993: dispõe sobre a organização, as atribuições e o estatuto do Ministério Público da União.

iv Atual artigo 93 Constituição da República Federativa do Brasil, de 1988.

Art. 93. Lei complementar, de iniciativa do Supremo Tribunal Federal, disporá sobre o Estatuto da Magistratura, observados os seguintes princípios:

I – ingresso na carreira, cujo cargo inicial será o de juiz substituto, mediante concurso público de provas e títulos, com a participação da Ordem dos Advogados do Brasil em todas as fases, exigindo-se do bacharel em direito, no mínimo, três anos de atividade jurídica e obedecendo-se, nas nomeações, à ordem de classificação; (Redação dada pela Emenda Constitucional n. 45, de 2004)

II – promoção de entrância para entrância, alternadamente, por antiguidade e merecimento, atendidas as seguintes normas:

a) é obrigatória a promoção do juiz que figure por três vezes consecutivas ou cinco alternadas em lista de merecimento;

b) a promoção por merecimento pressupõe dois anos de exercício na respectiva entrância e integrar o juiz a primeira quinta parte da lista de antiguidade desta, salvo se não houver com tais requisitos quem aceite o lugar vago;

c) aferição do merecimento conforme o desempenho e pelos critérios objetivos de produtividade e presteza no exercício da jurisdição e pela frequência e aproveitamento em cursos oficiais ou reconhecidos de aperfeiçoamento; (Redação dada pela Emenda Constitucional n. 45, de 2004)

d) na apuração de antiguidade, o tribunal somente poderá recusar o juiz mais antigo pelo voto fundamentado de dois terços de seus membros, conforme procedimento próprio, e assegurada ampla defesa, repetindo-se a votação até fixar-se a indicação; (Redação dada pela Emenda Constitucional n. 45, de 2004)

e) não será promovido o juiz que, injustificadamente, retiver autos em seu poder além do prazo legal, não podendo devolvê-los ao cartório sem o devido despacho ou decisão; (Incluída pela Emenda Constitucional n. 45, de 2004)

III – o acesso aos tribunais de segundo grau far-se-á por antiguidade e merecimento, alternadamente, apurados na última ou única entrância; (Redação dada pela Emenda Constitucional n. 45, de 2004)

IV – previsão de cursos oficiais de preparação, aperfeiçoamento e promoção de magistrados, constituindo etapa obrigatória do processo de vitaliciamento a participação em curso oficial ou reconhecido por escola nacional de formação e aperfeiçoamento de magistrados; (Redação dada pela Emenda Constitucional n. 45, de 2004)

V – o subsídio dos Ministros dos Tribunais Superiores corresponderá a noventa e cinco por cento do subsídio mensal fixado para os Ministros do Supremo Tribunal Federal e os subsídios dos demais magistrados serão fixados em lei e escalonados, em nível federal e estadual, conforme as respectivas categorias da estrutura judiciária nacional, não podendo a diferença entre uma e outra ser superior a dez por cento ou inferior a cinco por cento, nem exceder a noventa e cinco por cento do subsídio mensal dos Ministros dos Tribunais Superiores, obedecido, em qualquer caso, o disposto nos arts. 37, XI, e 39, § 4º; (Redação dada pela Emenda Constitucional n. 19, de 1998)

VI – a aposentadoria dos magistrados e a pensão de seus dependentes observarão o disposto no art. 40; (Redação dada pela Emenda Constitucional n. 20, de 1998)

VII – o juiz titular residirá na respectiva comarca, salvo autorização do tribunal; (Redação dada pela Emenda Constitucional n. 45, de 2004)

VIII – o ato de remoção, disponibilidade e aposentadoria do magistrado, por interesse público, fundar-se-á em decisão por voto da maioria absoluta do respectivo tribunal ou do Conselho Nacional de Justiça, assegurada ampla defesa; (Redação dada pela Emenda Constitucional n. 45, de 2004)

VIIIA – a remoção a pedido ou a permuta de magistrados de comarca de igual entrância atenderá, no que couber, ao disposto nas alíneas a, b, c e e do inciso II; (Incluído pela Emenda Constitucional n. 45, de 2004)

IX – todos os julgamentos dos órgãos do Poder Judiciário serão públicos, e fundamentadas todas as decisões, sob pena de nulidade, podendo a lei limitar a presença, em determinados atos, às próprias partes e a seus advogados, ou somente a estes, em casos nos quais a preservação do direito à intimidade do interessado no sigilo não prejudique o interesse público à informação; (Redação dada pela Emenda Constitucional n. 45, de 2004)

X – as decisões administrativas dos tribunais serão motivadas e em sessão pública, sendo as disciplinares tomadas pelo voto da maioria absoluta de seus membros; (Redação dada pela Emenda Constitucional n. 45, de 2004)

XI – nos tribunais com número superior a vinte e cinco julgadores, poderá ser constituído órgão especial, com o mínimo de onze e o máximo de vinte e cinco membros, para o exercício das atribuições administrativas e jurisdicionais delegadas da competência do tribunal pleno, provendo-se metade das vagas por antiguidade e a outra metade por eleição pelo tribunal pleno; (Redação dada pela Emenda Constitucional n. 45, de 2004)

XII – a atividade jurisdicional será ininterrupta, sendo vedado férias coletivas nos juízos e tribunais de segundo grau, funcionando, nos dias em que não houver expediente forense normal, juízes em plantão permanente; (Incluído pela Emenda Constitucional n. 45, de 2004)

XIII – o número de juízes na unidade jurisdicional será proporcional à efetiva demanda judicial e à respectiva população; (Incluído pela Emenda Constitucional n. 45, de 2004)

XIV – os servidores receberão delegação para a prática de atos de administração e atos de mero expediente sem caráter decisório; (Incluído pela Emenda Constitucional n. 45, de 2004)

XV – a distribuição de processos será imediata, em todos os graus de jurisdição. (Incluído pela Emenda Constitucional n. 45, de 2004)

v Lei Complementar n. 37, de 13 de novembro de 1979. Altera a Lei Complementar n. 35, de 14 de março de 1979 (Lei Orgânica da Magistratura Nacional).

vi Lei Complementar n. 38, de 13 de novembro de 1979. Modifica a redação de dispositivos da Lei Complementar n. 25, de 2 de julho de 1975, que estabelece critérios e limites para a fixação da remuneração de Vereadores.

vii Lei n. 1060, de 05 de fevereiro de 1950. Estabelece normas para a concessão de assistência judiciária aos necessitados.

viii Atual inciso LV, do artigo 5º da Constituição da República Federativa do Brasil, de 1988. LV – aos litigantes, em processo judicial ou administrativo, e aos acusados em geral são assegurados o contraditório e ampla defesa, com os meios e recursos a ela inerentes;

ix Atual incisos XXXIX e XL, do artigo 5º da Constituição da República Federativa do Brasil, de 1988. XXXIX – não há crime sem lei anterior que o defina, nem pena sem prévia cominação legal; XL – a lei penal não retroagirá, salvo para beneficiar o réu;

x Atual inciso LXXIV, do artigo 5º da Constituição da República Federativa do Brasil, de 1988. LXXIV – o Estado prestará assistência jurídica integral e gratuita aos que comprovarem insuficiência de recursos.

xi Artigo 185 do CPP alterado pela Lei n. 10.792, de 1º.12.2003. Art. 185. O acusado que comparecer perante a autoridade judiciária, no curso do processo penal, será qualificado e interrogado na presença de seu defensor, constituído ou nomeado.

xii O Art. 532 do Código Penal, não possui §.

xiii O artigo 132 do CPC teve sua redação alterada pela Lei n. 8.637, de 31.3.1993. Art. 132. O juiz, titular ou substituto, que concluir a audiência julgará a lide, salvo se estiver convocado, licenciado, afastado por qualquer motivo, promovido ou aposentado, casos em que passará os autos ao seu sucessor. Parágrafo único. Em qualquer hipótese, o juiz que proferir a sentença, se entender necessário, poderá mandar repetir as provas já produzidas.

xiv A Lei n. 10.792, de 1º.12.2003, altera redação do artigo 188 do CPP: Art. 188. Após proceder ao interrogatório, o juiz indagará das partes se restou algum fato para ser esclarecido, formulando as perguntas correspondentes se o entender pertinente e relevante.

xv Incluído pela Lei n. 9.426, de 1996: Parágrafo único – Atribuir a estrangeiro falsa qualidade para promover-lhe a entrada em território nacional: Pena – reclusão, de um a quatro anos, e multa.

xvi Redação dada pela Lei n. 9.426, de 1996: Art. 310 – Prestar-se a figurar como proprietário ou possuidor de ação, título ou valor pertencente a estrangeiro, nos casos em que a este é vedada por lei a propriedade ou a posse de tais bens: Pena – detenção, de seis meses a três anos, e multa.

xvii Obs: O artigo 259 não possui inciso III e não passou por alteração. Art. 259. A impossibilidade de identificação do acusado com o seu verdadeiro nome ou outros qualificativos não retardará a ação penal, quando certa a identidade física. A qualquer tempo, no curso do processo, do julgamento ou da execução da sentença, se for descoberta a sua qualificação, far-se-á a retificação, por termo, nos autos, sem prejuízo da validade dos atos precedentes.

xviii Artigo 144 da CF alterado pela Emenda Constitucional n. 19, de 1998.

§ 1º A polícia federal, instituída por lei como órgão permanente, organizado e mantido pela União e estruturado em carreira, destina-se a:

(...)

III – exercer as funções de polícia marítima, aeroportuária e de fronteiras;

(...)

§ 2º A polícia rodoviária federal, órgão permanente, organizado e mantido pela União e estruturado em carreira, destina-se, na forma da lei, ao patrulhamento ostensivo das rodovias federais.

§ 3º A polícia ferroviária federal, órgão permanente, organizado e mantido pela União e estruturado em carreira, destina-se, na forma da lei, ao patrulhamento ostensivo das ferrovias federais.

xix Artigo 50 LEP: inciso VII – tiver em sua posse, utilizar ou fornecer aparelho telefônico, de rádio ou similar, que permita a comunicação com outros presos ou com o ambiente externo. (Incluído pela Lei n. 11.466, de 2007)

xx Artigo 52 LEP: A prática de fato previsto como crime doloso constitui falta grave e, quando ocasione subversão da ordem ou disciplina internas, sujeita o preso provisório, ou condenado, sem prejuízo da sanção penal, ao regime disciplinar diferenciado, com as seguintes características: (Redação dada pela Lei n. 10.792, de 2003)

I – duração máxima de trezentos e sessenta dias, sem prejuízo de repetição da sanção por nova falta grave de mesma espécie, até o limite de um sexto da pena aplicada; (Incluído pela Lei n. 10.792, de 2003)

II – recolhimento em cela individual; (Incluído pela Lei n. 10.792, de 2003)

III – visitas semanais de duas pessoas, sem contar as crianças, com duração de duas horas; (Incluído pela Lei n. 10.792, de 2003)

IV – o preso terá direito à saída da cela por 2 horas diárias para banho de sol. (Incluído pela Lei n. 10.792, de 2003)

§ 1º O regime disciplinar diferenciado também poderá abrigar presos provisórios ou condenados, nacionais ou estrangeiros, que apresentem alto risco para a ordem e a segurança do estabelecimento penal ou da sociedade. (Incluído pela Lei n. 10.792, de 2003)

§ 2º Estará igualmente sujeito ao regime disciplinar diferenciado o preso provisório ou o condenado sob o qual recaiam fundadas suspeitas de envolvimento ou participação, a qualquer título, em organizações criminosas, quadrilha ou bando. (Incluído pela Lei n. 10.792, de 2003)

xxi Artigo 53 LEP: inciso V – inclusão no regime disciplinar diferenciado. (Incluído pela Lei n. 10.792, de 2003)

Art. 54 LEP: As sanções dos incisos I a IV do art. 53 serão aplicadas por ato motivado do diretor do estabelecimento e a do inciso V, por prévio e fundamentado despacho do juiz competente. (Redação dada pela Lei n. 10.792, de 2003)

§ 1º A autorização para a inclusão do preso em regime disciplinar dependerá de requerimento circunstanciado elaborado pelo diretor do estabelecimento ou outra autoridade administrativa. (Incluído pela Lei n. 10.792, de 2003)

§ 2º A decisão judicial sobre inclusão de preso em regime disciplinar será precedida de manifestação do Ministério Público e da defesa e prolatada no prazo máximo de quinze dias. (Incluído pela Lei n. 10.792, de 2003)

xxii Art. 57 LEP: Na aplicação das sanções disciplinares, levar-se-ão em conta a natureza, os motivos, as circunstâncias e as consequências do fato, bem como a pessoa do faltoso e seu tempo de prisão. (Redação dada pela Lei n. 10.792, de 2003)

Parágrafo único. Nas faltas graves, aplicam-se as sanções previstas nos incisos III a V do art. 53 desta Lei. (Redação dada pela Lei n. 10.792, de 2003)

Art. 58 LEP: O isolamento, a suspensão e a restrição de direitos não poderão exceder a trinta dias, ressalvada a hipótese do regime disciplinar diferenciado. (Redação dada pela Lei n. 10.792, de 2003)

Parágrafo único. O isolamento será sempre comunicado ao Juiz da execução.

xxiii Art. 60 LEP: A autoridade administrativa poderá decretar o isolamento preventivo do faltoso pelo prazo de até dez dias. A inclusão do preso no regime disciplinar diferenciado, no interesse da disciplina e da averiguação do fato, dependerá de despacho do juiz competente. (Redação dada pela Lei n. 10.792, de 2003)

Parágrafo único. O tempo de isolamento ou inclusão preventiva no regime disciplinar diferenciado será computado no período de cumprimento da sanção disciplinar. (Redação dada pela Lei n. 10.792, de 2003)

xxiv Art. 43. As penas restritivas de direitos são: (Redação dada pela Lei n. 9.714, de 1998)

I – prestação pecuniária; (Incluído pela Lei n. 9.714, de 1998)

II – perda de bens e valores; (Incluído pela Lei n. 9.714, de 1998)

III – (VETADO) (Incluído e vetado pela Lei n. 9.714, de 1998)

IV – prestação de serviço à comunidade ou a entidades públicas; (Incluído pela Lei n. 7.209, de 11.7.1984 , renumerado com alteração pela Lei n. 9.714, de 25.11.1998)

V – interdição temporária de direitos; (Incluído pela Lei n. 7.209, de 11.7.1984, renumerado com alteração pela Lei n. 9.714, de 25.11.1998)

VI – limitação de fim de semana. (Incluído pela Lei n. 7.209, de 11.7.1984 , renumerado com alteração pela Lei n. 9.714, de 25.11.1998)

Art. 44. As penas restritivas de direitos são autônomas e substituem as privativas de liberdade, quando: (Redação dada pela Lei n. 9.714, de 1998)

I – aplicada pena privativa de liberdade não superior a quatro anos e o crime não for cometido com violência ou grave ameaça à pessoa ou, qualquer que seja a pena aplicada, se o crime for culposo; (Redação dada pela Lei n. 9.714, de 1998)

II – o réu não for reincidente em crime doloso; (Redação dada pela Lei n. 9.714, de 1998)

III – a culpabilidade, os antecedentes, a conduta social e a personalidade do condenado, bem como os motivos e as circunstâncias indicarem que essa substituição seja suficiente. (Redação dada pela Lei n. 9.714, de 1998)

§ 1º (VETADO) (Incluído e vetado pela Lei n. 9.714, de 1998)

§ 2º Na condenação igual ou inferior a um ano, a substituição pode ser feita por multa ou por uma pena restritiva de direitos; se superior a um ano, a pena privativa de liberdade pode ser substituída por uma pena restritiva de direitos e multa ou por duas restritivas de direitos. (Incluído pela Lei n. 9.714, de 1998)

§ 3º Se o condenado for reincidente, o juiz poderá aplicar a substituição, desde que, em face de condenação anterior, a medida seja socialmente recomendável e a reincidência não se tenha operado em virtude da prática do mesmo crime. (Incluído pela Lei n. 9.714, de 1998)

§ 4º A pena restritiva de direitos converte-se em privativa de liberdade quando ocorrer o descumprimento injustificado da restrição imposta. No cálculo da pena privativa de liberdade a executar será deduzido o tempo cumprido da pena restritiva de direitos, respeitado o saldo mínimo de trinta dias de detenção ou reclusão. (Incluído pela Lei n. 9.714, de 1998)

§ 5º Sobrevindo condenação a pena privativa de liberdade, por outro crime, o juiz da execução penal decidirá sobre a conversão, podendo deixar de aplicá-la se for possível ao condenado cumprir a pena substitutiva anterior. (Incluído pela Lei n. 9.714, de 1998)

xxv Art. 52 LEP: A prática de fato previsto como crime doloso constitui falta grave e, quando ocasione subversão da ordem ou disciplina internas, sujeita o preso provisório, ou condenado, sem prejuízo da sanção penal, ao regime disciplinar diferenciado, com as seguintes características: (Redação dada pela Lei n. 10.792, de 2003)

I – duração máxima de trezentos e sessenta dias, sem prejuízo de repetição da sanção por nova falta grave de mesma espécie, até o limite de um sexto da pena aplicada; (Incluído pela Lei n. 10.792, de 2003)

II – recolhimento em cela individual; (Incluído pela Lei n. 10.792, de 2003)

III – visitas semanais de duas pessoas, sem contar as crianças, com duração de duas horas; (Incluído pela Lei n. 10.792, de 2003)

IV – o preso terá direito à saída da cela por 2 horas diárias para banho de sol. (Incluído pela Lei n. 10.792, de 2003)

§ 1º O regime disciplinar diferenciado também poderá abrigar presos provisórios ou condenados, nacionais ou estrangeiros, que apresentem alto risco para a ordem e a segurança do estabelecimento penal ou da sociedade. (Incluído pela Lei n. 10.792, de 2003)

§ 2º Estará igualmente sujeito ao regime disciplinar diferenciado o preso provisório ou o condenado sob o qual recaiam fundadas suspeitas de envolvimento ou participação, a qualquer título, em organizações criminosas, quadrilha ou bando. (Incluído pela Lei n. 10.792, de 2003)

xxvi Esta Emenda Constitucional corresponde à Constituição Federal de 1967 cujo texto foi alterado na sua íntegra pela emenda constitucional n. 1 de 1969. Constituição atual 1988.

xxvii Art. 54. As sanções dos incisos I a IV do art. 53 serão aplicadas por ato motivado do diretor do estabelecimento e a do inciso V, por prévio e fundamentado despacho do juiz competente. (Redação dada pela Lei n. 10.792, de 2003)

§ 1º A autorização para a inclusão do preso em regime disciplinar dependerá de requerimento circunstanciado elaborado pelo diretor do estabelecimento ou outra autoridade administrativa. (Incluído pela Lei n. 10.792, de 2003)

§ 2º A decisão judicial sobre inclusão de preso em regime disciplinar será precedida de manifestação do Ministério Público e da defesa e prolatada no prazo máximo de quinze dias. (Incluído pela Lei n. 10.792, de 2003)

xxviii Art. 57. Na aplicação das sanções disciplinares, levar-se-ão em conta a natureza, os motivos, as circunstâncias e as consequências do fato, bem como a pessoa do faltoso e seu tempo de prisão. (Redação dada pela Lei n. 10.792, de 2003)

Parágrafo único. Nas faltas graves, aplicam-se as sanções previstas nos incisos III a V do art. 53 desta Lei. (Redação dada pela Lei n. 10.792, de 2003)

xxix Art. 54. As sanções dos incisos I a IV do art. 53 serão aplicadas por ato motivado do diretor do estabelecimento e a do inciso V, por prévio e fundamentado despacho do juiz competente. (Redação dada pela Lei n. 10.792, de 2003)

§ 1º A autorização para a inclusão do preso em regime disciplinar dependerá de requerimento circunstanciado elaborado pelo diretor do estabelecimento ou outra autoridade administrativa. (Incluído pela Lei n. 10.792, de 2003)

§ 2º A decisão judicial sobre inclusão de preso em regime disciplinar será precedida de manifestação do Ministério Público e da defesa e prolatada no prazo máximo de quinze dias. (Incluído pela Lei n. 10.792, de 2003)

xxx Art. 57. Na aplicação das sanções disciplinares, levar-se-ão em conta a natureza, os motivos, as circunstâncias e as consequências do fato, bem como a pessoa do faltoso e seu tempo de prisão. (Redação dada pela Lei n. 10.792, de 2003)

Parágrafo único. Nas faltas graves, aplicam-se as sanções previstas nos incisos III a V do art. 53 desta Lei. (Redação dada pela Lei n. 10.792, de 2003)

xxxi Art. 54. As sanções dos incisos I a IV do art. 53 serão aplicadas por ato motivado do diretor do estabelecimento e a do inciso V, por prévio e fundamentado despacho do juiz competente. (Redação dada pela Lei n. 10.792, de 2003)

§ 1º A autorização para a inclusão do preso em regime disciplinar dependerá de requerimento circunstanciado elaborado pelo diretor do estabelecimento ou outra autoridade administrativa. (Incluído pela Lei n. 10.792, de 2003)

§ 2º A decisão judicial sobre inclusão de preso em regime disciplinar será precedida de manifestação do Ministério Público e da defesa e prolatada no prazo máximo de quinze dias. (Incluído pela Lei n. 10.792, de 2003)

xxxii Art. 43. As penas restritivas de direitos são: (Redação dada pela Lei n. 9.714, de 1998)

I – prestação pecuniária; (Incluído pela Lei n. 9.714, de 1998)

II – perda de bens e valores; (Incluído pela Lei n. 9.714, de 1998)

III – (VETADO) (Incluído e vetado pela Lei n. 9.714, de 1998)

IV – prestação de serviço à comunidade ou a entidades públicas; (Incluído pela Lei n. 7.209, de 11.7.1984 , renumerado com alteração pela Lei n. 9.714, de 25.11.1998)

V – interdição temporária de direitos; (Incluído pela Lei n. 7.209, de 11.7.1984 , renumerado com alteração pela Lei n. 9.714, de 25.11.1998)

VI – limitação de fim de semana. (Incluído pela Lei n. 7.209, de 11.7.1984 , renumerado com alteração pela Lei n. 9.714, de 25.11.1998)

xxxiii Art. 52. A prática de fato previsto como crime doloso constitui falta grave e, quando ocasione subversão da ordem ou disciplina internas, sujeita o preso provisório, ou condenado, sem prejuízo da sanção penal, ao regime disciplinar diferenciado, com as seguintes características: (Redação dada pela Lei n. 10.792, de 2003)

I – duração máxima de trezentos e sessenta dias, sem prejuízo de repetição da sanção por nova falta grave de mesma espécie, até o limite de um sexto da pena aplicada; (Incluído pela Lei n. 10.792, de 2003)

II – recolhimento em cela individual; (Incluído pela Lei n. 10.792, de 2003)

III – visitas semanais de duas pessoas, sem contar as crianças, com duração de duas horas; (Incluído pela Lei n. 10.792, de 2003)

IV – o preso terá direito à saída da cela por 2 horas diárias para banho de sol. (Incluído pela Lei n. 10.792, de 2003)

§ 1º O regime disciplinar diferenciado também poderá abrigar presos provisórios ou condenados, nacionais ou estrangeiros, que apresentem alto risco para a ordem e a segurança do estabelecimento penal ou da sociedade. (Incluído pela Lei n. 10.792, de 2003)

§ 2º Estará igualmente sujeito ao regime disciplinar diferenciado o preso provisório ou o condenado sob o qual recaiam fundadas suspeitas de envolvimento ou participação, a qualquer título, em organizações criminosas, quadrilha ou bando. (Incluído pela Lei n. 10.792, de 2003)

xxxiv Art. 43. As penas restritivas de direitos são: (Redação dada pela Lei n. 9.714, de 1998)

I – prestação pecuniária; (Incluído pela Lei n. 9.714, de 1998)

II – perda de bens e valores; (Incluído pela Lei n. 9.714, de 1998)

III – (VETADO) (Incluído e vetado pela Lei n. 9.714, de 1998)

IV – prestação de serviço à comunidade ou a entidades públicas; (Incluído pela Lei n. 7.209, de 11.7.1984 , renumerado com alteração pela Lei n. 9.714, de 25.11.1998)

V – interdição temporária de direitos; (Incluído pela Lei n. 7.209, de 11.7.1984 , renumerado com alteração pela Lei n. 9.714, de 25.11.1998)

VI – limitação de fim de semana. (Incluído pela Lei n. 7.209, de 11.7.1984 , renumerado com alteração pela Lei n. 9.714, de 25.11.1998)

xxxv Art. 54. As sanções dos incisos I a IV do art. 53 serão aplicadas por ato motivado do diretor do estabelecimento e a do inciso V, por prévio e fundamentado despacho do juiz competente. (Redação dada pela Lei n. 10.792, de 2003)

§ 1º A autorização para a inclusão do preso em regime disciplinar dependerá de requerimento circunstanciado elaborado pelo diretor do estabelecimento ou outra autoridade administrativa. (Incluído pela Lei n. 10.792, de 2003)

§ 2º A decisão judicial sobre inclusão de preso em regime disciplinar será precedida de manifestação do Ministério Público e da defesa e prolatada no prazo máximo de quinze dias. (Incluído pela Lei n. 10.792, de 2003)

xxxvi Art. 54. As sanções dos incisos I a IV do art. 53 serão aplicadas por ato motivado do diretor do estabelecimento e a do inciso V, por prévio e fundamentado despacho do juiz competente. (Redação dada pela Lei n. 10.792, de 2003)

§ 1º A autorização para a inclusão do preso em regime disciplinar dependerá de requerimento circunstanciado elaborado pelo diretor do estabelecimento ou outra autoridade administrativa. (Incluído pela Lei n. 10.792, de 2003)

§ 2º A decisão judicial sobre inclusão de preso em regime disciplinar será precedida de manifestação do Ministério Público e da defesa e prolatada no prazo máximo de quinze dias. (Incluído pela Lei n. 10.792, de 2003)

xxxvii Art. 54. As sanções dos incisos I a IV do art. 53 serão aplicadas por ato motivado do diretor do estabelecimento e a do inciso V, por prévio e fundamentado despacho do juiz competente. (Redação dada pela Lei n. 10.792, de 2003)

§ 1º A autorização para a inclusão do preso em regime disciplinar dependerá de requerimento circunstanciado elaborado pelo diretor do estabelecimento ou outra autoridade administrativa. (Incluído pela Lei n. 10.792, de 2003)

§ 2º A decisão judicial sobre inclusão de preso em regime disciplinar será precedida de manifestação do Ministério Público e da defesa e prolatada no prazo máximo de quinze dias. (Incluído pela Lei n. 10.792, de 2003)

xxxviii Art. 57. Na aplicação das sanções disciplinares, levar-se-ão em conta a natureza, os motivos, as circunstâncias e as consequências do fato, bem como a pessoa do faltoso e seu tempo de prisão. (Redação dada pela Lei n. 10.792, de 2003)

Parágrafo único. Nas faltas graves, aplicam-se as sanções previstas nos incisos III a V do art. 53 desta Lei. (Redação dada pela Lei n. 10.792, de 2003)

xxxix Art. 58. O isolamento, a suspensão e a restrição de direitos não poderão exceder a trinta dias, ressalvada a hipótese do regime disciplinar diferenciado. (Redação dada pela Lei n. 10.792, de 2003)

Parágrafo único. O isolamento será sempre comunicado ao Juiz da execução.

xl Art. 54. As sanções dos incisos I a IV do art. 53 serão aplicadas por ato motivado do diretor do estabelecimento e a do inciso V, por prévio e fundamentado despacho do juiz competente. (Redação dada pela Lei n. 10.792, de 2003)

§ 1º A autorização para a inclusão do preso em regime disciplinar dependerá de requerimento circunstanciado elaborado pelo diretor do estabelecimento ou outra autoridade administrativa. (Incluído pela Lei n. 10.792, de 2003)

§ 2º A decisão judicial sobre inclusão de preso em regime disciplinar será precedida de manifestação do Ministério Público e da defesa e prolatada no prazo máximo de quinze dias. (Incluído pela Lei n. 10.792, de 2003)

xli Art. 57. Na aplicação das sanções disciplinares, levar-se-ão em conta a natureza, os motivos, as circunstâncias e as consequências do fato, bem como a pessoa do faltoso e seu tempo de prisão. (Redação dada pela Lei n. 10.792, de 2003)

Parágrafo único. Nas faltas graves, aplicam-se as sanções previstas nos incisos III a V do art. 53 desta Lei. (Redação dada pela Lei n. 10.792, de 2003)

xlii Art. 58. O isolamento, a suspensão e a restrição de direitos não poderão exceder a trinta dias, ressalvada a hipótese do regime disciplinar diferenciado. (Redação dada pela Lei n. 10.792, de 2003)

Parágrafo único. O isolamento será sempre comunicado ao Juiz da execução.

xliii Art. 57. Na aplicação das sanções disciplinares, levar-se-ão em conta a natureza, os motivos, as circunstâncias e as consequências do fato, bem como a pessoa do faltoso e seu tempo de prisão. (Redação dada pela Lei n. 10.792, de 2003)

Parágrafo único. Nas faltas graves, aplicam-se as sanções previstas nos incisos III a V do art. 53 desta Lei. (Redação dada pela Lei n. 10.792, de 2003) xliv Art. 57. Na aplicação das sanções disciplinares, levar-se-ão em conta a natureza, os motivos, as circunstâncias e as consequências do fato, bem como a pessoa do faltoso e seu tempo de prisão. (Redação dada pela Lei n. 10.792, de 2003)

Parágrafo único. Nas faltas graves, aplicam-se as sanções previstas nos incisos III a V do art. 53 desta Lei. (Redação dada pela Lei n. 10.792, de 2003)

xlv Art. 52. A prática de fato previsto como crime doloso constitui falta grave e, quando ocasione subversão da ordem ou disciplina internas, sujeita o preso provisório, ou condenado, sem prejuízo da sanção penal, ao regime disciplinar diferenciado, com as seguintes características: (Redação dada pela Lei n. 10.792, de 2003)

xlvi Art. 57. Na aplicação das sanções disciplinares, levar-se-ão em conta a natureza, os motivos, as circunstâncias e as consequências do fato, bem como a pessoa do faltoso e seu tempo de prisão. (Redação dada pela Lei n. 10.792, de 2003)

Parágrafo único. Nas faltas graves, aplicam-se as sanções previstas nos incisos III a V do art. 53 desta Lei. (Redação dada pela Lei n. 10.792, de 2003)

xlvii Art. 58. O isolamento, a suspensão e a restrição de direitos não poderão exceder a trinta dias, ressalvada a hipótese do regime disciplinar diferenciado. (Redação dada pela Lei n. 10.792, de 2003)

Parágrafo único. O isolamento será sempre comunicado ao Juiz da execução.

xlviii Art. 60. A autoridade administrativa poderá decretar o isolamento preventivo do faltoso pelo prazo de até dez dias. A inclusão do preso no regime disciplinar diferenciado, no interesse da disciplina e da averiguação do fato, dependerá de despacho do juiz competente. (Redação dada pela Lei n. 10.792, de 2003)

Parágrafo único. O tempo de isolamento ou inclusão preventiva no regime disciplinar diferenciado será computado no período de cumprimento da sanção disciplinar. (Redação dada pela Lei n. 10.792, de 2003)

xlix Art. 52. A prática de fato previsto como crime doloso constitui falta grave e, quando ocasione subversão da ordem ou disciplina internas, sujeita o preso provisório, ou condenado, sem prejuízo da sanção penal, ao regime disciplinar diferenciado, com as seguintes características: (Redação dada pela Lei n. 10.792, de 2003)

I – duração máxima de trezentos e sessenta dias, sem prejuízo de repetição da sanção por nova falta grave de mesma espécie, até o limite de um sexto da pena aplicada; (Incluído pela Lei n. 10.792, de 2003)

II – recolhimento em cela individual; (Incluído pela Lei n. 10.792, de 2003)

III – visitas semanais de duas pessoas, sem contar as crianças, com duração de duas horas; (Incluído pela Lei n. 10.792, de 2003)

IV – o preso terá direito à saída da cela por 2 horas diárias para banho de sol. (Incluído pela Lei n. 10.792, de 2003)

l Art. 122. Os condenados que cumprem pena em regime semiaberto poderão obter autorização para saída temporária do estabelecimento, sem vigilância direta, nos seguintes casos:

I – visita à família;

II – frequência a curso supletivo profissionalizante, bem como de instrução do 2º grau ou superior, na Comarca do Juízo da Execução;

III – participação em atividades que concorram para o retorno ao convívio social.

Parágrafo único. A ausência de vigilância direta não impede a utilização de equipamento de monitoração eletrônica pelo condenado, quando assim determinar o juiz da execução. (Incluído pela Lei n. 12.258, de 2010)

li Art. 126. O condenado que cumpre a pena em regime fechado ou semiaberto poderá remir, por trabalho ou por estudo, parte do tempo de execução da pena. (Redação dada pela Lei n. 12.433, de 2011)

§ 1º A contagem de tempo referida no caput será feita à razão de: (Redação dada pela Lei n. 12.433, de 2011)

I – 1 (um) dia de pena a cada 12 (doze) horas de frequência escolar – atividade de ensino fundamental, médio, inclusive profissionalizante, ou superior, ou ainda de requalificação profissional – divididas, no mínimo, em 3 (três) dias; (Incluído pela Lei n. 12.433, de 2011)

II – 1 (um) dia de pena a cada 3 (três) dias de trabalho. (Incluído pela Lei n. 12.433, de 2011)

§ 2º As atividades de estudo a que se refere o § 1º deste artigo poderão ser desenvolvidas de forma presencial ou por metodologia de ensino a distância e deverão ser certificadas pelas autoridades educacionais competentes dos cursos frequentados. (Redação dada pela Lei n. 12.433, de 2011)

§ 3º Para fins de cumulação dos casos de remição, as horas diárias de trabalho e de estudo serão definidas de forma a se compatibilizarem. (Redação dada pela Lei n. 12.433, de 2011)

§ 4º O preso impossibilitado, por acidente, de prosseguir no trabalho ou nos estudos continuará a beneficiar-se com a remição.(Incluído pela Lei n. 12.433, de 2011)

§ 5º O tempo a remir em função das horas de estudo será acrescido de 1/3 (um terço) no caso de conclusão do ensino fundamental, médio ou superior durante o cumprimento da pena, desde que certificada pelo órgão competente do sistema de educação.(Incluído pela Lei n. 12.433, de 2011)

§ 6º O condenado que cumpre pena em regime aberto ou semiaberto e o que usufrui liberdade condicional poderão remir, pela frequência a curso de ensino regular ou de educação profissional, parte do tempo de execução da pena ou do período de prova, observado o disposto no inciso I do § 1º deste artigo.(Incluído pela Lei n. 12.433, de 2011)

§ 7º O disposto neste artigo aplica-se às hipóteses de prisão cautelar. (Incluído pela Lei n. 12.433, de 2011)

§ 8º A remição será declarada pelo juiz da execução, ouvidos o Ministério Público e a defesa. (Incluído pela Lei n. 12.433, de 2011) lii Art. 43. As penas restritivas de direitos são: (Redação dada pela Lei n. 9.714, de 1998)

I – prestação pecuniária; (Incluído pela Lei n. 9.714, de 1998)

II – perda de bens e valores; (Incluído pela Lei n. 9.714, de 1998)

III – (VETADO) (Incluído e vetado pela Lei n. 9.714, de 1998)

IV – prestação de serviço à comunidade ou a entidades públicas; (Incluído pela Lei n. 7.209, de 11.7.1984, renumerado com alteração pela Lei n. 9.714, de 25.11.1998)

V – interdição temporária de direitos; (Incluído pela Lei n. 7.209, de 11.7.1984, renumerado com alteração pela Lei n. 9.714, de 25.11.1998)

VI – limitação de fim de semana. (Incluído pela Lei n. 7.209, de 11.7.1984, renumerado com alteração pela Lei n. 9.714, de 25.11.1998)

liii Art. 45. Na aplicação da substituição prevista no artigo anterior, proceder-se-á na forma deste e dos arts. 46, 47 e 48. (Redação dada pela Lei n. 9.714, de 1998)

§ 1º A prestação pecuniária consiste no pagamento em dinheiro à vítima, a seus dependentes ou a entidade pública ou privada com destinação social, de importância fixada pelo juiz, não inferior a 1 (um) salário mínimo nem superior a 360 (trezentos e sessenta) salários mínimos. O valor pago será deduzido do montante de eventual condenação em ação de reparação civil, se coincidentes os beneficiários. (Incluído pela Lei n. 9.714, de 1998)

§ 2º No caso do parágrafo anterior, se houver aceitação do beneficiário, a prestação pecuniária pode consistir em prestação de outra natureza. (Incluído pela Lei n. 9.714, de 1998)

§ 3º A perda de bens e valores pertencentes aos condenados dar-se-á, ressalvada a legislação especial, em favor do Fundo Penitenciário Nacional, e seu valor terá como teto – o que for maior – o montante do prejuízo causado ou do provento obtido pelo agente ou por terceiro, em consequência da prática do crime. (Incluído pela Lei n. 9.714, de 1998)

§ 4º (VETADO) (Incluído e vetado Lei n. 9.714, de 1998)

liv Art. 60. A autoridade administrativa poderá decretar o isolamento preventivo do faltoso pelo prazo de até dez dias. A inclusão do preso no regime disciplinar diferenciado, no interesse da disciplina e da averiguação do fato, dependerá de despacho do juiz competente. (Redação dada pela Lei n. 10.792, de 2003)

Parágrafo único. O tempo de isolamento ou inclusão preventiva no regime disciplinar diferenciado será computado no período de cumprimento da sanção disciplinar. (Redação dada pela Lei n. 10.792, de 2003)

lv Art. 60. A autoridade administrativa poderá decretar o isolamento preventivo do faltoso pelo prazo de até dez dias. A inclusão do preso no regime disciplinar diferenciado, no interesse da disciplina e da averiguação do fato, dependerá de despacho do juiz competente. (Redação dada pela Lei n. 10.792, de 2003)

Parágrafo único. O tempo de isolamento ou inclusão preventiva no regime disciplinar diferenciado será computado no período de cumprimento da sanção disciplinar. (Redação dada pela Lei n. 10.792, de 2003)

lvi Art. 4º Código Processo Penal: A polícia judiciária será exercida pelas autoridades policiais no território de suas respectivas circunscrições e terá por fim a apuração das infrações penais e da sua autoria. (Redação dada pela Lei n. 9.043, de 9.5.1995)

Parágrafo único. A competência definida neste artigo não excluirá a de autoridades administrativas, a quem por lei seja cometida a mesma função.

lvii Art. 6º, inciso II, Código Processo Penal: com redação dada pela Lei n. 8.862, de 28.3.1994:

Art. 6º Logo que tiver conhecimento da prática da infração penal, a autoridade policial deverá:

I – dirigir-se ao local, providenciando para que não se alterem o estado e conservação das coisas, até a chegada dos peritos criminais; (Redação dada pela Lei n. 8.862, de 28.3.1994) (Vide Lei n. 5.970, de 1973)

II – apreender os objetos que tiverem relação com o fato, após liberados pelos peritos criminais; (Redação dada pela Lei n. 8.862, de 28.3.1994)

III – colher todas as provas que servirem para o esclarecimento do fato e suas circunstâncias;

IV – ouvir o ofendido;

V – ouvir o indiciado, com observância, no que for aplicável, do disposto no Capítulo III do Título Vll, deste Livro, devendo o respectivo termo ser assinado por duas testemunhas que Ihe tenham ouvido a leitura;

VI – proceder a reconhecimento de pessoas e coisas e a acareações;

VII – determinar, se for caso, que se proceda a exame de corpo de delito e a quaisquer outras perícias;

VIII – ordenar a identificação do indiciado pelo processo datiloscópico, se possível, e fazer juntar aos autos sua folha de antecedentes;

IX – averiguar a vida pregressa do indiciado, sob o ponto de vista individual, familiar e social, sua condição econômica, sua atitude e estado de ânimo antes e depois do crime e durante ele, e quaisquer outros elementos que contribuírem para a apreciação do seu temperamento e caráter.

lviii Art. 20 Código de Processo Penal: A autoridade assegurará no inquérito o sigilo necessário à elucidação do fato ou exigido pelo interesse da sociedade.

Parágrafo único. Nos atestados de antecedentes que lhe forem solicitados, a autoridade policial não poderá mencionar quaisquer anotações referentes a instauração de inquérito contra os requerentes. (Redação dada pela Lei n. 12.681, de 2012)

lix Art. 181 Código de Processo Penal: No caso de inobservância de formalidades, ou no caso de omissões, obscuridades ou contradições, a autoridade judiciária mandará suprir a formalidade, complementar ou esclarecer o laudo.

Parágrafo único. A autoridade poderá também ordenar que se proceda a novo exame, por outros peritos, se julgar conveniente.

lx Art. 304 Código Processo Penal: Apresentado o preso à autoridade competente, ouvirá esta o condutor e colherá, desde logo, sua assinatura, entregando a este cópia do termo e recibo de entrega do preso. Em seguida, procederá à oitiva das testemunhas que o acompanharem e ao interrogatório do acusado sobre a imputação que lhe é feita, colhendo, após cada oitiva suas respectivas assinaturas, lavrando, a autoridade, afinal, o auto. (Redação dada pela Lei n. 11.113, de 2005)

§ 1º Resultando das respostas fundada a suspeita contra o conduzido, a autoridade mandará recolhê-lo à prisão, exceto no caso de livrar-se solto ou de prestar fiança, e prosseguirá nos atos do inquérito ou processo, se para isso for competente; se não o for, enviará os autos à autoridade que o seja.

§ 2º A falta de testemunhas da infração não impedirá o auto de prisão em flagrante; mas, nesse caso, com o condutor, deverão assiná-lo pelo menos duas pessoas que hajam testemunhado a apresentação do preso à autoridade.

§ 3º Quando o acusado se recusar a assinar, não souber ou não puder fazê-lo, o auto de prisão em flagrante será assinado por duas testemunhas, que tenham ouvido sua leitura na presença deste. (Redação dada pela Lei n. 11.113, de 2005)

lxi Art. 306. A prisão de qualquer pessoa e o local onde se encontre serão comunicados imediatamente ao juiz competente, ao Ministério Público e à família do preso ou à pessoa por ele indicada. (Redação dada pela Lei n. 12.403, de 2011).

§ 1º Em até 24 (vinte e quatro) horas após a realização da prisão, será encaminhado ao juiz competente o auto de prisão em flagrante e, caso o autuado não informe o nome de seu advogado, cópia integral para a Defensoria Pública. (Redação dada pela Lei n. 12.403, de 2011)

§ 2º No mesmo prazo, será entregue ao preso, mediante recibo, a nota de culpa, assinada pela autoridade, com o motivo da prisão, o nome do condutor e os das testemunhas. (Redação dada pela Lei n. 12.403, de 2011)

lxii Art. 322. A autoridade policial somente poderá conceder fiança nos casos de infração cuja pena privativa de liberdade máxima não seja superior a 4 (quatro) anos. (Redação dada pela Lei n. 12.403, de 2011)

Parágrafo único. Nos demais casos, a fiança será requerida ao juiz, que decidirá em 48 (quarenta e oito) horas. (Redação dada pela Lei n. 12.403, de 2011)

lxiii Artigo com redação dada pela Lei n. 12.403, de 2011:

Art. 325 Código Processo Penal: O valor da fiança será fixado pela autoridade que a conceder nos seguintes limites:

a) (revogada);

b) (revogada);

c) (revogada).

I – de 1 (um) a 100 (cem) salários mínimos, quando se tratar de infração cuja pena privativa de liberdade, no grau máximo, não for superior a 4 (quatro) anos; (Incluído pela Lei n. 12.403, de 2011)

II – de 10 (dez) a 200 (duzentos) salários mínimos, quando o máximo da pena privativa de liberdade cominada for superior a 4 (quatro) anos. (Incluído pela Lei n. 12.403, de 2011)

§ 1º Se assim recomendar a situação econômica do preso, a fiança poderá ser:

I – dispensada, na forma do art. 350 deste Código;

II – reduzida até o máximo de 2/3 (dois terços); ou

III – aumentada em até 1.000 (mil) vezes.

lxiv Artigo com Redação dada pela Lei n. 12.403, de 2011:

Art. 311 Código Processo Penal: Em qualquer fase da investigação policial ou do processo penal, caberá a prisão preventiva decretada pelo juiz, de ofício, se no curso da ação penal, ou a requerimento do Ministério Público, do querelante ou do assistente, ou por representação da autoridade policial.

lxv Art. 5º, XII, CF – é inviolável o sigilo da correspondência e das comunicações telegráficas, de dados e das comunicações telefônicas, salvo, no último caso, por ordem judicial, nas hipóteses e na forma que a lei estabelecer para fins de investigação criminal ou instrução processual penal; (Vide Lei n. 9.296, de 1996)

lxvi Art. 144 CF: A segurança pública, dever do Estado, direito e responsabilidade de todos, é exercida para a preservação da ordem pública e da incolumidade das pessoas e do patrimônio, através dos seguintes órgãos:

I – polícia federal;

II – polícia rodoviária federal;

III – polícia ferroviária federal;

IV – polícias civis;

V – polícias militares e corpos de bombeiros militares.

§ 1º A polícia federal, instituída por lei como órgão permanente, organizado e mantido pela União e estruturado em carreira, destina-se a: (Redação dada pela Emenda Constitucional n. 19, de 1998)

I – apurar infrações penais contra a ordem política e social ou em detrimento de bens, serviços e interesses da União ou de suas entidades autárquicas e empresas públicas, assim como outras infrações cuja prática tenha repercussão interestadual ou internacional e exija repressão uniforme, segundo se dispuser em lei;

II – prevenir e reprimir o tráfico ilícito de entorpecentes e drogas afins, o contrabando e o descaminho, sem prejuízo da ação fazendária e de outros órgãos públicos nas respectivas áreas de competência;

III – exercer as funções de polícia marítima, aeroportuária e de fronteiras; (Redação dada pela Emenda Constitucional n. 19, de 1998)

IV – exercer, com exclusividade, as funções de polícia judiciária da União.

lxvii Artigo e parágrafo com redação dada pela Emenda Constitucional n. 35, de 2001:

Art. 53 CF: Os Deputados e Senadores são invioláveis, civil e penalmente, por quaisquer de suas opiniões, palavras e votos.

§ 3º Recebida a denúncia contra o Senador ou Deputado, por crime ocorrido após a diplomação, o Supremo Tribunal Federal dará ciência à Casa respectiva, que, por iniciativa de partido político nela representado e pelo voto da maioria de seus membros, poderá, até a decisão final, sustar o andamento da ação.

lxviii Revogado pela Lei n. 11.719, de 2008.

lxix Atual artigo 396 do CPP, conforme redação dada pela Lei n. 11.719, de 2008:

Art. 396. Nos procedimentos ordinário e sumário, oferecida a denúncia ou queixa, o juiz, se não a rejeitar liminarmente, recebê-la-á e ordenará a citação do acusado para responder à acusação, por escrito, no prazo de 10 (dez) dias.

Parágrafo único. No caso de citação por edital, o prazo para a defesa começará a fluir a partir do comparecimento pessoal do acusado ou do defensor constituído.

lxx Artigo 93, inciso IX com redação dada pela Emenda Constitucional n. 45, de 2004:

(...)

IX todos os julgamentos dos órgãos do Poder Judiciário serão públicos, e fundamentadas todas as decisões, sob pena de nulidade, podendo a lei limitar a presença, em determinados atos, às próprias partes e a seus advogados, ou somente a estes, em casos nos quais a preservação do direito à intimidade do interessado no sigilo não prejudique o interesse público à informação;

(...)

lxxi Artigo 159 com redação dada pela Lei n. 11.690, de 2008:

Art. 159 Código Processo Penal: O exame de corpo de delito e outras perícias serão realizados por perito oficial, portador de diploma de curso superior.

§ 1º Na falta de perito oficial, o exame será realizado por 2 (duas) pessoas idôneas, portadoras de diploma de curso superior preferencialmente na área específica, dentre as que tiverem habilitação técnica relacionada com a natureza do exame.

§ 2º Os peritos não oficiais prestarão o compromisso de bem e fielmente desempenhar o encargo.

§ 3º Serão facultadas ao Ministério Público, ao assistente de acusação, ao ofendido, ao querelante e ao acusado a formulação de quesitos e indicação de assistente técnico.

§ 4º O assistente técnico atuará a partir de sua admissão pelo juiz e após a conclusão dos exames e elaboração do laudo pelos peritos oficiais, sendo as partes intimadas desta decisão.

§ 5º Durante o curso do processo judicial, é permitido às partes, quanto à perícia:

I – requerer a oitiva dos peritos para esclarecerem a prova ou para responderem a quesitos, desde que o mandado de intimação e os quesitos ou questões a serem esclarecidas sejam encaminhados com antecedência mínima de 10 (dez) dias, podendo apresentar as respostas em laudo complementar;

II – indicar assistentes técnicos que poderão apresentar pareceres em prazo a ser fixado pelo juiz ou ser inquiridos em audiência.

§ 6º Havendo requerimento das partes, o material probatório que serviu de base à perícia será disponibilizado no ambiente do órgão oficial, que manterá sempre sua guarda, e na presença de perito oficial, para exame pelos assistentes, salvo se for impossível a sua conservação.

§ 7º Tratando-se de perícia complexa que abranja mais de uma área de conhecimento especializado, poder-se-á designar a atuação de mais de um perito oficial, e a parte indicar mais de um assistente técnico.

lxxii Artigo 160 com redação dada pela Lei n. 8.862, de 28.3.1994:

Art. 160 Código Processo Penal: Os peritos elaborarão o laudo pericial, onde descreverão minuciosamente o que examinarem, e responderão aos quesitos formulados.

Parágrafo único. O laudo pericial será elaborado no prazo máximo de 10 dias, podendo este prazo ser prorrogado, em casos excepcionais, a requerimento dos peritos.

lxxiii Artigo 164 com redação dada pela Lei n. 8.862, de 28.3.1994:

Art. 164 Código Processo Penal: Os cadáveres serão sempre fotografados na posição em que forem encontrados, bem como, na medida do possível, todas as lesões externas e vestígios deixados no local do crime.

lxxiv Parágrafo único do artigo 169 do Código Processo Penal, incluído pela Lei n. 8.862, de 28.3.1994:

Parágrafo único. Os peritos registrarão, no laudo, as alterações do estado das coisas e discutirão, no relatório, as consequências dessas alterações na dinâmica dos fatos.

lxxv Caput do artigo 181 com redação dada pela Lei n. 8.862, de 28.3.1994:

Art. 181 Código Processo Penal: No caso de inobservância de formalidades, ou no caso de omissões, obscuridades ou contradições, a autoridade judiciária mandará suprir a formalidade, complementar ou esclarecer o laudo.

Parágrafo único. A autoridade poderá também ordenar que se proceda a novo exame, por outros peritos, se julgar conveniente.

lxxvi Atual inciso XLVI do artigo 5° da Constituição da República Federativa do Brasil de 1988. XLVI – a lei regulará a individualização da pena e adotará, entre outras, as seguintes: a) privação ou restrição da liberdade;

b) perda de bens; c) multa; d) prestação social alternativa; e) suspensão ou interdição de direitos;

lxxvii Artigo 112 da LEP com redação dada pela Lei n. 10.792, de 2003. Art. 112. A pena privativa de liberdade será executada em forma progressiva com a transferência para regime menos rigoroso, a ser determinada pelo juiz, quando o preso tiver cumprido ao menos um sexto da pena no regime anterior e ostentar bom comportamento carcerário, comprovado pelo diretor do estabelecimento, respeitadas as normas que vedam a progressão. § 1º A decisão será sempre motivada e precedida de manifestação do Ministério Público e do defensor. § 2º Idêntico procedimento será adotado na concessão de livramento condicional, indulto e comutação de penas, respeitados os prazos previstos nas normas vigentes.

lxxviii Parágrafo único do artigo 112 da LEP alterado pela Lei n. 10.792, de 2003, atual parágrafo 1° do artigo 112, porém, sem referência ao exame criminológico. § 1° A decisão será sempre motivada e precedida de manifestação do Ministério Público e do defensor.

lxxix Parágrafo único do artigo 112 da LEP alterado pela Lei n. 10.792, de 2003, atual parágrafo 1° do artigo 112. § 1° A decisão será sempre motivada e precedida de manifestação do Ministério Público e do defensor.

lxxx Atual artigo 155 do CPP, de acordo com a redação dada pela Lei n. 11.690, de 2008. Art. 155. O juiz formará sua convicção pela livre apreciação da prova produzida em contraditório judicial, não podendo fundamentar sua decisão exclusivamente nos elementos informativos colhidos na investigação, ressalvadas as provas cautelares, não repetíveis e antecipadas.

lxxxi Parágrafo único do artigo 112 da LEP alterado pela Lei n. 10.792, de 2003, atual parágrafo 1° do artigo 112, porém, sem referência ao exame criminológico. § 1° A decisão será sempre motivada e precedida de manifestação do Ministério Público e do defensor.

lxxxii Redação do artigo 80 da LEP, alterada pela Lei n. 12.313, de 2010. Art. 80. Haverá, em cada comarca, um Conselho da Comunidade composto, no mínimo, por 1 (um) representante de associação comercial ou industrial, 1 (um) advogado indicado pela Seção da Ordem dos Advogados do Brasil, 1 (um) Defensor Público indicado pelo Defensor Público Geral e 1 (um) assistente social escolhido pela Delegacia Seccional do Conselho Nacional de Assistentes Sociais.

lxxxiii Capitulo II: "Das providencias que recaem sobre coisas".

lxxxiv No código de processo civil vigente, Lei n. 5.869/73, o arresto está previsto no Livro III do Processo Cautelar, Capítulo II, Dos Procedimentos Cautelares Específicos, Seção I – Artigos 813 a 821.

lxxxv No código de processo civil vigente, Lei n. 5.869/73, o sequestro está previsto no Livro III do Processo Cautelar,Capítulo II, Dos Procedimentos Cautelares Específicos, Seção II – Artigos 822 a 825.

lxxxvi No código de processo civil vigente, Lei n. 5.869/73, a hipoteca legal está prevista no Capítulo XI, Da Especialização da Hipoteca Legal – Artigos 1.205 a 1.210.

lxxxvii XVIII. Organizar-se-ha quanto antes um Código Civil, e Criminal, fundado nas solidas bases da Justiça, e Equidade.

lxxxviii Art. 179. A inviolabilidade dos Direitos Civis, e Políticos dos Cidadãos Brazileiros, que tem por base a liberdade, a segurança individual, e a propriedade, é garantida pela Constituição do Império, pela maneira seguinte.

lxxxix XI. Ninguem será sentenciado, senão pela Autoridade competente, por virtude de Lei anterior, e na fórma por ella prescripta.

xc XIII. A Lei será igual para todos, quer proteja, quer castigue, o recompensará em proporção dos merecimentos de cada um.

xci XX. Nenhuma pena passará da pessoa do delinquente. Por tanto não haverá em caso algum confiscação de bens, nem a infamia do Réo se transmittirá aos parentes em qualquer grão, que seja.

xcii LEI DE 16 DE DEZEMBRO DE 1830. Art. 1º Não haverá crime, ou delicto (palavras synonimas neste Codigo) sem uma Lei anterior, que o qualifique.

xciii Art. 7º Nos delictos de abuso da liberdade de communicar os pensamentos, são criminosos, e por isso responsaveis: 1º O impressor, gravador, ou lithographo, os quaes ficarão isentos de responsabilidade, mostrando por escripto obrigação de responsabilidade do editor, sendo este pessoa conhecida, residente no Brazil, que esteja no gozo dos Direitos Politicos; salvo quando escrever em causa propria, caso em que se não exige esta ultima qualidade. 2º O editor, que se obrigou, o qual ficará isento de responsabilidade, mostrando obrigação, pela qual o autor se responsabilise, tendo este as mesmas qualidades exigidas no editor, para escusar o impressor. 3º O autor, que se obrigou. 4º O vendedor, e o que fizer distribuir os impressos, ou gravuras, quando não constar quem é o impressor, ou este fôr residente em paiz estrangeiro, ou quando os impressos, e gravuras já tiverem sido condemnados por abuso, e mandados supprimir. 5º Os que communicarem por mais de quinze pessoas os escriptos não impressos, senão provarem, quem é o autor, e que circularam com o seu consentimento: provando estes requesitos, será responsavel sómente o autor.

xciv Art. 14. Será o crime justificavel, e não terá lugar a punição delle: 1º Quando fôr feito pelo delinquente para evitar mal maior. Para que o crime seja justificavel neste caso, deverão intervir conjunctamente a favor do delinquente os seguintes requisitos: 1º Certeza do mal, que se propôz evitar: 2º Falta absoluta de outro meio menos prejudicial: 3º Probabilidade da efficacia do que se empregou. 2º Quando fôr feito em defeza da propria pessoa, ou de seus direitos. 3º Quando fôr feito em defeza da familia do delinquente.

Para que o crime seja justificavel nestes dous casos, deverão intervir conjunctamente os seguintes requisitos: 1º Certeza do mal, que os delinquentes se propozeram evitar: 2º Falta absoluta de outro meio menos prejudicial; 3º O não ter havido da parte delles, ou de suas familias provocação, ou delicto, que occasionasse o conflicto. 4º Quando fôr feito em defeza da pessoa de um terceiro. Para que o crime seja justificavel neste caso, deverão intervir conjunctamente a favor do delinquente os seguintes requisitos: 1º Certeza do mal, que se propôz evitar: 2º Que este fosse maior, ou pelo menos igual ao que se causou: 3º Falta absoluta de outro meio menos prejudicial: 4º Probabilidade da efficacia do que se empregou.

Reputar-se-ha feito em propria defeza, ou de um terceiro, o mal causado na repulsa dos que de noite entrarem, ou tentarem entrar nas casas, em que alguem morar, ou estiver, ou nos edificios, ou pateos fechados a ellas pertencentes, não sendo nos casos em que a Lei o permitte. 5º Quando fôr feito em resistencia á execução de ordens illegaes, não se excedendo os meios necessarios para impedil-a. 6º Quando o mal consistir no castigo moderado, que os pais derem a seus filhos, os senhores a seus escravos, e os mestres a seus discipulos; ou desse castigo resultar, uma vez que a qualidade delle, não seja contraria ás Leis em vigor.

xcv Art. 15. As circumstancias aggravantes, e attenuantes dos crimes influirão na aggravação, ou attenuação das penas, com que hão de ser punidos dentro dos limites prescriptos na Lei. SECÇÃO I : Art. 16. São circumstancias agravantes: 1º Ter o delinquente commettido o crime de noite, ou em lugar ermo. 2º Ter o delinquente commettido o crime com veneno, incendio, ou inundação. 3º Ter o delinquente reincidido em delicto da mesma natureza. 4º Ter sido o delinquente impellido por um motivo reprovado, ou frivolo. 5º Ter o delinquente faltado ao respeito devido á idade do offendido, quando este fôr mais velho, tanto que possa ser seu pai. 6º Haver no delinquente superioridade em sexo, forças, ou armas, de maneira que o offendido não pudesse defender-se com probabilidade de repellir a offensa. 7º Haver no offendido a qualidade de ascendente, mestre, ou superior do delinquente, ou qualquer outra, que o constitua á respeito deste em razão de pai. 8º Dar-se no delinquente a premeditação, isto é, designio formado antes da acção de offender individuo certo, ou incerto. Haverá premeditação quando entre o designio e a acção decorrerem mais de vinte e quatro horas. 9º Ter o delinquente procedido com fraude. 10. Ter o delinquente commettido o crime com abuso da confiança nelle posta. 11. Ter o delinquente commettido o crime por paga, ou esperança de alguma recompensa. 12. Ter precedido ao crime a emboscada, por ter o delinquente esperado o offendido em um, ou diversos lugares. 13. Ter havido arrombamento para a perpetração do crime. 14. Ter havido entrada, ou tentativa para entrar em casa do offendido com intento de commetter o crime. 15. Ter sido o crime commettido com surpresa. 16. Ter o delinquente, quando commetteu o crime, usado de disfarce para não ser conhecido. 17. Ter precedido ajuste entre dous ou mais individuos para o fim de commetter-se o crime. Art. 17. Tambem se julgarão aggravados os crimes:

1º Quando, além do mal do crime, resultar outro mal ao offendido, ou á pessoa de sua familia. 2º Quando a dôr physica fôr augmentada mais que o ordinario por alguma circumstancia extraordinaria. 3º Quando o mal do crime fôr augmentado por alguma circumstancia extraordinaria de ignominia. 4º Quando o mal do crime fôr augmentado pela natureza irreparavel do damno. 5º Quando pelo crime se augmentar a afflicção do afflicto. SECÇÃO II: Art. 18. São circumstancias attenuantes dos crimes: 1º Não ter havido no delinquente pleno conhecimento do mal, e directa intenção de o praticar. 2º Ter o delinquente commettido o crime para evitar maior mal. 3º Ter o delinquente commettido o crime em defeza da propria pessoa, ou de seus direitos; em defeza de sua familia, ou de um terceiro. 4º Ter o delinquente commettido o crime em desaffronta de alguma injuria, ou deshonra, que lhe fosse feita, ou á seus ascendentes, descendentes, conjuge, ou irmãos. 5º Ter o delinquente commettido o crime, oppondo-se á execução de ordens illegaes. 6º Ter precedido aggressão da parte do offendido. 7º Ter o delinquente commettido o crime, atterrado de ameaças. 8º Ter sido provocado o delinquente. A provocação será mais ou menos attendivel, segundo fôr mais ou menos grave, mais ou menos recente. 9º Ter o delinquente commettido o crime no estado de embriaguez. Para que a embriaguez se considere circumstancia attenuante, deverão intervir conjunctamente os seguintes requesitos; 1º que o delinquente não tivesse antes della formado o projecto do crime; 2º que a embriaguez não fosse procurada pelo delinquente como meio de o animar á perpetração do crime; 3º que o delinquente não seja costumado em tal estado a commetter crimes. 10. Ser o delinquente menor de vinte e um annos. Quando o réo fôr menor de dezasete annos, e maior de quatorze, poderá o Juiz, parecendo-lhe justo, impôr-lhe as penas da complicidade.

xcvi Art. 16. São circumstancias agravantes: 17. Ter precedido ajuste entre dous ou mais individuos para o fim de commetter-se o crime.

xcvii Art. 19. Influirá tambem na aggravação, ou attenuação do crime a sensibilidade do offendido.

xcviii Art. 21. O delinquente satisfará o damno, que causar com o delicto. Art. 22. A satisfação será sempre a mais completa, que fôr possivel, sendo no caso de duvida á favor do offendido. Para este fim o mal, que resultar á pessoa, e bens do offendido, será avaliado em todas as suas partes, e consequencias. Art. 23. No caso de restituição, far-se-ha esta da propria cousa, com indemnização dos deterioramentos, e da falta della, do seu equivalente. Art. 24. Se a propria cousa estiver em poder de terceiro, será este obrigado a entregal-a, havendo a indemnização pelos bens do delinquente. Art. 25. Para se restituir o equivalente, quando não existira propria cousa, será esta avaliada pelo seu preço ordinario, e pelo de affeição, com tanto que este não exceda á somma daquelle. Art. 26. Na satisfação se comprehenderão não só os juros ordinarios, os quaes se contarão na proporção do damno causado, e desde o momento do crime, mas tambem os juros compostos. Art. 27. Quando o crime fôr commettido por mais de um delinquente, a satisfação será á custa de todos, freando porém cada um delles solidariamente obrigado, e para esse fim se haverão por especialmente hypothecados os bens dos delinquentes desde o momento do crime. Art. 28. Serão obrigados á satisfação, posto que não sejam delinquentes: 1º O senhor pelo escravo até o valor deste. 2º O que gratuitamente tiver participado dos productos do crime até a concorrente quantia.

Art. 29. A obrigação de satisfazer o damno na fórma dos artigos antecedentes, passa aos herdeiros dos delinquentes até o valor dos bens herdados, e o direito de haver a satisfação passa aos herdeiros dos offendidos. Art. 30. A completa satisfação do offendido preferirá sempre ao pagamento das multas, a que tambem ficarão hypothecados os bens dos delinquentes, na fórma do art. 27. Art. 31. A satisfação não terá lugar antes da condemnação do delinquente por sentença em juizo criminal, passada em julgado. Exceptua-se: 1º O caso da ausencia do delinquente, em que se poderá demandar, e haver a satisfação por meio de acção civil. 2º O caso, em que o delinquente tiver fallecido depois da pronuncia, no qual poderá haver-se dos herdeiros a satisfação por meio de acção civil. 3º O caso, em que o offendido preferir o usar da acção civil contra o delinquente. Art. 32. Em todo o caso, não tendo o delinquente meios para a satisfação, dentro em oito dias, que lhe serão assignados, será condemnado a prisão com trabalho pelo tempo necessario para ganhar a quantia da satisfação. Esta condemnação porém, ficará sem effeito, logo que o delinquente, ou alguem por elle satisfizer, ou prestar fiança idonea ao pagamento em tempo razoavel, ou o offendido se der por satisfeito.

xcix Art. 55. A pena de multa obrigará os réos ao pagamento de uma quantia pecuniaria, que será sempre regulada pelo que os condemnados poderem haver em cada um dia pelos seus bens, empregos, ou industria, quando a Lei especificadamente a não designar de outro modo.

c Art. 183. Recusarem os Juizes, á quem fôr permittido passar ordens de – habeas-corpus – concedel-as, quando lhes forem regularmente requeridas, nos casos, em que podem ser legalmente passadas; retardarem sem motivo a sua concessão, ou deixarem de proposito, e com conhecimento de causa, de as passar independente de petição, nos casos em que a Lei o determinar. Art 184. Recusarem os Officiaes de Justiça, ou demorarem por qualquer modo a intimação de uma ordem de – habeas-corpus – que lhes tenha sido apresentada, ou a execução das outras diligencias necessarias para que essa ordem surta effeito. Penas – de suspensão do emprego por um mez a um anno, e de prisão por quinze dias a quatro mezes.

ci A Lei no 9.964, de 10 de Abril de 2000, que institui o Programa de Recuperação Fiscal – Refis e dá outras providências, e altera as Leis nos 8.036, de 11 de maio de 1990, e 8.844, de 20 de janeiro de 1994, dispõe no seu Art. 15: É suspensa a pretensão punitiva do Estado, referente aos crimes previstos nos arts. 1º e 2º da Lei no 8.137, de 27 de dezembro de 1990, e no art. 95 da Lei no 8.212, de 24 de julho de 1991, durante o período em que a pessoa jurídica relacionada com o agente dos aludidos crimes estiver incluída no Refis, desde que a inclusão no referido Programa tenha ocorrido antes do recebimento da denúncia criminal.

§ 1º A prescrição criminal não corre durante o período de suspensão da pretensão punitiva.

§ 2º O disposto neste artigo aplica-se, também:

I – a programas de recuperação fiscal instituídos pelos Estados, pelo Distrito Federal e pelos Municípios, que adotem, no que couber, normas estabelecidas nesta Lei;

II – aos parcelamentos referidos nos arts. 12 e 13.

§ 3º Extingue-se a punibilidade dos crimes referidos neste artigo quando a pessoa jurídica relacionada com o agente efetuar o pagamento integral dos débitos oriundos de tributos e contribuições sociais, inclusive acessórios, que tiverem sido objeto de concessão de parcelamento antes do recebimento da denúncia criminal.

cii Art. 83. A representação fiscal para fins penais relativa aos crimes contra a ordem tributária previstos nos arts. 1º e 2º da Lei no 8.137, de 27 de dezembro de 1990, e aos crimes contra a Previdência Social, previstos nos arts. 168-A e 337-A do Decreto-Lei no 2.848, de 7 de dezembro de 1940 (Código Penal), será encaminhada ao Ministério Público depois de proferida a decisão final, na esfera administrativa, sobre a exigência fiscal do crédito tributário correspondente.(Redação dada pela Lei n. 12.350, de 2010)

§ 1º Na hipótese de concessão de parcelamento do crédito tributário, a representação fiscal para fins penais somente será encaminhada ao Ministério Público após a exclusão da pessoa física ou jurídica do parcelamento. (Incluído pela Lei n. 12.382, de 2011)

§ 2º É suspensa a pretensão punitiva do Estado referente aos crimes previstos no caput, durante o período em que a pessoa física ou a pessoa jurídica relacionada com o agente dos aludidos crimes estiver incluída no parcelamento, desde que o pedido de parcelamento tenha sido formalizado antes do recebimento da denúncia criminal. (Incluído pela Lei n. 12.382, de 2011)

§ 3º A prescrição criminal não corre durante o período de suspensão da pretensão punitiva. (Incluído pela Lei n. 12.382, de 2011)

§ 4º Extingue-se a punibilidade dos crimes referidos no caput quando a pessoa física ou a pessoa jurídica relacionada com o agente efetuar o pagamento integral dos débitos oriundos de tributos, inclusive acessórios, que tiverem sido objeto de concessão de parcelamento. (Incluído pela Lei n. 12.382, de 2011)

§ 5º O disposto nos §§ 1º a 4º não se aplica nas hipóteses de vedação legal de parcelamento. (Incluído pela Lei n. 12.382, de 2011)

§ 6º As disposições contidas no caput do art. 34 da Lei no 9.249, de 26 de dezembro de 1995, aplicam-se aos processos administrativos e aos inquéritos e processos em curso, desde que não recebida a denúncia pelo juiz. (Renumerado do Parágrafo único pela Lei n. 12.382, de 2011) ciii Revogado pelo Decreto n. 2.730, de 1998, que dispõe sobre o encaminhamento ao Ministério Público Federal da representação Fiscal para fins penais de que trata o art. 83 da Lei n. 9.430, de 27 de dezembro de 1996.

civ Revogado pelo Decreto n. 2.730, de 1998, que dispõe sobre o encaminhamento ao Ministério Público Federal da representação Fiscal para fins penais de que trata o art. 83 da Lei n. 9.430, de 27 de dezembro de 1996.

cv Revogado pelo Decreto n. 2.730, de 1998, que dispõe sobre o encaminhamento ao Ministério Público Federal da representação Fiscal para fins penais de que trata o art. 83 da Lei n. 9.430, de 27 de dezembro de 1996.

cvi Revogado pelo Decreto n. 2.730, de 1998, que dispõe sobre o encaminhamento ao Ministério Público Federal da representação Fiscal para fins penais de que trata o art. 83 da Lei n. 9.430, de 27 de dezembro de 1996.

cvii Revogado pelo Decreto n. 2.730, de 1998, que dispõe sobre o encaminhamento ao Ministério Público Federal da representação Fiscal para fins penais de que trata o art. 83 da Lei n. 9.430, de 27 de dezembro de 1996.

cviii Emenda Constitucional n. 1, de 17 de outubro de 1969. Atual artigo 5º da Constituição da República Federativa do Brasil, de 1988. Art. 5º Todos são iguais perante a lei, sem distinção de qualquer natureza, garantindo-se aos brasileiros e aos estrangeiros residentes no País a inviolabilidade do direito à vida, à liberdade, à igualdade, à segurança e à propriedade, nos termos seguintes: (...)

cix Artigo 897 do Código de Processo Civil, atual artigo 546 do Novo Código de Processo Civil, conforme Lei n. 13.105/2015.

Art. 546: Julgado procedente o pedido, o juiz declarará extinta a obrigação e condenará o réu ao pagamento de custas e honorários advocatícios.

Parágrafo único. Proceder-se-á do mesmo modo se o credor receber e der quitação.

cx Artigo 324 do Código de Processo Civil de 1973, atual Art. 348 do Novo Código de Processo Civil, conforme Lei n. 13.105/2015.

Art. 348: Se o réu não contestar a ação, o juiz, verificando a inocorrência do efeito da revelia previsto no art. 344, ordenará que o autor especifique as provas que pretenda produzir, se ainda não as tiver indicado.

cxi Art. 34 Código de Processo Civil de 1939, atual Artigo 85 do Novo Código de Processo Civil, conforme Lei n. 13.105/2015.

Art. 85: A sentença condenará o vencido a pagar honorários ao advogado do vencedor.

§ 1º São devidos honorários advocatícios na reconvenção, no cumprimento de sentença, provisório ou definitivo, na execução, resistida ou não, e nos recursos interpostos, cumulativamente.

cxii Atual inciso XXXV, do artigo 5º, da CF/1988. XXXV – a lei não excluirá da apreciação do Poder Judiciário lesão ou ameaça a direito; (...)

cxiii Atual inciso XXXV, do artigo 5º, da CF/1988. XXXV – a lei não excluirá da apreciação do Poder Judiciário lesão ou ameaça a direito; (...)

cxiv Artigo 324 do Código de Processo Civil de 1973, atual Art. 348 do Novo Código de Processo Civil, conforme Lei n. 13.105/2015.

Art. 348: Se o réu não contestar a ação, o juiz, verificando a inocorrência do efeito da revelia previsto no art. 344, ordenará que o autor especifique as provas que pretenda produzir, se ainda não as tiver indicado.

cxv Atual Artigo 344, do Novo Código de Processo Civil, conforme Lei n. 13.105/2015.

Art. 344: Se o réu não contestar a ação, será considerado revel e presumir-se-ão verdadeiras as alegações de fato formuladas pelo autor.

cxvi Atual Artigo 369 do Novo Código de Processo Civil, conforme Lei n. 13.105/2015.

Art. 369: As partes têm o direito de empregar todos os meios legais, bem como os moralmente legítimos, ainda que não especificados neste Código, para provar a verdade dos fatos em que se funda o pedido ou a defesa e influir eficazmente na convicção do juiz.

cxvii Artigo 334, inciso I, do Código de Processo Civil de 1º.10.1973, atual Artigo 374, inc. I, do Novo Código de Processo Civil conforme Lei n. 13.105/2015.

Art. 374: Não dependem de prova os fatos:

I – notórios;

II – afirmados por uma parte e confessados pela parte contrária;

III – admitidos no processo como incontroversos;

IV – em cujo favor milita presunção legal de existência ou de veracidade.

cxviii Atual Artigo 345 do Novo Código de Processo Civil, conforme Lei n. 13.105/2015.

Art. 345: A revelia não produz o efeito mencionado no art. 344 se:

I – havendo pluralidade de réus, algum deles contestar a ação;

II – o litígio versar sobre direitos indisponíveis;

III – a petição inicial não estiver acompanhada de instrumento que a lei considere indispensável à prova do ato;

IV – as alegações de fato formuladas pelo autor forem inverossímeis ou estiverem em contradição com prova constante dos autos.

cxix Atual Artigo 72, inciso II do Novo Código Civil de 2015.

Art. 72. O juiz nomeará curador especial ao:

I – incapaz, se não tiver representante legal ou se os interesses deste colidirem com os daquele, enquanto durar a incapacidade;

II – réu preso revel, bem como ao réu revel citado por edital ou com hora certa, enquanto não for constituído advogado.

Parágrafo único. A curatela especial será exercida pela Defensoria Pública, nos termos da lei.

cxx Atual Artigo 731 do Novo Código de Processo Civil, conforme Lei n. 13.105/2015.

Art. 731. A homologação do divórcio ou da separação consensuais, observados os requisitos legais, poderá ser requerida em petição assinada por ambos os cônjuges, da qual constarão:

I – as disposições relativas à descrição e à partilha dos bens comuns;

II – as disposições relativas à pensão alimentícia entre os cônjuges;

III – o acordo relativo à guarda dos filhos incapazes e ao regime de visitas; e

IV – o valor da contribuição para criar e educar os filhos.

Parágrafo único. Se os cônjuges não acordarem sobre a partilha dos bens, far-se-á esta depois de homologado o divórcio, na forma estabelecida nos arts. 647 a 658.

cxxi Artigo 324 do Código de Processo Civil de 1973, atual Art. 348 do Novo Código de Processo Civil, conforme Lei n. 13.105/2015.

Art. 348: Se o réu não contestar a ação, o juiz, verificando a inocorrência do efeito da revelia previsto no art. 344, ordenará que o autor especifique as provas que pretenda produzir, se ainda não as tiver indicado.

cxxii Artigo 330, inc. II, do Código de Processo Civil de 1º.10.1973, atual Artigo 355, inciso II, do Novo Código de Processo Civil, conforme Lei n. 13.105/2015.

Art. 355. O juiz julgará antecipadamente o pedido, proferindo sentença com resolução de mérito, quando:

I – não houver necessidade de produção de outras provas;

II – o réu for revel, ocorrer o efeito previsto no art. 344 e não houver requerimento de prova, na forma do art. 349.

cxxiii Atual Artigo 344 do Novo Código de Processo Civil, conforme Lei n. 13.105/2015.

Art. 344: Se o réu não contestar a ação, será considerado revel e presumir-se-ão verdadeiras as alegações de fato formuladas pelo autor.

cxxiv Artigo 330, inc. II, do Código de Processo Civil de 1º.10.1973, atual Artigo 355, inciso II, do Novo Código de Processo Civil, conforme Lei n. 13.105/2015.

Art. 355: O juiz julgará antecipadamente o pedido, proferindo sentença com resolução de mérito, quando:

I – não houver necessidade de produção de outras provas;

II – o réu for revel, ocorrer o efeito previsto no art. 344 e não houver requerimento de prova, na forma do art. 349.

cxxv Artigo 322 do Código de Processo Civil de 1º.10.1973, atual Artigo 346 do Novo Código de Processo Civil, conforme Lei n. 13.105/2015.

Art. 346: Os prazos contra o revel que não tenha patrono nos autos fluirão da data de publicação do ato decisório no órgão oficial.

Parágrafo único. O revel poderá intervir no processo em qualquer fase, recebendo-o no estado em que se encontrar.

cxxvi Atual Artigo 223 do Novo Código de Processo Civil, conforme Lei n. 13.105/2015.

Art. 223: Decorrido o prazo, extingue-se o direito de praticar ou de emendar o ato processual, independentemente de declaração judicial, ficando assegurado, porém, à parte provar que não o realizou por justa causa.

§ 1º Considera-se justa causa o evento alheio à vontade da parte e que a impediu de praticar o ato por si ou por mandatário.

§ 2º Verificada a justa causa, o juiz permitirá à parte a prática do ato no prazo que lhe assinar.

cxxvii Súmula 231 do Supremo Tribunal Federal: O revel, em processo cível, pode produzir provas, desde que compareça em tempo oportuno.

cxxviii Art. 214 do Código de Processo Civil de 1973, atual Artigo 239 do Novo Código de Processo Civil conforme Lei n. 13.105/2015.

Art. 239: Para a validade do processo é indispensável a citação do réu ou do executado, ressalvadas as hipóteses de indeferimento da petição inicial ou de improcedência liminar do pedido.

§ 1º O comparecimento espontâneo do réu ou do executado supre a falta ou a nulidade da citação, fluindo a partir desta data o prazo para apresentação de contestação ou de embargos à execução.

§ 2º Rejeitada a alegação de nulidade, tratando-se de processo de:

I – conhecimento, o réu será considerado revel;

II – execução, o feito terá seguimento.

cxxix Artigo 285 do Código de Processo Civil de 1º.10.1973, atual Artigo 334 do Novo Código de Processo Civil conforme Lei n. 13.105/2015.

Art. 334: Se a petição inicial preencher os requisitos essenciais e não for o caso de improcedência liminar do pedido, o juiz designará audiência de conciliação ou de mediação com antecedência mínima de 30 (trinta) dias, devendo ser citado o réu com pelo menos 20 (vinte) dias de antecedência.

§ 1º O conciliador ou mediador, onde houver, atuará necessariamente na audiência de conciliação ou de mediação, observando o disposto neste Código, bem como as disposições da lei de organização judiciária.

§ 2º Poderá haver mais de uma sessão destinada à conciliação e à mediação, não podendo exceder a 2 (dois) meses da data de realização da primeira sessão, desde que necessárias à composição das partes.

§ 3º A intimação do autor para a audiência será feita na pessoa de seu advogado.

§ 4º A audiência não será realizada:

I – se ambas as partes manifestarem, expressamente, desinteresse na composição consensual;

II – quando não se admitir a autocomposição.

§ 5º O autor deverá indicar, na petição inicial, seu desinteresse na autocomposição, e o réu deverá fazê-lo, por petição, apresentada com 10 (dez) dias de antecedência, contados da data da audiência.

§ 6º Havendo litisconsórcio, o desinteresse na realização da audiência deve ser manifestado por todos os litisconsortes.

§ 7º A audiência de conciliação ou de mediação pode realizar-se por meio eletrônico, nos termos da lei.

§ 8º O não comparecimento injustificado do autor ou do réu à audiência de conciliação é considerado ato atentatório à dignidade da justiça e será sancionado com multa de até dois por cento da vantagem econômica pretendida ou do valor da causa, revertida em favor da União ou do Estado.

§ 9º As partes devem estar acompanhadas por seus advogados ou defensores públicos.

§ 10. A parte poderá constituir representante, por meio de procuração específica, com poderes para negociar e transigir.

§ 11. A autocomposição obtida será reduzida a termo e homologada por sentença.

§ 12. A pauta das audiências de conciliação ou de mediação será organizada de modo a respeitar o intervalo mínimo de 20 (vinte) minutos entre o início de uma e o início da seguinte.

cxxx Artigo 223 do Código de Processo Civil de 1º.10.1973, atual Artigo 248 do Novo Código de Processo Civil conforme Lei n. 13.105/2015.

Art. 248: Deferida a citação pelo correio, o escrivão ou o chefe de secretaria remeterá ao citando cópias da petição inicial e do despacho do juiz e comunicará o prazo para resposta, o endereço do juízo e o respectivo cartório.

§ 1º A carta será registrada para entrega ao citando, exigindo-lhe o carteiro, ao fazer a entrega, que assine o recibo.

§ 2º Sendo o citando pessoa jurídica, será válida a entrega do mandado a pessoa com poderes de gerência geral ou de administração ou, ainda, a funcionário responsável pelo recebimento de correspondências.

§ 3º Da carta de citação no processo de conhecimento constarão os requisitos do art. 250.

§ 4º Nos condomínios edilícios ou nos loteamentos com controle de acesso, será válida a entrega do mandado a funcionário da portaria responsável pelo recebimento de correspondência, que, entretanto, poderá recusar o recebimento, se declarar, por escrito, sob as penas da lei, que o destinatário da correspondência está ausente.

cxxxi Art. 232 do Código de Processo Civil de 1º.10.1973, atual Artigo 257, inciso IV do Novo Código de Processo Civil, Lei n. 13.105/2015.

Art. 257: São requisitos da citação por edital:

I – a afirmação do autor ou a certidão do oficial informando a presença das circunstâncias autorizadoras;

II – a publicação do edital na rede mundial de computadores, no sítio do respectivo tribunal e na plataforma de editais do Conselho Nacional de Justiça, que deve ser certificada nos autos;

III – a determinação, pelo juiz, do prazo, que variará entre 20 (vinte) e 60 (sessenta) dias, fluindo da data da publicação única ou, havendo mais de uma, da primeira;

IV – a advertência de que será nomeado curador especial em caso de revelia.

Parágrafo único. O juiz poderá determinar que a publicação do edital seja feita também em jornal local de ampla circulação ou por outros meios, considerando as peculiaridades da comarca, da seção ou da subseção judiciárias.

cxxxii Artigo 247 do Código de Processo Civil/1973, atual Artigo 280 do Novo Código de Processo Civil conforme Lei n. 13.105/2015.

Art. 280: As citações e as intimações serão nulas quando feitas sem observância das prescrições legais.

cxxxiii Inciso I, do Art. 741 do Código de Processo Civil/1973, atual Artigo 535 do Novo Código de Processo Civil conforme Lei n. 13.105/2015.

Art. 535: A Fazenda Pública será intimada na pessoa de seu representante judicial, por carga, remessa ou meio eletrônico, para, querendo, no prazo de 30 (trinta) dias e nos próprios autos, impugnar a execução, podendo arguir:

I – falta ou nulidade da citação se, na fase de conhecimento, o processo correu à revelia;

cxxxiv Artigo 183 do Código de Processo Civil/1973, atual Artigo 223 do Novo Código de Processo Civil conforme Lei n. 13.105/2015.

Art. 223: Decorrido o prazo, extingue-se o direito de praticar ou de emendar o ato processual, independentemente de declaração judicial, ficando assegurado, porém, à parte provar que não o realizou por justa causa.

§ 1º Considera-se justa causa o evento alheio à vontade da parte e que a impediu de praticar o ato por si ou por mandatário.

§ 2º Verificada a justa causa, o juiz permitirá à parte a prática do ato no prazo que lhe assinar.

cxxxv Artigo 131 do Código de Processo Civil de 1º.10.1973, atual Artigo 371 do Novo Código de Processo Civil conforme Lei n. 13.105/2015.

Art. 371: O juiz apreciará a prova constante dos autos, independentemente do sujeito que a tiver promovido, e indicará na decisão as razões da formação de seu convencimento.

cxxxvi Artigo 334, inciso I, do Código de Processo Civil de 1º.10.1973, atual Artigo 374, inc. I, do Novo Código de Processo Civil conforme Lei n. 13.105/2015.

Art. 374: Não dependem de prova os fatos:

I – notórios;

II – afirmados por uma parte e confessados pela parte contrária;

III – admitidos no processo como incontroversos;

IV – em cujo favor milita presunção legal de existência ou de veracidade.

cxxxvii Art. 502 Código de Processo Penal foi revogado pela Lei n. 11.719/2008, que altera dispositivos do Decreto-Lei no 3.689, de 3 de outubro de 1941 – Código de Processo Penal, relativos à suspensão do processo, emendatio libelli, mutatio libelli e aos procedimentos.

cxxxviii Atual inciso I do artigo 257 do CPP, Incluído pela Lei n. 11.719, de 2008. II – fiscalizar a execução da lei.

Art. 257. Ao Ministério Público cabe: (Redação dada pela Lei n. 11.719, de 2008).

I – promover, privativamente, a ação penal pública, na forma estabelecida neste Código; e (Incluído pela Lei n. 11.719, de 2008).

II – fiscalizar a execução da lei. (Incluído pela Lei n. 11.719, de 2008).

cxxxix Art. 185. O acusado que comparecer perante a autoridade judiciária, no curso do processo penal, será qualificado e interrogado na presença de seu defensor, constituído ou nomeado. (Redação dada pela Lei n. 10.792, de 1º.12.2003)

§ 1º O interrogatório do réu preso será realizado, em sala própria, no estabelecimento em que estiver recolhido, desde que estejam garantidas a segurança do juiz, do membro do Ministério Público e dos auxiliares bem como a presença do defensor e a publicidade do ato. (Redação dada pela Lei n. 11.900, de 2009)

§ 2º Excepcionalmente, o juiz, por decisão fundamentada, de ofício ou a requerimento das partes, poderá realizar o interrogatório do réu preso por sistema de videoconferência ou outro recurso tecnológico de transmissão de sons e imagens em tempo real, desde que a medida seja necessária para atender a uma das seguintes finalidades: (Redação dada pela Lei n. 11.900, de 2009)

I – prevenir risco à segurança pública, quando exista fundada suspeita de que o preso integre organização criminosa ou de que, por outra razão, possa fugir durante o deslocamento; (Incluído pela Lei n. 11.900, de 2009)

II – viabilizar a participação do réu no referido ato processual, quando haja relevante dificuldade para seu comparecimento em juízo, por enfermidade ou outra circunstância pessoal; (Incluído pela Lei n. 11.900, de 2009)

III – impedir a influência do réu no ânimo de testemunha ou da vítima, desde que não seja possível colher o depoimento destas por videoconferência, nos termos do art. 217 deste Código; (Incluído pela Lei n. 11.900, de 2009)

IV – responder à gravíssima questão de ordem pública. (Incluído pela Lei n. 11.900, de 2009)

§ 3º Da decisão que determinar a realização de interrogatório por videoconferência, as partes serão intimadas com 10 (dez) dias de antecedência. (Incluído pela Lei n. 11.900, de 2009)

§ 4º Antes do interrogatório por videoconferência, o preso poderá acompanhar, pelo mesmo sistema tecnológico, a realização de todos os atos da audiência única de instrução e julgamento de que tratam os arts. 400, 411 e 531 deste Código. (Incluído pela Lei n. 11.900, de 2009)

§ 5º Em qualquer modalidade de interrogatório, o juiz garantirá ao réu o direito de entrevista prévia e reservada com o seu defensor; se realizado por videoconferência, fica também garantido o acesso a canais telefônicos reservados para comunicação entre o defensor que esteja no presídio e o advogado presente na sala de audiência do Fórum, e entre este e o preso. (Incluído pela Lei n. 11.900, de 2009)

§ 6º A sala reservada no estabelecimento prisional para a realização de atos processuais por sistema de videoconferência será fiscalizada pelos corregedores e pelo juiz de cada causa, como também pelo Ministério Público e pela Ordem dos Advogados do Brasil. (Incluído pela Lei n. 11.900, de 2009)

§ 7º Será requisitada a apresentação do réu preso em juízo nas hipóteses em que o interrogatório não se realizar na forma prevista nos §§ 1º e 2º deste artigo. (Incluído pela Lei n. 11.900, de 2009)

§ 8º Aplica-se o disposto nos §§ 2º, 3º, 4º e 5º deste artigo, no que couber, à realização de outros atos processuais que dependam da participação de pessoa que esteja presa, como acareação, reconhecimento de pessoas e coisas, e inquirição de testemunha ou tomada de declarações do ofendido. (Incluído pela Lei n. 11.900, de 2009)

§ 9º Na hipótese do § 8º deste artigo, fica garantido o acompanhamento do ato processual pelo acusado e seu defensor. (Incluído pela Lei n. 11.900, de 2009)

cxl Art. 187. O interrogatório será constituído de duas partes: sobre a pessoa do acusado e sobre os fatos. (Redação dada pela Lei n. 10.792, de 1º.12.2003)

§ 1º Na primeira parte o interrogando será perguntado sobre a residência, meios de vida ou profissão, oportunidades sociais, lugar onde exerce a sua atividade, vida pregressa, notadamente se foi preso ou processado alguma vez e, em caso afirmativo, qual o juízo do processo, se houve suspensão condicional ou condenação, qual a pena imposta, se a cumpriu e outros dados familiares e sociais. (Incluído pela Lei n. 10.792, de 1º.12.2003)

§ 2º Na segunda parte será perguntado sobre: (Incluído pela Lei n. 10.792, de 1º.12.2003)

I – ser verdadeira a acusação que lhe é feita; (Incluído pela Lei n. 10.792, de 1º.12.2003)

II – não sendo verdadeira a acusação, se tem algum motivo particular a que atribuí-la, se conhece a pessoa ou pessoas a quem deva ser imputada a prática do crime, e quais sejam, e se com elas esteve antes da prática da infração ou depois dela; (Incluído pela Lei n. 10.792, de 1º.12.2003)

III – onde estava ao tempo em que foi cometida a infração e se teve notícia desta; (Incluído pela Lei n. 10.792, de 1º.12.2003)

IV – as provas já apuradas; (Incluído pela Lei n. 10.792, de 1º.12.2003)

V – se conhece as vítimas e testemunhas já inquiridas ou por inquirir, e desde quando, e se tem o que alegar contra elas; (Incluído pela Lei n. 10.792, de 1º.12.2003)

VI – se conhece o instrumento com que foi praticada a infração, ou qualquer objeto que com esta se relacione e tenha sido apreendido; (Incluído pela Lei n. 10.792, de 1º.12.2003)

VII – todos os demais fatos e pormenores que conduzam à elucidação dos antecedentes e circunstâncias da infração; (Incluído pela Lei n. 10.792, de 1º.12.2003)

VIII – se tem algo mais a alegar em sua defesa. (Incluído pela Lei n. 10.792, de 1º.12.2003)

cxli Art. 194: Revogado pela Lei n. 10.792, de 1º.12.2003, que altera a Lei no 7.210, de 11 de junho de 1984 – Lei de Execução Penal e o Decreto-Lei no 3.689, de 3 de outubro de 1941 – Código de Processo Penal e dá outras providências.

cxlii Art. 192. O interrogatório do mudo, do surdo ou do surdo-mudo será feito pela forma seguinte: (Redação dada pela Lei n. 10.792, de 1º.12.2003)

I – ao surdo serão apresentadas por escrito as perguntas, que ele responderá oralmente; (Redação dada pela Lei n. 10.792, de 1º.12.2003)

II – ao mudo as perguntas serão feitas oralmente, respondendo-as por escrito; (Redação dada pela Lei n. 10.792, de 1º.12.2003)

III – ao surdo-mudo as perguntas serão formuladas por escrito e do mesmo modo dará as respostas. (Redação dada pela Lei n. 10.792, de 1º.12.2003)

Parágrafo único. Caso o interrogando não saiba ler ou escrever, intervirá no ato, como intérprete e sob compromisso, pessoa habilitada a entendê-lo. (Redação dada pela Lei n. 10.792, de 1º.12.2003)

cxliii Art. 193. Quando o interrogando não falar a língua nacional, o interrogatório será feito por meio de intérprete. (Redação dada pela Lei n. 10.792, de 1º.12.2003)

cxliv Art. 188. Após proceder ao interrogatório, o juiz indagará das partes se restou algum fato para ser esclarecido, formulando as perguntas correspondentes se o entender pertinente e relevante. (Redação dada pela Lei n. 10.792, de 1º.12.2003) cxlv Art. 360. Se o réu estiver preso, será pessoalmente citado. (Redação dada pela Lei n. 10.792, de 1º.12.2003)

cxlvi Decreto-lei complementar n. 3, de 27 de agosto de 1969, da Assembleia Legislativa do Estado de São Paulo, que estabelece o Código Judiciário do Estado de São Paulo, para organizar a Justiça Comum do Estado de São Paulo e regular o funcionamento de seus Órgãos.

cxlvii Resolução 1º, de 29/12/1971 do Tribunal de Justiça do Estado de São Paulo, que determina a criação de Serventias Registrais.

cxlviii Art. 403. Não havendo requerimento de diligências, ou sendo indeferido, serão oferecidas alegações finais orais por 20 (vinte) minutos, respectivamente, pela acusação e pela defesa, prorrogáveis por mais 10 (dez), proferindo o juiz, a seguir, sentença. (Redação dada pela Lei n. 11.719, de 2008)

§ 1º Havendo mais de um acusado, o tempo previsto para a defesa de cada um será individual. (Incluído pela Lei n. 11.719, de 2008)

§ 2º Ao assistente do Ministério Público, após a manifestação desse, serão concedidos 10 (dez) minutos, prorrogando-se por igual período o tempo de manifestação da defesa. (Incluído pela Lei n. 11.719, de 2008)

§ 3º O juiz poderá, considerada a complexidade do caso ou o número de acusados, conceder às partes o prazo de 5 (cinco) dias sucessivamente para a apresentação de memoriais. Nesse caso, terá o prazo de 10 (dez) dias para proferir a sentença. (Incluído pela Lei n. 11.719, de 2008)

cxlix Art. 93. Lei complementar, de iniciativa do Supremo Tribunal Federal, disporá sobre o Estatuto da Magistratura, observados os seguintes princípios:

IX todos os julgamentos dos órgãos do Poder Judiciário serão públicos, e fundamentadas todas as decisões, sob pena de nulidade, podendo a lei limitar a presença, em determinados atos, às próprias partes e a seus advogados, ou somente a estes, em casos nos quais a preservação do direito à intimidade do interessado no sigilo não prejudique o interesse público à informação; (Redação dada pela Emenda Constitucional n. 45, de 2004)

cl Decreto 7661/45, ex Lei de Falências: revogado pela Lei n. 11.101, de 2005, que regula a recuperação judicial, a extrajudicial e a falência do empresário e da sociedade empresária.

cli Atual §3º do artigo 53. Redação dada pela Emenda Constitucional n. 35, de 2001. § 2º Desde a expedição do diploma, os membros do Congresso Nacional não poderão ser presos, salvo em flagrante de crime inafiançável. Nesse caso, os autos serão remetidos dentro de vinte e quatro horas à Casa respectiva, para que, pelo voto da maioria de seus membros, resolva sobre a prisão.

clii Art. 69 da Lei 9099/95: A autoridade policial que tomar conhecimento da ocorrência lavrará termo circunstanciado e o encaminhará imediatamente ao Juizado, com o autor do fato e a vítima, providenciando-se as requisições dos exames periciais necessários.

Parágrafo único. Ao autor do fato que, após a lavratura do termo, for imediatamente encaminhado ao juizado ou assumir o compromisso de a ele comparecer, não se imporá prisão em flagrante, nem se exigirá fiança. Em caso de violência doméstica, o juiz poderá determinar, como medida de cautela, seu afastamento do lar, domicílio ou local de convivência com a vítima. (Redação dada pela Lei n. 10.455, de 13.5.2002.)

cliii Art. 4º do Código de Processo Penal: A polícia judiciária será exercida pelas autoridades policiais no território de suas respectivas circunscrições e terá por fim a apuração das infrações penais e da sua autoria. (Redação dada pela Lei n. 9.043, de 9.5.1995)

cliv Revogada pela lei n. 6.368, 21/10/1976. Atual Lei n. 11.343/2006, que institui o Sistema Nacional de Políticas Públicas sobre Drogas – Sisnad; prescreve medidas para prevenção do uso indevido, atenção e reinserção social de usuários e dependentes de drogas; estabelece normas para repressão à produção não autorizada e ao tráfico ilícito de drogas; define crimes e dá outras providências.

clv Revogado pela Lei n. 11.719, de 2008, que altera dispositivos do Decreto-Lei n. 3.689, de 3 de outubro de 1941 – Código de Processo Penal, relativos à suspensão do processo, emendatio libelli, mutatio libelli e aos procedimentos.

clvi Art. 4º Código de Processo Penal: A polícia judiciária será exercida pelas autoridades policiais no território de suas respectivas circunscrições e terá por fim a apuração das infrações penais e da sua autoria. (Redação dada pela Lei n. 9.043, de 9.5.1995)

clvii Art. 95 da Lei 9099/95: Os Estados, Distrito Federal e Territórios criarão e instalarão os Juizados Especiais no prazo de seis meses, a contar da vigência desta Lei.

Parágrafo único. No prazo de 6 (seis) meses, contado da publicação desta Lei, serão criados e instalados os Juizados Especiais Itinerantes, que deverão dirimir, prioritariamente, os conflitos existentes nas áreas rurais ou nos locais de menor concentração populacional. (Redação dada pela Lei n. 12.726, de 2012)

clviii Art. 83 da Lei 9099/95: Caberão embargos de declaração quando, em sentença ou acórdão, houver obscuridade, contradição, omissão ou dúvida. (Vide Lei n. 13.105, de 2015 – Código de Processo Civil)

§ 1º Os embargos de declaração serão opostos por escrito ou oralmente, no prazo de cinco dias, contados da ciência da decisão.

§ 2º Quando opostos contra sentença, os embargos de declaração suspenderão o prazo para o recurso. (Vide Lei n. 13.105, de 2015 – Código de Processo Civil)

§ 3º Os erros materiais podem ser corrigidos de ofício.

clix O Art. 77° da lei 9099/95 não possui inciso IV.

clx A Lei 6368/76 foi revogada pela Lei n. 11.343, de 2006, que Institui o Sistema Nacional de Políticas Públicas sobre Drogas – Sisnad; prescreve medidas para prevenção do uso indevido, atenção e reinserção social de usuários e dependentes de drogas; estabelece normas para repressão à produção não autorizada e ao tráfico ilícito de drogas; define crimes e dá outras providências.

clxi Art. 176 do Código de Processo penal, com redação dada pela Lei n. 11.690, de 2008:

Art. 156. A prova da alegação incumbirá a quem a fizer, sendo, porém, facultado ao juiz de ofício: I – ordenar, mesmo antes de iniciada a ação penal, a produção antecipada de provas consideradas urgentes e relevantes, observando a necessidade, adequação e proporcionalidade da medida; II – determinar, no curso da instrução, ou antes de proferir sentença, a realização de diligências para dirimir dúvida sobre ponto relevante.

clxii Atual § 9º do artigo 411 do CPP. Redação determinada pela Lei n. 11.689, de 2008:

§ 9º Encerrados os debates, o juiz proferirá a sua decisão, ou o fará em 10 (dez) dias, ordenando que os autos para isso lhe sejam conclusos.

clxiii Atual artigo 423 do CPP, de acordo com a Lei n. 11.689/ 2008:

Art. 423: Deliberando sobre os requerimentos de provas a serem produzidas ou exibidas no plenário do júri, e adotadas as providências devidas, o juiz presidente: I – ordenará as diligências necessárias para sanar qualquer nulidade ou esclarecer fato que interesse ao julgamento da causa; II – fará relatório sucinto do processo, determinando sua inclusão em pauta da reunião do Tribunal do Júri.

Parágrafo único do art. 425, correspondente com atual art. 424 do CPP, conforme Lei n. 11.689/ 2008:

Art. 424: Quando a lei local de organização judiciária não atribuir ao presidente do Tribunal do Júri o preparo para julgamento, o juiz competente remeter-lhe-á os autos do processo preparado até 5 (cinco) dias antes do sorteio a que se refere o art. 433 deste Código. Parágrafo único: Deverão ser remetidos, também, os processos preparados até o encerramento da reunião, para a realização de julgamento.

clxiv Revogado pela Lei n. 11.719, de 2008.

clxv Redação dada pela Lei n. 11.719, de 2008.

Art. 538 Código de Processo Penal: Nas infrações penais de menor potencial ofensivo, quando o juizado especial criminal encaminhar ao juízo comum as peças existentes para a adoção de outro procedimento, observar-se-á o procedimento sumário previsto neste Capítulo.

clxvi Art. 134 da Constituição Federal: A Defensoria Pública é instituição permanente, essencial à função jurisdicional do Estado, incumbindo-lhe, como expressão e instrumento do regime democrático, fundamentalmente, a orientação jurídica, a promoção dos direitos humanos e a defesa, em todos os graus, judicial e extrajudicial, dos direitos individuais e coletivos, de forma integral e gratuita, aos necessitados, na forma do inciso LXXIV do art. 5º desta Constituição Federal. (Redação dada pela Emenda Constitucional n. 80, de 2014)

§ 1º Lei complementar organizará a Defensoria Pública da União e do Distrito Federal e dos Territórios e prescreverá normas gerais para sua organização nos Estados, em cargos de carreira, providos, na classe inicial, mediante concurso público de provas e títulos, assegurada a seus integrantes a garantia da inamovibilidade e vedado o exercício da advocacia fora das atribuições institucionais. (Renumerado do parágrafo único pela Emenda Constitucional n. 45, de 2004)

§ 2º Às Defensorias Públicas Estaduais são asseguradas autonomia funcional e administrativa e a iniciativa de sua proposta orçamentária dentro dos limites estabelecidos na lei de diretrizes orçamentárias e subordinação ao disposto no art. 99, § 2º. (Incluído pela Emenda Constitucional n. 45, de 2004)

§ 3º Aplica-se o disposto no § 2º às Defensorias Públicas da União e do Distrito Federal. (Incluído pela Emenda Constitucional n. 74, de 2013)

§ 4º São princípios institucionais da Defensoria Pública a unidade, a indivisibilidade e a independência funcional, aplicando-se também, no que couber, o disposto no art. 93 e no inciso II do art. 96 desta Constituição Federal. (Incluído pela Emenda Constitucional n. 80, de 2014)

clxvii Art. 134 da Constituição Federal: A Defensoria Pública é instituição permanente, essencial à função jurisdicional do Estado, incumbindo-lhe, como expressão e instrumento do regime democrático, fundamentalmente, a orientação jurídica, a promoção dos direitos humanos e a defesa, em todos os graus, judicial e extrajudicial, dos direitos individuais e coletivos, de forma integral e gratuita, aos necessitados, na forma do inciso LXXIV do art. 5º desta Constituição Federal. (Redação dada pela Emenda Constitucional n. 80, de 2014)

§ 1º Lei complementar organizará a Defensoria Pública da União e do Distrito Federal e dos Territórios e prescreverá normas gerais para sua organização nos Estados, em cargos de carreira, providos, na classe inicial, mediante concurso público de provas e títulos, assegurada a seus integrantes a garantia da inamovibilidade e vedado o exercício da advocacia fora das atribuições institucionais. (Renumerado do parágrafo único pela Emenda Constitucional n. 45, de 2004)

§ 2º Às Defensorias Públicas Estaduais são asseguradas autonomia funcional e administrativa e a iniciativa de sua proposta orçamentária dentro dos limites estabelecidos na lei de diretrizes orçamentárias e subordinação ao disposto no art. 99, § 2º. (Incluído pela Emenda Constitucional n. 45, de 2004)

§ 3º Aplica-se o disposto no § 2º às Defensorias Públicas da União e do Distrito Federal. (Incluído pela Emenda Constitucional n. 74, de 2013)

§ 4º São princípios institucionais da Defensoria Pública a unidade, a indivisibilidade e a independência funcional, aplicando-se também, no que couber, o disposto no art. 93 e no inciso II do art. 96 desta Constituição Federal. (Incluído pela Emenda Constitucional n. 80, de 2014)

clxviii Revogado pelo Provimento n. 806/2003.

clxix Art. 69 da Lei n. 9.099/95: A autoridade policial que tomar conhecimento da ocorrência lavrará termo circunstanciado e o encaminhará imediatamente ao Juizado, com o autor do fato e a vítima, providenciando-se as requisições dos exames periciais necessários.

Parágrafo único. Ao autor do fato que, após a lavratura do termo, for imediatamente encaminhado ao juizado ou assumir o compromisso de a ele comparecer, não se imporá prisão em flagrante, nem se exigirá fiança. Em caso de violência doméstica, o juiz poderá determinar, como medida de cautela, seu afastamento do lar, domicílio ou local de convivência com a vítima. (Redação dada pela Lei n. 10.455, de 13.5.2002).

clxx Verifica-se correspondência com o atual artigo 271 do Regimento Interno do TJSP:

Art. 271. Além dos atos judiciais, o Tribunal expedirá atos administrativos expressos:

(...)

II – os do Conselho Superior da Magistratura, por provimentos e pareceres;

(...)

III – os do Presidente do Tribunal, Vice-Presidente, Corregedor Geral da Justiça e Presidentes de Seções, por decisões, despachos, provimentos, instruções, portarias e comunicados;

(...).

clxxi Atual artigo 271, inciso V, § 3º, do Regimento Interno do TJSP:

Artigo 271, inciso V, § 3º: Provimento é instrução ou determinação de caráter regulamentar, expedido para a boa ordem, regularidade e uniformização dos serviços da Justiça e fiel observância da lei.

clxxii Art. 114, § 2º da Constituição Federal, com redação determinada pela Emenda Constitucional n. 45, de 2004.

Art. 114, § 2º: Recusando-se qualquer das partes à negociação coletiva ou à arbitragem, é facultado às mesmas, de comum acordo, ajuizar dissídio coletivo de natureza econômica, podendo a Justiça do Trabalho, decidir o conflito, respeitadas as disposições mínimas legais de proteção ao trabalho, bem como as convencionadas anteriormente.

clxxiii Redação dada pela Emenda Constitucional n. 35, de 3 de abril de 2012 Legislação do Estado:

Artigo 140 da Constituição do Estado de São Paulo: À Polícia Civil, órgão permanente, dirigida por delegados de polícia de carreira, bacharéis em Direito, incumbem, ressalvada a competência da União, as funções de polícia judiciária e a apuração de infrações penais, exceto as militares.

§ 1º – O Delegado Geral da Polícia Civil, integrante da última classe da carreira, será nomeado pelo Governador do Estado e deverá fazer declaração pública de bens no ato da posse e da sua exoneração.

§ 2º – No desempenho da atividade de polícia judiciária, instrumental à propositura de ações penais, a Polícia Civil exerce atribuição essencial à função jurisdicional do Estado e à defesa da ordem jurídica.

§ 3º – Aos Delegados de Polícia é assegurada independência funcional pela livre convicção nos atos de polícia judiciária.

§ 4º – O ingresso na carreira de Delegado de Polícia dependerá de concurso público de provas e títulos, assegurada a participação da Ordem dos Advogados do Brasil em todas as suas fases, exigindo-se do bacharel em direito, no mínimo, dois anos de atividades jurídicas, observando-se, nas nomeações, a ordem de classificação.

§ 5º – A exigência de tempo de atividade jurídica será dispensada para os que contarem com, no mínimo, dois anos de efetivo exercício em cargo de natureza policial-civil, anteriormente à publicação do edital de concurso." (NR)

§ 6º – A remoção de integrante da carreira de delegado de polícia somente poderá ocorrer mediante pedido do interessado ou manifestação favorável do Colegiado Superior da Polícia Civil, nos termos da lei.

§ 7º – Lei orgânica e estatuto disciplinarão a organização, o funcionamento, os direitos, deveres, vantagens e regime de trabalho da Polícia Civil e de seus integrantes, servidores especiais, assegurado na estruturação das carreiras o mesmo tratamento dispensado, para efeito de escalonamento e promoção, aos delegados de polícia, respeitadas as leis federais concernentes.

§ 8º – Lei específica definirá a organização, funcionamento e atribuições da Superintendência da Polícia Técnico-Científica, que será dirigida, alternadamente, por perito criminal e médico legista, sendo integrada pelos seguintes órgãos;

(**) – ADIN – 2.861 – aguardando liminar (**) ADIN- N. 2.822

clxxiv Art. 69, parágrafo único, da Lei n. 9.099/95: com redação dada pela Lei n. 10.455, de 13.5.2002:

Art. 69: A autoridade policial que tomar conhecimento da ocorrência lavrará termo circunstanciado e o encaminhará imediatamente ao Juizado, com o autor do fato e a vítima, providenciando-se as requisições dos exames periciais necessários.

Parágrafo único: Ao autor do fato que, após a lavratura do termo, for imediatamente encaminhado ao juizado ou assumir o compromisso de a ele comparecer, não se imporá prisão em flagrante, nem se exigirá fiança. Em caso de violência doméstica, o juiz poderá determinar, como medida de cautela, seu afastamento do lar, domicílio ou local de convivência com a vítima.

clxxv Parágrafo único com redação dada pela Lei n. 10.455, de 13.5.2002:

Art. 69 da Lei n. 9.099/95: A autoridade policial que tomar conhecimento da ocorrência lavrará termo circunstanciado e o encaminhará imediatamente ao Juizado, com o autor do fato e a vítima, providenciando-se as requisições dos exames periciais necessários.

Parágrafo único: Ao autor do fato que, após a lavratura do termo, for imediatamente encaminhado ao juizado ou assumir o compromisso de a ele comparecer, não se imporá prisão em flagrante, nem se exigirá fiança. Em caso de violência doméstica, o juiz poderá determinar, como medida de cautela, seu afastamento do lar, domicílio ou local de convivência com a vítima.

clxxvi Art. 61 da Lei n. 9.099/95, com redação determinada pela Lei n. 11.313, de 2006.

Art. 61: Consideram-se infrações penais de menor potencial ofensivo, para os efeitos desta Lei, as contravenções penais e os crimes a que a lei comine pena máxima não superior a 2 (dois) anos, cumulada ou não com multa.

clxxvii Art. 2º Compete ao Juizado Especial Federal Criminal processar e julgar os feitos de competência da Justiça Federal relativos às infrações de menor potencial ofensivo, respeitadas as regras de conexão e continência. (Redação dada pela Lei n. 11.313, de 2006)

Parágrafo único. Na reunião de processos, perante o juízo comum ou o tribunal do júri, decorrente da aplicação das regras de conexão e continência, observar-se-ão os institutos da transação penal e da composição dos danos civis.(Redação dada pela Lei n. 11.313, de 2006)

clxxviii Caput e parágrafo único com redação determinada pela Lei n. 11.313, de 2006:

Art. 2º Compete ao Juizado Especial Federal Criminal processar e julgar os feitos de competência da Justiça Federal relativos às infrações de menor potencial ofensivo, respeitadas as regras de conexão e continência.

Parágrafo único. Na reunião de processos, perante o juízo comum ou o tribunal do júri, decorrente da aplicação das regras de conexão e continência, observar-se-ão os institutos da transação penal e da composição dos danos civis.

clxxix Revogado pela Lei n. 10.695, de 1º.7.2003.

clxxx Revogado pela Lei n. 12.015, de 2009.

clxxxi Atual Artigo 177 da Lei n. 11.105/2005 – Lei de Falências.

Violação de impedimento:

Art. 177. Adquirir o juiz, o representante do Ministério Público, o administrador judicial, o gestor judicial, o perito, o avaliador, o escrivão, o oficial de justiça ou o leiloeiro, por si ou por interposta pessoa, bens de massa falida ou de devedor em recuperação judicial, ou, em relação a estes, entrar em alguma especulação de lucro, quando tenham atuado nos respectivos processos:

Pena – reclusão, de 2 (dois) a 4 (quatro) anos, e multa.

clxxxii Revogada pela Lei n. 12.986, de 2014, que transforma o Conselho de Defesa dos Direitos da Pessoa Humana em Conselho Nacional dos Direitos Humanos – CNDH; revoga as Leis nos 4.319, de 16 de março de 1964, e 5.763, de 15 de dezembro de 1971; e dá outras providências.

clxxxiii Lei revogada pela Lei n. 11.343, de 2006. Atual art. 28 da Lei n. 11.343, de 2006.

Art. 28. Quem adquirir, guardar, tiver em depósito, transportar ou trouxer consigo, para consumo pessoal, drogas sem autorização ou em desacordo com determinação legal ou regulamentar será submetido às seguintes penas:

I – advertência sobre os efeitos das drogas;

II – prestação de serviços à comunidade;

III – medida educativa de comparecimento a programa ou curso educativo.

§ 1º Às mesmas medidas submete-se quem, para seu consumo pessoal, semeia, cultiva ou colhe plantas destinadas à preparação de pequena quantidade de substância ou produto capaz de causar dependência física ou psíquica.

§ 2º Para determinar se a droga destinava-se a consumo pessoal, o juiz atenderá à natureza e à quantidade da substância apreendida, ao local e às condições em que se desenvolveu a ação, às circunstâncias sociais e pessoais, bem como à conduta e aos antecedentes do agente.

§ 3º As penas previstas nos incisos II e III do caput deste artigo serão aplicadas pelo prazo máximo de 5 (cinco) meses.

§ 4º Em caso de reincidência, as penas previstas nos incisos II e III do caput deste artigo serão aplicadas pelo prazo máximo de 10 (dez) meses.

§ 5º A prestação de serviços à comunidade será cumprida em programas comunitários, entidades educacionais ou assistenciais, hospitais, estabelecimentos congêneres, públicos ou privados sem fins lucrativos, que se ocupem, preferencialmente, da prevenção do consumo ou da recuperação de usuários e dependentes de drogas.

§ 6º Para garantia do cumprimento das medidas educativas a que se refere o caput, nos incisos I, II e III, a que injustificadamente se recuse o agente, poderá o juiz submetê-lo, sucessivamente a:

I – admoestação verbal;

II – multa.

§ 7º O juiz determinará ao Poder Público que coloque à disposição do infrator, gratuitamente, estabelecimento de saúde, preferencialmente ambulatorial, para tratamento especializado.

clxxxiv Citação errada da Lei. O correto é 9.279/96.

clxxxv Revogada pela Lei n. 10.826, de 22.12.2003. Atual art. 14 da Lei n. 10.826, de 2003.

Art. 14. Portar, deter, adquirir, fornecer, receber, ter em depósito, transportar, ceder, ainda que gratuitamente, emprestar, remeter, empregar, manter sob guarda ou ocultar arma de fogo, acessório ou munição, de uso permitido, sem autorização e em desacordo com determinação legal ou regulamentar:

Pena – reclusão, de 2 (dois) a 4 (quatro) anos, e multa.

Parágrafo único. O crime previsto neste artigo é inafiançável, salvo quando a arma de fogo estiver registrada em nome do agente. (Vide Adin 3.112-1)

clxxxvi Artigo 303 do Código de Trânsito Brasileiro, parágrafo único com redação nova dada pela Lei n. 12.971/2014.

Art. 303. Praticar lesão corporal culposa na direção de veículo automotor:

Penas – detenção, de seis meses a dois anos e suspensão ou proibição de se obter a permissão ou a habilitação para dirigir veículo automotor.

Parágrafo único. Aumenta-se a pena de 1/3 (um terço) à metade, se ocorrer qualquer das hipóteses do § 1º do art. 302.

clxxxvii Artigo 308 do Código de Trânsito Brasileiro, caput e penas com redação nova dada pela Lei n. 12.971/2014.

Art. 308. Participar, na direção de veículo automotor, em via pública, de corrida, disputa ou competição automobilística não autorizada pela autoridade competente, gerando situação de risco à incolumidade pública ou privada:

Penas – detenção, de 6 (seis) meses a 3 (três) anos, multa e suspensão ou proibição de se obter a permissão ou a habilitação para dirigir veículo automotor.

clxxxviii Art. 12 da Lei n. 9.613/98: Às pessoas referidas no art. 9º, bem como aos administradores das pessoas jurídicas, que deixem de cumprir as obrigações previstas nos arts. 10 e 11 serão aplicadas, cumulativamente ou não, pelas autoridades competentes, as seguintes sanções:

I – advertência;

II – multa pecuniária variável não superior: (Redação dada pela Lei n. 12.683, de 2012)

a) ao dobro do valor da operação; (Incluída pela Lei n. 12.683, de 2012)

b) ao dobro do lucro real obtido ou que presumivelmente seria obtido pela realização da operação; ou (Incluída pela Lei n. 12.683, de 2012)

c) ao valor de R$ 20.000.000,00 (vinte milhões de reais); (Incluída pela Lei n. 12.683, de 2012)

III – inabilitação temporária, pelo prazo de até dez anos, para o exercício do cargo de administrador das pessoas jurídicas referidas no art. 9º;

IV – cassação ou suspensão da autorização para o exercício de atividade, operação ou funcionamento. (Redação dada pela Lei n. 12.683, de 2012)

§ 1º A pena de advertência será aplicada por irregularidade no cumprimento das instruções referidas nos incisos I e II do art. 10.

§ 2º A multa será aplicada sempre que as pessoas referidas no art. 9º, por culpa ou dolo: (Redação dada pela Lei n. 12.683, de 2012)

I – deixarem de sanar as irregularidades objeto de advertência, no prazo assinalado pela autoridade competente;

II – não cumprirem o disposto nos incisos I a IV do art. 10; (Redação dada pela Lei n. 12.683, de 2012)

III – deixarem de atender, no prazo estabelecido, a requisição formulada nos termos do inciso V do art. 10; (Redação dada pela Lei n. 12.683, de 2012)

IV – descumprirem a vedação ou deixarem de fazer a comunicação a que se refere o art. 11.

§ 3º A inabilitação temporária será aplicada quando forem verificadas infrações graves quanto ao cumprimento das obrigações constantes desta Lei ou quando ocorrer reincidência específica, devidamente caracterizada em transgressões anteriormente punidas com multa.

§ 4º A cassação da autorização será aplicada nos casos de reincidência específica de infrações anteriormente punidas com a pena prevista no inciso III do caput deste artigo.

clxxxix Atual inciso IV, do artigo 107 do CP, conforme Lei n. 7.209, de 11.7.1984. IV – pela prescrição, decadência ou perempção;

cxc Atual artigo 107 do Código Penal, conforme Lei n. 7.209, de 11.7.1984.

Art. 107 – Extingue-se a punibilidade: I – pela morte do agente; II – pela anistia, graça ou indulto; III – pela retroatividade de lei que não mais considera o fato como criminoso; IV – pela prescrição, decadência ou perempção; V – pela renúncia do direito de queixa ou pelo perdão aceito, nos crimes de ação privada; VI – pela retratação do agente, nos casos em que a lei a admite; VII – (Revogado pela Lei n. 11.106, de 2005) VIII – (Revogado pela Lei n. 11.106, de 2005) IX – pelo perdão judicial, nos casos previstos em lei.

cxci Atual inciso IV, do artigo 107 do CP, conforme Lei n. 7.209, de 11.7.1984. IV – pela prescrição, decadência ou perempção;

cxcii O atual Art. 108 do Código Penal não possui inc. IX

Art. 108 CP: A extinção da punibilidade de crime que é pressuposto, elemento constitutivo ou circunstância agravante de outro não se estende a este. Nos crimes conexos, a extinção da punibilidade de um deles não impede, quanto aos outros, a agravação da pena resultante da conexão. (Redação dada pela Lei n. 7.209, de 11.7.1984)

cxciii Atual artigo 105 do Código Penal, conforme redação dada pela Lei n. 7.209, de 11.7.1984.

Art. 105 – O perdão do ofendido, nos crimes em que somente se procede mediante queixa, obsta ao prosseguimento da ação.

cxciv Atual inciso IV, do artigo 107 do Código Penal, conforme Lei n. 7.209, de 11.7.1984.

Art. 107, inc. IV – pela prescrição, decadência ou perempção;

cxcv Revogado pela Lei n. 11.719, de 2008, que altera dispositivos do Decreto-Lei no 3.689, de 3 de outubro de 1941 – Código de Processo Penal, relativos à suspensão do processo, emendatio libelli, mutatio libellie aos procedimentos.

cxcvi Art. 383: O juiz, sem modificar a descrição do fato contida na denúncia ou queixa, poderá atribuir-lhe definição jurídica diversa, ainda que, em consequência, tenha de aplicar pena mais grave. (Redação dada pela Lei n. 11.719, de 2008.)

cxcvii Art. 384: Encerrada a instrução probatória, se entender cabível nova definição jurídica do fato, em consequência de prova existente nos autos de elemento ou circunstância da infração penal não contida na acusação, o Ministério Público deverá aditar a denúncia ou queixa, no prazo de 5 (cinco) dias, se em virtude desta houver sido instaurado o processo em crime de ação pública, reduzindo-se a termo o aditamento, quando feito oralmente. (Redação dada pela Lei n. 11.719, de 2008.)

cxcviii Art. 460: Antes de constituído o Conselho de Sentença, as testemunhas serão recolhidas a lugar onde umas não possam ouvir os depoimentos das outras. (Redação dada pela Lei n. 11.689, de 2008.)

cxcix Art. 156. A prova da alegação incumbirá a quem a fizer, sendo, porém, facultado ao juiz de ofício: (Redação dada pela Lei n. 11.690, de 2008)

I – ordenar, mesmo antes de iniciada a ação penal, a produção antecipada de provas consideradas urgentes e relevantes, observando a necessidade, adequação e proporcionalidade da medida; (Incluído pela Lei n. 11.690, de 2008)

II – determinar, no curso da instrução, ou antes de proferir sentença, a realização de diligências para dirimir dúvida sobre ponto relevante. (Incluído pela Lei n. 11.690, de 2008)

cc Art. 407. As exceções serão processadas em apartado, nos termos dos arts. 95 a 112 deste Código. (Redação dada pela Lei n. 11.689, de 2008)

cci Revogado pela Lei n. 11.719, de 2008, que altera dispositivos do Decreto-Lei no 3.689, de 3 de outubro de 1941 – Código de Processo Penal, relativos à suspensão do processo, emendatio libelli, mutatio libellie aos procedimentos.

ccii Art. 538. Nas infrações penais de menor potencial ofensivo, quando o juizado especial criminal encaminhar ao juízo comum as peças existentes para a adoção de outro procedimento, observar-se-á o procedimento sumário previsto neste Capítulo. (Redação dada pela Lei n. 11.719, de 2008)

§ 1º (Revogado pela Lei n. 11.719, de 2008)

§ 2º (Revogado pela Lei n. 11.719, de 2008)

§ 3º (Revogado pela Lei n. 11.719, de 2008)

§ 4º (Revogado pela Lei n. 11.719, de 2008)

cciii Art. 181. No caso de inobservância de formalidades, ou no caso de omissões, obscuridades ou contradições, a autoridade judiciária mandará suprir a formalidade, complementar ou esclarecer o laudo. (Redação dada pela Lei n. 8.862, de 28.3.1994)

Parágrafo único. A autoridade poderá também ordenar que se proceda a novo exame, por outros peritos, se julgar conveniente.

cciv Art. 210. As testemunhas serão inquiridas cada uma de per si, de modo que umas não saibam nem ouçam os depoimentos das outras, devendo o juiz adverti-las das penas cominadas ao falso testemunho. (Redação dada pela Lei n. 11.690, de 2008)

Parágrafo único. Antes do início da audiência e durante a sua realização, serão reservados espaços separados para a garantia da incomunicabilidade das testemunhas. (Incluído pela Lei n. 11.690, de 2008)

ccv Art. 217. Se o juiz verificar que a presença do réu poderá causar humilhação, temor, ou sério constrangimento à testemunha ou ao ofendido, de modo que prejudique a verdade do depoimento, fará a inquirição por videoconferência e, somente na impossibilidade dessa forma, determinará a retirada do réu, prosseguindo na inquirição, com a presença do seu defensor. (Redação dada pela Lei n. 11.690, de 2008)

Parágrafo único. A adoção de qualquer das medidas previstas no caput deste artigo deverá constar do termo, assim como os motivos que a determinaram. (Incluído pela Lei n. 11.690, de 2008)

ccvi V. arts. 294 a 311 e art. 1.059 do novo Código de Processo Civil, conforme Lei 13.105/2015.

ccvii Atual art. 297 do novo Código de Processo Civil, conforme Lei 13.105/2015.

Art. 297. O juiz poderá determinar as medidas que considerar adequadas para efetivação da tutela provisória.

Parágrafo único. A efetivação da tutela provisória observará as normas referentes ao cumprimento provisório da sentença, no que couber.

ccviii Atual art. 297 do novo Código de Processo Civil, conforme Lei 13.105/2015.

Art. 297. O juiz poderá determinar as medidas que considerar adequadas para efetivação da tutela provisória.

Parágrafo único. A efetivação da tutela provisória observará as normas referentes ao cumprimento provisório da sentença, no que couber.

ccix Verificar atuais artigos 300 e 301 do novo Código de Processo Civil, conforme Lei 13.105/2015.

Art. 300. A tutela de urgência será concedida quando houver elementos que evidenciem a probabilidade do direito e o perigo de dano ou o risco ao resultado útil do processo.

§ 1º Para a concessão da tutela de urgência, o juiz pode, conforme o caso, exigir caução real ou fidejussória idônea para ressarcir os danos que a outra parte possa vir a sofrer, podendo a caução ser dispensada se a parte economicamente hipossuficiente não puder oferecê-la.

§ 2º A tutela de urgência pode ser concedida liminarmente ou após justificação prévia.

§ 3º A tutela de urgência de natureza antecipada não será concedida quando houver perigo de irreversibilidade dos efeitos da decisão.

Art. 301. A tutela de urgência de natureza cautelar pode ser efetivada mediante arresto, sequestro, arrolamento de bens, registro de protesto contra alienação de bem e qualquer outra medida idônea para asseguração do direito.

ccx Atual alínea a do inciso XLVII, do artigo 5° da Constituição da República Federativa do Brasil de 1988

XLVII – não haverá penas: a) de morte, salvo em caso de guerra declarada, nos termos do art. 84, XIX.

ccxi Atual alínea a do inciso XLVII, do artigo 5° da Constituição da República Federativa do Brasil de 1988

XLVII – não haverá penas: a) de morte, salvo em caso de guerra declarada, nos termos do art. 84, XIX.

ccxii Atual artigo 105 do CP, conforme Lei n. 7.209, de 11.7.1984. Art. 105 – O perdão do ofendido, nos crimes em que somente se procede mediante queixa, obsta ao prosseguimento da ação.

ccxiii Atual 107, IV do CP, conforme Lei n. 7.209, de 11.7.1984. IV – pela prescrição, decadência ou perempção;

ccxiv Lei 7960/89 que dispõe sobre prisão temporária.

ccxv Art. 2°, § 3° da Lei 8.072/90: Parágrafo com redação dada pela Lei n. 11.464, de 2007:

§ 3º Em caso de sentença condenatória, o juiz decidirá fundamentadamente se o réu poderá apelar em liberdade.

ccxvi Art. 304 do Código de Processo Penal: caput e parágrafo 3º com redação dada pela Lei n. 11.113, de 2005:

Art. 304: Apresentado o preso à autoridade competente, ouvirá esta o condutor e colherá, desde logo, sua assinatura, entregando a este cópia do termo e recibo de entrega do preso. Em seguida, procederá à oitiva das testemunhas que o acompanharem e ao interrogatório do acusado sobre a imputação que lhe é feita, colhendo, após cada oitiva suas respectivas assinaturas, lavrando, a autoridade, afinal, o auto.

§ 3º Quando o acusado se recusar a assinar, não souber ou não puder fazê-lo, o auto de prisão em flagrante será assinado por duas testemunhas, que tenham ouvido sua leitura na presença deste.

Art. 306 do Código de Processo Penal: com redação dada pela Lei n. 12.403, de 2011:

Art. 306. A prisão de qualquer pessoa e o local onde se encontre serão comunicados imediatamente ao juiz competente, ao Ministério Público e à família do preso ou à pessoa por ele indicada.

§ 1º Em até 24 (vinte e quatro) horas após a realização da prisão, será encaminhado ao juiz competente o auto de prisão em flagrante e, caso o autuado não informe o nome de seu advogado, cópia integral para a Defensoria Pública.

§ 2º No mesmo prazo, será entregue ao preso, mediante recibo, a nota de culpa, assinada pela autoridade, com o motivo da prisão, o nome do condutor e os das testemunhas.

Art. 310 do Código de Processo Penal: caput com redação dada pela Lei n. 12.403, de 2011:

Art. 310. Ao receber o auto de prisão em flagrante, o juiz deverá fundamentadamente:

I – relaxar a prisão ilegal; ou (Incluído pela Lei n. 12.403, de 2011)

II – converter a prisão em flagrante em preventiva, quando presentes os requisitos constantes do art. 312 deste Código, e se revelarem inadequadas ou insuficientes as medidas cautelares diversas da prisão; ou (Incluído pela Lei n. 12.403, de 2011)

III – conceder liberdade provisória, com ou sem fiança. (Incluído pela Lei n. 12.403, de 2011)

Parágrafo único. Se o juiz verificar, pelo auto de prisão em flagrante, que o agente praticou o fato nas condições constantes dos incisos I a III do caput do art. 23 do Decreto-Lei no 2.848, de 7 de dezembro de 1940 – Código Penal, poderá, fundamentadamente, conceder ao acusado liberdade provisória, mediante termo de comparecimento a todos os atos processuais, sob pena de revogação. (Redação dada pela Lei n. 12.403, de 2011).

ccxvii Artigo 311 do Código de Processo Penal: com redação dada pela Lei n. 12.403, de 2011:

Art. 311: Em qualquer fase da investigação policial ou do processo penal, caberá a prisão preventiva decretada pelo juiz, de ofício, se no curso da ação penal, ou a requerimento do Ministério Público, do querelante ou do assistente, ou por representação da autoridade policial.

Artigo 312 do Código de Processo Penal: com redação dada pela Lei n. 12.403, de 2011:

Art. 312: A prisão preventiva poderá ser decretada como garantia da ordem pública, da ordem econômica, por conveniência da instrução criminal, ou para assegurar a aplicação da lei penal, quando houver prova da existência do crime e indício suficiente de autoria.

Parágrafo único. A prisão preventiva também poderá ser decretada em caso de descumprimento de qualquer das obrigações impostas por força de outras medidas cautelares (art. 282, § 4º). (Incluído pela Lei n. 12.403, de 2011).

Artigo 313 do Código de Processo Penal: com redação dada pela Lei n. 12.403, de 2011:

Art. 313: Nos termos do art. 312 deste Código, será admitida a decretação da prisão preventiva:

I – nos crimes dolosos punidos com pena privativa de liberdade máxima superior a 4 (quatro) anos;

II – se tiver sido condenado por outro crime doloso, em sentença transitada em julgado, ressalvado o disposto no inciso I do caput do art. 64 do Decreto-Lei no 2.848, de 7 de dezembro de 1940 – Código Penal;

III – se o crime envolver violência doméstica e familiar contra a mulher, criança, adolescente, idoso, enfermo ou pessoa com deficiência, para garantir a execução das medidas protetivas de urgência;

IV – (Revogado pela Lei n. 12.403, de 2011).

Parágrafo único. Também será admitida a prisão preventiva quando houver dúvida sobre a identidade civil da pessoa ou quando esta não fornecer elementos suficientes para esclarecê-la, devendo o preso ser colocado imediatamente em liberdade após a identificação, salvo se outra hipótese recomendar a manutenção da medida. (Incluído pela Lei n. 12.403, de 2011).

Artigo 314 do Código de Processo Penal: com redação dada pela Lei n. 12.403, de 2011: Art. 314. A prisão preventiva em nenhum caso será decretada se o juiz verificar pelas provas constantes dos autos ter o agente praticado o fato nas condições previstas nos incisos I, II e III do caput do art. 23 do Decreto-Lei no 2.848, de 7 de dezembro de 1940 – Código Penal.

Artigo 315 do Código de Processo Penal:com redação dada pela Lei n. 12.403, de 2011:

Art. 315: A decisão que decretar, substituir ou denegar a prisão preventiva será sempre motivada.

ccxviii Atual Art. 413 do Código de Processo Penal, conforme Lei n. 11.689, de 2008:

Art. 413: O juiz, fundamentadamente, pronunciará o acusado, se convencido da materialidade do fato e da existência de indícios suficientes de autoria ou de participação.

§ 1º A fundamentação da pronúncia limitar-se-á à indicação da materialidade do fato e da existência de indícios suficientes de autoria ou de participação, devendo o juiz declarar o dispositivo legal em que julgar incurso o acusado e especificar as circunstâncias qualificadoras e as causas de aumento de pena. (Incluído pela Lei n. 11.689, de 2008)

§ 2º Se o crime for afiançável, o juiz arbitrará o valor da fiança para a concessão ou manutenção da liberdade provisória. (Incluído pela Lei n. 11.689, de 2008)

§ 3º O juiz decidirá, motivadamente, no caso de manutenção, revogação ou substituição da prisão ou medida restritiva de liberdade anteriormente decretada e, tratando-se de acusado solto, sobre a necessidade da decretação da prisão ou imposição de quaisquer das medidas previstas no Título IX do Livro I deste Código. (Incluído pela Lei n. 11.689, de 2008)

ccxix Artigo revogado pela Lei n. 12.403, de 2011 (que altera dispositivos do Decreto-Lei no 3.689, de 3 de outubro de 1941 – Código de Processo Penal, relativos à prisão processual, fiança, liberdade provisória, demais medidas cautelares, e dá outras providências).

ccxx Artigo revogado pela Lei n. 11.719, de 2008, sem correspondência atual.

ccxxi Art. 312 do Código de Processo Penal, com redação dada pela Lei n. 12.403, de 2011:

Art. 312: A prisão preventiva poderá ser decretada como garantia da ordem pública, da ordem econômica, por conveniência da instrução criminal, ou para assegurar a aplicação da lei penal, quando houver prova da existência do crime e indício suficiente de autoria.

Parágrafo único (Incluído pela Lei n. 12.403, de 2011): A prisão preventiva também poderá ser decretada em caso de descumprimento de qualquer das obrigações impostas por força de outras medidas cautelares (art. 282, § 4º).

ccxxii Art. 310 do Código de Processo Penal: Parágrafo único com redação dada pela Lei n. 12.403, de 2011:

Parágrafo único. Se o juiz verificar, pelo auto de prisão em flagrante, que o agente praticou o fato nas condições constantes dos incisos I a III do caput do art. 23 do Decreto-Lei no 2.848, de 7 de dezembro de 1940 – Código Penal, poderá, fundamentadamente, conceder ao acusado liberdade provisória, mediante termo de comparecimento a todos os atos processuais, sob pena de revogação.

ccxxiii Art. 312 do Código de Processo Penal, com redação dada pela Lei n. 12.403, de 2011:

Art. 312: A prisão preventiva poderá ser decretada como garantia da ordem pública, da ordem econômica, por conveniência da instrução criminal, ou para assegurar a aplicação da lei penal, quando houver prova da existência do crime e indício suficiente de autoria.

Parágrafo único (Incluído pela Lei n. 12.403, de 2011): A prisão preventiva também poderá ser decretada em caso de descumprimento de qualquer das obrigações impostas por força de outras medidas cautelares (art. 282, § 4º).

ccxxiv Art. 313 do Código de Processo Penal, caput e inciso I com redação dada pela Lei n. 12.403, de 2011:

Art. 313: Nos termos do art. 312 deste Código, será admitida a decretação da prisão preventiva:

I – nos crimes dolosos punidos com pena privativa de liberdade máxima superior a 4 (quatro) anos;

ccxxv Art. 61 da Lei n. 9.099/95, com Redação dada pela Lei n. 11.313, de 2006:

Art. 61: Consideram-se infrações penais de menor potencial ofensivo, para os efeitos desta Lei, as contravenções penais e os crimes a que a lei comine pena máxima não superior a 2 (dois) anos, cumulada ou não com multa.

ccxxvi Art. 313 do Código de Processo Penal, caput e inciso II com redação dada pela Lei n. 12.403, de 2011:

Art. 313: Nos termos do art. 312 deste Código, será admitida a decretação da prisão preventiva:

II – se tiver sido condenado por outro crime doloso, em sentença transitada em julgado, ressalvado o disposto no inciso I do caput do art. 64 do Decreto-Lei no 2.848, de 7 de dezembro de 1940 – Código Penal;

ccxxvii Art. 84 da Lei n. 8.884/94, revogado pela Lei n. 12.529/2011, que estrutura o Sistema Brasileiro de Defesa da Concorrência; dispõe sobre a prevenção e repressão às infrações contra a ordem econômica; altera a Lei no 8.137, de 27 de dezembro de 1990, o Decreto-Lei no 3.689, de 3 de outubro de 1941 – Código de Processo Penal, e a Lei no 7.347, de 24 de julho de 1985; revoga dispositivos da Lei no 8.884, de 11 de junho de 1994, e a Lei no 9.781, de 19 de janeiro de 1999; e dá outras providências.

ccxxviii Art. 4° da Lei n. 8.137/90: Constitui crime contra a ordem econômica:

I – abusar do poder econômico, dominando o mercado ou eliminando, total ou parcialmente, a concorrência mediante qualquer forma de ajuste ou acordo de empresas; (Redação dada pela Lei n. 12.529, de 2011)

a) (revogada); (Redação dada pela Lei n. 12.529, de 2011)

b) (revogada); (Redação dada pela Lei n. 12.529, de 2011)

c) (revogada); (Redação dada pela Lei n. 12.529, de 2011)

d) (revogada); (Redação dada pela Lei n. 12.529, de 2011)

e) (revogada); (Redação dada pela Lei n. 12.529, de 2011)

f) (revogada); (Redação dada pela Lei n. 12.529, de 2011)

II – formar acordo, convênio, ajuste ou aliança entre ofertantes, visando: (Redação dada pela Lei n. 12.529, de 2011)

a) à fixação artificial de preços ou quantidades vendidas ou produzidas; (Redação dada pela Lei n. 12.529, de 2011)

b) ao controle regionalizado do mercado por empresa ou grupo de empresas; (Redação dada pela Lei n. 12.529, de 2011)

c) ao controle, em detrimento da concorrência, de rede de distribuição ou de fornecedores. (Redação dada pela Lei n. 12.529, de 2011)

Pena – reclusão, de 2 (dois) a 5 (cinco) anos e multa. (Redação dada pela Lei n. 12.529, de 2011)

III – (revogado); (Redação dada pela Lei n. 12.529, de 2011)

IV – (revogado); (Redação dada pela Lei n. 12.529, de 2011)

V – (revogado); (Redação dada pela Lei n. 12.529, de 2011)

VI – (revogado); (Redação dada pela Lei n. 12.529, de 2011)

VII – (revogado). (Redação dada pela Lei n. 12.529, de 2011)

ccxxix Art. 5° da Lei n. 8.137/90: revogado pela Lei n. 12.529, de 2011.

ccxxx Art. 6° da Lei n. 8.137/90: revogado pela Lei n. 12.529, de 2011.

ccxxxi Art. 170° da Constituição Federal: Inciso VI com redação dada pela Emenda Constitucional n. 42, de 19.12.2003:

VI – defesa do meio ambiente, inclusive mediante tratamento diferenciado conforme o impacto ambiental dos produtos e serviços e de seus processos de elaboração e prestação;

(...)

Inciso IX com redação dada pela Emenda Constitucional n. 6, de 1995:

IX – tratamento favorecido para as empresas de pequeno porte constituídas sob as leis brasileiras e que tenham sua sede e administração no País.

ccxxxii Art. 288 do Código Penal: caput e parágrafo único com redação dada pela Lei n. 12.850, de 2013:

Art. 288. Associarem-se 3 (três) ou mais pessoas, para o fim específico de cometer crimes:

Pena – reclusão, de 1 (um) a 3 (três) anos.

Parágrafo único. A pena aumenta-se até a metade se a associação é armada ou se houver a participação de criança ou adolescente.

ccxxxiii Art. 323, inciso I, do Código de Processo Penal: redação dada pela Lei n. 12.403, de 2011:

I – nos crimes de racismo;

ccxxxiv Art. 323, inciso III, do Código de Processo Penal: redação dada pela Lei n. 12.403, de 2011:

III – nos crimes cometidos por grupos armados, civis ou militares, contra a ordem constitucional e o Estado Democrático;

ccxxxv Art. 323, inciso V do Código de Processo Penal: revogado pela Lei n. 12.403, de 2011.

ccxxxvi Art. 310 do Código de Processo Penal, Parágrafo único com redação dada pela Lei n. 12.403, de 2011:

Parágrafo único: Se o juiz verificar, pelo auto de prisão em flagrante, que o agente praticou o fato nas condições constantes dos incisos I a III do caput do art. 23 do Decreto-Lei no 2.848, de 7 de dezembro de 1940 – Código Penal, poderá, fundamentadamente, conceder ao acusado liberdade provisória, mediante termo de comparecimento a todos os atos processuais, sob pena de revogação.

ccxxxvii Art. 324 do Código de Processo Penal, inciso IV com redação dada pela Lei n. 12.403, de 2011:

IV – quando presentes os motivos que autorizam a decretação da prisão preventiva (art. 312).

ccxxxviii Art.. 2.°, inc. II, da Lei 8.072/90: Inciso II com redação dada pela Lei n. 11.464, de 2007:

II – fiança.

ccxxxix Art. 314 do Código de Processo Penal, com redação dada pela Lei n. 12.403, de 2011:

Art. 314: A prisão preventiva em nenhum caso será decretada se o juiz verificar pelas provas constantes dos autos ter o agente praticado o fato nas condições previstas nos incisos I, II e III do caput do art. 23 do Decreto-Lei no 2.848, de 7 de dezembro de 1940 – Código Penal.

ccxl Artigo 315 do Código de Processo Penal, com redação dada pela Lei n. 12.403, de 2011:

Art. 315: A decisão que decretar, substituir ou denegar a prisão preventiva será sempre motivada.

ccxli Art. 93, inciso IX da Constituição Federal, com redação dada pela Emenda Constitucional n. 45, de 2004:

IX todos os julgamentos dos órgãos do Poder Judiciário serão públicos, e fundamentadas todas as decisões, sob pena de nulidade, podendo a lei limitar a presença, em determinados atos, às próprias partes e a seus advogados, ou somente a estes, em casos nos quais a preservação do direito à intimidade do interessado no sigilo não prejudique o interesse público à informação;

ccxlii Art. 312 do Código de Processo Penal, com redação dada pela Lei n. 12.403, de 2011:

Art. 312: A prisão preventiva poderá ser decretada como garantia da ordem pública, da ordem econômica, por conveniência da instrução criminal, ou para assegurar a aplicação da lei penal, quando houver prova da existência do crime e indício suficiente de autoria.

Parágrafo único. A prisão preventiva também poderá ser decretada em caso de descumprimento de qualquer das obrigações impostas por força de outras medidas cautelares (art. 282, § 4º). (Incluído pela Lei n. 12.403, de 2011)

ccxliii Art. 93, inciso IX da Constituição Federal, com redação dada pela Emenda Constitucional n. 45, de 2004:

IX todos os julgamentos dos órgãos do Poder Judiciário serão públicos, e fundamentadas todas as decisões, sob pena de nulidade, podendo a lei limitar a presença, em determinados atos, às próprias partes e a seus advogados, ou somente a estes, em casos nos quais a preservação do direito à intimidade do interessado no sigilo não prejudique o interesse público à informação;

ccxliv Artigo 315 do Código de Processo Penal, com redação dada pela Lei n. 12.403, de 2011:

Art. 315: A decisão que decretar, substituir ou denegar a prisão preventiva será sempre motivada.

ccxlv Art. 314 do Código de Processo Penal, com redação dada pela Lei n. 12.403, de 2011:

Art. 314: A prisão preventiva em nenhum caso será decretada se o juiz verificar pelas provas constantes dos autos ter o agente praticado o fato nas condições previstas nos incisos I, II e III do caput do art. 23 do Decreto-Lei no 2.848, de 7 de dezembro de 1940 – Código Penal.

ccxlvi Art. 282 do Código de Processo Penal, com redação dada pela Lei n. 12.403, de 2011:

Art. 282: As medidas cautelares previstas neste Título deverão ser aplicadas observando-se a:

I – necessidade para aplicação da lei penal, para a investigação ou a instrução criminal e, nos casos expressamente previstos, para evitar a prática de infrações penais; (Incluído pela Lei n. 12.403, de 2011).

II – adequação da medida à gravidade do crime, circunstâncias do fato e condições pessoais do indiciado ou acusado. (Incluído pela Lei n. 12.403, de 2011).

§ 1º As medidas cautelares poderão ser aplicadas isolada ou cumulativamente. (Incluído pela Lei n. 12.403, de 2011).

§ 2º As medidas cautelares serão decretadas pelo juiz, de ofício ou a requerimento das partes ou, quando no curso da investigação criminal, por representação da autoridade policial ou mediante requerimento do Ministério Público. (Incluído pela Lei n. 12.403, de 2011).

§ 3º Ressalvados os casos de urgência ou de perigo de ineficácia da medida, o juiz, ao receber o pedido de medida cautelar, determinará a intimação da parte contrária, acompanhada de cópia do requerimento e das peças necessárias, permanecendo os autos em juízo. (Incluído pela Lei n. 12.403, de 2011).

§ 4º No caso de descumprimento de qualquer das obrigações impostas, o juiz, de ofício ou mediante requerimento do Ministério Público, de seu assistente ou do querelante, poderá substituir a medida, impor outra em cumulação, ou, em último caso, decretar a prisão preventiva (art. 312, parágrafo único). (Incluído pela Lei n. 12.403, de 2011).

§ 5º O juiz poderá revogar a medida cautelar ou substituí-la quando verificar a falta de motivo para que subsista, bem como voltar a decretá-la, se sobrevierem razões que a justifiquem. (Incluído pela Lei n. 12.403, de 2011).

§ 6º A prisão preventiva será determinada quando não for cabível a sua substituição por outra medida cautelar (art. 319). (Incluído pela Lei n. 12.403, de 2011).

ccxlvii Artigo 310 do Código de Processo Penal, com redação dada pela Lei n. 12.403, de 2011:

Art. 310: Ao receber o auto de prisão em flagrante, o juiz deverá fundamentadamente:

I – relaxar a prisão ilegal; ou (Incluído pela Lei n. 12.403, de 2011).

II – converter a prisão em flagrante em preventiva, quando presentes os requisitos constantes do art. 312 deste Código, e se revelarem inadequadas ou insuficientes as medidas cautelares diversas da prisão; ou (Incluído pela Lei n. 12.403, de 2011).

III – conceder liberdade provisória, com ou sem fiança. (Incluído pela Lei n. 12.403, de 2011).

Parágrafo único: Se o juiz verificar, pelo auto de prisão em flagrante, que o agente praticou o fato nas condições constantes dos incisos I a III do caput do art. 23 do Decreto-Lei n. 2.848, de 7 de dezembro de 1940 – Código Penal, poderá, fundamentadamente, conceder ao acusado liberdade provisória, mediante termo de comparecimento a todos os atos processuais, sob pena de revogação.

ccxlviii Art. 313 do Código de Processo Penal, caput e inciso I, com redação dada pela Lei n. 12.403, de 2011:

Art. 313: Nos termos do art. 312 deste Código, será admitida a decretação da prisão preventiva:

I – nos crimes dolosos punidos com pena privativa de liberdade máxima superior a 4 (quatro) anos;

ccxlix Art. 314 do Código de Processo Penal, com redação dada pela Lei n. 12.403, de 2011:

Art. 314: A prisão preventiva em nenhum caso será decretada se o juiz verificar pelas provas constantes dos autos ter o agente praticado o fato nas condições previstas nos incisos I, II e III do caput do art. 23 do Decreto-Lei no 2.848, de 7 de dezembro de 1940 – Código Penal.

ccl II – (Revogado pela Lei n. 12.403, de 2011)

ccli Art. 304 do Código de Processo Penal, caput e parágrafo 3º com redação dada pela Lei n. 11.113, de 2005:

Art. 304: Apresentado o preso à autoridade competente, ouvirá esta o condutor e colherá, desde logo, sua assinatura, entregando a este cópia do termo e recibo de entrega do preso. Em seguida, procederá à oitiva das testemunhas que o acompanharem e ao interrogatório do acusado sobre a imputação que lhe é feita, colhendo, após cada oitiva suas respectivas assinaturas, lavrando, a autoridade, afinal, o auto.

§ 3º Quando o acusado se recusar a assinar, não souber ou não puder fazê-lo, o auto de prisão em flagrante será assinado por duas testemunhas, que tenham ouvido sua leitura na presença deste.

Art. 306 do Código de Processo Penal, com redação dada pela Lei n. 12.403, de 2011:

Art. 306: A prisão de qualquer pessoa e o local onde se encontre serão comunicados imediatamente ao juiz competente, ao Ministério Público e à família do preso ou à pessoa por ele indicada.

§ 1º Em até 24 (vinte e quatro) horas após a realização da prisão, será encaminhado ao juiz competente o auto de prisão em flagrante e, caso o autuado não informe o nome de seu advogado, cópia integral para a Defensoria Pública.

§ 2º No mesmo prazo, será entregue ao preso, mediante recibo, a nota de culpa, assinada pela autoridade, com o motivo da prisão, o nome do condutor e os das testemunhas.

Art. 310 do Código de Processo Penal ,caput com redação dada pela Lei n. 12.403, de 2011:

Art. 310: Ao receber o auto de prisão em flagrante, o juiz deverá fundamentadamente:

I – relaxar a prisão ilegal; ou (Incluído pela Lei n. 12.403, de 2011)

II – converter a prisão em flagrante em preventiva, quando presentes os requisitos constantes do art. 312 deste Código, e se revelarem inadequadas ou insuficientes as medidas cautelares diversas da prisão; ou (Incluído pela Lei n. 12.403, de 2011)

III – conceder liberdade provisória, com ou sem fiança. (Incluído pela Lei n. 12.403, de 2011)

Parágrafo único. Se o juiz verificar, pelo auto de prisão em flagrante, que o agente praticou o fato nas condições constantes dos incisos I a III do caput do art. 23 do Decreto-Lei no 2.848, de 7 de dezembro de 1940 – Código Penal, poderá, fundamentadamente, conceder ao acusado liberdade provisória, mediante termo de comparecimento a todos os atos processuais, sob pena de revogação. (Redação dada pela Lei n. 12.403, de 2011)

cclii Artigo 311 do Código de Processo Penal, com redação dada pela Lei n. 12.403, de 2011:

Art. 311: Em qualquer fase da investigação policial ou do processo penal, caberá a prisão preventiva decretada pelo juiz, de ofício, se no curso da ação penal, ou a requerimento do Ministério Público, do querelante ou do assistente, ou por representação da autoridade policial.

Artigo 312 do Código de Processo Penal, com redação dada pela Lei n. 12.403, de 2011:

Art. 312: A prisão preventiva poderá ser decretada como garantia da ordem pública, da ordem econômica, por conveniência da instrução criminal, ou para assegurar a aplicação da lei penal, quando houver prova da existência do crime e indício suficiente de autoria.

Parágrafo único: A prisão preventiva também poderá ser decretada em caso de descumprimento de qualquer das obrigações impostas por força de outras medidas cautelares (art. 282, § 4º). (Incluído pela Lei n. 12.403, de 2011).

Artigo 313 do Código de Processo Penal, com redação dada pela Lei n. 12.403, de 2011:

Art. 313: Nos termos do art. 312 deste Código, será admitida a decretação da prisão preventiva:

I – nos crimes dolosos punidos com pena privativa de liberdade máxima superior a 4 (quatro) anos;

II – se tiver sido condenado por outro crime doloso, em sentença transitada em julgado, ressalvado o disposto no inciso I do caput do art. 64 do Decreto-Lei no 2.848, de 7 de dezembro de 1940 – Código Penal;

III – se o crime envolver violência doméstica e familiar contra a mulher, criança, adolescente, idoso, enfermo ou pessoa com deficiência, para garantir a execução das medidas protetivas de urgência;

IV – (Revogado pela Lei n. 12.403, de 2011).

Parágrafo único: Também será admitida a prisão preventiva quando houver dúvida sobre a identidade civil da pessoa ou quando esta não fornecer elementos suficientes para esclarecê-la, devendo o preso ser colocado imediatamente em liberdade após a identificação, salvo se outra hipótese recomendar a manutenção da medida. (Incluído pela Lei n. 12.403, de 2011).

Artigo 314 do Código de Processo Penal, com redação dada pela Lei n. 12.403, de 2011:

Art. 314: A prisão preventiva em nenhum caso será decretada se o juiz verificar pelas provas constantes dos autos ter o agente praticado o fato nas condições previstas nos incisos I, II e III do caput do art. 23 do Decreto-Lei no 2.848, de 7 de dezembro de 1940 – Código Penal.

Artigo 315 do Código de Processo Penal, com redação dada pela Lei n. 12.403, de 2011:

Art. 315: A decisão que decretar, substituir ou denegar a prisão preventiva será sempre motivada.

ccliii Artigo 408 do Código de Processo Penal, com redação dada pela Lei n. 11.689, de 2008:

Art. 408: Não apresentada a resposta no prazo legal, o juiz nomeará defensor para oferecê-la em até 10 (dez) dias, concedendo-lhe vista dos autos.

ccliv Art. 393 do Código de Processo Penal: revogado pela Lei n. 12.403, de 2011, que altera dispositivos do Decreto-Lei no 3.689, de 3 de outubro de 1941 – Código de Processo Penal, relativos à prisão processual, fiança, liberdade provisória, demais medidas cautelares, e dá outras providências.

cclv Art. 594 do Código de Processo Penal: revogado pela Lei n. 11.719, de 2008, que altera dispositivos do Decreto-Lei no 3.689, de 3 de outubro de 1941 – Código de Processo Penal, relativos à suspensão do processo, emendatio libelli, mutatio libellie aos procedimentos.

cclvi Atual Artigo 413 do Código de Processo Penal: O juiz, fundamentadamente, pronunciará o acusado, se convencido da materialidade do fato e da existência de indícios suficientes de autoria ou de participação. (Conforme alterações realizadas pela lei n. 11.689, de 09/06/2008.)

cclvii Art. 311 Código de Processo Penal: Em qualquer fase da investigação policial ou do processo penal, caberá a prisão preventiva decretada pelo juiz, de ofício, se no curso da ação penal, ou a requerimento do Ministério Público, do querelante ou do assistente, ou por representação da autoridade policial. (Redação dada pela Lei n. 12.403, de 2011)

Art. 312 Código de Processo Penal: A prisão preventiva poderá ser decretada como garantia da ordem pública, da ordem econômica, por conveniência da instrução criminal, ou para assegurar a aplicação da lei penal, quando houver prova da existência do crime e indício suficiente de autoria. (Redação dada pela Lei n. 12.403, de 2011)

Parágrafo único. A prisão preventiva também poderá ser decretada em caso de descumprimento de qualquer das obrigações impostas por força de outras medidas cautelares (art. 282, § 4º). (Incluído pela Lei n. 12.403, de 2011)

cclviii Art. 43 do Código de Processo Penal: revogado pela Lei n. 11.719/2008, que altera dispositivos do Decreto-Lei no 3.689, de 3 de outubro de 1941 – Código de Processo Penal, relativos à suspensão do processo, emendatio libelli, mutatio libellie aos procedimentos.

cclix Atual Artigo 413 do Código de Processo Penal: O juiz, fundamentadamente, pronunciará o acusado, se convencido da materialidade do fato e da existência de indícios suficientes de autoria ou de participação. (Conforme alterações realizadas pela lei n. 11.689, de 09/06/2008.)

cclx Atual Artigo 413 do Código de Processo Penal: O juiz, fundamentadamente, pronunciará o acusado, se convencido da materialidade do fato e da existência de indícios suficientes de autoria ou de participação. (Conforme alterações realizadas pela lei n. 11.689, de 09/06/2008.)

cclxi Atual Artigo 414: Não se convencendo da materialidade do fato ou da existência de indícios suficientes de autoria ou de participação, o juiz, fundamentadamente, impronunciará o acusado. (Redação dada pela Lei n. 11.689, de 2008)

Parágrafo único: Enquanto não ocorrer a extinção da punibilidade, poderá ser formulada nova denúncia ou queixa se houver prova nova. (Redação dada pela Lei n. 11.689, de 2008)

cclxii Atual Art. 415 Código de Processo Penal: O juiz, fundamentadamente, absolverá, desde logo o acusado, quando:

I – provada a inexistência do fato;

II – provado não ser ele o autor ou partícipe do fato;

III – o fato não constituir infração penal;

IV – demonstrada causa de isenção de pena ou de exclusão do crime. (Redação dada pela Lei n. 11.689, de 2008)

Parágrafo único: Não se aplica o disposto no inciso IV do caput deste artigo ao caso de inimputabilidade prevista no caput do art. 26 do Decreto- Lei n. 2.848, de 7 de dezembro de 1940 – Código Penal, salvo quando esta for a única tese defensiva. (Redação dada pela Lei n. 11.689, de 2008)

cclxiii Atual Artigo 419 Código de Processo Penal: Quando o juiz se convencer, em discordância com a acusação, da existência de crime diverso dos referidos no § 1º do art. 74 deste Código e não for competente para o julgamento, remeterá os autos ao juiz que o seja.

Parágrafo único: Remetidos os autos do processo a outro juiz, à disposição deste ficará o acusado preso. (Redação dada pela Lei n. 11.689, de 2008)

cclxiv Art. 492 Código de Processo Penal: Em seguida, o presidente proferirá sentença que: (Redação dada pela Lei n. 11.689, de 2008)

I – no caso de condenação: (Redação dada pela Lei n. 11.689, de 2008)

a) fixará a pena-base; (Incluído pela Lei n. 11.689, de 2008)

b) considerará as circunstâncias agravantes ou atenuantes alegadas nos debates; (Incluído pela Lei n. 11.689, de 2008)

c) imporá os aumentos ou diminuições da pena, em atenção às causas admitidas pelo júri; (Incluído pela Lei n. 11.689, de 2008)

d) observará as demais disposições do art. 387 deste Código; (Incluído pela Lei n. 11.689, de 2008)

e) mandará o acusado recolher-se ou recomendá-lo-á à prisão em que se encontra, se presentes os requisitos da prisão preventiva; (Incluído pela Lei n. 11.689, de 2008)

f) estabelecerá os efeitos genéricos e específicos da condenação; (Incluído pela Lei n. 11.689, de 2008)

II – no caso de absolvição: (Redação dada pela Lei n. 11.689, de 2008)

a) mandará colocar em liberdade o acusado se por outro motivo não estiver preso; (Redação dada pela Lei n. 11.689, de 2008)

b) revogará as medidas restritivas provisoriamente decretadas; (Redação dada pela Lei n. 11.689, de 2008)

c) imporá, se for o caso, a medida de segurança cabível. (Redação dada pela Lei n. 11.689, de 2008)

§ 1º Se houver desclassificação da infração para outra, de competência do juiz singular, ao presidente do Tribunal do Júri caberá proferir sentença em seguida, aplicando-se, quando o delito resultante da nova tipificação for considerado pela lei como infração penal de menor potencial ofensivo, o disposto nos arts. 69 e seguintes da Lei no 9.099, de 26 de setembro de 1995. (Redação dada pela Lei n. 11.689, de 2008)

§ 2º Em caso de desclassificação, o crime conexo que não seja doloso contra a vida será julgado pelo juiz presidente do Tribunal do Júri, aplicando-se, no que couber, o disposto no § 1º deste artigo. (Redação dada pela Lei n. 11.689, de 2008)

cclxv Art. 493 Código Processo Penal: A sentença será lida em plenário pelo presidente antes de encerrada a sessão de instrução e julgamento. (Redação dada pela Lei n. 11.689, de 2008)

cclxvi Atual caput do Art. 413 Código de Processo Penal: O juiz, fundamentadamente, pronunciará o acusado, se convencido da materialidade do fato e da existência de indícios suficientes de autoria ou de participação.. (Redação dada pela Lei n. 11.689, de 2008)

cclxvii Atual caput do Art. 414 Código de Processo Penal: Não se convencendo da materialidade do fato ou da existência de indícios suficientes de autoria ou de participação, o juiz, fundamentadamente, impronunciará o acusado. (Redação dada pela Lei n. 11.689, de 2008)

cclxviii Atual Art. 413 Código Processo Penal: O juiz, fundamentadamente, pronunciará o acusado, se convencido da materialidade do fato e da existência de indícios suficientes de autoria ou de participação. (Redação dada pela Lei n. 11.689, de 2008)

cclxix Atual Art. 472 Código Processo Penal: Formado o Conselho de Sentença, o presidente, levantando-se, e, com ele, todos os presentes, fará aos jurados a seguinte exortação: Em nome da lei, concito-vos a examinar esta causa com imparcialidade e a proferir a vossa decisão de acordo com a vossa consciência e os ditames da justiça. Os jurados, nominalmente chamados pelo presidente, responderão: Assim o prometo.

Parágrafo único: O jurado, em seguida, receberá cópias da pronúncia ou, se for o caso, das decisões posteriores que julgaram admissível a acusação e do relatório do processo. (Redação dada pela Lei n. 11.689, de 2008)

cclxx Atual Art. 472 Código Processo Penal: Formado o Conselho de Sentença, o presidente, levantando-se, e, com ele, todos os presentes, fará aos jurados a seguinte exortação: Em nome da lei, concito-vos a examinar esta causa com imparcialidade e a proferir a vossa decisão de acordo com a vossa consciência e os ditames da justiça. Os jurados, nominalmente chamados pelo presidente, responderão: Assim o prometo.

Parágrafo único: O jurado, em seguida, receberá cópias da pronúncia ou, se for o caso, das decisões posteriores que julgaram admissível a acusação e do relatório do processo. (Redação dada pela Lei n. 11.689, de 2008)

cclxxi Atual caput do Art. 413 Código Processo Penal: O juiz, fundamentadamente, pronunciará o acusado, se convencido da materialidade do fato e da existência de indícios suficientes de autoria ou de participação. (Redação dada pela Lei n. 11.689, de 2008)

cclxxii Atual Título III, "Da imputabilidade penal", artigos 26 a 28 do CP, conforme redação dada pela Lei n. 7.209, de 11.7.1984.

cclxxiii Atual artigo 26 do CP, conforme redação dada pela Lei n. 7.209, de 11.7.1984. Art. 26 – É isento de pena o agente que, por doença mental ou desenvolvimento mental incompleto ou retardado, era, ao tempo da ação ou da omissão, inteiramente incapaz de entender o caráter ilícito do fato ou de determinar-se de acordo com esse entendimento.

cclxxiv Art. 187 com redação dada pela Lei n. 10.792, de 1º.12.2003:

Art. 187. O interrogatório será constituído de duas partes: sobre a pessoa do acusado e sobre os fatos.

§ 1º Na primeira parte o interrogando será perguntado sobre a residência, meios de vida ou profissão, oportunidades sociais, lugar onde exerce a sua atividade, vida pregressa, notadamente se foi preso ou processado alguma vez e, em caso afirmativo, qual o juízo do processo, se houve suspensão condicional ou condenação, qual a pena imposta, se a cumpriu e outros dados familiares e sociais.

§ 2º Na segunda parte será perguntado sobre: I – ser verdadeira a acusação que lhe é feita; II – não sendo verdadeira a acusação, se tem algum motivo particular a que atribuí-la, se conhece a pessoa ou pessoas a quem deva ser imputada a prática do crime, e quais sejam, e se com elas esteve antes da prática da infração ou depois dela; III – onde estava ao tempo em que foi cometida a infração e se teve notícia desta; IV – as provas já apuradas; V – se conhece as vítimas e testemunhas já inquiridas ou por inquirir, e desde quando, e se tem o que alegar contra elas; VI – se conhece o instrumento com que foi praticada a infração, ou qualquer objeto que com esta se relacione e tenha sido apreendido; VII – todos os demais fatos e pormenores que conduzam à elucidação dos antecedentes e circunstâncias da infração; VIII – se tem algo mais a alegar em sua defesa.

cclxxv Art. 188 com redação dada pela Lei n. 10.792, de 1º.12.2003:

Art. 188. Após proceder ao interrogatório, o juiz indagará das partes se restou algum fato para ser esclarecido, formulando as perguntas correspondentes se o entender pertinente e relevante.

cclxxvi Art. 140, parágrafo 3º com redação dada pela Lei n. 10.741, de 2003:

§ 3° Se a injúria consiste na utilização de elementos referentes a raça, cor, etnia, religião, origem ou a condição de pessoa idosa ou portadora de deficiência:

Pena – reclusão de um a três anos e multa. (Incluído pela Lei n. 9.459, de 1997).

cclxxvii Art. 158, parágrafo 3º incluído pela Lei n. 11.923, de 2009:

§ 3º Se o crime é cometido mediante a restrição da liberdade da vítima, e essa condição é necessária para a obtenção da vantagem econômica, a pena é de reclusão, de 6 (seis) a 12 (doze) anos, além da multa; se resulta lesão corporal grave ou morte, aplicam-se as penas previstas no art. 159, §§ 2° e 3°, respectivamente

cclxxviii Pena do art. 317 com redação dada pela Lei n. 10.763, de 12.11.2003:

Pena – reclusão, de 2 (dois) a 12 (doze) anos, e multa.

cclxxix Pena do art. 333 com redação dada pela Lei n. 10.763, de 12.11.2003:

Pena – reclusão, de 2 (dois) a 12 (doze) anos, e multa.

cclxxx Art. 93, inciso IX com redação dada pela Emenda Constitucional n. 45, de 2004:

IX. todos os julgamentos dos órgãos do Poder Judiciário serão públicos, e fundamentadas todas as decisões, sob pena de nulidade, podendo a lei limitar a presença, em determinados atos, às próprias partes e a seus advogados, ou somente a estes, em casos nos quais a preservação do direito à intimidade do interessado no sigilo não prejudique o interesse público à informação;

cclxxxi Art. 93, inciso IX com redação dada pela Emenda Constitucional n. 45, de 2004:

IX. todos os julgamentos dos órgãos do Poder Judiciário serão públicos, e fundamentadas todas as decisões, sob pena de nulidade, podendo a lei limitar a presença, em determinados atos, às próprias partes e a seus advogados, ou somente a estes, em casos nos quais a preservação do direito à intimidade do interessado no sigilo não prejudique o interesse público à informação;

cclxxxii Atual artigo 413 do CPP, conforme a Lei n. 11.689, de 2008. Art. 413. O juiz, fundamentadamente, pronunciará o acusado, se convencido da materialidade do fato e da existência de indícios suficientes de autoria ou de participação.

cclxxxiii Atual § 1º do artigo 413 do CPP, conforme a Lei n. 11.689, de 2008. § 1º: A fundamentação da pronúncia limitar-se-á à indicação da materialidade do fato e da existência de indícios suficientes de autoria ou de participação, devendo o juiz declarar o dispositivo legal em que julgar incurso o acusado e especificar as circunstâncias qualificadoras e as causas de aumento de pena.

cclxxxiv Atual artigo 415 do CPP, conforme Lei n. 11.689, de 2008. Art. 415: O juiz, fundamentadamente, absolverá, desde logo o acusado, quando: I – provada a inexistência do fato; II – provado não ser ele o autor ou partícipe do fato; III – o fato não constituir infração penal; IV – demonstrada causa de isenção de pena ou de exclusão do crime.

cclxxxv Redação dada pela Lei n. 11.689, de 2008 Art. 476. Encerrada a instrução, será concedida a palavra ao Ministério Público, que fará a acusação, nos limites da pronúncia ou das decisões posteriores que julgaram admissível a acusação, sustentando, se for o caso, a existência de circunstância agravante.

cclxxxvi § 1º, 2º e 3º do Art. 476 do Código de Processo Penal: Incluído pela Lei n. 11.689, de 2008.

§ 1º O assistente falará depois do Ministério Público.

§ 2º Tratando-se de ação penal de iniciativa privada, falará em primeiro lugar o querelante e, em seguida, o Ministério Público, salvo se este houver retomado a titularidade da ação, na forma do art. 29 deste Código.

§ 3º Finda a acusação, terá a palavra a defesa.

cclxxxvii Atual artigo 422 do CPP, de acordo com a Lei n. 11.689, de 2008. Art. 422: Ao receber os autos, o presidente do Tribunal do Júri determinará a intimação do órgão do Ministério Público ou do querelante, no caso de queixa, e do defensor, para, no prazo de 5 (cinco) dias, apresentarem rol de testemunhas que irão depor em plenário, até o máximo de 5 (cinco), oportunidade em que poderão juntar documentos e requerer diligência.

cclxxxviii Atual artigo 420 do CPP, conforme a Lei n. 11.689, de 2008. Art. 420: A intimação da decisão de pronúncia será feita: I – pessoalmente ao acusado, ao defensor nomeado e ao Ministério Público; II – ao defensor constituído, ao querelante e ao assistente do Ministério Público, na forma do disposto no § 1º do art. 370 deste Código. Parágrafo único: Será intimado por edital o acusado solto que não for encontrado.

cclxxxix Atual artigo 422 do CPP, conforme a Lei n. 11.689, de 2008. Art. 422: Ao receber os autos, o presidente do Tribunal do Júri determinará a intimação do órgão do Ministério Público ou do querelante, no caso de queixa, e do defensor, para, no prazo de 5 (cinco) dias, apresentarem rol de testemunhas que irão depor em plenário, até o máximo de 5 (cinco), oportunidade em que poderão juntar documentos e requerer diligência.

ccxc Atual art. 483 do CPP, redação dada pela Lei n. 11.689, de 2008. Os quesitos serão formulados na seguinte ordem, indagando sobre: I – a materialidade do fato; II – a autoria ou participação; III – se o acusado deve ser absolvido; IV – se existe causa de diminuição de pena alegada pela defesa; V – se existe circunstância qualificadora ou causa de aumento de pena reconhecidas na pronúncia ou em decisões posteriores que julgaram admissível a acusação.

§ 1º A resposta negativa, de mais de 3 (três) jurados, a qualquer dos quesitos referidos nos incisos I e II do caput deste artigo encerra a votação e implica a absolvição do acusado.

§ 2º Respondidos afirmativamente por mais de 3 (três) jurados os quesitos relativos aos incisos I e II do caput deste artigo será formulado quesito com a seguinte redação: O jurado absolve o acusado?

§ 3º Decidindo os jurados pela condenação, o julgamento prossegue, devendo ser formulados quesitos sobre: I – causa de diminuição de pena alegada pela defesa; II – circunstância qualificadora ou causa de aumento de pena, reconhecidas na pronúncia ou em decisões posteriores que julgaram admissível a acusação.

§ 4º Sustentada a desclassificação da infração para outra de competência do juiz singular, será formulado quesito a respeito, para ser respondido após o 2º (segundo) ou 3º (terceiro) quesito, conforme o caso.

§ 5º Sustentada a tese de ocorrência do crime na sua forma tentada ou havendo divergência sobre a tipificação do delito, sendo este da competência do Tribunal do Júri, o juiz formulará quesito acerca destas questões, para ser respondido após o segundo quesito.

§ 6º Havendo mais de um crime ou mais de um acusado, os quesitos serão formulados em séries distintas.

ccxci Atual artigo 422 do CPP, conforme a Lei n. 11.689, de 2008. Art. 422: Ao receber os autos, o presidente do Tribunal do Júri determinará a intimação do órgão do Ministério Público ou do querelante, no caso de queixa, e do defensor, para, no prazo de 5 (cinco) dias, apresentarem rol de testemunhas que irão depor em plenário, até o máximo de 5 (cinco), oportunidade em que poderão juntar documentos e requerer diligência.

ccxcii Atual artigo 422 do CPP, conforme a Lei n. 11.689, de 2008. Art. 422: Ao receber os autos, o presidente do Tribunal do Júri determinará a intimação do órgão do Ministério Público ou do querelante, no caso de queixa, e do defensor, para, no prazo de 5 (cinco) dias, apresentarem rol de testemunhas que irão depor em plenário, até o máximo de 5 (cinco), oportunidade em que poderão juntar documentos e requerer diligência.

ccxciii Atual artigo 423 do CPP, de acordo com a Lei n. 11.689, de 2008. Art. 423: Deliberando sobre os requerimentos de provas a serem produzidas ou exibidas no plenário do júri, e adotadas as providências devidas, o juiz presidente: I – ordenará as diligências necessárias para sanar qualquer nulidade ou esclarecer fato que interesse ao julgamento da causa; II – fará relatório sucinto do processo, determinando sua inclusão em pauta da reunião do Tribunal do Júri.

ccxciv Ver ref. XII.

ccxcv Atual artigo 423 do CPP, de acordo com a Lei n. 11.689, de 2008. Art. 423: Deliberando sobre os requerimentos de provas a serem produzidas ou exibidas no plenário do júri, e adotadas as providências devidas, o juiz presidente: I – ordenará as diligências necessárias para sanar qualquer nulidade ou esclarecer fato que interesse ao julgamento da causa; II – fará relatório sucinto do processo, determinando sua inclusão em pauta da reunião do Tribunal do Júri.

ccxcvi Atual artigo 476 do CPP, de acordo com a Lei n. 11.689, de 2008. Art. 476: Encerrada a instrução, será concedida a palavra ao Ministério Público, que fará a acusação, nos limites da pronúncia ou das decisões posteriores que julgaram admissível a acusação, sustentando, se for o caso, a existência de circunstância agravante.

ccxcvii Atual artigo 423 do CPP, de acordo com a Lei n. 11.689, de 2008. Art. 423: Deliberando sobre os requerimentos de provas a serem produzidas ou exibidas no plenário do júri, e adotadas as providências devidas, o juiz presidente: I – ordenará as diligências necessárias para sanar qualquer nulidade ou esclarecer fato que interesse ao julgamento da causa; II – fará relatório sucinto do processo, determinando sua inclusão em pauta da reunião do Tribunal do Júri.

ccxcviii Artigos 531 a 538 do Código de Processo Penal, com nova redação dada pela Lei n. 11.719/2008, que altera dispositivos do Decreto-Lei no 3.689, de 3 de outubro de 1941 – Código de Processo Penal, relativos à suspensão do processo, emendatio libelli, mutatio libellie aos procedimentos.

Art. 531. Na audiência de instrução e julgamento, a ser realizada no prazo máximo de 30 (trinta) dias, proceder-se-á à tomada de declarações do ofendido, se possível, à inquirição das testemunhas arroladas pela acusação e pela defesa, nesta ordem, ressalvado o disposto no art. 222 deste Código, bem como aos esclarecimentos dos peritos, às acareações e ao reconhecimento de pessoas e coisas, interrogando-se, em seguida, o acusado e procedendo-se, finalmente, ao debate.

Art. 532. Na instrução, poderão ser inquiridas até 5 (cinco) testemunhas arroladas pela acusação e 5 (cinco) pela defesa.

Art. 533. Aplica-se ao procedimento sumário o disposto nos parágrafos do art. 400 deste Código. (Redação dada pela Lei n. 11.719, de 2008). Art. 534. As alegações finais serão orais, concedendo-se a palavra, respectivamente, à acusação e à defesa, pelo prazo de 20 (vinte) minutos, prorrogáveis por mais 10 (dez), proferindo o juiz, a seguir, sentença. (Redação dada pela Lei n. 11.719, de 2008)

§ 1º Havendo mais de um acusado, o tempo previsto para a defesa de cada um será individual. (Incluído pela Lei n. 11.719, de 2008)

§ 2º Ao assistente do Ministério Público, após a manifestação deste, serão concedidos 10 (dez) minutos, prorrogando-se por igual período o tempo de manifestação da defesa. (Incluído pela Lei n. 11.719, de 2008)

Art. 535. Nenhum ato será adiado, salvo quando imprescindível a prova faltante, determinando o juiz a condução coercitiva de quem deva comparecer.

Art. 536. A testemunha que comparecer será inquirida, independentemente da suspensão da audiência, observada em qualquer caso a ordem estabelecida no art. 531 deste Código.

Art. 537. (Revogado pela Lei n. 11.719, de 2008)

Art. 538. Nas infrações penais de menor potencial ofensivo, quando o juizado especial criminal encaminhar ao juízo comum as peças existentes para a adoção de outro procedimento, observar-se-á o procedimento sumário previsto neste Capítulo.

ccxcix Refere-se à Lei n. 9099/95, que dispõe sobre os Juizados Especiais Cíveis e Criminais e dá outras providências.

ccc Artigos 531 a 538 do Código de Processo Penal, com nova redação dada pela Lei n. 11.719/2008, que altera dispositivos do Decreto-Lei no 3.689, de 3 de outubro de 1941 – Código de Processo Penal, relativos à suspensão do processo, emendatio libelli, mutatio libellie aos procedimentos.

Art. 531. Na audiência de instrução e julgamento, a ser realizada no prazo máximo de 30 (trinta) dias, proceder-se-á à tomada de declarações do ofendido, se possível, à inquirição das testemunhas arroladas pela acusação e pela defesa, nesta ordem, ressalvado o disposto no art. 222 deste Código, bem como aos esclarecimentos dos peritos, às acareações e ao reconhecimento de pessoas e coisas, interrogando-se, em seguida, o acusado e procedendo-se, finalmente, ao debate.

Art. 532. Na instrução, poderão ser inquiridas até 5 (cinco) testemunhas arroladas pela acusação e 5 (cinco) pela defesa.

Art. 533. Aplica-se ao procedimento sumário o disposto nos parágrafos do art. 400 deste Código. (Redação dada pela Lei n. 11.719, de 2008). Art. 534. As alegações finais serão orais, concedendo-se a palavra, respectivamente, à acusação e à defesa, pelo prazo de 20 (vinte) minutos, prorrogáveis por mais 10 (dez), proferindo o juiz, a seguir, sentença. (Redação dada pela Lei n. 11.719, de 2008)

§ 1º Havendo mais de um acusado, o tempo previsto para a defesa de cada um será individual. (Incluído pela Lei n. 11.719, de 2008)

§ 2º Ao assistente do Ministério Público, após a manifestação deste, serão concedidos 10 (dez) minutos, prorrogando-se por igual período o tempo de manifestação da defesa. (Incluído pela Lei n. 11.719, de 2008)

Art. 535. Nenhum ato será adiado, salvo quando imprescindível a prova faltante, determinando o juiz a condução coercitiva de quem deva comparecer.

Art. 536. A testemunha que comparecer será inquirida, independentemente da suspensão da audiência, observada em qualquer caso a ordem estabelecida no art. 531 deste Código.

Art. 537. (Revogado pela Lei n. 11.719, de 2008)

Art. 538. Nas infrações penais de menor potencial ofensivo, quando o juizado especial criminal encaminhar ao juízo comum as peças existentes para a adoção de outro procedimento, observar-se-á o procedimento sumário previsto neste Capítulo.

ccci Respeito da figura da transação, verificar artigos 487, III, b; art. 525, § 1°, VII; art. 535, VI; art. 784, IV; art. 90, § 2°; art. 90, § 3°; art. 784, IV; art. 334, § 10°; art. 619, II; art. 105 do Código Civil 2015, Lei n. 13.105/2015.

cccii Art. 331 do Código de Processo Civil, caput com redação dada pela Lei n. 10.444/2002.

Se não ocorrer qualquer das hipóteses previstas nas seções precedentes, e versar a causa sobre direitos que admitam transação, o juiz designará audiência preliminar, a realizar-se no prazo de 30 (trinta) dias, para a qual serão as partes intimadas a comparecer, podendo fazer-se representar por procurador ou preposto, com poderes para transigir.

§ 1º Obtida a conciliação, será reduzida a termo e homologada por sentença. (Incluído pela Lei n. 8.952, de 13.12.1994)

§ 2º Se, por qualquer motivo, não for obtida a conciliação, o juiz fixará os pontos controvertidos, decidirá as questões processuais pendentes e determinará as provas a serem produzidas, designando audiência de instrução e julgamento, se necessário. (Incluído pela Lei n. 8.952, de 13.12.1994)

§ 3º Se o direito em litígio não admitir transação, ou se as circunstâncias da causa evidenciarem ser improvável sua obtenção, o juiz poderá, desde logo, sanear o processo e ordenar a produção da prova, nos termos do § 2º. (Incluído pela Lei n. 10.444, de 7.5.2002)

ccciii Art. 584 do Código de Processo Civil, revogado pela Lei n. 11.232, de 2005.

ccciv XIX – somente por lei específica poderão ser criadas empresa pública, sociedade de economia mista, autarquia ou fundação pública;

XIX – somente por lei específica poderá ser criada autarquia e autorizada a instituição de empresa pública, de sociedade de economia mista e de fundação, cabendo à lei complementar, neste último caso, definir as áreas de sua atuação; (Redação dada pela Emenda Constitucional n. 19, de 1998)

XX – depende de autorização legislativa, em cada caso, a criação de subsidiárias das entidades mencionadas no inciso anterior, assim como a participação de qualquer delas em empresa privada;

XXI – ressalvados os casos especificados na legislação, as obras, serviços, compras e alienações serão contratados mediante processo de licitação pública que assegure igualdade de condições a todos os concorrentes, com cláusulas que estabeleçam obrigações de pagamento, mantidas as condições efetivas da proposta, nos termos da lei, o qual somente permitirá as exigências de qualificação técnica e econômica indispensáveis à garantia do cumprimento das obrigações. (Regulamento)

XXII – as administrações tributárias da União, dos Estados, do Distrito Federal e dos Municípios, atividades essenciais ao funcionamento do Estado, exercidas por servidores de carreiras específicas, terão recursos prioritários para a realização de suas atividades e atuarão de forma integrada, inclusive com o compartilhamento de cadastros e de informações fiscais, na forma da lei ou convênio. (Incluído pela Emenda Constitucional n. 42, de 19.12.2003)

§ 1º A publicidade dos atos, programas, obras, serviços e campanhas dos órgãos públicos deverá ter caráter educativo, informativo ou de orientação social, dela não podendo constar nomes, símbolos ou imagens que caracterizem promoção pessoal de autoridades ou servidores públicos.

§ 2º A não observância do disposto nos incisos II e III implicará a nulidade do ato e a punição da autoridade responsável, nos termos da lei.

§ 3º As reclamações relativas à prestação de serviços públicos serão disciplinadas em lei.

§ 3º A lei disciplinará as formas de participação do usuário na administração pública direta e indireta, regulando especialmente: (Redação dada pela Emenda Constitucional n. 19, de 1998)

I – as reclamações relativas à prestação dos serviços públicos em geral, asseguradas a manutenção de serviços de atendimento ao usuário e a avaliação periódica, externa e interna, da qualidade dos serviços; (Incluído pela Emenda Constitucional n. 19, de 1998)

II – o acesso dos usuários a registros administrativos e a informações sobre atos de governo, observado o disposto no art. 5º, X e XXXIII; (Incluído pela Emenda Constitucional n. 19, de 1998) (Vide Lei n. 12.527, de 2011)

III – a disciplina da representação contra o exercício negligente ou abusivo de cargo, emprego ou função na administração pública. (Incluído pela Emenda Constitucional n. 19, de 1998)

§ 4º Os atos de improbidade administrativa importarão a suspensão dos direitos políticos, a perda da função pública, a indisponibilidade dos bens e o ressarcimento ao erário, na forma e gradação previstas em lei, sem prejuízo da ação penal cabível.

§ 5º A lei estabelecerá os prazos de prescrição para ilícitos praticados por qualquer agente, servidor ou não, que causem prejuízos ao erário, ressalvadas as respectivas ações de ressarcimento.

§ 6º As pessoas jurídicas de direito público e as de direito privado prestadoras de serviços públicos responderão pelos danos que seus agentes, nessa qualidade, causarem a terceiros, assegurado o direito de regresso contra o responsável nos casos de dolo ou culpa.

§ 7º A lei disporá sobre os requisitos e as restrições ao ocupante de cargo ou emprego da administração direta e indireta que possibilite o acesso a informações privilegiadas. (Incluído pela Emenda Constitucional n. 19, de 1998)

§ 8º A autonomia gerencial, orçamentária e financeira dos órgãos e entidades da administração direta e indireta poderá ser ampliada mediante contrato, a ser firmado entre seus administradores e o poder público, que tenha por objeto a fixação de metas de desempenho para o órgão ou entidade, cabendo à lei dispor sobre: (Incluído pela Emenda Constitucional n. 19, de 1998)

I – o prazo de duração do contrato; (Incluído pela Emenda Constitucional n. 19, de 1998)

II – os controles e critérios de avaliação de desempenho, direitos, obrigações e responsabilidade dos dirigentes; (Incluído pela Emenda Constitucional n. 19, de 1998)

III – a remuneração do pessoal. (Incluído pela Emenda Constitucional n. 19, de 1998)

§ 9º O disposto no inciso XI aplica-se às empresas públicas e às sociedades de economia mista, e suas subsidiárias, que receberem recursos da União, dos Estados, do Distrito Federal ou dos Municípios para pagamento de despesas de pessoal ou de custeio em geral. (Incluído pela Emenda Constitucional n. 19, de 1998)

§ 10. É vedada a percepção simultânea de proventos de aposentadoria decorrentes do art. 40 ou dos arts. 42 e 142 com a remuneração de cargo, emprego ou função pública, ressalvados os cargos acumuláveis na forma desta Constituição, os cargos eletivos e os cargos em comissão declarados em lei de livre nomeação e exoneração. (Incluído pela Emenda Constitucional n. 20, de 1998) (Vide Emenda Constitucional n. 20, de 1998)

§ 11. Não serão computadas, para efeito dos limites remuneratórios de que trata o inciso XI do caput deste artigo, as parcelas de caráter indenizatório previstas em lei. (Incluído pela Emenda Constitucional n. 47, de 2005)

§ 12. Para os fins do disposto no inciso XI do caput deste artigo, fica facultado aos Estados e ao Distrito Federal fixar, em seu âmbito, mediante emenda às respectivas Constituições e Lei Orgânica, como limite único, o subsídio mensal dos Desembargadores do respectivo Tribunal de Justiça, limitado a noventa inteiros e vinte e cinco centésimos por cento do subsídio mensal dos Ministros do Supremo Tribunal Federal, não se aplicando o disposto neste parágrafo aos subsídios dos Deputados Estaduais e Distritais e dos Vereadores. (Incluído pela Emenda Constitucional n. 47, de 2005)

cccv Artigo 42 da Constituição Federal, caput e parágrafos com redação dada pela Emenda Constitucional n. 18/1998 e pela Emenda Constitucional n. 41/2003:

Art. 42: Os membros das Polícias Militares e Corpos de Bombeiros Militares, instituições organizadas com base na hierarquia e disciplina, são militares dos Estados, do Distrito Federal e dos Territórios. (Redação dada pela Emenda Constitucional n. 18, de 1998)

§ 1º Aplicam-se aos militares dos Estados, do Distrito Federal e dos Territórios, além do que vier a ser fixado em lei, as disposições do art. 14, § 8º; do art. 40, § 9º; e do art. 142, §§ 2º e 3º, cabendo a lei estadual específica dispor sobre as matérias do art. 142, § 3º, inciso X, sendo as patentes dos oficiais conferidas pelos respectivos governadores. (Redação dada pela Emenda Constitucional n. 20, de 15/12/98)

§ 2º Aos pensionistas dos militares dos Estados, do Distrito Federal e dos Territórios aplica-se o que for fixado em lei específica do respectivo ente estatal. (Redação dada pela Emenda Constitucional n. 41, 19.12.2003)

cccvi *Caput* do Artigo 42 da Constituição Federal, com redação dada pela Emenda Constitucional n. 18, de 1998.

Art. 42 Os membros das Polícias Militares e Corpos de Bombeiros Militares, instituições organizadas com base na hierarquia e disciplina, são militares dos Estados, do Distrito Federal e dos Territórios.

cccvii Artigo 21, inciso XIV da Constituição Federal, com redação dada pela Emenda Constitucional n. 19/1998:

XIV – organizar e manter a polícia civil, a polícia militar e o corpo de bombeiros militar do Distrito Federal, bem como prestar assistência financeira ao Distrito Federal para a execução de serviços públicos, por meio de fundo próprio;

cccviii Artigo 42 da Constituição Federal, caput e parágrafos com redação dada pela Emenda Constitucional n. 18/1998 e pela Emenda Constitucional n. 41/2003:

Art. 42: Os membros das Polícias Militares e Corpos de Bombeiros Militares, instituições organizadas com base na hierarquia e disciplina, são militares dos Estados, do Distrito Federal e dos Territórios. (Redação dada pela Emenda Constitucional n. 18, de 1998)

§ 1º Aplicam-se aos militares dos Estados, do Distrito Federal e dos Territórios, além do que vier a ser fixado em lei, as disposições do art. 14, § 8º; do art. 40, § 9º; e do art. 142, §§ 2º e 3º, cabendo a lei estadual específica dispor sobre as matérias do art. 142, § 3º, inciso X, sendo as patentes dos oficiais conferidas pelos respectivos governadores. (Redação dada pela Emenda Constitucional n. 20, de 15/12/98)

§ 2º Aos pensionistas dos militares dos Estados, do Distrito Federal e dos Territórios aplica-se o que for fixado em lei específica do respectivo ente estatal. (Redação dada pela Emenda Constitucional n. 41, 19.12.2003)

cccix O Artigo 142 da Constituição Federal teve alguns parágrafos e incisos modificados e outros incluídos, pelas Emendas Constitucionais n. 18/1998, n. 77/2003 e n. 77/2014.

Art. 142. As Forças Armadas, constituídas pela Marinha, pelo Exército e pela Aeronáutica, são instituições nacionais permanentes e regulares, organizadas com base na hierarquia e na disciplina, sob a autoridade suprema do Presidente da República, e destinam-se à defesa da Pátria, à garantia dos poderes constitucionais e, por iniciativa de qualquer destes, da lei e da ordem.

§ 1º Lei complementar estabelecerá as normas gerais a serem adotadas na organização, no preparo e no emprego das Forças Armadas.

§ 2º Não caberá habeas corpus em relação a punições disciplinares militares.

§ 3º Os membros das Forças Armadas são denominados militares, aplicando-se-lhes, além das que vierem a ser fixadas em lei, as seguintes disposições: (Incluído pela Emenda Constitucional n. 18, de 1998)

I – as patentes, com prerrogativas, direitos e deveres a elas inerentes, são conferidas pelo Presidente da República e asseguradas em plenitude aos oficiais da ativa, da reserva ou reformados, sendo-lhes privativos os títulos e postos militares e, juntamente com os demais membros, o uso dos uniformes das Forças Armadas; (Incluído pela Emenda Constitucional n. 18, de 1998)

II – o militar em atividade que tomar posse em cargo ou emprego público civil permanente, ressalvada a hipótese prevista no art. 37, inciso XVI, alínea "c", será transferido para a reserva, nos termos da lei; (Redação dada pela Emenda Constitucional n. 77, de 2014)

III – o militar da ativa que, de acordo com a lei, tomar posse em cargo, emprego ou função pública civil temporária, não eletiva, ainda que da administração indireta, ressalvada a hipótese prevista no art. 37, inciso XVI, alínea "c", ficará agregado ao respectivo quadro e somente poderá, enquanto permanecer nessa situação, ser promovido por antiguidade, contando-se-lhe o tempo de serviço apenas para aquela promoção e transferência para a reserva, sendo depois de dois anos de afastamento, contínuos ou não, transferido para a reserva, nos termos da lei; (Redação dada pela Emenda Constitucional n. 77, de 2014)

IV – ao militar são proibidas a sindicalização e a greve; (Incluído pela Emenda Constitucional n. 18, de 1998)

V – o militar, enquanto em serviço ativo, não pode estar filiado a partidos políticos; (Incluído pela Emenda Constitucional n. 18, de 1998)

VI – o oficial só perderá o posto e a patente se for julgado indigno do oficialato ou com ele incompatível, por decisão de tribunal militar de caráter permanente, em tempo de paz, ou de tribunal especial, em tempo de guerra; (Incluído pela Emenda Constitucional n. 18, de 1998)

VII – o oficial condenado na justiça comum ou militar a pena privativa de liberdade superior a dois anos, por sentença transitada em julgado, será submetido ao julgamento previsto no inciso anterior;(Incluído pela Emenda Constitucional n. 18, de 1998)

VIII – aplica-se aos militares o disposto no art. 7º, incisos VIII, XII, XVII, XVIII, XIX e XXV, e no art. 37, incisos XI, XIII, XIV e XV, bem como, na forma da lei e com prevalência da atividade militar, no art. 37, inciso XVI, alínea "c"; (Redação dada pela Emenda Constitucional n. 77, de 2014)

IX – aplica-se aos militares e a seus pensionistas o disposto no art. 40, §§ 7º e 8º; (Redação dada pela Emenda Constitucional n. 20, de 11998). (Revogado pela Emenda Constitucional n. 41, de 19.12.2003)

X – a lei disporá sobre o ingresso nas Forças Armadas, os limites de idade, a estabilidade e outras condições de transferência do militar para a inatividade, os direitos, os deveres, a remuneração, as prerrogativas e outras situações especiais dos militares, consideradas as peculiaridades de suas atividades, inclusive aquelas cumpridas por força de compromissos internacionais e de guerra. (Incluído pela Emenda Constitucional n. 18, de 1998)

cccx Parágrafo 1°, do artigo 144 da Constituição Federal, com redação dada pela Emenda Constitucional n. 19/1998:

§ 1º A polícia federal, instituída por lei como órgão permanente, organizado e mantido pela União e estruturado em carreira, destina-se a:

cccxi Parágrafo 1°, do artigo 144 da Constituição Federal, com redação dada pela Emenda Constitucional n. 19/1998:

§ 1º A polícia federal, instituída por lei como órgão permanente, organizado e mantido pela União e estruturado em carreira, destina-se a:

cccxii Parágrafos 3° e 4° do artigo 125 da Constituição Federal, com redação dada pela Emenda Constitucional n. 45/2004.

§ 3º A lei estadual poderá criar, mediante proposta do Tribunal de Justiça, a Justiça Militar estadual, constituída, em primeiro grau, pelos juízes de direito e pelos Conselhos de Justiça e, em segundo grau, pelo próprio Tribunal de Justiça, ou por Tribunal de Justiça Militar nos Estados em que o efetivo militar seja superior a vinte mil integrantes.

§ 4º Compete à Justiça Militar estadual processar e julgar os militares dos Estados, nos crimes militares definidos em lei e as ações judiciais contra atos disciplinares militares, ressalvada a competência do júri quando a vítima for civil, cabendo ao tribunal competente decidir sobre a perda do posto e da patente dos oficiais e da graduação das praças.

cccxiii Artigo 4° caput, do Código de Processo Penal, com redação dada pela Lei n. 9.043/1995:

Art. 4º: A polícia judiciária será exercida pelas autoridades policiais no território de suas respectivas circunscrições e terá por fim a apuração das infrações penais e da sua autoria.

cccxiv Artigo 304 do Código de Processo Penal, caput e parágrafo 3°, com redação dada pela Lei n. 11.113/2005:

Art. 304: Apresentado o preso à autoridade competente, ouvirá esta o condutor e colherá, desde logo, sua assinatura, entregando a este cópia do termo e recibo de entrega do preso. Em seguida, procederá à oitiva das testemunhas que o acompanharem e ao interrogatório do acusado sobre a imputação que lhe é feita, colhendo, após cada oitiva suas respectivas assinaturas, lavrando, a autoridade, afinal, o auto. (Redação dada pela Lei n. 11.113, de 2005)

§ 1º Resultando das respostas fundada a suspeita contra o conduzido, a autoridade mandará recolhê-lo à prisão, exceto no caso de livrar-se solto ou de prestar fiança, e prosseguirá nos atos do inquérito ou processo, se para isso for competente; se não o for, enviará os autos à autoridade que o seja.

§ 2º A falta de testemunhas da infração não impedirá o auto de prisão em flagrante; mas, nesse caso, com o condutor, deverão assiná-lo pelo menos duas pessoas que hajam testemunhado a apresentação do preso à autoridade.

§ 3º Quando o acusado se recusar a assinar, não souber ou não puder fazê-lo, o auto de prisão em flagrante será assinado por duas testemunhas, que tenham ouvido sua leitura na presença deste. (Redação dada pela Lei n. 11.113, de 2005)

cccxv Parágrafo único, do artigo 69 da Lei n. 9099/95, com redação dada pela Lei n. 10.455/2002:

Parágrafo único: Ao autor do fato que, após a lavratura do termo, for imediatamente encaminhado ao juizado ou assumir o compromisso de a ele comparecer, não se imporá prisão em flagrante, nem se exigirá fiança. Em caso de violência doméstica, o juiz poderá determinar, como medida de cautela, seu afastamento do lar, domicílio ou local de convivência com a vítima.

cccxvi Artigo 322 do Código de Processo Penal, caput e parágrafo único, com redação dada pela Lei n. 12.403/2011.

Art. 322: A autoridade policial somente poderá conceder fiança nos casos de infração cuja pena privativa de liberdade máxima não seja superior a 4 (quatro) anos. (Redação dada pela Lei n. 12.403, de 2011)

Parágrafo único. Nos demais casos, a fiança será requerida ao juiz, que decidirá em 48 (quarenta e oito) horas. (Redação dada pela Lei n. 12.403, de 2011)

cccxvii Arts. 72, 76, 77 § 1° e 3° da Lei n. 9099/95.

cccxviii Art. 195 do Código de Processo Penal, com redação dada pela Lei n. 10.792, de 1º.12.2003.

Art. 195: Se o interrogado não souber escrever, não puder ou não quiser assinar, tal fato será consignado no termo.

cccxix Artigo 201 do Código de Processo Penal, caput e parágrafos com redação dada pela Lei n. 11.690/2008.

Art. 201: Sempre que possível, o ofendido será qualificado e perguntado sobre as circunstâncias da infração, quem seja ou presuma ser o seu autor, as provas que possa indicar, tomando-se por termo as suas declarações. (Redação dada pela Lei n. 11.690, de 2008)

§ 1º Se, intimado para esse fim, deixar de comparecer sem motivo justo, o ofendido poderá ser conduzido à presença da autoridade. (Incluído pela Lei n. 11.690, de 2008)

§ 2º O ofendido será comunicado dos atos processuais relativos ao ingresso e à saída do acusado da prisão, à designação de data para audiência e à sentença e respectivos acórdãos que a mantenham ou modifiquem. (Incluído pela Lei n. 11.690, de 2008)

§ 3º As comunicações ao ofendido deverão ser feitas no endereço por ele indicado, admitindo-se, por opção do ofendido, o uso de meio eletrônico. (Incluído pela Lei n. 11.690, de 2008)

§ 4º Antes do início da audiência e durante a sua realização, será reservado espaço separado para o ofendido. (Incluído pela Lei n. 11.690, de 2008)

§ 5º Se o juiz entender necessário, poderá encaminhar o ofendido para atendimento multidisciplinar, especialmente nas áreas psicossocial, de assistência jurídica e de saúde, a expensas do ofensor ou do Estado. (Incluído pela Lei n. 11.690, de 2008)

§ 6º O juiz tomará as providências necessárias à preservação da intimidade, vida privada, honra e imagem do ofendido, podendo, inclusive, determinar o segredo de justiça em relação aos dados, depoimentos e outras informações constantes dos autos a seu respeito para evitar sua exposição aos meios de comunicação. (Incluído pela Lei n. 11.690, de 2008)

cccxx Atual Artigo 486 do Código de Processo Penal, conforme Lei n. 11.689/2008:

Art. 486: Distribuídas as cédulas, o juiz lerá o quesito que deva ser respondido e um oficial de justiça recolherá as cédulas com os votos dos jurados, e outro, as cédulas não utilizadas. Cada um dos oficiais apresentará, para esse fim, aos jurados, uma urna ou outro receptáculo que assegure o sigilo da votação.

cccxxi Artigo 491 do Código de Processo Penal, com nova redação conforme Lei n. 11.689/2008: : Finda a votação, será o termo a que se refere o art. 487 assinado pelo juiz e jurados.

cccxxii Parágrafo único do Artigo 69 da Lei n. 9.099/95: Ao autor do fato que, após a lavratura do termo, for imediatamente encaminhado ao juizado ou assumir o compromisso de a ele comparecer, não se imporá prisão em flagrante, nem se exigirá fiança. Em caso de violência doméstica, o juiz poderá determinar, como medida de cautela, seu afastamento do lar, domicílio ou local de convivência com a vítima. (Redação dada pela Lei n. 10.455, de 13.5.2002)

cccxxiii O decreto n. 678/1992 promulga a Convenção Americana sobre Direitos Humanos (Pacto de São José da Costa Rica), de 22 de novembro de 1969. Obs: não possui art. 8°.

cccxxiv Parágrafo único do artigo 69 da Lei n. 9.099/95, com redação dada pela Lei n. 10.455/2002:

Parágrafo único: Ao autor do fato que, após a lavratura do termo, for imediatamente encaminhado ao juizado ou assumir o compromisso de a ele comparecer, não se imporá prisão em flagrante, nem se exigirá fiança. Em caso de violência doméstica, o juiz poderá determinar, como medida de cautela, seu afastamento do lar, domicílio ou local de convivência com a vítima.

cccxxv Art. 584 do Código de Processo Civil: revogado pela Lei n. 11.232, de 2005, que altera a Lei no 5.869, de 11 de janeiro de 1973 – Código de Processo Civil, para estabelecer a fase de cumprimento das sentenças no processo de conhecimento e revogar dispositivos relativos à execução fundada em título judicial, e dá outras providências.

cccxxvi Lei n. 9.099/95.

cccxxvii Parágrafo único do artigo 69 da Lei n. 9.099/95: Ao autor do fato que, após a lavratura do termo, for imediatamente encaminhado ao juizado ou assumir o compromisso de a ele comparecer, não se imporá prisão em flagrante, nem se exigirá fiança. Em caso de violência doméstica, o juiz poderá determinar, como medida de cautela, seu afastamento do lar, domicílio ou local de convivência com a vítima. (Redação dada pela Lei n. 10.455, de 13.5.2002)

cccxxviii Revogada pela Lei n. 9.503, de 23.09.1997, que institui o Código de Trânsito Brasileiro.

cccxxix Artigo 310 do Código de Processo Penal, com redação dada pela Lei n. 12.403/2011.

Art. 310: Ao receber o auto de prisão em flagrante, o juiz deverá fundamentadamente: (Redação dada pela Lei n. 12.403, de 2011)

I – relaxar a prisão ilegal; ou (Incluído pela Lei n. 12.403, de 2011)

II – converter a prisão em flagrante em preventiva, quando presentes os requisitos constantes do art. 312 deste Código, e se revelarem inadequadas ou insuficientes as medidas cautelares diversas da prisão; ou (Incluído pela Lei n. 12.403, de 2011)

III – conceder liberdade provisória, com ou sem fiança. (Incluído pela Lei n. 12.403, de 2011)

Parágrafo único. Se o juiz verificar, pelo auto de prisão em flagrante, que o agente praticou o fato nas condições constantes dos incisos I a III do caput do art. 23 do Decreto-Lei no 2.848, de 7 de dezembro de 1940 – Código Penal, poderá, fundamentadamente, conceder ao acusado liberdade provisória, mediante termo de comparecimento a todos os atos processuais, sob pena de revogação. (Redação dada pela Lei n. 12.403, de 2011)

cccxxx Artigo 312 do Código de Processo Penal, caput com nova redação e parágrafo único incluído pela Lei n. 12.403/2011.

Art. 312: A prisão preventiva poderá ser decretada como garantia da ordem pública, da ordem econômica, por conveniência da instrução criminal, ou para assegurar a aplicação da lei penal, quando houver prova da existência do crime e indício suficiente de autoria. (Redação dada pela Lei n. 12.403, de 2011)

Parágrafo único. A prisão preventiva também poderá ser decretada em caso de descumprimento de qualquer das obrigações impostas por força de outras medidas cautelares (art. 282, § 4º). (Incluído pela Lei n. 12.403, de 2011)

cccxxxi Art. 304 do Código de Processo Penal, caput e parágrafo 3° com redação dada pela Lei n. 11.113/2005:

Art. 304: Apresentado o preso à autoridade competente, ouvirá esta o condutor e colherá, desde logo, sua assinatura, entregando a este cópia do termo e recibo de entrega do preso. Em seguida, procederá à oitiva das testemunhas que o acompanharem e ao interrogatório do acusado sobre a imputação que lhe é feita, colhendo, após cada oitiva suas respectivas assinaturas, lavrando, a autoridade, afinal, o auto.

§ 3º Quando o acusado se recusar a assinar, não souber ou não puder fazê-lo, o auto de prisão em flagrante será assinado por duas testemunhas, que tenham ouvido sua leitura na presença deste.

Artigo 306 do Código de Processo Penal, com redação dada pela Lei n. 12.403/2011:

Art. 306: A prisão de qualquer pessoa e o local onde se encontre serão comunicados imediatamente ao juiz competente, ao Ministério Público e à família do preso ou à pessoa por ele indicada.

§ 1º Em até 24 (vinte e quatro) horas após a realização da prisão, será encaminhado ao juiz competente o auto de prisão em flagrante e, caso o autuado não informe o nome de seu advogado, cópia integral para a Defensoria Pública.

§ 2º No mesmo prazo, será entregue ao preso, mediante recibo, a nota de culpa, assinada pela autoridade, com o motivo da prisão, o nome do condutor e os das testemunhas.

cccxxxii Artigos 321 a 350 do Código de Processo Penal, com alterações efetuadas pela Lei n. 12.403/2011:

Art. 321: Ausentes os requisitos que autorizam a decretação da prisão preventiva, o juiz deverá conceder liberdade provisória, impondo, se for o caso, as medidas cautelares previstas no art. 319 deste Código e observados os critérios constantes do art. 282 deste Código. (Redação dada pela Lei n. 12.403, de 2011)

I – (Revogado pela Lei n. 12.403, de 2011)

II – (Revogado pela Lei n. 12.403, de 2011)

Art. 322: A autoridade policial somente poderá conceder fiança nos casos de infração cuja pena privativa de liberdade máxima não seja superior a 4 (quatro) anos. (Redação dada pela Lei n. 12.403, de 2011)

Parágrafo único. Nos demais casos, a fiança será requerida ao juiz, que decidirá em 48 (quarenta e oito) horas. (Redação dada pela Lei n. 12.403, de 2011)

Art. 323: Não será concedida fiança: (Redação dada pela Lei n. 12.403, de 2011)

I – nos crimes de racismo; (Redação dada pela Lei n. 12.403, de 2011)

II – nos crimes de tortura, tráfico ilícito de entorpecentes e drogas afins, terrorismo e nos definidos como crimes hediondos; (Redação dada pela Lei n. 12.403, de 2011)

III – nos crimes cometidos por grupos armados, civis ou militares, contra a ordem constitucional e o Estado Democrático; (Redação dada pela Lei n. 12.403, de 2011)

IV – (Revogado pela Lei n. 12.403, de 2011)

V – (Revogado pela Lei n. 12.403, de 2011)

Art. 324: Não será, igualmente, concedida fiança: (Redação dada pela Lei n. 12.403, de 2011)

I – aos que, no mesmo processo, tiverem quebrado fiança anteriormente concedida ou infringido, sem motivo justo, qualquer das obrigações a que se referem os arts. 327 e 328 deste Código; (Redação dada pela Lei n. 12.403, de 2011)

II – em caso de prisão civil ou militar; (Redação dada pela Lei n. 12.403, de 2011)

III – (Revogado pela Lei n. 12.403, de 2011)

IV – quando presentes os motivos que autorizam a decretação da prisão preventiva (art. 312). (Redação dada pela Lei n. 12.403, de 2011)

Art. 325: O valor da fiança será fixado pela autoridade que a conceder nos seguintes limites: (Redação dada pelaLei n. 12.403, de 2011)

a) (revogada); (Redação dada pela Lei n. 12.403, de 2011)

b) (revogada); (Redação dada pela Lei n. 12.403, de 2011)

c) (revogada). (Redação dada pela Lei n. 12.403, de 2011)

I – de 1 (um) a 100 (cem) salários mínimos, quando se tratar de infração cuja pena privativa de liberdade, no grau máximo, não for superior a 4 (quatro) anos; (Incluído pela Lei n. 12.403, de 2011)

II – de 10 (dez) a 200 (duzentos) salários mínimos, quando o máximo da pena privativa de liberdade cominada for superior a 4 (quatro) anos. (Incluído pela Lei n. 12.403, de 2011)

§ 1º Se assim recomendar a situação econômica do preso, a fiança poderá ser: (Redação dada pela Lei n. 12.403, de 2011)

I – dispensada, na forma do art. 350 deste Código; (Redação dada pela Lei n. 12.403, de 2011)

II – reduzida até o máximo de 2/3 (dois terços); ou (Redação dada pela Lei n. 12.403, de 2011)

III – aumentada em até 1.000 (mil) vezes. (Incluído pela Lei n. 12.403, de 2011)

§ 2º (Revogado pela Lei n. 12.403, de 2011)

I – (Revogado pela Lei n. 12.403, de 2011)

II – (Revogado pela Lei n. 12.403, de 2011)

III – (Revogado pela Lei n. 12.403, de 2011)

Art. 334: A fiança poderá ser prestada enquanto não transitar em julgado a sentença condenatória. (Redação dada pela Lei n. 12.403, de 2011)

Art. 335: Recusando ou retardando a autoridade policial a concessão da fiança, o preso, ou alguém por ele, poderá prestá-la, mediante simples petição, perante o juiz competente, que decidirá em 48 (quarenta e oito) horas. (Redação dada pela Lei n. 12.403, de 2011)

Art. 336: O dinheiro ou objetos dados como fiança servirão ao pagamento das custas, da indenização do dano, da prestação pecuniária e da multa, se o réu for condenado. (Redação dada pela Lei n. 12.403, de 2011)

Parágrafo único. Este dispositivo terá aplicação ainda no caso da prescrição depois da sentença condenatória (art. 110 do Código Penal). (Redação dada pela Lei n. 12.403, de 2011)

Art. 337: Se a fiança for declarada sem efeito ou passar em julgado sentença que houver absolvido o acusado ou declarada extinta a ação penal, o valor que a constituir, atualizado, será restituído sem desconto, salvo o disposto no parágrafo único do art. 336 deste Código. (Redação dada pela Lei n. 12.403, de 2011)

Art. 341: Julgar-se-á quebrada a fiança quando o acusado: (Redação dada pela Lei n. 12.403, de 2011)

I – regularmente intimado para ato do processo, deixar de comparecer, sem motivo justo; (Incluído pela Lei n. 12.403, de 2011)

II – deliberadamente praticar ato de obstrução ao andamento do processo; (Incluído pela Lei n. 12.403, de 2011)

III – descumprir medida cautelar imposta cumulativamente com a fiança; (Incluído pela Lei n. 12.403, de 2011)

IV – resistir injustificadamente a ordem judicial; (Incluído pela Lei n. 12.403, de 2011)

V – praticar nova infração penal dolosa. (Incluído pela Lei n. 12.403, de 2011)

Art. 343: O quebramento injustificado da fiança importará na perda de metade do seu valor, cabendo ao juiz decidir sobre a imposição de outras medidas cautelares ou, se for o caso, a decretação da prisão preventiva. (Redação dada pela Lei n. 12.403, de 2011)

Art. 344: Entender-se-á perdido, na totalidade, o valor da fiança, se, condenado, o acusado não se apresentar para o início do cumprimento da pena definitivamente imposta. (Redação dada pela Lei n. 12.403, de 2011)

Art. 345: No caso de perda da fiança, o seu valor, deduzidas as custas e mais encargos a que o acusado estiver obrigado, será recolhido ao fundo penitenciário, na forma da lei. (Redação dada pela Lei n. 12.403, de 2011)

Art. 346: No caso de quebramento de fiança, feitas as deduções previstas no art. 345 deste Código, o valor restante será recolhido ao fundo penitenciário, na forma da lei. (Redação dada pela Lei n. 12.403, de 2011)

Art. 350: Nos casos em que couber fiança, o juiz, verificando a situação econômica do preso, poderá conceder-lhe liberdade provisória, sujeitando-o às obrigações constantes dos arts. 327 e 328 deste Código e a outras medidas cautelares, se for o caso. (Redação dada pela Lei n. 12.403, de 2011)

Parágrafo único. Se o beneficiado descumprir, sem motivo justo, qualquer das obrigações ou medidas impostas, aplicar-se-á o disposto no § 4º do art. 282 deste Código. (Redação dada pela Lei n. 12.403, de 2011)

cccxxxiii Artigo 69, parágrafo único da Lei n. 9.099/95, com redação dada pela Lei n. 10.455/2002.

Parágrafo único. Ao autor do fato que, após a lavratura do termo, for imediatamente encaminhado ao juizado ou assumir o compromisso de a ele comparecer, não se imporá prisão em flagrante, nem se exigirá fiança. Em caso de violência doméstica, o juiz poderá determinar, como medida de cautela, seu afastamento do lar, domicílio ou local de convivência com a vítima.

cccxxxiv Artigo 69, parágrafo único da Lei n. 9.099/95, com redação dada pela Lei n. 10.455/2002.

Parágrafo único. Ao autor do fato que, após a lavratura do termo, for imediatamente encaminhado ao juizado ou assumir o compromisso de a ele comparecer, não se imporá prisão em flagrante, nem se exigirá fiança. Em caso de violência doméstica, o juiz poderá determinar, como medida de cautela, seu afastamento do lar, domicílio ou local de convivência com a vítima.

cccxxxv § 3º do artigo 2° da Lei n. 8072/90: Em caso de sentença condenatória, o juiz decidirá fundamentadamente se o réu poderá apelar em liberdade. (Redação dada pela Lei n. 11.464, de 2007)

cccxxxvi Artigos 301 a 309 do Código de Processo Penal, com alterações e modificações conforme Lei n. 11.113/2005.

Art. 304: Apresentado o preso à autoridade competente, ouvirá esta o condutor e colherá, desde logo, sua assinatura, entregando a este cópia do termo e recibo de entrega do preso. Em seguida, procederá à oitiva das testemunhas que o acompanharem e ao interrogatório do acusado sobre a imputação que lhe é feita, colhendo, após cada oitiva suas respectivas assinaturas, lavrando, a autoridade, afinal, o auto. (Redação dada pela Lei n. 11.113, de 2005)

§ 1º Resultando das respostas fundada a suspeita contra o conduzido, a autoridade mandará recolhê-lo à prisão, exceto no caso de livrar-se solto ou de prestar fiança, e prosseguirá nos atos do inquérito ou processo, se para isso for competente; se não o for, enviará os autos à autoridade que o seja.

§ 2º A falta de testemunhas da infração não impedirá o auto de prisão em flagrante; mas, nesse caso, com o condutor, deverão assiná-lo pelo menos duas pessoas que hajam testemunhado a apresentação do preso à autoridade.

§ 3º Quando o acusado se recusar a assinar, não souber ou não puder fazê-lo, o auto de prisão em flagrante será assinado por duas testemunhas, que tenham ouvido sua leitura na presença deste. (Redação dada pela Lei n. 11.113, de 2005)

Art. 306: A prisão de qualquer pessoa e o local onde se encontre serão comunicados imediatamente ao juiz competente, ao Ministério Público e à família do preso ou à pessoa por ele indicada. (Redação dada pela Lei n. 12.403, de 2011)

§ 1º Em até 24 (vinte e quatro) horas após a realização da prisão, será encaminhado ao juiz competente o auto de prisão em flagrante e, caso o autuado não informe o nome de seu advogado, cópia integral para a Defensoria Pública. (Redação dada pela Lei n. 12.403, de 2011)

§ 2º No mesmo prazo, será entregue ao preso, mediante recibo, a nota de culpa, assinada pela autoridade, com o motivo da prisão, o nome do condutor e os das testemunhas. (Redação dada pela Lei n. 12.403, de 2011)

cccxxxvii Artigos 311 a 315 do Código de Processo Penal, com redação dada pela Lei n. 12.403/2011.

Art. 311: Em qualquer fase da investigação policial ou do processo penal, caberá a prisão preventiva decretada pelo juiz, de ofício, se no curso da ação penal, ou a requerimento do Ministério Público, do querelante ou do assistente, ou por representação da autoridade policial. (Redação dada pela Lei n. 12.403, de 2011)

Art. 312: A prisão preventiva poderá ser decretada como garantia da ordem pública, da ordem econômica, por conveniência da instrução criminal, ou para assegurar a aplicação da lei penal, quando houver prova da existência do crime e indício suficiente de autoria. (Redação dada pela Lei n. 12.403, de 2011)

Parágrafo único. A prisão preventiva também poderá ser decretada em caso de descumprimento de qualquer das obrigações impostas por força de outras medidas cautelares (art. 282, § 4º). (Incluído pela Lei n. 12.403, de 2011)

Art. 313: Nos termos do art. 312 deste Código, será admitida a decretação da prisão preventiva: (Redação dada pela Lei n. 12.403, de 2011)

I – nos crimes dolosos punidos com pena privativa de liberdade máxima superior a 4 (quatro) anos; (Redação dada pela Lei n. 12.403, de 2011)

II – se tiver sido condenado por outro crime doloso, em sentença transitada em julgado, ressalvado o disposto no inciso I do caput do art. 64 do Decreto-Lei no 2.848, de 7 de dezembro de 1940 – Código Penal; (Redação dada pela Lei n. 12.403, de 2011)

III – se o crime envolver violência doméstica e familiar contra a mulher, criança, adolescente, idoso, enfermo ou pessoa com deficiência, para garantir a execução das medidas protetivas de urgência; (Redação dada pela Lei n. 12.403, de 2011)

IV – (Revogado pela Lei n. 12.403, de 2011)

Parágrafo único. Também será admitida a prisão preventiva quando houver dúvida sobre a identidade civil da pessoa ou quando esta não fornecer elementos suficientes para esclarecê-la, devendo o preso ser colocado imediatamente em liberdade após a identificação, salvo se outra hipótese recomendar a manutenção da medida. (Incluído pela Lei n. 12.403, de 2011)

Art. 314: A prisão preventiva em nenhum caso será decretada se o juiz verificar pelas provas constantes dos autos ter o agente praticado o fato nas condições previstas nos incisos I, II e III do caput do art. 23 do Decreto-Lei no 2.848, de 7 de dezembro de 1940 – Código Penal. (Redação dada pela Lei n. 12.403, de 2011)

Art. 315: A decisão que decretar, substituir ou denegar a prisão preventiva será sempre motivada. (Redação dada pela Lei n. 12.403, de 2011)

cccxxxviii Atual artigo Art. 413 do Código de Processo Penal, conforme Lei nº11.689/2008.

Art. 413: O juiz, fundamentadamente, pronunciará o acusado, se convencido da materialidade do fato e da existência de indícios suficientes de autoria ou de participação.

§ 1º A fundamentação da pronúncia limitar-se-á à indicação da materialidade do fato e da existência de indícios suficientes de autoria ou de participação, devendo o juiz declarar o dispositivo legal em que julgar incurso o acusado e especificar as circunstâncias qualificadoras e as causas de aumento de pena. (Incluído pela Lei n. 11.689, de 2008)

§ 2º Se o crime for afiançável, o juiz arbitrará o valor da fiança para a concessão ou manutenção da liberdade provisória. (Incluído pela Lei n. 11.689, de 2008)

§ 3º O juiz decidirá, motivadamente, no caso de manutenção, revogação ou substituição da prisão ou medida restritiva de liberdade anteriormente decretada e, tratando-se de acusado solto, sobre a necessidade da decretação da prisão ou imposição de quaisquer das medidas previstas no Título IX do Livro I deste Código. (Incluído pela Lei n. 11.689, de 2008)

cccxxxix Art. 393 do Código de Processo Penal: revogado pela Lei n. 12.403, de 2011

cccxl Art. 594 do Código de Processo Penal: revogado pela Lei n. 11.719, de 2008

cccxli Artigos 282 a 300 do Código de Processo Penal, com redação dada pela Lei n. 12.403/2011.

Art. 282: As medidas cautelares previstas neste Título deverão ser aplicadas observando-se a: (Redação dada pela Lei n. 12.403, de 2011)

I – necessidade para aplicação da lei penal, para a investigação ou a instrução criminal e, nos casos expressamente previstos, para evitar a prática de infrações penais; (Incluído pela Lei n. 12.403, de 2011)

II – adequação da medida à gravidade do crime, circunstâncias do fato e condições pessoais do indiciado ou acusado. (Incluído pela Lei n. 12.403, de 2011)

§ 1º As medidas cautelares poderão ser aplicadas isolada ou cumulativamente. (Incluído pela Lei n. 12.403, de 2011)

§ 2º As medidas cautelares serão decretadas pelo juiz, de ofício ou a requerimento das partes ou, quando no curso da investigação criminal, por representação da autoridade policial ou mediante requerimento do Ministério Público. (Incluído pela Lei n. 12.403, de 2011)

§ 3º Ressalvados os casos de urgência ou de perigo de ineficácia da medida, o juiz, ao receber o pedido de medida cautelar, determinará a intimação da parte contrária, acompanhada de cópia do requerimento e das peças necessárias, permanecendo os autos em juízo. (Incluído pela Lei n. 12.403, de 2011)

§ 4º No caso de descumprimento de qualquer das obrigações impostas, o juiz, de ofício ou mediante requerimento do Ministério Público, de seu assistente ou do querelante, poderá substituir a medida, impor outra em cumulação, ou, em último caso, decretar a prisão preventiva (art. 312, parágrafo único). (Incluído pela Lei n. 12.403, de 2011)

§ 5º O juiz poderá revogar a medida cautelar ou substituí-la quando verificar a falta de motivo para que subsista, bem como voltar a decretá-la, se sobrevierem razões que a justifiquem. (Incluído pela Lei n. 12.403, de 2011)

§ 6º A prisão preventiva será determinada quando não for cabível a sua substituição por outra medida cautelar (art. 319). (Incluído pela Lei n. 12.403, de 2011)

Art. 283: Ninguém poderá ser preso senão em flagrante delito ou por ordem escrita e fundamentada da autoridade judiciária competente, em decorrência de sentença condenatória transitada em julgado ou, no curso da investigação ou do processo, em virtude de prisão temporária ou prisão preventiva. (Redação dada pela Lei n. 12.403, de 2011)

§ 1º As medidas cautelares previstas neste Título não se aplicam à infração a que não for isolada, cumulativa ou alternativamente cominada pena privativa de liberdade. (Incluído pela Lei n. 12.403, de 2011)

§ 2º A prisão poderá ser efetuada em qualquer dia e a qualquer hora, respeitadas as restrições relativas à inviolabilidade do domicílio. (Incluído pela Lei n. 12.403, de 2011)

Art. 289: Quando o acusado estiver no território nacional, fora da jurisdição do juiz processante, será deprecada a sua prisão, devendo constar da precatória o inteiro teor do mandado. (Redação dada pela Lei n. 12.403, de 2011)

§ 1º Havendo urgência, o juiz poderá requisitar a prisão por qualquer meio de comunicação, do qual deverá constar o motivo da prisão, bem como o valor da fiança se arbitrada. (Incluído pela Lei n. 12.403, de 2011)

§ 2º A autoridade a quem se fizer a requisição tomará as precauções necessárias para averiguar a autenticidade da comunicação. (Incluído pela Lei n. 12.403, de 2011)

§ 3º O juiz processante deverá providenciar a remoção do preso no prazo máximo de 30 (trinta) dias, contados da efetivação da medida. (Incluído pela Lei n. 12.403, de 2011)

Art. 289-A: O juiz competente providenciará o imediato registro do mandado de prisão em banco de dados mantido pelo Conselho Nacional de Justiça para essa finalidade. (Incluído pela Lei n. 12.403, de 2011)

§ 1º Qualquer agente policial poderá efetuar a prisão determinada no mandado de prisão registrado no Conselho Nacional de Justiça, ainda que fora da competência territorial do juiz que o expediu. (Incluído pela Lei n. 12.403, de 2011)

§ 2º Qualquer agente policial poderá efetuar a prisão decretada, ainda que sem registro no Conselho Nacional de Justiça, adotando as precauções necessárias para averiguar a autenticidade do mandado e comunicando ao juiz que a decretou, devendo este providenciar, em seguida, o registro do mandado na forma do caput deste artigo. (Incluído pela Lei n. 12.403, de 2011)

§ 3º A prisão será imediatamente comunicada ao juiz do local de cumprimento da medida o qual providenciará a certidão extraída do registro do Conselho Nacional de Justiça e informará ao juízo que a decretou. (Incluído pela Lei n. 12.403, de 2011)

§ 4º O preso será informado de seus direitos, nos termos do inciso LXIII do art. 5º da Constituição Federal e, caso o autuado não informe o nome de seu advogado, será comunicado à Defensoria Pública. (Incluído pela Lei n. 12.403, de 2011)

§ 5º Havendo dúvidas das autoridades locais sobre a legitimidade da pessoa do executor ou sobre a identidade do preso, aplica-se o disposto no § 2º do art. 290 deste Código. (Incluído pela Lei n. 12.403, de 2011)

§ 6º O Conselho Nacional de Justiça regulamentará o registro do mandado de prisão a que se refere o caput deste artigo. (Incluído pela Lei n. 12.403, de 2011)

Art. 295: Serão recolhidos a quartéis ou a prisão especial, à disposição da autoridade competente, quando sujeitos a prisão antes de condenação definitiva:

V – os oficiais das Forças Armadas e os militares dos Estados, do Distrito Federal e dos Territórios; (Redação dada pela Lei n. 10.258, de 11.7.2001)

§ 1º A prisão especial, prevista neste Código ou em outras leis, consiste exclusivamente no recolhimento em local distinto da prisão comum. (Incluído pela Lei n. 10.258, de 11.7.2001)

§ 2º Não havendo estabelecimento específico para o preso especial, este será recolhido em cela distinta do mesmo estabelecimento. (Incluído pela Lei n. 10.258, de 11.7.2001)

§ 3º A cela especial poderá consistir em alojamento coletivo, atendidos os requisitos de salubridade do ambiente, pela concorrência dos fatores de aeração, insolação e condicionamento térmico adequados à existência humana. (Incluído pela Lei n. 10.258, de 11.7.2001)

§ 4º O preso especial não será transportado juntamente com o preso comum. (Incluído pela Lei n. 10.258, de 11.7.2001)

§ 5º Os demais direitos e deveres do preso especial serão os mesmos do preso comum. (Incluído pela Lei n. 10.258, de 11.7.2001)

Art. 298: (Revogado pela Lei n. 12.403, de 2011)

Art. 299: A captura poderá ser requisitada, à vista de mandado judicial, por qualquer meio de comunicação, tomadas pela autoridade, a quem se fizer a requisição, as precauções necessárias para averiguar a autenticidade desta. (Redação dada pela Lei n. 12.403, de 2011)

Art. 300: As pessoas presas provisoriamente ficarão separadas das que já estiverem definitivamente condenadas, nos termos da lei de execução penal. (Redação dada pela Lei n. 12.403, de 2011)

Parágrafo único. O militar preso em flagrante delito, após a lavratura dos procedimentos legais, será recolhido a quartel da instituição a que pertencer, onde ficará preso à disposição das autoridades competentes. (Incluído pela Lei n. 12.403, de 2011)

cccxlii Art. 310 do Código de Processo Penal, com alterações conforme Lei n. 12.403/2011.

Art. 310: Ao receber o auto de prisão em flagrante, o juiz deverá fundamentadamente: (Redação dada pela Lei n. 12.403, de 2011)

I – relaxar a prisão ilegal; ou (Incluído pela Lei n. 12.403, de 2011)

II – converter a prisão em flagrante em preventiva, quando presentes os requisitos constantes do art. 312 deste Código, e se revelarem inadequadas ou insuficientes as medidas cautelares diversas da prisão; ou (Incluído pela Lei n. 12.403, de 2011)

III – conceder liberdade provisória, com ou sem fiança. (Incluído pela Lei n. 12.403, de 2011)

Parágrafo único. Se o juiz verificar, pelo auto de prisão em flagrante, que o agente praticou o fato nas condições constantes dos incisos I a III do caput do art. 23 do Decreto-Lei no 2.848, de 7 de dezembro de 1940 – Código Penal, poderá, fundamentadamente, conceder ao acusado liberdade provisória, mediante termo de comparecimento a todos os atos processuais, sob pena de revogação. (Redação dada pela Lei n. 12.403, de 2011)

cccxliii Art. 321. Ausentes os requisitos que autorizam a decretação da prisão preventiva, o juiz deverá conceder liberdade provisória, impondo, se for o caso, as medidas cautelares previstas no art. 319 deste Código e observados os critérios constantes do art. 282 deste Código. (Redação dada pela Lei n. 12.403, de 2011)

I – (Revogado pela Lei n. 12.403, de 2011)

II – (Revogado pela Lei n. 12.403, de 2011)

Art. 322. A autoridade policial somente poderá conceder fiança nos casos de infração cuja pena privativa de liberdade máxima não seja superior a 4 (quatro) anos. (Redação dada pela Lei n. 12.403, de 2011)

Parágrafo único. Nos demais casos, a fiança será requerida ao juiz, que decidirá em 48 (quarenta e oito) horas. (Redação dada pela Lei n. 12.403, de 2011)

Art. 323. Não será concedida fiança: (Redação dada pela Lei n. 12.403, de 2011)

I – nos crimes de racismo; (Redação dada pela Lei n. 12.403, de 2011)

II – nos crimes de tortura, tráfico ilícito de entorpecentes e drogas afins, terrorismo e nos definidos como crimes hediondos; (Redação dada pela Lei n. 12.403, de 2011)

III – nos crimes cometidos por grupos armados, civis ou militares, contra a ordem constitucional e o Estado Democrático; (Redação dada pela Lei n. 12.403, de 2011)

IV – (Revogado pela Lei n. 12.403, de 2011)

V – (Revogado pela Lei n. 12.403, de 2011)

Art. 324. Não será, igualmente, concedida fiança: (Redação dada pela Lei n. 12.403, de 2011)

I – aos que, no mesmo processo, tiverem quebrado fiança anteriormente concedida ou infringido, sem motivo justo, qualquer das obrigações a que se referem os arts. 327 e 328 deste Código; (Redação dada pela Lei n. 12.403, de 2011)

II – em caso de prisão civil ou militar; (Redação dada pela Lei n. 12.403, de 2011)

III – (Revogado pela Lei n. 12.403, de 2011)

IV – quando presentes os motivos que autorizam a decretação da prisão preventiva (art. 312). (Redação dada pela Lei n. 12.403, de 2011)

Art. 325. O valor da fiança será fixado pela autoridade que a conceder nos seguintes limites: (Redação dada pela Lei n. 12.403, de 2011)

a) (revogada); (Redação dada pela Lei n. 12.403, de 2011)

b) (revogada); (Redação dada pela Lei n. 12.403, de 2011)

c) (revogada). (Redação dada pela Lei n. 12.403, de 2011)

I – de 1 (um) a 100 (cem) salários mínimos, quando se tratar de infração cuja pena privativa de liberdade, no grau máximo, não for superior a 4 (quatro) anos; (Incluído pela Lei n. 12.403, de 2011)

II – de 10 (dez) a 200 (duzentos) salários mínimos, quando o máximo da pena privativa de liberdade cominada for superior a 4 (quatro) anos. (Incluído pela Lei n. 12.403, de 2011)

§ 1º Se assim recomendar a situação econômica do preso, a fiança poderá ser: (Redação dada pela Lei n. 12.403, de 2011)

I – dispensada, na forma do art. 350 deste Código; (Redação dada pela Lei n. 12.403, de 2011)

II – reduzida até o máximo de 2/3 (dois terços); ou (Redação dada pela Lei n. 12.403, de 2011)

III – aumentada em até 1.000 (mil) vezes. (Incluído pela Lei n. 12.403, de 2011)

§ 2º (Revogado pela Lei n. 12.403, de 2011)

I – (Revogado pela Lei n. 12.403, de 2011)

II – (Revogado pela Lei n. 12.403, de 2011)

III – (Revogado pela Lei n. 12.403, de 2011)

Art. 334. A fiança poderá ser prestada enquanto não transitar em julgado a sentença condenatória. (Redação dada pela Lei n. 12.403, de 2011)

Art. 335. Recusando ou retardando a autoridade policial a concessão da fiança, o preso, ou alguém por ele, poderá prestá-la, mediante simples petição, perante o juiz competente, que decidirá em 48 (quarenta e oito) horas. (Redação dada pela Lei n. 12.403, de 2011)

Art. 336. O dinheiro ou objetos dados como fiança servirão ao pagamento das custas, da indenização do dano, da prestação pecuniária e da multa, se o réu for condenado. (Redação dada pela Lei n. 12.403, de 2011)

Parágrafo único. Este dispositivo terá aplicação ainda no caso da prescrição depois da sentença condenatória (art. 110 do Código Penal). (Redação dada pela Lei n. 12.403, de 2011)

Art. 337. Se a fiança for declarada sem efeito ou passar em julgado sentença que houver absolvido o acusado ou declarada extinta a ação penal, o valor que a constituir, atualizado, será restituído sem desconto, salvo o disposto no parágrafo único do art. 336 deste Código. (Redação dada pela Lei n. 12.403, de 2011)

Art. 341. Julgar-se-á quebrada a fiança quando o acusado: (Redação dada pela Lei n. 12.403, de 2011)

I – regularmente intimado para ato do processo, deixar de comparecer, sem motivo justo; (Incluído pela Lei n. 12.403, de 2011)

II – deliberadamente praticar ato de obstrução ao andamento do processo; (Incluído pela Lei n. 12.403, de 2011)

III – descumprir medida cautelar imposta cumulativamente com a fiança; (Incluído pela Lei n. 12.403, de 2011)

IV – resistir injustificadamente a ordem judicial; (Incluído pela Lei n. 12.403, de 2011)

V – praticar nova infração penal dolosa. (Incluído pela Lei n. 12.403, de 2011)

Art. 343. O quebramento injustificado da fiança importará na perda de metade do seu valor, cabendo ao juiz decidir sobre a imposição de outras medidas cautelares ou, se for o caso, a decretação da prisão preventiva. (Redação dada pela Lei n. 12.403, de 2011)

Art. 344. Entender-se-á perdido, na totalidade, o valor da fiança, se, condenado, o acusado não se apresentar para o início do cumprimento da pena definitivamente imposta. (Redação dada pela Lei n. 12.403, de 2011)

Art. 345. No caso de perda da fiança, o seu valor, deduzidas as custas e mais encargos a que o acusado estiver obrigado, será recolhido ao fundo penitenciário, na forma da lei. (Redação dada pela Lei n. 12.403, de 2011)

Art. 346. No caso de quebramento de fiança, feitas as deduções previstas no art. 345 deste Código, o valor restante será recolhido ao fundo penitenciário, na forma da lei. (Redação dada pela Lei n. 12.403, de 2011)

Art. 350. Nos casos em que couber fiança, o juiz, verificando a situação econômica do preso, poderá conceder-lhe liberdade provisória, sujeitando-o às obrigações constantes dos arts. 327 e 328 deste Código e a outras medidas cautelares, se for o caso. (Redação dada pela Lei n. 12.403, de 2011)

Parágrafo único. Se o beneficiado descumprir, sem motivo justo, qualquer das obrigações ou medidas impostas, aplicar-se-á o disposto no § 4º do art. 282 deste Código. (Redação dada pela Lei n. 12.403, de 2011)

cccxliv Art. 321. Ausentes os requisitos que autorizam a decretação da prisão preventiva, o juiz deverá conceder liberdade provisória, impondo, se for o caso, as medidas cautelares previstas no art. 319 deste Código e observados os critérios constantes do art. 282 deste Código. (Redação dada pela Lei n. 12.403, de 2011)

I – (Revogado pela Lei n. 12.403, de 2011)

II – (Revogado pela Lei n. 12.403, de 2011)

Art. 322. A autoridade policial somente poderá conceder fiança nos casos de infração cuja pena privativa de liberdade máxima não seja superior a 4 (quatro) anos. (Redação dada pela Lei n. 12.403, de 2011)

Parágrafo único. Nos demais casos, a fiança será requerida ao juiz, que decidirá em 48 (quarenta e oito) horas. (Redação dada pela Lei n. 12.403, de 2011)

Art. 323. Não será concedida fiança: (Redação dada pela Lei n. 12.403, de 2011)

I – nos crimes de racismo; (Redação dada pela Lei n. 12.403, de 2011)

II – nos crimes de tortura, tráfico ilícito de entorpecentes e drogas afins, terrorismo e nos definidos como crimes hediondos; (Redação dada pela Lei n. 12.403, de 2011)

III – nos crimes cometidos por grupos armados, civis ou militares, contra a ordem constitucional e o Estado Democrático; (Redação dada pela Lei n. 12.403, de 2011)

IV – (Revogado pela Lei n. 12.403, de 2011)

V – (Revogado pela Lei n. 12.403, de 2011)

Art. 324. Não será, igualmente, concedida fiança: (Redação dada pela Lei n. 12.403, de 2011)

I – aos que, no mesmo processo, tiverem quebrado fiança anteriormente concedida ou infringido, sem motivo justo, qualquer das obrigações a que se referem os arts. 327 e 328 deste Código; (Redação dada pela Lei n. 12.403, de 2011)

II – em caso de prisão civil ou militar; (Redação dada pela Lei n. 12.403, de 2011)

III – (Revogado pela Lei n. 12.403, de 2011)

IV – quando presentes os motivos que autorizam a decretação da prisão preventiva (art. 312). (Redação dada pela Lei n. 12.403, de 2011)

Art. 325. O valor da fiança será fixado pela autoridade que a conceder nos seguintes limites: (Redação dada pela Lei n. 12.403, de 2011)

a) (revogada); (Redação dada pela Lei n. 12.403, de 2011)

b) (revogada); (Redação dada pela Lei n. 12.403, de 2011)

c) (revogada). (Redação dada pela Lei n. 12.403, de 2011)

I – de 1 (um) a 100 (cem) salários mínimos, quando se tratar de infração cuja pena privativa de liberdade, no grau máximo, não for superior a 4 (quatro) anos; (Incluído pela Lei n. 12.403, de 2011)

II – de 10 (dez) a 200 (duzentos) salários mínimos, quando o máximo da pena privativa de liberdade cominada for superior a 4 (quatro) anos. (Incluído pela Lei n. 12.403, de 2011)

§ 1º Se assim recomendar a situação econômica do preso, a fiança poderá ser: (Redação dada pela Lei n. 12.403, de 2011)

I – dispensada, na forma do art. 350 deste Código; (Redação dada pela Lei n. 12.403, de 2011)

II – reduzida até o máximo de 2/3 (dois terços); ou (Redação dada pela Lei n. 12.403, de 2011)

III – aumentada em até 1.000 (mil) vezes. (Incluído pela Lei n. 12.403, de 2011)

§ 2º (Revogado pela Lei n. 12.403, de 2011)

I – (Revogado pela Lei n. 12.403, de 2011)

II – (Revogado pela Lei n. 12.403, de 2011)

III – (Revogado pela Lei n. 12.403, de 2011)

Art. 334. A fiança poderá ser prestada enquanto não transitar em julgado a sentença condenatória. (Redação dada pela Lei n. 12.403, de 2011)

Art. 335. Recusando ou retardando a autoridade policial a concessão da fiança, o preso, ou alguém por ele, poderá prestá-la, mediante simples petição, perante o juiz competente, que decidirá em 48 (quarenta e oito) horas. (Redação dada pela Lei n. 12.403, de 2011)

Art. 336. O dinheiro ou objetos dados como fiança servirão ao pagamento das custas, da indenização do dano, da prestação pecuniária e da multa, se o réu for condenado. (Redação dada pela Lei n. 12.403, de 2011)

Parágrafo único. Este dispositivo terá aplicação ainda no caso da prescrição depois da sentença condenatória (art. 110 do Código Penal). (Redação dada pela Lei n. 12.403, de 2011)

Art. 337. Se a fiança for declarada sem efeito ou passar em julgado sentença que houver absolvido o acusado ou declarada extinta a ação penal, o valor que a constituir, atualizado, será restituído sem desconto, salvo o disposto no parágrafo único do art. 336 deste Código. (Redação dada pela Lei n. 12.403, de 2011)

Art. 341. Julgar-se-á quebrada a fiança quando o acusado: (Redação dada pela Lei n. 12.403, de 2011)

I – regularmente intimado para ato do processo, deixar de comparecer, sem motivo justo; (Incluído pela Lei n. 12.403, de 2011)

II – deliberadamente praticar ato de obstrução ao andamento do processo; (Incluído pela Lei n. 12.403, de 2011)

III – descumprir medida cautelar imposta cumulativamente com a fiança; (Incluído pela Lei n. 12.403, de 2011)

IV – resistir injustificadamente a ordem judicial; (Incluído pela Lei n. 12.403, de 2011)

V – praticar nova infração penal dolosa. (Incluído pela Lei n. 12.403, de 2011)

Art. 343. O quebramento injustificado da fiança importará na perda de metade do seu valor, cabendo ao juiz decidir sobre a imposição de outras medidas cautelares ou, se for o caso, a decretação da prisão preventiva. (Redação dada pela Lei n. 12.403, de 2011)

Art. 344. Entender-se-á perdido, na totalidade, o valor da fiança, se, condenado, o acusado não se apresentar para o início do cumprimento da pena definitivamente imposta. (Redação dada pela Lei n. 12.403, de 2011)

Art. 345. No caso de perda da fiança, o seu valor, deduzidas as custas e mais encargos a que o acusado estiver obrigado, será recolhido ao fundo penitenciário, na forma da lei. (Redação dada pela Lei n. 12.403, de 2011)

Art. 346. No caso de quebramento de fiança, feitas as deduções previstas no art. 345 deste Código, o valor restante será recolhido ao fundo penitenciário, na forma da lei. (Redação dada pela Lei n. 12.403, de 2011)

Art. 350. Nos casos em que couber fiança, o juiz, verificando a situação econômica do preso, poderá conceder-lhe liberdade provisória, sujeitando-o às obrigações constantes dos arts. 327 e 328 deste Código e a outras medidas cautelares, se for o caso. (Redação dada pela Lei n. 12.403, de 2011)

Parágrafo único. Se o beneficiado descumprir, sem motivo justo, qualquer das obrigações ou medidas impostas, aplicar-se-á o disposto no § 4º do art. 282 deste Código. (Redação dada pela Lei n. 12.403, de 2011)

cccxlv Art. 304. Apresentado o preso à autoridade competente, ouvirá esta o condutor e colherá, desde logo, sua assinatura, entregando a este cópia do termo e recibo de entrega do preso. Em seguida, procederá à oitiva das testemunhas que o acompanharem e ao interrogatório do acusado sobre a imputação que lhe é feita, colhendo, após cada oitiva suas respectivas assinaturas, lavrando, a autoridade, afinal, o auto. (Redação dada pela Lei n. 11.113, de 2005)

§ 3º Quando o acusado se recusar a assinar, não souber ou não puder fazê-lo, o auto de prisão em flagrante será assinado por duas testemunhas, que tenham ouvido sua leitura na presença deste. (Redação dada pela Lei n. 11.113, de 2005)

Art. 306: A prisão de qualquer pessoa e o local onde se encontre serão comunicados imediatamente ao juiz competente, ao Ministério Público e à família do preso ou à pessoa por ele indicada. (Redação dada pela Lei n. 12.403, de 2011)

§ 1º Em até 24 (vinte e quatro) horas após a realização da prisão, será encaminhado ao juiz competente o auto de prisão em flagrante e, caso o autuado não informe o nome de seu advogado, cópia integral para a Defensoria Pública. (Redação dada pela Lei n. 12.403, de 2011)

§ 2º No mesmo prazo, será entregue ao preso, mediante recibo, a nota de culpa, assinada pela autoridade, com o motivo da prisão, o nome do condutor e os das testemunhas. (Redação dada pela Lei n. 12.403, de 2011)

Art. 310: Ao receber o auto de prisão em flagrante, o juiz deverá fundamentadamente: (Redação dada pela Lei n. 12.403, de 2011)

I – relaxar a prisão ilegal; ou (Incluído pela Lei n. 12.403, de 2011)

II – converter a prisão em flagrante em preventiva, quando presentes os requisitos constantes do art. 312 deste Código, e se revelarem inadequadas ou insuficientes as medidas cautelares diversas da prisão; ou (Incluído pela Lei n. 12.403, de 2011)

III – conceder liberdade provisória, com ou sem fiança. (Incluído pela Lei n. 12.403, de 2011)

Parágrafo único. Se o juiz verificar, pelo auto de prisão em flagrante, que o agente praticou o fato nas condições constantes dos incisos I a III do caput do art. 23 do Decreto-Lei no 2.848, de 7 de dezembro de 1940 – Código Penal, poderá, fundamentadamente, conceder ao acusado liberdade provisória, mediante termo de comparecimento a todos os atos processuais, sob pena de revogação. (Redação dada pela Lei n. 12.403, de 2011)

cccxlvi Atual art. 413 do Código de Processo Penal, com redação conforme Lei n. 11.689/2008.

Art. 413: O juiz, fundamentadamente, pronunciará o acusado, se convencido da materialidade do fato e da existência de indícios suficientes de autoria ou de participação.

§ 1º A fundamentação da pronúncia limitar-se-á à indicação da materialidade do fato e da existência de indícios suficientes de autoria ou de participação, devendo o juiz declarar o dispositivo legal em que julgar incurso o acusado e especificar as circunstâncias qualificadoras e as causas de aumento de pena. (Incluído pela Lei n. 11.689, de 2008)

§ 2º Se o crime for afiançável, o juiz arbitrará o valor da fiança para a concessão ou manutenção da liberdade provisória. (Incluído pela Lei n. 11.689, de 2008)

§ 3º O juiz decidirá, motivadamente, no caso de manutenção, revogação ou substituição da prisão ou medida restritiva de liberdade anteriormente decretada e, tratando-se de acusado solto, sobre a necessidade da decretação da prisão ou imposição de quaisquer das medidas previstas no Título IX do Livro I deste Código. (Incluído pela Lei n. 11.689, de 2008)

cccxlvii Art. 594 do Código de Processo Penal: revogado pela Lei n. 11.719, de 2008.

cccxlviii Artigo 321 do Código de Processo Penal, com redação dada pela Lei n. 12.403/2001;

Art. 321: Ausentes os requisitos que autorizam a decretação da prisão preventiva, o juiz deverá conceder liberdade provisória, impondo, se for o caso, as medidas cautelares previstas no art. 319 deste Código e observados os critérios constantes do art. 282 deste Código.

I – (Revogado pela Lei n. 12.403, de 2011)

II – (Revogado pela Lei n. 12.403, de 2011)

cccxlix Art. 61 da Lei n. 9.099/95: Consideram-se infrações penais de menor potencial ofensivo, para os efeitos desta Lei, as contravenções penais e os crimes a que a lei comine pena máxima não superior a 2 (dois) anos, cumulada ou não com multa. (Redação dada pela Lei n. 11.313, de 2006)

cccl V. nota de fim anterior.

cccli Art. 322 do Código de Processo Penal, com redação dada pela Lei n. 12.403/2011.

Art.322: A autoridade policial somente poderá conceder fiança nos casos de infração cuja pena privativa de liberdade máxima não seja superior a 4 (quatro) anos. (Redação dada pela Lei n. 12.403, de 2011)

Parágrafo único. Nos demais casos, a fiança será requerida ao juiz, que decidirá em 48 (quarenta e oito) horas. (Redação dada pela Lei n. 12.403, de 2011)

ccclii Art. 61 Lei n. 9.099/95: Consideram-se infrações penais de menor potencial ofensivo, para os efeitos desta Lei, as contravenções penais e os crimes a que a lei comine pena máxima não superior a 2 (dois) anos, cumulada ou não com multa. (Redação dada pela Lei n. 11.313, de 2006)

Art. 69, parágrafo único da Lei n. 9.099/95:

Parágrafo único. Ao autor do fato que, após a lavratura do termo, for imediatamente encaminhado ao juizado ou assumir o compromisso de a ele comparecer, não se imporá prisão em flagrante, nem se exigirá fiança. Em caso de violência doméstica, o juiz poderá determinar, como medida de cautela, seu afastamento do lar, domicílio ou local de convivência com a vítima. (Redação dada pela Lei n. 10.455, de 13.5.2002)

cccliii Art. 69, parágrafo único da Lei n. 9.099/95:

Parágrafo único. Ao autor do fato que, após a lavratura do termo, for imediatamente encaminhado ao juizado ou assumir o compromisso de a ele comparecer, não se imporá prisão em flagrante, nem se exigirá fiança. Em caso de violência doméstica, o juiz poderá determinar, como medida de cautela, seu afastamento do lar, domicílio ou local de convivência com a vítima. (Redação dada pela Lei n. 10.455, de 13.5.2002)

cccliv Atual Lei n. 11.343, de 2006.

ccclv Citação errada do art. 71 da Lei n. 9.099/95. Obs: não possui parágrafos. Acredito trata-se do artigo 77 da Lei em análise.

ccclvi Artigo 43 do Código de Processo Penal: revogado pela Lei n. 11.719, de 2008.

ccclvii Art. 83 da Lei n. 9.099/95: Vide Lei n. 13.105/2015.

Art. 83: Caberão embargos de declaração quando, em sentença ou acórdão, houver obscuridade, contradição, omissão ou dúvida. (Vide Lei n. 13.105, de 2015)

§ 1º Os embargos de declaração serão opostos por escrito ou oralmente, no prazo de cinco dias, contados da ciência da decisão.

§ 2º Quando opostos contra sentença, os embargos de declaração suspenderão o prazo para o recurso. (Vide Lei n. 13.105, de 2015)

§ 3º Os erros materiais podem ser corrigidos de ofício.

ccclviii Artigos 60 e 61 da Lei n. 9.099/95, com redação dada pela Lei n. 11.313/2006.

Art. 60. O Juizado Especial Criminal, provido por juízes togados ou togados e leigos, tem competência para a conciliação, o julgamento e a execução das infrações penais de menor potencial ofensivo, respeitadas as regras de conexão e continência. (Redação dada pela Lei n. 11.313, de 2006)

Parágrafo único. Na reunião de processos, perante o juízo comum ou o tribunal do júri, decorrentes da aplicação das regras de conexão e continência, observar-se-ão os institutos da transação penal e da composição dos danos civis. (Incluído pela Lei n. 11.313, de 2006)

Art. 61. Consideram-se infrações penais de menor potencial ofensivo, para os efeitos desta Lei, as contravenções penais e os crimes a que a lei comine pena máxima não superior a 2 (dois) anos, cumulada ou não com multa. (Redação dada pela Lei n. 11.313, de 2006)

ccclix São chamadas de Ordenações Afonsinas uma coleção de leis destinada a regular a vida doméstica dos súditos do Reino de Portugal a partir de 1446, durante o reinado de D. Afonso V.

As ordenações (coleção de ordens, de leis) receberam o nome do monarca reinante por pura convenção, pois este ainda era menor de idade e pouca participação tivera em sua composição. Na verdade, as disposições contidas neste códice começaram a ser elaboradas ainda no reinado de D. João I (1385-1423). A obra seguiria sem conclusão por todo o reinado do monarca seguinte, D. Duarte (1423-1438), ainda que uma compilação provisória e cronológica das mesmas leis, denominada "Ordenações de D. Duarte" fosse utilizada durante o governo do citado rei, como documento preparatório para o texto definitivo, sendo utilizado juntamente com outro texto preparatório para as ordenações, o Livro das Leis e Posturas.

Com a morte de D. Duarte, o regente D. Pedro determinou uma revisão do projeto, introduzindo algumas alterações no texto. Acredita-se que tais revisões acabaram em 1448, ainda durante a regência de D. Pedro, embora seja certo que as Ordenações Afonsinas possuem leis elaboradas tão tardiamente quanto 1454. Análises contemporâneas feitas nos textos atestam que os compiladores aproveitaram muitas leis existentes, sendo fontes recorrentes o Direito Canônico e o Romano, diretamente, ou através de comentadores.

As Ordenações Afonsinas estão organizadas em cinco livros, seguindo a organização dos Decretais de Gregório IX (de 1234 – coletânea de normas pontifícias). Todos os livros estão precedidos de preâmbulo, sendo o primeiro mais extenso que os restantes por conter a história da elaboração do mesmo código. Já o livro II é dedicado aos bens e privilégios da Igreja, dos direitos régios e sua cobrança, da jurisdição dos donatários, das prerrogativas da nobreza e legislação especial para judeus e mouros. O livro III aborda os Atos Judiciais, os procedimentos para a postulação dos mesmos. No livro IV estão os assuntos relacionados ao direito civil da época. O livro V trata dos crimes, penas e respectivas punições.

Apesar do extenso período tomado para sua composição, as Ordenações Afonsinas possuem lacunas que o impedem de ser considerado um sistema completo, em especial a parte de direito privado que omite alguns institutos e lembra excepcionalmente de outros. Ainda, a estrutura das Ordenações Afonsinas difere bastante dos modernos códigos, não ficando em desvantagem se comparado a códigos análogos nos outros países europeus. Mesmo com seus defeitos, representam momento importante na evolução do direito português, simbolizando o final da evolução legislativa que ocorria desde o reinado de Afonso III e servem ainda de base para as ordenações seguintes, as Ordenações Manuelinas e Filipinas, que se limitaram a atualizar este códice. Logo, porém, no reinado de D. Manuel I (1469-1521), as Ordenações Manuelinas irão substituir as Afonsinas, que não chegaram a ser impressas.

Bibliografia: SALGUEIRO, Augusto. Ordenações Afonsinas. Disponível em: <http://arrudadosvinhos.wordpress.com/category/ordenacoes-afonsinas/>. Acesso em: 04 set. 2011.

VILAR, Manuel Dória. Ordenações Afonsinas. Disponível em: <http://blogverbalegis.blogspot.com/2010/11/ordenacoes-afonsinas.html> . Acesso em: 04 set. 2011.

ccclx LIVRO II, TÍTULO I: Dos artigos firmados em Corte de Roma antre ElRey Dom Donis, e os Prelados.

Artigo I: O primeiro artigo he tal. Queixão-fe os Prelados, que por El Rey cumprir fuá vontade, cof-trange os Priores, e os Abades, e Rectores das Igrejas, que renunciem os Priorados, e as Abadias, e as Igrejas fuas, maiormente naquelles Moefteiros, e Igrejas, das quaeesdiz que elle he Padroeiro.

A ESTE artigo refponde Martim Pires Chantre, e Joham Martins Coonigo de Coimbra, Procuradores do *davandito (a) * Rey Dom Donis, que effe (b) *Rey nom fez atte qui effo, e prometem em feu nome, que o nom faradaqui en diante.

ccclxi LIVRO II, TÍTULO I: Dos artigos firmados em Corte de Roma antre ElRey Dom Donis, e os Prelados. (Cont.)

Artigo XIV:

O DECIMO quarto artigo he tal:Irem. Que El Rey, e os feus (b) Meirinhos, e Juizes prendem aquelles, que fom de Miffa, e os Clerigos, nom os mandando a feus Bifpos, nem lhos * querem (c), dar quando lhos pedem; e os que affy fom prefos aas vezes per El Rey,e pelos feus fom mortos, ou porque lhes negam ho aver, ou porque os enforcam,ou per outras maneiras de morte; dos quaees Clerigos ass vezes alguus per rogo dos feus freiguefes, entregam-nos a effes meefmos freiguefes como cauçom, ou fiadoria, que lhes cantem Miffas, e as Miffas cantadas, fegundo a forma de cauçom, ou da fiadoria, tornam-nos aa prifom primeira.

RESPONDEM os davanditos Procuradores, que El Rey nom fez taaes coufas, nem forom feitas em feu tempo; e promtem que as nom fará daqui en diante ; e que fe aas vezes algúa peffoa for tomada da Igreja per qualquer maneira, que a entregará ao Prelado demandando-a elle, e Fe per ventura a torto for prefa tal peffoa, ou foi atá aqui, que fará comprimento de juftiça a quem lhe demandar, fazendo-lhe fatisfazer dos dápnos, e dos tortos, e penando aquelles, que os prenderom, affy como forem penadoiros.

ccclxii LIVRO II, TÍTULO I: Dos artigos firmados em Corte de Roma antre El Rey Dom Donis, e os Prelados. (Cont.)

Artigo XVII:

O DECIMO feptimo artigo he.Item. Que effe Rey, e os feus, também os Ricos homens, come outros vilmente per paravoas, e per feitos, como lhis praz, defonram Religiofos, Creligos, e Confeffos, e aas vezes fazem alguos delles defnuar dante fy de todo o que trazem veftido com grande doefto delles, e de toda a orde dos Creligos.

RESPONDEM os davanditos Procuradores, que El Rey nunca fez ata aqui ni migalha do que fe contem no Artigo. E permetem que o nom faça daquie a deante. E fe pela Ventura ou pelos Ricos homées, ou pelos outros homées foi feito atá aqui em feu Reyno, ou for daqui a deante, que el fará onde queixarem, fazendo-lhes fatisfazer dos danos, e dos tortos, e peando aquelles, que fezerom o contrairo, fe ende alguos forem peadoyros.

ccclxiii LIVRO V, TÍTULO LIII: QUE NOM FAÇA NEHUU DESAFIAÇOM, NEM ACOOIMAMENTO POR DESHONRA, QUE LHE SEJA FEITA.

§ 26: E SE alguum Fedalgo, Cavalleiro, Efcudeiro, Cidadaaõ, ou qualquer outro, de mayor ou menor eftado ou condiçom, receber torto ou deshonra d'outro mayor, igual, ou menor, que fe recorra a Nós fobre ello, e Nós pelo carrego, que pela graça de DEOS teemos, lhe faremos compridamente direito e juftiça, fem filhando elle per fy fem nofla authoridade emmenda, ou outra qualquer vingança: falvo no cafo, honde lhe per direito he outorgado, que per fi meefmo a poffa e aja de fazer, affy como fe alguam achaffe co fuá mulher em adultério, honde lhe he outrogado per coftume dos noffos Regnos, que per fy meefmo poffa tomar vingança da dita deshonra, fem outra authoridade de Juftiça.

ESTUDOS INÉDITOS

Estudos inéditos

A EVOLUÇÃO DO PROCESSO PENAL E O INQUÉRITO POLICIAL

SUMÁRIO: 1. Inafastabilidade de apuração preparatória, ou prévia, no processo penal. 2. Fase preliminar, na história do processo penal brasileiro. 3. Persecução penal preparatória, no sistema brasileiro vigorante. 4. Inquérito policial civil. 5. Prevalente exercício exógeno do direito de defesa. 6. Indiciamento como ato de Polícia judiciária. 7. Conveniência de correções procedimentais. 8. Conclusões.

1. A repetição de enganos, no processo penal, estabeleceu, há muito tempo, a proposição evidente: "os que querem acusar devem ter prova".[1]

A longa e comum experiência jurídica demonstrou a necessidade de alguma apuração preparatória ou prévia à ação penal, de natureza condenatória, demonstrativa da existência material de fato, que se desenha ilícito e típico; e, ao menos, de indícios de autoria, coautoria ou de participação. Verificou-se que o acusado sofre o processo – da imputação subjetiva ao julgamento final – da ação penal condenatória, ainda que termine absolvido. Padecem o procedimento e seu ritual. A função simbólica do processo de conhecimento traz-lhe a marca da infâmia. Tal averiguação, a inquirição prévia – cuja forma procedimental varia consoante os diversos sistemas processuais –, volta-se, assim, a duplo objetivo. Diminuir, minimizar, antes de tudo, o risco das acusações formais infundadas, temerárias e, até, caluniosas. Depois, evitar o custo, sem benefício, que tais inculpações desúteis trazem para a Justiça Penal.[2]

---

1. Qui accusare volunt, probationes habere debent, *L. ún. C.*, ut nemo invitus, *3,7.*
2. Observou Vicente Greco Filho: "Já se sustentou que bastaria como justa causa para ação penal a descrição, na denúncia ou queixa, de um fato típico. A doutrina atual, porém, à unanimidade, percebendo que a ação penal, por si só é, já, um constran-

Em quase todos os sistemas processuais penais, portanto, emergiu fase preliminar, prévia ou preparatória da ação penal, de índole condenatória. O legislador, então, tomou em conta aspectos políticos e sociais, visando aos destinatários das normas, na procura do melhor instrumento, em determinado instante histórico.[3]

---

gimento à liberdade individual, exige, para que a ação penal seja proposta e se mantenha, elementos probatórios que sirvam de fundamento razoável para sustentar esse constrangimento, o qual, caso contrário, seria ilegal" (*Manual de processo penal*. 4. ed. São Paulo: Saraiva, 1997. § 14, p. 92).

3. Vejam-se alguns exemplos: no processo penal francês há o procedimento de inquérito (*enquete et poursuite*), dito preliminar, ou de flagrância, sob a direção do Procurador da República. Deságuam na fase instrutória (*instruction préparatoire*) perante o Juiz de Instrução, ou, de modo direto, no Tribunal de Polícia. Bastante semelhante surge o processo penal belga, posto que nele se originou. Existe averiguação informativa, procedimento encurtado – adotável, inclusive, em casos de flagrância –, ultimada pela polícia judiciária, que se reporta ao Procurador do Rei (*information*). Tal perquirição vai ao juiz instrutor, ensejando instante intermédio (*instruction*), ou a julgamento, mas no Tribunal de Polícia que desponta monocrático. No processo penal alemão, emerge procedimento preparatório (*das vorverfahren*), cabente à Polícia Judiciária e dirigida pelo Ministério Público, que leva à fase intermédia (*das zwischenverfahren*), salvo hipótese de procedimento acelerado (*das beschleungte Verfahren*), ou monitório (*das strafbefehlsverfahren*). Já no sistema italiano, seja o procedimento comum (*ordinário*), seja especial, exige-se investigação ou averiguação preliminar (*indagini preliminari*), iniciada, no mais das vezes, pela Polícia Judiciária e dirigida pelo Ministério Público. No denominado procedimento ordinário, da averiguação preliminar chega-se à audiência preliminar (*udienza preliminare*), com decisões de não proceder, ou de remeter a julgamento (*decisione di non luogo a procedere* ou *rinvio a giudizio*). Os procedimentos especiais, nascentes no inquérito preliminar, são vários (*giudizio abbreviato, applicazione della pena su richiesta delle parti, giudizio direttissimo, giudizio immediato* e *procedimento per decreto penale*). A fase preparatória, no processo penal inglês, comporta dois instantes: a investigação e os atos iniciais de impulso, ambos pertinentes à polícia. O prosseguimento ou a interrupção da atividade atribui-se ao Ministério Público (*Crown Prosecution Service*). O controle da legalidade dos atos de polícia compete ao Juiz de Paz (*Justice of the peace*). Informações retiradas, de modo prevalente, da obra organizada por Mireille Delmas-Marty, *Procedure penali d'Europa*, edição italiana, aos cuidados de Mário Chiavario, Milano: Cedam, 1998, e da coletânea dirigida por Edmundo S. Hendler, *Sistemas procesales penales comparados*. Buenos Aires: Ad-Hoc, 1999.

2. A Lei de 13 de outubro de 1827 instituiu o Juizado de Paz, em cada uma das freguesias e capelas curadas do Império do Brasil, concedendo atribuições policiais, preventivas e repressivas, aos respectivos Juízes de Paz.[4] A existência anterior de tal magistratura, ao tempo das Ordenações Afonsinas, não importam ao tema.

O Código do Processo Criminal de Primeira Instância, Lei de 29 de novembro de 1832, manteve os Juízes de Paz e a mencionada atribuição. Assim, cidadãos eleitos pelos habitantes do distrito possuíam enorme poder. Competia-lhes, entre outras, "proceder ao auto de corpo de delito e *formar a culpa* aos delinquentes", nos processos ordinários (art. 12, § 4.º). Observe-se que a lei emergia clara: "Ninguém é isento da jurisdição do Juiz de Paz, exceto os privilegiados pela Constituição, aos quais será imposta a pena pelo Juiz competente, a quem o Juiz de Paz *ex officio* remeterá por cópia todo o processo desde a sua origem até a pronúncia" (art. 325). Os funcionários públicos privilegiados tinham, portanto, *formada a culpa*, de modo preparatório, pelo Juiz de Paz. A *formação da culpa* surgia como base da acusação.

O municipalismo judiciário do Código do Processo Criminal foi seu maior defeito. Observe-se que, além do Juiz de Paz eleito, os inspetores de quarteirão e os escrivães nomeava-os à Câmara Municipal (arts. 14 e 16). Ponderou-se, por isso:

> O Código de 1832 levou a cabo uma das mais completas transformações institucionais no Brasil. Saímos, de um salto, do centralismo e do rigorismo da justiça absolutista dos tribunais régios, que aplicavam as Ordenações, para um sistema que entregava a aplicação da justiça às câmaras municipais e ao povo diretamente. Na prática, infelizmente, essa iniciativa tão liberal viria degenerar, fazendo da justiça instrumento das facções em luta. E isto numa época de crise do princípio de autoridade, como durante a regência.[5]

Em palavras simples, a polícia e a justiça eletiva tornaram-se instrumentos dos mais poderosos. O modelo inglês não vingou.

Daí adveio a Lei 261, de 03.12.1841, reformadora do Código do Processo Criminal, e seu Regulamento, que recebeu o número 120, de

4. Sobre a variada atividade dos Juízes de Paz, ver: TORRES, João Camillo de Oliveira. *A democracia coroada* (Teoria política do Império do Brasil). Rio de Janeiro: José Olympio, 1957. p. 248-249.
5. TORRES, João Camillo de Oliveira. *A democracia*... cit., p. 249-250.

31.01.1842. Restringiram-se ao mínimo as atribuições do Juiz de Paz. Estabeleceu-se que, no Município da Corte e em cada província, haveria um Chefe de Polícia – escolhido dentre os Desembargadores e Juízes de Direito – e os Delegados e Subdelegados necessários – Juízes ou quaisquer cidadãos –, nomeados pelo Imperador ou pelos Presidentes provinciais (arts. 1.º e 2.º da Lei 261/1941).

Aos Chefes de Polícia, em toda a província do Império e na Corte, e a seus Delegados, nos respectivos distritos, passou a competir procederem eles ao auto de corpo de delito e a *formarem a culpa* aos delinquentes, consoante o Código do Processo Criminal (art. 4.º, §§ 1.º e 5.º, da Lei 261/1941).

Em concorrência, com tais autoridades, passaram os Juízes Municipais a poder ultimar o auto de corpo de delito e a *formar a culpa* (art. 17, § 2.º). Aos Juízes de Direito, das Comarcas, quanto ao tema, restou "*formar culpa* aos Empregados Públicos não privilegiados nos crimes de responsabilidade" (art. 25, I, da Lei 261/1941).

Podiam, também, as aludidas autoridades policias "remeter, quando julgarem conveniente, todos os dados provas e esclarecimentos que houverem obtido sobre um delito, com uma exposição do caso e suas circunstâncias aos Juízes competentes, a fim de *formarem a culpa*" (art. 4.º § 9.º, da Lei 261/1941). O Regulamento 120/1942 esclarecia que tal remessa, unicamente, poderia ter lugar, quanto à *formação da culpa*, nos casos que não se apresentarem "revestidos de circunstâncias extraordinárias e tais, que reclamem a atenção particular e o conhecimento do Chefe de Polícia, e o emprego de meios mais amplos, que tenha à sua disposição" (art. 61).

Assim,

> [...]como se pode perceber, por meio de tais dispositivos – em especial o artigo 16, do Regulamento n. 120/42 – *o legislador pátrio começava, então, a determinar o registro dos resultados das indagações anteriores*, como mero auxílio as autoridades sumariantes, prestado quando a primeira autoridade indagadora não fosse ao mesmo tempo a competente para a *formação da culpa*, e devesse, por isso, informar-se para informar, mediante "*provas e mais esclarecimentos que houverem de remeter, para a* formação da culpa *aos Juízes competentes*".[6]

---

6. ALMEIDA, Joaquim Canuto Mendes de. *Princípios fundamentais do processo penal*. São Paulo: RT, 1973. § 180, p. 201.

A Lei de 03.12.1841 terminou "com o romantismo do Código do Processo Criminal, com a sua justiça municipal e seus Juízes de Paz, quase soberanos", que o tempo os fizera facciosos, causando anarquia.[7] Durou por trinta anos.

A Lei 2.033, de 20.09.1871, mais o Decreto 4.824, de 22 de novembro do mesmo ano, reformaram a Lei 261/1941. A atividade de *formação da culpa* transferiu-se para os Juízes de Direito e Municipais. Assentou a aludida lei que os Delegados e Subdelegados de Polícia deveriam,

> [...] em seus Distritos, proceder às diligências necessárias para o descobrimentos dos fatos criminosos e suas circunstâncias [...] transmitiram aos Promotores Públicos com os autos de corpo de delito e indicação das testemunhas mais idôneas todos os esclarecimentos coligidos; e desta remessa ao mesmo tempo darão parte à autoridade competente para a formação da culpa (art. 10, § 1.º).

A denominação *inquérito policial* surge no Decreto Regulamentar 4.824, de 22.11.1871. Existia, porém, antes, sem qualquer nome, como prática comum e informal. No conteúdo, já emergia a ideia de que tal procedimento tendia à *verificação da existência da infração penal, descobrimento de todas as circunstâncias e respectiva autoria* (arts. 11, § 2.º, e 38, *in fine*, e art. 42 do Decreto 4.824/1971).

A reforma judiciária de 1871, disciplinando o *inquérito policial*, fê-lo com função auxiliar da *formação da culpa*.

A Constituição Republicana de 1891 delegou às unidades federativas a competência de legislar em matéria de processo civil e penal (art. 34, n. 23, c/c o art. 65, n. 2). Alguns Estados-membros jamais elaboraram um Código de Processo Penal – por exemplo, o de São Paulo, que se deixou ficar nos projetos –, limitando-se a guardar a legislação imperial com algumas modificações. Outros criaram diplomas sem precisão técnica, imiscuindo meras disposições de organização judiciária em normas processuais. Bons estatutos foram poucos.

Observe-se que os Códigos de Processo Penal do Estado do Rio Grande do Sul e do Distrito Federal extinguiram o *inquérito policial*, mas por pouco tempo.

No Decreto-lei 3.689, de 03.10.1941, tirante os procedimentos especiais de júri, dos crimes falimentares e dos crimes contra a propriedade

7. TORRES, João Camillo de Oliveira. *A democracia*... cit., p. 258-259.

industrial, o inquérito policial integra a *formação da culpa*, por motivo da eliminação do sumário de culpa, no denominado "Processo Comum" (arts. 4.º a 23; 394 a 405; 498 a 502 e 531 a 540 do CPP).

Em diversas ocasiões, de modo variado e intermitente, procurou-se suprimir o inquérito policial. Em 15.08.1935, sendo Ministro da Justiça e Negócios Interiores Vicente Rao, ofereceu-se Projeto de Código de Processo Penal que procurava introduzir o Juizado de Instrução. O Projeto, contudo, não vingou, obstaculizado pela turbulência política.[8] Depois, despontaram outros projetos, em 1946 e 1979.[9] Agora, alguns tornam a sustentar a necessidade de implante do juizado de instrução.

Assim, ora se deseja lhe pôr fim; ora se quer vê-lo restrito a certas infrações penais ou a determinadas situações jurídicas; ora, ainda, se pretende que desapareça das grandes comarcas, ou de algumas regiões do País.

As críticas que sofre são conhecidas: lentidão abusiva, descaso investigatório, infidelidade probatória, corrupção latente e violência oculta. Sem esquecer a repetição inútil de provas orais em Juízo.

Volta-se, agora, a discutir se nos interessa, ou não, criar o *juizado de instrução* para substituí-lo. Em tal sistema, o juiz preside a instrução criminal preparatória. Não se cuida de magistratura policial, mas de juiz, que se liga e opera, de maneira direta, com a polícia judiciária. Os modelos diversificam conforme o país. Uns se exibem tão inquisitivos, como nosso inquérito policial. Outros reduzem bastante a atividade defensória. Todos padecem, ou sofreram, mais ou menos, as mesmas aludidas censuras.

No direito continental europeu, o *juizado de instrução* desapareceu na Alemanha, por força da reforma processual de 1974. Não mais existe, também, na Itália e seu desaparecimento principia nos idos de 1988. Não

8. Afirmou José Frederico Marques: "A Constituição promulgada, com o golpe de Estado, de 10 de novembro de 1937, impediu que a aprovação e discussão do projeto Vicente Ráo fossem a levadas avante" (*Elementos de direito processual penal*. Campinas: Bookseller, 1997. v. 1, § 12, n. 56, p. 107). A comissão elaboradora do aludido projeto era composta por Antônio Bento de Faria, Plínio Casado e Luiz Barbosa da Gama Cerqueira. Veja-se o item IV da Exposição de Motivos, do vigorante Código de Processo Penal, feita por Francisco Campos.

9. A Constituição Federal de 1946 fez surgir vários projetos voltados à supressão do inquérito policial. Em novembro de 1979, Laércio Pellegrino, Evandro Correia de Menezes e Sebastião Lima ofereceram projeto, visando a pôr termo ao inquérito policial na legislação.

há mais juízes de instrução em Portugal após as modificações legislativas de 1987 e 1995. No processo penal francês, depois de sucessivas alterações legislativas, conserva-se juiz de instrução enfraquecido; o mesmo ocorrendo do direito espanhol. Talvez, tão só, no processo penal belga mantenha-se o velho sistema, em linhas mestras.

Talvez importe dizer que inexiste *juizado de instrução* na Inglaterra – cujo sistema assemelha-se ao nosso – e nos Estados Unidos.

Não há proveito em introduzir o *juizado de instrução* no processo penal brasileiro. O direito vincula-se à cultura. A importação de instituto jurídico jamais foi garantia de bom êxito. O povo, muita vez, repele-o, tirando-lhe a eficácia real. Negando-lhe aceitação. Além disso, o *inquérito judicial* da Lei de Falências e a perícia judicial, nos crimes contra a propriedade imaterial, não diminuíram muito a impunidade e a injustiça no plano empresarial. Para eliminar completamente o inquérito seria necessário concursar e treinar milhares de juízes de instrução. E estamos pobres. Fatos recentes mostram o quanto a Administração de algumas unidades federativas vem abandonando a Polícia por afirmada ausência de receita. Fazer-se operar o juizado nas grandes comarcas consiste em ferir a isonomia: infratores de idêntico delito teriam persecuções penais diferentes. Agrava tê-lo em algumas regiões do País porque, mais da transgressão da igualdade, tenderíamos a quebrantar a inafastável unidade nacional. Cabe lembrar, também, que o controle externo da atividade policial, pelo Ministério Público, irrompe como obstáculo ao *juizado de instrução* (art. 129, VII, da Lei Maior).

Anteprojeto recentíssimo – julho de 2000 –, que pretende dispor sobre a investigação policial, exibiu *inquérito* minguado e sob *controle direto* do Ministério Público.[10]

3. No sistema brasileiro, hoje, a persecução penal preliminar ou preparatória emerge nas três faces do Poder: Executivo, Legislativo e Judiciário. Perante a Administração divisam-se o *inquérito policial* civil e o militar; mais o processo administrativo, em sentido estrito. No Legislativo, pode irromper *inquérito parlamentar*, cujo resultado, de modo eventual, importe ao processo penal. No Judiciário, acham-se o *inquérito judicial* da Lei de Falências; e, ainda, a *formação judicial do corpo do delito* e contin-

---

10. Ver nosso estudo Breves notas sobre o Anteprojeto de Lei, que objetiva modificar o Código de Processo Penal, no atinente à investigação policial. *Jornal do Advogado*, n. 239, p. 24-27, jul. 2000.

gente apontamento da autoria, nos crimes contra a propriedade industrial. O inquérito policial, ultimato pela Polícia Federal, para a expulsão de estrangeiro atende, tão só, ao direito administrativo. Não guarda pertinência com a persecução penal, de que estamos cuidando (arts. 68, parágrafo. Único, e 71 da Lei 6.815/1980 c/c o art. 102 do Decreto 86.715/1981).

Os cinco aludidos meios de perquirir e apurar, de modo prévio, fato e autoria consistem em produto cultural. Todos merecem constante estudo para adequação e aprimoramento.

4. A Polícia, em palavras simples, consiste em órgão da administração direta, voltado à paz pública.[11] Age – ou deve agir – tutelando a liberdade jurídica, ou restringindo-a, sempre, consoante a lei, em prol da mencionada paz.[12] Em síntese: mostra-se como *instituição estatal, que exerce a vigilância e a proteção dos direitos individuais; assim provendo ou restaurando a paz pública*. Quando atua como integrante da Justiça Penal, diz-se que a Polícia é judiciária.[13] Atribui-se às autoridades policiais, Delegados de Polícia, a direção do *inquérito preparatório* (art. 144, § 1.º, I e II, ainda, § 4.º, da CF).

O inquérito policial emerge qual procedimento cautelar, voltado à "verificação da existência (material) da infração penal, descobrimento de todas as circunstâncias e respectiva autoria" (coautoria ou participação).[14]

---

11. Antônio de Paula conceitua polícia: "[...] organização destinada a prevenir e a reprimir os delitos, garantindo, assim, a ordem pública, a liberdade e a segurança individual" (*Do direito policial*. 2. ed. Rio de Janeiro: A Noite, [s.d.]. § II, p. 13). Hélio B. Tornaghi assenta: "*Polícia*. Órgão da administração pública, encarregado de manter a paz, proteger a ordem geral e a segurança de cada um [...]" (*Instituições de processo penal*. 2. ed. São Paulo: Saraiva, 1977. v. 2, p. 197). Os autores exibem clara influência do pensamento francês dos séculos XVIII e XIX. O art. 272, 1, da Constituição da República portuguesa, de 1976, entretanto, diz: "A polícia tem por funções defender a legalidade democrática e garantir a segurança interna e os direitos dos cidadãos". Diga-se, dos indivíduos, e não só dos cidadãos. Tal conceito funcional não significa que se deva criar um mero direito à segurança, que se distancie das liberdades públicas.
12. Entenda-se paz pública como o produto da tranquilidade social, não artificial, pela ordem social, enxergada como harmonia na comunidade.
13. MARQUES, José Frederico. *Tratado de direito processual penal*. São Paulo: Saraiva, 1980. v. 1, § 3.º , item 9, p. 12-13.
14. Cf. arts. 11, § 2.º, e 38, *in fine*, do Decreto 4.824, de 22.11.1871, bem como art. 42 do mesmo diploma regulamentar, com algumas adequações.

Surge administrativo, quanto à atuação e forma, mas judiciário nos seus fins.[15] Ostenta fase procedimental da persecução penal. Contém atos de investigação e de instrução criminal (arts. 4.º a 23 do CPP).

A inquisitividade, maior ou menor, acha-se sempre em qualquer sistema processual penal. No processo penal brasileiro, encontra-se em ambos os instantes da persecução penal – extrajudicial e judicial –, sem esquecer do processo de execução. Varia, tão só, a intensidade da pesquisa, conforme o escopo e a natureza do provimento jurisdicional intentado. Parece desútil repetir, a todo tempo, que se não confundem *poder-dever inquisitivo do delegado de polícia e do juiz penal* e *procedimento inquisitório*, extinto durante o século XIX. Tal baralhamento não tem mais lugar na doutrina processual.[16] Anote-se, desde logo, que o aludido poder-dever não desponta incompatível com o exercício do *direito de defesa*, seja a jurisdição civil ou penal.[17]

---

15. ALMEIDA, Fernando Henrique Mendes de. É sustentável que exista entre nós uma polícia mista?. *Arquivos da Polícia Civil*, São Paulo, v. 3, p. 22-28, 1942.
16. Diz Rogério Lauria Tucci: "Bem é de ver, entretanto, que a afirmada inquisitoriedade de toda a *persecutio criminis*, especialmente o poder inquisitivo conferido ao órgão jurisdicional, para a devida formação do seu convencimento, não deve ser confundida com o processo inquisitório, originário do direito penal romano e desenvolvido segundo o modelo canônico de triste memória. Como precisa Joaquim Canuto Mendes de Almeida, diferem, expressivamente, o procedimento *ex officio*, em que se consubstancia o processo penal inquisitório e a inquisitividade ínsita à persecução penal, tendo 'a doutrina e a jurisprudência pátrias confundido, frequentemente, o poder inquisitivo com o poder de procedimento *ex officio*, entendendo que o cancelamento deste exprime o desaparecimento daquele'. E, procurando afastar essa apontada dificuldade de entendimento, completa com veemência: 'nosso juízo criminal é inquisitivo até nas ações exclusivamente privadas. Podemos ainda afirmar que, então, mais benéfica é a inquisitoriedade, talvez mais necessária do que nos casos de ação pública, porque, ao invés de obra imparcial do promotor público, o magistrado nelas vigia e tutela a verdade objetiva, contra os interesses secundários do particular ofendido'" (*Direitos e garantias individuais no processo penal brasileiro.* São Paulo: Saraiva, 1993. p. 38-39; o autor invoca a obra *Processo penal, ação e jurisdição.* São Paulo: RT, 1975. p. 193-194).
17. Atentar para, no Código de Processo Civil, a atividade *ex officio* do juiz: ao "determinar as provas necessárias à instrução do processo" (art. 130); "determinar o comparecimento pessoal das partes, a fim de interrogá-las" (art. 342); "ordenar à parte a exibição parcial dos livros e documentos" (art. 382); "ordenar [...] a inquirição de testemunhas" e "a acareação de duas (2) ou mais testemunhas"

Não guarda cabimento asserir que surge como simples peça informativa para, em seguida, afirmar que os meios de prova, constantes do inquérito, servem para receber, ou rejeitar a acusação formal; prestam para decretar a prisão preventiva, *stricto sensu*; ou para conceder a liberdade provisória; surgem suficientes para instaurar incidente de insanidade mental; bastam, ainda, para determinar o arresto e o sequestro de bens, por exemplo. Todos atos decisórios de manifesta gravidade.[18]

Afirmar que o *inquérito policial* encerra, tão só, investigação é simplificar, em excesso, a realidade sensível. Resta-se na necessidade esforçada de asseverar, em consequência, que a decisão judicial, recebendo a denúncia ou a queixa, arrimada em inquérito, volta no tempo e no espaço, *judiciarizando alguns atos do procedimento preparatório, ou preliminar.*[19]

Recordem-se: as buscas e as apreensões bem-sucedidas; todas as perícias – exames, vistorias e avaliações; reconhecimento positivo de pessoa e de coisa; juntada de documentos – papéis ou instrumentos – aos autos

---

(art. 418, I e II); nos procedimentos especiais de jurisdição voluntária, também, "a juiz é lícito investigar livremente os fatos e ordenar de ofício a realização de quaisquer provas" (art. 1.107).

18. Observou José Frederico Marques: "Cumpre assinalar, porém, que se a instrução probatória é a fase procedimental específica para a produção de provas, atos instrutórios já se praticam desde a fase postulatória da instância e até mesmo nos atos preparatórios da investigação policial ou de outra *informatio delicti*, que tenha servido de base à acusação. Assim, é que a juntada de documentos, por exemplo, com a denúncia, constitui ato de instrução probatória. Por outro lado, as perícias efetuadas na investigação preparatória têm quase sempre, caráter de ato probatório definitivo. Além do mais, determine o artigo 12 que o 'inquérito policial acompanhará a denúncia ou a queixa, sempre que servir de base a uma ou a outra'. Pelo próprio teor do texto, verifica-se que a função dos autos dessa investigação preparatória está em servir de fundamento à *opinio delicti*, que legitima a propositura da ação penal. Mas a verdade é que o inquérito, embora não possa, com suas provas, constituir-se como base da sentença definitiva, contém, no entanto, elementos indiciários e circunstâncias complementares, que podem esclarecer, reforçar ou consolidar elementos de convicção, colhidos na fase instrutória da instância penal. Assim sendo, o inquérito que acompanha a denúncia é, sob certo aspecto, uma peça de instrução e que constitui, por isso, elemento probatório colhido fora da fase instrutória" (*Elementos*... cit., v. 2, § 84, n. 437, p. 251). Viu-se, portanto, levado a reconhecer o conteúdo instrutório do inquérito. Peça de instrução longe está de peça de informação.
19. Nesse sentido: MARQUES, José Frederico. *Elementos*... cit., v. 2, § 63, n. 313, p. 128.

de *inquérito*[20] Ocorre, admitida a acusação formal, espécie de banho lustral sobre os meios de prova, encontráveis no primeiro instante da persecução penal, consoante criticada opinião.

A investigação consiste no indagar, de modo metódico e continuado, a respeito de certa noticiada ocorrência. Quem investiga só rastreia. Instrução é atividade dirigida e tendente a colher ou a produzir prova reveladora do fato criminado e de seu agente.

Na *averiguação prévia*, a autoridade policial informa-se, instrui-se sobre o fato, que pode vir a ser declarado infração penal; e comunica-o ao Poder Judiciário. Cifra-se a atividade instrutória, no *inquérito policial*, em: (a) demonstrar a existência material de fato, que se delineia ilícito e típico, imerso em sua circunstancialidade; (b) evidenciar-lhe a autoria, individuando o agente ou agentes e, assim, recolhendo e conservando os meios de prova necessários à imputação subjetiva; e (c) afirmar a impossibilidade de atingir um ou outro resultado; ou ambos, evitando as acusações desúteis.

Forçoso anuir que, no *inquérito policial*, irrompem atos de *investigação* e atos de *instrução criminal preparatória*. A distingui-los a relativa definitividade substancial, ou não repetição. Melhor seria dizer atos sem maior provisoriedade, ou, em regra, insuscetíveis de reprodução: *irrepetíveis*.[21]

5. O *inquérito policial* civil ganharia, em eficiência, com a regular cooperação do exercício do *direito de defesa*. A ideia não surge nova. Durante o ano de 1957, Joaquim Canuto Mendes de Almeida, grande mestre processualista, lançou-a.[22] Tanto que difundida, recebeu severo ataque da

---

20. Ver sobre o tema: PEREIRA, Maurício Henrique Guimarães; ANGERAMI, Alberto; TONELLI NETO, Pedro. Provas policiais insuscetíveis de repetição. *Revista Adpesp*, n. 26, p. 9-17, dez. 1998.

21. Maurício Henrique Guimarães Pereira e outros mencionam as provas policiais insuscetíveis de repetição e, na sequência, classificam-nas, em face da instrução probatória, o quanto segue: "a) integrante da instrução probatória por força de lei; b) integrante da instrução probatória por força própria; c) passíveis de integrar a instrução probatória por contraste de regularidade" (Provas policiais... cit., p. 16). Na primeira espécie, estaria o exame do corpo de delito; na segunda o documento; e por fim o reconhecimento de pessoa ou coisa.

22. ALMEIDA, Joaquim Canuto Mendes de. O direito de defesa no inquérito policial, resultante da supressão da pronúncia no juízo singular. *Princípios fundamentais do processo penal*. São Paulo: RT, 1973. p. 187-217. Cuida-se de republi-

doutrina[23] e nenhuma repercussão nos julgados. O pensamento vencedor persistiu em assentar que o *inquérito policial* desponta em essência inquisitiva; contém, tão só, investigação e exibe-se qual peça, meramente, informativa. O equívoco perdura, prevalecendo, desde há quarenta e cinco anos.[24]

Costuma-se dizer que, no inquérito, inexiste acusação ou partes. Em consequência, não enseja o exercício do *direito de defesa.*[25] Percebe-se, contudo, que o indiciado tem contra si imputação.[26] Chegou-se a denominar, por isso, o indiciado de *quasi imputatus*, temendo-lhe reconhecer o *direito de defesa.*[27]

Surge fácil perceber que o suspeito e o indiciado conseguem defender-se, ou exercitar defesa de maneira *exógena*, exterior, por meio do *habeas corpus*, do mandado de segurança e do *habeas data* (art. 5.º, LXVII e

---

cação de quatro estudos, estampados no jornal o Estado de São Paulo, em julho e agosto de 1957.

23. Tomou a frente, na doutrina, José Frederico Marques, *combatendo* a ideia de Joaquim Canuto Mendes de Almeida (A investigação policial; O inquérito policial; Ainda o inquérito policial. *Estudos de direito processual penal.* Rio de Janeiro: Forense, 1960. p. 65-89).

24. Eis o conceito em primeira abordagem: "Chama-se defesa à atividade de realizar, na instrução e no julgamento penal, o direito a não sofrer penas, nem medidas de segurança; ou a sofrê-las, tão só, no limite legal" (ALMEIDA, Joaquim Canuto Mendes de. Noções primeiras de direito judiciário penal. *Investigações: Revista do Departamento de Investigações*, São Paulo, ano I, n. 6, p. 22, jun. 1949).

25. Cf. TORNAGHI, Hélio. *Instituições de processo penal.* 2. ed. São Paulo: Saraiva, 1997. v. 2, p. 253.

26. A lei do processo, ao cuidar da instrumentalização da prisão em flagrante, diz que "a autoridade competente [...] interrogará o acusado sobre a imputação que lhe é feita [...]" (art. 304, *caput*).

27. Hélio Tornaghi averbou: "Acertadamente evitou o Código a palavra acusado, na fase do inquérito policial. Como é óbvio, somente pode haver acusado depois da acusação, isto é, da denúncia ou queixa. É certo que, excepcionalmente, a lei defere a possibilidade de defesa ao simples indiciado, colocando-o na situação de *quasi imputatus*. Tal acontece em casos em que há restrição de um bem jurídico, *v.g.* da liberdade, na prisão em flagrante e na prisão preventiva, e do patrimônio, no sequestro e na hipoteca legal. Nem por isso, entretanto, deve considerar-se acusado, embora possa parecer paradoxal que alguém se defenda sem ter sito acusado. É que a defesa se exerce aqui contra restrição, não contra a acusação. Tem pressuposto de direito processual, não de direito penal" (*Instituições...* cit., v. 2, p. 253). A argumentação não convence.

LXIX, da CF). Os imputados no inquérito e os formalmente acusados reagem, mas também agem, defendendo-se, mediante os aludidos remédios jurídico-processuais.

É manifesto que, ao ensejo da prisão em flagrante, a assistência, por advogado – cuja presença real há de mostrar-se ativa – e o recebimento da nota de culpa, ensejam defesa (art. 5.º,LXI, LXIII e LXIV, da CF, c/c o art. 304, *caput*, e § 1.º; art. 306, parágrafo único, do CPP). Anote-se que a proibição ao preso de comunicar-se com seu advogado quebranta-lhe o *direito de defesa*, ainda no correr do *inquérito policial* (art. 7.º, III, da Lei 8.906/1994). Tais exemplos implicam aceitar que o direito existe e pode ser praticado.

A intervenção defensiva do indiciado, na persecução preliminar, em especial, apontando e requerendo meio de prova, ou pretendendo seguir-lhe a produção, não consiste em liberalidade, mas em direito. Ensinou-se, com larga invocação da doutrina estrangeira, que a atuação, a assistência efetiva ao indiciado, pelo defensor, no desenvolvimento no *inquérito policial* ostenta um direito subjetivo do constituinte.[28] Direito nascente, de manifesto, na Lei Maior (arts. 5.º, LV e LVXXIV, e 134).[29] Reforça-se, em consequência, o preceito da lei processual penal (art. 14).

---

28. No processo penal belga, atingido o instante intermediário, perante o Juiz de Instrução (*instrution*), o inquirido não guarda direito de impugnação. A praxe, contudo, tem-no admitido. No francês, a intervenção do imputado exsurge reduzida, mas, já existe na averiguação policial (*enquete*). Na instrução preparatória, corrente ante o Juiz Instrutor (*mise en examen*), ao increpado confere-se o direito de defesa. Já, no processo penal alemão, durante a fase preparatória, reconhecem-se vários direitos ao inquirido. Assim, o de ser ouvido; de contrariar a imputação e as provas emergentes. Valem-lhe, ainda, a presunção de inocência e a proporcionalidade das medidas coercitivas. No processo penal inglês, na fase policial, o inculpado exibe diversos direitos. A saber, por exemplo: conhecer os motivos da prisão, guardar a assistência de defensor. No processo penal italiano, a pessoa submete-se à averiguação (*persona sottoposta alle indagini*), ou o imputado (*imputato*) tem o direito de possuir defensor. Informações retiradas, de modo prevalente, da obra organizada de: DELMAS-MARTY, Mireille. *Procedure penali d'Europa*. Edição italiana, aos cuidados de Mário Chiavario. Milano: Cedam, 1998; e da coletânea, dirigida por: HENDLER, Edmundo S. *Sistemas procesales penales comparados*. Buenos Aires: Ad-Hoc, 1999.

29. Rogério Lauria Tucci, após examinar o direito comparado, que exibe a clara tendência em aceitar o exercício do direito de defesa, na averiguação preparatória, firma sua convicção na indispensabilidade do direito de defesa, mesmo na fase de inquérito (*Direito e garantias...* cit., p. 378-390).

A vivência, contudo, demonstra que, nos diversos brasis, as normas garantidoras do *direito de defesa*, no *inquérito policial*, não emergem suficientes. O desejável está em inscrever-se a possibilidade de tal exercício, assim que sucedido o *fundamentado ato de indiciamento*. Ao suspeito basta o regramento existente; passando à categoria jurídica de indiciado, a lei ordinária processual penal necessita garantir-lhe o *direito de defesa*, afastando as dúvidas existentes na prática policial, na doutrina e os seus reflexos nos julgados.

Cumpre relembrar as inesquecíveis palavras de Joaquim Canuto Mendes de Almeida:

> Mas, uma vez que o inquérito policial se destina a servir de base a denúncia ou a queixa, a servir de fundamento a um despacho judicial de que resulta para o indiciado o mal do processo, seria absurdamente contrário a qualquer senso de justiça, e ao sistema mesmo de nosso processo penal, afastá-lo como se nada tivesse a ver com sua própria liberdade.[30]

6. Outro aspecto, no *inquérito policial*, que importa referir é o ato de *indiciamento*, consequência da passagem de *suspeito* para a categoria jurídica de *indiciado*.

No *inquérito policial*, consoante a melhor compreensão, o *indiciamento* deve ostentar-se como ato do procedimento, que resulta do encontro de "feixe de indícios convergentes", que apontam o suposto fautor da infração penal.[31] Ele necessita de suporte fático positivo. Contém uma *proposição*, no sentido de guardar função declarativa ou atributiva de autoria provável. Suscetível, é certo, de avaliar-se, depois, como verdadeira ou logicamente falsa. Consiste, pois, em rascunho de eventual acusação; do mesmo modo que as denúncias e queixas, também se manifestam quais esboços da sentença penal, desejada, intentada.

O *suspeito*, sobre o qual se reuniu prova da autoria da infração, tem que ser *indiciado*. Já aquele que, contra si, possui frágeis indícios, ou outro meio de prova esgarçado, não pode ser *indiciado*. Mantém-se ele como é: *suspeito*.

---

30. ALMEIDA, Joaquim Canuto Mendes de. O direito de defesa... cit., p. 217.
31. J. Rivero, com outro escopo, citando decisão do Conselho de Estado francês, de 28.03.1945, alude a *faisceau d'indices convergents*, ideia que se aproveita para tentar conceituar *indiciamento* (*Droit administratif.* 7. ed. Paris: Dalloz, 1975. p. 252).

Três melhorias precisa o *indiciamento*: nascer em ato fundamentado da autoridade policial; ser momento de cientificação do *indiciado* de seus direitos constitucionais, nomeadamente, o de defender-se;[32] e cobrir-se de relativo sigilo, em favor do *indiciado*.[33]

7. Surge evidente que o *procedimento do inquérito* exige aperfeiçoamento, sem, contudo, jamais receber forma determinada ou figura procedimental. Uma das características mais relevantes de tal procedimento preliminar acha-se na informalidade e, por isso, surge adaptável à averiguação de todas as infrações penais.

Importa lembrar, exemplificando, as sugestões do Centro de Estudos Jurídicos para Assuntos Policiais[34] e as do Instituto Brasileiro de Ciências Criminais.[35]

8. As indicadas cinco formas de investigação e de instrução preliminar, no direito brasileiro, servem ao processo penal de conhecimento de natureza condenatória. Afastam a ação penal; ou oferecem-lhe justa causa, ao darem fundamento, arrimo, à acusação formal. Dirigem-se à demonstração da existência material de fato ilícito e típico, bem como de respectiva autoria, coautoria e participação.

Crescem de valor e de importância, se aceitarmos a ideia da inafastabilidade do exercício do *direito de defesa*, despregando-o da ideia de contraditório, que se reclama indisponível, ou indispositivo, no segundo momento da persecução penal, ou fase judicial. Sem esquecer a necessidade de aperfeiçoamento de alguns institutos, como o *indiciamento*.

A conclusão leva a perceber que os defeitos apontados na *investigação e na instrução preliminar* não lhe surgem inerentes. A persecução penal preparatória termina atingida porque os integrantes da polícia judiciária armazenam frustrações; sentem a ausência do princípio de hierarquia e disciplina; tornam-se burocratas, no pior sentido, em consequência; de-

---

32. O direito de defesa exibe-se visível, na contraditoriedade. Pode-se, também, exercer, de modo autônomo, na primeira fase da persecução penal; sem cogitar-se, portanto, de contraditório.

33. O sigilo, não absoluto, no *indiciamento*, atende à dignidade da pessoa humana e à denominada presunção de inocência (arts. 1.º, III, e 5.º, LVII, da CF).

34. *Revista Cejap*, Campinas: Bookseller, n. 1, 2000.

35. Em "Reforma do Código de Processo Penal – sugestões do Instituto Brasileiro de Ciências Criminais", São Paulo, agosto 2000.

fendem-se, estabelecendo subcultura policial; e afastam-se, assim, dos demais partícipes da justiça penal.

Melhor reorganizar as polícias que suprimir ou apequenar o *inquérito*. Aprestá-las para entrarem no novo milênio. Pior que o crime organizado aproxima-se o delito como empresa. A polícia judiciária, contudo, se vê, inúmeras vezes, incapaz de apurar um furto porque os Distritos mudaram-se, de modo prevalente, em cárceres, e as autoridades policiais encontram-se forçadas a tornar-se carcereiros. Em lugar de juizado de instrução, ou de enfraquecimento do *inquérito policial*, sob a supervisão e controle do *Promotor de instrução*, precisamos de *Lei Orgânica Nacional de Polícia*,[36] qual a possuem a Magistratura e o Ministério Público. Seria o primeiro passo para restaurar o bom funcionamento do *inquérito policial*. O segundo mostrar-se-ia na ampliação do exercício do *direito de defesa*; melhoria do *indiciamento*, mais algumas simples emendas, no *procedimento* dessa fase preliminar da persecução penal.

Outubro de 2002.

---

36. Existe "Projeto de lei, que organiza o funcionamento das Polícias Civis dos Estados, do Distrito Federal e dos Territórios", remetido pelo Ministro da Justiça, José Carlos Dias, ao Presidente da República e já encaminhado ao Congresso Nacional. Consta que entraria em pauta no mês de outubro próximo.

AÇÃO PENAL

I – NOÇÕES PROPEDÊUTICAS

1. Há dois caminhos para solução de conflitos, a saber:

Via de fato: justiça de mão própria, ou exercício arbitrário das próprias razões (art. 345 do CP):

a) autotutela: depende da permissão legal (greve; defesa da posse; corte de ramos de árvore limítrofe; legítima defesa, estado de necessidade, que excluem a ilicitude); *Solução de conflitos*

b) autocomposição: desistência, submissão em transação; *Via de direito*

c) arbitragem: obrigatória ou facultativa (arts. 1.072-1.102 do CPC e Lei 9.307/1996);

d) processo judiciário: tutela jurídico-processual, mediante ação (art. 5.º, II e XXXV, da CF);

e) "transação penal": meio alternativo de pacificação de conflito (arts. 74, parágrafo Único, 76, 88 e 89 da Lei 9.099/1995).

2. Afirma-se que a ação surgiria como *direito subjetivo público a um provimento do órgão jurisdicional, sobre a lide*. A lide, aqui, é sinônimo de mérito da causa, fundo da questão levada a juízo.

3. Ostenta-se o conceito de *lide*, de modo corrente, como segue: "conflito de interesse intersubjetivo, qualificado por pretensão resistida ou insatisfeita". Na ação penal, tanto que promovida, não se enxerga *pretensão jurídica*.

4. *Pretensão*, em palavras simples, é o direito subjetivo que alguém tem, ou acredita possuir, e quer fazer valer. Os processualistas afirmam que é a *exigência*, formulada por um interessado, de que outrem se submeta a seu

interesse; ou, ainda, a *querença* de submissão de um interesse alheio ao próprio. Tais ideias não guardam aplicação no campo penal. O Estado não guarda pretensão de punir na ação penal de conhecimento, de natureza condenatória. Não deseja a punição de inocente. Tem o acusador, público ou particular, a intenção de punir: afirma um *dever-ser punido*, em face do acusado.

Impossível aceitar a existência de pretensão resistida, ou insatisfeita, que se precise compor. Os interesses conflitantes irrompem públicos. O embate, tão só, desponta entre o *poder-dever de punir* e o *direito fundamental de liberdade jurídica*. O *conflito* emerge, portanto, *de maior relevância político-social*. A lide não serve, como se verá, como elemento caracterizador da jurisdição penal, pela total ausência de *contenciosidade*.

5. A questão acha-se em responder, com clareza, às seguintes perguntas:

a) no processo penal, a lide *é fixa*: conflito de interesses públicos entre o poder-dever de punir e o direito fundamental de liberdade?

b) nela a lide mostra-se *ficta*: vale dizer, meramente instrumental, para lhe dar operacionalidade?

c) existe lide penal: ou se está confundindo *litigiosidade* com coisa diversa, a *contenciosidade*?

d) o problema de existência, ou não, da lide penal guarda relevância: melhor não seria focar a *instrumentalidade específica*?

Ao direito importa o dissenso. A ação penal, de essência condenatória, exige conflito de interesses, que se mostra pela *contraposição entre o poder-dever de punir e o direito de liberdade jurídica*. Não há, entretanto, qualquer pretensão ou querença. O acusador e o acusado não litigam sobre determinado bem ou interesse protegido. Cada qual traz consigo *interesse de ordem pública*; jamais de ordem pessoal. O objeto do processo, assim, ostenta o mencionado conflito, de maior relevância político-social, nascente em fato, que se asseriu ilícito e típico. Impende, portanto, a busca da *verdade material*.

Regra específica domina o processo penal: a da verdade real ou material. A verdade criminal emerge qual a maior conformidade, ou a desconformidade, da lei penal com o fato concreto. Cuida-se de verdade, sem a marca da plenitude. Verdade, pois, possível, dita processual, ou atingível. O processo tende à reconstrução atingível de fato relevante e metaprocessual, inquisitivamente perquirida, para deslinde da causa penal. Tal regra dominante opera e se especifica na inquisitividade; no contraditório real, ou indisponível; e no convencimento racional, ou motivado.

Importa ao tema privilegiar o *contraditório*. Nele emerge a unidade defensória: autodefesa e defesa técnica. A primeira é ônus do acusado; a segunda mostra-se como dever processual. *A falta de contenciosidade – inexistência de interesses pessoais – põe em relevo a contraditoriedade*. Não qualquer contraditório; mas o real, concreto, e, assim, indisponível, ou indispositivo. A defesa técnica faz-se, então, indispensável.

6. A consequência da inexistência de lide, no processo penal, acha-se em não se dever cogitar de partes. Ou dizemos que há participantes ou admitimos que partes existem, só, em sentido processual ou formal. A Promotoria Pública não representa o Estado porque é a Justiça Pública em promoção. O particular ofendido, nas ações de iniciativa pública, pode ingressar no processo, em assistência simples, para auxiliar, ajudar e, no mais das vezes, com vistas à reparação do dano causado pela infração penal. Não é sequer parte em sentido processual. O acusado, participante inarredável, é e está, no processo, integrando o aludido conflito. Nas ações penais condenatórias, de iniciativa privada, exerce a vítima, de modo excepcional, em nome próprio direito alheio. Serve para atender a discutível política criminal.

7. O conceito de ação penal deve buscar-se, colocando-a no sabido trinômio, *jurisdição, ação e processo*.

8. *Jurisdição* é *poder* do Estado, dizente com a soberania, em razão até do monopólio no dispensar justiça. É, de outra sorte, *função* consistente em, por via de tutela específica (tutela jurídica-processual), manter a paz pública. É ainda *atividade* e substitutiva daquela dos particulares, ou de todos os membros da comunhão social. Daí imaginar em esquema:

<table>
<tr><td rowspan="3">Juízes e Tribunais (arts. 5.º, II e XXXV, e 92 da CF)</td><td>poder: imperium (coerção lícita);</td></tr>
<tr><td>função: pacificação de conflitos (por via do processo guardando e conservando os direitos individuais);</td></tr>
<tr><td>atividade: notio et judicium (cognição, instrução e julgamento).</td></tr>
</table>

Se a *jurisdição* consiste em poder do Estado (*imperium*), termina sendo *dever* seu e *direito* de todos. As pessoas possuem, assim, direito à jurisdição (art. 5.º, XXXV, da CF).

Dever estatal de	a) declarar ou definir o direito; b) satisfazer o direito, tanto que definido; c) assegurar o direito cuja definição é pedida ou já foi alcançada e se acha por satisfazer.

O poder-dever de tutela jurídica processual corresponde ao *direito à jurisdição*, que é de todos e de cada um, impessoalmente considerado. Direito, portanto, que é público. Na jurisdição penal, aplicam-se o *direito positivo*, o direito escrito, o direito material penal. Jamais se acomoda ao *direito objetivo*, muito menos a uma pretensão deduzida em juízo.

Tal direito, de natureza constitucional genérica, surge *subjetivo*, no mais das vezes (*facultas agendi*); *autônomo*, porque relativamente desligado do direito subjetivo material, violado ou ameaçado de violação; *abstrato*, posto que independente do fundamento da pretensão (não penal) ou da intenção deduzida (penal); *público*, visto como voltado contra o Estado, comprometido a prestar tutela.

Difícil imaginar a autonomia e abstração completas, entretanto.

II – CONCEITO DE AÇÃO PENAL

9. Uma coisa é o direito à *jurisdição*, outra muito diversa o seu exercício.

A ação surge, pois, como exercício do direito à jurisdição. Diga-se: ação da parte, que contrasta e confronta com a reação do acusado. Tal ação penal, então, é o exercício do direito à jurisdição, que se volta para os órgãos judiciários penais: juízes e tribunais. A ação do acusador e a reação do acusado subsumem-se a ação judiciária penal, dos juízes e tribunais. Ela se exibe mediante o processo, que a conduz, objetivando a solução do *conflito jurídico penal.*

Se a pretensão ou a intenção acham-se sempre conectadas a certa situação jurídica material (não penal ou penal), o processo instrumentaliza-se ao sabor da matéria, assim, conectada. Em resumo, *direito instrumental (porque direito de exercício, de outro direito) conexo a uma situação jurídica concreta (direito meio).*

10. Atente-se que *relação jurídica*, ou relação de direito, é a que, disciplinada pelo direito, atribui a uma pessoa direito subjetivo e a outra impõe obrigação, dever jurídico, ou sujeição. No procedimento, os sujeitos, ou pessoas do juízo, desempenham papéis determinados e estabelecentes de relação jurídica específica. Insustentável, contudo, a ideia de *relação*

jurídica processual, como divisada pela doutrina: um conflito de interesses, regulado pelo direito. A toda a luz, por exemplo, o juiz não se acha em relação de direito com o acusado. Só o procedimento os liga enquanto dura. Os preceitos de natureza processual guardam específicos destinatários: o juiz, as partes, os auxiliares da justiça, enfim, todos os que venham a praticar atos processuais. Daí poder falar, unicamente, em relação jurídica procedimental e procedimento.

11. Processo é instrumento público, técnico e ético, pouco importando a natureza da ação judiciária, que se compõe de dois planos: relação jurídica procedimental e procedimento, programado ou concretizado. Vale afirmar: nexo lógico entre os sujeitos do juízo e entre os atos jurídicos programados, que nele praticam. Os operadores do instrumento processo devem guardar certo proceder.

Pc = Rjp + pd

III - CLASSIFICAÇÃO DAS AÇÕES PENAIS

12. As ações judiciárias penais classificam-se, segundo a tutela jurídica processual invocada, em:

Positivas	*habeas corpus* preventivo (art. 660, § 4.º)
Declaratórias	
Negativas:	extradição passiva (Lei 6.815/1980)
Conhecimento positiva	- homologação de sentença estrangeira (art. 789) - constitutivas - negativas: revisão criminal (arts. 621 e 626) - condenatórias: arts. 100 a 106 do Código Penal; privativa de liberdade (art. 105 da LEP) - suspensão condicional (art. 156 da LEP); penas (art. 32 do CP) - restritiva de direitos (art. 147 da LEP) - multa (art. 164 da LEP)
Execução das sanções	- internamento - medida de segurança - (art. 96 do Código Penal) - restritiva de direitos (art. 147 da LEP) - multa (art. 164 da LEP)
Execução das sanções	internamento; medida de segurança (art. 96 do Código Penal)

13. Não há, entretanto, ações cautelares. O depoimento *ad perpetuam rei memoriam* (art. 225), sequestro de bens (arts. 125 e 136) e justificação criminal (arts. 423 e 513), não se mostram como ações, por exemplo. São medidas cautelares. Às vezes surgem providências cautelares.

O poder, função e atividade cautelar dirigem-se ao asseguramento da eficácia real, concreta, do processo de conhecimento e execução penal.

IV – PRESSUPOSTOS PROCESSUAIS

14. Chamam-se pressupostos processuais aos elementos existenciais e aos *requisitos* de validade do processo, enquanto instrumento público, técnico e ético. Dizem com a constituição e o desenvolvimento do processo:

a) jurisdição (órgão jurisdicional);

b) partes (em sentido forma); de existência;

c) postulação inicial (afirmação de um dever-ser punido, no processo da ação condenatória);

Pressupostos

a) competência e não impedimento, ou insuspeição; de validade;

b) capacidade de parte (art. 95) (*legitimatio ad processum*);

c) originalidade (nem litispendência, nem coisa julgada).

15. As exceções processuais mostram-se, na lei, como outro modo de ver os pressupostos processuais de validade (art. 95 do CPP).

V – CONDIÇÕES DA AÇÃO

16. A doutrina das condições da ação não goza de universalidade. Acostumaram-se os processualistas a referir a titularidade do direito, ou melhor, *legitimidade* (*legitimatio ad causam*); *interesse processual*; e, para alguns, *a possibilidade jurídica do pedido.*

Tomando-se, por exemplo, a ação penal de conhecimento, de natureza condenatória, surge fácil, contudo, afirmar que, no processo penal, a *legitimidade* do Ministério Público desponta genérica, visto que titular da ação penal condenatória (art. 129, I, da CF), ainda que o *interesse processual* irrompa inerente ao próprio direito ao exercício da jurisdição. A *possibilidade jurídica*, por fim, estaria cifrada na tipicidade provisória da conduta; no pedido de pena prevista; ou na presença de condição específica, para o exercício do direito. O tema não oferece maior relevância.

17. Além das condições mencionadas, ditas genéricas, porque presentes em todas as ações penais, mencionam-se as *condições de procedibilidade*, chamadas específicas. Eis algumas:

a) entrada do sujeito agente, em território nacional (art. 7.º, § 2.º, "a", do CP);
b) requisição do Ministro da Justiça, em crimes contra a honra (art. 145, parágrafo único, do CP);
c) representação do ofendido (art. 147, parágrafo único, do CP);
d) trânsito em julgado da decisão definitiva civil, que anula o casamento (art. 236, do Cód. Penal);
e) sentença declaratória, ou decretatória, de falência (art. 14 e seguintes, do Decreto-lei 7.661/1945).

VI – CONSIDERAÇÕES CONCLUSIVAS

18. Toda teoria explica certo fenômeno, por meio de preposições. As preposições, visam a saber o que ele é ou como deve ser. Umas perquirem, especulam; outras possibilitam a tomada de decisões e orientam condutas, em face do objeto.

Daí emergirem duas maneiras de ver o fenômeno: a zetética e a dogmática. A primeira questiona; a segunda ensina.

Uma teoria geral do processo penal só poderia mostrar-se como zetética, colocando em dúvida, de modo infinito, todas as premissas e perquirindo, inclusive, sobre a própria existência. Qualquer teoria do processo penal, ou dogmática processual penal, partindo de premissas aceitas e vinculantes, viria a orientar a solução de problemas finitos.

Precisam levantar questões sobre: a jurisdição penal; a inexistência de lide, na ação penal; a consequente ausência de partes no processo penal; a imprescindibilidade da regra da verdade material; mostrar-se o contraditório real, assim, indisponível ou indispositivo; coisa julgada de autoridade absoluta, unicamente, em face de atos decisórios de natureza declaratória ou constitutiva e coisa julgada de autoridade relativa, no tocante às decisões condenatórias.

19. O exame dos aludidos problemas, desde logo, afasta a ideia de teoria geral do processo. O pensamento unitário equivocou-se frente à

nomenclatura. Algumas vezes, entretanto, manipulou a realidade para servir à dogmática. Nada obsta o estudo comparativo dos diversos processos. Tal investigação não implica anular a singularidade.

Sem dúvida, é possível estabelecer uma teoria do processo penal. Ter visão dogmática, admitindo premissas, em principal, se e quando nascentes na Constituição da República. Lançada a incerteza sobre as premissas, nada impediria o constante questionamento e afloraria uma teoria geral do processo penal.

20. O escopo do processo penal encontra-se no concretizar certa justiça penal, com a descoberta da verdade material, operando em tutela dos direitos individuais, do acusado e do ofendido, sem esquecer a conservação e mantença da paz pública.

A eliminação de acusação clara e fiel; ampla defesa, integrada por defesa técnica indispensável; instrução, animada mediante contraditório indispositivo; busca da verdade material ou real possível, ou atingível; e, por igual, de sentença de fundo cria instrumento técnico de solução de conflito, *que não é processo penal*. A Lei dos Juizados Especiais Criminais criou via de direito para solução de conflitos, que não integra o direito processual penal (Lei 9.099/1995).

De São Paulo para Brasília, 26 de novembro de 1998.

AÇÃO PENAL *EX OFFICIO* E PRESCRIÇÃO

1. O caso:

1.º Em 05.11.1977, o acusado veio a colher lateralmente a vítima em acidente de veículo, na av. Adolfo Pinheiro, por volta de 21h30, a qual foi socorrida.

2.º No dia nascente seguinte, às 4h10 da manhã, lavrou-se o Boletim de Ocorrência 777/1977, no Distrito Policial. Depreende-se da aludida notícia que:

a) a pretensa autoria emergia conhecida da autoridade, desde o primeiro lanço; e
b) a vítima, já medicada, comparecera ao Distrito para declarar no Boletim:

> Informa a vítima que ao descer de um coletivo, tentou atravessar a via pública correndo, vindo a chocar-se contra a lateral do veículo atropelante e em consequência cair ao solo, ocasião em que veio a sofrer ligeiras escoriações. Esclarece, ainda, ser responsável pelo fato ora em consideração, de vez que ao tentar atravessar a via pública correndo o fez sem devidas cautelas e por ser suas declarações a expressão da verdade assina o presente (*sic*).

3. Inobstante, qual se viu, bem conhecida a autoria do imaginado atropelamento, a autoridade policial realizou inquérito policial (procedimento 89/1978), inquirindo os partícipes do evento, testemunhas presenciais e mandado elaborar exame do corpo delito, mas não indiciou o agora acusado.

Em 12 de outubro, relatou a aludida instrução preparatória e extrajudicial, pondo fecho à pesquisa inquisitória, que ultimara. O resultado assim se ostentou:

> Tratam os presentes autos do inquérito policial instaurado pela Portaria de fls. n. que no dia 05.11.1977 por volta das 21:30 horas o motorista, dirigindo o auto de placa [...] pela Av. Adolfo Pinheiro, quando, nas proximidades da estátua Borba Gato, veio a atropelar a vítima, a qual tentava atravessar aquela via pública sem as devidas cautelas em desabalada carreira (*sic*).

4.º Em 17 de outubro, os autos do mencionado inquérito policial foram remetidos à Vara Distrital e, em 20 de dezembro, dava-se vista ao Ministério Público, ali oficiante.

5.º A Justiça Pública, por seu Promotor, em face dos meios de volta emergentes do inquérito, manifestou-se, em 11 de janeiro do ano corrente, requerendo-lhe o arquivamento, nos termos seguintes:

> Toda a prova colhida neste autos é favorável ao motorista atropelante. Não bastaram os depoimentos de fls, no. 8 e 11, existiriam ainda as declarações da própria vítima, que se reconhece ter sido a única causadora do evento, ao adentrar no leito carroçável da avenida, sem a mínima cautela, depois de passar correndo pela frente de um ônibus, ali estacionado, sendo então colhida pelo veículo do acusado, que trafegava em velocidade compatível com o local. Nestas condições, não se vislumbrando qualquer modalidade de culpa a ser atribuída ao motorista, requeiro o arquivamento deste inquérito policial sob o n. 89/78 (*sic*).

6.º Conclusos, subiram os autos, em 15 de janeiro, e lançou-se, na mesma data, decisão judicial acolhedora do desinteresse e da despretensão acusatória do Estado, a qual, entretanto, não veio a ser firmada pelo magistrado.

7.º Passou-se o tempo e, já em 8 de agosto, quase seis meses depois da conclusão dos autos do inquérito policial arquivável, baixa-se portaria acusatória, dando início à ação penal *ex officio*.

8.º O Ministério Público, ciente do ato, por seu Promotor, requereu, então, e obteve que se oficiasse a Procuradoria-Geral da Justiça do Estado, a fim de que esta designasse outro representante da acusação para acompanhar o feito, visto como se dava ele por impedido. Eis como se mostram os fatos, em apertada síntese, indagando-se:

1.º Existe a figura da portaria acusatória judicial, que substitua a denúncia do Ministério Público?

2.º Pode tal portaria interromper, no caso, a prescrição?

2. O parecer:

No instante em que a autoridade policial, conhecedora da autoria, deixou de baixar a portaria acusatória, a qual incoaria o procedimento judiciariforme (art. 1.º da Lei 4.611/1965 c/c os arts. 531 e 26 do CPP), abriu mão, no uso de poder que lhe foi delegado, do rito estabelecido e elegeu a via do inquérito policial. O único passo a seguir, quanto à ação penal pública, seria a eventual denúncia substitutiva.

Note-se que, em doutrina, há os que inadmitem a existência legal da referida denúncia. Consideram-na inconstitucional, quebrante do princípio do contraditório e razão, portanto, de vício insanável (art. 1.º da Lei 4.611/1965; arts. 531 e seguintes do CP. c/c o art. 153, § 15, da EC 1/1969). Tal nulidade ocorreria, leciona Rogério Lauria Tucci, pelo simples fato de se permitir ao pretenso infrator:

> [...] – com a formulação regular da acusação, na portaria inaugural, que deve substituir, inclusive tecnicamente, a denúncia e a subsequente e imediata cientificação de seus termos –, atuação defensiva apta a contrariar, frontalmente, a imputação vestibular; consubstancia-se ela em manifesto e irreparável prejuízo ao réu, prejuízo esse que, de resto, não se pode medir sob quaisquer e diversificadas angulações: basta, com efeito, a inassecuração do direito de defesa para que se tenha como real e indiscutível.[1]

A oportunidade e conveniência legal da *portaria acusatória judiciária*, de usança tão parcimoniosa na magistratura paulista, restaram, assim, afastadas pelo próprio órgão competente, que é jurisdicional penal, por delegação: a *autoridade policial* (art. 531 do CPP). O direito pretoriano, contudo, vem acolhendo, ainda que vacilante, a *denúncia substitutiva*

---

1. TUCCI, Rogério Lauria. Lesão corporal culposa: exame da Lei n. 4.611, de 2 de abril de 1965. Habeas corpus, *ação e processo penal*. São Paulo: Saraiva, 1978. p. 312, § 13.

da cabente *portaria acusatória da autoridade policial*. Tem feito, contudo, duas importantes e expressivas ressalvas:

a) O Ministério Público, não obstante parte legítima para iniciar a ação penal, nos crimes culposos de trânsito, mediante denúncia substitutiva, mesmo quando conhecida a autoria, dentro do quindênio, *não pode, entretanto, aditar a portaria expedida pela autoridade policial* (TAC, 4.ª Câm., Rec. 205.173/Assis, rel. Juiz Silva Leme, j. 24.05.1979, v.u.);

b) A denúncia, sendo substitutiva da portaria acusatória policial, o *seu recebimento não interrompe a prescrição* (STF, 1.ª Turma, Rec. Ext. Crim. 88.412/SP, rel. Min. Leitão de Abreu. j. 24.04.1979, v.u., *DJU* 25.05.1979, p. 4.122).

Tais dados vão à conta de perceber, a toda a luz, que mesmo a corrente jurisprudencial nada ortodoxa vê nos casos de crime culposo de trânsito *a portaria acusatória policial como forma prevalente de iniciar a ação penal*.

O entendimento assim se mostra ou quando não lhe admite o aditamento pelo Ministério Público; ou quando conta o tempo da prescrição, a partir de seu momento potencial, se inexistente em ato. Na hipótese legal, que lhe é própria, predomina a portaria acusatória policial como maneira específica de se intentar *ex officio* a ação penal.

Agora e no caso vertente, cogita-se de outra suposta figura processual: *portaria judiciária*, que deseja fazer as vezes da *denúncia*, a qual seria, também, substitutiva da portaria *acusatória policial* ausente. Em outras palavras: Juiz de Direito que substitui o órgão da acusação pública *substitutiva*, que declarou *não possuir o Estado pretensão acusatória*.

O procedimento de ofício, como se sabe, consiste no exercício da jurisdição, sem existir ação da parte. Surge qual hoje rara atividade judicial espontânea, no influxo do poder-dever de impulso processual do magistrado do crime.[2]

Não emerge jamais, nem se define, como possibilidade de ato acusatório supletivo do titular natural do direito de agir em demanda. O juiz penal, ao incoar o procedimento por meio de portaria, exercita a jurisdição que lhe é própria, nos casos marcados em lei. Não atua para render o Ministério Público (arts. 26 e 531 do CPP).

---

2. Vide MARQUES, José Frederico. *Elementos de direito processual penal*. Rio de Janeiro: Forense, 1962. v. 3, p. 124, § 660.

Na clássica triangularidade de sujeitos do Juízo, não se imagina revezamento de posições. Menos ainda se pode conceber alternatividade de pessoas presentes.

No procedimento contravencional, que é comum e sumaríssimo, ou nos casos regidos pela Lei 4.611/1965, quando é ele especial, não obstante rápido, domina o juiz, ou seu delegado, na fase acusatória. Observe-se que até pode o magistrado de primeiro grau trancar a ação penal nascente, por influxo da delegação exercitada, a qual se "reveste de manifesta, indiscutível e evidente ilegalidade".[3] Tal senhorio, contudo, não beira o arbítrio judiciário, mas se atém à legalidade e se pratica, no momento processual cabente, observado o princípio do "devido processo legal" (art. 153, § 4.º, da EC 1/1969).

Na espécie em exame, ao se receber o *inquérito policial* e ao se vislumbrar nele *notícia de crime* "de trânsito", em que a autoridade delegada não vira, podia, na pior conjectura, então, baixar a portaria judiciária. Não se baixou, repudiando o procedimento oficial. Preferiu-se fazer o Promotor Público titular *substitutivo* da ação penal e deu a ele vista dos autos para denunciar, querendo. O Ministério Público, porém, não manifestou a faculdade, porque entendeu desamparado o direito de acusar em Juízo e solicitou se arquivassem os autos do inquérito. Quase seis meses depois, pretende-se recuar no procedimento e reassumir o impulso oficial, abandonado duas vezes.

A idoneidade da petição inicial da ação penal pública, na hipótese de autoria conhecida, para começar o procedimento especial instituído na Lei 4.611/1965, fenômeno apenas de direito processual, que a jurisprudência acomodou, não lhe dá eficácia no campo do direito material: prescrição do crime. Aqui, não se cuida de quem pode o mais pode também o menos. Nem a ação penal é algo mais que a prescrição executória da pena; nem ainda se constituem em seres ontologicamente semelhantes a permitir tal raciocínio comparativo. Sem razão, portanto, a antiga decisão da Primeira Turma do Supremo Tribunal Federal, no *Habeas Corpus* 54.184/SP, sendo relator o Ministro Antônio Neder, julgado em 18.05.1976 (*DJU* 15.10.1976, p. 8.922, ementa).

Ao se cuidar de delito culposo, em que a imaginada autoria surge conhecida dentro do quindênio, a acusação sucedânea da atividade acusa-

3. Cf. TACrim-SP, 1.ª Câmara, RHC 219.951/SP, Rel. Juiz Weiss de Andrade, j. 30.08.1979, v.u.

tória policial, qual mero átrio formal da ação pública, não interrompe, como afirmamos, o prazo prescricional.

A simples inação da autoridade policial ou a ausência de elementos de convencer que assim a conduzem a deixar de acusar de ofício não transferem à mencionada *denúncia substitutiva* maior força e efeito que da portaria *não lavrada* dimanariam.

A jurisprudência vem firme no atalho.[4]

O disposto no § 2.º do art. 110 do CP, com a redação que lhe cunhou a Lei 6.416/1977, não modifica o fato tão versado de que, no procedimento especial dos crimes de homicídio e lesão corporal culposo (arts. 121, § 3.º, e 129, § 6.º, do CP), as denúncias supridoras não correm além do artifício processual, em busca de remediar eventual ausência acusatória da autoridade policial. Não surgem como verdadeiras denúncias, porque substituem formalmente, a acusação oficial do Delegado de Polícia, se e quando faltante.[5] Além disso, em regra *lex posterior generalis, non derrogat priori especiali.*

Ricardo Antunes Andreucci, trilhando caminho diverso, chega à idêntica conclusão e vai ao ponto afirmando:

> A Súmula 146 tem o campo de sua não aplicação bem delimitado no art. 110, § 2.º, ou seja, não atinge a contagem do prazo prescricional a partir da data do feito apenas nos processos surgidos por denúncia originária. Nestes, inclusive, a contagem desde o recebimento da denúncia apenas

---

4. TACrim-SP, 4.ª Câmara, Ap. Crim. 131.913/São Bernardo do Campo, Rel. Juiz Silva Leme, j. 25.05.1976, v.u.; STF: Pleno, Rec. HC 55.501/SP, j. 31.08.1977; 2.ª Turma, Rec. Ex. Crim. 87.644/SP, Rel. Min. Djacy Falcão, j. 30.09.1977, não conhecido, v.u., *DJU* 30.09.1977, p. 6.686; 2.ª Turma, Rec. Ex. 87.731/SP, Rel. Min. Cordeiro Guerra, j. 11.11.1977, conhecido e não provido, v.u., *DJU* 18.11.1977, p. 8.236; 1.ª Turma, Rec. Ex. Crim. 87.983/SP, Rel. Min. Rodriguez de Alckmin, j. 22.11.1977, v.u., *DJU* 12.12.1977, p. 9.038; 1.ª Turma, Rec. Ex. Crim. 87.260/SP, Rel. Min. Cunha Peixoto, j. 29.09.1977, não conhecido, v.u., *DJU* 12.12.1977, p. 9.039; 1.ª Turma, HC 55.647/SP, Rel. Min. Rodriguez de Alckmin, j. 12.12.1977, v.u., *DJU* 03.03.1978, p. 9.067; 1.ª Turma, Rec. Ex. Crim. 88.460, Rel. Min. Xavier de Albuquerque, v.u., *RT* 519/473; TACrim-SP, 5.ª Câmara, Ap. Crim. 204.419/SP, Rel. Juiz Goulart Sobrinho, j. 17.07.1979, m.v.
5. Vide PORTO, Antônio Rodrigues. *Da prescrição penal.* 2. ed. São Paulo: José Bushatsky, 1977. p. 110-111.

extingue a pretensão executória da pena principal e não da ação como nós decorrentes de *portaria*.[6]

Os argumentos antes suscitados, no tocante à *denúncia substitutiva*, cabem, ainda, melhor no caso presente, eis que a pretensa portaria *judiciária*, que lhe foi supletiva, também não pode ter a eficácia de interromper o prazo prescricional.

Não pode, primeiro, visto como inexiste a figura processual da portaria acusatória judicial substitutiva de denúncia formal do Ministério Público, cuja criação parece absurda, como se buscou demonstrar. Abstração feita ao quebramento do princípio do *due process of law*, que aflora manifesto.

Não pode, também, porque a interpretação analógica corre em favor do acusado. A portaria acusatória policial, quando oportuna, que não é o caso, seria de estancar a fluência da prescrição, mas nunca as acusações sucedâneas, quaisquer que sejam, se pré-conhecida a autoria da infração.

Não pode, ainda, porquanto *quoties dubia interpretatio libertatis est, secundum libertatem respondendum erit.*[7]

Dentro do sistema do Código de Processo Penal e das Leis extravagantes, como o magistrado discordasse do pedido de arquivamento do titular, que ele mesmo fez substitutivo, a única senda legal seria a remessa dos autos de inquérito ao Procurador-Geral da Justiça, para que este oferecesse a denúncia supletiva, designasse outro Promotor Público para ofertá-la, ou insistisse no arquivamento (art. 28 do CPP e art. 15 da Lei 4.898/1965).

Ocorre, entretanto, que a imaginada *acusação oficial* arrima-se no art. 129, § 6.º, do diploma material. A sanção máxima cabente é de um ano de detenção. Ora, o tempo prescricional chega em quatro anos (inciso V do art. 109 do CP). Tal norma admite exceção benéfica, que reduz o prazo à metade, quando o pretenso agente "era, ao tempo do crime, menor de vinte e um anos ou maior de setenta anos" (art. 115 do CP).

---

6. ANDREUCCI, Ricardo Antunes. Prescrição retroativa – art. 110, § 2.º, Código Penal. *Revista Ciência Penal*, v. 2, p. 143-146, 1979.
7. Pompônio: 1.20, D. de r. iuris., 50.17.

Os fatos narrados na pretendida *portaria judiciária* sucederam em 05.11.1977 e o acusado só veio a completar 21 anos em setembro último, visto que nascido em 27.09.1958.

Assim, operou-se a prescrição, com vistas ao transcorrer de dois anos. Extinta acha-se a punibilidade (inciso IV do art. 108 do CP).

AMPLIAÇÃO DE COMPETÊNCIA DA JUSTIÇA COMUM

1. A competência da Justiça Militar é especial. Cabe-lhe, tão só, julgar os crimes, modelados como militares e no Código Penal Militar (art. 124 da CF, c/c o art. 9.º do Decreto-lei 1.001, de 21.10.1969).

2. Observe-se que: "Compete à Justiça Militar Estadual processar e julgar os policiais militares e bombeiros militares nos crimes militares, definidos em lei. [...]" (art. 125, § 4.º, da CF).

3. O Código Penal Militar estabelece três espécies de crimes militares, em tempo de paz (art. 9.º, I, II e III). Em face da modificação, operada pela Lei 9.299, de 07.08.1996, quanto à dilatação da competência da Justiça Comum, só importa a supressão de dispositivo, antes incluído no rol de crimes previstos no Código Penal Militar e que surgem, também, definidos na legislação penal comum (art. 9.º, II, "f"). Não mais existem, como situação tipificadora dos mencionados crimes militares, os praticados: "por militar em situação de atividade ou assemelhado que, embora não estando em serviço, use armamento de propriedade militar ou qualquer material bélico, sob guarda, fiscalização ou administração militar, para a prática de ato ilegal". Entenda-se que situação de atividade significa militar da ativa; e assemelhado é o servidor submetido à disciplina militar (art. 84 do CPPM).

4. Assim, por exemplo, o crime de roubo ou de latrocínio perpetrado ou tentado por policial militar ou bombeiro militar, que não se acha em serviço, contra civil, com uso de revólver da corporação, agora compete à Justiça Comum. Acha-se, portanto, revogada a Súmula 47 do STJ.

5. O aludido art. 9.º ainda recebeu parágrafo único com a seguinte redação: "Os crimes de que trata este artigo, quando dolosos contra a vida e

cometidos contra civil, serão da competência da justiça comum". Não todos, visto como tal dispositivo não se aplica aos crimes exclusivamente militares, ditos crimes militares próprios, por não guardarem eco na lei penal comum (art. 9.º, I). Note-se que, no Código Penal Militar, os únicos crimes dolosos contra a vida são o homicídio, simples e qualificado; a provocação direta ou auxílio ao suicídio; bem como a provocação indireta ao suicídio (arts. 205 a 207). A última figura inexiste na lei penal comum.

6. A terceira espécie de crimes militares, visto que podem ser cometidos por civil, não interessa muito em tal lanço porque a Justiça Militar Estadual julga, unicamente, policiais militares e bombeiros militares (art. 125, § 3.º, da CF). No Estado de São Paulo, poucos casos virão da Justiça Militar Federal.

7. Alterou-se, também, o art. 82 do CPPM, em consequência, estabelecendo: "O foro militar é especial e, exceto nos crimes dolosos contra a vida praticados contra civil, a ele estão sujeitos, em tempo de paz". E segue o rol de pessoas sujeitas ao foro militar, mais os delitos funcionais, bem como os casos de extensão (art. 2.º da Lei 9.299/1996). Os crimes de homicídio doloso praticados, ou tentados, por policial militar e, ainda, o de induzimento, instigação ou auxílio ao suicídio passaram, portanto, à competência do Tribunal do Júri (art. 5.º, XXXVIII, da CF, c/c os arts. 121 e 122 do CP comum). O inquérito policial militar, se emergir, será encaminhado pela Justiça Militar Federal e Estadual à Justiça Comum (art. 82, § 2.º, do CPPM). Nada obsta a que a Polícia Civil investigue o mesmo fato ou prossiga na investigação em autos apartados.

8. Em muitas hipóteses, não há perfeita correspondência entre o modelo descrito no Código Penal Militar e o delito definido, igualmente, na legislação penal comum. É necessário atentar para tal evidência, que implica nova denúncia, ou aditamento, consoante o caso concreto. O simples aproveitamento, ou "transferência", como querem alguns, não exsurge cabente.

9. Além disso, a Justiça Militar não julga crimes conexos. Emergindo crime comum, conexo ao crime militar, cada uma julga, em separado, a infração penal de sua competência. Permanece em vigor a Súmula 90 do STJ: "Compete à Justiça Estadual Militar processar e julgar o policial militar pela prática de crime militar, e à Comum pela prática do crime comum simultâneo àquele".

10. Alargou-se, por conseguinte, a competência da Justiça Penal Comum, na medida do apontado: Varas Criminais, Tribunal do Júri, Tribunal de Alçada Criminal e Tribunal de Justiça devem receber e perseguir os referidos crimes.

São Paulo, 27 de agosto de 1996.

ASPECTOS PROCESSUAIS PENAIS DO NOVO CÓDIGO NACIONAL DE TRÂNSITO

1. O denominado Código de Trânsito Brasileiro, instituído pela Lei 9.503, de 23.09.1997, trouxe poucos preceitos atinentes ao processo penal. No capítulo XIX, "Dos Crimes de Trânsito", na Seção I, "Disposições Gerais", despontaram alguns dispositivos de natureza processual.

Afirma-se, de início, que aos crimes cometidos, na direção de veículos automotores,[1] aplicam-se as normas do Código de Processo Penal, se a lei especial não dispuser de modo diverso. Assere-se, ainda, que se aplica a lei, que dispôs sobre os Juizados Especiais Cíveis e Criminais, no que couber (art. 291 do CTB).

A Constituição da República estabeleceu os Juizados Especiais, competentes para a conciliação, julgamento e execução dos julgados, pertinentes às causas penais, que tratem das infrações penais de menor potencial ofensivo (art. 98, *caput*, I). Deixou à lei ordinária o conceito formal, ou legal, de infrações de menor potencial ofensivo.

A Lei 9.099, de 26.09.1995, que tratou dos Juizados Especiais Cíveis e Criminais, considerou infrações de menor potencial ofensivo: (a) as *contravenções penais*; e (b) os crimes a que a lei comine *pena máxima não superior*

1. No anexo I, que trata dos Conceitos e Definições, importantes à interpretação da lei, estabeleceu-se que: "VEÍCULO AUTOMOTOR – todo veículo a motor de propulsão que circule por seus próprios meios, e que serve normalmente para o transporte viário de pessoas e coisas, ou para a tração viária de veículos utilizados para o transporte de pessoas e coisas. O termo compreende os veículos conectados a uma linha elétrica e que não circulam sobre trilhos (ônibus elétrico)".

a um ano, tirante os casos "em que a lei preveja procedimento especial" (art. 61).

Assim, acham-se na competência – diga-se absoluta – dos Juizados Especiais Criminais as infrações modeladas no Código de Trânsito Brasileiro, a saber: omissão de socorro (art. 304, parágrafo único); fuga à responsabilidade (art. 305); violação de suspensão ou proibição de obter permissão ou habilitação para dirigir (art. 307); omissão na entrega de permissão para dirigir ou de carteira de habilitação (art. 307, parágrafo único); direção desabilitada (art. 309); permissão ou entrega da direção de veículo à pessoa desabilitada (art. 310); tráfego em velocidade incompatível (art. 311); e fraude processual (art. 312, parágrafo único).

Restam fora da aludida competência: homicídio culposo (art. 302); lesão corporal culposa (art. 303); embriaguez ao volante (art. 306); e participação de corrida, disputa ou de competição automobilística (art. 308). Os quatros crimes, em razão de a pena máxima cominada se mostrar *superior a um ano*, não surgem de menor potencial ofensivo (art. 61 da Lei 9.099/1995). A competência emerge, pois, do *juízo comum criminal.*

Sucede que o Código de Trânsito Brasileiro mandou aplicar aos crimes de lesão corporal culposa (art. 303), embriaguez ao volante (art. 306) e de participação em competição não autorizada (art. 308) três preceitos estatuídos na Lei dos Juizados Especiais Criminais: *composição dos danos civis* (art. 74); *aplicação imediata de pena restritiva de direitos ou multa* (art. 76); e *dependência de representação*, para proceder em ação penal de iniciativa pública (art. 88). Sem nenhuma explicação não se incluíram os comportamentos de participar, na direção de veículo automotor, em via pública, de corrida ou de disputa (art. 308 do CTB). Não se consegue vislumbrar a suposta maior gravidade das condutas.

A competência da Justiça Militar é especial. Cabe-lhe, tão só, julgar os crimes, definidos como militares no Código Penal Militar (art. 124 da CF c/c o art. 9.º do Decreto-lei 1.001, de 21.10.1969). Observe-se, ainda, que: "Compete à Justiça Estadual Militar processar e julgar os policiais militares e bombeiros militares nos crimes militares, definidos em lei [...]" (art. 125, § 4.º, da CF).

A Súmula 6 do STJ assenta: "Compete à Justiça comum Estadual processar e julgar delito decorrente de acidente de trânsito envolvendo viatura de Polícia Militar, salvo se autor e vítima forem policiais militares em situação de atividade". O acidente de trânsito, despontado crime, assim, praticado por civil ou por militar contra civil, envolvendo viatura da Policia Militar, fica na competência da *Justiça comum Estadual*, incidindo o Código de Trânsito Brasileiro. Se autor e vítima forem, contudo, policiais militares da ativa, o crime será militar, se típica a conduta, e perseguível em juízo, na *Justiça Militar Estadual* (art. 125, § 4.º, da CF c/c o art. 9.º do CPM e art. 82, do CPPM). *Não há lugar, pois, para o Código de Trânsito Brasileiro.*

Observe-se que a aludida Súmula não se aplica às Forças Armadas: marinha, exército e aeronáutica. Aos acidentes de trânsito envolvendo os militares em situação de atividade – ou da ativa – e assemelhado – servidor, submetido à disciplina militar (art. 84 do CPPM) –, em serviço, *não se aplica o Código de Trânsito Brasileiro.*

2. Nas hipóteses de homicídio culposo, lesão corporal culposa, embriaguez ao volante e de participação em corrida, disputa ou competição automobilística não autorizada, a regra acha-se na existência de inquérito policial (arts. 4.º a 23 do CPP). O Código de Trânsito Brasileiro, assim, perdeu a oportunidade de rever a Lei 5.970, de 11.12.1973. Essa lei, emergente durante a denominada *crise do petróleo*, excluiu "da aplicação do disposto nos artigos 6.º, inciso I; 64 e 169, do Código de Processo Penal os casos de acidente de trânsito".

Vale afirmar que se atribuiu à autoridade policial, ou seu agente, poder de, independentemente de exame do local, remover, ou autorizar a remoção, de veículos envolvidos em acidente de trânsito, se estiverem no leito da via pública e prejudicarem o tráfego (art. 1.º). Basta-lhes, para tanto, lavrar boletim de ocorrência, consignando o fato, as testemunhas presenciais e mais as circunstâncias, que *acreditem* necessárias ao esclarecimento da *verdade criminal* (art. 1.º, parágrafo único). Privilegiou-se o escoamento do tráfego a dano da prova penal. O econômico prevaleceu, causando dificuldades para a instrução criminal e, não poucas vezes, gerando injustas condenações e absolvições.

É verdade que recente modificação no Código de Processo Penal determinou dever a autoridade policial "dirigir-se ao local – da infração –, providenciando para que não se alterem o estado e conservação das coisas, até a chegada dos peritos criminais" (art. 6.º, I, com a redação dada pela Lei 8.862/1994). Tal dispositivo encontra-se explicitado no capítulo referente ao exame do corpo de delito e das perícias em geral (art. 169),[2] Há,

2. "Art. 169. Para o efeito de exame de local onde houver sido praticada a infração, a autoridade providenciará imediatamente para que não se altere o estado das

entretanto, quem sustente a inocorrência de derrogação, dando por vigente a mencionada lei e por inteiro.[3]

A demonstração de que não se desejou modificar tal estado prejudicial à prova, nos acidentes automobilísticos, acha-se na evidência de atribuir à Polícia Rodoviária Federal o poder-dever de *efetuar levantamento dos locais de acidentes de trânsito* (art. 20, IV, do CTB). Esqueceu-se, até, de que as polícias rodoviária e ferroviária federais não são autoridades policiais judiciárias, cabendo à primeira, tão só, o *patrulhamento ostensivo das rodovias federais* (art. 144, § 2.º, da CF).

Ainda no tocante à prova de inquérito e visando ao delito de embriaguez ao volante, convém notar que a autoridade policial ou seu agente não devem forçar ninguém a submeter-se a testes de alcoolemia, mediante aparelho de ar alveolar – "bafômetro", muito menos constranger, retirando sangue, para verificação do nível de álcool (arts. 165, parágrafo único, e 277 do CTB). Antiga exsurge a regra jurídica que assenta *não se dever forçar ninguém a produzir prova contra si mesmo.* Agora, é lei entre nós (art. 8.º, n. 2, "g", do Decreto 678/1992, Pacto de São José da Costa Rica, c/c o art. 5.º, § 2.º, da CF e art. 1.º, I, do CPP). Sem a concordância do suspeito, a prova da embriaguez limita-se ao exame clínico, ultimado por médico. Quanto ao "bafômetro", convém observar que seu resultado *não se constitui meio de prova*, tão só, importando à investigação policial como subsídio. Seja para investigação, seja para prova, o que se consegue, mediante constrangimento ilegal, coloca-se no âmbito das provas ilícitas, inadmissíveis no processo (art. 5.º, LVI, da CF).

3. Observe-se que, tratando-se de infração penal de menor potencial ofensivo, ao denominado autor do fato, se for encaminhado ao Juizado Especial Criminal, ou assumir o compromisso de a ele comparecer, não se impõe *prisão em flagrante*, nem se exige *fiança* (art. 69, parágrafo único, da Lei 9.099/1995). No Código de Trânsito Brasileiro asseverou-se que "ao condutor de veículo, nos casos de acidente de trânsito de que resulte vítima", não se impõe *prisão em flagrante*, nem se exige *fiança*, tanto que pres-

---

coisas até a chegada dos peritos, que poderão instruir seus laudos com fotografias, desenhos ou esquemas elucidativos."

3. Ver, por exemplo, TOURINHO FILHO, Fernando da Costa. *Código de Processo Penal comentado.* São Paulo: Saraiva, 1996. v. 1, notas aos artigos 6.º e 169, p. 26 e 331; e MIRABETE, Julio Fabbrini. *Processo penal.* 8. ed. São Paulo: Atlas, 1998. § 3.4.1, p. 87.

te pronto e integral socorro (art. 301). Tal preceito já se encontrava no Código anterior (art. 123 da Lei 5.108, de 21.09.1996). É de moralidade duvidosa o dispositivo que trata de premiar, com a dispensa do *auto de prisão em flagrante* ou de *fiança*, quem não comete o delito de omissão de socorro (arts. 302, parágrafo único, III, 303, parágrafo único, e 304 do CTB).

4. Não obstante entendimentos contrários,[4] a nova lei de trânsito tornou dependentes de *representação da vítima* – ou de quem tiver qualidade para presentá-la, ou procurador nomeado – os crimes de embriaguez ao volante e de participação em competição não autorizada. O delito de lesão corporal culposa já o era (art. 291, parágrafo único, do CTB, c/c o art. 88 da Lei 9.099/1995). Recorde-se que a *representação* consiste em manifestação de vontade, autorizante da acusação, em ação penal de iniciativa pública (arts. 24, 25 e 39 do CPP). Sem tal licença, nos casos marcados em lei, não pode o Ministério Público denunciar. Se o fizer, a ação penal condenatória será rejeitada por ausência de condição específica, ou de procedibilidade, conforme despontar o entendimento doutrinário (art. 43, III, do CPP).

5. São várias as providências cautelares no processo penal. O Código de Trânsito Brasileiro estatuiu que, para a *garantia da ordem pública*, pode o juiz – de ofício ou a requerimento do Ministério Público e, ainda, por instância de representação da autoridade policial –, em qualquer fase da persecução penal, decretar a suspensão da permissão ou da habilitação para dirigir veículo automotor, bem como a proibição de sua obtenção. Deve fazê-lo em decisão motivada (art. 294). Cabe recurso em sentido estrito, sem efeito suspensivo, do *decisum* que defere a medida cautelar, ou do que indefere o pedido do Ministério Público (art. 294, parágrafo único,

4. Conferir Julio Fabbrini Mirabete, por exemplo, ao afirmar: "Assinale-se que ao dispor sobre a aplicação do art. 88 da Lei n. 9.099/95, o art. 291 do CTB está se referindo apenas à necessidade de representação para o crime de lesões corporais culposas, uma vez que os demais, ou seja, os delitos de embriaguez ao volante e de participação em competição automobilística não autorizada, são de ação penal pública incondicionada. Embora possam surgir dúvidas a respeito, diante da redação defeituosa da lei, deve-se ponderar que se trata da apuração de crimes de perigo, e o segundo inclusive de perigo contra a incolumidade pública, não se podendo falar em identificação de vítima para propor a representação" (Crimes de trânsito têm normas gerais específicas. *Boletim IBCCrim*, n. 61, p. 14, dez. 1997).

cuja redação despontou defeituosa). Nenhuma medida cautelar, no processo penal, guarda cabência, entretanto, sem demonstração de necessidade concreta e real. Ela há de exibir-se imprescindível para o processo, em que aflora.

6. Nos crimes em que a pena mínima cominada for *igual ou inferior a um ano*, o Ministério Público, ao oferecer a denúncia, pode propor a *suspensão condicional do processo* (art. 89 da Lei 9.099/1995, c/c o art. 291 do CTB). O homicídio culposo é o único crime que não se quadra no mandamento, por ostentar pena mínima cominada de dois anos (art. 302 do CTB). Tem-se entendido que a suspensão é aplicável a qualquer infração penal, com pena mínima *não superior a um ano.*

7. Inexiste boa razão para inadmitir o *perdão judicial*, nos crimes de homicídio culposo e de lesão corporal culposa, praticados no trânsito (arts. 302 e 303 do CTB).

O *perdão judicial* consiste em causa de extinção da punibilidade e a sentença concessiva – declaratória da extinção – nem se considera para a reincidência, ou qualquer outro efeito condenatório (art. 107, IX, c/c o art. 120 do CP e Súmula 18 do STJ).[5] O *perdão judicial* irrompe típico. Assim, emerge descrito no homicídio culposo e na lesão corporal culposa (art. 121, §§ 3.º e 5.º; ainda art. 129, §§ 6.º e 8.º, do CP).

O Código de Trânsito Brasileiro traz modelo defectivo de ambas as infrações penais. Limita-se a invocar o *nome* dos crimes: homicídio culposo e lesão corporal culposa, sem descrever conduta. Assim, "remete ao Código Penal" ou "recepciona as figuras",[6] constantes do Código. Desnecessário, até, invocar igualdade de tratamento penal entre as lesões corporais, praticadas no trânsito e fora dele, para arrimar o *perdão judicial*. Surge suficiente a *recorrência*, exibida na lei de trânsito.

São Paulo, 13 de maio de 1998.

---

5. Súmula 18: "A sentença concessiva do perdão judicial é declaratória da extinção da punibilidade, não subsistindo qualquer efeito condenatório".

6. Conforme JESUS, Damásio E. de. Perdão judicial nos delitos de trânsito. *Boletim IBCCrim*, n. 66, p. 2, fev. 1998; e CERNICCHIARO, Luiz Vicente. Código de Trânsito e perdão judicial. *Correio Brasiliense*, Direito & Justiça, p. 3, 16 mar. 1998.

ATOS CONFUSÓRIOS E CONCORRÊNCIA DESLEAL

1. O Título mostra-se como o limite do estudo, ou da análise. Importa, assim, desde logo, precisar as três ideias, a saber: de *atos*, de *confusão* e de *concorrência desleal*, o quanto se mostrar possível.

Talvez o melhor termo fosse *atividade* e no significado de complexo, ou série ordenada de atos, comportamentos, voltados ou dirigidos ao estabelecimento de *confusão*.

A ideia de *confusão* liga-se às de *clareza* e de *distinção*. É ela a atividade ou efeito de confundir; *implica falta de clareza, ou impossibilidade de distinguir*. Assim:

> A distinção é um grau muito superior de evidência e, além do mais, um grau que pertence especificamente à evidência racional. Com efeito, uma noção é *confusa* quando não permite que se distingam suas notas constitutivas; p. ex., os odores, os sabores, as cores, embora possam ser claramente reconhecidos, não podem ser descritos e definidos com base em seus traços constitutivos; tanto é verdade que não podemos explicar o que é uma cor a um cego. Ao contrário, as noções *distintas* são aquelas para cujos traços podemos ter a definição nominal, isto é, a enumeração das suas notas suficientes. Assim, o conhecimento que um químico tem do ouro é distinto.[1]

A *confusão* intencional visa a formar entendimento ou juízo *errado*; a culposa chega ao mesmo resultado incorreto, inexato, de qualquer realidade.

---

1. ABBAGNANO, Nicola. *Dicionário de filosofia*. Tradução de Alfredo Bosi. 2. ed. São Paulo: Martins Fontes, 1998. verbete clareza e distinção, p. 144.

Na *atividade confusória*, a essência "está em um concorrente se enfeitar com penas alheias, de maneira a fazer-se passar por outro, ou levar a uma *confusão* no respeitante ao estabelecimento ou aos produtos ou serviços. Há em qualquer caso uma indução do público em *erro*".[2]

Com vistas à *concorrência desleal*, procura-se, em determinados lanços, evitar e sancionar *atividade*, que objetive, pois, criar *confusão* entre estabelecimentos industriais e comerciais, ou entre produtos e artigos, colocados no comércio e na percepção dos consumidores, ou dos usuários, capaz de induzi-los a *erro*.

Em primeiro lanço, então, *concorrência desleal* consiste em atuar, no comércio, indústria ou na prestação de serviços de modo *abusivo*, para *desviar clientela de concorrente*. Violação, assim, do mínimo ético esperável, na *relação de competição*[3]

Procurou-se classificar, de modo dogmático, a *concorrência desleal* dividindo-a: "a) é criminosa ou b) é reprovável sem ser criminosa ou c) é irreprovável".[4] A primeira espécie, à evidência, refere-se aos tipos penais delitivos. A *concorrência desleal* não criminosa pode surgir ilícita, ensejando ação de abstenção e de indenização. A última espécie pode, até, mostrar-se imoral, mas não é juridicamente, reprovável.[5]

Fala-se, ainda, em "concorrência específica" para as atividades tipificadas como delitos; "concorrência genérica", aquela não descrita como tal. Ainda e por fim, as atividades normais de captação de clientela, encontráveis no procedimento tendente ao crescimento empresarial.[6]

Importa, pois, entender que existem ilícitos penais, ilícitos civis e comportamentos irrelevantes para o direito, ou atos meramente lícitos. A lei não manda nem veda o comportamento na última espécie.[7] Observe-

---

2. ASCENSÃO, José de Oliveira. O princípio da prestação: um novo fundamento para a concorrência desleal?. *Concorrência desleal*. Curso promovido pela Faculdade de Direito de Lisboa. Coimbra: Almeida, 1997. p. 15. Grifo nosso.
3. O Projeto de Lei que cria a Agência Nacional de Defesa do Consumidor e da Concorrência estabelece o Tribunal da Concorrência (art. 8.º).
4. PONTES DE MIRANDA, Francisco Cavalcanti. *Tratado de direito privado*. Rio de Janeiro: Borsoi, 1956. t. XVII, § 2.099, p. 202.
5. PONTES DE MIRANDA, Francisco Cavalcanti. *Tratado*... cit.
6. BITTAR, Carlos Alberto. *Teoria e prática da concorrência desleal*. São Paulo: Saraiva, 1989. § 52, p. 48.
7. Cuidando de licitude jurídica, afirmou-se: "Muitas coisas há que os homens podem fazer, mas não dizemos que eles têm, para isso, direito subjetivo; dize-

-se, entretanto, que todo ilícito penal é ilícito de direito civil, comercial, tributário, ou de outra natureza.

Convém distinguir, também, os crimes contra a propriedade industrial, em senso largo, dos crimes de *concorrência desleal.*

Já se afirmou com pontualidade:

> Entre os meios de criar *confusão* com os produtos ou artigos de um concorrente, acode à ideia, desde logo, o uso de sinais distintivos idênticos ou semelhantes aos que os assinalam. Quando esses sinais distintivos se acham registrados como marcas, a hipótese cai sob o domínio da lei respectiva, sendo punível como contrafação. Tratando-se de sinais não registrados, é condição essencial à ação baseada em concorrência desleal que esses sinais, além de reunirem os requisitos intrínsecos que os tornem distintivos e suscetíveis de constituir marcas, estejam em uso prolongado, de modo a se tornarem conhecidos como marcas dos produtos concorrentes. Aplica-se o mesmo princípio quando se trata de imitação ou reprodução do aspecto característico do produto ou à forma de sua apresentação (embalagens, envoltórios, recipientes etc.), quando não sejam vulgares ou pertencentes ao domínio público. Equiparam-se aos produtos, para o efeito de sua proteção contra a concorrência desleal, como já foi dito, os serviços oferecidos ao público por uma empresa ou estabelecimento.[8]

Dizendo de outro modo: se desponta reprodução ou imitação de marca registrada, cuida-se de crime contra o registro de marcas, ou direi-

---

mos apenas que essas coisas são lícitas. Tais são as coisas que a norma jurídica não ordena nem proíbe, de tal sorte que elas estão no campo da licitude, mas não no campo do direito subjetivo, e isso não quer significar que alguém não possa, em relação a essas coisas, usar daquela coercibilidade por iniciativa própria, que é a característica do direito subjetivo, pois pode praticá-la livremente, desde que todas elas são lícitas. Comer, sentar-se, levantar-se, todos esses atos da vida ordinária, alguns mais humildes, outros mais importantes, são atos que entram na esfera da licitude. Não são faculdades jurídicas, visto que não produzem efeitos jurídicos. Não são direitos subjetivos, porque não podem ser exigidos, nem tampouco violados. Mas são lícitos, são permitidos e constituem a esfera da licitude em que o homem age na sociedade" (DANTAS, San Tiago. *Programa de direito civil.* Taquigrafado por Victor Bourhis Jürgens. 3. ed. rev. e atual. por Gustavo Taperdino e outros. Rio de Janeiro: Forense, 2001. p. 123).

8. CERQUEIRA, João da Gama. *Tratado da propriedade industrial.* São Paulo: RT, 1982. v. 2, p. 364.

to marcário (arts. 189 e 190 da Lei 9.279/1996); na hipótese, porém, de a marca não se encontrar registrada, mas se achar em uso prolongado, fazendo-se, por isso, conhecida, a conduta guarda pertinência com a *concorrência desleal*.[9]

2. A Lei 9.279, de 14.05.1996, que, na parte atinente ao direito e ao processo penal, entrou em vigor um ano após sua publicação (art. 243), revogou, de modo expresso, as Leis 5.772/1971; 6.348/1976; os arts. 187 a 196 do CP; e os arts. 169 a 189 do Decreto-lei 7.903/1945 (art. 244).

Exibe o Título V, "Dos Crimes contra a Propriedade Industrial", que se fraciona em seis Capítulos, o quanto segue: "Dos Crimes contra as Patentes"; "Dos Crimes contra os Desenhos Industriais"; "Dos Crimes contra as Marcas"; "Dos Crimes Cometidos por Meio de Marcas, Títulos de Estabelecimento e Sinal de Propaganda"; "Dos Crimes contra Indicações Geográficas e demais Indicações"; e, por fim, o *Capítulo VI, "Dos Crimes de Concorrência Desleal"*.

O Capítulo VII, "Das Disposições Gerais", encerra preceitos de natureza civil, penal, processual e administrativa (arts. 196 a 210).

Os *crimes de concorrência desleal* encontram-se no art. 195 da referida Lei 9.279/1996.

Todo crime exibe ofensa ou violação a certo *bem jurídico*. Ora, aceita-se *que bem jurídico*, ou *objeto jurídico*, surge como "o valor ideal da ordem social, juridicamente protegido, em cuja manutenção a sociedade tem interesse e que se pode atribuir a titularidade tanto ao particular como à coletividade".[10] No caso, o *bem jurídico* emerge duplo: *liberdade de competição*[11] e *proteção da comunidade de consumidores e de utentes*.

Os sujeitos do delito, ativo e passivo, devem trazer a qualidade de *concorrentes*. Precisam achar-se em competição.

---

9. SOARES, José Carlos Tinoco. *Comentário ao Código de Propriedade Industrial*. São Paulo: Resenha Universitária, 1981.

10. JESCHECK, Hans-Heinrich. *Tratado de derecho penal*. Parte general. Tradução espanhola de S. Mir Puig e F. Muñoz Conde. Barcelona: Bosch, 1981. v. 1, p. 351.

11. PIERANGELI, José Henrique. Crimes de concorrência desleal – Lei n. 9.279, de 14 de maio de 1996 (art. 195). *Ciência Jurídica*, n. 82, p. 17, jul.-ago. 1998. Antes dele, Celso Delmanto assentou: "bem jurídico comum a todos os delitos de *concorrência desleal* é a 'liberdade de competir'". Fê-lo na obra: *Crime de concorrência desleal*. São Paulo: Bushatsky-Edusp, 1975. § 8, p. 19.

O sujeito agente, com vistas à *atividade confusória*, no crime de *concorrência desleal*, necessita possuir o intento, a vontade livre e consciente, de estabelecer *confusão* e *desviar clientela*. É o que quer.

Podem-se vislumbrar três passos: *atividade*, estabelecente de *confusão*; probabilidade de levar a *erro* os consumidores e os usuários; desvio ou potencialidade de *tomar a clientela de concorrente.*

3. Várias são as condutas previstas no art. 195 da Lei 9.279/1996. Nesse lanço, tão só, interessam as infrações penais que objetivam arrancar a clientela, mediante o estabelecimento de *confusão* entre concorrentes.

Quatro exsurgem, visualizando o sujeito agente, as figuras: a) "emprega meio fraudulento, para desviar, em proveito próprio ou alheio, clientela de outrem" (art. 195, III); b) "usa expressão ou sinal de propaganda alheios, ou os imita, de modo a criar confusão entre os produtos ou estabelecimentos" (art. 195, IV); c) "usa, indevidamente, nome comercial, título de estabelecimento ou insígnia alheios ou vende, expõe ou oferece à venda, ou tem em estoque produto com essas referências" (art. 195, V); e d) "substitui, pelo seu próprio nome ou razão social, em produto de outrem, o nome ou razão social deste, sem o seu consentimento" (art. 195, VI).[12]

O *primeiro* tipo delitivo é fraude para desvio de clientela. Pune-se o emprego de meio fraudulento. Meio fraudulento é o artifício e o ardil enganadores, aptos a aliciar clientela. O crime ostenta-se doloso e formal, nada importando a inocorrência do concreto desvio de clientela.

O sujeito passivo é o concorrente e, por igual, o consumidor enganado.

O *segundo* delito surge de propaganda dispersiva. Usa-se ou imita-se expressão ou sinal de propaganda com o objetivo de criar *confusão*, entre produtos ou entre estabelecimentos. A infração penal desponta dolosa e material.

Os sujeitos passivos irrompem os mesmos.

A *terceira* modalidade pune o uso indevido do nome comercial, do título do estabelecimento e da insígnia, bem como a venda, exposição e

---

12. Tal classificação é oferecida por: LOUREIRO, Luiz Guilherme de A. V. *A Lei de Propriedade Industrial comentada* (Lei n. 9.279, de 14 de maio de 1996). São Paulo: Lejus, 1999. § 180, p. 339.

oferecimento à venda, mais o ter em armazém produto com essas referências. O crime é doloso e material.

O sujeito agente quer induzir o consumidor ou o utente à *confusão*, falseando origem, e, assim, tomar do concorrente a clientela.

O *último* tipo encontra-se na substituição do nome do produtor. Castiga-se a conduta consistente em o concorrente trocar, em mercadoria alheia, o nome ou a razão social do produtor pelo seu. O crime é doloso e formal.

Os sujeitos passivos são o *concorrente*, vitimado pela substituição não autorizada, além do consumidor.

As sanções penais máximas surgem, no diploma, de um ano de detenção ou de multa – de manifesto, pecuniária alternativa (arts. 183, 187, 189 e 195 da Lei 9.279/1996). Admite-se, contudo, aumento de um terço à metade, que, entretanto, não interessa ao tema, *crime de concorrência desleal* (art. 196, I e II).

Note-se que as reprimendas *cominadas*, já mencionadas, antes de transitar em julgado a sentença final, *prescrevem em quatro anos* (arts. 109, V, e 114, II, do CP). A pena privativa de liberdade mínima *cominada* é de três meses.

À evidência, tais penalidades, tanto que *aplicadas* ou *impostas* – no instante da fixação, "atendendo à culpabilidade, aos antecedentes, à conduta social, à personalidade do agente, aos motivos, às circunstâncias e consequências do crime, bem como ao comportamento da vítima" (art. 59 do CP) – surgirão próximas do mínimo *cominado*; assim, *prescrevendo em dois anos* (art. 110 do CP).

A ação penal, para os *crimes de concorrência desleal*, emerge de *iniciativa privada*, ou privativa do ofendido, pessoa física ou jurídica (arts. 30 e 37 do CP. c/c os arts. 195, 199 e 200 da Lei 9.279/1996). Recorde-se de que, em tal espécie de ação penal, de índole condenatória, prevalece o *interesse individual* sobre o social, fazendo crescer o *poder dispositivo* do querelante ou queixoso. Basta pensar na possibilidade de *decadência do direito, renúncia, perdão, perempção e desistência*. Em outras palavras, vigem as regras da oportunidade, disponibilidade, iniciativa e movimentação do querelante, sem esquecer a indivisibilidade.

O procedimento aflora *especial*. A especialidade advém de duas razões: primeira, não obstante os crimes se mostrarem castigados com detenção ou multa, a base do procedimento é a forma comum ordinária dos crimes apenados com reclusão e da competência do juiz singular (art. 524 c/c os arts. 394 a 405 e 498 a 502 do CPP). A forma procedimental alonga-

-se, pois. Segundo, ela sofre modificações, ainda, na lei do processo (arts. 525 a 530) e recebe, de novo, alterações, nascentes na aludida lei, "que regula direitos e obrigações relativos à propriedade industrial" (arts. 200 a 206). Inaplicável, portanto, a Lei dos Juizados Especiais Cíveis e Criminais (art. 61 da Lei 9.099/1995).

É manifesto que, por motivos de *política criminal* – certo ou errado –, o legislador desejou tratar com brandura as infrações penais contra a propriedade industrial; em particular os *crimes de concorrência desleal*. É verificar os preceitos de direito e de processo penal invocados. Na realidade, exsurge difícil condenação criminal firme em razão de tais delitos: *penas curtas e procedimento longo, usinando a prescrição.*

4. A atividade – no correr da *relação de concorrência* – pode cifrar-se na contrariedade à lei, ostentando-se, assim, no descumprimento de dever ou de obrigação e, ainda, no comportamento proibido.

A conduta que exibe, tão só, ilícito civil ou, nomeadamente, *atividade confusória* não descrita como crime doloso pode fazer nascer – como antes foi referido – as ações de abstenção do uso de marca e de indenização, ou, ainda, ação com os aludidos pedidos cumulados (arts. 209 e 210 da Lei 9.279/1996).

Trata-se de fazer ressarcir a atividade tendente "a prejudicar a reputação ou os negócios alheios, a criar *confusão* entre estabelecimentos comerciais, industriais ou prestadores de serviços, ou entre os produtos e serviços postos no comércio" (art. 209, *in fine*, da Lei 9.279/1996).

A ação reparatória admite ordem liminar de sustação da violação, ou do risco concreto de violação, ao direito de propriedade industrial (art. 209, § 1.º, da Lei 9.279/1996). Os lucros cessantes determinam-se "pelo critério mais favorável ao prejudicado", tracejando a lei algumas balizas (art. 210, I a III, da Lei 9.279/1996).

São Paulo, 10 de maio de 2001.

AUSÊNCIA DE POLÍTICA CRIMINAL

1. As leis penais e processuais penais, nomeadamente, surgiram desconexas, desassociadas, não se lhes conseguindo avistar sentido em conjugação.

2. A Lei 9.029, de 13.04.1995, tratou de proibir a exigência de atestados de gravidez e esterilização e outras práticas discriminatórias, "para efeitos admissionais ou de permanência da relação jurídica de trabalho". Tal diploma, para além da linguagem atécnica, não se insere em nenhum programa específico, com vistas ao problema da criminalidade.

3. A Lei 9.033, de 02.05.1995, tão só, deu nova redação a dispositivo do Código de Processo Penal, pertinente à decisão interlocutória de pronúncia, sem maior repercussão no sistema.

4. Já a Lei 9.034, de 03.05.1995, a pretexto de enfrentar as organizações criminosas, recriou, de modo inconstitucional, o juiz inquisidor e o procedimento secreto.

5. A Lei 9.043, de 09.05.1995, emendou conhecidíssimo engano do Código de Processo Penal, em que se lia "jurisdições", em certo artigo, mandou escrever "circunscrições". Nada, pois, de muito relevante.

6. A Lei 9.046, de 18.05.1995, acrescentou parágrafo a artigo da Lei de Execução Penal, para que os estabelecimentos, destinados a mulheres condenadas, possuam berçário, onde possam amamentar. É sabido que o número de mulheres presas surge exíguo e, ainda, menor o número das que estejam aleitando.

7. A Lei 9.061, de 14.06.1995, alterou redação de preceito do Código de Processo Penal, unicamente, para, com vistas à estatística judiciária crimi-

nal, determinar o lançamento mensal de mapas. Não se há de asserir que esse dispositivo se mostra fundamental.

8. Ainda, a Lei 9.080, de 19.07.1995, cuidou de premiar infratores que delatem, o que denominou de "trama delituosa". A expressão, um tanto ridícula, trouxe de volta as confissões delatantes, que, mesmo premiadas, não surtiram efeito em outras legislações.

9. Depois, veio a Lei 9.099, de 26.09.1995, que regulou os Juizados Especiais Cíveis e Criminais.

10.A Lei 9.113, de 16.10.1995, deu nova redação a dispositivo sobre a quesitação no procedimento especial de Júri. Há quem sustente ser inaplicável.

11. A Lei 9.127, de 16.11.1995, transformou o crime de exploração de prestígio em delito de tráfico de influência, aumentando a pena mínima.

12. A Lei 9.249, de 26.12.1995, alterou legislação do imposto de renda das pessoas jurídicas, bem como da contribuição social, sobre o lucro líquido; e, ao fim, reintroduziu a muito criticada razão de extinguir a punibilidade, nos crimes de sonegação fiscal, pelo pagamento do tributo ou contribuição social, antes do recebimento da denúncia.

13. Já a Lei n. 9.268, de 1.º.04.1996, alterou vários dispositivos da Parte Geral do Código Penal. Assim, fez a pena de multa considerar-se dívida de valor; revogando, em consequência, regra da Lei de Execução Penal. Ainda, tornou mais severo o *sursis* especial; trouxe mais carga sancionatória aos efeitos extrapenais, automáticos da condenação; cuidou também da prescrição da pena de multa.

14. A Lei 9.269, de 02.04.1996, deu nova redação a dispositivo referente à extorsão mediante sequestro para ensejar a aludida delação premial.

15. A Lei 9.271, de 17.04.1996, modificando o Código de Processo Penal, redesenhou o instituto da revelia. Assim, criou a suspensão do processo; porém, de modo inconstitucional, tornou imprescritíveis todas as infrações penais, na hipótese de suspensão do processo.

16. A Lei 9.281, de 04.06.1996, revogou dois preceitos do Código Penal, que não mais existiam.

17. Em 05.07.1996, publicou-se anteprojeto de lei que dispõe sobre os crimes de lavagem ou ocultação de bens, direitos e valores; sobre o contro-

le preventivo desses ilícitos, cria o Conselho de Controle de Atividades Financeiras.

18. A Lei 9.296, de 24.07.1996, regulou a interceptação das comunicações telefônica, para prova em investigação criminal e em instrução processual penal, ferindo a Constituição da República, ao permitir a interceptação do fluxo de comunicações, em sistemas de informática e telemática.

19. A Lei 9.299, de 07.08.1996, alterou dispositivos do Código Penal Militar e do Código de Processo Penal Militar, para que pudessem os militares ser acusados perante a Justiça Comum. Em 20.08.1996, o Ministério da Justiça remeteu ao Congresso Nacional outro projeto de lei, sobre o mesmo tema, afirmando:

> Convém esclarecer que, muito embora o projeto de lei acima referido estivesse eivado de imperfeições redacionais que, por si sós, ensejariam seu desacolhimento, o fim por ela visado não permitiu que o Poder Executivo postergasse a solução desse problema, com o veto ao Projeto de Lei n. 2.801 de 1992, para subsequente encaminhamento de outra propositura legislativa. Por esse motivo, optou apresentar projeto de lei corrigindo as inadequações tão logo entrassem em vigor as novas regras do Código Penal e de Processual Penal Militares.

20. A Lei 9.303, de 03.09.1996, quanto à perquirição das organizações criminosas, tratou de regular o prazo de encerramento da instrução criminal, estando o acusado preso ou solto.

São Paulo, 25 de outubro de 1996.

BIBLIOGRAFIA DE JOAQUIM CANUTO MENDES DE ALMEIDA

Desnecessário demonstrar a manifesta carência de levantamentos bibliográficos. Os pesquisadores em direito, no Brasil, encontram raros trabalhos de tal ordem que lhes encurtem o caminho a afrontar. Pareceu-nos, assim, servir ao processo penal e civil, fazendo estampar, neste ensejo, o elenco de escritos de *Canuto Mendes*, o qual há de fornecer também, em certa medida, o debuxo da personalidade multifacetada do insigne professor.

Lamentamos o surgir, ainda, a bibliografia incompleta, no tocante a artigos de jornais e revistas e agradecemos quaisquer críticas e sugestões que possam contribuir para melhorar este levantamento bibliográfico, em eventual republicação.

Anotamos, por derradeiro, o auxílio que nos prestou, na observância da boa técnica, a bibliotecária do Departamento da Universidade Processual da Faculdade de Direito da Universidade de São Paulo, Renata Celli.

ARTIGOS DE JORNAIS

ALMEIDA, Joaquim Canuto Mendes de. A ação penal do Ministério Público. *O Estado de S. Paulo*, São Paulo, 11 de fev. 1973; 18 de fev. 1973; 4 de dez. 1973.

______. A agricultura e o PTB. *Jornal Trabalhista*, São Paulo, 22 de nov. 1946.

______. A autonomia dos estados federados brasileiros não precede a constituição política do Brasil, mas dela deriva como conveniência nacional. *Folha da Noite*, São Paulo, 7 jun. 1946.

______. A campanha do PTB. *Jornal Trabalhista*, São Paulo, 12 nov. 1946.

______. Ainda o lema do PTB. *Jornal Trabalhista*, São Paulo, 23 de out. 1946.

______. A resposta do PTB. *Jornal Trabalhista*, São Paulo, 13 out. 1946.

______. As fundações e os abusos de autoridade. *Diário de São Paulo*, São Paulo, 26 jan. 1960.

______. A unidade do PTB. *Jornal Trabalhista*, São Paulo, 18 out. 1946.

______. Brasil, estado único. *Jornal Trabalhista*, São Paulo, 13 nov. 1946.

______. Brasil, região devastada. *Jornal Trabalhista*, São Paulo, 13 nov. 1946.

______. Classificação sistemática de procedimentos criminais ordinários. *Folha da Manhã*, Rio de Janeiro, 11 jul. 1941.

______. Crise de confiança. *Jornal Trabalhista*, São Paulo, 5 out. 1946.

______. Democracia de "partido único'. *Jornal Trabalhista*, São Paulo, 24 out. 1946.

______. Descentralização do estado. *Jornal Trabalhista*, São Paulo, 9 out. 1946.

______. Evolução do trabalhismo brasileiro. *Jornal Trabalhista*, São Paulo, 10 out. 1946.

______. Existe o direito de ação? *O Estado de São Paulo*, São Paulo, 18 mar. 1973; 8 abr. 1973.

______. Ferro e petróleo. *Jornal Trabalhista*, São Paulo, 17 out. 1946.

______. Fidelidade ao trabalhismo. *Jornal Trabalhista*, São Paulo, 30 out. 1946.

______. Forças armadas e trabalhismo. *Jornal Trabalhista*, São Paulo, 9 nov. 1946.

______. Getúlio Vargas, síntese de um programa. *Jornal Trabalhista*, São Paulo, 21 nov. 1946.

______. Harmonia partidária. *Jornal Trabalhista*, São Paulo, 19 out. 1946.

______. "Ideias avançadas" *versus* "salvação nacional". *Jornal Trabalhista*, São Paulo, 19 nov. 1946.

______. Inconstitucionalidade de processos militares. *Diário de São Paulo*, São Paulo, 15 ago. 1964.

______. Intervencionismo socializante. *Jornal Trabalhista*, São Paulo. 31 out. 1946.

______. Investigações sumárias e prisões ilegais. *Diário de São Paulo*, São Paulo, 22 ago. 1964.

______. Jurisdição militar sobre civis. *Diário de São Paulo*, São Paulo, 19 ago. 1964.

______. Justa causa no processo penal. *O Estado de São Paulo*, São Paulo, 10 maio 1973; 27 maio 1973.

______. Laski a liberdade e o PTB. *Jornal Trabalhista*, São Paulo, 20 nov. 1946.

______. Liberdade e igualdade. Jornal Trabalhista, São Paulo, 7 nov. 1946.

______. Miragem e boato. *Jornal Trabalhista*, São Paulo, 20 out. 1946.

______. Não sou chefe de partido... *Diário de São Paulo*, São Paulo, 18 mar. 1949.

______. Nomes e ideias. *Jornal Trabalhista*, São Paulo, 2 out. 1946.

______. O comício de Botucatu. *Jornal Trabalhista*, São Paulo, 8 out. 1946.

______. (continuação...) *Jornal Trabalhista*, São Paulo, 29 out. 1946.

______. O decálogo de Getúlio Vargas. *Jornal Trabalhista*, São Paulo, 14 nov. 1946.

______. O direito de defesa: no inquérito policial. *O Estado de S. Paulo*, São Paulo, 19 jul. 1957; 21 jul. 1957.

______. O direito social e a proteção ao trabalhador. *Jornal Trabalhista*, São Paulo, 27 out. 1946.

______. O espírito das leis trabalhistas. *Jornal Trabalhista*, São Paulo, 30 nov. 1946.

______. O exército trabalhista. *Jornal Trabalhista*, São Paulo, 6 out. 1946.

______. O grande eleitor. *Jornal Trabalhista*, São Paulo, 8 nov. 1946.

______. O lema do PTB. *Jornal Trabalhista*, São Paulo, 22 out. 1946.

______. O monopólio das virtudes cívicas. *Jornal Trabalhista*, São Paulo, 15 out. 1946.

______. O povo e o senador Vargas. *Jornal Trabalhista*, São Paulo, 4 dez. 1946.

______. Os candidatos do PTB. *Jornal Trabalhista*, São Paulo, 26 out. 1946.

______. Os estudantes, Truman e o PTB. *Jornal Trabalhista*, São Paulo, 25 out. 1946.

______. O sino de Belém. *Jornal Trabalhista*, São Paulo, 23 nov. 1946.

______. O tubarão e as sardinhas... *Jornal Trabalhista*, São Paulo, 4 out. 1946.

______. Palhaços. *Jornal Trabalhista*, São Paulo, 13 nov. 1946.

______. Pão e teto. *Jornal Trabalhista*, São Paulo, 16 out. 1946.

______. Prisão e liberdade dos pobres. *Jornal Trabalhista*, São Paulo, 11 out. 1946.

______. Programas e rótulos. *Jornal Trabalhista*, São Paulo, 13 out. 1946.

______. Recortes de doutrina. *Jornal Trabalhista*, São Paulo, 17 nov. 1946.

______. Redenção. *Jornal Trabalhista*, São Paulo, 10 nov. 1946.

______. Síntese do trabalhismo. *Jornal Trabalhista*, São Paulo, 13 out. 1946.

______. Trabalhadores agrícolas. *Jornal Trabalhista*, São Paulo, 3 novo 1946.

______. Trabalhadores e "trabalhadores". *Jornal Trabalhista*, São Paulo, 5 nov. 1946.

______. União latina. *Jornal Trabalhista*, São Paulo, 6 nov. 1946.

______. Unidade Nacional. *Jornal Trabalhista*, São Paulo, 3 out. 1946.

______. Viola de rijo princípio constitucional dando à minoria o direito da maioria; Projeto Caiado de Godoi. *Diário de São Paulo*, São Paulo, 30 jun. 1950.

ARTIGOS DE REVISTAS

ALMEIDA, Joaquim Canuto Mendes de. Ação penal. *Revista Forense*, Rio de Janeiro, p. 91-321, 1942.

______. Ação privada no processo penal. *Revista Forense*, Rio de Janeiro, p. 107-161, 1946.

______. Acción penal. *Revista Jurídica Argentina La Ley*, Buenos Aires, v. 29, p. 995, 1943.

______. A fiança nos processos policiais. *Justitia*, São Paulo, v. 1, n. 2, p. 51, 1939-1940.

______. Ainda o direito de defesa no inquérito policial. *Revista dos Tribunais*, São Paulo, v. 272, p. 7-22, jun. 1958.

______. ______. *Revista Forense*, Rio de Janeiro, v. 178, p. 445, 1958.

______. A individualização da pena e o direito judiciário. *Revista Forense*, Rio de Janeiro, v. 90, p. 332, 1942.

______. A prescripção da acção penal e a retroatividade da sentença. *Revista Judiciária*, São Paulo, v. 9, n. 34, p. 133, jun. 1938.

______. A retroatividade da sentença no cálculo da prescrição penal. *Revista dos Tribunais*, São Paulo, v. 294, p. 7-20, abr. 1960.

______. Atividade policial criminal. *Arquivos da Polícia Civil*, São Paulo, v. 6, p. 63-68, 1943.

______. Compatibilidade do *sursis* com a condenação que não passou em julgado. *Revista Judiciária*, São Paulo, v. 11, n. 41, p. 105, jan. 1939.

______. Controvérsia acerca da supressão da ação privada. *Arquivos da Polícia Civil*, São Paulo, v. 10, p. 137-158, 1945.

______. Das inovações do Anteprojeto de Código de Processo Penal. *Arquivos do Ministério da Justiça*, Rio de Janeiro, 116: 3-38, dez. 1970.

______. Desconto de cheque sem fundo, comentário, *Revista Judiciária*, São Paulo, 2 (6); 149, fev. 1936.

______. Diretrizes do processo no Código Penal. *Revista Forense*, Rio de Janeiro, 9.1: 22, 1943.

______. Efeitos internacionais da sentença penal. *Revista da Faculdade de Direito*, São Paulo, v. 36, p. 183-1991, 1941. Prova escrita de concurso.

______. Estudio comparativo entre la oralidad civil y penal. *Revista Jurídica Argentina La Ley*, Buenos Aires, v. 28, p. 1165, 1942.

______. Estudo comparativo da oralidade civil e da oralidade penal. *Revista Forense*, Rio de Janeiro, v. 89, p. 611, 1942.

______. Estudos sobre o inquérito policial. *Arquivos da Polícia Civil*, São Paulo, v. 1, p. 219, 1941.

______. Execução criminal. *Revista Forense*, Rio de Janeiro, v. 99, p. 817, 1944.

______. Fragmento de história dos cargos e funções policiais, no Brasil; época ultramarina. *Arquivos da Polícia Civil*, São Paulo, v. 4, p. 205, 1942.

______. Funções públicas. *Revista dos Tribunais*, São Paulo, v. 124, p. 431, mar. 1940.

______. Inconstitucionalidade da pretendida instituição da pena de prisão, para os casos de sonegação de impostos. *Revista Fiscal e de Legislação da Fazenda*, Rio de Janeiro, v. 8, p. 71-80, maio 1963.

______. Leis do júri de São Paulo. *Revista Judiciária*, São Paulo, v. 1, n. 1, p. 38, set. 1935.

______. Ligeiras reflexões sobre o direito de defesa. *Arquivos da Polícia Civil*, São Paulo, v. 13, p. 29-34, 1947.

______. O conceito de igualdade. *Arquivos do Instituto de Direito Social*, São Paulo, v. 4, p. 104, 1940.

______. O direito de defesa no inquérito policial. *Revista dos Tribunais*, São Paulo, v. 271, p. 31-38, maio 1958.

______. ______. *Revista da Faculdade de Direito*, São Paulo, v. 52, p. 80-115, 1957.

______. ______. *Revista Forense*, Rio de Janeiro, v. 173, p. 26-40, 1957.

______. ______. *Revista da Faculdade de Direito*, São Paulo, v. 36, p. 148-159, 1941.

______. ______. *Revista Forense*, Rio de Janeiro, v. 88, p. 281, 1941.

______. O foro geral, comarca, em primeira instância; distrito de apelação, em segunda instância; o território nacional, em terceira instância. Os foros especiais. *Justitia*, São Paulo, v. 20, p. 44-58, jan.-mar. 1958.

______. Os interesses da segurança pública, a liberdade individual e suas respectivas garantias no direito brasileiro. *Arquivos da Polícia Civil*, São Paulo, v. 11, p. 283-293, 1946.

______. Os pactos dos direitos humanos. *Revista da Faculdade de Direito*, São Paulo, v. 50, p. 117-130, 1955.

______. ______. *Revista da Faculdade de Direito*, São Paulo, v. 51, p. 203-226, 1956.

______. ______. *Revista Judiciária*, São Paulo, v. 9, n. 35, p. 303, jul. 1938.

_______. O princípio da verdade real. *Revista da Faculdade de Direito*, São Paulo, v. 52, p. 116-138, 1957.

______. O processo criminal e o grande júri na Inglaterra. *Revista Forense*, Rio de Janeiro, v. 87, p. 797, 1941.

______. Os processos policiaes nas leis do Império. *Revista Judiciária*, São Paulo, v. 9, n. 36, p. 393, ago. 1938.

______. Princípios constitucionais da coação processual. *Revista Forense*, Rio de Janeiro, v. 84, p. 576, 1940.

______. ______. *Revista da Faculdade de Direito*, São Paulo, v. 35, p. 656-666, 1939.

______. Procedimento fiscal de autolançamento e sua homologação. *Revista de Direito Público*, São Paulo, v. 6, p. 187-193, out.-dez. 1968.

______. Proposta de reforma do Código Penal e do Código de Processo Penal, que submeteu à consideração do Ministério da Justiça. *Revista Forense*, Rio de Janeiro, v. 107, p. 162, 1946.

______. *Sursis*, renovação de pedido, se admissível, prazo para interposição de recurso, crime de ímpeto. Benefício concedido. *Revista dos Tribunais*, São Paulo, v. 129, p. 516, jan. 1941.

______. Uma carta de seguro, em São Paulo, concedida em 1872. *Revista da Faculdade de Direito*, São Paulo, v. 35, p. 105-170, 1939.

CONFERÊNCIAS

ALMEIDA, Joaquim Canuto Mendes de. A ação penal no novo Código Penal. In: O NOVO Código Penal. São Paulo, Imprensa Oficial, v. 1, p. 171-182, 1942

______. Ação penal e o Ministério Público. In: CICLO de palestras sobre o Anteprojeto do Código de Processo Penal. São Paulo, Associação dos Advogados de São Paulo, 1971, p. 36-74.

______. Da ação penal. In: CICLO de conferências sobre o Anteprojeto do Código Penal Brasileiro... São Paulo, Imprensa Oficial, 1965, p. 395-405.

______. Da execução. In: ANAIS do 1.º Congresso Nacional do Ministério Público, São Paulo, v. 8, p. 289, 1942.

______. Diretrizes do processo no Código Penal. In: O NOVO Código Penal. São Paulo, Imprensa Oficial, v. 2, p. 135-147, 1942.

______. O direito judiciário e a individualização da pena. In: O NOVO Código Penal. São Paulo, Imprensa Oficial, v. 1, p. 111-124, 1942.

______. Palestra sobre a fundação dos cursos jurídicos no Brasil. In: BOLETIM semanal do Rotary Club de São Paulo, São Paulo, 17(800), 22 ago. 1947.

______. Princípios fundamentais do processo penal no Anteprojeto. São Paulo, Imprensa Oficial, 1966. Conferência no Instituto Latino Americano de Criminologia.

DISCURSOS

ALMEIDA, Joaquim Canuto Mendes de. Ataliba Nogueira, professor emérito. *Revista da Faculdade de Direito*, São Paulo, v. 68, n. 1, p. 13-43, 1973.

______. Discurso de agradecimento por ocasião da posse na cáthedra de Direito Judiciário Penal. *Revista da Faculdade de Direito*, São Paulo, v. 35, p. 406-407, 1939.

______. Discurso de saudação ao Prof. José Carlos de Ataliba Nogueira. *Revista da Faculdade de Direito*, São Paulo, v. 35, p. 558-559, 1939.

______. Discurso de saudação ao Prof. Honorário Dr. Francisco Cavalcanti Pontes de Miranda, *Revista da Faculdade de Direito*, São Paulo, v. 62, n. 2, p. 381-392, 1967.

______. Discurso em homenagem ao Prof. Miguel Reale; em virtude da sua nomeação para a cátedra de Filosofia do Direito da Faculdade de Direito da USP. *Revista dos Tribunais*, São Paulo, 1942.

______. Saudação a Getúlio Vargas; 19 de abril de 1950. [s.1.], [s. n.], 1950, 7 p.

LIVROS

ALMEIDA, Joaquim Canuto Mendes de. *Ação penal*: análises e confrontos. São Paulo: RT, 1938. 237 p. Tese (Cátedra de Direito Processual Penal) – Faculdade de Direito da USP.

______. *A contrariedade na instrução criminal.* São Paulo: [s.n.], 1937. 225 p. Tese (Livre-docência Direito Processual Penal) – Faculdade de Direito da USP.

______. *A liberdade jurídica no direito e no processo*: estudos jurídicos em homenagem a Vicente Rao. São Paulo: Resenha Universitária, 1976.

______. *Cinema contra cinema*: bases gerais para um esboço de organização do cinema educativo no Brasil. São Paulo: Nacional, 1931.

______ et al. *História do povo brasileiro*. São Paulo: J. Quadros Ed., 1967. 6 v.

______. *Os administradores das capelas e os administradores das funções*. São Paulo: [s.n.], 1960.

______. *Os pactos dos direitos humanos*. São Paulo: Saraiva, 1955. 32 p.

______. *Princípios fundamentais do processo penal*. Pref. Mário Masagão. São Paulo: RT, 1973. xxvi + 272 p.

______. *Processo penal, ação e jurisdição*. São Paulo: RT, 1975. 289 p.

PARECERES

ALMEIDA, Joaquim Canuto Mendes de. A despronúncia e a responsabilidade civil. *Revista de Jurisprudência Brasileira*, Rio de Janeiro, v. 54, p. 242, 1942.

______. *A Presidência do Congresso Nacional na Constituição de* 1967: quais são as funções do Vice-Presidente da República, segundo a Constituição de 1967. [s.l.], t. I.

______. *Falência decretada apesar de depósito judicial*. São Paulo: RT, 1948. p. 69-73.

______. Falência. *Revista dos Tribunais*, São Paulo, v. 177, p. 35, jan. 1949.

______. Mandado de segurança. *Revista dos Tribunais*, São Paulo, v. 177, p. 35, jan. 1949.

______. Penhor. *Revista dos Tribunais*, São Paulo, v. 167, p. 447, maio 1947.

______ et al. Prevaricação. *Revista dos Tribunais*, São Paulo, v. 124, p. 431, mar. 1940.

______. ______. Retrovenda, se é permitida sua estipulação tratando-se de bens móveis, inteligência do art. 1.140 do Código Civil. *Revista dos Tribunais*, São Paulo, v. 167, p. 447, maio 1947.

PREFÁCIOS

CERNICCHIARO, Luiz Vicente. *Dicionário de direito penal*. Pref. Joaquim Canuto Mendes de Almeida. São Paulo: Bushatsky; Brasília: EUB,1974. LV + 527 p.

TUCCI, Rogério Lauria. *Direito intertemporal* e *a nova codificação processual penal*. Pref. Joaquim Canuto Mendes de Almeida. São Paulo: Bushatsky, xxvi + 162 p.

TRABALHOS FORENSES

ALMEIDA, Joaquim Canuto Mendes de et al. *Contribuinte esbulhada, por omissão fiscal*. São Paulo: RT, 1968. 57 p.

______ et al. *Falsa atribuição de privilégio*: ação reparatória do dano. São Paulo: RT, 1950.

______ et al. *Falsidade parcial de papel particular:* Apelação Crime n. 1.451/Rio Preto. São Paulo: RT, 1939.

______ et al. *Imaginação e arbítrio acusatório.* São Paulo: Tribunal de Justiça, 1956.

______ et al. *O Juízo da Provedoria não é competente. Ratione personae* quanto às funções. São Paulo: [s.n.], 1960.

______ et al. *Relação de direito penal, transformada ilegalmente em relação de direito administrativo, para, com indébita dispensa de processo penal, decretar-se descabida prisão administrativa de indiciandos.* São Paulo: RT, 1969. 28 p.

______ et al. *Um ensaio de ditadura judiciária?* São Paulo: [s.n.], 1947.

ARTIGOS SOBRE O AUTOR E SUA OBRA

ALMEIDA, Joaquim Canuto Mendes de. Dados biográficos. *Revista da Faculdade de Direito,* São Paulo, v. 35, p. 405-407, 1939

______. ______. *Revista da Faculdade de Direito,* São Paulo, v. 59, p. 7-8, 1963.

DIAS, Astor Guimarães. Joaquim Canuto Mendes de Almeida. In: ______. Introdução à história do Ministério Público. *Justitia,* São Paulo, v. 52, p. 32-34, 1966.

HOMENAGEM ao Prof. Joaquim Canuto Mendes de Almeida; os discursos. *Revista Judiciária,* São Paulo, v. 30-31, p. 219, fev.-mar. 1938.

PITOMBO, Sérgio Marcos de Moraes. Ainda o direito de ação. *Ciência Penal,* São Paulo, v. 3, p. 429-435, 1974.

______. Joaquim Canuto Mendes de Almeida. Princípios fundamentais do processo penal. *Ciência Penal.* São Paulo, v. 2, p. 282-283, 1974.

TUCCI, Rogério Lauria. Apresentação. *Processo penal, ação e jurisdição de Canuto Mendes de Almeida.* São Paulo: RT, 1975. p. vii + xi.

BIOGENÉTICA – ASPECTOS JURÍDICOS

1. A Constituição da República reconheceu, entre os chamados direitos de solidariedade, o *jus* ao meio ambiente (art. 225). Atribuiu ao Poder Público vários deveres, para assegurar tal direito. No rol, fez incluir que lhe cabe "preservar a diversidade e a integridade do patrimônio genético do País e fiscalizar as entidades dedicadas à pesquisa e manipulação de material genético"; ainda, "controlar a produção, a comercialização e o emprego de técnicas, métodos e substâncias que comportem risco para a vida, a qualidade de vida e o meio ambiente" (art. 225, § 1.º, II e V).

Os preceitos emergem ambiciosos, como é fácil notar. O patrimônio genético surge imenso, enorme. Já a fiscalização plena de tudo o que ponha em risco a vida, a sua qualidade, bem como o meio ambiente, consiste em trabalho ingente.

2. Os aludidos dispositivos receberam regulamento, na Lei 8.974, de 05.01.1995. Estabeleceu ela "normas para o uso das técnicas de engenharia genética e liberação no meio ambiente de organismos geneticamente modificados". Autorizou, também, "o Poder Executivo a criar, no âmbito da Presidência da República, a Comissão Técnica Nacional de Biossegurança".

O aludido diploma proíbe, veda, "qualquer manipulação genética de organismos vivos ou o manejo *in vitro* de ADN/ARN (ácido desoxirribonucleico e ácido ribonucleico) natural ou recombinante, realizados em desacordo com as normas previstas nesta Lei"; "a manipulação genética de células germinais humanas"; "a intervenção em material genético humano *in vivo*, exceto para o tratamento de defeitos genéticos, respeitando-se princípios éticos, tais como o princípio de autonomia e o princípio de beneficência, e com a aprovação prévia da CTNBio (Comissão Técnica Nacional de Biossegurança)"; "a produção, armazenamento ou manipulação de embriões humanos destinados a servir como material biológico disponível"; "a intervenção *in vivo* em material genético de animais, excetuados os casos em que tais intervenções se constituam em avanços significativos na pesquisa científica e no desenvolvimento tecnológico, respeitando-se princípios éticos, tais como o princípio da responsabilidade e o princípio da prudência, e com aprovação prévia da CTNBio (Comissão Técnica Nacional de Biossegurança)"; "a liberação ou o descarte no meio ambiente de OGM (organismos geneticamente modificados) em desacordo com as normas estabelecidas pela CTNBio (Comissão Técnica Nacional de Biossegurança)" (art. 8.º, I a VI).

Modelaram-se diversos crimes. Assim, irrompe como infração penal "a manipulação genética de células germinais humanas" e a "intervenção em material genético humano *in vivo*, exceto para o tratamento de defeitos genéticos, respeitando-se princípios éticos, tais como o princípio de autonomia e o princípio de beneficência, e com aprovação prévia da CTNBio (Comissão Técnica Nacional de Biossegurança)" (art. 13, I e II); em sequência, tipificaram-se variantes dos crimes de lesão corporal, de natureza grave e gravíssima (art. 13, § 1.º, "a" a "e"). Tratou-se, também, de punir "a produção, armazenamento ou manipulação de embriões humanos destinados a servirem como material biológico disponível"; bem como a "intervenção *in vivo* em material genético de animais, excetuados os casos em que tais intervenções se constituam em avanços significativos na pesquisa científica e no desenvolvimento tecnológico, respeitando-se princípios éticos, tais como o princípio da responsabilidade e o princípio da prudência, e com aprovação prévia da CTNBio (Comissão Técnica Nacional de Biossegurança)"; e "a liberação ou o descarte no meio ambiente de OGM (organismos geneticamente modificados) em desacordo com as normas estabelecidas pela CTNBio (Comissão Técnica Nacional de Biossegurança) e constantes na regulamentação desta Lei" (art. 13, III, IV e V). A última figura desdobra-se em diversos crimes de lesão corporal, de natureza leve, grave e gravíssima (art. 13, V, § 1.º, "a" a "g"). Estabeleceram-se, de outra sorte, duas modalidades culposas (art. 13, V, §§ 4.º e 5.º).

Desponta manifesto que as proibições se aproveitaram para construir os tipos delitivos (arts. 8.º e 13). Pode-se sustentar, recorrendo à analogia, que a clonagem de ser humano, na esfera extrapenal, aparece, na lei, vedada inflexivelmente. Assentar-se que a clonagem humana é crime mostra-se duvidoso.

As penas privativas de liberdade exsurgem de detenção e de reclusão; oscilando entre três meses e vinte anos. Tal elasticidade punitiva exibe desfunção.

Assentou-se, de modo desnecessário, que o Ministério Público, da União e dos Estados, guarda legitimidade para propor a ação penal. Bastaria que se afirmasse tal legitimação para aforar a ação de responsabilidade civil (art. 13, § 6.º). Fixou-se a responsabilidade civil objetiva (art. 14).

3. Importa colocar em relevo a denominada clonagem. Vale dizer, a "produção assexuada de indivíduos, geneticamente idênticos".[1] Em especial, a dos seres humanos.

Inútil pôr em causa os proveitos da clonagem. Nada obsta a que se interfira na natureza, mesmo do ponto de vista religioso.[2] O médico, ao tratar o paciente, imiscui-se na natureza.

A clonagem humana, entretanto,

> [...] implica numa escolha deliberada das qualidades que seriam privilegiadas pelo processo de duplicação. Não restam dúvidas de que a clonagem contém um potencial de melhoria biológica das espécies sem alterá-las, mas quem escolheria as qualidades a serem reforçadas? Essa é a dúvida mais relevante que a clonagem humana levanta.[3]

A geral tendência acha-se no estabelecimento de um código de conduta para clonagem, ou um código de ética para tais práticas, antes de invocar o direito penal. A própria lei cuidou de modo expresso, da ética, primeiro e do direito penal, depois (art. 8.º, V).

Sucede que

> A história nos ensinou que a ciência não tem consciência. Se há, por um lado, cientistas e médicos de elevada moralidade, que analisam as possíveis consequências dos seus atos antes de praticá-los, há também aqueles que se entusiasmam com a pesquisa científica em si, sem levar em consideração se é eticamente correta a finalidade da mesma ou se o são os meios utilizados. [Além disso,] nem tudo o que é tecnicamente possível é moralmente correto.[4]

Admita-se que o clone humano não seja descerebrado, nem reste flutuando em meio nutritivo.

---

1. CERQUEIRA LEITE, Rogério Cezar de. Clonagem, engenharia genética e ética. *Folha de S. Paulo*, 24 mar. 1997, p. 1-3.
2. SOBEL, Henry I. Xerocando a natureza. *Folha de S. Paulo*, 21 mar. 1997, p. 1-3.
3. CERQUEIRA LEITE, Rogério Cezar de. Clonagem... cit.
4. SOBEL, Henry I. Xerocando... cit.

Torna-se necessário refletir sobre a existência de seres humanos, faltantes de consciência psicológica e de consciência moral. Duas valências difíceis de abandonar. Em outras palavras, acostumar-se à falta absoluta "da sede do psiquismo e da vida moral"; enevoando a análise dos atos emotivos e dos sentimentos; e complicando o entendimento dos atos racionais e dos juízos objetivos.

A pergunta que aflora é: a clonagem, não obstante útil e até capaz de otimizar o bem-estar coletivo, exprime justiça? Antes de ser conformidade ao direito, a justiça, como valor, exibe-se na igualdade e na proporção. Ambas não se mostram presentes, sem contar os outros riscos que a prática reiterada pode oferecer.

O Código de Ética e o Direito Penal, por força e ainda conjugando-se, não serão suficientes para diminuir o perigo. Talvez a estreita vigilância social possa amenizar os inconvenientes da denominada clonagem.

São Paulo, 14 de maio de 1997.

BREVES CONSIDERAÇÕES SOBRE O ANTEPROJETO DE LEI, QUE DISPÕE SOBRE OS CRIMES DE LAVAGEM OU OCULTAÇÃO DE BENS, DIREITOS E VALORES E SOBRE O CONTROLE PREVENTIVO DESSES ILÍCITOS

1. Em linguagem técnica, muitas vezes, a lei projetada, para além da resposta penal, visa ao produto e ao proveito do crime. Não de qualquer infração penal, mas dos delitos que enumera:

a) de tráfico de substâncias entorpecentes e drogas afins;

b) praticados por organização criminosa;

c) de terrorismo;

d) de contrabando ou tráfico de armas ou munições;

e) contra a administração pública (art. 1.º).

Não se vai examinar a pontualidade, ou não, do rol.

Ao produto direto, ou tão só produto da infração penal, corresponde o resultado útil imediato da operação delinquencial: bem ou direito gerados, originados pela atividade, ou indústria do sujeito agente. Aqueles que, por causa do crime, foram ter às mãos do delinquente como título furtado e o dinheiro indebitamente apropriado. Ao produto indireto, provento da infração, ou, ainda, proveito do delito, corresponde o resultado vantajoso mediato da aludida operação: o ganho, o lucro, o benefício, que ao infrator adveio da utilização econômica do produto direto do crime. Constituem, pois, proventos da infração o numerário obtido com a venda do título furtado, ou, também, o imóvel adquirido com o dinheiro alcançado.

O bem ou direito, conseguidos por via da infração penal, sejam *producta sceleris*, sejam *fructus sceleris*, marcam-se pela proveniência ilícita. Sempre, por isso, puderam terminar apreendidos e, de modo eventual, sequestrados.

2. Não se divisa a utilidade de baralhar a apreensão com o sequestro (art. 4.º, *caput*, §§ 2.º e 3.º, ainda, arts. 5.º e 8.º do anteprojeto).

As medidas guardam destinação diversa, salvo se a apreensão muda, por exceção, em trâmite do sequestro de coisa móvel.

A apreensão veda, impede, o sequestro de certas coisas móveis – as achadas e obtidas por meios criminosos; os instrumentos de falsificação ou de contrafação e os objetos falsificados ou contrafeitos, bem como as armas e munições, instrumentos utilizados na prática de crime ou destinados a fim delituoso (art. 240, § 1.º, do CPP) –, ou facilita-lhe a execução em outras (arts. 132 e 137 do CPP).

A apreensão existe para fins penais, assim, atendendo ao perdimento de bens, por efeito da condenação (art. 91, II, "a" e "b", do CP); e ao confisco especial, que, malgrado a lei penal tê-lo suprimido, continua precisando existir (arts. 119 e 779 do CPP). Opera para fins processuais penais, servindo ao exame de corpo de delito (art. 158 do CPP) e às outras perícias, as quais se mostram importantes ao esclarecimento da verdade criminal (art. 169 e seguintes do CPP).

A apreensão, portanto, consiste na tomadia – preventiva ou incidental – conservatória de coisa ou de pessoa, do poder de quem a retém ou a detém, para fins penais ou processuais penais.

O sequestro de bens, em processo penal, considerando-lhe a finalidade, tem por fadário assegurar, de modo preparatório ou incidental, a satisfação de obrigação, nascente no delito; propiciando, então, à execução não penal os meios de reparação do dano, se e quando condenatória a sentença. Incide, primeiro, sobre o produto ou proveito da infração, emergindo indícios veementes da proveniência ilícita dos bens. Bens e direitos, assim, determinados (arts. 125 e 132 do CPP). Em segundo lanço, mais se assemelhando ao arresto ou embargos, volta-se contra o patrimônio do pretenso infrator. Objetiva tomar-lhe qualquer bem imóvel especializável, tanto que haja indícios suficientes da autoria e certeza jurídica da existência da infração (art. 134 do CPP), acautelando a inscrição da hipoteca legal, que pode demorar (art. 136 do CPP). Tem por escopo, também, e de forma subsidiária, tomar qualquer bem móvel penhorável do inculpado, para garantia da mencionada obrigação de reparar o dano (art. 137 do CPP).

3. Hoje, na lei do processo, o juiz pode ordenar a apreensão e o sequestro, até de modo espontâneo, de ofício (arts. 127 e 242 do CPP). No anteprojeto, em análise, dependem de "requerimento", da autoridade policial ou do Ministério Público (art. 4.º). O enfraquecimento do poder-dever do juiz, no tocante aos crimes tipificados, não encontra justificação razoável.

4. No caso de apreensão, com fins processuais penais – porém, nunca no das apreensões com propósitos penais – (arts. 119, 120 e 779 do CPP) é que, julgada a causa, de modo firme, há de cogitar de restituição de coisa (art. 118 do CPP). Podem elas, entretanto, se ver restituídas antes, desde que não sejam mais necessárias ou úteis à prova.

Já na lei vigorante o sequestro é levantado, se a ação penal não for intentada no prazo de sessenta dias, contado da data em que ficar concluída a diligência (art. 131, I, do CPP).

O anteprojeto manda "levantar" as medidas, se a ação penal não for iniciada, no prazo de cento e oitenta dias, contado, também, do instante em que restar concluída a diligência (art. 4.º, § 1.º). Ora, as coisas apreendidas ou não podem jamais ser restituídas, ou não se lhes pode marcar tempo certo de restituição. O sequestro preparatório teve alargamento de prazo inexplicável.

Em todo caso, a liberação de bens, direitos ou valores apreendidos, se e quando possível, acha-se regulada na lei do processo (arts. 118 a 124). O mesmo ocorre com os bens sequestrados (arts. 131 e 136 do CPP). Inútil o anteprojeto asserir que a liberação de bens, direitos ou valores apreendidos ou sequestrados depende da comprovação, pelo acusado, da licitude de sua origem (art. 4.º, § 2.º). Na apreensão, a proveniência lícita da coisa pode emergir irrelevante. No sequestro, por seu turno, irrompe tal licitude como conteúdo dos embargos (art. 131, I e II, do CPP). Impossível esquecer do contingente uso do mandado de segurança, em face da constrição arbitrária, ou ilegal.

Omitiu-se, na lei anteprojetada, o direito de terceiro de boa-fé.

5. O depósito e a administração dos bens apreendidos e sequestrados, atualmente, encontram-se sujeitos ao regime do processo civil (art.

139 do CPP, c/c os arts. 824 e 825, do CPC). O anteprojeto parece dar mais força a tal administrador (arts. 5.º e 6.º).

6. O procedimento, adotado para o processo da ação penal, pela prática dos crimes de lavagem ou ocultação de bens, direitos e valores, foi o comum ordinário (arts. 394 a 405 e 498 a 502 do CPP; art. 2.º, I, do anteprojeto).

7. A existência material dos crimes-base, indicados no anteprojeto (art. 1.º, "a", "b", "c", "d" e "e"), precisa mostrar-se induvidosa, ainda que pouco importando a autoria, coautoria e participação. O julgamento dos crimes modelados, no anteprojeto, assim, pode independer do processo e julgamento dos crimes antecedentes (art. 2.º, II). Não guarda, contudo, cabência assentar que: "a denúncia será instruída com indícios suficientes da existência do crime antecedente" (art. 2.º, parágrafo único).

Não surge possível que o crime anterior resulte de simples cogitação, nem mesmo desponte de meros indícios de provável ocorrência. O delito antecedente necessita exibir a existência material comprovada; ou não há crime de lavagem, ou delito de ocultação de bens, direitos e valores. A evidência de o anteprojeto criar crimes autônomos jamais arreda o pressuposto de concretas infrações penais anteriores.

Instituir o arbítrio acusatório, acrescido de sequestro de bens, por solicitação de autoridade estrangeira é pura violência (art. 2.º, parágrafo único, c/c o art. 8.º).

8. A competência da Justiça Federal estabelece-se, de modo prevalente, na Constituição da República (art. 109). O anteprojeto asseriu que são da competência da Justiça Federal:

a) nas hipóteses de crimes previstos em tratado ou convenção internacional;
b) quando se tratar de crimes praticados contra o sistema financeiro e a ordem econômico-financeira, ou em detrimento de bens, serviços ou interesses da União, ou de suas entidades autárquicas ou empresas públicas (art. 2.º, III).

Ora, na Lei Maior, está dito que "Aos juízes federais compete processar e julgar os crimes previstos em tratado ou convenção internacional, quando, iniciada a execução no País, o resultado tenha ou devesse ter ocorrido no estrangeiro, ou reciprocamente" (art. 109, V). As infrações penais, praticadas "em detrimento de bens, serviços ou interesses da União, ou de suas entidades autárquicas ou empresas públicas, excluídas as contravenções e ressalvada a competência da Justiça Militar e da Justiça Eleitoral", encontram-se na competência da Justiça Federal, sendo desnecessária, também, a determinação em lei ordinária (art. 109, IV, da CF). Ao fim, "nos casos determinados por lei", de crimes contra "o sistema financeiro e a ordem econômico-financeira", a competência surge da Justiça Federal (art. 109, n. VI, da CF). A última hipótese é a única que guarda pertinência no anteprojeto.

9. O anteprojeto estabelece o dever jurídico de delatar (arts. 11 e 12). Basta que se suspeite – mero juízo neutral – de que uma transação possa constituir-se em crime e nasce-lhe a imprescindibilidade de comunicar os fatos às autoridades competentes, no prazo de vinte e quatro horas, e abstendo-se de dar ciência ao suspeito (art. 11, § 1.º).

Há a contravenção penal de omissão de comunicação de crime. As duas maneiras de cometê-la são: conhecer o fato, no exercício de função pública, mostrando-se a ação penal de iniciativa pública plena ou independente; e tomar ciência do fato, no exercício da medicina ou outra profissão sanitária, desde que ele seja perseguível, também, por ação penal da mesma espécie, mas a notícia da infração não exponha o cliente a procedimento criminal (art. 66, I e II, do Decreto-lei 3.688/1941).

O anteprojeto estabelece extenso rol de pessoas jurídicas que deverão oferecer notícia da infração. Vão desde as instituições de moeda e crédito até as simples imobiliárias (arts. 9.º, parágrafo único). As omissas punem-se com advertência, multa, inabilitação temporária e cassação da autorização ou funcionamento (art. 13).

O modo de compensar as empresas e sociedades civis delatoras, seus controladores, administradores e empregados mostrou-se em fazê-las irresponsáveis, civil e administrativamente, pelas comunicações equívocas (art. 11, § 2.º). Preceito, assim, de duvidosa moralidade.

10.Instituiu-se o Conselho de Controle de Atividades Financeiras (Coaf), órgão do Ministério da Fazenda destinado a também "disciplinar, receber e examinar, identificar e investigar as ocorrências suspeitas de atividades ilícitas", previstas no anteprojeto (art. 15). Espécie, pois, da conhecida Comissão Geral de Investigações, órgão inquisitorial de memória nada alegre (art. 16).

Tais as observações que se podem oferecer, com brevidade.

São Paulo, 11 de novembro de 1996.

COISA JULGADA CIVIL E PENAL

Os conceitos legais, ou formais, de coisa julgada não resolvem todas as questões. Assim, não basta assentar: "Chama-se coisa julgada ou caso julgado a decisão judicial de que já não caiba recurso" (art. 6.º, § 3.º, da LICC); ou asserir: "Denomina-se coisa julgada material a eficácia, que torna imutável e indiscutível a sentença, não mais sujeita a recurso ordinário ou extraordinário" (art. 467, do CPC).

Com vistas à aludida norma processual – art. 467 –, observou-se:

> [...] a disposição legal não prima pela clareza, aparentemente empregando a palavra eficácia (que é a qualidade daquilo que é eficaz ou a aptidão para produzir efeitos) com o sentido de efeito (que é o resultado ou consequência de um ato ou causa) e deixando de expressar a fonte da eficácia a que se refere. Isso não obstante, parece lícito entender que a disposição em exame denomina coisa julgada material o efeito da sentença que a torna imutável e indiscutível quando não mais sujeita a recurso. [...]. E a imutabilidade da sentença *é a imutabilidade do seu conteúdo*, que incide quando ela passa em julgado por não estar mais sujeita a recurso. Daí, decorre, quando se trata de sentença de mérito, *a autoridade da coisa julgada, ou seja, a coisa julgada material definida por lei.*[1]

Os processualistas, há muito tempo, procuram contrastar a equívoca parêmia: "a coisa julgada faz o branco preto e o quadrado redondo" – ou, mais brandamente: "a coisa julgada tem-se por verdade" –, lembrando as hipóteses da nulidade absoluta e da injustiça, que põe em risco "a paz pública e a respeitabilidade e realização do direito objetivo".[2]

---

1. CINTRA, Antonio Carlos de Araújo. *Comentários ao Código de Processo Civil.* Rio de Janeiro: Forense, 2000. v. 4, § 258, p. 297-298. Grifo nosso.
2. Luís Eulálio de Bueno Vidigal, apud CINTRA, Antonio Carlos de Araújo. *Comentários...* cit., p. 293.

Em tempo mais recente, com acerto, observou-se:

Com efeito é importante ressaltar, desde logo, que o processo deixou de ser tratado apenas com o frio método de compor litígios, para se transformar no veículo de satisfação do direito cívico e fundamental de todos à tutela jurisdicional. Visto como garantia de acesso à Justiça, no mais amplo e irrestrito sentido, o devido processo legal apresenta-se como o *processo justo*, isto é, o instrumento que não apenas serve à composição de litígios, mas que assegura a *melhor* e mais *justa* solução do conflito, segundo os padrões éticos e os anseios gerais de justiça do meio social. Os operadores do direito processual, juízes e tribunais, têm, portanto, sobre suas costas, uma relevantíssima missão, que é o encargo de tornar realidade a atual garantia de pleno acesso à Justiça pelas vias do devido processo legal ou *processo justo*. Dentro de tal ótica o que se reclama do processo é o *resultado*, com toda sua carga de eficácia e justiça para tutelar o direito do litigante que tem a seu favor a ordem jurídica. Não são suficientes, para esse mister, a ciência, a técnica e a *erudição* dos aplicadores da lei processual. Muito mais do que o tecnicismo, revela-se decisivo o espírito público, a compreensão social do drama vivido no momento da operação jurisdicional e o propósito de fazer com que a aplicação do direito, pelo ato de julgar, corresponda, ao máximo, à garantia fundamental do processo eficaz e justo. O aplicador da lei, como é óbvio, não pode se contentar em reproduzir perante os fatos a norma da lei, em seu teor literal, e não pode, simploriamente, se desculpar dos gravames éticos que porventura venha com isto provocar sob o *falacioso* pretexto de o justo-absoluto não integrar a missão da ordem jurídica positiva. Na verdade, a experiência nos ensina que o bom juiz só muito raramente enfrenta o dilema de aplicar uma regra legal incompatível com o justo, no sentido ético. Àquele que se ocupa de usar os poderes processuais para dar efetividade às aspirações de justiça da sociedade, encontra sempre um meio de superar o aparente conflito entre a norma positiva e o justo. Basta, na quase totalidade das situações, o emprego dos corretos meios de interpretação da lei, para se lograr uma adequada definição, que se revele idônea à concretização do justo. Se, como é evidente, a lei tem como destinação precisamente realizar a Justiça na convivência social organizada, só se pode ter como fruto de má compreensão a eventual interpretação que lhe empreste resultado injusto e incompatível com os princípios éticos caros à comunidade. A tarefa de adequar a norma abstrata da lei às particularidades do caso concreto, que, na maioria das vezes, não foram sequer cogitadas pelo legislador, exige dos magistrados um cuidado e uma atenção especiais, de cuja omissão decorre, em regra, o contraste indesejável da lei com a ética. Quando o julgamento não dá relevo às circunstâncias desse tipo, não atenta para a evolução do meio em que a norma legal deve atuar, acaba por proferir decisões ensejadoras da "impressão de que a legalidade é 'injusta'. Isto, porém, é fruto apenas de 'uma aplicação apressada, sem a avaliação de todas as possibilidades lógicas' que uma melhor interpretação, dentro dos modernos conceitos de hermenêutica, poderia ensejar. Os modos e técnicas de interpretação, mesmo diante da norma antiga e desatualizada, ou da regra atual mas pouco precisa e muito genérica, sempre encontram uma forma de dar-lhe o sentido justo para o caso concreto. 'O fim social da lei continua sendo a bússola indispensável em tais momentos. É a própria lei que o recomenda' – Lei de Introdução, art. 5.º" (FELIPPE AUGUSTO DE MIRANDA ROSA, Justiça, legalidade e bom senso, *in AMAERJ NOTÍCIAS*, n. 28, p. 12). O juiz contemporâneo está sujeito a um pacto político-moral de atuar como agente do poder por meio de decisões submetidas invariavelmente a "uma exigência de legitimidade" e nessa qualidade não pode se eximir da responsabilidade pelos resultados inadequados dos julgamentos que profere, imputando *por inteiro* ao legislador "a justiça ou injustiça de sua decisão" (MODESTO SAAVEDRA, Interpretación judicial del derecho y democracia, *in AJURIS*, 68/300). Muito pelo contrário, cabe ao juiz responder pelo injusto que de sua sentença decorre para as partes. Por isso, vê-se obrigado "a adotar uma posição de mediador entre a lei e seus destinatários, ou seja, entre o *propósito* do legislador e as *expectativas* do cidadão" (Idem, ibidem). Nesse mister de mediador e conciliador, pode ser levado a ponderar aquilo que o técnico, o doutrinador, não alcança de ordinário, porque movido apenas pelo "interesse cognitivo". Ao juiz afetam os dados de angústia e urgência daquele que tem de submeter sua vida à regra legal e, por isso, tem, muitas vezes, de forçar a hermenêutica para descobrir um sentido para a norma diante do drama concreto que a especulação do estudioso apenas não alcançaria (SAVEDRA, ob. cit., loc. cit.). A tese positivista de que o direito se esgota na lei encontra-se totalmente superada. A lei positiva é apenas um dos modos de revelar o direito. A própria lei invoca como fontes do direito também os princípios gerais, os costumes, a analogia (Lei de Introdução, art. 4.º). E mesmo quando exista norma legislada expressa sobre determinado tema, o direito não se resume à literalidade de seu texto, pois o aplicador terá sempre de realizar uma complexa operação interpretativa e axiológica para submeter os fatos à sua incidência ou não. Sem dúvida, o direito, ao contrário do que pensavam os positivistas, é, na verdade, "*uma* tarefa interpretativa". Quer isto dizer que: "en todo acto de identificación de un criterio normativo aplicable al caso se reconstruye el derecho de una forma integral. Es *decir*, integrando en los fundamentos de la decisión razones de principio juntamente con razones formales, razones ética y políticas junto con razones de estricta legalidad" (SAAVEDRA, ob. cit., p. 302). Acima de tudo: "son impensables las razones formales y estricta legalidade sin suponer (razones) de principio" (Idem, ibidem). "Por eso el derecho aplicable es el resultado de una *interpretación*, en virtud de la cual los jueces hacen de él 'lo mejor que puede llegar a ser' dentro de unos límites que non son rígidos, sino fluctuantes e inestables. O dicho de otra manera: los límites que encuentran los jueces para *hacer lo mejor que puede llegar a ser* fluctúan debido a la tensión entre el derecho establecido en los textos y su necesaria *justificación moral*' (SAAVEDRA, ob. cit., p. 302). O Prof. David Schnaid resume a influência da interpretação na formação do direito da seguinte maneira: "A interpretação é um problema que surge por ocasião da *aplicação* do Direito, razão pela qual estão interligados de maneira incindível. Para aplicar o direito a um caso concreto ou a uma situação imaginada, faz-se necessário interpretar. As normas jurídicas são gerais e abstratas e elaboradas para sofrerem interpretação, em sua aplicação às situações singulares" (A interpretação jurídica constitucional e legal, *in RT* 733/29). É o próprio legislador que evita regular integralmente a conduta dos destinatários da norma, porque está ciente de que a vida apresenta situações infinitamente cambiantes (KARL LARENZ, *Metodologia da Ciência do Direito*, p. 176; J. SCHAPP, *Problemas Fundamentais da Metodologia Jurídica*, p. 104). Leva em conta, ainda, que "Ninguém melhor do que o juiz e o administrador, em cada caso, saberá qual a *melhor*, a mais *justa* solução a se encontrar" (SCHNAID, ob. cit., p. 29). Dessa forma, "o Direito se forja com a *experiência*" e o juiz "tem sido na realidade a alma do processo jurídico, o artífice laborioso do Direito novo contra as fórmulas caducas do Direito tradicional", conforme registra Carlos Maximiliano (*Hermenêutica e Aplicação do Direito*, p. 70). Por isso está assente que: "A interpretação do direito que exige a *virtude da justiça* é pois uma operação de *prudência* e não de lógica" (G. KALINOWSKI, *Introdução à lógica jurídica*, p. 179). Segundo uma lógica *pragmática* e *dialética*, ou uma lógica do *razoável*, o que o intérprete e principalmente o juiz fazem "é extrair do sistema normativo *a norma específica mais justa* aplicável: *iudex dicit ius*" (SCHNAID, ob. cit., p. 30). Essa operação não declara e reproduz apenas a norma legal preexistente, mas, sim, *constitui* e *produz* "um Direito atualizado a ser aplicado a uma situação concreta" (CELSO LAFER, *A ruptura totalitária e a reconstrução dos direitos humanos*, p. 57; *apud* SCHNAID, *RT* 733/30). Em síntese irrepreensível, Schnaid conceitua, finalmente, a ideia dominante na atual hermenêutica jurídica, *in verbis*: "Interpretar é extrair de normas gerais e formais a *norma justa* para uma determinada situação concreta" (ob. cit., p. 30). A Suprema Corte tem sabido utilizar essa concepção ética do processo de adaptação e aprimoramento do direito positivo, pois já teve oportunidade de acentuar que a arte de julgar deve ser assim balizada: "*Ofício judicante. Postura do Magistrado.* Ao examinar a lide, o magistrado deve idealizar a *solução mais justa*, considerada a respectiva formação humanista. Somente após, cabe recorrer à dogmática para, encontrado o indispensável apoio, formalizá-la" (STF, 2.ª T., RE 111.787-GO, Rel. Min. Marco Aurélio, ac. de 16.4.91, *RTJ* 136/1.292). 2. *O Direito positivo e os preceitos morais.* O ordenamento jurídico, embora prescinda de outro apoio para impor-se que a autoridade de onde emana, nunca se desvencilhou, nem mesmo literalmente, dos princípios éticos, pois sem se conectar com eles não se pode pretender alcançar o justo, pelo qual a lei se propõe a lutar. A justiça é anterior ao Direito e é em seu nome que historicamente se forjam os ordenamentos jurídicos. É um dado ético antes que jurídico. Daí que, sob a forma de princípio, o justo penetra todo o sistema jurídico e se faz presente como a maior força influente sobre os métodos e critérios de interpretação e aplicação das normas jurídicas. Aos princípios morais a todo instante recorrem não só os intérpretes, como o próprio legislador. Até mesmo a Lei Maior deles se vale para estruturar o Estado e traçar as regras e garantias fundamentais. Assim, a Carta Magna, de início, assenta nosso Estado Democrático de Direito, entre outros fundamentos, sobre o da "dignidade da pessoa humana" (C. Fed., art. 1.º, inc. III), dado eminentemente ético e mesmo ponto de partida para estruturação de todo arcabouço de princípios da moral. Coerente com esse propósito, a declaração dos direitos e garantias fundamentais, que se insere no art. 5.º, traduz um grande elenco de princípios dominados pela essência ética. Aliás, a leitura de todo o texto constitucional brasileiro evidencia a ostensiva valorização dos fundamentos éticos da Nação e do Estado, em todas as suas dimensões, sendo altamente expressivo o disposto no art. 2.º, do art. 5.º, que, a pretexto de encerrar a declaração dos direitos e garantias fundamentais, aduz: "Os direitos e garantias expressos nesta Constituição não excluem outros decorrentes do regime e dos *princípios* por ela adotados". Mas é no art. 37 da Constituição vigente que se consagrou com todo destaque quais seriam os fundamentos da atuação da *Administração Pública* e ali o legislador maior teve o cuidado de especificar a sua sujeição obrigatória ao *princípio da moralidade.* Para não ficar apenas na declaração programática, a Constituição conferiu a todo e qualquer cidadão a legitimidade para mover a ação popular visando a anular o ato lesivo "à moralidade administrativa" (art. 5.º, LXXIII), além de conferir institucionalmente ao Ministério Público a ação civil pública (art. 129, III), cujo procedimento se aplica nas responsabilizações por danos morais e patrimoniais ao patrimônio público (Lei n. 7.347, de 24.7.85); e que se completou pela Lei n. 8.429, de 2.6.92, onde se traçou as normas processuais de repressão à improbidade administrativa dos agentes públicos, e, mais uma vez, se atribuiu ao Ministério Público a legitimidade para demandar a reparação dos danos oriundos dos atos imorais praticados na Administração Pública. Faz parte, portanto, da ideologia de nosso regime constitucional a valorização dos princípios éticos e a condenação firme da improbidade. Na ordem jurídica privada nunca foi diferente. Embora redigido o Código Civil numa época de exacerbado positivismo, que conduziu seus redatores a evitar a enunciação genérica de máximas morais em seu texto, sempre se reconheceu que todo o arcabouço de nosso direito privado se apoiava, entre outros, sobre os princípios éticos da submissão aos bons costumes, de tal sorte a prevalecer, por exemplo, a nulidade do negócio jurídico de objeto imoral, e a reprimir-se o enriquecimento sem causa e qualquer forma de locupletamento indevido.[3]

Em outras palavras, importa não *sacralizar a coisa julgada material*. Essa colenda 7.ª Câmara, de Direito Público, em 15.12.1997, já assentou:

> Litisconsórcio multitudinário. Possibilidade de análise da legitimidade para a causa, a qualquer tempo, no correr do processo de conhecimento. Exame de tal condição, no processo de execução. Situação jurídica material, como base da legitimidade ativa, em regra. Inocorrência de preclusão ou de coisa julgada. Recurso improvido.

Passo do venerando acórdão afirmou:

> Em resumo, a veneranda decisão judicial, que se fez firme, *jamais aproveita a quem não guarda o direito subjetivo material*; pouco importando haver figurado como parte, no processo. A legitimidade ordinária não surge virtual, perene, nem aderente à condição de parte. Ela existia, ou

3. THEODORO JÚNIOR, Humberto. Embargos à execução contra a Fazenda Pública: extensão da matéria arguível – princípios constitucionais em conflito – proporcionalidade ou razoabilidade – coisa julgada e justa indenização – princípio de justiça e moralidade. *Regularização imobiliária de áreas protegidas*, II. São Paulo: Centro de Estudos Procuradoria-Geral do Estado de São Paulo, 1999. p. 119-337 e 122-125. Grifo nosso.

não, antes; ainda, de modo contingente, perdeu-se; ou desponta, na execução, superveniente. Assim, não tem lugar invocar-se a preclusão, ou a coisa julgada (TJSP, 7.ª Câmara de Direito Público, Ag. de Instr. 052.139.5/8/São Paulo, Rel. Des. Sérgio Pitombo, j. 15.12.1997, maioria de votos, *AASP*, n. 2059, p. 603, 15 a 21.06.1998 – grifo nosso).

Venerando acórdão do egrégio Superior Tribunal de Justiça deixa evidenciada a ideia da necessidade de repensar a *força e o efeito* da coisa julgada material:

Ressalto, nesta oportunidade, a minha posição doutrinária no sentido de não reconhecer caráter absoluto à coisa julgada material. Filio-me, a respeito, à determinada corrente que entende ser impossível a coisa julgada, só pelo fundamento de impor segurança jurídica, sobrepor-se aos princípios da moralidade pública e da razoabilidade nas obrigações indenizatórias assumidas pelo Estado. Esse meu posicionamento não nega a proteção do direito subjetivo de qualquer uma das partes. Pelo contrário. A sua proteção apresenta-se devidamente fortalecida, quando a decisão operante da coisa julgada vivifica *sem qualquer ataque a princípios maiores constitucionais e que se refletem na proteção da cidadania que com o seu trabalho sustenta, pela via dos tributos pagos, a máquina estatal* (STJ, 1.ª Turma, REsp 240.712/SP, Rel. Min. José Delgado, j. 15.02.2000, maioria de votos – grifo nosso).

O douto Desembargador Relator, no caso vertente, ao solucionar o apelo, *nascente na ação de embargos do devedor*, entendeu ter sucedido *erro material* (art. 463, I, do CPC).

Com a devida licença, *erro material* não ostenta conceito arbitrário ou duvidoso. Se o ato decisório, por exemplo, omitir o nome das partes; exibir erros de escrita, ou de cálculo; ou, ainda, inexatidão manifesta; sempre se pode ver corrigir, de modo espontâneo, pelo Juiz ou a requerimento das partes litigantes (art. 463, I e II, do CPC).

Assim, em suma, exsurge *erro material* – em quaisquer de suas modalidades –, quando se manifesta, no contexto da declaração, ou nas circunstâncias que a seguem – por modo a mostrar-se inequivocamente, a qualquer um – *como um lapso*. Verifica-se que a vontade declarada pelo Juiz diverge-lhe da vontade real. Discrepância evidente entre os dados verdadeiros e o que restou escrito, no ato decisório. Emerge o *erro material*, de ordinário, na inexatidão ou omissão em escrita ou cálculo. Descompasso, portanto – reitere-se –, entre a vontade do julgador e sua querença real. Anote-se, na mesma linha:

> Erro material é o erro "na expressão, não no pensamento": a só leitura da sentença (ou acórdão, acrescentamos) deve fazer evidente que o juiz, ao manifestar seu pensamento, haja usado nomes, ou palavras, ou cifras diversas das que deveria ter usado para expressar fiel e corretamente as ideias que tinha em mente.[4].

No caso dos autos, o venerando acórdão, que se constituiu em título executivo, em realidade, substituiu a lide originária por outra, *não ocorrendo a justa composição.* Dizendo de outro modo: trocou-se a demanda, decidindo outro mérito. *Nunca se cuidou de ação expropriatória – direta ou indireta –, mas, sempre, de mera ação indenizatória, pelos pretensos prejuízos, causados com a paralisação de trabalhos, em certa lavra pertencente à empresa autora* (art. 128 do CPC).

Deu-se, então, indevido proveito à empresa autora e embargada, provocando injusto dano ao Departamento de Águas e Energia Elétrica, da Secretaria de Recursos Hídricos, Saneamento e Obras do Estado de São Paulo.

Em estudo muito recente e pontual, ao fim, tratando das *sentenças juridicamente impossíveis – a favor ou contra o Estado*, certificou-se:

> As premissas postas acima autorizam a firme conclusão de que a garantia constitucional da *justa indenização*, tendo uma feição bifronte em sua destinação ao expropriante e ao expropriado – *ou em qualquer outra ação indenizatória, diga logo* –, implica simultaneamente repúdio a indenizações absurdamente aquém do real e também repúdio a indenizações absurdamente acima do real. Esse é um imperativo da interpretação dessa garantia em consonância com os postulados da *isonomia* e da *moralidade administrativa*, também residentes na Constituição da República. Desdobrando a garantia da justa indenização à luz dessa interpretação sistemática, temos que: a) permitir que o ente público pague menos do valor real transgride o direito de propriedade e a garantia de reposição patrimonial, que ela contém; b) exigir pagamento além do valor real implica dano ao Estado e ultraje à moralidade administrativa, constitucionalmente exigida. Na linha dos conceitos e do método propostos nos tópicos precedentes, conclui-se portanto a) que são constitucionalmente impossíveis as determinações do valor indenizatório muito além ou absurdamente aquém do devido; b) que as decisões judiciárias

4. BAPTISTA, Sonia Marcia Hase de Almeida. *Dos embargos de declaração*. 2. ed. São Paulo: RT, 1993. p. 124.

> contendo determinações assim absurdas não são capazes de impor os efeitos programados, porque colidiriam com aquelas superiores regras constitucionais; c) que, não havendo efeitos substanciais suscetíveis de serem impostos, *não incide a coisa julgada material sobre ditas sentenças, porque essa autoridade incide sobre efeitos substanciais e não tem como incidir quando os efeitos forem repudiados por razões superiores – ou seja, quando esses efeitos inexistirem no caso concreto* (grifo nosso).

Na sequência, o aludido estudo, referindo-se à *dimensão da conclusão proposta*, assegura:

> Os precedentes jurisprudenciais brasileiros colhidos na pesquisa feita apontam exclusivamente casos em que se questionavam indenizações a serem pagas pelo Estado, notando-se até uma preocupação unilateral pela integridade dos cofres públicos, mas o tema proposto é muito mais amplo, *porque a fragilização da coisa julgada como reação a injustiças, absurdos, fraudes ou transgressão a valores que não comportam transgressão, é suscetível de ocorrer em qualquer área das relações humanas que são trazidas à apreciação do Poder Judiciário*. Onde quer que se tenha uma decisão aberrante de valores, princípios, garantias ou normas superiores, ali ter-se-ão efeitos juridicamente impossíveis e portanto *não incidirá a autoridade da coisa julgada material* – porque, como sempre, não se concebe imunizar efeitos cuja efetivação agrida a ordem jurídico-constitucional. O critério proposto aplica-se em cheio ao caso, julgado pelo Superior Tribunal de Justiça e já referido neste estudo (*supra*, n. 5), do ente estatal condenado a indenizar pelo apossamento administrativo de um imóvel que depois se verificou ser de seu próprio domínio, ou daquele que foi condenado duas vezes pelo mesmo dano causado ao particular (*supra*, n. 6). Aplica-se também ao caso narrado por Couture (*supra*, n. 8), do processo simulado promovido em nome do filho adulterino de um rico fazendeiro, com o escopo de obter sentença favorável a este. Deve aplicar-se também a todos os casos de ações de investigação de paternidade julgadas procedentes ou improcedentes antes do advento dos modernos testes imunológicos (HLA, DNA), porque do contrário a coisa julgada estaria privando alguém de ter como pai aquele que realmente o é, ou impondo a alguém um suposto filho que realmente não o é (infração ao disposto no art. 1.º, incs. III, da Constituição Federal). Não me impressiona o argumento de que, sem a rigorosa estabilidade da coisa julgada, a vida dos direitos seria incerta e insegura, a dano da tranquilidade social. Toda flexibilização de regras jurídico-positivas traz consigo esse risco, como já venho reconhecendo há mais de uma década; mas a ordem processual dispõe de meios para a correção de even-

tuais desvios ou exageros, inclusive mediante a técnica dos recursos, da ação rescisória, da reclamação aos tribunais superiores etc. (*Cfr. A instrumentalidade do processo*, n. 36.3, pp. 293 ss.). Além disso, não estou a postular a sistemática desvalorização da *auctoritas rei judicatæ* mas apenas o cuidado para *situações extraordinárias e raras, a serem tratadas mediante critérios extraordinários.* Cabe aos juízes de todos os graus jurisdicionais a tarefa de descoberta das extraordinariedades que devam conduzir a flexibilizar a garantia da coisa julgada, recusando-se a flexibilizá-la sempre que o caso não seja portador de *absurdos, injustiças graves, transgressões constitucionais* etc. Não temo insistir no óbvio, ao repetir que "o momento de decisão de cada caso concreto é sempre um momento valorativo". Relembro a referência já feita à obra de autores norte-americanos, que, ao sustentarem a necessidade de flexibilizar a coisa julgada, ressalvam a excepcionalidade dessa solução ("são necessariamente limitadas essas exceções à normal aplicação dos princípios da coisa julgada. Elas dependem da presença de razões sociais específicas e importantes, para que a coisa julgada possa ser desconsiderada" – *supra*, n. 11). Aqui tem pertinência o reclamo, já feito por estudiosos do tema, à *razoabilidade interpretativa* como indispensável critério a preponderar quando tais valorações são feitas nos pronunciamentos judiciais: o *logos de lo razonable*, da notória e prestigiosa obra de Recaséns Siches, quer que se repudiem absurdos agressivos à inteligência e aos sentimentos do homem comum, sendo absurdo *eternizar injustiças para evitar a eternização de incertezas.* O jurista jamais conseguiria convencer o *homem da rua*, p.ex., de que o não pai deva figurar como pai no registro civil, só porque, ao tempo da ação de investigação de paternidade que lhe foi movida, inexistiam os testes imunológicos de hoje e o juiz decidiu com base na prova testemunhal. Nem o contrário: não convenceríamos o *homem da rua* de que o filho deva ficar privado de ter um pai, porque ao tempo da ação movida inexistiam aquelas provas e a demanda foi julgada improcedente, passando inexoravelmente em julgado. *Homem da rua* é o homem simples, ingênuo e destituído de conhecimentos jurídicos, mas capaz de distinguir entre o bem e o mal, o sensato e o insensato, o justo e o injusto, segundo a imagem criada por Piero Calamandrei (*l'uomo della strada*). Para dar efetividade à equilibrada flexibilização da coisa julgada em casos extremos, insisto também na afirmação do dever, que a ordem político-jurídica outorga ao juiz, de postar-se como autêntico canal de comunicação entre os valores da sociedade em que vive e os casos que julga (Id., ib.). Não é lícito entrincheirar-se comodamente detrás da barreira da coisa julgada e, em nome desta, *sistematicamente assegurar a eternização de injustiças, de absurdos, de fraudes ou de inconstitucionalidades.* O juiz deve ter a consciência de que a ordem jurídica é composta de um harmonioso equilíbrio entre *certezas, probabilidades e riscos*, sendo humanamente impossível pensar no exercício jurisdicional imune a erros. Sem a coragem de assumir racionalmente certos riscos razoáveis, reduz-se a possibilidade de fazer justiça. O importante é saber que onde há riscos há também meios para corrigi-los, o que deve afastar do espírito do juiz o exagerado apego à perfeição e o temor pânico aos erros que possa cometer (Op. cit., n. 33, pp. 236 ss.). O juiz que racionalmente negar a autoridade da coisa julgada em um caso saberá que, se estiver errado, haverá tribunais com poder suficiente para reformar-lhe a decisão. Deixe a vaidade de lado e não tema o erro, sempre que estiver convencido da injustiça, da fraude ou da inconstitucionalidade de uma sentença aparentemente coberta pela coisa julgada.

Ainda, prossegue o estudo indicando os *remédios processuais adequados*:

A escolha dos caminhos adequados à infringência da coisa julgada em cada caso concreto é um problema bem menor e de solução não muito difícil, a partir de quando se aceite a tese da relativização dessa autoridade – esse, sim, o problema central, polêmico e de extraordinária magnitude sistemática, como procurei demonstrar. Tomo a liberdade de tornar à lição de Pontes de Miranda e do leque de possibilidades que sugere, como (a) a propositura de nova demanda igual à primeira, desconsiderada a coisa julgada, (b) **a** *resistência à execução, por meio de embargos a ela ou mediante alegações incidentes ao próprio processo executivo* e (c) a alegação *incidenter tantum* em algum outro processo, inclusive em peças defensivas. (*Cfr. Tratado da ação rescisória*, § 18, n. 2, esp. p. 195). No caso do ente estatal condenado a indenizar sem ter ocupado imóvel *alheio*, depois do trânsito em julgado chegou a ser celebrado entre as partes um negócio jurídico (transação) e a Fazenda veio a juízo com pedido de anulação deste, simplesmente desconsiderando a coisa julgada anterior; o Superior Tribunal de Justiça aceitou a admissibilidade dessa via e prestigiou a pretensão fazendária, porque o importante era afastar o absurdo que a *auctoritas rei judicatæ* ia perenizando. No caso da avaliação que ficou desatualizada por causa da inflação, alterações ocorridas na ordem econômica e retardamento intencionalmente causado pelo ente expropriante, o expropriado obteve do Supremo Tribunal Federal a determinação de que se realizasse nova avaliação no mesmo processo da ação expropriatória. O menino uruguaio que fora vítima de um fraudulento processo de investigação de paternidade limitou-se a repetir em juízo a propositura dessa demanda, aparentemente transgredindo o veto ao *bis in idem*, que ordinariamente se imporia. A Fazenda que fora condenada duas vezes pelo mesmo imóvel e satisfez a obrigação na primeira das execuções instauradas, opôs embargos à segunda delas e esses embargos foram recebidos. A casuística levantada demonstra que os tribunais não têm sido particularmente exigentes quanto à escolha do remédio técnico-processual ou da via processual ou procedimental adequada ao afastamento da coisa julgada nos casos em exame. Em caso de sentença proferida sem a regular citação do réu, admitiu o Supremo Tribunal Federal que esse vício tanto pode ser examinado em ação rescisória quanto mediante embargos à execução se for o caso (sentença condenatória) ou ainda em "ação declaratória de nulidade absoluta e insanável da sentença" (voto condutor: Min. Moreira Alves) (STF, Pleno, RE 97.589, 17.11.82, rel. Moreira Alves, v.u., *DJU* 3.6.83). Para a hipótese específica de desobediência às regras do litisconsórcio necessário-unitário, também venho sustentando essa ampla abertura de vias processuais, cabendo ao interessado optar pela que mais lhe convenha – seja a ação rescisória (Liebman nega a admissibilidade da ação rescisória nesse caso, porque a sentença seria inexistente e, sendo inexistente, não haveria coisa julgada a debelar: *cfr.* "Nulidade da sentença proferida sem citação do réu", p. 183), mandado de segurança se houver liquidez-e-certeza, ação declaratória de ineficácia etc. (essas ideias estão em monografia sobre o tema do litisconsórcio, referindo e apoiando a jurisprudência do Supremo Tribunal Federal) (*Cfr.* Dinamarco, *Litisconsórcio*, nn. 65 a 65.4, pp. 300 ss.). A *ação autônoma* a que alude o Supremo Tribunal Federal é aquela sugerida por Piero Calamandrei, segundo o qual "o único meio adequado contra a sentença nula será a ação declaratória negativa de certeza, mediante a qual, sem aportar modificação alguma ao mundo jurídico, far-se-á declarar o caráter negativo que o conteúdo da sentença trouxe consigo desde o momento de sua concepção" (*Cfr.* "Vizi della sentenza e mezzi di gravame", n. 9, esp. p. 260). O Supremo, corretamente, ao aceitar o alvitre dessa ação autônoma, não a toma como caminho único para o resultado pretendido" (Cândido Rangel Dinamarco, "Relativizar a coisa julgada material", trabalho, ainda, inédito, maio/2001 – grifo nosso).

É de concluir: o ato decisório definitivo, não mais sujeito a recurso, que exiba injustiça enorme – absurdos, fraudes, inconstitucionalidades e outras desfunções manifestas –, faz coisa julgada, tão só, de autoridade relativa – coisa julgada formal; preclusão máxima. O valor justiça não se há de abandonar em prol da certeza e da segurança, com esquecimento da liberdade jurídica. A aludida derrelição implica perigoso afastamento de necessária crítica da razão prática.

COISA JULGADA PENAL

Coisa julgada de autoridade absoluta, no processo penal, existe quando se forma em face de sentença, ou de acórdão, de natureza declaratória ou constitutiva. Sua imutabilidade perene decorre simplesmente da prelusão dos prazos recursais. É estável por natureza.

Coisa julgada de autoridade relativa é adstrita à sentença de natureza condenatória, a qual se pode ver revogar, modificar ou anular a qualquer tempo, seja mediante ação penal de *habeas corpus*, seja por via da ação de revisão criminal, sem esquecer a unificação de penas.

Importa recordar que a decisão absolutória surge, por natureza, declaratória negativa, assim protegida pela coisa julgada material, ou coisa julgada de autoridade absoluta.

Já a decisão condenatória, repita-se, faz coisa julgada formal – preclusão máxima –, surgindo, assim, dotada de autoridade relativa.

A fragilidade da coisa julgada, nascente em decisão condenatória, no processo penal guarda evidente origem no direito material. Basta lembrar a anistia, graça e indulto; *abolitio criminis*; casamento do agente com a ofendida e outras formas de extinção da punibilidade ocorrentes depois da sentença condenatória irrecorrível.

São Paulo, 24 de maio de 2001.

CONCEITO DE MÉRITO, NO ANDAMENTO DOS REGIMES PRISIONAIS

Não fareis injustiça no juízo
(Levítico 19:15).

Sumário: 1. Individualização penal – 2. Regime prisional – 3. Ideia do mérito, na execução – 4. Conceito de merecimento – 5. Desfunção do sistema.

Resumo: Cuida-se da individualização da pena privativa de liberdade, identificando as formas de individualização – cognitiva e a executória, sem esquecer da legislativa. A partir da ideia geral de mérito, conceitua-se o merecimento e o demérito no caminhar da execução. Busca mostrar o modo de aferir o mérito do condenado. Enfocam-se, ainda, os regimes de cumprimento de pena e a limitação à progressão, inserida na lei dos crimes denominados hediondos e de combate ao crime organizado.

Palavras-chave: Regime prisional; Sistema progressivo de cumprimento de pena privativa de liberdade: Progressão prisional; Mérito do condenado; Individualização das sanções; Regime inicial de cumprimento de pena privativa de liberdade.

1. Individualização penal

A individualização penal consiste na justa adequação, ou medida, da pena a certo comportamento ilícito e típico; ainda, à pessoa do acusado; e, também, na conformidade do regime ao condenado. Pensa-se, nesse lanço, na reprimenda privativa de liberdade.

Desponta a *individualização*, primeiro como preceito constitucional, assim: "a lei regulará a *individualização* da pena" (art. 5.º, XLVI).[5] Além disso, ao se recordar de que as penalidades de reclusão e de detenção atendem-se – ou deveriam executar-se[6] – em estabelecimentos penais apro-

---

5. Assere Alberto Silva Franco: "O art. 5.º, XLVI, da CF, inclui entre os direitos e garantias fundamentais em matéria penal, o princípio da 'individualização das penas'. Pouco importa que o texto constitucional tenha remetido à lei ordinária a tarefa de regulá-lo. Isto não pode, à evidência, representar uma autorização, ao legislador comum, para a feitura de lei que fira o princípio constitucional que tenha eficácia imediata. Como observou Gomes Canotilho (*Direito Constitucional*, 1983, p. 489), 'hoje, não são mais os direitos fundamentais que se movem no âmbito da lei, mas é a lei que se deve manter no âmbito dos direitos fundamentais (assim se explica, designadamente, a força vinculativa imediata dos direitos fundamentais em relação ao próprio poder legislativo)'. A vinculação aos direitos e garantias constitui, portanto, uma obrigação do legislador ordinário que não poderá, a pretexto de formular uma lei clarificadora ou caracterizadora desses direitos, cair 'na legalidade dos direitos fundamentais e substituir a força normativa imediata dos direitos fundamentais pelo impulso do normativo-legal' (Gomes Canotilho, op. cit., p. 491). Nenhuma lei intermediadora poderá, portanto, fazer vista grossa aos direitos e garantias fundamentais. Se a Constituição Federal, nesse capítulo, consagrou o princípio da individualização da pena, não terá o legislador ordinário possibilidade de tangenciá-lo, estruturando uma lei que não deixe ao juiz nenhum espaço para o processo individualizador da pena" (*Crimes hediondos*: notas sobre a Lei 8.072/90. 3. ed. São Paulo: RT, 1994. § 2.01, p. 343-344).
6. Administração Pública, com alguma ajuda do Poder Judiciário, quebrantou o sistema de penas. O *sursis* simples, ou comum, na prática, quase não existe, por motivo das dificuldades no executar a prestação de serviços à comunidade e a limitação de fim de semana. O regime aberto quase não há, pela ausência de Casas do Albergado. Em algumas unidades federativas, principiou o desmonte do regime semiaberto, com a transformação da saída temporária em trivialidade. Agora, o Poder Legislativo deu-nos a Lei 9.714, de 25.11.1998, que – não obstante arreada de boas intenções –, ao ampliar as sanções restritivas de direitos – que substituem as privativas de liberdade – e ao alargar-lhes a aplicação, acabou principiando a romper, de vez, o aludido sistema. Extraiu-lhe parte da congruência interna e externa. Na sequência, menos de um mês depois, aflorou o Decreto Federal 2.856, de 03.12.1998, criando "Comissão de Acompanhamento e Avaliação do Regime de Penas Restritivas de Direitos". Os trabalhos da Comissão dirigem-se para no "prazo mínimo de dois anos" ofertar "manifestação conclusiva sobre a conveniência de eventual alteração da Lei 9.714, de 1998" (art. 3.º). Debilitou-se, portanto, a eficácia das penalidades restritivas, conferindo-lhes um caráter experimental, cuja moralidade é nenhuma. Inadmissível expe-

priados nota-se a Lei Maior, também, asserindo que a pena privativa de liberdade "[...] será cumprida em estabelecimentos distintos, de acordo com a natureza do delito, a idade e o sexo do apenado" (art. 5.º, XLVIII).

A Constituição da República, portanto, refere duas individualizações. A encontrada no processo de conhecimento, de essência condenatória dita sentencial, ou cognitiva; e a operante no processo de execução, denominada executória. A individualização legislativa – adequação prévia de certa pena a determinada conduta típica – não aparece na Lei Magna, embora ninguém lhe ponha dúvida a existência, até para a sanidade do sistema punitivo.

Convém deixar assente que, cognitiva ou executória, a individualização é judicial e nascente no processo penal. Obra final, pois, é do juiz. Antes de tudo, porque, precisando ser fiel aos "princípios fundamentais", indicados pela Lei Maior, vela pela "dignidade da pessoa humana" (art. 1.º, III). Ainda, por motivo de que surge, no direito constitucional, como guardião da legalidade – "ninguém será obrigado a fazer ou deixar de fazer alguma coisa senão em virtude de lei" (art. 5.º, II) –, e à vista da garantia constitucional de não dever a lei excluir "da apreciação do Poder Judiciário lesão ou ameaça a direito" individual (art. 5.º, XXXV).

Em síntese, a individualização abriga duas espécies: legislativa e judicial. A última admite duas subespécies: cognitiva e executória.

2. Regime prisional

O juiz, na sentença condenatória – segundo o direito material –, ao aplicar a reprimenda, ajustada à culpa, necessita, ainda individualizando, determinar o regime inicial de cumprimento da sanção privativa de liberdade. Não se descuidando da prevenção (art. 33, § 3.º, c/c o art. 59, III, do Código Penal; e também art. 110 da Lei de Execução Penal). Consoante o direito processual, a definição jurídico-penal – ou julgamento penal – surge positiva, enquanto afirma o encontro da infração, bem como sua autoria, coautoria ou participação, e, em consequência, resulta na condenação motivada. Exprime o poder-dever concreto de o Estado punir o infrator, ou sancionar o sujeito agente, na qualidade, quantidade e na in-

---

riência, em direito penal. O passar do tempo fazia esperar regras de calibração do sistema de penas; ou, quiçá, outro sistema melhor. Vieram, contudo, normas de desregulagem, de desajustamento.

tensidade inicial da aludida pena (art. 93, IX, da CF, e arts. 381, I a VI, e 387 do CPP).

Exige-se que as penalidades executem-se de forma progressiva e consoante o mérito do condenado[7] (arts. 33, § 2.º, 69, 2.ª Parte, e 76 do CP). A individualização, por isso, completa-se, "no curso do procedimento executório" (item 50, *in fine*, da Exposição de Motivos 211/1983, do CP; e arts. 5.º, 6.º, 7.º, 8.º, 112 e 118 da Lei de Execução Penal).

Regime entenda-se o estado em que se coloca, de início, o sentenciado e depois – tanto que firme a decisão definitiva – o condenado, no tocante à intensidade modulada de redução da liberdade. É pouco dizer que o regime irrompe no conjunto de normas, que tenha por destinatário o recluso.

A pena privativa de liberdade, a mais da qualidade e da quantidade, há de mostrar escala de padecimento. Grau de força e de efeito com que a reprimenda deve, pois, se tornar efetiva (art. 10 da Lei de Execução Penal).

Tal intensidade, no sistema adotado, não deve permanecer estática, em regra como visto (arts. 33, § 2.º, e 76 do CP e arts. 5.º, 6.º, 8.º, 112 e 118

---

7. O sistema progressivo, ou irlandês, não se constitui em novidade. No princípio do século, já era objeto de preleção acadêmica. Veja-se como, então, o explicava Lima Drummond: "Valter Crofton, tendo em vista que o ideal de todo regime penitenciário é preparar o delinquente para assumir o seu lugar na sociedade, demonstrou que o regime da servidão penal inglesa é inaceitável, por ser muito rápida a passagem do segundo (segregação celular para dormir e comer e vida em comum nas oficinas, porém em silêncio) para o terceiro período (liberdade condicional). Daí o sistema progressivo ou irlandês, geralmente preconizado como preferível ao da servidão penal inglesa, ao qual se acrescentou um outro período – o da aprendizagem da liberdade –, para os delinquentes que, vivendo na penitenciária, iam passar a viver em sociedade. Por isto, no sistema progressivo deparam-se quatro períodos: a) período de segregação noturna e diurna contínua; b) período de segregação celular noturna e trabalho em comum durante o dia; c) período intermédio em penitenciárias agrícolas ou industriais; d) período de liberdade condicional ou condicionada. Este último período pode dar margens a inconvenientes, não só em relação ao condenado, como à sociedade, se não forem tomadas precauções, pois que, embora solto, o condenado terá de trabalhar para viver; mas terá de lutar com sérias dificuldades para obter trabalho, por toda parte encontrará prevenções e desconfianças. Daí a instituição dos chamados patronatos dos libertados adultos..." (VIANNA, Paulo Domingues. *Regime penitenciário, segundo as prelações do Dr. Lima Drummond.* Rio de Janeiro: Jacinto, 1914. p. 14-15).

da Lei de Execução Penal). Daí a transição ou passagem de regime mais rigoroso para outro menos severo – do fechado para o semiaberto, ou deste para o aberto (art. 33, *caput*, do CP) –, ou às avessas, modulando-se, ao empuxo do mérito e do demérito do condenado, no andar da execução penal.

Assentou-se, primeiro, que o "mérito do sentenciado – leia-se condenado – é o critério que comanda a execução progressiva" (item 29 da Exposição de Motivos 213/1983, da Lei de Execução Penal). Depois, anotou-se que a progressão "deve ser uma conquista do condenado pelo seu mérito e pressupõe o cumprimento mínimo de um sexto da pena no regime inicial ou anterior" (item 119 da Exposição de Motivos 213/1983 – grifo nosso). Afirmou-se, na sequência, que o vocábulo "mérito" haveria de compreender-se "como aptidão, capacidade e merecimento, demonstrado no curso da execução" (item 120 da Exposição de Motivos 213/1983). O demérito, então, emergiria na ausência dessas qualidades, tangendo a regressão. Merecimento e desmerecimento não se resumem na existência, ou inexistência de aptidão, do condenado à pena privativa de liberdade, para avançar, de regime a regime prisional, na direção da liberdade. Nem se rematam na capacidade provável, de ele se adaptar ao regime seguinte, ou não. Convém, pois, aprofundar o tema.

3. Ideia de mérito, na execução

A ideia de "mérito" liga-se à sanção jurídica, em senso amplo. Vale afirmar, em sentido negativo – castigo – e no positivo – prêmio. A sanção, portanto, corresponde ao mérito, consoante o valor que se dê à conduta do condenado.[8] Merecer é agir de tal maneira que a obtenção do merecimento – castigo ou prêmio – tenha-se por justa.

É mérito, em palavras simples, o valor positivo, ou negativo, que se atribui a certo comportamento para sancioná-lo. Assim, quem age dentro

---

8. Diz Roque Cabral: "A palavra 'sanção' é aqui tomada em sentido amplo, que abrange tanto o significado negativo (castigo) em que é mais frequentemente usada como o positivo (prêmio). A sanção corresponde ao *mérito:* segundo o valor das ações, as pessoas merecem prêmio ou castigo, merecem a correspondente sanção. Uma vez admitida a realidade do mérito, por sua vez correspondente ao valor, positivo ou negativo, das ações não pode a razão humana deixar de reconhecer que deve haver sanção proporcionada" (*Polis – enciclopédia Verbo da sociedade e do Estado.* Verbete sanção. Lisboa: Verbo, 1987. v. 5, coluna 597).

de determinado sistema normativo, consoante o direito, pode merecer prêmio ou recompensa. Quem age torto passa a merecer reprimenda. O valor expulsa o arbítrio e vice-versa.

A sanção deve corresponder ao mérito, o que implica conhecê-lo, tal como se revela: negativo e positivo. Na execução penal, tal rígido esquema não guarda muita cabência: O proceder, qual Jano, mostra a dupla face, ao mesmo tempo, ou não. Mérito e demérito apresentam-se, assim. O positivo e o negativo despontam no correr da vivência prisional do condenado. Cuidam-se, portanto, de valores do comportamento; porém, não se resumem na disciplina, jamais.

Ora, o regime – repita-se – é o estado em que se põe o condenado no tocante à intensidade da restrição à liberdade, que se modula no movimento da execução. A pena, assim, hoje, guarda os três aludidos parâmetros: qualidade, quantidade e intensidade de sofrimento.

Execução penal justa – em sentido material – é a precisa e exata, nascente no ato decisório definitivo, válido e firme, ao menos para a acusação; caminhando de modo medido. A individualização executória não se afasta, pois, do critério do necessário e do suficiente à reprovação e à prevenção da infração penal (arts. 59 e 70, parágrafo único, do CP). O que se apura é a aludida intensidade, visto como a qualidade e a quantidade o *decisum* condenatório marcou.

Em face do sistema progressivo, à intensidade da pena diz com o mérito, ou com o valor da conduta do condenado, durante a execução penal. Daí progride, regride ou estaciona, guardando como ponto de partida o regime inicial, estabelecido no ato decisório definitivo.[9]

9. Interessa analisar a nomenclatura, na dinâmica da execução das penas privativas de liberdade. O verbo latino *gradior-eris. gressus sumo gradi*, de modo prevalente, significa caminhar, andar e marchar. Tais vozes, entrando em composição com as preposições *in, pro, re e ex*, sofriam abrandamento da primeira vogal, redundando em outros tantos verbos: *ingredi*; *progredi* ou *progredere*; *regredi* ou *regredere*: e *egredi*. Cada qual e na ordem correspondendo a um de quatro movimentos, assim: começar, entrar em ou ingressar; avançar, adiantar-se ou progredir; voltar, retroceder ou regredir; e, afinal, retirar-se, afastar-se ou sair. Daí resultando os substantivos latinos *ingressione*, *progressione*, *regressione* e *egressione*. Vale dizer e em vernáculo: ingressão, progressão, regressão e egressão; contendo as ideias respectivas dos atos de entrarem; caminhar avante; caminhar de volta; e de sair para. No tocante às penas privativas de liberdade, quem começa a cumpri-las em quaisquer dos três regimes existentes é o ingresso. Quem termina de sofrê-las, ou condicionalmente sai para a liberdade chama-se egresso.

O mérito apura-se, em resumo, mediante: a) parecer da Comissão Técnica de Classificação; b) exame criminológico; c) comprovação de comportamento satisfatório, ou não, do condenado, no andar da execução; d) bom, ou não, desempenho no trabalho, que lhe foi atribuído; e) verificação de condições pessoais, compatíveis ou não com o novo regime: semiaberto ou aberto (arts. 5.º 6.º, 7.º, 8.º, parágrafo único, 112, parágrafo único, 118, I e II, §§ 1.º e 2.º, da Lei de Execução Penal).[10]

Não se devem examinar, de modo parcelar, os diversos elementos formais que compõem o mérito. O objetivo de apurar o mérito positivo,

---

O condenado, em face do sistema progressivo adotado, sujeita-se a progredir e a regredir nos aludidos regimes, consoante exiba mérito ou demérito, durante o efetivar da pena. Caminha em direção à vida livre, de regime a regime, em progressão; ou ainda dela se distancia, temporalmente, em regressão, para outro mais rigoroso. Não é tudo. Imagine-se que o sancionado principiou a pagar a pena em regime fechado. No andamento da execução mostra intensa rebeldia e convicta falta de mérito. Não deve adiantar-se, por evidente, mas não pode regredir pela ausência de estado legal mais severo. Assim, porque necessário e suficiente, estaciona, para, resta agregado ao regime fechado, sem possibilidade de regressão ou progressão, até exibir merecimento. Suponha-se, de outra sorte, que o condenado encontra-se no regime semiaberto e ostente conduta sem valor, O desmerecimento, porém, lhe não surge bastante, para conduzi-lo a recuar a regime de mais constrição pessoal. Não há de progredir, mas não precisa regredir. Ele, também, estanca. Não avança para a maior liberdade; estancia no regime, até quando lhe aflorar o mérito impulsionador. Nada vale a antiguidade, no regime prisional. Que nome se dará a tal situação arrítmica e a seu ocupante? Parece que o executado, nas hipóteses, fez estação no regime em que se acha posto e se tornou um estacionário penal. "Estação", aqui, na acepção de *statio-onis*, estado de imobilidade, situação.de permanência, que se contrapõe à progressão e à regressão penal. Estacionário, de *stationarius-ii*, é, então, o executado, tanto que fixo no regime prisional. Três são os regimes. Cinco, entretanto, emergem as situações, no correr da execução das penas privativas de liberdade, em sua dinâmica individualizadora. Ao juiz da execução cabe, conforme a guia de recolhimento, concretizar a ingressão, marcada pelo juiz da sentença. A ele, por igual, compete – baixo o critério do necessário e suficiente, iluminado pela valoração do mérito do condenado – modular a justa intensidade da pena, na progressão, regressão e na estação. Não esquecendo a egressão, em dupla modalidade: condicional, que consiste em fase do sistema progressivo, e incondicional, que caracteriza a punibilidade extinta.

10. Sobre os denominados requisitos formais, ver, entre todos, MIRABETE, Julio Fabbrini. *Execução penal*: comentários à Lei 7.210, de 11.07.1984. 8. ed. rev. e atual. São Paulo: Atlas, 1997. § 5.30, p. 265-268.

ou negativo, atinge-se pela análise do conjunto. Um só elemento não pode prejudicar a eficácia de outros, em regra; se assim fosse possível, estaríamos em face de diverso conceito e prevalente sobre a imprescindível conjugação. Solitário, nenhum elemento emerge decisivo, salvo quando surge tão grandemente negativo, que se sobrepõe a todos os demais favoráveis. A perquirição nem por isso deixa de despontar exauriente dos referidos elementos.

Cumpre perguntar: ausência de mérito é igual a demérito ou mérito negativo? Parece que não. O desmerecimento deve levar à regressão possível. A simples falta de mérito conduz ao estancamento na situação ocupada. Assim, nem progressão nem regressão irrompem cabentes. O condenado estaciona.

Não surge simples, nem cômodo, viver em harmonia nas instituições fechadas ou semiabertas. O entendimento do que seja mérito, assim, depende do conhecimento da ambiência, em que se espera que ele se ostente. Mesmo que se admita não serem os estabelecimentos prisionais microcosmos, mas desnatural coletividade, não se há de negar algum domínio pessoal na busca do merecimento positivo. Jamais, contudo, algo semelhante à comunhão social, além muros, ou cercas, onde alguma virtude é mais fácil.

Inútil imaginar que a penitenciária, colônia, casa do albergado, centro de observação e a cadeia pública foram, ou venham a ser, lugares de purificação. Não se aguarda do condenado catarse, no sentido religioso dos pitagóricos. Os comunheiros forçados são pessoas que precisam pôr-se em sintonia com a ordem prisional, nos diversos níveis, assumindo papéis diferentes, sem muita escolha. Tudo tem pouco, por exemplo, com o bom comportamento carcerário e muito com a capacidade individual de suportar, com relativo equilíbrio, o meio, por natureza, hostil. O máximo esperável acha-se na objetiva disposição para o mérito positivo, enquanto qualidade mostrada no razoável atendimento dos deveres inerentes ao *status poenalis* (arts. 38 e 39 da Lei de Execução Penal).[11] A verifica-

---

11. Heleno Cláudio Fragoso conceituou: "preso é quem está privado da liberdade, submetido ao poder estatal que resulta do direito de executar a sanção aplicada (*ius punitionis*)" (Direitos dos presos: os problemas de um mundo sem lei. *Direitos dos presos*. Rio de Janeiro: Forense, 1980. p. 3). Tal não significa que a relação de direito material, nascente na sentença condenatória trânsita em julgado, não faça emergir, também, direitos subjetivos do condenado.

ção existencial do mérito desponta global e implica, enquanto prognóstico, em aceitável confiança, a conduta futura do condenado.

O conceito de mérito, na execução penal, é limite.[12] O analisável são as características e a capacidade de aproximação do inatingível: mérito ou demérito totais, ou absolutos.

As vozes "reeducando", "recuperando" e "ressocializando" mostram-se, de algum modo, cínicas. A pena privativa de liberdade jamais reeducou; não recupera e muito menos ressocializa o indivíduo. No máximo, pode amestrá-lo, quando não o piora.[13] Daí falar em "mal necessário", ou "infeliz necessidade do encarceramento". O adestrado, consoante as con-

---

12. Limite, entre outros sentidos, é ponto que não se pode atingir, ou transpor. Na *Crítica da razão pura,* Kant, ao cuidar da "Analítica dos princípios", no capítulo III, "Do princípio da distinção de todos os objetos em geral em fenômenos e números", trouxe a ideia de *conceito-limite:* "O conceito de um número é, pois, um *conceito-limite* para cercear a pretensão da sensibilidade e, portanto, para uso simplesmente negativo. Mas nem por isso é uma ficção arbitrária, pelo contrário, encadeia-se com a limitação da sensibilidade, sem todavia poder estabelecer algo de positivo fora do âmbito desta" (KANT, Immanuel. *Critica da razão pura.* Tradução de Manuela Pinto dos Santos e Alexandre Fradique Morujão. Lisboa: Fundação Calouste Gulbenkian, 1997. p. 270). A expressão *conceito-limite,* aqui, utilizou-se para indicar tendência – esforço ou desejo maior ou menor. Assim, potência que não se atualiza, por inteiro, jamais. O pleno mérito e o completo demérito inexistem, seja o ser humano livre, ou prisioneiro.
13. Rogério Lauria Tucci, tratando do sistema penitenciário desumano, existente no Brasil, observou: "Outro fator que, por igual, deve ser, necessariamente colacionado (aliás, como um dos mais expressivos, determinantes da violação dos *direitos humanos* e ínsito à concretização da sanção especificada ao final do processo penal de conhecimento, pela sentença condenatória transitada em julgado) é o referente à proclamada e inescondível crise *do sistema penitenciário brasileiro...* como facilmente verificável, e salvo raríssimas exceções, tais estabelecimentos, afastando-se, quase sempre, das preceituações legais inspiradoras e disciplinadoras da execução penal, primam por degradarem o condenado, tratando-o de maneira impiedosa, e até cruel, vezes sem conta como verdadeiro animal... Como consta de *relatório* referente às *condições das prisões no Brasil,* num tópico também digno de transcrição (e em tudo diferentemente do preceituado no ordenamento jurídico nacional), os 'presos brasileiros estão frequentemente apinhados em celas pequenas, escuras, úmidas e sujas, construídas para comportar a metade, um terço, ou ainda menor número de detentos do que efetivamente estão nelas confinados. As celas estão infestadas de ratos e baratas, e em muitos locais os detentos geralmente não têm nada a fazer o dia todo, exceto jogar baralho ou abusar uns dos outros".

dições mínimas que se lhe ofereceram, talvez consiga a proporcional integração na sociedade, já mencionada (art. 1.º da Lei de Execução Penal). Nada se há de esperar do preso residual, porém.

O indispensável está em verificar se os elementos meritórios positivos excedem, ou não, eventuais faltas e omissões, para se admitir acesso a regime prisional mais brando. Observar, também, se o condenado preferiu não ostentar mérito ou demérito, devendo, assim, restar onde se encontra. Sem cabida fazê-lo retrogradar.

O sistema progressivo tem de mostrar execução prática, diga-se: ética e racional. Com efeito: o condenado possuidor de induvidoso direito de avançar, se, porém, não o concretiza, por simples mora na decisão judicial, falta de vaga em estabelecimento ou outro motivo injusto, deve ter computado o tempo de encarceramento indevido. A falha na individualização, na transferência para o regime imediato, há de operar, na execução, de modo virtual. Assim, como se fora a pena atendida no regime mais brando e para todos os fins.

Inaceitável, em qualquer hipótese, a banalização da injustiça.

4. Conceito de merecimento

É tempo de conceituar *mérito.* Toda escolha implica valorar. Há situações jurídicas em que exsurge forçado eleger; outras existem em que se pode fazê-lo ou não. Ao juiz da execução determinou-se que estimasse o comportamento do condenado e de modo objetivo, imprimindo vigor ao sistema progressivo. O poder-dever de escolha contém o juízo de valor sobre as qualidades pessoais, estabelecendo a possibilidade de tríplice solução: progride, regride ou estaciona.

Mérito, no andamento dos regimes prisionais, consiste no juízo objetivo, que se ultima no processo de execução, do proceder do condenado; assim valorando-o em base de vários elementos, postos em relacionalidade e ostentado em ato decisório motivado.

5. Desfunção do sistema

Estabeleceu-se, nos idos de 1990, que as reprimendas aplicadas por crimes hediondos – homicídio, quando praticado em atividade de grupo de extermínio, ou qualificado; latrocínio; extorsão, qualificada pela morte; extorsão, mediante sequestro e na forma qualificada; estupro; atentado violento ao pudor; epidemia, com resultado morte; mais o crime de genocídio: e, agora, falsificação, corrupção, adulteração ou alteração de produto destinado a fins terapêuticos ou medicinais –, mais os delitos de prática da tortura; tráfico ilícito de entorpecentes e drogas afins; bem como de terrorismo, todas seriam cumpridas, integralmente, em regime fechado (arts. 1.º, parágrafo único, e 2.º, § 1.º, da Lei 8.072, de 25.07.1990; e art. da Lei 9.695, de 20.08.1998, que acrescentou ao art. 1.º da Lei 8.072/1990 o inciso VII-B).

Afirmou-se, desde logo, que se quebrava a garantia constitucional da individualização da pena (art. 5.º, XLVI, da Lei Maior). Lembrou-se também de que tal preceito tomava da execução penal a igualdade de todos perante a lei (art. 5.º, *caput*, da CF).

A lei, que cuidou da utilização de meios operacionais para prevenção e repressão de "ações praticadas por organizações criminosas", estipulou, contudo: "Os condenados, por crimes, decorrentes de organização criminosa *iniciarão* o cumprimento da pena em regime fechado" (art. 10 da Lei 9.034, de 03.05.1995). Vedou, tão só, incoasse o condenado pelo consentimento do delito de quadrilha ou bando, qual invocado, o cumprimento da penalidade em regime semiaberto ou aberto.

Depois veio o diploma, que definiu os crimes de tortura, assentando que o condenado deve iniciar o atendimento da pena, em regime fechado, salvo se, tendo o dever de evita, ou de apurar as condutas típicas, restou omisso (art. 1.º, § 7.º, da Lei 9.455, de 07.04.1997). Entendeu-se, em consequência, que permitira a progressão, ao marcar somente o regime incoador ou inicial. Além disso, se a Constituição da República lança a prática da tortura; o tráfico ilícito de entorpecentes e drogas afins; o terrorismo; e os crimes definidos como hediondos, em igual plano (art. 5.º, XLIII); o mesmo fazendo a lei ordinária de 1990 (art. 2.º da Lei 8.072/1990), então admitida, irrompeu a progressão para todos os mencionados delitos.

Lavrou, contudo, o dissenso na doutrina e nos julgados.[14] Propagou-se a divergência por motivo das leis insanas, produzidas por néscios e a toque de imprensa.[15]

---

14. Sobre o dissídio jurisprudencial, ver, por exemplo: DELMANTO, Celso; DELMANTO, Roberto; DELMANTO JÚNIOR, Roberto. *Código Penal comentado*. 4. ed. Rio de Janeiro: Renovar, 1998. notas aos artigos 32, 33, 107 e 121; p. 63, 65-66, 67-88, 177 e 217-218.

15. Roberto Delmanto, depois de lembrar os significados da palavra "hediondo" – "sortido", "imundo", "repelente", "repulsivo" e "horrendo", entre outros – e de referir à divergência na doutrina e nos julgados, termina: "Diante desse quadro, verifica-se que nossas leis; ao negarem a liberdade provisória para os acusados de crimes hediondos e a progressão de regime para os por eles condenados, têm, lamentavelmente, a pretexto de coibir os delitos hediondos, adotado práticas proces-

A malfadada lei, sob enfoque do condenado, extermina-lhe a esperança: pena finita, determinada: porém, grau de encarceramento indefinido, a contar de um sexto cumprido, em etapa inicial, ou anterior: mais o mérito positivo. Tudo isso desaparece. Tem-se, pois, a recusa do valor da conduta do apenado.[16] Aferrado ao crime, estacionário torna-se, mas, por força da legislação, suportando pena de máxima intensidade.[17]

Baixo o ângulo do condenante, criou-se o preso residual: indiferente, intolerante e indisciplinado. A ocupar, por largo período, vaga em estabelecimento penal de segurança máxima ou média: penitenciária (arts. 33 §

---

suais e de execução que, descendo ao mesmo nível moral daqueles delitos, são igualmente hediondas, na acepção que nos dão os léxicos, com o agravante de seu autor ser o próprio Estado" (Hediondos. *Folha de S. Paulo*, 23 jan. 1999, p. 3-2).

16. A respeito do cumprimento integral da pena, em regime fechado, assegura Alberto Silva Franco: "O § 1.º, do art. 2.º, da Lei 8.072/90 estabelece que a pena aplicada, pela prática de crimes hediondos, de tortura, de tráfico ilícito de entorpecentes e de drogas afins e de terrorismo, será cumprida integralmente, em regime fechado. Esta afirmação incisiva, embora suavizada, em seguida, pelo disposto no art. 5.º, do mesmo diploma legal, que torna possível a concessão de livramento condicional ao condenado que tenha cumprido dois terços da pena, desde que não seja reincidente específico, constitui um pesado gravame para o apenado que apresentar tal qualificação subjetiva, já que, nessa hipótese, terá de cumprir a pena privativa de liberdade num único regime penitenciário, ou seja, o fechado. O dispositivo legal em exame, além de representar um desestímulo ao processo ressocializador do condenado (e nisto se opõe aos fins da pena especificados no Código Penal e na Lei de Execução Penal), contribui também para diminuir a rotatividade dos presos recolhidos nos equipamentos penitenciários que já se encontram, no presente momento, em fase máxima de saturação. Além disso, a formação de um grupo numeroso de condenados, que deverá ser mantido nos presídios por largo espaço temporal, sem nenhuma esperança de obter a liberdade ou um tratamento penitenciário mais benevolente, criará dificuldades crescentes ou mesmo condições explosivas para as administrações prisionais. A opção feita pelo legislador no sentido de agravar a execução da penal foi, no mínimo, desarrazoada, infeliz. Nada pior, num estabelecimento penitenciário, do que um condenado sem nenhuma perspectiva de ser libertado ou, ao menos, receber regime penitenciário mais favorável, antes do término de uma pena privativa de liberdade, de longa duração" (*Crimes hediondos* cit., § 2.00, p. 149). O autor invoca, na nota 9, Francisco de Assis Toledo, em Crimes hediondos, estudo publicado, em *Fascículos de Ciências Criminais*, Porto Alegre: Fabris, n. 2, 1992.

17. Ver nota anterior, sobre a nomenclatura, na dinâmica da execução, em que se oferece conceito de estacionário penal.

1.º, "a", e 34 do CP c/c o art. 87 da Lei de Execução Penal). Custo sem benefício e evidente infringência do sistema, que, conjugando tempo e movimento, pretende, ao menos, "proporcionar condições para harmônica integração social do *condenado*" (art. 1.º da Lei de Execução Penal – grifo nosso).

Falha, em consequência, toda a política criminal, com sério atentado à justiça. As penas cominadas, tanto que aplicadas e, ulteriormente, postas em execução, precisam exibir, sempre, certa totalidade ordenada. Devem, também, ostentar coerência entre si. Os preceitos incompatíveis com o sistema de penalidades, por isso, hão de ser reconhecidos como inválidos, mediante interpretação que os rebata, por violadores, assim desviando a injustiça.[18]

Sem refusar os argumentos que deram pela inconstitucionalidade da lei consagrante da penalidade segregadora, pode-se acionar mais um.

A progressão – direito subjetivo do condenado[19] – resultado da individualização da executória, concedida ou negada, exige decisão judicial fundamentada (art. 93, IX, da CF, c/c os arts. 66, III, "b", 112, parágrafo único, e 118 da Lei de Execução Penal).

---

18. Tercio Sampaio Ferraz Júnior, cuidando da interpretação gramatical, lógica e sistemática, pondera: "Por fim, quando se enfrentam as questões de compatibilidade num todo estrutural, fala-se em *interpretação sistemática (stricto sensu)*. A pressuposição hermenêutica é a da unidade do sistema jurídico do ordenamento. Há aqui um paralelo entre a teoria das fontes e a teoria da interpretação. Correspondentemente à organização hierárquica das fontes emergem recomendações sobre a subordinação e a conexão das normas do ordenamento num todo que culmina (e principia) pela primeira norma-origem do sistema, a Constituição. Para as identificações desta relação são nucleares as noções supradiscutidas de validade, vigência, eficácia e vigor ou força (4.3.2). A primeira e mais importante recomendação, nesse caso, é de que, em tese, qualquer preceito isolado deve ser interpretado em harmonia com os princípios gerais do sistema para que se preserve a coerência do todo. Portanto, nunca se deve isolar o preceito nem no seu contexto (a lei em tela, o código: penal, civil etc.) e muito menos na sua concatenação imediata (nunca leia só um artigo, leia também os parágrafos e os demais artigos)" (*Introdução ao estudo do direito*: técnica, decisão, dominação. 2. ed. São Paulo: Atlas, 1994. § 5.2.1.1, p. 288-289).

19. Sobre a "progressão concebida como direito subjetivo do condenado", ver TUCCI, Rogério Lauria. Progressão na execução das penas privativas de liberdade. Breve estudo sistemático. *RT* 630/269, abr. 1988.

O mandamento constitucional assere: "a lei não excluirá da apreciação do Poder Judiciário lesão ou ameaça a direito" individual (art. 5.º, XXXV). Foi, entretanto, o que se fez, arrancando do Poder Judiciário a análise, o juízo sobre a progressão do condenado, em determinados crimes. Importa afirmar: retirou-lhe o poder-dever de individualizar a pena, no processo de execução (art. 2.º, § 1.º, da Lei 8.072/1990). Transgrediu-se garantia, pertinente ao cânone de legalidade, silenciando o juiz da execução (art. 66, III, "b", da Lei de Execução Penal).

Houve nítida interferência do Legislativo sobre o Judiciário, mutilando-o, a dano da independência e harmonia dos Poderes da República (arts. 2.º e 60, § 4.º, III, da CF).

Pode-se criticar o sistema vigorante. Pretender que a modulação da pena não se mostre, sempre, a mesma para todas as infrações, por exemplo. Trocá-la. Entretanto, pelo mero automatismo, determinante da prisionalização, é insustentável transfiguração.

Note-se: a Lei Maior, assentando que, ao legislador ordinário, cabe regular a individualização da pena, jamais permitiu pudesse ele extingui-la (art. 5.º, XLVI). Lembre-se de que direito individual não se suprime, nem sequer por via de emenda constitucional[20] (art. 5.º, XLVI, c/c o art. 60, § 4.º, IV, da CF). No plano de tal fautor de referidos diplomas atécnicos, jamais ingressou a "dignidade da pessoa humana", que termina, assim, comprometida[21] (art. 1.º, III, da Lei Magna).

O contravalor intolerável tornou-se inconstitucionalidade enorme. E não pode prevalecer, na doutrina e nos julgados.

---

20. Mediante comunicação verbal, Rogério Lauria Tucci tem entendimento semelhante.

21. Afirma José Afonso da Silva: "[...] a *dignidade da pessoa humana* não é uma criação constitucional, pois ela é um desses conceitos *a priori,* um dado preexistente a toda experiência especulativa, tal como a própria pessoa humana. A Constituição, reconhecendo a sua existência e a sua eminência, transformou-a num valor supremo da ordem jurídica, quando a declara como um dos *fundamentos* da República Federativa do Brasil, constituída em Estado Democrático de Direito" (A dignidade da pessoa humana como valor supremo da democracia. *Revista de Direito Administrativo,* v. 212, p. 91, abr.-jun. 1998). Tal princípio constitucional geral, à evidência, não foi tomado em conta pelos legisladores.

CRIME ORGANIZADO

1. O Título IX do Código Penal cuida dos crimes contra a paz pública. O direito quer uma ordem e promete a paz. Daí emergirem as ideias de segurança, certeza, bem como de conservação da paz e da harmonia social.

Costuma-se ensinar que a ordem pública, considerada de modo objetivo, acha-se na coexistência pacífica e harmônica dos indivíduos, debaixo da soberania do Estado e das leis; já subjetivamente, aponta para o sentimento coletivo de tranquilidade pública. O Código Penal, aludindo à paz pública, teria, assim, posto à mostra o ângulo subjetivo, enquanto outros diplomas – o italiano e o argentino – mencionam ordem pública, ostentando a face objetiva.[1]

Estar em segurança consiste em direito individual, declarado e garantido na Constituição da República (art. 5.º, *caput*). Segurança, diga-se, de todos e de cada um, impessoalmente considerado. A segurança importa e diz com o povo, com o público. Razão, até, da adjetivação: segurança pública, que se exibe como poder-dever do Estado. Ela não é simples ausência de temor. Quando nos encontramos seguros, tal modo gera, em consequência, a falta de medo. Sob o enfoque individual – com os olhos postos na Lei Maior – cogita-se de paz pública, qual produto do binômio tranquilidade social – verdadeira, não artificial – e ordem social, entendida como harmonia na comunidade.

2. Todos os delitos quebram a paz pública, mas alguns atingem-na de modo direto, por impacto frontal. São comportamentos perigosos para a tranquilidade e ordem sociais. Ferem a coletividade.

---

1. Conforme COSTA JÚNIOR, Paulo José da. *Comentários ao Código Penal*. São Paulo: Saraiva, 1989. v. 3, p. 315; o autor reporta-se a Maggiore. *Diritto penale*. Bologna, 1958. v. 2, t. 2, p. 353.

Dentre tais condutas proibidas emerge a de quadrilha ou bando: "Associarem-se mais de três pessoas, em quadrilha ou bando, para o fim de cometer crimes" (art. 288 do CP).

Cuida-se de crime plurissubjetivo, de comparticipação necessária, visto que exige, ao menos, quatro coautores.

O núcleo do tipo irrompe no verbo "associarem-se", significando agruparem-se indivíduos, ajuntarem-se, aliarem-se, congregarem-se, ou reunirem-se.

O acordo momentâneo não concretiza o modelo. A associação deve mostrar-se estável ou permanente e voltada à futura prática de crimes da mesma espécie, ou não, pouco importa.

Em resumo,

> [...] a associação não se esgota [...] numa simples reunião de pessoas. É mister que haja um número mínimo de integrantes (quatro), um vínculo associativo permanente para fins criminosos, uma predisposição comum de meios para a prática de uma série indeterminada de delitos e um programa delinquencial.[2]

O instante associativo marca o momento da consumação, a qual exsurge em atos concretos, sensíveis, inequívocos, de organização ou de conformação. Enquanto dura a associação delinquencial, permanece o crime.

Os indivíduos, aliando-se e propondo-se a praticar crimes, de logo, estabelecem estado de perigo presumido. Há lesão potencial, abstração feita ao perigo real. Aflora, portanto, como delito autônomo. Independentemente dos crimes que vierem, ou não, a se perpetrar. Pune-se só a constituição, o arranjo para o cometimento de delitos.

O tipo subjetivo acha-se no dolo, na vontade livre e consciente de associar-se em quadrilha ou bando, com o especial fim de cometer crimes.

Estabeleceu-se, ainda, figura qualificada, ao se mandar aplicar a pena cominada ao tipo – reclusão, de um a três anos –, em dobro, se o bando é armado (art. 288, parágrafo único).

3. A chamada "lei dos crimes hediondos" criou outra figura e com a mesma denominação (art. 8.º da Lei 8.072/1990). O Código Penal não

---

2. FRANCO, Alberto Silva. *Crimes hediondos*: notas sobre a Lei 8.072/90. São Paulo: RT, 1991. p. 144. Ver *RT* 493/322.

especifica delitos. Por seu turno, o novo tipo dirige-se aos crimes hediondos – homicídio praticado por grupo de extermínio; homicídio qualificado; latrocínio; extorsão qualificada pela morte; extorsão mediante sequestro e sua forma qualificada; estupro simples e qualificado; epidemia com resultado morte; e genocídio (art. 1.º da Lei 8.930/1994) –, mais os de tortura, de tráfico ilícito de entorpecentes e drogas afins e de terrorismo. A pena cominada surge de três a seis anos de reclusão.

A aludida lei especial instituiu a delação premiada como maneira de redução de pena. Eis a causa de diminuição de reprimenda: "O participante e o associado que denunciar à autoridade o bando ou quadrilha, possibilitando seu desmantelamento, terá a pena reduzida de um a dois terços" (art. 8.º, parágrafo único, da Lei 8.072/1990).[3]

Não é momento de aflorar todas as sérias questões trazidas pela denominada "Lei dos Crimes Hediondos" e sua alteração. Cumpre não desviar do tema.

4. Observe-se que o anteprojeto de lei, modificativa da Parte Especial do Código Penal (mandado divulgar pela Portaria 790/1987, MJ), limitou-se a reproduzir a figura tradicional vigente (art. 297, parágrafo único).

A questão que se põe encontra-se na suficiência, ou não, de ambos os modelos penais, como tutela e resposta, em face do dito "crime organizado".

Já se observou que:

> A criminalidade moderna, de modo geral, caracteriza-se pela urbanização, o caráter anônimo das relações humanas, a falta de transparência das situações, o fracasso dos controles sociais e informais, e precisamente, pelas grandes concentrações de poder político e econômico, a especialização profissional, o domínio tecnológico e a estratégia global, características inerentes do delito organizado.[4]

---

3. A Lei 9.080, de 19.07.1995, acrescentou dispositivos às Leis 7.492/1986, que define os crimes contra o sistema financeiro nacional, e 8.137/1990, que define crimes contra a ordem tributária, econômica e contra as relações de consumo. Em ambas, praticados os crimes, em quadrilha ou coautoria, o coautor ou o partícipe, por meio de confissão espontânea, que revelar "toda a trama delituosa" terá a pena reduzida de um a dois terços (arts. 25, § 2.º, e 16, parágrafo único, respectivamente).
4. CERVINI, Raul. Análise criminológica do fenômeno do delito organizado. Tradução de Oswaldo Henrique Duek Marques. In: ARAÚJO JÚNIOR, João Marcello de (Org.). *Ciência e política criminal, em honra de Heleno Fragoso.* Rio de

A quadrilha ou bando assinala-se pela estabilidade algo frágil; por guardar estrutura simples: liderança fixa, eventual ou até mesmo inexistente; mais seus integrantes, com alguma distribuição de tarefas; ainda pelo escopo difuso: cometer crimes, mais ou menos determinados; e pela área de atuação relativamente limitada.

Outra coisa mostra-se, hoje, o "crime organizado". É atividade voltada ao lucro defeso, na qual os delinquentes utilizam-se de complexo de bens e de serviços, para a prática contínua de infração ou infrações penais. Vale dizer, para além dos negócios apenas ilícitos. Maior surge a perenidade da associação. A estrutura emerge complexa, em razão da natureza dos fins buscados, muito mais determinados. Não dispensa direção fracionada, mas, sempre, articulada, que tende para a impessoalidade – sistema de substituição automática –, nem hierarquia funcional, implicando, portanto, certa burocracia e profissionalização. Possui nítido cunho internacional. Ostenta afeiçoamento externo lícito e, assim, acaba por influir, de alguma sorte, em parcela das instâncias formais do Estado. Almeja tornar-se poder paralelo e contrastante. Atinge, de modo indireto, por vezes, número indeterminado de vítimas.

5. O "crime organizado", "associação mafiosa", "associação criminosa", "organização criminosa", ou "delito como empresa", ou outro nome, que melhor sirva a tal conduta perigosa, acha-se a pedir maior controle social, na vazante do século e pelos variados aspectos que toma.

O progresso tem preço e muito bem pode ver-se utilizar pelo denominado "crime organizado". Efeito, assim, indesejado da tecnologia. Basta

---

Janeiro: Forense, 1992. p. 494. No mesmo sentido e de modo analítico, afirma Alberto da Silva Franco: "O crime organizado possui uma textura diversa: tem caráter transnacional na medida em que não respeita as fronteiras de cada país e apresenta características assemelhadas em várias nações; detém um imenso poder com base em estratégia global e numa estrutura organizativa que lhe permite aproveitar as fraquezas estruturais do sistema penal; provoca danosidade social de alto vulto; tem grande força de expansão compreendendo uma gama de condutas infracionais sem vítimas ou com vítimas difusas; dispõe de meios instrumentais de moderna tecnologia; apresenta um intrincado esquema de conexões com grupos delinquenciais e uma rede subterrânea de ligações com os quadros oficiais da vida social, econômica e política da comunidade; origina atos de extrema violência; urde mil disfarces e simulações e, em resumo, é capaz de inerciar ou fragilizar os Poderes do próprio Estado" (O difícil processo de tipificação. *Boletim IBCCrim*, ano 2, n. 21, out. 1994).

recordar a possibilidade de emprego criminoso da engenharia genética, de bactérias e de produtos químicos; da modificação fraudulenta de dados computadorizados; e da transmissão de notícias falsas, que desorientam a economia, ou setor produtivo, ou, ainda, venham a influenciar a área psicossocial, gerando conflitos fictícios.[5] Sem esquecer o contrabando nuclear, ou tráfego de materiais radioativos.

Observe-se, entretanto, que sem corrupção o denominado "crime organizado" não vinga, não medra. Quanto maior o corrompimento, mais fortes as associações criminosas. Importam, assim e sempre, a extensão e a profundidade das ligações entre o Estado e o crime. A resposta à organização criminosa passa pelas leis eleitorais, orgânicas da magistratura e do Ministério Público, bem como de polícia, antes de chegar ao direito e ao processo penal.

A criminalização do mencionado comportamento, entretanto, exsurge precisa, reclamando, inclusive, modificações no processo penal, adequadas à específica *persecutio criminis* e à execução de penalidades.

A solução parece, assim, indicar a exigência de legislação especial, ou extravagante, que tipifique a conduta de: *agregarem-se indivíduos, articulando, de modo complexo e contínuo, bens e serviços, com o fim de cometer infrações penais*. Além de outras, a ela equiparadas ou conexas.

6. O Projeto de Lei 3.516, de 1989, que definia "crime organizado" e dispunha sobre meios operacionais de investigação e prova nos inquéritos e processos, asseria: "Para os efeitos desta lei, considera-se organização criminosa aquela que, por suas características, demonstre a existência de estrutura criminal, operando de forma sistematizada, com atuação regional, nacional e/ou internacional" (art. 2.º). O Projeto de Lei da Câmara 62, de 1990, estatuía: "Considera-se crime organizado aquele que de algum modo coopera com os fins ou participa das atividades das quadrilhas, bandos ou organizações previstas pelo artigo 288 do Código Penal" (art. 2.º). Depois, a redação final do substitutivo do Senado, ao aludido Projeto, de 1990, estabeleceu: "Considera-se crime organizado o conjunto dos atos delituosos que decorram ou resultem das atividades de quadrilha ou bando, definidos no § 1.º do art. 288 do Decreto-lei n. 2.848, de 7 de

---

5. Sobre os efeitos perversos da tecnologia, ver ZAFFARONI, Eugenio Raúl. *Em busca das perdidas*: a perda da legitimidade do sistema penal. Tradução de Vânia Romano Pedrosa e Amir Lopes da Conceição. Rio de Janeiro: Revan, 1991. p. 109-112.

dezembro de 1940 – Código Penal" (art. 2.º). Preferiu, ainda, dar nova redação ao crime de quadrilha ou bando, assim:

> Participar de quadrilha, bando ou organização que se serve das estruturas ou é estruturada ao modo de sociedades, associações, fundações, empresas, grupos de empresas, unidades ou forças militares, órgãos, entidades ou serviços públicos, concebidas, qualquer que seja o princípio, pretexto, motivação ou causa, para cometer ou alcançar objetivos cuja realização implica a prática de ilícitos penais (art. 3.º).

Como sabido, a Lei 9.034, de .03.05.1995, acabou por não definir a "ação praticada por organizações criminosas". Assentou-se que:

> A lei seguiu um caminho próprio. Não definiu a organização criminosa, desprezando a linha inicial do projeto. Não definiu, através de seus elementos essenciais, o crime organizado. Não elencou condutas que constituiriam crimes organizados. Preferiu deixar em aberto os tipos penais configuradores de crime organizado, mas, ao mesmo tempo, admitiu que qualquer delito pudesse se caracterizar como tal, bastando que decorresse de ações de bando ou quadrilha. É o que se depreende da leitura do art. 1.º, segundo o qual é organizado o "crime resultante de ações de bando ou quadrilha".[6]

Se quadrilha ou bando não se equiparam ao "delito como empresa", a trilha seguida pelo direito brasileiro não se exibe a melhor.

7. Sem esquecimento do princípio e das regras orientadoras do processo penal, a persecução necessita emergir singular: forma procedimental que atenda à natureza do chamado "crime organizado", além das infrações penais, perpetradas por meio da organização criminosa, em concurso material.

A indefinição quanto ao direito material projetou-se no processual. Não se estabeleceu procedimento apropriado na Lei 9.034/1995.

Cria-se, entretanto, a apelidada "ação controlada" (art. 2.º, II). Tal significa afastar-se da regra: "as autoridades policiais e seus agentes deverão prender quem quer que seja encontrado em flagrante delito" (art. 301 do CPP).

---

6. FERNANDES, Antônio Scarance. O conceito de crime organizado na Lei 9.034. *Boletim IBCCrim*, ano 3, n. 31, p. 3, jul. 1995.

Quadrilha ou bando é infração permanente. Ora, "Nas infrações permanentes, entende-se o agente em flagrante delito enquanto não cessar a permanência" (art. 303 do CPP). Vale dizer: o estado de flagrância dura enquanto a conduta típica protrai-se no tempo.

Em face da configuração adotada, todo crime "resultante de ações de bando ou quadrilha" (art. 1.º), mediante contaminação, tornar-se-ia de momento consumativo projetado, assim admitindo a "ação controlada".

Instituiu-se, pois, a prisão em "flagrante diferida", ou "postergada": retarda-se a intervenção policial,

> [...] do que se supõe a ação praticada por organizações criminosas ou a ela vinculado, desde que mantida sob observação e acompanhamento para que a medida legal se concretize no momento mais eficaz do ponto de vista da formação de provas e fornecimento de informações (art. 2.º, II).

Trata-se, no mínimo, de dispositivo criminógeno, visto que "mui facilmente, pode acobertar prevaricações ou, ainda, frustrar a aplicação da lei penal, quando o diferimento da 'interdição policial' facilitar a consumação e até o exaurimento de delitos, sem se falar na já citada provocação de situações de flagrante por agente ou autoridade policial".[7]

A "ação controlada" emergiu sem peias: a autoridade policial e seus agentes gozam de discricionariedade, nascente em falta de critérios objetivos. Além disso, não se marcou tempo para a "ação controlada". Não é razoável descansar no subjetivismo de policiais, ainda muito mal aprestados.

O sigilo da correspondência e de dados pessoais, na Lei Maior, surge absoluto, salvo a ocorrência dos estados de defesa e de sítio (art. 5.º, IV e X, c/c os arts. 136, § 1.º, I, "b" e "c", e 139, III). O acesso, portanto, que se permite, na lei, a "dados, documentos e informações fiscais, bancárias, financeiras" limita-se, de logo. A quebra do sigilo bancário ou fiscal depende de ordem judicial (art. 38 da Lei 4.595/1964 e art. 198 do CTN). A lei, em comento, de modo inútil, menciona informações eleitorais a que todos podem ter conhecimento.

O art. 3.º da Lei 9.034/1995 é, hoje, objeto de ação direta de inconstitucionalidade, incoada pela Associação dos Delegados de Polícia do Brasil.

---

7. NOGUEIRA, Carlos Frederico Coelho. A lei da "caixa preta". *Tribuna do Direito*, Suplemento especial de direito penal, ano 1, n. 1, p. 5, set. 1995.

Acha-se distribuída ao Ministro Maurício Correa. Afirma-se que o preceito instituiu o "juiz de instrução", ou o "juiz inquisidor". Engano dos doutos. O dispositivo permite que o juiz, em pessoa, realize busca e apreensão, dos dados, documentos e informações referidas, ainda que inexistam inquérito policial e ação penal condenatória em curso. O procedimento do juiz deve emergir dotado "do mais rigoroso segredo de justiça".

No processo penal – mais do que no civil –, o juiz necessita liberdade para produzir ou ordenar provas, conducentes ao esclarecimento de fato, que lhe noticiam. Tem ele o poder-dever de inquirir, de pesquisar, porque servo da regra da verdade material, a todo tempo. Nenhum poder-dever exsurge ilimitado; mas, se mostrar balizado, jamais o desnatura. Recusar ao juiz o impulso oficial quanto à prova criminal consiste em mutilar-lhe a atividade, a dano da paz pública.

O próprio juiz, então, realizar a diligência de busca e de apreensão não deve causar estranheza. Com efeito: "Quando a própria autoridade policial ou judiciária não a realizar pessoalmente, a busca domiciliar deverá ser precedida da expedição de mandado" (art. 241 do CPP). Nunca se divisou inconstitucionalidade em tal norma. A evidência de o juiz ultimar a apreensão não o torna parcial; na mesma medida em que, ao colher ou produzir prova, só por isso, jamais se faz suspeito. A inquisitividade do juiz penal, de outra sorte, nada tem a ver com a desfunção do denominado modelo acusatório. Não tem mais lugar a confusão entre processo inquisitivo e inquisitoriedade judicial.

A lei só pode restringir a publicidade de atos procedimentais para atender à defesa da intimidade, ao interesse social ou público (arts. 5.º, LX, e 93, IX, da CF). O segredo de justiça jamais atinge o acusador e o defensor do imputado, como é sabido.

Não se divisa nenhuma das três hipóteses na lei em exame, exceto eventual alargamento desmedido do conceito de interesse público.

Segredo é silêncio, reserva, discrição. Concerne a fato, circunstância, informação, estado e a lugar, que só devem ser conhecidos de poucos. No caso da lei, limitou-se o conhecimento ao juiz, promotor de justiça e advogado. Os conhecedores não devem revelar os segredos de que surgem depositários, ou não há sigilo. Assim, instituíram-se: provas reservadas; alegações finais sigilosas; sentenças, em parte, secretas; razões de recorrer, por igual, parcialmente, ocultas; e, em consequência, acórdãos, cuja fundamentação, em algum lanço, deve ser encoberta (art. 3.º, §§ 3.º, 4.º e 5.º). A inconstitucionalidade desses dispositivos exsurge manifesta. A regra constitucional da publicidade da prova, ou de ato que a acautele, não se pode excepcionar em lei ordinária. Além disso, emerge antitético consagrar-se a inquisitividade do juiz penal, arredando, em seguida, a publicidade, em processo que almeja ser justo.

A identificação criminal recebeu, também, um dispositivo (art. 5.º). Parece pretender regulamentar norma constitucional (art. 5.º, LVIII). A ambiguidade, entretanto, não deixa livre a colheita de impressões digitais dos indiciados nas mencionadas infrações penais.

O diploma refere a delação premial: "Nos crimes praticados em organização criminosa a pena será reduzida de um a dois terços, quando a colaboração espontânea do agente levar ao esclarecimento das infrações penais e sua autoria" (art. 6.º). Repetem-se as leis dos crimes hediondos contra o sistema financeiro nacional, contra a ordem tributária, econômica e contra as relações de consumo. Observe-se que o instituto não produz o bom sucesso alardeado. Primeiro, no "delito como empresa", a prisão dos administradores não destrói nem desarticula a organização; segundo, o risco de vida deixa de tornar desejável a redução de pena; terceiro, a traição também pode causar repulsa ao infrator; e quarto, o risco de "delação contratada" surge incontrolável.

A proibição de liberdade provisória, com ou sem fiança, "aos agentes que tenham tido intensa e efetiva participação na organização criminosa" é outro exemplo de obscuridade e em matéria de liberdade de locomoção. A doutrina e a jurisprudência precisarão, ao longo do tempo, fixar os conceitos de "participação efetiva e intensa", na organização criminosa (art. 7.º).

A instrução criminal, em vez de ser concluída em prazo razoável, deve encerrar-se em oitenta e um dias, quando o acusado estiver preso, e em cento e vinte dias, quando solto (art. 8.º). A regra, se aflorar complexa a instrução judicial, provocará a liberdade inconveniente dos acusados. Tal liberalidade contrasta com a norma, que proíbe apelar solto (art. 9.º).

Assentou o art. 10: "Os condenados por crimes decorrentes de organização criminosa iniciarão o cumprimento da pena em regime fechado". Recorde-se de que, na Lei dos Crimes Hediondos, a pena privativa de liberdade deve atender-se, integralmente, em regime fechado (art. 2.º, § 1.º).

> Percebe-se o surrealismo da situação: um sujeito condenado por crime hediondo, ou por tortura, ou por tráfico de drogas, ou por terrorismo, que não tenha agido no seio de organização criminosa, terá de cumprir a pena integralmente em regime fechado. Já outro, condenado por cri-

me hediondo perpetrado em organização criminosa (mais grave ainda, portanto), terá direito à progressão no cumprimento da pena.[8]

Eis as brevíssimas anotações que se podem fazer sobre a Lei do Crime Organizado.

São Paulo, 17 de junho de 1997.

8. NOGUEIRA, Carlos Frederico Coelho. A lei... cit., p. 8.

DAS PENAS E DAS MEDIDAS DE SEGURANÇA

01. As sanções ou surgem como *penas* ou ostentam-se nas *medidas de segurança*.

02. *Pena* é o castigo que, e não sendo cruel nem desumano, há de mostrar-se necessário e suficiente à reprovação e à prevenção das infrações penais.

03. Espécies de pena: (art. 32)

- privativa de liberdade;
- restritiva de direitos;
- de multa.

04. *Individualização penal* consiste na justa adequação, ou medida, da *pena* à pessoa do acusado e do regime ao sentenciado. Assim, individualização

- cognitória (art. 59);
- executória (art. 34).

05. *Pena privativa de liberdade* é a restrição, mais ou menos, intensa da liberdade, consistente no *ficar* em algum estabelecimento prisional; ou no *ir e vir* restrito, ambos conforme as regras de cada estabelecimento.

O regime consiste no estado de cumprimento de pena privativa, em que se coloca o condenado, no tocante à *intensidade modulada* de redução de liberdade de locomoção. As mulheres cumprem pena em estabelecimento próprio, adequando o *regime* à condição pessoal (art. 37).

Espécies de regime (especial):

a) fechado;
b) semiaberto;
c) aberto.

Forma de andamento:

a) progressão (mérito do condenado);
b) regressão (demérito do condenado).

Penas privativas de liberdade (art. 33, §§ 1.º e 2.º, c/c o art. 59 do CP

Reclusão:

a) regime fechado mais de oito anos (penitenciária – art. 34):
   - estabelecimento segurança máxima;
   - estabelecimento segurança média;
b) regime semiaberto não reincidente, igual ou mais de quatro e menos de oito anos (art. 35):
   - colônia agrícola;
   - colônia industrial;
   - similar;
c) regime aberto, não reincidente, igual ou menos de quatro anos (art. 36):
   - casa do albergado;
   - estabelecimento adequado.

Detenção:

a) regime semiaberto (salvo regressão);
b) regime aberto.

Sendo o condenado semi-imputável (parágrafo único, art. 26):

Medida de segurança substitutiva (§§ 1.º e 4.º do art. 97):

- internação em hospital de custódia e tratamento psiquiátrico (fato punido com reclusão);
- tratamento ambulatorial (fato punido com detenção)

06. *Pena restritiva de direitos* é a constrição de liberdade, tirante a de locomoção, a qual substitui e consiste em atribuir ao condenado tarefas sociais gratuitas; proibir ou suspender-lhe, temporariamente, o exercício de certos direitos; ou, ainda, determinar-lhe a obrigação de permanecer, por algumas horas, aos sábados e domingos em casa do albergado, ou em estabelecimento adequado (arts. 46, 47 e 48 do CP).

Penas restritivas de direitos arts. 43-44 c/c o art. 59, IV:

- prestação de serviços à comunidade (art. 46); programa comunitário ou estatal:
- entidade assistencial;
- hospital;
- escola;
- orfanato;
- estabelecimento congênere;

- prestação temporária de direitos (art. 47);
- proibição do exercício (art. 56):
- públicos: cargo;
  função;
  atividade;
- mandato eletivo;
- proibição do exercício (art. 56):
  - habilitação especial:
    - profissão;
      - atividade;
      - ofício;
  - poder público:
    - de licença;
    - de autorização;
- limitação de fins de semana (art. 48);
- suspensão de autorização ou habilitação para dirigir veículo (art. 57);
- permanência aos sábados e domingos, por cinco (cinco) horas diárias, em casa do albergado ou outro estabelecimento adequado;
- cursos e palestras.

Condição objetiva e subjetiva da substituição (art. 44):

I – penas privativas – de um ano, ou se o crime for culposo (art. 54);

II – réu não reincidente (arts. 63, 64 e 120);

III – culpabilidade, antecedentes, conduta social e personalidade do condenado, bem como os motivos e as circunstâncias indicarem que a substitutiva seja suficiente (art. 59).

Substituição:

a) isolada (art. 44);
b) cumulada com (parágrafo único):
   – outra pessoa restritiva;
   – a de multa (art. 58, parágrafo único);
c) independentemente de cominação (art. 54).

Limite:

- até – de um ano, mas igual à privativa substituída (arts. 54-55);
- de mais de um ano, ou igual, mais multa; ou mais outra restritiva, se possível, nos crimes culposos (parágrafo único do art. 44 e art. 55).

01. *Pena de multa* "consiste no pagamento ao fundo penitenciário da quantia fixada na sentença e calculada em dias-multa. Será, no mínimo, dez e, no máximo, de trezentos e sessenta dias-multa" (art. 49).

Valor do dia-multa (§ 1.º do art. 49):

– Vigente ao tempo do fato
  – menor: 1/30 do maior salário mínimo;
  – maior: 5 x o maior salário mínimo.

Limites da pena de multa (art. 58):

  – mínimo: 10 x o valor do menor dia-multa (art. 49);
  – máximo: 360 x o valor do maior dia-multa (art. 49);
  – especial: 360 x o valor do maior dia-multa x 3, ou seja, a multa máxima x 3 (§ 1.º do art. 60).

Assim, por exemplo, admitamos que o maior salário mínimo vigente na data do fato seja de cem mil cruzeiros (CR$100.000,00), então:

Valor do dia-multa – menor: 100.000 : 30 = 3.333
– maior: 360 x 500.000 = 180.000.000
– especial: 180.000.000 x 3 = 540.000.000

Modos de aplicação da pena de multa. O juiz, ao fixar a pena de multa, "deve atender, principalmente, à situação econômica do réu" (art. 60).

Multa:

– isolada (letra "a", § 1.º, art. 50);
– cumulada (parágrafo único do art. 44 e letra "b", § 2.º, do art. 60);
– substitutiva (parágrafo único do art. 44; art. 58 e § 2.º do art. 60);
– independentemente de cominação (parágrafo único do art. 44; parágrafo único do art. 58 e § 2.º do art. 60);
– somada (art. 72).

Pagamento e cobrança da pena de multa; sempre após o trânsito em julgado da condenação, sofrendo-lhe o valor corrigenda monetária (§ 2.º do art. 49 e art. 50).

Forma de pagamento (art. 50):

– em uma só vez: dentro de dez dias, após o trânsito em julgado;
– em parcelas mensais: a requerimento do condenado e conforme as circunstâncias.

Forma de cobrança:

• mediante descontos nos vencimentos ou salários:
  – quando aplicada;
    – isoladamente;

– cumulativamente com a restritiva dos direitos (parágrafo único do art. 44);

– quando concedida a suspensão condicional da pena privativa de liberdade (§ 1.º do art. 77 e art. 80).

08. Conversão das penas restritivas de direitos e de multa; sempre em privativa de liberdade.

Conversão:

– restritiva (art. 45):

  – na espécie e tempo de privação substituída:

    I – nova condenação privativa, sem suspensão de condicional;

    II – descumprimento injusto da restritiva imposta;

  – da multa (art. 50):

  – tantos dias de detenção, quanto os de multa, até um ano (§ 1.º):

    I – frustra a execução;

    II – solvente, não paga;

  – revogação pelo pagamento (§ 2.º).

09. Superveniência de doença mental ao condenado. Atinge, se necessário, a execução. Pena que se não sente, resta suspensa, até a cura.

Penas:

I – privativa de liberdade:

  – recolhimento a hospital de custódia e tratamento psiquiátrico, ou a estabelecimento adequado (art. 41);

  – detração da pena, pelo tempo de internação (art. 42);

II – de multa:

  – suspensão da execução (art. 52);

  – a cura a faz fluir, de novo, pelo que sobejar.

O fato na pendência da execução das penas restritivas de direito não conduz à aplicação das regras atinentes à pena privativa, a qual substitui. A execução fica somente suspensa.

10. Medida de segurança é a sanção penal que se impõe ao agente de fato, havido como infração, o qual por doente mental, ou portador de desenvolvimento mental incompleto ou retardado, era, no todo ou em parte, assim, incapaz de entender-lhe o caráter ilícito, ou de se determinar de acordo com esse entendimento. Visa a submeter o inimputável e o semi-imputável a tratamento, enquanto socialmente perigosos (art. 26 e parágrafo único) e não extinta a punibilidade (parágrafo único do art. 96).

11. Espécies de medida de segurança ou tratamento:

Medidas de segurança (art. 96):

I – internação em hospital de custódia e tratamento psiquiátrico;

II – sujeição a tratamento ambulatorial.

Regimes de:

– internação;

– tratamento ambulatorial.

Formas de andamento:

– progressão (diminuição e cessação de perigosidade);

– regressão (aumento e mantença de perigosidade).

Assim (art. 97):

– Internação (inicial, ou por regressão, § 4.º);

– Tratamento ambulatorial (inicial, ou por progressão);

– Desinternação ou libertação condicional (por progressão):

  – com tratamento ambulatorial;

  – sem tratamento ambulatorial;

– Reintegração (por regressão, § 3.º).

12. Espécies de medidas de segurança, com vistas ao destinatário e limites de tratamento:

Medidas de segurança:

– inimputável (art. 26), direta (art. 97):

  – internação (fato punido com reclusão);

  – tratamento ambulatorial (fato punido com detenção);

– semi-imputável (parágrafo único do art. 36), substitutiva (art. 98):

  – internação (fato punido com reclusão);

  – tratamento ambulatorial (fato punido com detenção).

Limite das medidas de segurança (§ 1.º, art. 97 e art. 98):

– mínimo: um a três anos;

– máximo: indeterminado, enquanto não cessar a perigosidade do agente.

Observação: o presente trabalho não guarda natureza doutrinária, nem possui originalidade. Busca tão só *esquematizar* o sistema de *penas* e de *medidas de segurança* na Lei 7.209, de 11.07.1984, conforme se demonstra. Padece de manifesto dos defeitos próprios de qualquer *resumo* propedêutico.

DOS INCIDENTES NO AUTO DE PRISÃO EM FLAGRANTE

SUMÁRIO: 1. Entendimento da palavra incidente. 2. Ideias gerais sobre prisão em flagrante. 3. Situações anômalas, ao ensejo da lavratura do auto de prisão em flagrante.

1. A palavra *incidente* surge utilizada no sentido de fato que sobrevém. Dificuldade que, de modo eventual, irrompe ao ensejo da formalização, ou instrumentalização da prisão, por motivo da flagrância.

Não se está, pois, cuidando de incidente com o significado que lhe dá o direito processual: procedimento inserido em outro já em curso, como o de falsidade e de insanidade mental do acusado (arts. 145 a 148 e arts. 149 a 154 do CPP).

Importa, em resumo, tão só, o sucedido, para além do que, ordinariamente, acontece, durante a lavratura do auto de prisão em flagrante.[1]

2. A prisão em flagrante delito, ou por motivo da infração penal, que se mostrou flagrante consiste *em coação processual penal lícita, pessoal e física*. Mostra-se como espécie do gênero *prisão processual*, ou do gênero *medida cautelar*. Apresenta-se como meio acautelatório de prova da autoria, tutelando, de modo contingente, a execução do julgado, que traga definição jurídi-

---

1. Autuar é lavrar auto; ou reduzir a auto algum ato ou fato, que importam ao procedimento, seja porque lhe dá início, seja porque os documenta. O auto de prisão em flagrante precisa emergir circunstanciado. Vale assentar: com todos os elementos reveladores da situação de flagrância, lançados em sequência lógica. Sem se esquecer das exigências constitucionais.

co-penal positiva. Serve, pois, ao processo de conhecimento de natureza condenatória.[2]

Concretiza-se em ato formal, ou auto, porque representa a única exceção à regra constitucional: "ninguém será preso senão por ordem escrita e fundamentada de autoridade judiciária competente" (art. 5.º, LXI; ainda, art. 282 do CPP).

A infração penal pode se mostrar como imagem. Ela, então, se apresenta sucedendo; ou se vê que, de maneira imediata, acabou de ocorrer. O meio de fixá-las, ou de registrá-las, em tais instantes é o auto de prisão. Tende, portanto, a ser *fotograma do acontecimento*, que se apresenta, de logo, ilícito e típico.

As leis processuais penais, em regra, apontam os referidos *estados de flagrância*. Em seguida, indicam outros a eles equiparados. Não são *situações de flagrância*, porém a lei as trata como se fossem. Irrompem como *virtualidades*, e não como *realidades*.

No direito brasileiro, portanto, dois exsurgem os estados de flagrância *reais*: "está cometendo a infração penal"; "acaba de cometê-la" (art. 302, I e II, do CPP). Dois outros emergem *virtuais*, ambos arrimados em presunção *juris tantum*: "é perseguido, logo após, pela autoridade, pelo ofendido ou por qualquer pessoa, em situação que faça *presumir* ser autor da infração"; "é encontrado, logo depois, com instrumentos, armas, objetos ou papéis que façam *presumir* ser ele o autor da infração" (art. 302, III e IV, do CPP).[3]

---

2. Sobre os diversos conceitos de prisão em flagrante, consultar: CASTELO BRANCO, Tales. *Da prisão em flagrante*: doutrina, legislação, jurisprudência, postulações em casos concretos. 2. ed. São Paulo: Saraiva, 1984. §§ 17 e 18, p. 16-17.
3. Observe-se que três dos estados de flagrância surgem depois do cometimento da infração penal (art. 302, II, III e IV). Hélio Tornaghi, por isso, assevera que: "a hipótese do inc. I é a única de verdadeiro flagrante. As outras três são algo análogo ao flagrante, quase flagrante, isto é, como que flagrante. A lei sabe que na realidade não há flagrante, mas as trata como se flagrante houvesse" (*Curso de processo penal*. São Paulo: Saraiva, 1980. v. 2, p. 36). Antes já afirmara: "*Traço comum aos casos de quase flagrância*. Os casos dos ns. II, III e IV se assemelham num ponto, aliás negativo: em todos eles o crime já foi cometido. Insisto em que todos são casos de quase flagrância ou de ficção de flagrância, não havendo razão para limitar a qualificação de quase flagrante ao primeiro e de flagrante ficto aos outros: a palavra latina *quasi* não tem nenhum sentido temporal" (*Instituições de processo penal*. 2. ed. São Paulo: Saraiva, 1978. v. 3, p. 265). Entende, portanto, que as aludidas situações constituem-se em fatos fictos (TORNAGHI,

A prisão em flagrante, ou de quem se acha em situação de flagrância, desenvolve-se em cinco etapas, ou em cinco lanços: (a) *ato de prender* – instante em que é efetuada a prisão, ou levada a efeito; (b) *condução do preso* – do local da prisão para o lugar onde se há de lavrar o auto, ou registro da prisão; (c) *apresentação* à autoridade competente; (d) *deliberação da autoridade* – verificação da ocorrência de situação de flagrância e de ausência de motivo, que afaste a lavratura; (e) *formalização*, documentação, ou registro da prisão – lavratura do auto respectivo (art. 304, § 1.º, do CPP).

Cabe à autoridade, diante da prisão ultimada por seus agentes, qualquer do povo ou pela vítima, decidir se deve, ou não, mantê-la; assim depois, de modo informal, ouvir o condutor, as testemunhas e o imputado. Em caso positivo, realiza-se a formalização mencionada.[4] A autuação em flagrante delito pressupõe segurança, quanto à existência do fato, e de elementos de convicção, que apontem a autoria, a coautoria e a participação na infração penal.[5]

Hélio. *Instituições de processo penal.* Rio de Janeiro: Forense, 1959. v. 4, p. 225-226). Outros preferem classificar os estados de flagrância em próprio (incs. I e II), impróprio (inc. III) e presumido (inc. IV). A lei, que "dispõe sobre a utilização de meios operacionais para a prevenção e repressão de ações, praticadas por organizações criminosas", criou a possibilidade de retardar a "interdição policial" (art. 2.º, II, da Lei 9.034, de 03.05.1995). Difícil aceitar mais tal espécie de virtualidade.

4. Note-se o julgado: "Delegado de Polícia. Poder discricionário. Hipótese. Quando a *notitia criminis* chega à autoridade policial, esta tem o poder discricionário de avaliar se está diante de hipótese de lavrar a prisão em flagrante, de baixar portaria para instaurar inquérito, ou de simples elaboração de boletim de ocorrência" (TACrim-SP, 16.ª Câmara, HC 321.388/2, Urupês, Rel. Juiz Eduardo Pereira, j. 07.05.1998, v.u.). Ver comentário de: QUEIROZ FILHO, Dilermando. Não compre gato por lebre. *Revista Adpesp*, v. 27, p. 89-94, jun. 1999. O autor entende que não existe discricionariedade, porém legalidade na decisão determinante da lavratura, ou não do auto de prisão em flagrante.

5. Afirmou-se: "A determinação da lavratura do auto de prisão em flagrante pelo Delegado de Polícia não se constitui em um ato automático, a ser por ele praticado diante da simples notícia do ilícito penal pelo condutor. Em face do sistema processual vigente, o Delegado de Polícia tem o poder de decidir da oportunidade ou não de lavrar o flagrante [...] Para a configuração do crime previsto no art. 319 do CP é indispensável que o ato retardado ou omitido se revele contra disposição expressa de lei. Inexistindo norma que obrigue o Delegado de Polícia autuar em flagrante todo cidadão apresentado como autor de ilícito penal, con-

A prisão em flagrante, pois, consiste em *procedimento subjetiva e objetivamente complexo*, posto que várias pessoas dele participam, mediante diversos atos sequenciais, que irrompem nos cinco momentos básicos referidos.

Desdobrando-se, entretanto, temos: ato de efetuar a prisão em estado de flagrância; condução do preso; apresentação à autoridade; deliberação; lavratura do auto, observadas as regras constitucionais; entrega da nota de culpa; arbitramento da fiança, se cabente; libertação, se for o caso; comunicações da prisão[6] (art. 5.º, LXI; LXII, LXIII, LXIV e LVI, da CF).

3. Lançadas tais ideias preliminares, já se podem analisar alguns eventuais incidentes, *situações anômalas ou anormais*, ao ensejo da documentação da prisão em flagrante.

I. *O conduzido, se não falar a língua nacional, deve ser interrogado, por meio de intérprete* (art. 193 c/c os arts. 275 a 281 do CPP). A lista dos tradutores juramentados emerge pequena e nem sempre se consegue localizá-los. Mesmo os tradutores não oficiais mostram-se difíceis de encontrar. Pense-se na necessidade de localizar intérprete para a língua suaíli, com urgência. Assim, já se decidiu:

1. Quando o acusado não falar a língua nacional, o interrogatório será feito por intérprete, a teor da norma do artigo 193 do Código de Processo Penal. A circunstância não impede que, na falta de intérprete do idioma do interrogado, o ato se desenrole em língua a ele acessível, permitindo-lhe entender os fatos, ter ciência de sua situação e fornecer respostas. 2. Em decorrência não é nulo o auto de prisão em flagrante de acusado de origem austríaca, falando alemão, mas, entendendo inglês, idioma utilizado em seu interrogatório. 3. Recurso ordinário improvido (STJ, 6.ª

---

siderando seu poder discricionário, não há se falar em prevaricação" (TACrim-SP, 4.ª Câmara, HC 277.792/7, Rel. Juiz Passos de Freitas, j. 29.08.1995, v.u., *RT* 728/540-543).

6. Atente-se: "Por óbvias razões, em se tratando de prisão em flagrante de estrangeiros acusados de associação para a prática de crime de tráfico internacional de substâncias entorpecentes e roubo de aeronave, que residem na Colômbia onde têm famílias, a autoridade policial não está obrigada a comunicar a ocorrência aos familiares. Basta-lhe assegurar o direito de comunicação. Por outro lado, há nos autos notas assegurando-lhes os direitos constitucionais, de assistência da família e de advogado" (STJ, 5.ª Turma, RHC 3.894-2/PA, Rel. Min. Jesus Costa Lima, j. 24.08.1994, v.u., *RT* 709/388-389).

Turma, RHC 7.229/SP, Rel. Min. Fernando Gonçalves, j. 19.03.1998, v.u., *DJU* 06.04.1998, p. 164).[7]

É forçoso reconhecer que certas línguas tomam caráter internacional, como o inglês, o francês, o espanhol e o árabe. A pior solução que pode gerar responsabilidade administrativa, civil e penal acha-se em lançar no auto de prisão a falsa informação de que o conduzido exerceu o direito constitucional de manter-se silente (art. 5.º, LXIII).

II. *O conduzido precisa ver-se inquirir* (arts. 185 e 304, *caput*, do CPP). Pode, entretanto, se achar, por completo, embriagado ou drogado. Ainda, encontrar-se hospitalizado, em razão de ferimento, conseguido durante a prática da pretensa infração penal, ou da fuga. Qualquer espécie de inconsciência obsta o interrogatório. Daí ter de aguardar para completar a lavratura. Se a espera não vinga, lavra-se o auto. A audiência do conduzido, no leito hospitalar, algumas vezes, surge infactível. É bom recordar, contudo, que cabe à autoridade, sempre, demonstrar a impossibilidade absoluta, real, de interrogar o preso em flagrante.

III. *A apresentação espontânea do imputado* à autoridade policial, logo depois do fato, obsta-lhe a prisão, em flagrante (art. 317 do CPP). Vários motivos irrompem. Três justificações convém invocar: primeira, *não se acha o imputado em nenhuma das quatro situações de flagrância* (art. 302, I a IV, do CPP). Nem a doutrina e muito menos a jurisprudência podem criar hipóteses novas. O rol de *estados de flagrância* traz números fechados. Segunda, toda prisão processual, ou preventiva, em sentido largo, possui *natureza cautelar*. Deve, por isso, surgir inafastável, indispensável ao processo. Ora, se ocorre a apresentação espontânea, demonstra-se sua desnecessidade, posto que esse comportamento arreda a ideia de fuga. Terceira, não se há de desprezar o *aspecto moral* da apresentação espontânea. Lembre-se de que esse enfoque toma-se em conta, por exemplo, no Código de Trânsito Brasileiro, quando assenta: "não se imporá a prisão em flagrante, nem se exigirá fiança, se – o condutor do veículo – prestar

---

7. À evidência, se o estrangeiro entende português, arreda-se a precisão de intérprete. Confira-se julgado no qual se lê que alemão, radicado no Brasil, há mais de três anos e meio, vivendo com brasileira e com filho brasileiro; terminando preso em flagrante, por ter, em seu apartamento, grande quantidade de pasta de cocaína, já preparada para a venda a varejo; depois de condenado, deduziu *habeas corpus*, visando a anular o processo. Não teve bom êxito (cf. STJ, 6.ª Turma, RHC 4.582/RJ, Rel. Min. Adhemar Maciel, j. 19.09.1995, v.u., *RT* 725/523-525).

pronto e integral socorro" à vítima (art. 301 da Lei 9.503, de 23.09.1997).[8] É caso, então, de lavrar *auto de apresentação*, com interrogatório do imputado, registrando-se o ato.

IV. Nos crimes contra os costumes, "se a vítima ou seus pais não puderem promover às despesas do processo, sem privar-se de recursos indispensáveis, à manutenção própria ou da família", a ação penal emerge de iniciativa pública, mas dependente de representação (art. 225 § 1.º, I e § 2.º, do CP). *Lavra-se o auto de prisão em flagrante, qualquer que seja a manifestação e comunicação de vontade, em querer a prisão.* Assim, decidiu-se:

> I. [...] II. Se já não se exige qualquer formalismo para a manifestação de vontade equivalente a representação para a apuração de crimes contra os costumes contra menor, quanto menos se pode exigir em relação à intenção, por parte da vítima ou de seus representantes, de que seja o agente custodiado. A própria ida a delegacia, a fim de relatar os fatos e solicitar auxílio policial, evidencia a devida e satisfatória anuência com a prisão em flagrante de réu. III. Tendo a vítima dirigido a polícia, narrando os fatos e contando que tinha um encontro marcado com o agressor, possibilitando que os policiais fossem ao local e dessem voz de prisão ao réu, não se reconhece qualquer preparação por parte da polícia,

8. Pondera Tales Castelo Branco: "Não perduram mais dúvidas de que o autor do crime, que acaba de ser cometido, não pode ser preso em flagrante quando de sua *apresentação espontânea* à autoridade. A conclusão decorre da análise do art. 317 do Código de Processo Penal, que trata da *apresentação espontânea do acusado*, capitulando-a, separadamente, como modalidade distinta da prisão em flagrante. Tudo indica que o legislador não quis autorizar que a prisão em flagrante tomasse o lugar da prisão preventiva. É como se tivesse escrito: A *apresentação espontânea* do acusado à autoridade impedirá a decretação da prisão em flagrante. O ponto principal a ser considerado, portanto, não é o estado de flagrância, mas sim, a *espontaneidade da apresentação*. Sempre que a *apresentação* puder ser considerada *espontânea* não se deverá dar a prisão em flagrante. [...] Enquanto restar uma possibilidade de fuga e se fizer notar que a apresentação ocorreu de modo próprio e sem ser fruto exclusivo da coação estranha, a espontaneidade deve ser reconhecida. Até a desistência da fuga, durante a perseguição, dirigindo-se o acusado, voluntariamente, numa mudança *espontânea* de rumo, que indique a sua decisão de apresentar-se à autoridade, deverá militar em seu favor, não se lavrando o flagrante". O autor menciona quatro julgados a respeito da inadmissibilidade da prisão em flagrante, na hipótese. (*Da prisão...* cit., § 61, p. 83-84; §§ 99 a 102, p. 332-333). Em igual direção, BARBOSA, Manoel Messias. Flagrante e a espontânea apresentação do indiciado. *Revista Adpesp*, n. 15, p. 30-31, jun. 1988.

mas, sim, a configuração do legítimo flagrante esperado. IV. [...] V. Recurso desprovido (STJ, 5.ª Turma, RHC 8.709/BA, Rel. Min. Gilson Dipp, j. 19.08.1999, v.u., *DJU* 13.09.1999, p. 76).[9]

V. *Descabe falar em conflito de atribuição, ao se cuidar de prisão em flagrante.* O local do fato, ou da prisão, não determina, sempre, o lugar da lavratura do auto (arts. 250, 290 e 380 do CPP). Eis sintética ementa:

> *Habeas corpus.* Incensurabilidade de sua denegação, desde que embasada em precedentes deste Superior Tribunal sobre a legitimidade da lavratura do auto de prisão em flagrante, por autoridade policial de lugar diverso da ocorrência (STJ, 5.ª Turma, HC 6.100/SP, Rel. Min. José Dantas, j. 07.10.1997, v.u., *DJU* 03.11.1997, p. 56339).

Em sentido semelhante, afirmou-se:

> 1. [...]. 2. Inexiste incompetência *ratione loci*, no fato do auto de prisão em flagrante ser lavrado em comarca diversa da que se deu a detenção. Trata-se de mera irregularidade, que não desnatura referido ato (STJ, 6.ª Turma, RHC 6.448/MA, Rel. Min. Anselmo Santiago, j. 1.º.09.1997, v.u., *DJU* 22.09.1997, p. 46560).

VI. *A realização de prisão em flagrante, no correr da busca domiciliar, ou varejamento, depende-lhe da legalidade* (art. 5.º, X e XI, da CF e arts. 243, 245 e 246 do CPP). Se a busca ocorre, de modo legal, enseja contingente prisão; ao oposto, ilegal a busca, contaminada se acha a prisão cautelar. Note-se o aresto:

> Prisão em flagrante. Ilegalidade. É de declarar-se a nulidade da prisão em flagrante, ocorrida no curso de busca policial, no domicílio da pa-

---

9. Em casos mais comuns, com efeito, vem-se asseverando que inexiste formalidade, na representação do ofendido, formulada ao ensejo da documentação da prisão, em flagrante. Veja-se, por exemplo: "Ação penal. Representação. Desnecessidade de forma sacramentada. Inequívoca manifestação de vontade da vítima nas declarações prestadas no auto de prisão em flagrante no sentido de ver seu ofensor processado suficiente para legitimar a iniciativa do Ministério Público. É válida a representação exteriorizada pelas vítimas nas declarações por elas prestadas no auto de prisão em flagrante de quem as ameaçara de vingança por terem comunicado à Polícia a ocorrência de extorsão pelo mesmo posta em prática" (TACrim-SP, 2.ª Câmara, Ap. 627.047-5, Franca, Rel. Juiz Haroldo Luz, j. 29.11.1990, *RT* 667/298-301).

ciente, sem autorização judicial (STJ, 5.ª Turma, HC 6.744/SP, Rel. Min. José Dantas, j. 03.03.1998, v.u., *DJU* 30.03.1998, p. 99).

VII. O último estado de flagrância pode trazer alguma dúvida. Trata-se da prisão que se registra mediante o denominado *auto de encontro*: o conduzido "é encontrado, logo depois, com instrumentos, armas, objetos ou papéis que façam presumir ser ele autor da infração" (art. 302, IV, do CPP). O presumido sujeito agente é achado, em seguida ao fato, com o instrumento do delito; ou com o produto do crime; ainda, com algum papel ou documento, que integre o corpo do delito; ou, também, *porte algum vestígio da infração penal*. O tempo há de ser próximo do cometimento do fato, pouco depois, porém sem a ideia de imediatamente. Veja-se o aresto:

1. Não há falar em nulidade da prisão em questão, pois, apesar das peculiaridades do caso restou configurado a hipótese prevista no artigo 302, inciso IV, do Código de Processo Penal, que trata do flagrante presumido. 2. A expressão "logo após" (na verdade logo depois) permite interpretação elástica, havendo maior margem na apreciação do elemento cronológico, quando o agente é encontrado em circunstâncias suspeitas, aptas, diante de indícios a autorizar a presunção de ser ele o autor do delito, estendendo o prazo há várias horas, inclusive ao repouso noturno até o dia seguinte, se for o caso. 3. Precedentes. 4. RHC improvido (STJ, 6.ª Turma, RHC 7622/MG, Rel. Min. Fernando Gonçalves, j. 26.08.1998, v.u., *DJU* 08.09.1998, p. 118).

VIII. O Código de Processo Penal, logo de início, diz que o processo rege-se tanto por ele quanto pelos tratados, convenções e regras do direito internacional (art. 1.º, I). A Constituição da República, de outra sorte, assegura que, no tocante aos direitos individuais e suas garantias, incluem-se outros nascentes "dos tratados internacionais em que a República Federativa do Brasil seja parte" (art. 5.º, § 2.º). Ao tema prisão em flagrante importam a Convenção de Viena sobre Relações Diplomáticas, de 1961, e a Convenção de Viena sobre Relações Consulares, de 1963, ambas promulgadas pelos Decretos 56.435/1965 e 61.078/1967. Observe-se que a primeira refere-se aos que cuidam do interesse público dos Estados; a segunda importa aos que tratam dos interesses privados.

Os integrantes da missão diplomática – embaixador ou secretário de embaixada; servidores, oriundos do Estado acreditante, ou de origem –

gozam todos de imunidade de jurisdição penal.[10] Não devem, por isso, ser presos em flagrante. Conforme a hipótese, permite-se custodiá-los até que se iniciem os procedimentos de saída do país acreditado. Tal jamais significa que não se instaure inquérito policial, visto que o Estado acreditante bem poderá acusá-los, com base nas provas colhidas e produzidas no Brasil.

A imunidade dos cônsules e dos funcionários consulares desponta limitada. Restringe-se aos atos de ofício e não se estende aos membros de suas famílias.[11] Podem terminar presos, em caso de crime grave, e acabar acusados.

Ao Estado acreditante permite-se renunciar à imunidade de jurisdição penal de seus representantes diplomáticos e consulares. Tal possibilidade, entretanto, raramente, concretiza-se.

IX. O fato, se é praticado em presença da autoridade, ou contra ela, encontrando-se no exercício de suas funções, admite-se que emita *voz de prisão*, presidindo a lavratura do auto na forma preceituada (art. 307 do CPP). *Não guarda a menor cabência que o Juiz de Direito conduza e apresente o preso à autoridade policial; ou convoque a autoridade, para que venha presidir o aludido auto.* Quem, por dever de ofício, controla a legalidade da prisão, em flagrante e, assim, pode relaxá-la tanto mais deve saber presidir a autuação (art. 5.º, LXV, da CF). Quem, por dever de ofício, pode conceder liberdade provisória, com ou sem fiança, necessita não delegar o

---

10. Art. 29. "A pessoa do agente diplomático é inviolável. Não poderá ser objeto de nenhuma forma de detenção ou prisão. O Estado creditado tratá-lo-á com o devido respeito e adotará todas as medidas adequadas para impedir qualquer ofensa a sua pessoa, liberdade ou dignidade." Art. 31, n. 1. "O agente diplomático gozará da imunidade de jurisdição penal do Estado creditado. [...]." Os membros da família do agente diplomático possuem a mesma imunidade e, por igual, os membros do pessoal administrativo e técnico da Missão e seus familiares, desde que não sejam nacionais do Estado acreditado, nem nele tenham residência permanente (art. 37, n. 1 e 2). Note-se, ainda, que: "O agente diplomático não é obrigado a prestar depoimento como testemunha" (art. 31, § 2.º). Os dispositivos são do Decreto 56.435/1965.

11. Art. 41, n. 1, do Decreto 61.078/1967 estabelece: "Os funcionários consulares não poderão ser detidos ou presos preventivamente, exceto em caso de crime grave e em decorrência de decisão de autoridade judiciária competente". Ainda, "Os membros de uma repartição consular poderão ser chamados a depor como testemunhas, no correr de um processo judiciário ou administrativo" (art. 44, § 1.º).

poder-dever de prender, em flagrante, que possui (arts. 301, 310, parágrafo único; ainda, arts. 321 e seguintes do CPP).[12]

X. Há caso que desperta atenção. Em 14.01.1990, imputado de crime de homicídio, teve o auto de prisão em flagrante presidido não pelo Delegado da cidade, de Juarez Távora, no Estado da Paraíba, distrito da culpa, mas, por Delegado de Polícia, designado via Portaria Especial, do Superintendente da Polícia. O Delegado Titular local oficiou como escrivão. Anote-se que tal Delegado era cabo da Polícia Militar, em comando da patrulha, atuando, pois, com violação de mandamento constitucional (art. 144, § 4.º). A ementa do julgado diz:

> Inquérito policial. Prazo. Auto de prisão em flagrante. Portaria de designação de delegado especial. Encerrado o inquérito no prazo de 10 dias, não constitui constrangimento ilegal sua distribuição em juízo com alguma demora por motivo justificáveis. Demais alegações improcedentes, como a que censura a Portaria de designação de Delegado Especial para lavrar o flagrante. Recurso improvido (STJ, 6.ª Turma, RHC 639/PB, Rel. Min. José Cândido, j. 05.06.1990, v.u., *DJU* 18.06.1990, p. 5691).

A questão não se exibe tanto no evidente desatendimento da Constituição da República, porém na designação de Delegado de Polícia, para lavrar auto de prisão em flagrante, com afastamento do Delegado do lugar da infração.

Sabe-se que a *atribuição* do agente público consiste em requisito, de interesse da ordem pública, para a prática de determinados atos, ou de desempenho das específicas funções. O administrado não pode modificá-la. As normas reguladoras da Administração, entretanto, podem aceitar a *avocação e a delegação de poder*. No caso descrito, teria sucedido *avocação* do Superintendente da Polícia, com subsequente *delegação*. Ignora-se a existência, ou não, de preceito legal permissivo, nas Leis de Polícia, da mencionada Unidade Federativa.

---

12. Certifica Hélio Tornaghi: "*Dispensa de condutor.* Se o sujeito é preso em flagrante de infração praticada na presença da autoridade, não há que conduzi-lo a parte alguma: o flagrante deve ser lavrado ali mesmo. A meu ver, a atitude de juízes que fazem apresentar o preso à autoridade policial para que essa lavre o flagrante, complica e frauda a intenção da lei, deixando, inclusive, sem explicação a parte final do art. 307" (*Instituições...* cit., v. 3, p. 324).

Consiste em equívoco pretender solucionar questões de Polícia Judiciária tão só por meio do direito administrativo. O afastamento da autoridade policial, de modo contingente, nasce no direito processual penal. Recorde-se de que pode despontar incompatibilidade do Delegado de Polícia com o fato que surge como objeto do inquérito policial. E ele não obstante, deixa de declarar-se impedido ou suspeito (arts. 107, 112 e 254 do CPP). A *avocação*, pelo superior hierárquico, nos casos marcados em lei, constitui-se em modo de solver o problema.

São Paulo, 4 de novembro de 1999.

DUPLICATA SIMULADA

(Art. 172 do Código Penal)

1. Trata-se de infração penal, com vistas ao bem jurídico protegido, que ampara o *patrimônio* do sacado, ou de quem desconta o título, do só *perigo de dano*. Vale, pois, a potencialidade da lesão, ocorrível, ou não, pouco importa.

Não se há de esquecer de que a figura, de modo indireto, tutela a *boa-fé nos negócios mercantis*. Daí a duplicata surgir, na lei penal, equiparada a documento público (art. 297, § 2.º).

2. O delito emerge *formal*. A ação proibida de *expedir* ou *aceitar* a cártula esgota, pontofinaliza o conteúdo típico. A eventual lesão patrimonial não se insere no juízo da tipicidade. Em outras palavras, a consumação independe do prejuízo.

3. A jurisprudência orienta-se em tal sentido. Vejam-se os arestos:

> Duplicata simulada. Crime formal. Tipicidade. O crime do art. 172 do CP, delito formal, consuma-se à simples apresentação da duplicata para desconto ou outra forma de locupletamento ilícito, não se cogitando de seu exaurimento para a tipificação completa. O crime não deixa de existir, ainda que a duplicata simulada não alcance, por motivo de desconfiança, o pretendido desconto ou caucionamento, pois, com a sua apresentação para um fim ou outro, caracterizou-se a possibilidade do evento lesivo (TACrim-SP, 4.ª Câmara, Acórdão de 18.12.1985, Embs. 375.715-8/Capital, Rel. desig. Juiz Carvalho Neto, Luiz Alberto Bonfaine vs. Justiça Pública).[1]

---

1. *Adcoas*, ano XVIII, n. 18, p. 108225, 1986.

> Duplicata simulada. Aceite. Influência. O delito do art. 172 do CP é de natureza formal, porquanto se incrimina o fato de expedir duplicata que não corresponda à venda efetiva da mercadoria, entregue real ou simbolicamente com a respectiva fatura. O aceite da duplicata simulada não arrebata a tipicidade criminal da expedição, uma vez que tanto é crime expedir quanto aceitar, do mesmo modo que, em princípio, o pagamento não tem maior relevância, visto que o crime se consuma independentemente da ocorrência de prejuízo (STF, 1.ª Turma, Ac. un., RHC 60.979-1/SP, Rel. Min. Soares Muñoz ,Daibs Aily vs. TACrim/SP, *DJ* 24.06.1983)[2].

> Duplicata simulada. Falta de base negocial. Com ou sem assinatura, verdadeira ou falsa, do aceitante, a emissão de duplicata a que não corresponde negócio, uma vez feita, enquadra-se no art. 172 do CP (TACrim/SP, 5.ª Câmara, Ac. un. de 10.05.1983, Ap. 277.583/Jundiaí, Rel. Juiz Adauto Suannes, Clodoaldo Cunningham vs. Justiça Pública). [3]

4. Observe-se, de outra sorte, que o crime de duplicata simulada constitui-se em modalidade de fraude. Assim, a falsidade, como meio empregado, termina absorvida no modelo. O resultado prático acha-se em mostrar-se dispensável o exame de corpo de delito, para a comprovação ou o reconhecimento de sua existência. Note-se o julgado:

> Duplicata simulada. Exame de corpo de delito. Dispensabilidade. O delito de duplicata simulada constitui, em face da existência de fraude, espécie do mesmo gênero a que pertencem os tipos de estelionato. Assim, não se tratando de crime de falsidade de documento utilizado na fraude, que deixa vestígios por sua própria natureza, o exame de corpo de delito é dispensável ao reconhecimento do tipo (TACRIM/SP, 8.ª Câmara, Ac. un. de 17.05.1984, Ap. 318.257-5/Capital, Rel. Juiz Canguçu de Almeida, Justiça Pública vs. José Roberto Pinheiro Lima e outros).

São Paulo 21 de julho de 1987.

---

2. *Adcoas*, ano XVI, n. 2, p. 94755, 1984.
3. *Adcoas*, ano XV, n. 40, p. 93524, 1984.

FORMAS DE INVESTIGAÇÃO E DE INSTRUÇÃO PRELIMINAR NO DIREITO PROCESSUAL PENAL

SUMÁRIO: 1. Inafastabilidade de apuração preparatória, ou prévia, no processo penal. 2. Persecução penal preparatória, no sistema brasileiro vigorante. 3. Inquérito policial civil. 4. Processo administrativo, *stricto sensu*. 5. Comissão parlamentar de inquérito. 6. Inquérito judicial da Lei de Falências. 7. Procedimento preliminar judicial e probatório, pertinente aos crimes contra a propriedade industrial. 8. Direito de defesa.

1. A repetição de enganos, no processo penal, estabeleceu, há muito tempo, a proposição evidente: "os que querem acusar devem ter prova".[1]

A longa e comum experiência jurídica demonstrou a necessidade de alguma apuração preparatória ou prévia à ação penal, de natureza condenatória, demonstrativa da existência material de fato, que se desenha ilícito e típico, e, ao menos, de indícios de autoria, coautoria ou de participação. Verificou-se que o acusado sofre o processo – da imputação subjetiva ao julgamento final – da ação penal condenatória, ainda que termine absolvido. Padece o procedimento e seu ritual. A função simbólica do processo de conhecimento traz-lhe a marca da infâmia. Tal averiguação, a inquirição prévia – cuja forma procedimental varia consoante os diversos sistemas processuais –, volta-se, assim, a duplo objetivo. Diminuir, minimizar, antes de tudo, o risco das acusações formais infundadas, temerárias e, até, caluniosas. Depois, evitar o custo, sem benefício, que tais inculpações inúteis trazem para a Justiça Penal.[2]

---

1. *Qui accusare volunt, probationes habere debent*, L. ún. C., *ut nemo invitus*, 3, 7.
2. Observou Vicente Greco Filho: "Já se sustentou que bastaria como justa causa para ação penal a descrição, na denúncia ou queixa, de um fato típico. A doutrina atual,

Em quase todos os sistemas processuais penais, portanto, emergiu fase preliminar, prévia ou preparatória da ação penal, de índole condenatória. O legislador, então, tomou em conta aspectos políticos e sociais, visando aos destinatários das normas, na procura do melhor instrumento, em determinado instante histórico.[3]

---

porém, à unanimidade, percebendo que a ação penal, por si só é, já, um constrangimento à liberdade individual, exige, para que a ação penal seja proposta e se mantenha, elementos probatórios que sirvam de fundamento razoável para sustentar esse constrangimento, o qual, caso contrário, seria ilegal" (*Manual de processo penal*. 4. ed. São Paulo: Saraiva, 1997. § 14, p. 92).

3. Vejam-se alguns exemplos: no processo penal francês há o procedimento de inquérito (*enquete et poursuite*), dito preliminar, ou de flagrância, sob a direção do Procurador da República. Deságuam na fase instrutória (*instruction préparatoire*) perante o Juiz de Instrução, ou, de modo direto, no Tribunal de Polícia. Bastante semelhante surge o processo penal belga, posto que nele se originou. Existe averiguação informativa, procedimento encurtado – adotável, inclusive, em casos de flagrância –, ultimada pela polícia judiciária, que se reporta ao Procurador do Rei (*information*). Tal perquirição vai ao juiz instrutor, ensejando instante intermédio (*instruction*), ou a julgamento, mas, no Tribunal de Polícia, que desponta monocrático. No processo penal alemão, emerge procedimento preparatório (*das vorverfahren*), cabente à polícia judiciária e dirigida pelo Ministério Público, que leva à fase intermédia (*das zwischenverfahren*), salvo hipótese de procedimento acelerado (*das beschleungte Verfahren*), ou monitório (*das strafbefehlsverfahren*). Já no sistema italiano, seja o procedimento comum (*ordinario*), seja especial exige-se investigação ou averiguação preliminar (*indagini preliminari*), iniciada, no mais das vezes, pela Polícia Judiciária e dirigida pelo Ministério Público. No denominado procedimento ordinário, da averiguação preliminar chega-se à audiência preliminar (*udienza preliminare*), com decisões de não proceder, ou de remeter a julgamento (*decisione di non luogo a procedere* ou *rinvio a giudizio*). Os procedimentos especiais, nascentes no inquérito preliminar são vários (*giudizio abbreviato, applicazione della pena su richiesta delle parti, giudizio direttissimo, giudizio immediato* e *procedimento per decreto penale*). A fase preparatória, no processo penal inglês, comporta dois instantes: a investigação e os atos iniciais de impulso, ambos pertinentes à polícia. O prosseguimento ou a interrupção da atividade atribui-se ao Ministério Público (*Crown Prosecution Service*). O controle da legalidade dos atos de polícia compete ao Juiz de Paz (*Justice of the peace*). Informações retiradas, de modo prevalente, da obra organizada por DELMAS-MARTY, Mireille. *Procedure penali d'Europa*. Edição italiana, aos cuidados de Mário Chiavario. Milano: Cedam, 1998; e da coletânea, dirigida por: HENDLER, Edmundo S. *Sistemas procesales penales comparados*. Buenos Aires: Ad-Hoc, 1999.

2. No sistema brasileiro, a persecução penal preliminar ou preparatória emerge nas três faces do Poder: Executivo, Legislativo e Judiciário. Perante a Administração divisam-se o inquérito policial civil e o militar, mais o processo administrativo, em sentido estrito. No Legislativo, pode irromper inquérito parlamentar, cujo resultado, de modo eventual, importe ao processo penal. No Judiciário, acham-se o inquérito judicial da Lei de Falências; e, ainda, a formação judicial do corpo do delito e contingente apontamento da autoria, nos crimes contra a propriedade industrial. O inquérito policial, ultimado pela Polícia Federal, para a expulsão de estrangeiro atende, tão só, ao direito administrativo. Não guarda pertinência com a persecução penal do que estamos cuidando (arts. 68, parágrafo Único, e 71 da Lei 6.815/1980 c/c o art. 102 do Decreto 86.715/1981).

Os cinco aludidos meios de perquirir e apurar, de modo prévio, fato e autoria consistem em produto cultural. Todos merecem constante estudo para adequação e aprimoramento.

3. A Polícia, em palavras simples, consiste em órgão da administração direta, voltado à paz pública.[4] Age – ou deve agir – tutelando a liberdade jurídica ou restringindo-a, consoante a lei, em prol da mencionada paz.[5] Quando atua como integrante da Justiça Penal, diz-se que a Polícia é judiciária.[6] Atribui-se às autoridades policiais, Delegados de Polícia, a feitura do inquérito preparatório (art. 144, § 1.º, I e II, § 4.º, da CF).

---

4. Antônio de Paula conceitua polícia: "[...] organização destinada a prevenir e a reprimir os delitos, garantindo, assim, a ordem pública, a liberdade e a segurança individual" (*Do direito policial*. 2. ed. Rio de Janeiro: A Noite, [s.d.]. § II, p. 13). Hélio B. Tornaghi assenta: "*Polícia*. Órgão da administração pública, encarregados de manter a paz, proteger a ordem geral e a segurança de cada um [...]" (*Instituições de processo penal*. 2. ed. São Paulo: Saraiva, 1977. v. 2, p. 197). Os autores exibem clara influência do pensamento francês dos séculos XVIII e XIX. O art. 272, 1., da Constituição da República portuguesa, de 1976, entretanto, diz: "A polícia tem por funções defender a legalidade democrática e garantir a segurança interna e os direitos dos cidadãos". Diga-se, dos indivíduos, e não só dos cidadãos. Tal conceito funcional não significa que se deva criar um mero direito à segurança, que se distancie das liberdades públicas.
5. Entenda-se paz pública como o produto da tranquilidade social, não artificial, pela ordem social, enxergada como harmonia na comunidade.
6. MARQUES, José Frederico. *Tratado de direito processual penal*. São Paulo: Saraiva, 1980. v. 1, § 3.º, item 9, p. 12-13.

O inquérito policial emerge qual procedimento cautelar, voltado à "verificação da existência (material) da infração penal, descobrimento de todas as circunstâncias e respectiva autoria" (coautoria ou participação).[7] Surge administrativo quanto à atuação e forma, mas judiciário nos seus fins.[8] Ostenta fase procedimental da persecução penal. Contém atos de investigação e de instrução criminal (arts. 4.º a 23 do CPP).

A inquisitividade, maior ou menor, acha-se sempre em qualquer sistema processual penal. No processo penal brasileiro, encontra-se em ambos os instantes da persecução penal – extrajudicial e judicial –, sem esquecer do processo de execução. Varia, tão só, a intensidade da pesquisa, conforme o escopo e a natureza do provimento jurisdicional intentado. Parece desútil repetir, a todo tempo, que não se confunde poder-dever inquisitivo do Delegado de Polícia e do juiz penal com procedimento inquisitório, extinto durante o século XIX. Tal baralhamento não tem mais lugar na doutrina processual.[9] Anote-se, desde logo, que o aludido poder-

---

7. Cf. arts. 11, § 2.º, e 38, *in fine*, do Decreto 4.824, de 22.11.1871, bem como art. 42 do mesmo diploma regulamentar, com algumas adequações.
8. ALMEIDA, Fernando Henrique Mendes de. É sustentável que exista entre nós uma polícia mista?. *Arquivos da Polícia Civil*, São Paulo, v. 3, p. 22-28, 1942.
9. Diz Rogério Lauria Tucci: "Bem é de ver, entretanto, que a afirmada inquisitoriedade de toda a *persecutio criminis*, especialmente o poder inquisitivo conferido ao órgão jurisdicional, para a devida formação do seu convencimento não deve ser confundida com o processo inquisitório, originário do direito penal romano e desenvolvido segundo o modelo canônico de triste memória. Como precisa Joaquim Canuto Mendes de Almeida, diferem, expressivamente, o procedimento *ex officio*, em que se consubstancia o processo penal inquisitório e a inquisitividade ínsita à persecução penal, tendo 'a doutrina e a jurisprudência pátrias confundindo, frequentemente, o poder inquisitivo com o poder de procedimento *ex officio*, entendendo que o cancelamento deste exprime o desaparecimento daquele'. E, procurando afastar essa apontada dificuldade de entendimento, completa com veemência: 'nosso juízo criminal é inquisitivo até nas ações exclusivamente privadas. Podemos ainda afirmar que, então, mais benéfica é a inquisitoriedade, talvez mais necessária do que nos casos de ação pública, porque, ao invés de obra imparcial do promotor público, o magistrado nelas vigia e tutela a verdade objetiva, contra os interesses secundários do particular ofendido'" (*Direitos e garantias individuais no processo penal brasileiro*. São Paulo: Saraiva, 1993. p. 38-39; o autor invoca a obra *Processo penal, ação e jurisdição*, São Paulo: RT, 1975. p. 193-194).

-dever não desponta incompatível com o exercício do direito de defesa, seja a jurisdição civil ou penal.[10]

Não guarda cabimento asserir que surge como simples peça informativa, para, em seguida, afirmar que os meios de prova, constantes do inquérito, servem para receber, ou rejeitar a acusação formal; prestam para decretar a prisão preventiva, *stricto sensu*, ou para conceder a liberdade provisória; surgem suficientes para instaurar incidente de insanidade mental; bastam, ainda, para determinar o arresto e o sequestro de bens, por exemplo. Todos atos decisórios de manifesta gravidade.[11]

Afirmar que o inquérito policial encerra, tão só, investigação é simplificar, em excesso, a realidade sensível. Resta-se na necessidade esforça-

---

10. Atentar para, no Código de Processo Civil, a atividade *ex officio* do juiz: ao "determinar as provas necessárias à instrução do processo" (art. 130); "determinar o comparecimento pessoal das partes, a fim de interrogá-las" (art. 342); "ordenar à parte a exibição parcial dos livros e documentos" (art. 382); "ordenar [...] a inquirição de testemunhas" e "a acareação de duas (2) ou mais testemunhas" (art. 418, I e II); nos procedimentos especiais de jurisdição voluntária, também, "a juiz é lícito investigar livremente os fatos e ordenar de ofício a realização de quaisquer provas" (art. 1.107).
11. Observou José Frederico Marques: "Cumpre assinalar, porém, que, se a instrução probatória é a fase procedimental específica para a produção de provas, atos instrutórios já se praticam desde a fase postulatória da instância e até mesmo nos atos preparatórios da investigação policial ou de outra *informatio delicti*, que tenha servido de base à acusação. Assim, é que a juntada de documentos, por exemplo, com a denúncia, constitui ato de instrução probatória. Por outro lado, as perícias efetuadas na investigação preparatória têm quase sempre, caráter de ato probatório definitivo. Além do mais, determine o artigo 12 que o 'inquérito policial acompanhará a denúncia ou a queixa, sempre que servir de base a uma ou a outra'. Pelo próprio teor do texto, verifica-se que a função dos autos dessa investigação preparatória está em servir de fundamento à *opinio delicti*, que legitima a propositura da ação penal. Mas a verdade é que o inquérito, embora não possa, com suas provas, constituir-se como base da sentença definitiva, contém, no entanto, elementos indiciários e circunstâncias complementares, que podem esclarecer, reforçar ou consolidar elementos de convicção, colhidos na fase instrutória da instância penal. Assim sendo, o inquérito que acompanha a denúncia, é, sob certo aspecto, uma peça de instrução e que constitui, por isso, elemento probatório colhido fora da fase instrutória" (*Elementos de direito processual penal*. Campinas: Bookseller, 1997. v. 2, § 84, n. 437, p. 251). Viu-se, portanto, levado a reconhecer o conteúdo instrutório do inquérito. Peça de instrução longe está de peça de informação.

da de asseverar, em consequência, que a decisão judicial, recebendo a denúncia ou a queixa, arrimada em inquérito, volta no tempo e no espaço, judiciarizando alguns atos do procedimento preparatório ou preliminar.[12]

Recordem-se: as buscas e as apreensões, bem-sucedidas; todas as perícias – exames, vistorias e avaliações; reconhecimento positivo de pessoa e de coisa; juntada de documentos – papéis ou instrumentos – aos autos de inquérito.[13] Ocorre, admitida a acusação formal, espécie de banho lustral sobre os meios de prova, encontráveis, no primeiro instante da persecução penal, consoante criticada opinião.

Ora, quem investiga só rastreia. Instrução consiste em atividade tendente a produzir prova, reveladora do fato criminado, pois.

Na averiguação prévia, a autoridade policial informa-se, instrui-se sobre o fato, que pode vir a ser declarado infração penal, e o comunica ao Poder Judiciário. Cifra-se a atividade instrutória, no inquérito policial, em: (a) demonstrar a existência material de fato, que se delineia ilícito e típico, imerso em sua circunstancialidade; (b) evidenciar-lhe a autoria, individuando o agente ou agentes, assim recolhendo e conservando os meios de prova necessários à imputação subjetiva; e (c) afirmar a impossibilidade de atingir um ou outro resultado; ou ambos.

Forçoso anuir em que, no inquérito policial, irrompem atos de investigação e atos de instrução criminal preparatória. A distingui-los a relativa definitividade, ou não repetição. Melhor seria dizer atos sem maior provisoriedade, ou, em regra, insuscetíveis de reprodução: irrepetíveis.[14]

O inquérito policial civil ganharia, em eficiência, com a regular cooperação do exercício do direito de defesa. A ideia não surge nova. Durante o ano de 1957, Joaquim Canuto Mendes de Almeida, grande mestre pro-

---

12. Nesse sentido, MARQUES, José Frederico. *Elementos*... cit., v. 2, § 63, n. 313, p. 128.

13. Ver sobre o tema: PEREIRA, Maurício Henrique Guimarães; ANGERAMI, Alberto; TONELLI NETO, Pedro. Provas policiais insuscetíveis de repetição. *Revista Adpesp*, n. 26, p. 9-17, dez. 1998.

14. Maurício Henrique Guimarães Pereira e outros mencionam as provas policiais insuscetíveis de repetição e, na sequência, classificam-nas, em face da instrução probatória, o quanto segue: "a) integrante da instrução probatória por força de lei; b) integrante da instrução probatória por força própria; c) passíveis de integrar a instrução probatória por contraste de regularidade" (Provas policiais... cit., p. 16). Na primeira espécie, estaria o exame do corpo de delito; na segunda o documento; e por fim o reconhecimento de pessoa ou coisa.

cessualista, lançou-a.[15] Tanto que difundida, recebeu severo ataque da doutrina[16] e nenhuma repercussão nos julgados. O pensamento vencedor persistiu em assentar que o inquérito policial desponta, em essência, inquisitivo; contém, tão só, investigação e se mostra qual peça meramente informativa. O equívoco perdura, prevalecendo desde há quarenta e cinco anos.[17]

Costuma-se dizer que, no inquérito, inexiste acusação ou partes. Em consequência, não enseja o exercício do direito de defesa.[18] Percebe-se, contudo, que o indiciado tem contra si imputação.[19] Chegou-se a denominar, por isso, o indiciado de *quasi imputatus*, temendo-lhe reconhecer o direito de defesa.[20]

---

15. ALMEIDA, Joaquim Canuto Mendes de. O direito de defesa no inquérito policial, resultante da supressão da pronúncia no juízo singular. *Princípios fundamentais do processo penal*. São Paulo: RT, 1973. p. 187-217. Cuida-se de republicação de quatro estudos, estampados no jornal o *Estado de S. Paulo*, em julho e agosto de 1957.
16. Tomou a frente, na doutrina, José Frederico Marques, combatendo a ideia de Joaquim Canuto Mendes de Almeida (A investigação policial; O inquérito policial; Ainda o inquérito policial. *Estudos de direito processual penal*. Rio de Janeiro: Forense, 1960. p. 65-89).
17. Eis o conceito em primeira abordagem: "Chama-se defesa à atividade de realizar, na instrução e no julgamento penal, o direito a não sofrer penas, nem medidas de segurança; ou a sofrê-las, tão só, no limite legal" (ALMEIDA, Joaquim Canuto Mendes de. Noções primeiras de direito judiciário penal. *Investigações: Revista do Departamento de Investigações*, São Paulo, ano I, n. 6, p. 22, jun. 1949).
18. Cf. TORNAGHI, Hélio. *Instituições de processo penal*. 2. ed. São Paulo: Saraiva, 1997. v. 2, p. 253.
19. A lei do processo, ao cuidar da instrumentalização da prisão em flagrante, diz que "a autoridade competente [...] interrogará o acusado sobre a imputação que lhe é feita [...]" (art. 304, *caput*).
20. Hélio Tornaghi averbou: "Acertadamente evitou o Código a palavra acusado, na fase do inquérito policial. Como é óbvio, somente pode haver acusado depois da acusação, isto é, da denúncia ou queixa. É certo que, excepcionalmente, a lei defere a possibilidade de defesa ao simples indiciado, colocando-o na situação de *quasi imputatus*. Tal acontece em casos em que há restrição de um bem jurídico, *v.g.*, da liberdade, na prisão em flagrante e na prisão preventiva, e do patrimônio, no sequestro e na hipoteca legal. Nem por isso, entretanto, deve considerar-se acusado, embora possa parecer paradoxal que alguém se defenda sem ter sito acusado. É que a defesa se exerce aqui contra restrição, não contra a acusa-

Afirma-se, de outra sorte, que, no direito administrativo, importa distinguir mero procedimento de processo administrativo. No primeiro, inexistiria "contraditório" pela falta de acusação e impossibilidade de aplicação de penalidade. Já no processo administrativo despontaria o "contraditório", em razão de determinada imputação – constante de portaria, resolução ou outro meio incoador – e de eventual aplicação de reprimenda. Assim, o inquérito policial civil haveria de classificar-se entre os simples procedimentos administrativos, ao lado, pois, de meios sumários de apuração de faltas – hoje, em desaparecimento – e de sindicância.

A argumentação é falha. Não há processo sem procedimento, mas existe procedimento sem processo, nada implicando modificação substancial. No contraditório, preexiste conflito que se deseja solucionar mediante ele. Despontam – ou podem emergir –, portanto, tese e antítese: relação de oposição entre, ao menos, dois sujeitos parciais. A bilateralidade é, pois, exigência que leva ao método dialógico de superação do conflito, por meio da função e da atividade de sujeito imparcial. No puro exercício do direito de defesa, o conflito vem ostentando na afirmação da ocorrência de lesão, ou de ameaça de lesão. Daí, então, irrompe simples oposição ou resistência – parcial ou total – a determinada proposição, ou acusação informal. Em tal lanço, os sujeitos parciais bastam-se, cabendo, em regra, ao próprio imputante achar a solução do conflito de modo potestativo.

Fácil perceber que, no processo administrativo, não há contraditório, porém exercício do direito de defesa, unicamente. Além do mais, a tendência legislativa está em permitir o seu exercício também na fase de sindicância.

É fácil perceber que o suspeito e o indiciado conseguem defender-se ou exercitar defesa de maneira exógena, exterior, por meio do *habeas corpus*, do mandado de segurança e do *habeas data* (art. 5.º, LXVII e LXIX, da CF). Os imputados, no inquérito, e os formalmente acusados reagem, mas também agem, defendendo-se, mediante os aludidos remédios jurídico-processuais.

É manifesto que, ao ensejo da prisão em flagrante, a assistência, por advogado – cuja presença real há de mostrar-se ativa –, e o recebimento da nota de culpa ensejam defesa (art. 5.º, LXI, LXIII e LXIV, da CF, c/c o art.

ção. Tem pressuposto de direito processual, não de direito penal" (*Instituições...* cit., v. 2, p. 253). A argumentação não convence.

304, *caput* e § 1.º; art. 306, parágrafo único, do CPP). Anote-se que a proibição, ao preso, de comunicar-se com seu advogado quebranta-lhe o direito de defesa ainda no correr do inquérito policial (art. 7.º, III, da Lei 8.906/1994). Tais exemplos implicam aceitar que o direito existe e pode ser praticado.

A intervenção defensiva do indiciado, na persecução preparatória, em especial, apontando e requerendo meio de prova, ou pretendendo seguir-lhe a produção, não consiste em liberalidade, mas em direito. Ensinou-se, com larga invocação da doutrina estrangeira, que a atuação, a assistência efetiva ao indiciado, pelo defensor, no desenvolvimento no inquérito policial ostenta um direito subjetivo do constituinte.[21] Direito nascente, de manifesto, na Lei Maior (arts. 5.º, LV e LVXXIV, e 134).[22] Reforça-se, por conseguinte, o preceito da lei processual penal (art. 14).

Não se vai cuidar, entretanto, do inquérito policial militar, nesse lanço (arts. 9.º a 28 do Decreto-lei 1.002, de 21.10.1969). As peculiaridades ou especialidades do direito militar desfocariam um pouco a análise do tema.

4. A apuração de ilícito administrativo ultima-se mediante processo administrativo disciplinar (art. 41, § 1.º, II, da CF). Surgem bem conheci-

---

21. No processo penal belga, atingido o instante intermediário, perante o Juiz de Instrução (*instrution*), o inquirido não guarda direito de impugnação. A praxe, contudo, tem-no admitido. No francês, a intervenção do imputado exsurge reduzida, mas, já existe na averiguação policial (*enquete*). Na instrução preparatória, corrente ante o Juiz Instrutor (*mise en examen*), ao increpado confere-se o direito de defesa. Já, no processo penal alemão, durante a fase preparatória, reconhecem-se vários direitos ao inquirido. Assim, o de ser ouvido; de contrariar a imputação e as provas emergentes. Valem-lhe, ainda, a presunção de inocência e a proporcionalidade das medidas coercitivas. No processo penal inglês, na fase policial, o inculpado exibe diversos direitos. A saber, por exemplo: conhecer os motivos da prisão, guardar a assistência de defensor. No processo penal italiano, a pessoa submete-se à averiguação (*persona sottoposta alle indagini*), ou o imputado (*imputato*) tem o direito de possuir defensor. Informações retiradas, de modo prevalente, da obra organizada de: DELMAS-MARTY, Mireille. *Procedure penali d'Europa*. Edição italiana, aos cuidados de Mário Chiavario. Milano: Cedam, 1998; e da coletânea, dirigida por: HENDLER, Edmundo S. *Sistemas procesales penales comparados*. Buenos Aires: Ad-Hoc, 1999.

22. Rogério Lauria Tucci, após examinar o direito comparado, que exibe a clara tendência em aceitar o exercício do direito de defesa, na averiguação preparatória, firma sua convicção na indispensabilidade do direito de defesa, mesmo na fase de inquérito (*Direito e garantias...* cit., p. 378-390).

das as fases procedimentais: instauração, de ofício ou mediante provocação de qualquer pessoa; instrução; defesa; relatório; e, depois, decisão da autoridade. É obra de comissão disciplinar denominada processante. Falhando elementos de convicção suficientes para baixar a portaria incoadora, a autoridade há de determinar a realização de prévia sindicância.[23]

Hoje, não há mais lugar para a recusa ao exercício do direito de defesa no processo disciplinar.

Se a infração administrativa consistir, também, em infração penal, cópia de todo processado necessita remeter-se ao Ministério Público. Se, de outra sorte, a mais da infração disciplinar, vislumbrar-se a possível ocorrência de ilícito penal, caberá à Administração Pública dar notícia à Polícia Judiciária (art. 66, I, da Lei das Contravenções Penais e art. 319 do CP).

Nada obsta a que, em procedimento administrativo não disciplinar, irrompam provas da ocorrência de fato ilícito e típico. Aguarda-se da autoridade administrativa igual proceder: comunicação ao Ministério Público ou notícia da infração à Polícia Judiciária, tudo conforme o grau de incriminação nele emergente.[24]

Pode, assim, tornar-se forma de investigação e de instrução preliminar, atendendo ao direito processual penal.

5. Na esfera do Legislativo, desponta a comissão parlamentar de inquérito, que deita raízes na Lei Maior desde os idos de 1934 (art. 36). Na Constituição da República atual, acha-se no capítulo pertinente ao Poder Legislativo, Sessão VII, "Das Comissões" (art. 58, § 3.º).

---

23. "Sindicância administrativa. Meio sumário de que se utiliza a Administração Pública, no Brasil, para, sigilosa ou publicamente, com indiciados ou não, proceder à apuração de ocorrências anômalas no serviço público, as quais, confirmadas, fornecerão elementos concretos para imediata abertura de processo administrativo contra o funcionário público responsável" (CRETELLA JÚNIOR, José. *Dicionário de direito administrativo.* 4. ed. Rio de Janeiro: Forense, 1998. verb. resp., p. 438-439).

24. A Lei 9.784, de 29.01.1999, regulou o processo administrativo, no âmbito da Administração Pública Federal, abarcando os Poderes Legislativo e Judiciário da União. Já a Lei 10.177, de 30.12.1998, disciplinou o processo administrativo, no âmbito da Administração Pública Estadual, de São Paulo. Observe-se que a lei paulista permite que qualquer pessoa, tendo conhecimento de violação da ordem jurídica, praticada por agentes administrativos, acuse-os à Administração (art. 86).

Volta-se à apuração de fato determinado e a tempo certo. Jamais contém o direito à devassa geral e infinda. As conclusões obtidas podem orientar eventual projeto de lei; conduzir a alguma recomendação; ou, de modo contingente, serão encaminhadas ao Ministério Público "para que promova a responsabilidade civil e criminal dos infratores", se emergir cabente (art. 58, § 3.º, *in fine*, da CF).[25]

Além das atribuições que a Constituição lhe dá, tais como "realizar audiências públicas", "receber petições, reclamações, representações ou queixas de qualquer pessoa contra atos ou omissões das autoridades ou entidades públicas", "solicitar depoimento de qualquer autoridade ou cidadão" (art. 58, § 2.º, II, IV e V), as comissões parlamentares de inquérito regem-se pelas Leis 1.579, de 18.03.1952, e 10.001, de 04.09.2000, bem como pelos Regimentos Internos das Casas, do Congresso Nacional.

Os poderes da mencionada comissão de inquérito exsurgem limitados. Vale assentar: padecem das mesmas restrições, aplicáveis ao inquérito policial civil.[26]

---

25. Averba Manoel Gonçalves Ferreira Filho: "Na verdade, a regra de ouro é que o poder investigatório há de estar vinculado a uma atribuição constitucional específica. Destarte, não sendo da alçada da Casa ou do Congresso tomar decisão a respeito do 'fato' investigado, descabe a investigação. É a condição geral de *pertinência*, que enfatiza a doutrina [...]. É evidente que, por outro lado, pode a investigação levar à descoberta de delitos que não estejam na esfera punitiva do Congresso Nacional – que se limita aos crimes de responsabilidade. É por isso que a parte final do dispositivo em comentário prevê expressamente a remessa das conclusões da comissão ao Ministério Público, a fim de ser promovida a responsabilização penal ou civil dos 'infratores'" (*Comentários à Constituição brasileira de 1988*. 2. ed. São Paulo: Saraiva, 1997. p. 346).

26. "A faculdade investigatória, atribuída às comissões parlamentares de inquérito, assemelha-se àquelas conferidas ao delegado de polícia, no exercício da persecução penal extrajudicial, ou persecução penal prévia. A autoridade policial, no curso do inquérito, pode e deve utilizar de todos os meios legais para atingir o bom êxito da investigação. Mas ninguém, jamais, afirmaria que a autoridade policial possa restringir direito fundamental, sem ordem e permissão judicial. Assim de igual modo, comissão parlamentar de inquérito não pode determinar a restrição a direito individual, como, por exemplo, decretar a prisão preventiva do investigado, expedir mandado de busca e de apreensão, interceptar conversa telefônica ou quebrar o sigilo bancário" (PITOMBO, Cleunice A. Valentim Bastos. Comissão parlamentar de inquérito e os institutos da busca e da apreensão. *Justiça penal*, 7: críticas e sugestões: justiça criminal moderna. São Paulo: RT, 2000. p. 275-276).

Jamais aflorou dúvida séria quanto à possibilidade de os indiciados exercitarem o direito de defesa, antes ou depois de serem ouvidos, tal como, em regra, se lhes permitem o Código de Processo Penal e a Legislação, ao tratar de procedimentos especiais (arts. 2.º, 3.º e 6.º do CPP; art. 106 do Decreto-lei 7.661/1945; art. 43, § 1.º, da Lei 5.250/1967; art. 2.º, I, do Decreto-lei 201/1967).

6. No Judiciário, irrompem duas formas de investigação e instrução preliminar: inquérito judicial da Lei de Falências e a denominada diligência preliminar de busca, apreensão e perícia, no procedimento especial dos crimes contra a propriedade industrial. Não se cogita, em tal lanço, da investigação e instrução preliminar de infração penal, supostamente praticada por juiz (art. 84 do CPP e Regimentos Internos dos Tribunais). Cuida-se de inquérito cuja direção deslocou-se em razão da competência.

O inquérito judicial exibe-se como o primeiro instante, ou momento, da persecução penal, nos crimes falimentares (arts. 103 a 108 do Decreto-lei 7.661, de 21.06.1945).

No Juízo da quebra, abre-se o inquérito judicial a requerimento do síndico, acompanhado da primeira via do relatório, seguida da perícia contábil e documentos, havidos por pertinentes. Em tal pedido, podem-se pleitear outras perícias e diligências, tudo destinado "à apuração de fatos ou circunstâncias, que possam servir de fundamento à ação penal" (art. 103, §§ 1.º, 2.º, da Lei de Falências, c/c o art. 509 do CPP). Permite-se, ainda, requerer o inquérito qualquer credor, se o síndico não o fez, e, também, solicitar o que acreditar necessário, com vistas à mencionada finalidade (art. 104).

A presidência da persecução penal, de manifesto, cabe ao juiz da falência, juiz cível da quebra.

Tanto que admitido a requerimento do síndico, dá-se vista ao Ministério Público para que se manifeste sobre os requerimentos e, de eventual, ofereça os seus. Observe-se que, se ninguém pediu a instauração do inquérito, ele sempre pode fazê-lo (art. 105 da Lei de Falências). Não requisita, requer.

O falido, ou qualquer envolvido, pode "contestar as arguições contidas nos autos de inquérito e requerer o que entender conveniente" (art. 106 da Lei de Falências). Sem razão os que sustentam não se ensejar plena defesa no inquérito judicial. À evidência de o inquérito emergir inquisitivo nunca lhe afasta o exercício do direito de defesa (art. 5.º, LIV e LV, da CF). Armou-se desnecessária confusão entre sistema processual inquisitivo – hoje, inexistente – e inquisitoriedade, específica das duas fases da persecução penal, por motivo da regra da verdade material. O fato de o juiz penal exibir-se inquisitivo – em qualquer forma procedimental – não arreda o direito de defesa e a contraditoriedade. Não surge lícito tratar o envolvido como estranho, no inquérito, cujo conteúdo é instrução criminal judicial. Basta lembrar de que nele se obtém e se produz prova da materialidade e da autoria, coautoria e de participação nos crimes falimentares. A postura irrompe, até, retrógrada. Desde, por exemplo, no direito comparado, os casos Escobedo *versus* Illinois (378 U.S. 478, 1964) e Miranda *versus* Arizona (384 U.S. 436, 1966), em que se consagrou o direito de defesa técnica, mesmo ao indiciado. Dizer que o inquérito judicial é simples peça informativa exibe desconhecimento do processo penal vigorante e da Lei Maior.

Afirma-se, enganadamente, que o inquérito judicial, por guardar caráter inquisitivo, não força a intimar o defensor do envolvido ou terceiro interessado. Hoje, aceita-se que a ampla defesa mostra-se no *jus* de ser informado; na bilateralidade de audiência; ou contraditoriedade; e no direito à prova, legitimamente obtida ou produzida.[27] Bem pode irromper, contudo, o exercício do direito de defesa, em face de certa imputação, sem que se estabeleça o contraditório, de modo necessário. A falta de intimação, engendrando carência de oportunidade de defesa, provoca nulidade absoluta (art. 5.º, LIV e LV, da CF).

Deferidos os meios de prova que se pleitearam, passa-se à aludida instrução judicial. Tanto que concluída, abre-se vista ao Ministério Público que, no prazo de cinco dias, pedirá a apensação do inquérito aos autos da falência, ou oferecerá denúncia em face do falido e de outros envolvidos (art. 108 da Lei de Falências). O requerimento de apensação equivale ao pedido de arquivamento de inquérito policial (art. 28 do CPP e art. 109, § 1.º, da Lei de Falências).

O ato decisório do juiz da falência – não despacho –, que aceita, ou rejeita, a acusação precisa emergir fundamentado (art. 109, § 2.º, da Lei de Falências, e Súmula 564 do STF, sem esquecer o art. 93, IX, da CF). Assim é porque o inquérito judicial encerra sumário de culpa, ou juízo de acusação, e tal decisão assemelha-se à de pronúncia (art. 408 do CPP). Quem sustenta que o inquérito judicial não contém, como exigência, o exercício

---

27. Conforme TUCCI, Rogério Lauria; CRUZ E TUCCI, José Rogério. *Constituição de 1988 e processo*: regramentos e garantias constitucionais do processo. São Paulo: Saraiva, 1989. § 6.º, item 16, p. 61.

do direito de defesa fica em dificuldade técnica para, em seguida, reclamar motivação no *decisum* interlocutório, que admite a acusação formal.

7. A Lei 9.279, de 14.05.1996, regulou direitos e obrigações relativos à propriedade industrial. O Capítulo VII, "Das disposições gerais", encerra preceitos de natureza penal, civil, processual e administrativa (arts. 196 a 210).

As diligências preliminares, referidas nas leis, dizem, de modo prevalente, com o corpo do delito e com sua evidenciação pericial (arts. 526, 527, parágrafo Único, e 528 do CPP; ainda, arts. 200 a 204 da Lei 9.279/1996).

Na esteira dos mencionados preceitos, tais diligências seriam as buscas, as apreensões e as vistorias. Observe-se que, no sistema probatório brasileiro, as perícias mostram-se por via de exame, vistoria e de avaliação. Em verdade, o tema é exame do corpo do delito, meio de prova da materialidade da infração penal, cujo fato não é transeunte. Elas se dirigem, portanto e cautelarmente, para formar o auto do corpo do delito, o qual surge indispensável nas infrações penais, que deixam vestígios depois de si (arts. 525, 240, § 1.º, "c" e "h", 158 e 564, III, "b", do CPP).[28]

Cuida-se, em síntese, de procedimento judicial criminal, preventivo e cautelar, destinado à demonstração da materialidade de infrações penais, cujo objeto jurídico de tutela acha-se na propriedade industrial. Desnecessário lembrar de que nem tudo o que exsurge preventivo é cautelar.

Tal diligência ostentar-se-ia *inaudita altera parte*, dominariam, então, as ideias de urgência e celeridade, vedando-se o direito de defesa.[29] Esse entendimento necessita ser repensado em face do tratamento que a Constituição da República deu à garantia da plenitude da defesa (art. 5.º, LV).

Assim, o procedimento judicial probatório, de que se cuida, não mais há de constituir-se em hiato de ilegalidade no sistema do processo penal. Tanto que ninguém argumentaria com a falta de interesse do eventual imputado na feitura da evidenciação da materialidade do crime que se lhe

28. Conforme MARQUES, José Frederico. *Elementos...* cit., v. 3, § 857, p. 361.

29. Conforme TOURINHO FILHO, Fernando da Costa. *Processo penal.* 18. ed. São Paulo: Saraiva, 1997. v. 4, p. 180; no mesmo sentido JESUS, Damásio E. de. *Código de Processo Penal anotado.* 14. ed. São Paulo: Saraiva, 1998. p. 378, em nota ao art. 525; ainda, CERQUEIRA, João da Gama. *Tratado da propriedade industrial.* 2. ed. São Paulo: RT, 1982. v. 1, § 338, p. 572 e n. 36.

deseja atribuir. A pressa de ultimar o exame de corpo de delito atende-se com a ordem liminar *inaudita altera parte*, tão conhecida nos procedimentos cautelares e em ações judiciárias, que a admitem (art. 928 do CPC, por exemplo), sem obstar posterior ciência e oportunidade de manifestação daquele que viria a ser acusado de modo formal. Achar-se-iam as regras, ou os direitos respeitados, de ser informado, de audiência e de legalidade na produção da prova penal. Mantidos, contudo, o procedimento preventivo, tal como se mostrava na doutrina anterior, a busca, a vistoria, a apreensão e o exame, as providências aflorar-se-ão nulas e de pleno *jus* (arts. 43, III, 158 e 525 do CPP e arts. 200 e 201 da Lei 9.279/1996 c/c o art. 5.º, LIV e LV, da CF).

Não poucas vezes, ao realizar-se o exame de corpo de delito, termina-se por indicar ou fazer crescer a prova da autoria, coautoria ou da participação nas específicas infrações penais.[30] O direito de defesa não se deve arredar, seja em razão de sua natureza, seja em base de motivação frágil.

O laudo dos peritos precisa, para ganhar força e efeito, receber homologação judicial (arts. 528 c/c o art. 799 do CPP). O procedimento todo constitui reminiscência – não só a mencionada homologação – da antiga forma de julgamento do auto de corpo de delito.[31]

A decisão judicial, que homologa o laudo, não se constitui em despacho nem é interlocutória. Ostenta-se como sentença no sistema vigorante. Dela, se contrária ao requerente da medida, cabe, por isso, apelação. Desnecessário lembrar que é ato judicial que deve emergir fundamentado (art. 93, IX, da CF).

O procedimento, assim, se mostra como maneira de investigação e de instrução preliminar, relativa aos crimes contra a propriedade industrial.

8. As indicadas cinco formas de investigação e de instrução preliminar, no direito brasileiro, servem ao processo penal de conhecimento de natureza condenatória. Afastam a ação penal ou oferecem-lhe justa causa ao darem fundamento, arrimo, à acusação formal. Dirigem-se à demonstração da existência material de fato ilícito e típico, bem como de respectiva autoria, coautoria e participação.

---

30. Conforme PITOMBO, Cleunice A. Valentim Bastos. *Da busca e da apreensão no processo penal*. São Paulo: RT, 1999. § 7.2.1.3, p. 250.
31. Conforme e com mínima divergência, MARQUES, José Frederico. *Elementos*... cit., v. 3, § 857, p. 362 e nota 15.

Crescem de valor e de importância, se aceitarmos a ideia da inafastabilidade do exercício do direito de defesa, despregando-o da ideia de contraditório, que se reclama indisponível, ou indispositivo, na segunda fase da persecução penal.

Novembro de 2002.

FORMAS PROCEDIMENTAIS

1. *Processo* é movimento para frente, tal como retrocesso o é para trás. Daí haver afirmado que o *processo* consiste em uma *direção* no movimento e o *procedimento* no *modo* de mover e na *forma* de ser movido.[1]

2. Procedimento é o nexo lógico que liga os atos, negócios e fatos jurídicos processuais, que se volta a fim determinado. Em tal sentido, pode-se falar em relação de direito procedimental, porém.

3. O procedimento judicial tende a adequar sua forma à natureza do direito, que se pretende definir, ou "causa". Tem, ainda, como critério a qualidade da pena: reclusão, detenção, prisão simples e multa.

4. Classificação das formas procedimentais no Código de Processo Penal.

<table>
<tr><td rowspan="5">Formas Procedimentais</td><td rowspan="4">Procedimento Comum</td><td rowspan="2">a) ordinário</td><td>arts.</td><td>394 a 405</td></tr>
<tr><td>arts.</td><td>498 a 502</td></tr>
<tr><td colspan="3">b) sumário: arts. 531-540</td></tr>
<tr><td>c) sumaríssimo</td><td>arts.</td><td>531 a 538</td></tr>
<tr><td>Procedimento Especial</td><td colspan="3">de júri: arts. 406-497
dos crimes falimentares: arts. 503-512
dos crimes de responsabilidades: arts. 513-518
dos crimes contra a honra: arts. 519-523
dos. crimes contra a propriedade imaterial:
arts. 524-530, e outros.</td></tr>
</table>

1. MENDES JR., João. *Direito judiciário brasileiro.* 5. ed. Rio de Janeiro: Freitas Bastos, 1960. p. 243-244.

Observe-se que a extinção do chamado procedimento de ofício (art. 129, I, da CF) não fez desaparecer o procedimento sumaríssimo.

5. Nas leis extravagantes, existem diversos procedimentos especiais, por exemplo: dos crimes de responsabilidade de prefeitos municipais (Decreto-lei 5.250/1967); contra a fauna (Lei 7.653/1988), e outros.

6. Forma do procedimento comum ordinário dos processos de conhecimento de natureza condenatória:

- aforamento, por denúncia ou queixa;
- decisão de recebimento;
- citação do acusado; eventual revelia;
- interrogatório;
- alegações iniciais, chamada "defesa prévia";
- inquirição de testemunhas da acusação;
- inquirição de testemunhas da defesa;
- complementação dos meios de prova;
- alegações finais;
- sentença.

O procedimento comum ordinário é a forma modelar de se perseguir em Juízo os crimes, apenados com reclusão se não lhes deu outra especial. É a "forma solene do juízo".

7. Citação é o chamamento do réu a Juízo para que venha e se de defenda (art. 5.º, LIV e LV, da CF).

<table>
<tr><td rowspan="5">Formas de citação, segundo a doutrina</td><td>a) por mandado (arts. 351-352 e 357);</td></tr>
<tr><td>b) mediante requisição (arts. 358 e 360);</td></tr>
<tr><td>c) por edital (arts. 361-365);</td></tr>
<tr><td>d) por precatória (arts. 353-356 e 368);</td></tr>
<tr><td>e) por meio de rogatória (art. 367);</td></tr>
</table>

Em verdade, a citação ou é real – por mandado –, ou surge ficta – por edital. A requisição e as cartas precatórias e rogatórias não se constituem em formas de chamamento.

8. Revelia consiste no não comparecimento defensivo do acusado. No processo penal, quer-se a presença quase constante do acusado em Juízo. O imputado há de suportar o ônus processual de estar presente a todos os atos e termos da causa, tanto que citado, intimado ou notificado (art. 366). A autodefesa não se esgota no interrogatório e a participação "física" do increpado, no processo, é exigência.

9. Interrogatório, na lei vigorante, é meio de prova consistente nas perguntas que o juiz faz ao acusado. Mostra-se como ato processual necessário, até a sentença, personalíssimo e oral, restrito pela judicialidade (arts. 185-196). É, em essência, ato de defesa, contudo. *Nemo debet inauditus damnari.*

Notar, nesse lanço, o instante procedimental em que, em regra, ocorre, assim como a pergunta ao inculpado: "se verdadeira a imputação, que lhe é feita" (art. 188, VI).

Ao acusado permite-se guardar silêncio, que não implica confissão (art. 5.º, LXIII, da CF). Não se acha obrigado a dizer a verdade e, daí, não prestar compromisso. Antiga é a regra: "ninguém pode ser forçado a produzir prova contra si mesmo".

Confissão ostenta-se na declaração judicial, que admite a autoria de infração penal e circunstâncias agravantes ou qualificadoras. Faz crescer a prova, mas não basta para condenar (art. 197).

A confissão não prova, porém pode contribuir para a demonstração da:

- existência do fato típico;
- culpabilidade do acusado.

A delação considera-se, de modo prevalente, como meio de prova atípico. Há quem lhe veja a natureza de testemunho, mas sem razão.

10. A denominada "defesa prévia" ou "alegações iniciais" representa:

ônus processual de responder, tecnicamente, a causação (art. 395 e parágrafo único do art. 401 do CPP). O Código denomina-a de "alegações escritas". O momento real de resposta acha-se no interrogatório judicial, quando o acusado tem a oportunidade de confessar, contestar ou silenciar a respeito da imputação que lhe é feita.

A verdadeira defesa prévia é a dedutível, antes do recebimento da denúncia, ou da queixa, em alguns procedimentos especiais.

<table>
<tr><td rowspan="2">Defesas prévias</td><td>No Código</td><td>Procedimento especial nos crimes de responsabilidade dos funcionários públicos (art. 514);
Procedimento especial no caso de foro em razão da função (art. 559), revogado*</td></tr>
<tr><td>Em leis extravagantes</td><td>Procedimento especial nos crimes de responsabilidade de Prefeitos Municipais (Decreto-lei 201/1967).
Procedimento especial nos crimes de imprensa (Lei 5.250/1967).
*Procedimento especial para os crimes de competência originária dos Tribunais (Leis 8.038/1990 e 8.658/1993).</td></tr>
</table>

Não vigora no processo penal o chamado princípio dispositivo (*iudex secundum allegata et probata partium debet*), mas o da livre investigação das provas. Assim ocorre em consequência da vinculação do juiz penal à regra da verdade real ou material. O inciso IV do art. 386 do CPP, entretanto, mostra rara atuação do princípio dispositivo, em matéria processual penal.

<table>
<tr><td rowspan="9">Matérias preliminares que se podem alegar na "defesa prévia"</td><td rowspan="6">Exceções (art. 95)</td><td colspan="2">a) ilegitimidade de parte passiva (art. 43, III)</td></tr>
<tr><td colspan="2">b) incompetência (art. 70)</td></tr>
<tr><td rowspan="2">Suspeição</td><td>do juiz (arts. 98 e 254)</td></tr>
<tr><td>do MP (art. 104)</td></tr>
<tr><td>d) litispendência</td><td rowspan="2">art. 110</td></tr>
<tr><td>e) coisa julgada</td></tr>
<tr><td rowspan="3">Preliminares de mérito (art. 107, IV, VII e VIII, do CP)</td><td colspan="2">f) decadência (art. 38)</td></tr>
<tr><td colspan="2">g) prescrição (arts. 109 e 114 do CP)</td></tr>
<tr><td colspan="2">h) casamento da ofendida</td></tr>
</table>

<table>
<tr><td rowspan="10">Meios de prova que se podem requerer na "defesa prévia"</td><td rowspan="3">a) Inquirição de testemunhas (art. 202 e seguintes)</td><td>procedimento sumaríssimo (3)</td></tr>
<tr><td>procedimento sumário (5)</td></tr>
<tr><td>procedimento ordinário (8)</td></tr>
<tr><td colspan="2">b) perguntas ao ofendido (art. 201)</td></tr>
<tr><td colspan="2">c) reconhecimento de pessoas e coisas (art. 226)</td></tr>
<tr><td colspan="2">d) acareação (art. 229)</td></tr>
<tr><td colspan="2">e) juntada de documentos (arts. 231 e 400)</td></tr>
<tr><td colspan="2">f) oitiva dos peritos, que elaboram o exame de corpo de delito</td></tr>
<tr><td colspan="2">g) perícias (art. 172 e seguintes)</td></tr>
<tr><td colspan="2">h) diligências (art. 399)</td></tr>
</table>

O momento processual das alegações escritas, em verdade, destina-se, de modo prevalente, a se requererem os meios de provas de defesa e, eventualmente, se oporem às exceções e preliminares que bordejam o mérito da causa penal.

O rol de meios de prova, fixado no diploma processual penal, não esgota o tema, seja em face da regra da verdade material, seja diante da possibilidade de aplicação analógica do Código de Processo Civil (art. 3.º do CPP). Basta lembrar a hipótese da inspeção judicial (arts. 440 a 443 do CPC).

Não se devem esquecer das eventuais arguições incidentes: de falsidade e de insanidade mental do acusado (arts. 145-148 e 149-154).

Procedimento incidente é o que, autônomo, se insere no âmbito de outro, já em curso (*incidenter tantum*: arts. 145, I, e 153).

Na primeira suposição, cuida-se de procedimento destinado a verificação e declaração da validade probatória de certo documento, certidão lançada, ou termo dos autos. Afinal, se eles surgem verdadeiros ou falsos (art. 232 c/c os arts. 145-148 do CPP e, ainda, art. 40 do CPP c/c o art. 15 da LICPP).

Na segunda, atendem-se aos casos de inimputabilidade e de semi-imputabilidade (arts. 26, parágrafo único, e 96 a 98 do CP). Apura-se, então, a integridade mental do acusado ao tempo do fato, ou no correr da causa (arts. 149-154 e 386, V, parágrafo único, III, do CPP). Hoje, debate-se sobre ser, ou não, absolutória a decisão definitiva, que impõe medida de segurança com vistas à execução penal (arts. 171-179 da LEP).

11. Meios de prova: são os instrumentos de produção e colheita dos elementos de convencimento.

Testemunha é alguém que viu ou ouviu, mas não participou do fato (art. 202).

Tal meio de prova consistente no depoimento, que presta, historiando o fato (quem, onde, quando, como etc.), denomina-se testemunho.

Espécies de testemunha:

<table>
<tr><td rowspan="3">a) Testemunha</td><td>- direta (de visu)</td></tr>
<tr><td>- indireta (de auditu)</td></tr>
<tr><td>- de antecedente</td></tr>
<tr><td rowspan="3">b) Testemunha</td><td>- numerária (arts. 398, 539, 1, 533 e 537)</td></tr>
<tr><td>- referida (art. 209 e 398, parágrafo único)</td></tr>
<tr><td>- informante (art. 208 e 398, parágrafo único)</td></tr>
</table>

Perguntas ao ofendido, como procedimento probatório, é a inquirição da eventual vítima sobre as circunstâncias da infração; a respeito de sua autoria; e, ainda, sobre os meios de prova, que possa indicar (art. 201). Presta declarações.

Parece que a interpretação corrente, a qual dava para a facultatividade de tal oitiva, tornou-se discutível perante a lei material. Ela determina, na fixação da pena, que se leve em conta o comportamento da vítima (art. 59 do CP).

O ofendido, nesse lanço, não surge no processo, somente como fator ou sujeito de prova, mas também como objeto.

Duas circunstâncias importam ao tema, a saber: a pessoa da vítima e a natureza do delito.

Reconhecimento é o ato formal pelo qual alguém, individualmente, verifica e confirma a identidade de pessoa, ou de coisa, que, sendo-lhe mostrada, faze-o admitir haver visto antes (arts. 226-228).

Reconhecimento	- direto (visual e auditivo)
	- indireto por fotografia, filme, vídeo, gravação sonora, e outros).

Acareação é o confronto de pessoas que antes divergiram em suas declarações ou depoimentos a respeito de pessoa, coisa, fato ou circunstâncias relevantes para o esclarecimento da verdade criminal (arts. 229-230).

Várias leis, por necessário, aludem a documento (arts. 17 e 18 do CCom; arts. 131, 135, 136, III, 137, 140, 1.640 e 1.649 do CC; art. 195 do CTN; Lei 6.015/1973, que trata dos Registros Públicos; art. 33 da Lei 4.944/1966, que dispõe sobre direito autoral, e muitas outras).

O Código de Processo Penal oferece conceito legal de documento (art. 232). Cuida-se da força e do efeito probatório – formal e material – do documento.

Documento é o símbolo, testemunho material ou qualquer escrito, figurante de um fato ou circunstância tendente a comprová-los nos limites de sua eficácia ou de sua força e efeito.

O anteprojeto de Código Penal, Parte Especial (Portaria 790/1987), ao lado da rubrica "Documento por equiparação", apresentava o seguinte conceito: "Equipara-se a documento, para os efeitos penais, a representação de fato ou circunstância, juridicamente relevante, mediante processo técnico, mecânico, eletrônico ou qualquer outro meio" (art. 306). Duvidoso, ainda, que o suporte informático tenha força probatória material. O conteúdo é incerto e mutável, por enquanto.

Documentos escritos, quanto à finalidade	- instrumentos, ou pré-constituídos para provar
	- papéis, ou eventuais, que podem servir de meios de prova
Documentos escritos, quanto à procedência	- públicos
	- particulares
Produção da prova	- espontânea (juntada, arts. 231 e 400)
	- provocada (ordem de exibição, art. 234)

A busca da verdade criminal pode levar à necessidade de requerer que venham os peritos, a Juízo, dar esclarecimentos sobre o laudo. Se dúvidas sérias emergem do exame de corpo de delito e tanto que expostas sob a forma de quesitos, os autores da perícia hão de ser, em audiência, sobre elas perguntados (arts. 435, parágrafo único, do CPC c/c o art. 3.º do CPP).

Perícias, às vezes, surgem precisas durante a instrução judicial. Basta aflorar a inafastabilidade de opinião especializada, de certo conhecimento técnico, respeitante ao fato, ou suas circunstâncias (art. 184 do CPP). Não se há de esquecer a hipótese de suspeita quanto à saúde mental do acusado (art. 149 do CPP).

No sistema brasileiro, quanto à valoração, o juiz não se vincula à perícia, seja exame, vistoria ou avaliação. Guarda o livre convencimento (arts. 157 e 182 do CPP e art. 436 do CPC).

Tal liberdade significa convencimento motivado ou persuasão racional. Necessidade, pois, de dizer, sempre, por que aceita ou rejeita a perícia, no todo ou em parte.

Não é pontual dizer que o juiz só afasta a conclusão da perícia por erro, dolo ou outro vício. Arreda-a, tanto que insatisfatória, do ponto de vista técnico-opinativo ou contraditório.

O juiz não se deixa guiar pela perícia, serve-se dela, quando decide, ou a abandona. Daí a precisão mínima de se achar aprestado para criticá-la. Em face do forte poder-dever inquisitivo no processo penal, tal exsurge evidente. Importa desvendar a verdade material (art. 184 do CPP).

Indício é todo vestígio, ou fato conhecido e provado, suscetível de levar ao conhecimento de outro fato desconhecido a ele relacionado e por meio de raciocínio indutivo-dedutivo.

- indução: do particular para o geral, ou particular análogo.
- dedução: do geral para o particular.

12. Ultimados os meios de prova antes requeridos pela acusação e pela defesa (art. 399 do CPP), chega-se ao instante procedimental de complementação da instrução criminal.

O acusador e o defensor podem, com vistas ao que emergiu, já nos autos, requerer diligências, “cuja necessidade ou conveniência se origine de circunstância ou de fatos apurados na instrução” (art. 499 do CPP).

Trata-se, aqui, de preencher ou rematar a instrução existente na causa penal. Não se cuida, pois, de reabri-la amplamente.

13. Em seguida, dá-se vista às partes, sucessivamente, para alegações finais. É o momento derradeiro da acusação e da defesa e em sua plenitude (art. 500 do CPP).

Note-se que, conforme o melhor entendimento, a falta de alegações finais da defesa torna o réu indefeso, cabendo, então, ao juiz, para sanar o vício, designar outro defensor que as apresente (art. 5.º, LIV e LV, da CF).

Atende-se, ainda que se ache derrogado o dispositivo que fazia correr, em Cartório, o prazo para alegações finais de defesa (art. 501 do CPP).

Os defensores, assim, podem retirar autos de Cartório para elaborarem as razões ou alegações finais (art. 2.º da Lei3.836/1960 e art. 89, XVII, da Lei 4.215/1963; a Lei 8.906/1994 repetiu, em parte, o mandamento, no art. 7.º, XV).

14. Sentença, de modo formal, conceitua-se como ato pelo qual o juiz põe termo ao procedimento de primeiro grau, decidindo, ou não, o mérito da causa (art. 162, 1, do CPC).

A sentença criminal busca a definição jurídico-penal do fato como ato de jurisdição.

Nas ações penais de conhecimento, de natureza condenatória, a sentença é a operação lógico-psicológica de verificação (*notio*) e definição (*judicio*) dos termos de incidência, qualitativa, quantitativa e intensiva, ou não, da lei penal sobre o fato concreto.

Tal definição jurídico-penal, ou julgamento criminal, surge positiva, enquanto afirma o encontro da infração, bem como de sua autoria e, em consequência, resulta na condenação. Exprime o poder-dever concreto de o Estado punir o infrator ou sancionar o sujeito agente na qualidade e na intensidade da pena, conforme a culpa (art. 387 do CPP).

A definição cifra-se negativa enquanto recusa o sucesso da infração e/ou sua autoria e, assim, termina na absolvição. O julgamento criminal, então, ostenta, declarado, o direito concreto de o indivíduo não ser sancionado (art. 386 do CPP).

Se, entretanto, a definição mostrar-se tecnicamente impossível (falta de justa causa para acusar; de condição da ação; ou de pressuposto processual), então a sentença só finaliza o procedimento porque inútil o processo.

As sentenças, pois, ou afloram definitivas (definem o juízo) ou surgem terminativas (põem termo somente ao procedimento).

Sentença definitiva penal, nas ações condenatórias, é o ato decisório final, pelo qual o juiz acolhe ou rejeita o pedido do acusador, provendo sobre intenção punitiva ou de liberdade.

Sentença terminativa é a decisão final que extingue o procedimento de primeiro grau sem exame do médico da causa penal por não poder chegar a ele.

Os requisitos de inteligência de todas as sentenças são a clareza e a precisão.

Os requisitos formais a lei aponta-os (art. 381 do CPP):

Sentença penal (requisito formal)	I – relatório (art. 381, I e II) II – motivação (arts. 157 e 381, III e IV)	parte enunciativa
	III – decisão (art. 381, V) IV – autenticação (art. 381, VI)	parte dispositiva

Observem-se os embargos declaratórios (art. 382 do CPP). Atendem à desfunção emergente entre as partes enunciativa e dispositiva.

15. Procedimentos comuns, sumário e sumaríssimo das ações penais de conhecimento de natureza condenatória atendem aos crimes apenados com detenção, aos delitos de lesão corporal e homicídio culposo e às contravenções penais. Assim:

Procedimento	Sumário: dos crimes apenados com detenção (arts. 538 e 539)	
	Sumaríssimo	a) das contravenções em geral (arts. 26 (revogado pelo art. 129, I, da CF) e 531)
		b) das contravenções descritas nos arts. 58 e 60 (conforme Lei 1.508/1951)
		c) dos crimes de lesão corporal e homicídios culposos (conforme Lei 4.611/1965)

16.O critério do legislador foi dotar de procedimento foi dotar de procedimento menos solene o processo das infrações penais de menor gravidade, as quais, e por conseqüência, surgem castigadas com penas brandas; multa, prisão simples e detenção.

Inexiste, contudo, e na prática, correlação necessária entre gravidade da infração e forma procedimental, passando pelos meios de prova.

17. O procedimento sumaríssimo das contravenções penais, em geral, era de ofício. Atividade espontânea do juiz e da autoridade policial.

<table>
<tr><td rowspan="3">Começava por (arts. 26 e 531)</td><td>a) auto de prisão em flagrante acusatório</td><td>Da autoridade policial</td></tr>
<tr><td rowspan="2">b) portaria acusatória</td><td>Do juiz</td></tr>
<tr><td>Da autoridade policial</td></tr>
</table>

Nas contravenções, previstas nos arts. 58, 1, e 60, entre as maneiras incoantes, somava-se a denúncia (na hipótese de conexão, art. 76).

18. No procedimento sumaríssimo, quando o delito era de lesão corporal ou de homicídio culposo, e a autoria do crime restava ignorada por mais de quinze dias, procedia-se a inquérito policial e a ação penal iniciava-se por denúncia ou por queixa subsidiária (art. 1.º da Lei 4.611/1965). Transfigurava-se a forma, pois, para sumária em boa medida.

Atentava-se, contudo, para a Súmula 607: "Na ação penal, regida pela Lei 4.611/65, a denúncia, como substitutivo da Portaria, não interrompe a prescrição".

A Constituição da República não suprimiu o procedimento sumaríssimo. Terminou com o auto de prisão, em flagrante, acusatório, bem como com a portaria acusatória da autoridade policial e do juiz (art. 129, I). A forma procedimental passou, pois, a ser o quanto segue: denúncia ou queixa subsidiária; decisão de recebimento; interrogatório do arguido; alegações iniciais com indicação de até três testemunhas; inquirição de até três testemunhas arroladas pela defesa; e julgamento em audiência. O "despacho saneador" parece que não guarda mais cabência.

19. Em caso de foro, em razão da função, qualquer que se mostre a infração penal, o procedimento emerge especial e principia mediante denúncia ou queixa (arts. 556 e 562).

Note-se que privilégio é a exceção que se estabelece em benefício de alguém ou de uma categoria de pessoas. O foro não exsurge, pois, privilegiado.

20. A Lei 7.653, de 12.02.1988, que, modificando, dispõe sobre a proteção à fauna altera o critério legal.

Os delitos acham-se punidos com reclusão, porém a forma procedimental determinada é a sumária.

Dá, assim, nova redação ao art. 34 da Lei 5.197/1967, como segue: "Os crimes previstos nesta Lei são inafiançáveis e serão apurados mediante processo sumário, aplicando-se, no que couber, as normas do Título II, Capítulo V, do Código de Processo Penal".

Vale afirmar, abstração feita à ausência de menção ao Livro II, que incidiram os arts. 531 e 540. O procedimento, entretanto, será sumário ou sumaríssimo? Parece que, tratando-se de crimes e não de contravenções e com vistas à pena, a forma há de ser a sumária (art. 539).

XVI – PROCEDIMENTOS ESPECIAIS

Procedimento especial dos crimes dolosos contra a vida

1. Histórico:

- as *questiones perpetuae*: *provocatio ad populum*;
- o escabinato: *ding*, *malhum*, concelho;
- os júris inglês e francês.

2. Competência: crimes dolosos contra a vida, cometidos ou tentados (art. 5.º, XXXVIII, da CF e art. 83 da Constituição do Estado c/c o art. 78, 1, CPP)

- homicídio (art. 121, CP);
- induzimento, instigação ou auxílio ao suicídio (art. 122);
- infanticídio (art. 123);
- aborto (arts. 124-127).

3. Procedimento especial bifásico:

1.ª fase: juízo de acusação, ou formação da culpa, ou, ainda, sumário de culpa;

2.ª fase: juízo da causa, ou sessão de julgamento pelo Tribunal do Júri.

- Decisão intermédia e outras:

a. pronúncia (decisão interlocutória, que admite a acusação) art. 408;

b. impronúncia (sentença terminativa) art. 409;

Põe termo, s/ julgamento de mérito

c. despronúncia (acórdão) art. 581, n. IV:

- absolvição sumária (sentença com julgamento de mérito) art. 411;
- desclassificação (decisão interlocutória com declinação da competência) art. 410

5. Efeitos da decisão interlocutória de pronúncia:

- o réu será julgado pelo Tribunal do Júri;
- terá o nome lançado no rol dos (in)culpados;
- é mantido preso; ou, ainda, será expedido mandado de prisão; ou, ainda, ser ou permanecer solto (art. 408, "e").

Nos crimes inafiançáveis, o réu deve ser intimado, pessoalmente, da pronúncia (art. 414).

– Segunda fase, ou juízo da causa:

- libelo (arts. 416 e 417);
- contrariedade (art. 421);
- provas anteriores ao julgamento pelo júri (arts. 423 e 425);
- abertura dos trabalhos (art. 442);
- verificação das cédulas (art. 442);
- chamada dos jurados pelo escrivão (art. 442).

Notas: não podem atuar como jurados os cegos, surdos-mudos, analfabetos; os que não gozem dos direitos políticos e os estrangeiros (arts. 434 a 436). Sobre a perda dos direitos políticos, ver a Constituição da República (arts. 5.º, VIII, e 15, IV).

- instalação da Sessão (art. 447);
- multa, ou revelação delas, por falta de jurados (art. 443);
- sorteio de jurados suplentes, quando necessários (art. 445);
- verificação das cédulas (art. 447);
- anúncio do processo (art. 456);
- comparecimento do acusado (art. 449);
- formação do conselho de sentença (art. 457);
- advertência aos jurados (art. 458);
- sorteio do conselho de sentença. Recusa peremptória;
- exortação (art. 464);
- interrogatório do acusado (art. 465 e 188);
- relatório do processo (art. 466);
- inquirição de testemunhas de plenário (arts. 467 e 468);

<table>
<tr><td rowspan="4">XX - Debates (art. 474):</td><td rowspan="3">Acusação 2 horas</td><td>Promotor</td></tr>
<tr><td>Acusado particular</td></tr>
<tr><td>Assistente</td></tr>
<tr><td colspan="2">Defesa 2horas
Réplica 30 minutos
Tréplica 30 minutos</td></tr>
</table>

Nota: Sendo mais de um inculpado, o tempo para a acusação e defesa aumenta em uma hora, e trinta minutos para a réplica e tréplica:

– reinquirição de testemunhas (art. 473);
– consulta aos jurados (art. 478);
– leitura dos quesitos, explicações e reclamações (art. 479);
– anúncio de que se vai proceder ao julgamento (art. 480);
– sala secreta (art. 480, parágrafo único);
– votação dos quesitos (arts. 481-482, 486-490);
– autoria e materialidade do fato;
– letalidade, ou outros;
– defesa;
– qualificadoras (art. 121, 1 e 2, CP);
– agravantes (art. 61, 62 a 64, CP);
– atenuantes (art. 65, CP);
– veredicto e sentença (art. 492);
– absolutória (II);
– condenatória (I);
– desclassificação (2);
– lavratura da ata (arts. 494-495).

XXIX - recurso	Apelação (art. 593, III)
	Protesto por novo júri (arts. 607-608)

Assim:

– despronúncia recurso *ex officio*;
– impronúncia;
– denúncia, pronúncia, libelo, veredicto e sentença;
– desclassificação;
– queixa subsidiária
– absolvição sumária.

1ª. FASE / 2ª. FASE

Procedimento especial dos crimes contra a honra

1 – O direito material:

a) Calúnia: consiste em imputar a alguém, falsamente, fato definido como crime (art. 138, CP); honra objetiva: reputação;
b) Difamação: consiste em imputar a alguém fato ofensivo à sua reputação (art. 139, CP); honra objetiva;

c) Injúria: consiste em ofender a dignidade ou o decoro de alguém imputação de qualidade negativa (art. 140, CP); honra subjetiva: própria dignidade;
d) Injúria real: injúria com violência, ou vias de fato aviltantes (art. 140, 2, CP).

No sentido mais antigo, injúria consistia em toda ofensa ao direito: "quod non jure sit, injuria fieri dicitur". A conduta, depois, restringiu-se ao que se faz, ou omite-se – falando, gesticulando, ou escrevendo – para atingir a honra de alguém. Em último lanço, apartou-se a injúria da calúnia e da difamação. Já a divulgação e propagação das ofensas, pelos meios de comunicação, ou de informação, "tornou a ilicitude, particularmente, gravosa nos tempos modernos".[2] Daí a necessidade de leis de imprensa ou da informação.

Convém notar, de logo, o pedido de explicações (art. 144 do CP). Concerne às ofensas equívocas, ambíguas e obscuras. Volta-se à verificação do intento de caluniar, difamar ou injuriar. Nasce, pois, havendo dúvida objetiva sobre a autoria, manifestação, ou seu destinatário. Medida preparatória, assim, é da ação penal (art. 867 e seguintes, CPC). A providência, de manifesto, não pode obstar o curso do prazo decadencial (art. 38 do CPP).

<table>
<tr><td rowspan="2">2 - Exceção de verdade (em sentido substancial ou material - art. 523)</td><td>a) é a regra na calúnia (questão prejudicial), não se pode considerar como reconvenção</td></tr>
<tr><td>b) não o é na difamação (p. ex., art. 139, parágrafo único, CP)</td></tr>
<tr><td rowspan="2">3 - Notoriedade do fato imputado (fato notório é o relevante que todos viram, ou que acreditam ser verdadeiro)</td><td>a) é a regra na calúnia (questão prejudicial); não se pode considerar como reconvenção</td></tr>
<tr><td>b) não o é na difamação (p. ex., art. 139, parágrafo único, CP)</td></tr>
<tr><td>4 - Os crimes são apenados com detenção, porém, já se vê, não se sujeitam ao procedimento comum sumário (art. 539 do CPP).</td><td>Seguem procedimento especial, em primeira fase do processo e comum ordinário, em segunda fase (arts. 394-395 e 498-502, parágrafo único, CPP).</td></tr>
</table>

A especialidade emerge no instante procedimental da tentativa de reconciliação (arts. 520 a 522). Nas ações penais, privativas do ofendido, a reconciliação leva à desistência do direito de acusar, ostentando poder dispositivo do particular ofendido.

2. MARTÍNEZ, Soares Pedro. *Filosofia do direito*. Coimbra: Almedina, 1991. p. 601.

Na primeira fase, existe somente processo. A ação penal surge ao se incoar a segunda, tanto que recebida a queixa.

O Ministério Público pode oferecer denúncia:

a) tratando-se de injúria real e há lesão corporal:

b) cuidando-se de ser o ofendido funcionário público e em razão de função;

c) quando o ofendido é o Presidente da República, ou chefe de Estado estrangeiro (art. 141, I, c/c o art. 138, 3, II).

– Notas:

a) O sujeito passivo do delito pode ser a pessoa física ou a jurídica. O bem, ou objeto, jurídico tutelado desfoca-se para boa fama, crédito, honra dos diretores ou gerentes. Observe-se, contudo, que a pessoa jurídica só pode mostrar-se como sujeito passivo do crime de difamação. Nunca, porém, de injúria ou calúnia, de manifesto.

b) Caso o querelante não compareça à audiência de reconciliação, é de aplicar o art. 60, III, do CPP? Questões que precisam ser examinadas.

c) Ao crime de calúnia, em boa doutrina, não se estende a excludente do art. 142, I, do CP, no atinente às ofensas irrogadas em juízo.

d) Forma procedimental na lei do processo: queixa; audiência de reconciliação; eventual arquivamento; admissão da queixa; sequência conforme o procedimento comum ordinário.

e) Forma procedimental, na lei de imprensa, ou da informação: denúncia, ou queixa; citação defesa prévia; instante de recebimento; apelação, ou recurso, em sentido estrito; audiência de interrogatório, se requerido; inquirição de testemunha; alegações finais; e sentença.

INCIDENTE DE FALSIDADE E VERDADE MATERIAL NO PROCESSO PENAL

Parecer. Dr. Sérgio Pitombo, 20 de novembro de 1989

SUMÁRIO: I - A consulta: 1. Indeferimento de incidente de falsidade. 2. Quesitos. II - O parecer: 3. Conceito de incidente. 4. Incidente de falsidade nas Ordenações Filipinas. 5. Incidente de falsidade no Código do Processo Criminal de Primeira Instância do Império. 6. Doutrina processual penal vigorante. 7. Regra da verdade material. 8. Incidente de falsidade na doutrina processual civil. 9. Natureza jurídica do relatório. 10. Doutrina processual penal estrangeira. 11. Inexistência de preclusão. III - As respostas aos quesitos.

I - A CONSULTA

1. Consulta-me o ilustre advogado *Alberto Gomes da Rocha Azevedo* sobre respeitável *ato decisório*, que, em ação penal condenatória, de iniciativa pública, indeferiu *arguição de falsidade documental.*

O digníssimo *Juiz* prolator entendeu, em apertada síntese, que o documento, *Relatório de Comissão de Inquérito do Banco Central do Brasil*, acha-se impugnado como *falso*, na espécie *ideológica*, *intelectual* ou *moral*. Assim, impunha-se a denegação, em seu pensar, visto que no *incidente*, qual se mostra no *Código de Processo Penal*, tão só cabe a pesquisa da *falsidade material* (arts. 145 e 148).

A respeitável decisão judicial, quem sabe por acreditar em que tal *incidente processual, na estrutura e na função*, se exibe igual ao outro existente no *processo civil*, arrima-se, por inteiro, na *doutrina*, que lhe surge própria. Escora-se, pois, e pela ordem, em dogmatas do *processo civil*, a saber: *Antonio Carlos Muniz, Hugo Simas, João Carlos Pestana de Aguiar, Hernando Devis*

Echandia, Gian Antonio Michelli, José Frederico Marques (no *Manual de direito processual civil*), *Moacyr Amaral Santos* e *João Bonumá.*

O único *processualista penal* que se invocou, o velho *Prosperus Farinaccius*, foi para lhe tirar a razão.

Em arremate, levanta-se o suposto problema da *preclusão,* "instituto também existente nos lindes do Processo Penal" (*sic*).

2. Daí as duas perguntas, que me honrando, faz-me o doutor:

Primeira: no processo penal brasileiro, toca ou não arguir incidente de *falsidade documental ideológica*?

Segunda: no processo penal, cuidando-se de *incidente de falsidade,* tem cabida se cogitar de *preclusão,* pendente a causa?

II – O PARECER

3. O *incidente* corresponde a procedimento autônomo, que se insere no âmbito de outro já em curso. Se este é o do processo penal de conhecimento, a lei processual apontou, em separado, dois: de falsidade (arts. 145 e 148) e de insanidade do acusado (arts. 149 e 154).

4. Nas *Ordenações Filipinas*, a matéria encontrava-se no Livro III, Título 60, proêmio. O jurista, de então, definindo já alertava: "Instrumento se diz escritura (no sentido de escrita) feita para comprovação dos fatos... *Deixa de ter fé* o instrumento, quanto é *suspeito de falsidade*".[1] A convicção míngua-se-lhe, sendo desarrazoado mantê-lo duvidoso.

5. O *incidente de falsidade* ou de perjúrio achavam-se regulados no Código do Processo de Primeira Instância do Império (arts. 266 e 267). Sofreram eles mudanças de pequena monta, na Lei de 03.12.1841 (arts. 55 e 59) e no Regulamento 120, de 31.01.1842 (arts. 360 e 364).

Há em todos os dispositivos instrumentais a marca do *dever*, para o juiz criminal, de elucidar a verdade.

Com muita acuidade observa o processualista penal da época: "A simples *arguição de falsidade já abala a crença do documento* ou depoimen-

1. PEREIRA E SOUSA, Joaquim José Caetano. *Primeiras linhas sobre o processo criminal.* 4. ed. Lisboa: Imp. Régia, 1831. §§ 174 e 178, p 130 e 132. Grifo nosso.

to, assim qualificado".[2] Daí a *imprescindibilidade* do incidente processual singular.

6. Em atenção ao vigorante Código de Processo Penal – não esquecendo a estrutura e a função dos instintos jurídicos que nele despontam –, nunca se cogitou de apartar a *falsidade ideológica ou intelectual do incidente* específico (arts. 145 e 148). Vejam-se alguns autores bem conhecidos no *trato das coisas do processo penal*:

a) "Este incidente, pela sua natureza, é suspensivo do julgamento, não do processo em si, *podendo referir-se à falsificação material e ideológica*".[3]

b) "A *falsidade de documento* consiste na alteração da verdade, praticada em escrito, com a intenção e possibilidade de causar prejuízo a outrem. Pode ser *material*, quando expressar a fabricação de um ato falso ou for realizada por meio de alteração gráfica do verdadeiro; e *intelectual*, praticada no momento da redação e respeitante ao seu conteúdo, isto é, a substância e circunstância do mesmo ato, não se revelando por qualquer sinal exterior aparente".[4]

c) "A falsidade, que se apresenta, de modo genérico, como a não correspondência à verdade, pode ocorrer porque o documento público, ou particular, suprima, substitua ou altere a verdade, quer o faça totalmente, quer parcialmente. E tanto é falso o documento quando afirma, declaradamente, algo não conforme à verdade, quando se nega, ou oculta, silenciando, o que, na realidade, se apresenta verdadeiro.

A falsidade é *material*, quando se prende à própria existência material do documento, contra cuja confecção se levanta a arguição; abrange o documento fabricado falsamente, ou feito por decalque de outro existente, alterando-o ou não: apresenta-se, assim, a figura do documento suposto, isto é, o que se faz passar por outro; outras vezes, é o documento fictí-

---

2. PIMENTA BUENO, José Antonio. *Apontamentos sobre o processo criminal brasileiro*. 2. ed. Rio de Janeiro: Emp. Nacional do Diário, 1857. § 250, p. 157. Grifo nosso.
3. GUSMÃO, Sady Cardoso de. *Código de Processo Penal*: breves anotações. Rio de Janeiro: Livraria Jacintho, 1942. nota I, art. 145, p. 63.
4. FARIA, Bento de. *Código de Processo Penal*. Rio de Janeiro: Livraria Jacintho, 1942. v. 1, notas I e II, aos arts. 145 a 148, p. 203.

cio, imaginário, que se inventou totalmente, pois, na realidade, não tem uma existência autêntica.

É *pessoal* a falsidade quando se relaciona com a identidade, a qualidade e o modo de ser das pessoas, que figuram no ato, como partes ou como testemunhas.

É intelectual ou ideológico, quando o documento, formalmente verdadeiro, é falso, na sua substância, por conter afirmações destoantes da verdade, ou ser reticente, ou omisso na declaração dos fatos verdadeiros, alteração essa que pode relacionar-se, também, com aspectos materiais da ocorrência, como o tempo e o lugar da realização do ato".[5]

d) "Que vem a ser arguição de falsidade documental? Não se encontra definição no Código. O conceito é o seguinte: a instrução criminal tem por finalidade precípua a *pesquisa da verdade*; pode, entretanto, ocorrer a juntada de documento suspeito de falsidade. *Para a seriedade, para a honestidade da ação da justiça, se impõe o esclarecimento dessa suspeita*...; assim como a falsidade pode ser *material* ou *ideológica*, hipótese esta última em que o documento é aparentemente perfeito, formalmente verdadeiro, mas encerra conteúdo falso".[6]

e) "Pode a falsidade ser externa ou material, ideológica e pessoal. A primeira recai materialmente sobre a coisa.

A *immutatio veri* (mudança do verdadeiro) faz-se por contratação, alteração e supressão. Distingue-se da *ideológica*, pois nesta é a ideia que é falsa, sendo o documento verdadeiro, em seus requisitos externos ou materiais... Assim, quando num contrato de compra e venda, *v.g.*, se diz que foi pago o preço, mas tal não ocorreu, há falsidade ideológica, e não material: o *documento é verdadeiro*, porém é mentiroso.

Há *genuinidade* formal do escrito, mas inexiste veracidade intelectual do conteúdo... A falsidade pessoal não se relaciona à pessoa física, mas a sua *identidade*, bem como ao nome, qualidade ou condição de estrangeiro, segundo o Código Penal, art. 307.

---

5. ESPÍNOLA FILHO, Eduardo. *Código de Processo Penal brasileiro anotado*. 5. ed. Rio de Janeiro: Borsoi, 1960. v. 3, § 330, p. 415-416.
6. VICENTE DE AZEVEDO, Vicente de Paulo. *Curso de direito judiciário penal*. São Paulo: Saraiva, 1958. v. 2, p. 141-142. Grifo nosso.

Todavia, a falsidade que o Código de Processo tem em vista é a *documental, que tanto pode ser material como ideológica*".[7]

f) "Para que um documento seja falso é bastante que tenha havido mutação ou imitação da verdade (*mutatitivo veritatis, imitatio veritatis*), ou na sua *feitura material* ou no seu *conteúdo ideológico*".[8]

g) "Se a finalidade do Direito Processual e do Processo Penal, em particular, é *reconhecer e estabelecer uma verdade jurídica*, tal fim se alcança por meio das provas, que se valoram segundo as normas previstas em lei... Evidente, pois, que a Justiça não lograria a sua finalidade se os meios que se vale para consegui-la não se revestissem de *seriedade*. As provas que não se apresentarem revestidas de sinceridade e seriedade devem ser expungidas, porquanto poderiam levar o Juiz a cometer um erro, com graves prejuízos para a Administração da Justiça e para os litigantes... *Enquanto a falsidade material afeta a autoridade ou inalterabilidade do documento, na sua forma extrínseca e conteúdo, a 'ideológica afeta-o no pensamento que as suas letras encerram*'".[9]

h) "Os documentos emanados de órgãos públicos (documentos oficiais) e os emanados de particulares, uma vez revestidos das formalidades legais, conservam sua *força probante* a menos que se verifique que não são autênticos ou que contêm falsidade.

A falsidade se diz *material*, quando se liga à própria existência material do documento, contra cuja confecção se levantam dúvidas: abrange o documento fabricado falsamente, o declarado falso, o documento fictício e o documento alterado.

A *falsidade* se diz *ideológica*, quando o documento formalmente verdadeiro é falso na sua substância, por conter afirmações que não correspondem à verdade, ou por conter alterações de seu conteúdo verdadeiro.

---

7. NORONHA, Edgard Magalhães. *Curso de direito processual penal*. 17. ed. atualizada por Adalberto José Q. T. de Camargo Aranha. São Paulo: Saraiva. 1986. § 44, p. 80-81.
8. TORNAGHI, Hélio Bastos. *Instituições de processo penal*. 2. ed. São Paulo: Saraiva, 1978. v. 4, p. 273: no mesmo sentido em *Curso de processo penal*. 6. ed. São Paulo: Saraiva, 1989. v. 1, p. 240.
9. TOURINHO FILHO, Fernando da Costa. *Processo penal*. 8. ed. São Paulo: Saraiva, 1986. v. 3, p. 47-48. Grifo nosso.

O *incidente de falsidade* é o meio processual para retirar de um documento sua força probante, quando demonstrada a sua falsidade".[10]

i) "O processo de incidente é a falsidade documental, compreendendo-se por falso aquilo que não corresponda com o verdadeiro... A falsidade pode ser: 1 – Externa ou material. 2 – Ideológica. 3 – Pessoal... Na ideológica, a ideia é falsa, porém o documento é real e verdadeiro".[11]

j) "Não tem (o incidente de falsidade) por finalidade provar o crime de falso documento (material ou ideológico), que será apurado em processo apropriado, se tiver ocorrido.

A falsidade pode ser material, ideológica e pessoal.

A *primeira* recai materialmente sobre a coisa. Faz-se por alteração, supressão e contrafação.

A *segunda* recai sobre o conteúdo do documento, que pode ser externamente verdadeiro.

A *terceira* se relaciona com a identidade da pessoa... E sua rejeição (do incidente) antes da fase probatória violenta o processo legal, erigindo-se em verdadeiro cerceamento de defesa, o que acarreta sua anulação (*RT* 573/399)".[12]

k) "Um documento público ou particular, juntado aos autos, pode ser falso, entendida como tal toda alteração da verdade. A falsidade de um documento pode ser tanto *extrínseca* (forma), quanto *intrínseca* (conteúdo).

Há que se distinguir a eiva da falsidade sob dois aspectos: os *vícios da vontade* e os *vícios instrumentais*.

Quando o defeito depauperador do documento estiver nas palavras das partes, por dolo, coação, fraude etc., temos os *vícios da vontade*.

Na hipótese da falsidade decorrer do próprio documento temos um *vício instrumental*. Este pode ser *material*, quando deturpado e modificado o conteúdo, ou *ideológico,* quando introduzidas afirmativas não feitas... (atos e fatos não ocorridos).

---

10. MALCHER, José Lisboa da Gama. *Manual de processo penal brasileiro*. Rio de Janeiro: Freitas Bastos, 1980. v. 1, § 277, p. 412.

11. LEITE VENTURA, Paulo Roberto. *Direito processual penal resumido*. Rio de Janeiro: Ed. Rio, 1974. p. 110.

12. NOGUEIRA, Paulo Lúcio. *Curso completo de processo penal*. São Paulo: Saraiva, 1985. § 14, p. 84-85.

Observe-se que o incidente de falsidade diz respeito tão somente ao falso instrumental, tanto na sua forma de falsidade material quanto na de falsidade ideológica ou intelectual.

As que dizem respeito aos *vícios da vontade* não são abrangidas, pelo incidente da falsidade, devendo ser provadas por outros meios.

Todavia, no documento particular a alegação de falsidade fica restrita ao falso material, pois a afirmativa falsa em escrito privado constitui vício da vontade e não falsidade documental. Destarte, o incidente de falsidade só pode ser invocado de uma falsidade instrumental, material e ideológico se o documento for público, e somente material se o documento for particular".[13]

l) Note-se que *José Frederico Marques*, nos *Elementos de direito processual penal*, trata com brevidade o assunto. Não cuida do ponto que nos está importando, nesse lanço.[14]

A doutrina processual penal, com vistas aos *onze exemplos*, antes apontados, desautoriza afirmar, portanto, que o *incidente de falsidade*, na ação penal de conhecimento, de natureza condenatória, guarda, tão só, por objeto a *falsidade material*, e jamais a *ideológica* ou *intelectual*.

É manifesta deformidade instrumental mostrar o documento contendo afirmativas não verdadeiras.

Repita-se, encontramo-nos em sede *processual penal*, em que desponta prevalente a *verdade material*. A *prova penal*, logo, precisa ser trabalhada e estimada. "A história dos erros judiciários é muitas vezes a história dos erros sobre a apreciação dos resultados da prova por parte do juiz".[15]

7. É preciso grande cuidado ao se pretender *igualar* processo civil e processual penal, seus *institutos e respectivas mecânicas*. Sem esquecer, embora não venha ao tema, que autores recusam tal adaptação.[16]

---

13. ARANHA, Adalberto José Q. T. de Camargo. *Da prova no processo penal*. 2. ed. São Paulo: Saraiva, 1987. §§ 6 e 6.1, p. 195. Grifo nosso.
14. MARQUES, José Frederico. *Elementos de direito processual penal*. 2. ed. Rio de Janeiro: Forense, 1965. v. 2, § 504, p. 351.
15. BETTIOL, Giuseppe. Presunzioni ed Onore della Prova nel Processo Penale. *Rivista Italiana di Diritto Penale*, p. 251, 1936.
16. ALBUQUERQUE PRADO, Fernando de. Unidade e dualidade processual. *Estudos e questões de processo penal*. São Paulo: Max Limonad, 1954. p. 34-85; BAETHGEN, Walter Eduardo. Contra a ideia de uma teoria geral do processo. *Revis-*

Sem deslembrar dos que, confusos, acreditam, ao achar construindo uma *teoria geral,* quando buscam *civilizar o processual penal,* que pretendam penalizar o direito processual civil.

No tocante ao *incidente de falsidade,* inexiste paridade, pouco importando a doutrina e não obstante a nomenclatura despontar a mesma.

A *regra da verdade material,* dado mais relevante do escopo do *processo penal,* precede a questão. Qualquer *documento* ou *instrumento,* que nos autos da ação penal de condenação se encontre, deve "servir à investigação de veracidade dos fatos. Se surge dúvida acerca da sua autenticidade, o juiz tem o *dever de pesquisar a respeito*".[17]

Com efeito, no instante em que o Estado tornou-se o grande *despensador de Justiça.* Detentor único da *pena,* como espécie negativa do gênero sanção jurídica. Destinatário, então, do *poder-dever de punir, o processo penal* faz-se *necessário e exclusivo* para inflição do castigo *medido,* consoante a culpa.

A perquirição da verdade material assume, pois, especial importância, dando, inclusive, fundamento à instrumentalidade do processo. Ainda hoje, se pode afirmar: "Le juge ne cherche pas um coupable, mais seulement la vérité".[18]

O processo penal voltado à procura sempre "percuciente e minuciosa da verdade *material,* 'como se a própria verdade fosse pelo juiz pesquisada e, afinal, descoberta, constitui esta, precipuamente, o *objeto da prova* nele realizada'".[19]

---

ta da Consultoria-Geral do Estado, Porto Alegre, v. 7, n. 19, p. 15-70, 1977; TUCCI, Rogério Lauria. *Jurisdição, ação e processo penal*: subsídios para a teoria geral do direito processual penal. Belém: Cejup, 1984; MIRANDA COUTINHO, Jacinto Nelson de. *A lide e o conteúdo do processo penal.* Curitiba: Juruá, 1989; e outros.

17. TUCCI, Rogério Lauria; PITOMBO, Sérgio Marcos de Moraes. *Princípio e regras orientadoras do processo penal brasileiro.* Rio de Janeiro: Forense, 1986. p. 161.
18. HÉLIE, M. Faustin. *Pratique criminelle des Cours et Tribunaux* (resume de la jurisprudence sur les Codes d'Instruction Criminelle et Penal). Paris: Libr. Gener. de Jurisp., 1877. v. 1, p. 97.
19. TUCCI, Rogério Lauria; PITOMBO, Sérgio Marcos de Moraes. *Princípio e regras...* cit., p. 144, atentar para as notas 13 e 14.

A toda a luz está-se cuidando da verdade relativa, possível ou processual. Vale dizer: "a reconstrução atingível de fato relevante e metaprocessual, inquisitivamente perquirida para deslinde da causa penal".[20]

No sistema constitucional brasileiro, em tradição agora alargada, ao *Poder Judiciário*, ao Estado-Jurisdição, confere-se o fadário de tutelar a paz pública e de assegurar a liberdade jurídica do indivíduo. Em outras palavras, os interesses questionáveis no processo penal tocam matéria de direitos individuais, cuja *proteção*, em nosso sistema político-constitucional, cabe sempre ao *Poder Judiciário*.[21]

Tal asseguração opera-se, no *processo penal*, quando o juiz *não deixa*, inquisitivamente, de *buscar a verdade material*, mediante a instrução probatória que na lei se marca e se define.

Nesse sentido, ganha relevo a ideia, bem diferente da emergente no processo civil, de que a sentença penal justa tende a identificar-se, sobretudo e melhor, com a sentença contemplativa da verdade objetiva.[22] Aqui, a propensão acha-se no abandonar o possível, pelo real atingível, na medida do necessário e do suficiente.

"Ora, para atingir-se tal desiderato, há de ter-se em vista uma *verdade processualmente válida*, livre de qualquer influência, que os sujeitos parciais do processo pretendam exercer sobre a reprodução do fato, cuja apuração e determinação constituem objeto deste."[23]

Daí a exercência do *poder-dever inquisitivo do juiz*, corolário da *verdade material*. Veja-se, afastando dúvidas, a *Exposição de Motivos* ao Código de 1941 (item número VII). Tudo quanto importa ao atingimento da *verdade processual* não pode ser abandonado, ou ignorado, por ele. Conduta diversa representa debilitar a formação dos fundamentos de fato da *decisão judicial*, ou encaminhá-la para a injustiça penal, *desatendendo os direitos individuais*.

---

20. TUCCI, Rogério Lauria; PITOMBO, Sérgio Marcos de Moraes. *Princípio e regras...* cit., p. 145.
21. Conforme ALMEIDA, Joaquim Canuto Mendes de. Da execução. *Anais do Primeiro Congresso Nacional do Ministério Público*. Rio de Janeiro: Imp. Nacional, 1943. v. 8, p. 206.
22. Conforme SABATINI, Guglielmo. *Principi di diritto processuale penale*. 3. ed. Catania: Casa del Livro, 1948. v. 1, p. 93.
23. TUCCI, Rogério Lauria; PITOMBO, Sérgio Marcos de Moraes. *Princípio e regras...* cit., p. 148.

O *livre convencimento*, no *processo penal*, consiste, assim, na liberdade de apreciação fundamentada das provas: "liberdade de acordo com um dever – o dever de perseguir a chamada verdade material".[24]

A *regra da verdade material* acha-se despontante em vários dispositivos, da lei vigente e, entre eles, os pertinentes aos "processos incidentes" (arts. 91, 112, 147, 149, 206, 274, 280 e 460).

Inexiste pertinência, portanto, que admitir que limitação à investigação da *verdade material* cabe no *incidente processual penal;* que a *falsidade ideológica* trata-se de forma privilegiada.

Não se há de tolerar que, entretanto, no aludido *incidente* apenas se cuidem de emendas indevidas no documento, rasuras, acréscimos ou de substituições de algarismos e letras, por exemplo. A *fraude à verdade*, o *conteúdo falseado do documento*, cair-lhe-iam fora, premiando tecnicamente a *declaração omissiva, refalseada no fato ou mentirosa.*

8. No *processo civil*, ainda sob o regime do Código de 1939, alguns processualistas sustentavam que o *incidente de falsidade* só guardaria cabimento para os casos de *falsidade material*. Faziam eles, contudo, importante ressalva ou distinção: *a afirmativa adequava-se apenas aos documentos particulares*. Assim:

a) "Portanto, ao passo que nos documentos particulares só se pode discutir a falsidade material, pois o conteúdo do documento pode ser objeto de uma ação fundada em erro, dolo, simulação; nos documentos públicos pode constituir falsidade puramente *intelectual:* a) – a atestação em documentos, livros e registros públicos de declarações, de atos, ou de fatos, que são relevantes para direitos, ou relações jurídicas, quando essas declarações, de atos, ou de fatos, que são relevantes para direitos, ou relações jurídicas, quando essas declarações, atos, ou fatos não tiverem lugar; b) – ou tiveram lugar de outro modo; c) – ou quando emanou de pessoa, que funcionou em qualidade que lhe não pertence; d) – ou de pessoa diversa da que é designada em ditos atos."[25]

b) "Quando uma das partes entender *falso* instrumentalmente o documento que o adversário apresentou, facultado lhe estará faz-

---

24. DIAS, Jorge de Figueiredo. *Direito processual penal*. Coimbra: Coimbra Ed., 1974. v. 1, p. 202-203.

25. BUZAID, Alfredo. *A ação declaratória no direito brasileiro*. São Paulo: Saraiva, 1943. § 92, p. 122.

er a *alegação de falsidade*, que é incidente do procedimento probatório. Objeto, porém, dessa *alegação* ou *incidente*, é tão só o *vício instrumental*, ou na sua forma de *falsidade material*, ou na de *falsidade intelectual* (ou ideológica)... Com relação ao documento particular, é lição de *René Morel* que o incidente ou alegação de falsidade somente tem lugar em relação à *falsidade material*. A inserção de afirmativa inexata em documento particular constitui vício de vontade e não falsidade documental."[26]

Ora, um *documento particular* é o feito, o escrito, ou apenas assinado por pessoa qualquer, mas *privada*. Em conceito negativo, mostram-se *particulares* os documentos *não* exarados por *autoridade pública*.

O *relatório* de certa *autoridade*, com todas as formalidades que lhe surgem inerentes, criado e emitido nos limites de sua *competência funcional*, não pode se classificar qual *documento privado:* de particular *para* particular.

Observe-se, de outra sorte, que no *sistema anterior da prova civil* já se ensinava com pontualidade que:

a) "No sentido jurídico, que é o único que nos interessa, a falsidade consiste na alteração da verdade, consciente ou inconscientemente praticada, em detrimento de direito alheio. Poderá ela ser extrínseca ou formal e intrínseca ou substancial, incluindo-se na primeira os vícios externos, visíveis à inspeção pericial, que atingem o documento ou instrumento na sua materialidade, como a falsificação integral, a cancelação, as rasuras, riscaduras, entrelinhas não ressalvadas, os borrões e outros defeitos em lugar substancial, induzindo suspeita de uma alteração de seu contexto e, compreendendo-se na segunda os vícios ou defeitos internos, essenciais ou invisíveis, decorrentes da incapacidade do autor ou signatário do instrumento, da incapacidade do oficial público que o lavrou, de ser o ato ou objeto dele ferido de ineficácia pela lei, por ilícito, impossível ou fraudulento.

---

26. MARQUES, José Frederico. *Instituições de direito processual civil*. 3. ed. Rio de Janeiro: Forense, 1967. v. 3, § 786, p. 324-325.

Nesta última categoria inclui-se a chamada falsidade *ideológica* ou *intelectual,* que atinge a substância do ato, sem a mais leve alteração de sua forma, e da qual a simulação é uma espécie típica."[27]

b) "A falsidade apurável, no curso da instrução da causa, ou mesmo incidentalmente, não é somente a falsidade material, mas também a *ideológica.*"[28]

c) "O incidente de falsidade, como a ação declaratória de falsidade, ou de autenticidade de documento (art. 2.º, parágrafo único), não versa somente sobre o fato material da falsidade, porque falsidade e autenticidade são *conceitos jurídicos.* No caso de incidente de falsidade, é ele imediatamente ligado à prova que se pretende (cf. E. Beling, *Informativprozesse,* 8, s. I).

O incidente de falsidade compreende a falsidade em sentido estrito e a falsificação (*mutatio veritatis*): não é preciso que o prejuízo resultante já se haja produzido; basta que se possa produzir no futuro, desde que a decisão dependa do documento (*Manuel Álvares Pegas, Resolutiones Forenses,* II, 1150). A *mutatio* pode consistir em alteração, rasura, abrasão (*ex abrasione in parte subtanciali),* etc."[29]

A *dogmática processual civil,* em face do Código de 1973, restou longe de aderir ao mencionado pensamento, que diz incabível a *falsidade ideológica,* no âmbito do *incidente.* Senão vejamos:

a) "O legislador pátrio entendeu definir-se doutrinariamente no tocante à doutrina sobre *falsidade documental,* dando-lhe o conceito: 'A falsidade consiste: I – em *formar* documento *não verdadeiro*'; II – em *alterar* documento verdadeiro (artigo 387, parágrafo único). À primeira vista, pela linguagem *carneluttiana* adotada, tem-se a impressão de que a lei considera apenas a hipótese da *falsidade material.* Mas exame mais ponderado nos faz acreditar que no contexto legal está compreendida também a falsidade

27. BONUMÁ, João. *Direito processual civil.* São Paulo: Saraiva, 1946. v. 3, § 501, p. 397-398.

28. AMARAL SANTOS, Moacyr. *Prova judiciária no cível e comercial.* 3. ed. São Paulo: Max Limonad, 1966. v. 4, *prova documental,* § 267, nota 33-A, p. 549. Grifo nosso.

29. PONTES DE MIRANDA, Francisco C. *Comentários ao Código do Processo Civil.* 2. ed. São Paulo: Revista Forense, 1959. § 1, p. 145-146.

ideológica. a) "*formar* documento não verdadeiro", não há dúvida, é, em primeiro lugar, diverso da verdade". Documento, público ou particular, *materialmente falso.* Mas documento é coisa feita e destinada a fixar, reproduzindo-os, fatos ou manifestações do pensamento. Ou, na definição que adotamos: 'é a coisa representativa de um fato e destinada a fixá-lo de modo permanente idôneo, reproduzindo-o em juízo'. Documento que diga representar um fato (fato ou manifestações do pensamento, mas que *na verdade não o representa*, é tão inverdadeiro quanto o materialmente inverdadeiro. Vale dizer, *documento não verdadeiro,* que está na letra do Código, o é tanto quanto a inverdade se contém no próprio documento, como coisa (*falsidade material*), como quando a inverdade se encontra na sua qualidade específica de *representar* fatos ou manifestações de vontade, isto é, no seu conteúdo. Neste caso, o documento será *ideologicamente* falso. Assim, segundo nos parece, o inc. I do parágrafo único do art. 387 abraça no conceito de *falsidade e formação* de documento *material* ou *ideologicamente não verdadeiro.*"[30]

b) "Esta observação assume importância para os que inadmitem a prova do falso ideológico em arguição incidente, exigindo ação autônoma (ver Pestana de Aguiar, *Comentários ao CPC,* p. 213 ao art. 387, apontando, em contrário, opiniões de Amaral Santos e Pontes Miranda) – com o registro de que improcede a distinção feita, como mostra Frederico Marques, ao afirmar que o falso instrumental pode arguido em incidente 'na sua forma de falsidade material ou na de falsidade intelectual ou ideológica' (*Instituições de Direito Processual Civil,* v. III, n. 786).

Já nos referimos à existência de uma falsidade material e de uma falsidade ideológica. Nesta, o falso incide no relato ou na notícia dos fatos, na expressão das ideias. Por isto, a falsidade é *ideológica, moral ou intelectual.* 'A falsidade ideológica atinge a substância do ato, sem a mais leve alteração de sua forma' (João Bonumá, *Direito Processual Civil,* v. I, n. 501).

Já a falsidade material recai na formação documento que é invado ou adulterado. Na feliz expressão de Vitali (*apud* Amaral Santos,

30. AMARAL SANTOS, Moacyr. *Comentários ao Código de Processo Civil.* Rio de Janeiro: Forense, 1994. v. 4, § 183, p. 230-231.

ob. cit., v. IV, p. 388) a falsidade material 'se opera pela transformação da fisionomia originária do documento', ou outras fórmulas que, ou modifiquem parcialmente o escrito ou modificam totalmente. De qualquer forma desfigura a representação real do fato, transmite uma versão irreal... "Para Pestana de Aguiar, as hipóteses relacionadas no parágrafo único do art. 387 'corporificam o *falsum* material, tipificado no art. 298 do Código Penal' (ob. cit., p. 213). Não parece procedente a afirmação. A lei não distingue. Ao contrário, estabelecendo um procedimento amplo e indistinto a partir do art. 390, o CPC propicia a alegação a prova do falso ideológico que se conteria no dispositivo mais amplo do art. 387, I ('formar documento não verdadeiro')."[31]

c) "Já agora, com relação a vício intrínseco, é documento realizado com a finalidade de fazer prova de fato e não verdadeiro, sendo o defeito respeitante, portanto à sua essencialidade. A falsidade diz-se, então, ideológica, intelectual ou moral, em contraposição à atinente ao vício extrínseco, denominada falsidade material, e geralmente operada por dois modos distintos, ou seja, pela confecção, correspondente à criação de documento falso, ou pela alteração de documento verdadeiro existente, 'transformando-o materialmente ou adicionando-lhe, suprimindo-lhe ou substituindo-lhe palavras ou cifras'. Ambas as situações, aliás, veem-se abrangidas pela preceituação contida no art. 387 do aludido Código, que expressa cessar a fé do documento, seja ele público ou particular, 'sendo-lhe declarada judicialmente a falsidade', consistente, por certo, na formação de documento não verdadeiro (cf. parágrafo único, II)."[32]

Se no *processo civil*, antigo e moderno, não obstante alguma polêmica, a melhor doutrina permite suscitar *incidente de falsidade* para a demonstração do *falso ideológico*, quer dizer, no *processo penal*, à luz da *verdade material*.

O documento que não traduz *exatidão* e *veracidade*, abstração feita de ser genuíno, pode e deve *reconhecer-se como falso* e se ver *desentranhar dos autos* do processo (art. 15 da LICPP; Decreto-lei 3.941/1941).

---

31. OLIVEIRA LEITE, José Oswaldo de. Incidente de falsidade. *Digesto de processo*. Rio de Janeiro: Forense, 1985. v. 3, § 18, p. 89.

32. TUCCI, Rogério Lauria. *Curso de direito processual civil*: processo de conhecimento. São Paulo: Saraiva, 1989. v. 2, § 5, item 22, p. 415.

9. O respeitável ato decisório, de que se cogita, não encontra bom esteio sequer na *processualística civil*, como se demonstrou.

O documento, em questão, consiste em *relatório* do *Banco Central do Brasil*. Trata-se, pois, de instruir, orientar e fiscalizar o sistema financeiro nacional, disciplinando-o segundo a política econômica (arts. 8.º, 9.º e 10 da Lei 4.595, de 31.12.1964, c/c o art. 192 da CF).

O *relatório*, que elabora, ostenta-lhe, no caso, a atividade (arts. 41-45 da Lei 6.024, de 13.03.1974). Jamais será havido, assim, por *documento particular*.

Entre nós emergem várias maneiras de inquirir previamente (*informatio delicti*). No âmbito da Administração Pública, tanto existe o *inquérito policial*, civil e militar quanto há *inquérito administrativo, em sentido estrito*. Todos chegam ao fim e ao cabo por via de um *relatório*.

"O inquérito policial, com todas as diligências, forma um *instrumento* ou para a denúncia, ou para a queixa...",[33] ou enseja a decisão de arquivamento.

Sempre se pode afirmar, portanto, que o inquérito policial consiste em *instrumento de revelação da verdade criminal*. Termina o procedimento com o *relatório* da autoridade presidente. É seu remate (art. 10, § 1.º, CPP). Os outros guardam conteúdo semelhante e pontofinalizam de igual modo.

O *relatório* há de exibir-se como a *descrição completa* e *imparcial* de tudo quanto ocorreu, durante o inquérito, ou persecução penal extrajudicial, ou ainda administrativa. Daí a necessidade de ser ele *fiel, técnico* e *fundamentado*. Vale asseverar, arrimado nos elementos de convencimento, que pôde acumular, no andar de sua tramitação.[34]

"O relatório expõe todo o trabalho do inquérito e termina precisando os resultados e conclusões dele consequentes."[35] Em tal sentido, o próprio *relatório* irrompe, também, como *instrumento*. É ele a evidenciação pré-constituída da *persecução penal*, em sua primeira fase, denominada preparatória, extrajudicial ou procedimental.

33. ALMEIDA JÚNIOR, João Mendes de. *O processo criminal brasileiro*. 2. ed. Rio de Janeiro: Francisco Alves, 1922. v. 2, § 281, p. 107. Grifo nosso.

34. Conforme ROCHA, Ubirajara. *Do relatório no inquérito policial*. São Paulo: Serv. Graf. da Séc. Seg. Pública, 1982. p. 14, 15, 17 e 45.

35. PAULA, Antonio de. *Do direito policial*. 2. ed. Rio de Janeiro: A Noite, [s.d.]. p. 191.

Um inquérito policial, enquanto *instrumento* (v. art. 42 do Decreto 4.824, de 22.11.1971), pode mostrar-se falso, inverídico, forjado. O *relatório* outro tanto, se *não* narra, com a esperada *exatidão*, a *atividade* que se voltou apenas ao *descobrimento da verdade criminal possível*, bem como o seu produto ou resultado final *concreto*, real. Jamais mostrar-se fabulatório.

Tal exposição fez, igualmente, a *Comissão de Inquérito do Banco Central do Brasil* (arts. 11 e 32 da Lei 6.024, de 13.03.1974) e pode ser acometida pela mesma patologia.

O instrumento público faz prova de verdade presumida, porém até que se lhe demonstre a falsidade. Aqui não se trata de recusar fé ao documento público, apenas de declarar que ele nunca a teve, desmerece crença. *Praesumtio cetil veritati, id est, probationi.*

10. No direito comparado, vai-se verificar em sede processual penal a persistência de poder ocorrer o falso *documental* ideológico e o *material.*

a) "Abbiamo detto che la terza condizione in cui si concretizza la veritá della scrittura a cio, che dallo scritto risulta como esistente, avvenuto o detto. Ora, è il verificarsi di questa condizione, che constituisce la verità *intrinseca*, in tutte le sue forme, della scrittura. Questa veritá instrinseca può riguardare fatti che appajono constatati *nella loro materialità* dallo scrivente, ed allora si há in ate specie la verità instrinseca *materiale*, riferentesi, cioè, ad uma materialità non constatata; o può riguardare *idee* non constatate delo scrivente nella materialità di fatti realli, ed ahllora si há in inspecie la verità intrinsce *ideologica* riferentesi, cioè, ad idee non constatate nella materialità di fatti reali. Nella mancanza, poi, di verità instrinseca materiale od ideológica, consiste naturalmente il falso materiale od ideologico. Questa distinzione à della massima importanza."[36]
b) "L'impugnazione di falso è configurata come l'oggeto di um procedimento incindentale inscentato dal pubblico ministero o dalle parti private, personalmente o per mezzo di procuratore speciale. La domanda, proponibile in ogni stato e grado, si basa sull'assunto che 'um atto o documento del processo' sia viziato di falsità (art. 215), intendendo per tale la rappresentazione infedele del

36. MALATESTA, Nicola Framarico dei. *La lógica dalle prove in criminale.* 3. ed. Torino: UTET, 1912. v. 2, p. 290.

fatto ou dei fatti che il documento è inteso a provare (e cioè quel mendacio che in nomenclatura penalistica si denomina 'falso ideologico') o la contraffazione ovversossia la formazione del documento ad opera di uma persona diversa da colui che se ne fa apparite autores, Il pressupposto sottinteso è che il documento sai dotato dell'efficacia prevista dall'art. 158. La domanda, per la quale è richiesta sotto pena d'inammissibilità la forma scrita, deve contenere 'l'indicazione dell'atto o documento che ne forma oggetto, com la determinazione, quando occorre, della parte di esso che viene impugnata', nonchè 'i motivi che inducono a ritenere la falisità, con l'indicazione dei fatti, delle circostanze e delle prove' (art. 216, nn. 1 e 2), ed è proposta di fronte allòrgano investito del processo."[37]

c) "Parlando di attendibilità di un documento bisogna distinguere tra attendibilità del contenuto della dichiarazione incorporata nel documento (nel certificato medico prodotto davanti al giudice, sta scritto che l'imputato à febbricitante, na sara poi vero?) e attendibilità della paternità della dichiarazione stessa, quale risulta dal documento (il certificato à firmato 'dott. Ferro', ma sara stato il dott. Ferro a redigerlo... o l'imposto?). Conferisce attendibilità allá 'paternalista' quale appare dal documento, il fatto che il nostro legislatore configuri come reato (punito com pene di varia gradazione a seconda del tipo del documento) la condotta di chi falsifica materialmente un documento facendone apparire autore chi non lo è: siccome si há da presumere che le persone si astengano dal commetere reati (per paura della relativa sanzione), cosi il giudice può presumere la corrispondenza al vero della paternità del documento, che le parti gli producono.

Ma il legislatore, che punisce com pene severe chi falsifica materialmente un documento, non sempre punisce chi falsifica, si, un documento, ma solo ideologicamente; si ilmita, cioè, a fare una dichiarazione scritta falsa: io dichiaro per iscritto de aver visto Tizio rubare, mentre invece non è vero (però a tale dischiarazione falsa, appongo una firma vera: il documento appare sottoscritto da Sanguineti ed in effetti sono io, Sanguinetti, ad averlo sottoscritto). Conseguenza: l'attendibilità che il giudice può attibuire,

37. CORDERO, Franco. *Procedura penale*. Varese: Giuffrè, 1966. § 6, p. 336.

> a quanto è dichiarato da um documento, dipende dalla risposta ch'egli può dare allá domanda: l'autore del documento, che avesse voluto eventualmente scrivere una dichiarazione falsa, avrebbe avuto da temere i rigori della legge (uma sanzione penale) oppure no?"[38]

11. Não se perde, em razão da inércia, o exercício de direito, ou de faculdade processual, seja quando o instante de exercência, ainda, não nasceu, seja se não é ela atempada. Não se cogite de *preclusão* em matéria de *incidente de falsidade.*

O estatuto processual penal não estabelece nenhum prazo. Assim, a oportunidade da arguição desponta livre. "Se os documentos podem ser juntados ao processo em qualquer fase (arts. 231 e 400), deve inferir-se que também a arguição pode ser feita a qualquer tempo. Alegar a falsidade é ônus daquele a quem o documento prejudica. Dessarte, cabe-lhe fazê-lo quando lhe convier; em geral, o mais cedo possível. Pode, entretanto, ocorrer que o arguente precise de tempo para obter ou juntar as provas da falsidade e não lhe convenha invocá-la enquanto não tem consigo os elementos de convicção com que pretende demonstrá-la."[39] *Perpetua est exceptio falsis.*

III – AS RESPOSTAS AOS QUESITOS

12. Em face do expendido, e concluindo, respondo aos quesitos lançados pelo ilustre Consulente, reiterando que:

Primeiro: no processo penal vigorante, pode-se deduzir incidente de falsidade instrumental, ideológica, intelectual ou moral.

Segundo: o *processo penal*, posto qual se acha, não guarda cabência se aludir à *preclusão*, para o aforamento de *incidente de falsidade*, se ainda tramita a causa penal.

É o meu parecer, salvo melhor juízo dos doutos.

---

38. SANGUINETTI JR., Luigi. *La valutazione della prova penale*. Milano: Giuffrè, 1979. § 2, p. 124-128.

39. TORNAGHI, Hélio Bastos. *Curso*... cit., v. 1, p. 243.

INFRAÇÕES À LEI DE RESPONSABILIDADE FISCAL: A QUESTÃO DA AÇÃO CIVIL PÚBLICA E DA IMPROBIDADE ADMINISTRATIVA

1. O que nos propomos atingir, ou o que vamos considerar, é, tão só, o art. 73 da Lei Complementar 101, de 04.05.2000, que "estabelece normas de finanças públicas, voltadas para responsabilidade na gestão fiscal e dá outras providências". Preceito, pois, da denominada "Lei de Responsabilidade Fiscal".

O Diploma trata de *finanças públicas* de modo prevalente. Com vistas à Lei Maior, cuida de concretude de normas gerais (arts. 163 e 164) e, também, de três marcadas espécies de orçamentos públicos, a saber: *plano plurianual*, *diretrizes orçamentárias* e *orçamentos anuais* (arts. 165 a 169).

Volta-se à União, Estados e Municípios, sem esquecer o Distrito Federal. Surge, assim, como diploma de caráter nacional (art. 1.º).

2. A Lei Complementar 101/2000 exibe setenta e cinco artigos. O penúltimo diz com a vigência, a contar da data da publicação. Já o último dirige-se a revogar a Lei Complementar 96, de 31.05.1999, que criava limites para as despesas com pessoal.

Objeto de exame emerge, assim, o antepenúltimo preceito. E assenta o art. 75:

> As infrações desta Lei Complementar serão punidas segundo o Decreto-lei n. 2.848, de 07 de dezembro de 1940 (Código Penal); a Lei n. 1.079, de 10

de abril de 1950; o Decreto-lei n. 201, de 27 de fevereiro de 1967; a Lei n. 8.429, de 2 de junho de 1992; e demais normas da legislação pertinente.

Fica-se, pois, sabendo: as *infrações penais*, que tenham pertinência com a chamada Lei de Responsabilidade Fiscal, primeiro, punem-se consoante os modelos do Código Penal.

Daí a razão de, logo em 19.10.2000, irromper a Lei 10.028, que alterou e modificou o Código Penal, oferecendo nova redação ao art. 339, que tipifica o *crime de denunciação caluniosa*; e, ainda, acrescendo o Capítulo IV, "*Dos crimes contra as finanças públicas*", ao Título XI, "Dos crimes contra a Administração Pública" (arts. 359-A a 359-H).

Menciona, também, o dispositivo sob análise, a Lei 1.079, de 10.04.1950. Ela define os "*crimes de responsabilidade*" do Presidente da República, Ministros de Estados, Ministros do Supremo Tribunal Federal, Procurador-Geral da República, Governadores de Estado e seus Secretários, bem como regula o respectivo processo e julgamento.

Tais ditos "*crimes de responsabilidade*" despontam quais *infrações político-administrativas* e, do mesmo modo, punem-se com o *impeachment.*

A referida Lei 10.028/2000 ampliou as infrações, contra a lei orçamentária, de quatro para doze (art. 10 da Lei 1.079/1950). Quanto aos Ministros do Supremo Tribunal Federal, estatuiu mais uma regra dizendo com o mesmo dispositivo que arrola as infrações contra a lei orçamentária (art. 39-A). E, no parágrafo único, mandou, por igual, aplicar o *caput* aos presidentes e substitutos dos Tribunais Superiores, dos Tribunais de Contas, dos Tribunais Regionais Federais, do Tribunal do Trabalho e Eleitorais, dos Tribunais de Justiça e de Alçada dos Estados e aos Juízes Diretores de Foro, ou função equivalente, no primeiro grau de jurisdição. Estendeu, ainda, ao Procurador-Geral da República, ou a seu substituto, as doze condutas que violam a lei orçamentária (art. 40-A). No parágrafo único, determinou que se aplicasse a cabeça do artigo, também, ao Advogado-Geral da União, aos Procuradores-Gerais do Trabalho, Eleitoral e Militar, aos Procuradores-Gerais de Justiça dos Estados e do Distrito Federal e aos membros do Ministério Público da União e dos Estados, da Advocacia-Geral da União, das Procuradorias dos Estados e do Distrito Federal, quando no exercício de função de chefia, das unidades regionais ou locais das respectivas instituições (art. 40-A, parágrafo único, I e II).

Ainda, acrescentando em mandamento – na lei que define os "crimes de responsabilidade" – que guarda pertinência com a denominada *compe-*

tência pela prerrogativa de função, quanto ao procedimento, observar a Lei 8.038, de 28.05.1990, voltada aos processos de competência originária do Superior Tribunal de Justiça e do Supremo Tribunal Federal. Permite o dispositivo, de outra sorte, o oferecimento da denúncia por "todo cidadão" (art. 41-A).

O Decreto-lei 201, de 27.02.1967 – igualmente citado no art. 73 em comento –, dispõe sobre a responsabilidade dos Prefeitos e vereadores, além de dar outras providências. A Lei 10.028/2000 aumentou oito incisos ao rol de *crimes funcionais*, praticáveis por Prefeito Municipal, que, assim, chegam a vinte e três (art. 1.º). A competência, como se sabe, para julgamento restou com o Tribunal de Justiça (art. 29, X, da CF).

A última Lei mencionada – 8.429, de 02.06.1992 – dispõe sobre as sanções aplicáveis aos agentes públicos, nos casos de enriquecimento ilícito, no exercício do mandato, cargo, emprego ou função Administrativa pública direta, indireta ou fundacional. É a denominada Lei de Improbidade Administrativa. Ela lista *infrações, condutas ilícitas*, mas não crimes, salvo modalidade de *denunciação caluniosa* (art. 19).

O art. 73 refere, no fim, às "demais normas da legislação pertinente". Pode-se, desde logo, lembrar dos "crimes de responsabilidade" – *infrações político-administrativas* – do Governador do Distrito Federal e Territórios e respectivos Secretários, definidos na Lei 7.106, de 28.06.1983. Quem sabe, também, pensar na Lei 8.137, de 27.12.1990, que tipificou os *crimes contra a ordem tributária, econômica e contra as relações de consumo.*

A Lei 10.028/2000, pontofinalizando, alinha quatro *infrações administrativas* punidas com multa, que hão de ser processadas e julgadas pelo Tribunal de Contas (art. 5.º, §§ 1.º e 2.º).

3. O Ministério Público ostenta clara ilegitimidade quando pleiteia, o que pode vir a ser objeto de *ação popular* (art. 5.º, LXXIII, da CF).

Todos sabem de raiz que a *ação civil pública guarda natureza supletiva*, mostrando-se como *exceção* no sistema. Basta ler-lhe o primeiro mandamento. Ela existe "sem prejuízo da ação popular" (art. 1.º, *caput*, da Lei 7.347/1985). Daí obrigar a que a *interpretação irrompa estreita* e típicos seu objeto e finalidade. Não se permite alargar um e outra, sem ferir a *taxatividade.*

A *finalidade da ação civil pública* é fixada nas leis – não ao talante do Ministério Público:

> Ações de responsabilidade por danos morais e patrimoniais, causados: I – ao meio ambiente; II – ao consumidor; III – a bens e direitos de valor

artístico, estético, histórico, turístico e paisagístico; IV – qualquer outro interesse difuso, ou coletivo; e V – por infração da ordem econômica e da economia popular" (incisos do art. 1.º da Lei 7.347/1985; com a redação do *caput* e acréscimo do inc. V, conforme o art. 88 da Lei 8.884, de 11.06.1994, e acréscimo no inc. V, consoante a Medida Provisória 1.965-9, de 09.12.1999; conservada na Medida Provisória 1.965-22, de 21.12.2000).

Adicionando-se, também: "a proteção do patrimônio público e social, do meio ambiente e de outros interesses difusos e coletivos" (art. 129, III, da CF). Proibiu-se a *ação civil pública* "para veicular pretensões que envolvam tributos, contribuições previdenciárias, o Fundo de Garantia do Tempo de Serviço – FGTS ou outros fundos de natureza institucional cujos beneficiários podem ser individualmente determinados" (art. 1.º, parágrafo único, da Lei 7.347/1985, introduzido pela Medida Provisória 1.984-25, de 21.12.2000).

Além disso, o *objeto* da mencionada *ação excepcional* surge evidente: "A ação civil poderá ter por objeto a condenação em dinheiro, ou o cumprimento de obrigação de fazer ou não fazer" (art. 3.º). Se a condenação exsurgir em dinheiro, "a indenização pelo dano causado reverterá a um fundo, gerido por um Conselho Federal e por Conselhos Estaduais" (arts. 13 e 20 da Lei 7.347/1985 c/c o Decreto 1.306/1994, de 09.11.1994 e Lei 9.008, de 21.03.1995). *Não há de ter outro fadário*, como se pretende muita vez.

> Ação popular – de outra sorte – é o meio constitucional posto à disposição de qualquer cidadão para obter a invalidação de atos ou contratos administrativos – ou a estes equiparados – ilegais e lesivos do patrimônio federal, estadual e municipal, ou de suas autarquias, entidades paraestatais e pessoas jurídicas subvencionadas com dinheiros públicos.[1]

A ação popular surge, pois, aforada por qualquer do povo – cidadão eleitor –, objetivando a tutela jurídico-processual de direitos subjetivos metaindividuais, assinalados no diploma que a regulamenta: arts. 1.º e 4.º da Lei 4.717, de 29.06.1965.

---

1. MEIRELLES, Hely Lopes. *Mandado de segurança, ação popular, ação civil pública, mandado de injunção,* habeas data. 16. ed. atualizada por Arnoldo Wald. São Paulo: Malheiros, 1995. p. 87-88.

Argumenta-se que a Constituição da República ampliou a legitimidade do Ministério Público para intentar o inquérito civil e a ação civil pública (art. 129, III). *Primeiro*, surge necessário não esquecer que a Lei Maior exige irromperem *indisponíveis, sempre, os interesses sociais e individuais, defendidos pelo Ministério Público* – uma das atribuições institucionais estritas (art. 127, *caput*). Não deve o Ministério Público atuar defendendo imaginado direito alheio, de natureza patrimonial, pertencente, por exemplo, à União Federal, Estado ou Município, os quais, no mínimo, possuem representação legal e advogados, aptos à procura de seus direitos e interesses. *Segundo*, a Constituição da República refere *interesses difusos e coletivos*. Vale afirmar: menciona a proteção do patrimônio público e social, além do meio ambiente, e "de outros interesses difusos e coletivos" (art. 129, III). Não se cuida, no mais das vezes em que surge a ação civil pública, tecnicamente, de interesses difusos e coletivos, mas de anulação de contrato e de pretenso direito ao *ressarcimento de dano ao patrimônio público federal, estadual ou municipal, com pedido de destinação da reparação aos cofres de tais entes.*

A Lei Orgânica Nacional do Ministério Público assere que, ademais, aos órgãos de execução, entre as funções gerais, incumbe: "promover o inquérito civil e a ação civil pública, *na forma da lei*" (art. 25, IV – grifo nosso). *A única Lei vigorante é a 7.347, de 24.07.1985.*

Ora, "ninguém poderá pleitear, em nome próprio, direito alheio, *salvo quando autorizado por lei*" (art. 6.º do CPC – grifo nosso). Na *ação popular*, o cidadão, em nome próprio, *defende interesse da Administração Pública*. Sustenta-se, agora, que, mediante *ação civil pública*, o aludido cidadão eleitor ganhou *substituto processual*: o Ministério Público.

Afirma-se, portanto, que, ao promover o *inquérito e a ação civil pública*, "para a anulação ou declaração de nulidade de atos lesivos ao patrimônio público ou à moralidade administrativa do Estado ou de Município, de suas administrações indiretas ou fundacionais, ou de entidades privadas de que participem", *o Ministério Público tomaria para si a titularidade da ação popular* (art. 25, IV, "b", da Lei 8.625, de 12.02.1993). Assim, sob a denominação de *ação civil pública* – ou melhor, de nova e sétima finalidade, não obstante se cuidar de números fechados (art. 1.º da Lei 7.347/1985) –, ter-se-ia dado ao Ministério Público legitimidade ativa para imaginada espécie do gênero *ação popular. Existiria, pois, ação popular do cidadão eleitor e a ação popular do Promotor de Justiça*, criada pela Lei Orgânica Nacional do Ministério Público, à margem da Constituição da República e ferindo-a. *Curiosa espécie que, sendo popular, não é exercitada por cidadão qualquer. E pode acabar absorvendo o gênero, visto que libera o cidadão de constituir advogado.* Sem se esquecer de que, se o Ministério Público sustentar lide temerária, jamais seria condenado no décuplo das custas (art. 5.º, LXXIII, da CF, c/c o art. 13 da Lei 4.717/1965).

Já a ação de reparação de dano, por enriquecimento ilícito, prejuízo ao erário, ou por violação de princípios da administração pública, instituída pela Lei 8.429, de 02.06.1992, tão só surge invocável na base de tais especificações. O pedido exsurge, sempre, como elemento de identificação da ação incoada e de fixação do objeto litigioso. A cumulação de pedidos exige, no mínimo, compatibilidade e adequação típica.

Não se há de misturar três ações, dotadas de titularidades variadas; objetos diferentes; finalidades desiguais; e de procedimentos diversos. *Nada justifica mesclar ação popular, ação civil pública e ação ordinária de reparação de dano, nascente em atos de improbidade administrativa.*

À evidência de o Ministério Público possuir legitimidade ativa *não torna pública nenhuma ação civil.* Tal ideia consiste em resquício, vestígio, sem cabência, da classificação subjetiva das ações penais condenatórias, que irrompe, primeiro, na lei penal. Assim, evocando: ações públicas e ações privadas; hoje, melhor ditas de iniciativa pública e de iniciativa privada (art. 100 e parágrafos do CP, atentando para a integração da rubrica lateral).

Já se asseriu com pontualidade que:

> [...] parece que se deva *desfocar* o critério que permite caracterizar essa ação como "pública": passando do aspecto concernente à legitimação ativa (já que o MP, *parte pública*, não é o legitimado exclusivo), para o aspecto respeitante ao seu *objeto*: a proteção de interesses metaindividuais, relativos ao meio ambiente, patrimônio cultural, consumidores. Essa particularidade foi bem notada por Édis Milaré: "Até há pouco, entendíamos que quando se falava em *ação civil pública* se queria em verdade referir ao problema da legitimação, e não ao do direito substancial discutido em juízo. Ação civil pública, então, era aquela que tinha como titular ativo uma *parte pública* – o Ministério Público [...] Agora, porém, com a edição da Lei 7.347/85, que conferiu legitimidade para a ação civil pública de tutela de alguns interesses difusos não só ao Ministério Público, mas também a entidades estatais, autárquicas paraestatais e às associações que especifica (art. 5.º), novo posicionamento se impõe diante da questão". Prosseguindo nessa linha de raciocínio, o autor conclui: "Podemos, assim, em termos simples, mas não definitivos, concei-

tuar a ação civil pública como o direito expresso em lei de fazer atuar, na esfera civil em nome do interesse público, a função jurisdicional".[2]

Ainda, e na mesma orientação, assegurou-se que:

> [...] perdeu o sentido o conceito anterior, de ação civil pública como ação de objeto não penal, promovida apenas pelo Ministério Público. *Ação civil pública*, ou *ação coletiva*, como prefere o Código do Consumidor, passou a significar, portanto, não só aquela proposta pelo Ministério Público, como a proposta pelos demais legitimados ativos do art. 5.º da Lei n. 7.347/85 e do art. 82 do Código do Consumidor, e ainda aquela proposta pelos sindicatos, associações de classe e outras entidades legitimadas na esfera constitucional ou infraconstitucional, desde que tenha como objetivo a tutela de interesses difusos, coletivos ou individuais homogêneos (isto é, confere-se agora um enfoque *subjetivo-objetivo*, baseado na titularidade ativa e no objeto específico da prestação jurisdicional na esfera cível).[3]

Além dos argumentos, tantas vezes repetidos e quase nunca ouvidos, sobre a *ilegitimidade ativa* do Ministério Público (Agr. Instr. 274.439-1/1, j. 18.03.1996; 274.440-1/6, j. 18.03.1996; Ap. Cível 246.686-1/8, j. 19.08.1996; Ap. Cível 030.947-5/4, j. 08.03.1999; e outros), cabe acrescentar outros, emergentes em voz mais autorizada e por isso audível. Em pontual estudo sobre: "A inadmissibilidade da ação civil pública e ilegitimidade do Ministério Público", assentou-se: "Resta mais do que seguro, portanto, que só se pode falar em interesses *difusos* quando for realmente *difusa* a titularidade subjetiva dos bens que lhes constituem objeto. *Interesse difuso é aquele cujo titular não se pode determinar*". Na sequência, afirmando-se:

> Eis o fundamento da legitimidade do Ministério Público e outras entidades indicadas em lei, para a propositura da ação civil pública. Sempre que o direito ou interesse tiver um titular determinado – estando pois ausente a premissa da *não personificação* – a esse titular compete, com exclusividade, a qualidade para vir a juízo em defesa daquilo que sustenta ser seu (legitimidade ordinária: sempre, art. 6.º CPC). Mas não se

---

2. MANCUSO, Rodolfo de Camargo. *Ação civil pública*. 5. ed. São Paulo: RT, 1997. p. 17-18. Grifos do autor.
3. MAZZILLI, Hugo Nigro. *A defesa dos interesses difusos em juízo*: meio ambiente, consumidor e outros interesses difusos e coletivos. 7. ed. São Paulo: Saraiva, 1995. p. 27-28. Grifos do autor.

> pode perder de vista que, numa ordem jurídica neoliberal, em que preponderа o indivíduo como centro de imputação de direitos e obrigações, essa legitimidade *coletiva* tem caráter excepcional e só se impõe nos casos especificamente indicados, sem remover ou abalar os pilares do sistema individualista de provocação da tutela jurisdicional.

Ainda, tratando da legitimidade do Ministério Público ensinou-se:

> Segundo dispõe a Constituição federal, a defesa judicial do "patrimônio público e social", cometida ao Ministério Público (art. 129, inc. III), é e será sempre *defesa de bens e valores pertinentes a classes, categorias ou grupos de pessoas não determinadas e apenas unidas de modo efêmero por meras circunstâncias de fato.* Sem quebra da harmonia do sistema, jamais se poderia pensar nessa norma constitucional como legitimadora da ampla e incontrolada atuação do *Parquet* em prol das entidades personificadas. Aliás, o próprio contexto em que aquelas palavras estão inseridas fala em "outros interesses difusos e coletivos": mediante o emprego do adjetivo *outros*, o constituinte deixou muito clara a intenção de vincular tal legitimidade, sempre, à tutela dos titulares anônimos de direitos e interesses comuns. A própria Constituição, em seu mesmo art. 129, é bastante explícita em vedar ao *Parquet* o patrocínio de quaisquer entidades públicas. Entre as atribuições da nobre Instituição, inclui, à guisa de *norma de encerramento*, a de: "exercer outras funções que lhe forem conferidas, desde que compatíveis com sua finalidade, sendo-lhe vedada representação judicial e a consultoria de entidades pública" (art. 129, inc. IX).

Levando-se em conta as funções compatíveis com a finalidade do Ministério Público, afirmou-se:

> Por tudo quanto se sabe sobre o Ministério Público, o *interesse público* que lhe cabe tutelar é o da nação *pro populo* e não do Estado *pro domo sua*. Essa é uma velha lição de José Frederico Marques, de perene atualidade e estritamente fiel ao perfil político-institucional das funções do *Parquet*. Tais elementos concorrem para reconfirmar que o "patrimônio público e social" cuja proteção a Constituição da República remete ao Ministério Público (art. 129, inc. III) é estritamente aquele conjunto de valores integrantes da constelação que se chama *interesses difusos ou coletivos*, os quais, necessariamente, não têm e não podem ter um titular personificado. Não fora assim, admitir-se-ia a ação civil pública e o Ministério Público teria *legitimatio* ativa toda vez que se tratasse de defender o patrimônio de qualquer entidade estatal ou paraestatal. Afinal, são detentoras de imenso capital representado por tributos a adminis-

tradoras de todo um patrimônio móvel ou imobilizado representado pelos bens públicos de diversas qualificações – o que só tem sentido em face do *poder de representação* do povo pelos agentes estatais.

A interpretação sistemática conduziu, então, a asserir:

Vê-se, pois, que a Constituição quis efetivamente separar o que compete ao cidadão, mediante a ação popular; e o que fica a cargo do Ministério Público ou de entidades portadoras de *legitimidade adequada* segundo a lei, mediante a ação civil pública. Não é legitimado o cidadão, e descabe a ação popular, quando a lesão a valores ambientais, históricos ou culturais tiver outro agente e não se relacionar com a atividade dos agentes estatais. Simetricamente, não tem lugar a ação civil pública, e tais entidades carecem de legitimidade *ad causam*, quando a lesão não tiver atingido diretamente aqueles bens *indivisíveis* sobre os quais recaem os interesses a que chamamos *difusos*.

Na análise da inconstitucional ampliação da legitimidade, assegurou-se:

A resposta a essa indagação deve tomar apoio nas duas premissas generalíssimas que constituem a base de toda a construção do Ministério Público moderno, a saber: a) que ele é a instituição estatal mediante cuja atuação o sistema pretende efetivar o zelo pelo *interesse público*, conceituado este como a soma dos valores transcendentes aos direitos e interesses de sujeitos determinados; b) que não lhe é permitido assumir a defesa ou patrocínio de entes estatais como tais (Const., art. 129, inc. IX: "vedada a representação judicial e consultoria jurídica de entidades públicas").

E segue-se na mesma linha:

Retorna-se agora a certos pontos assentados em tópicos precedentes. A *incompatibilidade constitucional* aqui reiterada decorre (a) de uma intolerável invasão do campo da ação popular, tratando-se de defesa do patrimônio material de uma pessoa jurídica de direito público; (b) da conceituação legal de *direitos e interesses difusos*, que impede incluir entre estes, na interpretação do texto constitucional (art. 129, inc. III), os direitos e interesses de pessoas jurídicas de direito público; (c) da *indispensabilidade do advogado*, constitucionalmente afirmada e garantida (art. 133), a qual tem por corolário o veto às ampliações da legitimidade do Ministério Público, além do que a Constituição Federal prevê e permite.

Ao tratar da moralidade administrativa, como último tópico, observou-se:

> Não tem legitimidade para impugnar atos lesivos ao patrimônio *econômico* de entes estatais ou paraestatais, nem para postular a *recomposição desse patrimônio*, mas nem por isso lhe é indiferente a observância da moralidade administrativa. Partindo-se da "ideia de que moralidade administrativa não é moralidade comum, mas moralidade jurídica" (José Afonso da Silva), chega-se à legitimidade da Instituição para velar por ela sempre que tenha diante de si atos possivelmente transgressores desse dever administrativo e tipificados em *lei penal*. Tal é o modo como o Ministério Público, na qualidade de *titular exclusivo da ação penal pública* (art. 129, inc. I), participa do jogo equilibrado dos sujeitos e instrumentos predispostos ao zelo pelas coisas na nação e do Estado.[4]

4. A *ação civil pública*, tão só – *repita-se* –, pode guardar seis objetivos ou *finalidades* marcadas nas leis, a saber:

> Responsabilidade por danos morais e patrimoniais causados: I – ao meio ambiente; II – ao consumidor; III – a bens e direitos de valor artístico, estético, histórico, turístico e paisagístico; IV – a qualquer outro interesse difuso, ou coletivo; V – por infração da ordem econômica e da economia popular (art. 1.º e respectivos incisos da Lei 7.347/1985, acrescidos por via do art. 88 da Lei 8.884/1994 e das Medidas Provisórias 1.965-9 e 1965-19, de 09.12.1999 e de 29.06.2000, respectivamente, e Medida Provisória 1965-22, de 21.12.2000).

Somando-se, por fim, "a proteção do patrimônio público e social, do meio ambiente e de outros interesses difusos e coletivos" (art. 129, III, da CF). Despontam, assim, *numerus clausus, no sentido da tipicidade*. A suposta sétima finalidade irrompe intolerável, como antes se afirmou.

A mencionada ação,

> [...] dado o seu caráter excepcional... só pode ser admitida nos casos, expressamente, *permitidos na legislação em vigor* (v., a respeito, Antônio Augusto Mello de Camargo Ferraz *et alii*, "A ação civil pública e a tutela jurisdicional dos interesses difusos"; e Édi Milaré, "A ação civil pública na nova ordem constitucional", este reportando-se ao conceito de tipi-

---

4. DINAMARCO, Cândido Rangel. *Fundamentos do processo civil moderno*. 3. ed. São Paulo: Malheiros, 2000. §§ 189, 190, 191, 192, 194, 195 e 197, p. 410-423.

cidade, versado por Mário Vellani, "Sulla tipicità dell'azione civile del Publico Ministero", e aduzindo *verbis*: "De se ter presente, finalmente, que os casos nos quais se admite o exercício da ação civil pública devem, necessariamente, vir explicitados na lei, por representarem exceção aos princípios da iniciativa da parte e do dispositivo, vigente no processo civil. Cuida-se da *tipicidade ou taxatividade da ação civil pública*. Daí ser ela conceituada como o 'direito expresso em lei...'".

O autor invocado ainda observa que, "também na ação civil pública, prevalece, como é óbvio, a regra da demanda".[5] Diga-se, exigência de adstrição do juiz ao pedido da parte (art. 460 do CPC).

O objeto da ação acha-se no pedido do autor (arts. 282, IV, e 286 do CPC). Ora, o objeto imediato de tutela, da ação civil pública, refere-se à declaração do direito ao meio ambiente, ao consumidor, ao patrimônio cultural e natural e a "qualquer outro interesse difuso ou coletivo"; sem esquecer a ordem econômica mais a economia popular; ainda, aos patrimônios público e social; com a consequente condenação do responsável pela violação dos aludidos direitos. Já o objeto mediato mostra-se na reparação em dinheiro ou na obrigação de fazer ou não fazer. No último caso, toma caráter cominatório (arts. 3.º e 11 da Lei 7.347/1985 c/c o art. 287 do CPC). Anote-se, desde logo, que, emergindo condenação em dinheiro, "a indenização pelo dano causado reverterá a um fundo, gerido por um Conselho Federal e por Conselhos Estaduais" (arts. 13 e 20 da Lei 7.347/1985 e Decreto 1.306, de 09.11.1994, assim como a Lei 9.008, de 21.03.1995). Vedado dar-lhe outra destinação, como se deseja.

A *ação de reparação do dano*, nascente em atos de improbidade administrativa, guarda por *objeto imediato a declaração de existência de ato, tal como reclamado* – praticado por agente público, ou terceiro envolvido, "contra a administração direta, indireta ou fundacional... empresa incorporada ao patrimônio público, ou entidade, para cuja criação ou custeio o erário haja concorrido, ou concorra..." (arts. 1.º e 3.º da Lei 8.429, de 02.06.1992); além de outras entidades, que recebam "...subvenção, benefício ou incentivo, fiscal ou creditício, de órgão público..." (art. 1.º, parágrafo único, do aludido diploma) –, que importem em enriquecimento ilícito; ou provoquem lesão ao erário; ainda os que "atentem contra os princípios da administração pública" (arts. 9.º, 10 e 11 da Lei 8.429/1992); *segui-*

5. TUCCI Rogério Lauria. Ação civil pública e sua abusiva utilização pelo Ministério Público. *Ajuris*, Porto Alegre, v. 56, p. 41, nov. 1992.

da da condenação do responsável. O objeto mediato acha-se na reparação em dinheiro, ou no perdimento ou reversão de bens determinados, havidos, de modo antijurídico; aplicação de sanções, como a perda da função pública, a suspensão de direitos políticos e a condenação ao pagamento de multa civil. E, sempre, quase tudo "em favor da pessoa jurídica, prejudicada pelo ilícito" (art. 18 da Lei 8.429/1992).

Ambas as ações jamais se identificam. Nem se cuida de espécies, ligadas a gênero, constituinte de alguma categoria jurídico-processual. Não têm elas a mesma *finalidade*; não ostentam a mesma *causa de pedir*; e não apresentam o mesmo *objeto*, ou pedido. As diferenças, entretanto, não se esgotam nesses elementos.

A equiparar, *de maneira ilusória*, as duas ações divisa-se o *patrimônio público*. O conceito legal, ou formal, ostenta-se conhecido: "Consideram-se patrimônio público... os bens e direitos de valor econômico, artístico, estético, histórico ou turístico" (art. 1.º, § 1.º, da Lei 4.717/1965, com a redação dada pela Lei 6.513/1977). Conceito que, ainda, completa-se na chamada Lei de Enriquecimento Ilícito (art. 1.º, parágrafo único), com a afirmação de serem os referidos bens e direitos

> [...] da União, do Distrito Federal, dos Estados, dos Municípios, Territórios, de autarquias, de empresas públicas, de sociedades de economia mista, de fundações instituídas pelo Poder público, de empresas incorporadas, de empresas com participação do erário e de entidades subvencionadas pelos cofres públicos.[6]

Exsurge fácil até verificar que, no tocante ao *patrimônio público*, a *ação de reparação do dano*, por atos de improbidade administrativa, possui âmbito mais amplo do que a *ação civil pública*, em razão e por força das mencionadas especificações. Sem se esquecer de que, no seu perímetro, se acha o *erário*, o tesouro, dizente com as finanças públicas.

Os atos e fatos que levam a intentar a *ação civil pública* afloram menos graves do que os modelados para ensejar a *ação de reparação do dano*. Há escalas distintas de ataque, ou de ameaça ao patrimônio público, de manifesto. Basta ter em mente que a *ação civil pública* admite transação e compromisso de ajustamento (art. 5.º, § 6.º, da Lei 7.347/1985 e art. 113 da Lei 8.078/1990). Na *ação de reparação do dano*, por improbidade adminis-

---

6. PAZZAGLINI FILHO, Marino et al. *Improbidade administrativa*: aspectos jurídicos da defesa do patrimônio público. 4. ed. São Paulo: Atlas, 1999. § 5.1, p. 75.

trativa, proíbe-se "transação, acordo ou conciliação" (art. 17, § 1.º, da Lei 8.429/1992). Tal diferença deveria, por igual, espancar enganos.

A *ação civil pública* permite a concessão de *mandado liminar*, "com ou sem justificação prévia" (art. 12 da Lei 7.347/1985). Na ação de reparação do dano, por ato de improbidade administrativa, pode emergir – para Rogério Lauria Tucci deve aflorar – *medida cautelar de sequestro de bens*, "do agente ou terceiro, que tenha enriquecido ilicitamente ou causado dano ao patrimônio público" (art. 16, §§ 1.º e 2.º, da Lei 8.429/1992). A indisponibilidade de bens do indiciado, de outra sorte, tem pertinência com o "inquérito administrativo" em sentido largo (art. 7.º da Lei 8.429/1992). Ambas as medidas não se misturam com a invocada *ordem liminar*, na *ação civil pública*.

Afirmou-se, com razão, que:

> Ao definir o rito da ação – ordinário – deixou patente a Lei n. 8.429/92 que deveria ela reger-se pelas normas gerais contidas no Código de Processo Civil, apenas ajustadas em alguns aspectos, *de sorte a patentear a indisponibilidade que caracteriza o direito de o Estado em se ver indenizado*, sob todos os ângulos, em face dos atos de improbidade. Por essas assertivas – extraídas da simples leitura da lei – *entendemos que a ação civil pública, e, consequentemente, a instauração do inquérito civil público, não se ajustam à indisponibilidade que o legislador impôs às ações que visem ressarcir o erário dos danos originados em ato de improbidade.* Isso também porque o dano ao patrimônio público, com origem em ato praticado por funcionário público – ato de improbidade – não atinge direito ou interesse difuso ou coletivo, mas diretamente a *res* pública, que tem como titular do direito o próprio Estado, a administração pública.[7]

Possui, portanto, o Ministério Público *dois* instrumentos processuais de proteção ao *patrimônio público* e nada conduz à pretensa unicidade. Importa invocar passo de venerando aresto – não obstante os casos não exibam semelhança –, que assentou existirem situações jurídicas, em que se lê "a lei com os olhos fechados"; ou com "as letras da imaginação, supondo haver dito o que em nenhum momento disse" (Ap. Cível 177.208-1/0, São Paulo, 3.ª Câmara Cível, Rel. Des. Toledo César, j. 20.10.1992, v.u.). Não se localiza preceito legitimador da assertiva de *ser civil pública a ação de reparação do dano, por ato de improbidade administrativa.*

---

7. ROCHA, Delza Curvello. Ação de improbidade. *Correio Brasiliense*, Direito & Justiça, 13 maio 1999, p. 6. Grifo nosso.

Sem se esquecer de que, às vezes, seria possível, em tese, aforar *ação popular* (art. 5.º, LXXIII, da CF c/c o art. 1.º da Lei 4.717/1965). O Ministério Público, então, surgiria *sem legitimidade ativa*, também, como visto.

A simples análise do lugar, em que as *três diferentes ações* acham-se colocadas na Lei Maior, deve alertar o intérprete e o aplicador. A *ação popular* encontra-se entre os direitos individuais e suas garantias (art. 5.º, LXXIII). Já a *ação indenizatória, nas hipóteses de improbidade administrativa*, está nas disposições gerais, atinentes à Administração Pública (arts. 15, II e V, e 37, § 4.º). A *ação civil pública* encontra-se posta na Seção pertinente ao Ministério Público, compondo-lhe o elenco de funções institucionais (art. 129, III). *Como método hermenêutico, a interpretação sistemática tange a não misturar as ações.*

A chamada Lei de Responsabilidade Fiscal acertou ao invocar, para os casos que refere, a aludida ação indenizatória, e não a ação civil pública.

5. Cabe ultimar algumas observações sobre os novos tipos penais. O acrescentado Capítulo IV, "Dos crimes contra as finanças públicas", ao Título XI, "Dos crimes contra a administração pública", do Código Penal, abriga oito artigos (359-A a 359-H). Pune-se, assim, consoante a rubrica lateral, integrante do tipo, *a contratação de operação de crédito; inscrição de despesas não empenhadas em restos a pagar; assunção de obrigação no último ano de mandato ou legislatura; operação de despesas não autorizada; prestação de garantia graciosa; não cancelamento de restos a pagar; aumento de despesa total com pessoal no último ano do mandato ou legislatura e oferta pública ou colocação de títulos no mercado.* Todas infrações penais de perigo.

A reprimenda mínima emerge de detenção de três meses a um ano e a máxima de reclusão de um a quatro anos. A Lei 9.714, de 25.11.1998, modificando a Parte Geral do Código Penal, no tocante às penas restritivas de direito, deixou assentado que podem substituir as privativas de liberdade, quando aplicadas em quantidade não superior a quatro anos, se o acusado não se mostrar incidente em crime doloso – com a observação de tal exigência desaparecer, se a medida emergir socialmente recomendável e a reincidência não desponte específica (art. 44, § 3.º) – e a culpabilidade, os antecedentes, a conduta social e sua personalidade, bem como os motivos e as circunstâncias indicarem que a substituição seja suficiente (art. 44, I a III). Pode suceder, e muita vez ocorrerá, então, a aplicação de prestação pecuniária; perda de bens e valores; prestação de serviços à comunidade ou a entidades públicas; interdição temporária de direitos; ou limitação de fim de semana (art. 43, I, II, IV, V e VI, do CP).

Tirante o crime de *garantia graciosa*, que exsurge material, todos os outros irrompem formais. Recorde-se: no crime material descrevem-se a conduta do sujeito agente e, ainda, seu resultado que se exige para a consumação do delito. Daí falar em *resultado tipológico*. Já no crime formal o resultado pretendido, ou evento, não precisa ocorrer. O delito consuma-se de modo antecipado. Menciona-se, pois, a *antecipação da tipicidade, com o sucesso da conduta*, dando-se por irrelevante a concretude do resultado, simples exaurimento.

Várias figuras aparecem como leis penais em branco. Vale assentar: fixam penas privativas de liberdade, porém a conduta acha-se completada em outro preceito, Lei Complementar 101/2000.

Assim, no crime de *contratação de operação de crédito*, a definição do que ela seja encontra-se na Lei de Responsabilidade Fiscal:

> Operação de crédito: compromisso financeiro assumido em razão de mútuo, abertura de crédito, emissão e aceite de título, aquisição financiada de bens, recebimento antecipado de valores provenientes da venda a termo de bens e serviços, arrendamento mercantil e outras operações assemelhadas, inclusive com o uso de derivativos financeiros (art. 29, III).

O crime *ordenação de despesa não autorizada* individualiza-se na mesma Lei Complementar, com a definição de despesa pública não autorizada, o quanto segue: "Serão consideradas não autorizadas, irregulares e lesivas ao patrimônio público a geração de despesa ou assunção de obrigação que não atendam o disposto nos arts. 16 e 17" (art. 15). O crime *de aumento de despesa total com pessoal* no último ano de mandato ou legislatura completa-se com a definição do que seja despesa total com pessoal, encontrável na Lei Complementar:

> O somatório dos gastos do ente da Federação com os ativos, os inativos e os pensionistas, relativos a mandatos eletivos, cargos, funções ou empregos, civis, militares e de membros de Poder, com quaisquer espécies remuneratórias, tais como vencimentos e vantagens, fixas e variáveis, subsídios, proventos da aposentadoria, reformas e pensões, inclusive adicionais, gratificações, horas extras e vantagens pessoais de qualquer natureza, bem como encargos sociais e contribuições recolhidas pelo ente às entidades de previdência (art. 18).

Os tipos penais em branco, preenchidos com definições não muito claras, e o excesso de elementos normativos devem dificultar a aplicação, alargando a discricionariedade judicial.

São Paulo, 22 de março de 2001.

INQUÉRITO POLICIAL: EXERCÍCIO DO DIREITO DE DEFESA

SUMÁRIO: 1. Inafastabilidade de apuração preparatória, ou prévia, no processo penal. 2. Persecução penal preparatória, no sistema brasileiro vigorante. 3. Inquérito policial civil. 4. Prevalente exercício exógeno do direito de defesa. 5. Direito de defesa, no inquérito policial.

1. A repetição de enganos no processo penal estabeleceu, há muito tempo, a proposição evidente: "os que querem acusar devem ter prova".[1]

A longa e comum experiência jurídica demonstrou a necessidade de alguma apuração preparatória ou prévia à ação penal, de natureza condenatória, demonstrativa da existência material de fato, que se desenha ilícito e típico, e, ao menos, de indícios de autoria, coautoria ou de participação. Verificou-se que o acusado sofre o processo – da imputação subjetiva ao julgamento final – da ação penal condenatória, ainda que termine absolvido. Padecem o procedimento e seu ritual. A função simbólica do processo de conhecimento traz-lhe a marca da infâmia. Tal averiguação, a inquirição prévia – cuja forma procedimental varia consoante os diversos sistemas processuais –, volta-se, assim, a duplo objetivo. Diminuir, minimizar, antes de tudo, o risco das acusações formais infundadas, temerárias e, até, caluniosas. Depois, evitar o custo, sem benefício, que tais inculpações desúteis trazem para a Justiça Penal.[2]

---

1. *Qui accusare volunt, probationes habere debent*, L. ún. C., *ut nemo invitus*, 3,7.
2. Observou Vicente Greco Filho: "Já se sustentou que bastaria como justa causa para ação penal a descrição, na denúncia ou queixa, de um fato típico. A doutrina atual, porém, à unanimidade, percebendo que a ação penal, por si só é, já, um constrangimento à liberdade individual, exige, para que a ação penal seja proposta e se

Em quase todos os sistemas processuais penais, portanto, emergiu fase preliminar, prévia ou preparatória da ação penal, de índole condenatória. O legislador, então, tomou em conta aspectos políticos e sociais, visando aos destinatários das normas, na procura do melhor instrumento, em determinado instante histórico.[3]

2. No sistema brasileiro, a persecução penal preliminar ou preparatória emerge nas três faces do Poder: Executivo, Legislativo e Judiciário. Perante a Administração divisam-se o inquérito policial civil e o militar, mais o procedimento administrativo, em sentido estrito. No Legislativo, pode irromper inquérito parlamentar, cujo resultado, de modo eventual,

---

mantenha, elementos probatórios que sirvam de fundamento razoável para sustentar esse constrangimento, o qual, caso contrário, seria ilegal" (*Manual de processo penal*. 4. ed. São Paulo: Saraiva, 1997. § 14, p. 92).

3. Vejam-se alguns exemplos: no processo penal francês há o procedimento de inquérito (*enquete et poursuite*), dito preliminar, ou de flagrância, sob a direção do Procurador da República. Deságuam na fase instrutória (*instruction préparatoire*) perante o Juiz de Instrução, ou, de modo direto, no Tribunal de Polícia. Bastante semelhante surge o processo penal belga, posto que nele se originou. Existe averiguação informativa, procedimento encurtado – adotável, inclusive, em casos de flagrância –, ultimada pela Polícia Judiciária, que se reporta ao Procurador do Rei (*information*). Tal perquirição vai ao juiz instrutor, ensejando instante intermédio (*instruction*), ou a julgamento, mas no Tribunal de Polícia que desponta monocrático. No processo penal alemão, desponta procedimento preparatório (*das vorverfahren*), cabente à Polícia Judiciária e dirigida pelo Ministério Público, que leva à fase intermédia (*das zwischenverfahren*), salvo hipótese de procedimento acelerado (*das beschleungte Verfahren*), ou monitório (*das strafbefehlsverfahren*). Já no sistema italiano, seja o procedimento comum (*ordinario*), seja especial, exige-se investigação ou averiguação preliminar (*indagini preliminari*), iniciada, no mais das vezes, pela Polícia Judiciária e dirigida pelo Ministério Público. No denominado procedimento ordinário, da averiguação preliminar chega-se à audiência preliminar (*udienza preliminare*), com decisões de não proceder, ou de remeter a julgamento (*decisione di non luogo a procedere* ou *rinvio a giudizio*). Os procedimentos especiais, nascentes no inquérito preliminar são vários (*giudizio abbreviato, applicazione della pena su richiesta delle parti, giudizio direttissimo, giudizio immediato* e *procedimento per decreto penale*). A fase preparatória, no processo penal inglês, comporta dois instantes: a investigação e os atos iniciais de impulso, ambos pertinentes à polícia. O prosseguimento ou a interrupção da atividade atribui-se ao Ministério Público (*Crown Prosecution Service*). O controle da legalidade dos atos de polícia compete ao Juiz de Paz (*Justice of the peace*).

importe ao processo penal. No Judiciário, acham-se o inquérito judicial, da Lei de Falência, e a formação judicial do corpo do delito e contingente apontamento da autoria, nos crimes contra a propriedade imaterial.

Os cinco aludidos meios de perquirir e apurar, de modo prévio, fato e autoria, consistem em produto cultural. Todos merecem constante estudo para adequação e aprimoramento.

O inquérito policial civil ganharia, em eficiência, com a regular cooperação do exercício do direito de defesa. A ideia não surge nova. Durante o ano de 1957, Joaquim Canuto Mendes de Almeida, grande mestre processualista, lançou-a.[4] Tanto que difundida, recebeu severo combate da doutrina[5] e quase nenhuma repercussão nos julgados. O pensamento vencedor persistiu em assentar que o inquérito policial desponta, em essência, inquisitivo; contém, tão só, investigação e se mostra como peça meramente informativa. O equívoco perdura há quarenta e dois anos.

3. A Polícia, em palavras simples, consiste em órgão da administração direta, voltado à paz pública. Quando atua como integrante da Justiça Penal, diz-se que a Polícia é judiciária.[6] Atribui-se às autoridades policiais, Delegados de Polícia, a feitura do inquérito preparatório.

O inquérito policial emerge qual procedimento cautelar, voltado à "verificação da existência (material) da infração penal, descobrimento de todas as circunstâncias e respectiva autoria" (coautoria ou participação).[7] Surge administrativo, quanto à atuação e forma, mas judiciário nos seus

---

4. ALMEIDA, Joaquim Canuto Mendes de. O direito de defesa no inquérito policial, resultante da supressão da pronúncia no juízo singular. *Princípios fundamentais do processo penal*. São Paulo: RT, 1973. p. 187-217. Cuida-se de republicação de quatro estudos, estampados no jornal o *Estado de S. Paulo*, em julho e agosto de 1957.
5. Tomou a frente, na doutrina, José Frederico Marques, *combatendo* a ideia de Joaquim Canuto Mendes de Almeida (A investigação policial; O inquérito policial; Ainda o inquérito policial. *Estudos de direito processual penal*. Rio de Janeiro: Forense, 1960. p. 65-89).
6. MARQUES, José Frederico. *Tratado de direito processual penal*. São Paulo: Saraiva, 1980. v. 1, § 3.º, item 9, p. 12-13.
7. Cf. arts. 11, § 2.º, e 38, *in fine*, do Decreto 4.824, de 22.11.1871, bem como art. 42 do mesmo diploma regulamentar, com algumas adequações.

fins.[8] Ostenta fase procedimental da persecução penal. Contém atos de investigação e de instrução criminal (arts. 4.º a 23 do CPP).

A inquisitividade, maior ou menor, acha-se, sempre, em qualquer sistema processual penal. No processo penal brasileiro, encontra-se em ambos os instantes da persecução penal – extrajudicial e judicial –, sem esquecer do processo de execução. Varia, tão só, a intensidade da pesquisa, conforme a natureza do provimento jurisdicional intentado. Parece desútil repetir, a todo tempo, que não se confunde poder-dever inquisitivo do Delegado de Polícia e do Juiz penal com procedimento inquisitório, extinto durante o século XIX. Tal baralhamento não tem mais lugar na doutrina processual.[9] Anote-se, desde logo, que o aludido poder-dever não desponta incompatível com o exercício do direito de defesa, seja a jurisdição civil ou penal.[10]

---

8. ALMEIDA, Fernando Henrique Mendes de. É sustentável que exista entre nós uma polícia mista?. *Arquivos da Polícia Civil*, São Paulo, v. 3, p. 22-28, 1942.
9. Diz Rogério Lauria Tucci: "Bem é de ver, entretanto, que a afirmada inquisitoriedade de toda a *persecutio criminis*, especialmente o poder inquisitivo conferido ao órgão jurisdicional, para a devida formação do seu convencimento, não deve ser confundida com o processo inquisitório, originário do direito penal romano e desenvolvido segundo o modelo canônico de triste memória. Como precisa Joaquim Canuto Mendes de Almeida, diferem, expressivamente, o procedimento *ex officio*, em que se consubstancia o processo penal inquisitório e a inquisitividade ínsita à persecução penal, tendo 'a doutrina e a jurisprudência pátrias confundido, frequentemente, o poder inquisitivo com o poder de procedimento *ex officio*, entendendo que o cancelamento deste exprime o desaparecimento daquele'. E, procurando afastar essa apontada dificuldade de entendimento, completa com veemência: 'nosso juízo criminal é inquisitivo até nas ações exclusivamente privadas. Podemos ainda afirmar que, então, mais benéfica é a inquisitoriedade, talvez mais necessária do que nos casos de ação pública, porque, ao invés de obra imparcial do promotor público, o magistrado nelas vigia e tutela a verdade objetiva, contra os interesses secundários do particular ofendido'" (*Direitos e garantias individuais no processo penal brasileiro*. São Paulo: Saraiva, 1993. p. 38-39; o autor invoca a obra *Processo penal, ação e jurisdição*. São Paulo: RT, 1975. p. 193-194).
10. Atentar para, no Código de Processo Civil, a atividade *ex officio* do juiz: ao "determinar as provas necessárias à instrução do processo" (art. 130); "determinar o comparecimento pessoal das partes, a fim de interrogá-las" (art. 342); "ordenar à parte a exibição parcial dos livros e documentos" (art. 382); "ordenar [...] a inquirição de testemunhas" e "a acareação de duas (2) ou mais testemunhas" (art. 418, I e II); nos procedimentos especiais de jurisdição voluntária, também,

Não guarda cabimento asserir que surge como simples peça informativa para, em seguida, afirmar que os meios de prova, constantes do inquérito, servem para receber, ou rejeitar a acusação; prestam para decretar a prisão preventiva, *stricto sensu*; ou para conceder a liberdade provisória; bastam, ainda, para determinar o arresto e o sequestro de bens, por exemplo. Todos atos decisórios de manifesta gravidade.[11]

Afirmar que o inquérito policial encerra, tão só, investigação é simplificar, em excesso, a realidade sensível. Resta-se na necessidade esforçada de asseverar, em consequência, que a decisão judicial, recebendo a denúncia ou a queixa, arrimada em inquérito, volta no tempo e no espaço, judiciarizando alguns atos do procedimento preparatório.[12]

Recordem-se: as buscas e as apreensões, bem-sucedidas; todas as perícias – exames, vistorias e avaliações; reconhecimento positivo de pessoa e de coisa; juntada de documentos – papéis ou instrumentos – aos autos

---

"a juiz é lícito investigar livremente os fatos e ordenar de ofício a realização de quaisquer provas" (art. 1.107).

11. Observou José Frederico Marques: "Cumpre assinalar, porém, que se a instrução probatória é a fase procedimental específica para a produção de provas, atos instrutórios já se praticam desde a fase postulatória da instância e até mesmo nos atos preparatórios da investigação policial ou de outra *informatio delicti*, que tenha servido de base à acusação. Assim, é que a juntada de documentos, por exemplo, com a denúncia, constitui ato de instrução probatória. Por outro lado, as perícias efetuadas na investigação preparatória têm quase sempre caráter de ato probatório definitivo. Além do mais, determina o artigo 12 que o 'inquérito policial acompanhará a denúncia ou a queixa, sempre que servir de base a uma ou a outra'. Pelo próprio teor do texto, verifica-se que a função dos autos dessa investigação preparatória está em servir de fundamento à *opinio delicti*, que legitima a propositura da ação penal. Mas a verdade é que o inquérito, embora não possa, com suas provas, constituir-se como base da sentença definitiva, contém, no entanto, elementos indiciários e circunstâncias complementares, que podem esclarecer, reforçar ou consolidar elementos de convicção, colhidos na fase instrutória da instância penal. Assim sendo, o inquérito que acompanha a denúncia, é, sob certo aspecto, uma peça de instrução e que constitui, por isso, elemento probatório colhido fora da fase instrutória" (*Elementos de direito processual penal*. Campinas: Bookseller, 1997. v. 2, § 84, n. 437, p. 251). Viu-se, portanto, levado a reconhecer o conteúdo instrutório do inquérito. Peça de instrução longe está de peça de informação.
12. Nesse sentido, MARQUES, José Frederico. *Elementos*... cit., v. 2, § 63, n. 313, p. 128.

de inquérito.[13] Ocorre, admitida a acusação formal, espécie de banho lustral sobre os meios de prova, encontráveis no primeiro instante da persecução penal, consoante criticada opinião.

Ora, quem investiga só rastreia. Instrução consiste em atividade tendente a produzir prova, reveladora do fato incriminado, pois.

Na averiguação prévia, a autoridade policial informa-se, instrui-se sobre o fato, que pode vir a ser declarado infração penal; e o comunica ao Poder Judiciário. Cifra-se a atividade instrutória, no inquérito policial, em: (a) demonstrar a existência material de fato, que se delineia ilícito e típico, imerso em sua circunstancialidade; (b) evidenciar-lhe a autoria, individuando o agente ou agentes, assim, recolhendo e conservando os meios de prova necessários à imputação subjetiva; e (c) afirmar a impossibilidade de atingir um ou outro resultado; ou ambos.

Forçoso anuir que, no inquérito policial, irrompem atos de investigação e atos de instrução criminal preparatória. A distingui-los a relativa definitividade ou não repetição. Melhor seria dizer atos sem maior provisoriedade ou, em regra, insuscetíveis de repetição.[14]

4. Costuma-se dizer que, no inquérito, inexiste acusação. Em consequência, não enseja o exercício do direito de defesa.[15] Percebe-se, contudo, que o indiciado tem contra si imputação.[16]

Tirante as hipóteses de flagrante delito, das quais emerge relativa certeza visual, ou presumida da autoria, impositivas de indiciamento, no inquérito, tal ato há de resultar dos meios de prova. Em outras palavras, a

---

13. Ver sobre o tema: PEREIRA, Maurício Henrique Guimarães; ANGERAMI, Alberto; TONELLI NETO, Pedro. Provas policiais insuscetíveis de repetição. *Revista Adpesp*, n. 26, p. 9-17, dez. 1998.
14. Maurício Henrique Guimarães Pereira e outros mencionam as provas policiais insuscetíveis de repetição e, na sequência, classificam-nas, em face da instrução probatória, o quanto segue: "a) integrante da instrução probatória por força de lei; b) integrante da instrução probatória por força própria; c) passíveis de integrar a instrução probatória por contraste de regularidade" (Provas policiais... cit., p. 16). Na primeira espécie, estaria o exame do corpo de delito; na segunda o documento; e por fim o reconhecimento de pessoa ou coisa.
15. Cf. TORNAGHI, Hélio. *Instituições de processo penal*. 2. ed. São Paulo: Saraiva, 1997. v. 2, p. 253.
16. A lei do processo, ao cuidar da instrumentalização da prisão em flagrante, diz que "a autoridade competente [...] interrogará o acusado sobre a imputação que lhe é feita [...]" (art. 304, *caput*).

pessoa suspeita da prática de infração penal, passa a figurar como indiciada, a partir do instante em que, na perquirição preparatória, verificou-se a probabilidade de ser o agente. O indiciamento, que se leva a efeito no inquérito policial, deve ser, portanto, o resultado concreto da convergência de indícios, ou de outros meios de convicção, que assinalam, incriminando certa pessoa ou determinadas pessoas, como praticantes de fatos havidos pela legislação penal como ilícitos e típicos.[17] O indiciamento não se confunde com a identificação criminal.[18]

Essa evidência conduziu a denominar-se o indiciado de *quasi imputatus*, temendo-lhe reconhecer o direito de defesa.[19]

Preferível admitir que, em razão do inquérito, hoje, o indiciado pode defender-se de qualquer violação ou ameaça a direito individual.

Assim, perigam-se a intimidade e a vida privada, cabente mostra-se o mandado de segurança (arts. 5.º, X, IX e LXIX, e 37, § 3.º, II, da CF c/c o art. 11, item 2, do Decreto 678/1992 e art. 1.º da Lei 1.533/1951). Basta lembrar a interceptação telefônica ilícita e a ilegal quebra do sigilo bancário (art. 5.º, XII, da CF c/c o art. 10 da Lei 9.296/1996 e art. 38 da Lei 4.595/1964).

O indiciado pode ter sido preso em flagrante delito ou ver decretada sua prisão preventiva *stricto sensu*. Restringiu-se-lhe a liberdade de locomoção. Sofre, às vezes, apreensão de coisa móvel ou o sequestro de bens.

---

17. Julio Fabbrini Mirabete asseriu: "indiciamento é a imputação a alguém, no inquérito policial, da prática da infração penal, que está sendo apurada" (*Código de Processo Penal interpretado*. 5. ed. São Paulo: Atlas, 1997. nota n. 6.5, ao artigo 6.º, p. 46).

18. Sobre indiciamento, ver, nosso O indiciamento como ato de polícia judiciária. *Inquérito policial*: novas tendências. Belém: Cejup, 1987. p. 35-45.

19. Hélio Tornaghi averbou: "Acertadamente evitou o Código a palavra acusado, na fase do inquérito policial. Como é óbvio, somente pode haver acusado depois da acusação, isto é, da denúncia ou queixa. É certo que, excepcionalmente, a lei defere a possibilidade de defesa ao simples indiciado, colocando-o na situação de *quasi imputatus*. Tal acontece em casos em que há restrição de um bem jurídico, *v.g.*, da liberdade, na prisão em flagrante e na prisão preventiva, e do patrimônio, no sequestro e na hipoteca legal. Nem por isso, entretanto, deve considerar-se acusado, embora possa parecer paradoxal que alguém se defenda sem ter sito acusado. É que a defesa se exerce aqui contra restrição, não contra a acusação. Tem pressuposto de direito processual, não de direito penal" (*Instituições*... cit., v. 2, p. 253). A argumentação não convence.

Limitam-se-lhe, então, a posse e a propriedade. Em ambas as hipóteses a Lei Maior e os preceitos ordinários possibilitam-lhe a defesa.

Lembre-se de que, no auto de prisão em flagrante, tanto pode o conduzido, que se deliberou prender, contrariar a imputação quanto se manter silente. Assistido, entretanto, por advogado, cuja presença real há de mostrar-se ativa. Ainda, enseja defesa o recebimento da nota de culpa (art. 5.º, LXI e LXIII e LXIV, da CF c/c o art. 304, *caput*, § 1.º; art. 306, parágrafo único, do CPP). O ato decisório, decretante de prisão preventiva, exsurge, por necessário, fundamentado; para que se possa atacá-lo, analisando a justa causa da providência, por via de *habeas corpus* (art. 5.º, LXI e LXVIII, da CF c/c os arts. 315 e 648, I, do CPP). A precisão de comunicar o paradeiro do preso, tanto que sucedida a prisão em flagrante ou cumprida a ordem de prisão preventiva, seja ao juiz competente, seja-lhe à família, ou, ainda, a pessoa por ele indicada, tudo diz com a possibilidade de exercício do direito de defesa (arts. 5.º, LXII, e 136, § 3.º, I, da CF). Note-se que a proibição, ao preso, de comunicar-se com seu advogado quebranta-lhe o direito de defesa, no correr do inquérito policial (art. 7.º, III, da Lei 8.906/1994). Tais afirmações implicam aceitar que o direito existe e pode ser exercido.

As buscas determinam-se de modo espontâneo ou a requerimento da vítima ou do indiciado (arts. 14 e 242 do CPP). Quem padece a busca frustrada pode pretender saber os motivos da diligência (art. 5.º, XXXIV, "b", da CF c/c o art. 247 do CPP). Quem deseja evitar a busca infundada ou causadora de provável apreensão excessiva impetra mandado de segurança (art. 5.º, LXIX, da CF c/c o art. 1.º da Lei 1.533/1951).

A autoridade policial pode representar sobre o sequestro de bens. Pedi-lo podem o ofendido e o Ministério Público. E decretá-lo, de ofício, o juiz (art. 127 do CPP). O indiciado, entretanto, pode aforar mandado de segurança ou embargá-lo (art. 5.º, LXIX, da CF e arts. 130, I, e 131, I, do CPP). Meios, pois, de ultimar defesa.

Notável que prevalece o exercício exógeno, exterior do direito de defesa.

5. A intervenção defensiva do indiciado, na persecução preparatória, em especial, apontando e requerendo meio de prova, ou querendo seguir-lhe a produção, não consiste em liberalidade, mas em direito. Ensinou-se, com larga invocação da doutrina estrangeira, que a atuação, a assistência efetiva ao indiciado, pelo defensor, no desenvolvimento no inquérito policial, ostenta um direito subjetivo do constituinte. Direito nascente, de

manifesto, na Lei Maior (arts. 5.º, LV e LVXXIV, e 134).[20] Reforça-se, em consequência, o preceito da lei processual penal (art. 14).

A vivência, contudo, demonstra que, nos diversos brasis, as normas garantidoras do exercício da contrariedade, no inquérito policial, não emergem suficientes. O desejável está em inscrever-se a possibilidade de tal exercício, assim que sucedido o fundamentado ato de indiciamento. Ao suspeito basta o regramento existente; passando à categoria jurídica de indiciado, a lei ordinária processual penal necessita garantir-lhe o direito de defesa, afastando as dúvidas existentes, na prática policial, na doutrina e os seus reflexos nos julgados.

Cumpre terminar com as inesquecíveis palavras de Joaquim Canuto Mendes de Almeida:

> Mas, uma vez que o inquérito policial se destina a servir de base a denúncia ou a queixa, a servir de fundamento a um despacho judicial de que resulta para o indiciado o mal do processo, seria absurdamente contrário a qualquer senso de justiça, e ao sistema mesmo de nosso processo penal, afastá-lo como se nada tivesse a ver com sua própria liberdade.[21]

São Paulo, 8 de outubro de 1999.

---

20. Rogério Lauria Tucci, após examinar o direito comparado, que exibe a clara tendência em aceitar o exercício do direito de defesa, na averiguação preparatória, firma sua convicção na indispensabilidade do direito de defesa, mesmo na fase de inquérito (*Direito e garantias*... cit., p. 378-390).
21. ALMEIDA, Joaquim Canuto Mendes de. O direito de defesa... cit., p. 217.

LEI 10.259, DE 12 DE JULHO DE 2001

Infrações penais consideradas de menor potencial ofensivo, consoante a Lei 10.259/2001

O art. 61 da Lei 9.099/1995 estabeleceu a definição legal, ou natureza das infrações penais de menor potencial ofensivo, tão só mencionadas na Lei Maior (art. 98, I). Agora, a Lei 10.259/2001 mudou a referida definição no parágrafo único do art. 2.º.

Assim, todos os crimes a que a lei – seja Código Penal, seja Lei Extravagante – comine pena máxima não superior a dois anos, ou multa, tornaram-se infrações penais de menor potencial ofensivo. Além disso, não mais se abriu exceção para os delitos perseguíveis, em Juízo, mediante procedimento especial. Não se mencionaram as contravenções penais, mas, em essência, surgem elas de menor potencial ofensivo.

O preceito é de direito material, refletindo-se no processual. Tal fenômeno não estranha o sistema. Sem cabência considerar o aludido dispositivo como simples regra de competência.

Nada obsta, de outra sorte, que lei especial posterior revogue ou derrogue outra lei especial, tanto mais quando a atingida irrompe-lhe subsidiária (arts. 1.º, 11, parágrafo Único, e 20 da Lei 10.259/2001).

Eis os tipos penais incriminadores que se consideram infrações de menor potencial ofensivo:

a) Código Penal: arts. 134 (exposição ou abandono de recém-nascido); 138 (calúnia); 152 (correspondência comercial); 156 (furto de coisa comum); 165 (dano em coisa de valor artístico, arqueológico ou histórico); 175 (fraude no comércio); 179 (fraude à execução); 185 (usurpação de nome ou pseudônimo alheio); 201 (paralisação de trabalho de interesse coletivo); 203 (frustração de direito assegurado por lei trabalhista); 205 (exercício de atividade com infração de decisão administrativa); 216 (atentado ao pudor mediante fraude); 234 (escrito ou objeto obsceno); 236 (induzimento a erro essencial e ocultação de impedimento); 242, parágrafo único (parto suposto, supressão ou alteração de direito inerente ao estado civil de recém-nascido, figura privilegiada); 245 (entrega de filho menor a pessoa inidônea); 250, § 2.º (incêndio culposo); 253 (fabrico, fornecimento, aquisição, posse ou transporte de explosivos ou gás tóxico, ou asfixiante); 260, § 2.º (perigo de desastre ferroviário, desastre ferroviário culposo); 261, § 3.º (atentado contra a segurança de transporte marítimo, fluvial ou aéreo, modalidade culposa); 267, § 2.º, primeira parte (epidemia, figuras culposas simples); 269 (omissão de notificação de doença); 270, § 2.º (envenenamento de água potável ou de substância alimentícia ou medicinal, modalidade culposa); 272, § 2.º (falsificação, corrupção, adulteração ou alteração de substância ou produto alimentício, modalidade culposa); 282 (exercício ilegal da medicina, arte dentária ou farmacêutica); 284 (curandeirismo); 293, § 4.º (falsificação de papéis públicos, figura privilegiada); 301, §§ 1.º e 2.º (falsidade material de atestado ou certidão); 304 (uso de documento falso); 308 (falsa identidade); 328 (usurpação de função pública); 329 (resistência); 331 (desacato); 335 (impedimento, perturbação ou fraude de concorrência); 341 (autoacusação falsa); 346 (exercício arbitrário das próprias razões); 347 (fraude processual); 351 (fuga de pessoa presa ou submetida a medida de segurança); 354 (motim de presos); 359 (desobediência a decisão judicial sobre perda ou suspensão de direito).

b) Legislação Penal Extravagante: art. 190 do Decreto-lei 7.661/1945 (Lei de Falências); arts. 2.º e 4.º da Lei 1.521/1951 (crimes contra a economia popular); art. 4.º, I, da Lei 1.579/1951 (dispõe sobre as Comissões Parlamentares de Inquérito); art. 58, II, "a", da Lei 4.117/1962 (Código Brasileiro de Telecomunicações); art. 8.º da Lei 4.319/1964 (Conselho de Defesa dos Direitos da Pessoa Humana); art. 1.º da Lei 4.729/1965 (crime de sonegação fiscal); arts. 290, 312 e 324 da Lei 4.737/1965 (Código Eleitoral); art. 58 da Lei 6.001/1973 (Estatuto do Índio); art. 16 da Lei 6.368/1976 (Prevenção e repressão de tráfico ilícito e uso indevido de substâncias entorpecentes); art. 52 da Lei 6.815/1980 (Define a situação jurídica do estrangeiro no Brasil); arts. 228, 229, 230, 231, 232, 234, 235, 236, 242, 243 e 244 da Lei 8.069/1990 (Estatuto da Criança e do Adolescente); arts. 64, 65 e 68 da Lei 8.078/1990

(Proteção do consumidor); art. 2.º da Lei 8.137/1990 (Crimes contra a ordem tributária, econômica e contra as relações de consumo); arts. 91, 96, 97 e 98 da Lei 8.666/1993 (Institui normas para licitações e contratos da Administração Pública); art. 2.º da Lei 9.029/1995 (Proíbe a exigência de atestados de gravidez e esterilização, e outras práticas discriminatórias, para efeitos admissionais ou de permanência da relação jurídica de trabalho); arts. 17 e 18 da Lei 9.263/1996 (regula o § 7.º do art. 226 da CF, que trata do planejamento familiar, estabelece penalidade e dá outras providências); arts. 183, 184, 185, 187, 188, 189, 190, 191, 192, 193, 194 e 195 da Lei 9.279/1996 (Direitos e obrigações relativos à propriedade industrial); arts. 17 e 18 da Lei 9.434/1997 (remoção de órgãos, tecidos e partes do corpo humano para fins de transplante e tratamento); art. 10 da Lei 9.437/1997 (Institui o Sistema Nacional de Armas, estabelece condições para o registro e para o porte de arma de fogo, define crime e dá outras providências); arts. 303 e 308 da Lei 9.503/1997 (Código de Trânsito Brasileiro); art. 45 da Lei 9.605/1998 (Dispõe sobre as sanções penais e administrativas derivadas de condutas e atividades lesivas ao meio ambiente); art. 12 da Lei 9.613/1998 (Lavagem ou ocultação de bens, direitos e valores; a prevenção da utilização do sistema financeiro para os ilícitos previstos nesta Lei).

MANDADO DE SEGURANÇA, NO DIREITO PROCESSUAL PENAL

1. No denominado *direito processual constitucional* encontram-se os *remédios jurídico-processuais*: *habeas corpus*, *mandado de segurança*, mandado de injunção, *habeas data* e ação popular.

Os aludidos remédios jurídico-processuais classificam-se, também, como meios autônomos de impugnação, ou ações autônomas de impugnação, apartando-as, assim, dos recursos, cuja atividade é continuativa – no mesmo procedimento ou fase procedimental.

À evidência de o mandado de segurança, de modo prevalente, voltar-se contra ato jurisdicional penal, não significa que tenha só cabimento contra decisões judiciais – atingidas ou não pela preclusão ou pela coisa julgada. Pode ser aforado, também, em face de atos de autoridade – "responsável pela ilegalidade ou abuso de poder" (art. 5.º, LXIX, da CF) – que presida inquérito policial; processo administrativo, *lato sensu*; e comissão parlamentar de inquérito.

O mandado de segurança, bem por isso, coloca-se entre as atividades de contracautela no processo penal.

2. Há desde logo questão a ser enfrentada. O mandado de segurança acha-se no Capítulo I, "Dos direitos e deveres individuais e coletivos", do Título II, *"Dos direitos e garantias fundamentais", da Constituição da República (art. 5.º, LXIX e LXX). Tal surge a tradição brasileira, desde a Constituição de 1934 (art. 113, inc. 33). A Constituição de 1937 foi a única que a ele não se referiu.*

A função do mandado de segurança exsurge *residual*. Com ele tutela-se, protege-se *direito líquido e certo* "não amparado por *habeas corpus* ou *habeas data*" (art. 5.º, LXIX, da CF). Se o caso concreto – ilegalidade ou abuso de poder, praticados por agente do Poder Público – não se adequa ao *habeas corpus* ou ao *habeas data*, então, cabe *mandado de segurança*. A cabência afere-se por meio de *exclusão*. Dizendo de modo direto e simples: onde não cabe *habeas corpus* ou *habeas data* cabe *mandado de segurança* para proteger *direito líquido e certo*, violado ou ameaçado de violação.

É fácil perceber que *habeas corpus*, *mandado de segurança* e *habeas data* acham-se no mesmo plano, ou área de tutela jurisdicional: proteção da liberdade jurídica das pessoas.

Resta saber, portanto, se emerge possível *mandado de segurança* contra ato jurisdicional, que prestou tutela ao acusado ou condenado. Exemplificando: impetrado para obter efeito suspensivo ao recurso de agravo em execução penal, dirigido contra decisão, que deferiu progressão ao regime aberto; para cassar sentença absolutória firme; para revogar decisão, que, a pedido do Ministério Público, arquivou inquérito policial.

3. Direito líquido e certo ostenta-se na *ausência de dúvidas, quanto à situação de fato*, sobre a qual ele incide. Tal situação de fato há de vir provada por meio de *documentos* e de plano. Daí falar na *incontestabilidade do direito*: "afirmação jurídica, que não pode ser séria e validamente impugnada pela autoridade pública, que pratica um ato ilegal ou abuso de direito".[1]

A existência, ou inexistência, de *direito líquido e certo* consiste no mérito do mandado de segurança.

4. O *mandamus* dirige-se contra *ato* ou *omissão* de autoridade pública e "de agente de pessoa jurídica no exercício de atribuições do Poder Público" (art. 5.º, LXIX, da CF). À evidência, a parte final do preceito não importa ao processo penal.

O ato ou a omissão há de ostentar *ilegalidade* ou *abuso de poder*. Assegura-se que a *ilegalidade* é gênero, de que o *abuso de poder* surge como espécie. A ideia emerge incompleta. É bem verdade que o *abuso de poder* exibe *ilegalidade*, mas tal aspecto não diz tudo. Melhor aceitar que a *ilegalidade* do *ato* ou da *omissão*, praticada pela autoridade pública, acha-se na violação do denominado *princípio da legalidade* (art. 37 da CF). E, de outra sorte, que o *abuso de poder* mostra transgressão ao princípio da *discricionariedade*.

O mandado de segurança volta-se contra:

---

1. BUZAID, Alfredo. *Do mandado se segurança*. São Paulo: Saraiva, 1989. § 45.

a) ato administrativo comissivo e omissivo;
b) ato decisório legislativo, do plenário ou da mesa, bem como da presidência de comissão parlamentar de inquérito;
c) decisão judicial; e
d) lei e decreto, dotados de efeitos concretos – jamais contra lei, em tese.

5. Convém que se examinem algumas hipóteses de mandado de segurança, se e quando o ato, dito *ilegal* ou *abusivo*, partiu de autoridade presidente de *inquérito policial*.

Admita-se que o Delegado de Polícia, em certo inquérito, encontre-se na situação jurídica de *impedido*, *suspeito*, ou exiba *incompatibilidade* (arts. 112, 252 e 254). Inexiste, na espécie, *exceção ritual* (art. 107). Apontando o fato, que lhe tira a *imparcialidade*, se não se abstém de servir, no procedimento preliminar, cabe mandado de segurança.

A toda a luz, o *sigilo*, no inquérito policial, não atinge o advogado (arts. 20, *caput*, e 7.º, XIV, da Lei 8.906/1994). O *direito de examinar os autos*, tanto que negado, pode ter restaurado o exercício, mediante mandado de segurança.

A *incomunicabilidade do indiciado preso* também não impede que o advogado com ele se comunique (art. 21, parágrafo único, do CPP, c/c o art. 7.º, III, da Lei 8.906/1994). Caso veja-se obstar, cabente o *mandamus*.

Suponha-se que a autoridade policial, exorbitando, *apreenda* papéis, documentos, disco rígido de computador, objetos e outras coisas móveis, que *não guardam relação com o fato*, sob investigação, ou pesquisa (arts. 6.º, II, 11, 240 a 250). Recorde-se de que, no primeiro lanço, a busca e apreensão atende ao *exame de corpo de delito e a outras perícias*. Se não há esses escopos, cabente o mandado de segurança (art. 158 e seguintes).

O Código de Processo Penal permite que o ofendido, seu representante legal e o indiciado *requeiram diligências*, que despontem *necessárias ao esclarecimento da verdade criminal* (arts. 14 e 184). Imagine-se que o pleito volte-se para a realização de *urgente perícia*, porém termine indeferido pela autoridade policial. Emerge outro caso de mandado de segurança.

Há quem sustente que nos *crimes contra patente de invenção ou de modelo* (arts. 183 a 186 da Lei 9.279/1996) as *diligências preliminares* de busca e apreensão cabem ao perito judicial, seguido de oficial de justiça. Cuida-se, pois, de procedimento preliminar, ou preparatório judicial, para *formação do corpo de delito* (arts. 201, 203 e 204 da Lei 9.279/1996).

Assim, não teria a autoridade policial *atribuição* para, no tocante aos aludidos crimes, instaurar inquérito e ultimar busca e apreensão. Nem guardaria, também, o Instituto de Criminalística *atribuição* para produzir laudo de exame. Em face desse *erro grosseiro*, o remédio jurídico-processual seria o mandado de segurança que a empresa padecente da medida cautelar policial poderia impetrar.

6. No processo administrativo, *stricto sensu*, seja disciplinar ou não, pode surgir, cometido pela *comissão processante* ou outra, ato *ilegal* ou *abusivo*, que reflita sobre a apuração de *fato ilícito* e *típico*. Suponha-se que se nomeie *funcionário interino* para integrar *comissão processante*, destinada a apurar falta grave – que também é crime – pretensamente praticada por servidor público. Pense-se, ainda, na hipótese de a *comissão processante* ter sido nomeada por autoridade administrativa *sem atribuição*. Em ambos os exemplos, exsurge possível impetrar mandado de segurança.

7. A Constituição da República diz que o Congresso Nacional e suas Casas – Câmara dos Deputados e Senado Federal – podem ter **com***issões parlamentares de inquérito* (art. 58, § 3.º).

Elas se regulam por meio de duas leis ordinárias (Lei 1.579, de 18.03.1952, e Lei 10.001, de 08.05.2000), e ainda se orientam pelos Regimentos da aludidas Casas.

Os atos *ilegais* ou *abusivos*, realizados pela Presidência, – que não se ataquem por via de *habeas corpus* ou *habeas data* –, podem sê-lo por meio de *mandamus*. Recorde-se de *busca e de apreensão ilegais*, que exibam pertinência com a demonstração pericial de infração penal. Ainda, o tratamento abusivo de testemunha como se fora indiciado, assim submetendo--a a interrogatório.

8. Não obstante a Súmula 267 do STF, aceita-se, hoje, *mandado de segurança* contra ato jurisdicional.

Há duas exigências, a saber:

(a) manifesta, evidente ilegalidade ou abuso de poder, ferindo *direito líquido e certo* – apurável sem dilação probatória;

(b) intento de afastar a irreparabilidade do dano causado pelo ato, ou sua difícil reparação, por via dos remédios processuais comuns.

O ato judicial há de emergir *patológico* A toda a luz contrário ao direito e à justiça, em fim *teratológico*.

Hoje, em que pese a Súmula 268 do STF, aceita-se, em casos excepcionais, mandado de segurança contra decisão judicial trânsita em julgado. A toda a luz, descabe o *mandamus* contra a sentença absolutória firme, porque veda-se a revisão *pro societate*. Já no que respeita à decisão condenatória cabem o *habeas corpus*, revisão criminal e unificação de penas. Difícil imaginar caso de ataque à coisa julgada penal mediante mandado de segurança, mas não impossível.

9. Há outras hipóteses de cabência de mandado de segurança, a saber: direito à produção antecipada de prova, por motivo de nova redação do art. 366 do CPP, *jus* à suspensão do processo da ação penal condenatória; em face de medidas cautelares, nascentes na Lei de Lavagem de Dinheiro; e direito ao sigilo de dados e *internet*.[2]

10. Não surge descabido imaginar lei – em sentido amplo – ou decreto que, dotados de *eficácia concreta*, venham a ferir direito líquido e certo, ensejando mandado de segurança.

> Por leis e decretos de efeitos concretos entendem-se aqueles que trazem em si mesmos o resultado específico pretendido – *v.g.* os que proíbem atividades ou condutas individuais; os decretos que desapropriam bens. Tais leis ou decretos nada têm de normativos; são atos de *efeitos concretos*, revestindo a forma imprópria de lei ou decreto, por exigências administrativas. Não contêm mandamentos genéricos, nem apresentam qualquer regra abstrata de conduta; atuam concreta e imediatamente como qualquer ato administrativo de efeitos individuais e específicos, razão pela qual se expõem ao ataque pelo mandado de segurança.[3]

A *lei em tese* – norma geral e abstrata – inadmite impugnação por via do *mandamus* (Súmula 266 do STF).

11. O interesse processual ou de agir encontra-se no dano ou na ameaça de dano, emergente do ato. Exsurge sob a forma de interesse-*necessidade*. Fala-se, ainda, em interesse-*utilidade* e também em interesse-*adequação*.

A *necessidade* objetiva liga-se à *utilidade* do provimento jurisdicional. A *adequação* guarda pertinência com a escolha do *mandamus* para conseguir a tutela jurídico-processual, ou jurisdicional, invocada.

---

2. Cf. PITOMBO, Antônio Sérgio. Questões atuais sobre mandado de segurança e processo penal. *Revista do Advogado*, ano XXI, n. 64, p. 7-11, out. 2001.
3. MEIRELLES, Hely Lopes. *Mandado de segurança, ação popular, ação civil pública, mandado de injunção,* habeas data. 16. ed. atualizada por Arnoldo Wald. São Paulo: Malheiros, 1995. p. 31-32.

12. No mandado de segurança individual (art. 5.º, LXIX, da CF), qualquer pessoa – natural ou jurídica – pode surgir dotada de *legitimidade ativa*, desde que tenha interesse a defender. Assim, despontam quais impetrantes: o suspeito, indiciado, acusado ou o condenado; a vítima, ou seu presentante legal; questiona-se a impetração pelo prejudicado; mais o acusador público e o particular.

Legitimidade passiva tem-na a autoridade pública, em sentido amplo, abarcando os Poderes Executivo, Legislativo e Judiciário (art. 1.º, § 1.º, da Lei 1.533/1951). A *autoridade coatora* como que *presenta* a pessoa jurídica de direito público. É autoridade coatora quem praticou ou mandou praticar o ato, *tendo poder de desfazê-lo*. Ela, contudo, não é parte.

Se o mandado de segurança atinge a posição, ou situação, jurídica de outra pessoa, irrompe o *litisconsórcio passivo necessário* (art. 47, parágrafo único, do CPC).

Não se chamando o terceiro, aparece a *nulidade do processo*, se e quando prejudicado pela concessão do mandado de segurança.

13. A *petição inicial* orienta-se, de modo prevalente, pelo Código de Processo Civil (arts. 282 e 283 c/c o art. 6.º da Lei 1.533/1951).

O pedido de *ordem liminar* assenta-se no fundamento do pedido que se ostenta plausível e na ineficácia do provimento final, caso não seja antecipado.

Convém lembrar que em cento e vinte dias ocorre a *decadência* do direito de aforar o mandado de segurança (art. 18 da Lei 1.533/1951).

A competência determina-se pela autoridade coatora e sob dois ângulos: qualificação – federal ou estadual – e hierarquia.

O mandado de segurança pode assumir natureza *preventiva* (art. 1.º da Lei 1.533/1951). É bom notar que não se confundem tutela preventiva, cautelar e antecipatória. Na preventiva, protege-se o *direito material*, posto em causa e mediante verificação prévia, nascente na urgência. Toma o caráter de *definitiva*. Já a tutela cautelar surge instrumental, *assegurando o processo* sua eficácia, e ostenta-se *provisória*. A tutela jurisdicional antecipada *adianta* alguns efeitos da sentença final, mas de modo *provisório*.

Tais comparações importam para deixar que o *mandado de segurança preventivo* – se e quando existe *ameaça objetiva e atual de dano* – não guarda natureza cautelar e nada exibe de *provisório*.

A *ordem liminar*, contudo, desponta *antecipatória*. O pedido arrima-se na lei específica. O fundamento há de emergir relevante, "e do ato impugnado puder levar a *ineficácia da medida*, caso seja deferida" (art. 7.º,

II, da Lei 1.533/1951). Adianta-se, por via da suspensão liminar do ato impugnado, de modo *provisório*, efeito da sentença final, para arredar o dano, emergente na demora natural do processo. Leva-se em conta a urgência.

A Lei 4.348/1964 asseriu que a ordem liminar *duraria cento e vinte dias* – 90 + 30. Tal preceito exsurge inconstitucional, posto que imprevisto o prazo restritivo na Lei Maior. Além disso, o Código de Processo Civil, conferindo ao juiz civil poder geral de cautela (art. 798), teria revogado a aludida norma (art. 1.º, "b", da Lei 4.348/1964). O automatismo na aplicação do *prazo de caducidade*, da liminar, não mostra nenhuma cabência. A cessação dos efeitos da ordem concedida, no mínimo, precisa vir declarada e de modo fundamentado (art. 93, IX, da CF).

A suspensão da liminar pode pleitear-se (art. 13 da Lei 1.533/1951 e art. 4.º da Lei 4.348/1964). Busca-se evitar "grave lesão à ordem, à saúde, à segurança e à economia pública".

Se a ordem acaba concedida, a liminar resta incorporada na sentença, ou no acórdão que, de logo, devem cumprir-se. Se denegado o mandado de segurança, a medida cautelar ou antecipatória extingue-se, por força e efeito do conteúdo negativo da decisão judicial (Súmula 405 do STF).

Algumas ponderações hão de ser feitas quanto ao *procedimento*. (a) Assim, a autoridade coatora é *citada* – como representante, ou presentante da pessoa jurídica – mediante *notificação*. O presentante não figura como parte passiva, recorde-se. (b) As *informações* – que se ostentam como ônus processuais – surgem ao modo de contestação. A falta de informação gera *presunção comum* de verdade do quanto afirmado na petição inicial (art. 319 c/c o art. 320, II, do CPC). Tanto que ofertados gozam das *presunções da legalidade e verdade*. (c) Os *litisconsortes passivos* necessários podem defender-se e no prazo de dez dias. (d) O *Ministério Público* estadual ou federal – atuando como fiscal da lei – oficia, *sempre*, nos mandados de segurança (art. 10 da Lei 1.533/1951 c/c o art. 84 do CPC). A falta de intimação do Ministério Público gera nulidade do processo. (e) Os fatos assentados pelo impetrante precisam emergir indiscutíveis, portanto devem vir *documentalmente provados*. Os documentos necessários, estando na posse de Poder Público, o juiz pode ordenar-lhes a exibição (art. 6.º da Lei 4.166/1962 c/c os arts. 353 e 363 do CPC). (f) A sentença de mérito há de atender às exigências da lei (art. 381 do CPP). Desponta, conforme a hipótese, declaratória ou constitutiva. (g) Não obstante certa corrente jurisprudencial, concedido o *mandamus*, a Fazenda Pública e seu litisconsorte respondem pelas custas e honorários de advogado. (h) Consoante o grau de jurisdição, em que desponta a decisão, o recurso será apelação, ou recurso ordinário constitucional, se denegada a ordem. Concedida a ordem em segundo grau, não cabe recurso. Alguns aceitam a dedução de embargos infringentes, sem esquecer o duplo grau forçado (art. 12, parágrafo único, da Lei 1.533/1951).

NOTAS AO PROJETO QUE MODIFICA O TÍTULO II, "DO INQUÉRITO POLICIAL", DO LIVRO I, "DO PROCESSO EM GERAL", DO CÓDIGO DE PROCESSO PENAL

SUMÁRIO: 1. Projetos de leis modificativas do Código de Processo Penal. 2. Correções do Ministro da Justiça. 3. Título II, "Do inquérito policial e do termo circunstanciado". 4. Função essencial de Polícia Judiciária. 5. Art. 7.º, *caput*, do Projeto. 6. Promoção de arquivamento. 7. Dois arquivamentos. 8. Controle interno e externo da Polícia Judiciária.

1. Em 06.12.2000, apresentaram-se ao Ministro da Justiça, José Gregori, sete Projetos modificativos do Código de Processo Penal, a saber: 1 – Investigação criminal; 2 – Procedimentos, suspensão do processo e efeitos da sentença penal, condenatória; 3 – Provas; 4 – Interrogatório do acusado e defesa efetiva; 5 – Prisão, medidas cautelares e liberdade; 6 – Júri; e 7 – Recursos e ações de impugnação.

2. Em 02.03.2001, o Ministro da Justiça enviou ao Ministro Chefe da Casa Civil da Presidência da República, Pedro Parente, o Aviso MJ 0248, com o seguinte teor:

> Tendo em vista reunião na data de hoje no Ministério da Justiça, com minha participação, além de meus assessores e do Subchefe para Assuntos Jurídicos da C.Civil/PR, para discutir os projetos de lei sobre a reforma do Código de Processo Penal, concluiu-se, na oportunidade, pela necessidade de uma pequena reforma no projeto encaminhado pela E.M. 21/2001, nos

seguintes artigos: 1) TÍTULO II – alteração de "DA INVESTIGAÇÃO CRIMINAL" para "DO INQUÉRITO POLICIAL E DO TERMO CIRCUNSTANCIADO"; 2) Art. 4.º – incluir a expressão "na função essencial de Polícia Judiciária", na penúltima linha, entre as palavras, "procederá, ..., ao correspondente registro e à investigação por meio de:"; 3) Art. 10 – alterar o prazo de vinte dias, para dez dias; 4) Art. 26 – incluir a palavra "também" na penúltima linha entre os termos "administrativa ... ao Ministério Público". Por último, para compatibilizar a alteração mencionada no item 4 do presente expediente, seria de bom alvitre incluir no item 19 da Exposição de Motivos o termo "também" antes de "ao Ministério Público". Atenciosamente.

Objeto, pois, de análise surge o Título II, agora denominado "Do inquérito policial e do termo circunstanciado", com as três correções mencionadas, pertencente ao Livro I, "Do processo em geral", do Código de Processo Penal.

3. A emenda do Título II melhorou-o. O primeiro Anteprojeto exibia a denominação "Da investigação policial". Assim, transmitindo a ideia de que, nos seis conhecidos meios de ultimar a persecução preliminar ou preparatória – inquérito policial civil e militar; processo administrativo, em sentido estrito; inquérito parlamentar; inquérito judicial da Lei de Falências e a formação judicial do corpo de delito e contingente apontamento da autoria, nos crimes contra a propriedade material –, tão só exista investigação.

A *investigação* consiste no indagar, de modo metódico e continuado, a respeito de certa noticiada ocorrência. Quem investiga só rastreia o fato – que lhe pareceu ilícito e típico –, suas circunstâncias, bem como possível autoria. A *investigação* ou averiguação pode levar a uma *proposição*[1] simples, cabendo à *instrução* concluir se verdadeiro ou falso o mero *enunciado*. Em regra e por isso, a *investigação* antecede à *instrução preliminar*. Já em ambas as fases da persecução penal a *instrução* mostra-se como atividade – que a *proposição*, simples ou qualificada, provocou – dirigida e tendente a colher ou produzir prova sobre a existência de fato que se dese-

1. *Proposição* consiste em enunciado declarativo, que tanto pode ostentar-se verdadeiro como falso ou duvidoso. É havida, também, como expressão, ou afirmação verbal do juízo, a respeito de algo, de alguém, ou de uma relação. Daí falar em *juízo possível* e *juízo provável* – como se verá –, ambas proposições atributivas, que inferem outras.

nha ilícito e típico; e, ainda, indicar-lhe o agente, ou agentes. Na fase preliminar prévia ou preparatória da ação penal, de índole condenatória, a polícia judiciária pratica atos de *investigação* e outros de *instrução* criminal, suscetíveis de se repetir em juízo ou não.[2]

Tanto que modificado o Título do Capítulo II, por motivo de coerência, torna-se necessário alterar vários dispositivos, a saber:

a) art. 4.º, *caput*, que menciona "procederá na função essencial de Polícia Judiciária ao correspondente registro e à investigação"; acrescentando-se a expressão "e à instrução preliminar";
b) alterar os §§ 4.º e 5.º do art. 4.º, que mencionam "início de investigação" e "requerimento de investigação". No inquérito policial, em marcha, desponta investigação, que pode produzir "informação", mas, como visto, irrompe, também, instrução, pela utilização de meios de prova *repetíveis* ou *irrepetíveis*. Deve, pois, emergir, em substituição o adequado nome "inquérito policial";
c) daí, no mesmo sentido, não ter lugar a afirmação, constante do art. 5.º, § 3.º: "no inquérito, as informações [...]", se de provas trata o preceito;
d) lê-se no art. 7.º "os elementos informativos da investigação deverão ser colhidos na medida estritamente necessária [...]". Os elementos, aqui, são os de convencimento, primeiro do acusador, depois do juiz, que há de examinar as acusações formais, denúncia e queixa;
e) repete-se, no art. 12, a mesma preocupação. Nele se lê: "os autos da investigação instruirão a denúncia ou queixa [...]", quando deveria lançar-se "autos de inquérito";
f) os arts. 18 e 23, de igual forma, dizem, respectivamente: "arquivados os autos da investigação, [...]" e "ao remeter os autos da investigação ao Ministério Público, [...]", quando deveriam mencionar "autos de inquérito policial". Eles é que se arquivam e se enviam consoante o texto projetado.

---

2. No Projeto, a polícia judiciária, de ofício, determina a realização de perícia, que se projeta na fase processual. O reconhecimento positivo de pessoa ou de coisa, dificilmente, também, acaba repetido (art. 6.º, V e VI). A juntada de documentos aos autos de inquérito não se renova, em regra, de manifesto. A busca e a apreensão, que terminem com bom, ou mau êxito, podem trazer indícios, apesar de não se constituírem meios de prova.

O evitamento da ideia de instrução, na primeira fase da *persecutio criminis*, pode atender a certo posicionamento doutrinário, porém não muda a natureza das coisas, no sistema brasileiro (v. arts. 6.º, III, e 240, § 1.º, "e", do CPP). Basta ler o parágrafo único do art. 7.º do Projeto, que termina por reconhecer que, na fase de inquérito, produzem-se, cautelarmente, provas irrepetíveis.

A nova denominação do Capítulo II agora inclui o "termo circunstanciado" e porque o Projeto menciona dois meios de apuração: "termo circunstanciado, quando se tratar de infração de menor potencial ofensivo"; e "inquérito policial, em relação às demais infrações" (art. 4.º, I e II). Perde-se a oportunidade de, em melhor técnica, escrever "auto circunstanciado".

A palavra "termo" não se figura muito boa para designar a referida peça. Em processo, o "termo", de modo prevalente, contém declaração e comunicação de vontade das partes. Serve, também, para que, por meio dele, exerçam poderes processuais. Daí o motivo de a *Lei dos Juizados Especiais* mandar tomar por termo ou reduzir a termo a denúncia e a queixa orais (art. 78). O Código de Processo Penal nunca se mostrou rigoroso no uso da voz "termo" (ver arts. 195, 199, 201, 216, 329, 372, 487, 491, 603, 723 e outros). A *autoridade policial*, em boa técnica, contudo, lavra *auto* pertinente a fato, que se desenha *infração penal, de menor potencial ofensivo*; e trata de dar conhecimento, noticiando-o, ao Poder Judiciário. Poderia denominar-se "auto de apresentação" do envolvido, ou do conduzido. Exsurge, portanto, outra justificação para não assemelhar o "*termo circunstanciado*" ao mero *boletim de ocorrência*, peça mais singela – anote-se que o Projeto não mais refere o boletim de ocorrência.

Tanto é verdadeiro mostrar-se incorreto o uso da palavra "termo" que o Projeto alude à "certificação da intimação do autuado" (art. 5.º, V).

4. O art. 4.º, *caput*, emendado pelo Ministro da Justiça, diz que a autoridade policial "procederá na função essencial de Polícia Judiciária ao correspondente registro..." – entenda-se registro da notícia da infração penal.

Importante o acréscimo surgido. Nos grandes centros urbanos, as autoridades policiais – Delegados de Polícia – e seus agentes não mais exercem atos da Polícia Judiciária de modo prevalente. Guardam presos da Justiça. Mudam-se em administradores de Cadeias Públicas, no que se transformaram os Distritos Policiais, e em agentes prisionais. Termina relegada para plano inferior a apuração das infrações penais e sua autoria, coautoria ou participação. No mínimo, são tangidos a praticar *invasão de função pública*, com abandono da própria.

5. Já criticamos, em trabalho anterior, o art. 7.º, *caput*:[3]

> Afirma-se que: "Os *elementos informativos* da investigação deverão ser colhidos na medida estritamente necessária à formação do convencimento do Ministério Público ou do querelante, sobre a viabilidade da acusação" (art. 7.º, grifo nosso). As assertivas podem conduzir a graves disfunções. Primeiro, não se cuidam de elementos destinados, apenas, a noticiar, ou informar, mas de elementos fadados a *convencer*.[4] Informação difere de conhecimento sobre algo, ou alguém. Segundo, não se acha a autoridade policial, nem por um momento, liberta do *dever de imparcialidade*, nem da natural *inquisitividade*. Assim, precisa, por igual, colher e produzir prova em favor do suspeito e do indiciado – ditos *investigado* e *suspeito*, no Anteprojeto (art. 8.º); nomenclatura, que, agora, desapareceu no Projeto – e de modo espontâneo. Tudo porque objetiva o esclarecimento do fato, suas circunstâncias e respetiva autoria, coautoria ou participação. Terceiro, o convencimento sobre a viabilidade da acusação formal não toca, só, aos acusadores; porém, ainda mais ao juiz, que há de convencer-se de que a *denúncia* e a *queixa*, por seus alicerces, ou fundamentos, irrompem admissíveis, ou inadmissíveis. Quarto, a convicção refere-se, também, ao *imputado*, o qual, analisando os meios de prova, em que se baseia a acusação formal, persuade-se de que existe *justa causa*, ou não (art. 648, inc. I, do Cód. de Proc. Penal).

Reforce-se, entretanto, o *dever de imparcialidade*, lembrando de que se liga ao poder de direção e de apreciação dos meios de prova. Dizendo de outro modo, guardar pertinência com a busca da verdade material atingível.

---

3. PITOMBO, Sérgio Marcos de Moraes. Breves notas sobre o Anteprojeto de Lei, que objetiva modificar o Código de Processo Penal, no atinente à investigação policial. *Revista Cejap*, n. 2, p. 3-19, set. 2000.

4. É no juizado de instrução que se mencionam procedimento informativo policial e procedimento instrutório do juiz. A polícia judiciária, então, dá conhecimento ao juiz das investigações ultimadas, o qual procede instruindo. Desnecessário dizer que o Anteprojeto não pretende introduzir tal sistema, abolido na Itália, enfraquecido na França e mal operante na Bélgica.

6. Insiste, com algumas mudanças, o Projeto na *promoção de arquivamento* pelo Ministério Público. Não vamos renitir nas críticas feitas.[5] Vale, entretanto, noticiar que o Departamento de Inquéritos Policiais e Polícia Judiciária do Estado de São Paulo, no ano de 2000, só ele arquivou *28.180* inquéritos policiais. Repete-se o raciocínio: tomando-se em conta os Foros Regionais, as Comarcas do Litoral e do Interior do Estado o número de *arquivamentos* de inquéritos policiais deve aproximar-se do dobro. Volta-se a ponderar: estaria o Ministério Público preparado para examinar e deliberar sobre *sessenta mil, ou mais promoções de arquivamentos*, por ano?

Na apresentação do Projeto, a Comissão elaboradora fez sugestão que terminou encampada pelo Ministro da Justiça. Entendeu que:

> O órgão superior a que alude o Projeto não será, necessariamente, o Conselho Superior, mas, à luz da experiência bem-sucedida das Câmaras de Coordenação e Revisão do Ministério Público da União, os Estados poderão criar os órgãos referidos pelo anteprojeto, em número suficiente para atender à demanda, valendo-se da experiência dos Procuradores de Justiça.

Ainda que vingue a ideia de Câmaras, distintas do Conselho Superior – quiçá integradas por Promotores Públicos, ou por Procuradores da República, oficiantes em primeiro grau de jurisdição –, o número mostrar-se-á insuficiente para atender às *promoções de arquivamento*.

O Projeto faz crescer as atribuições do Ministério Público Federal e Estadual; e, sabidamente, não basta dar a função, surge imprescindível oferecer os meios de exercício.

Agora, despontou inarredável complicador para o Projeto: a Lei Complementar 101, de 04.05.2000. Ao cuidar de despesa pública, não esqueceu os Ministérios Públicos. Fixou para o Ministério Público da União limite global de 0,6%, sobre o montante das receitas líquidas correntes, apuradas pelo Executivo (art. 169 da CF c/c os arts. 19 e 20, *caput*, I, "d", da Lei Complementar 101/2000). Estabeleceu para o Ministério Público, na esfera estadual, o percentual de 2% do aludido montante (art. 169 da CF c/c os arts. 19 e 20, II, "d", da Lei Complementar 101/2000). Convém não se esquecer da Lei 10.028, de 19.10.2000, que deu complementação a preceito da referida Lei Complementar (art. 73).

---

5. PITOMBO, Sérgio Marcos de Moraes. Breves notas... cit., item 6, p. 12-13.

Além disso, a força e o efeito da decisão judicial que, atendendo à promoção do Ministério Público, manda arquivar o inquérito policial ou as peças de informação; surge diferente do ato administrativo de *arquivamento*, que venha ocorrer no âmbito do Ministério Público.

7. O Projeto cria dois *arquivamentos*. Um, consistente em ato administrativo, praticado por Órgão Superior do Ministério Público, que ratifica a *promoção de arquivamento*, formulada pelo Promotor de Justiça ou pelo Procurador da República. Outro a ser concretizado, no "juízo competente", que tenha, de modo eventual, concedido medidas cautelares, no correr do inquérito policial. Em outras palavras: o Órgão Superior do Ministério Público ratifica o *arquivamento*, por inexistência de base, para a propositura da acusação pública formal. E remete os autos ao Poder Judiciário para que ele os guarde.

Arquivar consiste em tomar do procedimento o trâmite. Tirar-lhe todo o andamento ou circulação dos autos, seja na Polícia Judiciária, seja no Ministério Público, seja, ainda, em Juízo. O *arquivamento* dá-se por *motivo de fato e de direito* – autoria desconhecida ou indeterminável; fato atípico; inexistência de prova bastante do fato e /ou da autoria, para acusar formalmente. Agora, segundo o Projeto, caberá ao Poder Judiciário guardar em arquivo os inquéritos policiais, mandados arquivar – no sentido técnico-jurídico – pelo Ministério Público, outorgada medida cautelar real, ou pessoal (art. 28, § 6.º).

Resta saber se exsurge possível ao Ministério Público delegar funções ao Poder Judiciário sob o prisma constitucional.

8. Tenha-se em mente que se deseja dar "atribuições de supervisão e controle ao Ministério Público".[6] Voltamos a pôr em dúvida a constitucionalidade de tal intento, em razão de o *controle externo da polícia* caber ao Ministério Público, na forma da Constituição da República (art. 129, VII). Não deve deter, ao mesmo tempo, o controle interno e externo.

São Paulo, 27 de março de 2001.

6. GRINOVER, Ada Pellegrini. *A reforma do processo penal*, item 8-1.

NOTAS BREVES SOBRE A SÚMULA 160 DO SUPREMO TRIBUNAL FEDERAL

1. Eis o teor da súmula: "É nula a decisão do Tribunal que acolhe, contra o réu, nulidade não arguida no recurso da acusação, ressalvados os casos de recurso de ofício".

2. A regra de processo é: *tantum devolutum quantum appellatum*; nela se acha, pois, a proibição da *reformatio in pejus* – direta ou indireta, ressalvado o procedimento especial de Júri, em razão da soberania. O efeito devolutivo do recurso surge restrito.

3. No Código de Processo Penal, ela exsurge duas vezes: (a) na parte final do art. 617, ao assentar: "não podendo, porém, ser agravada a pena, quando somente o réu houver apelado da sentença"; e (b) no parágrafo único do art. 626: "De qualquer maneira, não poderá ser agravada a pena imposta pela decisão revista". Note-se que o Código considerou a revisão criminal recurso. Cuida-se de reforçar, à evidência, a plenitude da defesa e o contraditório, garantias constitucionais.

4. Várias observações podem-se lançar:

a) não há o Tribunal de decidir *ultra* ou *extra petitum*; assim, atuando de ofício ou espontaneamente;
b) quem recorre não deve ter sua situação piorada e de modo surpreendente;
c) matéria que ficou irrecorrida transita em julgado, tirante as hipóteses de duplo grau forçado;
d) além disso, não se há de arredar o denominado princípio do *favor rei*, que a experiência jurídica forjou.

5. Afirma-se que: "*Reformatio in pejus indireta.* Não tem aplicação ao caso em que a renovação do processo se dá em virtude do reconhecimento da incompetência absoluta *ratione materiae* do juiz prolator da sentença anulada" (Rec. Ex. Crim. 87.394/RJ, em *RTJ* 88/1088, ou *RT* 558/414).

Assevera-se que ato decisório nulo não produz efeito. Engano, pois tem força e efeito, até que venha a invalidar-se por via de recurso, de *habeas corpus* ou de revisão criminal. Argumentar que o ato emergiu inexistente e não nulo não melhora o entendimento contrário.

6. A análise da coisa julgada penal ajuda a melhor compreender o tema.

Coisa julgada de autoridade absoluta, no processo penal, existe quando se forma em face de sentença, ou de acórdão, de natureza declaratória ou constitutiva. Sua imutabilidade perene decorre simplesmente da preclusão dos prazos recursais. É estável por natureza.

Coisa julgada de autoridade relativa é a restrita à sentença de natureza condenatória, a qual se pode ver revogar, modificar ou anular, a qualquer tempo, seja mediante ação penal de *habeas corpus*, seja por meio da ação de revisão criminal, sem esquecer a unificação de penas.

Importa recordar que a decisão absolutória surge por natureza declaratória negativa, assim protegida pela coisa julgada material ou coisa julgada de autoridade absoluta.

Já a decisão condenatória, repita-se, faz coisa julgada formal – preclusão máxima –, surgindo, assim, dotada de autoridade relativa.

A fragilidade da coisa julgada, nascente em decisão condenatória, no processo penal guarda evidente origem no direito material. Basta lembrar a anistia, graça e indulto; *abolitio criminis*; casamento do agente com a ofendida e outras formas de extinção da punibilidade ocorrentes depois da sentença condenatória irrecorrível.

7. Se o Ministério Público deduz apelação parcial, o tópico irrecorrido – favorável, de qualquer sorte, ao acusado – transita em julgado. A nova decisão – emergente no Tribunal – não a substitui, posto que fixada antes.

Recorde-se: a imutabilidade, total ou parcial, desponta como fato processual, resultante do sistema de preclusões: temporal – não exercício de faculdade ou direito de natureza processual; lógica – incompatibilidade do ato já praticado com outro a praticar; e consumativa – exercício válido e esgotante de faculdade processual.

A coisa julgada declaratória – absolutória – ou desconstitutiva é fato do processo, que se origina no aludido sistema de preclusões.

A falta de pedido recursal do Ministério Público, voltado ao reconhecimento e à declaração de nulidade do processo de conhecimento, obsta a que o Tribunal – de ofício – manifeste-se invalidando-o.

Repita-se: primeiro, porque operou coisa julgada de autoridade absoluta; segundo, em razão da regra *tantum devolutum quantum appellatum*; terceiro, em face da interpretação, ditada pelo *favor rei*, que o dogmatismo não deve superar.

São Paulo, 19 de junho de 2001.

NOTAS PARA UM ESTUDO SOBRE A TUTELA ANTECIPADA

A lei refere "antecipação dos efeitos da tutela pretendida", mas não a determina ou fixa. Assim, afirmar que possa emergir declaratória, constitutiva ou condenatória, sempre, servindo ao processo de conhecimento.

Não obstante o exemplo, que se oferece com a ação de consignação em pagamento – cujo procedimento é especial –, difícil divisar, em ação declaratória, a possibilidade de tutela jurisdicional antecipada. Difícil admitir certeza jurídica provisória.

Já se observou que:

> Considerando o preceito genérico do art. 273 seria cogitável, em princípio, tal extensão. Contudo, a antecipação da tutela não se harmoniza com a finalidade da ação declaratória e não se ajusta à natureza da ação constitutiva. Senão, vejamos. Na ação declaratória objetiva-se, segundo a doutrina dominante, desfazer incerteza sobre a existência ou inexistência de relação jurídica (*rectius*, a incerteza é subjetiva), o que se busca é o valor segurança emergente da coisa julgada. Como, então, antecipar a declaração de existência ou inexistência da relação jurídica? Como declarar provisoriamente que uma relação jurídica existe (ou inexiste)? Possível será, em tese, antecipar alguns efeitos práticos decorrentes da tutela declaratória, mas não a própria declaração.[1]

Ainda, e de modo menos enfático, asseriu-se:

> O mesmo se deve dizer em relação à ação declaratória, pois a utilidade desta está, precisamente, na certeza jurídica a ser alcançada com a senten-

---

1. LOPES, João Batista. Tutela antecipada e medidas cautelares. *Tribuna do Direito*, p. 24, jul. 1996.

ça transitada em julgado. Antes do seu julgamento, porém, a parte poderá ter interesse em obter os efeitos práticos que correspondam à certeza jurídica a ser alcançada com o provimento declaratório. Isto ocorre principalmente em relação àquelas ações declaratórias que tenham repercussões práticas, como a ação declaratória de paternidade em relação aos alimentos, ou que contenham alguma carga constitutiva, como a de desfazimento da eficácia de um ato nulo, ou a sua propriedade de, apesar de nulo, produzir alguns efeitos.[2]

Sempre com a maior vênia, mero asseguramento de posição processual, ou outorga de "efeitos práticos", dotada de forte carga cautelar, não se sintonizam com a tutela antecipada.

Limita-se a tutela jurisdicional antecipável ou antecipada ao pedido do autor (arts. 128, 273 e 460 do CPC). Trata de atender ao direito material; a satisfazer, praticamente, a pretensão, ainda que de modo provisório.

A demanda é projeto, plano, tentame de decisão definitiva. Concede-se tal *decisum* adiantando-a, no todo ou em parte, ainda que em caráter provisório, se presentes os pressupostos.

Exige-se, primeiro, "prova inequívoca" do fato constitutivo do direito, afirmado pelo demandante (art. 333, I, do CPC), a ponto de convencer o juiz da "verossimilhança da alegação" que faz (art. 273, *in fine*, do CPC).

A verossimilhança não se encontra, A toda a luz, no juízo do possível, que surge neutral. Acha-se no do provável.

Recorde-se: verossímil é o que se assemelha à verdade. Aproxima-se dela tanto que parece verdadeiro. Já a verossimilhança consiste em qualidade do verossímil. As alegações do autor precisam irromper prováveis, trazendo aparência de verdadeiras. Tal exterioridade, por isso, não pode nascer em prova equívoca, duvidosa do fato, ou muito incompleta do direito, asserido pelo autor.

Avançar a decisão de procedência do pedido mostra-se como ato que emerge, pois, do convencimento do juiz (art. 273, *caput*, § 1.º, do CPC). Atente-se: convencimento livre, motivação e persuasão racional (arts. 131, 165, 273, § 1.º, e 458, II, do CPC). A satisfatividade prática impele a que o *decisum* antecipante, assim, se mostre.

---

2. WATANABE, Kazuo. Tutela antecipatória e tutela específica das obrigações de fazer e não fazer (arts. 273 e 461 do CPC). In: TEIXEIRA, Sálvio de Figueiredo (Coord.). *Reforma do Código de Processo Civil*. São Paulo: Saraiva, 1996. p. 35-36.

Aceita por verdadeira a alegação do demandante, em razão dos fatos evidenciados, o juiz, tanto que, instado, antevê o ato decisório de mérito. Assim persuadido, certo de a provável solução tender para a justiça, entrega, fundamentando o bastante, a tutela jurisdicional de modo antecipado.

Se os elementos de convencimento, ofertados pelo autor, não exsurgem suficientes para formar o aludido convencimento, nada obsta a que o juiz se instrua, com vistas só à proteção adiantada.

A tutela, por natureza, desponta provisória. A essência interina reflete-se na prova – qualidade, quantidade e profundidade –, que se reclama para lhe dar a concessão. Desútil espiolhar as assertivas do autor com ampliação incabente. Força excessiva para o momento processual, que não é terminante (art. 273, § 5.º, do CPC).

A irreversibilidade do "provimento antecipado"; sua impossibilidade de volta ao estado anterior, ou só o perigo, proíbe-o (art. 273, § 2.º, do CPC).

Duas situações podem conduzir a pleitear e a conceder a tutela, em comento. Fala-se, também, em requisitos contingentes só para afastá-los dos que, sempre, hão de emergir, já mencionados (art. 273, *caput*, § 2.º, do CPC).

A primeira, "fundado receio de dano irreparável ou de difícil reparação", ostenta-se no *periculum in mora* (art. 273, I, do CPC).

Já se observou que:

> [...] as circunstâncias geradoras de uma situação de *urgência*, que reclame uma forma de tutela imediata, coloca o Estado, a quem incumbe o dever de prestar jurisdição, entre duas alternativas igualmente insatisfatórias, impondo uma opção sempre perigosa, entre proteger a *aparência*, correndo o risco de oferecer proteção a quem, depois, se verifique não ser titular do direito que o magistrado inicialmente supôs existente, provocando incômodos e prejuízos àquele que haja sofrido a *proteção imediata da aparência*; ou então, preferindo o ordenamento jurídico seguir a outra alternativa, recusando a tutela imediata com base apenas no provável direito protegido, para somente decidir quando o julgador dispuser de todos os elementos capazes de propiciar-lhe um *juízo de certeza* sobre a existência do direito de quem pede a proteção jurisdicional, certamente fará com que a sentença se tenha tornado inútil e tardia, dado que o direito, que exigia proteção imediata, por estar exposto a um dano

irreparável, ao encerrar-se a demanda, provavelmente não terá mais condições de realizar-se concretamente.[3]

Note-se:

> O *receio*, aludido na lei, traduz a apreensão de um dano ainda não ocorrido, mas prestes a ocorrer, pelo que deve, para ser *fundado*, vir acompanhado de circunstâncias fáticas objetivas, a demonstrar que a falta da tutela dará ensejo à ocorrência do dano, e que este será irreparável, ou pelo menos, de difícil reparação.[4]

A segunda, "fique caracterizado o abuso de direito de defesa, ou o manifesto propósito protelatório do réu", busca obstar a litigância de má-fé (art. 17, I a VI, c/c o art. 273, II, do CPC). Resta esvaziada, inútil, em várias situações, por motivo do sistema da lei processual (arts. 130, 273, II, e 330, I).

A antecipação provisória, na hipótese, exsurge com nítido caráter punitivo. É preciso, contudo, que se operem o contraste e o confronto entre a "verossimilhança da alegação" do autor e a implausibilidade das assertivas do réu. Assim, há de ocorrer no curso do processo.

Observou-se que:

> Essa tutela antecipada – deferimento antecipado da pretensão objeto da causa – poderá ser requerida em qualquer ação, na inicial, ou no curso da lide. Na inicial, quanto ao inciso I, do artigo 273, CPC – haja fundado receio de dano irreparável ou de difícil reparação ou no curso da lide, relativamente ao inciso II do citado artigo 273, CPC – fique caracterizado o abuso de direito de defesa ou o manifesto propósito protelatório do réu.[5]

Em algum caso, surge possível despontarem ambas as situações permissivas da tutela jurisdicional antecipada.

---

3. SILVA, Ovídio A. Baptista da. *Curso de processo civil*. Porto Alegre: Fabris, 1993. v. 3, p. 30-31. Grifos do autor.
4. CARREIRA ALVIM, José Eduardo. A antecipação de tutela na reforma processual. In: TEIXEIRA, Sálvio de Figueiredo (Coord.). *Reforma do Código de Processo Civil*. São Paulo: Saraiva, 1996. § 22, p. 70. Grifos do autor.
5. VELLOSO, Carlos Mário da Silva. Liminares e tutela antecipada. *Correio Braziliense*, Direito & Justiça, 23 mar. 1998, p. 1.

NOTAS SOBRE A SENTENÇA PENAL

1. O dissenso incansável quebra a paz. É preciso restaurá-la e mantê-la. A resolução dos conflitos, dos desconcertos, acha-se na lei, ou deflui do sistema normativo. O processo judicial, tão só, soluciona a causa. Conflito que não encontrou outra forma de solução. Tal aludido instrumento surge público e por isso ético. Dá com o fim na sentença, em primeiro grau de jurisdição. Ela, em regra, declara o direito, em sentido largo. Pensa-se, aqui, no processo de conhecimento, que chega à sentença de mérito. Isso, porém, nem sempre sucede.

2. *Sentença*, de modo formal, assim, conceitua-se como ato pelo qual o juiz põe termo ao procedimento, de primeiro grau, decidindo, ou não, o mérito da causa (art. 162, § 1.º, do CPC).

A sentença criminal busca a definição jurídico-penal do fato, como ato de jurisdição. No processo penal vigente, a decisão interlocutória mista extingue o procedimento, sem julgar o mérito.

Nas ações penais de conhecimento, de natureza condenatória, a sentença é a operação lógico-psicológica de verificação (*notio*) e definição (*judicio*) dos termos de incidência, qualitativa, quantitativa e intensiva, ou não da lei penal sobre o fato concreto. *Sentença* sem fundamento, ou motivação, por isso, não é sentença, mas mero ato material (art. 93, IX, da CF).

3. Tal definição jurídico-penal, ou julgamento criminal, surge positiva, enquanto afirma, declara o encontro da infração, bem como de sua autoria e, em consequência, resulta na condenação motivada. Exprime o poder-dever concreto de o Estado punir o infrator, ou sancionar o sujeito agente, na qualidade, quantidade e na intensidade da pena, conforme a culpa (art. 387 do CPP).

A definição cifra-se negativa enquanto recusa o sucesso da infração e/ou sua autoria, e, assim, termina na absolvição. O julgamento criminal, então, ostenta, declarado, o direito concreto de o indivíduo não ser sancionado (art. 386 do CPP).

Se, entretanto, a definição mostrar-se, tecnicamente, impossível (falta de justa causa para acusar; de condição da ação; ou de pressuposto processual), então a sentença só finaliza o procedimento, porque desútil seguir o processo.

4. As sentenças, pois, ou afloram definitivas (definem o juízo), ou surgem terminativas (põem termo, só, ao procedimento).

Sentença definitiva penal, nas ações condenatórias, é o ato decisório final, pelo qual o juiz acolhe ou rejeita o pedido do acusador, provendo sobre intenção punitiva ou de liberdade jurídica.

Sentença terminativa é a decisão final, que extingue o procedimento de primeiro grau, sem exame do mérito da causa penal, por não poder chegar a ele.

5. Os requisitos de inteligência de todas as sentenças são a clareza e a precisão.

A sentença, enquanto instrumento, consiste em declaração e comunicação da vontade concreta da lei. Tal aspecto exterior não surge livre. Possui forma legal ou requisitos formais (arts. 381, 386 e 387 do CPP).

<table>
<tr><td rowspan="4">Sentença penal – requisito formal</td><td>I. Relatório (art. 381, I e II).</td><td rowspan="4">Parte enunciativa
Parte dispositiva</td></tr>
<tr><td>II. Motivação (arts. 157 e 381, III e IV).</td></tr>
<tr><td>III. Decisão (art. 381, V)</td></tr>
<tr><td>IV. Autenticação (art. 381, VI)</td></tr>
</table>

6. Observem-se os embargos declaratórios (art. 382 do CPP). Atendem à desfunção emergente entre as partes enunciativa e dispositiva.

7. Qual garantia do direito de defesa irrompe a regra da correlação entre a imputação e a sentença, dita, ainda, da convergência da retribuição com a atribuição.

Observe-se: na *emendatio libelli* – emenda do libelo – o fato não se altera, mas recebe "definição jurídica diversa" ou pontual classificação (art. 383).

Já na *emendatio libelli* – modificação do libelo – o fato imputado sofre alteração no correr da instrução criminal. Assim, pode tomar "nova definição jurídica" (art. 384, parágrafo único). Tal mudança leva ao acertamento da imputação com o exercício do direito de defesa, oportunidade de exercência, arredando a decisão, além do pedido, ou a absolvição injusta.

São Paulo, 26 de novembro de 1999.

O CONCEITO DE SEGURANÇA PÚBLICA NO ESTADO DEMOCRÁTICO

1. Antes de analisar o conceito de segurança pública, há que lembrar a segurança individual, que surge afirmada na Constituição da República, projetando-se no direito à intimidade, vida privada, domicílio, comunicações pessoais, liberdades e garantias (art. 5.º, *caput* e, por exemplo, incisos III, X, XI, XII, XXXVIII, XL, XLII, XLV, XLVII, LIX e LXIX). Impossível apartar, no denominado Estado democrático, a segurança individual da pública.

A última liga-se à ideia de guarda e proteção da coletividade, em face de lesões, ou do perigo de lesões às pessoas e aos bens. No direito constitucional, em tempos recentes, passou-se a examinar a existência de um direito à segurança. Na Lei Maior vigente, assentou-se: "A segurança pública, dever do Estado, direito e responsabilidade de todos, é exercida para a preservação da ordem pública e da incolumidade das pessoas e do patrimônio" (art. 144). Os objetos da segurança pública, assim, na Lei Magna, passaram a mostrar-se na ordem pública e nas duas mencionadas incolumidades. É notável certa redundância.

2. Estar em segurança consiste em direito individual, declarado e prometido na Constituição da República (art. 5.º, *caput*). Ela importa e diz com o povo, com o público. Motivo é, portanto, da adjetivação: segurança pública.

Não se há, entretanto, de defini-la como ausência de temor, ou de desordem. Se e quando nos encontramos seguros, tal estado gera, em consequência, a falta de medo. Sob a luz dos direitos individuais, melhor cogitar-se de paz pública, emergente como produto da tranquilidade social – não artificial – e ordem social – entendida como harmonia na comunidade.

A tranquilidade social pode obter-se por meio do "toque de recolher". Tal artificialismo não se logra conservar, por largo tempo, em prejuízo evidente das liberdades públicas. Considera-se que surge natural, no instante em que existe concórdia dos indivíduos, na aceitação do Governo e das leis. O desassossego nasce da recusa lavrada.

A ordem social desponta nos preceitos fundamentais que a Constituição estabelece, fixando as bases da sociedade. A harmonia na comunidade, entretanto, funda-se e mantém-se na medida em que se atendem, minimamente, aos anseios políticos, econômicos e aos sociais. Melhor especificando, representatividade, educação, saúde, trabalho e lazer.

A paz pública não consiste, portanto, em questão, unicamente, de polícia, como é forçoso reconhecer. A leitura desavisada da Constituição da República conduz a tal ideia defeituosa. A polícia, tão só, sustenta e recompõe, nos limites da lei, a paz pública, porém jamais a institui.

3. Existe concordância entre os autores sobre a dificuldade de conceituar ordem pública. Tal noção parece, entretanto, perturbar a ideia de segurança pública. Inútil a exaltação da ordem pública; a divinização de seu conceito. Ao se precisar escolher entre a injustiça e a desordem, percebe-se que, sempre, emerge possível substituir certa ordem pública por ordem nova. A noção, pois, irrompe variável, no tempo e no espaço, e não serve para compor a paz pública, cujo desejo exsurge perene.

4. Desde o século passado, afirma-se que a polícia é instituição. Ora, instituição conceitua-se como subsistema normativo, nascente na realidade social e dotado de uma estrutura organizada, que não se afasta de sua origem. A polícia desponta, por isso, como instrumento da Administração, destinado a manter e a recobrar, consoante as leis, a paz pública. Eis-lhe o escopo diuturno, na sociedade e na medida dos recursos, de que dispõe, no correr do tempo, como instituição permanente de direito público.

Com vistas ao órgão estatal, que desempenha missão de conservar e reaver a paz, sem se esquecer da segurança individual, importa lembrar de que toda função deve projetar a estrutura. Vale afirmar: a estrutura orgânica, ou forma, ostenta-se ao empuxo do funcionamento planejado. Função, aqui, é entendida como o papel exercido pelo órgão público, dentro da interdependente estrutura do Estado. Essas afirmações implicam aceitar que, falhando a estrutura, a função não opera.

5. Surge tradicional, entretanto, a conformação que só aparta a polícia administrativa da judiciária. Modo como a enxergavam, no século XIX. Modo como a divisou, antiquado, o legislador constituinte. A primeira, administrativa, teria caráter preventivo: evitar a ocorrência de ilícitos penais. A segunda, judiciária, chamada repressiva, tanto que sucedido fato, possuidor da aparência de infração penal, competir-lhe-ia apurá-lo em toda a sua circunstância, bem como apontar-lhe a autoria, coautoria, ou participação. Em verdade e de maneira empírica, costuma-se dizer que tudo quanto não concerne à polícia judiciária cabe à administrativa.

Tal divisão ou classificação da polícia, hoje, emerge insatisfatória, posto que não lhe leva em conta toda a multifuncionalidade, nem os diversos níveis de segurança que se exigem, com vistas à tutela dos indivíduos.

Há, com efeito, no dizente com a paz pública, duas funções mais relevantes. Note-se que o mesmo agente público ora exerce uma, ora exerce outra, surgindo descabida a partilha que a Constituição da República faz entre polícia civil e polícia militar. A polícia de segurança, assim, irrompe una, podendo mostrar qualquer de suas funções.

A varredura sistemática de pequenas áreas, no território dos Distritos Policiais, sem prejuízo das tarefas rotineiras, por exemplo, consiste em função preventiva, em essência. A prisão em flagrante delito, realizada durante a mencionada operação, mostra-se como função de polícia judiciária.

Não se pode omitir, contudo, terceira função, de natureza administrativa estrita, tal como a expedição de documentos (atestados, cédulas de identidade, passaportes, certificados, alvarás e outros); fiscalização de produtos controlados (armas, munições, explosivos e outros); e, por fim, administração das cadeias públicas (guarda de presos da justiça, ou processuais).

A polícia, em resumo, e no tocante à tríplice função aludida, pode dividir-se em administrativa, em sentido estrito – a última referida – e de segurança. Esta, voltada à paz pública de modo mais próximo, bipartindo-se em dissuasória, porque destinada a afastar o propósito e a ameaça de agressão a bens jurídicos, tutelados pelo direito penal; e em judiciária, porquanto ubicada a perseguir as infrações penais para o fim de informar ao Poder Judiciário.

Se a segurança consiste em dever do Estado e em direito do indivíduo; se o fadário da polícia surge em mantê-la; se, em razão disso, ela se apresenta como instituição pública, então, é conveniente que tenha as linhas básicas desenhadas na Constituição da República.

A polícia dissuasória, além disso, tem a atividade regrada, de modo prevalente, pelo direito penal e pelas leis orgânicas específicas. A judiciária norteia-se, nomeadamente, pelas leis penais e processuais penais. Ambas, em conjugação funcional, atuam, ou devem agir, com objetivo de dar concretude às liberdades individuais, preservando e reconquistando a paz pública.

6. Quando se projeta retirar a polícia da Constituição, trata-se de desfuncionalizar a segurança pública. Sempre que se procura desagregar os elementos, que a integram, retiram-se-lhe a vitalidade e a eficiência. Tanto que inexista "princípio ordenador", tudo restando nas mãos do governante eventual, a polícia perde a tendência de instituição permanente para fazer-se instrumento de arbítrio e de capricho.

Não há a menor cabência, de outra sorte, em entregar a segurança pública a empresas, regulares e irregulares, que vendem guarda e proteção. Não pode o Estado declinar de seu dever constitucional. É intolerável, por exemplo, que, no Estado de São Paulo, existam cento e noventa mil homens armados e manejados pela iniciativa privada, em terceirização suicida. Recorde-se de que a soma dos integrantes da polícia civil e da polícia militar não chega a tal número.

Em face do quanto se veio afirmando, é, no mínimo, imoral a prática de "fazer figuração"; a saber: colocar policiais na rua, por curto período, em pontos visíveis, para provocar a falsa imagem de que a polícia está operante.

Néscio o administrador público que deixa cair na obsolescência equipamentos de comunicação, computadores, veículos, armas e munições. Na sequência, invoca a Constituição, para assentar que a segurança é de responsabilidade de todos. E, ainda, que as situações de crise, ou de emergência devem-se resolver por meio de diálogos sem fim. Ao falharem, então, asseguram que tal é o ônus do processo democrático.

Pior, sem dúvida e para além do desaprestamento, surge o abandono dos integrantes da polícia, que, faltante o amor-próprio, transformam-na em ocupação marginal, espécie de "bico", desprofissionalizando-se. É manifesto que vencimento não é tudo, mas desponta inesquecível certo policial civil, do Estado do Rio de Janeiro, que, perdida já a autoestima, exibia, há pouco tempo, cartaz, que anunciava: "Adote um policial, antes que um bicheiro o faça". Claro exemplo da decadência institucional.

A realidade não se esconde, enfrenta-se.

7. O conceito de segurança pública, no Estado democrático, portanto, não basta ser enunciado. Precisa construir-se, e não só nas leis, porém na prática diária, na presença cotidiana, na procura da concreção, da materialidade, da paz pública.

São Paulo, 22 de outubro de 1997.

PAZ PÚBLICA E POLÍCIA: PORTARIA DGP 18, de 25 DE NOVEMBRO DE 1998

1. A Delegacia-Geral de Polícia, em 27.11.1998, fez estampar, no Diário Oficial do Estado, portaria baixada dois dias antes com o evidente objetivo de consolidar portarias anteriores, mais, em principal, oferecer nova visão dos serviços de polícia. É manifesto que qualquer trabalho pode sofrer melhora, aprimoramento. Não menos verdade acha-se na afirmação de que bem pode ser piorado.

A questão não se encontra em retirar ou acrescentar preceitos, ou emendar, de modo eventual, a redação de um ou de outro mandamento. Importa a análise da ideia-força que conduziu o seu autor, Dr. Luiz Braga Braun, à edição de conjunto de determinações no âmbito da Polícia Civil.

2. A Constituição da República desenhou, de alguma sorte, a estrutura e o funcionamento de cinco Polícias. Fê-lo no Título V, "Da Defesa do Estado e das Instituições Democráticas"; Capítulo III, "Da Segurança Pública". Mencionou três espécies federais e duas estaduais e deu-lhes as funções (art. 144). Não obstante tal evidência, passados quase onze anos, não se cuidou de consistente reforma das Polícias Estaduais. Pensou-se em emendar as normas constitucionais e em suprimi-las, até, para depositar, tão só, nas mãos dos eventuais Governadores a organização do poder, função e da atividade policial, retornando a 1930.

Ao que parece, ambas as iniciativas falharam. Mais que tocar na Lei Maior, importa dar à Polícia nova feição.

3. A primeira concepção encontra-se na necessidade de afastar o conceito de *ordem pública*, adotando o de *paz pública*, que mais se aproxima do

Estado Democrático de Direito (art. 1.º da CF). Entenda-se por *paz pública* o produto da *tranquilidade social*, não artificial, pela *ordem social*, enxergada como harmonia na comunidade.

As funções de Polícia, sob o ângulo do direito administrativo clássico, acabam guardando sentido negativo. Conjunto de regras que servem para limitar e regular as atividades individuais, ou coletivas, fazendo prevalecer o conceito de *ordem pública*. As mesmas funções, enfocadas pelo moderno direito constitucional, procuram garantir o exercício da liberdade jurídica, tornando prevalente a *paz pública*.

Dizendo de outro modo: a segurança é condição do exercício da liberdade jurídica; ou ela é condição da segurança? Substituindo a palavra "segurança" pela expressão "paz pública", a resposta pode emergir mais simples. A paz pública é condição da prática da liberdade jurídica. Quando se perde a paz, não há liberdade para exercer.

4. A Polícia não é, apenas, prestadora de serviço público. Tal visão simplista serve para fazer crescer a denominada crise de eficiência e de credibilidade, em face da segurança individual. Sem modificação na Constituição da República, emerge-lhe preciso urgente reforma na estrutura e no funcionamento. Em primeiro lanço, mediante a *Lei Orgânica de Polícia*, que deveria ter aflorado, como consequência necessária de sua postura institucional, na Lei Maior. Depois, viriam as leis estaduais.

Se a desejável Lei Orgânica de Polícia tarda, que as unidades federativas tratem de modernizar suas Polícias, sem ela. Hoje, em qualquer estratégia, o elemento prevalente é o tempo.

Surge simples demostrar o arcaísmo das estruturas brasileiras. Basta, por exemplo, perguntar se existe uma real, concreta, Polícia Judiciária, no perímetro da Polícia Civil, tendo em mente que ela se liga, de modo orgânico, ao Poder Executivo e, de maneira operativa, ao Poder Judiciário. Emerge fácil responder que há atuação de Polícia Judiciária; que desponta a atividade de Polícia Judiciária. Todos percebemos, entretanto, que irrompe preciso apartá-la das outras funções e atividades. Vale assentar: indispensabilidade de criarem-se unidades de Polícia Judiciária, nos Distritos, dos *grandes centros urbanos*.

A *divisão de funções* é mais do que apartar tarefas. A Polícia deve desenvolver os fins previstos nas leis, atendendo aos indivíduos, mas não pode lançar para segundo plano a Polícia Judiciária, como missão constitucional, às vezes fazendo assistência social (art. 144, § 4.º).

5. Sabemos todos que não há legítimo poder de Polícia fora da Constituição, do direito administrativo, bem como dos direitos processuais civil e penal.

A função, entretanto, está a exigir reexame para que a atividade, ou forma de proceder, altere-se, como exigência da Lei Maior. A função determina-se por seus fins e a atividade pelas tarefas, que inclui.

Fundamental, por exemplo, evitar que a Polícia se torne instrumento, meramente, político. Seja promovendo pessoas, ou partidos; seja manipulando área de informação, para servir a qualquer tendência ideológica.

A par da *legalidade* acha-se a *discricionariedade*, ambas regentes do poder de Polícia, a operarem de modo conjugado. Daí se ter de construir o conceito de *discricionariedade contida*, pondo, assim, em relevo a maior carga de legalidade que suporta a Polícia, em razão da *paz pública*.

Explique-se: a função policial deve mostrar-se conforme a razão. A atividade precisa aflorar, por isso, justificada; adequada em seus meios ao fim pretendido; proporcional em sua resposta e afeiçoamento; além de limitada quanto ao objeto. Sempre levando-se em toda a conta os direitos individuais e suas garantias.

6. A *profissionalização do policial*, hoje, exsurge como tema relevante. Diz,de perto com a reclamada eficiência, com a discricionariedade de atuação e, ainda, com o respectivo controle. Anotem-se as exigências: acatamento às leis, neutralidade política, integridade funcional, obediência hierárquica, proporcionalidade de meios e segredo funcional. O servidor público policial, por motivo da natureza da função, precisa de ter específico *Código de Conduta*. Diploma que, a mais do referido, cuide de melhor atendimento à vítima; uso de armas; relações com a comunidade; responsabilidade administrativa e outros temas.

7. As leis estaduais de polícia não invocam o problema do *grande centro urbano*. Deveriam fazer distinções, para diversificar as atividades. As *megalópoles*, fenômeno histórico recente, reclama série de preceitos, de natureza administrativa, que facilitem a conservação da paz pública. Há manifesta necessidade de criar-se um *Estatuto de Convivência Urbana* para a grande metrópole e para muito além do direito municipal. O grande conglomerado populacional acaba por alargar as atividades de *polícia administrativa, stricto sensu* (expedição de documentos; fiscalização de produtos controlados e administração das Cadeias Públicas). Incrementa, por igual, a *polícia de segurança* (dissuasória e judiciária). Todos percebemos, por exemplo, que na *megalópole* surge difícil afastar o propósito e

ameaça de agressão a bens, penalmente, tutelados, levando a falhar a *polícia de segurança dissuasória.*

Além disso, existem condutas marginais ou desviadas que reivindicam providências de natureza não penal. Situam-se, contudo, em território sem atribuições bem definidas, mas acabam caindo na responsabilidade da atividade policial. Recordem-se algumas: menores; prostituição de ambos os sexos; bêbados e drogados; e mendigos. Colocam-se tais comportamentos em face de *política de prevenção geral* e, tão só, em segundo lanço, no plano das mencionadas *polícias dissuasória* e *judiciária.*

Convém evocar: a função de Polícia consiste em fenômeno urbano. É fácil perceber que todas as ideias sobre Polícia forjaram-se dos séculos XIII ao XIX. Assim, do renascimento das cidades, por efeito da chamada Revolução Comercial, até sua estruturação urbanística, a poder da Revolução Industrial. A referida *megalópole* emerge como degenerescência. Modelo, pois, corrompido e impossível de administrar, mediante o instrumental comum, ordinário. Nela floresce o suburbanismo; criam-se guetos; e desaparece a sociabilidade. Na sequência, aparecem os reclamos contra a Polícia.

8. A circulação de pessoas estrangeiras mostra-se como problema a exigir enfrentamento. A entrada, permanência e expulsão do cidadão estrangeiro podem não interessar à Polícia das unidades federativas. O mesmo não se diga da circulação, em território nacional, com vistas à paz pública.

A livre circulação de indivíduos é desejável, porém ainda não surge conveniente. Despontam questões de segurança, saúde e, até, de moralidade pública. Basta lembrar, no tocante à saúde, a necessidade de custódia, nas hipóteses de moléstias infectocontagiosas e afecções, como a toxicomania, sem esquecer as alterações psicomentais graves. Ao se cogitar do Mercosul, dever-se-ia questionar a Polícia dos Estados, que há de achar-se aprestada para novos eventuais infratores.

9. Ergueram-se diversas questões, vários problemas, tão só, para evidenciar que a Portaria 18, da Delegacia Geral de Polícia, veio como o primeiro brado de alerta dirigido aos três Poderes da República. Em diversas ocasiões, eles souberam abandonar a ideia de que a Polícia, como instituição estatal, exerce a vigilância e a proteção dos direitos individuais, logo na primeira linha de embate, assim promovendo, ou restaurando, a *paz pública.*

São Paulo, 27 de abril de 1999.

PRINCÍPIO E REGRAS ORIENTADORAS DO PROCESSO PENAL

1. Princípio e regras orientadoras do processo penal

I – PRINCÍPIO PUBLÍSTICO	1) asseguramento da liberdade jurídica do indivíduo
	2) garantia da sociedade contra infrações penais.
II – CÂNONE DA LEGALIDADE	
III – REGRAS DECORRENTES DA INCIDÊNCIA DE "I" SOBRE "II":	

<table>
<tr><td rowspan="4">1) OFICIALIDADE
(promoção da ação e impulso do procedimento penal)</td><td rowspan="2">a) inevitabilidade</td><td>1.a) necessidade</td><td rowspan="2">indisponibilidade</td></tr>
<tr><td>2.a) obrigatoriedade</td></tr>
<tr><td></td><td></td><td>irretratabilidade</td></tr>
<tr><td>b) procedimento de ofício</td><td></td><td></td></tr>
<tr><td rowspan="2">2) JURIDICIDADE (atuação dos agentes do Poder Judiciário órgãos auxiliares, colaboradores e terceiros)</td><td>a) jurisdicionalidade</td><td></td><td></td></tr>
<tr><td>b) administratividade</td><td></td><td></td></tr>
<tr><td rowspan="3">3) VERDADE MATERIAL (dado mais relevante do escopo do processo penal)</td><td>a) inquisitividade</td><td></td><td></td></tr>
<tr><td>b) contraditório real</td><td></td><td></td></tr>
<tr><td>c) livre convencimento do juiz</td><td></td><td></td></tr>
</table>

2. Processo penal e liberdade jurídica

1. As liberdades públicas. O art. 5.º da Constituição da República, de 15.10.1988, contém os fundamentos institucionais e políticos de processo penal, em pelo menos 30 dispositivos, mas não os esgotam.[1]

Os direitos individuais surgem como valores jurídicos e políticos. Possibilidade de eleição, de escolha, existe em dada situação concreta, atendida, se possível, a ordem que o legislador constituinte fixou.

O princípio e as regras do processo penal acham-se consagrados nas Constituições. Assim, as leis do processo "são complemento necessário das leis constitucionais" e as "formalidades do processo", de outra sorte, "as atualidades das garantias constitucionais".[2]

Não se deve falar em *jus puniendi*, direito de punir, do Estado. Quem diz direito, na hipótese, pensa no *subjetivo*. Ora, esse é poder, ou faculdade, de que se pode dispor, derivante das normas ou regras jurídicas. O Estado não pode escolher entre punir e não punir. Não possui, em matéria penal, *facultas agendi*. Guarda, em verdade, o *poder-dever de punir*.[3] Poder-dever significa que o exercício surge forçado, indispensável. Atuação, no plano jurídico de outra pessoa; mas, no interesse desta. Cuida-se, assim, de *poder funcional*. O Estado pune no interesse de todos e de cada um, por utilidade e proveito da sociedade, a qual, sempre, anseia pela paz pública.

O art. 98, I, da Lei Maior admitiu, contudo, a *conciliação* e a *transação*, em matéria penal, porém só nas infrações denominadas de "menor potencial ofensivo" (Lei 9.099/1995 e Lei 10.259/2001).

Assim, a *regra da obrigatoriedade* sofre exceção, bem como aquela que assenta: *nulla poena sine judicio*.

---

1. Cf. MARQUES, José Frederico. *Tratado de direito processual penal*. São Paulo: Saraiva, 1980. v. 1, p. 88-90.
2. MENDES JÚNIOR, João. *Processo criminal brasileiro*. 2. ed. Rio de Janeiro: Francisco Alves, 1911. v. I, § 4.º, p. 8.
3. V., em igual sentido, PIMENTEL, Manoel Pedro. *Legislação penal especial*. São Paulo: RT, 1972. p. 4.

<table>
<tr><td rowspan="5">2) Sistemas protetivos das liberdades, ou direitos individuais.</td><td colspan="2">a) garantias constitucionais dos direitos individuais (incisos do art. 5.º da Constituição);</td></tr>
<tr><td colspan="2">b) Decreto 678, de 06.11.1992 (art. 5.º, § 2.º, da CR e art. 1.º, I, do CPP);</td></tr>
<tr><td colspan="2">c) Lei 4.898, de 09.12.1965;</td></tr>
<tr><td rowspan="2">d) subsistemas</td><td>1.d) direito penal: normas primárias de tutelas;</td></tr>
<tr><td>2.d) direito processual penal: normas secundárias de tutelas.</td></tr>
<tr><td rowspan="3">3) Mecânica dos sistemas</td><td rowspan="3">Estado</td><td>Legislação (Poder Legislativo)</td></tr>
<tr><td>Administração (Poder Executivo)</td></tr>
<tr><td>Jurisdição (Poder Judiciário)</td></tr>
</table>

As três faces do "Poder", ou soberania, do Estado mostram-se, por sua vez, e ao mesmo tempo, como poderes, funções e atividades.

4) O *poder-dever* estatal de punir as infrações penais e a regra *nulla poena sine judicio* (princípio da tutela judicial , art. 5.º, II e LIV). Regras que se limitaram (art. 98, I).

5) *Conceito de processo penal*: instrumento público destinado a verificar e declarar os termos de incidência, ou não, da norma penal, ou processual, sobre um fato concreto, para proteção dos direitos individuais. O escopo do processo penal encontra-se no concretizar a *justiça criminal*, com a descoberta da *verdade material*. Operando em tutela dos *direitos individuais*, sem esquecer a conservação e mantença da *paz pública*. Entenda-se por *paz pública* o produto de tranquilidade social – não artificial –, pela ordem social, divisada como harmonia na comunidade. Não se hão de esquecer, ainda, os aspectos políticos e éticos.

6) O julgamento penal, de mérito, em ação de conhecimento de natureza condenatória, contém a definição jurídico-penal do fato. É *positiva* enquanto afirma a ocorrência de infração e de suas circunstâncias e, por consequência, resulta na condenação. Exprime o *poder-dever concreto* de o Estado punir o infrator. É *negativa*, enquanto nega a ocorrência de infração, ou sua autoria e, por consequência, acaba na absolvição. Exprime o *direito concreto* do indivíduo a não ser sancionado negativamente.

3. Investigação e instrução policial

1) *Instrução* consiste em atividade tendente a fazer prova (*informatio delicti*). Quem investiga só rastreia, quem se instrui busca conhecer e tornar conhecido o fato e suas circunstâncias, bem como a autoria, a coautoria ou a participação.

2) *Noções propedêuticas*: primeiro instante ou momento da persecução penal. Investigação e instrução extrajudicial.

<table>
<tr><td rowspan="6">Persecução preliminar ou prévia</td><td rowspan="3">a) administrativa</td><td rowspan="2">1.a) inquérito policial</td><td>civil</td></tr>
<tr><td>militar</td></tr>
<tr><td>2.a) em sentido estrito</td><td>sindicância</td></tr>
<tr><td colspan="3">b) legislativa: inquérito parlamentar (Lei 1.579/1952 e Lei 10.001/2000).</td></tr>
<tr><td rowspan="2">c) judiciária</td><td colspan="2">1.c) inquérito judicial (art. 103 da Lei de Falências)</td></tr>
<tr><td colspan="2">2.c) formação judicial do corpo de delito – busca, apreensão e perícia –, nos crimes contra a propriedade imaterial (art. 529 do CPP e Lei 9.279/1996)</td></tr>
</table>

3) *Polícia*: órgão da administração direta, voltado à segurança pública (art. 5.º , *caput*, c/c o art. 144 da CF). Preferível até dizer *paz pública*. Em acepção bem estreita, mostra-se, então, como instituição estatal, que exerce a vigilância e a proteção dos direitos individuais, promovendo, assim, ou restaurando a paz pública. Recorde-se: Pp. = Ts. x os. É erro crasso confundir poder de polícia com atividade policial.

<table>
<tr><td rowspan="5">Polícia</td><td rowspan="3">a) administrativa stricto sensu</td><td>1.a) expedição de documentos</td></tr>
<tr><td>2.a) fiscalização de produtos controlados</td></tr>
<tr><td>3.a) administração das Cadeias Públicas</td></tr>
<tr><td rowspan="2">b) segurança</td><td>1.b) dissuasória: afastar o propósito e a ameaça de agressão a bens tutelados, penalmente.</td></tr>
<tr><td>2.b) judiciária: perseguir as infrações penais, extra judicialmente</td></tr>
</table>

4) Investigação criminal

1. *Instrução*, repita-se, é a atividade tendente a recolher ou a produzir prova. Ensina o caminho para a verdade criminal, esclarecendo o fato e a autoria, mais as circunstâncias relevantes que os envolvem. A autoridade policial instrui-se, informa-se, sobre fato, que é, ou pode ser, infração penal, para comunicar ao Judiciário de modo prevalente. Verifica, pois, a

existência material do fato ilícito a típico e aponta o sujeito agente, se possível. Em tal ensejo, faz polícia judiciária.

2. No inquérito policial, há atos de investigação e atos de instrução criminal preliminar. A distingui-los a relativa definitividade ou não repetição. Melhor seria dizer atos sem maior *provisoriedade*, como os exames, vistorias e as avaliações, ou a juntada de documentos, por exemplo.

3. *Investigação* é a pesquisa sistemática e sequente do objeto, utilizando os meios e apoios técnicos disponíveis. Pode chegar à instrução, ao sabor da irrepetividade.

4. Objetivos genéricos da *instrução criminal*:

a) demonstrar a existência de fato ilícito e típico, imerso em sua circunstancialidade;

b) evidenciar a autoria: identificando o agente; localizando-o; recolhendo e conservando a prova, tendente à imputação subjetiva do fato, em investigação, sem esquecer a coautoria e a participação.

5. A *investigação* desenvolve-se por meio da informação, indagação e instrumentação dos elementos de convencimento.

a) informação	- fontes regulares (Junta Comercial; bancos; cartórios); - fontes estimuladas, ou cultivadas (informantes, donos de bares, ex-delinquentes, motoristas de praça)
b) indagação técnica (perguntas)	
c) instrumentação dependente dos recursos técnicos, englobando a criminalística	

6. Evidenciação da autoria:

Identificação do autor provável (indiciamento)	- confissão; - testemunhos; - provas circunstanciais (motivação, oportunidade, indícios e outras)

7. Perguntas constantes: Quem? Que meios? O quê? Por quê? Como? Onde? Quando?

FATO INVESTIGADO

Quem? Que meios? O quê? Por quê? Como? Onde? Quando?

As respostas a tais *sete questões* revelam a ocorrência em toda a sua circunstancialidade. Pode-se, então, reconstruir a ilicitude, mostrando o desencontro entre a conduta concreta e a ordenação jurídica – ilicitude.

4. Inquérito policial

1) Conceito: procedimento administrativo cautelar, voltado à investigação do fato delituoso, sua autoria e a realizar a instrução criminal preliminar ou preparatória (arts. 4.º e 23 do CPP). Visa à investigação, busca, apreensão, coleta e conservação da prova da infração penal e da autoria, coautoria ou participação. Outra coisa é a instrução criminal, que se ostenta na atividade tendente a colher e a obter prova da infração penal e, ao menos, indícios da autoria, que se pode atingir. No atual sistema processual penal brasileiro, tirante o procedimento especial de júri, o inquérito policial, enquanto instrução criminal, integra o sumário de culpa. É fase procedimental da persecução penal, que se realiza com finalidade judiciária. A formação da culpa, na persecução preliminar, não desapareceu do direito brasileiro como se imagina. Bastava ler a Constituição da República (art. 53, § 3.º, antes da Emenda Constitucional 35, de 20.12.2001).

<table>
<tr><td rowspan="2">Persecução penal</td><td>a) a fase extrajudicial, ou procedimental (informatio delicti)</td></tr>
<tr><td>b) fase judicial, ou processual</td></tr>
</table>

Notitia criminis – ou notícia da infração penal, ou "parte" do fato – é a comunicação da "ocorrência de acontecimento enquadrável numa das figuras típicas com que a lei define e estrutura as infrações penais".[4] É, também, o "conhecimento espontâneo ou provocado, que tem a autoridade pública da prática de um fato delituoso",[5] ou que se desenha, qual infração penal.

O termo circunstanciado, ou de ocorrência, é espécie do gênero notícia da infração (arts. 69 e 77, § 1.º, da Lei 9.099/1995).

---

4. MARQUES, José Frederico. *Tratado de direito processual penal*. São Paulo: Saraiva, 1980. v. 1, § 111, p. 171.
5. MARQUES, José Frederico. *Tratado...* cit., § 112, p. 173.

2) Início do inquérito (art. 5.º do CPP)

a) de ofício-portaria – notitia criminis, ao menos verossímil, de qualquer do povo (n. I e § 3.º);		
b) ofício requisitório do (n. II)	Juiz Promotor Ministério da Justiça	
c) requerimento do ofendido (n. II, §§ 1.º e 5.º)	*delatio criminis*	- simples - postulatória
d) auto de prisão em flagrante (art. 8.º c/c o art. 301)		

3) Indiciamento, identificação criminal e identidade física do indicado (art. 5.º, LVIII, da CF e arts. 6.º, VIII, 41 e 259 do CPP; ainda, Lei 10.054, de 07.12.2000).

Conteúdo do inquérito (persecução penal, primeiro momento)	Investigação e instrução criminal extrajudicial, preparatória (e provisória) (ver exame de corpo de delito)	Art. 6.º do CPP

4) Término do inquérito policial: relatório da autoridade policial (art. 10, § 1.º, do CPP). A continuação das investigações em *autos suplementares* é possível e, às vezes, necessária.

5) Sindicância é procedimento informal investigatório, nascente até em simples suspeita da autoridade administrativa. O estatuto processual a desconhece, porém a praxe a consagra. Já no direito administrativo consiste em meio regular, sumário inquisitivo e prévio de apurar fatos, que importam ao serviço público, no tocante à disciplina funcional.

5. Prisão em flagrante delito

1) Conceito: é coação processual penal pessoal e física. Consiste em espécie de prisão processual, inserida na tutela cautelar específica do processo penal, no escopo de assegurar a prova, ou a execução de julgado penal. Representa a "certeza visual da infração penal". Consiste em meio de prova da auditoria da infração penal. Funda-se em ato formal, porque representa exceção à regra: "ninguém será preso" (art. 5.º, LXI, da CF). Note-se: *flagrar* é queimar.

2. Flagrante (art. 302 do CPP)	a) real	-está cometendo (n. II) - acaba de cometer (n. II) - é perseguido logo após (n. III) - é encontrado logo depois (n. VI).
	b) virtual	
3. Imediatamente	logo após (art. 302, III)	
	logo depois (art. 302, IV)	

A lei, que pretendeu perseguir o denominado "crime organizado", criou a *ação controlada*, ou flagrante retardado (art. 2.º, II, da Lei 9.034, de 03.05.1995).

Consoante Tornaghi,[6] a importância da prisão em flagrante acha-se na:

I – exemplaridade: adverte os maus;

II – satisfação: restitui a tranquilidade;

III – prestígio: restaura a confiança na lei.

No grande centro urbano, tais efeitos quase não se notam.

Eventualmente:

IV – frustração do resultado da infração, ou de seu exaurimento;

V – proteção do próprio sujeito agente, ou autor do fato ilícito e típico, convertendo-se em custódia.

Prisão em flagrante	a) efetuada, levada a efeito: ato de prender, em si
	b) deliberação da autoridade: verificação da ocorrência de situação de flagrância
	c) documentação, formalizada: lavratura do auto respectivo

Cabe à autoridade, diante da prisão realizada, por qualquer do povo, pela vítima, ou por seus agentes, decidir se deve, ou não, mantê-la. Só a hipótese primeira conduz à formalização. A prisão em flagrante é ato subjetiva e objetivamente complexo, dotado, assim, de três momentos básicos, antes referidos.

Desdobrando-se, entretanto, teremos: prisão em flagrante; condução do preso; apresentação à autoridade; deliberação da mesma; lavratura do auto, observadas as regras constitucionais; nota de culpa; fiança se cabente; libertação, se cabente; comunicação da prisão (art. 5.º, LXI, LXII, LXIII, LXIV e LXVI, da CF).

6. TORNAGHI, Hélio. *Curso de processo penal*. São Paulo: Saraiva, 1980. v. 2, p. 33.

Note-se que três dos estados de flagrância surgem depois do cometido da infração penal (art. 302, II, III e IV). Hélio Tornaghi, por isso, observa que: "a hipótese do inc. I é a única de verdadeiro flagrante. As outras três são algo análogo ao flagrante, quase flagrante, isto é, como que flagrante. A lei sabe que na realidade não há flagrante, mas as trata como se flagrante houvesse".[7] Assim, tão só o "está cometendo" ostentar-se-ia qual flagrante real. As outras situações implicariam meras virtualidades. A lei, que "dispõe sobre a utilização de meios operacionais para a prevenção e repressão de ações, praticadas por organizações criminosas", criou a possibilidade de retardar a "interdição policial" (art. 2.º, II, da Lei 9.034, de 03.05.1995). Difícil aceitar tal espécie de virtualidade.

<table>
<tr><td rowspan="13">4) Pessoas participantes (art. 304 e seus parágrafos do CPP)</td><td rowspan="3">a) condutor</td><td>vítima</td><td>qualificado</td></tr>
<tr><td>qualquer do povo</td><td>compromissado</td></tr>
<tr><td>agente policial</td><td>ouvido</td></tr>
<tr><td>b) testemunhas</td><td>do fato
ou da apresentação</td><td rowspan="2">qualificado
compromissadas
ouvidas</td></tr>
<tr><td rowspan="2">c) vítima</td><td>qualificada</td></tr>
<tr><td>perguntada</td><td></td></tr>
<tr><td>d) conduzido</td><td>Pretenso infrator</td><td>qualificado
interrogado</td></tr>
<tr><td>e) curador*</td><td>quando menor de 21 anos, o conduzido</td><td>qualificado
compromissado</td></tr>
<tr><td>f) autoridade</td><td colspan="2">que há de presidir a lavratura do auto de prisão</td></tr>
<tr><td>g) 2 testemunhas (outras)</td><td>se o conduzido recusar--se, não souber, ou não puder assinar o auto</td><td>qualificadas
compromissadas</td></tr>
<tr><td>h) escrivão</td><td colspan="2">funcionário público, ou qualquer pessoa, prestando compromisso legal, de bem servir</td></tr>
<tr><td>i) intérprete</td><td colspan="2">funcionário público, ou qualquer pessoa, prestando compromisso legal de bem servir</td></tr>
<tr><td>j) defensor</td><td colspan="2">bacharel, inscrito na Ordem dos Advogados do Brasil, que presta assistência ao conduzido</td></tr>
</table>

* Ao entrar em vigor o novo Código Civil, que estabeleceu a maioridade aos 18 anos, desaparece a figura do curador do menor.

7. TORNAGHI, Hélio. *Curso*... cit., v. 2, p. 36.

6) Nótulas

a) Na "voz de prisão", não surge a figura do condutor (art. 307 do CPP); os agentes da autoridade não emitem "voz de prisão";

b) Nos crimes de ação de iniciativa privada, ou dependentes de representação, toma-se por termo a manifestação de vontade da vítima, ou de quem tenha o direito de presentá-la (cônjuge, ascendente, descendente e colateral; arts. 19, 24, parágrafo único, e 31 do CPP), ao se abrir o auto de prisão. Vítima é o sujeito passivo de infração penal, seja principal ou secundário. Vítima não se confunde com prejudicado;

c) Na prisão em flagrante de *advogado*, por crime inafiançável, no exercício da profissão (art. 89, IV, da Lei 4.215, de 27.04.1963; agora, art. 7.º, IV e § 3.º, da Lei 8.906, de 04.07.1994), é necessária a presença do presidente da Secção, se ele a reclamar. Eficácia suspensa, por meio de liminar (ADIn 1.127-8). "O advogado somente poderá ser preso em flagrante, por motivo de exercício da profissão, em caso de crime inafiançável." O desacato à autoridade judiciária não é abrangido pelo preceito (art. 7.º, § 3.º, da Lei 8.906/1994 e ADIn 1.127-8). O Presidente da República, na vigência do mandato, "não está sujeito a prisão". Livre-se solto, portanto (art. 86, § 3.º, da CF);

d) Nas *infrações permanentes*, entende-se o agente em flagrante delito enquanto não cessar a permanência (art. 303 do CPP). Por exemplo; receptação dolosa, por ocultação, sequestro, cárcere privado, redução à condição de escravo, rapto violento etc.;

e) Nas chamadas *infrações habituais próprias*, a prisão em flagrante delito *parece* impossível. Por exemplo: vadiagem, casa de prostituição, rufianismo, curandeirismo etc.;

f) Quanto à qualificação, observar que a recusa à autoridade, se a solicita, ou exige, no instante da lavratura do auto de prisão em flagrante, constitui contravenção penal (art. 68 da Lei das Contravenções Penais);

g) Os embaixadores, por terem imunidade diplomática, não podem ser presos em flagrante, mas podem ficar em breve custódia;

h) O art. 123 do anterior CNT (Lei 5.108, de 21.09.1966) dispensa do flagrante o autor de atropelamento que presta imediato socorro à vítima. O atual diploma (Lei 9.503, de 23.09.1997) assenta que "não se imporá a prisão em flagrante, nem se exigirá fiança, se – o condutor do veículo – prestou pronto e integral socorro" à vítima (art. 301);

i) O inc. II do art. 33 da Lei Orgânica da Magistratura Nacional (Lei Complementar 035, de 14.03.1979) estabelece que é prerrogativa do magistrado, apenas, ser preso em flagrante de *crime inafiançável*, "caso em que a autoridade fará imediata *comunicação* e *apresentação* do magistrado ao Presidente do Tribunal a que esteja vinculado". O mesmo vale para os membros do Ministério Público dos Estados (art. 40, III, da Lei Orgânica do Ministério Público);

j) Atentar para o art. 236 e parágrafos do Código Eleitoral, quanto à prisão em flagrante, no período de eleições;

k) Jurisprudência sumular, sobre prisão em flagrante.

Súmula 145. Não há crime, quando a preparação do flagrante pela polícia torna impossível a sua consumação.

Súmula 397. O poder de polícia da Câmara dos Deputados e do Senado Federal, em caso de crime cometido em suas dependências, compete, consoante o Regimento, a prisão em flagrante do acusado e a realização do inquérito.

5) Providências imediatas, posteriores à prisão em flagrante (da autoridade)	a) comunicação ao juiz (art. 4.º, "c", da Lei 4.898/1965);
	b) identificação ao preso (art. 6.º,. VIII, do CPP);
	c) expedição de nota de culpa (art. 306 do CPP);
	d) libertar o preso, se é de livrar-se solto (art. 309 c/c o art. 321 do CPP);
	e) arbitrar-lhe a fiança, se cabente (art. 5.º, LXVI, da CF c/c os arts. 322 e 323 do CPP).

6. Providências mediatas, posteriores à prisão em flagrante (do juiz)	a) liberdade provisória: se o preso praticou o fato em estado de necessidade, legítima defesa e em estrito cumprimento de dever legal, ou no exercício regular de direito (art. 23 do CP c/c os arts. 310 e 314 do CPP);
	b) liberdade provisória: se incorrem as hipóteses, que autorizam a prisão preventiva, a saber: para garantia da ordem pública, por conveniência da instrução criminal, ou para assegurar a execução da lei penal (arts. 310, parágrafo único, 311 e 312 do CPP);
	c) arbitrar-lhe a fiança, se cabente (parágrafo único do art. 322 c/c os incisos do art. 323 do CPP);
	d) libertar o preso, se, sendo o caso de fiança, é pobre (art. 350 do CPP).

7. Condições de mantença, nos delitos inafiançáveis, da prisão em flagrante	a) existência de auto de prisão, revestido de todas as formalidades legais (art. 5.º, LXII, da CF; arts. 304, 306 e 307);
	b) o qual retrate estado de flagrância: uma das hipóteses especificadas na ordenação processual (incisos do art. 302);
	c) ocorrência de qualquer das suposições justificadoras da prisão preventiva (requisitos objetivos e subjetivos, arts. 312 e 313);
	d) ou mostra-se o crime hediondo (art. 2.º, II, da Lei 8.072/1990); praticado em organização criminosa (art. 7.º da Lei 9.034/1995); e ser de tortura (art. 1.º, § 6.º, da Lei 9.455/1997).

O *relaxamento* da prisão em flagrante delito liga-se, do ponto de vista constitucional, à formalidade essencial de se comunicar tal espécie ao juiz competente (art. 5.º, LXII da CF). Não surge outra razão de a letra "c" do art. 4.º da Lei 4.898/1965, a qual reforça o sistema protetivo das liberdades públicas, tipificar a falta de comunicação imediata, como abuso de autoridade. Existe, assim, para a autoridade que prende o dever de comunicar, informando. Há para o juiz o dever de controlar a legalidade do auto e da própria comunicação da prisão. Nada mais que verificar a legalidade. O juiz, decidindo, mediante cognição rápida, ou mantém a prisão, ou a *relaxa*. A decisão, já se vê, encontra-se longe de ser mero ato de tarifa.

A aludida legalidade da prisão diz com a ocorrência de um dos estados de flagrância (incisos do art. 302); com a observância das formalidades (arts. 304 e 307); com a competência, ou atribuição, para prender da autoridade, presidente do auto; com a presença de, ao menos, fundada suspeita contra o conduzido; com a aparente tipicidade, emergente do auto; e com a ausência de demora para o cumprir o dever de comunicação (art. 5.º, LXI, LXII, LXIII e LXIV, da CF).

Relaxar consiste em soltar o preso, *incondicionalmente*, por causa da ilegalidade, ostentada no auto e na comunicação da prisão em flagrante. É anulá-lo como peça de coação processual penal lícita, mas não como forma incoadora de inquérito policial, ou notícia de infração penal (art. 5.º, LXV, da CF).

Já *liberdade provisória* exsurge como outra coisa. É bem menos que *relaxamento*. Emerge qual forma branda de coarctar a liberdade, *posto que submetida* a *condições* (arts. 327 e 328). Consiste, pois, em *liberdade subordinada*, que visa a garantir a presença do acusado a atos e termos da causa penal. Em outras palavras, é coação processual penal lícita e pessoal, de natureza psíquica. Quem se acha sob liberdade provisória não se encontra livre, tecnicamente. É sustentável que a fiança surge como constrição patrimonial.

A prisão em flagrante, ilegal, *relaxa-se*, sem temperamento. *Revogar-se-á*, sob condição, se é de conceder ao preso a *liberdade provisória*, com ou sem fiança.

Hoje, A toda a luz, quatro hipóteses de liberdade provisória podem aflorar:

a) se o preso praticou o fato em estado de necessidade, legítima defesa e em estrito cumprimento de dever legal, ou no exercício regular de direito (art. 23 do CP c/c os arts. 310 e 314 do CPP);
b) se inocorrem as hipóteses, que autorizam a prisão preventiva, a saber: para garantia da ordem pública ou econômica, por conveniência da instrução criminal, ou para assegurar a execução da lei penal (art. 310, parágrafo único, e arts. 311 e 312 do CPP);
c) se cabente a fiança (parágrafo único do art. 322 c/c os incisos do art. 323 do CPP);
d) se, sendo o caso de fiança, o acusado é pobre (art. 350 do CPP).

Assim, reitere-se, para a mantença, nos *delitos inafiançáveis*, da prisão em flagrante é necessário:

a) existência de auto de prisão em flagrante, revestido de todas as formalidades legais (art. 5.º, LXI, LXII, LXIII e LXIV, da CF c/c os arts. 304 e 307 do CPP);
b) o qual retrate estado de flagrância contra o suspeito (incisos do art. 302 c/c o § 1.º do art. 304);
c) a manifesta ocorrência de fatos e circunstâncias, justificadoras da prisão preventiva, isto é, seus requisitos objetivos e subjetivos (arts. 312 e 313 do CPP); ou ainda emergiu a prisão pela prática de crime contra a economia popular, ou de sonegação fiscal (art. 325, § 2.º, do CPP).

O caso, portanto, ou se mostra de prisão preventiva, ou cabe *liberdade provisória*. A natureza da infração penal não conta, salvo nas hipóteses de racismo; tortura; tráfico ilícito de entorpecentes e drogas afins e as definidas como crimes hediondos (art. 5.º, LXII e LXIII, da CF). Tais crimes exsurgem inafiançáveis.

Em face das Leis 5.941 de 1973 e 6.416 de 1977, o indiciado ou o acusado, poder-se-ia afirmar, precisa merecer que se passe contra ele ordem de prisão, ou que nela se o mantenha, quando preso em flagrante, com vistas à específica tutela cautelar.

Não há dúvida de que a da decisão, sempre fundamentada, que concede *liberdade provisória*, a via recursal é o recurso em sentido estrito (art. 581, V, do CPP). O primeiro argumento acha-se na sabida interpretação sistemática, segundo a qual o rol do mencionado artigo é exemplificativo e jamais taxativo (vide: art. 13, § 1.º, da LICPP; art. 6.º, parágrafo único, da Lei 1.508/1951; art. 7.º da Lei 1.521/1951; art. 36 da Lei 4.771/1965; art. 34 da Lei 5.197/1967; art. 44, § 2.º, da Lei 5.250/1967; art. 2.º, III, do Decreto-lei 201/1967, e outros). O segundo encontra-se em a lei processual admitir interpretação extensiva e aplicação analógica, bem como o suplemento dos princípios gerais de direito (art. 3.º do CPP c/c o art. 4.º da LICC). Não é dominante tal modo de ver. A grande maioria sustenta que o rol de hipóteses, do recurso em sentido estrito, surge taxativo, visto como, no processo penal, a regra acha-se na irrecorribilidade das decisões interlocutórios. Contra a ideia de caber tal recurso tão-só a regra do *favor rei.*

6. Buscas e apreensões

<table>
<tr><td rowspan="2">1. Meios de provas</td><td>a) reais (por meio)</td><td>objetos;
documentos;
semoventes;</td></tr>
<tr><td>b) pessoais (por meio)</td><td>indiciado, ou acusado;
testemunhas;
ofendido.</td></tr>
</table>

2. As buscas e as apreensões, sob o enfoque processual, não consistem em meios de prova. São providências cautelares que, de modo eventual, podem portar *indícios*. Asseguram meios de prova. As medidas cautelares, quanto à finalidade, classificam-se destinadas a preservar elementos de convicção e voltadas a garantir o resultado prático do processo de conhecimento ou de execução. Elas, assim, recaem sobre coisas móveis, ou imóveis, semoventes, pessoas e, ainda, provas. Devem surgir na lei; voltar-se a fins legítimos; mostrar-se proporcional ao fim almejado; ser adequada, tanto que concretizada, ao fim desejado.

<table>
<tr><td rowspan="3">2. Busca domiciliar, ou varejamento (art. 240, § 1.º, CPP)</td><td>a) em flagrante delito (arts. 293, 294 e 302, IV, do CPP);</td><td></td></tr>
<tr><td></td><td>garantia individual de inviolabilidade da intimidade e do domicílio (art. 5.º, X e XI, da CF)</td></tr>
<tr><td>b) com observância das formalidades legais (art. 150, § 3.º, do CPP c/c os arts. 241 e 243 do CPP).</td><td></td></tr>
</table>

3. Busca em qualquer local público, ou de uso comum.

<table>
<tr><td rowspan="2">4. Busca pessoal, ou revista (art. 240, § 2.º, do CPP)</td><td>a) com observância das formalidades legais (arts. 241, 243 e 249 do CPP);</td><td rowspan="2">garantia individual de inviolabilidade, intimidade e da pessoa física (art. 5.º, X e LXIX, da CF)</td></tr>
<tr><td>a) durante a prisão, ou quando houver fundada suspeita de que a pessoa esteja na posse de arma proibida, ou de objetos, ou papéis, que constituam corpo de delito, ou quando a medida for determinada no curso de busca domiciliar (art. 244 do CPP).</td></tr>
<tr><td rowspan="3">5. Conceito legal de casa (art. 150, § 4.º, do CP e art. 246 do CPP)</td><td colspan="2">a) qualquer compartimento habilitado;</td></tr>
<tr><td colspan="2">b) aposento ocupado de habilitação coletiva,</td></tr>
<tr><td colspan="2">c) compartimento não aberto ao público, onde alguém exerce profissão, ou atividade</td></tr>
</table>

<table>
<tr><td rowspan="3">6. Apreendem-se</td><td colspan="2">- pessoas vítimas de crime</td></tr>
<tr><td>- coisas móveis</td><td rowspan="2">Objetos documentos ou papéis</td></tr>
<tr><td>- semoventes</td></tr>
</table>

<table>
<tr><td rowspan="5">7. Apreensões</td><td rowspan="3">para fins penais</td><td>1a) perdimento de bens, por efeito da condenação (art. 91, II, do CP)</td></tr>
<tr><td>2a) confisco especial ou juris-administrativo (arts. 119, 122, 142 e 779 do CPP)</td></tr>
<tr><td rowspan="2">1b) exame de corpo de delito (art. 158 do CPP)</td></tr>
<tr><td rowspan="2">para fins processuais penais</td></tr>
<tr><td>2b) outras perícias (art. 169 e seguintes do CPP)</td></tr>
</table>

Busca e apreensão, contrates e confrontos:

BUSCA	APREENSÃO
A – Busca é procura. Atividade para descobrimento de coisa ou pessoa, que se procura.	A – Apreensão consiste na tomadia preventiva, ou incidental e conservatória de coisas, ou de pessoas, do poder de quem as retém, ou detém, para fins penais, ou processuais penais.
B – Ostentam restrições às garantias de liberdade individual: inviolabilidade de domicílio e intimidade da pessoa física do indivíduo (art. 5.º, XI e XLIX, da CF).	B – Emergem como limitações ao poder individual de deter pessoas e de reter coisas (pátrio poder, tutela, curatela, ou direitos de posse, propriedade e reais).
C – Há busca sem apreensão.	C – Existe apreensão sem busca, nascente em exibição, ou encontro.
D – Ocorre para o fim de colher qualquer elemento material de convicção (art. 240, § 1.º, "h"). Essa atividade pode levar a ato diverso de apreender. A colheita tem por objeto coisa de que, normalmente, ninguém se apossa.	D – Só se apreende coisa móvel, pessoa ou semovente.
E – Busca-se, também, para prisão, exames e vistorias, citação, intimação e notificação, bem como para proteção.	

10. Em tema de busca e de apreensão, atentar para o procedimento, nos crimes contra a propriedade imaterial (arts. 240, § 1.º, e 257 do CPP e 183, *in fine*, do Decreto-lei 7.903/1945). Ainda, não esquecer a lei, que regula a liberdade de manifestação do pensamento e de informação (Lei 5.250/1967, art. 58). Também ter olhos para o Código Brasileiro de Telecomunicações (art. 70, parágrafo único). Examinar a arrecadação na Lei de Falências (arts. 41, parágrafo único, e 70 a 75).

7. Exame de corpo de delito

1. Corpo de delito é instituto de direito penal. Consiste na concretização material do fato ilícito e típico. É o fato ocorrente, conforme o modelo legal, estabelecido em lei penal anterior; o mesmo, pois, que tipificação.

2. Exame do corpo de delito é o modo de verificar a existência material do corpo de delito, ou não. Consiste, portanto, na comprovação existencial do fato típico (ação humana, ilícita e típica).

3. Constitui-se, pois, em meio de prova pericial, que procura retratar, ou reproduzir o *iter criminis*: preparação, execução, consumação e resultado do fato-crime, ou contravenção.

4. O exame de corpo de delito emerge indispensável nas infrações que deixam vestígios (art. 158 do CPP). A indispensabilidade corre ao sabor dos recursos, dos meios técnicos de apreensão material, ou colheita dos vestígios e sua verificação pericial.

5. Em tese, crimes que não deixam vestígios podem-se exemplificar, assim: injúria verbal, adultério, omissão de notificação de doença, falso alarma etc. Assim:

<table>
<tr><td rowspan="2">Delicta</td><td>facti permanentes (exigir perícia, em regra)</td></tr>
<tr><td>facti transeuntes (não exigir perícia, em regra)</td></tr>
</table>

Observe-se que *todas* as infrações penais possuem *corpo*, cuja existência necessita ser patenteada. As que não deixam vestígio comprovam-se, no mais das vezes, por testemunhos.

<table>
<tr><td rowspan="8">6. Exame de corpo de delito, ambos por peritos (prova real)</td><td rowspan="4">Direto</td><td rowspan="2">criminis</td><td>pessoas</td><td rowspan="2">lesionadas</td></tr>
<tr><td>coisas</td></tr>
<tr><td>instrumentorum</td><td colspan="2">meios, ou instrumentos empregados</td></tr>
<tr><td>probatorium</td><td colspan="2">outros elementos materiais de convicção</td></tr>
<tr><td rowspan="4">Indireto</td><td colspan="3">informações do ofendido</td></tr>
<tr><td colspan="3">Informações das testemunhas</td></tr>
<tr><td colspan="3">informações do indiciado, ou acusado</td></tr>
<tr><td colspan="3">outros elementos não materiais de convicção: acareações, reconhecimentos etc.</td></tr>
</table>

7. Ambos os exames do corpo de delito, o direto e o indireto, suprem-se pela prova testemunhal (art. 167 do CPP). No parágrafo único do art. 172 do CPP, há exemplo claro de perícia indireta. Obras, pois, de peritos.

<table>
<tr><td rowspan="4">8. Atividade história e iter criminis</td><td>a) preparação
b) execução</td><td>ret. o "passado"</td><td rowspan="4">do fato</td></tr>
<tr><td></td><td></td></tr>
<tr><td>c) consumação</td><td>ret. o "presente"</td></tr>
<tr><td>d) resultado</td><td>ret. o "futuro"</td></tr>
</table>

<table>
<tr><td rowspan="4">9. Laudo pericial</td><td>preâmbulo:</td><td>sujeito e objeto do laudo</td></tr>
<tr><td>exposição:</td><td>histórico, antecedente e narração do observado</td></tr>
<tr><td>discussão:</td><td>análise, ou crítica</td></tr>
<tr><td>conclusões:</td><td>resposta aos quesitos genéricos e específicos</td></tr>
</table>

10. Observar as modificações, introduzidas pela Lei 8.862, de 28.03.1994; nos arts. 6.º, 159, 160, 164, 169 e 181 do CPP.

Nótulas:

a) *Próspero Farinácio* (1544-1618) estabeleceu a doutrina da alma e do corpo do delito. Adequando-a às ideias modernas, temos:

1.a) Tipo penal: descrição legal da infração penal, ou modelo legal abstrato;

2.a) Alma do delito: vontade livre e consciente do agente. Liame psicológico, entre o sujeito agente e o resultado. Elemento subjetivo do tipo penal, vale dizer: dolo ou culpa e mais a voluntariedade (*animus delicti*);

3.a) Corpo do delito: ação física do agente, ou aspecto físico da conduta delituosa. Elemento objetivo ou material do tipo penal (*corpus delicti*);

4.a) A concretização do tipo penal ocorre, quando, no fato, se acham presentes a alma e o corpo do delito; os elementos subjetivo e objetivo do crime, ou da contravenção;

b) A falta do exame do corpo do delito, nos crimes que deixam vestígios, se impossível a prova testemunhal supri-lo, acarreta nulidade absoluta do processo (art. 43, III, c/c o art. 564, III, "b", do CPP), ou a absolvição do imputado.

c) Incompatibilidade do perito.

Súmula 361: No processo penal, é nulo o exame realizado por um só perito, considerando-se impedido o que tiver funcionado, anteriormente, na diligência de apreensão.

<table>
<tr><td rowspan="8">Incompatibilidade</td><td rowspan="5">impedimento
(objetiva)</td><td>- indignidade (art. 279, I)</td></tr>
<tr><td>- impedimento, em sentido estrito (art. 279, II, e Súmula 361)
- incapacidade (art. 279, III)</td></tr>
<tr><td>- amizade e inimizade</td></tr>
<tr><td>- parentesco</td></tr>
<tr><td>- aconselhamento anterior</td></tr>
<tr><td rowspan="3">suspeição
(subjetiva)</td><td>- débito, ou crédito com acusado, vítima, ou prejudicado</td></tr>
<tr><td>- vinculação com sociedade interessada no processo (arts. 280, 254 c/c o art. 105).</td></tr>
</table>

8. Inquérito policial (em resumo)

Início	Conteúdo	Término
de ofício (portaria); auto de prisão em flagrante; ofício requisitório; requerimento do ofendido	investigação e instrução criminal extrajudicial, preparatória da ação penal (art. 6.º do CPP): interrogatório, inquirição de testemunhas, buscas e apreensões, exame de corpo de delito, e outros meios de prova	relatório de autoridade (art. 10, § 1.º, do CPP)

8.1 Arquivamento de inquérito policial

As autoridades policiais não podem arquivar inquérito. O chamado "acautelamento" é prática viciosa. Arquivar consiste em tomar do procedimento o trâmite. Tirar-lhe todo o andamento, ou circulação dos autos, seja na Polícia Judiciária, seja em Juízo. Só o juiz arquiva, mediante ato fundamentado, inquérito policial e a pedido da promotoria pública.

9. O promotor de Justiça e o inquérito policial

A contar do termo de vista (art. 46)	oferece denúncia, em base do inquérito (arts. 41 e 43); no ensejo, pede a decretação da prisão preventiva (art. 311); requer a volta do inquérito à Polícia Judiciária (arts. 16 e 46, 2.ª parte); requer a extinção da punibilidade (art. 107 do CP); requer a remessa a juízo competente (art. 69); requer arquivamento, se: (art. 28)	– autoria desconhecida, ou indeterminável; – fato atípico; – inexistência de prova bastante do fato e/ou da autoria, para acusar.

Além das apontadas hipóteses de arquivamento do inquérito policial, hoje, deseja-se acrescentar outras duas: o *princípio da insignificância* e o *reconhecimento antecipado da prescrição retroativa*, ou *prognose prescricional.*

10. O juiz de direito e o inquérito policial

a) recebimento, ou não, de acusação: juízo de admissibilidade ou prelibação;
b) decreto, ou não, da prisão temporária; ou, ainda, da preventiva;
c) deferimento, ou não, da volta do inquérito à Polícia Judiciária;
d) decisão sobre extinção da punibilidade;

e) decisão declinatória, ou não, da competência;
f) decisão de arquivamento, ou não, do inquérito;
g) decisão sobre o cabimento da fiança;
h) ordem de busca e apreensão;
i) relaxamento, ou não, da prisão em flagrante;
j) decisão sobre a liberdade provisória, sem fiança.

11. Ação penal – Noções propedêuticas

Há dois caminhos para solução de conflitos que o sistema jurídico pré-resolveu, a saber:

<table>
<tr><td rowspan="5">Solução de conflitos</td><td colspan="2">I – Via de fato: justiça de mão própria, ou exercício arbitrário das próprias razões (arts. 345 e 350 do CP).</td></tr>
<tr><td rowspan="4">II – Via de direito</td><td>a) autotutela: sacrifica o interesse alheio; depende da permissão (greve justa; defesa da posse; corte de ramos de árvore limítrofe; legítima defesa; estado de necessidade, que excluem a ilicitude)</td></tr>
<tr><td>b) autocomposição: transação, desistência e submissão (solução por meio das partes)</td></tr>
<tr><td>c) arbitragem: obrigatória, ou facultativa (arts. 24, §§ 1.º e 2.º, 25 e 27 da Lei 9.099/1995 e Lei 9.307/1996)</td></tr>
<tr><td>d) processo judiciário: tutela jurídico-processual, mediante ação, ou providência (art. 5.º, XXXV, da CF)</td></tr>
</table>

Em primeira abordagem, cumpre lembrar que a *transação* consiste em *acordo*, voltado a extinguir em prevenir litígios, mediante concessões recíprocas das partes. É o que se afirma, segundo concepção clássica. Já a *conciliação* surge como negociação assistida, orientada, e no escopo de solucionar a questão jurídica, por via de *acordo*. Assim, além das partes, da conciliação participa outra pessoa.

11.1 O advogado e o inquérito policial

a) Requerer meios de prova (art. 14);
b) Requerer certidão, sobre os motivos e fins da busca frustrada (art. 247);
c) Requerer o relaxamento da prisão em flagrante;
d) Requerer liberdade provisória, com ou sem fiança (art. 310, parágrafo único, e art. 321 e seguintes);
e) Verificar a legalidade da prisão temporária;

f) Impetrar *habeas corpus* de trancamento de inquérito ou por outro motivo;
g) Impetrar mandado de segurança contra ato determinante de quebra de sigilo bancário, fiscal ou telefônico.

2. Afirma-se que a ação surgiria como direito subjetivo público a *um* provimento do órgão jurisdicional, sobre a lide. A lide, aqui, é sinônimo de mérito da causa, fundo da questão, levada a juízo.

3. Ostenta-se o conceito de *lide*, de modo corrente, como segue: "conflito de interesses intersubjetivo, qualificado por pretensão resistida ou insatisfeita".

4. Pretensão, em palavras simples, é o direito subjetivo, que alguém tem, ou acredita possuir, e quer fazer valer. Os processualistas afirmam que é a exigência, formulada por um interessado de que outrem, resistente, submeta-se a seu interesse; ou, ainda, a querença de submissão de um interesse alheio ao próprio. Tais ideias não guardam aplicação no campo penal. O Estado não guarda pretensão de punir; na ação penal de conhecimento de natureza condenatória, tem a intenção de punir: afirma um dever-ser punido, em face do increpado, do acusado.

5. A questão acha-se em responder, com clareza, às seguintes perguntas:

a) No processo penal, a lide é fixa: conflito de interesses público, entre o poder-dever de punir e o direito fundamental de liberdade? Conflito de interesse, dito, de maior relevância, na questão lançada.
b) Nele a lide mostra-se ficta: vale dizer, meramente instrumental, para lhe dar operacionalidade?
c) Existe lide penal; ou se está confundindo contraditoriedade com coisa diversa, a contenciosidade?
d) O problema de existência, ou não, da lide penal guarda relevância: melhor não seria focar a instrumentalidade do processo?

6. O conceito de ação penal deve-se buscar colocando-a no sabido trinômio: jurisdição, ação e processo, sendo-lhe indiferente a ideia de lide. Nada adianta asserir que a ação penal consiste em direito de invocar a prestação jurisdicional, ou, ainda, o *juiz* de pedir a aplicação do direito penal a certo caso concreto.

7. Jurisdição é *poder* do Estado, dizente com a soberania, em razão, até, do monopólio no dispensar justiça. É, de outra sorte, *função* consis-

tente em, por via de tutela específica (tutela jurídico-processual), manter a paz pública. É ainda *atividade* e substitutiva daquela dos particulares, ou de todos os membros da comunhão social. Daí imaginar, em esquema:

Juízes e Tribunais (arts. 5.º, XXXV, e 92 da CF)	poder: imperium (coerção lícita)
	função: pacificação de conflitos (por meio do processo, guardando e conservando os direitos individuais)
	atividade: notio et judicium (cognição instrução, julgamento e execução)

Se a jurisdição consiste em poder do Estado (*imperium*), termina sendo dever seu e direito de todos. As pessoas possuem, assim, direito à jurisdição (art. 5.º, XXXV, da CF).

Dever estatal de	a) declarar ou de definir o direito;
	b) satisfazer o direito, tanto que definido;
	c) assegurar o direito, cuja definição é pedida, ou já foi alcançada e se acha por satisfazer.

O poder-dever de tutela jurídica processual corresponde ao direito à jurisdição, que é de todos e de cada um, impessoalmente considerado. Direito, portanto, que é público. Na jurisdição penal, aplica-se o *direito positivo*, o direito escrito, o direito material penal. Jamais se acomoda ao direito objetivo, muito menos a uma pretensão deduzida em juízo, como visto.

Tal direito, de natureza constitucional genérica, surge *subjetivo* no mais das vezes (*facultas agendi*); *autônomo*, porque relativamente desligado do direito subjetivo material, violado ou ameaçado de violação; *abstrato*, posto que independente do fundamento da pretensão ou da intenção deduzida; *público*, visto como voltado contra o Estado, comprometido a prestar tutela. É o que se assevera. Difícil imaginar a autonomia e a abstração completas, entretanto.

8. Uma coisa é o direito à jurisdição, outra muito diversa o seu exercício.

A ação surge, pois, como exercício do direito à jurisdição. *Ação penal, então, é o exercício do direito à jurisdição, que se volta para os órgãos judiciários penais.* Mostra-se, pois, mediante o processo que a conduz, objetivando a solução de *conflito jurídico-penal.*

Se a pretensão ou a intenção acham-se sempre conectadas a certa situação jurídica material (não penal, ou penal), o processo instrumentaliza-se ao sabor da matéria, assim, conectada.

Em resumo, direito instrumental (porque direito de exercício, de outro direito) e conexo a certa situação jurídica concreta (direito meio). Não se deve perder de vista que todo preceito jurídico, entretanto, é instrumental.

9. Processo é instrumento público e técnico, pouco importando a natureza da ação judiciária, que se compõe de duas peças: *relação jurídica procedimental* e *procedimento*. Vale afirmar: nexo lógico entre os sujeitos do juízo e entre os atos jurídicos programados, que nele praticam. Os operadores do instrumento devem guardar certo proceder.

Relação jurídica, ou *relação de direito*, é a que, disciplinada pelo direito, atribui à pessoa direito subjetivo e a outra impõe dever jurídico, ou de sujeição. No procedimento, os sujeitos, ou pessoas do Juízo, desempenham papéis determinados e estabelecentes de relação jurídica específica. Insustentável, contudo, a ideia de relação jurídica processual, qual divisada pela doutrina: um conflito de interesses regulado pelo direito (Francisco Carnelutti). A toda a luz, por exemplo, o juiz não se acha em relação de direito com o acusado. Só o procedimento os liga, enquanto dura. Daí poder falar, unicamente, em relação jurídica procedimental.

12. Classificação das ações penais

As ações judiciárias penais classificam-se, segundo a tutela jurídica processual invocada, em:

<table>
<tr><td rowspan="5">1. Conhecimento</td><td rowspan="3">declaratórias</td><td>positivas: habeas corpus preventivo (art. 660, § 4.º)</td></tr>
<tr><td>negativas: habeas corpus (art. 648, VIII)</td></tr>
<tr><td>positivas: homologação de sentença estrangeira (art. 789)</td></tr>
<tr><td>constitutivas</td><td>negativas: revisão criminal (art. 621)</td></tr>
<tr><td>condenatórias: arts. 100-106 do CP/1984</td><td></td></tr>
<tr><td rowspan="5">2. Execução das decisões conde-
-natórias, ou das sanções aplicadas</td><td rowspan="4">Penas (art.32 do CP)</td><td>privativa de liberdade (art. 105 da LEP)</td></tr>
<tr><td>suspensão condicional (art. 156 da LEP)</td></tr>
<tr><td>restritiva de direitos (art. 147 da LEP)</td></tr>
<tr><td>multa (art. 164 da LEP)</td></tr>
<tr><td>Medidas de segurança (art. 96 do CP)</td><td>tratamento ambulatorial</td></tr>
<tr><td>3. Cautelares</td><td colspan="2">depoimentos ad perpetuam rei memoriam (art. 225)
sequestro e arresto de bens (arts. 125 e 136)
justificação criminal (arts. 423 e 513)</td></tr>
</table>

4. Surge bastante discutível que existam ações penais cautelares. Providências, ou medidas, despontam, sem dúvida, no processo penal. Além de que irrompe duvidoso serem o *habeas corpus* e a revisão criminal ações judiciárias. O poder, função e atividade cautelar dirigem-se ao asseguramento da eficácia real concreta, do processo de conhecimento e de execução.

13. Pressupostos processuais

1. Chamam-se pressupostos processuais aos *elementos* existenciais e aos *requisitos* de validade do processo enquanto instrumento público. Dizem com a constituição e desenvolvimento do processo. Negada a relação jurídica processual, resta difícil cuidar de pressupostos processuais.

<table>
<tr><td rowspan="6">Pressupostos</td><td rowspan="3">de existência</td><td>a) jurisdição (órgão jurisdicional);</td></tr>
<tr><td>b) partes (em sentido formal);</td></tr>
<tr><td>c) postulação inicial (afirmação de um dever-ser punido, no processo da ação condenatória).</td></tr>
<tr><td rowspan="3">de validade
(art. 95)</td><td>a) competência e não impedimento, ou insuspeição;</td></tr>
<tr><td>b) capacidade de parte (legitimatio ad processum);</td></tr>
<tr><td>c) originalidade (nem litispendência, nem coisa julgada).</td></tr>
</table>

2. É manifesto que se não confundem os pressupostos processuais e as condições da ação: titularidade do direito, dita legitimação (*legitimatio ad causam*); interesse processual; e, para alguns, também, a possibilidade jurídica do pedido. A doutrina das condições da ação acha-se, de novo, em debate. Há quem unicamente divise o mérito em muitas situações. Surge frágil, entretanto, afirmar que, no processo penal, a *legitimação* do Ministério Público é genérica, visto que titular da ação penal condenatória. Ainda que o *interesse processual* irrompa inerente ao próprio direito de ação, ou melhor, ao exercício do direito de ação. A ideia de necessidade emergiria de presunção. A *possibilidade jurídica*, vista de seu oposto, por fim, estaria cifrada na atipicidade da conduta; ou pedido de pena imprevista; ocorrência de extinção da punibilidade; ou na ausência de condição específica para o exercício do direito de agir. O tema não oferece maior relevância.

3. As exceções processuais mostram-se como outro modo de ver os pressupostos processuais de validade (art. 95 do CPP).

4. Condições de procedibilidade (ditas específicas):

- entrada do sujeito agente em território nacional (art. 7.º, § 2.º, “a”, do CP);
- requisição do Ministro da Justiça, em crimes contra a honra (art. 145, parágrafo único, CP);
- representação do ofendido (art. 147, parágrafo único, do CP);
- trânsito em julgado da decisão definitiva civil, que anula o casamento (art. 236 do CP);
- sentença declaratória, ou decretatória, de falência (?).

14. Classificação das ações penais de conhecimento de natureza condenatória

<table>
<tr><td rowspan="3">1. Ação penal (aspecto subjetivo; arts. 100 a 106 do CP).</td><td>A – de iniciativa pública (denúncia)</td><td>I – independente, ou plena (regra: art. 123, I, da CF c/c o art. 24);
II – dependente de representação da vítima, ou de requisição do Ministro da Justiça (art. 24);</td></tr>
<tr><td>B – de iniciativa privada (queixa)</td><td>III – subsidiária da iniciativa pública (art. 5.º LXI, da CF c/c o art. 29 do CPP);
IV – privativa do ofendido, ou exclusivamente privada (art. 30 do CPP).</td></tr>
<tr><td>C – de ofício</td><td>V – desapareceu, em face da CF (arts. 5.º, LIX, e 129, I), no processo de conhecimento, não no de execução (art. 195 da LEP).</td></tr>
</table>

2. Observe-se que a anterior existência da ação penal de ofício, vale afirmar, aquela iniciada, espontaneamente, pelo juiz, ou pelo delegado de polícia, não deveria causar espanto. No juízo cível, também e ainda, mantém-se a atividade inicial do juiz (v. arts. 797, 989, 1.129, 1.142 e 1.160 do CPC). Note-se, ainda, que, no processo penal chileno, inexiste Ministério Público, que se extinguiu (Decreto, com força de lei, 426, de 03.10.1927). Ao juiz cabe a persecução penal de ofício.

3. Características das ações penais condenatórias, de iniciativa privada:

Exigem *promoção* e *impulso* do querelante; vige-lhes a regra da *oportunidade*, por isso surgem *disponíveis*. Não obstante a aberta controvérsia doutrinária, tanto ação de iniciativa pública quanto a de iniciativa privada irrompem *indivisíveis*.

<table>
<tr><td rowspan="2">Ação de iniciativa, exclusivamente, privada (art. 30)</td><td colspan="2">- prevalência do interesse individual sobre o social</td></tr>
<tr><td>- poder dispositivo</td><td>a - decadência
b - renúncia
c - perdão
d - perempção
e - desistência</td></tr>
<tr><td rowspan="2">Ação de iniciativa privada subsidiária (art. 5.º, LIX, da CF e art. 29)</td><td colspan="2">- interesse individual relativo, ou limitado</td></tr>
<tr><td colspan="2">- poder dispositivo: decadência do direito</td></tr>
</table>

4. Decadência, renúncia e perdão. Perempção (forma de restrição da punibilidade). Desistência.

<table>
<tr><td rowspan="2">a) Prazo decadencial
(art. 38 - 6 meses, máximo)</td><td>1 - do dia em que vier a saber quem é o autor do crime (ação de iniciativa pública, dependente de representação e de iniciativa privada)</td></tr>
<tr><td>2 - do dia em que se esgotar o prazo, para oferecimento da denúncia (arts. 29 e 46, ação de iniciativa privada subsidiária)</td></tr>
</table>

<table>
<tr><td rowspan="3">b) Renúncia do ofendido</td><td>a) forma</td><td>expressa (art. 50]
tácita (art. 57)</td></tr>
<tr><td>b) instante:</td><td>pré-processual</td></tr>
<tr><td>c) conteúdo:</td><td>declaração unilateral e comunicação de vontade de não acusar, anterior à ação penal condenatória</td></tr>
</table>

<table>
<tr><td rowspan="3">c) Perdão do ofendido</td><td>a) forma</td><td>expressa (art. 56 e 58)
tácita (art. 57)</td></tr>
<tr><td>b) instante</td><td>processual
extraprocessual, mas pendente o processo da ação condenatória</td></tr>
<tr><td>c) conteúdo:</td><td>negócio jurídico processual; ocorre durante a ação penal e, até, o trânsito em julgado da sentença condenatória.</td></tr>
</table>

<table>
<tr><td rowspan="3">d) Aceitação do perdão</td><td>forma</td><td>expressa (art. 59)
tácita (art. 58 e parágrafo único)</td></tr>
<tr><td>lugar</td><td>processual
extraprocessual (art. 59)</td></tr>
<tr><td colspan="2">negócio jurídico processual</td></tr>
</table>

<table>
<tr><td rowspan="2">e) Recusa do ofensor</td><td>forma - expressa (art. 58)</td></tr>
<tr><td>lugar - no processo</td></tr>
</table>

f) Perempção	fenômeno que determina a extinção da ação penal condenatória, de iniciativa exclusivamente privada, sem exame do mérito, por virtude de seu abandono pelo querelante. Ocorre, pois, a descontinuação do feito. Tal como a prescrição e a decadência, é causa anormal de extinção da punibilidade (arts. 60 e 61).

5. Note-se que, na ação penal de iniciativa pública, mas dependente da representação da vítima, seja tal representação, seja a representação dela, até a denúncia, ostentam poder dispositivo do particular ofendido.

6. A ação penal de iniciativa unicamente privada não tem mais lugar no direito moderno. Não se pode dar, em matéria pública, tal poder ao particular ofendido, ou a seu representante legal.

7. A *desistência* guarda natureza unicamente processual. A decisão que a admite ostenta eficácia preclusiva: perda do exercício do direito de queixa, ou da faculdade processual de exercitá-lo (arts. 36 e 522).

15. Formas procedimentais

1. *Processo* é movimento para frente, tal como retrocesso o é para trás. Daí haver afirmado que o *processo* consiste em uma *direção* no movimento e o *procedimento* do *modo* de mover e na *forma* de ser movido.[8] A forma assegura a liberdade jurídica.

2. Procedimento é o nexo lógico que liga os atos, negócios e fatos jurídicos processuais, que se volta a fim determinado. Em tal sentido, pode-se falar em relação de direito procedimental, porém.

3. As ideias de processo e de procedimento ligam-se às de movimento, tempo e de espaço. A existência temporal do nexo entre as pessoas que agem, em Juízo, desempenhando papéis específicos. Os seus atos protraindo-se conjugados em sistema de movimento e mudança. Tal visão leva a compreender o fluxo, ou processo, como série numerável de atos programados que se vão justapondo num espaço ideal, ou procedimento judiciário.

4. O procedimento judicial tende a adequar sua forma à natureza do direito, que se pretende definir, ou "causa". Tem, ainda, como critério a

8. MENDES JR., João. *Direito judiciário brasileiro.* 5. ed. Rio de Janeiro: Freitas Bastos, 1960. p. 243-234.

qualidade da pena: reclusão, detenção, prisão simples e multa e a quantidade da reprimenda. A formalidade diz com a certeza e a segurança do direito. No processo, a forma mostra-se no conjunto de normas, que se devem seguir, no procedimento e nos atos integrantes – considerados espaço e tempo –, em face de certo objeto, ou "causa", sob exame. Daí se poder invocar o devido processo e procedimento penal (art. 5.º, LIV, da CF). A forma segue a função, ou deve segui-la.

5. Parece pouco asserir que o procedimento consiste na "forma pela qual se realizam e se sucedem os atos processuais.[9]

<table>
<tr><td rowspan="5">Formas Procedimentais</td><td rowspan="4">Procedimento Comum</td><td rowspan="2">a) ordinário</td><td>arts.</td><td>394 a 405</td></tr>
<tr><td>arts.</td><td>498 a 502</td></tr>
<tr><td>b) sumário</td><td>arts.</td><td>538/39</td></tr>
<tr><td>c) sumaríssimo</td><td>arts.</td><td>531 a 538</td></tr>
<tr><td>Procedimento Especial</td><td colspan="3">do júri: arts. 406-497
dos crimes falimentares: arts. 503-512
dos crimes responsabilidade: arts. 513-518
dos crimes contra a honra: arts. 519-523
dos crimes contra a propriedade imaterial: arts. 524-530, e outros.</td></tr>
</table>

6. Classificação das formas procedimentais no Código de Processo Penal. Observe-se que a extinção do chamado procedimento de ofício (art. 129, I, da CF) não fez desaparecer o procedimento sumaríssimo. Terminou com ele a Lei 9.099/1995, estabelecente do procedimento especial.

7. Nas leis extravagantes existem diversos procedimentos especiais, por exemplo: dos crimes de responsabilidade de prefeitos municipais (Decreto-lei 201/1967); de imprensa, ou informação (Lei 5.250/1967); contra a economia popular (Lei 1.521/1951); de tóxico (Lei 6.368/1976; contra a fauna (Lei 7.653/1988); e outros.

8. Forma do procedimento comum ordinário, dos processos de conhecimento da natureza condenatória:

I – aforamento, por denúncia ou queixa;

II – decisão de recebimento;

III – citação do acusado; eventual incompetência;

---

9. BARBOSA MOREIRA, José. *O novo processo civil brasileiro*: exposição sistemática do procedimento. 18. ed. Rio de Janeiro: Forense, 1996. p. 4.

IV – interrogatório;

V – alegações iniciais, chamadas "defesa prévia";

VI – inquirição de testemunhas da acusação;

VII – inquirição de testemunhas da defesa;

VIII – complementação dos meios de prova;

IX – alegações finais;

X – sentença.

O procedimento comum ordinário é a forma modelar de se perseguir em Juízo os crimes, apenados com reclusão, se não lhes deu outra especial. É a "forma solene do Juízo" que se invoca por denúncia ou por queixa.

9. *Citação* é o primeiro chamamento do réu a Juízo para que venha e se defenda (art. 5.º, LIV e LV, da CF).

Formas de citação, segundo a doutrina, já superada	a) por mandado (arts. 351-312 e 357);
	b) mediante requisição (arts. 358 e 360);
	c) por edital (arts. 361-365);
	d) por precatória (art. 353-356 e 368);
	e) por meio de rogatória (art. 367).

Em verdade, a citação ou é *real* – por mandado – ou surge *ficta* – por edital. A requisição e as cartas precatórias e rogatórias não se constituem em formas de chamamento, mas em meros veículos. A falta de citação regular torna o processo nulo (art. 564, III, "e").

10. Interrogatório, na lei vigorante, é meio de prova consistente nas perguntas que o juiz faz ao acusado. Mostra-se como ato processual necessário, até a sentença, personalíssimo e oral, restrito pela judicialidade (arts. 185-196). É, em essência, ato de defesa, contudo. *Nemo debet inauditus damari*, ou *Nemo inauditus damari potest.*

Notar, nesse lanço, o instante procedimental em que, em regra, ocorre, assim como a pergunta ao inculpado: "se verdadeira a imputação, que lhe é feita" (art. 188, VI).

Ao acusado permite-se guardar silêncio, que não implica confissão (art. 5.º, LXIII, da CF). Não se acha obrigado a dizer a verdade; daí não prestar compromisso. Antiga é a regra: "ninguém pode ser forçado a produzir prova contra si mesmo". Os doutrinadores assentam que o acusado, negando o fato, suporta o ônus processual, unicamente, de demonstrar, por exemplo, a excludente, se a invocou. Vale dizer: de fato impeditivo, modificativo ou extintivo do intento acusatório. Trata-se, assim, submetido à regra da verdade material dominante. Outros, em base do *favor rei*, ou do *favor innocentiae* – dito presunção de inocência, ou não consideração prévia de culpabilidade –, asserem que, para o arguido, inexiste ônus da prova (art. 5.º, LVII, da CF).

Confissão ostenta-se na declaração judicial que admite a autoria de infração penal e circunstâncias agravantes ou qualificadoras. Faz crescer a prova, mas não basta para condenar (art. 197).

A confissão não prova, pode contribuir para a demonstração da:

a) existência do fato típico;

b) culpabilidade do acusado.

A *delação* considera-se, de modo prevalente, como meio de prova atípico. Há quem lhe veja a natureza de testemunho, mas sem razão. Só o confessante pode delatar. Quem se defende apenas imputando não delata, transfere a acusação.

11. A denominada "defesa prévia" ou "alegações iniciais" representa:

– ônus processual de responder, tecnicamente, a acusação (arts. 395, parágrafo único, e 401 do CPP). O Código denomina-a "alegações escritas". O momento real de resposta acha-se no interrogatório judicial, quando o acusado tem a oportunidade de confessar, contestar ou silenciar quanto à imputação que lhe é feita.

14.1 A incomparecência e a ausência do acusado

1. A unidade defensória constitui-se ao acusado e seu defensor (arts. 259 a 267 do CPP).

2. O acusado exerce a autodefesa – no interrogatório, contradita, reconhecimento, acareação e em outros lanços. O defensor exercita a defesa técnica.

A autodefesa mostra-se como direito disponível. Já a técnica surge indisponível (arts. 5.º, LV, e 133 da CF c/c o art. 261 do CPP). A primeira ostenta-se como ônus processual; a segunda, como dever.

3. Na participação direta, a presença física do acusado não desponta essencial no processo penal. O arguido há de suportar o ônus processual de apresentar-se aos atos em que se lhe exige a comparência: reconstituição, interrogatório, perícia, reconhecimento, acareação e outros. Faltando, pode sofrer prejuízo, ou não.

4. Quem constitui defensor, ou recebeu um, porque lho deram, está no processo. Participa, visto como o defensor sempre presenta o increpado.

5. O conceito legal de incomparecente assim se enuncia: acusado que, citado mediante edital, não comparece nem nomeia defensor (art. 366 do CPP). As consequências surgem como segue: perda do direito de ciência pessoal dos atos e termos da causa – intimação e notificação pessoal; eventual quebramento da fiança; e prejuízos decorrentes (arts. 327, 328, 367 e 451, § 1.º, do CPP).

6. Nenhum incomparecente há de ser julgado por direito e justiça.

7. O processo, achando-se incomparecente o inculpado, por isso, resta suspenso; e, por equilíbrio, susta-se a prescrição penal.

A verdadeira defesa prévia é a dedutível, antes do recebimento da denúncia, ou da queixa, em alguns procedimentos especiais.

No código:	Procedimento especial nos crimes de responsabilidade dos funcionários públicos (art. 514)
	Procedimento especial para os crimes de competência originária dos Tribunais (Leis 8.038/1990 e 8.658/1993)
Em leis extravagantes	Procedimento especial nos crimes de responsabilidade de Prefeitos Municipais (Decreto-lei 201/1967)
	Procedimento especial nos crimes de imprensa (Lei 5.250/1967)
	Procedimento especial nas infrações penais de menor potencial ofensivo (Lei 9.099/1995)

Não vigora no processo penal o chamado princípio dispositivo (*iudex secundum allegata et probata partium debet*), mas o da livre investigação das provas. Assim ocorre em consequência da vinculação do juiz penal à regra da verdade real, ou material. O inciso IV do art. 386 do CPP, entretanto, mostra rara atuação do princípio dispositivo em matéria processual penal.

<table>
<tr><td rowspan="7">Matérias preliminares que se podem alegar na "defesa prévia"</td><td rowspan="4">Exceções (art. 95)</td><td colspan="2">a) legitimidade de parte passiva (art. 43, III)
b) incompetência (art. 70)</td></tr>
<tr><td rowspan="2">c) suspeição</td><td>do juiz (arts. 98 e 254)</td></tr>
<tr><td>do MP (art. 104)</td></tr>
<tr><td>d) litispendência
e) coisa julgada</td><td>art. 110</td></tr>
<tr><td rowspan="3">Preliminares do mérito (art. 107, IV, VII e VIII, do CP)</td><td colspan="2">f) decadência (art. 38);</td></tr>
<tr><td colspan="2">g) prescrição (arts. 109 e 114 do CP)</td></tr>
<tr><td colspan="2">h) casamento da ofendida</td></tr>
</table>

<table>
<tr><td rowspan="3">Meios de prova que se podem requerer na "defesa prévia"</td><td>a) inquirição de testemunhas (art. 202 e seguintes)</td><td>Processo sumaríssimo (3)
Processo sumário (5)
Processo ordinário (8)</td></tr>
<tr><td colspan="2">b) perguntas ao ofendido (art. 201)</td></tr>
<tr><td colspan="2">c) reconhecimento de pessoas e coisas (art. 226)
d) acareação (art. 229)
e) juntada de documentos (arts. 231 e 400)
f) oitiva dos peritos, que elaboram o exame do corpo de delito
g) perícias (art. 172 e seguintes)
h) diligências (art. 399)</td></tr>
</table>

O momento processual das alegações escritas, em verdade, destina-se de modo prevalente a se requererem os meios de provas de defesa e, eventualmente, se oporem às exceções e preliminares, que bordejam o mérito da causa penal.

O rol de meios de prova, fixado no diploma processual penal, não esgota o tema, seja em face da regra da verdade material, seja diante da possibilidade de aplicação analógica do Código de Processo Civil (art. 3.º do CPP). Basta lembrar a hipótese da inspeção judicial (arts. 440-443 do CPC).

Não se devem esquecer as eventuais arguições incidentes: de falsidade e de insanidade mental do acusado (arts. 145-148 e 149-154).

Procedimento incidente é o que, autônomo, se insere no âmbito de outro, já em curso (*incidenter tantum*: arts. 145, I, e 153).

Na primeira suposição, cuida-se de procedimento destinado a verificação e declaração da validade probatória de certo documento, certidão lançada, ou termo dos autos. Afinal, se eles surgem verdadeiros ou falsos (art. 232 c/c os arts. 145-148 do CPP e, ainda, art. 40 do CPP c/c o art. 15 da LICPP).

Na segunda, atende-se aos casos de inimputabilidade e de semi-imputabilidade (arts. 26, parágrafo único e 96 a 98 do CP). Apura-se, então, a integridade mental do acusado, ao tempo do fato, ou no correr da causa (arts. 149-154 e 386, V, parágrafo único, III, do CPP). Hoje, debate-se sobre ser ou não absolutória a decisão definitiva, que impõe medida de segurança, com vistas à execução penal (arts. 171-179 da LEP). A toda a luz, irrompe condenatória ou impositiva de resposta penal.

12. Meios de prova: são os instrumentos de produção e colheita dos elementos de prova ou de convencimento. A prova requerida, ou determinada, há de ostentar-se *pertinente* à causa penal e, ainda, *relevante* para o

esclarecimento da verdade criminal. Sem esquecer de que meio necessita emergir *idôneo*, com vistas ao fim pretendido.

Note-se: acham-se vedadas as provas ilícitas (art. 5.º, LVI, da CF). Em regra, surge *ilícita* a prova, que viola o *direito material*, seja quanto à produção, seja no tocante à obtenção. Já *ilegítima* desponta a prova, que fera o *direito processual*. Nada vale a prova obtida, atingindo os direitos material e processual. A prova ilícita, entretanto, favorável ao acusado, não se deve desprezar, ou depreciar.

Testemunha é alguém que viu ou ouviu, mas não participou do fato (art. 202).

Tal meio de prova consistente no depoimento, que presta historiando o fato (quem, onde, quando, como etc.), denomina-se *testemunho*.

Espécies de testemunhas:

a) Testemunhas	Direta *(de visu)* Indireta *(de auditu)* de antecedentes

b) Testemunhas	numerária (arts. 398, 539, § 1.º, 533 e 537) referida (arts. 209 e 398, parágrafo único) informante (arts. 208 e 398, parágrafo único)

Antes de depor, a testemunha pode se ver *contraditar*, seja porque suspeita de parcialidade, seja em razão de se mostrar indigna de fé (art. 214).

Perguntas ao ofendido, como procedimento probatório, é a inquirição da eventual vítima sobre as circunstâncias da infração, a respeito de sua autoria e, ainda, sobre os meios de prova, que possa indicar (art. 201). Presta declarações.

Parece que a interpretação corrente, a qual dava para a facultatividade de tal oitiva, tornou-se discutível perante a lei material. Ela determina, na fixação da pena, que se leve em conta o comportamento da vítima (art. 59 do CP). Permite-se, por isso, que, deixando de comparecer sem justo motivo, seja conduzida à presença da autoridade (art. 201, parágrafo único). Trata-se, assim, de medida coercitiva ou compulsiva. Volta-se a operar sobre a vítima para, legalmente, constrangê-la a assumir devido comportamento processual – em face da regra da verdade material –, o qual omitiu, sem razão de direito. A condução coercitiva aplica-se à testemunha, ao perito e ao intérprete (arts. 218, 278 e 281).

O ofendido, nesse lanço, não surge no processo somente como fator ou sujeito de prova, mas também como objeto. Duas circunstâncias importam-se ao tema, a saber: a pessoa da vítima e a natureza do delito.

Convém lembrar que vítima, ou ofendido, se distingue de prejudicado, muita vez. É prejudicada a pessoa a quem a infração penal provocou dano ou prejuízo econômico.

Reconhecimento é o ato formal pelo qual alguém, individualmente, verifica e confirma a identidade de pessoa ou de coisa, que, sendo-lhe mostrada, faze-o admitir haver visto antes (arts. 226-228). A identificação, ou reconhecimento confirmatório, emerge informal na audiência.

Reconhecimento	- direto (visual e auditivo)
	- indireto (por fotografia, filme, vídeo, gravação sonora e outros)

Acareação é o confronto de pessoas que antes divergiram em suas declarações ou depoimentos a respeito de pessoa, coisa, fato ou circunstâncias relevantes para o esclarecimento da verdade criminal (arts. 229-230). Consiste em meio de prova derivado ou advindo de outros de natureza oral.

Várias leis, por necessário, aludem a *documento* (arts. 17 e 18 do CCom; arts. 131, 136, III, 137, 140, 1.640 e 1.649 do CC; art. 195 do CTN; Lei 6.015/1973, que trata dos Registros Públicos; art. 33 da Lei 4.944/1966, que dispõe sobre direito autoral, e muitas outras).

O Código de Processo Penal oferece conceito legal de documento (art. 232). Cuida-se da força e do efeito probatório – formal e material – do documento. O documento há de mostrar *autenticidade* e *veracidade*.

Documento é o símbolo, testemunho material ou qualquer escrito, figurante de um fato ou circunstância e tendente a comprová-los, nos limites de sua eficácia, ou de sua força e efeito.

O anteprojeto de Código Penal, Parte Especial (Portaria 790/1987), ao lado da rubrica "Documento por equiparação", dava o seguinte conceito: "Equipara-se a documento, para os efeitos penais, a representação de fato ou circunstância, juridicamente relevante, mediante processo técnico, mecânico, eletrônico ou qualquer outro meio" (art. 306). Duvidoso, ainda, que o suporte informático tenha força probatória material. O conteúdo é incerto e mutável, por enquanto. Vale afirmar: consiste em documento de conteúdo volátil.

Documentos escritos, quanto à finalidade	- instrumentos, ou pré-constituídos para provar - papéis, ou eventuais, que podem servir de meios de prova

<table>
<tr><td rowspan="3">Documentos escritos, quanto à procedência</td><td colspan="2">- públicos</td></tr>
<tr><td colspan="2">- particulares</td></tr>
<tr><td colspan="2">- espontânea (juntada, arts. 231 e 400)</td></tr>
<tr><td rowspan="2">Documentos escritos, quanto à forma</td><td colspan="2">- originais</td></tr>
<tr><td>- cópias</td><td>Translados
Certidões
Públicas-formais
Registros
Extratos
Reprodução mecânica</td></tr>
<tr><td>Produção da prova</td><td colspan="2">- provocada (ordem de exibição, art. 234).</td></tr>
</table>

Atentar para o art. 19, II, da CF, que se refere à vedação de recusa de fé aos documentos públicos.

A busca da verdade criminal pode levar à necessidade de requerer que venham os peritos, a Juízo, dar *esclarecimentos sobre o laudo*. Se dúvidas sérias emergem do exame de corpo de delito e tanto que expostas sob a forma de quesitos, os autores da perícia hão de ser, em audiência, sobre elas perguntadas (art. 435, parágrafo único, do CPC c/c o art. 3.º do CPP).

Perícias, às vezes, surgem precisas durante a instrução judicial. Basta aflorar a inafastabilidade de opinião especializada, de certo conhecimento técnico, respeitante ao fato, ou suas circunstâncias (art. 184 do CPP). Não se há de esquecer a hipótese de suspeita, quanto à idade, ou saúde mental do acusado (art. 149 do CPP).

No sistema brasileiro, quanto à valoração, o juiz não se vincula à perícia, seja exame, vistoria ou avaliação. Guarda o livre convencimento (arts. 157 e 182 do CPP e art. 436 do CPC).

Tal liberdade significa *convencimento motivado*, ou *persuasão racional*. Necessidade, pois, de dizer, sempre, por que aceit, ou rejeita a perícia no todo ou em parte.

Não é pontual dizer que o juiz só afasta a conclusão da perícia por erro, dolo ou outro vício. Arreda-a, tanto que insatisfatória, do ponto de vista técnico-opinativo. Impossível admitir laudo obscuro, omisso ou contraditório (art. 181 do CPP).

O juiz não se deixa guiar pela perícia, serve-se dela, quando decide, ou a abandona. Daí a precisão mínima de se achar aprestado para criticá-la. Em face do forte poder-dever inquisitivo, no processo penal, tal exsurge evidente. Importa desvendar a verdade material (art. 184 do CPP).

Indício é todo vestígio, ou fato conhecido e provado, suscetível de levar ao conhecimento de outro fato desconhecido, a ele relacionado e por meio de raciocínio indutivo-dedutivo:

– indução: do particular para o geral, ou particular análogo;

– dedução: de geral para o particular.

Ultimados os meios de prova, antes requeridos pela acusação e pela defesa (art. 399 do CPP), chega-se ao instante procedimental de complementação da instrução criminal.

O acusador e o defensor podem, com vistas ao que emergiu, já nos autos, requerer diligências, "cuja necessidade ou conveniência se origine de circunstância ou de fatos apurados na instrução" (art. 499 do CPP).

Trata-se, aqui, de preencher ou rematar a instrução existente na causa penal. Não se cuida, pois, de reabri-la amplamente.

Não se há de esquecer de que a instrução criminal objetiva colocar a causa em estado de ser julgada; madura para sentenciar. O tema dominante acha-se na regra da verdade material. A instrução deve tender a reconstruir o fato ou a situação jurídica, tal como se verificou antes e fora do processo. Tendência, contudo, não é destino.

14. Em seguida, dá-se vista às partes, sucessivamente, para alegações finais. É o momento derradeiro da acusação e da defesa, e em sua plenitude (art. 500 do CPP).

Note-se que, conforme o melhor entendimento, a falta de alegações finais da defesa torna o réu indefeso, cabendo, então, ao juiz, para sanar o vício, designar outro defensor que as apresente (art. 5.º, LIV e LV, da CF). As alegações finais, que não enfrentam o fato e o direito, devem ser havidas por inexistentes.

Atente-se, ainda, que se acha derrogado o dispositivo que fazia correr, em Cartório, o prazo para alegações finais de defesa (art. 501 do CPP).

Os defensores, assim, podem retirar os autos de Cartório para elaborarem as razões ou alegações finais (art. 2.º da Lei 3.836/1960 e art. 89, XVII, da Lei 4.215/1963; a Lei 8.906/1994 repetiu, em parte, o mandamento no art. 7.º, XV).

15. *Sentença*, de modo formal, assim, quebra a paz. É preciso restaurá-la e mantê-la. A resolução dos conflitos, dos desconcertos, acha-se na lei ou deflui do sistema normativo. O processo judicial, tão só, soluciona a causa. Conflito que não encontrou outra forma de solução. Tal aludido instrumento surge público e por isso ético. Dá com o fim na sentença em

primeiro grau de jurisdição. Ela, em regra, declara o direito em sentido largo. Possui-se, aqui, no processo de conhecimento, conceitua-se como ato pelo qual o juiz põe termo ao procedimento de primeiro grau, decidindo, ou não, o mérito da causa (art. 162, § 1.º, do CPC).

A sentença criminal busca a definição jurídico-penal do fato, como ato de jurisdição. No processo penal vigente, a decisão interlocutória mista extingue o procedimento, sem julgar o mérito.

Nas ações penais de conhecimento, de natureza condenatória, a sentença é a operação lógico-psicológica de verificação (*notio*) e definição (*judicio*) dos termos de incidência, qualitativa, quantitativa e intensiva, ou não, da lei penal sobre o fato concreto. Sentença sem fundamento, ou motivação, por isso, não é sentença, mas, mero ato material (art. 93, n. IX, da CF).

Tal definição jurídico-penal, ou julgamento criminal, surge positiva, enquanto afirma, declara, o encontro da infração, bem como de sua autoria e, em consequência, resulta na condenação, motivada. Exprime o poder-dever concreto de o Estado punir o infrator, ou sancionar o sujeito agente, na qualidade, quantidade e na intensidade da pena, conforme a culpa (art. 387 do CPP).

A definição cifra-se negativa, enquanto recusa o sucesso da infração e/ou sua autoria e, assim, termina na absolvição. O julgamento criminal, então, ostenta, declarado, o direito concreto do indivíduo a não ser sancionado (art. 386 do CPP).

Se, entretanto, a definição mostrar-se tecnicamente impossível (falta de justa causa para acusar; de condição da ação; ou de pressuposto processual), então a sentença só finaliza o procedimento, porque desútil seguir o processo.

As sentenças, pois, ou afloram definitivas (definem o juízo) ou surgem terminativas (põem termo somente ao procedimento).

Sentença definitiva penal, nas ações condenatórias, é o ato decisório final, pelo qual o juiz acolhe ou rejeita o pedido do acusador, promovendo sobre intenção punitiva, ou de liberdade jurídica.

Sentença condenatória: (a) declara a existência de poder-dever de punir – o fato é infração penal e o acusado seu autor; (b) condena, liberando a coação estatal, a determinada penal ou medida de segurança e de modo fundamentado (art. 387).

Fundamentação da pena aplicada, ou imposta, acha-se no Código Penal: artigos 59, 60 e 68. Efeitos (art. 393).

Sentença absolutória: declara a inexistência do poder-dever de punir e, sempre, de maneira fundamentada (art. 386). Prevalência dos números ímpares sobre os pares.

Não há sentença absolutória imprópria. O ato decisório de mérito, que impõe medida de segurança, tem natureza condenatória. Efeitos (art. 596).

Sentença terminativa é a decisão final, que extingue o procedimento de primeiro grau, sem exame do mérito da causa penal, por não poder chegar a ele.

Os requisitos de inteligência de todas as sentenças são a *clareza* e a *precisão* (art. 382).

A sentença, enquanto instrumento, consiste em declaração e comunicação da vontade concreta da lei. Tal aspecto exterior não surge livre. Possui forma legal ou requisitos formais (arts. 381, 386 e 387 do CPP).

Sentença penal (requisito formal)	I – relatório (art. 381, I e II)	Parte enunciativa
	II – motivação (arts. 157 e 381, III e IV)	
	III – decisão (art. 381, V)	Parte dispositiva
	IV – autenticação (art. 381, VI)	

Observem-se os embargos declaratórios (art. 382 do CPP). Atendem à desfunção emergente entre as partes enunciativa e dispositiva.

16. Procedimentos comuns *sumário* e *sumaríssimo* das ações penais de conhecimento de natureza condenatória atendiam aos crimes apenados com detenção, aos delitos de lesão corporal e homicídio culposo e às contravenções penais. Assim:

Procedimento	sumário	dos crimes apenados com detenção (arts. 538-539)
	sumaríssimo	a) das contravenções em geral (arts. 26 – revogado pelo art. 129, I, da CF – e 531)
		b) das contravenções descritas nos arts. 58 e 60 (conforme Lei 1.508/1951)
		c) dos crimes de lesão corporal e homicídios culposos (conforme Lei 4.611/1965).

17. O critério do legislador foi dotar de procedimento *menos solene* o processo das infrações *penais de menor gravidade*, as quais, e por consequência, surgem castigadas com penas brandas: *multa, prisão simples* e *detenção.*

Inexiste, contudo, na prática correlação necessária entre gravidade da infração e forma procedimental, passando pelos meios de prova.

18. O procedimento sumaríssimo das contravenções penais, em geral, era de *ofício*. Atividade espontânea do juiz e da autoridade policial.

<table>
<tr><td rowspan="2">Começava por (arts. 26 e 531)</td><td>a) auto de prisão em flagrante acusatório</td><td>da autoridade de policial
do juiz</td></tr>
<tr><td>b) portaria acusatória</td><td>da autoridade de policial</td></tr>
</table>

Nas contravenções previstas nos arts. 58, § 1.º, e 60, entre as maneiras incoantes somava-se a denúncia (na hipótese de conexão, art. 76).

19. No procedimento *sumaríssimo*, quando o delito era de lesão corporal ou de homicídio culposo e a autoria do crime restava ignorada, por mais de quinze dias, procedia-se a *inquérito policial* e a ação penal iniciava-se por *denúncia* ou por *queixa subsidiária* (art. 1.º, § 1.º, da Lei 4.611/1965). Transfigurava-se a forma, pois, para sumária, em boa medida.

Atentava-se, contudo, para a Súmula 607: "Na ação penal, regida pela Lei n. 4.611/65, a denúncia, como substitutivo da Portaria, *não* interrompe a prescrição".

A Constituição da República não suprimiu o procedimento sumaríssimo. Terminou com o auto de prisão, em flagrante, acusatório, bem como com a portaria acusatória da autoridade policial e do juiz (art. 129, I). A forma procedimental passou, pois, a ser o quanto segue: denúncia ou queixa subsidiária; decisão de recebimento; interrogatório do arguido; alegações iniciais com indicação de até três testemunhas; inquirição de até três testemunhas, listadas pela acusação; inquirição das testemunhas arroladas pela defesa; e julgamento em audiência. O "despacho saneador" parece que não guarda mais cabência.

20. Em caso de *foro*, em razão da função, qualquer que se mostre a infração penal, o procedimento emerge *especial* e principia mediante *denúncia* ou *queixa* (Leis 8.038/1990 e 8.658/1993).

Note-se que *privilégio* é a exceção, que se estabelece em benefício de alguém, ou de uma categoria de pessoas. O foro não exsurge, pois, privilegiado.

21. A Lei 7.653, de 12.02.1988, que, modificando, dispõe sobre a proteção à fauna, altera o critério legal.

Os delitos acham-se punidos com *reclusão*, porém a forma procedimental determinada é a *sumária*.

Dá, assim, nova redação ao art. 34 da Lei 5.197/1967, como segue: "Os crimes previstos nesta Lei são inafiançáveis e serão apurados mediante processo sumário, aplicando-se, no que couber, as normas do Título II, Capítulo V, do Código de Processo Penal".

Vale afirmar, abstração feita à ausência de menção ao Livro II, incidiram os arts. 531 e 540. O procedimento, entretanto, será *sumário* ou *sumaríssimo*? Parece que, tratando-se de crimes, e não de contravenções, e com vistas à pena, a forma há de ser a *sumária* (art. 539).

16. Procedimentos especiais

1. Procedimento especial dos crimes dolosos contra a vida

1. *Histórico*:

a) as *questiones perpetue*: *prococatio ad populum*;
b) o escabinato: *ding*, *malhum*, concelho;
c) os júris inglês e francês.

2. *Competência*: Crimes dolosos contra a vida, cometidos ou tentados (art. 5.º, XXXVIII, da CF e art. 83 da Constituição do Estado c/c o art. 78, § 1.º, do CPP):

- homicídio (art. 121 do CP);
- induzimento, instigação ou auxílio ao suicídio (art. 122);
- infanticídio (art. 123);
- aborto (arts. 124-127).

3. Procedimento especial bifásico:

1.ª fase: juízo de acusação, ou formação da culpa, ou, ainda, sumário de culpa;

2.ª fase: juízo da causa, ou sessão de julgamento pelo Tribunal do Júri.

4. Decisão intermédia e outras:

a) pronúncia (decisão interlocutória, que admite a acusação) art. 408;
b) impronúncia (sentença terminativa). Põe termo, sem julgamento de mérito;
c) despronúncia (acórdão terminativo) art. 581, IV;

d) absolvição sumária (sentença com julgamento de mérito) art. 411;

e) desclassificação (decisão interlocutória com declinação da competência) art. 410.

5. Efeitos da decisão interlocutória de pronúncia:

a) o acusado será julgado pelo Tribunal do Júri;

b) é mantido preso; ou será expedido mandado de prisão; ou, ainda, ser ou permanecer solto (art. 408 e parágrafos).

Nos crimes inafiançáveis, o imputado deve ser intimado pessoalmente da pronúncia (art. 414).

6. *Incidente de desaforamento*: tanto que recluso o ato decisório de pronúncia e, ainda, não iniciado o julgamento, pode suceder deslocamento da competência.

Motivos (art. 424, parágrafo único)	a) interesse da ordem pública
	b) dúvida sobre a imparcialidade do Júri
	c) risco à segurança do acusado
	d) mora no julgamento

O rol, contudo, surge exemplificativo; não obstante, sempre se deve exigir motivo sério. Exemplifique-se com a falta de lugar para reunir o Tribunal do Júri.

Recorde-se: a competência do foro ou de comarca acha-se no lugar em que se consumar a infração ou se praticar o último ato de execução na tentativa (art. 70).

7. Segunda fase, ou juízo da causa:

I – libelo (arts. 416 e 417):

introdução
articulado
pedido

II – contrariedade (art. 421);

III – provas anteriores ao julgamento pelo Júri (arts. 423 e 425);

IV – abertura dos trabalhos (art. 442);

V – verificação das células (art. 442);

VI – chamada dos jurados pelo escrivão (art. 442);

VII – instalação da Sessão (art. 447).

A Sessão é, por natureza, dotada de concentração (uma e única) e de incomunicabilidade;

VIII – multa, ou relevação delas, por falta de jurados (art. 443);

IX – sorteio de jurados suplentes, quando necessários (art. 445);

X – verificação das células (art. 447);

XI – anúncio do processo (art. 456);

XII – comparecimento do acusado (art. 449);

XIII – formação do conselho de sentença (art. 457);

XIV – advertência aos jurados (art. 458);

XV – sorteio do conselho de sentença. Recusa peremptória;

XVI – exortação (art. 464);

XVII – interrogatório do acusado (arts. 465 e 188);

XVIII – relatório do processo (art. 466);

XIX – inquirição de testemunhas de plenário (arts. 467 e 468);

XX – debates (art. 474):

Acusação 2 horas

Promotor

Acusador particular

Assistente

Defesa 2 horas

Réplica 30 minutos

Tréplica 30 minutos

Réplica 30 minutos

Nota: Não podem atuar como jurados os cegos, surdos-mudos, analfabetos e os que não gozem dos direitos políticos e os estrangeiros (arts. 434 e 436). Sobre a perda dos direitos políticos, ver a Constituição da República (arts. 5.º, VIII, e 15, IV).

Nota: Sendo mais de um inculpado, o tempo para a acusação e defesa aumenta em uma hora, e trinta minutos para a réplica e tréplica.

XXI – reinquirição de testemunhas (art. 473);

XXII – consulta dos jurados (art. 478);

XXIII – leitura dos quesitos, explicações e reclamações (art. 479);

XXIV – anúncio de que se vai proceder ao julgamento (art. 480);

XXV – sala secreta (art. 480, parágrafo único);

XXVI – votação dos quesitos (arts. 481-482 e 486-490):

a) autoria e materialidade do fato;
b) letalidade, tese de tentativa ou outros;
c) defesa;
d) qualificadoras (art. 121, §§ 1.º e 2.º, do CP);
e) agravantes (arts. 61, 62 a 64 do CP);
f) atenuantes (art. 65 do CP);
XXVII – veredicto e sentença (arts. 492 e 493);
a) absolutória (II);
b) condenatória (I);
c) desclassificação (§ 2.º):
própria
imprópria (dirigida)
XXVIII – lavratura da ata (arts. 494-495):
a) nulidade, posterior à pronúncia;
b) sentença contrária à lei expressa, ou à decisão dos jurados;
c) erro ou injustiça, na aplicação da pena ou medidas de segurança;
d) decisão dos jurados contrária, manifestamente, à prova dos autos;
XXIX – recursos:
apelação (art. 593, III)
protesto por novo júri (arts. 607-608)

8. Assim:

<table>
<tr><td colspan="2">Despronúncia</td><td colspan="3">recurso ex officio</td></tr>
<tr><td>Denúncia ou queixa subsidiária</td><td>Pronúncia
Impronúncia
Desclassificação
Absolvição sumária</td><td>Libelo</td><td>Veredicto</td><td>Sentença</td></tr>
<tr><td></td><td>1.ª FASE</td><td colspan="3">2.ª FASE</td></tr>
</table>

2. Procedimento especial dos crimes contra a honra

1. O direito material;

a) *Calúnia*: consiste em imputar a alguém, *falsamente*, fato definido como *crime* (art. 138 do CP); honra objetiva: reputação;
b) *Difamação*: consiste em imputar a alguém *fato* ofensivo a sua *reputação* (art. 139 do CP); honra objetiva;

c) *Injúria*: consiste em ofender a *dignidade* ou o *decoro* de alguém – imputação de qualidade negativa (art. 140 do CP); honra subjetiva: própria dignidade;

d) *Injúria real*: injúria com violência, ou vias de fato aviltantes (art. 140, § 2.º, do CP).

No sentido mais antigo, injúria consistia em toda ofensa ao direito: "*quod non jure sit, injuria fieri dicitur*". A conduta, depois, restringiu-se ao que se faz, ou se omite – falando, gesticulando, ou escrevendo –, para atingir a honra de alguém. Em último lanço, apartou-se a injúria da calúnia e da difamação. Já a divulgação e propagação das ofensas, pelos meios de comunicação, ou de informação, "tornou a ilicitude, particularmente, gravosa nos tempos modernos".[10] Daí a necessidade de leis de imprensa, ou da informação.

Convém notar, de logo, o pedido de explicações (art. 144 do CP). Concerne às ofensas equívocas, ambíguas e obscuras. Volta-se à verificação do intento de caluniar, difamar ou injuriar. Nasce, pois, havendo dúvida objetiva sobre a autoria, manifestação ou seu destinatário. Medida preparatória, assim, é da ação penal (art. 867 e seguintes do CPC). A providência, de manifesto, não pode obstar o curso do prazo decadencial (art. 38 do CPP).

2. Exceção de verdade (em sentido substancial ou material – art. 532)	a) é a regra na calúnia (questão prejudicial); não se pode considerar como reconvenção b) não o é na difamação (p. ex., art. 139, parágrafo único, do CP)

3. Notoriedade do fato imputado (fato notório é o relevante que todos viram, ou que acreditam ser verdadeiro)	a) é a regra na calúnia (questão prejudicial); não se pode considerar como reconvenção b) não o é na difamação (p. ex., art. 139, parágrafo único, do CP)

4. Os crimes são apenados com *detenção*, porém, já se vê, não se sujeitam ao procedimento comum sumário (art. 539 do CPP). Seguem *procedimento especial*, em primeira fase do processo, e *comum ordinário*, em segunda fase (arts. 394-395 e 498-502, parágrafo único, do CPP).

---

10. MARTINEZ, Pedro Soares. *Filosofia do direito*. Coimbra: Almedina, 1991. p. 601.

A especialidade emerge no instante procedimental da tentativa de reconciliação (arts. 520 e 522). Nas ações penais, privativas do ofendido, a reconciliação leva à desistência do direito de acusar, ostentando poder dispositivo do particular ofendido.

Na primeira fase, existe só processo. A ação penal surge ao se incoar a segunda, tanto que recebida a queixa.

5. O *Ministério Público* pode oferecer denúncia:

a) tratando-se de injúria real e há lesão corporal;

b) cuidando-se de ser o ofendido funcionário público e *em razão de função*;

c) quando o ofendido é o Presidente da República, ou chefe de Estado estrangeiro (art. 141, I, c/c o art. 138, § 3.º, II).

6. Notas:

a) *Notorium est quod publice hoc est vel pluribus vel plerisque ita manifestum et evidens est ut nulla tergiversationi, celari potest*: notório é aquilo que, de tal modo, é manifesto a muitos, ou vários, e que por nenhuma tergiversação pode ser escondido. O fato notório emerge do conhecimento geral. Não se confunde com boato.

b) O sujeito passivo do delito pode ser a pessoa física ou a jurídica. O bem, ou objeto, jurídico tutelado desfoca-se para boa fama, crédito, honra dos diretores ou gerentes. Observe-se, contudo, que a pessoa jurídica só pode mostrar-se como sujeito passivo do crime de *difamação*. Nunca, porém, de injúria ou calúnia, de manifesto.

c) Caso o querelante não compareça à audiência de reconciliação, é de aplicar o art. 60, III, do CPP? Não comparecendo o querelado, incide o art. 260 do CPP? Questões que precisam ser examinadas.

d) Ao crime de calúnia, em boa doutrina, não se estende a excludente do art. 142, I, do CP, no atinente às ofensas irrogadas em juízo.

e) Forma procedimental na lei do processo: queixa; audiência de reconciliação; eventual arquivamento; admissão da queixa; sequência conforme o procedimento comum ordinário.

f) Forma procedimental, na lei de imprensa, ou da informação: denúncia, ou queixa; citação; defesa prévia; instante de recebimento; apelação ou recurso, em sentido estrito; audiência de interrogatório, se requerido; inquirição de testemunhas; alegações finais; e sentença.

3. Procedimento especial dos crimes contra a propriedade imaterial

1. No Código Penal, no Título "Dos crimes contra a propriedade imaterial", remanesce só o Capítulo "Dos crimes contra a propriedade intelectual", composto de duas figuras básicas, a saber: violação de direito autoral e usurpação de nome ou pseudônimo alheio (arts. 184 e 185).

Os arts. 187, 188, 189, 190, 191, 192, 193, 194, 195 e 196 do aludido diploma material já se achavam revogados pelos arts. 169 a 189 do Decreto-lei 7.903, de 27.08.1945, os quais não foram atingidos pelo anterior Código da Propriedade Industrial (art. 128 da Lei 5.772, de 21.12.1971).

Tratava-se, pois, do precedente Título IV, "Dos crimes em matéria da propriedade industrial", que se dividia em sete Capítulos: "Dos crimes contra os privilégios de invenção, os modelos de utilidade e os desenhos ou modelos industriais"; "Dos crimes contra as marcas de indústrias e de comércio"; "Dos crimes contra o nome comercial, o título de estabelecimento e a insígnia"; "Dos crimes contra a expressão ou sinal de propaganda"; "Dos crimes de concorrência desleal"; "Dos crimes cometidos por meio de marcas de indústria e de comércio, nome comercial, título de estabelecimento, insígnia, expressão ou sinais de propaganda"; e, afinal, "Da ação penal e das diligências preliminares".

Em *doze* artigos, espraiavam-se dezenas de modelos penais (arts. 169 a 180), e, em *oito*, alinhavam-se disposições processuais e administrativas (arts. 181 a 189).

Todos os delitos encontravam-se punidos com *detenção* e/ou *multa*, sendo a maior sanção de *seis meses* a um ano *e* multa (art. 169), seguida por outra de *três meses* a um ano *e* multa (art. 175). Nas demais hipóteses legais, a privação de liberdade e a multa surgiam como penas isoladas.

Já se pode notar que, *antes de decisão definitiva firme*, as duas modalidades apontadas (arts. 169 e 175) prescreviam em *quatro anos* (art. 109, V, do CP). Todas as restantes encontravam a referida prescrição em *dois anos* (art. 109, VI, do CP).

Depois veio a Lei 9.279, de 14.05.1996, que, na parte atinente ao direito penal e processual, entrou em vigor um ano após sua publicação (art. 243). Revogou, de modo expresso, as Leis 5.772/1971; 6.348/1976; os arts. 187 a 196 do CP; e o art. 244 da Lei 7.903/1945. Exibe o Título V, "Dos Crimes contra a Propriedade Industrial", que se fraciona em seis Capítulos, a saber: "Dos crimes contra as patentes"; "Dos crimes contra os desenhos industriais"; "Dos crimes contra as marcas", "Dos crimes cometidos por meio de marca, título de estabelecimento e sinal de propaganda";

"Dos crimes contra indicações geográficas e demais indicações"; e, por fim, "Dos crimes de concorrência desleal". Um Capítulo VII, "Das exposições gerais", encerra preceitos de natureza penal civil, processual e administrativa (arts. 196 a 210).

É manifesto que, por motivos de *política criminal*, o legislador quis tratar sempre com brandura as infrações penais de que se cuida.

A intenção, também, irrompe ao se analisar a forma procedimental.

2. O procedimento aflora *especial*. A especialidade advém por *duas* razões: não obstante os crimes mostrarem-se castigados com *detenção ou multa*, a base do procedimento é a forma *comum ordinária* (art. 524 c/c os arts. 394-405 e 498-502); tal forma sofre modificações, entretanto, no Código de Processo Penal (arts. 525-530) e esse recebe, ainda, alterações nascentes, na aludida lei, que regula direitos e obrigações, relativos à propriedade industrial.

Com vistas ao *aspecto subjetivo* da ação penal condenatória (quem incoa a ação), surgem duas suposições.

Emergem perseguidas por *ações de iniciativa pública plena ou independente* as condutas descritas no art. 191 e seu parágrafo único (art. 199 da Lei 9.279/1996).

Não irrompem acossados por *ações penais de iniciativa pública, dependente de representação da vítima*, mas em nenhum caso de concorrência desleal.

Aparecem encalçados por *ações de iniciativa do ofendido, ou privada*, todos os outros tipos penais. Vale dizer, a grande maioria das figuras.

A toda a luz, não se afasta a *ação penal de iniciativa privada subsidiária*, quando cabente (art. 29 do CPP c/c o art. 5.º, LIX, da CF).

3. O particular ofendido, pessoa física ou jurídica (art. 37 do CPP), para intentar "diligências preliminares", ou aforar a ação penal, necessita *demonstrar* que guarda *direito de pleitear* ("direito à ação", art. 526 do CPP).

Os autores entendem que se cuida de *legitimação para a causa*, uma das condições de exercício da ação judiciária (*legitimatio ad causam*).[11] Sem razão os aludidos autores.

---

11. V. MARQUES, José Frederico. *Elementos de direito processual penal*. Rio de Janeiro: Forense, 1962. v. 3, § 855, p. 359; e TOURINHO FILHO, Fernando da Costa. *Processo penal*. 8. ed. São Paulo: Saraiva, 1986. v. 4, p. 131-132.

A questão, parece, é de *legitimação para o processo*, como um dos pressupostos de sua validade (art. 95 do CPP).

O titular do poder-dever de punir é o Estado. Nas ações penais condenatórias de iniciativa privada, ocorre *legitimação extraordinária*, que se apresenta na *substituição processual*. O particular ofendido vai, então, a Juízo, em nome próprio, afirmar e defender o direito estatal, ou melhor, o *poder-dever de punir*.

Cuida-se, pois, de fenômeno processual. A vítima não surge qual titular de interesse material subordinante.

Precisam as vítimas, contudo, evidenciar *que têm o direito substancial*, que o acreditam violado e pertinente à *propriedade imaterial*: seja intelectual ou industrial.

Assim, os ofendidos, para quererem cautela ou cognição, "devem, pois, juntar os títulos da propriedade e os registros respectivos, com a prova da publicidade".[12]

Não se pode arredar a hipótese de que, incompleta tal *prova liminar*, o juiz penal mande-a fazer ou inteirar.[13]

O ideal acha-se em o interessado ultimar a prova pela "apresentação do certificado de registro, ou por meio de cópia fotostática autêntica, fornecida pelo Instituto Nacional da Propriedade Industrial, ou autenticada por autoridade ou serventuário público competente".[14] Sem esquecer a publicidade do ato que o concedeu.

4. As *diligências preliminares*, referidas nas leis (arts. 526, 527, parágrafo único, e 528 do CPP e arts. 200 a 204 da Lei 9.279/1996), dizem com o *corpo de delito* a com sua *evidenciação pericial*.

Na esteira das mencionadas regras, tais diligências seriam as *buscas*, as *apreensões* e as *vistorias*. Observe-se que, em nosso sistema probatório, as perícias mostram-se de *exame, vistoria e avaliação*.

---

12. FARIA, Bento de. *Código de Processo Penal*. Rio de Janeiro: Livraria Jacintho, 1942. v. 2. p. 111; acompanhado por FRANCO, Ary Azevedo. *Código de Processo Penal*. 7. ed. Rio de Janeiro: Forense, 1960. v. 3, p. 31; MARQUES, José Frederico. *Elementos*... cit., p. 359.

13. Cf. FARIA, Bento de. *Código*... cit., v. 2, p. 112; e MARQUES, José Frederico. *Elementos*... cit., v. 3, p. 359.

14. CERQUEIRA, João da Gama. *Tratado da propriedade industrial*. 2. ed. São Paulo: RT, 1982. v. 2, § 718, p. 1109.

Nos *delitos contra a propriedade imaterial*, não surge razoável supor que a prévia comprovação existencial do fato típico realize-se, tão só, por meio de *vistoria*. Em verdade, o tema é *exame de corpo de delito*, meio de prova da materialidade da infração penal, cujo fato não é transeunte.

As *diligências preliminares* voltam-se, assim e cautelarmente, para "formar-se o auto de corpo de delito", o qual surge indispensável, nos delitos que deixam vestígios depois de si[15] (v. arts. 525, 240, § 1.º, "c" e "h", 158 e 564, III, "b", todos do CPP).

Cuida-se, em síntese, de procedimento judicial criminal, preventivo e cautelar, destinado à demonstração da materialidade de infrações penais, cujo objeto jurídico de tutela acha-se na propriedade industrial. Desnecessário lembrar de que nem tudo o que exsurge preventivo é cautelar.

Os *requerentes* da medida são: o *particular ofendido*, necessariamente, se o delito é perseguível só por ação penal de iniciativa privada; e o *Ministério Público*, quando emerge perseguível por ação de iniciativa pública, com ou sem representação da vítima, consoante a hipótese legal.

Interessante notar que, nos crimes de ação penal (de iniciativa) pública, o próprio ofendido pode requerer a diligência de busca e apreensão, conforme o que se infere do texto do art. 539, parágrafo único, do CPP.

Quando isso acontecer, a ação penal (de iniciativa) pública passa a ser subsidiária da ação penal (de iniciativa) privada, consoante se vê do citado art. 529, parágrafo único, do CPP.

Isso significa que, ao revés do disposto no art. 102, § 3.º, do CP (hoje, art. 100, § 3.º, com alteração redacional), requerida a diligência preliminar pelo ofendido, a ele cabe prioridade na propositura da ação penal. Somente se decorrerem os 30 dias mencionados no art. 529, *caput*, é que o órgão do Ministério Público poderá apresentar denúncia contra o réu.[16]

A lição, que foi pontual, hoje se tornou polêmica em razão de o Ministério Público guardar a função institucional de "promover, privativamente, a ação pena " de iniciativa pública (art. 129, I, da CF).

Em tal último caso, a propositura das *diligências cautelares* opera, apenas, como *notícia da infração* e ainda, às vezes, como *representação* do particular.

---

15. Cf. MARQUES, José Frederico. *Elementos*... cit., v. 3, § 857, p. 361.
16. MARQUES, José Frederico. *Elementos*... cit., v. 3, § 856, p. 361.

Os *requerentes*, ao aforarem a medida, deverão *quesitar*. Poderão fazê-lo, complementarmente, ainda, o *juiz penal* e o *promotor de justiça*, se ele não for o incoante.

Os requeridos, entretanto, não formulam quesitos. "Trata-se de diligência *inaudita altera parte* (a parte contrária não é ouvida)".[17] Prevaleceriam, aqui, as ideias de *urgência* e de *celeridade*. O procedimento irromperia concencioso, *mas não vigente o contraditório*.

Tais opiniões necessitam ser repensadas em face do tratamento que a Constituição da República deu à chamada regra do contraditório (art. 5.º, LV).

A garantia constitucional da *ampla defesa*, "seja qual for a natureza do objeto do processo, compreende: a) o direito de ser informado; b) a bilateralidade da audiência (contraditoriedade); e c) o direito à prova legitimamente obtida ou produzida".[18]

Assim, o *procedimento judicial probatório* de que se cuida não mais pode constituir-se em um hiato de ilegalidade no sistema do processo penal. Tanto que ninguém argumentaria com a falta de interesse do eventual imputado na feitura da evidenciação da materialidade do crime, que se lhe deseja atribuir. A pressa de ultimar o exame de corpo de delito atende-se com a ordem liminar *inaudita altera parte*, tão conhecida, nos procedimentos cautelares e em ações judiciárias, que a admitem (art. 928 do CPC, por exemplo), sem obstar posterior ciência e oportunidade de manifestação daquele que viria a ser acusado.

Achar-se-iam as regras, ou os direitos respeitados, de *ser informado*; de *audiência*; e de *legitimidade na produção da prova penal*. Mantido, contudo, o *procedimento preventivo* tal como se mostrava, na doutrina anterior, a busca e a apreensão, o exame ou a vistoria, vão todas as providências aflorar nulas e de pleno *jus* (arts. 43, III, 158 e 525 do CPP e arts. 200 e 201 da Lei 9.279/1996 c/c o art. 5.º, LV, da CF).

Procuram-se e, eventualmente, *apreendem-se* (a) "instrumentos de falsificação ou de contrafação e objetos falsificados ou contrafeitos" (art.

17. TOURINHO FILHO, Fernando da Costa. *Processo penal* cit., v. 4, p. 132; no mesmo sentido JESUS, Damásio E. de. *Código de Processo Penal anotado*. São Paulo: Saraiva, 1986. p. 323, em nota ao art. 525; ainda, CERQUEIRA, João da Gama. *Tratado...* cit., v. 1, § 338, p. 572 e nota 36.
18. TUCCI, Rogério Lauria; CRUZ E TUCCI, José Rogério. *Constituição de 1988 e o processo*. São Paulo: Saraiva, 1989. item 16, p. 61.

240, § 1.º, "c", do CPP), bem como (b) "objetos ou produtos obtidos pelo contrafator, com o emprego do meio ou processo privilegiado" (art. 201, *in fine*, da Lei 9.279/1996).

Apreendem-se, por igual, (c) documentos, desde que pertinentes ao fato-crime, em sua materialidade, ou concretude típica. *Buscam-se* e *colhem-se*, de outra sorte, *elementos materiais de convicção*, que importem ao esclarecimento da verdade criminal, inclusive os que clarificam a autoria (art. 240, § 1.º, "h", do CPP). Tal aspecto demostra que não se há de arredar o contraditório real e indisponível.

As *buscas* e as *apreensões*, cuja instrumentalidade exsurge manifesta, afloram como cautela de cautela. Vale afirmar, existem para servir à perícia criminal, de maneira *suficiente*, para ensejar a opinião técnica dos peritos (art. 200 da Lei 9.279/1996). Tal suficiência depende da infração, em concreto.

Pode reduzir-se a alguns elementos bastantes para o laudo, ou implicar todo o estoque, se a apuração demandar o exame necessário de elemento por elemento. A primeira hipótese é a mais comum. O abuso na apreensão pode encontrar remédio no mandado de segurança.

No presente estudo, não se há de cogitar da apreensão, *de ofício*, de caráter *administrativo*, efetuada pelas *alfândegas* (art. 198 da Lei 9.279/1996).

A destruição de marca falsificada ou imitada é providência que, se requerida, *não tem natureza processual penal*. É regra de direito material condizente com a justiça da marca. Além disso, há de aparecer em consequência de *laudo positivo e homologado* (art. 203 da Lei 9.279/1996).[19]

Os *peritos*, nomeados pelo juiz, oficiais ou não (art. 159, §§ 1.º e 2.º, do CPP), surgem *dois* e se incubem da *busca*, da *apreensão* e do *laudo* (art. 527 do CPP). Não se aplica a Súmula 361 do STF.

> Os peritos, nas diligências preliminares, desempenham função de grande importância, e da boa compreensão de sua missão depende, em grande parte, a regularidade da diligência e do processo-crime. A perícia, nessas diligências, tem a finalidade específica de verificar o fato alegado pela parte requerente como fundamento do pedido. Compete, pois, aos peritos examinar e descrever o que for encontrado e possa constituir infração da patente, ordenando a apreensão dos objetos contrafeitos. Quando a infração se referir a processo privilegiado, é dever dos peritos

19. Cf. MARQUES, José Frederico. *Elementos*... cit., v. 3, § 857, p. 362.

> fazer com que o processo seja executado com os esclarecimentos necessários, habilitando-se a descrevê-lo com exatidão no seu laudo. Devem, ainda, os peritos fazer constar do auto de busca todas as ocorrências que se verificarem durante a diligência. É lícito aos peritos responder aos quesitos apresentados pelo requerente da diligência, não lhes cabendo, porém, pronunciar-se sobre a existência da infração, o que constitui o mérito da questão e é da exclusiva competência do juiz criminal. A missão do perito é constatar os fatos e fornecer ao juiz elementos necessários para firmar a sua convicção. As diligências preliminares têm por fim exclusivo estabelecer o corpo de delito.[20]

É bom atentar para que

> [...] aos peritos, que se encarregam, por designação do juiz, de efetivar a busca, fica, igualmente, decidir se levam a termo, ou não, e apreensão, dos objetos, segundo entendam haver, ou não, violação de obra literária, ou não, alguma infração, considerada, por lei, ato de concorrência desleal.[21]

Há quem os considere, por isso, "árbitros da apuração de ter havido ou deixar de ter existido algum atentado à propriedade imaterial, para justificar a apreensão".[22]

Tanto que procedidas as diligências instrumentais de *buscas e apreensão*, bem ou malsucedidas, guardam os peritos o prazo de três dias para elaboração do laudo (art. 527, *in fine*, do CPP), atentos aos quesitos ofertados pelo *requerente* e os mais que se lhes ofereçam.

Tal prazo não pode ser fatal. Questões complexas hão de exigir mais tempo. É, pois, "suscetível de ser prorrogado, para que o Juiz deverá atender à natureza do trabalho, a sua extensão, e, em geral, aos casos de força maior".[23]

---

20. CERQUEIRA, João da Gama. *Tratado*... cit., v. 1, § 337, p. 570-571; ver, ainda, v. 2, § 732, p. 1117.
21. ESPÍNOLA FILHO, Eduardo. *Código de Processo Penal brasileiro anotado*. 5. ed. Rio de Janeiro: Ed. Rio, 1976. v. 5, § 1.016, p. 229.
22. MARQUES, José Frederico. *Elementos*... cit., v. 3, § 857, p. 362; no mesmo sentido, CERQUEIRA, João da Gama. *Tratado*... cit., v. 2, § 732, p. 1.118; ver art. 527 do CPP.
23. FARIA, Bento de. *Código*... cit., v. 2, p. 113.

Se os *peritos* recusam a necessidade de *apreensão*, ou apresentam *laudo* negativo, o *requerente* pode lhes impugnar a opinião técnica (art. 527, parágrafo único, do CPP).

Inexiste dispositivo legal determinante de que se deva abrir vista dos autos ao *requerente* para manifestar-se sobre o parecer técnico dos peritos. Cumpre-lhe, então, velar, acompanhando o procedimento.[24]

Na primeira hipótese, o juiz, dando razão ao *requerente*, mandará que se realize a *apreensão*. Na segunda, *deverá* nomear outros *peritos* (art. 180 do CPP, por interpretação. analógica).

O *laudo* precisa, para ganhar força e efeito, receber *homologação judicial*, mediante decisão judicial (art. 528 c/c o art. 799 do CPP).

O procedimento todo constitui reminiscência – não só a mencionada homologação do laudo – da antiga forma de *julgamento do auto de corpo de delito*.[25]

Essa é razão de se poder dizer que:

> O laudo pericial não obriga o juiz, quando não exprime a verdade (*Revista de Direito*, vol. 67, pág. 175). Desse modo, mesmo que o laudo conclua pela inexistência de infração, o juiz pode chegar a conclusão diversa. Com isso, o auto de corpo de delito será constituído com o que constar do laudo e com a interpretação que lhe der o juiz.[26]

A *decisão judicial*, que homologa o *auto*, não se constitui em despacho, nem é interlocutória. Ostenta-se como sentença. Dela, se contrária ao *requerente*, cabe, portanto, *apelação*.[27] Nem é preciso lembrar de que deve emergir fundamentada (art. 93, IX, da CF).

O procedimento da ação penal será o *comum ordinário* (art. 524 c/c os arts. 394 e 498 do CPP). Não obstante, a ideia de especialidade se mantém, até porque os delitos se acham apenados com *detenção* e outra dever-se-á mostrar a forma procedimental, como se evidenciou antes.

Questão controvertida acha-se na contagem do *prazo decadencial* (arts. 529 e 38 do CPP).

---

24. Cf. JESUS, Damásio E. de. *Código*... cit., p. 324, em nota ao art. 527.
25. Cf., e com mínima divergência, MARQUES, José Frederico. *Elementos*... cit., v. 3, § 857, p. 362 e nota 15.
26. MARQUES, José Frederico. *Elementos*... cit., v. 3, § 857, p. 362, nota 14.
27. Cf. JESUS, Damásio E. de. *Código*... cit., p. 357, em nota ao art. 528.

Há decisões afirmando que tal prazo é de seis meses a contar do conhecimento do fato e da autoria pelo ofendido.

Existem outros dizendo que tal prazo resume-se em trinta dias, principiando da data em que o laudo pericial encontrou homologação, com ou sem intimação. A questão da necessidade, ou não, da mencionada intimação afigura-se sem importância perante a contraditoriedade antes apontada (art. 5.º, LV, da CF).

Procurou-se, ainda, combinar as duas posições. Prazo máximo de seis meses da ciência, podendo ser *menor*, se contarmos trinta dias da aludida homologação sentencial.

Eis algumas lições que arredam a dúvida:

> O direito de queixa, ou de representação, relativamente a crime contra a propriedade imaterial, tem a respectiva decadência disciplinada pelas normas gerais do artigo 38 e parágrafo...; apesar de oferecida no prazo legal, atendida a data da homologação do laudo (e, ainda, quando se trata da única apreensão realizada), a queixa não poderá ser recebida, se, a partir do conhecimento, pelo querelante, de quem (é o) autor do crime, de que foi a vítima, já se escoou mais de um semestre; é que, então, terá decaído do direito de queixa, e a decadência ainda impedirá a propositura da ação, de iniciativa privada, quando se dispensar o exame de corpo de delito, por não deixar vestígios o crime contra a propriedade imaterial.[28]
>
> O que se não pode admitir é que os artigos 529 e 530, citados, tenham estabelecidos forma especial, quanto ao prazo de decadência, não se aplicando por isso, *in casu*, a regra do artigo 105 (hoje, artigo 103), do Código Penal. O que se infere dos dispositivos legais, trazidos à colocação, é o seguinte: o ofendido, enquanto não decorrer o prazo do artigo 106 (hoje, artigo 103), do Código Penal, pode propor a ação privada; mas, se antes tiver requerido diligência preliminar de busca e apreensão, por força do artigo 525 do Código de Processo Penal, não lhe será dado ingressar com a queixa, fundado em tal diligência, se esgotados se encontrarem os prazos mencionados, respectivamente, nos artigos 529, *caput* e 530, do Código de Processo Penal.[29]
>
> Encerradas as diligências, os autos serão conclusos ao juiz para homologação do laudo dos peritos, contando-se da data da homologação o pra-

---

28. ESPÍNOLA FILHO, Eduardo. *Código...* cit., § 1.º, 1.022, p. 223-234.
29. MARQUES, José Frederico. *Elementos...* cit., v. 3, § 855, p. 359-360.

zo de 30 dias em que a queixa deverá ser apresentada, sob pena de não ser recebida (CPP, artigos 528 e 529). Não oferecida a queixa nesse prazo, a diligência torna-se sem efeito, podendo a parte interessada requerer o levantamento dos objetos apreendidos e depositados. O ofendido poderá, entretanto, proceder a novas diligências, pois a disposição do Código de Processo Penal não importa decadência do direito de queixa, visando somente a impedir que o requerente da diligência mantenha em depósito, indefinidamente, os objetos apreendidos, causando injusto prejuízo à parte contrária.[30]

Deve-se entender, entretanto, que esses prazos (artigos 529 e 530, do CPP) se referem ao direito de ação do ofendido com fundamento no auto de busca e apreensão, não ab-rogado esses dispositivos o artigo 105 (hoje, artigo 103), do Código Penal, que fixa o prazo de seis meses para o ofendido exercer o direito de queixa.[31]

Em matéria de decadência do direito de queixa, o prazo é de seis meses... Na hipótese de crime contra a propriedade intelectual, a ação fundada na apreensão e na perícia deve ser movida dentro de 30 dias, pois não seria razoável que o acusado ficasse privado das coisas apreendidas indefinidamente. Mas o ofendido decai apenas do direito de queixa com fundamento naquela apreensão. Nada o impede de requerer nova perícia, enquanto não decorrem os seis meses da decadência normal.[32]

Se essa faculdade não for exercida, dentro do prazo de seis meses, contados do dia em que o ofendido veio a saber quem é o autor do crime (artigo 105, hoje artigo 103, do CP), e se transformou em direito do ofensor, adquirido pela decadência, é lógico e insofismável que esse direito terá de prevalecer. Em prevalecendo esse direito do ofensor, temos para nós que os prazos de decadência impostos pelo artigo 105 (hoje, artigo 103), do Código Penal e repetido pelo artigo 38 do Código de Processo Penal, se sobrepõem ao outro prazo de 30 (trinta) dias, preconizado pelo artigo 529 do Código de Processo Penal, que embora venha sendo entendido como de decadência, mas se nos avizinha como sendo, e sobejamente demonstrado é de perempção, não só pelos motivos já

30. CERQUEIRA, João da Gama. *Tratado...* cit., v. 1, § 340, p. 573-574.

31. MAGALHÃES NORONHA, Edgar. *Curso de direito processual penal.* 17. ed. São Paulo: Saraiva, 1986. § 168, p. 308.

32. TORNAGHI, Hélio Bastos. *Curso de processo penal.* São Paulo: Saraiva, 1980. v. 2, p. 255.

expostos como também, por ser esta última de natureza meramente processual e de contar unicamente depois de iniciada a ação penal.[33]

Chegando ao conhecimento do titular de patente um caso de violação do seu privilégio e, sabedor do autor da violação, terá ele o prazo de seis (06) meses para as providências, que julgar necessárias (p. ex., busca e apreensão); e para oferecer contra o mesmo a competente queixa, como prevê o Código de Processo Penal, artigo 38... Inobservado esse prazo para o início da ação penal, o ofendido decaíra do direito de queixa, com a correspondente extinção da punibilidade do acusado.[34]

Note-se que o prazo normal para o exercício do direito de queixa é de 6 meses consoante o princípio geral inserto no artigo 38 do Código de Processo Penal, a partir da data em que a pessoa investida nesse direito vier a saber quem foi o autor do crime. Contudo o próprio dispositivo invocado faz uma restrição: "Salvo disposição em contrário". E, entre as disposições que contrariam essa regra, está a traçada no artigo 529, do mesmo estatuto. Assim, se o crime não deixou vestígios, o prazo é aquele do artigo 38. Se deixou, o do artigo 529. Não se infira daí que o prazo seja maior. O artigo 529 deve ser interpretado em confronto com o artigo 38. O prazo é de 6 meses. Mas se o ofendido, por exemplo, soube quem foi o autor do crime em janeiro de 1976 e somente em outubro é que requereu a busca e apreensão e respectiva perícia, obviamente extinta ficou a punibilidade pela decadência. Entretanto, se, nesse mesmo exemplo, requereu a providência apontada em fevereiro e, em março, o laudo pericial foi devidamente homologado, então, se não apresentar a queixa antes de 30 dias, que se seguirem à sua homologação, ocorrerá a decadência.[35]

Podemos afirmar, portanto, que os mais renomeados penalistas adjetivos são unânimes em sustentar que o prazo de 30 dias estatuído pelo artigo 529 do Código de Processo Penal não ab-roga o lapso decadencial de seis meses estabelecidos pelos artigos 105 (hoje, artigo 103) do Código Penal e 38, do Código de Processo Penal. Não se trata, sublinhe-se, de prazo decadencial, e sim de prazo de perempção especial, bastando notar que o artigo 529 do Código de Processo Penal não usa a expressão decadência, dizendo apenas que não será admitida a queixa. A rigor,

---

33. TINOCO SOARES, José Carlos. *Crimes contra a propriedade industrial e de concorrência desleal.* São Paulo: RT, 1980. § 132, p. 184.

34. GNOCCHI, Alexandre. Patentes de invenção. São Paulo: Inventa, 1981. §§ 341-342, p. 210.

35. TOURINHO FILHO, Fernando da Costa. *Processo penal* cit., v. 4, p. 143.

ocorre uma preclusão material, tecnicamente, diversa da decadência... o melhor entendimento do disposto no artigo 529 do Código de Processo Penal é o seguinte: o prazo geral de decadência, para o oferecimento da queixa-crime, é de seis meses, contados do dia em que o ofendido veio a saber quem é o autor do crime. Entretanto, se for requerida a providência preliminar de busca e apreensão, o prazo para oferecimento da queixa passa a ser de trinta dias, contando da data em que o ofendido foi intimado da homologação do laudo pericial. Mas em nenhuma hipótese a queixa poderá ser ofertada após o decurso do prazo de seis meses, contados do dia em que o ofendido veio a saber quem é o autor do crime.[36]

Nos casos de ação penal exclusivamente privada, não será admitida queixa com fundamento em apreensão e perícia depois de 30 dias da homologação do laudo. A compatibilização desse prazo com o de decadência geral da ação penal exclusivamente privada (6 meses) é muito controvertida. A orientação mais recente do Supremo Tribunal Federal é no sentido de que se trata de prazo especial, afastando a aplicação do prazo geral. Essa conclusão, todavia, é parcial, não resolvendo a hipótese de o ofendido demorar mais de 6 meses da data do conhecimento do fato para requerer a busca e apreensão. Seria absurdo subordinar a decadência à exclusiva vontade do ofendido quanto ao início do prazo decadencial, e não foi essa a hipótese que o Supremo decidiu. Os dois prazos, inclusive respeitando a orientação do Supremo Tribunal Federal, são conciliáveis. Ocorre a decadência se o ofendido, tendo conhecimento do fato, não promove a busca e apreensão dentro de 6 meses. Requerida a apreensão dentro desse prazo, aplica-se o prazo especial, ocorrendo a decadência dentro de 30 dias da homologação do laudo, ainda que os 6 meses do conhecimento do fato não se tenham esgotado.[37]

Cremos que o prazo decadencial da ação penal privada por crimes contra a propriedade industrial é de seis meses, não importando que a infração tenha deixado vestígios ou não. O artigo 529 do Código de Processo Penal não dispõe sobre decadência do direito de queixa... Para tanto, requeridos apreensão e laudo dentro dos seis meses, o ofendido deve oferecer a queixa antes de terminar o prazo de trinta dias, contados

---

36. PIMENTEL, Manoel Pedro. Reflexões sobre a decadência nos crimes contra a propriedade imaterial. *Revista do Advogado*, ano III, n. 11, p. 5 e 7-8, out.-dez. 1982.

37. GRECO FILHO, Vicente. *Manual de processo penal*. São Paulo: Saraiva, 1991. § 84.5, p. 388-389.

a partir da intimação da homologação. Após, a queixa deverá ser rejeitada por falta de condição para seu exercício. Essa rejeição, porém, não importa a extinção da punibilidade pela decadência (CP artigo 107, IV e 103). Tanto que o ofendido poderá oferecer nova queixa fundada em outra perícia, desde que não ultrapassado o semestre.[38]

Dispõe o Código que não será admitida queixa com fundamento em apreensão e perícia se decorrido o prazo de 30 dias, após a homologação do laudo. Muito se tem discutido na jurisprudência a respeito da natureza jurídica desse prazo. Em alguns julgados, entendeu-se que o prazo assinalado é de decadência, pelo princípio da especialidade substituindo-se a regra geral dos artigos 105 do CP e 38 do CPP, que é de 6 meses a contar do conhecimento da autoria, pelo artigo 529, mesmo porque tais dispositivos ressalvam as "disposições em contrário". Entretanto, se assim se entender, o prazo de decadência ficaria sempre a mercê do ofendido, passando a correr apenas quando, providenciada a busca e apreensão, se homologasse o laudo parcial. Além disso, haveria uma divergência de prazo de decadência entre os crimes que deixam vestígios e crimes que não o deixam. Por isso, tem-se entendido que o prazo de decadência continua sendo de 6 meses a contar do conhecimento da autoria, mas, quando se trata de crime que deixa vestígios, para o oferecimento da queixa corre o prazo de 30 dias. O artigo 529 visa impedir que o requerente da busca e apreensão protele a apresentação da queixa, causando maiores gravames ao requerido, nada tendo a ver esse prazo com o instituto da decadência e não se prejudicando o disposto no artigo 103, do CP (antigo art. 105) e 38, do CPP. Assim, imperiosa a busca e apreensão prévia, há mister de a ação ser proposta no semestre a contar do inequívoco conhecimento da autoria da infração penal pelo ofendido, mas dentro do trintídio iniciado com a homologação do laudo pericial. Esgotado este último prazo sem o oferecimento da queixa pode ser proposta nova medida preliminar, se não decorrido o prazo de decadência.[39]

Toda a ensinança invocada, guardadas as diferenças que ostentam, leva a concluir que, mesmo nos crimes contra a propriedade imaterial, tenham ou não deixado vestígios, o prazo decadencial surge de seis meses,

---

38. JESUS, Damásio E. de. *Código de Processo Penal anotado*. 11. ed. São Paulo: Saraiva, 1994. p. 360.
39. MIRABETE, Julio Fabbrini. *Código de Processo Penal interpretado*. São Paulo: Atlas, 1994. p. 607-608.

fluindo do conhecimento, pelo ofendido, de quem seja o autor do fato (art. 103 do CP e art. 38 do CPP). Ultrapassado tal lapso temporal, opera-se a decadência do direito de queixa. Caduca o direito à jurisdição penal pela inexercência a prazo certo, provocando a extinção da punibilidade (art. 107, IV, do CP).

O prazo de trinta dias, para incoar a ação penal de iniciativa privada, contado a partir da intimação da decisão homologatória do laudo, não desponta decadencial. Trata-se de prazo peremptório, ou fatal, dentro do qual o ofendido deve propor a queixa, em base da medida cautelar, que aforou (art. 529 do CPP). Prazo, assim, de ajuizamento da ação de conhecimento da natureza condenatória. Não exercitado o direito de querela, nos aludidos trinta dias, a busca, apreensão e a perícia perdem força e efeito. Prazo, repita-se, extintivo da eficácia probatória das chamadas diligências preliminares (arts. 525 a 528 do CPP c/c os arts. 182 a 184 do Decreto-lei 7.903/1945). Nada obsta a que o ofendido, se não ocorreu decadência, ingresse com outra providência cautelar antecedente e, ainda, consiga assestar a ação penal.

Não se há, assim, de misturar decadência, fenômeno de direito material, com preclusão temporal, ou peremptoriedade de certo termo aprazado, no direito processual, e atinente à eficácia de medida preparatória. Não se confundem as normas, estabelecentes da decadência do direito de querimônia (art. 103 do CP e art. 38 do CPP), com a regra processual, que cria específica preclusão temporal (art. 529 do CPP). Inexiste conflito aparente de normas, visto como umas guardam natureza material, outra só processual. As primeiras podem conduzir à extinção da punibilidade do pretenso agente. A segunda, tão só, pode chegar à cessação da eficácia da medida preparatória, ou ao encurtamento do prazo decadencial.

5. Há que se recordar de relevante matéria de *defesa*. O acusado pode alegar *nulidade da patente, ou do registro*, em que o pretenso ofendido arrima seu direito, esvaziando o tipo penal. Absolvido o réu, visto que reconhecida a nulidade material, os efeitos da coisa julgada limitam-se, em que lhe pese a autoridade absoluta, ao âmbito penal. A decisão definitiva, que declara o acusado absoluto, não retira a força jurídica da patente e do registro, cuja invalidade, para os fins protetivos da lei de propriedade imaterial, resta dependente a ação civil de nulidade (art. 205 da Lei 9.279/1996). A solução não é a mais técnica.

A norma ostenta-se como fonte *aparente* de decisões conflitantes. Certo ou errado, quis o legislador estabelecer a prevalência do cível, em relação ao criminal, no que concerne à propriedade industrial.

6. Estabeleceu-se o segredo de justiça em tutela aos que pertinem à indústria e ao comércio (art. 206 da Lei 9.279/1996). A regra, no direito brasileiro, acha-se na publicidade dos atos processuais. Ela, tão só, restringe-se para (a) defesa da intimidade; (b) interesse social; e (c) interesse público (arts. 5.º, LX, e 93, IX, da CF). Surge de interesse social a proteção do segredo dos negócios.

4. Procedimento especial dos crimes de responsabilidade dos funcionários públicos

1. Os crimes, de modo prevalente, são os "praticados por funcionário público contra a administração em geral", a saber: do peculato à violação do sigilo de proposta de concorrência (arts. 312 a 326 do CP). Tais ilícitos apartam-se das infrações político-administrativas, cujo julgamento compete ao Poder Legislativo (Lei 1.079, de 10.04.1950).

Os crimes de abuso de autoridade, não obstante funcionais, seguem específico procedimento especial (Lei 4.898, de 09.12.1965). Recorda-se de que a lei reguladora do direito de representação e do procedimento de apuração, da responsabilidade administrativa, civil e penal, nos casos de abuso de autoridade, emergiu para reforçar o sistema protetivo das liberdades públicas (art. 5.º, XXXIV, "a", da CF).

O conceito de funcionário público não é o estatuário, porém o estabelecido na lei penal (art. 327, §§ 1.º e 2.º, do CP).

2. Tanto que modificado o Código de Processo Penal (art. 323, I), os delitos funcionais, elencados no Código Penal e castigados com reclusão, tornaram-se afiançáveis. Em tão só duas hipóteses a pena mínima de reclusão emerge superior a dois anos (arts. 316, § 1.º, e 318 do CP).

3. A acusação – por denúncia ou queixa subsidiária – pode alicerçar-se em inquérito policial, sindicância, ou em outra forma de persecução preliminar. Sem esquecer quaisquer peças de informação. As justificações, aludidas na regra procedimental, exsurgem de usança duvidosa (art. 513 do CPP c/c o art. 861 do CPC).

Anote-se que incabente presumir a existência material de um delito. Observe-se, ainda, que a "declaração fundamentada da impossibilidade de apresentação de qualquer dessas provas" irrompe intolerável no sistema. Nunca é demais repetir que a primeira garantia de defesa do imputado acha-se na própria acusação e em seus fundamentos.

4. Antes de admitir a inculpação, dá-se oportunidade de defesa prévia, ou preliminar, se increpado. Notificam-no, para responder, por escrito, em quinze dias (art. 514 do CPP). A omissão de tal fase procedimental provoca nulidade absoluta por violação do devido processo penal e da amplitude de defesa (art. 5.º, LIV e LV, da CF).

5. O juiz, ao receber ou rejeitar a acusação, há de prolatar ato decisório fundamentado. Ao não aceitar a imputação, exara sentença terminativa ou definitiva. Ao admiti-la, decisão interlocutória. Se recebida a increpação, faz-se preciso citar o acusado, tomando o procedimento a forma comum ordinária (arts. 517 e 518 do CPP).

6. Cabe recurso. Em sentido estrito, do ato decisório, que rejeita a acusação (art. 581, I, do CPP). Conforme o caso, a decisão interlocutória – juízo positivo de admissibilidade –, que aceita a imputação, enseja *habeas corpus*.

5. Procedimento especial para crimes de competência originária dos Tribunais

1. Cuida tal forma procedimental da competência pela prerrogativa de função do acusado. Não se trata de foro privilegiado. Privilégio é a exceção que se estabelece em benefício de alguém. Não há qualquer benefício, mercê ou proveito, para o inculpado.

2. Acham-se revogados os arts. 556 e 562 do CPP (Lei 8.658, de 26.05.1993). Hoje, o procedimento, quando existe foro pela prerrogativa da função, do Supremo Tribunal Federal, Superior Tribunal de Justiça dos Estados e Distrito Federal é o estabelecido em lei especial (Lei 8.038, de 28.05.1990).

3. O prazo para oferecimento de denúncia surge de quinze dias. Se o Ministério Público necessita de mais provas, dirige-se ao relator sorteado, que atua com juiz preparador ou instrutor. Ofertada a acusação, defende-se o notificado, por escrito, em quinze dias. Em seguida, delibera o Tribunal sobre o recebimento da imputação. Recebida a denúncia, ou queixa, o relator determina a citação do inculpado. Advêm, na sequência, o interrogatório; em cinco dias, alegações iniciais; e instrução criminal. Depois, complementação probatória e alegações finais, em quinze dias. Após, o julgamento, na maneira dos respectivos Regimentos Internos (arts. 1.º a 12 da Lei 8.038/1990). Nota-se a semelhança com o procedimento comum ordinário, assim que admitida a acusação (art. 9.º da Lei 8.038/1990).

4. Observe-se que a lei manteve a equívoca expressão "defesa prévia" (art. 8.º da Lei 8.038/1990) esquecendo-se de que a "resposta" é a verdadeira defesa prévia, ou preliminar, à aceitação da inculpação (art. 4.º da Lei 8.038/1990).

5. Agravo cabe do ato decisório do relator, na forma dos Regimentos Internos.

17. *Habeas corpus*

1. Os *direitos individuais* que a Constituição da República assegura invioláveis concernem à vida e à liberdade, à igualdade, à segurança e à propriedade (art. 5.º, *caput*, da Lei Maior, de 05.10.1988).

Tais *direitos fundamentais* sustentam-se nas *garantias* que limitam o poder do Estado, espraiando-se por todo o diploma maior, porém nomeadamente nos incisos do dispositivo aludido (incs. I a LXXVII).

2. Há *garantias individuais* específicas para as hipóteses de violação, ou de ameaça de violação, de *direitos fundamentais*. São os denominados *remédios jurídicos constitucionais*.

Consistem eles em meios, ou instrumentos, colocados à disposição das pessoas para "provocar a intervenção das autoridades competentes, visando a *sanar, corrigir,* ilegalidade e abuso de poder, em prejuízo de direitos e interesses individuais ou coletivos".[40]

3. Ostentam-se como remédios jurídicos constitucionais:

a) o direito de petição, ou de representação (inc. XXXIV, "a");
b) o *habeas corpus* (inc. LXVIII);
c) o mandado de segurança individual e coletivo (incs. LXIX e LXX);
d) o mandado de injunção (inc. LXXI);
e) o *habeas data* (inc. LXXII); e
f) a ação popular (inc. LXXIII).

4. O *habeas corpus*, dos seis *remédios constitucionais* apontados, é, talvez, o mais antigo. Basta lembrar as formas primitivas, a saber: os interdi-

---

40. SILVA, José Afonso da. *Curso de direito constitucional positivo*. 3. ed. São Paulo: RT, 1985. § 27, p. ???.

tos de *liberis exhibendis* e *de homine libero exhibendo*, conhecidos no direito romano (D. 43, 30; C. 8.8.; G. IV, § 162 etc.); e as *cartas de seguro*, fixadas no velho direito lusitano medieval (LLP, p. 130, 235, 237, 246, 280, 288, 415, 469, 480 e 481).

Todos, entretanto, filiam o instituto ao parágrafo 39 da *Carta Magna*, do ano de 1215. Ainda no direito inglês, importam, à angulação histórica do tema, a *Petition of Rights*, do século XIV, e o *Habeas Corpus Act*, de 1679.

No Brasil, o *habeas corpus* surge, por primeiro, no Código Criminal do Império de 1830, quando trata dos crimes contra a liberdade individual (arts. 183-188). Ganhava regulamentação, apenas dois anos depois, no Código de Processo Criminal (arts. 340-355).

5. Dá-se *habeas corpus* sempre que alguém sofrer ou se achar ameaçado de sofrer violência ou coação em sua liberdade de locomoção, por *ilegalidade ou abuso de poder.* É o que prescreve o inc. LXVIII do art. 5.º da Lei Maior.

6. *Habeas corpus* são as palavras iniciais do mandado que o Tribunal, na Inglaterra (século XIII), concedia e se destinava a quem tivesse em seu poder o detido. A ordem era, pois, a seguinte: "Tomai o corpo desse detido e vinde submeter ao Tribunal o homem e o caso".

7. Liberdade de locomoção constitui-se na liberdade de ir e vir. Alguns juristas, Pontes de Miranda,[41] por exemplo, falam, também, na liberdade de ficar. A liberdade de ir, entretanto, contém a de não ir; a liberdade de vir, contém a de não vir. Não ir e não vir é ficar, logo representa redundância referir-se à liberdade de ficar, com as de ir e vir.

O *habeas corpus* tutela, portanto, a liberdade física do indivíduo, de modo mediato, ou imediato.

8. Há duas espécies de *habeas corpus*:

habeas corpus, quando existe atualidade da coação (liberatório);

habeas corpus, quando há futuridade da coação (preventivo).

---

41. PONTES DE MIRANDA, Francisco Cavalcanti. *História e prática do* habeas corpus. 7. ed. Rio de Janeiro: Borsoi, 1972.

9. Qual a natureza jurídica do *habeas corpus*? O Código de Processo Penal coloca-o no Título II, “Dos Recursos em Geral”, do Livro III (arts. 647 e 667).

O legislador processual penal cometeu aí grave erro. A pretensão que o *habeas corpus* exprime não é recursal. Recurso significa o meio, conferido pela lei, para que a pessoa (parte), prejudicada por uma decisão judicial, obtenha sua *revogação, modificação ou nulidade*, mediante nova cognição, por Tribunal de grau superior ou extraordinário. Todo recurso é requerimento de outorga de tutela jurídica contra decisão, que não a concedeu no todo ou em parte. Trata-se, pois, de *modificar, revogar ou anular*, por meio de novo exame, em grau superior, a decisão que, sendo desfavorável, ainda não é firme. Eventualmente, o requerimento admite reexame pelo próprio órgão prolator.

O pressuposto prevalecente de qualquer recurso é o sucumbimento: a desconformidade entre o que se queria e o que se obteve.

10. O interno pré-processual, que esteia o *habeas corpus*, é de tutela jurídica da *liberdade física*. Tal se exercita conforme as regras de direito processual penal.

11. O *habeas corpus* surgiu, historicamente, como remédio que restaura a *liberdade de ir e vir*, se e quando violada; ou evita a violação com que alguém a ameaça. Esse remédio contra a violação da liberdade é exercício por meio de verdadeira *ação judiciária*, dizem os autores. Não se constituiria, portanto, mero remédio, mas sim *remédio jurídico processual, extraordinário e rápido*. Assim:

<table>
<tr><td rowspan="5">Ação Penal</td><td rowspan="3">de conhecimento</td><td>condenatória</td><td></td></tr>
<tr><td rowspan="2">constitutiva</td><td>negativa</td></tr>
<tr><td>positiva</td></tr>
<tr><td rowspan="2">cautelar (?)
de execução</td><td rowspan="2">declaratória</td><td>positiva</td></tr>
<tr><td>negativa</td></tr>
</table>

Hoje, contudo, alguns já duvidam de que seja ação judiciária por não lhe atender à configuração. Afinal: *judicium est actum trium personarum*; e não há parte passiva. Acha-se fora de jurisdição, dita contenciosa. A atividade seria juris-administrativa?[42] Observe-se que as ações judiciárias exibem, de começo, um *libellus*; os remédios, uma *imploratio oficii judicis*.

12. O pedido de *habeas corpus* o é da prestação jurisdicional em ação, afirmam. Ação contra a autoridade pública, que viola ou ameaça violar a liberdade de ir e vir. Ela, entretanto, não exsurge como parte, qual afirmado.

13. Os processos e as sentenças classificam-se, por seus efeitos: em de conhecimento (declaratórias, constitutivas, condenatórias), cautelares e de execução. A ação de *habeas corpus*:

a) quando a sentença contém uma ordem, ou mandado, emanado de juízo ou tribunal, endereçada à autoridade, que detenha, *ilegalmente*, alguma pessoa, a fim de que soltem, é declaratória (é mandamental);
b) quando o juízo ou o tribunal faz cessar a coação, ou ameaça à liberdade física, *desconstituindo* situação jurídica ilegal, a ação e a sentença surgem constitutivas;
c) quando existe *ameaça*, apenas, de coação, tomam a ação e a sentença a natureza cautelar.

Resumindo-se: o *habeas corpus* é matéria, pois, de direito processual penal, inserida na Constituição da República. O intento é a tutela da liberdade física. A prestação jurisdicional é o *decisum*. Se deferido o pedido, aflora como declaratório (mandamental), constitutivo negativo, ou cautelar. Trata-se, enfim, de direito inserto na jurisdição constitucional das liberdades.

A prisão é ilegal quando realizada de modo prevalente com infringência dos arts. 282, 302 e seguintes, 311 e 310 do CPP. Isto é, a coação é ilegal, consoante o Código de Processo Penal. Vale afirmar, o constrangimento é ilegal, nos termos do art. 648 do CPP. O constrangimento surge ilegal, se e quando inexiste justa causa para prender ou acusar. Na ação penal condenatória, por exemplo, a justa causa leva à justiça provável de acusação. Há na legislação brasileira as seguintes formas de prisão:

I – temporária (Lei 7.960/1989 e Lei 8.072/1990);

II – em flagrante delito (arts. 282-302);

---

42. Ver a respeito BOTELHO DE MESQUITA, José Ignácio. O mandado de segurança – contribuição para o seu estudo. *Estudos de Direito Público*, São Paulo, v. 4-5, p. 2/1, jul.-dez. 1985 e jan.-jun. 1986.

III – preventiva, em senso estrito (art. 311-316);

IV – por pronúncia (arts. 408, §§ 1.º e 3.º, e 585);

V – por condenação apelável (arts. 393, I, e 594);

VI – inquisitiva (art. 33, §§ 1.º a 6.º, da Lei 7.170/1983);

VII – inquisitiva (art. 18 do CPPM);

VIII – preventiva do liberado condicional (art. 145 da LEP);

IX – preventiva, determinada pelo executor do estado de defesa (art. 136, § 3.º, I, da CF).

O abuso de poder é o exercício irregular do poder. A falsa autoridade usurpa, a competente exorbita.

Pressuposto básico do *habeas corpus* é a potencial ou atual violência (ou coação), por ilegalidade ou abuso de poder. Assim:

a) só se dará *habeas corpus*, quando se feriu, ou se teme que se fira a liberdade física;
b) onde não pode haver coação à liberdade física não haverá *habeas corpus*.

14. Os elementos do *habeas corpus* são:

a) a pessoa que impetra a ordem
   interesse
   legitimação
b) paciente, ou coato;
c) autoridade coatora;
d) detentor;
e) petição, ou pedido.

15. A pessoa, que impetra a ordem, impetrante, pode ser o próprio paciente, ou alguém em seu favor. O art. 654 do CPP reza: "Art. 654. O *habeas corpus* poderá ser impetrado por qualquer pessoa, em seu favor ou de outrem, bem como pelo Ministério Público".

"Qualquer pessoa", expressão da lei, engloba as pessoas físicas e jurídicas, todas com capacidade para impetrarem a ordem. O Ministério Público, entretanto, só tem legitimação nos limites de sua atividade funcional, ou atribuições legais (art. 654, § 2.º).

O impetrante não precisa ter nenhum *interesse de agir*, porquanto no *habeas corpus* não se cuida de tutela jurídica dele impetrante, mas de interesse de proteção da liberdade, interesse de estrutura social do País (interesse impessoal: de todos e de cada um, ao mesmo tempo).

16. Paciente, no processo de *habeas corpus*, é o indivíduo (pessoa física), que sofre, ou receia sofrer, qualquer constrangimento ilegal em sua liberdade de ir e vir.

A ordem, como vimos, pode ser impetrada por ele mesmo. Então, a figura do impetrante e do paciente se confundem na mesma pessoa (art. 654, letra "a", do CPP).

17. Detentor, ou *detenedor*, é a autoridade que detenha o paciente, por ordem de outra, tolhendo-se-lhe o direito de locomoção.

Coator é a autoridade que determina a coação ilegal, ou ameaça coagir. Prende, ou prenuncia prender, particular; também pode constranger.

A prisão pode ser legal ou ilegal; e é justamente essa legalidade ou ilegalidade que se apura no mérito do *habeas corpus*.

18. Pode o paciente *repelir* a impetração por outrem? A resposta era não.

Porque:

a) a impetração para outrem independe de legitimação processual, o impetrante exerce direito subjetivo constitucional;
b) o interesse na observância das leis é tanto do Estado quanto do paciente;
c) a renúncia à liberdade ou às medidas protetivas da liberdade é impossível, juridicamente. Trata-se de direitos, pretensões e "ações", que são irrenunciáveis.

A jurisprudência tem admitido que o paciente repila a impetração, desde que, assim o fazendo, proteja o direito individual maior. O art. 5.º da CF alinha os direitos individuais de maneira hierárquica. Propriedade seria menos que segurança; liberdade mais que propriedade e vida afloraria como direito maior do cidadão. A igualdade surgiu no rol sem menor fundamento quanto ao tema. O paciente, por conseguinte, pode rejeitar a liberdade, desde que para proteger a vida. O Código de Processo Penal Militar previu a hipótese, no art. 470, § 1.º. Recomenda a prudência que, nos casos de rejeição, seja o paciente apresentado ao juízo ou tribunal, para que explique, de viva voz, as razões de repelir a ordem concedida (art. 656 do CPP). A prisão ilegal, assim, pode se converter em custódia. Vale dizer: em guarda e proteção do custodiado, cuja vida periga.

19. Petição é instrumento, ou meio, incoador do processo. Deve conter: (§ 1.º do art. 654 do CPP).

a) Juízo ou Tribunal a quem é dirigida; a *competência*, em matéria de *habeas corpus*, determina-se *segundo a autoridade coatora*; observa-se a hierarquia;
b) Nome do impetrante;
c) Nome da pessoa (paciente ou coato), que sofre a violência, ou é ameaçada;
d) nome da pessoa, que está a coagir, ou a ameaçar;
e) conteúdo da ordem de prisão, ou razões fundadas para temer a prisão;
f) a ilegalidade da prisão, ou do arbítrio da ameaça;
g) pedido de tutela da liberdade de locomoção (art. 653, parágrafo único, c/c a Lei 4.898/1965 ou art. 350 do CP).

20. O art. 654, § 2.º, prescreve:

> Art. 654. O *habeas corpus* poderá [...] § 2.º Os juízes e os Tribunais têm competência para expedir de ofício ordem de *habeas corpus*, quando no curso de processo verificarem que alguém sofreu ou está na iminência de sofrer coação ilegal.

Trata-se aqui de mandado, de ofício, de *habeas corpus*, sem a figura do impetrante. É caso típico de jurisdição sem pedido. O *habeas corpus* é remédio que termina com o objeto proposto, quer dizer: uma vez obtido o amparo da liberdade (entrega da prestação jurisdicional). Dá origem a um processo autônomo, muito embora possa ser conexo a outro, também em curso, no juízo criminal, ou civil. O *habeas corpus ex officio*, entretanto, é fenômeno de exceção, próprio de processo penal, de jurisdição sem provocação. Atuando de ofício, espontaneamente, o juízo ou tribunal exerce função jurisdicional, sem que lhe tenha sido impetrada qualquer prestação, mediante específico pedido de tutela. Dá, portanto, a medida do instituto o existir mesmo sem impetração.

21. A petição de *habeas corpus* há de ser *escrita*, inclusive por telegrama. Nada impede que, por outro meio de comunicação, se provoque habeas corpus de ofício.

22. Julga-se prejudicado o pedido quando é idêntico a outro anteriormente *atendido*; mas, se não foi cumprida a ordem anterior, pode-se pedir outro *habeas corpus*, ou reclamar. Se negado o pedido, pode-se renová-lo, visto como não há, em tal *decisum*, coisa julgada material; e a coisa julgada formal apenas impede que se discuta, dentro do mesmo processo, nova-

mente. O reexame é, assim, sempre possível. Nota-se, contudo, a tendência jurisprudencial de desconhecer a simples reiteração de pedido anteriormente denegado. Importa dizer, quando o fundamento, a causa de pedir, mostrar-se a mesmo. Prejudicado ainda está o pedido, tanto que cessada a violência ou a coação ilegal (art. 659 do CPP).

23. *Habeas corpus* e recursos.

<table>
<tr><td rowspan="3">Decisão de 1.º Grau</td><td>a) concede a ordem</td><td colspan="2">Recurso de ofício (art. 574, I, CPP)</td></tr>
<tr><td colspan="2"></td><td>TRF
TJ
TAC</td></tr>
<tr><td>b) nega a ordem</td><td>Recurso em sentido estrito (art. 581, X, CPP)</td><td></td></tr>
<tr><td rowspan="3">Decisão de 2.º Grau</td><td>a) concede a ordem</td><td>Recurso especial constitucional (art. 105, III, "a" e "c")</td><td></td></tr>
<tr><td></td><td></td><td>STJ</td></tr>
<tr><td>b) nega a ordem</td><td>Recurso ordinário constitucional (art. 105, II, "a")</td><td></td></tr>
</table>

<table>
<tr><td rowspan="3">Decisão originária Tribunal Superior (Justiça Eleitoral e Militar)</td><td>a) concede a ordem</td><td>Recurso extraordinário (art. 102, III, "a")</td><td></td></tr>
<tr><td></td><td></td><td>STF</td></tr>
<tr><td>b) nega a ordem</td><td>Recurso ordinário constitucional (art. 102, II, "a").</td><td></td></tr>
</table>

<table>
<tr><td rowspan="3">Decisão não originária dos Tribunais Superiores</td><td>a) concede a ordem</td><td rowspan="3">Recurso extraordinário (art. 102, III, "a")</td><td></td></tr>
<tr><td></td><td>STF</td></tr>
<tr><td>b) nega a ordem</td><td></td></tr>
</table>

24. O *habeas corpus* ostenta-se como remédio jurídico-processual extraordinário – *remedial mandatory writ extraordinary remedies* – e só voltado ao amparo da liberdade de locomoção do indivíduo, de modo imediato, ou mediato.

O único interesse que tem lugar no *habeas corpus* mostra-se, assim, na proteção da liberdade física. Atente-se, interesse impessoal: de todos e de cada um, ao tempo. Inclusive, é certo, do Estado, Ministério Público, querelante, ou do assistente de acusação. Não se cogita de específico interesse processual, portanto.

A ausência de partes – mesmo em sentido, tão só, formal – desponta-lhe evidente. A autoridade, apontada qual coatora, não guarda legitimação passiva *ad causam*. Acha-se, unicamente, legitimada a prestar informações. Incabível, de outra sorte, asseverar que a Procuradoria-Geral de Justiça possua tal legitimação. Encontra-se, no processo, legitimada para, opinando, velar pela correta aplicação arreda, por isso, o litisconsórcio e a contrariedade.

A intervenção no processo – onde impossível o ingresso – não se justifica, diante da autonomia do remédio jurídico. Nem mesmo na hipótese de *habeas corpus*, dirigido ao trancamento de ação penal condenatória, encontra fundamento. Todas as ações penais condenatórias exsurgem públicas, com vistas a seu fim último, até quando se permite a iniciativa privada. O *habeas corpus*, em razão do aludido interesse único, opera, então, em segurança do próprio funcionamento da ação judiciária penal, o qual diz com a liberdade jurídica e com a ordem pública, importando, pois, à sociedade.

Admitir o querelante – respondendo, acusando, alegando e produzindo provas (art. 271 do CPP) – no *habeas corpus* desfuncionaliza-lhe a instrumentalidade e quebranta o devido processo legal.

O atual Regimento Interno do Tribunal de Alçada Criminal de São Paulo, por evidente equívoco, admite manifestarem-se o querelante e o assistente de acusação, quando do julgamento de *habeas corpus* (art. 161, § 2.º). A coerência deveria fazê-lo permitir a intervenção do terceiro no processo de revisão criminal.

PROCEDIMENTO ADMINISTRATIVO CRIMINAL REALIZADO PELO MINISTÉRIO PÚBLICO

Não existe norma expressa que permita ao Ministério Público realizar investigação e instrução criminal preparatória ou preliminar da ação penal condenatória. Tal suposta permissão surge deduzida de diversos preceitos legais, sempre implícita. Tira-se a existência do procedimento, por exemplo, da Constituição da República, Código de Processo Penal, Código Eleitoral, Lei dos Crimes contra o Sistema Financeiro, Lei Orgânica Nacional do Ministério Público e da Lei Orgânica do Ministério Público da União. A estrutura, a armação legal, não convence.

Desponta, logo, dificuldade invencível, quanto ao aludido procedimento administrativo criminal interno. No sistema do direito processual penal, o Procurador da República e o Promotor de Justiça não se consideram autoridade. Não podem eles presidir auto de prisão em flagrante delito, nem usar o instituto da voz de prisão. Não se admite que, em certos casos, concedam fiança. Não se aceita que solicitem do Poder Judiciário, para si, autorização ou cumpram, de modo direto, mandado judicial de busca e de apreensão. Não guardam poder de ordenar a restituição, quando cabível, de coisa apreendida. Muito menos pretender a infiltração de agentes seus em tarefas de investigação. Autoridade, na fase extrajudicial da persecução penal, denominada procedimental, ou de inquérito policial é quem pode exercer, por inteiro, as funções de polícia judiciária, tal como marcadas na Lei Maior.

Precisa o Ministério Público, por isso, no correr do pretendido procedimento investigatório e instrutório que instaurou, requisitar o concurso da polícia judiciária, federal ou estadual. O procedimento, assim, torna-se híbrido, causando tumulto na justiça criminal.

Qual o motivo de desejar que o Ministério Público ponha em prática esse procedimento administrativo criminal interno? Nunca se ofereceu boa resposta, conforme a razão. Fala-se em ineficiência e em desconfiança da atividade da polícia judiciária, federal e dos Estados. Se é assim, importa lembrar que o controle externo das polícias judiciárias consiste em atribuição constitucional do próprio Ministério Público.

Em síntese, Procuradores da República e Promotores de Justiça necessitam dos serviços das autoridades policiais, para levar avante o pretenso procedimento preparatório, que venham a iniciar. Polícia judiciária, havida por inconfiável, secundando-os, não obstante fiscalizada e corrigida, de maneira externa pelo Ministério Público.

Mais, ainda, a dúvida de quem faria o controle interno do mencionado procedimento administrativo ministerial, operacionalizado pela polícia judiciária, a mando e comando dos Procuradores da República e Promotores de Justiça.

O artificialismo da ideia, de imaginada atuação administrativa interna do Ministério Público, para a apuração de infrações penais e respectiva autoria rompe com a lógica. Mostra-se suspeita de outra destinação para além da propalada busca de eficiência.

A acusação formal, clara e fiel à prova é garantia de defesa, em Juízo, do acusado. Espera-se, então, do acusador público imparcialidade, tanto que se permite arguir-lhe a suspeição, impedimento, ou outra incompatibilidade com determinada causa penal. É o que se encontra na Lei do Processo. Dirigir a investigação e a instrução preparatória, no sistema vigorante, pode comprometer a imparcialidade. Desponta o risco da procura orientada de prova para alicerçar certo propósito antes estabelecido, com abandono, até, do que interessa ao envolvido. Imparcialidade viciada desatende à justiça.

O envolvido jamais deve ser tratado como estranho em procedimento preparatório ou preliminar. Afastá-lo para obstar o exercício do direito de defesa, que não se confunde com o contraditório, quebranta a Constituição da República. Ocultar-lhe as intercorrências, durante o procedimento administrativo, impede a descoberta da verdade criminal atingível, a dano da sociedade e da ética administrativa.

Não se podem inventar atribuição nem competência, contrariando a Lei Magna. A atuação administrativa interna do Ministério Público, federal ou estadual, não há de fazer as vezes de polícia judiciária. Cada qual desempenha sua específica função, no processo penal, em conjugação com o Poder Judiciário.

Outubro de 2002.

PROCEDIMENTO CAUTELAR E MEDIDAS CAUTELARES

1. Dizer-se que o *processo* consiste em instrumento público e técnico é pouco. Assentar que se mostra como sequência de atos, destinados à solução, por órgão imparcial, dotado de autoridade, de certos conflitos de interesse, tende a misturar as ideias de *processo* e de *procedimento*. Conceitos que precisam se ajustar.

O *processo* exibe-se como movimento, de modo prevalente, movimento avante; como retrocesso o é para trás. Daí haver afirmado que o processo consiste em uma *direção* no movimento e o *procedimento* no *modo* de mover e na *forma* de ser movido.[1] É pensamento inicial que exige complementação.

O *procedimento* ostenta-se no nexo lógico, que liga os atos, negócios e fatos jurídicos processuais, voltando-se a fim determinado. Em tal entendimento, pode-se falar em *relação de direito, porém, procedimental*.

Processo e *procedimento* tanto se ligam à ideia de movimento quanto às de tempo e espaço. A existência temporal do nexo entre as pessoas, que agem em Juízo, desempenhando papéis específicos. Os seus atos, protraindo-se conjugados, em sistema de movimento e mudança; tal visão leva a compreender o fluxo, ou *processo*, qual série numerável de *atos programados*, que se vão justapondo num espaço ideal, ou *procedimento*. Espaço que as condutas dos sujeitos processuais ocupam.

O *procedimento* judicial tende a adequar a sua forma à natureza do direito material, que se pretende definir, ou "causa". Tem, de outra sorte, como

---

1. MENDES JR., João. *Direito judiciário brasileiro*. 5. ed. Rio de Janeiro: Freitas Bastos, 1960. p. 243-244.

critério a qualidade, ou, às vezes, a quantidade da pena. O *procedimento*, também, se adapta para servir a escopo, tão só, processual.

A formalidade diz com a certeza e a segurança do direito. No *processo*, a forma exibe-se no conjunto de normas que se devem seguir, no *procedimento* e nos atos integrantes – considerados espaço e tempo –, em face de certo objeto, ou de determinada "causa", sob exame. Razão, pois, de se poder invocar o devido *processo* e *procedimento* penal. A forma assegura a liberdade jurídica, jamais se confundindo com o mero formalismo. Ao se combater o formalismo, não surge preciso estabelecer a tirania da informalidade.

2. Jurisdição é *poder* do Estado, condizente com a soberania, em razão, até, do monopólio no dispensar justiça. Irrompe, ainda, como *função* consistente em, por meio de tutela específica – tutela jurídica-processual –, manter a paz pública. É, também, *atividade* e substitutiva daquela dos particulares, ou de todos os membros da comunhão social. Daí imaginar, em esquema:

Juízes e Tribunais (arts. 5.º, XXXVI, e 92 da CF)	poder: *imperium*
	função: pacificação de conflitos, por via do processo, guardando e conservando os direitos individuais.
	atividade: *notio et judicium*

Se a jurisdição consiste em poder do Estado (*imperium*), termina sendo dever seu e direito de todos. As pessoas possuem, assim, direito à jurisdição (art. 5.º, XXXV, da CF).

Dever estatal de	a) declarar e/ou definir direito;
	b) satisfazer o direito, tanto que defirido;
	c) assegurar o direito, cuja definição é pedida, ou já foi alcançada.

O poder-dever de tutela jurídica processual corresponde ao direito à jurisdição, que é de todos e de cada um, impessoalmente considerado. Direito, portanto, que é público.

3. A função jurisdicional de guardar e conservar os direitos implica, também, assegurá-los. Fala-se comumente em tutela ou proteção cautelar.

A tutela cautelar desponta em razão da urgência, em *obstar perigo concreto*, nascente na *demora procedimental*; e assenta-se na *aparência do direito* invocado. É, por isso, provisória, sempre. Tanto que prevenido, ou afastado o *risco*, decorrente da aludida mora; ou emerge-se falhada a existência *plausível do direito*, que arrimou a cautela; então deixa de servir. Perde toda a utilidade e necessidade. Assim, é de eficácia limitada.

4. Em processo penal, surge incogitável a existência de ação cautelar. A tutela de que se cuida exsurge mediante procedimentos e provimentos cautelares: procedimento destinado a garantir resultado útil, seja do processo de conhecimento, seja de execução; ou simples sequência de atos, garantidora dos mencionados resultados. Não se aceitam, por exemplo, o depoimento *ad perpetuam rei memoriam* (art. 225); o sequestro e arresto de bens (arts. 125 e 136); e a justificação criminal (arts. 423 e 513), como ações penais. Fala-se em medidas cautelares.

Repita-se: o poder, a função e a atividade cautelar, no processo penal, dirigem-se ao asseguramento da eficácia – força mais efeito – real, concreta, do processo de conhecimento e de execução, e se ultima mediante procedimentos e provimentos cautelares.

Além disso, não se satisfaz o processo penal com aparência do direito, ou com a plausibilidade da existência do direito à tutela. Muito menos o perigo da demora, sempre, guarda relevância. Daí precisar, hoje, de reexame da função e da estrutura da cautelaridade no processo penal.

São Paulo, 21 de março de 1996.

PROCESSO PENAL COMO DEVER DO ESTADO

Conferência proferida na Faculdade Católica de Direito de Santos, em 20 de novembro de 1979.

1. Ideias preliminares

Entendendo-se por sistema jurídico o conjunto de normas, postas em *inter-relação funcional*, ou inter-relacionadas funcionalmente, temos um *todo* formado de fenômenos *solidários* tais, que cada qual depende dos demais fenômenos e não pode ser o que é, senão nas relações com os outros. Assim, dizem-no os autores.

Ora, todos sabem de raiz que o belo não se encontra na pureza das linhas, mas na proporção entre elas. Assim, a *Justiça* não se acha na perfeição das leis, mas no equilíbrio *sistêmico* das normas.

Em direito, entretanto, não se busca equilíbrio estável, porém movimento sinérgico, tendente à harmonia entre *realidade* e *legalidade*, a qual organiza a convivência humana.

Lançadas tais ideias preliminares, não obstante óbvias, mas necessárias ao enfoque temático pretendido, cumpre ir ao objeto de nossa palestra.

2. Sistema protetivo das liberdades, ou dos direitos individuais.

A Emenda Constitucional 1/1969, no capítulo atinente aos direitos individuais e suas garantias, restringindo o poder do Estado, assegura a todos os indivíduos, de modo gradual ou de maneira hierárquica, a vida, a liberdade jurídica, a segurança individual e a propriedade, limitada ao bem comum (art. 153).

A promessa constitucional emergiria inútil, se desde logo não se armasse sistema constitucional garantidor das enunciadas liberdades públicas, Daí os 36 parágrafos que seguem o *caput* declarativo dos aludidos direitos que o indivíduo contrapõe ao Estado.

O sistema constitucional de proteção é de manifesto insuficiente. A Lei 4.898, de 09.12.1955, surgiu para reforçar a estrutura protetiva das liberdades, ao regular o direito de representação e o processo de responsabilidade civil e penal, nos casos de abuso de autoridade (v. § 30 do art. 153, da Emenda Constitucional 1/1969).

O mencionado sistema, posto que fortificado pela Lei 4.898, mostra-se, ainda, deficiente para satisfazer o compromisso constitucional.

Afloram, pois, conforme os especialistas, dois sistemas de amparo, a saber: o primário de tutela, que se exibe no *direito penal*, e o secundário, que se cifra no *direito processual penal.*

Com efeito, inútil seria obrigar o Estado pela vida, liberdade, segurança e propriedade da pessoa humana, sem, de imediato, no diploma material, tipificar as infrações penais de homicídio, de lesões corporais e de periclitação da vida e da saúde, por exemplo. Ou, ainda, nele modelar o constrangimento ilegal, o sequestro e o cárcere privado, a redução à condição análoga de escravo, a liberdade sexual e o rapto. Também, ao mesmo instante, os delitos do perigo comum, contra a segurança dos meios de comunicação e transporte, contra a saúde pública e a paz. Igualmente, tutelar a propriedade, tipificando o furto, o roubo, a extorsão a usurpação, o dano e outras figuras.

Ao falhar o subsistema *primário*, outro se põe em marcha: o secundário de tutela, ou *direito processual penal.*

Emerge, ocorrido o evento-crime, o direito estatal de punir as infrações penais, o qual, em mesma linha de pensamento, submete-se ao princípio da *nula pena sine judicio.*

O *direito penal* resguarda a sociedade. O *processo penal* socorre o acusado, o réu. Ambos conjugados procuram adimplir a promessa da lei maior, por inteiro.

3. Conceito de processo penal

Tal visão conduz, na esteira da ensinança de Canuto Mendes de Almeida, ao conceito de processo penal como instrumento público, destinado a verificar e declarar os termos de incidência, *ou não*, da norma penal (ou primária de tutela) sobre o fato concreto, para proteção dos direitos individuais.

Não guarda ele, portanto, o fadário, senão mediatamente, de impor pena ou medida de segurança. É, em verdade, escudo, proteção, anteparo do indivíduo contra a pretensão estatal. Assim, secularmente, vem-se afirmando que o Código Penal consiste na lei do delinquente e o Código de Processo Penal na lei do inocente.

Em outras palavras, a ação judiciária penal termina, de modo primacial, por surgir como direito autônomo do réu à tutela jurídica constitucional, assestada contra o Estado, obrigado este sempre a prestá-la em defesa da liberdade jurídica do *demandado*, mediante a força da coisa julgada e perante o *demandante*, que a ela há de se escravizar nos limites da eventual sentença criminal condenatória.

Pode-se, assim, falar em *pretensão à tutela* jurídica, mas do *acusado*, ínsita em toda a atividade processual. A ação penal condenatória afloraria, portanto, como o preço necessário a ser pago pelo *acusador* público ou privado, para sujeitar, depois, o réu aos efeitos da coisa julgada, se tiver razão. O *autor*, no processo penal, suporta, em parte, a tutela jurisdicional de liberdade como ônus de demandar.

A lição de Gaio permanece eterna: "facilus ebim reis practor sucurit, quam actoribus", o pretor defende os réus, de preferência os autores (O.4.57).

4. O processo penal como dever do Estado

O processo penal é, pois obrigatório, não apenas no sentido de atender a sociedade, no interesse do qual se devem investigar os crimes, perseguir e punir os delinquentes.

Seria muito pouco e mesquinho o escopo. Aflora ele obrigatório, com grandeza, por ser a única maneira lícita de punir e vigiar o indivíduo. Não mero instrumento de liberação de penas, ou medidas de segurança, nas formas de não punir, ou de só fazê-lo na justa medida, quantitativa e qualitativa, correlatas ambas à infração penal, se e quando antes provadas a existência fática e sua autoria.

É a pretensão punitiva mesma do Estado que, em oposição, faz-lhe nascer o *dever* de exercê-la por via do processo em ação judiciária condenatória. Não se tutela, aqui, o interesse público, senão em momento posterior de execução, mas a *liberdade jurídica* dos réus nos processos penais.

A indisponibilidade do processo corre à conta de não evitá-lo em face da cabal e arrependida confissão, ou o claro desejo incontrastável do infrator de sofrer punição. Nada se soluciona fora dele, quando se imagina ferida a lei penal. Exsurge, por isso, inevitável para todos os partícipes, ressalvados, por exceção, os chamados crimes de ação privativa do ofendido ou dependente de representação antes da denúncia.

O âmago da questão mantém-se ainda: acatamento à liberdade jurídica do acusado, qual prerrogativa do ser humano, no processo de não sofrer discricionária, ou arbitrária, coação estatal.

5. Considerações finais

Divisar o processo penal, assim, leva-nos a verificar que precisamos não de Emendas, mas de verdadeira Constituição, que tenha vigor e efeito de infundir *senso de significância* ao povo.

Carecemos de reforma penal que acomode a ordenação jurídica às exigências da estrutura social brasileira. Reclamamos novo processo penal que, em maior agilidade, tutele a liberdade jurídica dos acusados. Havemos de legislar de costas para o Atlântico.

É necessário compreender, por outro lado, que o binômio verdadeiro é justiça e segurança individual, e não segurança e desenvolvimento. Sem justiça o desenvolvimento se faz em desagradável e perigoso clima de faroeste econômico, em que se acaba esquecendo que o direito importa na exclusão do arbítrio individual, de grupos, ou estatal.

A cada momento a realidade demonstra a existência de problemas, cuja solução jurídica se ostenta insatisfatória, e continuará, caso se perca ou se abandone a verdadeira dimensão do processo e do direito penal, que nos sejam adequados.

A toda a luz o Código Penal tornou-se quase inaceitável. Os enxertos, realizados pela Lei 6.416/1977, não possuem a virtude de afastar o emergente desencontro entre a realidade vivida e a legalidade sem exercício, chegando-se a olvidar que o processo consiste, antes de tudo, em dever constante do Estado.

O saldo do esquecimento acha-se na diuturna violência, na provocante impunidade, no temor que se derrama.

PROIBIÇÃO DA *REFORMATIO IN PEJUS*

1. A apelação, no processo penal, confere ao Tribunal o conhecimento da matéria atacada e, também, da que se permite conhecer de ofício. É a regra: *tantum devolutum quantum appellatum* – vai ao grau superior todo o quanto se apelou (art. 574, *caput*, c/c o art. 599 do CPP).

A proibição da *reformatio in pejus* diz com o aludido efeito devolutivo dos recursos. Hoje, reforçado por outra regra – dita da personalidade ou da pessoalidade do recurso –, segundo a qual o recorrente não há de ter piorada sua situação material e processual, se inocorrente recurso da outra parte (art. 617 do CPP).

Conceitua-se a *reformatio in pejus*, então, como a reforma, modificação ou nulidade da sentença penal condenatória, em sentido mais gravoso para o acusado, sendo ele o único recorrente. É o que se impede.

2. No denominado processo penal romano, do último período, emergia outro sistema. A apelação permitia ao Tribunal Superior novo e pleno julgamento da causa. Assim, de modo eventual, contrário ao apelante. Era o chamado "benefício comum", ou *communio appellationis*,[1]

---

1. Anotou Ovídio A. Baptista da Silva: "O *princípio da comunidade da apelação* ou o princípio da *realidade* foi tradicionalmente adotado pelo direito luso-brasileiro. Pereira e Souza, o eminente jurista português do início do século XIX, dizia: 'A Appellação é *comum a ambas as partes*' (*Primeiras linhas*, vol. II, § 333 – o autor refere-se a obra 'Primeiras linhas sobre o processo civil', na edição de 1879). Com efeito, a possibilidade de modificar-se a sentença apelada *contra o recorrente*, em benefício do apelado, fora princípio assente em todas as ordenações do Reino, desde a primeira delas, onde se lê: 'Muito ameude acontece que aquelle, que apella da Sentença, que contra elle he dada, he achado pelos Juizes da Alçada, que não he

A comunidade da apelação, ou regra da realidade, adotou-a o direito luso-brasileiro. O mandamento achava-se presente nas três Ordenações do Reino. No fim do século XVIII, princípio do XIX, o primeiro importante processualista penal, em língua portuguesa, Pereira e Sousa, afirmava: "A apelação é comum a uma e outra parte".[2]

A vedação da *reformatio in pejus* não tem lugar, se existente o "benefício comum": o recurso devolve ao Tribunal o conhecimento da matéria não impugnada, assim favorecendo quem não recorreu.

3. O estudo da inibição da *reformatio in pejus* principia pela atenção às regras da ampla defesa do acusado; da interdição de pronunciamento *ultra* e *extra petita*; e da prevalência do *favor rei* ou *libertatis*.[3]

---

aggravado por essa Sentença, e acham elles Juizes, que he feito aggravo pela Sentença ao appellado: e dizem alguns, que pois elle da dita Sentença non appellou nom lhe pode ser corregido tal aggravo, que por esse processo acharem ser feito ao appellante, mais se acharem que o appellante nom he aggravado, ainda podem, e devem correger qualquer aggravo, que por o processo acharem ser feito ao appellado, que da Sentença nom appellou, posto que per elle, ou seu Procurador nom seja esse aggravo alegado' (Ordenações Afonsinas, Livro III, Título LXXV). Esse princípio foi observado pelas ordenações posteriores (Ordenação Manuelina, Livro III, Tít. 57; Ordenações Filipinas, Livro III, Tít. 72, pr.) e vigorou no Brasil ainda durante a vigência do Código de 1939 (PONTES DE MIRANDA, *Comentários*, 1932, tomo XI/155). A adoção de um ou outro desses princípios – benefício comum e da pessoalidade do recurso – tem importância decisiva para a fundamentação teórica do *recurso adesivo*, como oportunamente veremos. Se o sistema recursal adotado consagrar o *princípio da comunidade do recurso*, não terá qualquer sentido a instituição do *recurso adesivo*: o recorrido, mesmo sem interpor recurso algum, poderá beneficiar-se daquele interposto por seu adversário, tornando, assim, desnecessário um *recurso adesivo paralelo*" (*Curso de processo civil*. 4. ed. São Paulo: RT, 1998. v. 1, § 17.4.1.2, p. 429-430).

2. PEREIRA E SOUSA, Joaquim José Caetano. *Primeiras linhas sobre o processo criminal*. 4. ed. Lisboa: Impr. Régia, 1831. § CCLXXXVI, p. 195.
3. Observa Giuseppe Bettiol: "Numa determinada óptica, o princípio do *favor rei* é o princípio base de toda a legislação processual penal de um Estado inspirado, na sua vida política e no seu ordenamento jurídico, por um critério superior de liberdade. Não há, efectivamente, Estado autenticamente livre e democrático em que tal princípio não encontre acolhimento. É uma constante das articulações jurídicas de semelhante Estado um particular empenho no reconhecimento da liberdade e autonomia da pessoa humana. No conflito entre o *jus puniendi* do Estado por um lado e o *jus libertatis* do arguido por outro, a balança deve inclinar-se a favor deste último se se quer assistir ao triunfo da liberdade [...] O *favor rei* deve – a nosso ver – constituir desde logo um princípio inspirador da

A garantia constitucional da ampla defesa diz com o direito de saber dos prazos recursais; da ciência de seu início; requisitos e do andamento da apelação. Conhecer-lhe, ainda, os limites, ou a devolutividade, sempre arredando a surpresa. Importa, também, a bilateralidade da audiência durante o procedimento recursal. Já a contraditoriedade acha-se, à evidência, ínsita no apelo e seus acidentes. Em nenhuma fase, ou instante do procedimento, pouco importando o grau de jurisdição, o acusado deve se ver tratado como estranho na causa. Direito, por fim, a que eventual prova, emergente no correr do procedimento recursal, desponte legitimamente obtida ou produzida. Se irromper a necessidade de provas, porque pertinentes, relevantes e idôneos os meios, elas importam ao imputado. Não há preclusão, em matéria probatória, mas sem cabência converter o julgamento em diligência para produzir prova contra o acusado, único apelante.

O Tribunal Superior, em princípio, não deve decidir *ultra* ou *extra petita*. Não há de julgar nem a mais, nem fora do pedido. Encontra-se, portanto, balizado; obstada a decisão contra o próprio apelante. Sempre se poderia argumentar que tal ideia impede o procedimento espontâneo do juiz, em razão do *nemo judex sine actore* e *ne procedat judex ex officio*.[4]

A proibição da *reformatio in pejus* guarda, entretanto, razões mais políticas do que lógicas. Emerge possível garantir a ampla defesa; vedar as decisões *ultra* e *extra petita* e, ainda assim, permitir o agravamento da situação do recorrente, ou reforma para pior.

A nova legislação processual penal italiana conservou o *tantum appellatum* (art. 597, n. 3),[5] mas, por isso mesmo, pode admitir o recurso

---

interpretação. Isso significa, no casos em que não for possível uma interpretação unívoca, mas se conclua pela possibilidade de duas interpretações antagónicas de uma norma legal (antinomia interpretativa), a obrigação de escolher a interpretação mais favorável ao arguido. O juiz não pode, efectivamente, ser *agnóstico* em relação às opções que se lhe deparam em sede de interpretação. Ele vive e opera num determinado clima político-constitucional em que a pessoa humana representa o valor supremo; e é a posição desta que o juiz é chamado a escolher entre duas interpretações antitéticas de uma norma legal" (*Instituições de direito e de processo penal*. Tradução de Manuel da Costa Andrade. Coimbra: Coimbra Ed., 1974. p. 295-297).

4. Sobre o tema ver: TOURINHO FILHO, Fernando da Costa. *Processo penal*. 18. ed. São Paulo: Saraiva, 1997. v. 4, § 23, p. 382-403.

5. "Quando appellante è il solo imputato, il giudice non può irrogare una pena più grave per specie o quantità, applicare una misura di sicurezza nuova o più grave, prosciogliere l'imputato per una causa meno favorevole di quella enunciata nella sentenza appellata né revocare benefici, salva la facoltà, entro i limiti indi-

adesivo de qualquer das partes, sob a denominação de *appello incidentale* (art. 595).[6] Sem maior vigor, pois, a vedação da *reformatio in pejus*, não obstante o discurso garantista.

Toda a legislação processual penal moderna dos Estados democráticos tende a consagrar o *favor rei*, com maior ou menor ênfase. O processo penal nasce, desenvolve-se e estrutura-se em atenção à liberdade jurídica do acusado. Em outras palavras, no conflito de alta relevância social entre o *jus puniendi* e *jus libertatis* prefere-se o segundo. Na interpretação e na aplicação das normas de direito processual penal, surgindo antagonismo, escolhe-se a mais favorável ao acusado.

Basta lembrar, na lei processual penal, do contraditório indispositivo (arts. 262 a 266); da absolvição fraca, dubitativa, ou por falta de provas (art. 386, VI); a extensão da decisão favorável ao coacusado não apelante (art. 580); a existência de recursos privativos da defesa (arts. 609, parágrafo único, e 607); o preceito sobre empate de votos no julgamento de recursos (art. 615, § 1.º); e a vedação da *reformatio in pejus* (arts. 617 e 626, parágrafo único). Sem esquecer o direito sumular (Súmulas 160 e 453 do STF).

4. O Código de Processo Penal vigorante permitiu que o Tribunal, Câmara ou Turma, proibidos de agravar a pena, em recurso exclusivo da defesa, operassem, entretanto, a *emendatio libelli* (arts. 383 e 617). Entenda-se: "dar ao fato definição jurídica diversa da que constar na queixa ou na denúncia", desde que inocorra qualquer gravame jurídico ao increpado, não bastando a mantença da reprimenda. Recorde-se a Súmula 453, que ajuda a caminhar em tal direção: "Não se aplicam à Segunda Instância o artigo 384 e parágrafo único, do Código de Processo Penal, que possibilitam dar nova definição jurídica ao fato delituoso, em virtude de circunstância elementar não contida, explícita ou implicitamente, na denúncia ou queixa".

5. A jurisprudência incumbiu-se, na mesma linha, de impedir a denominada *reformatio in pejus* indireta. Assim, anulada a decisão condenatória, mediante recurso, tão só, do arguido, o juiz que proferir nova sentença achar-se-á jungindo ao máximo da pena, imposta na sentença inválida. Importa assentar: a sentença nula passa a ter força e efeito sobre a nova e válida. Inútil reclamar da lógica em face do *favor rei*.

---

cati nel comma 1, di dare al fatto una definizione giuridica più grave, purchè non venga superata la competenza del giudice di primo grado."

6. "La parte che non ha proposto impugnazione può proporre appello incidentale entro quindici giorni da quello in cui ha ricevuto la comunicazione o la notificazione previste dall'articolo 584."

Assegura-se que a proibição da *reformatio in pejus* indireta não vigora, ao cuidar-se de sentença proferida pelo Tribunal do Júri. É preciso notar que, se o novo Conselho de Sentença conservar o entendimento do anterior, o Juiz Presidente encontra-se forçado a manter o *quantum* da pena imposta, na sentença anulada. A soberania é dos veredictos (art. 5.º, XXXVIII, "c", da CF).

Observe-se, de outra sorte, que, emergindo a sentença inexistente, torna-se muito difícil sustentar a inibição da *reformatio in pejus* indireta.

6. Fala-se em *reformatio in pejus* benéfica, ou permitida, se e quando ocorre agravamento aparente da situação do acusado para possibilitar-lhe a obtenção de maior proveito, ou vantagem, no plano prático. Exemplificam os autores com pequeno aumento da pena para viabilizar o protesto por novo Júri[7] (arts. 607 e 608 do CPP).

7. O apelo exsurgindo, tão só, da acusação, ergue-se a questão de poder ou não o Tribunal decidir de modo favorável ao acusado. Em outras palavras: suceder *reformatio in pejus*, mas para a acusação. Tal possibilidade, a doutrina, de maneira equivocada, denominou *reformatio in mellius*. O tema não é pacífico. Uns entendem que a igualdade de tratamento, que se deve dispensar às partes, obsta a solução benéfica ao acusado. Argumentam também que a norma proibitiva da *reformatio in pejus*, em verdade, unicamente estabelece limites para as sentenças de desclassificação. Dizem que a solução se acha no *habeas corpus* ou na revisão criminal e jamais no alargamento do limite objetivo do recurso.[8] Outros invocam toda a matéria que se pode conhecer de modo espontâneo, com a ressalva da Súmula 160 do STF: "É nula a decisão do Tribunal que acolhe, contra o réu, nulidade não arguida no recurso de acusação, ressalvados os casos de recurso de ofício". Além de lembrarem o *favor rei* e o *libertatis*, mais a economia processual.[9]

São Paulo, 22 de junho de 1999.

Revisto em parte, 09.07.1999.

---

7. Conforme GRECO FILHO, Vicente. *Manual de processo penal*. 4. ed. São Paulo: Saraiva, 1997. § 75, p. 373.
8. Ver GRECO FILHO, Vicente. *Manual*... cit., § 73.3, p. 361-362.
9. A respeito, ver: GRINOVER, Ada Pellegrini; GOMES FILHO, Antônio Magalhães; FERNANDES, Antônio Scarance. *Recursos no processo penal*. 2. ed. São Paulo: RT, 1998. § 21, p. 46.

RECENTES ALTERAÇÕES NA LEGISLAÇÃO PROCESSUAL PENAL EXTRAVAGANTE

1. A lei jurídica, em sentido amplo, dirige-se para a resolução de conflitos. Melhor dizer pré-resolução, visto como se volta para o futuro, no mais das vezes. Importam-lhe o dissenso, a discordância, existente ou porvindoura. Desponta, portanto, da necessidade que deita raízes em certo sistema de valores.[1]

Hoje, parece claro que justiça e lei hão de caminhar juntas, posto que a última deve buscar a primeira. Além de que irrompe o entendimento de se achar a justiça concreta ligada à igualdade. Diga-se, igualdade de tratamento, que toma em conta as diferenças.[2]

À evidência, exsurge lei desobediente ao devido procedimento legislativo. Outras há cujo vício encontra-se na ausência de eficácia social. Despontam, ainda, as que encerram prescrição ou norma injusta. Todas ostentam grave imperfeição.

2. As ideias lançadas importam para buscar responder à pergunta: por que surgem leis esparsas que extravagam à margem de determinado núcleo normativo?

---

1. Tercio Sampaio Ferraz Júnior afirma que a lei consiste na prescrição institucionalidade (*Introdução ao estudo do direito*: técnica, decisão, dominação. 2. ed. São Paulo: Atlas, 1994. § 4.3.3.1.2, p. 232).
2. Ver, a respeito, LLOYD, Dennis. *A ideia de lei*. Tradução de Álvaro Cabral. São Paulo: Martins Fontes, 1998. em especial, p. 137-164.

Três respostas podem-se sugerir. Primeira, emergem para suprir, completar a legislação, que se mostrou falta de algum preceito. Acrescentam, pois. Segunda, afloram as leis para corrigir algum erro, ou malfeito, nascente em diploma anterior. Alteram. Terceira, atendem às contingências políticas de seus fautores; sem exibirem nenhuma ou mínima utilidade social ou pública. Prejudicam, tão só.

Com o objetivo de exemplificar, analisam-se o Código de Trânsito Brasileiro e a Lei 9.714, de 25.11.1998, que alargou o âmbito de aplicação das penas restritivas de direitos.

3. O denominado Código de Trânsito Brasileiro, instituído pela Lei 9.503, de 23.09.1997, trouxe poucos preceitos atinentes ao processo penal. No Capítulo XIX, "Dos crimes de trânsito", na Seção I, "Disposições Gerais", despontaram alguns dispositivos de natureza processual.

Afirma-se, de início, que aos crimes cometidos, *na direção de veículos automotores*,[3] aplicam-se as normas gerais do Código de Processo Penal, se a lei especial *não dispuser de modo diverso*. Assere-se, ainda, que se aplica a lei, que dispôs sobre os Juizados Especiais Cíveis e Criminais, *no que couber* (art. 291 do CTB).

A Constituição da República estabeleceu os Juizados Especiais, competentes para a conciliação, julgamento e execução dos julgados, pertinentes às causas penais, que tratem das infrações penais de menor potencial ofensivo (art. 98, *caput*, I). Deixou à lei ordinária o conceito formal, ou legal, de infrações de menor potencial ofensivo.

A Lei 9.099, de 26.09.1995, que cuidou dos Juizados Especiais Cíveis e Criminais, considerou infrações de menor potencial ofensivo (a) as *contravenções penais* e (b) os *crimes* a que a lei comine *pena máxima não superior a um ano*, tirante os casos "*em que a lei preveja procedimento especial*" (art. 61).

---

3. No anexo I, que trata dos Conceitos e Definições, importantes à interpretação da lei, estabeleceu-se que: "VEÍCULO AUTOMOTOR – todo veículo a motor de propulsão que circule por seus próprios meios, e que serve normalmente para o transporte viário de pessoas e coisas, ou para a tração viária de veículos utilizados para o transporte de pessoas e coisas. O termo compreende os veículos conectados a uma linha elétrica e que não circulam sobre trilhos (ônibus elétrico)". O crime de *omissão de socorro*, entretanto, não se comete na direção de veículo automotor (art. 304, parágrafo único, do CTB).

Assim, acham-se na competência – diga-se absoluta – dos Juizados Especiais Criminais as oito infrações, modeladas no Código de Trânsito, a saber: *omissão de socorro* (art. 304, parágrafo único); *fuga à responsabilidade*, ou do local do acidente (art. 305); *violação de suspensão ou de proibição de obter-se permissão ou habilitação para dirigir veículo automotor* (art. 307); *omissão na entrega de permissão para dirigir ou de carteira de habilitação* (art. 307, parágrafo único); *direção desabilitada* (art. 309); *permissão ou entrega da direção de veículo automotor à pessoa desabilitada, ou sem condições para dirigir* (art. 310); *tráfego em velocidade incompatível* (art. 311); e *fraude processual* (art. 312, parágrafo único).

Restam fora da aludida competência: *homicídio culposo* (art. 302); *lesão corporal culposa* (art. 303); *embriaguez ao volante* (art. 306) e *participação de corrida, disputa ou de competição automobilística* (art. 308). Os quatros crimes, em razão de a pena máxima cominada se mostrar *superior a um ano*, não surgem de menor potencial ofensivo (art. 61 da Lei 9.099/1995).[4] A competência emerge, pois, do *juízo comum criminal.*

Sucede que o Código de Trânsito mandou aplicar aos crimes de *lesão corporal culposa* (art. 303), *embriaguez ao volante* (306) e de *participação em competição não autorizada* (art. 308) três preceitos estatuídos na Lei dos Juizados Especiais Criminais: *composição dos danos civis* (art. 74); *aplicação imediata de pena restritiva de direitos ou multa*, ou transação (art. 76); e *dependência de representação*, para proceder em ação penal de iniciativa pública (art. 88). Sem nenhuma explicação não se incluíram os comportamentos de *participar, na direção de veículo automotor, em via pública, de corrida ou de disputa* (art. 308 do CTB). Não se consegue vislumbrar a suposta maior gravidade das condutas. Sempre haverá, entretanto, quem sustente não ter ocorrido tal omissão. Assim, a lei especial quis se

---

4. A pena de detenção surge cominada para todos os crimes, previstos no Código de Trânsito Brasileiro. No homicídio culposo, as reprimendas são de dois a quatro anos e suspensão ou proibição de se obter a permissão, ou habilitação para dirigir veículo automotor. Há quatro causas de aumento de pena. Na embriaguez ao volante, as penalidades surgem de seis meses a três anos, multa e suspensão, ou proibição, já referidas. As sanções despontam de seis meses a dois anos, multa e as referidas suspensão ou proibição, na competição não autorizada. Tirante as causas especiais de aumento, no homicídio culposo (art. 302, parágrafo único), nenhuma reprimenda ultrapassa quatro anos. Assim, a pena de detenção pode ver-se substituir por restritiva de direitos (art. 44, I a III, § 3.º, do CP).

referir ao nome do delito, *participação em competição não autorizada*, englobando os três comportamentos (art. 291 do CTB).

A competência da *Justiça Militar* é especial. Cabe-lhe, tão só, julgar os crimes, definidos como militares e no Código Penal Militar (art. 124 da CF c/c o art. 9.º do Decreto-lei 1.001, de 21.10.1969). Observe-se, ainda, que: "Compete à Justiça Estadual Militar processar e julgar os policiais militares e bombeiros militares nos crimes militares, definidos em lei [...]" (art. 125, § 4.º, da CF).

A Súmula 6 do STJ assenta: "Compete à Justiça comum Estadual processar e julgar delito decorrente de acidente de trânsito envolvendo viatura de Polícia Militar, salvo se autor e vítima forem policiais militares em situação de atividade". O acidente de trânsito, despontando crime, assim, praticado por civil ou por militar contra civil, envolvendo viatura da Polícia Militar, fica na competência da *Justiça comum Estadual*, incidindo o Código de Trânsito. Se autor e vítima forem, contudo, policiais militares da ativa, o crime será militar, se típica a conduta, e perseguível em juízo, na *Justiça Militar Estadual* (art. 125, § 4.º, da CF c/c o art. 9.º do CPM e art. 82 do CPPM). *Não há lugar, pois, para o Código de Trânsito.*

Observe-se que a aludida Súmula não se aplica às Forças Armadas: Marinha, Exército e Aeronáutica. Aos acidentes de trânsito, envolvendo os militares, em situação de atividade – ou da ativa – e assemelhado – servidor, submetido à disciplina militar (art. 84 do CPPm) –, em serviço, *não se aplica o Código de Trânsito.*

4. Nas hipóteses de homicídio culposo, lesão corporal culposa, embriaguez ao volante e de participação em corrida, disputa ou competição automobilística não autorizada, a regra acha-se na existência de inquérito policial (arts. 4.º a 23 do CPP). O Código de Trânsito, assim, perdeu a oportunidade de rever a Lei 5.970, de 11.12.1973. Essa lei, emergente durante a denominada crise do petróleo, excluiu "da aplicação do disposto nos artigos 6.º, inciso I; 64 e 169, do Código de Processo Penal os casos de acidente de trânsito".

Vale afirmar que deu à autoridade policial, ou seu agente, poder de, *independentemente de exame do local*, remover, ou autorizar a remoção, de veículos metidos em acidente de trânsito, se estiverem no leito da via pública e prejudicarem o tráfego (art. 1.º). Basta-lhes, para tanto, lavrar boletim de ocorrência, consignando o fato, as testemunhas presenciais e mais as circunstâncias que *acreditem* necessárias ao esclarecimento da *verdade criminal* (art. 1.º, parágrafo único). Privilegiou-se o escoamento do tráfego, a dano da prova penal. O econômico prevaleceu, causando dificuldades para a instrução criminal e, não poucas vezes, gerando injustas condenações e absolvições.

É verdade que recente modificação no Código de Processo Penal determinou dever a autoridade policial "dirigir-se ao local – da infração –, providenciando para que não se alterem o estado e conservação das coisas, até a chegada dos peritos criminais" (art. 6.º, I, com a redação dada pela Lei 8.862/1994). Tal dispositivo encontra-se explicitado no Capítulo referente ao exame do corpo de delito e das perícias em geral (art. 169).[5] Há, entretanto, quem sustente a inocorrência de derrogação, dando por vigente a mencionada lei e por inteiro.[6]

A demonstração de que não se desejou modificar tal estado prejudicial à prova, nos acidentes automobilísticos, encontra-se na evidência de atribuir à Polícia Rodoviária Federal o poder-dever de *efetuar levantamento dos locais de acidentes de trânsito* (art. 20, IV, do CTB). Esqueceu-se, até, de que as polícias rodoviária e ferroviária federais não são autoridades policiais judiciárias, cabendo à primeira, tão só, o *patrulhamento ostensivo das rodovias federais* (art. 144, § 2.º, da CF).

Ainda no tocante à prova de inquérito e com vistas ao delito de *embriaguez ao volante*, convém notar que a autoridade policial, ou seu agente, não deve forçar ninguém a submeter-se a testes de alcoolemia, mediante aparelho de ar alveolar – "bafômetro". Muito menos constranger retirando sangue para verificação do nível de álcool (arts. 165, parágrafo único, e 277 do CTB). Antiga exsurge a regra jurídica que assenta *não se dever forçar ninguém a produzir prova contra si mesmo*. Agora, é lei entre nós (art. 8.º, n. 2, "g", do Decrreto 678/1992, Pacto de São José da Costa Rica, c/c o art. 5.º, § 2.º, da CF e art. 1.º, I, do CPP). Sem a concordância do suspeito, a prova da embriaguez limita-se ao exame clínico, ultimado por médico. Quanto ao "bafômetro", convém observar que seu resultado *não se consti-*

---

5. "Art. 169. Para o efeito de exame de local onde houver sido praticada a infração, a autoridade providenciará imediatamente para que não se altere o estado das coisas até a chegada dos peritos, que poderão instruir seus laudos com fotografias, desenhos ou esquemas elucidativos." O preceito, a toda a luz, importa aos crimes de trânsito: homicídio culposo e lesão corporal culposa, em especial, existindo pluralidade de vítimas.

6. Ver, por exemplo, TOURINHO FILHO, Fernando da Costa. *Código de Processo Penal comentado*. São Paulo: Saraiva, 1996. v. 1, notas aos artigos 6.º e 169, p. 26 e 331; e MIRABETE, Julio Fabbrini. *Processo penal*. 8. ed. São Paulo: Atlas, 1998. § 3.4.1, p. 87.

tui em meio de prova, tão só importando à investigação policial, como subsídio. Acha-se no mesmo nível informativo do retrato falado. Seja para investigação, seja para prova, o que se consegue, mediante constrangimento ilegal, coloca-se no âmbito das *provas ilícitas*, inadmissíveis no processo (art. 5.º, LVI, da CF).

5. Observe-se que, tratando-se de infração penal de menor potencial ofensivo, ao denominado autor do fato, se for encaminhado ao Juizado Especial Criminal, ou assumir o compromisso de a ele comparecer, não se impõe *prisão em flagrante*, nem se exige *fiança* (art. 69, parágrafo único, da Lei 9.099/1995). No Código de Trânsito, asseverou-se que "ao condutor de veículo, nos casos de acidente de trânsito de que resulte vítima", não se impõe *prisão em flagrante*, nem se exige *fiança*, tanto que preste pronto e integral socorro (art. 301). Tal preceito já se encontrava no Código anterior (art. 123 da Lei 5.108, de 21.11.1996). É de moralidade duvidosa o dispositivo que trata de premiar, com a dispensa do *auto de prisão em flagrante* ou de *fiança*, quem não comete o delito de *omissão de socorro* (arts. 302, parágrafo único, III, 303, parágrafo único, e 304 do CTB).

6. Não obstante entendimentos contrários,[7] a nova lei de trânsito tornou dependente de *representação da vítima* – ou de quem tiver qualida-

---

7. Conferir Julio Fabbrini Mirabete, por exemplo, ao afirmar: "Assinale-se que ao dispor sobre a aplicação do art. 88 da Lei n. 9.099/95, o art. 291 do CTB está se referindo apenas à necessidade de representação para o crime de lesões corporais culposas, uma vez que os demais, ou seja, os delitos de embriaguez ao volante e de participação em competição automobilística não autorizada, são de ação penal pública incondicionada. Embora possam surgir dúvidas a respeito, diante da redação defeituosa da lei, deve-se ponderar que se trata da apuração de crimes de perigo, e o segundo inclusive de perigo contra a incolumidade pública, não se podendo falar em identificação de vítima para propor a representação (Crimes de trânsito têm normas gerais específicas. *Boletim IBCCrim*, n. 61, p. 14, dez. 1997). Ainda: "Já no que concerne à embriaguez ao volante (art. 306) e participação em competição não autorizada (art. 308), sendo delitos de perigo à incolumidade de outrem ou à incolumidade pública ou privada, não é o caso de aplicação dos artigos 74 e 78, o primeiro, porque inexiste dano real a ser reparado, o segundo, porque inexiste vítima concreta ou, de qualquer modo, existindo, dela não se pode exigir qualquer manifestação de vontade, mesmo porque o bem jurídico em jogo (certo nível de segurança viária) não é disponível (leia-se é um bem jurídico universal, não pertence a uma pessoa concreta). Logo, não é o caso de representação. Urge então concluir: para esses delitos o único instituto aplicável é o da transação penal (art. 76). Não são delitos de menor potencial

de para presentá-la (arts. 24, § 1.º, e 39 do CPP) – os crimes de *embriaguez ao volante* e de *participação em competição não autorizada* (arts. 306 e 308 do CTB). O delito de *lesão corporal culposa* já o era (art. 291, parágrafo único, do CTB, c/c o art. 88 da Lei 9.099/1995). Recorde-se que a *representação* consiste em manifestação de vontade, autorizante da acusação, em ação penal de iniciativa pública (arts. 24, 25 e 39 do CPP). Sem tal licença, nos casos marcados em lei, não pode o Ministério Público denunciar. Se o fizer, a ação penal condenatória será rejeitada por ausência de condição específica, ou de procedibilidade, conforme despontar o entendimento doutrinário (art. 43, III, do CPP).[8]

Os delitos emergem de perigo, mas o diploma de trânsito manda incidir a lei dos juizados especiais criminais, pouco ajudando a ressalva, "*no que couber*", diante da objetiva redação da norma determinante (art. 291, *caput*, em confronto com o parágrafo único, do CTB).

A absurdidade, porém, surge da lei, não do intérprete rigoroso. Nos últimos sete anos, vem despontando a "*escola exegética salvacionista*", voltada apenas a explicar, interpretando de modo caridoso, os preceitos legais, por mais incongruentes ou insensatos que sejam. Melhor fora que todos – especialistas ou não – tratássemos de tanger o Congresso Nacional a emendar as leis mal produzidas e até aprender a elaborá-las.

---

ofensivo, mas admitem transação penal" (GOMES, Luiz Flávio. CTB: vigência e lei dos juizados especiais criminais. *Gazeta Jurídica*, ano I, n. 5, p. 10, 26 jan. 1998). Damásio E. de Jesus propõe: "1.º) no delito de lesão corporal culposa, incidem a exigência de representação e a suspensão condicional do processo (arts. 88 e 89, da Lei n. 9.099/95). Observe-se que a Lei dos Juizados Especiais Criminais faz referência expressa à lesão corporal culposa (art. 88); 2.º) os crimes de embriaguez ao volante e de 'racha' são de ação penal pública incondicionada, sendo descabida a exigência de representação. No tocante a eles é aplicável a suspensão condicional do processo (art. 89 da Lei 9.099/95)". O autor oferece importante informação, em nota: "o Conselho Nacional de Política Criminal e Penitenciária, em reunião de 29 de julho de 1996, em Brasília, nas sugestões ao projeto de lei que se tornou o CT, recomendou a supressão do parágrafo único do art. 291, entendendo-o confuso" (*Crimes de trânsito*: anotações à parte criminal do código de trânsito: Lei n. 9.053, de 23/09/1997. São Paulo: Saraiva, 1998. § 5, p. 40).

8. No mesmo sentido, PIRES, Ariosvaldo de Campos; SALES, Sheila Jorge Selim de. *Crimes de trânsito na Lei n º 9. 503/97.* Belo Horizonte: Del Rey, 1998. § 27.2, p. 151-152.

7. Os referidos delitos de *embriaguez ao volante* e de *participação em competição não autorizada* (arts. 306 e 308 do CTB), a despeito de não emergirem de menor potencial ofensivo – como visto –, a lei de trânsito ordenou que se lhes acomodasse a denominada transação penal (art. 291, parágrafo único, c/c o art. 76 da Lei 9.099/1995). Desútil argumentar que as condutas se ostentam de extrema gravidade na espécie.[9]

8. Surgem várias providências cautelares no processo penal. O Código de Trânsito estatuiu que, para a *garantia da ordem pública*, pode o juiz – de ofício ou a requerimento do Ministério Público e, ainda, por instância de representação da autoridade policial –, em qualquer fase da persecução penal, decretar a suspensão da permissão ou da habilitação para dirigir veículo automotor, bem como a proibição de sua obtenção. Deve fazê-lo em decisão motivada (art. 294). Cabe recurso em sentido estrito, sem efeito suspensivo, do *decisum* que defere a medida cautelar, ou do que indefere o pedido do Ministério Público (art. 294, parágrafo único, cuja redação despontou defeituosa).

9. Nenhuma medida cautelar, no processo penal, guarda cabência sem a demonstração de necessidade concreta e real. Ela há de se exibir imprescindível para o processo em que aflora, jamais devendo operar como sobrepena ou sanção processual.

Exsurge bem conhecida a amplitude da expressão "*garantia da ordem pública*" no processo penal. Agora, irrompe outro elemento complicador para integrá-la. Vale afirmar: a segurança do trânsito (arts. 1.º, § 2.º, 6.º, I, 19, III e IV, e outros do CTB).[10]

Tal providência cautelar não fere o estado de inocência, dita não consideração prévia de culpabilidade (art. 5.º, LVII, da CF).

10. Descabe examinar a natureza jurídica da chamada *multa reparatória*, sendo o enfoque processual (art. 297, §§ 1.º a 3.º, do CTB). A invocação de dispositivos pertinentes à sanção pecuniária, modelados no Código Penal (arts. 49, § 1.º, 50, 51 e 52), não torna a *multa* espécie de pena

---

9. Com razão observou-se que, na hipótese, elaborou-se "exemplo claríssimo do prejuízo que a voracidade legislativa pode trazer à sistematização das normas repressivas" (ROCHA, Luiz Otávio de Oliveira. Código de Trânsito Brasileiro: primeiras impressões. *Boletim IBCCrim*, n. 61, p. 8, dez. 1997).

10. No mesmo sentido, JESUS, Damásio E. de. *Crimes de trânsito*... cit., p. 58.

criminal. Falta-lhe a necessária cominação (art. 5.º, XXXIX, da CF c/c o art. 1.º, segunda parte, do CP).

Aflora, também, difícil considerá-la como efeito extrapenal da condenação firme e para a hipótese de suceder dano "resultante do crime" (art. 297, *caput*, do CTB).

Qual sanção civil, resta-lhe, de outra sorte, o incompatível afeiçoamento penal. Tal hibridismo deixa mais distante o entendimento de sua essência. Desponta como adiantamento de reparação, a regularizar, nascente na sentença (art. 297, § 3.º, do CTB).

A lei de trânsito refere à imprescindibilidade de demonstração do "prejuízo no processo" para haver reparação (art. 297, § 1.º, do CTB). Logo, forçoso é reconhecer que à aplicação da *multa reparatória* – se vier a acontecer, não obstante a formulação defectiva – exigem-se pedido, ampla defesa, incluindo o direito à prova, bem como motivação do ato decisório (arts. 5.º,LIV e LV, e 93, IX, da CF).

11. Nos crimes em que a pena mínima cominada for *igual ou inferior a um ano*, o Ministério Público, ao oferecer a denúncia, pode propor a *suspensão condicional do processo* (art. 89 da Lei 9.099/1995, c/c o art. 291 do CTB). O homicídio culposo é o único crime que não se quadra no mandamento por ostentar pena mínima cominada de dois anos (art. 302 do CTB). Tem-se entendido que a suspensão é aplicável a qualquer infração penal, com pena mínima *não superior a um ano.*

12. Inexiste boa razão para inadmitir o *perdão judicial* nos crimes de homicídio culposo e de lesão corporal culposa, praticados no trânsito (arts. 302 e 303 do CTB).

O *perdão judicial* consiste em causa de extinção da punibilidade e a sentença concessiva – declaratória da extinção – nem se considera para a reincidência, ou qualquer outro efeito condenatório (art. 107, IX, c/c o art. 120 do CP e Súmula 18 do STJ).[11] O *perdão judicial* irrompe típico. Assim, emerge descrito no homicídio culposo e na lesão corporal culposa (arts. 121, §§ 3.º e 5.º, e 129, §§ 6.º e 8.º, do CP).

O Código de Trânsito traz modelo defectivo de ambas as infrações penais. Limita-se a invocar o *nome* dos crimes: *homicídio culposo* e *lesão corporal culposa*, sem descrever conduta. Assim, "remete ao Código Penal"

---

11. Súmula 18 "A sentença concessiva do perdão judicial é declaratória da extinção da punibilidade, não subsistindo qualquer efeito condenatório".

ou "recepciona as figuras"[12] constantes do Código. Desnecessário, até, invocar igualdade de tratamento penal entre as lesões corporais, praticadas no trânsito e fora dele, para arrimar o *perdão judicial*. Surge suficiente a *recorrência*, exibida na lei de trânsito.[13]

13. Aplicam-se, agora, penas restritivas de direitos, substituindo a reprimenda privativa de liberdade, se e quando: a) a decisão impuser pena de reclusão, detenção ou prisão simples *jamais superior a quatro anos*, ou se o crime emergir *culposo*; b) a infração penal não se cometer com *violência ou grave ameaça* a pessoa; c) o acusado *não se mostrar reincidente* em crime doloso, mas, se o for, não no *mesmo tipo de crime e a medida emergir, socialmente, recomendável*; d) a culpabilidade, os antecedentes, a conduta social e a personalidade do acusado, bem como os motivos e as circunstâncias da infração indicarem que a *substituição seja suficiente* (art. 44, I a III e § 3.º, do CP, por força e efeito da Lei 9.714/1998).

Não tem lugar a prisão processual, ou cautelar, se e quando a instrução criminal exibe, em prol do indiciado, ou do arguido, *causa de exclusão da ilicitude* (arts. 23 a 25 do CP c/c o art. 314 do CPP). Bastaria verificar tal regramento para perceber que arredada se mostra a discricionariedade técnica. Razão inexiste para prender, em flagrante delito, quem agiu em legítima defesa, ou se decretar a prisão preventiva do que atuou no estrito

---

12. Conforme JESUS, Damásio E. de. Perdão judicial nos delitos de trânsito. *Boletim IBCCrim*, n. 66, p. 2, fev. 1998; e CERNICCHIARO, Luiz Vicente. Código de Trânsito e perdão judicial. *Correio Brasiliense*, Direito & Justiça, p. 3, 16 mar. 1998.

13. Observa Damásio E. de Jesus: "[...] o perdão judicial é admissível nos crimes de homicídio culposo e lesão corporal culposa cometidos no trânsito. O obstáculo do veto é superável (ao art. 300 do Cód. de Trânsito, Lei n. 9.503/97). No Projeto de Lei, o instituto só era admitido em determinados casos, restrição com que não concordou o Senhor Presidente da República. Por isso impugnou o dispositivo, não sem antes dizer da conveniência da medida nos delitos de circulação. Não são convincentes as teses de que ao CT, por força de seu art. 291, *caput*, somente são aplicáveis as 'normas gerais' do Código Penal, encontrando o perdão judicial na Parte Especial, e que esse instituto só admissível 'nos casos previstos em lei', silenciando a Lei n. 9.503/97 sobre o tema. Os artigos 302 e 303, do CT, definindo o homicídio culposo e a lesão corporal culposa praticados na direção de veículo automotor tratam de 'crimes remetidos', hipótese em que uma norma penal incriminadora faz menção a outra, que a integra" (*Crimes de trânsito...* cit., § 9, p. 50).

cumprimento de dever legal, ou se comportou em exercício regular de direito, como visto.

Alguma excludente da culpabilidade – ou dirimente – despontando, como o erro sobre a ilicitude do fato, coação irresistível e obediência hierárquica, ou a inimputabilidade, por embriaguez completa, proveniente de caso fortuito ou força maior, de modo semelhante, deve-se ter por vedada a prisão processual (arts. 21, 22 e 28, § 1.º, do CP). Ao acusado, que se divisa isento de pena, descabe prisão provisória. A conclusão deflui do sistema, pouco importante a falta de norma processual expressa (arts. 282, 309, 310, parágrafo único, 313, I, 314, 321, I e II, 596 e outros do CPP).[14]

Ao se compreender e guardar o aludido sistema, resta fácil concluir quais os efeitos da aplicabilidade de penas substitutivas, das reprimendas privativas de liberdade, sobre as prisões chamadas provisórias, consoante o novo modelo substancial (Lei 9.714, de 25.11.1998).

O limite da pena privativa de liberdade, que permite substituição, alargou-se para quatro anos (art. 44, I, do CP). Ao retirar-se a prisão como pena, desponta intolerável conservá-la qual instrumento de tutela cautelar. Em certo caso concreto, emergindo a probabilidade da futura substi-

14. Afirma Weber Martins Batista: "O problema deve ter solução semelhante à da hipótese das justificativas. Nosso direito processual penal está estruturado de acordo com as normas e princípios constitucionais, garantidores da liberdade individual, normas e princípios que o processo penal acolhe e regulamenta, dando-lhes vida prática [...] Não é tão só por amor ao indivíduo que se protege sua liberdade, mas porque esta garantia interessa sobretudo à coletividade, é um dos alicerces, e dos mais importantes, sobre que está organizada a sociedade no Estado liberal. Assim, toda vez que, no processo, ocorrer um choque entre o interesse social e o individual, este pugnando pela liberdade, aquele aconselhando a sua restrição, em favor da realização do direito, a solução deve ser dada partindo-se da ideia de que a liberdade pessoal, por ser um bem do indivíduo, constitui, principalmente, um valor inalienável da coletividade. [...] O acusado não se presume inocente durante o processo, o que seria um contrassenso, mas porque e enquanto não condenado *não é culpado*, não pode ser tratado como se fosse, goza de um *status* de inocência. Por isso, as restrições à sua liberdade, quaisquer que sejam elas, só se admitem se ditadas pela mais estrita necessidade. [...] Assim, 'não havendo probabilidade alguma de condenação do réu, por estar plenamente demonstrada a existência de dirimente' – como diz Frederico Marques – por que simplesmente *não* colocá-lo em liberdade, como aconselha o eminente professor? O certo será deixá-lo não apenas fora da prisão, como, também, fora do processo. Do mesmo modo como foi dito em relação às justificativas, o Estado não tem interesse em processar o autor do fato, se é certo de que vai absolvê-lo" (*Liberdade provisória*: modificações da Lei 6.416, de 24 de maio de 1977. Rio de Janeiro: Forense, 1981. p. 71-72).

tuição da reprimenda cominada ao crime, por sanção restritiva de direitos, descabe qualquer prisão provisória (art. 43, I a VI, do CP c/c os arts. 301 a 310, 311 a 316, 408, §§ 1.º a 3.º, 585, 393, I, e 594 do CPP).[15]

Note-se que nem sequer a reincidência impede a substituição. Basta que, "em face da condenação anterior, a medida seja socialmente recomendável e a reincidência não se tenha operado em virtude da prática do mesmo crime" (art. 44, § 3.º, do CP). Leia-se, contudo, "em virtude da prática do mesmo *tipo* de crime", visto como o mesmo fato não se repete.[16]

São Paulo, 18 de outubro de 1999.

---

15. Averba Francisco de Assis Toledo: "Assim, como a privação da liberdade está, igualmente, prevista na legislação processual como 'prisão *ad cautelam*' (prisão em flagrante, prisão preventiva, prisão resultante de sentença condenatória, de sentença de pronúncia, de violação de normas sobre liberdade provisória, prisão temporária), seria ilógico abolir-se a prisão como pena para certos fatos previstos como crime no Código Penal e, ao mesmo tempo, manter-se a prisão na lei processual, a título de acautelar a futura execução de uma pena que, embora prevista em abstrato, deixou de existir ou de aplicar-se para certos fatos ou para o caso concreto. Daí a necessidade de repensar-se o instituto da prisão cautelar, por vezes também denominada 'prisão provisória' ou 'prisão processual'. Essa modalidade de prisão, embora tenha por objetivo certas conveniências do processo (garantia da ordem pública ou econômica, conveniência da instrução, assegurar a aplicação da lei penal), sendo uma providência cautelar, só tem razão de ser em função da probabilidade de condenação e da possibilidade de frustração da futura execução dessa condenação. [...] Em outras palavras, seria ilógico aplicar-se medida cautelar assecuratória da condenação, providência extremamente mais severa, quando a própria condenação não conduzisse a tanto. O acessório estaria sobrepujando o principal" (Penas alternativas ou substitutivas da privação da liberdade. A reforma penal de 1984. As alterações introduzidas pela recente lei 9.714, de 25 de novembro de 1998. In: DOTTI, René Ariel et al. *Penas restritivas de direitos*: críticas e comentários às penas alternativas – Lei 9.714, de 25.11.1998. São Paulo: RT, 1999. p. 143-144).
16. Muitos crimes admitem a aplicação de pena substitutiva. Anotem-se, tão só, por exemplo, alguns delitos que podem receber reprimendas restritivas de direitos: aborto provocado pela gestante e provocado por terceiro, com seu consentimento (arts. 124 e 126, *caput*, do CP); sequestro e cárcere privado (art. 148 do CP); extorsão indireta (art. 160 do CP); fatura, duplicata ou nota de venda simulada (art. 172 do CP); quadrilha ou bando (art. 288 do CP). Nas leis penais extravagantes, recordem-se: Lei de Mercado de Capitais (Lei 4.728/1965); Crime de Sonegação fiscal (Lei 4.729/1965); Crimes contra o Sistema Financeiro Nacional (Lei 7.492/1986); Crimes contra a Ordem Tributária, Econômica e contra as Relações de Consumo (Lei 8.137/1990); Interceptação de Comunicações Telefônica (Lei 9.296/1996); e Crimes atinentes às Armas de Fogo (Lei 9.437/1997).

RESENHAS

1. Ao final do ano de 2000, Maurício Zanoide de Moraes publicou, pela editora Revista dos Tribunais, monografia sob esse título, na Coleção de Estudos de Processo Penal Professor Joaquim Canuto Mendes de Almeida, recebendo o volume o número quatro. A obra veio prefaciada pela Profa. Ada Pellegrini Grinover e apresentada pelo Prof. Rogério Lauria Tucci.

Divide-se em duas partes. A primeira trata do interesse e da legitimação para recorrer, consoante o aspecto geral. A segunda desdobra-se em quatro títulos, a saber: "Do interesse recursal no processo penal"; "Da legitimação recursal no processo penal"; "Da análise conjunta da legitimação e do interesse recursais no processo penal brasileiro"; e, por fim, "Síntese", o qual trata, concluindo, da doutrina, da jurisprudência e de proposta de lei modificativa do Código de Processo Penal.

A bibliografia surge composta por livros e periódicos, listando trezentos e sessenta e dois títulos, ao que se acrescentaram, ainda, dezenove dicionários e enciclopédias. Exibe larga e profunda pesquisa.

O estudo espraia-se por 424 páginas.

A monografia emergiu como tese de doutorado, orientada pela Profa. Ada Pellegrini Grinover e ofertada na Faculdade de Direito da Universidade de São Paulo, com bom êxito. Compuseram a banca examinadora, além da orientadora, os Professores Nilzardo Carneiro Leão, Weber Martins Batista, Ivete Senise Ferreira e Antônio Magalhães Gomes Filho.

2. Cuida-se de trabalho que se integra na teoria dos recursos e no direito processual penal, englobando doutrina e julgados. O autor aceita a ideia de ver o processo de conhecimento, dividido em três momentos de análise jurisdicional: pressupostos processuais, condições da ação e mérito da causa. Daí destacar o interesse e a legitimação para recorrer, também, como condi-

ções de admissibilidade recursal. Chega, depois, à aplicação da ideia de instrumentalidade.

Entende seja o direito ciência. Assim, a todo tempo, procura ele examinar a estrutura lógica do interesse e da legitimação recursal, bem como suas projeções na realidade forense. Essa postura o conduziu a pensar o processo penal, aprimorando-lhe a linguagem técnica. Demonstrou a impossibilidade de romper o vínculo entre o pensamento e a linguagem jurídica. Sucedeu, pois, retomada de caminho, abandonado pelos procedimentalistas e mecanicistas do direito processual penal. O autor volta a analisar o ato de recorrer sob dois ângulos: da teoria e da filosofia do direito, dando-lhe substância. Tal evidência não implicou derrelicção da didática e da práxis.

O processo penal consiste em meio de obter, na jurisdição específica, resultado teórico e, de modo prevalecente, prático, com vistas à concretude das leis penais. Na devida operacionalidade, acham-se-lhe a boa técnica e a ética, tendentes ao resultado positivo. O entendimento da instrumentalidade do processo, conforme o autor, não força, contudo, a adesão a quaisquer das variantes do pragmatismo.

Algumas conclusões merecem reprodução para que se possa medir a muita importância do trabalho. Afirma o autor: "no âmbito processual penal, o interesse em recorrer é o juízo seletivo-valorativo, norteado por critérios de utilidade e de necessidade de melhora da esfera jurídica do recorrente, após a prolação de decisão judicial impugnável" (p. 399). O conceito tangeu a recusa da concepção de sucumbimento, posto que desútil. Já assegura: "a legitimação recursal é uma atribuição de poder feita pelo legislador, de forma taxativa e dirigida a um grupo de pessoas, atingíveis pelos efeitos jurígenos das decisões judiciais" (p. 400). Sustenta que a escolha dos legitimados, pelo legislador, não leva em consideração, tão só, os aspectos técnico-jurídicos, mas, também os políticos. Refere-se, por certo, à prevalente política criminal, que há de orientar a elaboração das leis, condizentes com a jurisdição penal. Ambas as mencionadas condições recursais protraem-se nos julgados, com alguma lentidão e desfuncionalidade, que se procurou mostrar.

3. Não obstante alguma discordância que se possa guardar com o autor, é forçoso reconhecer-lhe o mérito da monografia. Na leitura do livro, muito se pode aprender, querendo. Aos que se deixaram congelar e, por isso, persistem em repetir velhos conceitos, que até o direito processual civil abandonou, resta a oportunidade de ingressar no novo milênio, refletindo sobre o direito processual penal renascente.

MORAES, Maurício Zanoide de. *Interesse e legitimação para recorrer no processo penal brasileiro*. Análise doutrinária e jurisprudencial de suas estruturas. São Paulo: RT, 2000. 424p. (Coleção de Estudos de Processo Penal Prof. Joaquim Canuto Mendes de Almeida, v. 4.)

RETRATAÇÃO DO RETRATO

Recebemos documentos, para exame e opinião, o quanto segue:

a) pedido de *habeas corpus*;
b) requerimento da pretensa vítima, por seu advogado, reconsiderando declaração, prestada no inquérito policial e manifestando desejo de "não ratificar, em face do seu novo estado civil, a representação... feita por sua mãe";
c) instrumento de procura, outorgado por ela e seu marido, ao advogado, com poderes específicos;
d) parecer da Procuradoria-Geral da Justiça;
e) acórdão do Tribunal de Justiça do Estado, denegando a ordem de *habeas corpus*.

O caso, com vistas a tais documentos, assim se debuxa:

I – O paciente do *habeas corpus* teria cometido delito de estupro (art. 213 do CP) e de lesão corporal leve (art. 129 do CP), em concurso material;

II – A pretensa ofendida, ao tempo do evento, contava menos de dezoito anos;

III – A representante legal da menor, sua mãe, impossibilitada de prover as despesas do processo, obteve atestado de miserabilidade;

IV – Representou, por tais razões, à autoridade e o paciente acabou denunciado;

V – Em meio à demanda penal, por seu advogado e procurador bastante, ingressou nos autos a pretensa ofendida, já agora capaz, e retratou a representação, provando casamento com terceiro;

VI – Voltou ela, depois, alegando vício de consentimento e pediu que se prosseguisse com a ação penal;

VII – O Juízo e o Tribunal negaram, de imediato, validade ao primeiro ato e reconheceram-na ao segundo.

Pergunta-se então:

1.º Existe retratabilidade da representação depois da denúncia?

2.º Qual a natureza jurídica de tal ato?

3.º Qual é sua validade e eficácia?

4.º Admite-se retratação da retratação?

5.º Que sucede, se a retratação surge viciada?

Nos crimes contra os costumes, a ação penal emerge exclusivamente privada, isto é, privativa do ofendido (arts. 102, § 2.º, e 225 do CP c/c os arts. 19 e 30 do CPP), muito embora o instrumento processo aflore, em qualquer hipótese, público.

Torna-se, contudo, ação penal pública condicionada, dependente de representação, quando a vítima ou os representantes legais figuram-se miseráveis. Ainda, se o crime contra os costumes cometeu-se com abuso do pátrio poder, ou da qualidade de padrasto, tutor ou curador (§§ 1.º e 2.º do art. 225 do CP).No caso em exame, a pobreza familiar atestada determinou que a ação penal, por delito de estupro, se iniciasse por denúncia, após representação da mãe da menor pretensamente ofendida.

A representação, ato de declaração de vontade do ofendido, ou de representante legal, constitui-se em condição específica de procedibilidade. É licença para acusar. Permissão, consentimento para denunciar e perseguir em Juízo (art. 24, *in fine*, c/c os arts. 39 e 43, III, todos do CPP). Não exarada a representação, ou existindo defeituosa, a eficácia da ação penal pública condicionada a ela não nasce, nem prospera, mas permanece suspensa, até que, vencido o prazo para representar, ocorra decadência da representação e, por conseguinte, extinção da punibilidade.

Enquanto a ação penal permanece condicionada, em sua eficácia, à representação, ela é disponível, e, de modo algum, indisponível. O consentimento do ofendido, desde que ocorrida a decadência, exprime disposição.

Em máximo rigor técnico, a representação, como ato pré-vestibular da ação penal, só permite retratação, ou arrependimento, antes de deduzida a pretensão punitiva do Estado, por via de denúncia (art. 102, § 1.º, do CP c/c os arts. 24 e 25 do CPP).

A retratação mostra-se, depois da denúncia – vale dizer, após a propositura da demanda –, como espécie de renúncia, ou desistência da vítima, em ação penal pública. Renúncia ao direito de ação, quando a ação já existe de forma obrigatória. A relação jurídica, tornada litigiosa pela intentação da demanda, por seu titular – o Promotor de Justiça –, ver-se-ia, pois, estancar.

Ora bem, a ação penal pública condicionada, sobrevindo a tempestiva representação, torna-se ação penal pública porque já não mais condicionada. Emerge, assim, indisponível, no sentido de inadmitir renúncia ou desistência. O ofendido nesses casos de representação (em que somente se procede mediante representação) nunca é parte. A não ser que, oferecida a representação, o Ministério Público deixe de denunciar e nasça para ele a ação penal subsidiária, tornando-se querelante (arts. 42 e 29 do CPP).

Nas ações penais públicas, condicionadas à representação, o particular ofendido não figura, pois, como parte principal, ou originária. Em tese, não devera atuar, deslocando a Justiça Pública, no intento de vedar, deter, a relação jurídica fluente. Contempla-se com clareza o mandamento: a representação aflora irretratável depois de ofertada a denúncia.

Assim, qualquer manifestação de renúncia, posterior ao petitório vestibular, provinda do ofendido, de seu representante legal e mesmo do Ministério Público surgiria despicienda para a existência da ação. Tudo por força dos princípios da obrigatoriedade, ou indisponibilidade, e da legalidade, ambos fundamentais. A retratação da representação, nesse lanço, importaria à apenação do réu, conforme as circunstâncias.

A vigência do direito de *representação* acha-se limitado não só pelo termo ou prazo de seis meses, mas também pela condição potestativa – ato de outrem, incerto – da denúncia, que lhe segue, recebida, ainda, dentro desse prazo (art. 38 do CPP).

Ocorre que, com relação aos crimes contra os costumes – todas as formas de crimes contra a liberdade sexual; sedução e corrupção de menores; e rapto –, o Supremo Tribunal Federal firmou entendimento diverso. Assim, acontecendo o casamento da ofendida menor, com quem não é o ofensor, a ação penal, exclusivamente privada, ou a ação pública condicionada à representação, não prosseguirá, se a vítima não ratificar a queixa, ou a representação, ofertadas por seu representante legal. Hão de se observar, então, os prazos decadenciais e de perempção (Súmula 388 do STF).

Estabeleceu-se, portanto, à margem da lei, em direito pretoriano que:

a) o casamento da ofendida menor com terceiro, nos crimes contra os costumes, constitui-se em maneira fática de extinção da punibilidade;
b) dependente, entretanto, de sua inércia procedimental, ou contumácia; ou ainda de manifestação de vontade expressa na *retratação*, *retrato* ou *renúncia*;
c) posto que se criou nova hipótese de substituição de parte, a qual arreda o representante legal, querelante, da ação penal privada – o que seria lógico e torna-lhe neutral a representação, na ação pública condicionada, desobrigando o Ministério Público.

Com efeito, a vítima não participa da relação jurídica processual, mas, casando-se com terceiro. deve ingressar no processo. Dá-se, pois, o fenômeno da *substituição de parte*, ou melhor, da *sucessão na relação jurídica processual*. A ofendida toma o lugar da parte originária em virtude mesmo do casamento com terceiro. Não se cuida de substituição processual, que é outra coisa. A ofendida, aqui, não defende em nome próprio direito alheio, porém o seu de demandar, ou não. A vítima sucede de forma automática, no processo, assumindo a demanda como parte ativa principal, como o titular da ação penal.

Na ação que lhe é privativa, sucede ao representante legal, o qual perdeu a capacidade de ser parte. Na ação pública condicionada, sucede ela ao Ministério Público, a quem, então, falece o direito de impulsionar a ação. Há perdas e assunção de capacidades processuais. Neste segundo caso, o fenômeno emerge mais extenso. A ação penal pública *privatiza-se*, ou, antes, *reprivatiza-se*.

A ofendida passa, mediante a *sucessão processual*, a dispor do conteúdo do litígio. Ao assumir a titularidade, o direito de agir em demanda transmuda-se em coisa disponível e, aí, poder falar em *renúncia, retrato* ou *desistência*.

No caso vertente, a menor ofendida casou-se com terceiro e a ação penal pública privatizou-se. Veio aos autos. Tomou lugar na relação jurídica processual, deslocando o Ministério Público, e retratou a representação por meio de procurador bastante.

Tal ato consiste em negócio jurídico processual unilateral. Acha-se feito, completo e acabado. Há comunicação de vontade e poder de disponibilidade sobre o conteúdo da ação penal, que se *privatizou*. A ofendida podia evitar ou deixar de evitar que o processo penal prosseguisse e o fez, retratando a representação.

O Ministério Público não deve mais intervir como parte principal, visto como decaiu da titularidade da ação. Encontra-se, agora, desobrigado do poder-dever de acusar.

A relação jurídica processual acha-se com o curso obstado por vontade manifesta da ofendida.

Ao magistrado nada importa além da regularidade formal do negócio jurídico, porquanto a ação penal *privatizada* tornou-se disponível. Há de se conter, ao apreciar a declaração de extinção da punibilidade, nos lindes específicos (art. 61 do CPP).

O retrato, no caso, como ato jurídico processual, guardou por fim extinguir o direito de ação. Praticou-o *agente* capaz, a saber: advogado instrumentado. O *objeto* surge lícito: retratação de representação, dispondo-se de ação penal, que é disponível. A *forma*, tal como se ostenta, por requerimento, não aflora defesa em lei (art. 81 do CC).

É o retrato, pois, existente, válido e deve operar todos os efeitos próprios, inclusive a sentença de extinção da punibilidade.

A pretensa retratação do *retrato*, esta sim, veio inviável, impossível. O processo consiste em instrumento público e não se acha, sem limite, à vontade dos particulares. Vê-lo assim é tirar-lhe a seriedade e transformá-lo em hábil meio coativo, ensejador de extorsões. Permitir a retratação da retratação consiste em violar a necessária segurança das relações jurídicas e a cabente estabilidade da Justiça penal.

Admitamos, contudo, que o negócio jurídico processual de retrato contenha defeito, erro ou ignorância; dolo; coação; simulação; ou fraude. O consentimento, então, ocorreria contaminado, invalidando o ato existente.

Os atos jurídicos viciados são anuláveis (art. 147, II, do CC). Vale dizer, surgem dependentes de declaração judicial dessa mesma nulidade (art. 75 do CC). Matéria a ser deduzida, provada e declarada em ação judiciária própria.

Os vícios inadmitem presunções, provam-se por indícios, documentos, testemunhas, exames e vistorias. Presume-se, isto sim, a validade do negócio jurídico, até vê-la afrontada e derribada, em Juízo.

Teria ocorrido, ao que diz a pretensa ofendida, no caso, expediente astucioso do advogado, empregado para induzi-la à prática de ato processual, que a prejudica e aproveita ao réu. O artifício, empregado para enganar a pretensa ofendida, viria a constituir-se em delito de patrocínio infiel (art. 355 do CP), crime contra a administração da Justiça.

Enquanto tal delito não tem provada a existência, a autoria com todas as suas circunstâncias, em ação penal pública, o *retrato* da representação permanece válido e eficaz.

A retratação da retratação apenas importa como notícia *de crime*, carente de verificação e constatação de seus termos, em juízo penal obrigatório (art. 66, I, da Lei de Contravenções Penais c/c o art. 40 do CPP).

No processo, o ato de retratação do *retrato* não emerge válido, nulo ou anulável, que são categorias existenciais. Coloca-se tal ato em outro plano, posto que aflorou *inexistente,* no mais amplo sentido. É mero *ato aparente,* ao qual falta o elemento próprio a todos os atos jurídicos: a *possibilidade em abstrato,* a *hipótese legal,* o *modelo.* Nem se permite, pois, cogitar-lhe da validade e eficácia. Consiste em um *nada* jurídico em relação à ação penal de que se trata, ao menos no momento.

Este é o nosso parecer, salvo melhor juízo.

SISTEMA DE PROVAS

I. Verdade e processo

1. Verdade e processo é a expressão que Carlo Furno utilizou para denominar o primeiro capítulo de conhecida obra – *Teoria da prova legal*. Não surge possível cuidar de prova sem enfrentar a questão da verdade, seja o processo penal, ou não penal.

Não obstante várias opiniões em contrário, a busca da verdade não se constitui em fim último do processo; nem mesmo se pode assentar que a averiguação da verdade se mostre como meta do procedimento penal.

O processo penal objetiva a solução do caso penal, que desponta como seu objeto. Pode-se, ainda, afirmar que se dirige a solucionar conflito de alta relevância social – processo penal de conhecimento – ou a satisfação do poder-dever de punir, reconhecido no ato decisório firme – processo de execução penal.

A procura da verdade, entretanto, emerge como o meio de melhor atingimento do aludido fim. Vale assentar: "do ponto de vista jurídico-processual a indagação e o conhecimento da verdade estão, no tocante ao fim último do processo, em uma relação técnica, funcional de meio a fim".[1]

Necessita-se, pois, estabelecer o conceito de verdade para operar no plano do processo e, de modo especial, no de processo penal.

A verdade, antes de tudo, aflora como uma representação mental da realidade. Fala-se em relação entre a realidade, em si, e sua apreensão men-

---

1. FURNO, Carlo. *Teoría de la prueba legal*. Madrid: Ed. Revista de Derecho Privado, 1954. p. 14.

tal.[2] Ainda, no mesmo sentido, "verdade é a relação de concordância entre o pensamento e o objeto pensado",[3] ou, também, "representa um juízo sobre uma relação de conhecimento".[4]

O conhecimento de que se cuida é o histórico. Assim, não importa a denominada verdade ontológica.

> Para o direito, como disciplina *prática*, a realidade que interessa não é a realidade ontológica, considerada em si mesma, mas a realidade enquanto prática e socialmente cognoscível; e como conceito de verdade basta-lhe o conceito probabilístico e *quantativizante* (perdoe-se o neologismo) que dá Sauer: "a maior concordância possível de uma proposição (de um juízo) com o seu objeto".[5]

Tratamos, pois, da verdade possível, da verdade, dita processual, ou atingível. Há quem prefira denominá-la, até, de verdade suficiente para alcançar certa finalidade no processo.[6]

II. Regra da verdade material

2. Os autores, em maioria, mencionam o princípio da verdade real, ou material. Assim, por exemplo: "chama-se princípio da verdade material, por vezes apenas princípio material (*Materialprinzip*), ao princípio segundo o qual o processo deve tender à reconstituição dos fatos e da situação jurídica tal como, efetivamente, se verificaram ou se verificam".[7]

E, menos que princípio, entretanto: "a doutrina dá o nome de princípio da verdade real – ou material – a regra em razão da qual o Juiz vela pela conformidade da postulação das partes – em sentido formal, diga-se – com a verdade real, a ele revelada, pelos resultados da instrução

---

2. MENDES, João de Castro. *Do conceito de prova em processo civil.* Lisboa: Ática, 1961. p. 369-370.
3. MAIER, Júlio B. J. *Derecho procesal penal argentino.* Buenos Aires: Hammurabi, 1989. t. I, v. b, p. 562.
4. MAIER, Júlio B. J. *Derecho...* cit., p. 563.
5. MENDES, João de Castro. *Do conceito...* cit., p. 374.
6. FURNO, Carlo. *Teoría...* cit., p. 48.
7. MENDES, João de Castro. *Do conceito...* cit., p. 165.

criminal".[8] Afirma-se, de outra sorte: "a verdade material, uma das regras orientadoras do processo penal, significa a reconstrução atingível de fato relevante e metaprocessual, inquisitivamente perquirida, para deslinde da causa penal".[9]

A doutrina, muitas vezes, contrapõe à verdade material a formal. Até para asserir que a primeira serve ao processo penal e a segunda ao processo civil. Emerge difícil aceitar a existência de duas verdades.

A verdade formal apresenta-se como obtenção da realidade, mediante a aplicação prevalente de regras de prova legal ou dirigida. Normas imperativas que suprimiriam a liberdade de valoração.

Hoje, muitos rejeitam tal dualismo. Chega-se a assegurar que "o conceito de verdade formal deveria ser banido da ciência jurídica".[10] E "a contraposição mais rigorosa é ao princípio da verdade meramente legal, no sentido de que o processo deve tender à representação de uma situação de fato ou de direito *justificável*, ainda que não verdadeira – *justa no seu modo de formação, embora não no seu conteúdo*".[11]

Ora,

> [...] a contraposição verdade real – verdade formal não chegou por meio de discordância conceitual, a cerca do que *é* ou significa a verdade; senão, antes, por contraposição entre formas jurídicas distintas do procedimento judicial, governadas por princípios diferentes. O que sucede, em realidade, é que, no procedimento civil, a averiguação da verdade aparece, mais complexamente, condicionada, de maneira jurídica, em relação à regulamentação, prevista no direito processual penal.[12]

Admite-se falar em verdade formal e material como conceitos meramente instrumentais.

> Quando na dogmática processual se adjetiva a verdade, que se busca no processo, pretendem referir-se às limitações que o Tribunal está sujeito

---

8. ALMEIDA, Joaquim Canuto Mendes de. O princípio da verdade real. Separata da *Revista da Faculdade de Direito da Universidade de São Paulo,* ano LII, p. 121, 1957.
9. TUCCI, Rogério Lauria et al. *Princípio e regras orientadoras do novo processo penal brasileiro.* Rio de Janeiro: Forense, 1986. p. 145.
10. MENDES, João de Castro. *Do conceito...* cit., p. 401.
11. MENDES, João de Castro. *Do conceito...* cit., p. 165.
12. MAIER, Júlio B. J. *Derecho...* cit., p. 570.

> na sua busca e, por isso, se assume que a *verdade processual* não é necessariamente a *verdade*. *A verdade processual* não é senão o resultado probatório, processualmente válido, isto é, *a convicção de que certa alegação singular de fato é justificavelmente aceitável como pressuposto da decisão* [judicial].[13]

Em conclusão, inexistem dois conceitos de verdade, mas formas de tratamento diversas. Vale assentar, modos díspares de perquirição e de estabelecimento do objeto da prova.

Menciona-se, agora, a verdade consensuada, em razão da lei que dispôs sobre os Juizados Especiais Cíveis e Criminais.[14] Se não há verdade formal, menos ainda existe verdade consensuada. A referida lei trouxe a eliminação de acusação clara e fiel; ampla defesa, integrada por defesa técnica indispensável; ainda, instrução animada mediante contraditório indispositivo; busca da verdade material possível; e, por igual, sentença de fundo. Assim, criou instrumento técnico de solução de conflito, que não é processo penal.

III. Sistema de provas

3. Nas formas mais arcaicas de processo penal, a verdade desponta irrelevante. Procura-se a solução do conflito jurídico penal, por meio do juramento, ou de um jogo qualquer: desafio que se aceita, ou não. Na Ilíada, desponta a controvérsia entre Antílogo e Menelau sobre ilícito cometido durante certa corrida. Menelau acusa: "Tu cometeste uma irregularidade". Antílogo contesta. Menelau lança-lhe o desafio: "põe tua mão direita na testa de teu cavalo; segura com a mão esquerda o chicote e jura diante de Zeus, que não cometestes o ilícito". Antílogo refuga o desafio; renuncia a jurar e, assim, reconhece o erro cometido.[15] A história de Édi-

---

13. SILVA, Germano Marques da. *Curso de processo penal*. Lisboa: Verbo, 1994. v. 2, p. 96; na parte final o autor funda-se em MENDES, João de Castro. *Do conceito...* cit., p. 741.
14. GRINOVER, Ada Pellegrini; GOMES FILHO, Antônio Magalhães; FERNANDES, Antônio Scarance; GOMES, Luiz Flávio. *Juizados especiais criminais*: comentários à Lei 9.099 de 26.09.1995. São Paulo: RT, 1996. p. 18.
15. FOUCAULT, Michel. *A verdade e as formas jurídicas*. Rio de Janeiro: Nau, 1996. p. 31-32.

po, em que despontam o incesto e o homicídio, exibe a mesma despreocupação com a verdade.

O antigo processo germânico exibia a mesma postura de desnecessidade de perquirição da verdade. Para a solução do conflito bastava o juízo de Deus, emergente em provas de força, ou de coragem, a saber: combate judiciário, prova do fogo e outras.

As formas processuais arcaicas, assim, ostentavam plena oralidade, grande simplicidade procedimental, celeridade e desprezamento da verdade. Importava a solução do conflito e mais nada.

Já no processo penal romano, em qualquer de suas fases, tirante a primitiva, avultava a preocupação com os meios de prova e com a razão de decidir.

A experiência jurídica, contudo, demonstrou que, após a superstição religiosa, no processo, irrompe o formalismo. Na Idade Média, ao se abandonar o juízo de Deus, acabou-se por estabelecer as provas tarifadas.

O pequeno escorço histórico visa a introduzir os dois básicos sistemas: liberdade da prova e dirigismo da prova. Ambos dizem respeito ao modo pelo qual o juiz atua, em face dos meios instrutórios.

O primeiro deixa o juiz sem limitações formais; em liberdade para colher e analisar os meios de prova. Surge, pois, fortemente, inquisitivo. O segundo conduz o juiz, mediante específico regramento, a determinados meios de prova e a procedimentos fixos. Vige o chamado princípio dispositivo, nascente na autonomia da vontade. Fala-se, então, em prova legal ou dirigida.

Assim, completando o esquema doutrinário, fala-se verdade material, como o convencimento do juiz, conseguido em plena liberdade na apreciação da prova. E, em verdade formal, como a representação da realidade, obtida pela aplicação de regras de prova dirigida.

Nenhum dos dois sistemas ostentou eficiência plena inicial. A ideia de que o sistema da livre apreciação da prova levaria, de modo pontual e seguro, à verdade não passou e não vai além de mera falácia. Com efeito: "a história dos erros judiciários é muitas vezes a história dos erros sobre a apreciação dos resultados da prova por parte do juiz";[16] nada garante que a livre apreciação leve à verdade; nem é de aceitar-se que tal sistema "pos-

---

16. BETTIOL, Giuseppe. Presunzione ed onore della prova nell processo penale. *Rivista Italiana di Diritto Penale*, p. 251, 1936.

sa dar resultados positivos de longe superiores aos fornecidos pela prova legal".[17]

Os dois sistemas apontados – liberdade da prova e dirigismo da prova –, tirante as formas inaugurais, nunca se mostraram puros. Caminhou-se para procedimentos em que nem o juiz emergia, por completo, livre; nem as regras sob prova terminavam por sufocá-lo. A maior ênfase que se dava a um aspecto ou a outro caracterizava o sistema de prova vigorante, em determinado momento. Ao ensejo da codificação napoleônica, 1811, procurou-se equilibrar os aludidos sistemas, repartindo-os, conforme a fase procedimental da ação penal de índole condenatória.

É importante notar que tal opção do legislador exsurge, sempre, como questão política. Mencionou-se, inclusive, a existência de princípios políticos do processo.[18]

O Código de Processo Penal italiano, de 1930, por exemplo, fundava-se no sistema de prova livre, quanto à busca da verdade material. Mostrava-se, portanto, inquisitivo, atribuindo amplos poderes instrutórios ao juiz, sem oferecer suficiente regulamentação sobre a matéria de prova. A legislação, de 1988 a 1997, limita os referidos poderes do juiz e exibe regras sobre a admissão, assunção e valoração da prova.[19] Lançou-se a carga da prova sobre a acusação "por exigir o princípio do contraditório que 'as provas se admitem por instância da parte' e não, salvo certas exceções, por iniciativa do juiz (art. 190, 1 e 2), de modo que, no caso de inatividade da acusação em relação à prova ou à contraprova, condicionada a sua iniciativa, a prova não pode considerar-se obtida".[20] Observe-se que emerge, como dever do Ministério Público, "levar a cabo não só as investigações necessárias ao exercício da ação penal (art. 326), senão também, para a 'comprovação de fatos e circunstâncias favoráveis a pessoa investigada' (art. 358)".[21] A reforma processual penal italiana provocou, até, reunião de

---

17. BETTIOL, Giuseppe. Presunzione... cit., p. 251.
18. GOLDSCHMIDT, James. *Problemas jurídicos y políticos del proceso penal*. Madrid: Bosch, 1935. p. 67.
19. TONINI, Paolo. *La prova penale*. 2. ed. Padova: Cedam, 1998. p. 3.
20. FERRAJOLI, Luigi. *Derecho y razón*: teoría del garantismo penal. Madrid: Trotta, 1995. p. 736.
21. FERRAJOLI, Luigi. *Derecho*... cit., p. 736.

estudos com o expressivo subtítulo: *Do garantismo inquisitório a um acusatório não garantido*[22] mostrando-lhe as possíveis contradições.

O vigente Código de Processo Penal português exibe estrutura acusatória, mas se acha informado pelo chamado princípio da investigação, que não limita os poderes do juiz quanto "à descoberta da verdade", com vistas "à boa decisão da causa" (art. 340, n. 1).

O nosso Código de Processo Penal sofreu, sabidamente, influência da legislação italiana, de 1930. O juiz penal emerge inquisitivo. Mesmo se e quando encerrada a instrução, nada lhe impede que determine, "de ofício, diligência para dirimir dúvida sobre ponto relevante", e tudo em prol da verdade material (arts. 156, 407, 502, parágrafo único, e 538 do CPP). Acautela, também, os meios de prova (arts. 225, 240, § 1.º, "e", e 527, além de outros). Informa-se sobre a validade das perícias, completando-as, repetindo-as ou ultimando-as, tanto que indispensáveis à aludida revelação (arts. 158, 162, 163, 165, 169, 170, 171, 174, 181, parágrafo Único, 182 e 232). Zela pelos testemunhos (arts. 203, 208, 210, 211, 213, 214, 217, 218 e 220).

A conveniência de abrandar o poder-dever inquisitivo do juiz – insiste-se – é, de manifesto, problema político. Vale, entretanto, repetir que não se confunde o mencionado poder-dever com o procedimento de tipo inquisitorial. Tal baralhamento não tem mais lugar na doutrina processual penal.[23] Quem o invoca encontra-se atrasado no tempo e desarmado para debater o tema.

Convém ter em mente que a maioria dos acusados, no Brasil, origina-se das classes mais pobres. As unidades federativas ou não estruturaram bem a defensória pública, ou nem sequer possuem tal instituição. A verdade atingível deve surgir como obra, também, do juiz penal, ainda que opere em atividade supletiva da inércia das partes. Fala-se, então, em obra de mão comum: da acusação, defesa e do juiz. A ninguém a lei conferiu o monopólio da verdade processual. Tais ideias, contudo, esbarram na burocultura processual, que derrota qualquer sistema de provas.

São Paulo, 6 de abril de 1999.

---

22. PERCHINUNNO, Vincenzo (a cura di). *Percorsi di procedura penale*: dal garantismo inquisitorio a un accusatorio non garantito. Milano: Giuffrè, 1996.

23. ALMEIDA, Joaquim Canuto Mendes de. *Princípios fundamentais do processo penal*. São Paulo: RT, 1973. p. 107.

TEORIA DO PROCESSO PENAL

1. Toda teoria explica certo fenômeno, por meio de proposições. As proposições ou visam a saber o que ele é, ou como deve ser. Algumas perquirem, especulam; outras possibilitam a tomada de decisões e orientam condutas, em face do objeto. O conforto entre a teoria e a experiência jurídica surge fundamental.

2. Daí emergirem duas maneiras de ver o fenômeno: a zetética e a dogmática, A primeira questiona; já a segunda ensina.

3. Uma teoria (geral) do processo penal hoje só poderia mostrar-se como zetética, colocando em dúvida, de modo *infinito*, todas as premissas e perquirindo, inclusive, sobre a própria existência. Qualquer teoria do processo penal, dogmática processual penal, partindo de premissas aceitas e vinculantes, viria a orientar a solução de problemas *finitos*.

4. Vamos tentar a análise zetética do processo penal, redefinindo-o ou redescobrindo-o.

5. O processo penal conduz um direito desligado do *jus* subjetivo material? Desútil fugir de realidade a todos evidente. Mediante o processo da ação condenatória – por exemplo – encontra-se a definição jurídico-penal, de certa conduta e jurisdicionaliza-se – ou não – determinada pena. Direito penal e processo penal surgem como trem e trilhos. Exibem clara complementaridade.

Só mediante o processo de conhecimento e de execução o direito penal concretiza-se, deixa de ser virtualidade. O processo penal exsurge autônomo em relação ao direito penal, mas, tão só, sob o enfoque teleológico, dito instrumental. Recorde-se de que há normas processuais penais materiais. E as causas supralegais de exclusão da ilicitude, como o consentimento do ofendido e o princípio da insignificância?

6. Pode-se falar em jurisdição penal? Ora, ao se estabelecer específica atividade estatal – exercício de poder-se dever e atendimento de função –, voltada à aplicação do direito penal material, tem-se a jurisdição penal. Observe-se: não se aplica o direito objetivo, mas unicamente o positivo. Não compõe litígio, porém, soluciona conflito de maior relevância política e social. O aspecto político do processo penal principia na Constituição da República e se adia presente, até, o interesse popular que ele provoca.

7. *Existe lide no processo penal?* A ação penal condenatória exibe o exercício do direito à jurisdição. Nela não se há de cuidar de pretensão. A pretensão, em palavras simples, é o direito subjetivo material, que alguém tem, ou acredita possuir, e quer fazer valer. Os processualistas afirmam que consiste na exigência, formulada por interessado, de que outrem se submeta ao seu interesse. Vale asserir: a querença de submissão de interesse alheio ao próprio. Tais ideias não têm aplicação, no campo penal. Impossível aceitar-se-lhe a existência de pretensão resistida, ou insatisfeita, que precise compor. Os interesses conflitantes irrompem públicos e indispensáveis. O embate necessário, tão só, desponta entre o poder-dever de punir e o direito fundamental de liberdade jurídica e, em ambos os polos, adia-se a sociedade, o "público". Eis o conflito de maior relevância político-social. A lide não serve como elemento caracterizador da jurisdição penal pela total ausência de contenciosidade, posto que impossível.

8. *Há partes no processo penal?* A consequência é não se dever cogitar, no processo penal, de partes. Ou dizemos que há participantes ou admitimos que partes existem, só, em sentido processual ou formal. A Promotoria Pública não representa o Estado, porque é a Justiça Pública em promoção. O particular ofendido, nas ações de iniciativa pública, pode ingressar no processo, em assistência simples, para auxiliar, ajudar e, no mais das vezes, com vistas à reparação do dano, causado pela infração penal. O assistente não pede, salvo supletivamente. O acusado, participante inarredável, é e está no processo, integrando o aludido conflito. Nas ações penais condenatórias, de iniciativa privada, exerce a vítima, de modo excepcional, em nome próprio, direito alheio. Serve para atender a discutível política criminal.

9. *O contraditório, no processo penal, assemelha-se aos demais?* No processo penal, emerge a unidade defensória: autodefesa técnica. A primeira é ônus do acusado; a segunda mostra-se como dever processual. Falta de contenciosidade – inexistência de interesses jurídico-penais pessoais – põe em relevo a contraditoriedade. Não qualquer contraditório,

mas o real, concreto e, assim, indisponível ou indispositivo. A defesa técnica faz-se, então, indispensável.

Não existe paridade de armas, isonomia ou igualdade formais no processo da ação condenatória. É a maneira de equilibrar a desigualdade social (art. 3.º, III, da Lei Maior), estabelecendo igualdade material.

10. *A busca da verdade que importância guarda no processo penal?* Regra específica domina o processo penal: a da verdade real ou material. A verdade criminal emerge como a maior conformidade, ou a desconformidade, da lei penal com o fato concreto. Cuida-se de verdade, sem a marca da plenitude. Verdade, pois, possível, dita processual, ou atingível. O processo tende à reconstrução atingível de fato relevante e metaprocessual, inquisitivamente perquirida, para deslinde da causa penal. Tal regra dominante opera e se especifica na inquisitividade; no contraditório real, ou indisponível; e no convencimento racional, ou motivado.

11. *Processo e procedimento como se ajustam?* Dizer que o processo consiste em instrumento público, técnico e ético é pouco. O processo mostra-se de modo prevalente, qual movimento para frente; como retrocesso o é para trás. O procedimento ostenta-se no nexo lógico que liga os atos, negócios e fatos jurídicos processuais, voltando-se a fim determinado. Em tal entendimento, pode-se falar em relação de direito procedimental, porém. Inexiste relação processual. As ideias de processo e de procedimento ligam-se às de movimento, tempo e de espaço. A existência temporal do nexo entre as pessoas, que agem em Juízo – desempenhando papéis específicos. Os seus atos protraindo-se conjugados, em sistemas de movimento e mudança. Tal visão leva a compreender o fluxo, ou processo, como série numerável de atos programados, que se vão justapondo num espaço ideal, ou procedimento. O procedimento judicial tende a adequar a sua forma à natureza do direito material, que se pretende definir, ou "causa". Tem, ainda, como critério a espécie qualidade, ou, às vezes, a quantidade de pena. O procedimento, ainda, adapta-se para servir a escopo, tão só, processual. A formalidade diz com a certeza e a segurança do direito. No processo, a forma acha-se no conjunto de normas, que se devem seguir no procedimento e nos atos integrantes – considerados espaço e tempo –, em face de certo objeto, ou determinada "causa", sob exame. Daí se pode invocar o devido processo e procedimento penal.

12. *Qual a eficácia da coisa julgada no processo penal?* A coisa julgada material nas causas não penais, ou extrapenais, guarda definição legal: "Denomina-se coisa julgada material a eficácia, que torna imutável e in-

discutível a sentença, não mais sujeita a recurso ordinário e extraordinário" (art. 467 do CPC). A decisão de mérito (art. 269 do CPC), portanto, só se torna ineficaz, se e quando, eventualmente, é atacada com bom êxito, mediante ação rescisória (arts. 485 a 495 do CPC). Antes do prazo decadencial de dois anos, busca-se evitar que a *res judicata* se torne absoluta, irrevogável (art. 495 do CPC). O *jus* de intentar a ação rescisória emerge com o trânsito em julgado da sentença ou do acórdão rompíveis e se extingue pelo esgotamento do tempo decadencial.

Ora, no processo penal, coisa julgada de autoridade absoluta existe, quando se forma em face de sentença, ou acórdão, de natureza declaratória ou constitutiva. Sua imutabilidade perene decorre, simplesmente, da preclusão dos prazos recursais, ou do exaurimento do recursos. É estável por natureza. Coisa julgada de autoridade relativa surge adstrita à sentença penal, ou acórdão, de índole condenatória, os quais se podem revogar, modificar, ou anular a qualquer tempo, seja por meio de *habeas corpus*, seja por via de revisão criminal ou, ainda mediante unificação de penas. O ato decisório definitivo de condenação cobre-se pela preclusão máxima, ou coisa julgada formal.

13. O escopo do processo penal encontra-se no concretizar certa justiça criminal, com a descoberta da verdade material. Operando em tutela dos direitos individuais – acusado e ofendido –, sem se esquecer da conservação e mantença da paz pública – aspecto político.

14. O exame das questões erguidas, desde logo, afasta a ideia de teoria (geral) do processo. O pensamento unitário equivocou-se perante a nomenclatura. Algumas vezes, entretanto, manipulou a realidade para servir à dogmática. Nada obsta o estudo comparativo dos diversos processos. Tal investigação não implica anular a singularidade.

15. Sem dúvida surge possível estabelecer uma teoria do processo penal. Ter-lhe visão dogmática, admitindo premissas, em principal, se e quando nascentes na Constituição da República. Lançada a incerteza sobre as premissas, nada impediria o constante questionamento e afloraria uma teoria (geral) do processo penal.

São Paulo, 4 de agosto de 1995.

TEORIA DOS RECURSOS

1. Surge comum, na doutrina, o uso da expressão "teoria geral dos recursos". Difícil imaginar qualquer teoria que não se mostre "geral". Com efeito:

> Denomina-se teoria a um conjunto de regras, também, práticas, quando são pensadas como princípios gerais e se fazem abstração de uma quantidade de condições que, não obstante, tem influência necessária em sua aplicação. Ao contrário, se denomina prática, não a qualquer ato, se não ao que realiza uma finalidade e se acha pensado em relação com princípios de condutas, representados universalmente (Kant).

A teoria ostenta, sempre, unificação sistemática de diferentes conteúdos e conjunto de regras de inferência.

2. *Duplo grau de jurisdição* consiste em garantia constitucional *imanente*, em primeiro lanço. Completa, entretanto, o sistema garantista o art. 8.º, n. 2, "h", do Pacto de São José da Costa Rica, Decreto 678, de 06.11.1992. Conforme o entendimento que se dê ao art. 5.º, § 2.º, da Lei Maior, outra é a consideração.

A necessidade de *controle interno* dos atos decisórios judiciais força a existirem recursos. Tal controle opera no plano da legalidade e da justiça. Assim, o duplo grau volta-se ao reexame do erro no julgamento do mérito; ou do erro, quanto à decisão de matéria processual; ainda, quanto às questões de fato ou de direito, injustamente solucionadas; e analisa decisões interlocutórias e finais.

3. *Recurso e ação autônoma de impugnação* distinguem-se. O recurso ocorre *no mesmo processo* e a ação de impugnação exige *novo processo*. No recurso, desponta atividade continuativa, podendo-se divisar o procedimento de primeiro e de grau superior de jurisdição.

São ações de impugnação: *habeas corpus*; mandado de segurança, contra ato jurisdicional penal; revisão criminal; e unificação de penas.

Recurso é o meio, sempre conferido pela lei, para que a pessoa (parte, ou quem pretende sê-lo), prejudicada por uma decisão judicial, obtenha-lhe a *revogação*, *modificação* ou *nulidade*, mediante nova cognição, por tribunal de grau superior, ou extraordinário. Volta-se, pois, contra decisão desfavorável que, ainda, não foi atingida pela *preclusão*; ou não se tornou firme. A lei que regulou os juizados especiais criminais criou "turma composta de três juízes em exercício no primeiro grau de jurisdição, reunidos na sede do juizado" (art. 82 da Lei 9.099/1995). A evidência foge do conceito e do sistema. O Supremo Tribunal Federal,

> [...] em vários precedentes do Plenário e das Turmas, interpretando normas da Constituição Federal de 1988, considerou-se o único Tribunal, no País, competente para julgar *habeas corpus* contra decisões dos órgãos colegiados de primeiro grau, como são as *Turmas Recursais*, de recursos dos Juizados Especiais Criminais (HC 77647/MS, rel. Min. Sydney Sanches).

Os recursos surgem como meios *voluntários* de impugnação, *no mesmo processo*. Mostram-se, então, como *ônus* processuais.

O *duplo grau forçado* – denominado recurso de ofício – surge como modo de evitar a coisa julgada, mediante reexame necessário. Afirma-se que é condição de eficácia da sentença.

O recurso contém os direitos de *agir* e de *reagir*. Daí muitos se referirem aos pressupostos e às condições dos recursos.

4. Classificação dos recursos

a) Quanto à extensão	Totais
	Parciais
b) Quanto aos fundamentos	Fundamentação livre
	Fundamentação vinculada
c) Quanto ao direito e ao fato	Ordinário
	Extraordinário

Tais classificações não guardam maior utilidade.

5. Regras básicas dos recursos

a) Taxatividade	Dependem eles de previsão legal. Exibem casos e rol taxativo, ou número fechado. Note-se: sempre que, na lei do processo, não há recurso previsto, então cabe habeas corpus, ou mandado de segurança contra ato jurisdicional penal, conforme ameaçada ou atingida a liberdade de ir e vir.
b) Unirrecorribilidade	Para cada espécie de decisão judicial há um único recurso determinado. Salvo as decisões objetivamente complexas (art. 608 do CPP).
c) Fungibilidade	A regra acha-se prevista no art. 579 do CPP. Vale, tão só, para os recursos sem fundamentação vinculada.
d) Contraditoriedade	Exigem razões e contrarrazões. Notar, entretanto, o art. 601 do CPP.
e) Disponibilidade	Surge ela relativa. Ver os arts. 576 e 577 do CPP. A renúncia ocorre antes da interposição; já a desistência emerge depois.
f) Irrecorribilidade das decisões interlocutórias	É a regra, no processo penal. As exceções acham-se no art. 58, do C. e nas leis extravagantes, v.g., a LEP. A interpretação dos preceitos, por isso, irrompe restrita. Consoante a magnitude da decisão desfavorável, cabem as ações autônomas de impugnação.
g) Pessoalidade ou personalidade	Os recursos só beneficiam o inconformado, em regra. Ainda, quem recorreu não há de ter a situação piorada, ou agravada, se não ocorreu recurso da parte contrária. Conferir arts. 574 e 599 do CPP. O sistema proíbe a *reformatio in pejus*, conforme arts. 617 e 626, parágrafo único; ainda, Súmula 160 do STF. Questiona-se a possibilidade de tal reforma para pior, sendo recorrente a acusação, dita, por equívoco *reformatio in melius*. Resolve-se o problema mediante o favor rei, ou favor libertatis. Veda-se, também, a denominada *reformatio in pejus* indireta. Assim, nascente na apenação de ato decisório, que se declarou inexistente ou nulo.

6. *Objetivo dos recursos*: o imediato encontra-se em obstar a *preclusão*; o mediato acha-se em forçar ao reexame da matéria decida.

Convém lembrar que o motor do movimento processual desponta no sistema de preclusões. Outros preferem referir o denominado *princípio do impulso processual*, a saber: avanço dos atos procedimentais em direção à decisão final, seja terminativa, seja definitiva.

A *preclusão* leva o procedimento para frente e o impede de andar para trás. Ela também ostenta a perda de faculdade processual.

Espécies de preclusão	a) Temporal: não exercício do ato, ou de faculdade processual.
	b) Consumativa: exercício de faculdade processual.
	c) Lógica: cometimento de ato incompatível com outro antes praticado.

A *preclusão* engendra a coisa julgada formal, dita preclusão máxima.

7. *Natureza da decisão sujeita a recurso*: ato decisório submetido a *condição suspensiva*. Assim, sem mostrar eficácia plena, até ocorrer a *preclusão*, com ou sem a *substituição por outro ato decisório de grau superior*, que o confirme, reforme, modifique ou anule.

8. Efeitos dos recursos:

Efeitos dos recursos	a) Devolutivo, importando a extensão (total ou parcial) e a profundidade.
	b) Suspensivo (arts. 594 e 596 do CPP).
	c) Regressivo, ou iterativo, melhor dito juízo de retratação.

Sobre a *extensão subjetiva* dos recursos, atentar para o art. 580 do CPP.

9. *Juízo de prelibação, ou de admissibilidade dos recursos*, é o instante do procedimento emergente após sua dedução. Tal juízo limita-se a verificar a *presença* ou a *ausência* de *requisitos* para que se chegue ou se alcance o juízo de mérito recursal, ou analise-se-lhe o pedido. A palavra mérito toma, pois, o sentido de pedido recursal.

Requisito é o que, de modo necessário, se exige – ou requer – para o fim de o recurso acabar *conhecido*. Assim, *requisitum est suspendens natura prius*: "o requisito é a condição, logicamente anterior, a qual suspende a produção de um efeito" (Leibniz).

Parece, por isso, que se não deve tomar a voz "requisito" como sinônimo de "pressuposto".

Se o recurso termina *não conhecido*, estabiliza-se o ato decisório por ele atacado, ou *a quo*. Ocorre a *preclusão* ou a *coisa julgada*.

O recurso, tanto que *conhecido* pelo juízo ou tribunal *ad quem*, pode ou não ser *provido*. O *decisum*, então, emergente *substitui* o do órgão *a quo*, pouco importando qual seja.

O *juízo de admissibilidade*, mostre-se positivo ou negativo, ostenta natureza jurídica *declaratória* dos aludidos *requisitos*.

10. *Classificação dos requisitos recursais*. Eles se apartam em *objetivos* e *subjetivos*, na visão comum dos processualistas (Greco Filho e outros).

Despontam os seguintes *requisitos objetivos* dos recursos:

a) cabimento	Acha-se na previsão legal do recurso, em face da decisão atacada. Saber, pois, se ela emerge, ou não, recorrível. Diz, portanto, com a taxatividade.
b) adequação	Cada espécie de ato decisório há de ter recurso certo, ou apropriado, já previsto na Constituição da República ou nas leis do processo. Existe quem entenda ver, aqui, possibilidade jurídica. Esse requisito abranda-se com a regra da fungibilidade emergente no art. 579 do CPP.
c) tempestividade	Atendimento do prazo recursal. Tal prazo irrompe preclusivo. Motivo de força maior pode, contudo, relevar-lhe a perda. Ver art. 798, § 4.º, do CPP. Recorde-se de que existe ônus processual de recorrer. Quem não o suporta pode sofrer ou padecer prejuízo.
d) regularidade procedimental	O recurso guarda o afeiçoamento, a figura, que a lei lhe der, em regra. A regularidade formal, entretanto, não deve decair para o mero formalismo, muito em especial em face de sentença condenatória. Tal requisito mais opera, para além do primeiro grau de jurisdição, quando deduzido.
e) inexistência de fato impeditivo	Renúncia emerge como a manifestação e comunicação de vontade de não recorrer. Tão só o acusado, querelado e o querelante permite-se que renunciem; jamais o Ministério Público. Nada impede, na ação penal de iniciativa privada, a ocorrência de preclusão lógica, o que implicaria admitir a existência de renúncia tácita, mas do querelante. Desponta como fato impeditivo, ainda, o acusado, por infração aos arts. 12 e 13 da Lei de Entorpecentes, não poder apelar "sem recolher-se à prisão" (art. 35 da Lei 6.368/1976). O juiz também pode decidir, de modo fundamentado, ao condenar que o imputado não pode apelar em liberdade, se o crime for havido como hediondo (art. 2.º, § 2.º, da Lei 8.072/1990). Confrontar com a denominada presunção de inocência.
f) fatos extintivos	Desistência consiste em manifestação e comunicação de vontade de não mais querer julgar o recurso. O Ministério Público acha-se proibido de desistir, conforme o art. 576 do CPP. Deserção implica o ato da parte, o qual extingue o direito de recorrer. Apontam-se dois casos de deserção: fuga do acusado, após a interposição do recurso, se e quando exigida a prisão, como estatui o art. 595 do CPP, esbarrando na chamada presunção de inocência; e na hipótese de o querelante deixar de preparar o recurso, nos termos do art. 806, § 2.º, do CPP.

Exsurgem os seguintes *requisitos subjetivos* dos recursos:

a) sucumbência ou sucumbimento	É a situação desfavorável entre o que se pediu e se obteve, ou o prejuízo provocado pelo ato decisório. Ambas as ideias afloram insuficientes. Alargando o conceito diz-se que é "a situação que decorre do não atendimento de expectativa, juridicamente, possível" (Greco Filho).

b) legitimidade para recorrer	Ela se acha lançada no art. 577 do CPP, de modo imperfeito. Assim, o assistente da acusação tão só pode recorrer da decisão de impronúncia, da absolutória e do ato decisório, que extingue a punibilidade. Notar os arts. 584, § 1.º, e 598 do CPP. Ver as Súmulas 208, 210 e 448 do STF. Não se permite, em boa técnica, que se recorra para aumentar a reprimenda. O Ministério Público pode recorrer seja na qualidade de parte, seja como fiscal da lei. No último caso, tirante a ação penal de iniciativa privada, se absolutória a sentença.

11. Há quem entenda a precisão de oferecer outra classificação dos *requisitos*, tomando-os como *condições* e *pressupostos* recursais (Grinover e outros).

Antes de decompor o tema, convém esquematizar o entendimento dito tradicional ou comum.

Juízo de admissibilidade	Requisito objetivo	a) Cabimento b) Adequação c) tempestividade. d) Regularidade formal e) Inexistência de fato	Impeditivos: renúncia e não recolhimento à prisão Extintivos: desistência e deserção
Juízo de admissibilidade	Requisito subjetivo	a) Sucumbimento b) Legitimidade para recorrer	

Eis as condições recursais:

Condições de admissibilidade dos recursos	a) Possibilidade jurídica: recorribilidade da decisão, ou cabimento dentro do sistema recursal.
	b) Legitimidade para recorrer: o Ministério Público, querelante, acusado, "seu procurador ou defensor" e o assistente de acusação. Ver art. 577 do CPP. No polo passivo da ação condenatória, a legitimidade surge autônoma e concorrente. Notar o ofendido ou sucessores, arts. 584, § 1.º, e 598 do CPP. Atentar para o lesado, em face das medidas assecuratórias.
	c) Interesse em recorrer: adequação mais necessidade ou utilidade. Resultado prático do recurso e proveito ao recorrente.

Algumas questões que se precisam examinar:

I. Conflito entre o acusado e seu procurador ou defensor, quanto ao intento de recorrer.

II. Legitimidade autônoma e concorrente.

III. O ofendido e sucessores, mais o prejudicado.

IV. Na hipótese de crime falimentar, o síndico e qualquer credor.

V. Atentar para o Código do Consumidor.

VI. Declarada extinta a punibilidade, afirma-se que o acusado não pode apelar por lhe falhar o interesse. Contudo, pode aforar revisão criminal.

VII. O Ministério Público, que não é sucumbente, como fiscal da lei pode apelar na hipótese de nulidade absoluta e injustiça manifesta.

VIII. A regulamentação da atividade do ofendido e sucessores, com vistas à reparação do dano, nascente na infração penal. Ver arts. 584, § 1.º, 598 e 600, § 1.º, do CPP.

12. Enumeram-se três *pressupostos* recursais que se conjugam com as mencionadas *condições* na distribuição dos *requisitos*:

<table>
<tr><td rowspan="4">Pressupostos recursais</td><td>a) Investidura do juiz ou tribunal: juiz natural ou competente.</td></tr>
<tr><td>b) Capacidade de quem formula o recurso: de ser parte, estar em juízo e postulatória.</td></tr>
<tr><td>c) Regularidade formal: sem sacramentalidade. Notar arts. 578, 589 e 601 do CPP. Tempestividade sob o enfoque da inteireza dos prazos e interpretação em favor do recorrente. Prazos contínuos e peremptórios; art. 798 do CPP. Distinção entre início do prazo e início da contagem do prazo; Súmula 310 do STF. Prazo em dobro do defensor público.</td></tr>
<tr><td>d) Inexistência de fatos impeditivos ou extintivos: preclusão, renúncia, desistência e deserção.</td></tr>
</table>

TOMBAMENTO DE EDIFÍCIOS PÚBLICOS, QUE ABRIGUEM ESTABELECIMENTOS PRISIONAIS

1. Em 10.01.1980, o Diretor da Divisão de Análise e Acompanhamento de Projetos, do Departamento Penitenciário Federal, o arquiteto Dr. José Luiz Gonçalves, ofereceu plano objetivando a conservação de edifícios onde se achem funcionando estabelecimentos prisionais, quando "construídos, em séculos idos, como testemunho de preservação de nossas origens, cultura, história e desenvolvimento" (*sic*). No aludido plano encontra-se ínsita a lembrança de tombamento dos mesmos edifícios.

O projeto operaria em conjugação funcional com a Secretaria do Patrimônio Histórico e Artístico Nacional (SPHAN), órgão da Secretaria de Assuntos Culturais do Ministério da Educação e Cultura.

2. O plano não logrou, ao tempo, apreciação e, mediante "Nota", foi reapresentado ao Diretor-Geral do Departamento Penitenciário Federal, em 07.07.1981.

3. Em tramitação, ouviu-se a Secretaria do Patrimônio Histórico e Artístico Nacional, a qual opinou favoravelmente sobre ambas as pretensões: conservação dos edifícios e seu tombamento.

Acenou-se, então, com a possibilidade de a mencionada Secretaria contribuir até com oitenta por cento das despesas de restauro de edifícios.

Caberia ao Departamento Penitenciário Federal listar os prédios merecedores de *conservação* e preparar o procedimento, ensejante de eventual *tombamento* de ofício. Assim, instruindo o pedido com fotografias, referências e dados técnicos sobre cada edifício elencado.

A manutenção dos prédios, que viessem a se tombar, restaria, por meio de contrato, sob a responsabilidade da proprietária do imóvel, União, Estado ou Município, pelo tempo de dez anos.

É o que se depreende de outra "Nota" do Diretor da Divisão de Análise e Acompanhamento de Projetos, ao Diretor-Geral do Departamento Penitenciário Federal, datada de 14.07.1981.

4. O projeto, por via do ofício 825, do Diretor-Geral do Departamento Penitenciário Federal, chegou à Presidência desse Conselho em 16 de julho. Solicitou ele, já no dia seguinte, parecer ao Conselheiro Prof. Heber Soares Vargas.

5. Em 16 de setembro último, o referido Conselheiro ofertou opinião, pondo em realce a validade e a importância do projeto examinado e concluiu, de modo favorável, quanto aos *tombamentos.*

6. Honrou-me, também, a Presidência ao buscar minha audiência sobre o tema, a qual, agora, presto.

07.A ideia de se tombar antigos prédios, que se encontrarem, ainda, servindo como cadeia, casa de detenção ou presídio, parece emergir no Estado do Ceará, em 1971.

O então Presidente da Encetur, Eliezer de Andrade, intentou e obteve do Governo da época, Cesar Cais, o tombamento do edifício, que abrigava a Casa de Detenção de Fortaleza, mudando-lhe a afetação administrativa para Casa de Cultura.

O mesmo sucedeu depois, ainda em âmbito estadual, em 1973, quando o prédio da Casa de Detenção do Recife veio a se converter em edifício da Casa de Cultura de Pernambuco. Destinou-se, de igual modo, no Rio Grande do Norte, em 1976, para receber o Centro de Turismo de Natal, o imóvel que antes servira como Casa de Detenção.

Referindo-se a tais destinações e tombamentos, teria dito Aluísio Magalhães, atual Secretário do Patrimônio Histórico e Artístico Nacional e Presidente da Fundação Nacional Pró-Memória, que:

> [...] acha muito interessante a coincidência, se é mesmo uma coincidência, que antigas Casas de Detenção ou presídios tenham se transformado em Casas de Cultura. Isto porque, além do óbvio de que os prédios são grandes e se predispõem a uma atividade múltipla, parece haver, além disto, uma outra intenção: redimir os edifícios, ou melhor, purgá-los do antigo uso, transformando-os num lugar de lazer, bem-estar e

de contato com a criatividade popular, ao invés de solidão, tristeza e, quem sabe, até mesmo torturas.

Teria acrescentado também que:

> A Secretaria de Assuntos Culturais do MEC incentiva e estimula a nível estadual e municipal a criação de Casas de Cultura, enquanto que a Secretaria do Patrimônio, através do programa das cidades históricas, poderá ajudar na consolidação e restauração dos prédios.[1]

8. Na esfera federal, encontram-se tombadas, até meados de 1980, treze Casas da Câmara e Cadeia, a saber: de Caucaia, Icó e Quixeramobim, no Estado do Ceará; de Alcântara, no Maranhão; de Mariana, Ouro Preto e Pitangui, no Estado de Minas Gerais; de Pilar, na Paraíba; de Olinda (antigo Aljube), no Estado de Pernambuco; de Acari, no Rio Grande do Norte; de São João da Barra e Vassouras, no Estado do Rio de Janeiro; e, afinal, de Santos, em São Paulo.[2]

A finalidade atual de tais bens imóveis ou se mostra desconhecida, ou se mantém, como Câmara Municipal, ou é museu. Apenas o edifício de Acari, no Estado do Rio Grande do Norte, ao que consta, acha-se destinado à Delegacia de Polícia e Cadeia Pública.[3]

9. Nos horizontes municipais e estaduais, não me

> [...] foi possível apurar muitos outros prédios já tombados. Poderia, entretanto, juntar ao rol as Casas da Câmara e Cadeia das cidades de Maragogipe, Santo Amaro, Cachoeira, São Francisco do Conde, Rio das Contas, Porto Seguro e Jaguaripe, na Bahia; das cidades de Goiás e de Pilar de Goiás, no Estado de Goiás; e de Atibaia, em São Paulo.[4]

10. A intenção de conservar e tombar antigos prédios públicos, utilizados para estabelecimentos prisionais, não surge nova e emerge aceita.

Todos sabemos de raiz que importa preservar o acervo arquitetônico brasileiro. Todos possuímos ciência de que cumpre manter o patrimônio

---

1. *O Estado de S. Paulo*, 8 mar. 1981, p. 59.
2. Guia dos bens tombados. Coordenação de pesquisa de Maria Elisa Carrazzoni, *Expressão e Cultura*, Rio de Janeiro. 1980.
3. Idem.
4. TELLES, Augusto Carlos da Silva. *Atlas dos monumentos históricos e artísticos do Brasil*. 2. ed. Rio de Janeiro: Ministério da Educação e Cultura, 1980.

cultural, nos termos de norma constitucional[5] e consoante as várias leis que disciplinam ou regulamentam a matéria.[6]

11. Existem inclusive, no plano supranacional, os chamados direitos culturais, enquanto direitos humanos, já reconhecidos na "Declaração Universal", de 1948.[7] Exsurgiram eles confirmados em documento do Secretariado da Unesco, de 1970, e foram conceituados como "direitos a tomar parte livremente na vida cultural da comunidade".[8]

12. Ora, é hoje, na vida cultural da comunidade, que se coloca a questão do patrimônio cultural e, em consequência, do patrimônio cultural urbanístico.[9]

13. O que conduz ou deve levar ao ato administrativo de tombamento é sua necessidade, evidenciada pelos órgãos técnicos, mais a oportunidade e a conveniência pública, na conservação de determinado bem de

---

5. Art. 180, parágrafo único, da Emenda Constitucional 1/1969.
6. Lei 378, de 13.01.1937, que criou a Secretaria do Patrimônio Histórico e Artístico Nacional; Decreto-lei 25, de 30.11.1937, que organizou a proteção do patrimônio histórico e artístico nacional; Decreto-lei 2.809, de 23.11.1940, que dispõe sobre doações ao Serviço do Patrimônio Histórico e Artístico Nacional; Decreto-lei 3.886, de 29.01.1941, o qual dispõe sobre o recurso contra o tombamento ao Presidente da República; Decreto-lei 8.534, de 02.01.1946, que reorganizou o Serviço do Patrimônio Histórico e Artístico Nacional, transformando-o em Diretoria do Patrimônio Histórico e Artístico Nacional; Lei 3.924, de 26.07.1961, o qual dispõe sobre os monumentos arqueológicos e pré-históricos nacionais; Lei 5.477, de 09.07.1968, a qual proíbe a exportação de livros antigos e conjuntos bibliográficos brasileiros; Decreto-lei 66.967, de 27.07.1970, que transformou a Diretoria do Patrimônio Histórico e Artístico Nacional em Instituto do Patrimônio Histórico e Artístico Nacional; Decreto-lei 84.198, de 13.11.1979, o qual transformou o Instituto do Patrimônio Histórico e Artístico Nacional em Secretaria do Patrimônio Histórico e Artístico Nacional; Lei 6.757, de 17.12.1979, que criou a Fundação Pró-Memória; Decreto 84.396, de 16.01.1980, o qual aprovou os estatutos da mencionada Fundação.
7. Arts. 22 e 27.
8. UNESCO. *Os direitos culturais como direitos do homem*. Porto: Livraria Telos, 1970. p. 10.
9. Veja-se SILVA, José Afonso da. *Direito urbanístico brasileiro*. São Paulo: RT, 1981. p. 481-510.

valor cultural. Daí afirmar-se que é ato do poder público "unilateral, discricionário e constitutivo".[10]

14. Afiara manifesto que um antigo prédio, onde se localize, hoje, estabelecimento prisional, venha a constituir-se em bem cultural imobiliária, em base do interesse público, na sua preservação.

15. Antes, contudo, levanto algumas questões que acredito pertinentes ao tema escoliado bem de *valor cultural.*

Os prédios de propriedade da União, Estado ou do Município, onde se encontrem instaladas cadeias, casas de detenção, presídios ou penitenciárias, são bem públicos dominiais de uso especial.[11] Consistem em

> [...] espécie de bens, utilizados pela administração, como, por exemplo, um edifício com destino próprio inerente a sua natureza e finalidade;[12]

Ou melhor:

> [...] são imóveis, edifícios e terrenos, aplicados a serviço de repartições ou de estabelecimentos públicos [...][13]

Já se há de notar, pois, a necessidade técnica de não baralhar o edifício público, que aceita o estabelecimento prisional, com cadeia, casa de detenção, presídio ou penitenciária.

> Os edifícios públicos, que não se confundem de maneira alguma com as pessoas jurídicas públicas que neles exercem atividades, são bens públicos que integram o domínio público, principalmente pela afetação ao serviço público.[14]

O projeto, em apreço, cuida, portanto, da *conservação* e *tombamento de edifícios públicos,* pertencentes à União, ao Estado ou ao Município,

---

10. CRETELLA JÚNIOR, José. Regime jurídico do tombamento. *Revista de Direito Administrativo*, n. 112, p. 62.
11. Veja-se o art. 66, II, do CC.
12. CRETELLA JÚNIOR, José. *Dos bens públicos no direito brasileiro.* São Paulo: Saraiva, 1969. p. 71.
13. CRETELLA JÚNIOR, José. *Dos bens...* cit., p. 255.
14. CRETELLA JÚNIOR, José. *Dos bens...* cit., p 133. Em nota, lê-se, na mesma página. "É erro grosseiro tomar o edifício público pelo estabelecimento público. Uma prisão não é um estabelecimento público...".

que, não obstante antigos e de valor cultural, ainda se aproveitam com a finalidade de *estabelecimentos prisionais.*

16. Desejo suscitar algumas questões, neste lanço, na tentativa de melhor clarear o tema, nos estritos limites da competência do "Conselho Nacional de Política Penitenciária".

Se qualquer do povo "pode propor o tombamento de bens culturais",[15] tanto mais esse Conselho pode ensejar a atividade espontânea do órgão federal. O bom ou mau êxito do *procedimento de ofício,* cabente à espécie,[16] sempre dependerá dos elementos de convicção que o Departamento Penitenciário Federal possa, nas circunstâncias, dar à Secretaria do Patrimônio Histórico e Artístico Nacional. Facultar-lhe, assim, o maior número de dados arquitetônicos, históricos e jurídicos do prédio.

A constitutividade do *tombamento,* antes mencionada, entre outros efeitos, restringe qualquer modificação do bem tombado e possibilita a intervenção pelo órgão tombante.[17] Não surge, pois, razoável que, tombado o edifício, permaneça afetado como *estabelecimento prisional.*

A conservação de *bem cultural imobiliário* é implicativa de *restauro* quase certo. A restauração visa a

> [...] conservar e a revelar o valor estético e histórico do monumento. Apoia-se no respeito à substância da coisa antiga ou sobre documentos autênticos e deverá deter-se onde começa a conjectura. Além disso, todo trabalho complementar, verificado indispensável, deverá se destacar da composição arquitetônica e levará a marca de nosso tempo.[18]

Busca, pois, que o prédio regresse ao afeiçoamento primitivo. Tal significa, sob ângulo prático, que o imóvel perderá as características de *estabelecimento prisional,* como hoje o imaginamos. O *restauro* tende, assim, a mudar o destino administrativo do edifício.

É bem de ver que o ato de tombamento, por sua natureza, pode, às vezes, mudar o fadário do edifício.

---

15. TELLES, Augusto Carlos da Silva. Proteção do patrimônio histórico e artístico, monumental, móvel e paisagístico. *Revista Cultura*, v. 27, p. 86.
16. Veja-se o art. 59 do Decreto-lei 25/1937.
17. Vejam-se os arts. 17 e 20 do Decreto-lei 25/1937.
18. Tópico da Carta de Veneza apud SILVA, José Afonso da. *Direito*... cit., p. 495.

17. Diante de todos estes motivos e fatos, opino no sentido de que se listem os antigos edifícios até agora aplicados a serviços de estabelecimento prisionais, verificando a possibilidade prévia de desafetá-los, antes mesmo de qualificar, um a um, como bem de valor histórico e artístico.

A necessidade de tombar certo prédio de valor cultural, para preservar o acervo urbanístico nacional, pode, eventualmente, esbarrar na conveniência e oportunidade do ato administrativo de tombamento, que é a todo o tempo presidido pelo interesse público.[19]

Sugiro, outrossim que a DD. Presidência mande sobre a questão objeto do parecer, formar processo, a fim de, reunindo informações, pareceres e atas, facilitar futuro exame e decisões.

Este o meu parecer, salvo melhor juízo.

De São Paulo para Brasília, 26 de outubro de 1981.

---

19. Confira-se em: CRETELLA JÚNIOR, José. Regime... cit., p. 54; e SILV Afonso da. *Direito...* cit., p. 491-492. Ver, ainda, CRETELLA JÚNIOR, J *cionário de direito administrativo*. 3. ed. Rio de Janeiro: Forense, 197 "tombamento".

Título	*Obra em processo penal*
Autor	*Sérigo Marcos de Moreaes Pitombo*
Organização e notas	*Maria Eugênia Gil*
Prefácio	*Antonio Sérgio Altieri de Moraes Pitombo*
Coordenador editorial	*José Carlos Busto*
Revisão	*Marcia Moura*
Diagramação	*Microart*
Design de capa	*José Barki*
Formato	*16x23*
Papel	*Offset 75m/g2*
Tipologia	*Minion Pro*
Número de páginas	*984*

Esta obra foi impressa pela gráfica Geográfica para Editora Singular.